上册

华夏史录

邵达 著

九州出版社
JIUZHOUPRESS

图书在版编目（CIP）数据

华夏史录 / 邵达著 . -- 北京 : 九州出版社，
2018.6

　　ISBN 978-7-5108-7302-7

　　Ⅰ . ①华… Ⅱ . ①邵… Ⅲ . ①中国历史－古代史
Ⅳ . ① K22

中国版本图书馆 CIP 数据核字 (2018) 第 144211 号

华夏史录

作　者	邵达　著
出版发行	九州出版社
地　址	北京市西城区阜外大街甲 35 号 (100037)
发行电话	（010）68992190/3/5/6
网　址	www.jiuzhoupress.com
电子信箱	jiuzhou@jiuzhoupress.com
印　刷	山东临沂新华印刷物流集团有限责任公司
开　本	710×1000　16 开
印　张	44
字　数	835 千字
版　次	2018 年 9 月第 1 版
印　次	2018 年 9 月第 1 次印刷
书　号	ISBN 978-7-5108-7302-7
定　价	128.00 元

谨以此书向钱穆致敬

为什么我的眼里常含泪水？
因为我对这土地爱得深沉……

　　　　　　　　——艾青《我爱这土地》

自序 | Preface

作序诚为难事，擅作文者如鲁迅亦尝"吐槽"，说自己最不善此道，每要写一点序，"却正如阿Q之画圆圈，我的手不免有些发抖。"（《集外集拾遗》"《何典》题记"，《鲁迅全集》（十六卷本）卷七296页，人民文学出版社，1991年）

眼前这篇序，实在应该算作"跋"的，过去十年间，每每翻到这页白纸，心里都不免抽搐一下。到今天，不得不下笔了，依旧感觉千头万绪，无从谈起。

那就先从讲故事入手罢。

2000年是美国的大选年，恰值我在密西根大学念书，有幸目睹了整个过程。这年冬天，按惯例早该尘埃落定，但因为共和党的小布什托其弟弟、时任佛罗里达州州长杰布·布什的福，据说动了不少手脚，竟一举拿下该州，在总得票数落后的情况下，却在州得票数上"逆袭"成功，反超民主党的戈尔①。民主党不服，一面重新清点佛州选票，一面告状至最高法院，但似乎"高法"又被共和党控制，而做出不利于戈尔的裁决，下令冻结计票。当时的形势，就连我们这些置身事外的留学生也感到了"空气在颤抖，仿佛天空在燃烧"。暗中传开的一种说法是，自南北战争以来的民族仇恨始终未愈，这下恐怕要重开内战了。在民情最沸腾的一刻，戈尔顶着寒风，站在民主党总部门前大声疾呼停止争竞，承认败选，一字一顿地说："我们永远把国家利益放在党的利益之上。"（We always put our country before our party）老实说，共和、民主两党对百分之九十九的中国留学生而言都只是个名字，我们不知道，也不关心它们各自在干什么，但戈尔的这一句话却让我牢牢记住了他②。

大选甚至打乱了学校的正常节奏。几天后的一个晚上，已经十点多钟，我无所事事来

---

① 美国大选并非按人头计票，而是竞选人竞争共计538张来自各州的所谓"选举人票"（electoral votes），得票超270张者获胜。举例来说，甲、乙二人竞选，谁能获得某一州内逾半数选民的支持（哪怕差距极微），谁就拥有了该州所有的选举人票数，即"赢者全得"。问题在于，选举人票不是按州平均分配，各州有多有少（主要由人口数决定），故像西部的加利福尼亚、南部的佛罗里达等大州，每每对选战产生决定性影响。

② 补记：无独有偶，2016年大选，共和党候选人特朗普意外胜出，又是举国鼎沸，民意分裂。奥巴马总统在白宫玫瑰园发表讲话称："我们首先不是民主党人，不是共和党人。我们首先是美国人，是爱国者。"（We are not Democrats first. We are not Republicans first. We are Americans first. We are patriots first）

到办公室，惊讶地看到导师竟独自一人端坐在里面，要知道从学校驱车回他家是至少需要两个小时车程的。昏暗台灯映出一张从未见过的、憔悴沮丧、略有几分变形的脸。我一时不敢出声。半晌沉默之后，老人用沙哑的嗓音，透着难以形容的忧伤，像是对我、也像对自己喃喃道："这个国家裂痕太深。"（This is a deeply-divided country）

必须承认，那一刻我被深深震动了。我懊悔，自己对这个国家的历史几乎懵然无知，便冒冒失失跑来求学；紧接着发生的又一层触动是，遥望千里之外的祖国，不禁扪心自问：我对她的历史又了解多少？倘追溯这本书的写作缘起，最初的火花大概就是在那个至今想来仍感觉窒息的夜晚冒出的，虽然当时还未读到太炎先生有关"治史学"的议论："生为一国之民，不治本国史学，直谓之无国家无国民性之人可也，聚几万万无国民性之人以立国，则国魂已失。"（引自《集外集拾遗》"又是'古已有之'"注释二，《鲁迅全集》（十六卷本）卷七230页）

写作进行到一半，曾斗胆拿部分章节请人过目，人家的疑问很直接，也很客观："写得太文了，打算给谁看呢？"我故作"不屈"之状回答："大学以上文科学生。"其实心底何尝不知，这样的答复简直无异于自戕。

但是话说回来，也许会有那么一天，上大学对普通中国人来说不再是"鲤鱼跳龙门"的难得机遇，甚至再做进一步妄想，还要成为国民必受的陶育——这一天真的很遥远，遥不可及吗？

传说甲午战争的时候，日本全国正闹饥荒。后来打赢了，拿到清政府赔偿的雪花银，该国大概也流行拍马文化，便有人乘机进谏，奉劝坚持跟老百姓一同每天饿肚子的天皇改善伙食，吃两顿好的，竟遭到断然拒绝。天皇的理由是：这笔钱要一文不少地用到日本人的教育上头。

如同晚清的容闳，我一直对教育抱有近乎宗教徒般狂热的迷信。国家体现强大的方式有许多种，或者船坚炮利，或者国库充盈，在我看来，这些似乎都比不上普及教育更具"威慑力"。试想一下，如果我们每位国人，皆能在年青阶段饱受优质教育之打造淬炼，即使没有腰缠万贯，器宇轩昂走到世界任何地方恐怕也都是不可侮的罢。我们不能徒有傲人的悠久历史，后代子孙却以一副邋遢无知的"尊容"取辱于当世。今天以致将来中国人的形象，绝不是靠三两个一掷千金的炫富"土豪"就能改观的。

乙未年底，窗外飘雪，识于南戴河海滨

目录

第一章

史前：投石问路

如果相信上帝造人说法，那么今天的考古证据显示，非洲大陆一定就是传说中的伊甸之园，光屁股、黑皮肤的亚当和夏娃（更准确地说，应该是像黑猩猩一样披着满身黑毛）"沐猴而冠"，从那里开始了人类的第一次神奇之旅。多年前一部名为《走出非洲》（Out of Africa）的好莱坞电影让世人领略了这片土地雄浑与柔美兼具的非凡魔力。而第二次世界大战期间，北非战场上一名挖战壕的英军士兵意外挖到远古人类化石，竟从此改变了自己一生的道路，他就是日后执教于加州大学伯克利分校、大名鼎鼎的史前考古"教父级"人物克拉克（J. Desmond Clark）。

自二十世纪五六十年代起，以克拉克以及利基家族成员①为代表的大批考古学家云集东非大裂谷——一条深达千米、号称"地球伤疤"、藏有远古文明"密码"的超级峡谷，展开了持之以恒的野外发掘，人类起源时间以令人瞠目的速度被不断刷新，从距今二百万年直逼三百万年。

当前古人类学界（paleoanthropology）主要流行两种理论：一是"多地区进化论"（Multiregional Evolution），主张人类源于非洲，在日后的"移民"过程中进化步伐不同但一脉相承，老祖宗不变；二是"走出非洲"模式，或称"夏娃说"（Eve Hypothesis），把现代人类的诞生限定在十万到十五万年的一个时间框架内，这批"新人类"（学名智人）从非洲走向世界，所到之处，大概执行着"三光"政策，将"原住民"（同样源出非洲，如欧洲的尼安德特人及亚洲猿人，统称直立人）赶尽杀绝。尽管两派理论剑拔弩张、水火不容，以致由学术分歧演变成私人恩怨，却不约而同视非洲为"人类摇篮"的不二候选地。

似乎获得更多遗传学证据支持的"夏娃说"咄咄逼人，但在一向稳健的中国古人类学家眼里未免显得过于唐突和暴力，他们对讲究传承的"多地区进化论"抱有近乎天然的亲

---

① 指刘易斯（Louis Leakey）和玛丽（Mary Leakey）夫妇，后来又有他们的儿子理查德（Richard Leakey）加入。

近感①，出于某种习惯性冲动，又忍不住要稍加修改，为中国谋求一个人类摇篮的地位，就像体育工作者已经成功说服FIFA（国际足球联盟）把古老的"蹴鞠之戏"认真当成世界足球的始祖一样。毕竟我们有自己一套开天辟地、抟土为人的上古传说②，捏出来的黄土泥巴人简直就是后来从地下出土的秦始皇兵马俑的原始模型。由此看来，在起源地之争上我们丝毫不逊色于非洲，于是就有了距今一百七十万年的元谋猿人这一重大发现。消息一出，举世哗然，用于断定年龄的地层关系首先引起业内人士的质疑，一种保守意见是把化石年代更定为中更新世，即与北京猿人的时代相当③。抛开这些技术细节不谈，如果一百七十万年的数据成立，向下，我们有整整一百万年的空白无法填补，几乎形成进化史上最致命的"缺环"（missing link）；向上，生活在非洲丛林里的南方古猿（*Australopithecus*）被广泛认定为人类远祖，但在中国境内无踪可寻。

这是一个简单到不能再简单的从哪里来、往哪里去的问题，又是一个根本性问题，对执着的中国学者来说，无解。另外一个值得注意的现象是：迄今为止，非洲以外的世界任何地方尚无超过一百万年的人类化石标本发现之记录。所以，有必要严肃地指出，中国年代最久且无争议的古人类化石当属距今七十五万年左右的蓝田猿人。

1929年北京猿人头盖骨的破土而出堪称中国考古学发展史上的一座里程碑，从1927年至1937年，持续十年的发掘造就了一大批熠熠生辉的名字：裴文中，杨钟健，贾兰坡……今日，他们的遗骨安葬在郁郁葱葱的周口店龙骨山上，远离北京城的喧嚣，静静守望着蓝天白云下的一方净土。还有伟大的魏敦瑞，1935年来到中国，如有先见之明，马不停蹄为来自周口店的人骨化石赶制模型，在位于东单三条协和医学院的"新生代研究室"内度过了他一生中最快乐的时光④。可惜好景不长，先是卢沟桥事变打破了北平的正常学术氛围，继而太平洋战争爆发，魏氏被迫远遁美国，短短几年后便郁郁寡欢死在了纽约。而战争期间化石的离奇失踪，更让诞生在协和大院里的那批石膏模型成了北京猿人留给世间的最后一点念想。

---

① "夏娃说"或被讥为"二次进化"，英国人斯特林格（Chris Stringer）是主要鼓吹者；"多地区进化论"肇基于魏敦瑞（Franz Weidenreich）——一位与中国有着极深渊源的德籍犹太学者，最终由美国密西根大学的沃尔波夫（Milford H. Wolpoff）教授归纳成形。

② 《太平御览》卷三六○引东汉应劭《风俗通义》曰："天地初开未有人，女娲搏黄土为人，力不暇，乃引絚于泥中以为人。富贵，黄土人也；贫贱凡庸，絚人也。"

③ 夏鼐引用刘东生等人的研究报告指出："根据古地磁学的测定……有人认为（元谋人）不超过73万年，即可能为距今50—60万年。"但夏氏笔锋一转，以云南禄丰等地发现的腊玛古猿（*Ramapithecus*）为例，称"这是从猿到人过渡阶段的似人化石，或以为是人类和现存猿类的共同祖先，这个新发现为人类起源亚洲说提供了新的论证"（《中国文明的起源》第3—4页，文物出版社，1985年）。案：腊玛或西瓦古猿（*Sivapithecus*，二者或被看作同一类型的雌雄个体）一般认为是现代亚洲猩猩（orangutan）的祖先，与人类无关。

④ 创建于1929年的新生代研究室（Cenozoic Research Laboratory）隶属原"中央地质调查所"，步达生（Davidson Black）、德日进（Pierre Teilhard de Chardin）等均供职于此，即今日中国科学院古脊椎动物与古人类研究所之前身。

考古学习惯将史前时期划分为前后两阶段：一是旧石器时代，关乎人类之初；二是新石器时代，涉及文明起源[1]。

探讨人类文明起源亦是当下一大热点话题。与车马辐辏的内地不同，偏远地区往往以其年深日久、少受打扰的地质埋藏而成为理想的发掘地点。徜徉于人迹罕至的塞外旷野，中国的考古工作者屡有斩获，炫目于地下透出的一线又一线文明曙光而频频报喜。我们知道，北方草原地带游牧之民早在殷、周时期便已现身，今本《竹书纪年》记曰："（武丁）三十二年，伐鬼方……三十四年，王师克鬼方。"周人先祖不窋"窜戎狄之间"，至古公亶父（太王），徙居岐下[2]，"乃贬戎狄之俗，营筑城郭室屋。"（《史记·周纪》）武乙三十五年，"周王季（即季历，文王姬昌父）伐西落鬼戎，俘二十翟（同'狄'）王。"太丁七年，"周人伐始呼之戎，克之。十一年，伐翳徒之戎，捷其三大夫。"穆王西征犬戎，"取其五王以东"。厉王十四年，"玁狁侵宗周西鄙。"宣王四年，"使秦仲（秦人祖先）伐西戎，为戎所杀"；五年，"尹吉甫帅师伐玁狁。"[3]幽王十一年，"犬戎入宗周，弑王……执褒姒以归。"[4]《史记·五帝纪》则有黄帝"北逐荤粥"的记载，《匈奴传》又谓"唐、虞以上有山戎、猃狁、荤粥，居于北蛮，随畜牧而转移，"更将其历史上溯至史前时代[5]。历经与中原王朝旷日持久的较量，这些被泛称为"戎""狄""胡""夷"的游牧民族不止一支最终败下阵来，失意西去，在西亚甚至东欧建立起自己的国家[6]。有鉴于此，我们每在边疆旷地发现一样挑动神经的史前遗物，不能不考虑到背后潜藏的可能的族属问题。从某种程度上说，这几乎又是一道无解的难题，却务须审慎对待，任何动辄宣称将"中华文明"上

---

[1] 二者之间还有一个距今万年左右、并未获得广泛认可的所谓"中石器时代"，以从细小石核上剥离的纤长石叶为代表（作镶嵌石刃使用），中国境内在内蒙古等边境地区曾有发现，然而这也大成疑问，详见下。

[2] 周人姬姓，晋初皇甫谧所著《帝王世纪》谓太王避狄，徙岐山下，其南有周原，始改号曰周。

[3] 尹吉甫姓今名甲（尹为官名），宣王时重臣，曾北伐玁狁至太原，《诗经·小雅·六月》即叙其事，曰："薄伐玁狁，至于太原。文武吉甫，万邦为宪。"相传吉甫作有《大雅》中《崧高》《烝民》《韩奕》《江汉》等篇，赞美宣王。东晋谢道韫称："吉甫作颂，穆如清风"（《晋书·列女传》）。

[4] 以上诸条散见于古本及今本《竹书纪年》中。《晋书·束皙传》记曰：西晋太康二年（281），"汲郡人不准盗发魏襄王墓，或言安釐王冢，得竹书数十车。其《纪年》十三篇，记夏以来至周幽王为犬戎所灭，以事接之，三家分，仍述魏事至安釐王之二十年。盖魏国之史书，大略与《春秋》皆多相应。"该书出土之日，因盗墓贼烧策以照宝物，"多烬简断札，文既残缺，不复诠次"；经当时有名学者荀勖、和峤、束皙、卫恒、虞挚等人整理注释，惜又佚于两宋之际。至明代，《竹书》复出，流传甚广，是为"今本"，但被指为伪托之作；清人（朱右曾、王国维）复广辑古书所引《竹书》，以图恢复旧貌，是为"古本"。
案：汲郡（今河南卫辉）发墓年份说法不一，或谓太康元年（280，《晋书·卫恒传》），或谓咸宁五年（279，《晋书·武帝本纪》）。荀勖《穆天子传序》云事在太康二年，与《束皙传》同。

[5] 唐司马贞《五帝本纪索隐》谓荤粥（音'熏育'）系匈奴别名，"唐、虞已上曰山戎，亦曰熏粥，夏曰淳维，殷曰獯粥，周曰玁狁，汉曰匈奴。"

[6] 章太炎就说过，"突厥为唐所驱，匈奴为汉所驱，皆转入欧洲，变游牧为城郭耕稼"（《太炎文录初编·别录》卷二"匈奴始迁欧洲考"，《章太炎全集》第四册381页，上海人民出版社，1985年）。

推几千上万年的做法都未免有轻率之嫌。当然，如果如美国学者欧文·拉铁摩尔（Owen Lattimore）在二十世纪三十年代所推想的那样，中原耕稼的汉族与北方游牧的少数民族都源出同一个史前民族，事情则又另当别论了①。

除了有物可稽的考古学，神话传说又为我们打开了研究上古史的一扇窗口。三皇——伏羲、女娲、神农（炎帝），五帝——黄帝（轩辕）、颛顼、帝喾、唐尧、虞舜，这样一个亦真亦幻的纷纭世界正让后世孔孟们有了无限遐想、大做文章的空间；在其笔下，歌舞升平的礼乐之治替代了原本弥漫的血雨腥风。帝尧"钦明文思安安，允恭克让，光被四表，格于上下。克明俊德，以亲九族。九族既睦，平章百姓。百姓昭明，协和万邦，黎民于变时雍。"（《尚书·尧典》）②帝舜更任命九官，各有分职，"三载考绩，三考黜陟幽明，庶绩咸熙"（《尚书·舜典》），政制俨然完美。

尧、舜、禹之"禅让"可谓神话时代流传下来的最最重要的政治传统，先王之制精髓所在，大抵儒家所有引申莫不发端于此。帝尧老，"知子丹朱之不肖，不足授天下……而卒授舜以天下。"（《史记·五帝纪》）及舜老，仿旧例，再让位于禹。这是一幕何其敦朴而恭敬的景象，能不令后人倾倒，如果不是从汲冢挖出那部《竹书纪年》的话！其书曰："尧之末年，德衰，为舜所囚"；"舜囚尧，复偃塞丹朱，使不与父相见。"《古本竹书纪年》未曾交代禹如何取得的"帝位"，然《韩非子·说疑》直言道："舜逼尧，禹逼舜，汤放桀，武王伐纣，此四王者，人臣弑其君者也。"在诗人李白的想象中，祥和的禅让传说更被一片愁云惨雾笼罩："尧舜当之亦禅禹，君失臣兮龙为鱼，权归臣兮鼠变虎。或云尧幽囚，舜野死。九疑联绵皆相似，重瞳孤坟竟何是？"（《远别离》）③由此看来，所谓"致君尧舜上，再使风俗淳"（杜甫《奉赠韦左丞丈二十二韵》）不过是儒冠自欺、一厢情愿的水月镜花罢了。

历史终究是由人写成的，真相或许就掩藏在那些看似另类的文字当中。

---

① 拉氏认为，同样是生活在黄河流域的新石器时代居民，由于地理环境及社会条件的差异，分别走上"成为汉族"与"成为蛮夷"的发展道路；换言之，种族差别乃文化分化的副产品。然而语言界限成为动摇这一完美假设的绊脚石，拉氏自己也质疑："如果草原社会的形成是基于一部分'旧社会'边境的残余人群，而这些人群又与中国人同源，那么，为什么草原的主要语言属乌拉尔—阿尔泰语系，与中国语言完全不同呢？"（《中国的亚洲内陆边疆》（Inner Asian Frontiers of China）312页，唐晓峰译，江苏人民出版社，2008年，以下简称《内陆边疆》）对此他给出的解释是：大概从早期新石器时代起，中国境内人群便分别隶属于四个原始语言系统（中泰语系、藏缅语系、印欧语系及乌拉尔—阿尔泰语系）；后来随着文化的进化传播，而有所谓语言区域的重新分布。必须指出，这番话臆测多于实证，不足为信。

② 末句曾运乾释曰："言众民从化而变，悉臻和善也。"全部文字则是"浑言尧之德化"（《尚书正读》第4页，中华书局，1964年）。

③ 相传舜目重瞳子，名重华。南征三苗而死，葬苍梧山，其山九峰皆相似，故曰九疑。

第二章

三代：奠基

相传禹在位四十五年，将禅皋陶，而皋陶卒，再欲禅伯益，伯益避居箕山之北^①。禹子启贤，诸侯皆来朝觐，启遂即天子位^②。至是温情脉脉的禅让制竟被冷冰冰的世袭制打碎，中国历史从此步入一新阶段。

夏、商、周（西周）三代帝系在《史记》中有详细记录。

夏王世次：禹→启→太康（无道，失国）→仲康（太康弟）→相（政为后羿、寒浞所篡）→少康→杼（或作予）→槐（或作芬）→芒（或作荒）→泄→不降→扃（不降弟）→廑→孔甲（不降之子，好鬼神，淫乱德衰，诸侯自此多叛夏）→皋（或作昊）→发→履癸（是为桀，淫荒，筑倾宫、瑶台，百姓弗堪，怨曰："时日曷丧？予及汝皆亡。"^③汤伐桀，作《汤誓》，桀逃南巢（今安徽寿县）而死）。

《古本竹书纪年》云："自禹至桀十七世，有王与无王（指太康失国），用岁四百七十一年。"

商王世次：汤（名履，又称天乙、成汤，网开三面，德被八方^④）→外丙→仲壬（汤太子太丁早卒，弟外丙、仲壬接踵即位）→太甲（太丁子、汤嫡长孙，淫虐。伊尹放之于

---

① 此依《孟子·万章上》，山北水南曰阴，《史记·夏纪》"阴"作"阳"字。案：禹、皋陶、伯益三人同在舜时九官之列，禹为司空（平水土之官），皋陶为士（司狱讼之官），伯益为虞（掌山泽之官，见《尚书·舜典》），即嬴姓祖先（见《国语·郑语》）。

② 见《史记·夏纪》；对此《古本竹书纪年》记曰："益（即伯益）干启位，启杀之"，寥寥数语能让我们展开多少想象！

③ 语见《尚书·汤誓》。伊尹尝谏桀："大命之亡有日矣。"桀哑然笑曰："天之有日，犹吾之有民也。日有亡哉？日亡吾乃亡矣。"（皮锡瑞《尚书大传疏证》卷三《汤誓》）伊尹遂去夏就商，相汤伐桀。学生时代的毛泽东对此大加赞赏，称颂他"识力大，气势雄，故能抚破五六百年君臣之义，首倡革命。"（《讲堂录》，载《毛泽东早期文稿（1912.6—1920.11）》547页，湖南出版社，1990年）

④ 《史记·殷纪》载汤出，见野张网四面，曰："尽之矣！"乃去其三面。诸侯闻之曰："汤德至矣，及禽兽。"《吕览·异用》谓四十国自是归汤，"人置四面，未必得鸟；汤去其三面，置其一面，以网其四十国，非徒网鸟也。"

桐宫，自摄政三年。太甲悔过曰："天作孽，犹可违，自作孽，不可逭。"[1]伊尹乃迎之复位[2]）→沃丁→太庚（沃丁弟）→小甲→雍己→太戊（立伊尹之子伊陟为相；雍己、太戊并为小甲弟）→仲丁→外壬→河亶甲（外壬、河亶甲并为仲丁弟）→祖乙→祖辛→沃甲（祖辛弟）→祖丁（祖辛子）→南庚（沃甲子）→阳甲（祖丁子）→盘庚（迁都殷[3]）→小辛（盘庚弟）→小乙（盘庚、小辛、小乙并为阳甲弟）→武丁（举傅说为相，殷国大治[4]）→祖庚→祖甲（祖庚弟）→廪辛（或作冯辛）→庚丁（廪辛弟）→武乙→太丁→帝乙→帝辛（是为纣，昏乱暴虐，造琼室、鹿台，作酒池肉林，创炮烙之刑，囚文王于羑里[5]，杀比干以观心[6]。百姓怨望，咸曰："天曷不降威（义同'时日曷丧'）？"武王伐纣，纣师倒戈，纣登鹿台赴火而死）

《古本竹书纪年》云："汤灭夏以至于受（即纣），二十九王[7]，用岁四百九十六年。"

（西）周王世次：武王（姬发，文王次子，徙都镐[8]，尊吕尚为师尚父[9]；克殷，遍

---

[1] 语见《尚书·太甲中》（载晚出古文）。《尚书》有今、古文之别，今文由汉初秦博士伏生（名胜，济南人）传授，用汉隶书写。《汉书·艺文志》云，武帝末年，鲁恭王刘馀坏孔子故宅以广其宫，得《尚书》《礼记》《春秋》《论语》《孝经》，皆蝌蚪古字书写，是为古文。案：汉人得古书凡有三次，伏生求得壁藏《尚书》二十九篇为第一次，鲁恭王得古文诸经为第二次，汉宣时又有河内女子发老屋得《易》《礼》《尚书》逸篇各一为第三次，清末康有为以为俱不可信（见《新学伪经考》）。然孔宅壁中所出简册几乎让全部经书都有了古文版本，自西汉末以降遂起今、古学派之争，详见本书第五章之末节。

[2] 《古本竹书纪年》谓伊尹篡立，放太甲于桐；太甲自桐潜出，杀伊尹复辟。

[3] 案：商人始祖契为舜时司徒（司教化之官），子姓，封于商，以国为姓。自汤至盘庚凡五迁都，无定处。盘庚迁殷，始改号曰殷，至纣亡国，更不徙都。

[4] 1976年河南安阳殷墟曾有武丁配偶妇好（妣辛）之完整墓葬发现。

[5] 纣既囚文王姬昌，烹其长子伯邑考为羹以赐之，曰："圣人当不食其子羹。谁谓西伯（即文王）圣者？食其子羹尚不知也。"（见《帝王世纪》又传"西伯拘而演《周易》"（语见《报任安书》，载《汉书·司马迁传》），两卦相叠演伏羲所制八卦为六十四卦云）。

[6] 比干为纣王叔父，犯颜强谏，纣怒曰："吾闻圣人之心有七窍，信有诸乎？"遂杀之，剖视其心（见《史记·殷纪》及《宋世家》）。《列女传》谓"圣人心有七窍"出妲己之口。皇甫谧又谓"纣剖比干妻，以视其胎"（见徐宗元辑《帝王世纪辑存》75页，中华书局，1964年）。

[7] 当为三十王；刘宋裴骃《史记集解》谓"殷凡三十一世，六百余年"，则包括未立而卒的汤太子太丁。

[8] 丰、镐隔沣水相望，丰在河西，镐在河东，《帝王世纪》谓二京皆在长安西南，相去二十五里。

[9] 《史记集解》引刘向《别录》曰："师之，尚之，父之，故曰师尚父。"周人"翦商"事业肇基于文王，得力于吕尚。吕尚即俗所称姜太公，姜姓，吕氏，相传钓于渭滨，文王出猎相遇，与语大悦，云："吾先君太公望子久矣"，因号"太公望"，立为师。文王徙都丰邑，阴修德以倾商，三分天下有其二，太公之谋计居多。案：吕尚垂钓之说出于《庄子》寓言，《外篇·田子方》曰："文王观于臧，见一丈夫钓，而其钓莫钓，非持其钓有钓者也，常钓也。"唐成玄英疏云："臧者，近渭水地名也。丈夫者，寓言于太公也。吕望未遭文王之前，纶钓于臧地，无心施饵，聊自寄此逍遥。"

又案：上古时代姓与氏分，秦汉以后乃合。顾炎武曰："姓氏之称，自太史公始混而为一。"（《日知录》卷二三"氏族"）钱大昕则谓"三代以上男子未有系姓于名者"。（《十驾斋养新录》卷十二"姓氏"）又据南宋郑樵《通志·氏族略序》，三代之前男子称氏，妇人称姓，氏所以别贵贱，姓所以别婚姻，"故姓可呼为氏，氏不可呼为姓"。

封诸侯、功臣及同姓戚者①）→成王（王年幼，尚在襁褓，周公、召公、太公为三公②；周公摄政七年，平管、蔡之乱，复位封国，营筑洛邑，兴正礼乐③）→康王（成康之际，天下安宁，民不犯法，刑错四十余年不用）→昭王（南征不返，卒于江上④）→穆王（西征犬戎，巡狩天下⑤）→共王→懿王→孝王（共王弟）→夷王（懿王子，烹齐哀公于鼎；王室衰弱，荒服不朝⑥）→厉王（暴虐无道，国人莫敢言，道路以目。召公谏曰："防民之口，甚于防川。为川者决之使导，为民者宣之使言。"⑦前841年，国人暴动，王出逃，死于彘（今山西霍州）。召、周二公执政，号"共和"⑧）→宣王→幽王（名宫湦，为犬

---

① 《帝王世纪》称周初次分封，凡诸侯国四百人，兄弟之国十五人，同姓之国四十人。《吕览·先识》亦云："周之所封四百余，服国八百余。"

　案：武王伐殷，伯夷、叔齐兄弟叩马谏阻："以臣弑君，可谓仁乎？"既克殷，天下宗周，二人隐居首阳山，义不食周粟，采薇（山菜）而食，饿死山中。尝作歌曰："以暴易暴兮，不知其非矣。神农、虞、夏忽焉没兮，我安适归矣。"（《史记·伯夷传》）正是在这篇传文中，我们看到了著名的司马迁之惑："余甚惑焉，倘所谓天道，是邪非邪？"

　然《吕览·诚廉》载伯夷、叔齐闻武王与胶鬲（殷臣）盟曰："加富三等，就官一列"，又与微子（纣王庶兄）盟曰："世为长侯"，乃相视笑曰："此非吾所谓道也，是以乱易暴。"遂至首阳饿死，与《史记》文字不同。袁枚谓北宋王安石作《伯夷论》，明王直作《夷齐十辨》，"皆痛驳叩马之说。"（《随园随笔》卷十八"伯夷叩马之讹"，《袁枚全集》第五册，江苏古籍出版社，1993年）

② 三公者，太师、太傅、太保也。《大戴礼·保傅》："召公为太保，周公为太傅，太公为太师。"《尚书·君奭》："召公为保，周公为师，相成王为左右。"《公羊传·隐公五年》："三公者何？天子之相也。天子之相，则何以三？自陕而东者周公主之，自陕而西者召公主之，一相处乎内。"此又一说。

　案：召公姬姓名奭，周之支族，始封召地（在岐山之阳），故名，后封于燕。成王时与周公分陕而治，尝巡行乡邑，决狱听政棠树下；民人思其德，作《甘棠》诗曰："蔽芾甘棠，勿翦勿伐，召伯所茇。蔽芾甘棠，勿翦勿败，召伯所憩。蔽芾甘棠，勿翦勿拜，召伯所说。"（《召南·甘棠》）"甘棠"后遂用作称颂官员政绩之词，杜牧《奉和门下相公送西川相公兼领相印出镇全蜀诗十八韵》："丹心悬魏阙，往事怆甘棠。治化轻诸葛，威声慑夜郎。"

③ 文王嫡子有十，据《史记·管蔡世家》，武王行二，次管叔鲜（行三），次周公旦（行四），次蔡叔度（行五），又次霍叔处（行八）；《帝王世纪》则谓武王行二，管叔行三，蔡叔行四，霍叔行六，周公行七。武王封管、蔡、霍以监殷之余民，谓之"三监"。管、蔡偕纣子武庚叛，周公东征，历三年平乱，诛管叔，放蔡叔，杀武庚。又据《左传·僖二十四年》，"周公吊二叔之不咸（谓不终），故封建亲戚以蕃屏周"，文王十六子，武王四子，周公六子，各有封国。

④ 其事周人讳之。《帝王世纪》云昭王渡汉水，船人恶之，进胶船；行至中流，胶液解，王没于水而崩。

⑤ 晋初汲冢出竹书《穆天子传》，叙其周游事。《古本竹书纪年》云："穆王东征天下二亿二千五百里，西征亿有九万里，南征亿有七百三里，北征二亿七里。"《帝王世纪》谓穆王征犬戎，得练钢赤刀，割玉如割泥。

⑥ 服者，服事天子也。《国语·周语上》曰：先王之制，邦内甸服（注云：谓天子畿内千里之地），邦外侯服（注云：谓邦畿之外方五百里之地），侯、卫宾服（注云：又作绥服，谓侯服之外凡二千五百里地），蛮夷要服（注云：去王城三千五百里至四千里），戎狄荒服（注云：去王城四千五百里至五千里，九州之外），是为五服（见徐元诰撰《国语集解》第6—7页，中华书局，2002年）。

⑦ 此召公指召穆公虎，召公奭之后。语见《国语·周语上》。

⑧ 此周公指姬旦之后周定公。周召共和因提供了最早的确切纪年而为读史者熟知，然《古本竹书纪年》对该事件再次有着不同寻常的描述，谓厉王既亡，有共伯名和者"干王位"，摄行天子事。共和十四年，伯和篡位；其年，厉王死，宣王立。

戎所杀，故太子宜臼立于申（今河南南阳），是为平王，少子余臣立于携，二王并立；携王后为晋文侯所杀①，平王东迁洛邑（今河南洛阳），自是周室衰微，礼乐征伐自诸侯出，又开一新局面）

《古本竹书纪年》云："自武王灭殷，以至幽王，凡二百五十七年。"

古书中的"周原"无疑是周人发祥之地。太王率民迁岐下，《史记集解》引徐广曰："山在扶风美阳西北，其南有周原。"《大雅·绵》用"周原膴膴，堇荼如饴"的诗句歌咏它的丰饶与富足。清代出土的毛公鼎、大小盂鼎、大小克鼎、散氏盘等铭文青铜器帮助"岐山之阳"跳出故纸堆，变得鲜活真实起来。文王都丰，武王都镐，二十世纪三十年代，徐旭生（名炳昶，字旭生，以字行）在沣水两岸勘查二京遗址，考古挖掘自五十年代迄今不辍，则无人怀疑西周王朝在黄土高原上的确切存在。

1928年至1937年，"中国考古学之父"李济主持发掘河南安阳殷墟遗址，数以万计的甲骨残片亦将殷商传说变成了信史。惟夏朝裹在"信以传信，疑以传疑"（《史记·三代世表》）的迷雾中不得验明正身。1959年，徐旭生循"伊、洛竭而夏亡"（《国语·周语上》）的线索发现河南偃师二里头遗址；而冠二里头以"夏墟"之名，则是北京大学已故邹衡教授毕生致力的目标。

西周由金文（铜器铭文）明证，殷商靠甲骨文支撑，三代中空荡荡的夏朝地位之特殊不言自明。考古学泰斗夏鼐曾把都市、文字和青铜器列为文明的三个要素或发生标志，"这些标志中以文字最为重要。"（《中国文明的起源》81页）《太平御览》卷六一八引《吕氏春秋》曰："桀将亡，太史令终古执其图书而奔于商"②。虽然，建筑和冶铜遗迹之外，从二里头挖出的仅仅是有刻划记号的陶片，"记号已发现的共有24种，有的类似殷墟甲骨文字，但是都是单个孤立，用意不清楚。"（《中国文明的起源》95页）应当说，明确的夏文字一日不露峥嵘，二里头的"夏墟"头衔便有疑问，而夏朝事迹也就跳不脱"疑则传疑"的宿命。

2000年年底，国家级"夏商周断代工程"专家组公布《夏商周年表》，以二里头为主要对象提出一个夏代基本年代框架，"暂以公元前2070年作为夏的始年"，夏商分界则"估定为公元前1600年"（《夏商周断代工程1996—2000年阶段成果报告·简本》81—82页，世界图书出版公司，北京，2000年）。多学科断代工程于1996年5月启动，历时五

---

① 雷学淇《竹书纪年义证》卷二十七曰："携，地名，未详所在。"童书业则认为携王之"携"或非地名，而为谥法，《逸周书·谥法》云："怠政外交曰携。"谓之"外交"，或携王之立托庇于戎人，故为勤王之晋文侯所杀（见《春秋左传考证》"周二王并立"，载《童书业著作集》卷一354页，中华书局，2008年）。
② 案：《吕览·先识》原文为："夏太史令终古出其图法，执而泣之。夏桀迷惑，暴乱愈甚，太史令终古乃出奔如商。"

年，二百余专家学者参与其中，总体目标"是要将夏商周时期的年代学进一步科学化、量化，制定夏、商、周这一历史时期有科学依据的年代学年表"（《夏商周断代工程1996—2000年阶段成果报告·简本》出版说明）。

二里头遗址出土青铜器

重温半个多世纪前钱穆写下的一段有关古史研究的话，字里行间依然闪烁出刺目的亮光：

"大体上研究古史，应有其相当之限度，凡及年历、人物、制度、学术等等，过细推求，往往难得真相。一因古代文化演进尚浅，不够按年逐月推求。后世如刘歆《三统历》以下迄于皇甫谧《帝王世纪》、邵雍《皇极经世》等书，无论其推算不可信，即谓推算无误，亦往往历数十百年无一事可考，岂不于研治古史仍属徒劳。二则因古代文化演进尚浅，人物个性活动之事业尚少，若专从人物言行上研求古史，则仍是黄帝、尧、舜、禹、汤、文、武、周公一套旧观念，不免多带有神话与教训之意味，亦不得古史真相。三则因古代文化演进尚浅，并不如后代有种种政治制度、学术思想等之并起，若从此方面研寻古史，则不脱汉代经学家'三代质文相禅'种种假想之范围，所谓儒者托古改制，亦不能得古史之真相。"（《国史大纲（修订本）》上册第9页，商务印书馆，1996年）

按《古本竹书纪年》的推算，夏、商、西周绵历1224年，《夏商周年表》给出的数据是公元前2070年至公元前771年，跨1299年。已故美籍华裔学者黄仁宇讲国史用"大历史"（macro-history）一词，缘其有着内在逻辑，貌似庞杂而自成体系之故。梳理一下发生在三代一千数百年间的大事，我们注意到，许多事件对这部大历史的结构起到奠基作用，为它的内涵预先定下一个调子。

从地望看，夏人居中，势力大抵在今豫西嵩山，伊、洛下游；商人立足东方，今冀、豫、鲁三省交界处；周人起于西方泾、渭流域。黄河中游一段正成为他们活动的中心舞台，各自的扩张路线，"大体上说，夏人自西而东，商人自东而西，周人复自西而东。"（张荫麟《中国史纲（插图本）》21页，上海古籍出版社，2004年）三族角逐的结果，不是简单的王朝递嬗，而是一个名为"华夏"或"诸夏"的农业民族雏形的孕育生成。历史未来的轨迹，很大程度上以此为基点，演绎外族"不断与诸夏互相龃龉而渐渐为诸夏同化吸收的经过"（同上22页）。伴随华夏滚雪球一样的发展壮大，周边游牧渔猎的种种异族初以一种边缘化方式参与（或影响）国家塑造，渗入（或改造）主流生活。这绝非如两河交汇般平静，而是云水翻腾，风雷激荡，尤以塞外马上民族留下最为浓墨重彩的一笔。反复接触与碰撞过后，他们或铩羽而归，或向化臣服，或以武力征服最终自己当上主人，于是固有平衡被打破，理性演进的程序中陡然增加不少变数，历史也被时时赋予一张出乎意料的新奇面孔。故对待华夏当以动态眼光视察之，乃一次次成功与不成功的民族融合的产物[①]；这样一个过程，我们无法准确推究它的起始年代，亦同样不能预知其终点，因为它贯穿于历史当中，甚至，它就是历史本身。

传说中的夏禹治水是又一桩不容忽视的大事。帝尧之时，洪水滔天，"鲧窃帝之息壤以埋洪水，不待帝命。帝令祝融杀鲧于羽郊。鲧复生禹。帝乃命禹卒布土，以定九州。"（《山海经·海内经》）舜廷九官，禹功为大，有关他的事迹古书记载甚多，略举数例：

"居外十三年，过家门不敢入。……陆行乘车，水行乘船，泥行乘橇，山行乘檋[②]。"

---

① 民族融合导致黄帝被推为许多向化外族的祖先。《山海经·大荒北经》云："黄帝生苗龙，苗龙生融吾，融吾生弄明，弄明生白犬，白犬有牝牡，是为犬戎。"《史记·五帝纪》又曰，舜摄政，"流共工于幽陵以变北狄，放驩兜于崇山以变南蛮，迁三苗于三危以变西戎，殛鲧于羽山以变东夷。"案：《左传·文十八年》作"（舜）流四凶族，浑敦、穷奇、梼杌、饕餮，投诸四裔"，唐张守节《五帝本纪正义》谓讙（驩）兜即浑沌（敦），共工即穷奇，鲧即梼杌，三苗即饕餮。浑敦、穷奇、梼杌皆黄帝子孙，饕餮炎帝苗裔，幽州（幽陵）、崇山、三危、羽山指四裔之地，古人多有考证，大抵分别在今北京、湖南、甘肃、山东一带。若此"四凶"说，以及《史记·匈奴传》所称匈奴先祖为夏后氏苗裔（《索隐》引《括地谱》云：夏桀死后，"其子獯粥妻桀之众妾，避居北野，随畜移徙，中国谓之匈奴"），皆系史臣站在诸夏立场对四裔异族族源之理解。

② 檋音'拘'，《史记·河渠书》作"桥"，《汉书·沟洫志》作"梮"。清代俞正燮引韦昭、应劭所说，谓檋即山轿，人举以行（见《癸巳存稿》卷一"四载"条）。

（《史记·夏纪》）

　　"劳身勤苦，不重径尺之璧，而爱日之寸阴，手足胼胝。"（《帝王世纪》）

　　"身执耒臿以为民先。"（《韩非子·五蠹》）

　　"腓无胈，胫无毛，沐甚雨，栉疾风。"（《庄子·天下》）

　　形容禹奔波劳顿最惨烈者莫过下面这段话："古者龙门未辟，吕梁未凿，禹于是疏河决江，十年不窥其家，生偏枯之病，步不相过，人曰禹步。"（《太平御览》卷八十二引《尸子》）偏枯，盖今日所言半身不遂，禹因此被带有强烈苦行色彩的墨家引为榜样，曰：不能自苦，"非禹之道也，不足谓墨"（《庄子·天下》）。令人啼笑皆非的是，后世巫祝道士作法多效禹步，称"步罡踏斗"①。

　　这里首先是鲧、禹父子治水方法的不同。鲧拿"息壤"填洪水，也就是筑堤；禹"随山浚川"（《尚书·禹贡》），也就是疏导。《中国科学技术史》（*Science and Civilization in China*）主编、英人李约瑟博士（Joseph Needham）称，"把鲧和禹进行对比，代表了存在于古代中国的在水利工程治理方面相反的两个流派。在整个中国历史中，筑高堤坝的支持者和挖深河道的推崇者之间就存在着矛盾，这是矛盾的一部分。另外，这还表现为两个道德体系的冲突，一个主张限制和压抑人性，另一个主张顺其自然，或者甚至必要的时候回归人性。"（见柯林·罗南（Colin A. Ronan）简编本《中华科学文明史》（*The Shorter Science and Civilization in China*）卷五188页，上海交通大学科学史系译，上海人民出版社，2003年）

　　禹治水十年，舜赐玄圭，以告成功②。至夏芒即位，所办第一件事便是主持"沉祭"："以玄珪宾于河。"（《竹书纪年》）据《尚书·禹贡》载，禹自冀州壶口开始，足迹遍布南北，"名川三百，支川三千，小者无数"（《庄子·天下》），江、淮、河、汉无所不治。这样夸大其词的文字无疑染有过多想象色彩，不足信也，但疏浚黄河之工程总不至于面壁虚构。

　　李氏用如下开场白介绍中国的地理背景——上演中国文明发展这出戏剧的舞台："从地图上看，一眼就可发现中国被其主要的两条河流——黄河和长江所分划。这只是一个过于简单的陈述，但是对于一个多山、有平原、还有大面积的沙漠和肥沃地区的国家来说，

① 王昌龄《武陵开元观黄炼师院》第一首曰："松间白发黄尊师，童子烧香禹步时。欲访桃源入溪路，忽闻鸡犬使人疑。"欧阳修《太清东阁题名》记云："熙宁元年二月十八日，余率僚属谒太清诸殿。裴回（同徘徊）两阙之下，周视八桧之异，窥九井禹步之奇，酌其水以烹茶而归。"（载《集古录跋尾》卷十，《欧阳修全集（下）》，中国书店，北京，1986年）
② 见《尚书·禹贡》及《史记·夏纪》。《太平御览》卷八十二引《尚书旋玑钤》则谓天赐玄圭，云："禹开龙门，导积石，出玄珪，上刻曰：'延喜玉，受德。天锡佩。'"

河流可以作为有用的结构，帮助人们描述简要的概念。"（《中华科学文明史》卷一17页）华夏起源于黄河中游，这条冲刷黄土高原、裹泥挟沙奔涌而下的母亲河却未曾提供一个安稳的摇床，如何应对水患几乎从一开始便成为摆在我们民族面前的严峻命题。上游源自青藏，下游注入渤海，中途融汇大大小小无数河流，全长五千余公里，流域面积近八十万平方公里，显然黄河的治理非一时一地可以完成，一项关乎存亡的技术工程对文明本身提出了更高的要求。具体而言，自然条件"对中国社会加强中央集权产生了毋庸置疑的影响，一个简单的理由就是要有效地处理由河流引起的工程问题，以及要实现河流之间的联系，在每个阶段都要跨越小封建领地边界"（同上书卷五191页）。

前651年，齐桓公大会诸侯于葵丘（今河南民权），立五禁，其中包括"无曲防"（《孟子·告子下》[1]，朱熹注云："不得曲为堤防、壅泉激水，以专小利、病邻国也。"）。数百年后的亚圣孟子目睹诸小国仍自行筑堤，壅水害人，乃有"禹以四海为壑，今以邻国为壑"之叹（同上引）。故参与编撰《中国科学技术史》的黄仁宇称"中国的团结出于自然力量的驱使"，"孟子所说天下之'定于一'，也就是只有一统，才有安定。由此看来，地理条件和历史的发展极有关系，尤其是当我们把地理的范围放宽，历史的眼光延长时，更是如此。"（《中国大历史》23页，三联书店，北京，2005年）因治水而使江山一统的观念早早深入人心，并成为国家存在之必须和历史行程之大主题[2]。应该说，治水与一统的内在联系为下面行将全面展开的这幅带有明显早熟色彩的历史画卷预先置下一个合理的注脚。

中国境内第一大河长江之开发要略晚于黄河。尽管已有不少史前遗迹被陆续发现，至少从文献角度看，张荫麟当年这段表述还是相当准确的："（周代以前）长江下游包括湖北、安徽、江苏、浙江等地的历史，几乎完全埋在黑暗之中。到了周朝，这一区域里民族分布的情形才有鳞爪可见。"（《中国史纲》24页）用围棋术语说，长江流域亦正因此而为中华文明的生命"长了一口气"；日后每当北方遭遇变故，汉人政权政治、经济之重心便可由中原腹地渐次南移，重续活力，文明弹性与张力的伏笔即埋于此地理背景之下。

桀、纣与幽王是夏、殷、西周三朝的亡国之君，亦可称作中国暴君的鼻祖，在他们背后各自立着一位女人，分列西汉刘向所撰《列女传·孽嬖》前三甲。

史载夏桀淫乱，多求美女以充后宫，造烂漫之乐，纵靡靡之声，"日夜与妹喜及宫女饮酒，常置妹喜于膝上。妹喜好闻裂缯之声，桀为发裂缯以顺适其意。"（《帝王世纪》）妹

---

[1] 《穀梁传·僖九年》作"毋壅泉"。

[2] 西汉淮南王刘安谓三代以后，礼崩乐坏，生灵涂炭，"所以然者何也？诸侯力征，天下[不]合而为一家。"（《淮南子·览冥训》，"合"上原脱"不"字，据清人王念孙说补）

喜亦作妹嬉、末喜或末嬉，有施氏之女，《国语·晋语一》曰："夏桀伐有施，有施人以妹喜女焉。"又据《古本竹书纪年》，桀攻有缗氏，得其二女琬、琰，弃元妃末喜于洛，"末喜氏以与伊尹交，遂以间夏。"故《国语》称"（妹喜）与伊尹比而亡夏"，几乎把她变成了女版007。不管怎样，伊尹一度呆在夏桀身边，应该有机会接触到他的宠妃①。汤将伐桀，妹喜言于伊尹曰："今昔天子梦西方有日，东方有日，两日相与斗，西方日胜，东方日不胜。"（《吕览·慎大》）这听上去像是不利于商的卜筮之兆，汤不为所动，兴师西进；桀落荒而走，"与妹喜及诸嬖妾同舟浮海，奔于南巢之山而死。"（《帝王世纪》）②

周武王东伐殷，观兵于孟津（今河南孟津），作《泰誓》数纣罪曰："自绝于天，结怨于民……作奇技淫巧以悦妇人；"（《尚书·泰誓下》，载古文）战于商郊牧野（今河南淇县南），又作《牧誓》："古人有言曰：'牝鸡无晨。牝鸡之晨，惟家之索。③'"（《尚书·牧誓》）誓词中屡屡提及的妇人便是妲己④。妲己，有苏氏之女，《国语·晋语一》曰："殷辛（即纣）伐有苏，有苏氏以妲己女焉。"《列女传·孽嬖》"殷纣妲己"篇谓纣王惟此女之言是从，"积糟为丘，流酒为池，悬肉为林，使人裸形相逐其间，为长夜之饮，妲己好之。百姓怨望，诸侯有畔（同'叛'）者，纣乃为炮烙之法，膏铜柱，加之炭，令有罪者行其上，辄堕炭中，妲己乃笑。"武王斩纣头，悬之大白旗；斩妲己头，悬之小白旗。

《小雅·正月》曰："赫赫宗周，褒姒灭之。"褒姒，褒国美女，《国语·晋语一》曰："周幽王伐有褒，有褒人以褒姒女焉。"褒姒不好笑，幽王用尽手段，至数举烽火以戏诸侯，乃博一粲。褒姒生子伯服（古文作伯盘），幽王又废太后（申国女子）而立褒姒为后，去太子（宜臼）而以伯服为嗣。翁婿反目，申侯联犬戎攻镐京，幽王举烽火征兵，诸侯莫至，遂被杀于骊山下⑤。

① 伊尹名挚，被誉为史上首位有名贤相。传为汤妻陪嫁奴隶，其貌不扬，"甚大而短，大上小下，"（《太平御览》卷三七八引《古文琐语》）"蓬头而鬈。"（同书卷三七四引《晏子》）亲作庖厨，负鼎俎，调五味，以王道说汤。（《史记·殷本纪》或谓伊尹耕于野，乐尧舜之道，"汤三使往聘之，"（《孟子·万章上》）则是三顾茅庐的雏形。然伊尹对汤"七十说而不受"（《韩非子·难言》），故"五就汤，五就桀"（《孟子·告子下》），逡巡于二者之间。据《尚书大传疏证》卷三《汤誓》，伊尹始仕于桀，闻夏人醉酒歌曰："盍归于亳（汤之都）？去不善而就善，何不乐兮！"乃立意去夏事商。
② 《史记正义》引《淮南子》云："汤败桀于历山，与末喜同舟浮江，奔南巢之山而死。"案：该句并不见于今传《淮南子》中，何宁谓当是东汉许慎注本佚文（见何著《淮南子集释（下）》1316页，中华书局，1998年）。
③ 《史记·周纪集解》引西汉孔安国曰："索，尽也。喻妇人知外事，雌代雄鸣，则家尽也。"
④ 袁枚引唐颜师古《匡谬正俗》曰："妲者，妃号也；己者，干支甲乙之称。称己者，当是妃位第六人也。"（《随园随笔》卷十八"妲己非名"）
⑤ 钱穆谓《史记·周本纪》所载"烽火戏诸侯"不过委巷小人之谈，诸侯兵见烽而至，无寇即返，有何可笑？且举烽传警，乃汉人备匈奴事，"史公对此番事变，大段不甚了了也。"（《国史大纲（上）》48页）

　　《大雅·瞻卬》曰："哲夫成城,哲妇倾城。懿厥哲妇,为枭为鸱。妇有长舌,维厉之阶。乱匪降自天,生自妇人。"葵丘盟辞其一云:"毋使妇人与国事。"(《谷梁传·僖九年》)上述三个女人的事迹在古书中常常混为一谈,以致真伪莫辨,但无论怎样,政治可以说是人类自有活动以来所发明的最丑陋的一种游戏。大历史家吕思勉尝曰:"政治本来是社会上有了矛盾然后才有的,所以政治家所对付的,全是些贪婪、强横、狡诈的人。"(《吕思勉集(上)》"为魏武帝辨诬"77页,花城出版社,2011年)而一旦女人参与其中,只能让原本就不干净的画面变得越发不堪入目,此后的历史会不断证明这一点。

第三章

春秋战国：阵痛

前770年，周平王自镐京（宗周）迁东都洛邑（成周），以下便入东周。

（东）周王世次：平王（四十九年即鲁隐公元年，前722，《春秋》始）→桓王（平王孙）→庄王→厘王（僖王）→惠王→襄王（弟王子带召戎狄伐周）→顷王→匡王→定王（匡王弟）→简王→灵王→景王→悼王（在位凡二百日，死于王室内乱，景王庶子王子朝争立）→敬王（悼王弟，时王子朝在王城，号西王，敬王避居狄泉①，号东王；四十一年即鲁哀十六年，前479，孔丘卒，《春秋》终②）→元王→贞定王（元年即鲁哀二十七年，前468，《左传》终③）→哀王→思王→考王（哀、思、考三王皆贞定王之子，哀、思各立数月见杀，兄弟相残，王室再乱）→威烈王（二十三年即前403，《资治通鉴》始）→安王→烈王→显王（烈王弟；先是，考王封其弟于河南，都王城，是为西周桓公，后桓公孙惠公又封其少子于巩，在今河南巩义市，是为东周惠公，至显王二年即前367，东、西周分治，周王抱空名寄居下都而已④）→慎靓王→赧王

自平王东迁，周同于列国。前707年，桓王伐郑，战于繻葛（今河南长葛）。郑军为

---

① 清顾祖禹《读史方舆纪要》卷一引杜氏曰："平王初迁于河南曰王城，子朝之乱，敬王居狄泉曰下都，今洛阳故城是也。"顾氏注云："洛阳故城中有狄泉，敬王既定子朝之乱，改都下都，晋率诸侯之众修缮其城，以下都城小，包狄泉以广之。"案：古书中成周、王城、下都的使用颇为混乱，盖源于杜预"敬王徙都成周"之说（见《左传·昭三十二年》）。童书业力辨敬王平乱，仍都王城，所谓迁都实为讹传；而成周表周业之成，自当为东都总名，包王城与下都，"以雒阳（即下都）为成周，与王城分而为二，乃秦汉之际人习见战国时事而发之误说耳。"（《考证》"'成周'与'王城'"，载《童书业著作集》卷一527页）

② 此依《左氏经》，《公羊》和《穀梁经》皆写至鲁哀公十四年（前481）"西狩获麟"而终。

③ 《左传》文字实延至鲁悼公四年（前464）止。

④ 《方舆纪要》卷一引吴氏云："盖东、西周之名，前后凡三变，初言东、西周者，以镐京对洛邑而言；中间言东、西周者，以王城对成周（指下都）而言；最后言东、西周，则以河南（王城）对巩而言也。"案：清末杨守敬《水经注疏》亦引此语，谓高士奇作如是说（见卷十六"谷水"）。

鱼丽阵，先偏后伍，伍承弥缝[1]；王师大败，郑将祝聘射王中肩。祝聘请追，郑庄公曰："君子不欲多上人，况敢陵天子乎（句中上、陵二字同义，侵侮）？苟自救也，社稷无陨，多矣（此句犹云国家免于危亡足矣，何敢多求）。"（见《左传·桓五年》）周王威信至此扫地！王室内乱，襄王、敬王皆赖晋之力以正其位[2]，显王时分周为二，韩、赵所为。顾祖禹曰："周室衰微，所有者河南（即王城）、洛阳（即下都）、谷城、平阴、偃师、巩、缑氏七城而已"，其中河南、缑氏、谷城三邑属西周，洛阳、平阴、偃师、巩四邑属东周（见《方舆纪要》卷一）。由此观之，上所列帝系不过为这一时代提供一个标尺，并无多少实际意义在内。

治史者习惯将东周划为春秋（前770—前476）、战国（前475—前221）前后两期，显然与托名孔子的那部《春秋经》有关。同样因为这部经，以及文字优雅的"三传"（《左传》《公羊传》《穀梁传》），后人看春秋往往带了些许温情，对接踵的战国——秦廷焚书，致本期史记又多茫昧——不但无好感，简直要肆意抹黑了。西汉刘向作《战国策》序，谓春秋三百年间，礼义犹存，人臣尚知尊王；及春秋之后，"并大兼小，暴师经岁，流血满野，父子不相亲，兄弟不相安，夫妇离散，莫保其命，潜然道德绝矣。晚世益甚，万乘之国七，千乘之国五，敌侔争权，盖为战国。"——要言之，"不可以临教化"（《战国策书录》）淮南王刘安笔下更不留情，称七国举兵相角，"攻城滥杀，覆高危安，掘坟墓，扬人骸……所谓兼国有地者，伏尸数十万，破车以千百数，伤弓弩矛戟矢石之创者扶举于路，故世至于枕人头，食人肉，菹人肝，饮人血，甘之于刍豢（甘犹嗜，刍为牛肉，豢为豕肉）。"（《淮南子·览冥训》）

钱穆盛赞春秋时贵族阶级之"嘉言懿行"和"外交上的文雅风流"，谓"道义礼信在当时的地位，显见超出于富强攻取之上"；及战国兴起，"只是些杀伐战争，诡谲欺骗，粗糙暴戾。"（《国史大纲（上）》71—72页）张荫麟又写道："春秋时代的历史大体上好比安流的平川，上面的舟楫默运潜移，远看仿佛静止；战国时代的历史却好比奔流的湍濑，顺流的舟楫，扬帆飞驰，顷刻之间，已过了峰岭千重。"（《中国史纲》104页）论

---

[1] 杜预注《左传》云："《司马法》，车战二十五乘为偏，以车居前，以伍次之，承偏之陈而弥缝阙漏也。五人为伍。此盖鱼丽阵法。"然后世颇多异说。清人江永谓车亦有伍，《司马法》"二十五乘为偏，百二十五乘为伍"可证；"盖以二十五乘居前，以百二十五乘承其后而弥缝之，若鱼之相丽而进，言车则人在其间可知，而杜以五人为伍释之，误矣。"（《群经补义·春秋》）明冯梦龙《东周列国志》则曰："甲车二十五乘为偏，甲士五人为伍。每车一偏在前，别用甲士五五二十五人随后，塞其阙漏。车伤一人，伍即补之，有进无退。此阵法极坚极密，难败易胜。"（见第九回）

[2] 王子带之乱，襄王出奔郑，告急于晋，文公发兵诛子带。王子朝作乱，晋师入周勤王，城成周（城者，增修、加筑意，非始筑）；子朝余党复作乱，敬王奔晋，卒由定公护送返国。敬王曰："蟊贼远屏，晋之力也。"（《左传·昭三十二年》）

春、战气象迥异，二人大抵沿袭以往路数，先入为主的臆想成分居多。

笼统而言，整个东周实在是"霸道"凌驾或颠覆"王道"的时期，中间并没有一个明晰的节点来斩截断开。易姓革命、改朝换代的公式三代时便反复上演。商汤放桀，自惭曰："予恐来世以台（音'怡'，自指）为口实。"（《仲虺之诰》，载古文《尚书》）武王克殷，云："寡人伐纣天下，是臣杀其主而下伐其上也。吾恐后世之用兵不休，斗争不已。"（《淮南子·道应训》）[1]入东周，天子被束之高阁，礼乐征伐自诸侯以致大夫出。一面是"溥天之下，莫非王土；率土之滨，莫非王臣"（《小雅·北山》），一面是"民为贵，社稷次之，君为轻"（《孟子·尽心下》），以及"天下非一人之天下，乃天下之天下，"（《六韬·文韬·文师》）这样一套怎么讲都有理的"悖论"左右之后几千年历史的命运，值得注意。

故东周前后之不同，仅在见证了周室所创封建制度渐次崩溃的一个全过程，这在政治、经济、文化、社会各方面皆激起剧烈变动："治野人使养君子"亦即奉养贵族的井田制瓦解[2]，郡县制初兴[3]，贵族没落，商贾崛起（如吕不韦、范蠡、弦高），货币流行（如三晋布币、齐燕刀币、楚之蚁鼻），都邑繁荣（如齐之临淄[4]），农工商大发展。从

---

[1] 围绕这一话题，汉初儒者辕固、黄生曾在景帝面前有过一番舌战。黄生曰："汤、武非受命，乃弑也。"辕固曰："不然。桀、纣虐乱，天下之心皆归汤、武，汤、武与天下之心而诛桀、纣，不得已而立，非受命为何？"黄生曰："桀、纣虽失道，然君上也；汤、武虽圣，臣下也。臣下不能正言匡过以尊天子，反因过而诛之，代立践南面，非弑而何也？"辕固曰："必若所云，是高帝代秦即天子之位，非邪？"激辩至此，景帝出面打圆场道："'食肉不食马肝，不为不知味'，言学者无言汤、武受命，不为愚。"这在以后便成禁区，学者莫敢明受命放杀者（见《史记·儒林传》）。

[2] 西周分封制下，无君子莫治野人，无野人莫养君子，故行井田之法："方里而井，井九百亩，其中为公田。八家皆私百亩，同养公田，公事毕，然后敢治私事，所以别野人也。"（《孟子·滕文公上》）朱熹注云："公田以为君子之禄，而私田野人之所受。先公后私，所以别君子野人之分也。"所谓君子野人，不消说，君子即指公侯，野人便是辛苦劳作一年，"我稼既同，上入执宫功。"的农夫或称庶人（诗引自《诗经·豳风·七月》，大意为：收完自己庄稼，还得给公爷干活）

[3] 清顾炎武谓废封建立郡县非自秦始，"当春秋之世，灭人之国者，固已为县矣；当七国之世，而固已有郡矣。"（《日知录》卷二十二"郡县"）案：春秋以前县大于郡（《逸周书·作雒》云：周制，千里百县，县有四郡），至战国郡大于县。（《战国策·秦二》："宜阳大县……名为县，其实郡也"，是为证）立郡县则派守令，吴起为西河守，冯亭为上党守，西门豹为邺令，荀况为兰陵令，量能授官，"岁终奉其成功以效于君，当则可，不当则废。"（《荀子·王霸》）官僚政治实滥觞于此。宰相为纲，百官为目，纲举目张，"故君人劳于索之，而休于使之。"（同上引，大意为：君主苦于择相，一旦有好宰相，便可一劳永逸），此项制度的玄机被荀子一语道破。

[4] 苏秦说齐宣王曰："临淄之中七万户……甚富而实，其民无不吹竽、鼓瑟、击筑、弹琴、斗鸡、走犬、六博、蹹踘（即蹴鞠）者；临淄之途，车毂击，人肩摩，连衽成帷，举袂成幕，挥汗成雨。"（《战国策·齐一》"苏秦为赵合从说齐宣王"）

军事角度看，一则因征兵制之推广①，二则因战术、兵器之进步②，致战争规模大幅升级，前后殊不可同日而语。前638年宋楚泓水之战，宋襄公高举"仁义"大旗，"不困人于阸（同'厄'），不鼓不成列"（《史记·宋世家》），楚师未渡不可击，已渡未阵又不可击。宋襄本人伤股毙命，虽被毛泽东骂作"蠢猪"，亦被太史公赞为"有礼让"，犹可看成是早期贵族温文尔雅、骑士风度的典范。前260年秦赵长平之役，秦将白起尽坑杀降卒四十余万，"遗其小者二百四十人归赵"（《资治通鉴·周纪五》）③，是役遂为战国二百年间最血腥惨烈一战。

《东周列国志》第三十四回（即泓水之战）篇首，清人蔡元放的一段按语说得好："霸与王异，为其以力而不以仁也。而霸与暴异，为其仍以仁义为名也。故孟子曰：以力假仁者霸。仁便是仁，何以谓之假仁？假仁便是假仁，何以为之以力？盖其仁非出本心，不过借以为名以服人耳，故曰假仁。假仁，人如何肯服？所恃者有力，故曰以力。"楚以"蛮夷"自居，春秋已僭号④，中原诸侯拉不下脸，直到齐、魏会于徐州始相率称王⑤。

---

① 长平之战，秦昭王亲往河内（今河南省黄河以北之地），"发民年十五以上悉诣长平，遮绝赵救兵及粮食。"（《通鉴·周纪五》）案：设立郡县亦是对征兵的行政支持，可保障兵源充盈。

② 车战演为步战，至赵武灵王胡服骑射，骑兵又兴。铁制兵器大量投入战场，杀伤力大增，始有极惨战事发生。案：铁在战国之世殆已得到广泛应用，《史记·货殖传》云："邯郸郭纵以铁冶成业，与王者埒富。"《孟子·滕文公上》中已有"铁耕"一词。当时生铁铸造遗址在河北易县燕下都、河北兴隆、河南登封等地均有发现。军器制造，南朝江淹作《铜剑赞》曰："春秋迄于战国，战国至于秦时，攻守纷争，兵革互兴。铜既不充给，故以铁足之。铸铜既难，求铁甚易，是故铜兵转少，铁兵转多。"（载江集佚文，见明胡之骥《江文通集汇注》388页，中华书局，1984年）今人杨宽亦谓战国时"由于冶铁技术的进步，矛、戟、剑等武器逐渐改用铁制"，例如楚的铁铊（矛）、铁剑，韩的剑戟，中山的铜甲、铁杖（杨宽《战国史（增订本）》304页，上海人民出版社，1998年）。

③ 元胡三省注云，此乃白起之谲，"强壮尽死，则小弱得归者必言秦之兵威，所以破赵人之胆。"案：坑杀赵卒处旧名煞谷（在今山西高平市西北），"露骸千步，积血三尺"，唐开元十年玄宗行幸亲祭，改名省冤谷（《太平寰宇记》卷四十四《河东道·泽州·高平》"省冤谷"条）。今日当地犹有名吃唤"白起肉"（即烤豆腐）以示仇恨。

④ 楚君熊通自称"我蛮夷也"，伐姬姓随国，欲观中国之政，请周室加尊号。周室不听，熊通怒而自立，是为武王，事在周桓王十六年（前704年）。

⑤ 齐、魏先各自称王，马陵之战魏大败，折节朝齐，双方互尊为王，开先例，史称"徐州相王"（见《通鉴·周纪二》，胡氏注云，相王者，相立为王也）。司马迁误以为事在齐宣王九年（《田完世家》）、魏襄王元年（《魏世家》），而系之周显王三十五年（前334，《六国年表》）则不误。钱穆力辨会于徐州者乃齐威王、魏惠王，自是宋、秦、韩、燕、中山、赵相继僭号，各国称王之局大定（见钱穆著《先秦诸子系年（上）》卷三之九十二"齐魏会徐州相王辨"）。
案：《田完世家》屡见徐州地名，如"（田常）追执简公于徐州。"徐音'舒'，当为俆之误写，《齐世家》《鲁世家》皆作俆州，《春秋》《左传》作舒州。《竹书纪年》载"（魏惠王）三十一年，邳迁于薛，改名徐州"，顾炎武据此推断徐州即薛，"在今滕县（即山东滕州）之南"（《日知录》卷三十一"徐州"）。张守节《史记正义》则谓徐州在渤海郡东平县，江永曰："东平舒在今顺天府大城县界（即河北廊坊大城），此齐之极北，与燕界者也"；《春秋·哀公十四年》记田常置齐简公于舒州，"将弑君，故寘（同'置'）诸极远之界而幽之"（《春秋地理考实》）。江氏之说似有理，然楚人怒齐、齐相王而围徐州，楚发兵至滕县可矣，至极远东平则既不可行又不可信。清程恩泽指出徐州有三说，滕县、东平舒外，据《说文》又有鲁东邹城一说，其地近薛而非薛，即诸侯相王之地（见《国策地名考》卷五《齐（下）》"徐州"条）。

钱穆谓"徐州一会，实当时诸侯称王之初步，战国惊人一大事。"（《先秦诸子系年（上）》278页，中华书局，1985年）史迁曰："春秋之中，弑君三十六，亡国五十二，诸侯奔走不得保其社稷者不可胜数。"（《史记·太史公自序》）孟子更明说"春秋无义战。"（《孟子·尽心下》）从春秋五霸到战国七雄，或仁义遮面，或裸身而战，至于追求霸业，则一也。顾炎武谓自《左传》之终至徐州相王凡一百三十三年，史文阙轶，"如春秋时犹尊礼重信，而七国则绝不言礼与信矣；春秋时犹宗周王，而七国则绝不言王矣；春秋时犹严祭祀，重聘享，而七国则无其事矣；春秋时犹论宗姓氏族，而七国则无一言及之矣；春秋时犹宴会赋诗，而七国则不闻矣；春秋时犹有赴告策书，而七国则无有矣。……此皆变于一百三十三年之间，史之阙文，而后人可以意推者也。"（《日知录》卷十三"周末风俗"）前后差别如此之大，多半正是出自后人的意推悬想而已。

自武王分封，至春秋犹存百二十四国[①]。强兼弱削，鲁在春秋吞九国之地，齐十国，晋十八国，楚四十二国，宋六国（见清顾栋高《春秋大事表》卷四《春秋列国疆域表》）；"终春秋之世，国之灭为县邑者强半天下，诸国卒以强盛。"（同书卷五《春秋列国爵姓及存灭表》叙）于是并而为十二诸侯[②]，又并而为七国。

齐

太公望封于齐，都营丘（今山东淄博临淄），通商工之业，便鱼盐之利，齐为大国。值管蔡之乱，周王命太公："东至海，西至河，南至穆陵，北至无棣[③]，五侯九伯，实得征之。"（《史记·齐世家》）齐由此得征伐，"遂以西方之文化移植于东方。"（顾颉刚语，见"四岳与五岳"，《史林杂识初编》37页，中华书局，1963年）

至齐桓公（即公子小白），用管夷吾（字仲）为相，对内通货积财，设轻重（指钱）

---

① 此依顾栋高《春秋大事表》；顾炎武谓春秋时见于经传者百四十余国（《日知录》卷二十二"郡县"）。

② 司马迁作《十二诸侯年表》：鲁、齐、晋、秦、楚、宋、卫、陈、蔡、曹、郑、燕、吴。《索隐》谓："篇言十二，实叙十三者，贱夷狄不数吴，又霸在后故也。"案：吴列"世家"第一，称霸在后是，贱夷狄则非也，详于后。

③ 东汉服虔曰："皆太公始受封土地疆境所至。"此说是，然司马贞《索隐》释云："今淮南有故穆陵门，是楚之境。无棣在辽西孤竹。"服虔以为太公受封境界所至，不然也，盖言其征伐所至之域也。江永谓"今青州府临朐县东南一百五十里有穆陵；无棣在渤海高城县，今直隶河间府沧州盐山县即古无棣"，皆齐境（《春秋地理考实·僖公四年》）。《元和郡县志》说无棣更明，"本春秋时齐之四履北至之地，在汉为阳信县地。隋开皇六年，割阳信、饶安置无棣县，以南临无棣沟，因以为名，属沧州。"（卷十八《河北道三·沧州》"无棣县"）案：今日鲁北与冀省接壤处即有无棣县，大致与以上所说合，可知小司马之说非是。通览《史记》，《索隐》疏谬实多，殆小司马不及作《集解》之裴骃与作《正义》之张守节治学严谨。

鱼盐之利①，对外尊周室，攘夷狄②，扮演"世界警察"的角色，北征山戎，南伐楚，平戎于周③。齐桓自谓"九合诸侯，一匡天下"④，终成霸业。及其卒，五子争立，无暇棺殓，停尸床上凡六十七日，尸虫爬出户（见《史记·齐世家》）⑤。

桓公十四年（前672），还发生了一桩当时看来波澜不惊、却要在日后掀起大风浪的事件，即陈公子完避乱奔齐，改姓田（《史记·田完世家索隐》云，陈、田二字声相近，遂改田氏）。

景公时，晏婴为相。时田氏宗族渐强，大夫田乞收赋税于民，小斗收进而大斗贷出，齐民"爱之如父母，归之如流水。"（《左传·昭三年》）晏子预言："齐国之政其卒归于田氏矣。"（《史记·田完世家》）前481年，田乞之子田常杀简公，立平公，专齐政；孔子时年七十一，闻之怒，沐浴而朝，告鲁哀公曰："陈恒弑其君，请讨之。"（《论语·宪问》）⑥

自田乞以降，田氏世世相齐，至田和，迁康公于海上，鸠占鹊巢，自为齐侯，列于周室，史称"田氏代齐"，事在周安王十六年（前386），田和即田齐太公。庄子曰："田成子（即田常）有乎盗贼之名，而身处尧舜之安，小国不敢非，大国不敢诛，十二世有齐国。⑦"（《庄子·胠箧》）又曰："小盗者拘，大盗者为诸侯，孰恶孰美？成者为首，

---

① 民以食为天、国富民强是管仲治齐的重要理念，"国多财则远者来，地辟举则民留处，仓廪实则知礼节，衣食足则知荣辱。"（《管子·牧民》）相传他又"置女闾三百，征其夜合之资，以充国用，此即教坊花粉钱之始也。"（清褚人获《坚瓠续集》卷一"女闾"，载《笔记小说大观》第十五册，江苏广陵古籍刻印社，1984年）案：女闾即妓院，《战国策·东周》亦云："齐桓公宫中七市，女闾七百，国人非之。"袁枚则有疑娼妓不始于管仲之辨，甚至疑嬲妓之类"周公之词已有其象矣"（《随园随笔》卷二十"妓女不始于管仲"）。

② 晋卿赵衰曰，求霸莫如尊周，以令于天下（见《史记·晋世家》）。可见尊王乃当时诸侯争霸的共用手段。

③ 伐山戎以救燕，燕庄公送齐桓入齐境。齐桓曰："非天子，诸侯相送不出境。"乃割燕君所至地予燕，使燕复修召公之政，纳贡于周。伐楚，责包茅（成捆菁茅，祭神时用以滤酒去滓）不入贡，问昔时昭王何以南征不返，楚成王对曰："贡之不入，寡人罪也；昭王之出不复，君其问之水滨。"王子带召诸戎攻周襄王，管仲平戎（平者，和也，使戎与周室构和），襄王欲待以上卿礼，管仲辞，受下卿礼而还。在在皆以尊王为表示。

④ 齐桓曰："寡人兵车之会三（是为武会），乘车之会六（是为文会），"（《史记·齐世家》）凑成"九合"之数。《论语·宪问》曰："桓公九合诸侯，不以兵车"，误也。案：《左传·僖二十六年》"九合"作"纠合"，齐君会盟诸侯实有十五次之多。

⑤ 《正义》引《括地志》云，齐桓、管仲墓皆在临淄城南牛山上。晋永嘉末，有人盗发齐桓墓，"初得版，次得水银池，有气不得入，经数日，乃牵犬入中，得金蚕数十薄，珠襦、玉匣、缯彩、军器不可胜数。又以人殉葬，骸骨狼藉。"

⑥ 田常名恒，后人避汉文帝刘恒讳改之，《春秋》《左传》皆作陈恒。是岁《春秋》（《公羊》《穀梁》）终于"获麟"，顾栋高称夫子伤于请讨陈恒不成，"人心死而天理绝，天下无复知篡弑之为非者"，所谓"吾道穷矣"，乃绝笔（见《春秋大事表》卷四十二《春秋绝笔获麟论》）。

⑦ 清俞樾疑原文此句本作"世世有齐国"（见《诸子平议·庄子二》）。

不成者为尾。"（《庄子·盗跖》）

再至田和之孙因齐，号齐威王，自比"一飞冲天，一鸣惊人"之大鸟①，用邹忌为相②、田忌为将、孙膑为师，齐国大治。前353年，围魏救赵，败魏军于桂陵（今河南长垣，一说山东菏泽）；前341年，减灶退军，再败魏于马陵（今河北大名，一说河南范县），杀魏将庞涓，虏太子申（见《资治通鉴·周纪二》）。威王筑长城③，诸侯"莫敢致兵于齐二十余年。"（《史记·田完世家》）

武功之外复有文治，稷下之学大兴。齐临淄城西门曰稷门，谈说之士，会于其下。东汉末徐干《中论·亡国篇》曰："齐桓公立稷下之宫，设大夫之号，招致贤人而尊宠之，自孟轲之徒皆游于齐。"文中桓公当指田和之子田午④。西汉桓宽《盐铁论·论儒》曰："齐宣王褒儒尊学，孟轲、淳于髡之徒受上大夫之禄，不任职而论国事，盖齐稷下先生千有余人。"⑤游稷下者，皆得优游禄养，"为开第康庄之衢，高门大屋。"（《史记·孟荀列传》）襄王时，荀子最为老师，三任祭酒。钱穆谓："盖齐之稷下，始自桓公，历威、宣、湣、襄，前后五世，垂及王建，终齐之亡，逾百年外，可谓盛矣。"（《先秦诸

① 威王初即位，好长夜之饮，沉湎不治，稷下先生淳于髡以隐语讽谏曰："国中有大鸟，止王之庭，三年不蜚又不鸣，王知此鸟何也？"威王曰："此鸟不飞则已，一飞冲天；不鸣则已，一鸣惊人。"此乃战国杂说，史迁采之入史，却一石二鸟，分别安在齐威王与楚庄王头上（见《滑稽列传》《楚世家》）。

② 《战国策·齐一》"邹忌修八尺有余"载，邹忌貌美，城北徐公亦齐国美男子。邹妻、妾、客俱云徐公不及邹，及亲见，自愧弗如，入朝谏威王作毁誉之辨。威王乃下令："群臣吏民能面刺寡人之过者，受上赏；上书谏寡人者，受中赏；能谤讥于市朝，闻寡人之耳者，受下赏。"《田完世家》记威王封赏勤于治民、毁言日至的即墨大夫而烹上下打点、誉言日闻的阿大夫，此与《战国策》邹忌讽谏事必有联系。

③ 今本《竹书纪年》云："梁惠成王二十年，齐筑防以为长城。"顾炎武曰，魏惠王二十年乃齐威王二十七年，长城筑于威王时（《日知录》卷二十五"杞梁妻"条）。又据《管子·轻重丁》，管仲有"阴雍长城之地，其于齐国三分之一"语，则齐筑长城盖自桓公始。杨宽谓齐长城是利用原有堤防连结山脉陆续扩建而成，大概西部先筑成，西端起于防门（今平阴东北），"东向经五道岭，绕泰山西北麓的长城岭，经历泰沂山区，一直到小朱山入海。"（《战国史》321—322页）

案：后世有孟姜女哭长城传说，唐代《捣练子》词曰："孟姜女，杞良妻，一去烟（燕）山更不归。造得寒衣无人送，不免自家送征衣。"（《敦煌曲子词集》上卷29页，王重民辑，商务印书馆，1950年）杞梁（即杞良）名殖，为齐大夫，战死于莒，事见《左传·襄二十三年》，至刘向《列女传》（《贞顺》"齐杞梁妻"）始有其妻哭城城崩之说，民间再演绎而为秦筑长城，孟姜哭夫使之崩。纵使真有哭长城事亦应为齐长城，而非秦长城。

④ 清钱培名札记则谓桓公为宣王之误。

⑤ 《田完世家》："宣王喜文学游说之士，自如驺衍、淳于髡、田骈、接予、慎到、环渊之徒七十六人，皆赐列第，为上大夫，不治而议论。"文中不列孟子名。案：孟子主张君子仕，曰："孔子三月无君（谓不得仕而事君），则皇皇如也。"又曰："士之仕也，犹农夫之耕也。"又曰："士之失位也，犹诸侯之失国家也。"（《孟子·滕文公下》）似与稷下学士不任职而论国事的做法不合，故钱穆称孟子本不与稷下为伍（见《先秦诸子系年（上）》卷三之七十六"孟子不列稷下考"）。

子系年（上）》卷三之七十五"稷下通考"232—233页）

齐宣之世，北方邻国燕内乱①。齐人乘机伐燕，大破之②。燕昭王即位，矢志复仇，广招贤士，得赵人乐毅。前284年，乐毅为上将军，率燕、秦及三晋联军攻入齐都临淄，湣王出亡。乐毅伐齐对战国晚期局势实有绝大影响，详见于后。

六国中齐最晚亡。王建之世，齐宾客入秦者悉被反间，劝王朝秦，不修战备。王建听其言入秦，遂被迁于共③，处"松柏之间，饿而死"。齐人歌曰："松邪，柏邪！住建共者客耶！"（《战国策·齐六》"齐王建入朝于秦"）

秦末群雄并起，田氏后裔田儋、田荣、田横兄弟先后称齐王。韩信破齐，田横率五百部属入海，居岛中。刘邦遣使招降，田横不甘受辱自杀，岛上壮士亦蹈海而死。这段轶事算是享国百六十余年的田齐的一曲"绝唱"罢④。

晋（附赵、魏、韩）

周成王戏削桐叶为珪，授其弟叔虞，曰："以此封若。"天子无戏言，遂封叔虞于唐⑤，史称"桐叶封弟"。晋有晋水，叔虞之子燮父改国号曰晋。

晋君都翼（今山西翼城），宗族桓叔封于曲沃（今山西闻喜），曲沃较翼为大，晋人曰："末大于本，晋之乱其在曲沃矣。"（《史记·晋世家》）后曲沃益强，至桓叔之孙武公终代晋为诸侯。

武公在"篡位"两年后撒手人寰，他的壮志雄心要留待儿子献公去实现。据《周

---

① 燕王哙慕唐尧让贤之名，北面称臣，相国子之南面行王事，燕大乱，"搆难数月，死者数万，众人恫恐，百姓离志"，（《史记·燕世家》）史称"子之之乱"。

② 案：齐伐燕，史书或谓宣王时（《孟子》《战国策》），或谓湣王时（《史记·燕世家》）。钱穆持宣王之说，力辨史迁之误，详见《先秦诸子系年（上）》卷三之一二〇"齐伐燕乃宣王六年非湣王十年辨"。清王懋竑则谓《孟子》七篇所言齐王皆湣王，后来传《孟子》者因湣王末年取祸，改书中湣王为宣王，替"亚圣"撇清干系，其实孟子先已去齐，并不及见湣王之亡，后人无庸讳也，钱大昕极称"王氏此论，最为精确"。（《十驾斋养新录》卷三"齐人伐燕"）

③ 旧说在河内共县（今河南辉县市），程恩泽认为河内非秦地，且王建入朝必在关内，引洪亮吉说谓秦之共邑应在甘肃泾州（今泾川）北五里（见《国策地名考》卷三《秦（下）》"共"条）。

④ 晋人崔豹云，田横死，门人伤之，为之悲歌，言人命如薤上之露，亦谓人死魂魄归乎蒿里；至汉武帝时，李延年分为二曲，"《薤露》送王公贵人，《蒿里》送士大夫庶人，使挽柩者歌之，世呼为挽歌。"（《古今注》卷中《音乐》）案：《左传·哀十一年》记齐、吴将战于艾陵，齐臣公孙夏"命其徒歌《虞殡》"，杜预注云"送葬歌也"，唐吴兢据此称"丧歌不自田横始矣"（《乐府古题要解》卷上《薤露歌》，载丁福保辑《历代诗话续编》）。

⑤ 唐之地望说法纷歧，或谓在今山西翼城，或谓在今太原。

礼·夏官·司马》，"凡制军，万有二千五百人为军，王六军，大国三军，次国二军，小国一军。"献公都绛①，扩一军为二军，灭霍、魏、耿、虞、虢，兵锋直指大河以南；又夷灭群宗，卿大夫多用异姓②，"得因材器使，较之鲁、卫、齐、宋诸邦多用宗臣者为优，"（《国史大纲（上）》63页）且较早推行郡县，国势日振，不幸而有骊姬之乱。

献公九子（或曰八子）中，太子曰申生③，与重耳、夷吾（戎女所生）皆有贤行。献公伐骊戎，获骊姬姊妹以归，生奚齐、卓子（或作悼子）。晋人曰："有男戎（指军队）必有女戎（指女祸）。若晋以男戎胜戎，戎必以女戎胜晋。"（《国语·晋一》）骊姬欲立其子，乃使三公子居国都以外，后谮杀太子，逼重耳、夷吾出逃。迨献公死，大夫里克杀奚齐、卓子。秦送夷吾回国即位，是为惠公。秦、晋构兵，惠公仅以身免，太子圉立，是为怀公。秦再送重耳返，立为晋君，是为文公。《列女传》曰："乱及五世然后定。"

重耳避乱奔狄，五贤士④追随，流亡卫、齐、曹、宋、郑、楚、秦诸国，历十九年始返国得位，已是愁鬓苍浪的六旬老人了⑤。遍赏从亡者及功臣，独忘介子推（亦作介之推、介子绥或介推）。子推携母隐于绵山（在今山西介休东南），文公始悟，封之以山，号介山，曰："以记吾过，且旌善人。"（见《史记·晋世家》及《左传·僖二十四年》）⑥

---

① 《左传·庄二十六年》曰"士蒍城绛，以深其宫"。顾炎武谓绛在"太平县（今襄汾）之南，绛州（今新绛）之北；"（《日知录》卷三十一"晋都"）今人杨伯峻则称绛、翼一地，《左传》所谓"城"者，加高加大而已，司马迁误会《传》意，乃有献公"始都绛"语（见杨伯峻《春秋左传注》第一册44、234页，中华书局，1981年）。惟杨氏不能自坚其说，至景公迁都又注云：翼在今翼城县东南三十五里，绛在今汾城南，新绛北，东距翼约一百里（同书第二册829页），复从顾氏之说。

案：《水经·浍水注》引《诗谱》言，穆侯迁都于绛，孝侯改绛为翼，翼为晋之旧都，后献公北广其城方二里，又命之为绛，此始为绛、翼一地说之所从出。

② 大臣士蒍曰："故晋之群公子多，不诛，乱且起。"献公乃尽杀诸公子（《史记·晋世家》）。骊姬又诅"无畜群公子，自是晋无公族。"（《左传·宣二年》）

③ 据《史记·晋世家》，申生母齐姜为齐桓公女，早死。《左传·庄二十八年》则谓晋献"烝于齐姜"而生太子，与母辈通奸曰烝，杜预据此注云"齐姜，武公妾"。顾栋高谓"申生居长，其生当在献公为曲沃世子时，是时武公暴起，方图并晋，志意精明，岂有纵其子淫昏之事，即使有子，岂宜复立为太子"，因臆揣齐姜为晋献未即位时所娶婚夫人，后宠衰见废云云（见《春秋大事表》卷五十《卫夷姜晋齐姜辨》）。

④ 五贤士说法不一，《左传·僖二十三年》谓狐偃（重耳舅氏）、赵衰、颠颉、魏武子（名犨）、司空季子（胥臣），《史记·晋世家》谓狐偃、赵衰、贾佗、先轸、魏武子，《国语·晋语四》则仅列三贤，指狐偃、赵衰、贾佗。司马贞《索隐》又谓五贤指狐偃、赵衰、魏武子、司空季子及介子推，"旧云五臣有先轸、颠颉，今恐二人非其数"，未知何据。

⑤ 据《史记·晋世家》，重耳四十三岁奔狄，及返国，年六十二矣。然《国语·晋四》谓"晋公子生十七年而亡"，与太史公之说不合。

⑥ 介子推事迹后经庄子演绎成割股、燔山，曰："介子推至忠也，自割其股以食文公，文公后背之，子推怒而去，抱木而燔死。"（《庄子·盗跖》）流俗所传，复将寒食禁火与子推焚死联系起来。魏武帝《明罚令》曰："闻太原、上党、西河、雁门，冬至后百有五日皆绝火禁食，云为介子推。"皆无据之说（详见《日知录》卷二十五"介子推"）。

晋文周游列国，眼界大开，既即位，施惠百姓，通商宽农，"政平民阜，财用不匮"（《国语·晋四》），对外则继踵齐桓，以"尊王"号召诸侯，前632年周天子莅会的践土之盟（在今河南原阳西南）标志其霸业告成。

晋文公复国图

自文公以后晋国事业主要围绕两方面展开，一是廓清群狄，二是与楚争霸。

诸国中晋与群狄关系最密，所谓"晋居深山，戎狄之与邻。"（《左传·昭十五年》）前645年，秦、晋战于韩原①，惠公被俘，晋人曰："必报雠，宁事戎狄。"（《左传·僖十五年》）前627年，晋联合姜戎败秦于殽（在今河南洛宁北）；姜戎自称"不侵不叛之臣"，"晋之百役，与我诸戎相继于时。"（《左传·襄十四年》）骊姬虽惑乱献公，她提出的"狄之广莫，于晋为都；晋之启土，不亦宜乎"（《左传·庄二十八年》）却颇具慧眼，为黄河北岸晋之崛起描绘出一幅实实在在的蓝图。晋文"作三行以御狄"（《左传·僖二十八年》）②，正是把上述扩土计划付诸实践。

春秋之世，旧有赤狄、白狄之说。晋灭群狄，用兵有次第。文公死之翌年（前627），擒获白狄子③，元帅先轸"免胄入狄师，死焉"（《左传·僖三十三年》），是三国时赤膊上阵的许褚的祖师爷。前594、前593年，相继灭潞氏、甲氏及留吁（皆赤狄）。前588年，伐廧咎如（廧音'墙'，咎音'高'，隗姓，杜注：赤狄别种），据有上党。

---

① 旧说在今陕西韩城，江永辩称当在山西河津、万泉（今万荣）之间（见《春秋地理考实·僖十年》"韩"条）。

② 行即步卒行列。狄皆步卒，恃山险，故晋弃车兵，纯用步兵与之周旋。作三行者，犹云将献公时二军再扩为三军，晋始为大国。至景公，僭置六军，与周天子同。

③ 即白狄首领。《春秋》于夷狄国君皆以"子"称之，如白狄子、潞子等。

至悼公，用魏绛（魏犨之子）和戎，"戎狄事晋，四邻振动。"（《左传·襄四年》）前541年，败无终（山戎）及群狄于太原。前530年灭肥，又十年灭鼓（皆白狄），据太行以南、以东之地。而白狄别族鲜虞所建中山国至魏文侯始亡[1]，"平狄之难如此"（《日知录》卷三十一"昔阳"）。

前632年城濮之役（今河南范县南），晋文公退避三舍[2]，大败楚师；此后八十余年时间里，晋、楚逐鹿中原，战于邲（今河南荥阳东北，前597）、鄢陵（今河南鄢陵北，前575）、湛阪（今河南平顶山北，前557），互有胜负。这被张荫麟总结为两强争霸的公式："甲胜，则若干以前附乙的小国自动或被动地转而附甲；乙不肯干休，和它们算帐；从了乙，甲又不肯干休，又和它们算帐，这种帐算来算去，越算越不清，终于两强作直接的总算帐，又来一场大战"（《中国史纲》69页）。童书业则称"晋、楚两国的历史是一部《春秋》的中坚"（《春秋史》第十一章"晋国的复霸"绪论，载《童书业著作集》卷一231页）。反复拉锯的结果令人心厌战，晋卿韩起曰："兵，民之残也，财用之蠹，小国之大菑（同'灾'）也。"（《左传·襄二十七年》）于是有和平运动出现，助推者是那些被拖入战争、夹缝中求生存的无辜小国。宋大夫华元、向戌奔走呼号，分别促成两次弭兵之会，前546年第二次大会有十四国参与，约定"晋、楚之从交相见也"（同上引），即晋之盟国朝楚，楚之盟国朝晋，奉晋、楚为共同霸主。这次会盟，楚人衷甲（谓甲在衣中），又固请先歃，而晋一方表现出罕见的忍让，背后实有难言苦衷。

献公摧抑公族，为当时政治带来清明一面的同时，亦为后日异姓卿大夫专权埋下隐患[3]。当齐相晏婴担忧政归田氏时，晋大夫叔向（即羊舌肸）同样发出"政在私门，其可久乎"（《史记·晋世家》）的季世哀叹。厉公欲尽去群大夫，一日杀三卿，反见弑，"晋由此大夫稍强"（《史记·赵世家》）。平公时，吴公子季札[4]来使，曰："晋国之

---

① 魏文侯灭中山，使太子击（即武侯）守之，《史记·魏世家》记其事在文侯十七年，据《六国年表》，实周威烈王十八年。钱穆指出，魏文二十二年始称侯，次年称元年，中山之伐当在文侯四十一年（称侯改元后之十九年），即周威烈王二十年（前406），详见《先秦诸子系年（上）》卷二之四十六"魏文侯二十五年乃子击生非子荦生辨"及五十四"魏文灭中山考"。后中山复国，赵武灵王胡服骑射，誓有胡地，再灭之。

② 重耳亡楚时，楚成王待以礼，重耳谢曰："他日晋楚治兵，遇于中原，避君三舍。"师行三十里为一舍。城濮之战，晋师果退三舍，避楚锋芒。

③ 宋昭公将去群公子，司马乐豫谏曰："不可。公族，公室之枝叶也，若去之，则本根无所庇荫矣。……亲之以德，皆股肱也，谁敢携贰？"（《左传·文七年》）

④ 吴王寿梦之季子，有让国之名，封于延陵（今江苏常州），号延陵季子。前544年为吴使，历聘鲁、齐、郑、卫、晋中原诸国。史公誉其为"闳览博物君子"（《史记·吴世家》），南宋黄震称他"以礼义智识闻天下，闻乐而知古人之治乱，历聘而知列国之兴衰。"（《黄氏日抄》卷五十三《读杂史三·春秋世纪》）

政卒归于韩、魏、赵矣。"（《史记·韩世家》）昭公死后，"六卿强，公室卑。"（《史记·魏世家》）六卿指韩、魏、赵、范、中行、智氏六大家族，世代为卿，司马迁曰："六卿专权，晋国以耗。"（《史记·太史公自序》）

六卿中赵氏根基最厚，其家族史也最富传奇色彩。赵夙从献公伐霍、魏、耿，且获赐耿地①。其子赵衰②从公子重耳出亡十九年，"文公所以反国及霸，多赵衰计策。"（《史记·赵世家》）衰之子盾历事襄公、灵公、成公，专国政。盾之子朔娶成公姊（《左传》称庄姬），景公时，赵氏举族为大夫屠岸贾所诛，惟余一孤名武（朔遗腹子），公孙杵臼、程婴等人舍命保这一点骨血。及孤儿长成，杀仇人，续宗祀，赵氏复兴。以《史记·赵世家》这段记载为脚本，元人纪君祥创作出一部题名《冤报冤赵氏孤儿》（又名《赵氏孤儿大报仇》）的伟大悲剧，并在十八世纪间传译至欧洲③。然杨伯峻称，"《赵世家》记载赵氏被灭与赵武复立，全采战国传说，与《左传》、《国语》不相同，不足为信史。"（《春秋左传注》第二册839页）④据《左传》，赵盾有三异母弟：同、括、婴齐。赵朔死后，婴齐与侄媳庄姬私通，被两位母兄逐放齐国。庄姬衔怨，谮杀同、括，"武（即赵孤）从姬氏（即庄姬）畜于公宫"。韩厥（六卿之一，韩起父）言于晋侯曰："成季（赵衰）之勋，宣孟（赵盾）之忠，而无后，为善者其惧矣。"乃复立赵武（见成公四年、五年及八年）。

至赵武之孙鞅（即赵简子），晋公室益弱，"赵名晋卿，实专晋权，奉邑侔于诸侯。"（《史记·赵世家》）再至鞅之子毋恤（即赵襄子），中行、范氏两家败亡，六卿变四卿。时智氏强，智伯率韩、魏攻赵，围晋阳（今山西太原）三年，决晋水灌城，"城中巢居（居树上）而处，悬釜而炊。"（《战国策·赵一》"知伯帅赵韩魏而伐范、中行氏"）赵臣张孟谈⑤私会韩、魏之君，曰："唇亡齿寒，赵亡则二君为之次矣。"于是风云突变，赵、韩、魏联手灭智氏，分其地，号称"三晋"⑥。赵襄子深恨智伯，"漆其头以为饮器"（《史记·刺客传》豫让篇）。

幽公之世，"晋畏，反朝韩、赵、魏之君；独有绛⑦、曲沃，余皆入三晋。"（《史

---

① 耿故地在今山西河津南汾水南岸。

② 此依《世本》，《史记·赵世家》则以衰为夙之孙，《国语·晋语四》又云衰为夙之弟。

③ 意大利剧作家麦塔斯塔西奥将该剧改编为《中国英雄》，1748年出版。法国作家伏尔泰再改编为《中国孤儿》，1755年出版。德国诗人歌德亦曾改编本剧，题为《埃尔佩诺》（见袁行霈主编《中国文学史》卷三339页注七，高等教育出版社，北京，2003年）。

④ 南宋洪迈谓"婴、杵臼之事，乃战国侠士刺客所为，春秋时风俗无此也。"（《容斋随笔》卷十"程婴杵臼"）清万斯大亦云："考《史记》屠岸贾灭赵氏，其事未可全信。"（《学春秋随笔·成公八年》）

⑤ 《史记》作张孟同，司马迁父名谈，故避讳改之。

⑥ 据《竹书纪年》，事在晋出公二十二年（前453）。

⑦ 此当指新田（今山西侯马）。晋景公十五年（前585）迁新田，命曰绛，而以故都之绛曰故绛。

记·晋世家》）烈公十三年（前403），周王"命韩、魏、赵为诸侯。"（《史记·周本纪》）①九年后，"国大风，昼昏，自旦至中；明年，太子喜出奔"——《竹书纪年·晋纪》用极富象征意味的寥寥数语将泱泱晋国不失体面地打发下了台②。代之而起的三个新邦，赵据故晋北部，都中牟（后南徙邯郸）；魏据故晋中部和西南部，都安邑（后东徙大梁即今河南开封，魏亦称梁）；韩据故晋南部，都阳翟（后迁于郑即今河南新郑）。

先时四卿中，赵与智氏争长；"知氏（即智氏）围赵晋阳三年，而韩、魏乘其敝，故知氏亡而赵亦病。"（《先秦诸子系年（上）》122页）魏文侯有令名，武侯亦大体称贤③，父子相继，使魏国一跃而成三晋领袖，独领风骚。

文侯招贤养士，就扶植战国学术而言，尚早于齐之稷下，实开风气之先。卜子夏（仲尼弟子）、田子方、段干木（皆孔门再传弟子）为文侯师④，《韩诗外传》又有"卜相"一篇（卷三第六章，亦见刘向《说苑》及《史记·魏世家》），列魏文贤臣如李克、翟璜、魏成子（文侯弟）、吴起、西门豹、乐羊（乐毅先祖，攻灭中山）、赵苍唐等，可谓

---

① 晋烈公十三年即周威烈王二十三年（前403），史家或以此年为战国时代开场。然钱穆指出，三晋称侯，魏最先，赵次之，韩又次之；"周威烈二十三年，特晋人始侯之年。其前二十二年，魏已称侯。其后十六年，韩始称侯。"三家封侯之岁，《楚世家》在简王八年（前424），乃魏事；《六国年表》在楚声王五年（前403），乃赵事；"独韩最微弱，故其称侯不见于他国之载述焉。"（《先秦诸子系年（上）》卷二之四十三"三晋始侯考"144页）

② 《史记·晋世家》的谢幕文字是：烈公卒，子孝公颀立；孝公卒，子静公俱酒立；"静公二年，魏武侯、韩哀侯、赵敬侯灭晋后而三分其地。静公迁为家人，晋绝不祀。"然静公不见于他书。据《竹书纪年·魏纪》，魏惠王元年（前369），韩、赵迁晋桓公（即《史记》所谓孝公）于屯留（今山西屯留南），司马贞云"已后更无晋事"（《晋世家·索隐》）。晋事实不止于此。《史记·赵世家》载"（成侯）十六年（前359），与韩、魏分晋，封晋君以端氏（今山西沁水东）"；"肃侯元年（前349），夺晋君端氏，徙处屯留"。《史记·韩世家》又云："（昭侯）十年，韩姬弑其君悼公。"清儒梁玉绳（《史记志疑》）、陈逢衡（《竹书纪年集证》）、顾观光（《七国地理考》）皆疑悼公即静公，钱穆亦持此说，且谓是年正赵肃侯元年，"前十年韩取屯留而迁端氏，今赵取端氏而复迁屯留，韩大夫遂弑之也"，"或史公所记'齐威王元年晋静公俱立'一语并不误。"（《先秦诸子系年（上）》卷二之三十六"晋出公以下世系年数考"117，119页）考《竹书纪年·魏纪》，韩大夫（《纪年》作韩玘）弑悼公在魏惠王十七年（前353），则悼公即静公说仍有疑问。

③ 文侯封子击于中山，三年无往来。子击之傅赵苍唐谏曰："父忘子，子不可忘父。"乃自请为使，拜见文侯。文侯问："中山之君何好？"苍唐对曰："好《诗》。""于《诗》何好？""好《黍离》与《晨风》。《黍离》曰：'知我者谓我心忧，不知我者谓我何求。'寄其思。《晨风》曰：'鴥彼晨风，郁彼北林。未见君子，忧心钦钦。如何如何，忘我实多。'此自以忘我者也。"文侯大悦，曰："欲知其子视其母，欲知其人视其友，欲知其君视其所使。中山君不贤，恶能得贤？"遂召子击为嗣（见汉儒韩婴撰《韩诗外传》卷八第九章）。

子击立为武侯，尝游西河而下，至中流，叹曰："美哉乎山河之固，此魏国之宝也！"臣吴起对曰："在德不在险，若君不修德，舟中之人尽为敌国也。"武侯曰："善。"（《史记·吴起传》，又见于《战国策·魏一》，文字稍异）

④ 文侯礼贤，可以段干木为例。皇甫谧《高士传》（卷中）云：段干木居魏，守道不仕。文侯欲见，造其门，段干木逾墙而避。文侯以客礼待之，过其庐而轼（扶轼以示敬意）。后文侯卑己固请见，与语，立倦不敢息。

花团锦簇，盛况空前①。其中最重要者，当属李克、吴起。

李克（或作李悝），子夏弟子，相魏文侯，作尽地力之教，提倡勤耕，行平籴法，储粮备荒，"行之魏国，国以富强。"（《汉书·食货志上》）②又废世卿世禄，迎四方之士，"食有劳而禄有功，使有能而赏必行，罚必当。"（《说苑·政理》）又撰次诸国刑法，著《法经》六篇，称法家之祖（见《晋书·刑法志》）。以后楚、秦变法，皆承魏而来。

吴起，曾申弟子③，初仕鲁，闻文侯贤入魏，以军事显名，"击秦，拔五城"（《史记》本传）；文侯死后去魏奔楚，再展现其政治才华，不过那已不在本节的叙事框架内了。

至惠王六年（前364），魏自安邑（今山西夏县）徙治大梁。关于这次迁都，《史记·魏世家》给出的理由是"安邑近秦"，清人朱右曾驳曰："惠王之徙都，非畏秦也，欲与韩、赵、齐、楚争强也。安邑迫于中条、太行之险，不如大梁平坦，四方所走集，车骑便利，易与诸侯争衡故也。"（《汲冢纪年存真》卷下）前343年，惠王主逢泽之会

---

① 依《竹书纪年》，文侯初立在晋敬公六年（前446），卒于晋烈公十九年（前397）。钱穆指出，五十年时间里，魏文一朝贤者，先后辈行，必有不及同事其主者，且"卜相"一文实吴起之徒润饰为之，非当时信史（见《先秦诸子系年（上）》卷二之四十"魏文侯礼贤考"135—136页）。

② 李克论吴之所以亡曰："数战而数胜。数战则民罢（同'疲'），数胜则主憍（同'骄'），以憍主使罢民，而国不亡者，天下鲜矣"（《淮南子·道应训》）。此即李克治魏的中心思想。

③ 《史记》本传谓吴起"尝学于曾子"，此曾子当不能为"少孔子四十六岁"的曾参，年代不符。刘向曰"左邱明授曾申，申授卫人吴起"（见《七略别录佚文》），则起之师应为申（曾参之子）。《史记·儒林传》又谓吴起"受业于子夏之伦"。案：昔人有疑《左传》出左邱明者，乃据刘向所言，指认书之源流实与吴起有关。桐城派领袖姚鼐曰："《左氏》之书，非出一人所成。……盖后人屡有附益，其为邱明说经之旧，及为后所益者，今不知孰为多寡矣。余考其书，于魏氏事造饰尤甚，窃以为吴起为之者盖尤多。"（《左传补注序》，载《文集》卷三，《惜抱轩全集》24—25页，中国书店，1991年）近世章炳麟、童书业、钱穆、郭沫若等皆持此说。章氏引《韩非》之文证"左氏"为吴起乡邑名，《左氏春秋》本因左公得名，或亦因吴起传其学，乃以地名书；或吴起所居之地为《左氏》学者群居，犹齐之稷下，因名其地曰左氏，则是以人名地（见《隐公篇·丘明》，载《春秋左传读》，《章太炎全集》第二册59页）。童氏谓《左传》"盖吴起及其先师后学陆续写定，惟吴起之功为多耳"（《春秋左传札记续》附录"《春秋左传》作者推测"，载《童书业著作集》卷一678页）。清人俞正燮则坚称左邱明著《左传》，谓唐以后始有疑之论，"左邱明耻之，我亦耻之"，"《左传》若非邱明作者，乃是怪书矣。"（《癸巳类稿》卷二"左邱明作左传论"）

清末康有为站在今文学家的立场上，痛诋西汉末年刘歆藉《左氏》一书掀起古文之学，助王莽窃国。他称左邱明所作惟《国语》而已，"《春秋》只有《公羊》、《榖梁》二家，无《左氏》。……（歆）依《春秋》以编年，比附经文，分《国语》以释经而为《左氏传》。"（见《新学伪经考》）崔适附和曰："刘歆破散《国语》，并自造诞妄之辞与释经之语，编入《春秋》逐年之下，命曰《春秋左氏传》（见《史记探源》）。顾颉刚秉承康、崔之说，亦谓《左传》一书为刘歆改头换面之作，歆又建立完整的传授世系以障人眼目，古代名人如曾申、吴起等都成了传《左氏》学的先师（见顾编《古史辨》第五册"自序"，上海古籍出版社，1982年）。这是近世围绕《左传》发生的另外一场笔墨之争。

（在今开封东北），"驱十二诸侯以朝天子于孟津"（《战国策·秦五》"谓秦王"篇），霸业已形。

可恼的是，魏统一三晋野心每每受挫于田齐，伐赵、伐韩，均被齐人乘其后而损兵折将。难逞其志的惠王恨曰："夫齐，寡人之雠也，怨之至死不忘。国虽小，吾常欲悉起兵而攻之。"（《战国策·魏二》"齐魏战于马陵"）惜力有不逮，不得不改用外交手段，先有徐州相王（齐、魏，前334），其谋发于魏相惠施；再有五国相王（赵、魏、韩、燕、中山，前323），其事主于魏相公孙衍（又称犀首）。钱穆谓："徐州相王为六国称王之始，实梁启之。五国相王为六国称王之终，亦梁主之。"（《先秦诸子系年（上）》卷三之九十五"苏秦考"287页）

楚（附吴、越）

楚人先祖季连，芈（音'米'）姓，传说为颛顼之后。周成王时，季连苗裔熊绎始封于丹阳（见《史记·楚世家》）[1]。

武王熊通迁郢[2]，"不但据汉水之固，并可俯瞰江滨"（《过庭录》卷九"楚鬻熊居丹阳武王徙郢考"），初具一国规模。楚以蛮夷自居[3]，较少受中原文化牵绊，故最早斗胆称王。至少在吴、越崛起以前，楚可以说笑傲江南，未遇劲敌，"这种安全是黄河流域的诸夏国家所没有的，军事上的安全而外，因为江汉流域的土壤肥美，水旱稀少，是时的人口密度又比较低，楚人更有一种北方所仰羡不及的经济的安全。"（《中国史纲》61

---

[1] 丹阳地望，古有秭归、枝江、当涂等说，至清宋翔凤力辨战国丹阳"在商州之东，南阳之西，当丹水、析水入汉之处，故亦名丹析"。宋氏又谓封丹阳者乃周师鬻熊（历事文、武、成王），数世至熊绎，始南迁荆山，筚路蓝缕，再至熊渠，得江汉间民和，"西连巴亚，东收豫章，江汉小国，靡不服从。楚能雄长荆州之地，当时称之曰荆。"（《过庭录》卷九"楚鬻熊居丹阳武王徙郢考"）近世童书业、钱穆等皆持宋说。

[2] 此依宋翔凤说，《楚世家》谓武王之子文王熊赀始都郢。旧说郢都即江陵（今属荆州）纪南故城，童书业谓春秋时楚都偏北，距丹阳尚近，应在汉水中游一带（《春秋左传考证》"春秋楚'郢都'"，载《童书业著作集》卷一535—537页），石泉更明确指出位于宜城市南郑集镇的楚皇城遗址才是郢都所在，至于长江北岸名声响亮的纪南城，很可能春秋中期以后，随着楚国南扩而形成的一个"中心城邑以至陪都"，至悼王时吴起变法，楚进一步经营江南，"此'纪南城'遗址作为前进基地，重要性更增，估计其扩建为今存具有都城规模的城址，或当在此时。"（"楚郢都、秦汉至齐梁江陵城故址新探"，《古代荆楚地理新探》475—477页，武汉大学出版社，1988年）

[3] 熊渠、熊通俱自称"蛮夷"（见《史记·楚世家》）。

页）恃此双重安全，先逞志江汉，翦灭汉阳诸姬①，扩地千里，既而兵锋北指，欲观中国之政，于是中原诸国"始惧楚也"（《左传·桓二年》）。当时的形势是，南有强楚虎视，北有戎狄驰骋，"南夷与北狄交，中国不绝若线。"（《公羊传·僖四年》）

齐桓伐楚，与成王盟于召陵②，楚谓齐曰："君若以德绥诸侯，谁敢不服？君若以力，楚国方城③以为城，汉水以为池，虽众（指齐师），无所用之。"（《左传·僖四年》）这既可视为齐遏楚北上势头，亦可看作楚断齐南下剑锋。成王之功犹不止此，泓水之战又把图谋称霸的宋襄公斩落马下。

庄王立三年，左怀郑姬，右抱越女，坐钟鼓之间，不理政。伍举（伍子胥祖父，又称椒举）隐谏曰："有鸟在于阜，三年不蜚不鸣，是何鸟也？"庄王曰："三年不蜚，蜚将冲天；三年不鸣，鸣将惊人。"（《史记·楚世家》）④乃奋兵而出，灭庸、舒、萧，克陈、郑，围宋⑤。前606年兴师北上，使人问九鼎轻重大小⑥，隐有灭周取天下意。前597

① 《左传·僖二十八年》晋将栾枝曰："汉阳诸姬，楚实尽之。"《左传·定四年》又谓："周之子孙在汉川者，楚实尽之。"汪之昌考此诸姬，有息、唐、随、顿、聃（音'南'）、应、蒋等国，"其去汉虽有远近，以言汉水之北则近是"（《青学斋集》卷九"汉阳诸姬考"，载谭其骧主编《清人文集地理类汇编》册一452—453页，浙江人民出版社，1986年）。

② 齐伐蔡，顺道伐楚。蔡在今河南驻马店市上蔡县，召陵古今皆云在郾城东三十五里（今属漯河市）。杨伯峻指出，由蔡伐楚，何以反而北行？于地望殊不合（见《春秋左传注》第一册287页）。

③ 古今说方城者甚多，或谓山名，或谓城邑名，或谓关塞名（《淮南子·地形》《吕览·有始》皆列方城为九塞之一）。郦道元《水经·潕水注》引盛弘之云：南阳叶县东界有故城，南北连亘数百里，号为方城，亦谓长城；又云"叶县有故城一面，未详里数，号为长城，即此城之西隅，其间相去六百里，北面虽无基筑，皆连山相接，而汉水流其南"。姚鼐《左传补注》曰："楚所指方城，据地甚远，居淮之南，江、汉之北，西逾桐柏，东越光黄……连岭可七八百里矣。"据郦注、姚说，杨伯峻谓"以今地理度之，凡今之桐柏、大别诸山，楚统名之曰方城。"（《春秋左传注》第一册292—293页）杨宽则明确把方城叫作楚长城，以鲁关（今河南鲁山鲁阳关）为中心，东半部春秋时已有，西半部为战国时顷襄王所造，各成一矩形，"方城大概就是由于它筑成矩形而得名。"（《战国史》321页）然方城确切所指，究莫能决，拉铁摩尔甚至认为它很可能是一组要塞，而非一道城墙（见《内陆边疆》278页注三及300页注一）。

④ 这无疑是齐威王故事的翻版。隐谏楚庄事亦见《吕览·重言》《韩非子·喻老》及刘向《新序·杂事二》，惟谏者换作成公贾、右司马与士庆。梁玉绳指出，事庄王者伍参，事灵王者参之子举，"安得伍举谏庄王？"（《史记志疑》卷二十七《伍子胥传》）《滑稽列传》又述庄王爱马死，欲以棺椁大夫礼葬之，乐人优孟入殿大哭，请用人君礼，曰："诸侯闻之，皆知大王贱人而贵马也。"庄王乃悟曰："寡人之过一至此乎！"察其辞气，正在楚庄不飞不鸣之际。

⑤ 楚师围宋凡九月（《史记·楚世家》、《宋世家》并误作五月），城中食尽，"易子而食，析骸以爨。"（《左传·宣十五年》）有了这次惨痛经历，十五年后宋卿华元乃鼓动首次弭兵之会。庄王破陈而复其国，克郑而与之和，围宋而终罢兵，钱穆谓这些举动皆是楚人至此渐被同化的表示，"改变其以前极端的武力兼并主义（即'我蛮夷也'的主义），而渐次要求加入诸夏之集团。"（《国史大纲（上）》63—64页）

⑥ 相传禹划天下为九州，置九牧，征金而铸九鼎，夏、商、周传为王室重器。武王克商，成王迁鼎洛邑，"凡一鼎而九万人挽之，九九八十一万人。"（《战国策·东周》"秦兴师临周而求九鼎"篇）《尚书·召诰》唐孔颖达《正义》则曰："九牧贡金为鼎，故称'九鼎'，其实一鼎。"

年郧之役大胜晋，归而筑五仞之台以宴诸侯[1]，“远者来朝，近者入宾”（《说苑·权谋》），遂成五霸之一。

平王即位后，一个看似普通的宫廷争斗插曲却让静静东流的江水骤起波澜。太子少傅费无忌（《左传》作无极）谮杀太傅伍奢（伍举之子）[2]，奢子员（音‘云’，字子胥，《国语·吴语》作申胥，乃以封邑为姓）亡奔吴，荐勇士专诸（《左传》作鱄设诸）于公子光[3]。前515年，专诸置匕首于炙鱼腹中，刺杀吴王僚[4]。公子光自立为王，是为阖闾，召子胥谋伐楚，“楚于是乎始病。”（《左传·昭三十年》）

事实上，吴、楚交恶的历史还可往前追溯到楚庄王时，与一个唤作夏姬的陈国女人有关。夏姬貌美而淫，自陈灵公以下，“公侯争之，莫不迷惑失意。”（《列女传》卷七《陈女夏姬》）其子夏征舒不堪辱，射杀灵公，从而授楚以伐陈口实。《左传》借叔向母亲之口骂此女“杀三夫、一君、一子，而亡一国、两卿”（《左传·昭二十八年》）。楚既破陈，大夫巫臣（屈姓，亦称屈巫）谏止庄王纳夏姬，却自娶之，偕逃晋。楚尽杀巫臣之族，巫臣乃替晋通吴，共抗楚。所谓“吴头楚尾”，吴与楚战，必舍舟从江北陆路用兵；如用舟师，“则由下流仰攻，势难取胜。”（《过庭录》卷九“楚鬻熊居丹阳武王徙郢考”）前525年，楚得上流之利，败吴于长岸（今安徽当涂西南），获其乘舟“馀皇”，便是一证（见《左传·昭十七年》）。巫臣至吴，“与其射御，教之乘车，教之战阵，教之叛楚”，从此打破楚人安逸，令其陷入疲于奔命境地（见《左传·成七年》）。

平王死后，昭王即位，“无岁不有吴师”（《左传·定四年》）。前506年冬，也就是向戌弭兵后四十年，吴五战五胜，入郢都。子胥掘平王墓，鞭尸三百，以报父仇。（见

---

[1] 江陵城北有“楚庄王钓台，高三丈四尺，南北六丈，东西九丈”，后来以好细腰闻名的灵王又起章华之台，“台高十丈，基广十五丈”（《水经注》卷二十八“沔水”），冯梦龙戏称之为“细腰宫”（《东周列国志》第六十八回），李白亦有“楚王台榭空山丘”（《江上吟》）的诗句。据《国语·楚语上》，伍举登章华台，曰“先君庄王为匏居之台，高不过望国氛，大不过容宴豆”，以讥灵王之奢。熊会贞谓“五仞之台”“匏居之台”盖非指钓台（见《水经注疏》卷二十八），若果如是，则庄王非建数台，其奢并不亚于灵王矣。

[2] 古之储君皆有师傅，太傅为师，少傅为傅，两官无尊卑（见清沈钦韩《汉书疏证》卷五上）。

[3] 伍员亡吴事，《吴越春秋》《越绝书》等多有记叙，然殊不足信。世人又传子胥过昭关（吴、楚之界），一夜愁白了头（见《东周列国志》第七十二回）。元人李寿卿据传说敷演而成杂剧《伍员吹箫》，甚至二十世纪四十年代翻译家冯至还因为脑海中渔夫、浣纱女以及昭关夜色这些挥之不去的印象，而把伍子胥的出亡写成小说，“其中掺入许多琐事，反映出一些现代人的，尤其是近年来中国人的痛苦。这样，二千年前的一段逃亡故事变成一个含有现代色彩的‘奥地赛’了。”（《伍子胥》后记，载《冯至全集》卷三427页，河北教育出版社，1999年）

[4] 专诸行刺吴王僚所用匕首，《吴越春秋》《越绝书》称作“鱼肠剑”，盖谓其极小，可藏置鱼腹中。宋代沈括则谓“鱼肠”乃指剑之纹理蟠曲，正如“鱼燔熟，褫去胁，视见其肠”（见《梦溪笔谈》卷十九“器用”）。

《史记·伍子胥传》）[1]吴人方入郢，越人已蹑踵入吴，可谓螳螂捕蝉黄雀在后，遂成吴、越、楚互攻互伐、自相牵制的连环之局。

孤悬江南的这三个国家的根柢其实都源于北方。楚为颛顼之后，先祖曾事周王；越为夏禹之后；吴的来历更加不凡。周太王有三子，曰泰伯、仲雍、季历，季历又生子姬昌。泰伯偕仲雍南奔，"文身断发，示不可用"（《史记·吴世家》），太王乃传位季历，再传至昌，遂三分天下有其二。孔子赞曰：泰伯三让天下[2]，"可谓至德也已矣！"（《论语·泰伯》）泰伯自号句吴，筑城梅李平墟（亦曰梅里，今江苏无锡东南），"周三里二百步，外郭周三百余里"（《读史方舆纪要》卷二十五"泰伯城"引《吴地记》），是为

---

[1] 东汉赵晔撰《吴越春秋》更大加敷演，鞭尸外再加上"左足践腹，右手抉目"的情节（见卷四《阖闾内传》）。《公羊传注疏》卷二十五引《春秋说》，又云"鞭平王之尸，血流至踝"，时平王已死十一年矣。梁玉绳指出，此事《左传》《公羊传》皆不载，《穀梁传·定四年》但言"挞平王之墓"；若子胥果辱王尸，昭王返国，收先王遗骸，必尽发伍氏先人墓，"子胥将奚以自立于天下乎？"（《史记志疑》卷二十七《伍子胥传》）顾炎武亦持此论，"疑春秋以前无发冢戮尸之事，而子胥亦不得以行之平王也。"（《亭林文集》卷六"子胥鞭平王之尸辨"）令后世学者如此纠结的，如宋儒叶适（号水心）所言，"事之有无虽不足道，而义理所关最大。"（《习学记言序目》卷十九《史记一·世家》）

案：互校《史记》《左传》，不惟鞭尸事失载左氏书中，对于率吴师破楚入郢的大将孙武，左氏亦无片言只字提及。叶水心疑孙武其人，进而疑及其书，"详味《孙子》，与《管子》、《六韬》、《越语》相出入，春秋末、战国初山林处士所为，其言得用于吴者，其徒夸大之说也。"（《习学记言序目》卷四十六《孙子》）清人全祖望附和其说，谓"水心疑吴原未尝有此人，而其书其事皆纵横家之所伪为者，可以补《七略》之遗，破千古之惑"；又谓"今世之人之所称诵，莫如《孙子》以军令斩吴王宠姬一事，不知此乃七国人所传闻，而太史公误信之者"（《鲒埼亭集》卷二十九《孙武子论》）。钱穆上承叶、全，更有所发明，谓吴孙子既无其人，凡吴孙子之传说，皆自齐孙子（指孙膑）来也；孙膑无名，以受刑称膑，武殆即其名（见《先秦诸子系年（上）》卷一之七"孙武辨"及卷三之八十五"田忌邹忌孙膑考"；袁枚《随园随笔》卷十八"孙膑卫鞅非名"条亦谓孙膑非名，"膑，削刑也，孙子为庞涓所刑，因以为名"）。田忌与邹忌不和，马陵战后奔楚（见《战国策·齐一》"田忌亡齐而之楚"），钱氏疑孙膑亦随至江南，晚年居吴著兵法，"吴人炫其事，遂谓曾见阖庐而胜楚焉。后人说兵法者，递相坿益，均托之孙子。或曰吴，或曰齐，世遂莫能辨，而史公亦误分以为二人也。"（《先秦诸子系年（上）》263页）1972年，山东临沂银雀山汉墓分别出土《孙子》《孙膑兵法》竹简，学界遂认定这桩公案已了，然两孙子之说非自汉始，战国纵横家既能捏造二孙，再杜撰两本兵书并流传至汉正在情理之中，因而《汉书·艺文志》"权谋"能列出《吴孙子兵法》八十二篇、《齐孙子》八十九篇，苏辙则严厉批评太史公曰："战国之际，诸子辩士各自著书，或增损古事以自信。一时之说，迁一切信之，甚者或采世俗相传之语，以易古文旧说。"（《古史》自叙，载《三苏全书》第三册，语文出版社，北京，2001年）按考古学的逻辑推论，银雀山汉墓发现竹书，仅能复原史迁时代的学术环境，证其何以认定"孙武死后百余岁有孙膑"，要让各种声音作烟雾散，非从春秋时代墓中出土《孙武兵法》不可。两册竹书真伪莫辨，乃遽然欢呼悬案告破，省却更多艰苦细致工作，不但无补于史，亦难释叶、全、钱之疑。

[2] 所谓"三让"，朱熹注云，谓固逊也。经学家又抠弄字眼，强解"三让"意，兹不具述。

吴之开国传说①。张荫麟谓，"这些南向远徙的殖民领袖，怎样犯难冒险去到目的地，怎样征服了土人而君临其上，现在都不得而知了。他们和他们的子孙既与本土隔绝，渐为当地蛮夷所同化……但经过了长期的隔离之后，当这些国族的发展把他们带到诸夏的世界时，同化的方向都倒转了过来。"（《中国史纲》26页）

三国中吴、越风俗更近，断发文身，"男女同川而浴。"（《尚书大传》卷六）范蠡入越前亦曰："吴越二邦，同气共俗，地户之位，非吴则越。"（《越绝书》卷七《外传记范伯》）前496年，吴、越战于檇李（今浙江嘉兴南），阖闾伤足大趾而死，事堪称奇②。两国遂结世仇，吴太子夫差嗣立，使人立于庭，出入必问："夫差！而忘越王之杀而父乎？"必自答："唯。不敢忘！"（《左传·定十四年》）

逾三年，吴人成功复仇，败越于夫椒（今浙江绍兴北③）。越王勾践困于会稽（绍兴东南），卑辞乞和。夫差以报越为志，至是竟听太宰伯嚭（亦楚之亡臣）言，许之；于是此番入越，不书，"吴不告庆，越不告败"（《左传·哀元年》），又一奇也。

夫差因报越而不西伐楚，既得志东南，乃有争雄中原筹划。前486年，开邗沟连江、淮，此后或由邗沟，或取海道，北上伐齐④。前484年在艾陵（今山东莱芜东北）大败齐师。又二年，大会诸侯于黄池（今河南封丘西南），达到一生事业的顶峰。

北伐齐，吴人皆喜，惟子胥惧，谏曰：心腹之患在越，得齐犹获石田，既不可耕，一无用处（语见《左传·哀十一年》）。竟被谗自裁⑤。

勾践返国，卧薪尝胆⑥，用范蠡、文种、逢同，"结齐，亲楚，附晋。"（《史

---

① 泰伯让国颇遭清人崔述质疑（详见崔述《丰镐考信录》卷一"太王"及卷八"太伯虞仲"篇），民国学者卫聚贤亦称，太王居岐阳之周原，时殷人侵及西安附近，羌人占据南阳一带，泰伯、仲雍兄弟二人当不能东向沿陇海路穿过殷人势力范围，亦不能绕道汉中东行穿过羌人势力范围，更不可能由汉中绕巴蜀再顺江而下，总之"无路可通江苏"（《太伯之封在西吴》，1937年版《吴越文化论丛》27—28页）。杨宽更明确指出，让国传说不符合事实，太伯、仲雍实为虞国始祖，"太王传位给幼子季历，而让长子太伯、次子仲雍统率部分周族迁到今山西平陆以北，创建虞国……成为周向东方开拓的重要据点。"（杨宽《西周史》63页，上海人民出版社，1999年）

② 《越绝书》卷二《外传记吴地传》谓阖闾冢在吴县（今属苏州）阊门外，铜椁三重，专诸所用鱼肠剑在焉。十万人筑治之，葬三日而白虎居其上，故号为虎丘。《元和郡志》卷二十五《江南道一·苏州》"武丘山"（唐避讳，虎丘改称武丘）又谓"秦皇凿其珍异，莫知所在；孙权穿之，亦无所得。其凿处，今成深涧"。

③ 此依杨伯峻说，见《春秋左传注》第四册1605页。

④ 张荫麟称"吴以身师从海道伐齐为我国航海事见于记载之始"（《中国史纲》76页）。海上活动虽出现甚早，但明显居于次要地位，因为"从上古直到公元四世纪前，造就中华民族及其文化的重大事件，都发生在中国内陆"（拉铁摩尔《内陆边疆》第4页）。质言之，中国历史发展所遵循的仍是大陆模式，海洋意义除偶尔浮出水面外，始终受到轻视甚至遭刻意抹杀。

⑤ 子胥之死，诸书记载颇详。《国语·吴语》谓其死前请抉目悬东门，以观越兵入；夫差怒曰："孤不使大夫得有见也"，乃以鸱夷（革囊）盛其尸，投于江。凡此皆近小说家言，不足信。

⑥ 案：后世惯用此语，尝胆见诸《越世家》《吴越春秋》，卧薪不知所出。

记·越世家》）十年生聚，十年教训，以雪会稽之耻。乘夫差远在黄池，发兵袭吴。从称霸梦中惊醒的吴王挥剑连斩七信使，欲灭口不使诸侯闻。前473年，越终灭吴，距兵败夫椒正二十二个年头[1]。

既平吴，勾践北渡淮，会诸侯于徐州[2]，周王赐胙[3]，命为伯；"当是时，越兵横行于江、淮东，诸侯毕贺，号称霸王。"（《史记·越世家》）《墨子·非攻下》曰："今天下好战之国，齐晋楚越"，"此皆地方数百里，今以并国之故，四分天下而有之。"童书业又称，"是时齐晋相攻，陈氏犹未代齐，三家犹未分晋，陈氏与知氏势不相下，楚虽复兴，元气犹未大复，齐晋楚越中惟越最强。"（《春秋左传考证》"越王勾践之霸"，《童书业著作集》卷一427页）

目前为止还算清晰的越国历史随即掉入一团迷雾中，至今不能拨云见日。问题出在《史记》楚、越世家的两段记载，《楚世家》曰："越已灭吴而不能正江、淮北，楚东侵，广地至泗上"；《越世家》曰："（句践）以淮上地与楚，归吴所侵宋地于宋，与鲁泗东方百里"。从这些文字看不出越王有丝毫争霸雄心，而《吴越春秋》《越绝书》所书越事把水搅得更浑："句践伐吴，霸关东，徙琅琊，起观台，台周七里，以望东海。"（《越绝书》卷八《外传记地传》）[4]顾栋高因为不相信勾践弃江、淮之地以资勍敌楚，从英雄沦为狗熊，虽谓"《吴越春秋》与《越绝》所书，皆怪诞不足信"，却对《左传》《国语》不载的北迁事信以为真，不惜自相矛盾地下结论道："当从《吴越春秋》《越绝》诸书，越徙都琅琊为是。"（见《春秋大事表》卷四《〈史记·越句践世家〉与〈吴越春秋〉、〈越绝书〉、〈竹书纪年〉所书越事各不同论》及《越疆域论》）于是乎，从带有演义性质的《吴越春秋》诸书逸出的一则"流言"蜿蜒淌入《汉书·地理志》[5]，遂成信史，《水经·潍水注》亦曰："句践并吴，欲霸中国，徙都琅邪。"吕思勉对越王霸业持一分为二态度，一面认为称霸之语不免侈大，一面暗示北迁可能会让这个僻陋小国脱胎换骨："既徙都琅邪，去山东之国较吴弥近，其声威一时或更震荡，亦未可知"（吕思勉《先秦史》209页，上海古籍出版社，1982年）。

传统说法以琅邪（或书作瑯琊、琅玡）在今山东诸城一带，钱穆辩称诸城"僻在齐东之海滨，越为求霸中原，何为择都于此，衡以地理形势，知必不然"（《先秦诸子系年

[1] 依《国语·越语下》，则自夫椒之役至灭吴，仅历十年。
[2] 徐州地望之辨已见前注，要之非今日江苏之徐州。
[3] 胙指祭宗庙肉，只分同姓；越至是强，乃以异姓得赐胙。
[4] 文中徙琅琊之"徙"原为"從"，依钱培名说改。徙都事又见今本《竹书纪年》，惟时间稍异。
[5] 其书曰："琅邪，越王句践尝治此，起馆台。"

（上）》卷二之三十五"曾子居武城有越寇考"附"越徙琅邪考"111页），遂将琅邪定在苏北赣榆；然赣榆北距诸城数百公里，同样不利于北上争雄，甚至更落下风，钱氏质疑诸城，实为五十步笑百步。对迁都一事，钱氏选择宁信其有，却受困于弃江淮之说，只好曲为调和，谓吴与楚争，出兵常经安徽，与齐争，皆绕开皖地，"越人乃袭吴北争中原之故道，而无意于西向与楚角逐。故《楚世家》谓越灭吴而不能正江淮以北，当指吴楚角逐之旧战场言。《越世家》谓越灭吴而横行于江淮东，则指吴齐争衡之新路线言。"（同上书114页）如此绕口令似的训诂未免太费周章，亦有悖当日情势。

越为海国，平吴后发舟船北上"干与邹、鲁之事"（吕思勉语，《先秦史》209页）或偶一为之，先秦史籍确有越人寇武城（鲁邑，在今山东费县，见《孟子·离娄下》），夹削莒国壤地（在今山东莒县，见《墨子·非攻中》）之记载，但观其行事，更像小贼入室，而非大规模争霸的架势。

越不可能因灭吴而骤成大国，退一步说，即使真有迁都这回事，无论朝哪个方向迁也改变不了它僻处海隅的地理位置，断难出现钱穆想象的雄踞海滨，"西向而会诸侯于滕，北指而夺齐晋中原之霸权"的恢宏场景（《先秦诸子系年（上）》114页）。所谓"诸侯毕贺，号称霸王"，不过是从卧薪尝胆的英雄传奇衍生出来的一个耀眼光环，苏辙著《古史》，便不理会迁都谣传，径用平淡无奇的字句说"越王句践既克夫差，虽号伯王，而实敛兵自守，无大征伐"（《古史·越世家》，《三苏全书》第四册），或更近情实①。

值春秋末，吴、越迭相逞强，为这段历史平添几分精彩。越虽侥幸存于战国，后裔式微，终为楚所灭②。南方仍是楚一家为大。

悼王时，吴起为楚令尹（相当宰相），着手变法。起在魏尝为西河守，立表（即柱）于南门外，募民偾（倒覆）之。民皆不信，一人独往偾表，果得所赏（见《吕览·慎

---

① 前人早有对徙琅邪事提出质疑者，《太平寰宇记》卷二十四《河南道·密州·诸城》"秦琅邪郡故城"条下引《郡国县道记》驳云："句践本理会稽，盖因会诸侯于河，权于此观望经旬时，不应都此，《吴越春秋》所说近于诞谬。"

② 初，楚、越水军战于江上，"楚人顺流而进，迎流而退，见利而进，见不利则其退难；越人迎流而进，顺流而退，见利而进，见不利则其退速"，故越人虽处下流，而能屡败楚师。直至公输般（即鲁班）造舟战之器，"作为钩强之备，退者钩之，进者强之"（《墨子·鲁问》），方助楚人将战局扭转过来（事在楚惠王时）。案：《御览》卷三三四引作"公输般自鲁之楚，为舟战之具，谓之钩拒，退则钩之，进则拒之。"孙诒让《墨子闲诂》谓"钩强"无义，凡"强"字并当从《御览》作"拒"，拒、距、钜义同。沈钦韩释云：钩所以取物，禽鸟之距亦能攫援（《汉书疏证》卷三十二下"钩距"）。后世民间又以钩为戏，"襄、汉风俗，常以正月望日为之。相传楚将伐吴（当为越之误），以为教战。……以大麻絙，长四五十丈，两头分系小索数百条挂于胸前。分二朋，两向齐挽，当大絙之中立大旗为界，震鼓叫噪，使相牵引，以却者为胜，就者为输，名曰拔河"（唐代封演撰《封氏闻见记》卷六"拔河"，该习俗又见南朝梁宗懔撰《荆楚岁时记》，曰"施钩之戏"）。

小》)。《韩非子·内储说上》又谓徙车辕、赤菽（即红豆）以立信，盖皆为传闻。《汉书·古今人表》商鞅列第四等（中上），起仅第六等（中下），郭沫若颇不平，认为他"列为上下等的所谓'智人'，应该是不会过分的。"（《青铜时代》"述吴起"，载《郭沫若全集·历史编》第一卷，人民出版社，北京，1982年）

吴起治楚，《史记》本传云："明法审令，捐不急之官，废公族疏远者，以抚养战斗之士，要在强兵。"富国强兵本名正言顺，何况还教楚人变两版筑垣旧俗，改用四版（《吕览·义赏》并注），"可见在怎样小的节目上他都在注意改善民生；"（郭沫若"述吴起"）然而其法不能行于楚的症结在于他要拿贵戚勋臣来祭改革这面大旗，"使封君之子孙三世而收爵禄，绝灭（当为裁减之讹）百吏之禄秩，损不急之枝官，以奉选练之士，"（《韩非子·和氏》）又"令贵人（即贵臣）往实广（同'旷'）虚之地，皆甚苦之。"（《吕览·贵卒》）钱穆谓"李克、吴起亲受业于子夏、曾西（当为曾申笔误），法家渊源，断可识矣，"（《先秦诸子系年（上）》卷二之六十六"吴起去魏相楚考"191页）此语深中肯綮，道明吴起取祸之由。及悼王死，吴起见杀[1]，他从北方带来的疾风暴雨的变法仅仅化作一汪殷红血水，随即消融在充斥于楚人生活的"优游闲适的空气"（张荫麟语）里面[2]。

降至怀王，列国国力消长起落，早先与楚一样以"夷狄"身份见斥于中原诸侯的秦人已崛起河、渭，如虎兕出柙，利爪伸向东方。此时惟田齐能与秦抗，两虎相持，外强中干的楚不甘作壁上观，却表现得像个怃惋妇人，左顾右盼，不知该傍谁之大腿。秦相张仪诱怀王以商於之地六百里[3]，楚乃北绝齐交；及张仪使诈，变六百里为六里，则又西生秦患（见《史记·张仪传》）。楚兴师伐秦，兵挫地削，死者枕藉；"信而见疑，忠而被谤"的屈原作《国殇》凭吊曰：

"操吴戈兮被犀甲，车错毂兮短兵接。旌蔽日兮敌若云，矢交坠兮士争先。凌余阵兮躐余行，左骖殪兮右刃伤。霾两轮兮絷四马，援玉枹兮击鸣鼓。天时怼兮威灵怒，严杀尽兮弃原壄（古'野'字）。

---

[1] 吴起之死，或谓射杀（《史记》本传、《吕览》），或谓支解（《史记·蔡泽传》《韩非子》），或谓车裂（《淮南子》《墨子》）。综合诸说，郭沫若认为大体也可说得通，"便是那些反动贵族先把吴起射杀了之后，遗恨未尽，更从而枝解之，而枝解时则是用的车裂法。"（"述吴起"）

[2] 《史记》本传谓吴起匿伏悼王尸旁而被群臣射杀，太子立，尽诛射吴起而并中王尸者，夷宗死者七十余家。张荫麟据此称"楚国贵族几乎被一网打尽，楚国的新局面也就成立"（《中国史纲》109页）。考诸悼王以后楚国历史，贵族势力未见衰减，新局面更无从谈起。

[3] 商於（於音'乌'）原属楚，在今陕西商南、河南淅川一带，后入于秦，孝公以商於十五邑封公孙鞅，鞅因号商君。

"出不入兮往不反，平原忽兮路超远。带长剑兮挟秦弓，首身离兮心不惩。诚既勇兮又以武，终刚强兮不可凌。身既死兮神以灵，魂魄毅兮为鬼雄。"[1]

怀王昏聩，再为张仪欺，与秦结"昆弟之国"（《张仪传》）；前299年，误信秦昭王言，入朝秦而不返。唐代周昙咏史诗云："不得商於又失齐，楚怀方寸一何迷。明知秦是虎狼国，更忍车轮独向西。"（《春秋战国门·再吟》）楚怀被虏，魂亡魄失，屈子又赋《招魂》"以招既失之魂，以寄其哀思。"（吴汝纶语，姚鼐辑《古文辞类纂》卷六十三《宋玉〈招魂〉》）[2]

顷襄王（怀王子）之际，秦大举攻楚。前279年，秦将白起"取鄢、邓、西陵"；明年，"拔郢，烧夷陵。"（《资治通鉴·周纪四》"赧王三十六、三十七年"）西陵、夷陵皆楚先王墓所在，郢则指"鄢郢"，而非二百多年前吴人攻破之"旧郢"[3]。赵平原君食客毛遂谓楚考烈王（襄王子）曰：白起竖子，率数万之众，"一战而举鄢郢，再战而烧

---

[1] 清末桐城文人马其昶曰："怀王怒而攻秦，大败于丹阳，斩甲士八万。乃悉国兵复袭秦，战于蓝田，又大败。兹祀国殇，且祝其魂魄为鬼雄，亦欲其助却秦军也。"（《屈赋微》卷上）清人林云铭（《楚辞灯》）、屈复（《楚辞新注》）、蒋骥大抵皆如是解题，惟云此篇所祭为历次与秦交兵死于国事者，非特指丹阳、蓝田之败（今人刘永济亦持此说）。蒋骥谓："怀、襄之世，任谗弃德，背纷忘亲，以至天感神怒，国蹙兵亡，徒使壮士横尸膏野，以快敌人之意。原盖深悲而极痛之，其曰'天时怼兮威灵怒'，著衄兵之非偶然也。"（《山带阁注楚辞》卷二《九歌·国殇》）

今人蒋天枢解《国殇》曰："言楚民气刚强不屈，拥有欲为国捐躯、誓死不反之众，实可一战逐敌，长驱以竟大业。故篇中隐摅战胜之情，篇末复寄长驱入秦之意。或谓篇中所言乃悼念怀王时死于丹浙之战士，非也。"（蒋天枢《楚辞校释》171页，上海古籍出版社，1989年）其说甚新而奇。刘永济谓"此歌之辞，乃吊为国战死之士甚明"，"吾人读《国殇》，虽在千载下，尚能觉其文情苍凉悲壮，感人极深。"（刘永济《屈赋通笺（附笺屈余义）》69、228页，人民文学出版社，1961年）

[2] 自东汉王逸定《招魂》为宋玉招屈之作，后世注家相沿。晚清吴汝纶（蒋骥之师）力主屈原作《招魂》，梁启超亦持此说，谓"此篇对于厌世主义与现世快乐主义两方皆极力描写而两皆拔弃，实全部《楚辞》中最酣肆、最深刻之作"（《专集之七十二·要籍解题及其读法（楚辞）》，《饮冰室合集》第九册，中华书局，1989年）。

案：昔人有谓屈原之死尚在怀王入秦前者（王懋竑《草堂存稿》卷三《杂著·书楚辞后》；刘永济撰"驳王懋竑屈子自沉在怀王入秦之前说"一文，收《笺屈余义》中，可参阅），更有好事者怀疑屈原自沉汨罗（袁枚引黄石牧云：屈子善终于汨罗，其"宁葬江鱼腹中"语乃愤怒之寓言，非实事也，见《随园随笔》卷十九"屈原沉湘之疑"）。凡此类考求，皆似文人闲极之游戏，不必当真，惟梁任公论屈子语值得一诵再诵："研究屈原应该拿他的自杀做出发点。屈原为什么自杀呢？他是一位有洁癖的人，为情而死。……他对于他的恋人，又爱又憎，越憎越爱，两种矛盾性日日交战，结果拿自己生命去殉那'单相思'的爱情。他的恋人是谁？是那时候的社会。"（《文集之三十九·屈原研究》，《饮冰室合集》第五册）

[3] 《楚世家》谓昭王惧吴，北徙都郢。唐余知古《渚宫旧事》谓"昭王避敌迁都，惠王因乱迁鄢。"（卷一《周代上》，案"鄢"当为"鄢"之误）童书业谓郢与鄢俱在今宜城（《考证》"春秋楚'郢都'"，《童书业著作集》卷一），石泉又进而考证鄢郢具体位置应在宜城北二十余里处（见《古代荆楚地理新探》"古鄢、维、涑水及宜城、中庐、邔县故址新探——兼论楚皇城遗址不是楚鄢都、汉宜城县"）。

夷陵，三战而辱王之先人。"（《史记·平原君传》）拔鄢之战，《水经·沔水注》曰：白起引水灌城，"水溃城东北角，百姓随水流死于城东者数十万，城东皆臭。"①

回顾楚怀以下历史，刘永济谓"楚以大国介齐、秦之间，与秦则齐恐，与齐则秦惧。秦欲并天下，必先弱楚"，此战国时一局势；"齐、秦之地，东西远隔，而国势相敌，固皆欲得楚以相劫持。然使齐、秦二国，强弱一失其衡，则劫持之局坏。劫持之局坏，则楚亦不能无患。故齐破于燕，廑免于亡，秦遂连年用兵于楚，至于焚陵灭都，而楚因以不振"，此战国时又一局势（《屈赋通笺》卷首叙论"屈子时事"18—19页）。斯言得之。

秦

秦、赵同祖，即上古时代险些成为夏禹接班人的伯益。伯益或写作伯翳、柏翳，又名大费，为东夷部落首领，助禹治水，舜赐姓嬴氏②。后世佐殷有功，"故嬴姓多显，遂为诸侯"；至仲潏始西迁，"在西戎，保西垂。"（《史记·秦纪》）其后造父善御，非子（或写作'飞子'）善养马，皆以一技之长得幸。造父值周穆王时，封于赵城（今并入山西洪洞县），由此为赵氏③；非子在周孝王时，别封于秦（今属甘肃天水市清水县），号秦嬴。

秦嬴之父大骆居犬丘（今陕西兴平），其族为西戎所灭。秦嬴之后秦仲亦死于戎，长子庄公伐西戎，东兼犬丘故地，为西垂大夫。周幽王遭犬戎之难，庄公之子襄公将兵救周，又护送平王东迁。平王封襄公为诸侯，赐岐以西，曰："戎无道，侵夺我岐、丰之地，秦能攻逐戎，即有其地。"（《史记·秦纪》）秦建国伊始即摆出积极东进的态势，襄公伐戎至岐而卒，文公再接再厉，戎败走，遂收周余民有之。

以上为秦早期历史大略，其中自然羼杂不少半真半假的"英雄传奇"成分，这个深染

① 后人因其渠流溉田，名白起渠，又名长渠，"溉三千顷，膏良肥美，更为沃壤也。"（《水经·沔水注》）宋代曾巩因曰："白起资以祸楚，而后世顾赖其利"（《襄州宜城县长渠记》，载《曾巩集》卷十九，中华书局，1984年）。案：民国二十八年（1939）张自忠（字荩忱）将军驻防宜城，电请湖北省府复修长渠，后国民政府将此渠重新命名为荩忱渠。

② 清洪亮吉则力辨"秦之祖伯翳，非伯益也"，实为两人（见《卷施阁文甲集》卷九《伯益考上》）。

③ 《战国策·韩三》"段干越人谓新城君"篇（鲍彪本在《秦策》）有"王良弟子造父弟子"句；《韩非子·外储说右下》又云"造父为齐王驸驾"。陈奇猷引日人松皋圆曰："疑造父春秋末善御者，王良同时之人也。谓为周穆王时人者，恐传闻之误耳。"（《韩非子新校注（下）》809页，上海古籍出版社，2000年）日人横田惟孝亦曰："王良，赵简子御者，见《孟子》，造父为齐王御，见《韩子》……其为周穆王御者，盖列子寓言，而史迁疏谬也。"（《战国策正解》卷三上）南宋鲍彪注《国策》则曰："造父，周穆王之御，不得与王良同时。然学出于造父者，得称为其弟子，非必与之同时也。"梁玉绳又引瞿教授辨曰："《韩子·外储说右》造父为齐王驸驾，盖凡后之善御者亦袭造父名也。"（《汉书人表考》卷六）

戎狄之俗，"父子无别，同室而居"（《史记·商君传》）的西方"陋国"的面目直要到穆公时方能变得明晰起来。

穆公名任好，娶晋太子申生同母姊（《列女传·贤明》称穆姬），结秦晋之好①。时晋献灭虞，虏其大夫百里奚（奚或作'傒'），遂以为穆姬陪嫁之臣。奚耻之，逃宛（今河南南阳），为楚人所执。穆公闻其贤，用五羖羊皮（羖指黑色公羊）赎之，委以国政，号五羖大夫②。秦由是渐强，"三置晋国之君"（《史记·商君传》）③，得河西八城，东境乃至河。穆公又用戎人由余之谋伐戎，"益国十二④，开地千里，遂霸西戎"（《史记·秦纪》），名列"春秋五霸"。

秦穆固然雄强，获"天子致伯，诸侯毕贺"（孝公语）之礼遇则嫌过早，事实是"秦僻在雍州⑤，不与中国诸侯之会盟，夷翟遇之"（《史记·秦纪》）。即使霸西戎，恐怕也是东征为晋所阻（殽之役大败，秦军无一人得脱），不得已向西发展的结果（见《春秋左传札记》"秦穆霸西戎"条，《童书业著作集》卷一622页）。顾颉刚话说得更刻薄，"盖虽不能逞志中原而犹得取偿于西戎，故亦谓之'霸'。"（"秦与西戎"，《史林杂识》58页）及穆公死，以百七十七人殉葬，大夫子车氏之三子亦在其中（见《史记·秦纪》《左传·文六年》）。国人作诗哀之，曰："彼苍者天，歼我良人！"（《秦风·黄鸟》）⑥

穆公之后，秦势转弱，不复东征。楚昭王乃秦女所生，吴人入郢，楚臣申包胥求救于秦，"依于庭墙而哭，日夜不绝声，勺饮不入口七日。"（《左传·定四年》）⑦秦哀公虽谓同袍同泽，与子同仇⑧，也仅发车五百乘救楚，"楚之复国，实主要依靠楚人自力及

① 案：春秋时秦、晋世为婚姻。
② 见《史记·秦纪》；据《左传·僖五年》，被执于滕者乃虞大夫井伯，史迁误将百里奚、井伯合为一人。先秦及汉史籍所载百里奚事迹不一，或谓自鬻于秦，为人养牛，穆公"举之牛口之下，加之百姓之上"（《史记·商君传》），孟子辩称奚知虞之将亡而先赴秦，自鬻、养牛之说乃"好事者为之"（《孟子·万章上》），梁玉绳亦谓"言人人殊，不足辨已，战国时造词以诬圣贤，何所不有。"（《史记志疑》卷四《秦本纪》）各种传闻详见俞正燮《癸巳类稿》卷十一"百里奚事异同论"。
③ 《索隐》谓立晋惠公（夷吾）、怀公、文公（重耳）。案：怀公即夷吾之子圉，夷吾、重耳逃亡在外，皆由秦护送返晋，中间惠公被虏，因穆姬求情得释，子圉质于秦，后亡归而招秦怨，则怀公不由秦人立明矣。
④ 《史记·匈奴传》则曰"西戎八国服于秦"，史迁行文顾此失彼。
⑤ 旧说秦雍都在今陕西凤翔，童书业颇疑之，谓穆公时雍都所在当离"王城"（今陕西大荔朝邑）不远，穆公以后其地难详，"盖随地迁名，犹晋之'绛'，楚之'郢'，不指一地"（《春秋左传考证》"春秋秦'雍都'"，《童书业著作集》卷一533页）。童说近是。
⑥ 《秦纪正义》引《括地志》云："秦穆公冢在岐州雍县东南二里，三良冢在岐州雍县一里故城内。"
⑦ "哭秦庭"之前，犹有一段著名公案。伍子胥将逃亡，向好友申包胥发誓："我必覆楚。"包胥："我必存之。"后来便是郢都鞭尸惨案发生，包胥藏进深山，使人谓子胥曰："子之报雠，其以甚乎！吾闻之，人众者胜天，天定亦能破人。"子胥答曰："吾日莫途远，吾故倒行而逆施之。"（见《史记·伍子胥传》）
⑧ 《秦风·无衣》。《左传》谓《无衣》乃哀公专为救楚而作，然据《毛诗序》，秦早有此诗。

越之袭吴，吴王内乱，秦师之力，其次要者也。"（《春秋左传考证》"《左传》记秦国势"，《童书业著作集》卷一567页）再往后愈发不堪，"厉、躁、简公、出子之不宁，国家内忧，未遑外事，三晋攻夺我先君河西地，诸侯卑秦，丑莫大焉"（孝公语，《史记·秦纪》），这时秦在战国七雄中应当算是最怂的一个。

孝公知耻而发愤，用商鞅（公孙鞅）变法，迁都咸阳，国势复强。鞅曰："治世不一道，便国不法古"，恐民不信变法令，募民徙三丈之木而予五十金（见《史记》本传）①。观其行事，"则李克、吴起之遗教为多。"（《先秦诸子系年（上）》卷三之七十三"商鞅考"227页）李克著《法经》，"商君受之以相秦；②"（《晋书·刑法志》）徙木示信，"盖以效起，而起之事不传。"（《容斋四笔》卷六"徙木偿表"）③鞅、起同邦，皆为卫人，思想相通，甚至下场亦相类，"吴起支解而商君车裂"（《韩非子·问田》）。郭沫若称："说不定他们还有点师弟关系吧？但至少商鞅是受了吴起的精神上的影响，我看，是毫无问题的。"（"述吴起"）鞅之为政，立什伍连坐之制，废井田，开阡陌，务耕织，尚军功，统一度量衡，更为赋税法，"皆受之于李、吴"（《先秦诸子系年（上）》"商鞅考"228页）。又"燔《诗》《书》而明法令"（《韩非子·和氏》），王应麟曰："盖《诗》《书》之道废，与李斯之焚无异也"（《困学纪闻》卷十《诸子》），则法家源流一目了然。

《战国策》云：商君治秦，"道不拾遗，民不妄取，兵革大强，诸侯畏惧。"（《秦一》"卫鞅亡魏入秦"篇）需要澄清的是，商鞅变法并未使秦之国力立马蹿至危天下程度。时有逢泽之会，魏惠王主其事（见前），而今本《竹书纪年》误作"秦孝公会诸侯于逢泽"④，钱穆曰："秦自孝公以前，中国诸侯夷翟遇之，摈不得与朝盟。孝公用商鞅，变法图治，稍侵魏疆，犹不为中国诸侯所重，何来有会诸侯而朝天子之事？"（《先秦诸子系年（上）》卷三之八十三"逢泽之会乃梁惠王非秦孝公辨"253—254页）范蔚宗《后汉书·西羌传》仅谓"孝公使太子驷率戎狄九十二国朝周显王"，则其雄强仍限于西戎一隅，史迁《秦纪》所书"天子致胙，诸侯毕贺"显为夸大不实之词。孝公死后，其子惠文

---

① 青年毛泽东尝作"商鞅徙木立信论"一文，效梁启超文风大发感叹曰：读史至此事，"吾于是知执政者之具费苦心也，吾于是知吾国国民之愚也，吾于是知数千年来民智黑暗，国几蹈于沦亡之惨境有由来也。"（《毛泽东早期文稿》1—2页）

② 案：商鞅历任左庶长、大良造，据《秦纪》，武王二年初置丞相，以樗里疾、甘茂为左右丞，则孝公时秦官尚无相，大良造殆即相当相职，犹楚之令尹，"以后例前，故称商鞅为秦相。"（《先秦诸子系年（上）》"商鞅考"229页）

③ 南宋王应麟《困学纪闻》卷十《诸子》亦云："商鞅入秦，在吴起死后二十一年，徙木予金，其祖吴起之遗智欤？"

④ 《秦纪》曰："秦使公子少官率师会诸侯逢泽"，似应魏之征而使一公子赴会；《六国年表》则曰：孝公二十年，"诸侯毕贺，会诸侯于泽（即逢泽）"，语焉不详（未明说会诸侯者为谁，魏耶？秦耶？），致生歧义。

君（即太子驷，诛商鞅）曰："毛羽未成，不可以高蜚；文理未明，不可以并兼"（《史记·苏秦传》），此语最为当日秦国势写照。

秦惠始称王在周显王四十四年（前325），明年改元。当其世，魏献河西地，复献上郡十五县（见《史记·秦纪》及《魏世家》），故童书业称"秦在战国时之大强，实在惠文王时"（《童书业著作集》卷一567页）。所谓"大强"，亦不过敢东出与齐、魏争中原霸业而已。

秦惠称王前九年，齐、魏相王于徐州，成两国对峙局面。秦乘间袭魏，以期打开东进通道。事实上，蚕食魏地乃秦之既定国策。商鞅说孝公曰："秦之与魏，譬若人之有腹心疾，非魏并秦，秦即并魏"；前340年，亲率师伐魏，虏公子卬（鞅以军功获封商於、号商君即在是年）。此后秦加快侵魏步伐，卒控黄河天险，可"东向以制诸侯"，而魏则以"兵数破于齐、秦，国内空，日以削"（《史记·商君传》），一蹶不振，不得不郁郁退出争霸行列。已成"老骥"的魏惠王虽用"晋国天下莫强"的话来追缅文、武侯所创霸业，终究壮心不再，自叹"及寡人之身，东败于齐，长子死焉（指马陵之败），西丧地于秦七百里。"（《孟子·梁惠王上》）于是秦、魏、齐三国分霸简化为秦、齐争长，秦势日上升，然犹不及齐宣、湣之盛。

齐宣王抱有"大欲"，孟子云："欲辟土地，朝（朱熹注：致其来朝）秦、楚，莅中国而抚四夷也。"（《孟子·梁惠王上》）齐在当时确为头等强国，秦兴师临周而求九鼎[1]，周臣颜率赴齐谓宣王曰："与秦，不若归之大国（指齐），"（《战国策·东

---

[1] 《国策》此篇所谓秦王，诸家注未予明说，疑即指武王（秦惠之子），考其正与齐宣同时。秦武孔武有力，好多力之人，力士孟说（或作孟贲）、乌获等皆至大官。《史记·甘茂传》谓武王欲窥周室，"竟至周而卒于周。"《秦纪》谓王与孟说举鼎，绝膑而死（《正义》云：绝，断也；膑，胫骨也）。又据《帝王世纪》，"秦王于洛阳举周鼎，乌获两目血出。"钱穆称秦武举鼎乃当时传说，犹楚子问鼎，"时人遂谓武窥周鼎，而德不堪之，遭怒而死，因讥之曰举鼎绝膑死矣。"（《先秦诸子系年（上）》卷三之九十九"附社亡鼎沦解"322页）

案：九鼎下落已成千古之谜，《史记》给出两种答案，一是秦灭周，掠九鼎宝器（《周》《秦纪》）；二是鼎沦没泗水，故秦始皇使千人入水求之（《始皇纪》，亦见《水经·泗水注》）。《封禅书》兼取二说，张守节则谓九鼎"其一飞入泗水，余八入于秦中"以作调和（《秦纪正义》），纯属无稽之谈。沈钦韩曰："九鼎之亡，周人自亡之，虞大国之数甘心也，为宗社之殃。又当困乏之时，周人销毁以为货，谬云鼎亡耳。"（《汉书疏证》卷十八）王先谦称"沈说可谓推见至隐"，且曰："当时列国分争，纪载互异，秦之灭周取鼎，自由时人揣度之词，而鼎实未入秦，沦没泗水则系秦人传闻如此。"（《汉书补注·郊祀志上》）泗水在宋境，时宋君偃称王，钱穆释云，宋以小国而行王政，颇召当时诸侯嫉视（《孟子·滕文公下》曰："宋，小国也，今将行王政，齐、楚恶而伐之"），故造言鼎陷于泗，喻宋德不足有天下（见《先秦诸子系年（上）》"社亡鼎沦解"）。顾颉刚又别作一解释，谓周鼎深藏宫廷，见者至希，民间传为庞然神器。秦灭周或已得之，见其不似想象中高伟，竟不视为九鼎，适逢巷盛传宋鼎没水，至始皇乃使千人求之。周鼎、宋鼎本截然两事，"合两事为一事，始于秦始皇而成于司马迁。"（《史林杂识》"九鼎"161页）唐代武后复铸九鼎，事在万岁通天二年（697）。宋徽宗于国家垂亡之际又两造九鼎，遂成十八岁之数（见《容斋三笔》卷十三"十八鼎"）。

周》)可为证。齐湣好战，四处用兵，南攻楚五年，西困秦三年，"北与燕战，覆三军，获二将①；而又以其余兵南面而举五千乘之劲宋，而包十二诸侯。②"（《战国策·燕一》"苏秦死其弟苏代欲继之"篇）③据《史记·乐毅传》，时诸侯皆欲背秦而服于齐。前288年，秦昭王（武王异母弟）约齐湣王称西、东帝，旋俱去帝号；四年后即有乐毅伐齐，"国际"均势被打破，秦坐收渔利，独强于天下，数百年列国角力乱局的大幕就要徐徐合上了。

秦惠不能以武力抗齐，遂用魏人张仪之舌游说诸侯④。仪初至魏，离间魏、齐，再至楚，挑拨楚、齐，"秦之外交，常主折齐之羽翼，散齐之朋从，使转而投于我。"（《先秦诸子系年（上）》"苏秦考"289页）其时魏相公孙衍又发起五国相王，《孟子·滕文公下》遂谓仪、衍二人"一怒而诸侯惧，安居而天下熄"。

《史记》《国策》皆称张仪为秦连横，游说之士中复有苏秦，使关东六国合纵为一，"并力西向而攻秦。"（《史记》本传）。当是时，列国最忌强齐，故争"合从"伐之（见《史记·乐毅传》）《史记·周纪集解》引瓒曰⑤："以利合曰从，以威势相胁曰横。"清张文虎曰："从有聚义，横有散义，合众攻一曰从，散众事一曰横。"（《舒蓺室随笔》卷四）⑥"合从"专指拒秦盖自齐湣败亡，秦全力东侵始，为苏、张身后事；长平"血案"更让六国人警醒，觳觫之余认清楚真正威胁来自哪里。钱穆力辨所谓苏、张一纵一横实子虚乌有，其说由后之好事者附会妄造。齐、秦对抗既齐为长而秦为亚，"东方

---

① 清梁玉绳称《国策》所载"此齐与燕战事无考"（《史记志疑》卷二十九《苏秦传》），雷学淇则曰，《史记·司马穰苴传》"谓燕侵河上，穰苴追击之，遂取所亡封内故境，此即齐湣败燕之一证矣。"（《介庵经说》卷九"齐宣王伐燕"）案：《晏子春秋·内篇杂上》载司马穰苴拒与齐景公夜饮，《穰苴传》遂谓晏婴荐穰苴为齐将军，然宋人苏辙取《国策》湣王杀穰苴之说（见《齐策六》"齐负郭之民有狐咺者"篇），称穰苴"湣王之臣，尝为湣王却燕，而战国杂说，妄以为景公时耶"（《古史》卷三十六，载《三苏全书》第四册247页）？苏轼谓"太史公取《战国策》作《史记》，当以《战国策》为信"（同上书248页）。雷氏又辨云："史迁误从《晏子春秋》之说，以苴为景公时人，果尔，则《左传》《国语》何以不载"（《介庵经说》卷九）？叶适亦称史迁罗列穰苴事迹皆景公时所有，"《左氏》前后载齐事甚详，使有穰苴墨起立功，不应遗落也。……盖作书之人夸大其词，而迁信之耳。"（《习学记言序目》卷二十《史记二·列传》）又，伐燕究为湣王抑宣王事，史论纷纭，莫衷一是，参见本书22页注二。

② 张仪说楚王曰，灭宋东指，可尽有泗上十二诸侯（《史记》本传）。《索隐》谓"边近泗水之侧，当战国之时有十二诸侯，宋、鲁、邾、莒之比也。"

③ 又见《荀子·王霸》，称强齐"南足以破楚，西足以诎秦，北足以败燕，中足以举宋"。

④ 张仪未遇之时，尝受辱于楚，笞数百，归谓其妻曰："视吾舌尚在不？"其妻笑曰："舌在也。"仪曰："足矣。"（见《史记》本传）

⑤ 裴骃《史记集解序》云："《汉书音义》称'臣瓒'者，莫知氏姓，今直云'瓒曰'。"司马贞以为臣瓒即西晋时任校书郎的傅瓒，"称'臣'者，以其职典秘书故也。"

⑥ 西汉初七国举兵叛乱，犹用"合从"一语（见《汉书·贾谊传》）。

六国固绝无合从摈秦之必需，亦绝无合从摈秦之可能；即据今《史记》各《世家》、《年表》所记，亦绝无六国合从摈秦之痕迹也。"（《先秦诸子系年（上）》"苏秦考"288页）又谓：《史记》昧于情势，对战国早中期事往往不能备言，"独于晚世策士伪造苏、张纵横之说，娓娓道之，去实远矣。"（《国史大纲（上）》80页）

深受周文化熏陶的中原诸国，被国内根深蒂固的宗族势力缚住手脚，政治改革举步维艰。秦、楚地处僻远，社会发展相对原始，素为诸夏所轻；然惟其落后而最少羁绊，亦最热衷变法。童书业称秦、楚"入战国时较易行中央集权之制，与其卿族夙无专擅之事关系绝大也。"（《春秋左传札记》"楚秦吴越公室之强"，《童书业著作集》卷一632—633页）《读史方舆纪要》卷一引吕氏云："秦变于戎，楚变于蛮，燕变于翟"，正是这几个后进邦国用人超越宗族、国别，而能气象焕然一新，如燕用乐毅，楚用吴起，至于秦，"其始与之谋国以开霸业者，魏人公孙鞅也。其他若楼缓赵人，张仪、魏冉、范雎皆魏人，蔡泽燕人，吕不韦韩人，李斯楚人，皆委国而听之不疑，卒之所以兼天下者，诸人之力也。"（《容斋随笔》卷二"秦用他国人"）①

华夏民族正孕育在春秋战国漫长五百余年的刀光剑影、血雨腥风里；这一痛苦过程其实是在两个层面上同时进行，一是诸夏抟结，二是华夷融合。

诸夏集团伴随列国兼并、诸侯争霸而获空间与实体上的渐次扩大，钱穆依序将它划作五期：齐最先称雄于东部与中部（即黄河下游东部及黄河中游南岸），标志第一期诸夏之基本结合；晋继起，为第二期，东、中部外加入中北部（即黄河中游北岸）；楚为第三期，加入中南部（即江、汉流域）；吴、越为第四期，加入东南部（即长江下游）；至秦为第五期（战国孝公以后），又加入西中部（即河、渭流域，见《国史大纲（上）》60—65页）。这是诸夏成形的大致地理轮廓。

此外又有狄势强盛。犬戎破西周，对周文化摧残甚巨，"周余黎民，靡有孑遗"（《大雅·云汉》）。童书业称："自西周之亡至战国之初，西方经济文化远逊关东，不能不谓与戎狄之破坏有关。"（《考证》"狄族之强"，《童书业著作集》卷一364页）群狄南下，灭黄河北岸姬姓封国邢、卫，卫遗民仅剩"男女七百有三十人"（《左传·闵二年》），狄之"凶焰"遂燃至大河以南。《公羊传》虽谓"南夷与北狄交，中国不绝若

---

① 案：洪容斋此段话中有多处舛误，公孙鞅系卫人，魏冉即穰侯，秦昭母宣太后之异父弟，其先楚人，芈姓。洪亮吉亦谓秦不用同姓而好用异国人，实由穆公启之（见《更生斋文甲集》卷二《春秋十论》）。

线"，狄患之炽远在楚上。幸有齐桓奋臂驱夷，三存亡国①，黄震曰："使无齐桓攘服定之，岂复有中国哉！"（《黄氏日抄》卷八《读春秋二》"狄伐邢"条）其时管仲力称"戎狄豺狼，不可厌也；诸夏亲昵，不可弃也。"（《左传·闵元年》）孔子因以救诸夏功归之，赞其仁曰："微管仲，吾其被发左衽矣。②"（《论语·宪问》）晋文复以尊周室攘夷狄为号，当齐、晋称霸之际，"实为春秋时期华、戎交斗一极剧烈之战阵。"（《国史大纲（上）》62页）

顾栋高谓，戎狄横暴莫过于闵、僖之世，侵陵中原，蹂躏王室，"藉非境壤相接，何以能为患至此，则自山西以迄直隶、河南，直接山东之境，皆其所出没。"（《春秋大事表》卷三十九《春秋四裔表》）钱穆据此称"当时中国本为一种华、夷杂处之局"，且此局面自始即然，异族远居四裔之旧观念殊不可恃，"此皆以后代眼光读古史之误也。"（《国史大纲（上）》55、58页）钱氏之说本于顾栋高，其言曰："昔先王疆理天下，建置侯甸，而蛮夷戎狄犹错处内地。"（《春秋四裔表》叙）然所谓南蛮、东夷、西戎、北狄，真正关乎诸夏利害者为西北之戎狄部落。《后汉书·西羌传》曰："及平王之末，周遂陵迟，戎逼诸夏，自陇山以东，及乎伊、洛，往往有戎。……当春秋时，间在中国，与诸夏盟会。"由此看来，华、夷杂处并非自始即然的固有局面，其出现正与周室播迁有关。

戎狄本为"俗不城郭，就山野庐帐而居"（《春秋四裔表》）的游牧部落，生存方式颇具"机会主义"色彩，与中原耕稼民族适成一动一静之对照③。童书业论戎狄迁徙之由，先是随西周衰而东南侵，再是因秦、晋强而东南迁（《札记》"戎狄迁徙"，《童书业著作集》卷一617—618页）。姜戎称"秦人负恃其众，贪于土地，逐我诸戎"（《左传·襄十四年》）；秦、晋又"迁陆浑之戎于伊川"（《左传·僖二十二年》），近周之郊甸，楚庄问鼎即由北伐陆浑戎而来。

戎狄族类繁多，诸夏于军事斗争外别有"和戎"一策，而通婚便是和戎的重要手段。上自王室，周襄王娶狄女为后（后黜之，狄生怨，乃有子带召戎狄攻周，见《史记·周

① 《左传·僖十九年》谓"齐桓公存三亡国以属诸侯"，三亡国当指邢、卫、鲁。案：鲁之乱因庄公母弟庆父（或曰鲁庄庶兄，又称共仲）而起，与狄人无涉。庆父与鲁庄夫人哀姜（齐侯之女）私通，弒二君（公子般、闵公），国无嗣。齐大夫仲孙湫曰："不去庆父，鲁难未已。"（《左传·闵元年》）齐桓立僖公，闻庆父、哀姜乱以危鲁，"乃召哀姜，鸩而杀之，鲁遂杀庆父。"（《列女传·孽嬖》"鲁庄哀姜"）
② 朱熹注云：被发左衽，夷狄之俗也。平王东迁，周大夫辛有至伊川，见被发而祭于野者，曰："不及百年，此其礼乎！"（《左传·僖二十二年》）案：被发即披发（散发），左衽旧说以为襟向左开，顾颉刚谓人类活动右手使用为多，故开襟在右；衽有襟义，亦有袖义，所谓左衽当指左臂在袖，右臂袒露（以便劳作），而襟仍在右，旧说"盖前代学者未亲见边隅风俗，仅随文而敷义耳。"（见《史林杂识》"被发左衽"150页）
③ 《史记·匈奴传》谓胡人之俗，"宽则随畜，因射猎禽兽为生业，急则人习战攻以侵伐，其天性也。……利则进，不利则退，不羞遁走。"

纪》及《匈奴传》）；下至列国，齐桓公有三夫人：王姬、徐嬴、蔡姬，钱穆谓徐嬴"当时目为夷者"（《国史大纲（上）》56页），灵公则有戎姬，嬖幸之；秦襄公嫁妹缪嬴为丰王妻，顾颉刚谓丰王即戎王（"秦与西戎"，《史林杂识》57页）[1]，昭王时，义渠戎王与宣太后私通，生二子（见《史记·匈奴传》及《后汉书·西羌传》）[2]。因地理关系故，诸国中晋与戎狄联姻最密，所谓白狄秦之仇雠，"而我昏姻也。"（《左传·成十三年》）献公娶二戎女，大戎狐姬生重耳，小戎子生夷吾（《左传·庄二十八年》）；又娶骊戎女，宠爱隆重。骊姬初去骊戎，涕泣沾襟，"及其至于王所，与王同筐床，食刍豢，而后悔其泣也。"（《庄子·齐物论》）重耳避乱奔狄即奔外家，狄人伐廧咎如，获二女，以少女季隗妻重耳，长女叔隗妻赵衰而生盾（《左传·僖二十三年》）[3]。又潞子（即潞氏国君）夫人为晋景公姊（《左传·宣十五年》），代王夫人为赵襄子姊（《史记·赵世家》）[4]。现代遗传学认为，通婚可造成基因在不同族群间以惊人速度流动，实为民族融合之最简捷有效途径。至于赵武灵王教百姓胡服骑射"以备燕、三胡、秦、韩之边"（《史记·赵世家》），眼界之高更远超时人，两千年后高唱"师夷长技以制夷"的魏源的灵感大概便采自这里。

晋惠公（夷吾）身为华、夷混血，谓诸戎"四岳之裔胄，毋是翦弃。"（《左传·襄十四年》）[5]秦人逐戎，惠公安置姜戎于黄河北岸，允姓之戎于伊、洛之间[6]，

---

[1] 晁福林则谓丰王为戎王实不确，秦与戎世代为仇，嫁妹戎王，断非襄公所能为（见晁撰"论平王东迁"一文，载《历史研究》1991年第6期）。

[2] 案：义渠在秦之北，国势甚强，为秦伐诸戎所遇最大劲敌。宣太后诈而杀义渠王，遂起兵灭其国，于是秦有北地，"筑长城以拒胡。"（《史记·匈奴传》）灭义渠之年《史记》失载，范晔《后汉书》记在周赧王四十三年即秦昭王三十五年（前272）。顾颉刚谓宣太后当时至少年已七十，与义渠王交好三十余年，故能生二子，竟突然诱杀之，"固足证蓄谋已久，处心积虑乃至如是，然白发翁妪相对言情，此美人计不已行之过迟乎！则范晔之说未必绝对可信。"（见《史林杂识》"秦与西戎"62页）

[3] 《史记·赵世家》与此同，《晋世家》则作长女妻重耳，少女妻赵衰，又谓重耳将去狄，告其妻曰："待我二十五年不来，乃嫁。"其妻笑曰："犂（犹'比'或'及'）二十五年，吾冢上柏大矣，虽然，妾待子。"

[4] 代为北狄。《列女传·节义》"代赵夫人"云：赵襄子杀代王，佐代地，迎其姊。代王夫人曰："以弟慢夫，非义也；以夫怨弟，非仁也。吾不敢怨，然亦不归。"遂自杀。

[5] 相传四岳为唐尧时分掌四时、方岳之官，见于《尚书·尧典》。《国语·周语下》则谓四岳为共工后裔，佐禹治水有功，赐姓曰姜，氏曰吕。宋孔平仲、明杨慎皆以四岳为一人，非四人（见《升庵经说》卷三）。顾颉刚谓《尧典》成书晚于《国语》，盖作于战国而润色于秦、汉，取《国语》"四岳"专名变为"四岳"通名，平均分配四方，至汉武、宣时再扩充为五岳，成帝王巡狩所至之地。此演变兴起于民间，完成于官方，实为大一统制度下国家地理在人们头脑中的理想化反映。依顾氏考证，最早四岳当指西方相望之四山，大致他望在甘肃六盘山东南，黄河西道之东，姜氏之族（包括姜戎及太公望一族）原居于此，或以四岳之神为其祖先，或以其祖先为四岳之神，故称"四岳之裔胄"；他日部族迁徙，"岳"之名遂被移植中原（见《史林杂识》"四岳与五岳"）。

[6] 允姓之戎即陆浑之戎，以其迁于黄河、秦岭两阴之地（水南山北曰阴），又称"阴戎"，与姜戎皆原居瓜州。旧说以瓜州为甘肃敦煌，顾颉刚谓瓜州所在即四岳所在，当在关中秦岭一带（见《史林杂识》"瓜州"）。

"故晋人得资之为爪牙"，联姜戎败秦师于殽即是一例（见《史林杂识》"瓜州"46页）。其后魏绛和戎，戎狄事晋，而周王卧榻之侧竟有他人鼾睡，乃质问晋侯："先王居梼杌于四裔，以御螭魅，故允姓之奸，居于瓜州。伯父惠公归自秦，而诱以来，使逼我诸姬，入我郊甸，则戎焉取之。戎有中国，谁之咎也？"（《左传·昭九年》）由周王此言益知顾栋高之说为非。

梁漱溟曾谓中国因为早早出了几个非常天才（"古圣人"），其天分又在西洋古时天才之上，导致我们的文化走了一条奇怪的路径，成为人类文化早熟的特例（梁漱溟《东西文化及其哲学》146、188页，上海人民出版社，2006年）。法国哲学家蒲陀罗亦曰："你们中国着实可爱可敬，我们祖宗裹块鹿皮、拿把石刀在野林里打猎的时候，你们不知已出了几多哲人了"（梁启超《专集之二十三·欧游心影录节录》，《饮冰室合集》第七册）。这种早熟特质殆与中国文化对大一统的内在需求有关。

西周以前学术率由贵族把持，所谓"礼不下庶人"（《礼记·曲礼上》）。牟宗三用一段通俗的话描绘当日情形曰："古代的知识都是集中在官府的专家手中，并不是普遍于民间的，照古代的说法就是藏之于王官。"（牟宗三《中国哲学十九讲》42页，上海古籍出版社，2005年）而其时最受教育者乃执干戈、佩弓矢之武士，学习科目为射、御、礼、乐、书、数，合称"六艺"[①]。六种技能中除书和数，余皆与战事训练有关。《礼记·射义》曰：射者，男子之事，饰以礼乐，天子以射选诸侯、卿、大夫、士。乐对武士来说亦非等闲，"较射和会舞都有音乐相伴，'士'的生活可以说是浸润在音乐的空气中的。"（张荫麟《中国史纲》44页）娴习并教授六艺于贵胄者称术士，亦称儒。孔丘父子堪作古昔尚武的绝好例证。前563年，鲁、晋、宋、卫诸国伐偪阳（偪音'福'，在今山东枣庄市南），守城者启城门，诱诸侯之师入；"县门（县同'悬'，即闸门）发，郰人纥抉（犹'举'）之，以出门者（使误入城士卒得出）。"郰人纥即孔丘父叔梁纥，鲁卿孟献子（庆父曾孙）赞曰："《诗》所谓'有力如虎'者也"（《左传·襄十年》）。丘谓弟子曰："吾执御（朱熹注：执，专执也）"（《论语·子罕》），《礼记·射义》又云："孔子射于矍相之圃[②]，盖观者如堵墙"，知夫子为射御好手。

周室播迁，典籍散失，韩宣子（即韩起）来鲁始见《易》《象》与《鲁春秋》，乃叹

---

① 案：汉以后儒家"六经"亦称"六艺"，所指不同。
② 据《嘉庆重修一统志》卷一六五《兖州府》"曲阜县学"条，矍相圃故址在山东曲阜孔庙西。

曰："周礼尽在鲁矣。"（《左传·昭二年》）时贵族颓废，不学无术①；"天子失官，官学在四夷"（《左传·昭十七年》）②，原本高高在上的王官之学渐流布民间。起而整理收拾残遗学术者首为孔丘，门弟子子贡曰："文、武之道，未坠于地，在人。贤者识其大者，不贤者识其小者。"（《论语·子张》）夫子极力美化往昔周公之道③，将武士教育中原本居辅助地位的礼乐（"饰以礼乐"可为证）无限拔高，自成体系，乃杏坛设教④，"弟子盖三千焉，身通六艺者七十有二人。"（《史记·孔子世家》）至是掌教育的王官（儒）换成聚生徒的教习（私儒），儒之意义始变。舆论一般以孔子为民间自由讲学第一人，然《左传·襄二十四年》曰："鲁有先大夫曰臧文仲，既没，其言立"，杜注："立谓不废绝。"观其文，似臧文仲辈已行讲学之事，盖私人讲学随王家学术失坠而蔚然成风，"孔子特其中突出之人物耳。"（《札记》"春秋时学制之变"，《童书业著作集》卷一639页）

礼坏乐崩表现于贵族僭礼，所谓"八佾舞于庭，是可忍也，孰不可忍也。⑤"（《论语·八佾》）周制，公、侯、伯、子、男为五等之爵，僖公以前，各国大夫虽贵不敢称子，自僖、文以后，执政之卿始僭称子；"其后则匹夫而为学者所宗，亦得称子，老子、孔子是也；又其后，则门人亦得称之。"（《日知录》卷四"大夫称子"条）遂有所谓诸子百家出

---

① 春秋之世，贵族不患无知，但患失位，因而流行"可以无学，无学不害"的说法（《左传·昭十八年》）。晋大夫士会受周天子招待而不知王室之礼（《左传·宣十六年》），鲁卿孟僖子随昭公出访而不能行礼仪（《左传·昭七年》），童书业谓此二人"能病其不学而补过，时犹以为庸中佼佼矣。"（《札记》"春秋时之学问"，《童书业著作集》卷一671页）

② 杨伯峻引南宋家铉翁《春秋详说》云："所谓夷，非夷狄其人也。言周、鲁俱衰，典章阙坏，而远方小国之君乃知前古官名之沿革，盖录之也。"（《春秋左传注》第四册1389页）《汉书·艺文志》谓仲尼有言："礼失而求诸野"，义相近。

③ 子曰："甚矣吾衰也！久矣吾不复梦见周公。"（《论语·述而》）又曰："郁郁乎文哉，吾从周。"（《论语·八佾》）

④ 《庄子·渔父》曰："孔子游乎缁帷之林，休坐乎杏坛之上。弟子读书，孔子弦歌鼓琴。"西晋司马彪注云："杏坛，泽中高处也。"唐人钱起诗云："更怜童子宜羞服，花里寻师指（一作'到'）杏坛。"（《幽居春暮书怀》）顾炎武谓《庄子》书中"凡述孔子，皆是寓言。渔父不必有其人，杏坛不必有其地，即有之，亦在水上苇间，依陂旁渚之地，不在鲁国之中也，明矣。今之杏坛，乃宋乾兴间（孔子）四十五代孙道辅增修祖庙，移大殿于后，因以讲堂旧基甓石为坛，环植以杏，取杏坛之名名之耳。"（《日知录》卷三十一"杏坛"条）

⑤ 佾（音'艺'）指舞列，"天子用八，诸侯用六，大夫四，士二。"（《左传·隐五年》）每佾人数，或曰八人为佾（服虔），或曰如其佾数（杜预："八八六十四人，六六三十六人，四四十六人，二二四人"）。俞樾又据《仪礼·乡饮酒》篇谓"用八直是八人，用六直是六人，大夫四直是四人，士二直是二人"（《茶香室经说》卷十四"天子用八"，载《春在堂全书》第七册，凤凰出版社（原江苏古籍出版社），2010年），则愈说愈为曲折矣。

现，思想家里头"无论怎样胆大，怎样怪诞的，从劝人学禽兽一般恣情纵欲的它嚣、魏牟到劝人学石头一般无知无觉的田骈、慎到，都应有尽有。"（《中国史纲》135—136页）

先秦诸子实代表着一个新兴阶层，即伴随晚周风雷激荡、大潮涌动，由贵族下层和平民上层结合而成并崭露头角于列国政治舞台上的"士大夫"——此辈在往后两千余年中国传统社会中往往扮演中流砥柱的角色；而当前活跃的这批最早士夫恰是武士向文士蜕变的见证人，中国学术亦随之迎来一段令后人咋舌的空前繁荣的黄金时期。虽号称"百家"，西汉末刘歆编《七略》，《诸子略》中仅列儒、道、阴阳、法、名、墨、纵横、杂、农及小说家，又舍"出于稗官"的"小说家者流"，称"诸子十家，其可观者九家而已"（《汉书·艺文志》），此即所谓"九流十家"。早于刘歆的司马谈则概括为儒、墨、道、法、名、阴阳"六家要指"（《史记·太史公自序》），依序为：儒家首出，然后墨家，道家是后起的，法家更是后起的，名家是派生的，阴阳家是派生的派生（见牟宗三《中国哲学十九讲》45页）①。吕思勉谓中国学术凡有三大变：东周之世，九流并起，臻于极盛，秦汉儒、道、法三家之学及魏晋玄学不过衍其绪余；渡江后佛学稍起，至隋唐极盛，宋明理学又融合佛学与我所固有者；明中叶后西学东来，影响及于近世（见吕思勉《先秦史》472页）。

先秦学术系我所固有者，由晚周之世的空气、土壤滋润而成，今日观诸子主张，其实用精神和理性精神尤显突出。

所谓实用精神，是就社会、政治而言。法国大作家罗曼·罗兰写道："一切民族，一切艺术，都有它的虚伪。人类的食粮大半是谎言，真理只有极少的一点。人的精神非常软弱，担当不起纯粹的真理；必须由他的宗教，道德，政治，诗人，艺术家，在真理之外包上一层谎言。这些谎言是适应每个民族而各各不同的。……真理对大家都是一样的，但每个民族有每个民族的谎言，而且都称之为理想。"（《约翰·克利斯朵夫》第二册第四卷374页，傅雷译，人民文学出版社，1992年）罗兰翁这段关于真理与谎言的表述对我们认识先秦诸子之学不无启示，而梁漱溟宣称中国文化一成不变的根本原因在于"古圣人由其

---

① 六家次序，儒道常混，殆因"孔子问礼于老子"而起（《史记·老子传》。案：史迁此说本于《庄子·田子方》："孔子见老聃，老聃新沐，孔子便而待之"），故胡适当年讲中国哲学先从老子开始。牟宗三指出老子思想实为后起，"最重要的一点是，道家的思想是个反面的思想，有正面（指儒家）才有反面……所以有人说胡适之先生的那个哲学史是无头的哲学史。"（《中国哲学十九讲》41页）先秦诸子中传说最离奇、也最难辨别的一人便是老子，故钱穆谓"老子之伪迹不影，真相不白，则先秦诸子学术思想之系统条贯终不明，其源流派别终无可言。"（《先秦诸子系年（上）》卷二之七十二"老子杂辨"204页）庄周称孔子见老聃非尽出于虚构，钱氏以为孔子所见之人当是春秋时楚隐士老莱子（案：太史公称老子楚人，又疑老子即老莱子，故于本传书云："老莱子亦楚人也，著书十五篇，言道家之用，与孔子同时"），今传《道德经》究成于何时已难论定，"据其书思想议论，及其文体风格，盖断在孔子后，当自庄周之学既盛，乃始有之。"（同上书223页）

观察宇宙所得的深密思想，开头便领着大家去走人生第二路向（指梁氏定义的调和、持中之路），到老子孔子更有其一盘哲学为这路向做根据，从此以后无论多少聪明人转来转去总出不了他的圈"（《东西文化及其哲学》147页），某种程度上正契合罗兰翁的意思。

姑且撇开对后世影响不谈，诸子们找到的各式概念，"忠恕"也好，"无为"也罢，无不为"救世"而发，其实就是包在真理外面的一层"谎言"。刘歆评价九家之说曰："各引一端，崇其所善，以此驰说，取合诸侯。"（《汉书·艺文志》），亦即学术与政治挂钩（这到汉儒那里便发展成"通经致用"）公输般造云梯助楚攻宋，墨子闻之，使弟子禽滑厘等三百人守宋，自行十日十夜至郢都，解带为城，以牒为械，与公输般推演攻守之术；"公输般九设攻城之机变，子墨子九拒之，公输般之攻械尽，子墨子之守圉有余"（《墨子·公输》）。其后墨家巨子孟胜为楚阳城君守城而死，"弟子死之者百八十"（《吕览·上德》）[①]，墨徒因此被钱穆讥为"贵族的镖师"（《国史大纲（上）》107页）。以"不仕"自标榜的庄子能和魏相惠施交游甚欢[②]，又跟楚王声气相通[③]，亦令其超然物外的风度大打折扣。

子夏一句"仕而优则学，学而优则仕"（《论语·子张》）的名言非只流行于孔门以内，而是超越门户，为当日所有士大夫指明一条人生道路。李斯曰："诟莫大于卑贱，而悲莫甚于穷困。久处卑贱之位，困苦之地，非世而恶利，自托于无为，此非士之情也"（《史记》本传）。学术既可用作打通仕路的敲门砖，遂有游仕兴起，不务农、工、商，"惟以读书为专业，揣摩为手腕，取尊荣为目标"（见《史林杂识》"武士与文士之蜕化"88页），以致公孙衍、张仪之流"一怒而诸侯惧，安居而天下熄"。子张学"干禄"[④]，夫子教曰："言寡尤，行寡悔，禄在其中矣[⑤]"（《论语·为政》）。仅以孔门为例，子有为季氏宰，子路为季氏宰、蒲大夫、卫大夫孔悝之邑宰[⑥]，子我为临淄大夫，

[①] 据《吕览·上德》篇，阳城君因参与射杀吴起获罪，封国被收；孟胜受阳城君之托守城，力不能禁，死之以行墨者之义。

[②] 庄周曰："惠施多方，其书五车"（《庄子·天下》），"子非鱼，安知鱼之乐""子非我，安知我不知鱼之乐"的著名辩论即发生在二人间（见《秋水》篇）。惠施死后，庄子过其墓，曰："自夫子（指惠子）之死也，吾无以为质（对手）矣，吾无与言之矣。"（《徐无鬼》）

[③] 庄子钓于濮水，楚王派二大夫传话："愿以境内累矣"（谓以国事相烦累，见《秋水》篇）。《史记·老庄传》亦曰："楚威王闻庄周贤，使使厚币迎之，许以为相。"案：史迁所述本于《庄子·列御寇》，黄震曰：楚聘庄周为相，史无此事，"凡方外横议之士，多自夸时君聘我为相而逃之，其为寓言未可知。"（《黄氏日抄》卷五十四《读杂史四·东莱大事记》）黄氏此言亦描摹出部分士人以隐沦为高、以仕宦为荣的矛盾心态。

[④] 郑玄曰："干，求也；禄，禄位也。"

[⑤] 寡尤谓少过，寡悔谓少悔，程颐解曰："君子言行能谨，得禄之道也。"

[⑥] 卫内乱，子路驰救孔悝，头中戈断缨，曰："君子死，冠不免"，结缨而死（见《左传·哀十五年》）。张荫麟视其为"把荣誉看得重过安全，把责任看得重过生命"的古代武士之榜样（见《中国史纲》46页）。

子游为武城宰，子夏为魏文侯师，子贱为单父宰，子羔学未成即为费郈宰（杜预、贾逵皆谓子羔为卫大夫），子贡更了不得，在太史公略显夸张的笔下，"子贡一出，存鲁、乱齐、破吴、强晋而霸越；子贡一使，使势相破，十年之中，五国各有变"（《史记·仲尼弟子传》），其能耐与威力堪比肩衍、仪矣！

再往后，贵族养贤之风大炽，最著名者莫过孟尝、平原、信陵、春申四公子，各自门下动辄食客数千，然良莠混杂，真伪莫辨，鸡鸣狗盗之俗辈多，脱颖而出之贤士少。至秦、汉统一政府建立，天下混一，儒家因切合未来政治的运营模式，终能凭借"'忠'、'孝'这样没有实际内容的、枯燥无味的文字"[1]而一举登上正统宝座，值得注意的是，作为儒家反面的道家亦非鼓吹"务虚"，而是如刘歆所言，"此君人南面之术也"（《汉书·艺文志》），故"中国数千年以儒家治天下，而实际上人生一般态度皆有黄老气"（《东西文化及其哲学》140页）。

所谓理性精神，是就对宗教的态度而言。中国并非初无宗教之国度。墨子云："上尊天，中事鬼神，下爱人"（《墨子·天志上》）；又曰："古之今之为鬼，非他也，有天鬼，亦有山水鬼神者，亦有人死而为鬼者。"（《墨子·明鬼下》）这两句话大致勾勒出古人的宗教思想及其心目中的神鬼世界。木石山川日月星辰皆有神灵[2]，童书业称它为"多神教"（《札记》"宗教"，《童书业著作集》卷一612页），吕思勉称它为"泛神论"（《先秦史》446页），钱穆则以众神之上有上帝统驭而称它为"一神教"或"等级的多神"（《国史大纲（上）》348页）。祭祀活动是沟通人、神的重要桥梁，天上尊卑反映到人间（或正相反），故"天子祭天地，诸侯祭社稷，大夫祭五祀。"（《礼记·王制》）[3]郊祀祭天既为天子独专，剩下的与人世生活关系最大的便是祭祖与祭社（土神）、稷（谷神）了。班固曰："人非土不立，非谷不食……故封土立社，示有土尊；稷，五谷之长，故封稷而祭之也。"（《白虎通义》"社稷"）于是供祭先祖的宗庙与社稷一道成为圣地，伊尹书云："社稷宗庙，罔不祗（犹'恭'）肃（犹'严'）"（《尚书·太甲上》），"宗社"或"宗稷"后遂演变为国家的代称。

---

[1] 辜鸿铭语，《论集·中国文明的复兴与日本》，载《辜鸿铭文集》下卷278页，黄兴涛等译，海南出版社，1996年。

[2] 《左传·昭元年》曰："山川之神，则水旱疠疫之灾于是乎禜之；日月星辰之神，则雪霜风雨之不时，于是乎禜之。"禜音'营'，指用草束围成临时祭所，祈祷鬼神，禳解灾殃。

[3] 《公羊传·僖三十一年》则曰："天子祭天，诸侯祭土。"《国语·鲁上》又云：天子祀上帝，诸侯助祭；诸侯祀先王先公，卿大夫佐之。案：东汉班固以祭户、灶、门、井、中霤（本义为室中央，即后世宅神）为一年中五祀，顺应五行，春祭户，夏祭灶，秋祭门，冬祭井，六月祭中霤（见《白虎通义》"五祀"）。

《左传·成十三年》云："国之大事，在祀与戎。祀有执膰，戎有受脤①，神之大节也。"事实上祀与戎联系紧密，逢出征，"祭祀，授舞者兵"（《周礼·夏官·司兵》）②，"帅师者受命于庙，受脤于社"（《左传·闵二年》）；而开战前用龟、蓍卜筮③，得胜后拿俘虏献祭④，亦是不可少的程序——此种信念多少有点天神参与人间纠纷的希腊神话的味道在里头。

子曰："昔三代明王，皆事天地之神明……不犯日月，不违卜筮。"（《礼记·表记》）天道固神圣，然涉及人事，违之亦无不可。妹喜称天子有梦，"西方日胜，东方日不胜"，而成汤出师灭夏，是为不从占梦；武王伐纣，筮之逆，卜之凶，太公推蓍蹈龟而曰："枯骨死草，何知吉凶"（王充《论衡·卜筮》），是为不听占卜。《礼记·表记》云："殷人尊神，率民以事神，先鬼而后礼；……周人尊礼尚施，事鬼敬神而远之"，则清楚表明宗教观念所起变化，这在东周之世表现得尤为明显。

郑卿子产号称"博物君子"（《左传·昭元年》），一面宣扬"天道远，人道迩"（《昭十八年》），一面大讲特讲横死之人能变厉鬼（《昭七年》）。童书业谓春秋时重人与重神思想杂糅，"贵族等既已疑神而重人，复不愿完全放弃原有之宗教信仰，乃成矛盾不可解之现象。"（《札记》"春秋时宗教之变"，《童书业著作集》卷一644页）最有代表性的是孔子"敬鬼神而远之"（《论语·雍也》）的理念。子曰："未能事人，焉能事鬼？"又曰："未知生，焉知死？"（《先进》）童氏说他"与春秋时一般贵族开明派相近，对于上帝、鬼神介于信与不信之间。"（《考证》"孔子之学"，《童书业著作集》卷一523页）其实问题关键并不在信与不信，而在夫子于现实、永生之间划出一道判然之界，或如钱穆所云，乃是"渐渐撇去天道而以人道代之。"（《国史大纲（上）349

---

① "服膰之礼"见于《周礼·春官·大宗伯》，唐贾公彦疏云："服是社稷之肉，膰是宗庙之肉。"俞樾则据《穀梁传·定十四年》"生曰脤，熟曰膰"语，谓"脤膰乃祭肉之通称，但有生熟之分，而无庙社之别。"（《茶香室经说》卷五"脤膰之礼"）

② 清孙诒让《周礼正义》卷六十一引惠士奇云："古者兵器藏于国，有事而后授兵，既事复还兵，所谓良兵藏于玉府及内府者，必非民间所造。"

③ 韩原之役，晋人卜惠公戎车之右（案：《礼记·檀弓上》"县贲父御，卜国为右"句郑玄注云："凡车右，勇力者为之"），大夫庆郑皆吉，惠公因庆郑"不逊"竟不用之；及晋师溃，庆郑曰："不用卜，败不亦当乎！"（《史记·晋世家》）鄢陵之役，晋军将帅临战先"虔卜于先君"，再下车而做"战祷"；晋臣苗贲皇请集中攻打楚之中军，厉公筮之得吉卦，乃从其谋（见《左传·成十六年》）。案：卜用龟甲，筮用蓍草，古人重卜轻筮，或谓卜大筮小，大事指征伐出师，小事则婚丧嫁娶、生儿育女无所不包。晋献公欲立骊姬为夫人，卜之不吉，筮之吉。公曰："从筮。"卜人曰："筮短龟长，不如从长。"（《左传·僖四年》）

④ 韩原一役，秦穆公生擒晋惠公以归，曰："吾将以晋君祠上帝。"（《史记·秦纪》）《列女传·贤明》"秦穆公姬"则记穆公语曰："扫除先人之庙，寡人将以晋君见。"

页》）此举对中国历史进程的影响非同小可，等于早早打破了孕育本土宗教的花盆，拿一幅充溢着人文温暖气息的未来世俗王国的蓝图来填补其阙。当散落的宗教花土迟至东汉末世被重新捡拾浇培，加上佛学东来，乃有迥异于前、纷嚣错乱的崭新景象呈现在世人面前。换言之，以儒学为指导思想的国家建设起始便杜绝了宗教情绪的滋生泛滥，二者背道而驰，互不兼容；然东汉以降有儒释道三教之称，陈寅恪辩曰："其实儒家非真正之宗教，决不能与释道二家并论"（《金明馆丛稿初编》"陶渊明之思想与清谈之关系"219页，三联书店，2001年）——此语实大有深意。

最后再来谈"士"的话题。如上所述，古代之士咸谓武士，今人不察，以致闹出"二桃杀三士"，"两个桃子杀了三个读书人"的笑话（见鲁迅《华盖集续编》"再来一次"一文）。《穀梁传·成元年》云：古有四民，士商农工；《唐六典》曰："凡习学文武者为士。"（卷三《户部尚书》）《左传·闵二年》称卫懿公喜鹤，鹤有乘轩者①，狄人伐卫，"国人受甲者皆曰：'使鹤！鹤实有禄位，余焉能战？'""国人受甲者"即甲士或武士，据《左氏》文知其可得禄位；"国人"不同于"庶人"，平时居城邑之内，有戎事则执干戈以卫社稷，故《管子·五辅》有"士民贵武勇，庶人好耕农"之说。《国语·吴语》记越王伐吴，"以其私卒君子六千人为中军"；《左传·成十六年》叙鄢陵之战，晋、楚精锐尽在"中军王族"，"国士在，且厚，不可当也"。据此知君卿之族充当中军（犹禁卫亲军），可称"君子""国士"以示其尊。顾颉刚指国士"为贵胄服兵役者之专称，而训练之者特精，后世无此一阶层，乃以'国士'一名移称最勇敢之将士。"（见《史林杂识》"武士与文士之蜕化"85页）如萧何夜追韩信，返报刘邦即曰："至如信者，国士无双（信乃淮阴布衣）。"（《史记·淮阴侯传》）

迄东周之世，士风大变；孔子以"文、行、忠、信"为教（见《史记·孔子世家》），往时文武兼包之士渐分歧为二，各作极端表现，韩非云："儒以文乱法，侠以武犯禁"（《五蠹》篇），是也。顾氏又为当日儒、侠之对立划一南北地理分野，谓"燕、赵、秦之士居太行、崤函，迫近戎狄游牧之区，非斗争则不足以自存，其性悍，多为侠；齐、鲁、宋、卫居济、淮流域，农耕生产较裕，文化较高，无向人掠夺之必要，人性柔，多为儒也。"（《史林杂识》89页）

儒以仕宦为鹄的，藉学术取卿致相，遂成社会主流。赵人宁越苦耕稼之劳，问其友："何为而可以免此苦也？"其友曰："莫如学，学三十岁则可以达矣。"（《吕览·博志》）此语与《礼记·曲礼上》"四十曰'强'而仕"的人生规划大致合拍。侠以意气相

---

① 使鹤乘轩，清汪中谓不求其行远，"以卿之秩宠之，以卿之禄食之也。"（《述学·释三九中》）

标榜，言必信，行必果，诺必诚。今读《史记·刺客》《游侠》诸列传，聂政甘为知己者用，刺杀韩相，事毕毁容剖腹，令人不识，荆轲高唱"风萧萧兮易水寒，壮士一去兮不复还"，仗剑刺秦，义无反顾，"千载之下犹若凛凛有生气。"（顾氏语，《史林杂识》89页）程颐曰："仲尼只说一个'仁'字，孟子开口便说'仁义'；仲尼只说一个'志'，孟子便说许多'养气'出来。只此二字，其功甚多。"（朱熹《孟子集注》序说）宋儒关注"义气"自别有用心，但这二字正是战国之际侠士面目的最真实写照。辜鸿铭称日本武士道的基本精神便由中国传入，"日本人常向外国介绍东京四十七义士墓，并以这些浪士为报主仇切腹自杀的忠义行为而感到骄傲，其实这类事情在中国两千年以前就有。"（《论集·中国文明的复兴与日本》，《辜鸿铭文集》下卷275页）①

曾子云："士不可以不弘毅，任重而道远。"龚自珍曰："任者，侠之先声，古亦谓之任侠，侠起先秦间，任则三代有之。侠尚意气，恩怨太明，儒者或不肯为。"（《龚自珍全集》第一辑《尊任》，上海人民出版社，1975年）且毋论定盦公对"任侠"的解释是否准确，时过境迁，"独行侠"渐上穷途末路却是大势所趋，"义不苟合当世，当世亦笑之。"（《史记·游侠传》）沛公起微细，以布衣举事，犹斥儒生为"竖儒"，诸客冠儒冠来者，辄解其冠溲溺其中②。秦博士叔孙通降汉，变儒服为短衣，刘邦乃喜。书生陆贾言必称《诗》《书》，刘又骂曰："乃公居马上而得之（谓得天下），安事《诗》、《书》！"（《史记·陆贾传》）这不过是秦末汉初乱世之暂时情态，至司马迁时社会一般舆论便已发生根本转变，他说："吾尝过薛（孟尝君食邑），其俗闾里率多暴桀子弟，与邹、鲁殊。问其故，曰：'孟尝君招致天下任侠，奸人入薛中盖六万余家矣'。"

① 四十七义士亦称"赤穗义士"，指播磨国（今兵库县）赤穗藩主浅野长矩的四十七名家臣。元禄十四年（1701），浅野因在德川幕府所在地江户城（今东京）拔刀砍伤吉良义央，被勒令切腹。众义士遂视吉良为仇人，翌年年底（公历为1703年1月30日）将其刺杀，事后集体自尽。歌舞伎传统剧目《忠臣藏》即取材于此。案：武士道精神被认为是"纯日本思想"的"重要要素"（高须芳次郎《近世日本儒学史》，转引自吴廷璆主编《日本史》229页，南开大学出版社，1994年）。它最早酝酿于平安时期（794—1192），至镰仓幕府时代（1192—1333）始得到强化，但仅限于灌输诸如"忠""信"之类伦理观念以约束新兴武士阶层。直至江户时代（1603—1867），随着朱子学的引入，山鹿素行（1622—1685）、大道寺友山（1639—1730）诸儒大力鼓吹"舍生取义""杀身成仁"的理学价值观，逐渐发展出一套完整理论。大道寺友山在《武道初心集》书中就描述道："武士临战场，决不当顾家室。出阵应有战死之决心，以生命付诸一掷，方得名誉。与敌骑决胜负，将被敌取首级时，故必正色问我姓名，即应朗报己名，莞尔授颈，不可有愧丧畏缩之态。负致命伤时，若尚有气力，必向番头、组头（皆下级军官）或同伙报告，不露痛苦，处以冷静无事之色，方不失为武士第一要义。"（转引自吴廷璆主编《日本史》230页）

② 史迁又绘影绘声写道：高阳狂生郦食其（音'异基'）谒沛公，沛公方洗，问："何如人也？"使者曰："状貌类大儒，衣儒衣，冠侧注。"沛公曰："为我谢之，言我方以天下为事，未瑕见儒人也。"使者出谢，郦生瞋目叱曰："走！复入言沛公，吾高阳酒徒也，非儒人也。"使者惧而复入报："客，天下壮士也。"沛公遽雪足杖矛曰："延客人！"（《史记·郦生传》）

（《史记·孟尝君传》）西汉统一既久，政府终不能容忍游侠犯禁而严厉打压之，侠衰儒盛遂成不可挽转之势。顾颉刚云："范晔作史，不传游侠，知东汉而后遂无闻矣。"（《史林杂识》91页）事迹固不复载入正史，精神却如涓涓细流，远离主流意识形态而另外开辟一个亦正亦邪、亦真亦幻的"江湖"来抗衡庙堂，所以历史上的中国社会始终是以一种被撕裂的二元体形式存在的。

这种远非势均力敌的二元对立大部分时间并不构成现实世界，而是将战场设在世人心间，以虚拟方式为一成不变、凝固以至于窒息的社会秩序凿开一扇天窗，埋下几许变数，但整个走势仍是日趋混一，地上地下、一正一反的影子在人眼前一点点变黯下去。专写江湖的明代小说《忠义水浒传》[1]，费尽笔墨为众英雄设计的归宿竟是那个他们与之决裂、与之战斗的官场。降至经历了"世运之变迁，人情之反复"的清朝（马从善序文康《儿女英雄传》），武侠创作迎来又一个小高潮，有《三侠五义》之书流行，然所叙"勇侠之士"每每脱不尽"草野豪杰"与"莽夫"颜色，精神实秉承《水浒》，"故凡侠义小说中之英雄，在民间每极粗豪，大有绿林结习，而终必为一大僚隶卒，供使令奔走以为宠荣。"（《中国小说史略·清之侠义小说及公案》，《鲁迅全集》（十六卷本）第九卷278—279页）龚自珍诗云"江湖侠骨恐无多"（《己亥杂诗》其一二九），由此看来，纯粹侠义精神之被排斥、否定乃至流失，这在历史长河中溅起的绝不只是几朵小小浪花，中国许多事情殆能从中找到解释。再进一步，如果鲁迅所作古代游侠演变为今日流氓的推理能够成立的话（见《鲁迅全集》（十六卷本）第四卷《三闲集》"流氓的变迁"一文），那就真不知该说什么是好了。

---

[1] 对"忠义"二字，金圣叹便颇不以为然，谓"村学先生团泥作腹，镂炭为眼，读《水浒传》，见宋江口中有许多好语，便遽然以'忠义'两字过许老贼。甚或弁其书端，定为题目"（见金批贯华堂所藏古本《水浒传》第五十七回卷首）。

第四章

秦朝：统一帝国诞生

"秦王扫六合，虎视何雄哉！挥剑决浮云，诸侯尽西来。明断自天启，大略驾群才。收兵铸金人，函谷正东开。铭功会稽岭，骋望琅邪台。刑徒七十万，起土骊山隈。尚采不死药，茫然使心哀。连弩射海鱼，长鲸正崔嵬。额鼻象五岳，扬波喷云雷。髻鬣蔽青天，何由睹蓬莱。徐市载秦女，楼船几时回？但见三泉下，金棺葬寒灰。"

在这首题为《古风》的诗中，李白把《史记·秦始皇纪》所列嬴政之文治武功用文学的语言重新描摹一过。嬴政十三岁立为秦王（前246），时"秦地已并巴、蜀、汉中，越宛有郢，置南郡；北收上郡以东，有河东、太原、上党郡；东至荥阳，灭二周，置三川郡"。接下来自公元前230年至221年的十年时间里，锋指六国，风卷残云：前230年，灭韩；前228年，灭赵；前225年，灭魏；前224年，灭楚；前222年，灭燕；前221年，灭齐。乃分天下为三十六郡[1]，年轻的嬴政怀着无比信心自号"始皇帝"，"后世以计数，二世三世至于万世，传之无穷。"（《史记·始皇纪》）

因为汉朝人讲了太多坏话的缘故（以贾谊的《过秦论》最有影响，几户起到盖棺定论的作用），始皇至今背负骂名，多半可以看成负面人物。但有一个基本事实必须指明，自始皇以下，中国人总算明白了我们的国家应该是个什么样子，这幅图案像泰山刻石一般深深嵌入每个人的脑海；往后的内乱偶尔造成四分五裂或南北对峙的变态，历史大势终归是要回到统一国家的正轨上来——是为常态。单从这一点看，古往今来任何帝王将相所做事业都不及始皇伟大。因此，今天的人们，不应该不对他怀有一颗感恩之心。

---

[1] 郡设守、尉、监，民称"黔首"。其后秦郡有所增置。《晋书·地理志》曰："又置闽中、南海、桂林、象郡，凡四十郡"。王国维则谓秦一代之郡数实有四十八之多（见《观堂集林》卷十二《秦郡考》）。

吕不韦

机缘巧合，秦皇身世与一位名叫吕不韦的商人联系在一起而被罩上一层神秘色彩。

据《史记》本传及《战国策·秦五》，吕不韦贾于邯郸，偶遇在赵做人质的秦公子子楚，以为"奇货可居"，遂入秦活动，使子楚回国嗣位，为庄襄王；不韦得为相，封文信侯。《史记》与《秦策》记吕氏事迹多有抵牾，《索隐》谓"班固虽云太史公采《战国策》，然为此传当别有所闻见，故不全依彼说"。考《秦策》用语，不韦替子楚游秦在孝文王世，而嬴政生于昭王四十八年（《史记·始皇纪》），昭王在位五十六年，孝文王立三日卒，然后庄襄王乃立，"果如《秦策》所言，不韦游秦，始皇生已及十年。"（《先秦诸子系年（下）》卷四之一六一"春申君见杀考"492页）《史记》则谓吕不韦娶邯郸善舞之姬，献与子楚，姬自匿有身，遂生子政；复谓此女为赵豪家女，显与前文相乖。钱穆直言司马迁别据他说作《吕不韦列传》，"乃史公之好奇也。"（同上引）梁玉绳特澄清嬴政身世之谜曰："秦为伯益之后，当有兴者，只缘秦犯众怒，恶尽归之，遂有'吕政'之讥。而究其所起，必因不韦冒认厥考之诬辞。匿身一语，仍是奇货可居故智。"复引王世贞《读书后》辩曰："毋亦不韦故为之说而泄之，秦皇始知其为真父，长保富贵耶？抑其客之感恩者，故为是以詈秦皇，而六国之亡人侈张其事，欲使天下之人谓秦先六国亡也。"（《史记志疑》卷三十一《吕不韦传》）

吕不韦能青史留名并不靠他似是而非的"仲父"称号，而是因为那部二十余万言的《吕氏春秋》。不韦慕四公子名，招食客三千，使人人著所闻，书成，悬咸阳市门，有能增损一字者予千金（见《史记》本传①）。然此书颇有异样处，令后人狐疑。明方孝孺曰："书皆诋訾时君为俗主，至数秦先王之过无所惮。"（《逊志斋集》卷四《读吕氏春秋》）宋高似孙亦曰："始皇不好士，不韦则徕英茂，聚畯豪，簪履充庭，至以千计。始皇甚恶书也，不韦乃极简册，攻笔墨，采精录异，成一家言。吁，不韦何为若此者也，不亦异乎！"（《子略》卷四《吕氏春秋》）钱穆据此称"当时秦廷与不韦之间，必有猜防冲突之情，而为史籍所未详者。"（《先秦诸子系年（下）》卷四之一五九"吕不韦著书考"488页）

吕氏罹祸因受嫪毐（音'涝矮'）案牵连，罢相流放，饮鸩而死。据《史记》，不韦进嫪毐于太后，毐拔须眉诈为宦者，与太后私生二子，事泄被诛。蹊跷之处在于，作乱者嫪毐也，及不韦死，门人或逐或迁，随后秦廷却网开一面，"复嫪毐舍人（即宾客）迁蜀

---

① 《吕览》之后有《淮南子》，系淮南王刘安集众宾客所作而成。洪亮吉曰："今考两家宾客，类皆割裂诸子、捃扯纪传成书……又故移徙前后，倒乱次序，以掩饰一时耳目，而博取重资。"遂作《咏史》云："著书空费万黄金，剥窃根原尚可寻。《吕览》《淮南》尽如此，两家宾客太欺心。"（《北江诗话》卷二）

者"（《史记·始皇纪》），显见得吕氏势力才是重点清洗的对象。又，《索隐》云"嫪氏出邯郸"，钱穆疑"始皇母在邯郸，本识毐，不俟于不韦之进显"，进荐之说与吕政之讥盖"同为当时之诬史而已。"（《先秦诸子系年（下）》488页）

李斯

　　楚人李斯初为吕不韦舍人，始皇十年（前237）吕案事发，秦廷即下逐客令，斯亦在被逐之列，上著名的《谏逐客书》曰："不问可否，不论曲直，非秦者去，为客者逐，使天下之士退而不敢西向，裹足不入秦，此非所以跨海内制诸侯之术也。"（引自《史记》本传，语序略有调整）——这是他对始皇政策做出的第一次极为重要的修正[1]。

　　六国既灭，四海混一，摆在秦皇面前的首要问题是究竟该以何种方式君临天下。丞相王绾搬出陈年的"分封"招数，请立诸子；李斯时为廷尉，极言"海内皆为郡县，置诸侯不便"。始皇从其议，曰："天下初定，又复立国，是树兵也。"三十四年（前213），博士[2]淳于越再拿封建说事，引经据典，谓"事不师古而能长久者，非所闻也"；已居相位的李斯力斥其非，至请焚书："非秦记皆烧之，非博士官所职，天下敢有藏《诗》、《书》、百家语者，悉诣守、尉杂烧之。"明年又以诸生妖言惑众而有坑儒事件发生，四百六十余人皆坑之咸阳（《史记·始皇纪》）[3]。焚书坑儒固为文化史上极惨浩劫，亦有不可不辩之处。焚书始于商君，李斯承之，盖为法家治国精神的极端体现。东汉赵岐《孟子题辞》云：虽遭秦火，"（《孟子》）其书号为诸子，故篇籍得以不泯绝"，则斯之时燔书不及诸子明矣。钱穆指出，"秦代焚书，最主要者为六国史记（即当代官书），其次为《诗》、《书》古文（即古代官书之流传民间者），而百家言（即后起民间书）非其所重"（《国史大纲（上）》141页）。梁玉绳复曰："世以焚书坑儒为始皇罪，实不尽然。天下之书虽烧，而博士官所职与丞相府所藏，固未焚矣。……秦时未尝废儒，亦未尝聚天下之儒而尽坑之。其所坑者，大抵方伎之流，与诸生一时议论不合者耳。《论衡·语

---

[1] 据《李斯传》，秦廷逐客与郑国渠事件有关。韩使水工郑国为谍，说秦凿渠，令费人工，毋东伐，即所谓"疲秦之计"（见《史记·河渠书》）。其谋败露，秦宗室大臣咸曰："诸侯人来事秦者，大抵为其主游间于秦耳，请一切逐客。"然《六国年表》谓始皇元年（前246）"作郑国渠"，清孙志祖曰："逐客之议因嫪毐，不因郑国。郑国事在始皇初年，《大事记》云：是时不韦专国，亦客也，孰敢言逐客乎？本纪载于不韦免相后，得之矣。"（梁章钜《文选旁证》卷三十二《上书秦始皇》）仔细推敲，逐客似与吕案联系更紧。

[2] 博士一官盖置于六国之末，秦因之，诸子、诗赋、术数、方伎皆立博士，非徒六艺而已。秦博士有定员，多至七十人，置弟子（诸生），议典礼政事（见《观堂集林》卷四《汉魏博士考》）。

[3] 《史记·儒林传正义》引卫宏《诏定古文尚书序》则谓坑杀诸生七百人于骊山下。

增篇》亦以尽坑儒士，绝灭《诗》、《书》为非实也。"（《史记志疑》卷五《始皇纪》）至二十世纪三十年代，希特勒又在德国烧书，论者多比之于秦始皇，鲁迅乃在沪办《申报》副刊《自由谈》上留下一段鸣冤文字道："不错，秦始皇烧过书，烧书是为了统一思想。但他没有烧掉农书和医书；他收罗许多别国的'客卿'，并不专重'秦的思想'，倒是博采各种的思想的。"（《准风月谈·华德焚书异同论》，《鲁迅全集》（十六卷本）卷五213页）

李斯为相，力主郡县政体，遏复古逆流，"使秦无尺土之封"（《史记》本传），功莫大焉。又收天下兵器，铸铜人十二；筑直道、驰道[①]；徙东方豪富十二万户于咸阳；"一法度衡石丈尺，车同轨，书同文字。"（《史记·始皇纪》）钱穆曰：秦君臣对统一事业多有建树，"秦政不失为顺着时代的要求与趋势而为一种进步的政治"；后人空以专制讥之，殊欠公允（见《国史大纲（上）》121—124页）。

始皇称帝后凡五巡狩，三十七年（前210）第五次出巡，道卒于沙丘[②]。宦人[③]赵高胁迫李斯矫诏杀长子扶苏，立少子胡亥为太子，史称"沙丘之变"。这场阴谋的策划者们秘不发丧，车载鲍鱼以乱尸臭，从井陉北行抵九原，再沿直道归咸阳，回绕三四千里，"但欲以欺天下，虽君父之尸，臭腐车中而不顾，亦残忍无人心之极矣"（《日知录》卷二十七"史记注"）。其后胡亥立为二世皇帝，赵高用事，诬李斯谋反，腰斩于市，夷三族。临刑斯谓其子曰："吾欲与若复牵黄犬俱出上蔡东门逐狡兔（斯为上蔡人，即今河南上蔡），岂可得乎?"父子对哭（《史记》本传）。

高似孙曰："商鞅以法治秦，李斯又以法治秦，秦之立国，一出于刑罚法律"；今读韩非之书，"往往尚法以神其用，薄仁义，厉刑名，背《诗》《书》，课名实，心术辞旨皆商鞅李斯治秦之法。"（《子略》卷三《韩非子》）韩非与李斯俱师事荀卿。荀子坚信

[①] 直道自九原（今内蒙古五原）至云阳（今陕西淳化），千八百里，边将蒙恬主持修筑（见《史记·匈奴传》及《正义》）。驰道即天子道，西汉贾山作《至言》曰：秦为驰道于天下，"道广五十步，三丈而树，厚筑其外，隐以金椎，树以青松。"（《汉书·贾山传》）筑路的真正目的是"稳定中国内部被征服的地区，并建立新的社会秩序。"（拉铁摩尔语，《内陆边疆》303页）

[②] 在今河北广宗县境。殷纣筑沙丘台，"以酒为池，悬肉为林"（《史记·殷纪》）；赵武灵王自号"主父"，让国幼子而致内乱，饿死沙丘宫（《史记·赵世家》），皆其地。

[③] 案：阉寺周代已有，《后汉书·宦者传》曰："《周礼》置官，亦备其数。阍者守中门之禁，寺人掌女宫之戒。"《诗经·小雅》有《巷伯》篇，《毛诗序》曰："寺人伤于谗，故作是诗也。"管仲病，谏桓公远竖刀，曰："自宫以适君，非人情，难亲。"（《史记·齐世家》）桓公不用管子言，致齐乱。《国语》《管子》《吕览》诸书"竖刀"皆作"竖刁"，《左传》作"寺人貂"。拉铁摩尔称宦官在秦国发展成一种重要体制，此后成为限制家族政治势力的有力武器；"但是，这个武器是双刃的，朝中一旦有了腐化宦官，其对国家的危害，与腐化的大家族在各省谋篡权力一样严重。不过从长远来看，中国家族力量是能够深入并控制宦官制度的。"（《内陆边疆》260页）由西方学者来揭示吾国历史现象的这一深层意义，实为令人汗颜之事。

人性为恶，性恶怎么办？"圣人化性而起伪，伪起而生礼义，礼义生而制法度。"（《荀子·性恶》）张荫麟说荀卿的礼治和法家的法治相差仅在毫厘之间，有一点根本相同，"它们对于个人都是一种外来的箝制，他只有服从的义务，没有选择的余地，没有怀疑和批评的自由。荀卿的思想和法家这样接近，他的门徒中出了一个集法家理论之大成的韩非和一个佐秦始皇实行法家政策的李斯，决不是偶然的。"（《中国史纲》150—151页）《史记·韩非传》谓始皇见韩著《孤愤》《五蠹》，叹曰："嗟乎，寡人得见此人与之游，死不恨矣！"及非来秦，斯妒而杀之。然《战国策·秦五》记韩遇害与《史记》异，钱穆曰："李斯晚节不终，为世诟病，众恶皆归。所谓谮杀非者，今亦未见其必信耳。"（《先秦诸子系年（下）》卷四之一五六"李斯韩非考"480页）

万里长城

战国晚季赵武灵王胡服骑射故事所透露的信息有待从多方面进行挖掘。春秋之际中原各国盛行车战，故有"千乘""万乘之国"称谓。时戎狄以徒步作战见长，前714年，北戎侵郑，郑伯患戎师，曰："彼徒我车，惧其侵轶①我也。"（《左传·隐九年》）晋作三行御狄，后魏舒（魏绛之子）毁车以为行，"请皆卒，自我始"（《左传·昭元年》），即显示一个由车战变步战的过程。至武灵王变俗胡服，教习骑射（胡服令下在前307年），则清楚表明北方少数民族在公元前四世纪和三世纪之交已经发明了一种机动性更强的新型作战方式，马在战场上的作用从此变得空前重要起来（车战亦用马，然较骑兵不可同日而语）。所谓胡服，"其制，冠则惠文②，其带具带，其履靴，其服上褶下袴"（《观堂集林》卷二十二《胡服考》），显系专为骑手量身定制。所谓骑射，拉铁摩尔特别辨明它的意思应是"马上箭术"而非"骑术与箭术"，二者有着技术上的巨大差别（见《内陆边疆》46页注二）。马上弯弓，且驰且射，使得骑手在攻防两端俱游刃有余，真正做到"兽聚而鸟散，从之如搏影"（《史记·主父偃传》；中华书局本'如'误作'知'），大大丰富了战争内容。名将李牧守赵之北边，设伏于野，诱敌深入，张左右翼突然掩杀，大破匈奴十余万骑（《史记·李牧传》，附《廉颇蔺相如传》后），他使用的明显就是输入的骑射战术。

---

① "侵轶"一词，杨伯峻释云："突然从后超越而来犯我之意"（《春秋左传注》第一册65页），彰显步兵之机动灵活。

② 此冠环缨无苏，饰以貂蝉鸟羽，谓之"赵惠文冠"。惠文即武灵王之子，武灵王服胡服，惠文王亦服之，后世失传，因以惠文名之。

　　骑兵绝非一夜之间出现在北方草原上。秦并六国，标志着华夏族骨干抟结成形，统一非只限于政治、军事，亦是文化、经济之统一，随着广袤版图的确立，民族生活纳入逐渐专门化、以排水灌溉为核心技术的精耕农业经济的范畴之内①。一个容易被忽略的现象是，太史公写作《匈奴传》，在名称使用上由熟悉的"戎狄"改成陌生的"匈奴"，这一未加说明、稍显生硬的变化其实清楚表明东周末世北方地带也在发生民族融合的过程，其意义绝不亚于秦对中国的统一。

　　正如太史公所暗示的那样，"匈奴"并不代表一个新出现的民族。拉铁摩尔质疑华夷杂处、"中国不绝若线"之旧说，认为前一阶段的冲突不是因为戎狄的攻击，而是缘于汉族的侵略与扩张，最终导致进化相对滞后的少数民族的残余被迫退入草原，发展起一种与汉人精耕农业相抗衡的、同样逐渐专门化的粗放游牧经济；换言之，"中国农业和社会的进化，对草原边境民族产生压力，促成真正草原社会的形成。"（《内陆边疆》377页）无论拉氏上述推论合理与否，与秦代统一同时，北方诸少数民族渐次合为匈奴乃不争的事实，其首领亦像嬴政自号"皇帝"一样，有了自己的称号"单于"②。由此出现农夫与牧人、或曰耕稼与游牧这两种生活方式的判然对立，以长城为标志，成为中国历史这部大交响曲的重要变奏主题之一。

　　秦皇开拓其庞大帝国的"路线图"颇耐人寻味，一端是长驱直进，置桂林、南海、象郡，一端是故步自封，连秦、赵、燕旧有长城③，"因地形，用制险塞，起临洮，至辽东，延袤万余里。"（《史记·蒙恬传》）南北两个方向上截然不同的战略姿态的背后应该有着更为深层的用意。楚、吴、越三国的持续开发已在长江流域打下良好的农耕基础，即便岭南地区从根本上讲仍属农业环境④，可以轻而易举接受新经济模式的改造，于是"随着汉族的扩张，山野及半热带的森林都转变成中国式的景观：聚居的河谷，灌溉的稻

---

① 事实上，即使战争时期水利工程的建设亦从未间断过，如水工郑国修郑国渠，李冰为蜀守（秦昭王时），修都江堰，西门豹为邺令（魏文侯时），凿十二渠，引漳水灌田（见《史记·河渠书》及《滑稽列传》，《吕览·乐成》则谓魏襄王时史起引漳溉邺，与西门豹无关，《汉书·沟洫志》沿其说，西晋左思《魏都赋》云"西门溉其前，史起灌其后"，盖得其实）。此外吴王夫差挖邗沟通江、淮，是为运河开凿之始；又"阙（穿也）为深沟，通于商（指宋）、鲁之间，北属之沂，西属之济"（《国语·吴语》），以实现黄池之会。据此，邗沟随后被增长以通沂水、济水。如前所述，大规模水利工程，无论规划设计还是民力征用都不能不有一全盘宏观的调度，从这层意义上说，秦统一政府应该是顺乎潮流，应运而生。

② 全称"撑犁孤涂单于"，据《汉书·匈奴传》，"匈奴谓天为'撑犁'，谓子为'孤涂'，单于者，广大之貌也，言其象天单于然也。"拉铁摩尔认为撑犁一定就是蒙古文中的"腾格里"（tengri即"天"），撑犁孤涂单于义为'天之骄子'，和中国皇帝之称'天子'极相似。"（《内陆边疆》309页）

③ 战国时齐、楚、魏等国亦筑长城，作用与秦、赵、燕长城显然不同。

④ 灌溉既是农业经济的核心技术，也是先决条件。秦南攻百越，使监御史禄凿渠运粮，是为灵渠（见《史记·主父偃传》），可见五岭以南至少在提供水利保障方面是没有问题的。

田，以及有墙的城市"（《内陆边疆》325页），中国文化生根开花。北方则不然，蒙恬率军攻占河套，"辟数千里，以河为竟（同'境'），累石为城，树榆为塞，匈奴不敢饮马于河"（《汉书·韩安国传》），然沼泽盐碱，不生五谷，正应验了当初李斯谏阻之言："得其地不足以为利，遇其民不可役而守，非长策也。"（见《史记·主父偃传》）河套尚如此，塞外贫瘠的荒漠土壤与干旱的草原气候更让游牧成为不二选择，凭当时技术手段，在缺少河流灌溉，"天似穹庐，笼盖四野"的阴山脚下开荒种地不啻缘木求鱼。对秦朝统治者而言，向南发展可以说是中国农业秩序的顺延，不会造成任何冲突，掉头往北接触到草原边境便要面临极为严重的问题："精耕制度的转变，意味着人口分散，意味着放弃已经成为规范的行政方法，另外，没有了灌溉制度，就是放弃了长期形成的经济、社会及政治体制的基本的一环。"（《内陆边疆》30页）这样的结果，毫无疑问是二世、三世以至万世们所最不愿意看到的。

似乎顺理成章地，横亘在农夫与牧人间的鸿沟具象化为一道万里长城。修长城的象征意义远大于实际功用。从军事角度看，蒙恬死后不久，匈奴即卷土重来，"复稍度河南与中国界于故塞"（《史记·匈奴传》）；而在以后岁月里这条砖砌防线也从未给中原王朝带来过真正的安全感，如英国历史家爱德华·吉本（Edward Gibbon）所云，"伟大的工程在世界的地图上据有显著的位置，对保护和平的人民没有发挥应有的功能。"（《罗马帝国衰亡史》（*The History of the Decline and Fall of the Roman Empire*）卷二364页，席代岳译，吉林出版集团，2008年）所以说，挥霍人民性命和国家财富筑成的长城只能算作"信念的表现"（《内陆边疆》325页），欲人为隔绝一侧的农业社会与另一侧的游牧社会，井水不犯河水，这在现实生活中几乎是一桩无法完成的使命。

事实上，"长城信念"恰恰反映了小农经济自给自足、要求闭关自守的特质，游牧社会固然是对抗汉族生活方式的有效组织，本质上却带有强烈的依附性，很难做到绝对独立。西汉时，匈奴好汉之缯絮食物。文帝修和亲，强使宦者中行说（说读'悦'，燕人）为陪嫁之臣，中行氏一怒而叛，向单于进言："匈奴人众不能当汉之一郡，然所以强者，以衣食异，无仰于汉也。今单于变俗好汉物，汉物不过什二，则匈奴尽归于汉矣。其得汉缯絮，以驰草棘中，衣袴皆裂敝，以示不如旃裘之完善也。得汉食物皆去之，以示不如湩酪之便美也。"这无异于教其重返茹毛饮血的生活，殊难实现。不能说农业社会对游牧社会一无所取，但两种模式的相互依存关系并不平等，后者显然有着更大的贸易需求，一旦中原采取闭关政策，阻断盐、铁、茶等重要商品的北流渠道，"掠夺"的诱惑在骑马民族眼里就变得难以抵挡，所谓输送汉物不备善而苦恶，"则候秋孰（同'熟'），以骑驰蹂而稼穑耳。"（《史记·匈奴传》）自秦以降，中国史上的外患多从塞北发动，长城两侧遂风烟滚滚，上演无数人间惨剧；或如拉铁摩尔所言，"南方是一个开阔并有无限深度的边疆，而北方则是一个想要关闭却未能真正关闭的边疆。"（《内陆边疆》141页）

最后要补充的一点是，传统说法谓秦亡于暴政，"仁义不施"，"以暴虐为天下始。"（贾谊《新书·过秦》）诗人杜牧的一篇《阿房宫赋》更为千古传诵："灭六国者，六国也，非秦也。族秦者，秦也，非天下也。嗟乎！使六国各爱其人，则足以拒秦。使秦复爱六国之人，则递三世可至万世而为君，谁得而族灭也？秦人不暇自哀，而后人哀之；后人哀之而不鉴之，亦使后人而复哀后人也。"（载《樊川文集》卷一）然秦用法令刑罚绳天下，固有网密刑虐之嫌，其以法治国的精神却是很符合现代人理念的。《汉书·五行志中之下》曰："秦连相坐之法，弃灰于道者黥"，律令之细可见一斑，虽今世不能及①。故探讨秦亡原因当别觅他途。秦以军事立国，军队安置在战事结束后成了帝国的棘手问题。新获得的土地未必能在一时间装得下从庞大军队遣返的士兵，且容易造成不可预见的社会问题，于是兴建公共工程似乎成了集中使用这些剩余劳动力的最佳选择，同时正好用来检验统一政府大规模强制征发劳役的能力。修长城便是一例，西晋杨泉著《物理论》，引当时民歌叙惨苦状曰："生男慎勿举，生女哺用䬸，不见长城下，尸骸相支拄。"（《水经·河水注三》）又筑阿房宫和骊山陵墓，《始皇纪》仅谓"天下徒送诣七十余万人"，虽统冠名为刑徒，这支劳作大军里恐怕就有为数众多、因种种莫须有罪名被重新集结起来的复员军人。苦役之外复有戍边这项去处，河套戍三十万②，五岭戍五十万③，陈胜、吴广即出于戍卒，"斩木为兵，揭干（竿）为旗，天下云合而向（响）应，赢粮而景（影）从。"（《新书·过秦上》）拉铁摩尔因此称，"秦国军队的过度发展是很明显而且很难应付的，这也可以解释秦朝崩溃之迅速，以及崩溃过程所造成的混乱比建立帝国时还要严重。"（《内陆边疆》302页）

---

① 殷法亦刑弃灰（断其手），子贡以为重，问之仲尼，仲尼曰："知治之道也。夫弃灰于街必掩人，掩人，人必怒，怒则斗，斗必三族相残也。此残三族之道也，虽刑之可也。且夫重罚者，人之所恶也；而无弃灰，人之所易也。使人行之所易，而无离所恶，此治之道。"（《韩非子·内储说上》）

② 蒙恬将十万之众北击胡（依《史记·蒙恬传》当作三十万），收河南地，筑四十四县城临河，徙谪戍以充之（《史记·匈奴传》）。

③ 始皇三十三年（前214），发诸尝逋亡人、赘婿、贾人为兵略取南越地，置三郡，以谪徙民五十万人戍五岭，与越杂处（《通鉴·秦纪二》）。案：赘婿本指男到女家成婚者，张荫麟疑秦之赘婿是一种自己卖身的奴隶（汉朝称"赘子"），征发贾人则为抑商手段之一，"战国时代，法家和儒家的荀子，都认商人为不事生产而剥削农民的大蠹，主张重农抑商，这政策为始皇采用。"（《中国史纲》168页）

第五章

西汉：士人政府

　　"大风起兮云飞扬，威加海内兮归故乡，安得猛士兮守四方！"这是沛人刘邦以布衣提三尺剑取天下，荣归故里时击筑自唱的《大风歌》。在军事帝国秦的残砖断瓦上仓促搭建起来的西汉政府，历数十年修缮加固，待一切步入正轨，遂呈现焕然一新气象，透射出鲜明的文治精神。

　　此外，另有一层意思需道破之。西汉政权由平民阶级借武力创建，打破过去贵族政治相沿不辍的模式，孟子"匹夫而有天下"（《孟子·万章上》）之志竟获实现，意义好像不亚于二十年前秦始皇完成统一事业，所谓"秦、汉间为天地一大变局"也（赵翼《廿二史劄记》卷二"汉初布衣将相之局"）。但正是这种夺天下的方式成了汉代人政治信仰发生动摇、陷入纠纷的症结所在。上古"禅让"传说体现的是"贤人政治"传统，凭此断言吾国乃民主思想发源地恐怕不会有错①。只不过理想过早付诸实践的结果是画虎不成反类犬，自汉以下，历史遂不可避免走上朝代迭替路子，自然也就有了顾亭林的"国"与"天下"之辨。照其逻辑，易姓改号，亡国而已，礼教在则天下无恙；故"保国者，其君其臣，肉食者谋之；保天下者，匹夫之贱，与有责焉"（《日知录》卷十三"正始"）。此二重观念不能不说是吾国政治史上的一道独特风景，影响至为深远！

---

① 晚清薛福成就说："中国唐、虞以前，皆民主也。……若夫夏、商、周之世，虽君位皆世及，而孟子'民为贵，社稷次之，君为轻'之说，犹行于其间，其犹今之英、意诸国君民共主之政乎？"（《出使日记续刻》（光绪十八年四月己丑朔记），"走向世界丛书"《筹洋刍议——薛福成集》123—124页，辽宁人民出版社，1994年）案孟子"民贵君轻"（见《尽心下》）的"超前"提法可以说是对原始民主思想的最好概括。麻省理工学院出版社2013年3月出版美国前官员阿里逊（Graham Allison）、布力威（Robert D. Blackwill）合著《李光耀：大师论中美和世界》（ Lee Kuan Yew: The Grand Master's Insights on China, the United States, and the World ），书中引用已故李氏言论称"中国若成为自由民主国家便会崩溃"（If China became a liberal democracy it would collapse），则李氏诚为不读史之人矣。

（武帝以后）西汉帝系及年号

帝王	年号	公元起讫
武帝（刘彻）	建元（6）	前140—前135
	元光（6）	前134—前129
	元朔（6）	前128—前123
	元狩（6）	前122—前117
	元鼎（6）	前116—前111
	元封（6）	前110—前105
	太初（4）	前104—前101
	天汉（4）	前100—前97
	太始（4）	前96—前93
	征和（4）	前92—前89
	后元（2）	前88—前87
昭帝（刘弗陵）	始元（6）	前86—前81
	元凤（6）	前80—前75
	元平（1）	前74
宣帝（刘询）	本始（4）	前73—前70
	地节（4）	前69—前66
	元康（4）	前65—前62
	神爵（4）	前61—前58
	五凤（4）	前57—前54
	甘露（4）	前53—前50
	黄龙（1）	前49
元帝（刘奭）	初元（5）	前48—前44
	永光（5）	前43—前39
	建昭（5）	前38—前34
	竟宁（1）	前33
成帝（刘骜）	建始（4）	前32—前29
	河平（4）	前28—前25
	阳朔（4）	前24—前21
	鸿嘉（4）	前20—前17
	永始（4）	前16—前13
	元延（4）	前12—前9
	绥和（2）	前8—前7
哀帝（刘欣）	建平（4）	前6—前3
	元寿（2）	前2—前1
平帝（刘衍）	元始（5）	公元1—5
孺子（刘婴）	居摄（3）	公元6—8
	初始（1）	公元8

秦汉之交

秦二世元年（前209），陈胜、吴广一句"王侯将相宁有种乎"吹响了倒秦的号角，九百戍卒反于大泽乡（今安徽宿州境内）。东方转瞬成汹汹之势，项梁、项羽叔侄起兵于吴（今属江苏苏州），率八千江东子弟渡江，刘邦起兵于沛（今江苏沛县），燕、赵、齐、楚、韩、魏俱自立为王。时秦廷中赵高用事，"公子十二、公主十皆二世之亲昆弟也，赵高一言，而同日伏尸于市。"（洪亮吉《更生斋文甲集》卷二《春秋十论》，载《洪亮吉集》第三册，中华书局，2001年）[1]李斯既诛，高窃据相位，指鹿为马，弑二世，更立公子婴（二世兄子）为秦王。秦将章邯率骊山徒与山东义军周旋，稍扶危厦于将倾，终为项羽所破，秦之天下遂土崩瓦解。

二世三年（前207）巨鹿一战（今河北平乡）确立了项羽的军事霸主地位。时各路义军与秦军对峙于巨鹿以南的漳水，诸侯兵皆作壁上观，独项羽麾下楚兵破釜沉舟，奋勇渡河，九战九捷，大获全胜。诸侯将谒项羽，"入辕门，无不膝行而前，莫敢仰视"。故刘邦虽能捷足先入咸阳，犹不得不还军霸上（今陕西西安东），拱手让秦都于项氏，乃有"屠咸阳，杀秦降王子婴，烧秦宫室，火三月不灭"（《史记·项羽纪》）一幕发生。项氏这把火显然比始皇焚书更加彻底，幸有萧何"先入收秦丞相御史律令图书藏之"，然所藏似仅限制度、法律方面文籍，所谓"汉王所以具知天下阸塞，户口多少，强弱之处，民所疾苦者，以何具得秦图书也。"（《史记·萧相国世家》）汉初萧何定律，皆袭秦故，萧规又曹随，而高调宣扬的秦书保全之功却在以后文化事业的发展过程中全无踪迹可寻。

既灭秦，项羽自立为西楚霸王，封十八诸侯。刘邦为汉王，得巴蜀、汉中僻远之地，章邯等秦降将三分关中，号曰"三秦"。接下来好酒及色、轻士善骂的刘邦与力能扛鼎的项羽走向对立，合力上演一出旷日持久、惨绝人寰的"楚汉相争"，仅在荥阳、成皋间的拉锯便有"大战七十，小战四十"（《史记·刘敬传》）。汉王貌似不堪一击，然"宁斗智不斗力"（《史记·项羽纪》），柔弱胜刚强，最终赢得这场历时五年的缠斗，两大决策起了关键作用。汉元年（前206）四月[2]，汉军烧绝栈道而入蜀汉，以示无东还意。韩信谏曰："军吏士卒皆山东之人也，日夜跂而望归……不如决策东乡（同'向'），争权天下。"（《史记·高

---

① 《史记·高祖纪索隐》引《善文》又云："赵高为二世杀十七兄而立今王。"

② 二世三年（前207）九月，秦王子婴杀丞相赵高；十月，沛公初至霸上，子婴出降。秦历以九月为岁终，十月为岁首。汉初沿用秦历，汉人乃以汉元年十月接秦二世三年九月，至武帝太初元年（前104）始改以正月为岁首。张荫麟曰："此时尚无汉朝，何有汉年？今别无善法，只得依之。"（《中国史纲》181页）

祖纪》)①汉王依计而行，还定三秦，此其一也。汉四年（前203）八月，项、刘相持不下，约中分天下，以黄淮之间鸿沟为界，西属汉，东属楚。汉王将西归，张良（字子房）、陈平说曰："楚兵罢（同'疲'）食尽，此天亡楚之时也，不如因其机而遂取之。今释弗击，此所谓'养虎自遗患'也。"（《史记·项羽纪》）汉军乃负约追击，卒困项羽于垓下（今安徽灵璧东南），四面皆楚歌。英雄末路的项王唱着"力拔山兮气盖世，时不利兮骓不逝。骓不逝兮可奈何，虞兮虞兮奈若何"，泪别虞姬，乌江自刎，此其二也。韩愈《过鸿沟》诗云："龙疲虎困割川原，亿万苍生性命存。谁劝君王回马首，真成一掷赌乾坤。"

汉五年（前202）二月，刘邦即皇帝位于定陶（今属山东）汜水之阳，是为高祖。初定都洛阳，后依娄敬、张良之言，西迁关中，更名咸阳曰长安。天下归汉，史称西汉或前汉。

汉初政治

一个值得注意的现象是，秦相李斯不惜用极端手段废封建行郡县，"汉有天下，矫秦之枉，循周之制，剖海内而立宗子，封功臣。"（《柳宗元集》卷三《封建论》，中华书局，1979年）百足之虫，死而不僵，行于三代的"裂土封建"至汉而复活，正似历史一大反动也。

然此事亦不可不细加审视。汉初分封始于功臣，汉五年（前202）刘邦与项羽激战正酣，韩信、彭越拒不发兵，汉王问计于张良，子房对曰："楚兵且破，信、越未有分地，其不至固宜。君王能与共分天下，今可立致也。"（《史记·项羽纪》）楚汉之争胜负既分，汉臣分析成功原因曰："陛下慢而侮人，项羽仁而爱人。然陛下使人攻城略地，所降下者因以予之，与天下同利也。项羽妒贤嫉能，有功者害之，贤者疑之，战胜而不予人功，得地而不予人利，此所以失天下也。"（《史记·高祖纪》）故新朝成立，"功臣异姓而王者八国：张耳②、吴芮、彭越、黥布、臧荼、卢绾与两韩信"（《汉书·韩彭英卢吴传》"赞"），实不得已而为之。高祖显然不会坐视这种局面不管，俟政权渐稳，便罗织罪

---

① 《集解》引徐广曰：此韩信为后来降匈奴的韩王信，"非淮阴侯信也"。《汉书·高帝纪》及《韩信传》皆谓此说出于淮阴侯，《韩王信传》又属之韩王，颜师古已生疑，曰："岂史家谬错乎？"梁玉绳引《汉书评林》所载明王慎中之语曰："是时淮阴尚未知名，班撰认为淮阴信，故特为补出拜将一节，而以此说为问计之词。及其传韩王信，仍以此说入之，何自相矛盾，当从《史记》元注。"（《史记志疑》卷六《高祖纪》）案：自相矛盾非自班固始，已见于史迁所著《淮阴侯传》及《韩（王）信传》中。

② 赵王张耳死于刘邦称帝前，此处当为耳之子敖。案：八位异姓王，除彭越，余皆在灭项羽前已取得王号，或竟为项羽所封。

名，有计划、有步骤地一一铲除诸异姓王，至其末年，"子弟同姓为王者九国，唯独长沙（吴芮）异姓"（《史记·汉兴以来诸侯王年表》），又刑白马盟曰："非刘氏而王，天下共击之"（《史记·吕太后纪》），是以同姓代异姓，分封味道稍变。八异姓王中，功劳最著、冤情最大者莫过初封齐王、徙为楚王、再贬淮阴侯，与萧何、张良并称"汉初三杰"的韩信。高祖十一年（前196）吕后与萧相国合谋，斩韩信于长乐宫钟室，夷三族。信为大将由萧何之荐，其死又出何之策，故宋时有"成也萧何，败也萧何"俚语流传（见《容斋续笔》卷八"萧何绐韩信"）。信尝谓："果若人言：'狡兔死，良狗亨（同'烹'）；高鸟尽，良弓藏；敌国破，谋臣亡。'天下已定，我固当亨"（《史记·淮阴侯传》），此言最得其实。黄震曰："汉并天下，皆信力也。……方信为汉取天下，汉之心已未尝一日不在取信也。"（《黄氏日抄》卷四十六《读史一·史记》"淮阴侯"条）梁玉绳亦曰："信之死冤矣，前贤皆极辨其无反状……（高祖）见信死且喜且怜，亦谅其无辜受戮，为可悯也！"（《史记志疑》卷三十二《淮阴侯传》）

汉初政局绝不可用"宁肃"二字来形容。先有太子之争，高祖宠定陶戚姬，欲废太子（吕后所生，即后来惠帝），立戚姬子赵王如意，赖群臣廷争，事不得行①。高祖死后，吕氏乃杀如意，把戚夫人断手足、挖眼睛做成"人彘"泄愤。燕王卢绾尝言："吕后妇人，专欲以事诛异姓王者及大功臣"（《史记·卢绾传》），则诛灭功臣计出吕氏，所谓"非尽族是，天下不安"（《史记·高祖纪》）；及临朝称制，又转而戕害刘姓子孙，立诸吕为王。刘汉将易姓，陆贾献计于丞相陈平曰："天下安，注意相；天下危，注意将。……为社稷计，在两君掌握耳。"（《史记·陆贾传》）高后八年（前180），"吕后出，见苍犬，噬其左腋。怪而卜之，赵王如意为祟，遂病腋伤，不愈而死。"（《论衡·死伪》）②太尉周勃与陈平"将相和调"，发兵诛诸吕，迎立代王刘恒，是为文帝。

文帝方经吕氏之乱，常怀战栗之心，偃武休息，"故百姓无内外之繇（同'徭'），得息肩于田亩，天下殷富，粟至十余钱，鸣鸡吠狗，烟火万里，可谓和乐者乎！"（《史记·律书》）文帝十二年（前168），诏赐农民租税之半（高祖时田租什伍税一，至是则三十税一），明年，再下诏尽除田之租税（见《汉书·食货志上》），景帝元年（前156）复收民田半租（三十税一）③。史家盛赞的"文景之治"并无特别高明之处，背后的

---

① 时御史大夫周昌争之最力。昌口吃，又盛怒，曰："臣口不能言，然臣期期知其不可。陛下虽欲废太子，臣期期不奉诏。"（《史记·张丞相传》）

② 《汉书·外戚传》曰："太后持天下八年，病犬祸而崩。"今人阎爱民、马孟龙认为吕后死于狂犬病发作，以致病重而生"如意为祟"幻象，其说甚新颖（见《吕后"病犬祸而崩"新说》，载《南开学报》2007年第2期）。

③ 复收半租，《汉书·食货志》误作景帝二年（前155）事。案：西汉政府免田租凡十一年，为历史上仅见的一次大胆惠农尝试；再至2006年1月1日，中华人民共和国政府始全面取消农业税征收。

指导思想不过是战国季世流行开来的黄老之学①。钱穆将"清静无为"与西汉农民政府联系起来，称"汉初政府纯粹代表一种农民素朴的精神，无为主义即为农民社会政治思想之反映。"（《国史大纲（上）》129页）其实道家学说不见得在平民意识里更有土壤与根基，它之所以能在汉初得势，答案自应去别处寻找。秦历二世而亡，姑不论这短短十五年间的仁义不施，百姓怨望，单楚汉争斗就"使天下之民肝脑涂地，父子暴骨中野，不可胜数。"（《史记·刘敬传》）汉二年（前205），关中大饥馑，"凡米石五千，人相食，死者过半"（《汉书·食货志上》）；七年（前200），高祖征匈奴南还，过曲逆（今河北顺平县东南），登其城叹曰："壮哉县！吾行天下，独见洛阳与是耳。"问御史："曲逆户口几何？"对曰："始秦时三万余户，间者兵数起，多亡匿，今见五千户"（《史记·陈丞相世家》），所失竟在六分之五。若再算上春秋战国数百年的兵革不休，则人民遭受兵燹之苦诚不堪言矣！张荫麟举第一次世界大战过后德国民情为例曰："当第一次欧洲大战后，于道家学说素无历史因缘而且只能从译本中得到蒙眬认识的德国青年，尚且会对老子发生狂热的崇拜，一时《道德经》的译本有十余种（连解释的书共有四五十种）之多；便知汉初黄老思想之成为支配的势力是事有必至的了。"（《中国史纲》213页）

当时上层人物中奉行黄老政治者首推平阳侯曹参。参初相齐，闻胶西盖公善治黄老言，厚币请之。盖公至，教以"治道贵清静而民自定"，参乃用黄老术治齐九年，"齐国安集，大称贤相"。后入汉为相，日夜饮酒不治事，谓惠帝曰："高帝与萧何定天下，法令既明，今陛下垂拱，参等守职，遵而勿失，不亦可乎？"（《史记·曹相国世家》）宋洪迈质疑此怪象道："以其时考之，承暴秦之后，高帝创业尚浅，日不暇给，岂无一事可关心者哉？"（《容斋续笔》卷十"曹参不荐士"）

另外还有一位霸道的窦太后（文帝皇后、景帝生母），强力让汉廷浸淫在黄老的空气里，景帝及外家子弟皆不得不读《老子》、尊其术。甚至宫中豢养的黄老大师王生威重可以廷辱大臣，喝令廷尉张释之跪而为之结袜，而这样做的原因不过是："廷尉方天下名臣，吾故聊使结袜，欲以重之。"（《汉书·张释之传》）博士辕固不识时务，讥《老子》书为"家人（指僮仆）言"，窦太后大怒，使固入圈击彘（盖为野猪），赖景帝阴授利兵，一刺正中彘心，侥幸捡回一条性命（《史记》《汉书》皆载入《儒林传》）。

然尤可注意者，萧何"攈摭秦法，取其宜于时者，作律九章"（《汉书·刑法志》），既因循秦旧，势必以法为治，《史记·儒林传》谓"孝文帝本好刑名之言"，故

---

① 黄谓黄帝，老谓老子，道家尊黄、老为祖，因有是名。

号称"智囊"、"学申商刑名"①的晁错显名于文、景两朝，力倡重农抑商②，侵削诸侯，尊主卑臣，皆法家言论也。钱穆尝曰："汉初学术，非道德即刑名"（《先秦诸子系年（上）》"商鞅考"228页），战国晚年以来的申商法家思想遂在这时成为掩于黄老身后的另一治国理念。

　　清静无为、放任自流的文景之治固然在一定程度上有助于社会元气之恢复，同时也为流弊滋生提供了温床。高祖曾是坚定的抑商主义者，"令贾人不得衣丝乘车，重租税以困辱之。"（《史记·平准书》）然致富之道"农不如工，工不如商，刺绣文不如倚市门"，随着政策的逐步宽松，很快形成"富商大贾周流天下"的局面（《史记·货殖传》），司马迁称为"素封"的高赀豪富比比皆是③。这些大腹贾们"男不耕耘，女不蚕织，衣必文采，食必粱肉……因其富厚，交通王侯，力过吏势，以利相倾"，俨然成了社会上的新贵，触角无孔不入，甚至渔国家之利，"乘上之急，所卖必倍。"（晁错语，载《汉书·食货志上》）吴、楚七国之乱，长安列侯封君纷纷借贷从军，"子钱家（指放高利贷者）以为关东成败未决，莫肯予，唯毋盐氏（毋盐当为复姓，《史记》作无盐）出捐千金贷，其息十之。……一岁之中，则毋盐氏息十倍，用此富关中。"（《汉书·货殖传》）富人阶层的崛起催生兼并、蓄奴等社会毒瘤，汉廷颁"市井子孙不得仕宦为吏"禁令（见《史记·平准书》）欲杀其势焰，但随后便成了具文。清儒何焯曰："汉初得官皆由訾算"（《义门读书记》卷十八《前汉书·司马相如传》），訾即家财，三国时如淳又曰："《汉仪注》訾五百万得为常侍郎。"（见《史记·张释之传集解》）景帝后元二年（前142）下诏将"訾算十以上乃得宦"的限制减作"訾算四"，东汉应劭曰："古者疾吏之贪，衣食足知荣辱，限訾十算乃得为吏。十算，十万也。贾人有财不得为吏，廉士无訾又不得宦，故减訾四算得宦矣。"（见《汉书·景帝纪》及注）④尽管有这样善意的解释，上述诏令释

---

① 申指战国时韩相申不害，《史记·韩非传集解》引刘向《新序》曰："申子之书言人主当执术无刑，因循以督责臣下，其责深刻，故号曰'术'。商鞅所为书号曰'法'，皆曰'刑名'，故号曰'刑名法术之书'。"（案：此段文字不见于今传十卷本《新序》）《韩非子·定法》又曰："申不害言术，而公孙鞅为法。术者，因任而授官，循名而责实，操杀生之柄，课群臣之能者也，此人主之所执也。法者，宪令著于官府，刑罚必于民心，赏存乎慎法，而罚加乎奸令者也，此人臣之所师也。君无术则弊于上，臣无法则乱于下，此不可一无，皆帝王之具也。"要之申子之学以术见称，用术驭下，走的乃是游仕的路子，迥不同于往者商鞅变法图强，钱穆谓"后世顾以'申商'齐称，则误也。"（《先秦诸子系年（上）》卷三之七十七"申不害考"239页）

② 据《汉书·食货志》，文帝诏令尽除田租即从晁错之言。

③ 素者，空也。《史记·货殖传正义》云：不仕之人自有园田收养之给，其利比于封君，故曰"素封"。

④ 文帝尝曰："百金，中人十家之产也"（《汉书·文帝纪》赞）。《公羊传·隐五年》"百金之鱼"句下东汉何休注云："百金，犹百万也。古者以金重一斤，若今万钱矣。"如淳亦曰："时以钱为货，黄金一斤直万钱。"（《史记·平准书索隐》）照此推算，中人一家之产当为十金即十万钱，则景帝下诏前非中人以上不能得官；标准降至四算，仍拒贫家子弟于门外，况此项政令是否被认真执行尚不得而知。

放出的真正信息却是：汉廷所设门槛太高，非富人难入吏途。故前面提到的张释之"以訾为骑郎，事孝文帝"（《史记》本传）；原本家徒四壁的司马相如赖岳丈解囊而一夜暴富①，"以訾为郎，事孝景帝。"（《史记》本传）于是吏治亦成问题。更为严重的情形是，文帝五年（前175）取消盗铸钱令，听民采铜私铸，此举可谓从根本上动摇了政府的货币金融政策，如贾谊所称，"铜布于下，其祸博矣"（《新书·铜布》），"有法若此，上将何赖焉？"（《新书·铸钱》）②时吴王刘濞"以诸侯即山铸钱，富埒天子"，大夫邓通"以铸钱财过王者"，吴、邓钱布天下（《汉书·食货志下》）。

老子云："我有三宝，持而保之，一曰慈，二曰俭，三曰不敢为天下先。"（《道德经》第六十七章）"三宝"之说的确像是为汉初消极政治写下的注脚，在这六七十年时间里，匈奴窥边，诸侯谋叛，帝国内忧外患委实不少，时事"可为痛惜者一，可为流涕者二，可为长大息者六"（《新书·数宁》），但都被统治者不以为意轻轻抹掉了。文帝阐释其边防政策云："匈奴内侵，军吏无功，边民父子荷兵日久，朕常为动心伤痛，无日忘之。今未能销距，愿且坚边设候，结和通使，休宁北陲，为功多矣。且无议军。"（《史记·律书》）

北陲的麻烦无妨留给将来武帝去处理，而"尾大不掉，末大必折"，也就是贾谊所谓"一胫之大几如要（同'腰'），一指之大几如股"的可为痛哭之病（《新书·大都》），却是到了非施以针石不可的时候了。贾曰："夫树国必审相疑之势……既已令之为藩臣矣，为人臣下矣，而厚其力，重其权，使有骄心而难服从也，何异于善砥镆铘而予射子③？自祸必矣"（《新书·藩伤》）；乃主"众建诸侯而少其力。"（《新书·藩强》）贾谊生前，文帝"不问苍生问鬼神"（李商隐《贾生》）；当他不幸早逝（年仅三十三），这位少年才子极富前瞻的主张才变为现实，"齐分为七，赵分为六，梁分为五，淮南分三"。至景帝采纳御史大夫晁错更加强硬的"削藩"之策④，竟酿成兵祸。景帝三年（前154）正月，吴、楚、赵、济南、菑川、胶西、胶东七国俱反⑤，太尉周亚夫（周勃之

---

① 司马相如岳父卓王孙出身冶铁世家，迁居蜀郡临邛（今四川邛崃），"即铁山鼓铸，运筹算，贾滇、蜀民，富至僮（或作僮，谓奴）八百人，田池射猎之乐拟于人君。"（《汉书·货殖传》）

② 此两篇皆编入《汉书·食货志下》，文字稍异。

③ 镆铘，宝剑名，亦写作莫邪。传说吴王阖闾命吴人干将铸名剑二枚，"一曰干将，二曰莫邪。莫邪，干将之妻也。"（《吴越春秋》卷四《阖闾内传》）"射子"难解，晚清陶鸿庆谓"射子当为邪子，以形近而误"（《读诸子札记·贾谊新书》），则略可通。

④ 晁错说景帝曰："今削之亦反，不削之亦反。削之，其反亟，祸小；不削，反迟，祸大。"（《史记·吴王濞传》）吴王恨之甚，因以诛错为名举兵。案：《汉书·古今人表》王子朝作"子竃"，《史记》《汉书》晁错亦作"竃错"。梁玉绳曰："竃，古朝字。"（《汉书人表考》卷八）唐陆德明《释文》曰："或云朝错是王子朝之后。"

⑤ 济南、菑川、胶西、胶东皆自齐分出。

子）、大将军窦婴将兵讨伐，历三月平乱，斩首十余万级①。汉初实行的分封几经修正，至是终于名存实亡，强干弱枝之势得以确立，诸侯惟食邑而已，"大国不过十余城，小侯不过数十里……而汉郡八九十，形错诸侯间，犬牙相临。"（《史记·汉兴以来诸侯王年表》）钱穆乃谓"汉政府之实际统一，始于景帝。"（《国史大纲（上）》130页）

士人政府之形成

汉初政治人物多是来自底层的"鬻缯屠狗轻猾之徒"（《后汉书》卷二十二"论"），如高祖为泗水亭长，萧何、曹参皆沛县刀笔吏，陈平家贫侍丧，周勃吹箫织薄②，受袴下之辱的韩信则是遭人厌弃的"淮水城南寄食徒"（钱谦益《题淮阴侯庙》），唯有贵族出身的张良算是例外，其先人五世相韩。总之，从这班人所治"产业"竟可对秦末社会人生百态作一面面观。

汉初兴，君不像君，臣不像臣，"群臣饮酒争功，醉或妄呼，拔剑击柱。"（《史记·叔孙通传》）周昌入奏事，见高祖正与戚姬欢饮，遽还走，高祖追上，骑昌项上问："我何如主也？"昌仰曰："陛下即桀纣之主也。"（《史记·张丞相传》）叔孙通杂采古礼、秦仪，与鲁诸生三十余人共定朝仪，群臣习肄，汉七年（前200）十月在新落成的长乐宫沐猴而冠，诚惶诚恐行朝岁之礼，高祖始大开怀曰："吾乃今日知为皇帝之贵也！"（《史记·叔孙通传》）

如前所言，先秦学术大抵带有强烈的实用性质，而申商之法、韩非之说运用于秦朝的失败显然给汉人留下了太深印象，文帝时贾谊数上疏陈政事，另辟蹊径，献上礼乐教化这剂救世良药，谓"礼者，所以固国家，定社稷，使君无失其民者也"（《新书·礼》），因有移风易俗之倡，认为汉兴二十余年，"宜当改正朔，易服色制度，定官名，兴礼乐。"（《汉书》本传）黄震称贾生"天资甚高，议论甚伟……一时无与比者，其后经画

---

① 案：洛阳剧孟以侠闻，周亚夫至河南得之，喜曰："吴、楚举大事而不求孟，吾知其无能为已矣。"由此知侠士在当时社会上犹有相当影响，然气数将尽，已为大势所不容，故"是时济南瞷氏、陈周庸亦以豪闻，景帝闻之，使使尽诛此属。"（《史记·游侠传》）

又，窦婴任侠喜士，以军功封魏其侯。灌夫随父从军，击吴楚一战成名，且任侠重诺，交结豪桀大猾，家财千万，宗族宾客横行乡里。窦、灌二人相见恨晚，互为倚重。武帝时灌夫在丞相田蚡家中使酒骂座，以不敬罪族诛，窦婴倾力营救，不惜搭上自己性命。此案貌似新旧外戚力量重新洗牌（窦婴为窦太后堂侄，田蚡为王太后即武帝生母的胞弟），背后实与西汉政府打击侠士风气及势力的高压政策不无关联。

② 《史记·周勃世家》云："勃以织薄曲（即养蚕所用蚕箔）为生，常为人吹箫给丧事。"

汉世变故皆谊遗策。"(《黄氏日抄》卷四十七《读史二·汉书》"贾谊"条)①

　　景帝后元三年（前141），景帝去世，十六岁的太子刘彻即位，是为武帝。这位自幼跟随太子少傅王臧（鲁申公弟子）学习儒术的少年天子跃跃欲试，决心砸开黄老桎梏，让慵懒的帝国抖擞精神，改头换面，走上一条奋发有为的新路。建元元年（前140）②诏举贤良方正直言极谏之士，丞相卫绾奏称："所举贤良，或治申、商、韩非、苏秦、张仪之言，乱国政，请皆罢。"（《汉书·武帝纪》）五年（前136），置"五经"博士③。人们从中已能嗅到一丝极不寻常的气息，接下来发生的事情更像是天公作美，笃信黄老、已成太皇太后的窦氏在建元六年（前135）仙逝，等于替武帝去除了革新路上最大、也是最后一块绊脚石。张荫麟谓"窦氏之死给汉朝历史划一新阶段，她所镇抑着的几支历史暗流，等她死后，便一齐进涌，构成卷括时代的新潮。"（《中国史纲》200页）武帝于是放心大胆起用"隆推儒术，贬道家言"（《史记·武安侯传》）的外戚田蚡为相，"绌黄老、刑名百家之言，延文学儒者数百人"（《史记·儒林传》），而董仲舒、公孙弘等出焉。广川大儒董仲舒提交著名的"天人三策"，建议"诸不在'六艺'之科、孔子之术者，皆绝其道，勿使并进。"（《汉书》本传）儒家遂取代黄老坐上学术界的头把

---

① 案：陆贾用德政说高祖，曰："居马上得天下，宁可以马上治之？"乃著十二篇粗述存亡之征，号曰《新语》（见《史记·陆贾传》）。其《道基》篇云："礼义不行，纲纪不立，后世衰废，于是后圣（指孔子）乃定五经，明六艺。"《本行》篇云："（孔子）表定六艺，以重儒术……《诗》《书》《礼》《乐》为得其所。"黄震曰："汉初儒生，未有贾比也。"（《黄氏日抄》卷四十六"郦生陆贾"条）王充把他和董仲舒相提并论，谓"《新语》，陆贾所造，盖董仲舒相被服焉，皆言君臣政治得失，言可采行，事美足观。鸿知所言，参贰经传，虽古圣之言，不能过增。"（《论衡·案书》）高祖对儒家态度前后大变，十一年（前196）诏曰："盖闻王者莫高于周文，伯者莫高于齐桓，皆待贤人而成名。今天下贤者智能岂特古之人乎？患在人主不交故也，士奚由进！……贤士大夫有肯从我游者，吾能尊显之。布告天下，使明知朕意。"（《汉书·高帝纪下》）其《手敕太子》文又曰："吾遭乱世，当秦禁学，自喜，谓读书无益。洎践阼以来，时方省书，乃使人知作者之意，追思昔所行，多不是。"南宋章樵注云："帝不事《诗》《书》，及陆贾奏《新语》，未尝不称善，正与此敕同意。"（载《古文苑》卷十）由此观之，陆生已开崇儒先声，贾山、贾谊、董仲舒等振其绪余耳。

② 颜师古曰："自古帝王未有年号，始起于此。"（见《汉书·武帝纪》颜注）北宋刘攽则称"元鼎以前之年皆有司所追命，其实年号之起在元鼎。"（见《资治通鉴·汉纪九》胡注）赵翼又谓汉武至元狩始建年号，"从前之建元、元光等号，乃元狩后重制嘉号，追纪其岁年也。"（《廿二史劄记》卷二"武帝年号系元狩以后追建"）

③ 孔子"治《诗》《书》《礼》《乐》《易》《春秋》"，是为"六经"（见《庄子·天运》）。自秦火后，《礼》失传，遂有"五经"之称，首见于陆贾《新语·道基》。

交椅[1]。

钱穆认为法家真实渊源在于儒者，礼坏则法立，"刘向《别录》云：'刑名者，循名以责实，其尊君卑臣，崇上抑下，合于六经。'得此中之消息矣。"（《先秦诸子系年（上）》"魏文侯礼贤考"137页）若是，则由黄老至申韩，再至孔子，汉代学术演进正似循着一条合乎逻辑的路子，只不过无论黄老当道，抑或独尊儒术，背后总藏有刑名的影子。董子云："《春秋》之道，大得之则以王，小得之则以霸……霸王之道，皆本于仁；"（《春秋繁露·俞序》）又曰："未有去人君之权，能制其势者也，未有贵贱无差，能全其位者也"，（《春秋繁露·王道》）这是他对自己思想的概括。而与李斯焚书的物质消灭相比，董氏提出的罢黜百家虽没了烈火浓烟，却像木刀子杀人，让百家言死得更彻底难看[2]。降至宣帝，多用文法吏，以刑名绳下。太子谏曰："持刑太深，宜用儒生。"帝作色曰："汉家自有制度，本以霸王道杂之，奈何纯任德教，用周政乎！"

---

[1] 案：董氏上"天人三策"的时间颇成疑问，《通鉴·汉纪九》定在建元元年（前140）即诏举贤良之时，未详所据。从《汉书·武帝纪》行文判断，董对策似在元光元年（前134）；或与公孙弘第二次应征贤良同时，在元光五年（前130，见《汉书》弘传）。《汉书》仲舒传又曰："自武帝初立，魏其（窦婴）、武安侯（田蚡）为相而隆儒矣。及仲舒对册，推明孔氏，抑黜百家。立学校之官，州郡举茂材孝廉（案：茂材即秀才，谓有俊秀之才者，班固避光武讳改），皆自仲舒发之。"对此司马温公亦觉蹒跚，遂在《通鉴考异》（卷一）补充曰："不得云自仲舒发之，盖《武纪》误也，然仲舒对策，不知果在何时。"考虑到董本人在武帝一朝的郁郁不得志（对策毕即拜江都相，再出为胶西王相，直至病免家居，终身不在朝廷），甚至作《士不遇赋》发泄怨气（其赋云："生不丁三代之盛隆兮，而丁三季之末俗；末俗以辩诈而期通，贞士以耿介而自束"，载欧阳询《艺文类聚》卷三十《怨·赋》），后世或许果真夸大了这位鸿儒在思想史上所起作用，然今人孙景坛据此怀疑武帝尊儒政策的真实性（《汉武帝"罢黜百家，独尊儒术"子虚乌有》，载《南京社会科学》1993年第6期），进而推定董子非儒（《董仲舒非儒家论》，载《江海学刊》1995年第4期），则大非所宜。事实上张荫麟早已声称武帝并非一个儒家的忠实信徒，表章"六经"、罢黜百家只是表面文章，在现实政治中他的任用酷吏（如赵禹、张汤、义纵、王温舒等）、挞伐匈奴以及均输平准、盐铁专利等新经济手段均与儒家精神不合（见《中国史纲》222—223页）。美国学者费正清（John Fairbank）在与赖肖尔（Edwin Reischauer）合著的《中国：传统与变革》（China: Tradition & Transformation）一书中也指出："汉武帝差不多像秦始皇一样是一个完全信奉法家的君主，可是人们一般认为在他统治时期儒学成为中国宫廷中占统治地位的哲学。实际上儒学的胜利是一延续整个汉代的缓慢过程，而获胜的儒学是古代哲学和当时迷信的奇特混合物，根本不是孔子、孟子的纯粹伦理说教"（71页，陈仲丹等译，江苏人民出版社，1995年）。

[2] 董仲舒曰："《春秋》大一统者，天地之常经，古今之通谊也。今师异道，人异论，百家殊方，指意不同，是以上亡以持一统；法制数变，下不知所守。……邪辟之说灭息，然后纪可一而法度可明，民知所从矣。"（《汉书》本传）李斯曰："今陛下并有天下，别白黑而定一尊；而私学乃相与非法教之制，闻令下，即各以其私学议之，入则心非，出则巷议，非主以为名，异趣以为高，率群下以造谤。如此不禁，则主势降乎上，党与成乎下。禁之便。"（《史记》本传）两段文字的可比性暗示出董、李一儒一法，精神实能贯通。

（《汉书·元帝纪》）在尊儒旗号下王霸杂糅，儒法并用，实为西汉政治一大特色①。

武帝骨子里是否真地信儒撇开不谈，自他开始汉之政治渐上文治轨道却是毋庸置疑的。在文治思想的指导下，政府遂以"复古更化"为名，托古改制，大张旗鼓实行改革。

元朔五年（前124），耆儒公孙弘为丞相，封平津侯，西汉政制之变由此萌其端。方孝孺曰："汉初辅相之臣，多出于一时亡命屠贩刀笔之流。"（《逊志斋集》卷五《条侯传论》）朝廷惟论军功，封侯然后拜相，几为当日不成文之制。绛侯周勃诛吕安刘有功，任右丞相，文帝问曰："天下一岁决狱几何？"勃不知。再问："天下一岁钱谷出入几何？"勃又不知，汗出沾背，愧不能对（《史记·陈丞相世家》）。武将功臣为相的结果大率是一问三不知。公孙弘由白士而居相位，本无爵，乃封侯，则是打破惯例的创举，"其后以为故事，至丞相封，自弘始也。"（《汉书》本传）

需要指出的是，儒士拜相在汉武一朝亦仅公孙弘一例，往后的数任宰相不但无所建树，且鲜有能得善终者，殆因伐胡事起，武帝角色换成"军国"领袖，非"独裁"不能号令统一②。至宣帝又不好儒，谓"俗儒不达时宜，好是古非今，使人眩于名实，不知所守，何足委任！"（《汉书·元帝纪》）钱穆称历史进化以渐不以骤，"盖自宣帝后，儒者渐当路，元、成、哀三朝，为相者皆一时大儒。"（《国史大纲（上）》148页）宣、元时邹鲁大儒韦贤、少子玄成相继为相，传为佳话，时谚云："遗子黄金满籝，不如一经。"（《汉书·韦贤传》）

与文治最有关系一事当属教化。武帝废秦时诸子百家、术数方伎各设博士之制，专立"五经"博士，公孙弘请为博士置弟子五十人，建太学，曰："教化之行也，建首善自京师始，由内及外。"（《史记·儒林传》）后世博士弟子员数大增，至有数千（见《汉书·儒林传》）。董仲舒又提议"立大学以教于国，设庠序以化于邑"（《汉书》本传），武帝乃"令天下郡国皆立学校官"（《汉书·循吏传》文翁条）。

相传上古教学之处，天子曰辟雍，诸侯曰泮宫，乡曰庠，里曰序（见《白虎通义》"辟雍"），孟子亦抱有"谨庠序之教"（《孟子·梁惠王上》）的正规教育理想。汉儒中陆贾首创兴教之议，其《新语·至德篇》曰："兴辟雍庠序而教诲之。"景帝末，蜀郡

---

① 东汉崔寔著《政论》以汉宣之政为是，曰："量力度德，《春秋》之义。今既不能纯法八代（注谓三皇、五帝），故宜参以霸政，则宜重赏深罚以御之，明著法术以检之。"（《后汉书·崔寔传》）唐贞观时封德彝亦曰："秦任法律，汉杂霸道。"（吴兢《贞观政要》卷一《政体》）朱熹以为汉人所论王、霸不同于先秦的王道、霸道，"宣帝也不识王、伯（霸）只是把宽慈底便唤做王，严酷底便唤做伯（霸）"（南宋黎靖德编《朱子语类》卷一三五）。其实欲辨王、霸不必如宋儒故弄玄虚，唐高宗初即位，问弘文馆学士令狐德棻："何者为王道、霸道？"德棻对曰："王道任德，霸道任刑。"（《旧唐书》德棻传）

② 案：武帝为非常时期能行非常之事的雄才大略君主，其地位与作用颇可以拿美国历史上唯一四连任的罗斯福总统来作比。

守文翁"立文学精舍（即学舍），讲堂作石室，一作玉室，在（成都）城南"（晋常璩《华阳国志·蜀志》），招属县子弟入学，这是中国历史上首所地方公立学校，位于成都市区的旧址上，至今犹有石室中学在焉。裴铏《题文翁石室》诗云："文翁石室有仪形，庠序千秋播德馨。古柏尚留今日翠，高岷犹蔼旧时青。"平帝元始三年（公元3）立学官，"郡国曰学，县、道、邑、侯国曰校……乡曰庠，聚曰序"（《汉书·平帝纪》），大概直到这时汉武立学于天下的诏令才得以完全实现。

施教只是硬币之一面，另一面空白当如何填补？汉人发明两套相辅相成的制度，其基本精神便是董仲舒在策论中提到的"量材而授官"，"天下之士可得而官使也"（见《汉书》本传），即为学者开仕进之门。首先是对博士弟子"设科射策，劝以官禄。"（《汉书·儒林传》"赞"）颜师古曰：射犹投射，射策谓为难问疑义书之于策，量其大小署为甲、乙科，对策者随其所取以知优劣，观其文辞以定高下（见《汉书·萧望之传》颜注）。这里描述的显然是太学里实行的考试办法，顾炎武曰："若使人皆得射策，则几于滥进，恐为博士弟子者可得射策。"（《菇中随笔》"汉选士之法"）凡太学生一岁辄试，"中甲科补郎，中乙科补掌故。"（《史记·鼌错传索隐》引《汉旧仪》）此制之条画出于公孙弘。有一点需加说明，郎为侍从之职，值宫禁宿卫，自然留京师[1]；掌故一职，应劭云"百石吏"，服虔云"百石卒吏"，既是品秩偏低的吏，按照钱穆说法，总要回本乡郡县政府试用的（见《中国历代政治得失》13页，三联书店，2001年），这便与另外一项制度发生关联。

董仲舒的"天人三策"涉及方面很多，最有创意的一条是："臣愚以为使诸列侯、郡守、二千石[2]各择其吏民之贤者，岁贡各二人以给宿卫（即进京为郎），且以观大臣之能。"（《汉书》本传）汉制，郡国荐人才，贤良方正（简称贤良）与孝子廉吏（简称孝廉）二科并行，是为察举；贤良需试之以对策，孝廉则无对策事。汉文之世诏举贤良，对策者百余人，晁错为高第，由太子家令迁中大夫；武帝举贤良前后百数，公孙弘两被招，拜博士。文帝十二年（前168）诏曰："孝悌，天下之大顺也；廉吏，民之表也"，然万家之县，无应举者（《汉书·文帝纪》）。武帝元光元年（前134）初令郡国举孝廉各

---

[1] 案：秦有郎中令，掌宫殿门户，如赵高。武帝更名光禄勋，其属有议郎、中郎、侍郎、郎中，凡四等。中郎以下更直执戟，内谨门禁，外充车骑（见《菇中随笔》"郎官"）。宿卫郎"出钱市财用，给文书，乃得出，名曰'山郎'（张晏注曰：山为财用之所出，故得名）。移病尽一日，辄偿一沐（沐即休假日，晋灼曰：五日一洗沐），或至岁余不得沐。"（《汉书·杨敞传》附杨恽传）

[2] 汉制，官秩二千石者月得百二十斛谷，郡太守是也；中二千石者百八十斛，真二千石者百五十斛，比二千石者百斛（见《汉书·百官公卿表》及《外戚传》颜注）。后因称太守为二千石。宣帝起于民间，重太守一职，有治理效者，辄玺书勉励，增秩赐金（如颍川太守黄霸以在郡中力行教化增秩为中二千石），常曰："庶民所以安其田里而亡叹息愁恨之心者，政平讼理也。与我共此者，其唯良二千石乎"（《汉书·循吏传》序）！唐彭蟾《贺邓璠使君正拜袁州》诗云："六年惠爱及黎甿，大府论功俟陟明。尺一诏书天上降，二千石禄世间荣。"

一，然阖郡不荐一人（《汉书·武帝纪》）。贤良、孝廉之选如此迥异，"盖贤良则稍有文墨材学者可以充选，而孝廉则非有实行可见者不容谬举故也。"（元马端临《文献通考》卷三十四《选举七》）虽然，武帝仍向郡国官长严厉问责，元朔元年（前128）出台命令："不举孝，不奉诏，当以不敬论；不察廉，不胜任也，当免。"（《汉书·武帝纪》）终如董生所议，岁举孝廉往后遂成定制，"自此制度形成，二三十年后，皇宫里的郎官，就全都变成郡国孝廉，而那些郡国孝廉，又多半是由太学毕业生补吏出身的。"（《中国历代政治得失》15页）

太学培养出来的知识分子，一部分先出为吏，在实践中锻炼成长，再经察举回京为郎，入中央仕途，这样便造就士人政府的局面。"通过一种新的教育制度和未来官员的选拔制度，一个有效率的官僚阶层开始发展起来。总之，中国早已开始发展一种以功绩为依据的现代类型的文官制度。只是几乎在两千年以后，西方才采用了与此相似并部分受到中国影响的文官制度。"（费正清《中国：传统与变革》72页）

自武帝始，汉廷又广向民间求书，以救秦火之失。汉武开献书路，置写书官，兴藏书府。至成帝，遣陈农搜遗书，诏刘向校经传诸子诗赋。于是成、哀两世，刘向、刘歆父子相继，"总群书，著《七略》，大凡三万三千九十卷。"（明邱浚《大学衍义补》卷九十四《图籍之储》）拿《史记·儒林传》"公卿大夫士吏斌斌多文学之士"的话来形容西汉一代之崇尚文治，不为过矣。

汉匈大战

秦、汉两朝俱视北方匈奴为帝国安全的最大威胁。汉七年（前200）冬，高祖冒严寒御驾亲征，结果在白登山（今山西大同东北）被困七日，狼狈而还[1]。刘敬（即娄敬，以首言都关中，赐皇姓）献和亲之计，嫁嫡长公主于匈奴王，则生子必为太子，代单于，

---

[1] 《汉书·高帝纪》谓高祖用陈平秘计得出，应劭曰："陈平使画工图美女，间遣人遗阏氏（音、义皆如胭脂，匈奴皇后号），云汉有美女如此，今皇帝困厄，欲献之。"阏氏畏其夺己宠，因劝单于解围之一角云云。颜师古已指出"应氏之说出桓谭《新论》，盖谭以意测之"。解白登之围大概是汉、匈之间达成的默契，双方皆有妥协意愿，断然不会在此时就拼个你死我活，况且真活捉了汉朝皇帝对单于来说也捞不着好处。事实上汉廷内部一直有和、战之争，武帝时御史大夫韩安国曰："（匈奴）迁徙鸟举，难得而制也。得其地不足以为广，有其众不足以为强"（《史记·韩长孺传》，秦相李斯有类似看法），而阏氏在白登山劝说其夫的话是："今得汉地，犹不能居；且两主不相厄"（《史记·韩王信传》），足见彼此既无领土要求，亦无"吃掉"对方的政治野心。汉、匈关系微妙之处在于，前者目的仅是驱攘，以保持安全距离，后者则用勒索手段不断获取经济财物之利，此后的战争游戏大抵遵循这样的规则开展。

"岂曾闻外孙敢与大父亢礼哉？可毋战以渐臣也。"（《汉书·刘敬传》）然吕后不舍其女，故汉室和亲政策多半竟是令宗室及后宫诈称公主，此下乃有"汉国明妃去不还，马驼弦管向阴山"（杨凌《明妃怨》）的伤感故事发生①。

单就实力而言，匈奴不足以构成实质威胁；拉铁摩尔敏锐地观察到，边将摇摆不定的态度才是汉、匈胶着的关键点所在——这在汉朝建立伊始便成为摆在统治者面前的严峻问题。投降匈奴的边将，高祖之世有故燕王臧荼之子衍、燕王卢绾、韩王信、阳夏侯陈豨，武帝时又有赵信、李绪、李广利及名将李广之孙李陵。边将叛变无疑会动摇边民对帝国的信心，从而助长一股极危险的离心势力。拉氏指出，"这个时代真正的政治问题，是（边将）对皇帝及其军队的抗拒，而不是匈奴侵略的问题。"（《内陆边疆》330页）故高祖立国未稳，便因韩王信之叛而冒险远征；同年，匈奴攻代，代王喜不能守，弃国逃归洛阳，赦为郃阳侯。代王喜即高祖之兄刘仲②，史迁曰：天子为骨肉故，不忍致法，废为侯（见《史记·吴王濞传》）③。在这个往往被忽视的插曲里，骨肉之情固然起到不小作用，而代王宁逃毋叛的"忠诚"恐怕也是汉廷急需并大力弘扬的一种精神④。

向胡儿纳币进女的和亲政策本意在缓敌，终非长久计，不能根绝匈奴寇边之患；随着汉国力增长，长城以南渐有好战情绪蔓延。贾谊曰："匈奴侵甚、侮甚，遇天子至不敬也，为天下患，至无已也。以汉而岁致金絮缯彩，是入贡职于蛮夷也，顾为戎人诸侯也。势即卑辱，而祸且不息，长此何穷。"（《新书·势卑》）！天下倒悬，正是"可为流涕"之事（见《解县（悬）》《威不信（伸）》篇）

汉、匈一旦决裂，汉朝将不得不面临晁错所谓匈奴三大长技的挑战："上下山阪，出入溪涧，中国之马弗与（犹不如）也；险道倾仄，且驰且射，中国之骑弗与也；风雨罢劳，饥渴不困，中国之人弗与也。"（《汉书·晁错传》）汉军千里转战，人马俱疲，"强弩之极，矢不能穿鲁缟；冲风之末，力不能漂鸿毛。非初不劲，末力衰也。"（《史记·韩长孺

---

① 案：晋人避司马昭讳，改称汉元帝宫人王昭君（名嫱）为明君，后人又称明妃。相传昭君在胡悲愁，作诗云："秋木萋萋，其叶萎黄。有鸟处山，集于苞桑。养育毛羽，形容生光。既得升云，上游曲房。离宫绝旷，身体摧藏。志念抑沈，不得颉颃。虽得委食，心有徊徨。我独伊何？往往变常。翩翩之燕，远集西羌。高山峨峨，河水泱泱。父兮母兮，道里悠长。呜呼哀哉，忧心恻伤。"（明蒋一葵《尧山堂外纪》卷五《汉·王嫱》）

② 案：高祖行三，"小字季，即位易名邦"（见《史记·高祖纪索隐》），长兄名伯，次名仲。这显然指排行，足见刘氏兄弟以贫贱故，初并无像样的名和字。昭帝时鲁人眭弘谓"汉家尧后"（见《汉书》本传），则是儒生特为夸耀刘姓门第而发明的说法。

③ 案：刘仲之子濞后从破淮南王英布（即黥布）有功，封吴王，北宋刘敞曰："代王喜以弃国见削，而子濞亦用力战王吴。"（《七门庙记》，载《光绪续修舒城县志》卷四十九《艺文志·杂文》）

④ 汉使苏武无他功，以留匈奴十九年不降，死后列麒麟阁名臣，殆为同理（宣帝甘露三年（前51），使人画十一位名臣于未央宫麒麟阁，图画功臣自此始）。

传》）不惟如此，"轻兵深入，粮食必绝；运粮以行，重不及事"，后勤保障亦冒绝大风险；秦人攻胡，天下转粟挽输，"率三十钟而致一石"（《汉书·主父偃传》）[1]，汉人运输能力大抵相仿，不会有太大改善。在这里，无论前线后方，马都成了决定战争胜负的关键因素，当年高祖兵败即吃亏于此。汉军三十二万多为步兵，匈奴诈败，诱高祖追至平城（今山西大同），而汉步兵未尽到，遂有白登之围（此役依稀可见赵将李牧破匈奴时用过的战术）。其时匈奴骑，"西方尽白马，东方尽青骊马（青色马），北方尽乌骊马（黑色马），南方尽骍马（赤黄色马）。"（《史记·匈奴传》）相比之下，汉初"自天子不能具钧驷（纯色之驷马），而将相或乘牛车"（《史记·平准书》），这让朝廷很快从战略高度来审视养马之重要性。相传文帝自代还，获良马九匹，皆天下骏马，号为"九逸"，名曰浮云、赤电、绝群、逸骠、紫燕骝、绿螭骢、龙子、麟驹、绝尘（见旧题晋葛洪撰《西京杂记》卷二）。景帝"益造苑马以广用"，汉兴七十余年间，"众庶街巷有马，阡陌之间成群，而乘字牝者傧（同'摈'）而不得聚会。"（《史记·平准书》）武帝"承文、景蓄积，海内殷富，厩马有四十万匹"（唐杜佑《通典》卷二十五）。汉武志在伐胡，发《易》书以卜，曰："神马当从西北来"（《史记·大宛传》），则通西域的想法最初和拓展马源有关。元鼎四年（前113），有人自敦煌献"神马"[2]，帝作《天马之歌》曰："太一况，天马下，霑赤汗，沫流赭。志俶傥，精权奇，籋浮云，晻上驰。体容与，迣万里，今安匹，龙为友。"太初四年（前101）伐大宛得汗血马[3]，复作《西极天马之歌》曰："天马徕，从西极，涉流沙，九夷服。天马徕，出泉水，虎脊两，化若鬼。天马徕，历无草，径千里，循东道。天马

---

[1] 颜师古注曰："六斛四斗为钟。计其道路所费，凡用百九十二斛，乃得一石至。"

[2] 此依《汉书·武帝纪》；《汉书·礼乐志》记为元狩三年（前120）事，《通鉴》袭之。

[3] 大宛（音'渊'）为西域三十六国之一，位于今乌兹别克斯坦、塔吉克斯坦和吉尔吉斯斯坦三国交界的费尔干纳谷地（Fergana Valley），"多善马，马汗血。"（《史记·大宛传》）《史记·乐书集解》引应劭云："大宛旧有天马种，蹋石汗血，汗从前肩膊出如血，号一日千里。"托名东方朔的《神异经》亦曰："大宛有马，其大二丈，鬣至膝，尾委地，蹄如升，蹴如握。日行千里，至日中而汗血。"（引自《御览》卷八九七）汉武获敦煌"神马"时写下的"霑赤汗，沫流赭"诗句盖属附会（其时张骞已把大宛马信息传回汉廷）。东汉章帝赐东平王刘苍宛马一匹，血从前髆上小孔中出，曰："常闻武帝歌天马，霑赤汗，今亲见其然也。"（《后汉书·光武十王传·东平宪王苍》）善骑射、极爱马的杜甫有诗云："胡马大宛名，锋棱瘦骨成。竹批双耳峻，风入四蹄轻。所向无空阔，真堪托死生。骁腾有如此，万里可横行。"（《房兵曹胡马》）

案：清人祁韵士颇疑汗血之说，曰："事之不可信者，或传之千百年而不知其谬，如所云神马、天马及汗血马是矣。……今哈密、吐鲁番一带，夏热甚，蚊蠓极大，往往马被其吮嗫，血随汗出，此人人所共见，当即所谓汗血者也。"（《西陲总统事略》，转引自侯丕勋著《汗血宝马研究》"附录"202—203页，甘肃文化出版社，2006年）对令人疑惑的汗血现象，美国汉学家德效骞（Homer H. Dubs）在他翻译的注释本《前汉史》（The History of the Former Han Dynasty by Pan Ku）中解释道："说穿了，这只不过是简单地指一种马病，即一种钻入皮内的寄生虫，这种寄生虫尤其喜欢寄生于马的臀部和背部，在两小时之内就会出现往外渗血的小包，'汗血马'一词由此而来。"（引自吕斯·布尔努瓦（Luce Boulnois）著《丝绸之路》17页，耿升译，新疆人民出版社，1982年）西方学者多采信其说。

徕，执徐时，将摇举，谁与期。天马徕，开远门，竦予身，逝昆仑。天马徕，龙之媒，游阊阖，观玉台。"（《汉书·礼乐志》）①

武帝即位之初，仍对匈奴"明和亲约束，厚遇，通关市，饶给之"（《史记·匈奴传》），但由窦老太太镇抑着的主战"暗流"在她死后立即掀起波澜。元光二年（前133），朝廷用王恢之策，伏兵三十万于马邑旁谷中，阴使马邑人聂壹为间，诱匈奴入塞。单于徒见畜布于野而无牧者，知有诈，引兵还，史称"马邑之谋"②。精心设计的诱敌之计虽草草收场，主谋者王恢也自杀身亡，却由此拉开了汉匈大战的序幕。

战场如棋枰，善弈者谋局，双方皆是弈棋高手。匈奴至冒顿（音'莫独'）单于最盛。冒顿杀父自立，约与高祖同时，东破东胡（即乌桓、鲜卑之先），拓地至朝鲜界；西逐月氏，势力渗入西域；南收复蒙恬所夺河套，"而单于庭直代、云中。③"几招下来，如行云流水，便将汉帝国轻轻捺在草原雄鹰的双翼之下。小国林立的西域尤为谋局者着力之处，当汉文初，楼兰、乌孙等二十六国"皆已为匈奴"（《汉书·匈奴传》）；其后又置僮仆都尉，使领西域，"赋税诸国，取富给焉。"（《汉书·西域传》）

汉武后手行棋，步步紧随，见招拆招。元朔二年（前127）用主父偃计④，遣车骑将军卫青夺回河南地（即河套），立朔方郡，首先解除畿辅正面之威胁。元朔元年（前128）使彭吴"穿（开通）秽貊、朝鲜，置沧海郡"（《汉书·食货志下》）⑤，至元封三年（前108）发兵灭朝鲜，分置乐浪、临屯、玄菟、真番四郡，"以断匈奴之左臂"。又两派张骞"凿空"西域⑥，通月氏、大夏，与乌孙联姻⑦；元狩二年（前121）遣骠骑将军霍去病出陇西，横扫焉支、祁连之匈奴，降浑邪王，遂以其地为武

---

① 案：《史记·乐书》亦收录二诗，文字与《汉书》不同。《天马歌》（又名《太一之歌》）曰："太一贡兮天马下，霑赤汗兮沫流赭。骋容与兮跇万里，今安匹兮龙为友。"次首曰："天马来兮从西极，经万里兮归有德。承灵威兮降外国，涉流沙兮四夷服。"

② 马邑在今山西朔州，相传秦在此建城辄崩，有马周旋反复，父老异之，因依以筑城，遂名马邑（见《嘉庆重修一统志》卷一四八《朔平府》"马邑故城"条）。

③ 代郡辖境大致相当晋东北及河北、内蒙古部分地，云中在今内蒙古托克托县。

④ 案：齐人主父偃先上疏谏伐匈奴，称蒙恬得河套，"地固泽卤，不生五谷……暴兵露师十有余年，死者不可胜数"。一岁四迁，为中大夫。继又转变立场，盛言朔方地肥饶，外阻河，内省转输戍漕，乃灭胡之本（见《史记》本传）。法国汉学家戴遂良（Léon Wieger）蔑视这位大夫，视其为肤浅政客（见《内陆边疆》341页注一）。

⑤ 秽貊亦作濊貊，东北古少数民族名；沧海亦作苍海，武帝从公孙弘谏，元朔三年（前126）罢之。彭吴，颜注仅谓人姓名，余不详，朝鲜李韶九著《朝鲜小记》（载清王锡祺辑《小方壶斋舆地丛钞》第十帙）云："汉武帝使彭吴通沧海，今彭吴碑尚在春川府南十里"，稍得其事。

⑥ 案："凿空"一词见《史记·大宛传》，意为开辟通路。《索隐》曰："西域险阨，本无道路，今凿空而通之也。"

⑦ 案：嫁给乌孙王的公主为江都王刘建之女细君。公主至其国，语言不通，作《悲愁歌》曰："吾家嫁我兮天一方，远托异国兮乌孙王。穹庐为室兮旃为墙，以肉为食兮酪为浆。居常土思兮心内伤，愿为黄鹄兮归故乡。"（见《汉书·西域传》）

威、酒泉郡，至元鼎六年（前111）再从中分出张掖、敦煌郡，是为河西四郡，"裂匈奴之右肩"（王舜、刘歆语，见《汉书·韦玄成传》），从而完成了对匈奴的反包围。匈奴失陇右二山，怅然歌曰："亡我祁连山，使我六畜不繁息（或作蕃息）。失我焉支山，使我妇女无颜色。"（《太平寰宇记》卷一五二《陇右道·甘州》引《西河旧事》）①

张骞出使西域图

自从德国地理学家李希霍芬（Ferdinand von Richthofen）在十九世纪末发明"丝绸之路"的叫法②，西方学者便习惯于从商业角度来打量这条连接东西方的陆上通道，赋予汉帝国丝绸出口以举足轻重意义，并流传开中国人封锁技术、垄断贸易的离奇传说。布尔努瓦写道："中国古代的养蚕术和蚕茧处理术都是严格保密的，甚至禁止把蚕卵和蚕茧带到中国之外的地方，违者则要以死刑处治。……这一秘密一直保持了数世纪之久，除了炼丹术之外，世界

---

① 案：《西河旧事》云："祁连山在张掖、酒泉二郡界之上，有松柏五木，美水茂草。山中冬温夏凉，宜放牧，牛羊充肥，乳酪醽好"；焉支山"亦有松柏五木，其水草茂，宜畜牧，与祁连山同。"（《太平寰宇记》卷一五二）《稗史汇编》曰："北方有焉支山，上多红蓝，北人采其花染绯，取其英鲜者作胭脂，妇人妆时用此，颜色殊鲜明可爱。匈奴名妻阏氏，言可爱如胭脂也。"（清王士禛辑、郑方坤删补《五代诗话》卷一"钱昭度"）

② 晚年因亲纳粹而声名扫地的瑞典探险家斯文·赫定（Sven Hedin）指出，"'丝绸之路'这一名称不是在中国文献中首先使用的，这个很能说明问题的名称，最早可能是由男爵李希霍芬教授提出的。他在一部关于中国的名著中使用了'丝绸之路'（Silk Road）这个名词，并进行了论证；在一张地图上还提到了'海上丝绸之路'。"（赫氏著《丝绸之路》212页，江红、李佩娟译，新疆人民出版社，1996年）

上任何一种机密都没有能够保持如此之久而不被泄露。"（布尔努瓦《丝绸之路》12页）[1]事实上，从西域引入的苜蓿、胡麻、葡萄、石榴对汉经济而言皆为可有可无之物，同时丝绸虽在中亚、欧洲大受欢迎[2]，中国内地却并无对外贸易之需求[3]。很显然，汉朝通西域的军事意义远大过商业意义：一为获取良马，此系战术考虑，不惜遣贰师将军李广利伐大宛，"靡亿万之费，经四年之劳，而厪（仅）获骏马三十匹"（刘向语，见《汉书·陈汤传》）[4]；二为"断匈奴右臂"（《汉书·张骞传》）[5]，此系战略筹划，至于随后出现的贸易繁荣，如拉铁摩尔所言，只是"政策的结果而非原因"（《内陆边疆》119页）。

比汉骑兵更具威胁的是紧随其后、荷锄屯田的步卒。秦代已有"谪戍"，至发闾左[6]，天下骚动。晁错请徙民实边，使安居，教战射，"屯戍之事益省，输将之费益寡"（《汉书·晁错传》），开屯田之先声[7]。西域既通，"自敦煌西至盐泽，往往起亭，而轮台（今新疆轮台县）、渠犁（今新疆库尔勒市）皆有田卒数百人，置使者校尉领护"（《汉书·西域传》）。李陵亦率募来的五千荆楚勇士屯边于酒泉、张掖（见《汉书》本传），"而上郡、朔方、西河、河西开田官，斥塞卒六十万人戍田之"（《史记·平准书》）。

---

[1] 案：上述传说的始作俑者为爱德华·吉本，他在《罗马帝国衰亡史》中详细记述两个曾在南京居住多年的波斯僧人"瞒着富于嫉妒心的中国人，将蚕子置于竹杖之中，偷运到拜占廷"的经过。据吉本自注，其说主要源于普洛科庇阿斯（Procopius）和狄奥法尼斯（Theophanes）的著述，然两位拜占廷历史学家原著中并无中国禁止蚕子出口的明确证据，齐思和曰："在中国的古代文献中，根本没有这种法令，并且中国育蚕缫丝的方法，很早就传到印度、西域、波斯等地，也从未闻有遭受中国方面禁止的记载。"（齐思和《中国和拜占廷帝国的关系》22页，上海人民出版社，1956年）另外玄奘所著《大唐西域记》（卷十二）及《新唐书·西域传》均收录于阗王求婚东国以获蚕子的故事（据原文，竟是一种间谍活动），"但蚕子非难携带之物，何至通婚姻以求之？此种传说，显系表示蚕桑之可贵，未必真有其事。"（同上书24页注一）
[2] 法国汉学家戴仁（Jean-Pierre Drège）描写东西方贸易开通后罗马人对中国丝绸的痴迷程度曰："罗马为了进口丝绸，流失了大量的资金。因此，罗马博物学家老普利纽斯（Pline，公元23—79）和哲学家塞内加（Sénèque，公元4—65）都把丝绸当成国家衰败的象征，而贬低它，蔑视它。罗马元老院多次通过禁穿丝绸的法令，但发生不了作用。"（戴仁《丝绸之路》16页，吴岳添译，上海书店出版社，1998年）
[3] 拉铁摩尔也认为，汉朝经济机制不可能从内部产生开辟国外市场的要求，"即使到了19世纪，中国对外贸易的要求仍然很少，国家政策是不提倡，有时干脆禁止对外贸易。"（《内陆边疆》339页）但他把汉朝向西部的发展归因为"黄河中游地区的人口爆满"（同书119页），则证据不足。
[4] 案：《史记·大宛传》曰：汉军破宛，"取其善马数十匹，中马以下牡牝三千余匹"而还。其后宛与汉有约，"岁献天马二匹"（《汉书·西域传》）。
[5] 拉铁摩尔解释道："游牧人南向面对长城，所以其'右臂'在西"（《内陆边疆》347页注二）；《后汉书·班超传》章怀注亦谓"南面以西为右"。案：匈奴置左右贤王，左王居东，右王居西（见《史记·匈奴传》），又中国古以右称西方，如山右（山西）、江右（江西）、陇右（陇西），则上说恐未是。
[6] 据《史记·陈涉世家索隐》，秦时贫弱者居里门之左，秦役戍多，富者役尽，兼取贫弱；颜师古则以应劭之说为是："戍者曹辈尽，复入闾，取其左发之，未及取右而秦亡。"（见《汉书·食货志》注）
[7] 所谓屯田乃"以兵留耕，因取其耕之所获以饷兵"，晁错的办法是令塞下之民自为战守，二者微有不同，然屯田规模已略出晁说（见《文献通考》卷七《田赋七》）。

这种稳扎稳打、步步为营的蚕食战略才真正点中了匈奴人的死穴，令其折翅伤翼，奔走遁逃，"远处寒苦墝埆（同'硗确'，瘠薄义）之地。"（汉桓宽《盐铁论·西域》）①

一旦发生正面厮杀，战斗的特点及其残酷可怖之处在黄仁宇笔下得到充分体现：

"因为战场就是沙漠及其周边的草原地带，环境本来就萧条，当两方交锋之际，绝无后撤退却之可能，而以汉军尤然。战败者固然难幸存，即战胜者亦死伤惨重，逃脱几全不可能。……每一次典型的战役有10万骑兵参加，支援的步兵及后勤部队又多出数倍，所以每次用兵，以牵涉到50万人为常态。汉军通常分三路及五路展开，以搜索接近敌方，并预先订好集结会师的时日与地点。他们通常在本军外围500英里的范围内活动。始终不遇敌军的情况常有之，通常情形是两军迎战，争斗惨烈。"（《中国大历史》46页）

元狩四年（前119）十万汉骑绝漠远征是整个汉匈战争的重头戏。是岁，卫青出定襄（今内蒙古和林格尔）千余里，追单于至寘颜山赵信城（寘颜亦作阗颜，今蒙古杭爱山南麓）；霍去病出代郡二千余里，与左贤王战，封狼居胥山（其地不详，当在今蒙古境内）乃还。两路汉军"所杀虏八九万"，冒顿在汉初有"控弦之士三十余万"，其后纵添丁，人口锐减若是也称得上灭顶之灾了，故匈奴远遁，漠南无王庭。另一方面，汉朝亦大伤元气，"疲耗略相当"（《后汉书·南匈奴传》"论"），两战下来，士卒亡者数万，"卢城飞将"李广②因失道误期自杀，而战马损失之巨——初发十万骑，并负私从马四万，凡十四万，"复入塞者不满三万匹"（《史记·卫霍传》）——更让决策者陷入两难境地，影响到未来战局的走向。时汉将中卫青与霍去病舅甥二人声名最著。李白诗云："功成画麟阁，独有霍嫖姚"（《塞下曲》，嫖姚同剽姚，霍初为剽姚校尉，故名）。这位年少将军志得意欢，尝援琴作歌曰："四夷既护（一作获），诸夏康兮。国家安宁，乐未央兮。载戢干戈，弓矢藏兮。麒麟来臻，凤凰翔兮。与天相保，永无疆兮。亲亲百年，各延长

---

① 屯田之制后世相沿。昭帝始元二年（前85），"发习战射士诣朔方，调故吏将屯田张掖郡"（《汉书·昭帝纪》，颜注云：故吏，前为官职者，令其部率习战射士于张掖为屯田也）。宣帝神爵元年（前61），老将赵充国上屯田奏，愿罢骑兵，留步士万人分屯要害处以御西羌，谓"留屯田得十二便，出兵失十二利。"（《汉书·赵充国传》）东汉末曹操募民屯田许下，曰："孝武以屯田定西域，此先代之良式"（《三国志·魏书·武帝纪》裴松之注引王沈《魏书》）。明代李贽亦称"屯田是千古之策"（《史纲评要》卷八）。

② 语出王昌龄《出塞》诗。案：通行本皆为龙城，惟宋椠本王安石《百家诗选》作卢城，清阎若璩谓卢城是也，"李广为右北平太守，匈奴号曰飞将军，避不敢入塞。右北平唐为北平郡，又名平州，治卢龙县。……若龙城，见《汉书·匈奴传》：'五月，大会龙城，祭其先、天地、鬼神。'……龙城明明属匈奴中，岂得冠于飞将上哉？"（《潜邱劄记》卷三）

兮。"（宋郭茂倩编《乐府诗集》卷六十《琴歌》）只可惜漠北之战后二年即离奇身亡，逾十年，卫青亦卒。文武名臣至是殆尽，而汉以马少故，不复远击匈奴矣。

汉武干事大手笔，大气魄，"有狂底气象"（《朱子语类》卷一三五），然元鼎四年（前113）行幸河东时作《秋风辞》，已意气消沉，疲态毕见。其辞云："秋风起兮白云飞，草木黄落兮雁南归。兰有秀兮菊有芳，怀佳人兮不能忘。泛楼船兮济汾河，横中流兮扬素波。箫鼓鸣兮发棹歌，欢乐极兮哀情多。少壮几时兮奈老何！"（载《乐府诗集》卷八十四）当其末年，关东群盗并起，"攻城邑，杀郡守，充满山谷"（《汉书·萧望之传》）①；朝中又大兴巫蛊之狱②，致太子冤死，李广利降匈，各种打击接踵而至。心灰意冷之余，征和四年（前89）帝谓群臣曰："朕即位以来，所为狂悖，使天下愁苦，不可追悔。自今事有伤害百姓，糜费天下者，悉罢之。"（《资治通鉴·汉纪十四》）会搜粟都尉桑弘羊有轮台屯田之请，乃下"罪己诏"曰："今请远田轮台，欲起亭隧，是扰劳天下，非所以优民也。……当今务在禁苛暴，止擅赋，力本农，修马复令③，以补缺，毋乏武备而已。"（载《汉书·西域传·渠犁》）"年年战骨埋荒外，空见蒲桃入汉家"（李颀《古从军行》），这道"哀痛之诏"不啻对他一生的辟地建功事业作了一个全盘否定。

后来以替妇画眉闻名长安的京兆尹张敞④尝曰："昔先帝征四夷，兵行三十余年，百姓犹不加赋，而军用给"（《汉书·萧望之传》），能做到这一点的确令人称奇。其实早

---

① 案：民变爆发于天汉年间（前100—前97），官府剿之不尽，"散卒失亡，复聚党阻山川者，往往而群居，无可奈何。"（《史记·酷吏传》）天汉二年（前99）李陵带领由他"教射"的荆楚勇士出塞，而"关东群盗妻子徙边者随车为卒妻妇，大匿车中"（《汉书·李陵传》），遂出现军中有女子的令主将暴怒的一幕。

② 巫师使用邪术嫁祸于人曰巫蛊，其俗或由匈奴传入，《汉书·西域传》曰："闻汉军当来，匈奴使巫埋羊牛所出诸道及水上以诅军。"武帝时，"方士及诸神巫多聚京师……女巫往来宫中，教美人度厄，每屋辄埋木人祭祀之。"（《资治通鉴·汉纪十四》）治巫蛊事最早见于元光五年（前130），枭首三百余人，最终达到的目的是废黜陈皇后（名阿娇）。征和年间波澜再起，死者数万，其中就有卫皇后及其子（太子刘据）、女（诸邑、阳石，洪迈谓两公主皆卫后所生，据《史记·外戚世家索隐》，卫后凡生三女：诸邑、石邑及卫长公主，《史记·卫霍传集解》引徐广曰：阳石公主又云德邑，容斋先生或误以阳石为石邑；案：卫长公主嫁曹参玄孙襄，生子宗，征和二年（前91）曹宗亦死于巫蛊，见《史记·曹相国世家》）、姊（卫君孺，丞相公孙贺妻）、侄（卫青长子伉）等，"卫氏悉灭"。自卫子夫立为皇后，弟卫青封长平侯，甥霍去病封冠军侯，甚至襁褓中的卫青三子亦为列侯，"卫氏支属侯者五人。"（《汉书·外戚传》）时人歌之曰："生男无喜，生女无怒，独不见卫子夫霸天下！"（褚少孙补《史记·外戚世家·卫子夫》）洪迈将巫蛊之祸简单归因为"帝春秋已高，忍而好杀"（《容斋续笔》卷二）；事实上，武帝末年杀昭帝生母，防母后预政，外家为乱（褚补《史记·外戚世家·钩弋夫人》又曰："诸为武帝生子者，无男女，其母无不谴死"，则子贵母死时为常制），那么，眼见卫氏家族势力将一手遮天，斩草除根以绝后患恐怕才是这一历史事件背后隐藏的真相。

③ 据颜注，此谓许民因养马而免徭赋之令。

④ 张敞为妻画眉，京中传张京兆眉妩，宣帝问之，对曰："臣闻闺房之内，夫妇之私，有过于画眉者。"（《汉书》本传）后世遂成夫妻恩爱的典故。王寀《蝶恋花》词云："京兆画眉樊素口，风姿别是闺房秀。"（载唐圭璋编《全宋词》第二册，中华书局，1965年）

在元鼎、元封年间，帝国境内险象环生，已近崩溃边缘。元鼎三年（前114）关东十余郡遭水灾，"人或相食，方一二千里。"（《史记·平准书》）至元封四年（前107），"关东流民二百万口，无名数者四十万。"（《汉书·石奋传》附石庆传）儒者夏侯胜因此敢在宣帝之时对孝武大加诋毁，谓"武帝虽有攘四夷广土斥境之功，然多杀士众，竭民财力，奢泰亡度，天下虚耗，百姓流离，物故者（谓死者）半。蝗虫大起，赤地数千里，或人民相食，畜积至今未复。"（《汉书·夏侯胜传》）

汉武虽"狂"，还不至铤而走险，"故兴盐铁，设酒榷，置均输，蓄货长财，以佐助边费"（《盐铁论·本议》），而用来理财的正是洛阳贾人之子桑弘羊，再加上大盐铁商东郭咸阳与孔仅，"三人言利事，析秋毫。"（《史记·平准书》）史称"弘羊榷利而国用足"（扬雄《法言·寡见》），榷为何者？"独木桥也，乃专利而不许他往之义。"（宋曾三异《因话录》，载陶宗仪《说郛》卷十九①）天汉三年（前98）"初榷酒酤"（《汉书·武帝纪》），禁民酤酿；同时收归国营的还有更重要的盐、铁两业："往者豪强大家得管山海之利，采铁石鼓铸，煮海为盐"，"今意总一盐铁，非独为利入也，将以建本抑末，离朋党，禁淫侈，绝并兼之路。"（《盐铁论·复古》）弘羊又作均输平准之法，统一征收、运输、买卖货物，调剂供应，平衡市场，使商贾无所牟利，万物不得腾踊。另外尚有专门针对富商大贾的算缗、告缗，听其自报货值纳税，匿不报者，人得告发，奖没入财物之半；此法出张汤，至杨可掌事，"告缗遍天下"，"商贾中家以上大率破"。要而言之，武帝所用手段的基本精神无非变与民争利为与商争利，把战争负担转嫁到商人们头上，从而创造出"民不益赋而天下用饶"（《史记·平准书》）的经济奇迹，这是他的高明过人之处。

频频招致非议的军事打击政策待武帝死后终见成效。昭、宣之世，匈奴势衰，又陷内乱，五单于争立，大漠中甚至传来"事汉则安存，不事则危亡"的声音（《汉书·匈奴传》）。汉廷乘机加大对西域的统治力度，宣帝神爵二年（前60）正式任命郑吉为西域都护，驻乌垒城（今新疆轮台东北），替代匈奴的僮仆都尉来镇抚诸国，"汉之号令班（同'颁'）西域矣，始自张骞而成于郑吉。"（《汉书·郑吉传》）事至此，仅能勉强恢复部族统一的呼韩邪单于不得不向大汉称臣，元帝竟宁元年（前33）第三次朝觐时自请为婿，娶宫女王昭君，号宁胡阏氏

---

① 案：闻人军考证《因话录》实为曾三异之兄曾三聘所作（见闻人军撰"宋《因话录》作者与成书年代"一文，载《文献》1989年第3期）。

（《汉书·匈奴传》颜注："言胡得之，国以安宁"）[1]。于是边境晏然，"数世不见烟火之警，人民炽盛，牛马布野"（《汉书·匈奴传下》），至王莽始再起狼烟。

内外朝对峙

汉初政府结构，皇帝以下有三公（丞相、御史大夫、太尉）、九卿（太常、光禄勋、卫尉、太仆、廷尉、大鸿胪、宗正、大司农、少府）。三公分掌九卿，"其名虽均而其权实差"（宋章如愚《群书考索后集》卷二十二），丞相最为尊重。自太尉一职罢[2]，政府由丞相、御史大夫领衔，号曰"两府"，并非分庭抗礼。御史乃丞相之副，"丞相病，明日御史大夫辄问病；朝奏事会庭中，差居丞相后，丞相谢，大夫少进，揖"（《汉书·萧望之传》），主次之别显而易见。

公孙弘开儒士拜相先河，"其后蔡义、韦贤、玄成、匡衡、张禹、翟方进、孔光、平当、马宫及当子晏咸以儒宗居宰相位，服儒衣冠"（《汉书》卷八十一"赞"），尊礼丞相可谓士人政府一大特色。汉制，丞相谒见皇帝，御坐为起，在舆为下；有疾，皇帝亲至问候，薨则车驾往吊，赠棺，赐葬地（见《汉书·翟方进传》及注）。然丞相多擢于民间，威望反不如前[3]，"易获罪下狱，诛及自杀及罪免者众矣。"（清陈树镛《汉官答问》卷一）

而武帝欲减丞相之权，置大司马主兵事，又增重"加官"之制。加官即兼职，武帝以此名义网罗俊异，四方才士诣公车上书[4]，"自炫鬻（犹夸耀）者以千数"（《汉书·东方朔传》）；于是天子身边很快聚起严助、朱买臣、主父偃、东方朔、司马相如

---

[1] 昭君故事民间流传极广，取材于此的诗歌戏曲尤不可胜计（元代马致远便著有《汉宫秋》杂剧），多把宫廷画家毛延寿描写成害地远嫁胡地的罪魁祸首。《西京杂记》卷二云：元帝后宫既多，乃使画工图形，按图召幸。诸宫人皆赂画工，独秭归王嫱不肯，遂不得见。后匈奴来美人为阏氏，元帝按图遣昭君，临行召见，貌为后宫第一，悔之晚矣，乃穷案其事，善画人之毛延寿及善画牛马飞鸟之陈敞、刘白、龚宽诸画工同日弃市，籍其家，资皆巨万。顾炎武据此辩曰："画工之图后宫乃平日，而非匈奴求美人时；且毛延寿特众中之一人，又其得罪以受赂，而不独以昭君也。后来诗人谓匈奴求美人，乃使画工图形，而又但指毛延寿一人，且没其受赂事，失之矣。"（《日知录》卷二十五"毛延寿"）

[2] 事在武帝建元二年（前139），元狩四年（前119）改置大司马，冠以将军之号，如大将军卫青、骠骑将军霍去病皆为大司马（见《汉书·百官公卿表上》及《卫霍传》）。

[3] 涓勋初拜司隶校尉，不肯谒两府（《汉书·翟方进传》），而萧望之为御史大夫，丞相数病不问，朝会不遵前后之礼（《汉书·萧望之传》），皆是其例。

[4] 汉设公车司马令（简称公车令，属卫尉），掌臣民上书和朝廷征召。

一班侍从宾客，得与公卿大夫辩论政事，"中外相应以义理之文，大臣数诎。"（《汉书·严助传》）如朱买臣与公孙弘辩朔方置郡，"发十策，弘不得一"（颜注：言利害十条，弘无以应之）；弘乃谢曰："山东鄙人，不知其便若是。"（《汉书·公孙弘传》）

政制由此悄然生变，朝分内、外。内朝又称中朝，"大司马左右前后将军、侍中、常侍、散骑、诸吏为中朝，丞相以下至六百石为外朝。"（《汉书·刘辅传》孟康注）①自侍中而下的所谓中朝官皆为加官②。武帝以后，"外廷之官统于丞相，中朝之官统于大司马"（《汉书补注·黄霸传》引齐召南语），遂成对峙局面。

同时九卿更进用事，石庆为相，惟醇谨而已，"在位九岁，无能有所匡言"（《汉书·万石君传》附石庆传）。武帝进而把职位甚卑的尚书拔为"亲要之职"，"臣下章奏上尚书，尚书进于天子，乃下丞相，有政事，天子常与之议。"（《汉官答问》卷一）③后来甚至有了"尚书百官之本，国家枢机"的说法（萧望之语，见《汉书·佞幸传》）。章如愚曰："自武帝任中大夫侍中而谓丞相为外朝，而内庭之事宰相不与知矣；自九卿之更进用事，事不关决于宰相也，而外庭之事宰相不与知矣；自其以吏六百石以上调于尚书也，而天下之事宰相皆不与知矣。"（《群书考索后集》卷二十二）

成帝时，何武为九卿，称政事烦多，"丞相独兼三公之事，所以久废而不治也。"（《汉书·朱博传》）遂改御史大夫为大司空，与大司马皆增俸如丞相。哀帝又改丞相为大司徒，三公虽正名，外朝却失去了抗衡内朝的能力。东汉仲长统曰："任一人则政专，任数人则相倚；政专则和谐，相倚则违戾。"（《昌言·法诫篇》，载《后汉书》本传）汉代隆盛由于政在丞相；丞相失位，国运亦衰。

"古者内外庭不分，人主出入起居，皆与贤士大夫游"（《文献通考》卷三十三）；西汉内、外朝对立，实是将王室与政府分开，"此亦中国政制史上一大进步"（钱穆《国史大纲（上）》162页）。然而百密一疏，任何一项制度都有其意想不到的弊端，需经历

---

① 钱大昕考给事中亦为中朝官，孟康漏举之（见《三史拾遗》卷三）。

② 案：侍中乃帷幄近臣，分掌乘舆服物至袭器虎子之属，地位尤隆，赐戴武灵王效胡服时所制"赵惠文冠"。孔子十一世孙孔安国为侍中，"以其儒者，特听掌御唾壶，朝廷荣之。"（《文献通考》卷五十《职官四·侍中》）严助、朱买臣由中大夫加官侍中，贵幸用事，始预闻朝政；其后卫青、霍去病、霍光、金日䃅（音'密低'）皆由侍中进，权势出宰相之右。

③ 案：尚书为少府属官，掌文书章奏，汉因秦制置之；"秦代少府遣吏四人，在殿中主发书，故号尚书，尚犹主也。"（唐徐坚《初学记》卷十一《职官·尚书令》）《汉书·成帝纪》云：建始四年（前29）"初置尚书员五人"。陈树镛在《汉官答问》中已详辩班氏之误，谓"武帝时已有尚书，不得云成帝初置"。

史检验方知好坏。内朝之设本为士人进身另辟一途，它迟早落入近水楼台的外戚家族手中也是事有必至，这便给外戚专权打开了方便之门。武帝死后，霍去病异母弟霍光以大司马大将军受遗诏辅少主，谓丞相车千秋曰："今光治内，君侯治外"（《汉书·田千秋传》）[1]，"自此大司马兼将军一官遂永为外戚辅政之职。"（赵翼《廿二史劄记》卷三"汉外戚辅政"）

　　外戚系帝王母族、妻族的合称。对王室而言，婚嫁无小事，事事关政治，上古已然。殷代王室"取（同'娶'）女嫁女也，必于诸侯之国"（温丹铭"殷卜辞婚嫁考"[2]）。甲骨卜辞中出现的中兴英主武丁之妻配多达六十四人，"有名帚嬶、帚周、帚楚、帚杞、帚媓、帚妹、帚庞者，嬶、周、楚、杞、媓、妹、庞皆其姓，亦即所自来之国族"（胡厚宣"殷代婚姻家族宗法生育制度考"，《甲骨学商史论丛初集（上）》136页，齐鲁大学国学研究所1944年出版；胡谓帚即妇）。多妻制的功用恐怕不只像"广继嗣"那么简单，背后还应藏有隐晦的政治意图（这是胡先生当年研究所忽略掉的）；迄战国其事益奢，"天子后立六宫，三夫人，九嫔，二十七世妇，八十一御妻。"（《礼记·昏义》）基于复杂原因建立起来的外戚集团本身就是一把双刃剑，所谓事势不两大，王室既能借外家势力增长而获泰山之安，又让自己身处险境，无时不有累卵之危，而后一幕的上演并没有等待太久。《小雅·十月之交》云："皇父卿士，番维司徒，家伯维宰，仲允膳夫，聚子内史，蹶维趣马，楀维师氏，艳妻煽方处。"郑玄以为诗中艳妻即周厉王后，"厉王淫于色，七子皆用。后嬖宠方炽之时，并处位。言妻党盛，女谒行之甚也。"（《毛诗正义》卷十二）这里已能见到外戚擅政的影子。至战国秦昭王时，"芈太后（即宣太后）始摄政事，故穰侯（太后弟魏冉）权重于昭王，家富于嬴国。"（《后汉书·皇后纪上》）权归女主的情形当时在其他国家亦有发生，《战国策·魏三》云："今夫韩氏以一女子承一弱主"，元吴师道补曰："是时秦宣太后、赵惠文后、齐君王后皆专政，韩亦然也。"

　　"天资高，志向大，足以有为"的汉武帝（语见《朱子语类》卷一三五）最初也是借妇人之力才侥幸获得一展宏图的宝贵机会。据托名班固的《汉武故事》，武帝初名彘，四岁立为胶东王，长公主嫖（窦太后女，景帝姊）抱置膝上，指其女陈阿娇问曰："儿欲得妇不？阿娇好不？"彘笑曰："好！若得阿娇作妇，当作金屋贮之。"这位能在后宫呼风唤雨的长公主满心欢喜，数年后竟把小婿刘彘由王弄成了太子，景帝曰："彘者彻也"，因改名彻（见《古小说钩沉》，《鲁迅全集》（二十卷本）卷八451—

---

[1] 案：车千秋本姓田，武帝念其年老，特允乘小车入殿中，时号"车丞相"，子孙因以为氏（见《汉书》本传与《通志》卷二十八《氏族四·以事为氏》）。

[2] 转引自胡厚宣"殷代婚姻家族宗法生育制度考"，《甲骨学商史论丛初集（上）》115页。

452页，人民文学出版社，1973年）①。

武帝初即位，窦婴、田蚡接踵为相，外戚渐得势。宦者李延年善歌舞，以一曲"北方有佳人，绝世而独立，一顾倾人城，再顾倾人国"（《汉书·外戚传》）的靡靡之音把妹妹李氏引入宫中，是为李夫人，延年亦拔为协律都尉，"自是之后，内宠婴臣大底外戚之家。"（《史记·佞幸传》）对匈战争打响后，卫青、霍去病、李广利（李夫人兄）并以婴宠擢用，赵翼谓三人"皆成大功为名将，此理之不可解者也。"（《廿二史劄记》卷二"武帝三大将皆由女宠"）②

惩于汉初吕后之祸，武帝对自己的女人屡下杀手，毫不留情，然临终召画工画周公负成王图，还是把大权交给外戚霍光才能放心。时大司马兼将军之位犹次于丞相，元平元年（前74）霍光废昌邑王（刘贺，李夫人孙，即位仅二十七日），奏太后，丞相杨敞名在光前。霍氏拥昭立宣，辅政前后二十年，"在内朝预闻政事，而由庶僚加侍中、给事者俱自托为腹心之臣"（《三史拾遗》卷三），已经实现由宠臣向权臣的升华。于是"大司马专秉国政，而丞相具位行文书"（《群书考索后集》卷二十二）；此风一开，百官以下但事光之家奴冯子都、王子方等，"视丞相亡如也"（《汉书·霍光传》）。宣帝五凤三年（前55）黄霸为相，举侍中史高任太尉，帝竟责以"越职"，胡三省曰："丞相职，总百官，进贤退不肖。霸荐史高，以为所荐非其人可也，以为越职则非也。盖自武帝以来，丞相之失其职也久矣。"（《资治通鉴·汉纪十九》注）

天子渐又委政于宦者，所谓"中人无外党，精专可信任"（《汉书·佞幸传》）。宦寺得以抬头与尚书地位的升迁密不可分。武帝游宴后庭，因尚书士人不得出入卧内，特置

---

① 案：《史记》《汉书》俱谓刘彻先立为太子，再娶陈阿娇为妃，是为投桃报李之举；惟日后阿娇宠衰见废，长公主乃怨曰："帝非我不得立，已而弃捐吾女，壹何不自喜而倍本乎！"（《史记·外戚世家》）

② 卫、霍的外戚身份每每令史家感觉不爽。司马迁亲罹李陵之祸，身受腐刑，笔下自有抑扬，叹息李广一生不得侯，而对卫青颇有微词，讥其"以和柔自媚于上"（《史记·卫霍传》）。《史记·汲黯传》又云："大将军青侍中，上踞厕而视之。"苏轼据此写道："若青奴才，雅宜舐痔，踞厕见之，正其宜也"（《志林》卷四《人物》"武帝踞厕见卫青"），这样的文字简直不堪入目了。黄震评史公抑扬予夺之妙曰："看《卫霍传》须合《李广传》。卫、霍深入二千里，声震夷夏，今看其传，不直一钱。李广每战辄北，困蹶终身，今看其传，英风如在。"（《黄氏日抄》卷四十七《读史二·汉书》"卫青霍去病"条）明末黄淳耀认为李广非大将才，不及卫青远甚，"太史以孤愤之故，叙广不肯出口，而传卫将军以姊子夫宠幸，若不直一钱者"（《陶庵文集》卷五《李将军列传》，载清姚莹辑《乾坤正气集》卷四四五）。但史公亦谓卫、霍"颇用材能自进"（《史记·佞幸传》），可见其心中还是自有公道的。

案：李广不得志于时又与汉廷抑侠政策有关，这一层已由黄淳耀道破之。战国以来重诺轻生的侠士精神下及汉世不灭，"流风余韵，浸淫成俗，魏其武安以此攘大狱奇祸而卒莫之惩（指窦婴、灌夫事，见本书71页注一）。……李将军死日，天下知与不知，皆为尽哀，以其结客多而延誉广也。"（《陶庵文集》卷三《卫青论》，《乾坤正气集》卷四四三）史称李广以"良家子"从军，考其事迹，多似"孤胆英雄"，不重治军，他所代表的正是当时豪杰一派，武帝摈抑广父子之故殆在于此。

中书，以刑人为之，出取章奏①。尚书以近天子故，夺宰相权；宦者较尚书又近，窃权更易，元帝时遂有"外戚许、史在位放纵，中书宦官弘恭、石显弄权。"（《汉书·楚元王传》附刘向传）一旦两股势力合流，互为表里，沆瀣一气，则制度大坏矣！追本溯源，汉制之坏实由武帝发其端②。

至成帝，同日封王姓五舅氏（谭、商、立、根、逢时）为侯，时称"五侯"。宗室刘向上封事（即密封章奏）极谏云："大将军（指王凤，王莽伯父）秉事用权，五侯骄奢僭盛，并作威福……历上古至秦汉，外戚僭贵未有如王氏者也。"（《汉书·刘向传》）尾大不掉，终有王莽篡汉。

昙花一现的新朝

公元8年冬日的一个黄昏，位于"长安西北故城中"的肃穆而冷清的高祖庙③忽然迎来一位身穿黄衣的不速之客。梓潼人哀章持自制铜匮，内盛图、策两卷，郑重其事交到高庙仆射（即守庙官）手上。策云王莽为真天子，另有十一大臣，名姓、官爵俱在。时为"假皇帝"（假为'代'义）、被举国上下看成周公的王莽如获至宝，遂于明年正月顺符命，去汉号，建新朝，自为新皇帝，废年仅五岁的西汉末帝孺子婴为定安公。又按所谓"金匮策书"封四辅、三公、四将，凡十一人；卫将军王兴原为城门令史，前将军王盛乃市井卖饼儿，"两人容貌应卜相，径从布衣登用，以视（同'示'）神焉"。莽亲执孺子手曰："昔周公摄位，终得复子明辟，今予独迫皇天威命，不得如意。"（《汉书·王莽传》）说毕流涕歔欷，群臣莫不感动。这实在是中国历史上罕见的一幕非但不流血、反而颇具温情的和平演变，传说中的"唐虞禅让"竟在此刻变成现实④！

王莽自幼丧父，过惯了孤贫生活，自然比醉心声色犬马的族中群兄弟早懂事不少。他能干下一番惊天动地的大事业绝非旦夕之功，欲理清此事头绪，还得从西汉一代一股略显特异的儒学思潮说起。战国季世齐人邹衍以金、木、水、火、土五行相克附会王朝命运，创"五德终始说"，顾颉刚称它作"螺旋式的历史观"，留给世人两个暗示："第一个暗示是不可妄冀非分，凡无五德之运的决做不成天子（此对一般人而言）；第二个暗示是天

① 案：司马迁被刑后为中书令，著名的《报任安书》即写于其时（见《汉书·司马迁传》）。
② 前文称汉武堪比现代史上之罗斯福，武帝时有好的人事，是为相似处；未能立下好的制度，则为不似处。
③ 据考古学家刘庆柱调查，"高庙应在长安城内，安门大街以东，长乐宫西南，约在今西安市未央区未央乡西叶寨村东南"（见何清谷撰《三辅黄图校释》卷五《宗庙》305页注一，中华书局，2005年）。
④ 案：燕王哙亦行禅让，卒酿国乱，其事则在大一统时代之前。

命不永存，此德衰而彼德兴，则易姓受命之事便立刻显现（此对君主而发）"（顾撰"五德终始说下的政治和历史"（以下简称"五德终始说"），《古史辨》第五册465页）。此说一出，大为流行，至汉尤盛，董仲舒又引申出"三统论"，用黑、白、赤三统循环来说明上古三代制度，所谓"天子命无常，唯命是德庆。"（《春秋繁露·三代改制质文》）邹、董之说推演国运之术异，言朝代递嬗则一。

昭帝元凤三年（前78年），董子再传弟子眭弘以泰山大石自立，上林苑枯柳复生，以为当有从匹夫为天子者，乃上书云："先师董仲舒有言，虽有继体守文之君，不害圣人之受命。汉家尧后，有传国之运。汉帝宜求贤人禅帝位，以顺天命。"（《汉书》本传）宣帝神爵二年（前60），儒者盖宽饶复上书："五帝官天下，三王家天下，家以传子，官以传贤，若四时之运，功成者去，不得其人则不居其位"（《汉书》本传）。元帝时易学家京房（本姓李，推律自定为京氏，其学称京氏《易》，别于东海孟喜之孟氏《易》）作《易传》曰："凡为王者，恶者去之，弱者夺之。易姓改代，天命应常，人谋鬼谋，百姓与能。"（《三国志·魏书·文帝纪》注）三人皆伏诛。至汉成之世，谷永（字子云）替王氏五侯做笔杆子，长安号称"谷子云笔札"（《汉书·游侠传》楼护条），便可以公然宣称"贱人将兴，王道微绝，二者已醜①"而无恙了。又云："臣闻天生蒸民，不能相治，为立王者以统理之，方制海内非为天子，列土封疆非为诸侯，皆以为民也。垂三统，列三正，去无道，开有德，不私一姓，明天下乃天下之天下，非一人之天下也。"（《汉书》本传）"身为宗室遗老，历事三主"的汉室忠臣刘向亦以灾异为说，曰："王者必通三统，明天命所授者博，非独一姓也。……自古及今，未有不亡之国。"（《汉书》本传）②

舆论的力量如此强大，意志薄弱的哀帝刘欣最终也被忽悠地丧失了立场。董贤以貌美性柔得断袖之宠③，二十二岁当上位高权重的大司马，册文言"允执其中"（尧禅舜之文）。一日哀帝宴董氏父子于麒麟殿，酒酣耳热，干脆捅破这层窗户纸道："吾欲法尧禅舜，何如？"（《汉书·佞幸传》董贤条）哀帝临终，又以玺绶付贤，曰："无妄以与人"（《后汉书·张步传》附王闳传），禅让之意至死不渝。

王莽正可谓是在这样的大背景下应时而生，应运而出。莽初"受《礼经》，师事沛郡陈参，勤身博学，被服如儒生"——这段书生经历让他在王氏子弟中显得卓立杰出，值得

---

① 《汉书补注》引王文彬云：醜犹比也，非耻之义，"言二者之征兆已相连比而见"。

② 钱穆谓"刘向论政，率本灾异。"（"刘向、歆父子年谱"，《古史辨》第五册153页）。董仲舒尝以灾异论人事，几被诛，不敢复言之（见《汉书》本传）此后竟成汉儒学风，京房、谷永之流皆善言灾异。

③ 据《汉书·佞幸传》，董贤出则与帝同骖，入则与帝同卧。尝昼寝，贤枕帝袖不觉，帝不忍惊贤，断袖而起，宠爱至此。后世因称男宠为"断袖"。

我们特别记住。大将军王凤病，莽与淳于长一对姑表兄弟服侍左右，衣不解带，凤死前以二人属托成帝及王太后（名政君，莽之姑母）。莽自此踏入仕途，从黄门郎做起，永始元年（前16）封新都侯，绥和元年（前8）不顾私亲，暴位在己上的淳于长之罪，获忠直名，擢为大司马，遂"拔出同列，继四父（凤、商、音、根）而辅政"（《汉书》本传），时年三十八。经过哀帝朝的短暂失势[1]，六年后莽失而复得大司马一职，此下便进入个人表演时间。自公元1至8年，"王莽从大司马做到皇帝是极有秩序的，他共升了六次级（指号安汉公、拜宰衡、加九锡[2]、居摄、称'假皇帝'、去摄号六步），费了八年功夫。在这八年中他费了许多心思，定了许多制度，显现了许多符瑞，用了艺术的手腕把一个愁惨的旧国变成一个升平的新国。"（"五德终始说"，《古史辨》第五册523页）

莽自托舜后，用五德转移之说，以土德继火德，以新室代刘汉，这项伟大事业的背后藏有一位关键人物，即莽之昔日同僚、后封国师、被章太炎誉为"名实足以亢孔子"的刘歆（见《訄书（重订本）·订孔》，《章太炎全集》第三册135页）。歆初从其父向总校群书，得见秘府所藏孔家壁中挖出的各种古文经传，遂请立《左氏春秋》《毛诗》《逸礼》及古文《尚书》于学官，掀起经古文学运动，一时群儒激愤，骂声一片。时间来到清末，广州城里的康有为玩"时光穿越"，起刘歆于地下而斥他遍伪诸经，"把西汉迄清今古文之争算一个总帐，认西汉新出的古文书全是假的……使古书的大部分如《周礼》《左传》《毛诗》《毛诗传》和刘歆所改窜的书根本摇动。"（梁启超语，《专集之一百四·古书真伪及其年代》，《饮冰室合集》第十二册）钱穆深病康氏疑古之勇、持论之悍，列其说不可通者二十八端，谓"徒肆臆测，全无实证"（"刘向、歆父子年谱"，《古史辨》第五册201页）。这里我们无意卷入今古文的缠斗当中，但有两点事实必须认清：康著《新学伪经考》的真正意图在于鼓荡清末之思想界，故瑞典汉学家高本汉（Bernhard Karlgren）"对于康先生的话颇不信任，以为他是一个政客而兼传教的人，其主张有点新闻纸的味儿"（"五德终始说"，《古史辨》第五册551页）；刘歆争立古文，所做同样是一件政治性的工作，绝非单纯为学术而学术，遍伪群经虽不可能，改窜之迹却

---

[1] 哀帝即位，封拜母丁氏、祖母傅氏，并立四太后（丁、傅、王及成帝赵后即赵飞燕），欲夺王氏之权。莽罢就国（南阳新野都乡），闭门韬晦，其间以次子王获杀奴，迫令自杀。丁、傅皆早卒，王氏势力犹在。俟哀帝死，莽即复起，诛董贤，发丁、傅冢，废赵氏及哀帝傅皇后（傅太后侄女）为庶人（二者俱自杀）。

案：莽有四子：宇、获、安、临。除安病死，余皆被杀（孙辈被杀者又有宇之子宗及宗姊妨），阴鸷无情如此，其妻涕泣失明。初，莽事母及寡嫂，抚兄子光，宗族称孝，师友归仁；光后封衍功侯，犯法，母子自杀，莽仁孝声名亦隳。赵翼曰："莽三子一孙一从子皆为莽所杀，其意但贪帝王之尊，并无骨肉之爱也。"（《廿二史劄记》卷三"王莽自杀子孙"）

[2] 相传为古代帝王尊礼大臣所赐的九种器物，自莽始，魏晋南北朝权臣篡位必加九锡，以为故事。

历历在焉，顾颉刚曰："刘歆既经造了假古董来开新文化，为要使得它流行，便不得不插入些时代的需要，作鼓动有势力者护法的方术。"（《古史辨》第五册"自序"第10页）

不妨举一个荒唐近乎可笑的显例。莽俨然周公再世，倘能手捧一本周公亲传之书岂不锦上添花，让这幅图画更加逼真？于是不早不晚，恰在一个最适当的时机，"发得《周礼》，以明因监"（《汉书》本传），从此施政便有了名正言顺的依据。洪迈辩曰："《周礼》一书，世谓周公所作，而非也，昔贤以为战国阴谋之书，考其实，盖出于刘歆之手。……王莽时，歆为国师，始建立《周官经》以为《周礼》①，且置博士。……歆之处心积虑，用以济莽之恶，莽据以毒痛四海，如五均、六筦、市官、赊贷，诸所兴为，皆是也。"（《容斋续笔》卷十六"《周礼》非周公书"）康有为继承了南宋人的意见，亦曰："歆欲附成莽业而为此书，其伪群经乃以证《周官》者。故歆之伪学，此书为首。"（《新学伪经考》）

莽称帝前所施恩泽之政，其最能邀誉者莫如兴学一端，"为学者筑舍万区"，"立《乐经》，益博士员，经各五人。征天下通一艺（即一经）教授十一人以上，及有《逸礼》、古《书》（即古文《尚书》）、《毛诗》、《周官》、《尔雅》、天文、图谶、钟律、月令、兵法、《史篇》文字，通知其意者，皆诣公车。网罗天下异能之士，至者前后千数"。《汉书·王莽传》的这段描写的确够红火，让人遥想当年盛况，咨嗟不已，但点睛之笔却在随后两句话，即征来的几千个文化人"皆令记说廷中，将令正乖缪，壹异说"。也就是说，莽醉翁之意不在酒，乃是借盛大排场来为平地而起的古学营造声势，铺路搭桥，"这件事情手段非常毒辣，一方面把古文学的种子散播到民间，一方面又令今文学增加许多敌人，凡古文学家的眼光中感到的'乖谬'和'异说'都扫空了。这是用了利禄的引诱来统一学术思想。"（"五德终始说"，《古史辨》第五册532页）

那么王莽为什么事事稽古、对古学情有独钟呢？寻根究源，还是早年的读书经历把他塑成了一名"拘儒"，又不幸受到时代感染而变得野心勃勃，遂背负上极沉重的精神负担。高祖刘邦率性敢为，对儒生嬉笑怒骂，视夺天下为理所当然之份内事②。王莽则差得远，皇帝固然要当，牌坊也得竖立，那就只有靠精心设计一途，引经据典不惜造伪，好叫世人以及后人信服。顾颉刚总结出他做皇帝的三种手段，不外乎向古代求根据："第一，援引古帝王为祖先，以见其有作帝王的身分；第二，援引唐虞的禅让为汉、新的禅让，使得因历史的复演而成其帝业；第三，援引五行相生说，自居于土德，以承火德之运。"

----

① 案：《周礼》汉世初出时称《周官》，亦称《周官经》以别于《尚书·周官》篇，歆以后改称《周礼》。

② 案：覆秦的刘、项二人在其微时有机会远观秦皇，几乎产生同样的反应。刘曰："嗟乎，大丈夫当如此！"项曰："彼可取而代也。"（见《史记·高祖纪》和《项羽纪》）

（"五德终始说"，《古史辨》第五册612页）这样的煞费周章让他本人和历史都痛苦不堪。

汉末闹剧落幕，新朝并未给躁动的世间带来一位众望所归的新圣人。且看王莽上台后颁行的"新政"。首先是恢复"井田圣制"，"更名天下田曰'王田'，奴婢曰'私属'，皆不得卖买。"（《汉书》本传）这一条最具欺骗性，颂功德者把感谢话刻在当时的铜镜上，曰："刘氏去，王氏斥，天下安宁乐可喜，井田平贫广其志"①。甚至适之先生也激动起来，在民国十一年（1922）如同发现新大陆般惊喜地称他作"一千九百年前的社会主义者"。此外有"六筦"（筦亦作'管'）——盐，酒，铁，名山大泽，五均赊贷，钱布铜冶，"此六者，非编户齐民所能家作"（《汉书·食货志下》）——皆收归国家管理。又数改钱货②，严禁私铸，有犯者，"伍人相坐，没入为官奴婢，其男子槛车，儿女子步，以铁锁琅当其颈，传诣钟官（掌铸钱者），以十万数。到者易其夫妇，愁苦死者什六七。"（《汉书》本传）

所谓新政，仔细分析，几无一条为莽所创。宣、元之世琅邪儒者王吉、贡禹俱鼓吹复古礼，致太平，时称"王阳（吉字子阳）在位，贡公弹冠（谓将入仕）"，言其取舍相同（见《汉书·王吉传》）。贡禹官至御史大夫，屡上书言政事得失，以民生为重，元帝嘉其质直。王莽"定井田，释奴隶，更币制，倡官卖，皆远承贡禹之意而起。"（"刘向、歆父子年谱"，《古史辨》第五册126页）以饱受争议的钱货为例，贡禹请罢铸钱之官，无复以铜铁为币，"租税禄赐皆以布帛及谷"；哀帝时，代莽为大司马、徙大司空的师丹亦言可效古昔以龟、贝为货，惟年老昏愦，后竟忘其前语（均见《汉书》本传）。二者皆发币制改革之先声。

胡适认为带有"国家社会主义"色彩的六筦之令，实本于武帝朝的新经济政策，汉武施行之乃为备战而不扰民，是非常时期的非常之举，王莽则进一步拓宽加大国家专营的范围和规模。其中立五均的本意在"市无二贾，四民常均"③，莽借以抽工商所得税，凡渔猎畜牧，医巫卜祝，直至女红方技，五均皆得征之，"除其本，计其利，十一分之，以其一为贡"（《汉书·食货志下》），性质全变。虽号称取之于民，用之于民，以工商之贡为赊贷济贫的母金，到底救了多少贫弱不见记载，额外贡税却实实在在落入新朝政府的腰

---

① 案：铜镜出土于安徽省阜阳城郊刘庄，铭文引自陈绍棣撰"王莽改制若干问题商榷"一文，载《晋阳学刊》1985年第5期。

② 自居摄二年（公元7）至天凤元年（公元14），莽凡作四次币制改革，废通行五铢，至以龟、贝为货，"每壹易钱，民用破业，而大陷刑。"（《汉书·食货志下》）

③ 语出《乐语》（见《汉书·食货志》臣瓒旧注）。案：《乐语》又本于《周书》；《逸周书·大聚》曰："市有五均，早暮如一。"孔晁注云："均，平也。言早暮一价。"

包，这真是不折不扣的"与天下争利"。

再拿最受称誉的抑兼并、去奴婢来说，有董仲舒极论于前（贾谊、晁错亦深病西汉社会的豪族兼并、贫富不均），师丹、孔光（孔子十四世孙）践行于后。哀帝即位，师丹首请限田及奴婢，曰："古之圣王莫不设井田，然后治乃可平。……今累世承平，豪富吏民訾数巨万，而贫弱俞困。……宜略为限。"（《汉书·食货志上》）丞相孔光等乃奏请贵族、吏民名田毋过三十顷①，蓄奴额数二百至三十不等。因丁、傅及董贤之家皆感不便，诏曰"且须后"，岂料愈往后拖哀帝愈爱董贤，竟至赐田两千余顷，"均田之制从此堕坏。"（《汉书·王嘉传》）②

钱穆曾说"王莽的政治，完全是一种书生的政治"（《国史大纲（上）》153页），这话看怎么理解。对莽朝朝令夕改的制度，惑于表面文字，不究实质内容，便赞誉他为"蔼然仁者"，"政治上之理想可称高远"（"刘向、歆父子年谱"，《古史辨》第五册208页），或如吕思勉，感动其"精神之诚挚"（《秦汉史（上）》198页，上海古籍出版社，1983年），或如胡适，一心为其申冤，认为他确是一个大政治家，"魄力和手腕远在王安石之上"（《文存二集》卷一《王莽》，《胡适文集》第三册19页，北京大学出版社，1998年）——这些都只好算作书生之见。班氏父子用最大篇幅为莽立传，意在拆穿一个"伪"字，以诈取国；白居易诗云："赠君一法决狐疑，不用钻龟与祝蓍。试玉要烧三日满，辨材须待七年期。周公恐惧流言日，王莽谦恭未篡时。向使当初身便死，一生真伪复谁知。"（《放言》之三）这里涉及莽之为人，由其所作所为证之，与是否站在汉王室立场无关。隗嚣曾亲事国师刘歆，既起兵陇西，檄告郡国，列莽逆天、地、人大罪，"楚越之竹，不足以书其恶。"（《后汉书·隗嚣传》）其实下行一千九百年看看袁世凯的事迹，莽朝的许多机关便不难识破。胡适称王莽为"政治家"是不错的，将他与"贵本家"王安石扯到一起未免混淆了黑白③。政治家（如果不说政客的话）与改革家的根本区别在于，前者看重个人权力，后者谋求富国强兵。荆公为政固然不算成功，但他是改革家，王莽不是。

丘吉尔有名言曰："小态度决定大成败（Attitude is a little thing that makes a big difference）。"那么王莽改制的态度是什么？"以为制定则天下自平"（《汉书》本

① 马端临释云："名田，占田也。名为立限，不使富者过制，则贫弱之家可足也"（《文献通考》卷一《田赋》）。
② 案：此议由师丹、孔光发之甚明，据《汉书·哀帝纪》，事在绥和公元二年（前7）六月，时王莽名义上犹为大司马，实朝不保夕，一个月后便被赶出朝去。至于他在始建国元年（公元9）声称"予前在大麓，始令天下公田口井（计口而为井田）"云云，恐为邀功钓誉之语（《莽传》颜师古注曰："大麓者，谓为大司马、宰衡时，妄引'舜纳于大麓，烈风雷雨不迷'也"）。
③ 这倒不是适之先生的独家发明，大概南宋人因痛恨王荆公行新法，便作此等联系（见《容斋续笔》卷十六"《周礼》非周公书"）。

传），诏令反正忙不迭地颁下去了，至于落不落实，或者实行到什么程度，便不再是他关心的事情。于是所有新政到头来都成了扰民害民，六筦之令，每一筦下，"为设科条防禁，犯者罪至死"；改田制、币制，"农商失业，食货俱废，民涕泣于市道。坐卖买田宅奴婢铸钱抵罪者，自公卿大夫至庶人，不可称数。"（《汉书·食货志下》）胡适笔下"国家社会主义"的乌托邦竟是一派凄风苦雨。眼见局面难以收拾，莽又来了个一百八十度大转弯，全面倒退，始建国四年（公元12）诏曰："诸名食王田，皆得卖之，勿拘以法；犯私买卖庶人者，且一切勿治"，此距初颁著名的王田令仅过三年；而六筦亦陆续弛禁，至地皇三年（公元22），"即位以来诏令不便于民者皆收还之。"（《汉书》本传）

莽又好大喜功，轻启边衅，分匈奴为十五单于，欲发三十万众，赍三百日粮，十道并出，"或断其右臂，或斩其左腋，或溃其胸腹，或紬其两胁。"（《汉书》本传）如此宏大的战略构想导致朝鲜高句丽叛，西域亦绝，汉匈战争艰难取得的成果毁于一旦。

自从胡适打开潘多拉盒子，替王莽叫屈，称他"受了一千九百年的冤枉，至今还没有公平的论定"（《胡适文集》第三册19页），史上公认的窃国者便咸鱼翻身，一夜间成了炙手可热的人物，甚至上世纪六七十年代柏杨狱中治史，仍坚信"王莽所从事的是一个惊天动地的全面社会改革，十九世纪才兴起的社会主义，早在一世纪时的中国，就有了构想和实践。"（《中国人史纲（上）》300页，时代文艺出版社，长春，1987年）[1]吕思勉又谓王莽之后，"大家知道社会改革，不是件容易的事，无人敢作根本改革之想。如其有之，一定是很富于感情，而不甚了解现状之人，大家视为迂阔之徒，于社会上丝毫不占势力。'治天下不如安天下，安天下不如与天下安'，遂成为政治上的金科玉律。"（《吕思勉集（上）》"论王莽改革"73页）这是拿新朝当中国历史的分水岭，把王莽无限拔高到令人瞠目的地步了[2]。

王莽做皇帝不过十几年光景，便走下神坛沦为全民公敌，值得从方方面面进行总结。抛开复杂的社会政治因素，单是对他的人格分析也足以揭开谜团一角。曾在莽手下做过掌

---

[1] 这无非是重弹胡适的老调。案：民国十七年（1928）胡适作《再论王莽》，称"细读《食货志》、《王莽传》等篇，始知王莽所行的新法大都有所本，其中止有一部分是王莽的创制"（《文存三集》卷七，《胡适文集》第四册493页；适之先生治学之疏由此可窥一斑），颇有欲收回前说之意。只是他的"初论"太振聋发聩，便很少有人去注意"再论"了。

[2] 这段表白原出自《中国社会变迁史》第十章"汉代的社会改革"。案：吕氏对王莽怀有近乎偏执的私爱，不容溢美之词，赞他克己俭约，"始终如一"。甚至莽在末年兵临城下时拜九将军（号"九虎"），仅人赐四千钱，可谓舍命不舍财，也被吕氏说成是"用财之谨"，"其意但求利民，不为一身利害计，故不肯妄费也。"（《秦汉史（上）》229页）而就在同一年，莽"染其须发，进所征天下淑女杜陵史氏女为皇后，聘黄金三万斤，车马奴婢杂帛珍宝以巨万计"（《汉书》本传），此前又有起九庙、造华盖这样的豪侈之举，吕氏一律视而不见，自说自话，完全丧失了治史者起码的客观立场。

乐大夫的桓谭深有体会，谓"王翁之过绝世人有三焉：其智足以饰非夺是，辨能穷诘说士，威则震惧群下，又数阴中不快己者"，总之不识大体，妄以为"群下才智莫能出其上"（《新论·言体》）。有迹象表明，这位短命天子身上潜藏某些难以启齿的怪癖。尝广募身怀奇技可攻匈奴者，有人自言能飞，一日千里，莽信而试之，"取大鸟翮为两翼，头与身皆著毛，通引环纽，飞数百步堕"——看过卓别林《大独裁者》的观众，对"鸟飞人"一幕想必不会感到陌生。故丞相翟方进之子翟义举兵反，有众十余万；莽捕得翟党王孙庆，"使太医、尚方与巧屠共刳剥之，量度五藏，以竹筳导其脉，知所终始，云可以治病。"（均见《汉书》本传）仔细推敲这段文字，极有可能竟是见诸记载的最早一例人体活体解剖实验，果如此，则为人类史上罕见而不可赦之大恶（比纳粹及侵华日军罪行早了近两千年），断不能被无原则地冠以"精思敢为，不顾非议"之美名（见"刘向、歆父子年谱"，《古史辨》第五册230页）。

历史上有些已经做成的"铁案"是不好再翻的，偏要顶风逆行，譬如把潘金莲之淫荡说成"妇女解放"，则如曾文正所云，世间无真是非矣。史家若清醒，当不应偏执拘泥于王莽名实不符的空洞政令，而罔顾事实，尽发些一厢情愿的感慨。黄仁宇评王莽，说他夸大不实，"因此他以华美的言辞所作的各种公告更带着盲人瞎马的成分，他的矫揉造作也更不可宽恕"（《中国大历史》53—54页）；又讥他眼高手低，"只能宣扬天下大局应当如是，做事经常文不对题，可能被他自己的宣传所蒙蔽"（《赫逊河畔谈中国历史》39页，三联书店，1992年），其论堪称公允中肯。

地皇元年（公元20），天下已乱，汝南人郅恽仰占天象，上书王莽曰："上天垂戒，欲悟陛下，令就臣位。取之以天，还之以天，可谓知命矣。"（《资治通鉴·汉纪三十》）这正应了"君以此始，亦必以终"（《左传·宣十二年》）那句古话。至四年（公元23）十月，农民军攻破长安，王莽死在一个名叫杜吴的商人刀下；枭首示众，"百姓共提击之，或切食其舌。"（《汉书》本传）可怜替他"殉葬"的还有那位辞赋大家、当世魁儒扬雄，因为写下一篇歌颂莽朝的《剧秦美新》而见讥于千载之下[1]。

---

[1] 案：扬雄年四十余，自蜀来长安，与王莽、刘歆同为黄门郎。莽称帝，歆贵为国师，雄仅"以耆老久次转为大夫"而已（见《汉书》本传"赞"）。洪迈为其开脱曰："世儒或以《剧秦美新》贬之，是不然，此雄不得已而作也。夫诵述新莽之德，止能美于暴秦，其深意固可知矣。序所言配五帝冠三王，开辟以来未之闻，直以戏莽尔。使雄善为谀佞，撰符命，称功德，以邀爵位，当与国师公同列，岂固穷如是哉？"（《容斋随笔》卷十三"晏子扬雄"）

第六章

东汉：积重难返

由汉室旁支刘秀[1]创建的东汉政权以西汉衣钵继承者自居，政制悉沿西京之旧，一并继承来的还有前朝的诸般弊端。历东汉一代，豪强兼并、外朝失权愈演愈烈，二百年时间里，各种无解的问题发酵激荡，好比江河日下、挟沙裹泥，终于把王朝带到衰亡的路上去。

掩盖在乱象下，不应被后人忽略或遗忘的，乃是士人精神愈益成熟，终成世间不可侮之一股正气。未辜负两汉政府尽力培养，当政治崩坏，汉祚将倾，士人奋起投身洪流，欲作安澜砥柱。所以说，东汉季世既是愁云惨雾，从另方面看，也是璀璨光明的一个时期。

光武帝像（刘秀）

东汉帝系及年号

帝王	年号	公元起讫
光武帝（刘秀）	建武（32）	25—56
	建武中元（2）	56—57

---

[1] 刘秀字文叔，南阳蔡阳（今湖北枣阳）人，为汉景帝所生长沙定王刘发之后，即晋袁山松所谓"眇眇之胤"（《太平御览》卷九十引袁著《后汉书》）。赵翼谓西汉气运至元、成间已衰，光武以旁支承汉祚，"譬如数百年老干之上特发一枝，虽极畅茂，而生气已薄，迨枝上生枝，则枝益小而力益弱，更易摧折矣。"（《廿二史劄记》卷四"东汉诸帝多不永年"）

案：景帝召程姬，程姬有月事，乃饰侍者唐儿使夜进。帝醉不知，以为程姬而幸之，遂有娠，生长沙王。后世因以"程姬之疾"为女子月经讳称，明沈德符《万历野获编》卷二十九《禨祥·郊坛大风》记曰：南宋绍熙年间李后"窃至斋宫嬲婉，且不避程姬之疾"。

续表

帝王	年号	公元起讫
明帝（刘庄）	永平（18）	58—75
章帝（刘炟）	建初（8）	76—83
	元和（3）	84—86
	章和（2）	87—88
和帝（刘肇）	永元（16）	89—104
	元兴（1）	105
殇帝（刘隆）	延平（1）	106
安帝（刘祜）	永初（7）	107—113
	元初（6）	114—119
	永宁（1）	120
	建光（1）	121
	延光（4）	122—125
顺帝（刘保）	永建（6）	126—131
	阳嘉（4）	132—135
	永和（6）	136—141
	汉安（2）	142—143
	建康（1）	144
冲帝（刘炳）	永嘉（1）	145
质帝（刘缵）	本初（1）	146
桓帝（刘志）	建和（3）	147—149
	和平（1）	150
	元嘉（3）	151—152
	永兴（2）	153—154
	永寿（3）	155—157
	延熹（9）	158—166
	永康（1）	167
灵帝（刘弘）	建宁（4）	168—171
	熹平（6）	172—177
	光和（6）	178—183
	中平（6）	184—189
少帝（刘辩）	光熹（1）	189
	昭宁（1）	189

续表

帝王	年号	公元起讫
献帝（刘协）	永汉（1）	189
	中平（1）	189
	初平（4）	190—193
	兴平（2）	194—195
	建安（24）	196—219
	延康（1）	220

东汉建立

新莽末年，连岁灾蝗，天下饥馑，人或相食。莽皇帝懵然无所措，救灾之术竟是分遣使者"教民煮草木为酪"（见《汉书·王莽传下》；异日洪秀全被困天京，亦教军民食草，号"甜露"）。四方饥民乃聚众暴动，最著者为南方绿林（王匡、王凤为帅，聚于绿林山即今湖北大洪山中，故名）与东方赤眉（樊崇为帅，盘踞泰山，出没青、徐，义军皆朱其眉以别于官军，故名）。绿林军旋弃山而出，西进北上，分为下江、新市两支，转战湖北、河南一带，与平林、春陵兵合，而春陵兵领袖即刘縯、刘秀兄弟。

时四海沸腾，寇盗蜂起，"天下同苦王氏，思汉久矣。"（《后汉书·冯异传》）赵瓯北道："人但知莽之败由于人心思汉，而不知人心之所以思汉，实莽之激而成之也。"（《廿二史劄记》卷三"王莽之败"）又云：群雄起事者，非以刘氏举号（如绿林、赤眉分别奉刘玄、刘盆子为帝，被拥立为天子的尚有孺子刘婴以及诈称成帝之子刘子舆的王郎和诡称武帝曾孙刘文伯的卢芳），即以辅汉为名（如公孙述、隗嚣），"可见是时人心思汉，举天下不谋而同。是以光武得天下之易，起兵不三年，遂登帝位，古未有如此之速者，因民心之所愿，故易为力也。"（同上"王莽时起兵者皆称汉后"条）

与"常愤愤，怀复社稷之虑"（《后汉书·齐武王传》）的长兄刘縯不同，刘秀勤于稼穑，本无大志①，最初的理想不过是"仕宦当作执金吾，娶妻当得阴丽华。"（《后汉书·皇后纪》）②及骑牛造反，鲜有事迹可书，直至地皇四年（公元23）昆阳（今河南叶县）被围，秀潜出城，率三千援兵大破莽军数十万，创造以寡胜众的经典战例，始成名，诸将犹曰："刘将军平生见小敌怯，今见大敌勇，甚可怪也。"（《后汉书·光武纪上》）

---

① 据《后汉书·光武纪》，"伯升（刘縯字）好侠养士，常非笑光武事田业，比之高祖兄仲（即邨阳侯喜）。"

② 这则典故正勾勒出青年刘秀的大致活动范围及其眼界的逐步开拓。初至新野，闻阴氏貌美，心悦之；后至长安游学，见执金吾（掌京师治安长官）车骑壮观，心又羡之。

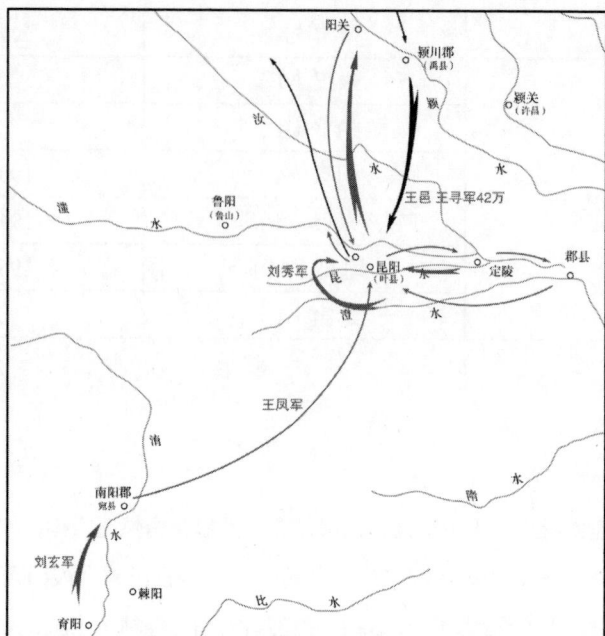

昆阳之战示意图

时秀族兄刘玄军中立为天子,建元更始,都宛城(今河南南阳);后随战事进展,北徙洛阳,西迁长安。更始三年(公元25),赤眉军又攻入长安城,玄败降,被缢杀。莽末之乱,班固《东都赋》云:"秦、项之灾犹不克半,书契已来未之或纪。"(载《后汉书》本传)尤可叹者,"长安兵起,宫室图书,并从焚烬。"(《隋书·牛弘传》)邱浚把中国历史上的第二次书之厄喻为"汉火",曰:"秦火之烧,有意而烧,其祸由于君也;汉火之烧,无意而烧,其祸由于民也。"(《大学衍义补》卷九十四)

在如火如荼的反莽战争中,刘秀事实上是被排斥在主战场以外的。刘玄即位后,忌缤威名而害之,遣秀"单车临河北"(《后汉书·耿纯传》)。时河北形势错综复杂,有邯郸的王郎政权及铜马、青犊各路队伍。秀颠沛困踬,几不能存身,而竟渐渐立稳脚跟,又得昔日同窗邓禹,与"论霸王大略,陈天下之大计"(《陈亮集(增订本)》卷七《酌古论·邓禹》中华书局,1987年),胸中始有帝王气魄。遂诛王郎,破铜马,登基于鄗城(今河北柏乡),建元建武,是为世祖光武帝,后定都洛阳,史称东汉或后汉。

《光武纪》李贤注引《续汉志》曰:"南方有童谣云:'谐不谐,在赤眉;得不得,在河北。'更始为赤眉所杀,是不谐也;光武由河北而兴,是得之也。"事实证明河北一地乃解开当时全国乱局的枢纽。与朱熹同时,"喜谈兵,论议风生"的宋儒陈亮(见《宋史·儒林传六》)谓光武兵锋既盛,自徇燕赵而不急取关中(仅授邓禹以西讨之略),是先立一定之略，然后成一定之功。"关辅虽形胜之地，而隗嚣在陇西，公孙述据巴蜀，赤眉群盗蜂起山东。嚣、述犹虎狼之据穴也，有物以阻其穴，则彼不敢骋；不然，将何所惮！赤眉犹长蛇之蟹草也，有物以肆其蟹，则其毒无余；不然，将何所不至！光武之未取关辅，所以阻嚣、述之穴，而肆赤眉之蟹也。故且身徇燕赵，使之速定，则自河北以北，民心已一，而吾之根本固矣。"（《陈亮集》卷五《酌古论·光武》）

光武称帝后的十余年时间里，循一定之略次第从事，降赤眉，讨隗嚣，平公孙述，天下遂一，终成所谓中兴之功。

"度田"事件

建武十五年（公元39）六月，光武因"天下垦田多不以实，又户口年纪互有增减"，乃诏下州郡检核（见《后汉书·刘隆传》）。这道"度田令"竟让兵戈方息的国家再次变得扰攘不安，"郡国大姓及兵长、群盗处处并起，攻劫在所，害杀长吏。郡县追讨，到则解散，去复屯结。青、徐、幽、冀四州尤甚"。而刺史太守"多为诈巧，不务实核"，于是"河南尹张伋及诸郡守十余人，坐度田不实，皆下狱死。"（《后汉书·光武纪下》及注引《东观汉记》）

东汉初年的度田致乱绝非一起简单的孤立事件，其中传递的信息正可把前、后两汉贯穿起来。度者（音'夺'），量也，名为度田，重在查人。据皇甫谧《帝王世纪·历代垦田户口数》，西汉民户极盛在平帝元始二年（公元2），户13 233 612，口59 194 978人；"及王莽篡位，续以更始、赤眉之乱，至光武中兴，百姓虚耗，十有二存"。经光武一朝三十余年养民，至建武中元二年（公元57），户仅4 271 634，口21 007 820人。对一个农业国家而言，这组统计数据有着极为现实的意义，表明政府赖以生存的财赋税收遇到了空前的危机。

《通典》卷四《食货·赋税》曰：秦"舍地而税人，故地数未盈，其税必备。是以贫者避赋役而逃逸，富者务兼并而自若"——这也正是困扰两汉的最大社会问题。秦汉赋税形式，田租以外复有人丁税。《淮南子·汜论》谓秦之时"头会箕赋，输于少府"[1]，杨树达曰："今欧洲人有人头税，与'头会'语意正同。"（《淮南子证闻》卷五132页，上海古籍出版社，1985年）汉世则按人口征算赋、口赋，"民十五以上至六十五（当为五

---

[1] 汉高诱注云："头会，随民口数，人责其税；箕赋，似箕然敛民财，多取意也。"向宗鲁曰：高注"似箕然"当作"以箕收"（见何宁《淮南子集释（中）》942页）。又《史记》《汉书·张耳陈余传》谓秦暴虐，"头会箕敛，以供军费"，旧注皆以"箕敛"为以箕敛谷，向氏之说盖承袭之。田余庆谓"箕敛"实为以畚受钱而非敛谷，"头会箕敛"即指按人头征收的赋钱（见田余庆《秦汉魏晋史探微（重订本）》69—70页，中华书局，2004年）。

十六）出赋钱，人百二十为一算（即算赋），七岁至十五出口赋，人钱二十，此每岁所出也"（《文献通考》卷三《田赋》）。武帝事征伐，广用度，令民产子三岁即出口钱，以致民间"生子辄杀"（《汉书·贡禹传》）。

征人丁税必建立在编户齐民基础之上。自商鞅变法，"令民为什伍，而相牧司连坐"（《史记·商君传》），至秦始皇户籍制渐趋完备，乃有"税人之法"，人丁成为财源象征，由此酿发公家与私门的激烈矛盾与冲突。

光武中兴，百姓十存其二，失去的十分之八未必尽死于战火，恐怕更多是乘乱脱离了官府户籍。人丁流失意味着政府税收的锐减，而流失途径在两汉时代不外有二，一是投附豪家，二是沦为流民。流民往往随天灾人祸不定期产生①，武帝元封四年（前107），"关东流民二百万口，无名数（即户籍）者四十万"（《汉书·石奋传》附石庆传）；新莽地皇三年（公元22），"流民入关者数十万人"（《汉书·王莽传下》）；东汉末年的黄巾大起义，流民亦扮演积极角色。相比流民问题，豪族吸纳破产小农则呈现常态化趋势，最终滚成一个巨大雪球，让社会形态为之发生重要改变。

秦汉之际的战争造"天地一大变局"，善于把握机会的商贾们浑水摸鱼，得间而兴。张荫麟曰："汉初六七十年间的工商业达到一个阶级，为此后直至'海通'以前我国工商业在质的方面大致没有超出过的。"（《中国史纲》216页）此说或失实，却多少反映出那一时期的实况，甚至司马迁作《货殖传》，列举"当世千里之中贤人所以富者，令后世得以观择"，公然崇势利，羞贫贱，充当起大腹贾的代言人②。

对商人的重拳打击发生在汉武一朝，官府推行算缗告缗，得财物以亿计，"商贾中家

---

① 案：天灾与人祸之间具有辩证关系，尤其在像中国这样幅员辽阔、环境多样的大国，东边日出西边雨，局部受损难殃波及全局，真正起到毁灭性影响的多半是人为政策。1962年刘少奇在七千人大会上总结"大跃进"以来的经济困难原因，称"三分天灾，七分人祸"，是也。

② 班氏父子讥史迁"是非颇缪于圣人，论大道则先黄老而后六经，序游侠则退处士而进奸雄，述货殖则崇势利而羞贱贫"（《汉书·司马迁传》"赞"）；扬雄《法言·寡见篇》亦云太史公有言，"五经不如《老子》之约也，当年不能极其变，终身不能究其业"。钱钟书辨二者之误，谓司马谈主道家，迁所学不同，代父受笞，班、扬"不别父子矣"（《管锥编》第一册《史记会注考证·太史公自序》392页，中华书局，1979年）。案：史迁生活在武帝时，已尊儒，又亲受业于伏生、孔安国、董仲舒，然好奇博采，无论是推崇老子学说的司马谈，还是汉初压倒性的黄老之风，都不可能不对他发生影响。写作《货殖传》的指导思想乃管子所谓"仓廪实则知礼节，衣食足则知荣辱"，其中又有充满道家无为意味的"善因论"观点之表述："善者因之，其次利道（导）之，其次教诲之，其次整齐之，最下者与之争。"元盛如梓曰："当武帝之世，表章儒术，罢黜百家，宜乎大治，而穷奢极侈，海内凋弊，不若文景尚黄老清静，天下饶给，所以'先黄老而后六经'。武帝用法深刻，臣下当诛，得以货免；迁遭李陵之祸，家贫无财自赎，交游莫救，卒陷腐刑。其'进奸雄'者，叹无朱家之伦，不能脱己于祸；其'羞贫贱'者，自伤以贫不能免刑，故曰：'千金之子，不死于市'。固不察其心而骤讥之，过矣"（《庶斋老学丛谈》卷上），可为旁证。

以上大率破。"(《史记·平准书》)形势骤变,富商们自然不会甘为鱼肉,任人宰割,弃货殖、置田地遂成新的投资趋向。董仲舒曰:"富者田连仟伯(阡陌),贫者亡立锥之地……或耕豪民之田,见税什五"(《汉书·食货志上》),说的是秦,实指汉,"这是封建制度消灭后农民生活的血史第一次被人用血写出。"(张荫麟《中国史纲》224页)"税什五"即对半分,十税其五。西汉田租,景帝时确定为三十税一,然随着豪强坐大,土地兼并渐不可治;王莽诏曰:"汉氏减轻田租,三十税一……而豪民侵陵,分田劫假(颜注:劫谓劫夺其税,假谓贫人赁富人之田),厥名三十,实什税五"(《汉书·食货志上》),也算是抓住了问题的本质。

杨联陞曰:"此后通汉代的最大问题,即是土地问题,大地主兼并问题"(《东汉的豪族》,载《清华学报》第11卷第4期,1936年)。这其实有点像小孩子玩的跷跷板,两头一起一落分别坐着胖瘦大小极不对称的地主与农民。自耕农走向破产大抵循下面的路子进行:先是失去耕地,依附豪家;接着失去人身自由,自卖为奴,如此则赋役全免。一番变动过后,大量纳税人匿于私门,被动了"蛋糕"的官府愤愤不平,誓跟豪强死磕。

武帝元封五年(前106)置十三州刺史,周行郡国,纠察非法,以六条问事,所问第一条即"强宗豪右田宅逾制,以强凌弱,以众暴寡。"(《汉书·百官公卿表上》注引蔡质《汉官典仪》)[1]

此外有"徙陵"之制。秦始皇"徙天下豪富于咸阳十二万户",又"徙三万家丽邑(因骊山墓置邑)"(见《史记》本纪),已开徙富之端,不过所针对的多半是六国遗族。汉兴,高祖从刘敬之议,徙齐、楚大族(田氏、昭氏、屈氏、景氏)及燕、赵、韩、魏之后于长陵,凡十余万口(见《汉书·娄敬传》及《地理志下》),依然重在扫灭已成残云的东方旧贵族势力,然经此迁徙,"邑里无营利之家,野泽无兼并之民,万里之统,海内赖安"(杜林疏,司马彪《续汉书·五行志》刘昭注引《东观汉记》)。大约自武帝始,矛头所指起了明显变化。主父偃曰:"茂陵初立,天下豪杰并兼之家,乱众之民,皆可徙茂陵"(《史记》本传);帝从其计,目的则在"徙强宗大姓,不得族居"(《后汉书·郑弘传》注引三国吴谢承《后汉书》)。历高、惠、文、景、武、昭、宣七代,"世徙吏二千石、高訾富人及豪杰并兼之家于诸陵"(《汉书·地理志下》),即班固《西都

---

[1] 案:刺史一职本诸秦时遣御史出监诸郡。武帝分天下为十三州,各置刺史,官阶在郡守下,秩虽卑而权重(初秩六百石,得按二千石不法),张荫麟称"这是我国政治制度史上一个重要的转变"(《中国史纲》205页)。成帝时何武为扬州刺史,自云:"刺史古之方伯,上所委任,一州表率也,职在进善退恶。"九江太守戴圣(与叔父戴德皆治《礼经》,世称大、小戴)初轻之,曰:"后进生何知,乃欲乱人治!"终因何武察得其罪,引咎辞职(见《汉书·何武传》)。顾炎武曰:"汉之刺史,犹今之巡按御史"(《日知录》卷九"隋以后刺史")。

赋》所谓"三选（指上述三等人）七迁，充奉陵邑"（载《后汉书》本传）。

旨在抑制豪强的徙陵制度随后便难以为继。元帝筑渭陵，不复徙民起邑，"使天下咸安土乐业，亡有动摇之心。"（《汉书》本纪）成帝起昌陵，陈汤曰："天下民不徙诸陵三十余岁矣，关东富人益众，多规良田，役使贫民，可徙初陵，以强京师，衰弱诸侯，又使中家以下得均贫富"（《汉书》本传），乃"徙郡国豪杰赀五百万以上五千户"（《汉书·成帝纪》）；然营治五年不成，竟"罢昌陵，还徙家。"（《汉书·五行志上》）哀帝作义陵，又诏"勿徙郡国民，使得自安。"（《汉书》本纪）上述情形让我们至少读懂两层意义上的变化，一是中央衰弱，再无力驾驭豪强；二是较量当中暗藏渗透，官府与豪强由判然对立逐渐变得不清不楚，界限既泯，任何严峻政令的出台都有了投鼠忌器、甚或明哲保身的意味。颍川素以豪强难治著称，宣帝时赵广汉为太守，面对相与为婚、铁板一块的强宗大族，已经显得力不从心，用离间术使"家家结为仇雠"，竟获威名（见《汉书》本传）。成、哀之世朱博治郡，亦用分化政策，"令属县各用其豪杰以为大吏，文武从宜。……其尽力有效，必加厚赏；怀诈不称，诛罚辄行。"（《汉书》本传）偶有能以杀伐立威者如陈咸，令行禁止，豪强畏服，"然亦以此见废。"（《汉书·陈万年传》附咸传）至于哀帝时师丹限田之议的胎死腹中，更泄露出新形势下的一丝玄机。

开创东汉的光武帝本身即南阳郡地主，举事前曾"卖谷于宛"（《后汉书·光武纪上》），《东观汉记》曰："时南阳旱饥，而上田独收。"杨联陞指出，"他的田必是好而且多，所以能有余谷，因为旱天不会单找刘秀的田落雨。也许这是讳辞，那就应该是光武屯积了许多谷，待价出售。"（《东汉的豪族》）再来考察他一家的情况。舅氏樊宏，世为乡里著姓，祖上善农稼，好货殖，广开田土，赀至巨万（见《后汉书》本传）；据说宏父樊重"治家产业，起庐舍，高楼连阁，陂池灌注，竹木成林，闭门成市。"（《艺文类聚》卷六十五引《东观汉记》）[1]姊夫邓晨出身官宦世家，起兵反莽，先祖祠堂、冢墓皆被烧，宗族怒曰："家自富足，何故随妇家人入汤镬中？"（《太平御览》卷四八三引《东观汉记》）两支妻族——郭氏与阴氏，郭后（名圣通）系真定望族千金，父郭昌曾割田宅财产数百万与异母弟，郡人称义（见《后汉书·皇后纪上》）[2]；阴后即刘秀垂涎的阴丽华，其家在南阳一带更是树大根深，曾祖阴子方宣帝时便成巨富，"田有七百余顷，舆马仆隶，比于邦君"，伯升兄弟起兵，后兄阴识"率子弟、宗族、宾客千余人"往归之（见《后汉书·阴识传》）。故光武建国，"是地主政权即豪族政权的确立。"（《东

---

[1] 《太平御览》卷八二七引此书，"竹木成林"下有"六畜杂果，檀漆桑麻"二句。

[2] 案：郭后又为真定王刘扬（景帝八代孙）甥女。刘扬初附邯郸王郎，刘秀娶郭氏以结之，因得进兵拔邯郸，平河北（见《后汉书·刘植传》），然则这是一段政治联姻无疑。

的豪族》）

前、后汉选妃办法的不同同样反映出社会结构的改变。观西汉妃后，多出微贱，且毋论高祖带出的戚姬、薄姬、吕后，只卫子夫、赵飞燕一班歌舞倡优，便足以在后世招来"臭汉"骂名[1]。东汉则有严格的"采女制"，秋八月，遣官员"于洛阳乡中阅视良家童女，年十三以上，二十已下，姿色端丽，合法相者[2]，载还后宫，择视可否，乃用登御。所以明慎聘纳，详求淑哲。"（《后汉书·皇后纪》序）于是范晔修后汉史，选自"良家"（实即豪门）的诸后、贵人集体入"本纪"，体例既别于《史》《汉》，足见她们脱胎换骨，与前汉之民间美女不可同日而语矣。桓帝欲立田贵人为后，应奉（应劭父）、陈蕃皆以田氏卑微，争之甚力。应奉上书谏曰："周纳狄女，襄王出居于郑；汉立飞燕，成帝胤嗣泯绝。母后之重，兴废所因。宜思《关雎》之所求，远五禁之所忌。"（《后汉书》本传）[3]桓帝无奈，只好改立家声烜赫的窦氏。

光武登基，屡下诏免奴婢为庶民，且诏令中不乏熠熠闪光字眼，如建武十一年（公元35）诏曰："天地之性人为贵。其杀奴婢，不得减罪。"（《后汉书》本纪）赵翼以为富家巨室虐奴成风，新莽时已不能禁，"光武初在民间亲见之，故曲为矜护也。"（《廿二史劄记》卷四"光武多免奴婢"）事实上，刘秀固然洞悉汉世诸弊，头脑中未必真有像"以人为本"这样的先进思想；他的初衷不过是通过解放奴婢，让急剧减少的纳税户数尽量恢复到能维持国家机器正常运转的水平，此乃新生政权得以巩固和延续的绝对必要条件。下度田令之用意亦与此同，不料却遭到郡国大姓们的暴力抗法；更棘手的是，州郡官吏奉命检核，"颍川、弘农可问，河南、南阳不可问"，何也？"河南帝城多近臣，南阳帝乡多近亲，田宅逾制，不可为准。"（《后汉书·刘隆传》）不能问的又岂止河南、南阳的近臣近亲，以封为济南王的光武之子刘康为例，在封国交通奸猾，多殖财货，"奴婢至千四百人，厩马千二百匹，私田八百顷。"（《后汉书·光武十王传》）有了这许多掣肘，度田行动只能是雷声大雨点小，政府平息暴乱的手法也异常温柔，地方官坐界内有盗而不收捕，甚至回避故纵、畏蒽弃城者，皆不问罪，听群盗自相检举，"徙其魁帅于它郡，赋田受稟（同'廪'，即粮谷），使安生业。"（《后汉书·光武纪下》）杨联陞曰："光武对整个大地主的态度是半

---

[1] 《红楼梦》第六十三回，贾蓉调戏府中丫头，称"从古至今，连汉朝和唐朝，人还说脏唐臭汉，何况咱们这宗人家。"

[2] 案："法相"即骨法，为东汉观人之术。王充《论衡·骨相篇》曰："人命禀于天，则有表候 [见] 于体。察表候以知命，犹察斗斛以知容矣。表候者，骨法之谓也。"王符《潜夫论·相列篇》亦曰："人身体形貌皆有象类，骨法角肉各有分部，以著性命之期，显贵贱之表。"

[3] 五禁者，章怀注引《韩诗外传》谓妇人有五不娶：丧妇之长女不娶，世有恶疾不娶，世有刑人不娶，乱家女不娶，逆家子不娶。

推半就不即不离。这种态度，是当时情形下开明君主所必须采取的。只是这种态度，最难维持。而且开明君主不能常有。所以只东汉初两三代君主真能掌握大权。以后政权落到外戚宦官手中，可算是转入豪族自由支配时期了。"（《东汉的豪族》）

终东汉一代，豪族遍天下。杨氏引陶希圣《中国政治思想史》（第三册）所列当时豪门，"北海有大姓公孙丹。河东有大姓马氏。清河有大姓赵纲。渔阳有大姓阳球。京兆世族张纯、第五伦。汝南名族袁闳。颍川著姓韩棱。家世衣冠如郭躬。上党雄豪陈龟。弘农世族杨震。牺为〔犍为〕公子张纲。山阳豪族王龚。洛阳有财三千万之种嵩〔暠〕。下邳有历世著名之陈球。敦煌有家世二千万之盖勋。太原有世为冠盖之王允。"（《东汉的豪族》）富由贫生，贫者愈贫，富者愈富，严重的两极分化渐逼近社会承受力的上限。一头是"骄逸自恣，志意无厌"的豪人，"馆舍布于州郡，田亩连于方国"（《昌言·损益篇》），"奴婢千群，徒附万计"（《昌言·理乱篇》，载《后汉书·仲长统传》）；甚至"生不极养，死乃崇丧，或至刻金镂玉，橚梓梗楠，良田造茔，黄壤致藏，多埋珍宝偶人车马，造起大冢，广种松柏，庐舍祠堂，崇侈上僭。"（王符《潜夫论·浮侈篇》）另一头则是胼手胝足、面向黄土背朝天的农民，"谓子草木，支体屈伸，谓子禽兽，形容似人"（崔骃《博徒论》，载清严可均辑《全后汉文》卷四十四）；及至失去土地，奴事富人，"历代为虏，犹不赡于衣食。生有终身之勤，死有暴骨之忧。岁小不登，流离沟壑，嫁妻卖子。"（崔寔《政论》，载《全后汉文》卷四十六）较之前汉董仲舒对农民生活的血泪控诉，上引后汉学者的这些文字简直不知是用什么写出的了。

士人撑起半边天

刘秀政权一切因袭前朝，以致前、后汉"究竟应当在历史上视为两个不同的帝国，或者看作一个整体的朝代，是一个耐人寻味的问题。"（《赫逊河畔谈中国历史》40页）[1]自武帝崇儒，士人获政府呵护培植，饱吸养分，茁壮生长，遂成为西汉社会一支不容忽视的力量，余英时甚至认为王莽失败的根本原因就在于他的复井田、禁奴婢政策得罪了经济上正蒸蒸日上的广泛士人阶层（见《士与中国文化》"东汉政权之建立与士族大姓之关系"一节，上海人民出版社，2003年）。

成帝时梅福上书云："士者，国之重器；得士则重，失士则轻"（《汉书》本传），前汉人已具此等识见。刘秀本人曾做过太学生，爱好经术，在军中犹"投戈讲艺，息马论

---

[1] 案：陈勇主编《国史纲要》（上海大学出版社，2004年）即把两汉当成一个整体的汉王朝看待。

道"（《后汉书·樊宏传》附樊准传），故有"得士者昌，失士者亡"之论（东晋袁宏《后汉纪·光武纪》卷一）。麾下多能通儒，耿纯劝进即以天下士大夫翘望攀龙附凤、以成其志为名（见《后汉书·光武纪上》）。观刘秀称帝后的表现，"偃干戈，修文德"（《后汉书·贾复传》），又欲以"柔道"治天下（见《后汉书》本纪下），无不刻有深深的时代烙印。钱穆谓"中国史上，以士人得天下，建立一士人政府，则其事起于东汉。"（《国史新论》"中国文化传统中之士"188页，三联书店，2002年）明帝十岁能通《春秋》，立为太子，从桓荣习《尚书》（见《后汉书》本纪）；即位后亲临太学，引师升堂，执经自讲，诸儒问难于前，冠带缙绅观听者亿万计（见《后汉书·桓荣传》及《儒林传》序）。章帝好儒术，张酺为师，亦授《尚书》；后酺出为东郡太守，帝东巡见之，"先备弟子之仪，使酺讲《尚书》一篇，然后修君臣之礼。"（《后汉书》酺传）[1]

西汉太学在"长安西北七里"（《三辅黄图》卷五《太学》）[2]。汉武初置五经博士，弟子五十人，其后弟子员额大增。昭帝时百人，宣帝末二百，元帝好儒，设员千人，至成帝末，仿仲尼聚徒，一度扩至三千（见《汉书·儒林传》序）。平帝时王莽执政，增五经为六经，立博士三十人，弟子一万八百人，"学士同舍，行无远近皆随檐，雨不涂足，暑不暴首。"（《太平御览》卷五三四引《黄图》）

建武五年（公元29），光武帝建太学于"洛城南开阳门外"（《后汉书·蔡邕传》注引陆机《洛阳记》），"诸生横巷，为海内所集。"（《后汉书·翟酺传》）安帝时儒学浸衰，博士倚席不讲，学舍成园采刍牧之处。顺帝重加修缮，"凡所造构二百四十房，千八百五十室"。此后"游学增盛，至三万余生"，规模远胜前汉（见《后汉书·儒林传》序）。郡国虽立学，士无有不游太学者，学成而归，私授门徒，又带起民间讲学之风。东汉中叶以后，"每一宿儒门下著录者至千百人，由是学遍天下。"（赵翼《陔余丛考》卷十六"两汉时受学者皆赴京师"）[3]

邹鲁谚曰："遗子黄金满籝，不如一经。"吸引士人孜孜矻矻、皓首穷经的，班孟坚

---

[1] 案：刘秀在长安时，与张充同门学，受《尚书》于庐江许子威（见《后汉书·光武纪》及《张酺传》注引《东观汉记》）；充即张酺祖父。酺又师事桓荣。钱穆曰："光武、明、章一家三代《尚书》之学，盖深受王莽时代之影响。"（《国史大纲（上）》170页）

[2] 何清谷谓此处长安指唐长安县治，七里为七唐里，大体在今西安西郊莲湖区大土门以北，据《黄图》，这一带太学之外尚有辟雍、明堂，而高诱、蔡邕等皆以太学、辟雍、明堂为一事。考古工作者在大土门村北边发掘的大型礼制建筑遗址很可能就是西汉最高学府之残迹（见何清谷撰《三辅黄图校释》292页注一、297页注一、301页注一）。

[3] 班固《东都赋》曰："四海之内，学校如林，庠序盈门。"东汉儒业之盛，范尉宗笔下最能见其大概："自光武中年以后，干戈稍戢，专事经学，自是其风世笃焉。其服儒衣，称先王，游庠序，聚横塾者，盖布之于邦域矣。若乃经生所处，不远万里之路，精庐暂建，赢粮动有千百，其耆名高义开门受徒者，编牒不下万人。"（《后汉书·儒林传》"论"）

一语道破，不外一条"禄利之路"（《汉书·儒林传》"赞"）。王莽之乱，桓荣携弟子逃匿山谷，抱经讲诵不辍，族人桓元卿嗤曰："但自苦气力，何时复施用乎？"入东汉，桓氏尊贵，父子兄弟代为帝师，元卿叹曰："我农家子，岂意学之为利乃若是哉！"（《后汉书·桓荣传》）

　　士人入仕之途，或郡国荐举，或公府辟召，两项制度均源自西汉，"以乡举里选循序而进者，选举也；以高才重名蹿等而升者，辟召也。"（《文献通考》卷三十九《选举十二》）①前汉贤良、孝廉并举，然贤良需由天子亲试以定优劣，如武帝之待董仲舒，再策以至三策，似以贤良为重，有求贤意。元封五年（前105）诏曰："盖有非常之功，必待非常之人，故马或奔踶而致千里（颜师古曰：奔踶者，乘之即奔，立则踶人），士或有负俗之累而立功名（晋灼曰：负俗，谓被世讥论）。夫泛驾之马（颜注：言马有逸气而不循轨辙），跅弛之士（如淳曰：士行有卓异，不入俗检而见跅逐者），亦在御之而已。"（《汉书·武帝纪》）后汉则借孝廉美名为取士科目通称，奖风气之意大过揽人才，且以郡国户口多少为率②，又限以年齿，课以文墨小技③，"无异于后世科举之法。"（《文献通考》卷三十四《选举七》）钱穆谓人才走归一路，实为东汉国力向衰一大原因（《国史大纲（上）》198页）。至其末造，曹孟德下令再三，求"负汙辱之名，见笑之行，或不仁不孝而有治国用兵之术"者（《三国志·魏书·武帝纪》裴注引王沈《魏书》），始重现汉武奖进跅弛之士，"不拘一格降人材"（龚自珍《己亥杂诗》其一二五）的精神。

　　孔子曰："士而怀居（朱熹注云：居者，谓意所便安处也），不足以为士。"（《论语·宪问》）仕进之门既开，侥幸获得政治地位，居尊官、食重禄的士人之一般意态已变，渐渐远离孟子"无恒产而有恒心者，惟士为能"（《孟子·梁惠王上》）的最初理想，其志但在"营私家，称宾客，为奸利而已"（《汉书·鲍宣传》）。时谚云："何以

---

① 所谓"蹿等而升"（即越级拔擢），如汉末董卓征荀爽，初拜平原相，复拜光禄勋，再拜司空，"爽自被征命及登台司，九十五日"（《后汉书·荀淑传》附爽传）；又征蔡邕，举高第，补侍御史，转持书御史，迁尚书，"三日之间，周历三台。"（《后汉书·蔡邕传》）案：两汉二千石长吏皆可自辟曹掾，然州郡所辟不过做地方小吏，唯有被公府征辟方能进入中央，仕途光明。东汉之世，公府有三府、四府、五府；太尉、司徒、司空称三府，兼太傅、大将军又称四府、五府（详见后文）。时公卿辟士成为风尚，有四府并命陈纪，五府俱譬如黄琼，"往往名公巨卿以能致贤才为高，而英才俊士以得所依乘为重。"（《文献通考》卷三十九《选举十二》）

② 和帝时，桓荣弟子丁鸿上疏曰："自今郡国率二十万口岁举孝廉一人，四十万二人，六十万三人，八十万四人，百万五人，百二十万六人。不满二十万二岁一人，不满十万三岁一人。"（《后汉书》本传）

③ 顺帝阳嘉元年（132），尚书令左雄上疏曰："请自今孝廉年不满四十，不得察举，皆先诣公府，诸生试家法，文吏课笺奏。"（《后汉书》本传，章怀注谓儒有一家之学，故称家法）

孝弟为？财多而光荣。何以礼义为？史书而仕宦。"（《汉书·贡禹传》）武帝时丞相公孙贺"兴美田以利子弟宾客，不顾元元（谓黎庶）。"（《汉书·刘屈氂传》）宣帝时，丞相杨敞之子恽（司马迁外孙）封侯，受父财五百万，分与宗族；后获罪，失爵位，"家居治产业，起室宅，以财自娱。"（《汉书》本传）成帝之师张禹"买田至四百顷，皆泾、渭溉灌，极膏腴上贾。它财物称是。"（《汉书》本传）此数人皆士林中典型，观其行事，汉世风气可推想得知；政治、经济俱得势，于是乃有"士族"浮上水面。

　　称东汉为豪强地主政权大致不错，但历史家似有把豪族、士族混为一谈的倾向；以辅弼光武的"云台二十八将"为例，杨联陞说他们是豪族出身（见《东汉的豪族》），钱穆说他们多属儒生（《国史大纲（上）》169页），其身份便飘忽不定，余英时索性用"士大夫"一词"在概念上将士族、大姓、官僚、缙绅、豪右、强宗……等等不同的社会称号统一起来。"（《士与中国文化》241—242页）事实上，以崇儒为号召，两汉社会的变迁是在两条线上同步进行：一为士人豪族化，借政治地位广殖货财，已如上述；一为豪族士人化，受风尚熏陶，遣子弟读书，仅在前汉，从被强制迁徙的强宗大姓中走出的士人就有黄霸、平当、魏相、韩延寿、郑崇、萧望之等（黄霸见《汉书·循吏传》，余皆见本传）。混同之势愈往后愈明显，但这并不意味着两个阶层已经合而为一。不在二十八将之数的伏波将军马援身上便带有鲜明的双重色彩：马氏远祖武帝时徙茂陵，援本人亡命北地，农牧兼营，"役属数百家"，"有牛马羊数千头，谷数万斛"（《后汉书》本传），算是一个不折不扣的大地主、大牧主；而他少怀大志，"受《齐诗》，师事颍川满昌"（章怀注引《东观汉记》），更无须说马家后来还出过一位号称儒宗的马融了①。东汉朝廷尤致力于普及儒业，明帝"为功臣子孙、四姓末属别立校舍，搜选高能以受其业，自期门羽林之士，悉令通《孝经》章句"；梁太后临朝，诏曰："大将军下至六百石，悉遣子就学。"（《后汉书·儒林传》序）在这样一种空气的浸淫里，功臣、外戚之家多彬彬文雅。明帝马皇后（马援幼女）"少壮时但慕竹帛（指书）"，"能诵《易》，好读《春秋》《楚辞》，尤善《周官》、董仲舒书"；和帝邓皇后（邓禹孙女）不习女红，志在典籍，"六岁能《史书》（童蒙书），十二通《诗》《论语》"，家人号曰"诸生"，入宫后师事曹大家②，又为近亲子孙开邸第教学经书，躬自监试，传为美谈（俱见《后汉书·皇后纪》）。就连后来加入进豪族集团的"阉丑"，也颇能从中找到几位儒雅之士：

___

① 案：融系马援兄马余之孙，为世通儒，教授生徒，常有千数，卢植、郑玄皆其弟子（见《后汉书》本传）。
② 即班彪之女、曹世叔妻班昭。兄班固著《汉书》未竟而卒，昭奉诏入东观藏书阁续成之。数受召入宫，为皇后及诸贵人师，号曰"大家"（家音'姑'，见《后汉书·列女传》）。

蔡伦以发明"蔡侯纸"闻名天下，又奉诏监典东观校定经传事①；李巡请刻五经于石，即蔡邕所书②；赵祐"博学多览，著作校书，诸儒称之。"（俱见《后汉书·宦者传》）

余英时感叹"除少数情形外，要想把士族与大姓截然分开，的确已很为困难。"（《士与中国文化》242页）这是就社会表象而言；灵帝死后，宦官张让质问大将军何进曰："卿言省内秽浊，公卿以下忠清者为谁？"（《后汉书·何进传》）更是有意混淆清浊。士族、豪族界限不明，则东汉事情不易说明白；杨联陞用经济势力加文化程度作为区别"两种性质豪族"的标尺，称他们是"不甚富而有知"的"清流"与"甚富而无知"的"浊流"（见《东汉的豪族》），虽切中要害，却让读史者如堕五里雾中。

真正组成豪族集团的，不外宗室、功臣、外戚、宦官以及靠自身打拼的强宗大姓这几大类，风雅倜傥的一层镀金掩盖不住其既得利益者的本质，若论社会进步之真动力与社会价值之真体现，断难从这些人身上寻到踪痕。

士人殖货财而成士族，同样地，招致非议的"铜臭味"泯灭不掉他们骨子里所代表的"社会的良心"③。汝南陈仲举年十五，尝独居一室，不事洒扫，曰："大丈夫处世，当扫除天下，安事一室乎！"（《后汉书·陈蕃传》）桓、灵之世，朝政昏浊，大厦将倾，范蔚宗以为"所以倾而未颠，决而未溃，岂非仁人君子心力之为"（《后汉书》卷六十一"论"），这被顾亭林称为"知言"（《日知录》卷十三"两汉风俗"）。黄巾兵起，遇高密郑康成皆拜，"相约不敢入县境。"（《后汉书·郑玄传》）一介书生凭所拥名望及凛然正气能让草寇束手，钱穆曰："黄巾不为后世人称道，然而此一事则载之史册，称道于后世。"（《国史新论》189页）④

章帝时韦彪上言：取士"宜以才行为先，不可纯以阀阅。"（《后汉书》本传）《史记·高祖功臣侯者年表》曰："明其等曰伐，积日曰阅。"原指资历功绩，后遂用来指称

---

① 案：东观在洛阳南宫，自章、和以后，代兰台为新的宫廷藏书之所。初，明帝召班固为兰台令史，撰后汉史。安帝时，刘珍等人"相次著述东观，谓之《汉记》。"（《隋书·经籍志二》）灵、献之世，蔡邕、杨彪、卢植等并在东观，补续《汉记》（见《后汉书·卢植传》），终中成曾一度与《史》《汉》合称"三史"的《东观汉记》。

② 事在灵帝熹平四年（175），蔡邕自书丹于碑，立太学门外，世称"熹平石经"。"及碑始立，其观视及摹写者，车乘日千余两，填塞街陌。"（《后汉书·蔡邕传》）

③ 余英时指出："今天西方人常常称知识分子为'社会的良心'，认为他们是人类的基本价值（如理性、自由、公平等）的维护者。知识分子一方面根据这些基本价值来批判社会上一切不合理的现象，另一方面则努力推动这些价值的充分实现。……熟悉中国文化史的人不难看出：西方学人所刻画的'知识分子'的基本性格竟和中国的'士'极为相似。"（《士与中国文化》"引言"）

案："铜臭"一词源于《后汉书·崔寔传》。冀州名士崔烈买官得为司徒，问其子钧："吾居三公，于议者何如？"钧曰："论者嫌其铜臭。"

④ 类似事例又见《后汉书·儒林传》。济阴孙期以孝行闻名乡里，拜师求学者皆执经垄畔以追之；黄巾过其里陌，相约不犯孙先生舍。

门第，标志着士人内部发生分化，而有所谓华素之别。王充著《论衡》八十五篇，二十余万言，竟以出自细族孤门，贫无一亩庇身，贱无斗石之秩，不见重于当时，被人讥曰："吾子何祖？其先不载。况未尝履墨涂，出儒门，吐论数千万言，宜为妖变，安得宝斯文而多贤？"（《论衡·自纪篇》）[1]孔融（孔子二十世孙）、李膺皆世家名儒，融造访膺门，自称"先君孔子与君先人李老君同德比义，而相师友，融与君累世通家。"（《后汉书·孔融传》）[2]余英时认为这是"关于上层士大夫以门第家世自矜而形成特殊社交圈子之最早而明确之记载。"（《士与中国文化》266页）

近人或谓门第乃变相贵族，然华素悬隔、不相交接局面之造成并非纯由财势积累。赵瓯北曰："古人习一业，则累世相传，数十百年不坠"，周、秦以来世以儒术著者，首推孔圣之后，其次伏氏，再次桓氏。孔子一家固不待论，伏氏自伏生教授《尚书》，历两汉四百年，"世传经学，清静无竞，东州号为'伏不斗'"；桓氏自桓荣授明帝经，"经学著于东汉一朝，视孔、伏二家稍逊其久，然一家三代皆以明经为帝王师，且至于五帝，则又孔、伏二氏所不及也。"（《廿二史劄记》卷五"累世经学"）士人既得入仕，致身显贵，西汉一代韦贤、平当父子皆做宰相，东汉则有历世为公者，自杨震至杨彪，凡四世三公，自袁安至袁逢、袁隗兄弟，"四世五公，比杨氏更多一公"（同上"四世三公"条）。在崇儒之风劲吹的两汉时代，由累世经学发展到累世公卿，此为门第势力从无到有的大致路线，故钱穆谓士族演变成门第有其甚深含义，"当时门第之内在生命力，正在门第中之教育。"（《国史新论》"中国教育制度与教育思想"248页）

东汉士人生活的一项重要内容是"清议"。唐长孺称清议与清谈的意义最初可以互通，是汉世之雅谈、正论，"主要部分是具体的人物批评"，即臧否人物（《魏晋南北朝史论丛》"清谈与清议"285页，商务印书馆，2010年）。其说最能代表史界对该命题的一般看法。

察举制下，个人名誉至关重要；"荐举征辟，必采名誉，故凡可以得名者，必全力赴之"（赵翼《廿二史劄记》卷五"东汉尚名节"），乃造就"名士"一族，至有被命不出以养望者[3]。三国时魏明帝疾名，诏曰："选举莫取有名，名如画地作饼，不可啖也。"

---

[1] 《王充传》章怀注引袁山松《后汉书》曰："充所作《论衡》，中土未有传者，蔡邕入吴始得之，恒秘玩以为谈助。"《抱朴子》又曰：时人从蔡邕帐中隐处搜得《论衡》，抱数卷持去，邕叮咛之："唯我与尔共之，勿广也。"

[2] 李膺字元礼，以声名自高，无所交接，士得通谒者号称"登龙门"（见《后汉书》本传）。

[3] 如汝南贤达戴良（字叔鸾）、袁闳（字奉高）、黄宪（字叔度）。戴叔鸾隐匿山中，优游不仕，自比"仲尼长东鲁，大禹出西羌，独步天下，谁与为偶"（《后汉书·逸民传》）；袁奉高数辞公府之命，致名当时（见《后汉书·王龚传》）；黄叔度初举孝廉，又辟公府，虽不拒，到京师即还，竟无所就，天下号称"征君"（见《后汉书》本传）。鲁迅曰："中国是隐士和官僚最接近的。那时很有被聘的希望，一被聘，即谓之征君。"（《集外集拾遗·帮忙文学与帮闲文学》，《鲁迅全集》（十六卷本）卷七383页）

卢毓对曰："名不足以致异人，而可以得常士。常士畏教慕善，然后有名，非所当疾也。"（《三国志·魏书》毓传）可见风俗之盛。名誉得自乡闾清议，汝南许劭、许靖并有人伦臧否之称，每月辄换一品题，是为"月旦评"（见《后汉书·许劭传》）；而乡举里选，"必先考其生平，一玷清议，终身不齿。"（《日知录》卷十三"清议"）选举既以人品高下为标准，品藻人物也就逐渐发展成"人伦鉴识"的专门学问，当时善鉴人者，天下咸称郭（泰）、许（劭）。郭泰至汝南，造袁奉高，不宿而去，诣黄叔度，流连累日，曰："奉高之器，譬之泛滥，虽清而易挹；叔度之器，汪汪若千顷之陂，澄之不清，扰之不浊，不可量也。"（《郭泰传》章怀注引谢承《后汉书》）许劭论陈寔、陈蕃："太丘（即陈寔）道广，广则难周；仲举性峻，峻则少通。"又论曹操："君清平之奸贼，乱世之英雄"，连捧带骂，孟德大喜而去（《后汉书·许劭传》）。士大夫间品藻贤不肖，相扇成风，竟到了"嘘枯吹生"的地步（见《后汉书·郑太传》，章怀注云："枯者嘘之使生，生者吹之使枯"）。

风尚所趋，毫无疑问，士人聚而雅谈大抵围绕人物批评展开，又必然牵连及于个人生活所辐射的方方面面，小到容止言语——李固便被时人讥为"胡粉饰貌，搔头弄姿"（《后汉书》本传），大到哲理人生——如蔡邕藉《论衡》为谈助，简言之，这群知识精英怀着不亚于宗教家的热情，织就一张舆论大网，以内心价值取向、道德准绳来校雠社会这部大书。上引唐氏之说仅用臧否一条定义汉代清议，似过分看重它与魏晋清谈的渊源关系，力求从中找出一条合理的演变轨迹；事实上，清议也好，清谈也罢，不过是不同时代的读书人应对各自生存世界的自然方式，情趣、意态皆已调整或转移，其精神生活呈现出迥然而异面目正是事有必至，无足怪者，非要说到联系，则时过境迁，世风转换乃世相万千的一面镜子而已。

士人辐辏京师，目睹政治黑暗，针砭时弊不免亦成话题之一，他们赖以存身的太学遂被送上风口浪尖，成了舆论的"风暴眼"。学中流传"天下模楷李元礼（李膺），不畏强御陈仲举（陈蕃），天下俊秀王叔茂（王畅）"之语（《后汉书·党锢传》），士林又有"三君""八俊""八顾""八及""八厨"一班旗帜性人物引领风尚[1]，皆能"依仁蹈义，舍命不渝，风雨如晦，鸡鸣不已"（《日知录》"两汉风俗"条），代表社会上最奋发、进步和正义的一股力量。因此钱穆说，"清议在当时政治上有其不可侮之势力。"（《国史大纲（上）》179页）

---

[1] "君"言一世之所宗，"俊"言人之英，"顾"言能以德行引人，"及"言能导人追其所宗，"厨"言能以财救人（见《后汉书·党锢传》）。

边疆政策

秦、汉以来，外患多起自西北方向，而中原这边素有"关西出将，关东出相"传统（见《后汉书·虞诩传》），故中央政府定都关中，得以乘便凝合西部军事优势与东部经济、文化优势，举全国之力打击强敌，积极扩张之势在汉武时达到极致。光武迁都洛阳，偃武修文，则表现出一种新的边疆姿态，钱穆形容之为"偏枯的、静的、退守的"（《国史大纲（上）》193页）。

匈奴主力既经被武帝击溃，元气大伤，至东汉已难以构成实质威胁。建武二十四年（公元48）再遭重创，分裂为南、北二庭（《后汉书·南匈奴传》章怀注引《东观汉记》）；南单于内附，约汉共击北单于。洛阳政府亦有"破北成南"之意，和帝永元元年（公元89），车骑将军窦宪北伐，出塞三千余里，登燕然山（今蒙古国杭爱山）刻石纪功，命班固作《封燕然山铭》[1]，可谓势如破竹，远非当年卫、霍之艰难可比。永元三年（公元91），汉军出塞五千余里，再破北匈奴于金微山（今阿尔泰山），北单于逃遁，"塞北地空，余部不知所属。"（《后汉书·袁安传》）[2]

北匈奴的最终去向成为历史界一个饶有趣味的话题。按照一种颇有争议的说法，在未来几百年时间里，"北方游牧民族的变革通常决定南方农业民族的命运"（《罗马帝国衰亡史》卷二358页）——这一宿命坚定不移地落到了生活骄奢的罗马人头上，"民族大迁移的浪潮从中国北疆向西冲到日耳曼地界，实力强大而又人口众多的部族经常会出现在罗马行省的边陲"（同上书卷三228页）。

这些从北方冰天雪地里钻出来的"野蛮人"在欧洲语言中被称为Huns，方汉文指出，"关于Hun人即匈奴的说法，最早来自18世纪初法国耶稣会士冯秉正（Josephde Moyria de Maillac，1669—1748）[3]所译朱熹《通鉴纲目》法文版"（见方汉文撰"匈族西迁与罗马帝国的崩溃"一文，刊于《寻根》2004年第6期）。此说在吉本笔下得到最详尽的诠释："匈奴人最有实力而好战的部落，面对气运不利的状况，还能保持祖先大无畏的精神，西方世界为他们的英勇而门户大开"（《罗马帝国衰亡史》卷二367页）；其中一支"冲寒冒冷，宿雨餐风"（语出《西游记》第七十八回），西抵伏尔加河，北入西伯利亚，再推进至波罗的海沿岸，把战火烧到高卢和西班牙的罗马行省，"迟至13世纪获得伟

---

[1] 省称《燕然铭》或《燕山铭》，其辞曰："铄王师兮征荒裔，剿凶虐兮截（整齐义）海外。夐其邈兮亘地界，封神丘（指燕然山）兮建隆碣（同'碣'，方者谓碑，圆者谓碣），熙帝载兮振万世。"（载《后汉书·窦宪传》）

[2] 《后汉书·鲜卑传》补充曰："匈奴余种留者尚有十余万落，皆自号鲜卑，鲜卑由此渐盛。"

[3] 案：冯氏法文名当作Joseph-Anne-Marie de Moyriac de Mailla为是。

大的匈牙利（Hungary）这个称呼，才在历史上证实这个国家的存在。"（《罗马帝国衰亡史》卷二368页）陆明哲主编的《中国历史图鉴》显然采信了吉氏观点，其文曰："北匈奴的西迁，是世界史上的一件大事，这一行动引起了古代世界的大变化，影响了欧洲和世界历史的发展。"（93页，外文出版社，2006年）[1]

从人种来看，驰骋于欧亚大草原上的匈奴人与今天的蒙古人确有诸多相似之处。以公元五世纪中叶震动欧洲、号称"上帝之鞭"（Scourge of God）的匈奴王阿提拉（Attila）为例，"依照一个哥特人历史学家的记载[2]，他的相貌带着明显的种族特征……庞大的头颅、黝黑的肤色、深凹而又细小的眼睛、扁平的鼻子、长着几茎稀疏的胡须、宽厚的肩膀、短小的身材，虽然体形长得极不匀称，但是孔勇有力。"（《罗马帝国衰亡史》卷三230页）近年来法国学者用分子生物学方法分析蒙古北境一座匈奴墓地出土的七十九具骨骼标本（分属六十二个个体），一定程度上回应了古代历史家们的描述。研究显示，对绝大多数匈奴个体而言，其母系遗传（指线粒体DNA传递）的源头无疑在亚洲，但有意思的是，他们可能很早便与欧洲人发生接触，甚至到后期，基因库中已冒出突厥人的成分[3]。

有一点必须说明，东汉诸帝惟明帝稍具野心，"欲遵武帝故事，击匈奴，通西域"，永平十六年（公元73）遣奉车都尉窦固伐北开西（见《后汉书·窦固传》）；其余多奉行把头埋进沙里的鸵鸟政策，但求无事最好。光武帝曾"造战车，可驾数牛，上作楼橹，置于塞上，以拒匈奴"（《后汉书·南匈奴传》），而早在春秋战国面对北方游牧民族的散骑兵或步兵，笨重战车便已证明是大而无用之物。建武中，南单于数请汉兵归埽北庭，光武拒之；西域诸国请复置都护，又"以天下初定，未遑外事，竟不许之。"（《后汉书·西域传》）班彪至有"西域国属匈奴，与属汉何异"之论（《后汉书·南匈奴传》）。窦宪出塞亦非执行汉廷既定方针，而是犯罪惧诛，"自求击匈奴以赎死"（《后汉书》本传），其成功带有某种偶然性和军事冒险的色彩。

再来看投笔从戎、建立殊勋的班彪之子班超，他在西域三十一载，孤立无援，所作所

---

[1] 持此说者还有章太炎，他在"匈奴始迁欧洲考"一文中写道："今之匈牙利，即匈奴音转。"北匈奴虽败溃，犹未灭，而渐西奔，"一出乌孙，一趋大秦。趣大秦者，所谓匈牙利矣。"（《太炎文录初编·别录》卷二，《章太炎全集》第四册381页）

[2] 案：指《哥特史》（Getica）作者约达尼斯（Jordanes）。

[3] 见Christine Keyser-Tracqui, Eric Crubézy及Bertrand Ludes合撰的"蒙古额金河谷两千年前匈奴人骨的遗传学分析"（"Nuclear and Mitochondrial DNA Analysis of a 2,000-year-old Necropolis in the Egyin Gol Valley of Mongolia"）一文，刊于《美国人类遗传学杂志》（The American Journal of Human Genetics）2003年8月第73卷第2期。

为更像是一番个人英雄主义的表演。初，仅率三十六吏士两次出使绝域，数闯虎穴，九死一生，若非奇迹简直没有别的办法可以解释；后来从朝廷得到的援兵加起来也不超过两千，多是"弛刑"（即除掉枷锁的刑徒）及"义从"（志愿从行）之人①。黄仁宇形象地道出："班超之秘诀，在于以中国之威望作本钱……以他高明的外交手腕，借近国之兵征服远国，如是一波冲一浪，将大汉声威推抵里海。有时他纠集的兵力达 25 000 人，有次竟号称7万，全由葱岭以西的国家组成。"（《中国大历史》61页）事实上，超死后数年西域即叛，而身在洛阳的公卿官员以其地"无益于中国"（见《后汉书·班勇传》），动辄欲闭玉门、阳关（皆在敦煌西界）。"自建武至于延光，西域三绝三通"（《后汉书·西域传》），正反映出朝廷摇摆不定的矛盾心态。

洛阳政府虽看清前汉刘敬发明的和亲政策"无丝发之效"（《后汉书·南匈奴传》），建国方略的先天缺陷却让他们在周边环境相对宽松的情况下，作茧自缚，一筹莫展地回到原先的老路上去，"供给南单于费直岁一亿九十余万，西域岁七千四百八十万。"（《后汉书·袁安传》）接下来当并不强大的羌人反叛，仍然应对无方，一味退让，徙西境四郡（陇西、安定、北地、上郡）以避寇难，"百姓恋土，不乐去旧，遂乃刈其禾稼，发彻室屋，夷营壁，破积聚。"（《后汉书·西羌传》）②朝中又议捐弃凉州，使士民转居三辅，因虞诩谏乃止③。

与西羌的战事几乎贯穿东汉一朝始终，所谓"中兴以来，羌寇最盛"。战争进程一波三折，汉廷为之财竭，"（安帝）永初中，诸羌反叛，十有四年，用二百四十亿；（顺帝）永和之末，复经七年，用八十余亿"；桓、灵之世，"凉州三明"④争击羌，仅段颎

---

① 超曰："塞外吏士，本非孝子顺孙，皆以罪过徙补边屯。"（《后汉书》本传）

② 和帝时邓训（邓禹之子）为护羌校尉，行分化离间之术，恩威并施，羌胡服之。及训死，河湟羌胡或以刀自割，又刺杀其犬马牛羊，曰："邓使君已死，我曹亦俱死耳。"（《后汉书·邓训传》）惜后任无训之智慧，失于绥御，而"诸降羌布在郡县，皆为吏人豪右所徭役"（《后汉书·西羌传》），段颎更对张奂所谓"羌一气所生，不可诛尽，血流污野，伤和致灾"的妇人之仁嗤之以鼻，提出"长矛挟胁，白刃加颈"的血腥主张（见《后汉书·段颎传》），乱局遂一发不可收，这是政策方面的失误。边将无战守意，频频采取募人行刺手段，又用步兵对付马骑，旷而无功，这是军事方面的失误。

③ 案：西汉建都长安，京畿官统称内史。景帝时分置左、右内史及主爵都尉，武帝太初元年（前104）又分别改称左冯翊、京兆尹、右扶风（见《汉书·百官公卿表上》）。《太平御览》卷一六四引《黄图》曰："以渭城以西属右扶风，长安以东属京兆尹，长陵以北属左冯翊，以辅京师，谓之三辅。"（本自《百官公卿表》颜注，不见于今本《黄图》）《后汉书·陈纪传》章怀注引《东方朔传》曰："三辅之地，南有江、淮，北有河、渭、汧、陇以东，商、洛以西，厥壤肥饶，此所谓天府陆海之地。"（文字与《汉书》略异）
弃凉州计出庞参（庞氏此前又数言迁弃西域，见《后汉书》本传），大将军邓骘（邓训之子）主之，虞诩谏曰："凉州既弃，即以三辅为塞；三辅为塞，则园陵单外。此不可之甚者也。"（《后汉书·虞诩传》）

④ 指皇甫规（字威明）、张奂（字然明）、段颎（字纪明），皆由文士变成武将。士大夫转尚武功，钱穆谓"此乃东汉晚季清谈以外之另一风尚也，以此造成此下三国之局面。"（《国史大纲（上）》209页）

征东羌①，灵帝建宁元年至二年（168—169），"凡百八十战……费用四十四亿。"（《后汉书·段颎传》）

东汉军旅不振的原因，恐怕要追溯到建武七年（公元31）一道涉及兵制变革的重要诏令："今国有众军，并多精勇，宜且罢轻车、骑士、材官、楼船士及军假吏，令还复民伍。"（《后汉书·光武纪下》）汉末名儒应劭释曰："高祖命天下郡国选能引关蹶张，材力武猛者，以为轻车、骑士、材官、楼船，常以立秋后讲肄课试，各有员数。平地用车骑，山阻用材官，水泉用楼船。"（《后汉书·光武纪》章怀注引《汉官仪》）光武诏令悉罢之，从此取消郡国练兵。仲尼有言："不教民战，是谓弃之。"（《论语·子路》）应氏进一步指出这项改革的后患："自郡国罢材官骑士之后，官无警备，实启寇心。一方有难，三面救之……黔首嚣然。不及讲其射御，用其戒誓，一旦驱之以即强敌，犹鸠鹊捕鹰鹯，豚羊弋豺虎。……尔乃远征三边殊俗之兵，非我族类，恣骜纵横，多僵良善，以为己功，财货粪土。"（《续汉书·百官志》刘昭注引《汉官仪》）

他的话很快便得到了应验。公元189年，被皇甫规妻骂作"羌胡之种"的董卓率"三边殊俗之兵"②东入洛阳城，奸淫掳掠，号曰"搜牢"（见《后汉书·董卓传》），敲响了东汉王朝的丧钟。蔡邕之女蔡文姬《悲愤诗》云："卓众来东下，金甲耀日光。平土人脆弱，来兵皆胡羌。"（载《后汉书·列女传》）

范蔚宗曰："羌虽外患，实深内疾，寇敌略定，汉祚亦衰"（《后汉书·西羌传》"论"），极好地概括了汉廷不努力、不作为的边疆政策的贻害，所谓"养痈长疽，自生祸殃"（语出《后汉书·冯衍传》章怀注引"衍与妇弟任武达书"）。正是这种做法，把中国此下历史带入一段四分五裂的黑暗时期。

---

① 《资治通鉴·汉纪四十四》"顺帝永和六年"胡注："羌居安定、北地、上郡、西河者，谓之东羌；居陇西、汉阳，延及金城塞外者，谓之西羌。"黄烈则认为胡氏说法没有多大道理，二者实难区分，"范晔在《西羌传》中，虽没有对东、西羌加以介说，但从其行文叙事来看，西羌仍指原来意义上的西羌，而东羌则系指被内徙的羌人。"（黄烈《中国古代民族史研究》87页，人民出版社，1987年）

② 汉称幽、并、凉三州为三边，后泛指边疆。唐祖咏《望蓟门》诗云："燕台一望客心惊，笳鼓喧喧汉将营。万里寒光生积雪，三边曙色动危旌。"张奂旧部董卓少尝游羌中，与诸豪帅相结，数讨羌胡，前后百余战（见《三国志·魏书·董卓传》及注引《英雄记》）。对董卓凉州军的民族成分，汉末名士郑泰辨析最详，曰："天下强勇，百姓所畏者，有并、凉之人及匈奴、屠各、湟中义从、西羌八种，而明公（指董氏）拥之，以为爪牙。"（《后汉书·郑太传》）案：屠各，照唐长孺见，系休屠各的省称，应是西汉匈奴休屠王所统之众归汉后分布于西北塞外者，汉化较早，故与南匈奴关系不深（见《魏晋南北朝史论丛》"魏晋杂胡考"）；湟中义从即指内迁至湟水流域的小月氏，与羌人错居通婚，被服饮食言语略同，邓训待以恩信，抚养其中少年勇者数百人为义从（见《后汉书·西羌传》及《邓训传》）。

戚宦相争

东汉政治稳定，仅能维持光武、明、章三世，以后便陷入外戚、宦官交讧的乱局之中。和帝十岁即位，窦太后临朝，自是"权归女主"几成定例，"外立者四帝，临朝者六后。"（《后汉书·皇后纪》序）①任继愈曰："东汉末年，由于'自然的偶然性'（出生），一百多年来没有生殖出一个成年的皇帝……无法想象作为普遍性的国家制度和法律如何能体现在这些无知的幼童身上。"（《中国哲学发展史（秦汉）》704页，人民出版社，1985年）事实上，正因幼童无知才成为抢手货。冲帝死后，太尉李固欲立清河王刘蒜，曰："今当立帝，宜择长年高明有德，任亲政事者。"（《后汉书·李固传》）大将军梁冀与梁太后兄妹则执意立刘缵，是为质帝。其后质帝为梁冀鸩杀，李固等复提议清河王为嗣，"梁冀以蒜年长有德，恐为后患，盛意立蠡吾侯志（即桓帝）。"（《后汉书·胡广传》章怀注）范蔚宗谓妇人执政"莫不定策帷帘，委事父兄，贪孩童以久其政，抑明贤以专其威"（《后汉书·皇后纪》序），可知东汉季年立嗣怪圈全由人为造成。赵瓯北亦云："母后临朝，自必援立孩稚，以久其权。殇帝即位时，生仅百余日，冲帝即位才二岁，质帝即位才八岁，桓帝即位年十五，灵帝即位年十二，弘农王（即少帝刘辩）即位年十七，献帝即位才九岁，此诸帝即位之年岁也。"（《廿二史劄记》卷四"东汉诸帝多不永年"）②

窦氏堪称老牌的两汉外戚，家族中最著名人物莫过于景帝时那位崇尚黄老的窦太后。宣帝徙窦家于关中，遂累世在河西为吏，至窦融更发展成割据一方的重要政治势力，光武帝也折节下交，主动攀亲，赐外属图及太史公《五宗》《外戚世家》《魏其侯（窦婴）列传》，称"每追念外属，孝景皇帝出自窦氏；定王，景帝之子，朕之所祖。"融以助平隗嚣有功，虽非旧臣，大受恩遇，"窦氏一公，两侯，三公主，四二千石，相与并时。自祖及孙，官府邸第相望京邑，奴婢以千数，于亲戚、功臣中莫与为比。"（《后汉书》本传）窦融曾孙女又做了章帝的皇后，养梁贵人所生和帝为己子，造飞书（即匿名信）谮杀贵人父女（见《后汉书·皇后纪》及《梁竦传》）；其兄窦宪仗势侵夺沁水公主（明帝女，名致）园田，被章帝骂作指鹿为马的赵高（见《后汉书·窦宪传》）。桓帝时窦家再出皇后，后父窦武（融之玄孙）跻身清流，与陈蕃、刘淑并称"三君"，却被宦官斥为"兄弟父子，一门三侯，又多取掖庭宫人，作乐饮宴，旬月之间，赀财亿计。"（《后汉

---

① 章怀注曰：四帝谓安、质、桓、灵，六后谓章帝窦皇后、和帝邓皇后、安帝阎皇后、顺帝梁皇后、桓帝窦皇后、灵帝何皇后。赵翼指出，安帝死后，阎太后立北乡侯刘懿，当时称少帝，在位二百余日即病殁，生前既未改元，殂后又无谥号，故范书遗之，其实外立者共五帝（《廿二史劄记》卷四"东汉多母后临朝外藩入继"）。

② 案：赵氏漏书者，和帝十岁即位，安帝十三岁，顺帝十一岁。

书·陈蕃传》）

外戚权势，邓、梁更在窦氏之上。邓后在位二十年，称制终身。郎中杜根上书请安帝亲政，太后大怒，令盛以缣囊，于殿上扑杀之；杜诈死三日，目中生蛆，逃入宜城山中做了十五年的酒家保（见《后汉书》本传）。王夫之评曰："视天位如置棋，任其喜怒，后之恶烈于吕、武矣。"（《读通鉴论》卷七《安帝》）邓家在东汉"累世宠贵，凡侯者二十九人，公二人，大将军以下十三人，中二千石十四人，列校二十二人，州牧、郡守四十八人，其余侍中、将、大夫、郎、谒者不可胜数，东京莫与为比。"（《后汉书·邓骘传》）梁后在位十九年，其兄梁冀专权暴滥，其妹又为桓帝后，恣极奢靡。梁氏一门"前后七封侯，三皇后，六贵人，二大将军，夫人、女食邑称君者七人，尚公主者三人，其余卿、将、尹、校五十七人。"（《后汉书·梁冀传》）

据清钱大昭《后汉书补表·外戚恩泽侯》，东汉外戚封侯凡九十人。范蔚宗曰："汉世外戚，自东、西京十有余族，非徒豪横盈极，自取灾故，必于贻衅后主，以至颠败者，其数有可言焉。"（《后汉书·邓骘传》"论"）西京外家已如前述（见本书第五章"内外朝对峙"一节），东京后族则只有光武郭后、阴后及明帝马后三家无祸，其余皆败；"东汉多女主临朝，不得不用其父兄子弟以寄腹心，于是权势太盛，不肖者辄纵恣不轨，其贤者亦为众忌所归，遂至覆辙相寻，国家俱敝。"（《廿二史劄记》卷三"两汉外戚之祸"）

范氏所谓"贻衅后主，以至颠败"，是指另外一种权力交接的模式，即新帝由外藩入继大统，自与旧帝外家关系疏远，而"内外臣僚，莫由亲接"（《后汉书·宦者传》序），惟谋之宦寺。永元四年（公元92），和帝与宦官郑众定议，出其不意收捕大将军窦宪党羽，逼死诸窦。郑众"为人谨敏有心几（同'机'）"，以首谋之功封鄛乡侯，"中官用权，自众始焉。"（《后汉书·郑众传》）据《后汉书补表·宦者侯》，郑众以下，东汉宦官封侯凡七十九人。

邓太后生前贪恋权位，不肯归政，死后便有安帝乳母王圣与宦官李闰谮杀邓氏一门七人的惨剧发生；王夫之曰：宦寺乱政，"实邓后之反激以延进之也。"（《读通鉴论》卷七《安帝》）"跋扈将军"梁冀恃椒房之宠①，秉政二十余年，桓帝与宦官单超、左悺、具瑗、徐璜、唐衡合谋诛之，五人同日封侯，世称"五侯"。单超早死，四侯横暴，天下号之左回天、具独坐（章怀注：独坐言骄贵无偶）、徐卧虎、唐两墯（章怀注：两墯谓随意所为不定），"自是权归宦官，朝廷日乱。"（《后汉书·单超传》）钱穆谓宦者气焰

---

① 案："跋扈将军"语出质帝，冀怀恨，竟毒杀之（见《后汉书·梁冀传》）。椒房本为西汉皇后所居殿名，"在未央宫，以椒和泥涂，取其温而芬芳"（《黄图》卷三《未央宫》）；后亦用作皇后代称，《太平御览》卷一八五引《汉官仪》曰："皇后称椒房，以椒涂室，主温暖，除恶气也。"

"实外戚有以助成之"（《国史大纲（上）》159页），与船山之见略同。

灵帝时，张让、赵忠为首的十常侍封侯贵宠，贪残无厌，竟成为黄巾暴动的诱因。郎中张钧上书曰："窃惟张角所以能兴兵作乱，万人所以乐附之者，其源皆由十常侍多放父兄、子弟、婚亲、宾客典据州郡，辜榷财利，侵掠百姓。"灵帝常称"张常侍是我公，赵常侍是我母"，览张氏疏怒曰："此真狂子也！十常侍固当有一人善者不？"大将军何进联合袁绍欲诛中官，谋泄，何进被杀，袁收捕诸阉，无少长皆斩之，死者二千余人。张让哭曰："臣等殄灭，天下乱矣。"（《后汉书·张让传》）竟果如其言，董卓入京，汉随之亡。所谓"西京自外戚失祚，东都缘阉尹倾国"（《后汉书·宦者传》"论"），杨联陞道："亲身篡汉的曹氏（指曹操父子），正是中常侍曹腾、曹嵩之后，可知宦官的势力，足以亡汉。"（《东汉的豪族》）

以上为戚宦斗争的人事表现，再看制度。建武二十七年（公元51），光武帝诏大司徒、大司空并去"大"名，改大司马为太尉（其议始于朱祐），是为三公，亦称三司。又扩大尚书台规模，置六曹尚书，"并令（尚书令）、仆（尚书仆射，副职）二人，谓之八座"（《晋书·职官志》），其权任之重远过西汉。三司之职号称"内外是监"（《后汉书·安帝纪》），事实上尚书"总典纲纪，无所不统"（《唐六典》卷一《尚书都省》注引《汉官仪》），三公必录尚书事然后得知国政。章帝时韦彪曰："天下枢要，在于尚书"（《后汉书·韦彪传》）；顺帝时李固曰："今陛下之有尚书，犹天之有北斗也；斗为天喉舌，尚书亦为陛下喉舌。"（《后汉书·李固传》）《续事始》则云："当时事无巨细，皆是尚书行下三公，或不经由三公径下九卿，故在东汉时不惟尚书之权重，九卿之权亦重。"（清纪昀《历代职官表》卷二转引自《永乐大典》）[①]

光武此番改革的目的是要让"有位的无权，有权的无位"（张荫麟语，《中国史纲》246页），但前汉政治弊端在他的体制下正可以持续发酵。仲长统评曰："光武皇帝愠数世之失权，忿强臣之窃命，矫枉过直，政不任下，虽置三公，事归台阁（即尚书）。自此以来，三公之职，备员而已……而权移外戚之家，宠被近习之竖（指宦者）。"（《昌言·法诚篇》，载《后汉书》本传）

光武法令整齐，治内甚严，"自宗室诸王、外家后亲，皆奉遵绳墨，无党势之名；至或乘牛车，齐于编人。"（《后汉书·朱浮传》）不幸这种景象难以持久，数世之后，孰

[①] 案：《宋史·艺文志》收刘睿《续事始》三卷、冯鉴《续事始》五卷，不知《大典》所引为何种续本。

亲孰远立见分晓。章帝"托仁厚而溺于床第",即位后先加恩母党,封诸舅(马廖、马防、马光)为侯①,再取悦妻党,启窦宪之横②;王夫之谓权柄下移而戚宦怙恩以逼,"东汉之衰自章帝始。"(《读通鉴论》卷七《章帝》)亲疏之势大异实为东汉政治的致命伤所在,"母后之党,左右之人,有此至亲之势,故其贵任万世。"(《昌言·法诚篇》)

尚书一职位微而权重,两汉政制诡异尽见于此。武帝殁后,霍光辅政,以大司马大将军领尚书事始得专擅朝权;王凤亦然。章帝时,太傅赵憙、太尉牟融并录尚书事,"亦西京领尚书之任"(《晋书·职官志》);以后幼主嗣位,率以太傅录尚书事,位在三公上,合称"四府"。西汉后期,大将军"内秉国政,外则仗钺专征,其权任出宰相之右。"(《文献通考》卷五十九《职官十三》)光武"闵伤前代权臣太盛,外戚与政"(《后汉书·明帝纪》章怀注引《东观汉记》),析大司马、大将军为两官③,大将军不常置,主征伐而已,事讫辄罢,且位在公下。自和帝起,大将军之官又专为贵戚把持,窦宪征匈奴还,即拜大将军,"位次太傅下,三公上。"(《后汉书·窦宪传》)殇、安之际,邓骘为车骑将军,仪同三司("仪同"之名始于此),征西羌大败,以太后故,拜大将军。顺帝时,梁商、梁冀父子相继为大将军,冀之官属倍于三公。大将军至汉末犹位在公上④,"终汉之世,以外戚秉权者为大将军,以老臣录尚书者为太傅。"(《廿二史劄记》卷二"汉三公官")建安十三年(208),曹操始复汉初旧制,罢三公官,置丞相、御史大夫,曹自为丞相。

但这犹非事实之全部。窦宪威震天下,尚书以下皆欲拜之,伏称万岁,因尚书令韩棱谏乃止(见《后汉书·韩棱传》),可见尚书已沦为捧大将军臭脚的角色。冲帝即位,诏梁冀与太傅赵峻、太尉李固参录尚书事,大将军录尚书事遂以为常,这不能不说是制度上的一大突破,此下窦武、何进辅政,皆如其例。梁冀礼仪比萧何,封赏比邓禹、霍光,"每朝会,与三公绝席。十日一入,平尚书事。宣布天下,为万世法。……百官迁召,皆先到冀门牋檄谢恩,然后敢诣尚书。"(《后汉书·梁冀传》)大将军与太傅、太尉、司

---

① 封爵舅氏,马太后固不许,而章帝强为之;司空第五伦(齐诸田之后;诸田徙陵者多,乃以次第为氏)以后族过盛,请朝廷抑损其权,帝又不听。于是马防兄弟贵盛,"奴婢各千人已上,资产巨亿,皆买京师膏腴美田,又大起第观,连阁临道,弥亘街路,多聚声乐,曲度比诸郊庙。"(《后汉书·马防传》)

② 窦氏立为皇后,窦宪兄弟亲幸,王、主及阴、马诸家亦畏惮之。宪夺公主田,章帝虽恕而不绳其罪,死后又遗诏使诸窦皆在亲要之地(见《后汉书·窦宪传》)。

③ 案:吴汉以大将军为大司马,宗室刘隆继为骠骑将军行大司马事,皆在改制以前。

④ 献帝建安元年(196),以曹操为大将军,袁绍为太尉;袁耻班位在下,不肯受,曹乃固以大将军让之(见《三国志·魏书·武帝纪》)。

徒、司空并称"五府"，权力实凌驾四府之上，名副其实成了"群公之首"（《后汉书·朱晖传》附朱穆传）。

前汉元帝时虽有弘恭、石显窃权干政，毕竟势单力孤，不敢大肆；光武则悉以阉人布列宫中，不复兼选士流，遂在内朝形成正式的宦官集团①。以臭名昭著的中常侍为例，钱大昕谓西汉元、成以后始有其名，然皆用士人②，"后汉中常侍并以宦者为之，非西京旧制矣。"（《三史拾遗》卷二）于是与汉帝共理朝政者，"外则公卿尚书，内则常侍黄门"，"中常侍在日月之侧，声势振天下。"（《后汉书·李固传》）桓帝时朱穆为冀州刺史，大刀阔斧劲抑权贵，却在宦官赵忠的老家栽了跟头③。数年后朱穆复起用，征拜尚书，乃上疏痛诋中常侍"权倾海内，宠贵无极，子弟亲戚，并荷荣任，故放滥骄溢，莫能禁御。凶狡无行之徒，媚以求官，恃势怙宠之辈，渔食百姓，穷破天下，空竭小人"（《后汉书》本传），可谓恨入骨髓，字里行间透出必先除之而后快的心意。

光武改制还有一项涉及地方官制的重要内容，虽无关乎戚、宦，同样对王朝之运祚产生深远影响。光武初置刺史，秩六百石，每年八月巡行郡国，监纠非法，岁末诣京师奏事，"奏二千石长吏不任位者，事皆先下三公，三公遣掾史案验，然后黜退。"（《后汉书·朱浮传》）成帝末，丞相翟方进、大司空何武以刺史秩卑而治尊，失位次之序，请罢之，更置州牧，秩真二千石（见《汉书·朱博传》）④。建武十八年（公元42），诏罢州牧，复刺史。光武帝轻三公，机事专委尚书，又信用刺史，"至于有所劾奏，便加免退，复案不关三府"。于是权归刺举之官，朱浮谓"陛下以使者（指刺史）为腹心，而使者以从事为耳目（注引《续汉志》：每州有从事，秩百石），是为尚书之平，决于百石之吏。"（《后汉书·朱浮传》）灵帝即位，"政化衰缺，四方兵寇"，宗室刘焉乃建议改刺史为州牧，选重臣以居其任，"州任之重，自此而始。"（《后汉书·刘焉传》）故汉季以来，州牧集地方军政大权于一身，"总统诸郡，赋政于外，非若曩时司察之而已"

---

① 案：《后汉书·宦者传》序曰："中兴之初，宦官悉用阉人，不复杂调它士。"刘敬辨曰："自前汉宦官即是阉子，何乃言中兴乎？盖'宦'字当作'内'，谓省内官不用他士也。"（王先谦《后汉书·宦者传集解》）

② 成帝时班稚（班固祖父）尝为中常侍（见《汉书·叙传》）；成帝又欲使刘歆任其职，王凤以为不可，乃止。

③ 赵忠系冀州安平郡人，葬父僭礼，朱穆下郡案验；吏畏穆，遂发墓剖棺，陈尸出之，收其家属。桓帝闻之大怒，治穆罪，太学生上书讼冤者数千人。案：赵忠死于袁绍手下，初平元年（190），董卓弑弘农王，献帝葬之于赵忠成圹中（见《后汉书·皇后纪下》），所谓成圹，即生前所修墓穴，《宦者传》又谓侯览作寿冢，大概当时宦官奢纵，有此风习；初平二年（191），冀州牧韩馥让位于袁绍，出居赵忠故舍（见《后汉书·袁绍传》）；建安元年（196），献帝自长安东归（初平元年董卓挟献帝西迁长安），以宫殿残毁，暂驻洛阳城西赵忠故宅中（见《三国志·魏书·武帝纪》注引《献帝春秋》）。故赵翼谓，"其圹可以葬帝王，宅可以居帝王，别宅又可以居牧伯（指州牧），其壮丽可知也。"（《廿二史劄记》卷五"宦官之害民"）

④ 案：此制稍后又有反复：哀帝从朱博请，建平二年（前5）罢州牧，置刺史如故；元寿二年（前1）复为州牧。

（《三国志·魏书》卷十五"评"）。日渐强大的割据势力终于架空了中央，刘昭曰："汉之殄灭，祸源乎此。"（《续汉书·百官志》注）

党锢之狱

东汉后期峭厉的"清议"之风标志着士大夫羞与戚、宦为伍，自发结成一个有力集团，以同志相称（"同志"一词屡见于《后汉书》党人诸传中），持共同理想，抱必死决心，要与黑暗势力作一番血与火的格杀。当时名士范滂等"非讦朝政，自公卿以下皆折节下之。"（《后汉书·申屠蟠传》）东海相黄浮疾恶如仇，诛杀下邳令徐宣①，谓"徐宣国贼，今日杀之，明日坐死，足以瞑目矣。"（《后汉书·单超传》）太尉杨震为戚宦诬谮，慷慨曰："死者士之常分"，从容饮鸩而卒（《后汉书》本传）。顾亭林乃盛赞"三代以下，风俗之美，无尚于东京者。"（《日知录》"两汉风俗"条）

士人力量的凝合与政局变化合拍，而有不同状态之表现。当外戚势强，朝士挺起而为"清流"，与之颉颃。班固党附窦宪，范晔说他"轻仁义，贱守节"（《后汉书》本传"论"）；马融曲事梁冀，"颇为正直所羞。"（《后汉书》本传）②可见两阵营间的壁垒森严。前面提到的杜根大概是和外戚斗争最壮烈的一位，另外偶有捐躯者如郅寿、乐恢（以劾窦宪致死）及李固、杜乔（为梁冀所害），但这时士人手中的武器似只限于操守、气节，冲突尚未激烈到你死我活的地步。

迨宦寺遽炽，"流毒遍天下"（《廿二史剳记》"宦官之害民"条），朝士调转锋芒，始有"部党"出现。

桓帝擢其师甘陵周福为尚书，时同郡房植亦有盛名，二家宾客互相讥论，各树朋徒，范晔谓"由是甘陵有南北部，党人之议，自此始矣。"（《后汉书·党锢传》序）然俗士交游结党实和察举舞弊有关，"非一朝一夕之故也。"（《廿二史剳记》卷五"党禁之起"）

明帝甫登基，即下诏曰："今选举不实，邪佞未去，权门请托，残吏放手，百姓愁怨，情无告诉。"（《后汉书·明帝纪》）这还是汉初情形，可拿樊儵"郡国举孝廉，率取年少能报恩者"的话为证（《后汉书·樊宏传》附儵传）。顺帝时，周景（周瑜从祖

---

① 时下邳县属东海，徐宣为中常侍徐璜（即"徐卧虎"）兄子，暴虐尤甚，尝求故汝南太守李暠女不得，竟劫取以归，戏射杀之，埋尸寺内。

② 马融本人即外戚，名儒赵岐虽为姻亲，鄙之不相见，与友人书曰："马季长（融字）虽有名当世，而不持士节。"（见《后汉书·赵岐传》及注引《三辅决录注》）案：赵氏首称孟轲为"亚圣大才"（《孟子题辞》），注《孟子》十四卷，盛传于世。

父）历任刺史、郡守，每岁举孝廉，辄请入后堂，与家人共宴，如此数四，常曰："移臣作子，于政何有？"（《三国志·吴书·周瑜传》注引张璠《汉纪》）所谓"于政何有"，语出《论语·雍也》，孔子以为三个弟子（子路、子贡、子有）各有所长，皆可从政，周景在这里则是毫不客气地把由他推举的孝廉们视如己出了，因而被应劭讥为"不综臧否，而务蕴崇（积聚义）之。"（《风俗通义》卷五《十反篇》）汉之末造风气愈坏，时谚云："举秀才，不知书；察孝廉，父别居。"（葛洪《抱朴子外篇》卷十五《审举》）于是终东汉之世，水涨船高，"门生故吏"成为一股不容小觑的政治势力。

欧阳修曰："汉世公卿多自教授，聚徒常数百人，其亲授业者为弟子，转相传授者为门生。"（《集古录·孔宙碑阴题名跋》，载洪适《隶释》卷二十二）顾亭林据此称"汉人以受学者为弟子，其依附名势者为门生"（《日知录》卷二十四"门生"）[1]，故外戚窦宪、宦者王甫之辈虽胸无点墨亦有门生。故吏同样是夤缘攀附的好由头。三府或州郡所辟掾属，其未到署者本不得称故吏，至汉末，孔融已建议礼宜从重，"三公所召，虽未执职，便为故吏。"（《上三府所辟称故吏事》，载《通典》卷六十八）东京名族袁氏、杨氏累世为公，遂能"门生故吏遍于天下"（《后汉书·袁绍传》）；而门生故吏之于师长、举主，不惟生前有君臣名分，"往往周旋于死生患难之间"（《廿二史劄记》"东汉尚名节"条），死后且为其立碑服丧，私加谥号，真如周景所愿，情同父子了[2]。

察举、征辟制度虽为朝廷带来源源不断的人才，其不利一面影响所及，却使得"被举而得官者终生与举者、辟者保持恩泽的关系，而将公事视为次要"（黄仁宇《中国大历

---

[1] 案：陈垣校注本《日知录》（安徽大学出版社，2007年）误将顾氏此语引入欧阳公跋文中。

[2] 第五种（第五伦曾孙）为卫相时，善待门下掾孙斌；后迁兖州刺史，因得罪宦官单超，徙朔方。孙斌闻朔方太守即单超外孙，乃星夜追赶，劫旧主于途，赠坐骑，自步从，一日一夜行四百余里，始脱其祸（《后汉书·第五伦传》附种传）。李固遇害，弟子郭亮负斧锧上书，乞收其尸；门生王成携幼子燮逃亡，使变名姓为酒家佣，凡十余年（固女文姬告王成曰："君执义先公，有古人之节。今委君以六尺之孤，李氏存灭，其在君矣。"故事便很有些赵氏孤儿的味道，事见《后汉书·李固传》附燮传）。此为门生故吏忠义报恩之例。孔宙（孔子十九世孙，孔融之父）死后，"故吏门人乃共陟名山，采嘉石，勒铭示后"，碑阴题名凡门生四十二人，门童一人，弟子十人，故吏八人，故民一人（见《隶释》卷七《泰山都尉孔宙碑（并阴）》，洪适注云："汉儒开门受徒，著录有盈万人者，其亲授业则曰弟子，以久次相传授则曰门生，未冠则曰门童，总而称之亦曰门生，旧所治官府，其掾属则曰故吏，占籍者则曰故民"）；陈球碑阴刻"故吏故民凡四十人，各有出钱之数"（《隶释》卷十《太尉陈球碑（并阴）》），此为立碑之例。司徒李郃（李固之父）卒于家，门人冯胄"独制服，心丧三年，时人异之"（《后汉书·方术传》）；司空袁逢（照王沈《魏书》说法，袁绍即逢之庶子，与袁术同父异母）举荀爽，爽不应，"及逢卒，爽制服三年，当世往往化以为俗"（《后汉书·荀爽传》）；朱穆卒，蔡邕与门人"共述其体行，谥为文忠先生"（《后汉书·朱穆传》），此为服丧、私谥之例，在当时及后世均招来非议。赵翼曰："父母丧不过三年，而郡将举主之丧与父母无别，亦太过矣。"（《廿二史劄记》"东汉尚名节"条）荀爽肯为举主服丧，却对私谥之事不以为然，"引据大义，正之经典，虽不悉变，亦颇有改。"（《后汉书·荀爽传》）

史》67页）；钱穆甚至称当时士大夫的心目中有着两重君主观念，"国家观念之淡薄，逐次代之以家庭；君臣观念之淡薄，逐次代之以朋友。"（《国史大纲（上）》218页）这在徐干《中论·谴交篇》中表达得最为清楚："桓灵之世，其甚者也，自公卿大夫、州牧郡守，王事不恤，宾客为务，冠盖填门，儒服塞道。……文书委于官曹，系囚积于囹圄，而不遑省也。详察其为也，非欲忧国恤民，谋道讲德也，徒营己治私，求势逐利而已！"

俗士热衷交游，当然图的是"有党有力"，孤立无援的高干长材"焉得不堕多党者之后，而居有力者之下乎？"（《抱朴子外篇·审举》）不惟甘陵分南北部，"青州六郡，其五有党"（《后汉书·史弼传》），而冀州之俗，"父子异部（部即党），更相毁誉"（《三国志·魏书·武帝纪》），党派对立已然闹到令家人反目的程度。于是刘梁著《破群论》（见《后汉书·文苑传》），朱穆著《绝交论》，皆矫时之作，以舒怨愤。

蔡邕并不认同朱穆"贞而孤"的做法，作《正交》申明立场，称"交游以方，会友以文，可无贬也"。范蔚宗亦谓朱穆"徒以友分少全，因绝同志之求；党侠生敝，而忘得朋之义。"（见《后汉书·朱穆传》"论"及章怀注）俗士结党其来有自，以"清"自许的志节之士结成党人或上承其风，但他们轻生尚义反抗阉宦的壮举则是别开生面，也可说是水到渠成，历两汉四百余年养成的一段士人精神终于在东汉末世破茧成蝶——可惜留给这只蝴蝶振翅飞舞的时间过于短暂，宦官借"钩党"之名迫害朝士[1]，遂酿成党锢之祸。

锢者，敕归田里、不得仕宦之意，禁锢的年限或长或短，以终身为最严厉，这大概是汉代惩治官吏的一宗不成文法。王莽时，名儒吴章授徒千余，莽以为恶人党，皆当禁锢，门人尽更名他师（《汉书·云敞传》）。桓帝时，名将张奂因是梁冀故吏，禁锢在家四年；马融亦曾被锢六年（皆见《后汉书》本传）。

事实上，阉宦互相援引，专树党类（语见《后汉书·宦者传》序），更适合佩戴名士头顶的"钩党"帽子。顺帝阳嘉四年（135）诏曰："中官得以养子为后，世袭封爵。"（《后汉书·顺帝纪》）原本无血缘子孙的阉人们从此得着义子来继承头衔与家产，杨联陞把他们叫作"变态的豪族"（见《东汉的豪族》）。宗室刘瑜奏言："今中官邪孽，比肩裂土，皆竞立胤嗣，继体传爵，或乞子疏属，或买儿市道。"被说中痛处的宦官至乃焚其疏，以为讹言（见《后汉书·刘瑜传》）。

宦竖既据权要，其势力不只限于内廷。当洛阳太学生联名上书，讼朱穆之冤时即称：

---

[1] 《后汉书·灵帝纪》章怀注曰："钩谓相牵引也。"建宁二年（169），宦官曹节、侯览请诛钩党者，灵帝年方十四，问："何以为钩党？"曹节对曰："钩党者，即党人也。"又问："党人何用为而诛之邪？"对曰："皆相举群辈，欲为不轨。"再问："党人而为不轨，不轨欲如何？"对曰："欲图社稷。"（袁宏《后汉纪·灵帝纪上》）

"常侍贵宠，父兄子弟布在州郡，竞为虎狼，噬食小人。"（《后汉书·朱穆传》）更要命的是，征辟、察举者望风迎附，宦官身边同样聚起一支门生故吏的大军，是为"阉党"。灵帝时，郎中审忠疏言："州牧郡守承顺风旨，辟召选举，释贤取愚。"（《后汉书·曹节传》）顺帝时，河南尹田歆谓外甥王谌曰："今当举六孝廉，多得贵戚书命，不宜相违，欲自用一名士以报国家，尔助我求之。"谌遂荐种暠（《后汉书·种暠传》）。赵翼曰："六孝廉只用一真才，已为美谈，则入仕者皆奄党可知也。"（《廿二史劄记》"宦官之害民"条）灵帝光和五年（182），诏公卿刺举二千石为民害者，太尉许馘、司空张济受取货赂，宦者子弟宾客虽秽浊不敢问，而虚纠边远小郡有惠政者二十六人；司徒陈耽与时为议郎的曹操上言："公卿所举，率党其私，所谓放鸱枭而囚鸾凤。"（《后汉书·刘陶传》附耽传）桓帝时，太尉杨秉（杨震之子）奏劾阉党为官贪淫者，郡守、刺史以下凡五十余人，或死或免，足见"宦官之恶遍天下。"（《廿二史劄记》卷五"汉末诸臣劾治宦官"）

第一次党锢狱在桓帝延熹九年（166），因司隶校尉李膺而起。"天下模楷李元礼"列名士"八俊"之首，初为河南尹，杀交通宦官的道术士张成，及做校尉，又捕杀黄门张让之弟张朔。张成弟子牢脩上书诬告膺等结党，诽谤朝廷。天子震怒，诏捕党人，牵连下狱者二百余人（见《后汉书·党锢传》序）[1]。明年改元永康，大赦天下，党人皆放归田里，犹禁锢终身，书名王府。《后汉书·桓帝纪》章怀注曰："李膺等颇引宦者子弟，宦官多惧，请帝以天时当赦，帝许之，故除党锢。"

第二次党锢狱在灵帝建宁二年（169），因山阳东部督邮张俭而起。"海内忠烈张元节（俭之字）"领衔士林"八及"[2]，尝举奏中常侍侯览残暴百姓，夺人田宅，侯遏其书不得上，由是结仇。后路遇侯母，呵不避让，俭按剑怒曰："何等女子干督［邮］，此非贼邪！"竟使吏卒杀之（袁宏《后汉纪·桓帝纪下》）。侯诉冤于帝，诬俭钩党；前一年适有太傅陈蕃和大将军窦武谋诛宦竖，"机事不密，反为所害"（语出《三国演义》第一回），于是前党李膺等百余人复被抓，皆死狱中，附从锢及五族，其余"死徙废禁者六七百人。"（《后汉书·党锢传》序）张俭亡命塞外，望门投止，莫不冒死相容，"其所经历，伏重诛者以十数，宗亲并皆殄灭，郡县为之残破。"（《后汉书·张俭传》）

名士与宦官间的大规模杀戮，往往被解读为双方都不该有的过激行为；黄仁宇认为汉

---

[1] 袁宏《后汉纪·桓帝纪下》则曰："诏收膺等三百余人，其遁逃不获者悬千金以购之，使者相望于道，其所连及死者不可胜数。"

[2] 案：《后汉书·党锢传》中张俭排名"八及"首位，《太学中谣·八及》俭则列于"海内贵珍陈子麟（陈翔）"之后（见逯钦立辑《先秦汉魏晋南北朝诗》之《汉诗》卷八《杂歌谣辞》，中华书局，1988年）。

朝并非真正亡于女后、外戚、宦官、朋党等一系列事态，背后潜藏的事实是，由秦朝继承来的民法不能及时展开调整，"只好以道德代替法律"。（《赫逊河畔谈中国历史》54页）黄氏之说代表了西方学者对吾国史事的一般看法。

熹平元年（172），有人书朱雀阙云"天下大乱，公卿尸禄"，早先一直充当名士"后援团"的京城太学生亦罹党祸，被捕者千余人（见《后汉书·曹节传》）；又四年（即熹平五年），诏党人门生故吏父兄子弟在位者，皆免官禁锢，爰及五属。至中平元年（184），因黄巾起事，党锢始解，"诛徙之家皆归故郡。"（《后汉书·党锢传》序）

在和宦官的这场殊死较量中，名士难以区区一掌"独埋江河"（《后汉书·张俭传》"论"），不得已乃谋之于外戚，如陈蕃联络窦武，袁绍依恃何进。外戚因宦官而失势，欲借投身清流圆卷土重来之梦，跟"登车揽辔，慨然有澄清天下之志"（《后汉书·范滂传》）的士大夫终究拧不成一股绳。以南阳屠户何进为例，当除宦之箭搭在弦上，其弟何苗曰："始共从南阳来，俱以贫贱，依省内以致贵富。国家之事，亦何容易！覆水不可收。宜深思之，且与省内和也。"（《后汉书·何进传》）①何进遂狐疑，败局定于谋事之先固不待论。

二十余年的残酷党祸，"杜塞天下之口，聋盲一世之人"（陈蕃语，见《后汉书》本传），经此次摧抑，士气凋零而成落叶。南州高士徐孺子（名稺）致意太学生领袖郭林宗曰："大树将颠，非一绳所维，何为栖栖不遑宁处？"（《后汉书·徐稺传》）赵翼谓此为"士大夫处乱世，用晦保身之法"（《廿二史劄记》"党禁之起"条），则远非当年陈蕃等人"以遁世为非义，以仁心为己任"（《后汉书·陈蕃传》"论"）之冲天豪情了。

朱熹论及汉末士人精神世界的巨变，云："建安以后，中州士大夫只知有曹氏，不知有汉室，却是党锢杀戮之祸有以殴〔驱〕之也。且以荀氏一门论之，则荀淑正言于梁氏用事之日②，而其子爽已濡迹于董卓专命之朝③，及其孙彧则遂为唐衡之婿，曹操之臣④，而不知以为非矣。盖刚大直方之气折于凶虐之余，而渐图所以全身就事之计，故不觉其沦胥

---

① 省内即宫禁之内。案："省"有二说。据《黄图》卷六《杂录》，"汉宫中谓之禁中"。蔡邕《独断》卷上云："禁中者，门户有禁，非侍御者不得入，故曰禁中。孝元皇后父大司马阳平侯名禁（指元帝皇后王政君之父王禁），当时避之，故曰省中。"此为一说。《文选》晋左思《魏都赋》注云："汉制王所居曰禁中，诸公所居曰省中。"《汉书·昭帝纪补注》引周寿昌曰："汉制原有禁与省之别，不自避王禁讳始。"此又一说。

② 荀淑，荀卿十一世孙，举贤良方正，对策讥刺权贵，为大将军梁冀所忌。当世名贤李固、李膺皆师宗之。有子八人，号称"八龙"（见《后汉书》本传）。

③ 见本书108页注一。

④ 荀绲（爽兄）畏惮宦官，乃为子彧娶中常侍唐衡女；彧以少有才名，免于讥议。汉末天下大乱，彧由袁绍转投曹操，力主迎献帝都许，"奉主上以从人望"，又以知人著称，进谋士荀攸、钟繇、郭嘉、陈群、司马懿等。曹氏比之张良，曰："吾子房也。"（见《后汉书·荀彧传》）

而至此耳。"（《朱文公文集》卷三十五"答刘子澄书"其五）此下乃开魏晋南北朝之另
一种风气。

宗教问题

如前所述，先秦学术的走向似乎已把本土宗教发育的空间挤压殆尽；在这一点上，孔
子本人的态度最能说明问题：一面是"丘之祷久矣"，内心怀有对天地神祇的无限虔敬，
一面是"子不语怪、力、乱、神"（《论语·述而》）①。出人意料的是，浓厚的宗教氛
围渐弥漫于东汉之世，释、道二教几乎同时现身，遂把民众思想带进一种崭新境界，而为
社会形态之改变作下铺垫。

关于佛教在中土的缘起，《牟子理惑论》所载"汉明帝遣使求法"故事流传最广：明
帝夜梦神人，身有日光，飞在殿前；明日问群臣，知西域有神号曰佛，乃"遣使者张骞、
羽林郎中秦景、博士弟子王遵等十二人②，于大月支（即大月氏）写佛经四十二章"。永
平十年（公元67），汉使用白马驮经东还，明帝敕建佛寺于洛阳城西雍门外，因以白马为
名（见杨衒之《洛阳伽蓝记》卷四"白马寺"）③。

然佛学东来，其事尚可溯至前汉。《世说新语·文学篇》刘孝标注文引刘向《列仙
传》"赞"曰："历观百家之中，以相检验，得仙者百四十六人，其七十四人已在佛
经"；复引鱼豢《魏略·西戎传》曰："汉哀帝元寿元年，博士弟子景虑④受大月氏王使
伊存口传浮屠经。"刘氏乃称"验刘向、鱼豢之说，佛至自哀、成之世明矣"；又据《汉
武故事》汉军获匈奴祭天金人，"皆长丈余，其祭不用牛羊，唯烧香礼拜，上使依其国俗
祀之"的记载，推测道："此神全类于佛，岂当汉武之时，其经未行于中土，而但神明事
之邪？"

晋王嘉《拾遗记》更是采入一段先秦异闻："燕昭王七年，沐胥之国来朝，则申毒国
之一名也。有道术人名尸罗，百三十岁，荷锡持瓶，云发其国五年，乃至燕都。善炫惑之

---

① 孔子病，子路请祷，朱熹注云：夫子素行固已合于神明，故曰"丘之祷久矣"，不直拒子路，而但告以无所事
祷之意。日人秋月观暎对此则有不同解释，认为这句自白表明圣人一生都在祈天，"孔子笃信至上神——天，
心中秘藏着深切的祈祷，他的心灵深处潜藏着对宗教性的天的向往，这是不可否认的事实。"（见秋月观暎撰
"道教史"一文，朱越利译，福井康顺等监修《道教》第一卷27页，上海古籍出版社，1990年）

② 此处张骞显为误写窜入，明帝所遣使者，慧皎《高僧传》记作"郎中蔡愔、博士弟子秦景等"。

③ 据《高僧传》，白马寺得名另有一说，相传"外国国王尝毁破诸寺，唯招提寺未及毁坏。夜有一白马绕塔悲
鸣，即以启王，王即停坏诸寺，因改'招提'以为'白马'。故诸寺立名多取则焉。"（卷一"摄摩腾"）

④ 《三国志·魏书·乌丸鲜卑东夷传》裴注引作景卢。

术，于其指端出浮屠十层，高三尺。"俞樾谓申毒即身毒（印度古称），"此乃佛法入中国之始。"（《茶香室丛钞》卷十三"尸罗"）估计现在没人会拿曲园先生这句话当真，但至少我们应该看到佛法东传与丝绸之路间的联系，《魏书·释老志》"及开西域，遣张骞使大夏还，传其旁有身毒国，一名天竺，始闻有浮屠之教"的说法还是信而有征的。于是丝绸之路除了前面提到的军事、商业意义，又接踵发挥出更加重要的文化传播作用。

作为"试图创造个人宗教的中国式的尝试"①，一般说来，道教的正式活动应从东汉末的太平道和五斗米道开始。顺帝时，道士宫崇上其师干吉（或作于吉）所得神书百七十卷，号《太平清领书》，即《太平经》（见《后汉书·襄楷传》）。灵帝时，巨鹿张角颇有其书，据以组织太平道，徒众数十万，宣称"苍天已死，黄天当立，岁在甲子，天下大吉"，中平元年（184，甲子年）发动席卷华北的黄巾大起义（见《后汉书·皇甫嵩传》）。这种"宗教结社"的模式在后世被屡屡复制，成为民众反抗官府的惯用手段。

大约同时，南方有五斗米道活跃民间。顺帝时，沛人张陵（即张道陵）客居蜀，学道鹤鸣山中，作道书二十四篇，从学者出米五斗，因以为名。陵传子衡，衡传子鲁，三张遂在汉中建立起一个独立的宗教王国（见《后汉书·刘焉传》附张鲁传）。

观古代中国人的宗教信仰，在西周时表现为多神崇拜，"一部分为氏族图腾所转化者，然已有最上之神上帝，下有社、稷、日、月、星辰、山川等神"（《春秋左传札记》"宗教"，《童书业著作集》卷一612页）。代表先秦地理观、被鲁迅称作"古之巫书"的《山海经》中不特多处阐发"不死"思想，亦暴露出人神、人兽混杂的原始宗教素朴一面。战国时，燕齐方士鼓吹渤海有三神山，"（齐）威、宣、燕昭使人入海求蓬莱、方丈、瀛洲。……盖尝有至者，诸仙人及不死之药皆在焉。"（《史记·封禅书》）有一种说法认为，燕、齐滨海，多见海市蜃楼，三神山想象由此而生。秦汉宫廷里依然洋溢着对神仙的憧憬和对长生的渴望。秦皇遣徐市（一作徐福）、韩终、卢生等方士入海求仙，多半有去无回，相传徐市漂流到日本，韩终则登陆朝鲜②。汉武之世，齐方士上疏言神怪者以万数，皆无验，"乃益发船，令言海中神山者数千人求蓬莱神人。"（《史记·封禅书》）

蕴孕神仙思想的另一地点在江汉流域，也就是楚国之地。吾国神话仅零星存于古籍，

① 法国汉学家马伯乐（Henri Maspero）语，转引自福井监修《道教》第二卷"民众道教"105—106页。

② 据李能和《朝鲜道教史》，韩终在朝鲜南部登陆后，建立了马韩国并成为国王；另外韩国庆尚南道南海郡东有题名"徐市起礼"的石刻，似乎徐市跨海来到朝鲜的说法也颇流行（见都珖淳撰"韩国的道教"注二，《道教》第三卷112页，徐远和译）。出海方士中，老老实实回来的唯有卢生，却因一句"（始皇）贪于权势至如此，未可为求仙药"（《史记·始皇本纪》）而酿成坑儒惨剧；这也从一个侧面表明，所谓坑儒，坑杀的大抵方伎之流，《说文》曰："儒，术士之称"，这是先秦的叫法，称谓既混，后人乃望文生误。

日人盐谷温指出，原因之一即"华土之民，先居黄河流域，颇乏天惠，其生也勤，故重实际而黜玄想。"（见《中国小说史略》第二篇《神话与传说》，《鲁迅全集》（十六卷本）卷九21—22页）过惯了优游闲适生活的楚人恰与勤苦北人形成对照，"这种差异从他们的神话可以看出，楚国王族的始祖不是胼手胝足的农神，而是飞扬缥缈的火神；楚人想象中的河神不是治水平土的工程师，而是含睇宜笑的美女。……适宜于楚国的神祇不是牛羊犬豕的膻腥，而是蕙肴兰藉和桂酒椒浆的芳烈；不是苍耇皓首的祝史，而是采衣姣服的巫女。再从文学上看，后来战国时楚人所作的《楚辞》也以委婉的音节，缠绵的情绪，缤纷的词藻而别于朴素、质直、单调的《诗》三百篇。"（张荫麟《中国史纲》61—62页）

昆仑山的传说见于《山海经》《穆天子传》诸书，高万仞，西王母所居。屈子问："昆仑悬圃，其尻安在？增城九重，其高几里？"（《楚辞·天问》）又言"遭吾道夫昆仑兮，路修远以周流"（《离骚》），可见此说久在楚地流传。西汉初，高祖之孙刘安封于淮南，浸淫在浓郁的故楚神话空气里，集宾客术士作《鸿烈》一书（即《淮南子》），"又有《中篇》八卷，言神仙黄白之术。"（《汉书·淮南王传》）[1]《淮南子·地形训》曰："昆仑之丘，或上倍之，是谓凉风之山，登之而不死；或上倍之，是谓悬圃，登之乃灵，能使风雨；或上倍之，乃维上天，登之乃神，是谓太帝之居。"这段话远比此前任何描述都更详细，由凉风（不死）至悬圃（呼风唤雨）再至最高之上天（天帝所居），节节攀升，呈现出一个与东方三神山相对的完整的昆仑仙境[2]。

武帝元狩元年（前122），淮南王以谋反伏诛，但至迟到东汉，便有了"白日升天"的传说[3]。王充《论衡·道虚篇》记之尤详，云："淮南王学道，招会天下有道之人。……是以道术之士并会淮南，奇方异术莫不争出。王遂得道，举家升天。畜产皆仙，犬吠于天上，鸡鸣于云中。"类似的成仙故事亦见于王莽时，据《隶释》卷三《仙人唐公房碑》载，居摄二年（公元7），有真人送公房神药，曰："服药以后，当移意万里，知鸟兽言语。"其后又以药饮公房妻子，妻恋家不忍去，"乃以药涂屋柱，饮牛马六畜。须臾有大风玄云来，迎公房妻子，屋宅六畜翛然与之俱去。"

---

[1] 所谓《中篇》言神仙黄白之术者，葛洪《神仙传》云："名为《鸿宝万毕》三章，论变化之道，凡十万言。"（案：《艺文类聚》卷七十八《灵异部上·仙道》节引此文，误为刘向《列仙传》）。黄白之术即炼丹术，黄为黄金，白为白银或水银；据说淮南王炼丹，意外发明制作豆腐之法（参见《本草纲目》卷二十五《谷部四·豆腐》）

[2] 汉人重新打造昆仑仙界恰值开拓西域之时，日人山田利明声称，朝廷对西方的关切应该"给昆仑说和西王母传说的抬头带来了某种影响。"（见山田撰"神仙道"一文，《道教》第一卷281页）

[3] 见《风俗通义》卷二《正失》，应劭云："（淮南王）亲伏白刃，与众弃之，安在其能神仙乎？安所养士，或颇漏亡，耻其如此，因饰诈说，后人吠声，遂传行耳。"观此论，则前汉已有淮南王成仙之说。

以上为神仙思想之大致源流，而庄周大概是第一位寄情于神仙冥想的学者，其《逍遥游》云："藐姑射之山，有神人居焉，肌肤若冰雪，淖约若处子，不食五谷，吸风饮露。"汉初"黄老之术"在失去它的政治意味后，羼入肇始于战国的阴阳、五行、谶纬等说，很快便转到带有更多个人色彩的"庄老"途径上去。

《庄子·知北游》又云："人之生，气之聚也；聚则为生，散则为死。"《吕览·先己篇》则曰："凡事之本，必先治身，啬其大宝。用其新，弃其陈，腠理遂通。精气日新，邪气尽去，及其天年。"这段文字看似抽象，山田利明认为，它实际描述的是从庄子继承来的具体的行气、吐纳之法（见"神仙道"一文，《道教》第一卷276页）。天下归汉，开国功臣张良托于神仙，欲弃人间，"乃学辟谷，道引轻身"（《史记·留侯世家》）；结合长沙马王堆汉墓出土的帛书《导引图》，山田氏曰："道家养生法在汉代确实经过相当的整理，相当成体系了。"（《道教》第一卷283页）

永平八年（公元65），明帝颁诏称楚王刘英"诵黄老之微言，尚浮屠之仁祠"（《后汉书·楚王英传》）；桓帝延熹九年（166），襄楷上疏云："闻宫中立黄老、浮屠之祠。"（《后汉书·襄楷传》）二事相去整百年，可见东汉之世释、老并祀；襄楷又称"老子入夷狄为浮屠"（此为后来"老子化胡说"之滥觞），则二教旨趣相同，当时人视佛为黄老之附庸矣。神仙思想的盛行，更使得"秦皇、汉武之所想望，变而为东汉以下一般平民之期求。"（钱穆《国史大纲（上）》356页）但庶民毕竟不能像帝王那样挥金如土、大张旗鼓地去求仙，于是走出宫廷的神仙说改头换脸投附民间，太平道、五斗米道皆靠符水治病吸引下层民众，以致奥崎裕司称"黄巾起义的主体也可认为是由占压倒多数的病人集团所组成的。"（"民众道教"，《道教》第二卷106页，朱越利译）

而黄巾借宗教举事，亦似有所师祖。当年赤眉军中"常有齐巫鼓舞祠城阳景王，以求福助。"（《后汉书·刘盆子传》）城阳王即高祖之孙刘章，助平诸吕，有功受封（封国在今山东莒县）；降及东汉，民间祭城阳如神明，谓"其谴问祸福立应"（《风俗通义》卷九《怪神》"城阳景王祠"条），青州诸郡皆为立祠，济南尤盛，至有六百余祠。曹操为济南相，始禁绝淫祀；后黄巾与操交兵，移书曰："昔在济南，毁坏神坛，其道乃与中黄太乙同。"（《三国志·魏书·武帝纪》注引王沈《魏书》）陈寅恪据此称赤眉实和天师道祖先有关，"后汉之所以得兴，及其所以致亡，莫不由于青徐滨海妖巫之贼党。"（《金明馆丛稿初编》"天师道与滨海地域之关系"45页）陈氏又进一步把道教信仰与前汉王吉、贡禹"调和阴阳，兴致太平"的言论联系起来，称他们"上承齐学（指东方神仙学说）之渊源，下启天师之道术。"（同上书21页）

由上所述，我们可以清楚看出，构成道教的诸要素——导引、行气、治病、养生、炼丹、成仙——两汉时代都已一一凑齐。一般认为，汉代一统之局难以为继，人民乃转向宗教求心灵慰藉。这里要提出的问题是：是否正因为宗教思想之发生弥漫，才终于造成统一帝国的土崩瓦解呢？

第七章

魏晋南北朝：分裂

小说家言："天下大势，分久必合，合久必分。"看似轻松的文字背后，掩藏着国家为此付出的至惨至痛代价。自公元220年东汉覆亡（其实早在190年董卓迁都长安，献帝沦为囚人，东汉政权便已名存实亡），至581年隋朝兴起，长达三个半世纪的时间里，统一政府之存在不过三十余年。大大小小的割据王朝在大江南北如乱花迷眼，旋开旋谢，留给国人的是从肉体到精神永难磨灭的创痕。

三国

魏（220—265）	凡五帝，四十六年
蜀（221—263）	凡二帝，四十三年
吴（222—280）	凡四帝，五十九年

晋帝系及年号

帝王		年号	公元起讫
西晋	武帝（司马炎）	泰始（10）	265—274
		咸宁（5）	275—279
		太康（10）	280—289
		太熙（1）	290
	惠帝（司马衷）	永熙（1）	290
		永平（1）	291
		元康（9）	291—299
		永康（1）	300

续表

西晋	惠帝（司马衷）	永宁（1）	301
		太安（2）	302—303
		永安（1）	304
		建武（1）	304
		永兴（2）	304—305
		光熙（1）	306
	怀帝（司马炽）	永嘉（6）	307—312
	愍帝（司马邺）	建兴（4）	313—316
东晋	元帝（司马睿）	建武（1）	317
		太兴（4）	318—321
		永昌（1）	322
	明帝（司马绍）	太宁（3）	323—325
	成帝（司马衍）	咸和（9）	326—334
		咸康（8）	335—342
	康帝（司马岳）	建元（2）	343—344
	穆帝（司马聃）	永和（12）	345—356
		升平（5）	357—361
	哀帝（司马丕）	隆和（2）	362—363
		兴宁（3）	363—365
	废帝（司马奕）	太和（6）	366—371
	简文帝（司马昱）	咸安（2）	371—372
	孝武帝（司马曜）	宁康（3）	373—375
		太元（21）	376—396
	安帝（司马德宗）	隆安（5）	397—401
		元兴（1）	402
		隆安（1）	402
		大亨（1）	402
		元兴（2）	403—404
		义熙（14）	405—418
	恭帝（司马德文）	元熙（2）	419—420

五胡十六国①

前赵（304—329）	匈奴所建，刘渊都平阳（今山西临汾西），初称"汉"；刘曜迁长安，改号"赵"。
成汉（304—347）	巴氏建于蜀地，李雄据成都称"成"，李寿改号"汉"。
后赵（319—351）	羯族（匈奴别部）石勒所建，勒称赵王，都襄国（今河北邢台），石虎迁邺城（今河北临漳西南）。
前燕（337—370）	鲜卑慕容氏所建，慕容皝称燕王，都龙城（今辽宁朝阳）；慕容俊迁邺城。
前凉（320—376）	自汉人张轨任西晋凉州刺史，张氏世守凉域。至张骏称假凉王，都姑臧（今甘肃武威）；其子重华始称凉王。
前秦（351—394）	氐族苻氏所建，苻健据长安称"秦"，至苻坚极盛。
后凉（386—403）	氐族吕光所建，都姑臧。
后燕（384—407）	鲜卑慕容垂称燕王，都中山（今河北定县）。
南燕（398—410）	鲜卑慕容德所建，都广固（今山东青州）。
南凉（397—414）	鲜卑秃发乌孤所建，据河西。
后秦（384—417）	羌族姚苌杀苻坚，称帝于长安，建号"秦"。
西凉（400—421）	汉人李暠据敦煌，称凉公，后迁都酒泉。
西秦（385—431）	鲜卑乞伏氏所建，乞伏国仁称单于，据陇西。
夏（407—431）	匈奴赫连勃勃所建，都统万城（今陕西靖边白城子）。
北燕（409—436）	汉人冯跋据昌黎，建号燕。
北凉（397—439）	匈奴沮渠蒙逊推段业为凉王，据张掖；后杀业自立，迁都姑臧。

南朝

宋（420—479）	凡八帝，六十年
齐（479—502）	凡七帝，二十四年
梁（502—557）	凡四帝，五十六年
陈（557—589）	凡五帝，三十三年

---

① 晋室南渡，北方中国遂成匈奴、羯、鲜卑、氐、羌等游牧民族杀伐的战场，史称"五胡乱华"。一百三十余年时间里（304—439年），五胡豪酋"能建邦命氏成为战国者，十有六家"（《魏书·崔光传》附鸿传），是为"十六国"（五凉、四燕、三秦、二赵、夏、成汉）；另有冉魏、西燕、谯蜀、代等，则不在崔鸿所撰《十六国春秋》之数。

北朝

北魏（386—534）	凡十一帝，百四十九年
东魏（534—550）	一帝，十七年
西魏（535—557）	凡三帝，二十三年
北齐（550—577）	凡五帝，二十八年
北周（557—581）	凡五帝，二十五年

官渡之战

汉之末造，人人自危，名士纷纷使枪弄棒成了武将，所谓"方今乱世，若武艺精熟，亦可以取功名。"（《三国演义》第二十八回）于是"山东大者连郡国，中者婴城邑，小者聚阡陌"（《三国志·魏书·文帝纪》注引《典论》），这当中的旗帜性人物便是出身世家，初平元年（190）被各路讨董卓义兵公推为盟主的袁绍。

历十年弱肉强食的吞并，北方形势渐趋明朗，形成两大军事阵营。一方是劫天子于许都，占尽政治优势的曹操，一方是据冀、青、幽、并四州，地广兵多的袁绍，如曹营重要谋士荀彧所言："今与公争天下者，唯袁绍尔。"（《三国志·魏书·荀彧传》）建安五年（200）的曹、袁官渡之战可以说拉开了三国时代的序幕。

尽管另一位被曹操倚重的谋臣郭嘉早有十胜十败之论，谓"绍有十败，公有十胜，虽兵强，无能为也"（《三国志·魏书·郭嘉传》注引《傅子》），不曾把袁军放在眼里，但双方实力之悬殊照陈寿《三国志》的描写，还是皎然可见的。时袁绍"兼四州之地，众十余万"（《魏书·武帝纪》），曹操则是"以十分居一之众，画地而守之"（《三国志·魏书·荀彧传》）；绍得意忘形，"令军中各持三尺绳，曹操诚禽，但当缚之"（《后汉书·袁绍传》注引《献帝春秋》），也就不足为奇了。有这一番铺垫，加上出人意料的结果，清儒王鸣盛遂把"曹灭袁"与"越灭吴，韩、魏灭智伯，乐毅胜齐，刘灭项"并举，而成为"两敌相争，弱者胜"的经典战例（《十七史商榷》卷四十"弱者胜"条）。

事实上，对曹操而言，局面之严峻还不仅表现在敌强我弱。东有刘备反戈，杀徐州刺史车胄，南有汉外戚董承受献帝衣带诏，密谋政变，甚至江东孙策也蠢蠢欲动，将渡江袭许都，堪称"四方瓦解，远近顾望"（《三国志·魏书·文帝纪》注引王沈《魏书》载黄初二年诏）。大战前夕，曹不得不忙于四处救火，颠沛狼狈，惟一值得庆幸的，是在黄河沿岸的接触战中先行解决掉颜良、文丑两员河北名将，绍军夺气①。

战场情势瞬息万变，殊难逆料，最终"魏武以弊卒一万而袁绍土崩"，一举控制北方，北魏孝文帝用"德义内举"四字把曹氏的胜利抬升到政治高度来解释（见《魏书·卢玄传》附渊传），孟德形象更显伟大。

然裴松之注《武帝纪》率先发难，指出魏武受黄巾降卒三十余万，"余所吞并，不可悉纪，虽征战损伤，未应如此之少也。……将记述者欲以少见奇，非其实录也。"后人循这一线索，乃对曹军实力做出不同程度的臆测。王仲荦曰："曹操集结在官渡一带的军队，最多不会超过三四万人。"（《魏晋南北朝史（上）》47页，上海人民出版社，1979年）杨巨中证以曹操在许下屯田五年所畜粮秣，得出结论：曹、袁两军应各有十万之众，"官渡之战不是一次曹军以少胜多的战例"（见杨巨中"官渡之战中曹军兵力考"一文，载《军事历史》2000年第6期），这大概是迄今为止最大胆的一种推论了。

再来看袁绍举师南向的意图，是要"直捣许都，劫夺汉帝"（王仲荦语，《魏晋南北朝史（上）》47页），弥补先前的决策失误。初平元年（190）董卓徙献帝都长安，此例一开，曹、袁帐下谋臣大约同时估出了孱弱汉天子这枚旗子的分量。毛玠首先劝曹"奉天子以令不臣"（《三国志·魏书·毛玠传》），《资治通鉴》系其事在初平三年（192），至建安元年（196）荀彧又谏"奉主上以从民望，大顺也。"（《三国志·魏书·荀彧传》）袁营中沮授则在兴平二年（195）力陈"西迎大驾，即宫邺都，挟天子而令诸侯"的大计，绍初悦之，因郭图阻挠，竟不能从。及曹操抢先建宫许都，绍始悔，田丰曰："宜早图许，奉迎天子，动托诏令，响号海内，此筹之上者"（《后汉书·袁绍传》），这才有了后来的大战。说袁绍"迟重少决，失在后机"可，说他"凭世资，从容饰智，以收名誉。"（《三国志·魏书·荀彧传》）则非②况袁绍胸中早有"南据河，北阻燕、代，兼戎狄之众，南向以争天下"（《三国志·魏书·武帝纪》）的全盘战略，其深谋远虑堪媲美诸葛孔明之"隆中对"，诚为当时数一数二的大政治家，而他这一未及实现的蓝图正描绘出异日曹氏霸业的轮廓；当战火熄灭，袁本初呕血而死，孟德以胜利者的姿态临祀其墓，哭之流涕，想必是一番真情流露而非做作罢。

战争进程本身可用平淡乏味来形容。两军在官渡（今河南中牟东北）相持数月，各用

---

① 案：颜良之死更像是个意外。颜为袁部先锋，渡河至白马，新降曹的关羽偕张辽迎击之，"羽望见良麾盖，策马刺良于万众之中，斩其首还。"（《三国志·蜀书·关羽传》）黄仁宇评曰："文中没有提及两方随从将士之行动以及对阵之地形及距离，类似侥幸，又若有神授。"（《赫逊河畔谈中国历史》61页）小说则直接归功于关公胯下的赤兔马快（《三国演义》第二十五回），可见这个插曲恰如同整场战役，充满了偶然因素。

② 类似表述亦在郭奉孝十胜十败论中，大抵皆是曹营谋士贬袁之辞。

土山地道、发石车之类雕虫小技袭扰对方，并无大的血战发生。在形势越来越对南军不利，胜负将见分晓的关键时刻①，曹操两次偷袭袁绍后勤车队得手，竟使得北军全线崩溃，坑降卒八万，不能不说这里面有着太多的偶然性和戏剧性。陈寅恪尝用寥寥数语点评此役，云："以兵略运粮之偶然关系，袁氏败而曹氏胜，遂定后来曹魏代汉之局。"（《金明馆丛稿初编》"崔浩与寇谦之"143页）

袁绍恃强，急于拉开架势决胜败，这在战前是遭田丰反对的。田氏以持久为胜算，曰："将军据山河之固，拥四州之众，外结英雄，内修农战，然后简其精锐，分为奇兵，乘虚迭出，以扰河南，救右则击其左，救左则击其右，使敌疲于奔命，人不得安业，我未劳而彼已困，不及三年，可坐克也。"（《后汉书·袁绍传》）竟因强谏忤绍，下狱。荀彧谓袁"能聚人而不能用"（《三国志·魏书·武帝纪》），或得其实；曹操亦承认："向使绍用其别驾（指田丰）计，尚未可知也。"（《后汉书·袁绍传》注引《先贤行状》）

官渡之战示意图

---

① 《后汉书·袁绍传》曰："相持百余日，河南人疲困，多畔应绍。"此时南军显然陷入粮草不济的绝望境地。而战后曹操缴获许都及军中人暗通袁氏书信，皆焚之，云："当绍之强，孤犹不能自保，而况众人乎！"（《三国志·魏书·武帝纪》注引孙盛《魏氏春秋》）

官渡之战以少胜多也好，旗鼓相当也罢，似乎都不应成为争论的焦点；更值得关注的，是双方主将之社会背景。汝南袁氏世修孟氏《易》，自袁安以下"四世居三公位"，"门生故吏遍于天下"（《三国志·魏书·袁绍传》），无疑为士族代表。小字阿瞒的曹操的来历则稍显复杂。《武帝纪》称沛国曹氏系"汉相国参之后"，裴注引吴人作《曹瞒传》及郭颁《世语》，皆谓曹父嵩本姓夏侯，因做了宦官曹腾的养子而随曹姓，所以名列"建安七子"的陈琳替袁绍作檄文，不但骂操"赘阉遗丑"，还要捎带骂他爹"乞匄携养"（见《后汉书·袁绍传》）[1]。

陈寅恪认为此战的结果直接决定儒士与阉宦两大社会阶级之胜负升降，"儒家大族之潜势力极大，虽一时暂屈服于法家寒族之曹魏政权，然百足之虫，死而不僵，故必伺隙而动，以恢复其旧有之地位"（《金明馆丛稿初编》144页）；及司马氏篡魏，"尽复东汉时代士大夫阶级统治全盛之局。"（同上书"书《世说新语》文学类'钟会撰四本论始毕'条后"49页）陈氏以上论点基于这样的认识："东汉中晚之世，其统治阶级可分为两类人群，一为内廷之阉宦，一为外廷之士大夫。阉宦之出身大抵为非儒家之寒族，所谓'乞匄携养'之类。"（同上书48页）

如前所述，阉宦在东汉权倾中外，早成为豪族集团的坚强一分子，陈氏坚持把他们说成"寒族"值得商榷。田余庆称曹操晚年政治有向世家大族转化的倾向，"所以儒家大族欲恢复其旧有的地位，不必等到日后河内司马氏之兴起。"（"曹袁之争与世家大族"跋，《秦汉魏晋史探微》161—162页）与"故非天子所命"的士大夫不同（语见《南史·江夷传》附敫传），东汉豪族实为皇室所豢养，王权盛则豪族强，王权衰则豪族亡[2]，统一帝国既瓦解，失去了王权荫庇，等待他们的唯有覆巢无完卵的下场。曹操之身份本来便难以界定，如果非要把曹袁之争看成阉宦跟儒士两大集团较量的话，貌似阉宦一时压倒了儒士，其中象征意义远大过实际意义，历史进程并未因此发生丝毫更改。

论魏武帝

曹操以外，历史上恐怕再难找出第二个像他这样被硬生生拆成两副嘴脸的人物了。许子将评孟德："清平之奸贼，乱世之英雄"[3]，此为后世流传两面形象之嚆矢。戏台上的

---

① 及袁败，陈琳归降，曹操责曰："卿昔为本初移书，但可罪状孤而已，恶恶止其身，何乃上及父祖邪？"（《三国志·魏书·陈琳传》）

② 案：此处王权当作国家机器解，非指那些如提线木偶般的小皇帝们。

③ 案：许劭评语在孙盛《异同杂语》书中又写成"治世之能臣，乱世之奸雄。"（见《三国志·魏书·武帝纪》裴注）

粉面奸臣最司空见惯，显然受罗贯中《三国演义》影响，这是反面；陈寿《三国志》曰：太祖"非常之人，超世之杰"（《魏书·武帝纪》"评"），这是正面。

《演义》崇刘毁曹，翦伯赞说它简直是一部"谤书"，把三国历史写成滑稽剧，作者"尽了文学的能事"，"发挥了他的强烈的政治性。"（"应该替曹操恢复名誉"，《曹操论集》12页，三联书店，1960年）鲁迅亦谓读小说、看戏都非观察曹操的好方法，"其实，曹操是一个很有本事的人，至少是一个英雄，我虽不是曹操一党，但无论如何，总是非常佩服他。"（《而已集》"魏晋风度及文章与药及酒之关系"，《鲁迅全集》（十六卷本）卷三502页）毛泽东的话更加直白："说曹操是白脸奸臣，书上这么写，剧里这么演，老百姓这么说，那是封建正统观念制造的冤案，还有那些反动士族，他们是封建文化的垄断者，他们写东西就是维护封建正统。这个案要翻。"（张贻玖《毛泽东读史》58页，当代中国出版社，2005年）

然《演义》"七分实事，三分虚构"，所写必有所本，"不可尽以小说无稽而斥之。"（清章学诚《丙辰劄记》）苏东坡《志林》记曰：途巷小儿听说书人讲三国事，"闻刘玄德败，颦蹙有出涕者；闻曹操败，即喜唱快。"（卷一《怀古》"途巷小儿听说三国语"）洪迈则谓"曹操为汉鬼蜮，君子所不道。"（《容斋随笔》卷十二"曹操用人"）可见两宋时人爱憎已如此。

《三国志》固为正史，然陈寿仕于晋，处处奉魏为正统，夸胜讳败，而以蜀、吴为僭窃，其尊晋用意不言自明，盖"正统在魏，则晋之承魏为正统。"（赵翼《廿二史劄记》卷六"《三国志》书法"）修史不能据事直书，成一家言，反以曲笔回护为得体，实与《演义》伯仲之间耳。

本篇不欲综论魏武戎马一生，单从用人入手，试一窥"令人联想到用石灰粉刷过的墙壁"（翦伯赞语，《曹操论集》13页）的灰白脸谱后面究竟藏着怎样一张面孔。

沛国谯（今安徽亳州）人曹操背负"赘阉遗丑"骂名，对"浊流"身世讳莫如深，这从《三国志·魏书·武帝纪》所谓"曹参之后"的遮遮掩掩便不难觑破他的心事。操幕府谋士荀彧为宦官婿，或许竟是二人"惺惺相惜"、走到一起的重要原因。操尝作《善哉行》追忆童年："自惜身薄祜，夙贱罹孤苦。既无三徙教，不闻过庭语①"（载《乐府诗集》卷三十六《相和歌辞·瑟调曲》）；而他在建安十五年（210）低调写成的《明志令》字里行间更透着强烈自卑："自以本非岩穴知名之士，恐为海内人之所见凡愚，欲为

---

① 案："三徙教"指母教，出自孟母三迁故事；"过庭语"指父教即庭训，《论语·季氏》记孔子立于庭，其子鲤（伯鱼）趋而过之，乃教以学《诗》《礼》。

一郡守，好作政教，以建立名誉，使世士明知之。"（《三国志·魏书·武帝纪》注引《魏武故事》）由家庭出身带来的心理阴影与精神痛苦势必影响到他得势后的政策举措。

战胜袁绍父子，统一北方，这是曹操"一生事业中的一根经线"（田余庆《秦汉魏晋史探微》130页），也可以理解为分水岭，从此他能自由舒展抱负，"重豪强兼并之法"，禁"阿党比周"，"整齐风俗"，"唯才是举"（俱见《三国志·魏书·武帝纪》）。这些矛头看似直指世家大族的强硬措施一经出台，便让后人觅到了"法家"的影子。陈寿说他"揽（同'揽'）申、商之法术"（《三国志·魏书·武帝纪》"评"），傅玄则谓"魏武好法术，而天下贵刑名。"（《晋书》本传）对历史家而言，贴标签当然是一种极便捷有效的办法，唐长孺将曹操、诸葛亮归为一类，称二者的政治主张都"出于法家"（见《魏晋南北朝史论丛》"魏晋才性论的政治意义"300页）；陈寅恪直接把曹魏政权定性为"法家寒族"，进而论曰：曹孟德"欲取刘氏之皇位而代之，则必先摧破其劲敌士大夫阶级精神上之堡垒，即汉代传统之儒家思想，然后可以成功。"（《金明馆丛稿初编》49页）

洪迈谓操"知人善任使，实后世之所难及。"（《容斋随笔》"曹操用人"）建安八年（203）、十五年（210）、十九年（214）、二十二年（217）接连颁布的四道求才令最能反映曹氏统驭术的真谛。二十二年八月令曰："今天下得无有至德之人放在民间，及果勇不顾，临敌力战；若文俗之吏，高才异质，或堪为将守；负汗辱之名，见笑之行，或不仁不孝而有治国用兵之术。其各举所知，勿有所遗。"（《武帝纪》注引王沈《魏书》）奇士郭嘉素有"负俗之讥"（见《三国志·魏书·荀彧传》注引《彧别传》），却脱颖而出成为最受器重的幕府中人，堪作曹氏求贤不问德行的典型例子。《三国志·魏书·郭嘉传》曰："初，陈群非嘉不治行检，数廷诉嘉，嘉意自若。太祖愈益重之。"

顾亭林对曹操用人政策深恶痛绝，谓此风一开，"权诈迭进，奸逆萌生……毁方败常之俗，孟德一人变之而有余。"（《日知录》"两汉风俗"）建安求才的根本精神源自前汉元封五年（前105）那道崇奖"跅弛之士"的著名诏令（参见本书108页），汉武当时之所以冀望"士或有负俗之累而立功名"，实因朝中"名臣文武欲尽"（《汉书·武帝纪》），故相隔三百余年的两位武帝（操仅具名义头衔）能行非常之事，都不妨看成是非常时期的非常手段而已。

何况孟德挟"宁我负人，毋人负我"之见（《武帝纪》注引孙盛《杂记》），其求贤之心绝不似令文中所表白的那般真诚。建安初，程昱观刘备有雄才，劝早图之；操以甘陇有马腾、韩遂，河北有袁绍之患，曰："方今收英雄时也，杀一人而失天下之心，不可。"（《武帝纪》）受狂士祢衡之辱，虽不即加以斧钺，终借江夏太守黄祖手除之。及削平群雄，始无所顾忌，罗织罪名杀孔融、杨脩①，可见"从前之度外用人，特出于矫伪，以济一时之用，所谓以权术相驭也。"（《廿二史劄记》卷七"三国之主用人各不同"）

路粹诬孔融放言："父之于子，当有何亲？论其本意，实为情欲发耳。子之于母，亦复奚为？譬如寄物瓴（同'缶'）中，出则离矣。"（《后汉书·孔融传》）此等狂论是否真出自文举口中不得而知，单从字面看，则本诸王充《论衡》无疑，《物势篇》曰："夫妇合气，非当时欲得生子，情欲动而合，合而生子。"苏东坡视融如龙，视操如鬼，云："其势决不两立，非公（指融）诛操，则操害公。"（《孔北海赞》叙，载《苏文忠公全集》卷二十一）

名公子杨脩（太尉杨彪之子）被杀尤属无理。建安二十四年（219），操攻汉中不胜，欲收兵，传"鸡肋"二字为号令，脩闻之，即收拾行装，曰："夫鸡肋，弃之如可惜，食之无所得，以比汉中，知王欲还。"（《武帝纪》注引《九州春秋》）操乃借惑乱军心罪杀之（见《三国演义》第七十二回）。依鱼豢《典略》，脩自以为其死坐与曹植交厚（见《三国志·魏书·陈思王植传》裴注）。《古文苑》载操与彪书，数脩之罪，则曰："恃豪父之势，每不与吾同怀。"（《容斋随笔》卷十二"曹操杀杨脩"）

又有对魏武创基有绝大贡献的荀彧，建安十七年（212）因拒董昭加九锡之请，为操所恨，饮药而卒②。观以上诸人的死因，皆为政治态度犯曹氏之忌，不能"同怀"之故。

清代的赵翼无疑属骂曹一党，且是骂得最狠的一个。他说，古来只有禅让、征诛二局，权臣夺国则曰篡弑，曹魏"既欲移汉之天下，又不肯居篡弑之名，于是假禅让为攘夺"；此下不惟晋、宋、齐、梁、北齐、后周、陈、隋效之，"奉为成式者，且十数代，历七八百年，真所谓奸人之雄，能建非常之原者也。"（《廿二史劄记》卷七"禅代"）这顶帽子显然扣得过高过大，首先，开权臣夺国先例的应该算王莽，曹魏以下加九锡、下禅诏那套装模作样的繁缛程序无不从他那里学来；其次，曹操说过："设使国家无有孤，不知当几人称帝，几人称王"（《武帝纪》注引《魏武故事》），吕布亦有"郡郡作帝，

---

① 案：孔、杨又是祢衡平生最看重之人，尝曰："大儿孔文举，小儿杨德祖，（许都）除此二人，别无人物。"（《三国演义》第二十三回）

② 时曹操南征孙权，荀彧随军，以病留寿春；操遣人馈食，发之乃空器，遂仰药自尽（见《后汉书·荀彧传》）。对荀彧之死，历来毁誉参半。赵瓯北谓彧卒能杀身成仁，其为汉之心天下共知（见《廿二史劄记》卷六"荀彧传"）。王船山谓彧既为操之谋臣，"至于篡逆而心怵焉其不宁，左掣右曳以亡其身，其天良之不昧者也。"（《读通鉴论》卷九《献帝》第三十一条）杜牧则谓彧事就功毕，转欲邀名汉代，"譬之教盗穴墙发匮而不与同挈，得不为盗乎！"（见《资治通鉴·汉纪五十八》）明李贽评语尤其尖刻，云："世间道学好骑两头马，喜端两脚虹，专欲无厌，惟思兼得，而不知人之不可欺，卒之俱不能得，而反以两失也。"（《藏书·名臣传》卷十七）

县县自王"的野心流露（《三国志·魏书·吕布传》注引《英雄记》），这些都是实话，正反映着汉末那个丧乱时代人心之迷惘躁动。"月明星稀，乌鹊南飞。绕树三匝，何枝可依？"（曹操《短歌行》，载《乐府诗集》卷三十《相和歌辞·平调曲》）大乱之下，亟须有能人站出来收拾局面，纵使不能一锤定音，也要指出一条未来国家发展的明路。只是孟德做人不够坦白，偏要发一道"自明本志"的令，强说自己无篡汉意，欲盖弥彰。司马光曰："（魏武）蓄无君之心久矣，乃至没身不敢废汉而自立，岂其志之不欲哉？犹畏名义而自抑也。"（《资治通鉴·汉纪六十》）可笑的是，吕思勉一面申明篡汉本身算不上什么罪名，一面却又听信《明志令》里的连篇鬼话，言之凿凿称"曹操确系心存汉室，并非汉贼"（《吕思勉集（上）》"赤壁之战的真相"91页），揪住篡汉一点不放来替他极力正名（见同书"为魏武帝辩诬"一节），实在有些不得要领。

察举制度为"两汉文治精神所托命"（钱穆《国史大纲（上）》296页），在此制下，贤良、孝廉两种名号的人才得以源源不断输送中央。前汉进取，重贤良（才能）；后汉退守，重孝廉（操行），已如前论。东汉时代决定士人进退的乡举里选的最重要标准便是人品高下，"一玷清议，终身不齿"。以黄允为例，鉴人权威郭林宗曰："卿有绝人之才，足成伟器。"黄欲攀附权贵，娶司徒袁隗从女，竟休原配夏侯氏。妇人临去，大集亲友，"攘袂数允隐匿秽恶十五事"；黄以此身败名裂，废弃不用（见《后汉书·郭太传》）。陈寅恪称，以汝南袁氏、弘农杨氏为代表的儒家大族将修身齐家的道德方法适用于治国平天下，至曹孟德区别才（才能）、性（道德），唯才是举，"则是明白宣示士大夫自来所遵奉之金科玉律已完全破产"，"非仅一时求才之旨意，实标明其政策所在，而为一政治社会道德思想上之大变革。"（《金明馆丛稿初编》51页）

陈氏此论亦有可商榷处。曹氏四道求才令的出发点其实已在建安八年五月庚申令中表达得非常清楚，即"治平尚德行，有事赏功能。"（《武帝纪》注引《魏书》）孟德值金戈铁马的多事之秋，高风亮节的"无能之人，不斗之士"自然失去了先前导引世风的社会价值，故悍然宣称有德者未必有才，有才者或负污名，至于他的真实意图是否即在镇抑大族、摧陷儒学倒可另当别论。

《武帝纪》注引《曹瞒传》曰：操"持法峻刻，诸将有计画胜出己者，随以法诛之，及故人旧怨，亦皆无余"。这段话带有明显倾向性，或为吴人故意诋毁亦未可知，但接下来操杀名士边让，"族其家"的说法证之他书，却是毫不掺水的真实记录，不容置疑。陈留边让才华横溢，蔡邕深敬之，赞为"颜（回）、冉（耕）之亚"；《太平御览》卷六九一引《边让别传》又谓"孔融荐让于武帝"。然边让"恃才气，不屈曹操，多轻侮之言"（《后汉书·文苑传》），卒见杀。陈琳代笔的《檄州郡文》曰："故九江太守边让，英才俊逸，以直言正色，论不阿谄，身被枭悬之戮，妻孥受灰灭之咎。自是士林愤痛，人怨天怒，一夫奋臂，举州同声。"（《后汉书·袁绍传》）

前已论及两汉（尤其后汉）社会发展的一个重要特征是士人豪族化，结果名士、大姓趋于合一，政治、经济地位稳步提升；边让事件引发的轩然大波似乎一夜间把曹操推向整个世家大族的对立面，到了不共戴天的地步，但事情远非这样简单或说夸张。《三国志·魏书·何夔传》注引《魏书》曰："自刘备叛后，东南多变。太祖以陈群为酂令，夔为城父令，诸县皆用名士以镇抚之。"其中释放的信息则是双方高度信赖，积极合作，至少官渡战前情势如此，且不说更早以前，头等大族杨彪、孔融都已"进入了曹操的翅膀底下。"（田余庆语，《秦汉魏晋史探微》150页）若认为曹操是在击败袁绍、势位稳固后才突然翻脸，由包容大族转为重拳打压，上面提到的陈群、何夔恰是后人熟知的"九品中正制"的始作俑者，如此曲折走势不能不说让以往史家笔下一清二白的三国历史变得疑云漫天、殊不可解了。

延康元年（220），曹操刚去世，吏部尚书陈群（陈寔之孙）请立九品官人之法，"州郡皆置中正，以定其选，择州郡之贤有识鉴者为之，区别人物，第其高下"（《通典》卷十四《选举二·历代制中》），此时距曹丕称帝尚有大半年时间。事实上这套选人办法的种子魏武在世时便已埋下。何夔为袁氏表亲[1]，既投曹，尝进言："自军兴以来，制度草创，用人未详其本，是以各引其类，时忘道德。夔闻以贤制爵，则民慎德；以庸制禄，则民兴功。以为自今所用，必先核之乡闾，使长幼顺叙，无相逾越。"（《三国志·魏书·何夔传》）何氏一番话的用意显然在竖立德（德行）与功（才能）的双重标准，纠正"唯才是举"的偏颇。曹操听后称善，这才有了建安二十二年令中"至德之人"与"不仁不孝而有治国用兵之术者"的相提并论；而设中正不过是进一步落实以上建议，把原属私人的评议权力收归政府，"以家世、才德并列，而综合二者定品，这是汉末乡闾评定习惯之制度化"（《魏晋南北朝史论丛》"九品中正制度试释"119页）。故沈约溯其源流，径至曹操，谓"魏武始基，军中仓卒，权立九品"（《宋书·恩幸传》序），这倒未必如唐长孺所言，是"出于误会"（《魏晋南北朝史论丛》98页）。

毫无疑问，九品中正本是曹魏军政时期的权宜办法，考其初衷，乃为"丧乱之后，人士流移，考详无地"，立之粗具一时选用（卫瓘语，见《晋书》本传）。战乱环境下的这一临时产物不意代代相沿，"南朝至于梁、陈，北朝至于周、隋……至开皇中方罢。"

---

① 据《三国志·魏书·何夔传》，袁术从兄山阳太守袁遗母为夔之从姑。

（《通典》卷十四《选举二》）其初"犹有乡论余风"（亦卫瓘语），"非为世族高卑"（沈约语），后来流变或违始造者本意，却最能顺应那个时代的潮流，这也是它久行不衰的根本原因。中间渐染痕迹，陈寿《三国志·魏书》失于疏略，杜佑详辩曰：州郡县中正"区别所管人物，定为九等。其有言行修著，则升进之，或以五升四，以六升五；倘或道义亏阙，则降下之，或自五退六，自六退七矣。是以吏部不能审定核天下人才士庶，故委中正铨第等级，凭之授受，谓免乖失及法弊也。唯能知其阀阅，非复辨其贤愚。"（《通典》卷十四）①自魏至晋未尝无申述此制之害者，段灼云："台阁选举，涂塞耳目，九品访人，唯问中正。故据上品者，非公侯之子孙，则当涂之昆弟。"刘毅云："上品无寒门，下品无势族。"（俱见《晋书》本传）这些文字见诸章疏，所指都是当时尽人皆知的流弊，然风气已成，更兼"执权者即中正高品之人，各自顾其门户"（《廿二史劄记》卷八"九品中正"），卒莫能变；甚至志在抬高鲜卑贵族地位的北魏孝文帝也欣然接受汉人这套士庶有别的典制，曰："或言唯能是寄，不必拘门，朕以为不尔。"（《魏书·刘昶传》）

唐长孺称"曹氏三世（指武帝、文帝、明帝）对于汉末政治有一贯的意见"（《魏晋南北朝史论丛》97页），此话不错，所以我们不能认为曹魏用人政策发生了重大转变，还是回到"治平尚德行，有事赏功能"那句话上，前后差异不过是同一张牌的正反两面罢了。事实上，士族壮大系大势所趋，他们全面登上政治舞台只是时间早晚的问题，即使曹操真有心惩抑，恐怕实际效果仅如螳臂当车，何况现实情形是，"魏氏立九品，置中正，尊世胄，卑寒士，权归右姓"（《新唐书·儒学中·柳冲传》），世家大族利益最大化从此不但得着法律和制度的保障，而且在观念上变得天经地义，令人信服，"法家寒族"的曹魏也摇身一变成了高门华阀的代言人和保护神。

后世人中，写文学的，作历史的，多抱极端之见，凭一己好恶，管中窥豹，甚至迎合不同时期政治、社会环境之需求，将石灰或玫瑰的颜色泼在曹操脸上，在他身上赋予了太多戏剧意味。正如军政状态的三国以其不确定性在中国史上转瞬即逝，曹操充其量只能算作一个被时代牵着鼻子走的过渡人物，或如田余庆所言，"不是曹操创造历史，而是历史创造曹操。"（《秦汉魏晋史探微》161页）我们从其政策、言行观察到的诸多矛盾现象恰是这种过渡性质的体现，而这一层意思，无论如何不是一张简单的"法家"标签就能概括了的。

---

① 案：政府用人权本在吏部，当魏、晋之际，夏侯玄已向司马懿陈说官员进退一决于中正品第之弊，所谓"中正干铨衡之机于下，而执机柄者有所委仗于上，上下交侵，以生纷错。"（《三国志·魏书·夏侯尚传》附玄传）

士气低迷

顾亭林曰:"三代以下,风俗之美,无尚于东京者。"东汉一代实为士人精神发育至最成熟的一个时期。陈寅恪以为《小戴礼·大学》所言"修身齐家治国平天下",在西汉初、中时代"尚不过为其时儒生之理想,而蕲求达到之境界";降及东汉中晚世,已见"士大夫自命为其生活实际之表现。"(《金明馆丛稿初编》48页)观荀悦(荀彧从兄)"为世忧乐者,君子之志;不为世忧乐者,小人之志"语(见《申鉴·杂言上》),即为证。

《后汉书·党锢传》谓汝南范滂"登车揽辔,慨然有澄清天下之志";《世说新语·德行篇》又曰:"陈仲举言为士则,行为世范,登车揽辔,有澄清天下之志。"盖当时士大夫咸能树立风声,"以遁世为非义,故屡退而不去;以仁心为己任,虽道远而弥厉。"(《后汉书·陈蕃传》"论")余英时乃称"其根本精神实上承先秦之士风,下开宋明儒者之襟抱。"(《士与中国文化》257页)

不幸党锢之狱接踵而起,"刚大直方之气折于凶虐之余"(朱熹语)。督邮许庆(字子伯)与友人共论世俗将坏,夜起号哭,时称"许子伯哭世"(见《全后汉文》卷八十三载孔融《汝颖优劣论》及《册府元龟》卷九五三)。于是"蹉跎颜遂低,摧折气愈下"(韩愈《县斋有怀》),士人竟从此垂下高昂的头颅,转而向自我的小世界中去另觅出路了。

钱穆尝盛赞王莽末年的龚胜与光武初年的严光为"后代中国知识分子另成一格的两种典型人物。"(《国史新论》"中国知识分子"144页)[1]隐沦不仕风气在吾国渊源径可溯至神话时代的许由。尧欲让天下于许由,由不受,"遁耕于中岳颍水之阳,箕山之下,终身无经天下色。"(《高士传》卷上)至战国时庄子,这种精神乃得到系统的发挥,成为道家正统思想。东汉之世,颇有士人以不仕为高,钓誉而已[2]。世人皆熟知陶渊明《归去来兮辞》,然东汉中期以《二京》(拟班固《两都》)闻名的张衡在其晚年已写下《归田赋》,有了"谅天道之微昧,追渔父以同嬉;超埃尘以遐逝,与世事乎长辞"的表白。姜

---

[1] 王莽秉政,龚胜归隐乡里,莽数遣使征之,至以印绶就加其身,胜辄推不受,谓门人曰:"今年老矣,旦暮入地,谊岂以一身事二姓,下见故主哉?"绝食十四日死(见《汉书·龚胜传》)。严光字子陵,曾与光武同游学,入东汉,隐姓埋名。光武使人寻访得之,征至京。光曰:"士故有志,何至相迫乎!"乃退隐于富春山,后人名其渔钓处为严陵濑(见《后汉书·逸民传》)。钱氏又云:"严光其人其事,影响于后世之士风,至高至大,至深至厚。"(《国史新论》"中国文化传统中之士"188页)

[2] 案:虽许由亦难免"假隐"之嫌。既不受天下,尧再召为九州长,由恶闻其声,洗耳于颍水滨。其友巢父牵犊至,责之曰:"子若处高岸深谷,人道不通,谁能见子?子故浮游欲闻,求其名誉,污吾犊口!"遂牵犊上流饮之(见《高士传》卷上)。

书阁称："以田野为题材，抒作家内心情志，专以抒情而题名曰赋者，自张衡《归田》始。"（《骈文史论》223页，人民文学出版社，1986年）

东汉士人举止往往又有骇俗之处（大约还是与"名"有关）。李固被讥为"胡粉饰貌，搔头弄姿"，让人想到正始名士何晏（何进之孙）的"动静粉白不去手，行步顾影。"（《三国志·魏书·何晏传》注引《魏略》）戴良母终，良不拘礼制，饮酒食肉，哀至乃哭，自谓"礼所以制情佚也，情苟不佚，何礼之论"（《后汉书·逸民传》），发竹林名士阮籍、王戎居母忧而饮啖不辍的先声。钱穆称"三国以下人物风流，全已于东汉启之。"（《国史大纲（上）》179页）

上述诸项，末节细行，不期然却变作六朝士人的容止标准、人生理想。尤可注意者，是汉末仲长统所著"乐志"诗、文，文曰：

"使居有良田广宅，背山临流，沟池环匝，竹木周布，场圃筑前，果园树后。舟车足以代步涉之艰，使令足以息四体之役。养亲有兼珍之膳，妻孥无苦身之劳。良朋萃止，则陈酒肴以娱之；嘉时吉日，则亨羔豚以奉之。蹰躇畦苑，游戏平林，濯清水，追凉风，钓游鲤，弋高鸿。讽于舞雩之下，咏归高堂之上。安神闺房，思老氏之玄虚；呼吸精和，求至人之仿佛。"

诗云：

"至人能变，达士拔俗。乘云无辔，骋风无足。……六合之内，恣心所欲。人事可遗，何为局促？"

又云：

"大道虽夷，见几者寡。任意无非，适物无可。……叛散五经，灭弃《风》、《雅》。百家杂碎，请用从火。"（载《后汉书·仲长统传》）

从其狂放文字不难嗅出风向将变，曾为太学生景仰的"天下模楷李元礼，不畏强御陈仲举"已成过时人物，士大夫以"清议"鉴识人伦、抨击时弊的豪气亦烟消云散。曹魏以下乃有焕然一新士风呈现，蔑儒教而崇老庄，何晏、王弼、阮籍、嵇康诸贤开玄学清谈与任诞风习。东汉许劭兄弟"月旦尝居第一评，立朝风采照公卿"（秦观《孙莘老挽词》第三首，载傅璇琮等主编《全宋诗》第一八册卷一〇六三，北京大学出版社，1995年），至阮嗣宗则变作天下至慎之人，"每与之言，言及玄远，而未尝评论时事，臧否人物。"（《世说新语·德行篇》注引李秉《家诫》）

再以文学为例观士风转变。钱穆称建安时代始有文人及纯文学作品产生，"有文人，斯有文人之文。文人之文之特征，在其无意于施用。其至者，则仅以个人自我作中心，以日常生活为题材，抒写性灵，歌唱情感，不复以世用撄怀。"（《读文选》，转引自余英时《士与中国文化》295页）

竹林七贤[1]对魏晋风度的形成有发轫之功，然其事迹各自不同，且有可细辨处。七贤中应推被司马昭以"莫须有"罪名杀掉的嵇叔夜为第一人（参见俞正燮《癸巳存稿》卷七"书《文选·幽愤诗》后"）。曹操将杀献帝伏后，后跣足散发，执帝手泣曰："不能复相活邪？"帝曰："我亦不自知命在何时。"（《三国志·魏书·武帝纪》注引《曹瞒传》）司马懿诛大将军曹爽，魏大权即移。高贵乡公曹髦以相国"司马昭之心，路人所知"，不甘坐受废辱，出宫亲讨之；贾充领相府兵拒战，激励曰："畜养汝等，正谓今日。"帝遂殒命南阙下（《三国志·魏书·三少帝纪》注引《汉晋春秋》）。羯人石勒曰："大丈夫行事当磊磊落落，如日月皎然，终不能如曹孟德、司马仲达父子，欺他孤儿寡妇，狐媚以取天下也。"（《晋书·石勒载记下》）可见时人颇不以魏晋历史为正大光明[2]。嵇康《与山巨源绝交书》云："荣进之心日颓，任逸之情转笃"（《晋书·嵇康传》），又自说"不堪流俗"（《三国志·魏书·嵇康传》注引《魏氏春秋》），其不肯与当权合作的态度甚明。陈寅恪仅据叔夜娶魏武曾孙女事，而把他的政治立场解释为受姻戚关系影响（见《金明馆丛稿初编》"陶渊明之思想与清谈之关系"204页），未免显得过于狭隘矣[3]。

同样"不堪流俗"的是对司马氏敬而远之的阮嗣宗。《晋书》本传云："籍本有济世志，属魏晋之际，天下多故，名士少有全者，籍由是不与世事，遂酣饮为常。文帝（司马昭）初欲为武帝（司马炎）求婚于籍，籍醉六十日，不得言而止。"阮、嵇放诞实别具苦心，故嗣宗禁其子（名浑）效己，曰："仲容（阮咸，籍之兄子）已豫吾此流，汝不得复尔"（《晋书·阮籍传》）！《世说新语·任诞篇》"阮浑长成"条亦载其事，注引《竹林七贤论》曰："籍之抑浑，盖以浑未识己之所以为达也。"无独有偶，嵇康作《家

---

[1] 据《世说新语·任诞篇》，陈留阮籍、阮咸，河内山涛、向秀，谯国嵇康，沛国刘伶，琅邪王戎，此七人常集于竹林之下，肆意酣畅，世谓"竹林七贤"。陈寅恪以为竹林之游未必即真，盖先有"七贤"名，与东汉末三君、八俊、八顾、八及等同为标榜义，及西方佛教盛行中土，乃取天竺"竹林"名加其上，"至东晋中叶以后江左名士孙盛、袁宏、戴逵辈遂著之书，而河北民间亦以其说附会地方名胜。"（《金明馆丛稿初编》202页）

[2] 东晋明帝问前世所以得天下之由，王导具述司马懿创业及高贵乡公事，帝覆面著床曰："若如公言，祚安得长！"（《世说新语·尤悔篇》）

[3] 案：从家庭关系入手，"晰毛辨发，穷幽极微"（李笠翁语，《闲情偶寄》卷二《词曲下·格局》"填词余论"），推论历史人物政治活动的潜在动机，似为陈氏治史一大发明。

诫》，叮咛其子（名绍）小心做人，本分行事，"夫言语，君子之机，机动物应，则是非之形著矣，故不可不慎。"（载《嵇康集》卷十）鲁迅谓二贤皆不愿儿子像父亲，"因为他们生于乱世，不得已，才有这样的行为，并非他们的本态。"（《而已集》"魏晋风度及文章与药及酒之关系"，《鲁迅全集》（十六卷本）卷三515页）

竹林七贤（高逸图）

再看七贤中的其他几位风流人物。山涛（字巨源）布衣时谓其妻曰："忍饥寒，我后当作三公，但不知卿堪公夫人不耳！"权归司马氏，涛与司马懿妻张春华有中表亲，乃入见张氏子司马师，师诒曰："吕望欲仕邪？"（《晋书·山涛传》）东晋名士孙绰深鄙之，尝曰："山涛吾所不解，吏非吏，隐非隐。"（《晋书·孙楚传》附绰传）余英时说他自来抱入仕之念，"其与叔夜等为竹林之游，殆一时之偶相过从耳！"（"汉晋之际士之新自觉与新思潮"注107，《士与中国文化》353页）涛既贵显，复荐嵇绍出仕，曰："为君思之久矣，天地四时，犹有消息，而况人乎？"（《世说新语·政事篇》）这也就是仲长统"至人能变，达士拔俗"的意思。顾亭林痛斥其说败义伤教，使绍忘父雠而事非君，因谓"自正始以来，大义之不明，遍于天下。"（《日知录》卷十三"正始"条）

其实趋附新朝、冀求显宦的又何止山巨源一人。嵇康被诛，向秀应举至京师，司马昭问曰："闻有箕山之志，何以在此？"对曰："以为巢（父）、许（由）狷介之士，未达尧心，岂足多慕！"（《晋书·向秀传》）而在司马氏朝中官至司徒的王戎则有"三语掾"的美谈，戎问阮咸之子瞻："圣人（指孔子）贵名教，老庄明自然，其旨同异？"瞻曰："将无同。"戎悦其言，即辟为掾（见《晋书·阮籍传》附瞻传）①。阮瞻三语，南宋程大昌释曰："将无"犹言"殆是"，"不直云同而云将毋同者，晋人语度自尔也。"

---

① 案：《世说新语·文学篇》"阮宣子有令闻"条作王衍、阮脩问答事。

（《演繁露续集》卷五《谈助》"将毋同"条）

这里涉及与魏晋风度至有关系的两个概念：名教和自然。前人对周孔名教多有陈说①，我们不必拘泥于字面意义的解读，只消看穿对士人而言，名教、自然无非代表着积极入世和消极避世两种截然对立的人生态度便可以了。王戎闻三语而喜，实因孔、老相同之说给他自己的行为提供了说得过去的解释。陈寅恪谓山、王辈早岁栖隐，后忽变节，"既享朝端之富贵，仍存林下之风流，自古名利并收之实例此其最著者也。"（《金明馆丛稿初编》210页）又曰："周孔老庄并崇，自然名教两是之徒，则前日退隐为高士，晚节急仕至达官，名利兼收，实最无耻之巧宦。"（同上书220页）

于是我们第一次听到了"清谈误国"的说法，究其原因，"正在庙堂执政负有最大责任之达官崇尚虚无，口谈玄远，不屑综理世务之故。"（同上书210页）王戎从弟衍"虽居宰辅之重，不以经国为念，而思自全之计。"（《晋书·王戎传》附衍传）永嘉之乱，汉国（刘渊所建）刘曜、石勒引兵南下，晋师在苦县宁平城（今河南鹿邑）全军覆没，"将士十余万人相践如山，无一人得免者"（《资治通鉴·晋纪九》）；俄而洛阳陷落，怀帝被虏。晋移都长安，建兴四年（316）再为刘曜攻破，愍帝成囚，西晋遂亡。宁平城之役，晋军主帅王衍惧不敢战，及被俘，谓"少不豫事"欲求活命。石勒怒曰："君名盖四海，身居重任，少壮登朝，至于白首，何得言不豫世事邪！破坏天下，正是君罪。"使人夜排墙填杀之。衍至死乃悟，曰："呜呼！吾曹虽不如古人，向若不祖尚浮虚，戮力以匡天下，犹可不至今日。"（《晋书·王戎传》附衍传）

早在西晋惠帝时裴頠便斥玄虚为非，著《崇有论》欲挽回颓俗（见《晋书·裴秀传》附頠传）。南渡臣子中偶有痛定思痛，检点前失，将怀、愍之祸归罪于"正始风流"者。如应詹，东晋元帝时上疏："魏正始之间，蔚为文林。（惠帝）元康以来，贱经尚道，以玄虚宏放为夷达，以儒术清俭为鄙俗。永嘉之弊，未必不由此也。"明帝时卞壶又曰："悖礼伤教，罪莫斯甚！中朝倾覆，实由于此。"（俱载《晋书》卷七十）范蔚宗祖父范宁称何（晏）、王（弼）二人之罪深于桀纣（《晋书·范汪传》附宁传）。王羲之谓"虚谈废务，浮文妨要，恐非当今所宜"（《晋书·谢安传》）。而千年以下顾亭林亦发厉声："国亡于上，教沦于下，胡戎互僭，君臣屡易，非林下诸贤之咎，而谁咎哉！"（《日知录》"正始"）

---

① 陈寅恪曰：名教依魏晋人解释，"即以官长君臣之义为教，亦即入世求仕者所宜奉行者也。"（《金明馆丛稿初编》203页）唐长孺称名教包括政治制度、人才配合、礼乐教化等等，"东汉统治者应用这一套理论作为统治的指南针。"（"魏晋玄学之形成及其发展"，《魏晋南北朝史论丛》307页）余英时则引袁宏《后汉纪》所言"君臣父子，名教之本"，试图证明名教"乃泛指整个人伦秩序而言，其中君臣与父子两伦更被看作全部秩序的基础。"（"名教思想与魏晋士风的演变"，《士与中国文化》358页）

若把南北六朝①的三个多世纪视作一整个历史时期，晋室南渡无疑成为一道重要的分水岭。东汉士族可以说是在与豪族（外戚、宦官）的对抗中逐步发展起来的，一面代表着社会的良心，为国家扫天下，一面也没忘做官发财，攒聚自身之政治、经济实力。司马睿在建邺（后避愍帝讳改建康，即今南京）重续晋祚，"寄人国土，心常怀惭。"（《世说新语·言语篇》"元帝始过江"条）京兆韦华叛晋北逃，谓羌人姚兴（姚苌之子）曰："晋主虽有南面之尊，无总御之实。"（《晋书·姚兴载记》）王室陵夷衰微，豪族更不待言，士族乃有机会一枝独秀，恣意壮大，先前仅为社会现象的"门阀"至此才有了真切的政治含义，从而出现"王与马，共天下"（《晋书·王敦传》）的局面。"中原冠带随晋渡江者百家，故江东有《百谱》。"（颜之推《观我生赋》自注，载《北齐书·文苑传》）又区别"侨姓""吴姓"，"过江则为'侨姓'，王、谢、袁、萧为大；东南则为'吴姓'，朱、张、顾、陆为大。"（《新唐书·柳冲传》）侨姓显然高过吴姓。南北朝对峙时，东魏侯景（羯人）降梁，请婚王、谢，武帝萧衍曰："王、谢门高非偶，可于朱、张以下访之。"（《南史·侯景传》）

王衍族弟导辅佐司马睿登基，居相位，历事元、明、成帝，对晋氏有再造之功，《晋书》比之管仲、孔明，谓"提挈三世，终始一心，称为'仲父'，盖其宜矣。"（本传"论"）陈寅恪更以王导笼络江东士族，让"寄人国土"的东晋政权站稳脚跟，赤县神州免于陆沉，而极称他为"民族之大功臣"（见《金明馆丛稿初编》"述东晋王导之功业"一文）。以上说法固可通，但结合史实，则难以叫人完全信服。王鸣盛谓《晋书》导传"一篇凡六千余字，殊多溢美，要之看似煌煌一代名臣，其实乃并无一事，徒有门阀显荣，子孙官秩而已。所谓翼戴中兴，称'江左夷吾'者，吾不知其何在。"（《十七史商榷》卷五十"《王导传》多溢美"条）这还算是比较客气的评价。导虽慷慨疾呼"戮力王室，克复神州"②，名士孙盛却说他"常有世外之怀，岂肯为凡人事"（《晋书·孙盛传》），可想见其执政风范。元帝欲政从己出，亲用刘隗、刁协，疏外王氏，导从兄敦即以诛刘、刁为名，起兵犯阙，事在永昌元年（322）③。右将军周札守石头城，开门纳寇，

---

① 案：南六朝指相继定都建康的孙吴、东晋、宋、齐、梁、陈，北六朝则指建都北方的曹魏、西晋、北魏（后分裂为东、西魏）、北齐、北周、隋。

② 时过江诸人每逢嘉日，常相邀至临新亭饮宴，举目有山河之异，皆伤情流涕。导变色曰："当共勠力王室，克复神州，何至作楚囚相对！"（《世说新语·言语篇》）案："楚囚"语出《左传·成公九年》，郑人献所获楚伶人（乐官）钟仪于晋，晋侯使钟仪鼓琴，操南音，被赞为怀旧君子。

③ 案：刁协创议，以奴为兵（见《晋书》本传）；奴本属私家，免国家课役，然则王敦之乱背后实有中央政府与世家大族争夺民众的影子。公私双方在这一意义上的矛盾与对抗详见下文"均田制"一节。

致王师败绩。事后王导竟力排众议，极力替周洗脱罪名，谓"往年之事，自臣等有识以上，与札情岂有异！"又云："札知隗、协乱政，信敦匡救……如此，札所以忠于社稷也。"（《晋书·周处传》附札传）观此语，实因仇恨刘、刁而故意混淆是非，颠倒黑白。赵翼曰："导之与敦，情好甚密，既不阻其称兵，反欲借敦以诛除异己……安得尚称纯臣！"（《廿二史劄记》卷七"王导陶侃二传褒贬失当"）

士大夫在朝，大抵不出王衍、王导辈意态，毫无远略，但求自全，"视其主之颠危若路人然"（《日知录》"正始"），所谓"克复神州"只是挂在口头的门面话而已。太元八年（383）侥幸有淝水之胜，宰相谢安喜甚，过户限不觉屐齿之折（见《晋书·谢安传》），却不能乘势渡江以争中原，"盖江东之人知有江东而不知有天下。"（明李舜臣语，载屠隆《鸿苞节录》卷一上"金陵"）相反倒是族单势孤的次等士族甚至寒族人士如祖逖、桓温、刘裕念念不忘雪耻，矢志北伐。桓温尝戎装出猎，名士刘惔①见而怪之，问："老贼欲持此何作？"温曰："我若不为此，卿辈亦那得坐谈？"（《世说新语·排调篇》"桓大司马乘雪欲猎"条）

永和十二年（356）桓温北征，经少时所种柳处，皆已十围，慨然叹曰："木犹如此，人何以堪！"（《晋书·桓温传》）②温欲建功于外，朝廷仗殷浩等相抗于内。伐前燕，燕臣申胤预言："温之得志，众所不愿，必将乖阻以败其事。"（《资治通鉴·晋纪二十四》）太和四年（369）果有枋头（今河南浚县）之败。孙盛乃作《晋阳秋》书其事，温读之，怒谓盛之子曰："枋头诚为失利，何至乃如尊君所说。"（《晋书·孙盛传》）王船山曰："史不著'乖阻'之实，而以孙盛《阳秋》直书其败观之，则温之败，晋臣所深喜而乐道之者也。"（《读通鉴论》卷十四《帝奕》）

此阶段文人写史的态度与技巧正足见世运人心之变。"在齐太史简，在晋董狐笔"（文天祥《正气歌》，载《全宋诗》第六八册卷三五九八）③，直书不隐自古为史臣秉持的传统。钱大昕云："《春秋》，褒善贬恶之书也。其褒贬奈何？直书其事，使人之善恶无所隐而已"。（《〈春秋〉论》，《潜研堂文集》卷二）又云："若夫篡弑已成，据事而书之，良史之职。"（《答问四》，《潜研堂文集》卷七）晋人却首创曲笔"回护"之

---

① 案：谢安之妻即刘惔妹。惔有高名，死后名流孙绰为之诔云："居官无官官之事，处事无事事之心。"时人竞传为名言（见《晋书·刘惔传》）。

② 北周庾信据此赋曰："昔年种柳，依依汉南；今看摇落，凄怆江潭。树犹如此，人何以堪！"（《枯树赋》，载《庾子山集》卷一）

③ 齐大夫崔杼杀庄公，太史书"弑君"于简，被杀。"其弟嗣书，死者二人；其弟又书，乃舍之。"（《左传·襄二十五年》）晋臣赵盾出亡，将军赵穿袭杀灵公而迎之；太史董狐以盾身为正卿，"亡不越境，反不讨贼"，乃书"赵盾弑其君"。孔子曰："董狐，古之良史也，书法不隐。"（《左传·宣二年》）

法。"古人是则曰是，非则曰非，明白正直，曾何回护？"（罗大经语，《鹤林玉露》丙编卷四"龙洲诗联"条）然陈寿仕于晋，对魏、晋革易多所回护。甘露五年（260）高贵乡公遇弑，赵翼云，"此事见《汉晋春秋》、《魏氏春秋》及《世语》、《魏末传》，是司马昭实为弑君之首。乃《魏志》但书高贵乡公卒，年二十，绝不见被弑之迹。"更有甚者，魏、晋假禅让为攘夺，皆"有诏有策，竟成一定书法，以后《宋》、《齐》、《梁》、《陈》诸书悉奉为成式，直以为作史之法固应如是。"（《廿二史劄记》卷六"《三国志》多回护"）

渡江名士把洛都的清谈与任诞之习带入吴地，不但愈演愈烈，而且愈传愈失其真；他们学的只是皮毛，像阮、嵇之流"实在的内心，却不知道。"（《鲁迅全集》（十六卷本）卷三515页）魏武欲辱祢衡，用为鼓史，衡脱衣裸身，击鼓作《渔阳参挝》[1]，曰："吾露父母之形，以显清白之体。"（《三国演义》第二十三回）江左贵游子弟亦以任放为达，相率"去巾帻，脱衣服，露丑恶，同禽兽。"（《世说新语·德行篇》"王平子、胡母彦国诸人"条注引王隐《晋书》）平常"蓬发乱鬓，横挟不带，或亵衣以接人，或裸袒而箕踞"；朋友相见，"不复叙离阔，问安否。宾则入门而呼奴，主则望客而唤狗"；及宴会，"狐蹲牛饮，争食竞割，掣拨淼折，无复廉耻"（葛洪《抱朴子外篇》卷二十五《疾谬》），轻薄之状难以笔墨形容[2]。

"礼义陵迟，男女淫奔"（《诗经·王风·大车》毛序），世风浇薄最能在女性身上得到清晰反照。观六朝时妇女情态，颇有让人耳目一新感觉。永嘉之乱，刘曜纳惠帝羊皇后（名献容，泰山南城人），问："吾何如司马家儿？"后曰："胡可并言？陛下开基之圣主，彼亡国之暗夫，有一妇一子及身三耳，不能庇之。……妾生于高门，常谓世间男子皆然，自奉巾栉以来，始知天下有丈夫。"（《晋书·后妃传》）南朝宋山阴公主谓弟刘子业："妾与陛下，虽男女有殊，俱托体先帝。陛下六宫万数，而妾唯驸马一人。事不均平，一何至此！"帝乃为其置面首三十人（《宋书·前废帝纪》）。宋世公主皆淫妒，士大夫视联姻帝室为畏途，明帝刘彧亦深患之，使人替江斅作表辞婚，遍示诸公主（见《宋书·后妃传·孝武文穆王皇后》）。

宫廷内习尚淫靡，民间更甚，有戏妇之法即今所谓"闹洞房"，"于稠众之中，亲属

---

[1] 鼓曲名，《后汉书·祢衡传》章怀注云："参挝是击鼓之法。""参挝"亦作"掺挝"，南唐徐锴云：掺者，三挝鼓也。后人多以《渔阳掺》入诗词，以"掺"为曲名，如嵇康临终所奏《广陵散》之"散"（见宋黄朝英《湘素杂记》，载《说郛》卷九）。

[2] 案：葛洪自谓他叙述的是汉代末世风俗，唐长孺指出，葛氏惯用"陈古刺今"手法，书中所斥诸弊实见于晋代，汉末虽有萌芽，至少还不是普遍风气，"近人往往多误会，以此说明汉事，我们应该谨慎地引用"（《魏晋南北朝史论丛》"读《抱朴子》推论南北学风的异同"372页注一），其论甚精当。

之前，问以丑言，责以慢对，其为鄙黩，不可忍论。或蹙以楚挞，或系脚倒悬……至使有伤于流血，踒折肢体者。"（《抱朴子外篇·疾谬》）明人杨慎深叹此俗自晋世以降，"历千余年而不能变，可怪哉！"（《丹铅杂录》卷一"戏妇"）

女性尤为上述敝俗之受害者，而她们自己的言行也甚是可观："休其蚕织之业，废其玄紞之务。不绩其麻，市也婆娑。舍中馈之事，修周旋之好。……或宿于他门，或冒夜而反。游戏佛寺，观视渔畋，登高临水，出境庆吊。开车褰帏，周章城邑，杯觞路酌，弦歌行奏。"（《抱朴子外篇·疾谬》）这实在够得上吾国乃至世界史上第一次大张旗鼓的妇女解放运动了。

言归正传，还来看士人们的表现，可将颜之推描写梁朝士大夫的话放大而成六朝时人之整体写照，皆"褒衣博带，大冠高履"，"熏衣剃面，傅粉施朱"，望之若神仙（见《颜氏家训》卷三《勉学》、卷四《涉务篇》）。

王羲之（王导从子）于父母墓前誓不再为官，遂游名山，泛沧海，"与道士许迈共修服食，采药石不远千里"，自叹"我卒当以乐死。"（《晋书》本传）其子徽之尝作将军桓冲（桓温弟）骑兵参军，冲问："卿何署？"答曰："不知何署，时见牵马来，似是马曹。"又问："官有几马？"曰："不问马，何由知其数？"又问："马比死多少？"曰："未知生，焉知死？"（《世说新语·简傲篇》）所谓名士高致大率如此。

谢安虽登台辅，东山之志始终不渝，营楼馆、种林竹于土山，携中外子侄往来游集，看馔屡费百金（《晋书》本传）。后人谢灵运因父祖之资，"凿山浚湖，功役无已"；居官寄情山水，自制"谢公屐"，上山去其前齿，下山去其后齿，"民间听讼，不复关怀。"（《宋书》本传）

声名远播的陶渊明身处东晋末，与孔融之在汉末[1]、嵇康之在魏末略同，但他看惯了乱和篡，故能心平气和地"采菊东篱下，悠然见南山"，"没有什么慷慨激昂的表示，于是便博得'田园诗人'的名称。"（《鲁迅全集》（十六卷本）卷三516页）朝野竞尚虚无放诞，干宝《晋纪总论》乃曰："学者以庄老为宗而黜六经，谈者以虚薄为辩而贱名检，行身者以放浊为通而狭节信，进仕者以苟得为贵而鄙居正，当官者以望空为高而笑勤恪。"（载《全晋文》卷一二七）

名士清谈，必执麈尾（即拂尘），陈后主召张讥至松林中讲义理，无麈尾，命取松枝代替（见《陈书·儒林传》）。故清谈又称"麈谈"。东晋孙盛与殷浩对食辩论，"奋掷麈尾，毛悉落饭中。"（《晋书·孙盛传》）王导惧内，密营别馆以处众妾；妻获知，将往，

---

[1] 官渡战后，曹丕私纳袁绍子熙之妻甄氏，孔融与曹操书，称"武王伐纣，以妲己赐周公"。操不解，问出何典，对曰："以今度之，想当然耳。"融讥嘲操，皆此类也；操积嫌忌，建安十年（205）虚构一套不忠不孝罪状杀之（见《后汉书·孙融传》）。

导急使妾乘车避之，用麈尾柄驱牛而进（《晋书·王导传》）。这时麈尾大概尚是名士随身不离之物，往后相沿成俗，渐为谈玄雅器，门第象征。谈士王濛病笃，灯下转视麈尾不舍，死后刘惔乃以犀把麈尾置其棺中（见《晋书·外戚传》）。南齐陈显达既富贵，常因人微位重而怀愧惧，诫诸子曰："麈尾扇是王谢家物，汝不须捉此。"（《南齐书》本传）

像崔、卢、王、谢大姓子弟，"生发未燥，已拜列侯，身未离襁褓，而业被冠带。"（《鸿苞节录》卷一上"选举"）世家大族过江后但以家室为念，占地名田，封山锢泽，一心一意维持门第优势地位；宰相王导不肯做凡人事，便最能代表"门第中人意态"（钱穆语，《国史大纲（上）》245页）。祖约（祖逖弟）以贪财闻名，尝有客至，正料视财物，"屏当未尽，余两小簏，著背后，倾身障之。"（《世说新语·雅量篇》）后叛投石勒，犹"占夺乡里先人田地，地主多怨"，以致被杀（见《晋书》本传）①。士人心头之"天下"既被家族私利挤掉，再无经国远图，于是东晋以下出现一种近乎矛盾的现象：他们一面谈玄，一面遵"礼"，所谓"礼玄双修"。由梁人齐的颜之推记录江南"士大夫风操"传示子孙，观其《家训·风操篇》，凡丧礼、避讳、亲属名称无不严整，不可滥也②。

袁宏《三国名臣颂》曰："君亲自然，匪由名教。爱敬既同，情礼兼到。"（载《晋书·文苑传》）自然、名教的问题早已解决，关键在"情礼兼到"四字。"发乎情，止乎礼义"（《毛诗大序》），名士放诞不可能任由天马行空，其最终归宿便落在这里。余英时称，"魏晋正是士族开始在社会上占据统治地位的时代，个别的士并不能离开家族基础而有其独立的社会意义。……士的个体自由是以家族本位的群体纲纪为其最基本的保障的。"（《士与中国文化》385页）单为保全家族、维护门第着想，士人虽不羁，必然要视《礼经》为"圣人之教"，叹服"亦为至矣"。（《颜氏家训·风操篇》）两个典型例子是以玄谈著称的王濛、刘惔，皆通礼制，对丧服尤有研究。如唐长孺所言，"以门阀为基础的士大夫利用礼制以巩固家族为基础的政治组织，以玄学证明其所享受的特权出于自

---

① 案：名士王戎亦好聚敛，虽园田遍天下，洛都无比，"翁妪二人，常以象牙筹昼夜算计家资。"（《世说新语·俭啬篇》"司徒王戎既贵且富"条注引王隐《晋书》）又出售家中好李，"恐人得种，恒钻其核"（《晋书》本传），一副奸商嘴脸，全不见当日竹林之游的风度。西晋武、惠之世，何曾、石崇俱以豪奢闻名。何曾（何蒦子）日食万钱，犹谓无下箸处。石崇与外戚王恺斗富，武帝每助恺，赐珊瑚树，高二尺；崇见之，即以铁如意击碎，命左右取自家珊瑚，有高三四尺者六七株（皆见《晋书》本传）。崇《金谷诗序》又云："有别庐在河南县界金谷涧中，去城十里，或高或下，有清泉、茂林、众果、竹柏、药草之属。金田十顷，羊二百口，鸡猪鹅鸭之类莫不毕备。又有水碓、鱼池、土窟，其为娱目欢心之物备矣。"（载《全晋文》卷三十三；《世说新语·品藻篇》刘孝标注亦引此序，文字较《全晋文》为略）盖魏晋以下，奢侈、贪财对士人而言已成常态。

② 案：王羲之及诸子皆取"之"字为名而不避讳，陈寅恪以为琅邪王氏世奉五斗米道，"之"字盖代表宗教信仰，父子兄弟皆能取以命名。此例可从侧面证明"六朝人最重家讳"的风气，故陈氏不得不对令人费解的取名现象特别加以申说辨明也（见《金明馆丛稿初编》"天师道与滨海地域之关系"第9页）。

然。"(《魏晋南北朝史论丛》333页）

《宋书·王懿传》曰："北土重同姓，谓之骨肉，有远来相投者，莫不竭力营赡，若不至者，以为不义，不为乡里所容。"顾亭林论及江南风俗，引《魏书·刘骏传》谓"士大夫父母在而兄弟异居，计十家而七；庶人父子殊产，八家而五。"时有《嘲南人诗》云："共甀分炊饭，同铛各煮鱼。"（《日知录》卷十三"分居"条）对这一亲一疏的区别，余英时更进一新解，谓南人深研礼制的结果是把宗族关系越辨越细，"唯有如此，普遍化的'礼'才能最大限度地照顾到个别化的'情'，使'情礼兼到'的境界成为可能。"（《士与中国文化》387页）其言是矣。

陈寅恪称，"《世说新语》记录魏晋清谈之书也。其书上及汉代者，不过追溯原起，以期完备之意。惟其下迄东晋之末刘宋之初迄于谢灵运，固由其书作者只能述至其所生时代之大名士而止，然在吾国中古思想史，则殊有重大意义。盖起自汉末之清谈适至此时代而消灭，是临川康王不自知觉中却于此建立一划分时代之界石及编完一部清谈之全集也。"（《金明馆丛稿初编》216—217页）仅拿临川王刘义庆的一部《世说新语》作断代标尺，陈氏持论失之武断。事实上，分裂局面与世运人心大有关系，主导士大夫精神生活的清谈之风不可能到东晋末刘宋初即告歇，国家衰运还要在它的猛烈吹拂下延续好一阵子。南朝士人本不重儒，梁武帝萧衍"开五馆，建国学，总以五经教授"（《陈书·儒林传》序），故四十余年间儒学稍振；然梁时五经之外不废老庄，复增佛义，"晋人虚伪之习依然未改，且又甚焉。风气所趋，积重难返，直至隋平陈后，始扫除之。"（赵翼《廿二史劄记》卷八"六朝清谈之习"）

入南朝，皇族亦沾染玄风。如前言，过江士人已失阮、嵇之真，南朝王室子弟则再变放诞为胡闹，变名士之雪夜访友、排门看竹而为达旦捕鼠、往寺庙偷狗吃[1]。清谈必须博学，王导玄孙僧虔尝以"谈何容易"为辞，诫其子曰：读书不求甚解，"而便盛于麈尾，自呼谈士，此最险事。"（《南齐书·王僧虔传》）刘、萧、陈诸家皆族姓寒微，子弟多无学术，徒慕名士高致而不能悟其真旨，只剩下一具萎靡的精神外壳，宫廷生活自然走向荒诞不经。

梁武六弟临川王萧宏统兵北伐，怯不敢战，魏人赠以巾帼，讥为"萧娘"。宏生活豪奢，恣意聚敛，有库室百间。武帝疑私藏铠仗，检视其家，见满库积钱三亿余万，喜曰："阿六，汝生活大可！"（《南史·梁宗室传》）齐废帝萧宝卷用金莲贴地，教潘妃行其上，曰："此步步生莲华。"（《南史·齐东昏侯纪》）亡国之君后主陈叔宝造《玉树后庭花》等曲，令"女学士"（宫人有文学者）、"狎客"（游宴后庭朝臣，为首者尚书令

---

[1] 钱穆语，见《国史大纲（上）》271页。案：捕鼠者为南齐东昏侯（萧宝卷），偷狗者为刘宋后废帝（刘昱），访友、看竹皆王徽之轶事。

江总，世称江令）共赋艳诗，以为歌词，云："璧月夜夜满，琼树朝朝新"，大赞宠妃张丽华美色（见《南史·张贵妃传》）。李商隐《南朝》诗曰："谁言琼树朝朝见，不及金莲步步来？……满宫学士皆颜色，江令当年只费才。"

此节之末，犹有一事可辨。钱穆谓"门第精神本是江南立国主柱"（《国史大纲（上）》268页），然高门大族门户已成，不屑建功立业，但求自保家世，"虽朝市革易，而我之门第如故"；不惟宋、齐、梁、陈四朝皇室起自微贱，"其他立功立事，为国宣力者，亦皆出于寒人。"（赵翼《廿二史劄记》卷十二"江左世族无功臣"）士人囿于自我圈子里纵情肆志，不涉世务，自渡江八九世，未尝"起一墢土，耘一株苗，不知几月当下，几月当收"（《颜氏家训·涉务篇》）；养尊处优的生活正让消沉萎靡气息从内心散入肤表，使他们成为国家无所仰赖、自身亦不可救药的一群废物！

梁时建康令王复未尝乘骑，见马嘶鸣跳跃，失色曰："正是虎，何故名为马乎？"公元548年侯景反，发兵攻破建康，士大夫"肤脆骨柔，不堪行步，体羸气弱，不耐寒暑，坐死仓猝者，往往而然。"（《颜氏家训·涉务篇》）这场持续数载的战祸[1]不光涤荡了士人闻惯的江南温软甜蜜的空气，且给他们带来灭顶之灾。建康陷，世家出身的王克仕伪朝；及侯景败，梁将王僧辩见克曰："王氏百世卿族，便是一朝而坠。"（《南史·王彧传》附克传）颜之推称，侯景之乱，南渡冠带"在都者覆灭略尽。"（《观我生赋》自注）

东汉亡后三百余年间，士气低迷正与国运衰微相始终。范蔚宗曰："汉自中世以下，阉竖擅恣，故俗遂以遁身矫絜放言为高。士有不谈此者，则芸夫牧竖已叫呼之矣。故时政弥惛，而其风愈往。"（《后汉书·陈寔传》"论"）此诚为不易之论，后人大抵因循之。陈寅恪曰："清谈之兴起由于东汉末世党锢诸名士遭政治暴力之摧压，一变其指实之人物品题，而为抽象玄理之讨论。"（《金明馆丛稿初编》202页）王瑶曰：汉末董卓之乱，"以后接着来的三国鼎立，司马篡位，八王之乱，永嘉南渡，五胡乱华，南北分裂，充满了魏晋这个时代底纷乱黑暗的政治社会背景，都是使士大夫们希企避世存身的根本原因。"（"论希企隐逸之风"，《中古文学史论》182—183页，北京大学出版社，1986年）质言之，无不将士风转变归因于日趋恶化的政治事态。不可否认，在其背后还会另有其他因素发挥作用（将于下节讨论之），但残酷现实带给士夫阶层的巨大心理冲击无疑应是重塑其行为方式的主要动力。宗白华偏重美学思考，于1941年撰文称，"汉末魏晋六朝是中国政治上最混乱、社会上最苦痛的时代，然而却是精神史上极自由、极解放，最富于智慧、最浓于热情的一个时代。因此也就是最富有艺术精神的一个时代。"（"论《世说新语》和晋人的美"，《艺境》126

---

[1] 侯景弑萧衍自立，称汉帝，至552年始被梁将陈霸先、王僧辩逐出建康，逃亡途中为部下所杀。梁武尝于孤独绝望中拆读侯景二字为"小人百日天子"。

页，北京大学出版社，1987年）余英时则持心灵自觉、思想解放、精神自由之说解读魏晋巨变，认为士大夫内心"实别有一以个人为中心之人生境界"，非外在境遇所能完全解释（见《士与中国文化》286页）；又谓葛洪《抱朴子》所描写的士人丑行是"个性解放后精神上要求打破一切桎梏的具体表现"（同上书363页），儒学之约束"远不若老庄自然逍遥之旨深合其自觉心灵追求自由奔放之趋向"（同上书322页）；甚而至于附和西人观点，将魏晋时代比敷于最以人之觉醒著称的意大利文艺复兴（同上书345页注二十）[1]。凡此立论，或能破故垒、进新解（余氏语），开拓读者视野，然而一旦脱离开具体历史情境，陷入自说自话田地，再动听的理论恐怕也会变成镜花水月，失去了生命力。

再论宗教问题

魏晋南北朝的三个半世纪，是吾国释、道二教发展的一大关键期。士大夫公然标榜"老子、庄周，吾之师也"（嵇康《与山巨源绝交书》），不复以经学为重。汉人朝廷虽偶倡儒于上，不过学术上之一时反动耳[2]。旨趣迥异于前，儒衰道盛遂为大势所趋。而道教经北人寇谦之，南人陆修静、陶弘景的理论改造，经典、仪礼渐全，俨然已成相对成熟的宗教形式，北魏太武帝之世甚至被尊为"国教"（拓跋焘崇奉天师，公元440年改元太平真君）。南北俱有奉道世家，如北魏之清河崔氏（崔浩）、东晋之琅邪王氏（王羲之父子）、南朝之顺阳范氏（范晔、范缜）[3]，皆是著例。

---

[1] 案：余氏着重由内心方面探求魏晋士风转变，见"汉晋之际士之新自觉与新思潮"及"名教思想与魏晋士风的演变"两篇长文（载《士与中国文化》）。

[2] 三国时魏臣刘靖上疏："自黄初（文帝曹丕年号）以来，崇立太学二十余年，寡有成者。"（《三国志·魏书·刘馥传》附靖传）《魏略》云：文帝始开太学，有弟子数百；至明帝（曹叡）太和、青龙中，诸生避役而就太学，达千数，"诸博士率皆粗疏，无以教弟子；弟子本亦避役，竟无能习学，冬来春去，岁岁如是。"（见《三国志·魏书·王肃传》注）

南朝时，"江左儒门，参差互出，虽于时不绝，而罕复专家"。萧齐之初崇建庠序，人诵儒书，一时极盛；明帝（萧鸾）即位后儒学取衰，"学校虽设，前轨难追。"（《南齐书》卷三十九"论"）天监四年（505），梁武诏曰："魏晋浮荡，儒教沦歇，风节罔树，抑此之由"（《梁书·儒林传》序），乃开五馆，置博士，儒者严植之、贺玚等咸至高官。然梁之崇儒，亦仅武帝一世而已，且老庄不废，佛学大兴。

[3] 宋文帝（刘义隆）元嘉二十二年（445），范晔因参与谋立彭城王刘义康（文帝弟），事泄被杀。谋主实为天师道信徒孔熙先，其他同案亦有天师世家嫌疑，故陈寅恪称"蔚宗之死实由于天师道。"（《金明馆丛稿初编》"天师道与滨海地域之关系"28页）陈氏又谓范缜生值佛教最盛时代，为保持世传奉道信仰，著《神灭论》排斥佛法，震动一时（同上"陶渊明之思想与清谈之关系"218页）。

案：《南史·范泰传》谓晔父泰顺阳（今河南淅川）人，晋安北将军汪之孙；《梁书·范缜传》则谓缜南乡舞阴人，汪六世孙。陈垣辨曰，同为范汪后人，而籍贯互异，"南乡即顺阳，梁代避讳（当指范晔案）改也……故一族误为二族。"（《史讳举例》卷四49页，上海书店出版社，1997年）

东汉末年相继兴起的太平道和五斗米道虽属不同教团，二者同以《太平清领书》为教理源泉，实质上已有合体倾向。传授《太平经》说教者，五斗米道称"天师"，张鲁自号"师君"，而在黄巾起义遭镇压、太平道教团瓦解后不久，五斗米道大约便有了天师道的称呼。寇谦之"清整道教，除去三张（陵、衡、鲁）伪法"（《魏书·释老志》），建新天师道，陆修静、陶弘景亦在江南的自由空气里从事理论活动；于是经南北朝，天师道"保持了代表不折不扣的道教的地位，再往后，天师道在历代天师的统率下绵延至今。"（秋月观暎"道教史"，《道教》第一卷35页）①

六朝时，天师道信徒的政治活动颇引人注意，事实上，两晋之覆亡莫不与此有关。

泰始元年（265），晋武帝矫曹魏抑损宗室、孤立而亡之弊，大封同姓，同时受封者凡二十七王。太康元年（280）晋师平吴，天下一统，刘禹锡诗云："王浚楼船下益州，金陵王气黯然收。千寻铁锁沉江底，一片降幡出石头。"（《西塞山怀古》）②武帝自是耽酒色，纳孙皓宫人数千，掖庭殆将万人；帝乘羊车，宫人望幸，竞取竹叶插户、盐汁洒地以引之（见《晋书·胡贵嫔传》）。后党得间用事，杨皇后父杨骏兄弟三人势倾内外，时称"三杨"。继立惠帝更是有名"暗主"，闻百姓饿死，反问："何不食肉糜？"（《晋书》本纪）西晋纲纪大坏。

史家往往以晋惠时"贾后专权"与"八王之乱"并论。贾后（名南风）系弑高贵乡公贾充之女，元康元年（291）与楚王司马玮合谋，诛三杨，皆夷三族，死者数千。贾氏为了独揽大权，接下来借刀杀人，杀共同辅政的汝南王司马亮与元老卫瓘，再卸磨杀驴除掉司马玮，害死太子司马遹。永康元年（300）赵王司马伦率兵入宫，捕杀贾氏及亲党；次年僭称帝，滥封官爵，貂蝉满庭，时人谚曰："貂不足，狗尾续"（《晋书·赵王伦传》）③。大乱由贾后宫廷政变开始，"转变为皇族争夺政权的斗争，演成'八王之乱'。"（王仲荦《魏晋南北朝史（上）》216页）

"八王之乱"无疑是撼摇晋廷根基的最重要事件，连年混战又给胡人创造出长驱入塞的大好机会，五胡十六国接踵而起，"从此大河南北就成为匈奴、鲜卑贵族统治的世

---

① 案：张天师六十四代孙张源先2008年10月羽化于台湾南投，遂起天师嗣位之争。

② 晋将王浚造大船，出巴蜀，蔽江而下。吴人以铁索横绝江面，晋军燃炬断索，船无所碍，直入石头城。吴主孙皓备亡国之礼，肉袒面缚而降（见《晋书·王浚传》）。

③ 案：胡服赵惠文冠以貂蝉为饰（参见本书59页注二），后遂演变为王公显官冠上饰物。

界。"（同上书219页）①内乱起因或追及晋初分封②，或归于妇人干政③，或如黄仁宇从农村经济结构做更深层次探求④，均不无道理，但祸事背后的另外一只隐蔽推手似未能引起一般人的足够重视。

延续十六年（291—306）的八王内乱头绪繁多，牵扯其中的先后有汝南王亮、楚王玮、赵王伦、齐王冏、河间王颙、成都王颖、长沙王乂、东海王越，"战事波及今日之山东、河北、河南、陕西，各王动员时，有称二十万者，有称七万者。每次战役死者以万计，其详细经过，无法综合梗概叙述。"（《赫逊河畔谈中国历史》66页）仅三王（齐王、河间王、成都王）起兵伐伦的六十余日里，"战所杀害仅（义同'近'）十万人。"（《晋书·赵王伦传》）伦将篡，淮南王允、吴王晏兄弟欲讨之，兵败，允遇害，晏被贬，后助长沙王攻成都王，此二人又不在八王之内。

司马懿第九子司马伦显然是这场大乱的主角。日人秋月观暎指出，"首谋赵王伦，早期受封于山东琅邪之时，曾与当地天师道信徒集团接近，参谋张秀（孙秀之误）即那个时期的一位信徒。"（《道教》第一卷35页）燕、齐滨海之地与神仙传说的关系已见前述，然则琅邪土著孙秀之宗教信仰不言而喻；三王起兵檄至，"秀家日为淫祀，作厌胜之文，使巫祝选择战日。又令近亲于嵩山著羽衣，诈称仙人王乔⑤，作神仙书，述伦祚长久以惑众。"（《晋书·赵王伦传》）陈寅恪进而考证赵王伦本人亦为奉天师道者。《晋书》本

---

① 案：自汉末黄巾、董卓之乱，迄于三国，胡人便频频参与中原战事，带起一浪高过一浪的内迁潮。而中原王朝招纳诸胡犹可上推至前汉晚世。匈奴五单于争立，呼韩邪失国内附，汉割并州北界安之，"于是匈奴五千余落入居朔方诸郡，与汉人杂处。"（《晋书·北狄匈奴传》）后汉初，马援讨叛羌，"徙其余种于关中，居冯翊、河东空地，与华人杂处。"（《晋书·江统传》）三国魏邓艾、晋初郭钦皆有徙戎主张。惠帝时，陈留江统作《徙戎论》，力陈"寇发心腹，害起肘腋，疢笃难疗，疮大迟愈"以警朝廷（载《晋书》本传），《资治通鉴》系其事在元康九年（299）。

② 王鸣盛曰：晋武帝广封诸王以为屏藩，可谓盛矣，"但此诸王非有功勋，皆由恩泽，初无德器，漫据富贵，何足以巩维城之固哉！未几而有八王之祸，贻谋之不臧也。"（《十七史商榷》卷四十四"二十七王"条）王仲荦认为这种看法并不全面，晋初诸王裂土，不治吏民，刘颂谓"法同郡县，无成国之制"（《晋书·刘颂传》）；"召乱之速，主要是由于西晋承东汉末年以来州、郡积重之势，而使诸王出专方面重镇所致。"（《魏晋南北朝史（上）》216页）

③ 《晋书·后妃传》"论"曰："南风肆狡，扇祸稽天。……中原陷于鸣镝，其兆彰于此焉。"案：鸣镝即响箭，匈奴冒顿以鸣镝射杀其父头曼，自立为单于（见《史记·匈奴传》）。

④ 见《中国大历史》第七章"重新诠释八王之乱"一节及《赫逊河畔谈中国历史》之"长期分裂时的悲剧"一文。案：黄氏两处用语皆欠明晰，要言之，大抵指中央政府缺乏有效应对农村出现的经济问题的手段，稍有纠纷（如晋初颁占田法限制土地兼并），便能从下到上引起社会组织与秩序的大规模崩坏。

⑤ 《后汉书·方术传》载明帝时，河东人王乔为叶令，有神术，百姓为立庙，号叶君祠，传称即古仙人王子乔。刘向《列仙传》曰：王子乔，周灵王太子晋也，游伊洛间，道士浮丘公接上嵩山，三十年后得道仙去。案：《风俗通义·正失》"叶令祠"条已辨俗云河东王乔即王子乔仙之诬。

传云："伦、秀并惑巫鬼，听妖邪之说"，"拜道士胡沃为太平将军"。陈氏据此称，"伦拜道士为将军，以太平为称号，战阵则乞灵于巫鬼，其行事如此，非天师道之信徒而何？"（《金明馆丛稿初编》"天师道与滨海地域之关系"第5页）

而实际上颠覆了东晋王朝的孙恩、卢循起义，"也是的的确确的天师道教团的政治叛乱。"（《道教》第一卷35页）安帝隆安三年（399），琅邪人孙恩聚众反晋，割据浙东，败则入海，朝廷不能禁，元兴元年（402）始击破之。卢循率余众从海路南走广州，蛰伏至义熙六年（410），乘刘裕攻南燕，发舟师北上，明年大败而回，在交州（州治龙编，今越南河内东）投水身死。孙、卢皆仗善使舟楫之沿海居民，前后坚持十一年，王仲荦总结其作战特色，云："农民起义军转战东南半壁，人民自己所建立起来的舰队，曾经溯洄赣江，纵横长江上下游，乘长风破巨浪于汪洋大海之上，开农民战争战略战术上未有之前例。"（《魏晋南北朝史（上）》371页）

孙恩与孙秀同族，世奉五斗米道，徒众称"长生人"。妇女有不能随者，投其婴儿于水，号曰"登仙堂"。及兵败，恩赴海自沉，徒党、妓妾谓之"水仙"，从死者百数（见《晋书》本传）。秋月观暎曰："这清楚地表明，天师道教法中的神仙说不仅仅是观念上的憧憬，而且已形成支配现实战斗实践的虔诚的宗教信仰。"（《道教》第一卷36页）

卢循为孙恩妹夫，家世高华，其祖可溯至汉末卢植（马融门人，刘备、公孙瓒皆师事之），曾祖卢谌几成晋武帝婿（未成礼而公主卒），与司空刘琨为姻戚[1]，以注《庄子》闻名。有趣的是官军这边，内史王凝之（羲之次子）镇守会稽，日夜闭门请祷，曰："吾已请大道，许鬼兵相助，贼自破。"（见《晋书·王羲之传》）[2]可见天师道传播早已突破家世门第甚至政治立场的限制，渗透及于社会的各个层面。

孙、卢起兵的政治、经济背景，论者已多，兹不具述，但取陈寅恪之说，特从宗教方面考察之。陈氏曰：天师道由最初隐伏世胄高门，而渐染及于皇族，遂促生政变，赵王伦谋篡已为明证，"东晋孙恩之乱，其主因亦由于皇室中心人物早成天师教之信徒。"（《金明馆丛稿初编》第7页）

陈氏揣测六朝人名中"道""之"同例，皆是代表宗教信仰、无须避讳之字，简文帝司

---

[1] 案：刘琨与赵王伦、卢谌皆有姻亲关系，伦之子为琨姐夫，而琨妻即谌之姨母。晋室陵替，琨枕戈待旦，与友祖逖闻鸡起舞。桓温北伐，得昔日琨之伎女。妇人初见温，以貌似刘司空潸然而泣，复曰："面甚似，恨薄；眼甚似，恨小；须甚似，恨赤；形甚似，恨短；声甚似，恨雌。"（《晋书·桓温传》）

[2] 秋月观暎称，随着天师道传播地域和阶层的扩展，自然引起原教义的分裂。王凝之、孙恩同为道教中人而兵戎相见，"反映出天师道教团已经丧失了维护团结的领导能力，制止不了有势力的信徒间形成政治上的对立关系。"（《道教》第一卷36页）

马昱字道万，生子名道生、道子，暗示出这一家人与天师道的联系。自太子道生幽废而死，简文帝弥年无子，幸得李夫人生孝武帝及会稽王道子。李氏本为织坊侍婢，形长色黑，宫人谓之"昆仑"，相者一见即惊呼其为能育贵男之女，此事背后实有卜者扈谦、道士许迈的一番撺掇播弄（见《晋书·孝武文李太后传》）①。据北宋张君房所辑道教类书《云笈七签》，扈谦系魏郡人，"精于《易》占，常在建康后巷许新妇店前筮，一卦一百钱，日限钱五百止，次卦千钱不为也。"（卷一一一《洞仙传》）丹阳许迈家世士族，不慕仕进，父母亡后改名玄，字远游，遣妇还家，遍游名山，与王右军为世外之交（《晋书·王羲之传》附迈传）。孝武兄弟二人自幼受浓郁的道教气息陶育，至会稽王之子元显，又与孙恩叔父泰交厚，求其秘术（见《晋书·孙恩传》），陈寅恪乃谓"东晋当日皇室之中心人物皆为天师道浸淫传染，宜其有孙、卢之乱也"（《金明馆丛稿初编》11页）。

道教在北魏被树为国教，司徒崔浩功不可没。浩师事寇谦之，受其法术，上疏赞明其事；太武帝欣然，"于是崇奉天师，显扬新法，宣布天下，道业大行。"（《魏书·释老志》）浩崇道毁佛，太平真君十一年（450）获罪族诛，世人以为"报应之验"。据《魏书》本传，浩之母即卢谌孙女，"崔浩、卢循两人实中表兄弟，其家世相传之信仰，自属天师道无疑。"（《金明馆丛稿初编》16页）至此我们终于找到一条连缀南北政治事态的隐秘而曲折的线索。

而时人迷恋西土佛教，恰如他们投身道教，其精神之热诚同样对六朝政治生活发生潜移默化的影响。汉末迄于三国，沙门法师来华译经，见诸梁慧皎《高僧传》者有安世高、支楼迦谶（或直云'支谶'）、昙柯迦罗、支谦、康僧会等，其时大、小乘经并传（如安世高传小乘、支谶传大乘），佛经汉译乃成为佛法流布的重要手段。当"五胡乱华"，天竺高僧在北方大受欢迎首先得益于胡人君主的殷勤态度，如二石（石勒、石虎）之敬事佛图澄，苻坚、姚兴之西迎鸠摩罗什。石虎因澄故，特下书曰："朕出自边戎，忝君诸夏……佛是戎神，所应兼奉。"赵人皆"营造寺庙，相竞出家"（《晋书·佛图澄传》）。罗什"雅好大乘，志在敷演"，在长安译经三百余卷（《晋书·鸠摩罗什传》）。自公卿至百姓多奉佛，十室而九，法旨大著中原（见《晋书·姚兴载记》及《魏书·释老志》）。

钱穆谓胡人性暴戾，一旦大权在握，好淫好杀，"惟佛法适如对症之药。"（《国史大纲（上）》362页）佛图澄悯念苍生，以佛道劝化石勒，蒙益者十有八九；又谏石虎：

---

① 扈谦卜曰："后房中有一女，当育二贵男，其一终盛晋室。"许迈谓帝曰："当从扈谦之言。"简文乃召诸妾、婢媵遍示善相者。

"佛法不杀。"二石残虐凶强，"若不与澄同日，孰可言哉！"（《高僧传》卷九《佛图澄传》）①

随着崔浩被诛，文成帝（拓跋濬）即位，北魏佛教重兴。孝文（拓跋宏）迁都洛阳后，京师佛寺由晋末四十二所剧增至千余所，城中"招提（即寺院）栉比，宝塔骈罗，争写天上之姿，竞摹山中之影，金刹与灵台比高，讲殿共阿房等壮"（《洛阳伽蓝记》序）。此外又在云冈、龙门凿山开窟，加上此前十六国时期动工的敦煌莫高窟、麦积山石窟，这有名的四大石窟遂把北人向佛之虔诚永远定格在风吹雨蚀的旷野石壁上。

不似北方穷极土木之工的轰轰烈烈，佛学在烟雨江南的流布更显出一番润物细无声的缠绵与精致。精神萎顿的士人闻大乘玄义如沐甘霖，由研玩老庄转而探求佛理，渐入穷途的清谈乃勃然进发新的生机。南齐张融遗令："左手执《孝经》、《老子》，右手执小品《法华经》"（《南齐书》本传），"礼玄双修"外显然又添新的内容。陈寅恪曰：佛法"实于纷乱之世界，烦闷之心情具指迷救苦之功用，宜乎当时士大夫对于此新学说惊服欢迎之不暇"（《金明馆丛稿初编》"陶渊明之思想与清谈之关系"217页）。

名僧慧远（俗姓贾，佛图澄再传弟子）携僧俗十七人在庐山东林寺同修净土，结白莲社，列名者百二十三人；陶渊明、谢灵运与莲社诸贤皆有往来②。北齐阳休之补入《陶渊明集》的《圣贤群辅录》以沙门于法龙与阮瞻、王澄（王衍弟）等七位名士相提并论，号"晋中朝八达"。孙绰作《道贤论》，更以七沙门比竹林七贤③。钱穆曰："可知东晋僧

---

① 《晋书》"二石载记"具言勒、虎好淫好杀事。宁平城之战，石勒围而射杀晋兵二十余万，无一幸免（案：《晋书·孝怀帝纪》及《资治通鉴》皆谓死者十余万）；大破前赵，擒刘曜，斩首五万余级。石虎"夺人妻女，十万盈宫"（苻洪语），其子遨尤无道，"夜出于宫臣家，淫其妻妾。妆饰宫人美淑者，斩首洗血，置于盘上，传共视之。又内诸比丘尼有姿色者，与其交亵而杀之，合牛羊肉煮而食之，亦赐左右，欲以识其味"。

② 慧远居东林寺，三十余年不出山，送客每以虎溪为界（至此辄有虎号鸣，故得名）。一日与陶渊明、陆修静共话，不觉过溪，三人相顾大笑，世传为《三笑图》。慧远尝招渊明入莲社，渊明既至，忽攒眉而去。谢灵运在寺中凿池种白莲，求入社，竟以心杂见拒（见佚名《莲社高贤传》及北宋陈舜俞《庐山记》卷一《叙山北篇》、卷三《十八贤传》）。

案：南宋楼钥谓陶、陆、慧远三人不同时，宋文帝元嘉末年修静始来庐山，"远之亡已三十余年，渊明之亡亦二十余年"，虎溪三笑传说当出于后人附会（见《攻媿集》卷七十七"又跋东坡《三笑图赞》"）。陈寅恪称庐江陶氏亦天师道世家，故渊明与范缜同主神灭论，对同时同地慧远等出家人学说充耳不闻，《莲社高贤传》所记"皆不可信之物语"（《金明馆丛稿初编》217页）。然朱光潜对陈氏说法颇表怀疑，认为渊明诗里充满禅机，且明明说过莲社议论"发人深省"，"他的意识或下意识中可能有一点佛家学说的种子，而这一点种子，可能像是熔铸成就他的心灵的许多金属物中的寸金片铁；在他的心灵焕发中，这一点小因素也可能偶尔流露出来"（《诗论》317页，北京出版社，2005年）。

③ 案：七沙门者，帛远（字法祖）匹嵇康，于法兰匹阮籍，于道邃匹阮咸，竺法乘匹王戎，竺法护匹山涛，竺道潜匹刘伶，支遁（字道林）匹向秀，俱见《高僧传》。

人，实与名士站在同一路线，一鼻孔出气。"（《国史大纲（上）》361页）

杜牧诗云："南朝四百八十寺，多少楼台烟雨中。"（《江南春绝句》）南朝皇室亦染崇佛之风，最著名者莫过"皇帝菩萨"萧衍。大通元年（527），梁武帝穷竭帑藏，建同泰寺，有浮屠九层，"自是无岁不幸寺，讲经设会，舍身奉赎，不可胜纪。"（清陈作霖《南朝佛寺志》卷下"同泰寺"）①庾信赋诗极摹寺之壮丽，曰："岩岩凌太清，照殿比东京。长影临双阙，高层出九城。栱积行云碍，幡摇度鸟惊。凤飞如始泊，莲合似初生。轮重对月满，铎韵拟鸾声。画水流全住，图云色半轻。"（《奉和同泰寺浮屠》，载《庾子山集》卷三）中大同元年（546），同泰寺被火灾，更造十二层浮屠，未成而侯景乱作，梁武殒命。

刘宋之世，以词彩齐名，江左称"颜谢"的颜延之、谢灵运并颂"佛经为指南"，"佛法为名理"，文帝因曰："若使率土之滨，皆纯此化，则吾坐致太平，夫复何事！"（何尚之《答宋文帝赞扬佛教事》，载梁僧祐《弘明集》卷十一）然释、道流播不光在士人精神上刻下深深烙印，亦让南北二地的社会经济同时遇到极其严峻的现实问题。梁武尝下旨强买中书令王骞（王导七世孙）祖传良田八十余顷，施与钟山大爱敬寺（见《梁书·太宗王皇后传》）。时有郭祖深诣阙上书，云："都下佛寺五百余所，穷极宏丽。僧尼十余万，资产丰沃。所在郡县，不可胜言。道人又有白徒，尼则皆畜养女，皆不贯人籍，天下户口几亡其半。……恐乃来处处成寺，家家剃落，尺土一人，非复国有。"（《南史·循吏传》）

回头再看北方情形。献文帝（拓跋弘）时，北魏军南侵刘宋三齐之地②，所获齐人尽驱往北方，号"平齐户"。开创云冈大型造像的凉州僧人昙曜奏称："平齐户及诸民，有能岁输谷六十斛入僧曹者，即为'僧祇户'，粟为'僧祇粟'"；又请"民犯重罪及官奴以为'佛图户'，以供诸寺扫洒，岁兼营田输粟"（《魏书·释老志》）。自是僧祇户、粟及寺户遍于州镇，佛寺乃获得独立的经济来源。设僧祇粟的初衷是为救荒赈饥，俭年出贷，丰则收入，"但主司冒利，规取赢息，及其征责，不计水旱，或偿利过本，或翻改券契，侵蠹贫下，莫知纪极。细民嗟毒，岁月滋深。"（同上引）胡三省乃有"魏割民力以奉释氏"的评语（《资治通鉴·宋纪十四》注）。

如果说魏太武帝听信崔浩，大力毁佛犹可视作释、道冲突表现的话③，被佛教徒当成

---

① 自同泰寺建起，梁武"四舍身寺中"（《读史方舆纪要》卷二十）。据《南史·梁纪》，群臣动辄拿亿万钱奉赎"皇帝菩萨"。

② 案：《史记·项羽本纪正义》引《三齐记》云："右即墨，中临淄，左平陆，谓之三齐"，皆在今山东境内。

③ 事在太平真君七年（446），诏曰："诸有佛图形像及胡经，尽皆击破焚烧，沙门无少长悉坑之。"（《魏书·释老志》）

历史上第二次"法难"的周武帝（宇文邕）灭佛显然有了别一层含义。建德二年
（573），武帝召群臣及沙门、道士讨论所谓"三教"次序，裁定"儒教为先，道教为
次，佛教为后"。明年下诏："断佛、道二教，经像悉毁，罢沙门、道士，并令还民。"
（《周书·武帝纪》）后又再次申明："六经儒教之弘政术、礼义忠孝，于世有宜，故须
存立。"（唐释道宣《广弘明集》卷十《叙释慧远抗周武帝废教事》）

尤引人注意者，是周武本人对佛教的态度。建德六年（577）诏曰："佛生西域，寄传
东夏。原其风教，殊乖中国。汉魏晋世，似有若无。五胡乱治，风化方盛。朕非五胡，心
无敬事。既非正教，所以废之。"（同上书《叙任道林辨周武帝除佛法诏》）其时周已灭
齐，观武帝语，知胡、汉畛域渐被破除（此为限制北方社会发展之最大障碍[①]）；然则中国
复归统一的条件已在北朝酝酿成熟（详见下节）。而以渗透力、号召力见长的道、佛二教
不能不说是左右这中间三百余年四分五裂局面的思想主流（士人清谈内容呈现由道而佛的
递演轨迹可作例证）。中华以儒立国，儒学宗旨在于借助积极入世说教，建立大群体意
识，构筑稳定的地上王国秩序；宗教则以天上王国为最终归趋，受其影响，人心由凝聚转
向离散，大群体意识解体为小自我之个体境界。内在精神既已瓦解成一盘散沙，天下分崩
则直是一种正常而合理之外在反映也。儒家与释、老二教理论上或有暗合之处，其出发点
的根本对立却令"三教"之说不能成立。秋月观暎谓"中国正史不知何故对宗教十分淡
漠，有意无视宗教的倾向很强烈"（《道教》第一卷36页），个中缘由恐怕正藏于斯。

佛教在华传播，曾经历著名的"三武一宗法难"。北魏太武帝、北周武帝事迹已见前
述，唐武宗（李瀍）值帝国没落，大厦将倾，后周世宗（柴荣）之世则再孕育统一机遇
（大概略同北周时形势），此二人灭佛的动机与时机着实耐人寻味。

北方之贡献

东晋南渡，寄人国土，赖王导执行笼络吴地士族的政策而能立足，自是江左立国历五
朝之久。陈寅恪曰：王导"结合南人北人两种实力，以抵抗外侮，民族因得以独立，文化
因得以续延，不谓民族之功臣，似非平情之论"（《金明馆丛稿初编》"述东晋王导之功
业"77页，原载《中山大学学报》1956年第1期）。

[①] 案：崔浩之死，依《魏书》本传，似因直笔撰《国记》，书魏之先世，"备而不典"（《宋书·柳元景传》谓浩
密有异图，谋泄被诛，盖道听途说，赵翼已辨其诬，见《廿二史劄记》卷九《〈宋书〉纪魏事多误》）。然浩被
祸并非专为修史，实"因胡汉民族内部之仇怨致死"（《金明馆丛稿初编》"崔浩与寇谦之"153—154页）。

陈氏在千六百年后犹拘种族之见，大赞王导，令人费解。事实上，自永嘉之乱，"宇内分崩，礼乐文章，扫地将尽"（《北史·儒林传》序）。渡江之衣冠盛族虽狼狈而不失风流，把最新最时尚的玄学清谈带到南方，"虚无放诞之论盈于朝野"（《晋书·傅玄传》）。留北汉人皆属次等士族，学术上抱残守缺，秉承两汉遗风，政治上采取与诸胡合作的态度，促成民族融合，于是文化复兴的种子悄然在北方破土发芽，而漫漫长夜过后，天际也终于露出国运复振的一线曙光。

（一）儒学传统

东晋时褚裒、孙盛论南北学风，褚曰："北人学问渊综广博。"孙曰："南人学问清通简要。"名僧支道林闻之，譬曰："北人看书如显处视月，南人学问如牖中窥日。"（《世说新语·文学篇》）褚氏为河南阳翟（今河南禹州）人，孙氏为太原中都（今山西平遥）人，同为侨民，他们大概依各自籍贯，视大河（黄河）为南北界限，互相推重。道林作喻，显然以南人胜北人一筹，"学广则难周，难周则识暗，故如显处视月；学寡则易核，易核则智明，故如牖中窥日。"（刘孝标注）清简学问无疑指魏正始以来盛行于京洛的谈玄之风，随着它流入江南，南北学术空气的迥异很快便以大江（长江）为界了，故《北史·儒林传》序云："南人约简，得其英华；北学深芜，穷其枝叶。"①

北方重经术，风气保守务实，学者多遵汉儒旧说以驳华丽而缥缈的玄学。后秦给事黄门侍郎古成诜每以天下是非为己任，闻京兆韦高效阮籍，居丧弹琴饮酒，持剑怒曰："吾当私刃斩之，以崇风教。"（见《晋书·姚兴载记上》）顾亭林叹称："僭乱之国，犹有此人！"（《日知录》卷十五"居丧饮酒"）汉儒传统之所以能得到保存，"固由于士习之古，亦上之人有以作兴之。"（赵翼语，《廿二史劄记》卷十五"北朝经学"）

诸胡寓居中夏，企慕儒风，多有一番可观的文化建设。匈奴刘渊父子皆好学，渊尝曰："吾每观书传，常鄙随、陆无武（指汉初文臣随何、陆贾），绛、灌无文（指汉初武将周勃、灌婴。）"（《晋书·刘元海载记》）刘曜亦能文武，自比乐毅及萧何、曹参，即位后在长安立太学、小学，"简百姓年二十五已下十三已上，神志可教者千五百人，选朝贤宿儒明经笃学以教之。"（《晋书·刘曜载记》）石勒好杀，犹知大义，鄙曹操、司马懿，不齿王衍。攻陷冀州，集衣冠人物为"君子营"，引汉人张宾为谋主；进据襄国，

---

① 关于魏晋期间与南北朝时南北界限的不尽一致，参见唐长孺"读《抱朴子》推论南北学风的异同"一文（载《魏晋南北朝史论丛》）。但南北学术对立其来有自，无论大河抑或大江为界实无关宏旨。

立太学，后增设宣文、宣教、崇儒、崇训十余小学，受教子弟数百人。既称王，徙士族三百户于襄国崇仁里，定秀、孝试经之制，每郡置博士祭酒二人，弟子百五十人，"三考修成，显升台府"，教育铨选略具规模（见《晋书·石勒载记》）。

鲜卑慕容氏受汉俗熏染尤深。慕容廆教部民以农桑，委汉人以庶政，尝云："贤人君子，国家之基，不可以不敬；稼穑者，国之本也，不可以不急。"廆视石勒等为倾覆诸夏的"羯寇"（"与太尉陶侃笺"），劝晋尚书郎、渤海蓨（今河北景县）人高瞻为己效力，曰："君中州大族，冠冕之余，奈何以华夷之异，有怀介然？"刘、石纷乱，中原悉沦为战区，鲜卑政权一时得人心归向，搢绅之士辐凑辽东，渤海封弈等以文章才俊居枢要，鲁国孔纂等以宿德清望为宾友，平原刘赞以经学博通为东庠祭酒，路有颂声，文教大兴。慕容皝为太子时师事刘赞，雅好文籍；称王后，立东庠于旧宫，每月临观，考试优劣，又亲自讲授，学徒甚盛，至千余人（见《晋书》廆、皝载记及清汤球《十六国春秋辑补·前燕录》）。

氐人苻坚八岁，向祖父苻洪请师就学，洪曰："汝戎狄异类，世知饮酒，今乃求学邪！"欣而许之。永嘉乱后，庠序无闻，自苻坚即位，留心文教，学校渐兴。坚以安车蒲轮征通儒王欢为国子祭酒[1]，一月三临太学，闻诸经惟《周礼》无师，太常韦逞母宋氏为世学家女（时年八十），乃就其家立讲堂，置生员百二十人，隔绛纱幔授《周礼》音义（见《晋书·列女传》）。又用汉人王猛为丞相，外修兵革，内崇儒学，劝课农桑，教以廉耻。猛死后，诏禁老庄、图谶之学，继续大力倡儒。

氐豪樊世嫉恨王猛，当众辱骂，苻坚怒曰："必须杀此老氐。"遣吕光讨西域，嘱曰："西戎荒俗，非礼义之邦，示以中国之威，导以王化之法。"及力排众议南下伐晋，致有淝水之败，其最初想法，也是"但思混一六合，使流度衣冠之胄，还其墟坟，复其桑梓"。又云："朕荷大业，巨责攸归，岂敢优游卒岁，不建大同之业！"（见《晋书·苻坚载记》）观以上数语，便知苻氏既深染汉学，胸臆中已全然不存华、夷之分观念。

姚苌杀苻坚自立，建太学，礼先贤后人，崇儒之风不辍。姚兴时，耆儒淳于岐等讲学长安，诸生自远而至者万数千人，胡辩教授洛阳，弟子千余，关中后进赴洛求学，关吏不禁。姚泓博学，受经于淳于岐；岐病，泓亲往问疾，拜于床下，自是公侯见师傅皆拜（见《晋书》苌、兴、泓载记）。

---

[1] 《汉书·武帝纪》：建元元年（前140），遣使者安车蒲轮征鲁申公。颜注："以蒲裹轮，取其安也"，示尊礼贤士。案：《晋书·儒林传》谓王欢在前燕慕容暐时为国子祭酒，及苻坚灭暐，欢死于长安，与《苻坚载记》不符。

以上是苻、姚治下关中儒业盛况之一斑。别有河西一隅，发展为新的儒学中心，盖因兵祸较浅，物阜民丰，遂成中州士庶避难之地[①]；而五凉相继，张轨、李暠本即汉族世家，吕氏、秃发、沮渠虽属异族，受儒风影响，多擢用士人。敦煌宋纤、刘昞皆河右硕儒，仕于西凉。沮渠蒙逊平酒泉，曰："孤不喜克李歆（暠之子），欣得宋纤。"即拜纤为尚书吏部郎中，昞为秘书郎。博通经传、有"宿读"之称的阚骃亦受礼遇，命常侍左右，访以政事。至蒙逊子牧健，待诸人愈重，以纤为左丞，尊昞为国师。昞助教索敞、阴兴并以文学见拔，弟子程骏擢为东宫侍讲（俱见《魏书》本传）。陈寅恪较早看到西北河陇区域的独特文化地位，谓此偏隅之地"保存汉代中原之文化学术，经历东汉末、西晋之大乱及北朝扰攘之长期，能不失坠，卒得辗转灌输，加入隋唐统一混合之文化，蔚然为独立之一源，继前启后，实吾国文化史之一大业"（《隋唐制度渊源略论稿》22页，三联书店，2001年）。

史称"五胡乱华"，乱世下的诸胡对儒学传统之保存、延续、弘扬实有其自身贡献。胡人因衷心倾慕汉俗及其文化，进而促成本民族之汉化，北魏孝文帝迁都即为最著一例。

魏开国皇帝拓跋珪初定中原，始建都邑，便以经术为先，立太学，置五经博士，生员千余，后增至三千。至拓跋焘，偃武修文，访求名士，征高允、卢玄等四十二人，实就命三十五人。拓跋弘诏立乡学，郡置博士、助教（见《魏书·儒林传》序及《高允传》）。这都是迁洛前的景况，当时仕魏的一干汉族儒士，梁越"博综经传"，卢丑"笃学傅闻"，张伟"学通诸经"，李同轨"学综诸经"，崔浩"博览经史"，高允"博通经史"，李安世"博综群言"。钱穆一针见血道，"此证北儒学风，主经史实济，务博综，不似江南以清虚为贵。"（《国史大纲（上）》281页）

据《南齐书·魏虏传》，匈奴有女名拓跋，妻李陵，胡俗以母名为姓，故拓跋实为李陵之后。此说真伪无由辨之，但鲜卑慕容氏深受汉化却是事实，拓跋氏更矢志走汉化道路，至拓跋宏

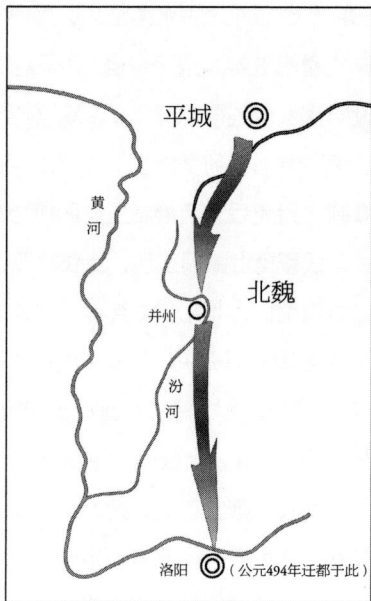

北魏孝文帝迁都图

[①] 《资治通鉴·宋纪五》胡注云："永嘉之乱，中州之人士避地河西，张氏（张轨）礼而用之，子孙相承，衣冠不坠，故凉州号为多士。"

达于极致。赵瓯北谓孝文帝生长北土，五岁登基，才藻天成，无师自通，本不可以常理论，其欲变国俗，盖发于性灵而不自止（见《廿二史劄记》卷十四"魏孝文帝文学"）；而其骨子里是否存有汉人基因亦未可知。

孝文在北方推行的汉化改革标志着胡、汉民族由艰难磨合——其间不乏激烈冲突，崔浩之死即为例证——转入融合，其历史意义不言自明，未来统一国家再临即奠基于此。苏联作家瓦西里·格罗斯曼说过："人类活动的螺旋在不断向广的和高的方向增加其螺旋线的同时，却有一个不变的轴"（《风雨人生》868页，力冈译，漓江出版社，1991年）。这段话完全可以拿来形容吾国历史。与所处地理位置有关，几乎自中华文明发祥之日起，游牧民族习惯性的入寇（实为胡人经济生活之部分内容）便成了"绕轴转的螺旋圈儿"，从商周时的"靡室靡家，玁狁之故；不遑启居，玁狁之故"（《诗经·小雅·采薇》），到汉匈大战的两败俱伤，"中国的农民和塞外的牧人连亘了两千年的斗争记录，回顾起来，欣喜的成分少，仇恨的成分多"（黄仁宇《中国大历史》25页）。这是两种接壤的不同文明形式间必然会有的状态，对其中一方的农业文明而言，轴未断，进化的脚步便不会停止；不惟如此，极富张力的对峙局面之存在自有其积极意义。异族虎视周边，中原王朝常怀惕戒之心，故能保持适度且必要的精神紧张，不致陷入怠惰。牧者因环境严酷而气性刚戾，好勇斗狠，取攻势；耕者因经济优裕而心性温和，守静自足，取守势。二者杂居，两种文化的互补性恰能得到最大程度发挥，来自塞北的新鲜血液与活力如朔风凛冽，驱散中原渐浓渐重之暮气雾霾，文化气象及时更新，民族整体不断壮大。一个值得注意的现象是，魏晋以来内迁的鲜卑、匈奴、羯、氐等皆湮没在民族融合的洪流中，成为历史名词；这样的融合更准确说应该叫"汉化"，与后世"先以主奴关系而后有所谓'同化'"（《集外集拾遗》"报《奇哉所谓……》"，《鲁迅全集》（十六卷本）第七卷253页），以征服奴役为主题的外族入侵对汉文明之沉重打击是不可同日而语的。

北魏诸帝中，孝文慕汉最切，太和年间禁胡服，习华语，奖通婚，变姓氏（改国姓为元氏，故北魏又称元魏）。汉化政策的最高制定者虽为孝文帝，负责执行的两位核心人物却是王肃、李冲，而二人各自之文化背景恰折射出太和改制的全部内涵。

王肃，琅邪临沂人，晋丞相王导之后，太和十七年（493）自萧齐奔魏，孝文一见如故，肃亦自谓犹孔明之遇玄德（见《魏书·王肃传》）。史称"魏主方议兴礼乐，变华风，凡威仪文物，多肃所定"（《资治通鉴·齐纪四》）。据此，元魏得闻江左南朝典章制度并纳而用之，功在王肃。

李冲系西凉李暠曾孙，以得幸文明太后冯氏而致贵显，复为孝文所重。迁都之议，冲兄子李韶赞曰："洛阳九鼎旧所，地则土中，惟王建国，莫尚于此。"（见《魏书·李宝传》附韶传）冲则主持新都规划营建，"洛都初基，安处郊兆，新起堂寝，皆资于冲。"（《魏书》本传）于南迁有大功的冲、韶叔侄代表着陇右河西文化，陈寅恪声称，"谓北魏迁洛与河西文化有关，亦无不可。"（《隋唐制度渊源略论稿》46页）事实上，拓跋焘平北凉，以妹婿待沮渠牧犍，贤士宋繇、刘昞、索敞、阚骃等皆礼而用之；"儒林先生"常爽世寓凉州，入魏后置馆授业，门徒七百，代京学业始盛，足见河西儒学对拓跋魏之影响深巨。

孝文曾跟反对迁都的鲜卑贵族解释道："朕为天子，何假中原？欲令卿等子孙，博见多知。若永居恒北，值不好文主，卿等子孙，不免面墙也。"（《魏书·广陵王羽传》）既南迁，诏立国子太学、四门小学于洛都，亲用中州儒士，"刘芳、李彪诸人以经书进，崔光、邢峦之徒以文史达……斯文郁然，比隆周汉。"（《魏书·儒林传》序）显然他要在伊、洛之畔实现一生的梦想，以华风变北俗，让文治光辉永远照耀鲜卑，规模不可谓不宏大，志向不可谓不高远，只可惜天不假年，迁都五年即死（仅三十三岁），此后元魏便在内乱中走向覆亡。赵瓯北把魏国势之衰归咎于南迁，所谓重文治，轻武事（见《廿二史劄记》卷十四"魏孝文迁洛"），这种责难怕是有失公允。北魏之败，前人辨析甚详，兹不赘述，质言之，祸源在于代北旧人与迁洛新贵的生存状况反差强烈，有如地狱天堂，遂使民族内部裂痕愈演愈深，难以弥缝。当时洛阳王公贵族"擅山海之富，居川林之饶，争修园宅，互相夸竞"。河间王元琛畜西域名马十余匹，以银为槽，金为环锁，诸王服其豪富。常与西晋石崇作比，谓崇乃庶姓，犹尚奢靡，"况我大魏天王，不为华侈。"又云："不恨我不见石崇，恨石崇不见我！"（《洛阳伽蓝记》卷四"开善寺"条）公元528年边将尔朱荣以"勤王"为名入洛，谓洛中人士骄侈成俗，杀两千朝士于河阴（今河南孟津）[①]，便可看作是仇恨情绪的大爆发。

钱穆称，"凡历史上有一番改进，往往有一度反动，不能因反动而归咎改进之本身……魏孝文卒后，鲜卑并不能继续改进，并急速腐化，岂得以将来之反动，追难孝文！"（《国史大纲（上）》290页）元宏殁后三十年，其汉化改革成绩仍历历在焉。梁朝名将陈庆之率军北伐，威震中原[②]；后为尔朱荣所败，自魏还，以其亲见，特重北人，曰："吾始以为大江以北皆戎狄之乡，比至洛阳，乃知衣冠人物尽在中原，非江东所及

[①] 见《北史·尔朱荣传》《资治通鉴·梁纪八》及《洛阳伽蓝记》卷一"永宁寺"条，史称"河阴之变"。《魏书》荣传谓死者千三百余人。

[②] 案：陈庆之麾下悉着白袍，所向披靡，洛中谣曰："名军大将莫自牢，千兵万马避白袍。"1969年，七十六岁的毛泽东在武昌夜读《南史·陈庆之传》，注曰："再读此传，为之神往。"（见张贻玖《毛泽东读史》72页）

也。"（《资治通鉴·梁纪九》）陈寅恪径把太和时代开创的新文化誉为后来"隋唐制度不祧之远祖"（《隋唐制度渊源略论稿》15页），更是"始作俑"之孝文本人做梦不曾想到的事情。

元魏虽亡，北方儒统未绝。东魏迁邺，国子置生三十六人，不数年，至兴和、武定之世，儒业复光。权臣高欢先后征卢景裕、李同轨二贤至府，待以殊礼，教授诸子。入北齐，诸帝重视皇子教育，引名儒为师，李铉、邢峙及马敬德、元熙父子并以博学授经东宫。又诸郡立学，皆置博士、助教（见《北史·儒林传》）。文宣帝高洋虽称荒乱，宰相杨愔维持匡救，李铉、邢邵、魏收等参议律令，"主昏于上而政清于下。"（顾亭林语，《日知录》卷二"殷纣之所以亡"条）至于贵公子杨愔一门四世同居，昆季就学者三十余人，后为常山王高演（即后之孝昭帝）所害；魏收奉诏修魏史，书成，众口喧然，污为"秽史"（见《北齐书》本传）。凡此皆依稀可辨当年崔浩的影子，足证胡汉融合进程之一波三折。

自魏末以来，用人滥杂，宰县者多厮役。武成帝（高湛）时，尚书左仆射元文遥以县令为治民之本，请改用士人。于是李仲举（本名超，以字行，亦出陇西李氏）、卢昌衡等八人同见征用，吏治渐上轨道。仲举为政宽简，昌衡号曰恩明，时称"卢李恩宽之政"（见《北史·序传》）。

西魏执政宇文泰雅好经术，命苏绰、卢辩依《周礼》更定官制。绰又代拟六条诏书，泰常置座右，令百司习诵。六条中"擢贤良"一条看似重弹昔日曹操求才的老调，却是在一个新的历史节点上发拨乱反正之时代先声，其文略云："自昔以来，州郡大吏，但取门资，多不择贤良。夫门资者，乃先世之爵禄，无妨子孙之愚蠢。若门资之中而得贤良，是则策骐骥而取千里也；若门资之中而得愚蠢，是则土牛木马，形似而用非，不可以涉道也。今之选举者，当不限资荫，唯在得人。"（《周书·苏绰传》）读此文字，便知旧门第观念已如朽木吱嘎作响；自汉末以下三百余年，整个国家仿佛处在无比漫长的冬蛰期，终于到了醒来之日，即将踏上一条被博大精神与意识照亮的崭新道路。

及周武帝宇文邕灭北齐，入邺城，国子博士熊安生遽令扫门，谓家人曰："周武重道尊儒，必将见我。"（《周书·儒林传》）史称隋文时"齐鲁赵魏，学者尤多，负笈追师，不远千里，讲诵之声，道路不绝"（《北史·儒林传》序），说的是隋朝盛况，其规模正由北周创下。

除了在文化上崇儒兴教（此为国家命脉所系），北朝又贡献出几项好制度，成为打开当日南北所共同面临迷局的钥匙。

（二）均田制

灵帝时黄巾造反，献帝时董卓兴乱，汉末生灵涂炭之惨，史所罕闻。董卓西迁，烧洛阳宫庙、官府、居家，"二百里内无复孑遗"；驱数百万人入长安，积尸盈路。卓被杀，部将李傕、郭汜火并，死者万数，城中人相食；此后"二三年间，关中无复人迹"（《后汉书·董卓传》）。两京摧残如是。三辅百姓流移东出，多投徐州牧陶谦，不意又堕火坑。曹操父嵩为谦别将所害，操复仇东伐，坑杀男女数万口于泗水；拔五城，皆屠之，"鸡犬亦尽，墟邑无复行人。"（《三国志·魏书·荀彧传》注引《曹瞒传》）①袁术据南阳，户口尚数十百万，后败于吕布、曹操，"加天旱岁荒，士民冻馁，江淮间相食殆尽。"（《后汉书·袁术传》）陈群疏称："今丧乱之后，人民至少，比汉文、景之时，不过一大郡。"（《三国志·魏书》本传）晋皇甫谧亦谓：及曹魏代汉，人众之损，万有一存。"昔汉永和五年（140），南阳户五十余万，汝南户四十余万，方之于今，三帝（指魏、蜀、吴）鼎足，不逾二郡。加有食禄复除之民，凶年饥疾之难，见可供役，裁若一郡。以一郡之人供三帝之用，斯亦勤矣。"（《帝王世纪·历代垦田户口数》）②

又据前、后《汉书》，最关乎民生的谷价分别曾在西汉初及王莽末创下过每斛万钱的记录。汉兴，市价腾贵，"米至石万钱。"（《汉书·食货志下》）③《后汉书·第五伦传》注引《东观记》曰：莽末，盗贼起，"米石万钱"④。而至兴平元年（194），献帝被困长安，三辅大旱，"谷一斛五十万"（《后汉书·献帝纪》）⑤，较汉初、莽末暴涨五十倍，国民经济所受戕害之巨正折射出当日兵祸之烈。

西晋平吴，实现统一，给苦苦挣扎中的人民带来了难得的喘息机会；惜好景不长，永嘉之后，晋室播迁，衣冠南渡，"中州士女避乱江左者十六七"（《晋书·王导传》）。据谭其骧粗略统计，经历几次大的迁徙浪潮，截至刘宋世止，南渡人口约有九十万，占西晋时北方人口总数（七百余万）的八分之一强；"换言之，即晋永嘉之丧乱，致北方平均凡八人之

---

① 《后汉书·陶谦传》作"凡杀男女数十万人"。案：五城指彭城（今江苏徐州市）、傅阳（今山东枣庄市旧峄县城南）、取虑（今安徽灵璧县东北）、睢陵（今江苏泗洪县东南）、夏丘（今安徽泗县东），地望依《中国历史地名大辞典》（史为乐主编，中国社会科学出版社，2005年）。

② 案：三国晚季户口数，魏灭蜀时（263），魏有户663 423，口4 432 881；得蜀户280 000，口940 000。吴亡时（280），有户530 000，口2 300 000（见《通典》卷七《食货七·历代盛衰户口》）。

③ 汉制，"十升为斗，十斗为斛"（《汉书·律历志上》）。"石"作量名，与"斛"通，《汉书·高帝纪》谓汉二年（前205）"关中大饥，米斛万钱"，可为证。

④ 《后汉书·光武帝纪》则谓其时天下旱蝗，"黄金一斤易粟一斛"。案：黄金一斤恰值万钱（见本书69页注四）。

⑤ 是岁曹操再征陶谦，《三国志·魏书·魏武帝纪》亦有"谷一斛五十余万钱"语。可见天下大乱，经济崩溃，东、西部情形如出一辙。

中，有一人迁徙南土。"（"晋永嘉丧乱后之民族迁徙"，《长水集（上）》220页，人民出版社，1987年）留下来的，则沦为五胡刀俎之鱼肉，任由宰割。大肆屠杀尤以刘、石为酷，史称石虎"降城陷垒，不复断别善恶，坑斩士女，尟（同'鲜'）有遗类"（《晋书·石季龙载记上》）。在这样的血腥年代里，一役下来，几万至几十万无辜生命的丧失不再是史家笔下耸人听闻的书写。

好在诸胡嗜杀成性的一面往往仅表现在攻城略地的早期，一旦政权建立，"人"的军事（兵源）、经济价值（既为劳动力，又为纳税户）立即凸显出来，于是人口也成了劫夺对象，强徙民户的记载比比皆是。以石勒为例，既平秦陇，"徙（河西）氐羌十五万落于司、冀州"，"徙雍、秦州华戎十余万户于关东"，"徙秦州三万余户于青、并二州诸郡"；及石赵瓦解，"青、雍、幽、荆州徙户及诸氐、羌、胡、蛮数百余万，各还本土……其能达者十有二三。"（见《晋书》二石载记）

把战争中俘获的民户安插到自己直接控制的土地上，这种做法为北方的各族政权所纷纷效法。至北魏，拓跋焘灭北凉，徙凉州民三万余家于代京（见《魏书·太武帝纪》）。拓跋弘时，魏将慕容白曜陷青州，亦徙齐民于桑乾，立平齐郡以居之，下治两县，足见人数众多（《魏书·崔玄伯传》附道固传）。

前秦是五胡中唯一一个集权国家，公元383年淝水之战，苻坚下令境内"人十丁遣一兵"，凑起一支号称百万的多民族混合部队。公元208年赤壁大战，曹操的北方军号八十万，实际只有二十二至二十四万人，其中七八万还是新降附的荆州刘表部下（见王仲荦《魏晋南北朝史（上）》55页）。秦师百万之数，历史上未见有人提出质疑；大军发自长安，前后千里，东西万里，苻坚谓："以吾之众旅，投鞭于江，足断其流"（《晋书·苻坚载记下》），殆非虚语。淝水、赤壁，皆倾当时全国之力，堪称魏晋南北朝时期最大规模的两场战役，比较投入的兵力，便可见出国家虽屡蒙大乱，社会元气犹能逐步攒聚。然淝水一役的结果，秦兵大败，死亡枕藉，水为不流；余众弃甲奔逃，闻风声鹤唳，以为晋军追至，"草行露宿，重以饥冻，死者十七八。"（《晋书·谢安传》附玄传）苻坚沿途收集离散，比至洛阳，仅余十几万。如此惨败不光直接导致苻秦覆亡，更让艰难恢复中的北方社会经济雪上加霜，再受重创！

自东汉末年以来人口急剧减少固然是不争的事实，但对政府而言，更大威胁来自编户流入私门，致"国之户口少于私家，仓库空竭，用度不足"（《资治通鉴·晋纪二十三》）。户口流散本是汉代社会的痼疾。大族私人武装即所谓部曲兴起于两汉之际[1]，刘

---

① 案：部曲原为军队编制单位，《汉书·李广传》颜注引《续汉书·百官志》云："将军领军，皆有部曲。大将军营五部，部校尉一人。部下有曲，曲有军候一人。"

秀得天下颇赖其力。收录于《全后汉文》卷四十七的崔寔所撰《四民月令》详细记述了地主田庄里的私兵一年四季的活动，据此可知，这些依附农民既治生产，又习战射，"有事为部曲，无事为佃客，实际上是亦兵亦农。"（田余庆《秦汉魏晋史探微》83页）

魏晋以降，世族势力的壮大以及动荡局势的加剧双管齐下，令越来越多的编户脱离国家控制。农民过去投靠大姓，称"荫户"或"苞荫户"（与之相对叫"露户"，即赋役承当者），现在又可躲进寺院，成为"僧祇户""佛图户"，总而言之，选择隐身的目的不外有二，一为避乱，二为避役，恐怕后者的因素更大一些。但事与愿违，荫附者虽免去服役纳税之苦，不想"豪强征敛，倍于公赋"（《魏书·食货志》）；而众僧侣的聚敛一点不比世俗地主差，北魏宣武帝（元恪）时，凉州二百家僧祇户"弃子伤生，自缢溺死五十余人"（《魏书·释老志》），其所受盘剥可想而知。举国遂见"人困于下，官损于上"的无解之局（元晖语，见《魏书》卷十五）。

深陷困境的政府也并非无所作为，从出台的五花八门的赋税政策来看，首先是要跟私家争人，争夺不成则提高租税，敲骨吸髓，加大对露户役民的压榨力度。

汉代田租，高祖时十五税一，已为轻，景帝再减至三十税一，遂成定制[1]；以亩收一石计（合一百升，这是当时的大致产量），租额约为每亩三升。自曹魏始，制度变更，据建安九年（204）令，改收田租亩四升，同时废止汉世的算赋、口钱，按户征绢二匹、绵二斤（《三国志·魏武帝纪》注引《魏书》）。这里不讨论户输绢绵的新税目，单说田租，乍看之下，似与三十税一相差不远，但这道令是在击败袁绍后，针对冀州百姓而发的，真正对曹魏政权有举足轻重意义的是建安元年（196）曹操破黄巾，"得贼资业"[2]，在许下推行的屯田办法。依唐长孺之说，"屯田户都是政府的带着农奴性质的佃农"（《魏晋南北朝史论丛》"西晋田制试释"34页）；易言之，就是政府亲自出马来当豪强。史称"持官牛田者官得六分，百姓得四分，私牛而官田者与官中分"[3]，这种四六或对分之制超出三十税一不啻几十倍！曹芳正始年间（240—248），魏将邓艾又兴军屯于淮南北，四万兵卒且田且守，"计除众费，岁完五百万斛以为军资"（《三国志·魏书·邓艾传》），则是所得悉入官，田兵无偿耕耘。

西晋初，依傅玄奏疏，税率高达三七甚至二八分租（见《晋书·傅玄传》），指的当

---

[1] 马端临曰："两汉之制，三十而税一者，田赋也。"（《文献通考》卷二）

[2] 见《三国志·魏书·任峻传》注引《魏武故事》，掠来的黄巾资业当包括耕牛、田地等。始倡屯田者为枣祇、韩浩，其议行，当年得谷百万斛。

[3] 这段话为前燕封裕追述魏晋租税，一般认为系指曹操屯田制（见《晋书·慕容皝载记》）。西晋傅玄奏疏所记略同。

然是军屯①。晋武平吴后，颁所谓"户调之式"，内容包括占田、课田、赋税、荫客等，具体条文载于《晋书·食货志》，兹不具述，其核心在于允许私家对田亩、人口有一个最高限度的占有额，那么多出来的自然应该回到政府手中，从而使农民与土地适度结合，恢复国家经济秩序。可注意者，是其中的品官荫户制，即官吏除了按品之高卑占田，还可荫庇数量不等的亲属、衣食客及佃客，免公家课役。田余庆认为这是"中国古代第一次具有全国意义的承认私家依附农民的法令"（《秦汉魏晋史探微》91页）。从表面看，这项法令优先照顾的似乎是士族地主的经济利益与特权，但政府自己对土地、户口的欲望则以设定私占上限的方式获得满足，其用意可谓委婉而曲折，基本精神实与曹魏屯田一脉相承（只不过在手段上温和许多而已），所以还不能被解读为强宗大姓的完全胜利。

户调式中对田租一项没有明确说明，致后世产生晋代户调（丁男户输绢三匹、绵三斤）兼含田租的误解。事实上西晋政府远没有，也不可能做到这般仁慈。唐长孺从徐坚《初学记》找到一节征引自《晋故事》的珍贵文字，其文曰："凡民丁课田，夫五十亩，收租四斛，绢三匹，绵三斤。"（卷二十七《宝器部·绢第九》）据此，租与调仍分两项，且租额折算下来为每亩八升，比曹操行于河北之标准足足翻了一番（见《魏晋南北朝史论丛》52—53页）。

史称自东晋至宋、齐、梁、陈，"都下人多为诸王公贵人左右、佃客、典计、衣食客之类，皆无课役。"（《隋书·食货志》）行于江南的赋税制度便是在这样的背景下制定出来的。

东晋税制在《晋书·食货志》里有简略记载。成帝咸和五年（330）始度田，取十分之一，亩税米三升②；哀帝即位，减作二升；孝武太元二年（377）又改为按口收租，口税三石，后增至五石。我们看到，成帝计亩，孝武计丁，莫衷一是，田余庆称："这反映官

---

① 案：司马炎称帝前一年即陈留王曹奂咸熙元年（264），下令罢屯田官（见《三国志·魏书·三少帝纪》）；即位第二年即泰始二年（266），又命罢农官（见《晋书·武帝纪》）。可见屯田制虽被明文废止，大概并未立即绝迹。傅玄上疏在泰始四年（268），明确提到"佃兵"；司马睿为晋王，使军各自佃作，证明军屯一直得以延续。而武帝咸宁元年（275）十二月诏曰："出战入耕，虽自古之常，然事力未息，未尝不以战士为念也。今以邺奚官奴婢著新城，代田兵种稻，奴婢各五十人为一屯，屯置司马，使皆如屯田法。"（《晋书·食货志》）据此，西晋似在民屯、军屯外别有使用官奴（即所谓"奚官奴婢"）的屯田之制。南渡后应詹又请依魏氏故事，兴复农官（见《晋书·食货志》），此议采纳与否，未见记载。

北方胡人政权则继续沿用屯田制度。前燕慕容皝使民田于苑中，二八或三七分租；后因记室参军封裕之谏，下令罢苑圃以给无田百姓，但下面又有"乐取官牛垦官田者，其依魏晋旧法（指四六或对分）"之语（《晋书》皝载记）。苑圃当属皇家私田，虽名罢苑圃，仍有官田供百姓垦种，此为屯田无疑。北魏孝文太和十二年（488），李彪请立农官，取州郡县十分之一为屯民，一夫之田，岁责六十斛（见《魏书·李彪传》及《食货志》，古者一夫百亩，六十斛应以百亩为单位，亩收一石，正是四六分租）。又魏世僧祇户亦岁输六十斛为僧祇粟（见《魏书·释老志》），显然屯田户、僧祇户不同于一般农民，需承担高出数倍的租额。

② 东晋环境既变，改纳粟为纳米，税率十税一，不可谓不重。亩税米三升，依此率换算，则稻田亩收三斗，仅为北方产量的三分之一弱，足证当时南方生产力之低下。

府既无法核实地亩，更无法核实人丁，只是穷则思变，随国力之所及，能征收多少就征收多少。"（《秦汉魏晋史探微》87页）

其实改变收租办法的背后别有一重玄机。北人南渡，喘息稍定，便纷纷求田问舍，殖产兴利，做了半壁江南的新主人。谢安的"东山之志"，不过是"于土山营墅，楼馆林竹甚盛"；王羲之弃官东游，亦未忘顺便"行田视地利"（俱见《晋书》本传）。成帝咸康二年（336）至有"占山护泽，强盗律论"的诏令（《宋书·羊玄保传》附兄子希传），虽是空文，却可证当日情形之严重。高门华阀既广有土地，现在改计亩为计丁，正可把赋税负担转嫁到贫民头上。南齐顾宪之曰："山阴一县，课户二万，其民赀不满三千者，殆将居半。……凡有赀者，多是士人复除（指免课役）。其贫极者，悉皆露户役民。"（《南齐书》本传）此语说南朝事，据以推东晋，当相去不甚远。

但问题在于，士大夫自己是不会知道稼穑艰难的。《颜氏家训·涉务篇》云："江南朝士，因晋中兴，南渡江，卒为羁旅，至今八九世，未有力田，悉资俸禄而食耳。假令有者，皆信僮仆为之，未尝目观起一墢土，耘一株苗；不知几月当下，几月当收。"他们广有土地，必然意味着广占人口，代治农事；这才迫使朝廷屡行"土断"，即土著、侨民均依所居郡县统一编户，纳税服役。咸康七年（341），"实编户，王公已下皆正土断白籍。[1]"（《晋书·成帝纪》）兴宁二年（364）三月庚戌，"大阅户人，严法禁，称为庚戌制"（《晋书·哀帝纪》），大司马桓温主其事。安帝义熙九年（413），依界土断，"诸流寓郡县多被并省"（《宋书·武帝纪中》），太傅刘裕主其事。事实上，司马氏政权对待大族，始终处在既妥协、又斗争的纠结中。唐长孺谓："东晋以后屡行无效的土断、检查户籍、招携流亡等措置，正说明削弱了的皇权与封建大地主的斗争，这种斗争从曹魏屯田制度开始，贯串于数百年的历史中。"（"南朝的屯、邸、别墅及山泽占领"，《中国历代土地制度问题讨论集》291页，三联书店，1957年）

南朝税制名实不符，尤见复杂，古往今来恐怕没几个人能梳理清楚。但至少有三点是明确的：一，官府继续加大盘剥力度。刘宋之世，绢岁调巨万匹，绵亦称此，"民间买绢一匹至二三千，绵一两亦三四百，贫者卖妻儿，甚者或自缢死。"（《宋书·沈怀文传》）田租一项，唐长孺认为这时已折成绢绵，再往后，绢绵又折成钱；由实物向钱的折变是南朝一般趋势，"政府所以不怕麻烦，目的只是在剥削。"（《魏晋南北朝史论丛》"魏晋户调制及其演变"81页）二，地主占田之风更盛，"富强者兼岭而占，贫弱者薪苏（指樵采）无托。"（《宋书·羊希传》）最著名的例子莫如孔灵符，其家本丰，产业甚广，"又于永兴立墅，周回三十三里，水陆地二百六十五顷，含带二山，又有果园九

---

[1] 白籍指北来侨民户籍，用白纸书写，以别于土著之用黄纸书写。

处。"（《宋书·孔季恭传》附弟灵符传）当然还有"少私寡欲"的隐士谢灵运，坦承"非田无以立耳"，乃修营别业于会稽，"田连冈而盈畴，岭枕水而通阡。阡陌纵横，塍埒交经。"又有"北山二园，南山三苑，百果备列，乍近乍远"，堪媲美孔氏的九处果园（见《山居赋》并自注，载《宋书》本传）。宋孝武帝（刘骏）时，羊希立制五条，官吏得依品占山（见《宋书·羊希传》），这与晋武品官占田之制如出一辙。唐长孺称"羊希立法反映了魏晋以来大族经济之发展与皇权之削弱，封建的土地所有制从平地扩展到了山林川泽"（《中国历代土地制度问题讨论集》284页）。三，国家控制的编户流失已到无可救药地步，或入私门，或入寺院，至梁代"天下户口几亡其半"（《南史·郭祖深传》）。

令江南人士束手无策的难题却在北方找到了合理的解决办法，这便是北魏的均田制。改革始自冯太后听政时期，孝文太和元年（477）诏曰："一夫制治田四十亩，中男二十亩，无令人有余力，地有遗利。"（《魏书·高祖纪上》）此令上承西晋田制——所贯彻的依然是农民与土地相结合之原则，下开均田先声。至太和九年（485），李安世针对民困流散、豪右占夺的普遍社会问题，上均田疏，欲使"细民获资生之利，豪右靡余地之盈"（《魏书·李孝伯传》附兄子安世传）。同年十月，朝廷下诏："均给天下之田，还受以生死为断，劝课农桑，兴富民之本。"（《魏书·高祖纪上》）

比均田更重要，或说均田赖以实行的关键，是太和十年（486）李冲请立的"三长制"，设邻、里、党三长，审正户籍，杜绝荫冒[1]。时反对者多，太后曰："立三长，则课有常准，赋有恒分，苞荫之户可出，侥幸之人可止，何为而不可？"（《魏书·李冲传》）遂无异议。唐长孺谓"作为乡官的三长就是对政府负责的农村管理员"，具体执行户口检查及租调征发的任务（"均田制度的产生及其破坏"，《中国历代土地制度问题讨论集》353页）。

所谓"均田"当然不可能绝对平均，而是通过计口授田，寻求一个基本的贫富平衡，让更多农民回归土地；从前有豪右横亘，现在国家权力直达乡村，国、民之间联系加强，民有余财与国库增收直接挂钩，此即诏书所云"天下太平"之最高境界。均田令详载《魏书·食货志》中，大要为：男夫十五岁以上受田四十亩，妇人二十亩，老免及身没还田；

---

[1] 五家为邻，五邻为里，五里为党，取乡人强谨者为长（见《魏书·食货志》）。案：这里出现一个记载上的出入。李安世上疏，《资治通鉴》系其事在南齐永明三年即北魏太和九年，《魏书》本传亦谓"均田之制起于此矣"。但李疏中有"三长既立"之语，而据《魏书》，立三长明在太和十年，则于时间先后解释不通。前人已注意到这一问题，并曾提出数种解决方案。钱穆谓："盖均田非一年可成，李安世亦恐不止一疏"（《国史大纲（上）》333页）。唐长孺怀疑均田令是否在太和九年颁布，但又指出，"至迟太和十四年十二月前已有此制"（《魏晋南北朝史论丛续编》"北魏均田制中的几个问题"20页，三联书店，1959年）。无论怎样，史书中引起争议的时间矛盾对均田制度本身来说实无关宏旨。

男夫另受桑田二十亩，种桑榆枣果，不在还受之限。相应的租调制为：一夫一妇帛一匹，粟二石。仍按亩收一石计，夫妇共受田六十亩（除去桑田不论），纳粟二石，正恢复到两汉三十税一的水准，可谓充分体现了"均徭省赋"（李冲语）的精神。减轻租调很快让官吏感到了不便，太和十一年（487）齐州刺史韩麒麟上表称："往年校比户贯，租赋轻少。臣所统齐州，租粟才可给俸，略无入仓。虽于民为利，而不可长久。"（《魏书》本传）这实在是短视之见。仔细分析一下，南燕沿晋初户调，按户征税，百姓荫冒以避课役，"或百室合户，或千丁共籍"（《晋书·慕容德载记》）；北魏立三长制前，犹"五十、三十家方为一户"（《魏书·李冲传》）。今以个体家庭及丁为对象，征收额虽大大降低，"因苞荫户之归来与征收办法的改革，国库的租调收入却是大大地增加了。"（唐长孺语，《中国历代土地制度问题讨论集》346页）

北魏均田、西晋户调的本质都是中央政府与世家大族争夺人口。苞荫户不会自动摆脱豪右的控制，拓跋氏通过减轻租赋向民众释放善意，司马氏则强取豪夺，至死不悟"国足不在重敛，重敛多养赢而国贫"（杜佑语，《通典》卷七）的道理。两相比较，一成一败，正为情理中事。

均田令固然不像王莽的纸上文章，颁布后能否严格实施亦成问题。我们看到，仅二三十年后，农民逃亡问题又趋突出，随着王朝更换，因国用不足而征收重税便在北方有抬头之势。北齐之制，正租二石外，加"义租"五斗；至北周，租粟五斛，更是太和十年制的一倍半（见《隋书·食货志》）。西魏度支尚书苏绰就曾因为征税颇重，叹曰："今所为者，正如张弓，非平世法也。后之君子，谁能弛乎？"（《隋书·苏威传》）《通典》云：隋承丧乱之后，民多流亡，乃"设轻税之法，浮客（即佃客）悉自归于编户，隋代之盛，实由于斯"（卷七《食货七·丁中》）——主其事者正是高颎和牢记父言的苏威。隋制租粟三石，唐初颁租庸调制（武德七年即624年），授田八十亩，租额二石，更显宽仁。均田制"在世"之日，唐长孺这样描述它的张弛起伏：直到唐朝创建两税制前，"国家法律上一直承认这种制度的存在，仅是在破坏之后重又一次次地颁布并加以若干修正和补充而已，三百年来至少在北方不能不以此种制度当作最基本的土地所有制形式。"（《中国历代土地制度问题讨论集》332页）

（三）府兵制

这一时期遇到的另一大问题，是军人身份之卑下。

三国军政时代实行军民分治办法，蜀、吴亡国，皆需分别呈报兵吏、平民户口数（见《通典》卷七《食货七·历代盛衰户口》）。曹魏有专门的士家制度（"士家"指兵士及其家属），"使人役、居户各在一方。"（《晋书·刘颂传》）李典"徙部曲、宗族万三千余口居邺"，臧霸"求遣子弟及诸将父兄家属诣邺"，皆其例（见《三国志·魏书》本传）；而集中士家的目的，是为"将本来属于私家的部曲夺取到政府手中"（"《晋书·赵至传》中所见的曹魏士家制度"，《魏晋南北朝史论丛》30页）。

代郡人赵至为士之子（称"士息"），其母曰："汝先世本非微贱，世乱流离，遂为士伍。"赵自耻士伍，改换姓字，游学他乡，欲以宦学立名（《晋书·文苑传》），可见士家在当日乃极受人轻视的特殊阶层。事实上，不但士家子弟须世袭兵役，一旦士卒逋逃，罪及妻子。曹操犹患不能止，更重其刑，时有宋金等人在合肥逃亡，"母妻及二弟皆给官，主者奏尽杀之。"（《三国志·魏书·高柔传》）至曹芳嘉平年间（249—254），钟毓创议，士为侯，"其妻不复配嫁"（《三国志·魏书·钟繇传》附子毓传）[1]；据此知早先战士阵亡，其遗孀再婚是要由政府一手操办的，大抵不能跳离士家圈子。

仍以赵至为例，观其短促一生的种种奇特行为，如佯狂远游，两易其名，落籍辽西，母亡不见，无不是为了他的士家出身，由此"可以认识士家制度的严格及其加于兵士的残酷压迫"（唐长孺《魏晋南北朝史论丛》33页）[2]。

自魏晋以降，南北俱奉行军民分治原则，军人及家口户籍隶于军府（不受州郡地方政府管辖），一朝属户，世代当兵，非身亡或特旨不得脱籍。东晋军府有北府、西府之号[3]。著名的北府兵由徐、兖二州骁勇组成[4]，百战百胜，则是兖州刺史谢玄在广陵（今江苏扬州）特创招募的成果。陈寅恪谓，此种流民代表江左北人最具战斗力之特殊武装集团，"后来击败苻坚及创建宋、齐、梁三朝之霸业皆此集团之子孙。"（《金明馆丛稿初编》"述东晋王导之功业"68页）从他们身上并不能见出六朝一般军人的社会地位与处境。

魏晋时，兵士常成为朝廷向宗室及文武大臣示恩的赏赐工具，称作"加兵"；加者，

---

① 士立功封侯，事见嘉平六年（254）诏，以孙、曹合肥之战刘整、郑像突围被俘，不屈遇害，追赐爵关中侯，"各除士名"（见《三国志·魏书·三少帝纪》）。

② 案：唐长孺弟子、武汉大学朱雷教授对其师"《晋书·赵至传》中所见的曹魏士家制度"一文推崇备至，称"这正是透过扑朔迷离的现象，将士家制度的严酷本质，以不足五千字的篇幅，完整清晰而又令人信服地展示出来。这篇被誉为叹为观止的论文，被后学奉为典范之作"（"唐长孺先生和他的《魏晋南北朝史论丛》"，《论丛》453—454页）。

③ 所谓军府，唐长孺释为"指地方长官带军号统兵，开府置属官"（"魏周府兵制度辨疑"，《魏晋南北朝史论丛》247页）。《世说新语·排调篇》"郗司空拜北府"条注引《南徐州记》云："旧徐州都督以东为称，晋氏南迁，徐州刺史王舒加北中郎将，'北府'之号自此起也。"又据钱大昕《廿二史考异》，晋南渡后，徐、兖二州都督或镇京口，或镇广陵，例以北为号；豫州都督或治寿春，或治姑孰，例以西为号。而南朝荆州亦称西府。钱氏谓："西府、北府原无定所，但以当时军府之号为目耳。"（见卷二十二《晋书考异·王恭传》及《庾楷传》）

④ 《世说新语·捷悟篇》"郗司空在北府"条注引《南徐州记》云："徐州人多劲悍，号精兵，故桓温常曰：'京口酒可饮，箕可用，兵可使。'"

给也。曹植上书云："臣初受封，所得兵百五十人。"（《三国志·魏书·陈思王植传》注引《魏略》）汝南王司马亮为侍中，给兵五百人，骑百匹；后迁太宰，增至千兵百骑[1]。大臣如卫瓘，加千兵百骑；杨骏，置步兵三千人、骑千人；贾充，给兵万人、骑二千（俱见《晋书》本传）。至东晋，发展到私家公然夺占官军，力入私门。范宁奏称："方镇去官，皆割精兵器仗以为送故，送兵多者至有千余家，少者数十户"；监司相容，不予弹纠（《晋书·范汪传》附子宁传）。南朝兵士则有"军户""营户"诸称。宋文帝时，沈亮论府事曰："伏见西府兵士，或年几八十，而犹伏隶；或年始七岁，而已从役。"（沈约《宋书·自序》）梁武天监十七年（518）下诏："兵骑奴婢，男年登六十，女年登五十，免为平民。"（《梁书·武帝纪中》）[2]本应为国效力的军人显然已被视同奴隶了。

北朝情形亦复如是。拓跋珪灭后燕，"多置军府，以相威摄，凡有八军，军各配兵五千，食禄主帅军各四十六人"（《魏书·杨播传》附弟椿传），此为北魏最初军府体系之设置。拓跋焘破柔然，"列置降人于漠南，东至濡源，西暨五原阴山，竟（同'境'）三千里，分为六镇。"（《资治通鉴·齐纪二》胡注）及孝文南迁，一班初不情愿的鲜卑贵族很快迷失在洛阳城灿烂的阳光下，过了温暖富足、醉生梦死的日子；而留戍苦寒代北的士卒，"号曰府户，役同厮养"，"一生推迁，不过军主"，出为镇将者亦多是"底滞凡才"，将卒既无好的出路，"顾瞻彼此，理当愤怨"，遂酿成六镇之叛（始自523年；引文见《魏书·广阳王渊传》及《北齐书·魏兰根传》）。兵变乃"塞上鲜卑族对于魏孝文帝所代表拓跋氏历代汉化政策之一大反动"（《隋唐制度渊源略论稿》140页），乘此兴起的宇文泰、高欢[3]两个武装集团却最终给军人问题带来制度上的改变。

陈寅恪称，"府兵之制起于西魏大统，废于唐之天宝，前后凡二百年"（《隋唐制度渊源略论稿》137页）；可见这项制度与均田一样，亦是影响将来历史运转的一大因子。宋王应麟《玉海》引《邺侯家传》（唐邺侯李泌子繁撰）云："初置府兵于西魏大统中，周文帝（宇文泰）与度支尚书苏绰之谋也。"（卷一三八《兵制三》）府兵的组织系统，简言之，为六柱国、十二大将军、二十四开府，凡二十四军[4]。据《邺侯家传》，"初置

---

[1] 案：晋武封建，据《晋书》地理、职官二志，大国置兵五千，次国三千，小国千五百人；诸王不就国，大国置守土百人，次国八十，小国六十。可见王国本有军队，这里汝南王所受兵骑应是另外获得的优礼。

[2] 《南史·梁纪上》作"男年六十六，女年六十"。

[3] 旧史称宇文泰字黑獭，高欢字贺六浑，陈寅恪认为黑獭、贺六浑皆二人本来胡名，并非其字（见《金明馆丛稿二编》"姚薇元《北朝胡姓考》序"一文，三联书店，2001年）。

[4] 案：柱国大将军一职始自北魏尔朱荣，位在丞相上。西魏复建，大统十六年（550）前，任者凡八人：宇文泰、广陵王元欣、李虎、李弼、赵贵、独孤信、于谨、侯莫陈崇，号"八柱国家"。丞相宇文泰总揽军权，宗室元欣徒拥虚名，实掌兵者为其余六柱国，各督二大将军，每大将军统二开府，开府各领一军，合计二十四军。

府兵，皆于六户中等以上、家有三丁者，选材力一人，免其身租庸调①。"《北史》卷六十末亦谓：府兵自相督率，不编户贯，岁役一月，无他赋役；每兵唯办弓刀一具，甲槊戈弩并资官给。士兵首先从较优待遇体会到做人的尊严，再由长官"抚养训导，有如子弟"（《郧侯家传》）的温情萌生出职业军人的荣誉感，故能效死力战，以寡克众。这是前所不见的崭新气象；而随着时势迁移，还要引发一系列脱胎换骨的连锁反应。

自"五胡乱华"，民族矛盾始终是制约北方社会发展的瓶颈；表现在军事上，则形成胡人当兵、汉人种田之格局。高欢每语鲜卑，曰："汉民是汝奴，夫为汝耕，妇为汝织，输汝粟帛，令汝温饱，汝何为陵之？"语汉人则曰："鲜卑是汝作客，得汝一斛粟、一匹绢，为汝击贼，令汝安宁，汝何为疾之？"（《资治通鉴·梁纪十三》）然元魏以后，鲜卑势力实已江河日下。河阴之变，尔朱荣杀洛阳朝士两千余人。高洋建齐，剃魏胄元韶（孝庄帝侄）须髯，加以粉黛，使衣妇人服，"讥元氏微弱，比之妇女"。至天保十年（559）五月，诛诸元二十五家，余十九家并禁锢；七月又大诛元氏，"前后死者凡七百二十一人，悉投尸漳水，剖鱼多得爪甲，都下为之久不食鱼。"（《北齐书·元韶传》）河清三年（564）高湛定制，男子十八受田，二十充兵（见《隋书·食货志》，史称"河清改制"），将受田与兵役挂钩，已见兵农合一端倪，可以推想这时的北齐军队必然不是以鲜卑为主体了②。

西魏建都长安，其军队骨干本是贺拔岳麾下胡汉杂糅的关陇兵③。大统九年（543）邙山战败④，"广募关陇豪右，以增军旅"（《周书·文帝纪下》），显然关中汉族大姓已担负起向政府输送兵员的义务。宇文黑獭又委诸婿分掌禁军，如李基、李晖（李弼子）、于翼（于谨子），俱为汉人（见《周书·李贤传》附从子基传）。至恭帝元年（554），魏宗室凋零殆尽，乃"以中原故家易赐蕃姓"（《容斋三笔》卷三"元魏改功臣姓

---

① 献文帝拓跋弘即位，"因民贫富，为租输三等九品之制。"（《魏书·食货志》）陈寅恪称，《郧侯家传》所谓六户中等以上"盖指九等之户即自中下至上上凡六等之户而言"；然则府兵初为特殊阶级，绝无下等平民参与其间（见《隋唐制度渊源略论稿》146页）。

② 渤海蓨人高昂统本乡三千汉兵，"前后战斗，不减鲜卑"。时鲜卑共轻汉人，唯惮服昂。高欢"每申令三军，常鲜卑语，昂若在列，则为华言"（《北齐书·高乾传》附弟昂传）。可见汉人士兵早已成为不容小觑的一股力量。

③ 北魏建义元年（528），高平镇（今宁夏固原）人万俟丑奴僭称天子，尔朱荣部下贺拔岳仅率二千羸兵入关，力克三秦劲敌，遂成西魏立国前割据关陇的最重要武装势力。史称岳坑杀降卒万七千人，疑有所夸饰（见《周书·贺拔胜传》附弟岳传）。观其发展壮大轨迹，部下主力或就地招募，或吸纳降附，大率应以关中人为主；东魏基础则是北方的六镇流民，此乃东、西魏绝不相似之处，故对待汉化的态度，汉人高欢一家反不如鲜卑宇文氏积极。贺拔岳遇害，宇文泰统接其众，军中诸将多系汉人，这从他们受赐鲜卑复姓（见《容斋三笔》卷三"元魏改功臣姓氏"条，如李弼为徒河氏，李虎为大野氏），又以关内诸州为其本望，别撰谱牒（见《隋书·经籍志二》）等事可得证明。

④ 据《北齐书·神武纪下》，是役高欢率领的东魏军"擒西魏督将已下四百余人，俘斩六万计"。

氏")。凡此皆可看出胡汉势力之消长逆转。

北周虽以武力灭齐,却不能不受高齐制度之影响。武帝建德二年(573),"改军士为侍官,募百姓充之,除其县籍,是后夏人半为兵矣。"(《隋书·食货志》)①这里便有河清令文的影子,府兵不再专被"六等之户"把持,从而完成由军民分治向兵农合一的转变,此下隋唐府兵"三时务农,一时教战"(范仲淹语,见《宋史》本传),正是这一精神的延续。而更大意义在于胡汉间壁垒终被打破,"夏人半为兵";这固非初创府兵者之本意,却是当日大势所趋。

钱穆谓:"自行'均田',而经济上贵族与庶民的不平等取消;自行'府兵',而种族上胡人与汉人的隔阂取消。北方社会上两大问题,皆有了较合理的解决。"(《国史大纲(上)》345页)当然,这样的评价仅仅限于理论层面,或者说是往最好方向去看。适逢改朝换代的变革之际,两项前所未见制度的积极功用得以彰显放大并发挥到极致;一旦政权稳定,它们在新形势下的适应力与执行情况也许就不是那么乐观,反倒催生许多新的问题了。

---

① 《周书·武帝纪》系此事于建德三年(574);六年(577),周灭齐。

第八章

隋唐：重上正轨

隋、唐治下，南北复归一统。然隋之短祚不亚于秦；有唐一代约三百年，则以公元755年安禄山反叛为分水岭，前、后盛衰判然。初唐贞观时代为后人称羡，然"户不满三百万"（《通典》卷七《食货七·历代盛衰户口》）。贞观十一年（637）马周上疏："今之户口不及隋之什一。"①魏征亦曰："以隋之府库、仓廪、户口、甲兵之盛，考之今日，安得拟伦！"（《资治通鉴·唐纪十一》）杜甫诗中描绘的"稻米流脂粟米白，公私仓廪俱丰实"（《忆昔》）只是开元时盛况，而开元、天宝加起来不过四十年光景，此下便纷乱不已。元人辛文房评曰："唐兴迨季叶，治日少而乱日多"（《唐才子传》卷一"王绩"），应是当日实况之反映。

昔日长安的八大柱国中，独孤信为杨坚岳父、李渊外祖父，李虎为李渊祖父，显然隋、唐俱从西魏、北周脱胎而出，而典章文物唐因隋旧，二者自可视为一体。北朝遗风渗入隋唐政治、经济、社会之方方面面，并在更深层次发挥作用。最显著的两点，一是唐室立足长安，全力开拓西北，对东北边防取较为消极态度，不但开启赵宋朝新格局（此点已经陈寅恪指出），对国家未来历史走势亦影响至巨；二是山东一地（太行山以东，含今日河北、山东及河南北部，大体北齐辖境）成为左右全局的枢纽所在，终唐之世不能妥善解决这里的问题，而国由以亡。

隋帝系及年号

帝王	年号	公元起讫
文帝（杨坚）	开皇（20）	581—600
	仁寿（4）	601—604

---

① 据《通典》，炀帝大业五年（609），天下有户八百九十万，此隋之极盛。高宗永徽三年（652），户部尚书高履行犹奏称："隋大业中户八百七十万，今户三百八十万"（见卷七《食货七·历代盛衰户口》）。至天宝末百三十余年，才如隋氏之数（同卷《丁中》）。

续表

帝王	年号	公元起讫
炀帝（杨广）	大业（14）	605—618
恭帝（杨侑）	义宁（2）	617—618

唐帝系及年号

帝王	年号	公元起讫
高祖（李渊）	武德（9）	618—626
太宗（李世民）	贞观（23）	627—649
高宗（李治）	永徽（6）	650—655
	显庆（6）	656—661
	龙朔（3）	661—663
	麟德（2）	664—665
	乾封（3）	666—668
	总章（3）	668—670
	咸亨（5）	670—674
	上元（3）	674—676
	仪凤（4）	676—679
	调露（2）	679—680
	永隆（2）	680—681
	开耀（2）	681—682
	永淳（2）	682—683
	弘道（1）	683
中宗（李显）	嗣圣（1）	684
睿宗（李旦）	文明（1）	684
武则天（临朝时期）	光宅（1）	684
	垂拱（4）	685—688
	永昌（1）	689
	载初（1）	689—690（案：夏以正月、商以十二月、周以十一月为岁首。是年则天始用周正，改永昌元年十一月为载初元年正月，十二月为腊月，明年正月为一月；至九月又改元天授。故载初不足一年，公元纪年实跨两年）

续表

帝王		年号	公元起讫
武则天	称帝时期（自名"曌"，改国号"周"）	天授（3）	690—692
		如意（1）	692
		长寿（3）	692—694
		延载（1）	694
		证圣（1）	695
		天册万岁（2）	695—696
		万岁登封（1）	696
		万岁通天（1）	696
		神功（1）	697
		圣历（3）	698—700
		久视（1）	700
		大足（1）	701
		长安（4）	701—704
		神龙（1）	705
中宗（李显）		神龙（3）	705—707
		景龙（4）	707—710
睿宗（李旦）		景云（2）	710—711
		太极（1）	712
		延和（1）	712
玄宗（李隆基）		先天（2）	712—713
		开元（29）	713—741
		天宝（15）	742—756（案：天宝三载，改年为载）
肃宗（李亨）		至德（3）	756—758
		乾元（3）	758—760
		上元（3）	760—762
		宝应（1）	762
代宗（李豫）		宝应（2）	762—763
		广德（2）	763—764
		永泰（2）	765—766
		大历（14）	766—779
德宗（李适）		建中（4）	780—783
		兴元（1）	784
		贞元（21）	785—805

续表

帝王	年号	公元起讫
顺宗（李诵）	永贞（1）	805
宪宗（李纯）	元和（15）	806—820
穆宗（李恒）	长庆（4）	821—824
敬宗（李湛）	宝历（3）	825—827
文宗（李昂）	大和（一作太和）（9）	827—835
	开成（5）	836—840
武宗（李炎，本名瀍）	会昌（6）	841—846
宣宗（李忱）	大中（14）	847—860
懿宗（李漼）	咸通（15）	860—874
僖宗（李儇）	乾符（6）	874—879
	广明（2）	880—881
	中和（5）	881—885
	光启（4）	885—888
	文德（1）	888
昭宗（李晔）	龙纪（1）	889
	大顺（2）	890—891
	景福（2）	892—893
	乾宁（5）	894—898
	光化（4）	898—901
	天复（4）	901—904
	天祐（1）	904
哀帝（李柷）	天祐（4）	904—907

附：五代十国

五代	后梁（907—923）	朱温废唐，自称帝，建号梁，都汴（开封）。凡二主十七年
	后唐（923—936）	沙陀李克用之子存勖灭后梁，建号唐，都洛阳。凡四主十四年
	后晋（936—946）	沙陀石敬瑭引契丹为援，灭后唐，建号晋，都汴。凡二主十一年

续表

	后汉（947—950）	契丹灭后晋，沙陀刘知远称帝，南下入汴，建号汉。凡二主（高祖、隐帝），四年即亡
	后周（951—960）	郭威灭后汉，建号周，都汴。凡三主十年
十国	前蜀（891—925）	王建据蜀称帝，都成都，凡二主三十五年，为后唐所灭
	吴（892—937）	杨行密据江淮，封吴王，都广陵（今扬州）。后迁金陵（今南京），凡四主四十六年，为徐知诰（即李昇）所代
	闽（893—945）	王潮、王审知兄弟据全闽地，审知受封闽王。凡七主五十三年，为南唐所灭
	楚（896—951）	马殷据湖南，封楚王，都长沙。凡六主五十六年，为南唐所灭
	吴越（896—978）	钱镠据两浙（浙东、浙西），称吴越国王，都杭州。传五主八十三年，至镠之孙钱俶纳土归宋
	南汉（905—971）	刘隐据岭南，隐卒后，弟刘䶮在广州称帝，建号越，后改汉。凡五主六十七年，灭于宋
	南平（亦称荆南，907—963）	高季兴受封南平王，都江陵。传五主五十七年，至高继冲降宋
	后蜀（925—965）	前蜀亡，孟知祥为西川节度使，934年在成都称帝。自925年知祥镇蜀，至965年亡于宋，传二主四十一年
	南唐（937—975）	李昇废吴自立，改号唐，都金陵。至其孙李煜（后主）为宋所灭，凡三主三十九年
	北汉（951—979）	十国中唯一北方政权，刘知远弟刘旻（本名崇）建于太原。至979年宋太宗赵光义灭之，传四主二十九年

大运河

北周外戚杨坚（长女杨丽华嫁周宣帝为后）以内禅攘帝位，假周之国力，内遏六王之谋（赵、陈、越、代、滕及毕王，皆以谋反被诛），外平尉迟迥、王谦、司马消难之乱

（尉迟迥自起兵至败，仅六十八日），接下来更以席卷之势扫灭江南陈朝。赵瓯北称"古来得天下之易，未有如隋文帝者"（《廿二史劄记》卷十五"隋文帝杀宇文氏子孙"）。事实上，经南北朝分裂时代的长期准备，国家复归一统已是水到渠成，只待一人出来主持局面；隋文事业看似容易，不过适逢其会，迎合历史大势而已。

北朝后期吏治已渐上轨道（如西魏苏绰、卢辩依《周礼》更定官制，北齐改以士人治县），隋祚虽短，尤以吏治严明见称，当时名臣有牛弘、裴政、高颎、苏威等，皆为北周官场上摸爬滚打出来的一班谙习政术、历练老成之人。隋朝官制一大变化是中央集权得到加强，吏部总揽铨选，夺汉朝以来州郡长官自辟僚佐之权，这无疑是与大一统之局相匹配的制度。《通典》云："牛弘为吏部尚书，高构为侍郎，最为称职。当时之制，尚书举其大者，侍郎铨其小者，则六品以下官吏，咸吏部所掌。自是，海内一命以上之官，州郡无复辟署矣。"（卷十四《选举二·历代制中》）①儒士刘炫亦曰："大小之官，悉由吏部，纤介之迹，皆属考功。"（见《隋书·儒林传》）隋文犹嫌不够，往往潜令人采听吏治得失，"赂遗令史府史，有受者必死，无所宽贷"（《隋书·高祖纪下》），这种极端做法被黄仁宇比作"今日美国所谓的'敲诈行动'（sting operations）"（《中国大历史》102页）。

从现有记载来看，自幼养于佛寺的杨坚不像一位老到的政治家②，而是躬履俭约，勤勉致富，有着更多农民式家长的风范。《通典》曰：隋六宫之内，常服浣濯之衣，非享燕，所食不过一肉。"有司尝进干姜，用布袋盛，帝以为费，大加谴责；后进香药，复以毡袋盛，因答所司，以为后诫。"（卷七《食货七·历代盛衰户口》）不要小瞧了这点滴蓄积的力量，唐太宗谓："隋开皇十四年大旱，人多饥乏。是时仓库盈溢，竟不许赈给，乃令百姓逐粮。隋文不怜百姓而惜仓库，比至末年，计天下储积，得供五六十年。"（《贞观政要》卷八《辨兴亡》）③

---

① 案：杜佑注云："自后魏末、北齐以来，州郡僚佐已多为吏部所授，至隋一切归在省司。"据此，则北朝后期已见中央集权之征象。

② 隋著作郎王劭述隋祖起居注云：隋文以西魏大统七年（541）六月十三日生于同州般若尼寺。有尼名智仙，河东刘氏女，及帝诞日无因而至，名帝为那罗延，言如金刚不可坏也；又以俗家秽杂，自为养之。太祖（杨忠）乃割宅为寺，以儿委尼。帝年至十三，方始还家（见唐释道宣《集古今佛道论衡》卷乙"隋两帝重佛宗法俱受归戒事"条；参阅《隋书·高祖纪上》）。

③ 马端临曰："古今称国计之富者莫如隋，然考之史传，则未见其有以为富国之术也。"（《文献通考》卷二十三《国用一》）据杜佑《通典》，高颎建输籍之法，定其名，轻其赋，使浮客（佃客）悉归编户，"隋氏资储遍于天下，人俗康阜，颎之力焉"。注云："隋氏西京太仓，东京含嘉仓、洛口仓，华州永丰仓，陕州太原仓，储米粟多者千万石，少者不减数百万石。天下义仓又皆充满。京都及并州库布帛各数千万。"（卷七《食货七·丁中》）显然隋经济政策仍是沿用北魏以来的均田制。杨隋实得益于北朝社会长期之物质准备，以及统一所带来的财富集中，否则隋文之世区区二十年，无论如何不能致国计富足若是。

先有发家，后有败家，炀帝失国亦是传统农民家庭经常上演的一幕。

独孤皇后是有名的妒妇[1]，故文帝旁无姬侍，五子皆独孤氏所生，尝曰："五子同母，可谓真兄弟"，以为无嫡庶之争（见《隋书·房陵王勇传》）。然晋王杨广谮废太子，弑父自立，竟改写了杨隋历史[2]。

在正统史家眼中，炀帝堪比肩桀、纣、幽、厉，或更不如；对这样一个"弑君父，杀兄弟，骄淫无度"的昏暴之君，王船山甚至不冠帝号，直以"逆广"称之（《读通鉴论》卷十九《炀帝》）。

从表面看，祚短运促的隋室与当年秦朝十分相似，而其败亡同样由于虐民太甚，营东都（洛阳），开运河，筑长城，征高丽，以致"百姓苦役，天下思乱"（《隋书·杨玄感传》）。黄仁宇曾引用美国汉学家芮沃寿（Arthur Wright）的一段话来表达在炀帝功过问题上人云亦云所暗藏的危

隋炀帝杨广

险："（他）既被视为典型的亡国昏君，在一大团歪曲的历史记载和传奇性道听途说之下，今人即想窥测此人的真实性格，至多也只能瞥见其一二。"（《赫逊河畔谈中国历史》90页）

钱穆形容炀帝性格为"夸大狂"，《资治通鉴·隋纪五》所记二事最能说明之。

大业六年（610）正月十五，帝以诸蕃酋长毕集洛阳，"于端门街（皇城正南门名端门）盛陈百戏，戏场周围五千步，执丝竹者万八千人，声闻数十里，自昏至旦，灯火光烛

---

[1] 赵瓯北曰："古来宫闱之妒，莫有过于隋独孤后者，不惟妒在己，并子与臣之有妾者，亦代为妒之"，堪称"奇妒"（见《廿二史劄记》卷十五"隋独孤后妒及臣子"条）。据《隋书·后妃传》，尉迟迥孙女没入后宫，以美色得幸，独孤氏阴杀之。文帝单骑出宫，入山谷间二十余里，高颎、杨素追上苦谏，谓："陛下岂以一妇人而轻天下！"文帝叹曰："吾贵为天子，而不得自由！"中夜始还。太子杨勇厚妾薄妻，宰相高颎有妾生男，皆招致祸端。

[2] 文帝见弑，《隋书》讳言之。《资治通鉴·隋纪四》曰："上崩，中外颇有异论。"司马温公意犹未尽，复引唐马总《通历》详述其事曰："上有疾，于仁寿殿与百僚辞诀，并握手歔欷。是时唯太子（指杨广）及陈宣华夫人侍疾，太子无礼，宣华诉之，帝怒曰：'死狗，那可付后事！'遽令召勇（已废为庶人），杨素秘不宣，乃屏左右，令张衡入拉帝，血溅屏风，冤痛之声闻于外，崩。"（《资治通鉴考异》卷八）案：杨素、张衡均为助广登基有力者。

天地，终月而罢，所费巨万。自是岁以为常（胡注：今人元宵行乐，盖始盛于此①）。”

又："诸蕃请入丰都市（洛阳南市）交易，帝许之。先命整饰店肆，檐宇如一，盛设帷帐，珍货充积，人物华盛，卖菜者亦藉以龙须席（龙须草织成，韩偓《已凉》诗：八尺龙须方锦褥，已凉天气未寒时）。胡客或过酒食店，悉令邀延就坐，醉饱而散，不取其直，绐（犹'骗'）之曰：'中国丰饶，酒食例不取直。'胡客皆惊叹。其黠者颇觉之，见以缯帛缠树，曰：'中国亦有贫者，衣不盖形，何如以此物与之，缠树何为？'市人惭不能答。"

钱氏把这种无节制的浮夸与隋炀早年为扬州总管、镇江都（今江苏扬州）的经历联系在一起，称"在此时期，炀帝殆已深深呼吸到南方文学的新空气"（《国史大纲（上）》382页），可谓极有见地。

炀帝歆慕南朝，见史臣以吴人为东夷，杖责之，曰："昔汉末三方鼎立，大吴之国，以[巳]称人物，故晋武帝云：'江东之有吴、会，犹江西之有汝、颍，衣冠人物，千载一时。'及永嘉之末，华夏衣缨，尽过江表，此乃天下之名都。自平陈之后，硕学通儒，文人才子，莫非彼至。"（《太平御览》卷六〇二引杜宝《大业拾遗》）大业十二年（616）天下将乱，炀帝留诗宫人"我梦江都好"（《太平御览》卷七四九引同书），南去不返。既至江都，操吴语谓萧后曰："侬不失为长城公（指陈后主叔宝），卿不失为沈后（后主皇后）。"（《资治通鉴·唐纪一》）

从他任扬州总管算起，至覆亡，前后近三十载，"聚书至三十七万卷"（宋王明清《挥麈后录》卷七②），"制成新书凡三十一部，总一万七千余卷"（宋晁载之《续谈助》卷四所收《大业杂记》）；"新书之名，多是帝自制，每进一书，必加赏赐。"（《太平广记》卷二二六《伎巧类》"观文殿"条引同书）武德四年（621）唐军陷洛阳，收隋书籍，将用船载往长安，有上官魏（未详何人）梦见炀帝叱曰："何因辄将我书向京师！"后大船遇风覆没，一卷无遗，上官魏复梦见帝，喜曰："我已得书。"杜宝云："帝平存之日，爱惜书史，虽积如山丘，然一字不许外出。及崩亡之后，神道犹怀爱恡。"（《太平广记》卷二八〇《梦类》"炀帝"条引同书）③

---

① 案：隋文时，柳彧见都邑百姓每至正月十五日夜，聚戏朋游，糜费财力，奏请禁绝之（见《隋书·柳彧传》）。则炀帝之前此俗已盛，洪迈考其由来，或在汉代，谓"上元张灯，《太平御览》所载《史记·乐书》曰：'汉家祀太一，以昏时祠到明。'今人正月望日夜游观灯，是其遗事。"（《容斋三笔》卷一"上元张灯"条）

② 王氏谓引自唐著作郎杜宝《大业幸江都记》。案：杜宝所撰《大业拾遗》又名《大业杂记》，此处《大业幸江都记》当指同一书。

③ 开皇初，秘书监牛弘上表请开献书之路，谓史上书籍之厄凡有五次（见《隋书》本传）。弘未及亲见隋亡，否则必以此为书之六厄也。

炀帝好读书著述，不欲人出其右，文士薛道衡、王胄俱由是见害。既诛道衡，曰："更能作'空梁落燕泥'否？"杀王胄，诵其警句"庭草无人随意绿"，曰："复能作此语耶？"（唐刘𫗧《隋唐嘉话》卷上）①虽嫉如妇人，大业中犹首设进士为取士科目，而唐因之（见赵翼《陔余丛考》卷二十八"进士"）。凡此皆可看作南朝尚文遗风留在他身上的烙印，唯其"狂放的情思，骤然为大一统政府之富厚盛大所激动，而不可控勒。于是高情远意，肆展无已，走上了秦始皇的覆辙"（钱穆语，《国史大纲（上）》386页）。

李密历数隋炀十大罪状，"罄南山之竹，书罪未穷。"（见《旧唐书·李密传》）大业元年至六年（605—610）开凿运河无疑是他治下役使民力最重的一项大工程。

元魏发迹代北，孝文帝尝云："朕以恒代无运漕之路，故京邑民贫。今移都伊洛，欲通运四方。"（《魏书·成淹传》）可见当日迁洛既含文化、亦含经济因素。孝文泛舟洪池（洛阳东三十里），向李冲详说自己的计划道："朕欲从此通渠于洛，南伐之日，何容不从此入洛，从洛入河，从河入汴，从汴入清，以至于淮？下船而战，犹出户而斗，此乃军国之大计。"（《魏书·李冲传》）②据此知水运一事又非全为经济，实蕴有战略考虑；而孝文之梦想，至炀帝始得实现。

隋运河以洛阳为中心，北起涿郡（今北京），南达余杭（今杭州），工程分四段进行：

（一）大业元年（605）发河南、淮北百余万众，开通济渠，自洛阳西苑引谷、洛水通黄河，复自板渚（今河南荥阳东北）引河入汴，达于淮；

（二）同年，发淮南十余万众，开邗沟，自山阳（今江苏淮安）至扬子（今江苏仪征）入长江；

（三）四年（608），发河北百余万众，开永济渠，引沁水南达黄河，北通涿郡；

（四）六年（610），开江南运河，自京口（今江苏镇江）至余杭，八百余里，可通龙舟。

至此运河全线贯通，遂"把北齐、北周与南朝三分鼎足的形势打通一气"（钱穆《国史大纲（下）》704页）。大业二年（606）置洛口仓于洛水入河处，仓城周回二十里，穿三千窖，窖容八千石；又置回洛仓于洛阳北，仓城周回十里，穿三百窖（见《资治通鉴·隋纪四》），以纳南北贡输。日后李密反隋，据洛口仓，来就食者近百万，皆织筐淘米，洛水两岸十里间，望之如白沙；密喜曰："此可谓足食矣！"（《资治通鉴·唐纪二》）

----

① 宋人吴开云："予读周庾信《荡子赋》曰：'游尘满床不用拂，细草横阶随意生。'乃知王胄'庭草无人随意绿'盖取诸此，以之丧命，岂不枉哉！"（《优古堂诗话》"庭草无人随意绿"条）

② 案：李冲作为洛都总设计师，死后葬覆舟山，近杜预冢，孝文之意（见《魏书》本传）。陈寅恪谓：杜预以儒者而有巧思，创制颇多，其中请建河桥于富平津一事（见《晋书》本传）尤与西晋首都洛阳之交通繁盛有关。魏孝文令李冲葬近杜预冢，"实以冲之巧思有类乎预，故以此二人相比方也。"（《隋唐制度渊源略论稿》74页）

　　唐皮日休《汴河怀古》（其二）云："尽道隋亡为此河，至今千里赖通波。若无水殿龙舟事，共禹论功不较多。"炀帝主持开通运河，不能不说对中国大历史进程有着划时代的意义。中古时期南方的大规模开发可分前、后两个阶段，前期为六朝，后期为十国（笼统言之，实为南方九国）。安史乱后，唐室赖有东南财赋供给而苟延残喘，不致遽亡，漕运显然发挥了重要作用；然运河之真正功用并不在简单的南粮北调，而是从经济、文化上把南、北融为一体，在此框架内，南方社会之渐次进步才能走出"偏安"局面，具备更切实、也更重大的影响与价值。

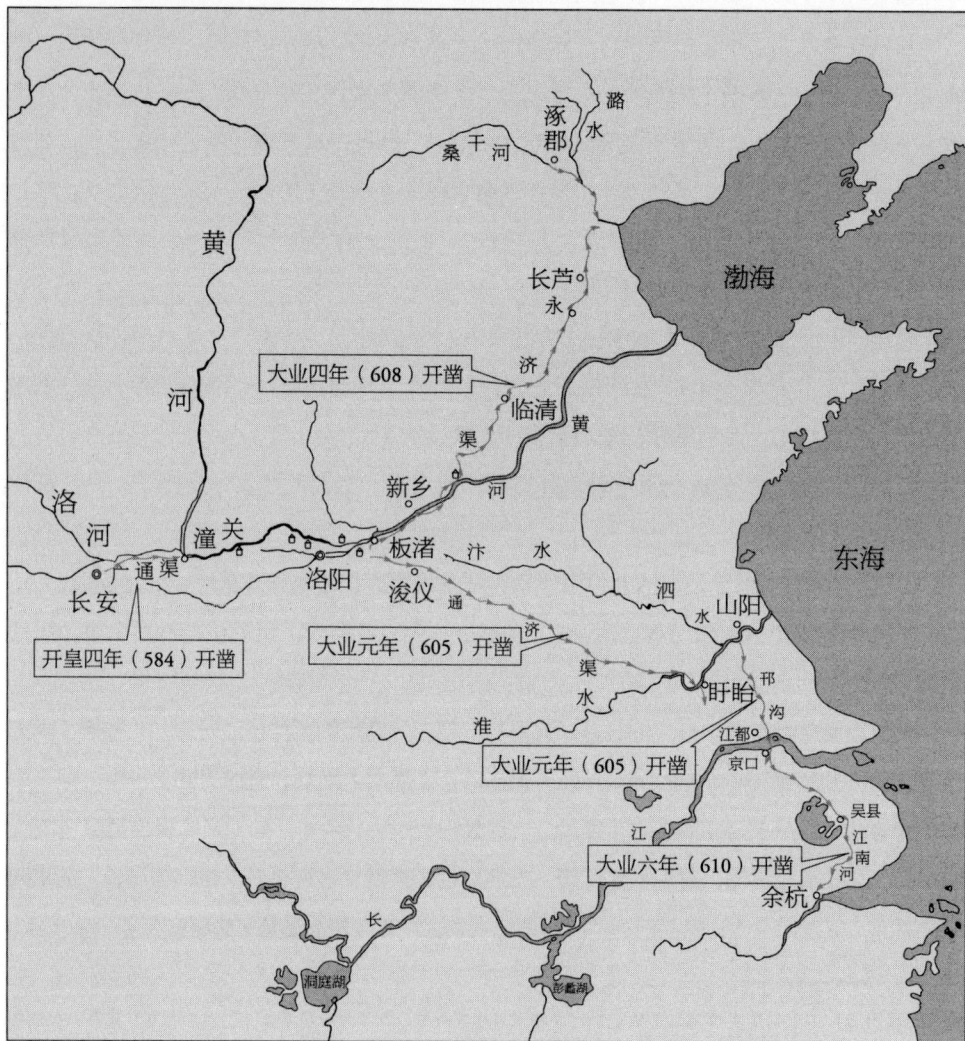

隋大运河示意图

说唐太宗

贞观八年（634）太宗曰："朕年十八便为经纶王业，北剪刘武周，西平薛举，东擒窦建德、王世充，二十四而天下定，二十九而居大位，四夷降伏，海内乂安"（《贞观政要》卷十《论灾祥》）——这是他对自己一生事业的概括。两句杜诗"风尘三尺剑，社稷一戎衣"（《重经昭陵》），可谓道尽秦王世民赫赫开国之功；又有白乐天诗为证："太宗十八举义兵，白旄黄钺定两京。擒充戮窦四海清，二十有四王业成。二十有九即帝位，三十有五致太平。"（《七德舞》）但这里存有一桩贞观史臣修改国史的疑案。李渊父子起兵晋阳（今山西太原），创立唐朝；至贞观十七年（643）房玄龄、许敬宗、敬播等"上所撰《高祖》、《太宗实录》各二十卷"（宋王溥《唐会要》卷六十三《史馆上》"修国史"条）。汪篯认为这两部被后人当成最原始材料的《实录》（见赵翼《廿二史劄记》卷十六"旧唐书前半全用实录国史旧本"条），内中实有不少刻意改篡痕迹，"大事铺陈太宗在武德时的功劳，竭力抹杀太子建成在创建唐朝过程中做出的成绩，并且大大贬低高祖的作用……其目的在于把太宗说成李唐王业的真正的奠基人。"（《隋唐史论稿》76页，中国社会科学出版社，1980年）

唐王朝是否由李世民开创不是本篇重点。如果把目光移开上述争执，考察太宗本人事迹，不妨径从两事入手，一为玄武门事变，一为贞观之治。

高祖皇后窦氏生四男，除三子玄霸早死，长子建成、次子世民及四子元吉都追随其父，亲身经历了反隋战火的洗礼。武德元年（618）李渊在长安称帝，正式册立建成为皇太子；又以秦王功高，私下许立之——旧史流行的这一说法甚可疑，但无论如何，随着统一战争结束，皇位继承权之争已经变得不可避免，而在这场斗争中，齐王元吉始终站在建成一边。

武德九年（626）六月四日，秦王伏兵于皇宫北面的玄武门，杀兄屠弟，两个月后逼父退位，以武装政变方式当上了有唐第二位皇帝。

他日太宗览《实录》，见语多微隐，讳言玄武门之变，遂命"改削浮词，直书其事"，被魏征赞为"雅合至公之道"（《贞观政要》卷七《论文史》）。人君对待修史的开明态度固然值得称道，但不应忽略掉一个细节，即太宗自比周公，以管、蔡喻其兄弟，昔日那场喋血宫门的政变也就被定性为"周公诛管、蔡而周室安"，史官正是本着这样的指导精神撰录国史，一脉相传下来，反正死人不会说话，"建成、元吉，实为二凶"便成了铁案（见《旧唐书》卷六十四"赞"）[①]。

据温大雅《大唐创业起居注》（卷二），大业十三年（617）唐兵南下取长安，中途

---

① 案：太宗杀建成、元吉，比于周公诛管、蔡，宋儒朱熹大叫这如何比得！"只消以公私断之，周公全是以周家天下为心，太宗则假公义以济私欲者也。"（《朱子语类》卷一三六《历代三》）

闻突厥欲掩袭晋阳,文武俱议北还。李渊唤大郎(建成)、二郎(世民)曰:"尔辈如何?"对曰:"今若却还,诸军不知其故,更相恐动,必有变生。诸人保家爱命,所谓言之者也;儿等捐躯力战,可谓行之者也。请无他问。"渊喜曰:"尔谋得之,吾其决矣。"遂进军。司马光曰:"《太宗实录》尽以为太宗之策,无建成名,盖没之耳。"(《资治通鉴考异》卷八)可知大郎绝非碌碌无能之辈,温公虽有此见,《通鉴》仍延续旧史偏见,谓"高祖所以有天下,皆太宗之功;隐太子(即建成)以庸劣居其右,地嫌势逼,必不相容"(《唐纪七》),其无限心曲颇值得玩味。

又有一事可为证。武德四年(621),河北窦建德被俘,斩于长安;故将刘黑闼举兵报仇,半年悉复失地。秦王领命讨之,决洺水灌敌,斩首万余级,溺死数千。太子建成问幕僚魏征:"山东其定乎?"征曰:"黑闼虽败,杀伤太甚,其魁党皆县(同'悬')名处死,妻子系虏,欲降无繇,虽有赦令,获者必戮,不大荡宥,恐残贼啸结,民未可安。"(《新唐书·隐太子建成传》)果然,数月后黑闼借兵突厥,卷土重来,河北诸州复叛归之。改派太子讨伐,既至,结纳山东英俊,尽遣所获俘囚,黑闼军心涣散,不战自溃。

太宗即位后,"河北州县素事隐(建成)、巢(元吉)者不自安,往往曹伏思乱。"(《新唐书·魏征传》)凭此数语,足见当时太子戡乱政策之成功。而《太宗实录》的描述却是:

"黑闼重反,高祖谓太宗曰:'前破黑闼,欲令尽杀其党,使空山东,不用吾言,致有今日。'及隐太子征闼平之,将遣唐俭往,使男子年十五已上悉坑之,小弱及妇女总驱入关,以实京邑。太宗谏曰:'臣闻唯德动天,唯恩容众。山东人物之所,河北蚕绵之乡,而天府委输,待以成绩。今一旦见其反覆,尽戮无辜,流离寡弱,恐以杀不能止乱,非行吊伐之道。'其事遂寝。"

司马光评曰:"高祖虽不仁,亦不至有欲空山东之理。史臣专欲归美太宗,其于高祖亦太诬矣。"(《资治通鉴考异》卷九)温公案语多少有些避重就轻,细细品味起来,《实录》作者乃偷梁换柱,把处理山东问题时的秦王嗜杀与太子宽仁完全掉了个个儿!

玄武门事变后,建成、元吉各有五子被杀,高祖坐视诸孙伏诛,不能一救;太宗又纳元吉妻杨氏为妃,此举最为后世人诟病[1]。然往事已成烟云,千年以下再来分辨当日之曲直是非并无太大历史意义。

---

[1] 据《新唐书·太宗诸子传》,曹王明母杨氏本巢王(元吉)妃,太宗宠之,欲立为后,以魏征谏乃止。

陈寅恪谓："自高祖、太宗至中宗、玄宗，中央政治革命凡四次，俱以玄武门之得失及屯卫北门禁军之向背为成败之关键。"（《唐代政治史述论稿》245页，三联书店，2001年）玄武门为长安及东都洛阳皇宫北门，任何宫廷政变必率先从此发难可谓不言自明，亦是政变发动者应有之常识。陈氏特别标明玄武门与唐代历次政变关系，希望引起治史者重视，殊不解其用意；倒是陈氏弟子汪篯的一番表述似乎更得要领：事变前夕，太子与秦王皆试图拉拢对方爪牙，太子利诱尉迟敬德遭拒，秦王却成功策反守卫玄武门的常何。"大抵李建成以李世民手下重要将领为收买对象，结果殊难有成，李世民则更为诡秘，着重收买李建成手下次要的人物，因为这些人既不是最重要的，也不是无足重轻的，所以一方面容易达到收买的目的，另一方面也能够发挥内奸的作用。李世民的势力和地位在好几方面都敌不过建成，但最后能竞胜建成，这一策略具有重要的意义。"（《隋唐史论稿》92—93页）

但这仍非问题之关键。双方的具体争斗，抑或事后的是非评价，都不应成为我们关注王朝成立伊始这场血腥政变的焦点；其更深意义在于，嫡长袭位制度遭到破坏之事实，极大程度上影响甚至改变了唐帝国的未来走向。

太宗自己靠杀兄逼父夺得皇位，自然无法"垂训"后世子孙，这或许能从心理上解释一贯英明果决的他在皇位继承问题上所表现出的优柔寡断和种种失态[1]。贞观十七年（643），太子承乾与魏王泰的嫡位之争以两败俱伤收场，太子因谋反被废，魏王素怀夺嫡之意，亦未能如愿。太宗曰："如立泰，则副君可诡求而得。"又下诏："自今太子不道，藩王窥望者，两弃之，著为令。"（《新唐书·濮王泰传》）性格懦弱的晋王治（即后来高宗）从同胞兄弟间的激烈角逐中脱颖而出，成为意外胜者，其过程稍显夸张。

承乾见废，帝与近臣长孙无忌等谈东宫事，回惑不决，云："我三子一弟[2]，所为如此，我心无憀。"即投床，抽刀欲自刺。无忌等大惊，扶抱夺刀，问谁可为嗣。帝曰："我欲立晋王。"无忌曰："谨奉诏。"帝乃顾谓晋王："汝舅许汝（无忌为晋王母长孙皇后之兄），宜拜谢。"建立既定，帝复欲立吴王恪（隋炀女所生），无忌密争止之（见《旧唐书·长孙无忌传》，《新唐书》所记略同）。

从太子、魏王争位，"文武群官，各有附托，自为朋党"的情形（见《旧唐书·濮王泰传》），可知皇位继承关涉政治稳定大局，而太宗之"回惑"实由于此，以致有上述可笑举动。

---

[1] 明神宗朱翊钧亦以所谓"家法不正"责难史上这位有名的"令主"（见《明神宗实录》卷一九五）。

[2] 《资治通鉴·唐纪十三》胡注："三子谓齐王祐、太子承乾、魏王泰，一弟谓汉王元昌。"案：齐王谋反被执，赐死，贬为庶人，事在贞观十七年（643）。元昌为高祖第七子，劝太子反，事发，赐自尽于家。

贞观以后，储贰摇摆不定，废立如同儿戏，使得本该平稳严肃的政治生活平添几分情景喜剧意味。陈寅恪谓：“皇位继承之无固定性及新旧君主接续之交，辄有政变发生，遂为唐代政治史之一大问题。”（《唐代政治史述论稿》246页）

此问题在前期表现为宫闱“女祸”（武后、韦后）。武曌雄才，干脆屠子自立；武承嗣、三思进而借口“自古天子未有以异姓为嗣者”，请姑侄相传，废李立武（见《资治通鉴·唐纪二十二》）。韦后女安乐公主更要求中宗废皇太子，立己为皇太女，曰：“阿母子（武后）尚自为天子，况儿是公主，作皇太女有何不可！”（《资治通鉴考异》卷十二引《统纪》）①至后期则表现为宦官之祸，援立之权尽归阉寺，所谓“李氏子孙，内大臣立定，外大臣即北面事之”（宋王谠《唐语林》卷七《补遗》）。于是穆宗以下八世，为宦官所立者七君（《新唐书·僖宗纪》“赞”）。宦寺既得专决嗣君，至谓天子“负心门生”（见《新唐书·宦者传下》杨复恭条），而宪、敬二帝竟遭弑害，近侍凶悖已臻极点。推原祸始，未必非武德九年六四事变之遗害也。

朱子称“唐源流出于夷狄，故闺门失礼之事，不以为异”（《朱子语类》卷一三六《历代三》）。此语只言其一，不言其二，未中肯綮。

再来谈著名的贞观之治。贞观四年（630），“米斗四五钱，外户不闭者数月，马牛被野，人行数千里不赍粮，民物蕃息，四夷降附者百二十万人。是岁，天下断狱，死罪者二十九人，号称太平。”后人眼中黄金治世的美丽图景，盖滥觞于《新唐书·食货志一》这段经典文字②。至明成化元年（1465），宪宗朱见深为《贞观政要》作序犹曰：“三代而后，治功莫盛于唐；而唐三百年间，尤莫若贞观之盛。”

其实就在史书描绘的这个“号称太平”之年，高昌王麹文泰来朝（是年太宗被四夷君长推戴为“天可汗”），“见秦、陇之北，城邑萧条，非复有隋之比。”（《旧唐书·西戎传·高昌》）唐代在均田基础上推行租庸调制，轻徭薄赋，太宗自诩“徭役不兴，年谷丰稔，百姓安乐”（《贞观政要》卷一《论政体》），又谓人君赋敛无已，“犹如馋人自食其肉，肉尽必死”（同书卷八《辨兴亡》）。这只能算是一面之词。隋末，百姓往往自折肢体以避赋役，谓之“福手”“福足”；贞观十六年（642）的一纸禁令明白显示，太宗治下民间自残行为从未绝迹，百姓远没有过上丰衣足食的幸福生活（见《资治通鉴·唐纪十二》）。更有甚者，二十二年（648），蜀地发民造船以攻高丽，“民至卖田宅、鬻

<hr />

① 案：此事亦载于《新唐书·魏元忠传》及《公主传》。据《魏元忠传》，“宫中谓武后为阿母子”，《公主传》则写成“阿武子”。王鸣盛以为当作“阿母”或“阿武”，两处皆误衍“子”字（见《十七史商榷》卷八十七“阿武子”条）。

② 司马温公笔下更加夸张，至谓“东至于海，南及五岭，皆外户不闭，行旅不赍粮，取给于道路”（《资治通鉴·唐纪九》）。

子女不能供，谷价踊贵，剑外骚然。"（《资治通鉴·唐纪十五》）而贞观时代承丧乱之后，"户口不及隋之什一"；钱穆谓历代户口数虽不可尽信，"大体可资以见世运之盛衰升降。"（《国史大纲（上）》391页）

必须看到，光环笼罩下的贞观太平盛世显然有着过分渲染的色彩。真实社会经济情形既不容乐观，剩下可供称道的便是政治清明，即脍炙人口的"纳谏"。仅用"纳谏"二字概括贞观之治似略嫌抽象，却也和史书宣传相差不远。贞观一朝贤臣极多，大都能直谏。高季辅指陈时政得失，太宗特赐钟乳，曰："进药石之言，故以药石相报。"（《旧唐书》本传）魏征尤以强直闻名，上《十思》《十渐》等疏，前后谏二百余事，凡数十万言，《旧唐书》作者以为"前代诤臣，一人而已"。太宗自比于金，以征为良匠，谓"贞观之后，尽心于我，献纳忠说，安国利人，成我今日功业，为天下所称者，惟魏征而已"；又因他而发"以铜为镜，可以正衣冠；以古为镜，可以知兴替；以人为镜，可以明得失"之千古名言（《贞观政要》卷二《论任贤》）。然则太宗与魏征的君臣关系适可视作贞观朝政治的一面镜子，从中映出许多被忽略或刻意隐瞒的事实真相。

自元魏分东、西，大抵潼关内外便形成两个风尚截然不同的社会。元魏覆亡跟北方六镇兵士起义有直接关系，而六镇问题不惟当日棘手，对此下历史尤至关重要。北魏初置八军，"自中原稍定，八军之兵，渐割南戍"（《魏书·杨播传》附椿传），据此知魏朝本有边镇戍兵移防南调之故事。平定北镇之叛，饥民二十余万"分散于冀、定、瀛三州就食"（同卷附昱传）；以后又经尔朱荣之乱，北镇流民（以鲜卑或鲜卑化汉人为主）进一步南下，镇兵出身的高欢得其大部，赖以创业，河北即所谓山东地域遂经历一个迅速胡化的过程。宇文泰则依靠关中士族，模仿《周礼》，托古改制，在其关陇辖境内创建新的政治规模。钱穆谓："北周汉化，北齐胡化，风尚之异，亦由其立国基础而判也。"（《国史大纲（上）》343页）

《周礼》一书汉世初出，殆为上古学者寄托儒家理想的一部集大成之作；此后仿之以建制度者总有四人：王莽、宇文泰、武则天、王安石，"四者之中三为后人所讥笑，独宇文之制甚为前代史家所称道。"（《隋唐制度渊源略论稿》100页）宇文氏之政治主张实别有用心，欲借《周礼》旗号建立并巩固关陇一隅的文化自信，以抗衡江左萧梁、尤其山东高齐，这一手段被陈寅恪定义为"关中本位政策"。周、齐东西分峙，更大意义上是文化而非种族的对抗，"当时之所谓胡人汉人，大抵以胡化汉化而不以胡种汉种为分别，即文化之关系较重而种族之关系较轻"（同上书79页）。高齐既遭武力征服，山东之地犹长期保持文化敌对态势，不能融入全国大一统之局的原因，盖在于斯。陈氏谓安史乱后，其残余势力与中央相抗，迄于唐亡，约百五十年间，"虽号称一朝，实成为二国"（《唐代政治史述论稿》203页）；事实上，帝国版图内的政治文化对立由来已久，自北朝中后期即是常情，并非因为几员边将的叛乱而骤生之变态也。

隋、唐承袭北周遗业，统治者自不改其疑惮山东人心理。开皇十年（590）隋文帝诏曰："罢山东、河南及北方缘边之地新置军府。"（《隋书·高祖纪下》）北方缘边军府与防御突厥有关，姑置不论；山东、河南军府则是为大举伐陈而"新置"，平陈一年即废，居心自不待言。唐高祖入关，以晋北刘武周南下，兵锋甚锐，便有"弃河东之地，谨守关西"之谕（《旧唐书·太宗纪上》）；因刘黑闼反，又欲"尽杀其党，使空山东"（见前引）。武德三年（620）下诏置十二军，分隶关内诸府；《玉海》卷一三八引《会要》云："关内置府二百六十一，精兵士二十六万，举关中之众以临四方。……河东道府额亚于关中，河北之地人多壮勇，故不置府。"①

太宗叹称山东"人物之所"，殆缘于武德五年（622）东讨黑闼那次不算成功的用兵经历。其时山东范围内存在文、武两股势力，一是北朝以来以崔、卢、李、郑四姓为代表的传统士族阶级，"虽累叶陵迟，犹恃其旧地，好自矜大，称为士大夫。"（《贞观政要》卷七《论礼乐》）袁谊谓"山东人尚于婚媾，求于禄利"（见《旧唐书·袁朗传》附孙谊传），即指此辈人而言。降至唐末，皇室欲与关东右姓通婚仍属难事，文宗气愤曰："我家二百年天子，顾不及崔、卢耶？"（《新唐书·杜兼传》附中立传）②二是打响反隋第一枪的长白山（今山东邹平西南）诸豪，史书称"山东豪杰"，他们与其他武装一起形成了《隋唐演义》《说唐》等章回小说所描写的声势浩大的"一十八路反王，六十四处烟尘"。文、武俱出山东，对前者，政治上需要打压；对后者，军事上需要拉拢。

山东士族势力在隋炀帝大业年间已偶露峥嵘，韦云起疏奏："今朝廷之内多山东人，而自作门户，更相剡荐，附下罔上，共为朋党。不抑其端，必倾朝政。"（《旧唐书》本传）武德元年（618）瓦岗军首领李密降唐，高祖遣宗室淮安王李神通招抚山东诸郡县的同时，不得不以山东望族崔民干为副；明年复派郎楚之安抚山东，此君正是隋时被韦云起实名举报、而遭流配的"朋党人"之一。

贞观初，太宗语及山东、关中人，意有同异，张行成闻而奏曰："天子以四海为家，不当以东西为限；若如是，则示人以隘陋。"（《旧唐书》本传）太宗虽善其言，终是要

---

① 考《唐会要》卷七十二"京城诸军"及"府兵"二条，原文语意颇含混，《玉海》引文简略，更难明了，殆综指高祖、太宗时兵府设置情形。

② 文宗为庄恪太子选妃，谓山东望族出身的宰相郑覃曰："本求汝郑门衣冠子女为新妇，闻在外朝臣皆不愿共朕作亲情，何也？朕是数百年衣冠，无何神尧打家罗诃去。"遂罢其选（《太平广记》卷一八四《氏族类》"庄恪太子妃"条，原注：出《卢氏杂说》）。案：末句文义难解，或为当时俚语；《唐语林》卷四《企羡类》亦收录之）。

把内心的真实好恶以制度形式永远固定下来。六年（632），命高士廉、令狐德棻等撰《氏族志》，遍责天下谱谍，考其真伪，刊正姓氏。撰者定氏族等第，以崔民干为第一，太宗谓曰："我与山东崔、卢、李、郑无嫌，不解人间何为重之？只缘齐家惟据河北，梁陈僻在江南，当时虽有人物，偏僻小国，不足可贵，至今犹以崔、卢、王、谢为重。"（《旧唐书·高士廉传》）遂降崔氏为第三。至十二年（638），书成，"凡二百九十三姓，千六百五十一家，颁于天下。"（《资治通鉴·唐纪十一》）

太宗自己讲得好，"我今定氏族者，诚欲崇树今朝冠冕"（《贞观政要·论礼乐》）；所谓"今朝冠冕"指的自然是跟随李姓打江山的关中新贵，可见敕撰《氏族志》，与太和十九年（495）魏孝文帝评定代人姓族、亲决首末的做法如出一辙（见《魏书·官氏志》），乃是"以朝廷的威权采取法律形式来制定门阀序列"（唐长孺语，《魏晋南北朝史论拾遗》"论北魏孝文帝定姓族"91页，中华书局，1983年）[1]。可笑廷臣不解帝意，擅定等第，无异于南辕北辙，难怪太宗要发出"何因崔干犹为第一等"[2]的质问；文字无声，其疾言厉色、愤愤不平已跃然纸上。

唐太宗像

太宗借修《氏族志》摧抑山东大姓，对反隋生力军即所谓"山东豪杰"则采取截然不同的策略。玄武门事变时秦王府中业已充斥着瓦岗降将如秦叔宝、程咬金之流，而背负"离间兄弟"罪名、搁谁都在劫难逃的魏征事后竟获意外器重，与其说新主子有大气量，不如说魏氏早年参加瓦岗军、并在窦建德河北军中待过的经历更起到作用；换言之，是其身上的山东色彩与背景成为太宗此时必须加以利用的工具。

魏征本人自有过人之处，这点不该被抹杀掉。初降唐，自请安抚山东，发书招降徐世勣，可谓出手不凡[3]；当他协助建成彻底讨平黑闼之叛、把河北成功变成太子的政治"后院"，相信此前应付山东问题显得办法不多、同时与太子冲突日趋白热化的秦王不只自尊心受伤，神经亦会受到强烈刺激，从而刻骨铭心记住这位名不见经传的东宫谋士。接下来魏征从李姓兄弟的内斗漩涡里全身而退，转而担起"安辑河北，便宜从事"（见《旧唐

---

① 案：孝文定鲜卑姓族，兼定汉人门阀，崔、卢、李、郑成为一流士族即在太和时。

② 即崔民干，《贞观政要》及新、旧《唐书》皆避太宗讳，除"民"字。

③ 陈寅恪谓翟让死后，徐世勣代为山东豪杰领袖，"李密不过以资望见推，而居最高之地位耳。"（《金明馆丛稿初编》"论隋末唐初所谓'山东豪杰'"254页）

书·魏征传》）重任，便能得到一个合理解释了。

太宗践祚后所面临的最大政治课题便是如何区别处理山东文、武两大势力，这一特殊背景恰让魏征获得施展身手的大好机会，得以在贞观时代政治舞台上扮演一个极为关键的角色。与河北英俊之私交固然是他初被看好的重要因素，其寒微家门同样可以成为进身的本钱[1]。

唐室压制山东豪门的第一招是大量拔擢起用底层人才。据汪篯统计，贞观一朝任宰相者二十八人，包括魏征在内，籍贯山东的就多达十一人，"绝大部分都出自卑贱或不显的家庭"（《隋唐史论稿》132—133页）。山东寒士遍布朝中，既有力打击了崔、卢大姓的气焰，又可使离心意识浓厚的河北之地较为服帖地进入帝国版图，收一箭双雕效果。

第二招是拿婚媾做文章。往昔魏孝文亲定四海望族，矜尚门第，《氏族志》则一切降之，"王妃、主婿皆取当世勋贵名臣家，未尝尚山东旧族。"（《新唐书·高俭传》）贞观十六年（642）又颁著名的"禁卖婚诏"，云：

> "自有魏失御，齐氏云亡，市朝既迁，风俗陵替。燕赵右姓，多失衣冠之绪，齐韩旧俗，或乖德义之风。名虽著于州闾，身未免于贫贱。自号膏粱之胄，不敢匹敌之仪。问名惟在于窃赀，结祸必归于富室。乃有新官之辈，丰财之家，慕其祖宗，竞结婚媾，多纳货贿，有如贩鬻。……自今已后，明加告示，使识嫁娶之序，各合典礼，知朕意焉。其自今年六月禁卖婚。"（《唐会要》卷八十三《嫁娶》）

这道诏令显然针对"尚婚娅"的山东士族而发，禁"新官之辈"（新贵）、"丰财之家"（富室）与其通婚。高宗进一步防止士族阶级借缔构婚姻结成针插不进、水泼不进的利益集团，显庆四年（659）下诏："凡七姓十一家，不得自为婚姻。"（同上引）

出人意料的是，魏征、房玄龄、李世勣（即徐世勣，赐姓李，高宗时避讳单名勣）这班山东宰相竟在此时公然跳出来破坏朝廷政策之效力，顶风与旧族为婚，传统盛门因此故望不减；"其后天下衰宗落谱，昭穆所不齿者，皆称'禁昏家'，益自贵，凡男女皆潜相聘娶，天子不能禁。"（《新唐书·高俭传》）

回过头来再谈"纳谏"的话题。元丞相拜住曰："盘圆则水圆，盂方则水方。有太宗

---

[1] 据《北史·魏长贤传》，长贤（即征父）为《魏书》作者魏收族叔，则征应为北齐贵族之后；然陈寅恪依《元和郡县图志》等书对其家世作细致考辨，指出李延寿所撰《魏长贤传》有攀附名门之嫌，"不过南北朝隋唐时代矜夸郡望之风习耳。"（《金明馆丛稿初编》"论隋末唐初所谓'山东豪杰'"255页）另据《旧唐书·魏征传》，征少孤贫，出家为道士，似与贵胄相去甚远，征出身寒门当无可置疑。

纳谏之君，则有魏征敢谏之臣。"（《元史》本传）从这段话颇能听出些弦外之音。新、旧《唐书》征传皆谓，魏氏自录前后谏诤言辞以示史官褚遂良，帝知之不悦。对此陈寅恪不无刻薄地写道："太宗沽名，征又卖直，致斯结果，本无可怪"，又谓此事仅关个人，微不足道（《金明馆丛稿初编》"论隋末唐初所谓'山东豪杰'"256页）。其实借这件小事，正可小题大做来深探太宗、魏征之真实关系。

如前所述，魏征本身最大使命仅在于撮合山东豪杰投效唐室，是朝廷赖以解决山东问题的一枚重要棋子；至于献纳忠谠、劝行王道，除了为渲染美化贞观之治提供素材外，并无多少实际政治意义①。一旦他的行为超越尺度，在关乎李唐全局的大是大非面前，由得力工具变成绊脚石，其下场也就可想而知了。魏氏亡于贞观十七年（643）正月，太宗许以衡山公主下嫁其子叔玉，又亲撰碑文并书于石；仅半年，便疑征阿党，罢婚仆碑（见《资治通鉴·唐纪》十二、十三）。征若地下有知，当为自己能得善终额手称庆矣。

以上是借太宗与魏征个人关系勾勒出的一幅初唐政治轮廓。

科举取士

汉代察举，中间经曹魏创立的九品中正，再至隋唐科举，乃吾国古代选官制度之重大变革。隋文帝开皇七年（587）制，诸州岁贡三人；十八年（598）又诏以"志行修谨""清平干济"二科举人，被认为是开科举制先声。大业时，炀帝建明经、进士二科；唐因隋制，"增置秀才、明法、明字、明算，并前为六科。……士族所趋，唯明、进二科而已"（唐刘肃《大唐新语》卷十《厘革》）。常选之外，天子自诏曰"制举"，以收非常之才，名目临时而定，见于史者"多至八十有六，凡七十六科"（《困学纪闻》卷十四《考史》）。

从上引文献仅能看出此制梗概，至于其"前世今生"，以及种种精微改进所致社会政治显著变化，则需别作推溯探求。

科举异于九品中正，要之为打破门第限制，使人人皆可参试应选。九品中正之门

---

① 贞观六年（632），太宗以魏征犯颜直谏，罢朝后怒曰："会须杀此田舍翁"（见《资治通鉴·唐纪十》）；这与隋炀帝"有谏我者，当时不杀，后必杀之"相去不过一间耳（吴兢《上玄宗皇帝纳谏疏》，载《全唐文》卷二九八，《新唐书》本传亦收之）。黄仁宇称这则故事"暴露李唐政体的合理化，其立场至为窄狭。它代表着皇帝之意志力，乃是一种人身上的品德，而非组织结构上之力量"；又谓"不论唐太宗李世民如何的开明，他的政府无可避免为一种专制体制。只不过因为儒教的纪律，促使当今天子在内部制造了些许监督方式来警惕他本身"（《中国大历史》111页）。

第取人标准虽历代相沿，公开质疑之声南北一直不绝于耳。元魏太和时，韩显宗上书云："今之州郡贡察，徒有秀（才）、孝（廉）之名，而无秀、孝之实。而朝廷但检其门望，不复弹坐。……夫门望者，是其父祖之遗烈，亦何益于皇家？益于时者，贤才而已。苟有其才，虽屠钓奴虏之贱，圣皇不耻以为臣；苟非其才，虽三后之胤，自坠于皂隶矣"（《魏书·韩麒麟传》附子显宗传）。孝文称善。至北周苏绰代拟六条诏书，其四"擢贤良"条更详细阐发选举"不限资荫，唯在得人"之精神（参见本书171页）。史称"自周氏以降，选无清浊（即士庶）"（《隋书·卢恺传》），遂开隋唐新气象。

科举与察举征辟形式上的最大不同，在于正式引入考试制度。自后汉左雄建议"诸生试家法，文吏课笺奏"，孝廉诸科已有策试之事（参见本书108页注三）。东晋南朝，仍间或一试。晋室初南渡，务存慰勉，远方秀、孝到即授官，不复策试；稍后元帝申明旧制，皆令试经，致"秀、孝多不敢行，其有到者，并托疾"（《晋书·孔愉传》附从子坦传）。北方情形较江左为优。北齐课试，天子亲临，秀、孝各以班草（铺草于地而坐）对，"字有脱误者，呼起立席后；书有滥劣者，饮墨水一升；文理孟浪者，夺席脱容刀（即佩刀）。"（《通典》卷十四《选举二》）

前文一再强调北齐胡化，而陈寅恪谓隋唐制度所出不外三源——北齐、梁陈、北周，其中高齐全盘继承北魏太和时代典章文物，影响最巨（见《隋唐制度渊源略论稿》）。大抵陈氏阐说制度因革，"胡化"则指风俗文化，二说皆聚焦处于山东之地的北齐，实就不同层面立言；前引顾亭林"主昏于上，政清于下"一语，或能得其真际。

隋及初唐所崇尚的，仍是传统意义上的儒学。炀帝置进士科，"犹试策而已"（《旧唐书·杨绾传》），这大概相当于南北朝以来的秀才，尚无特别新意[1]。太宗即位，益崇儒术，于国学增筑学舍一千二百间，"四夷若高丽、百济、新罗、高昌、吐蕃，相继遣子弟入学，遂至八千余人。"（《新唐书·选举志上》）相传隋末大儒王通（王勃祖父）讲学河汾，后世文武名臣如房（玄龄）、杜（如晦）、李（靖）、魏（征）辈皆出其门下，贞观之治"斯门人之功过半矣"（《文中子中说》序）[2]。此说虽不足信（见《容斋续笔》卷一"文中子门人"条），可据以推想太宗朝旨趣所在。

---

[1] 案：南北朝时大致秀才对策，孝廉试经，唐长孺谓"秀才、孝廉考试科目的不同，也就是以后进士、明经二科之别"（《魏晋南北朝史论丛续编》"南北朝后期科举制度的萌芽"126页）。

[2] 据《文中子世家》，王通卒于大业十三年（617），门人私谥曰"文中子"。皮日休所撰碑铭云："不及睹吾唐受命而殁，苟唐得而用之，贞观之治，不在于房、杜、褚、魏矣。"（《皮子文薮》卷四《碑铭赞·文中子碑》）

贞观二十年（646），进士张昌龄等以文词知名，试官定其文策为下等，太宗怪之，对曰："此辈诚有词华，然其体轻薄，文章浮艳，必不成令器。臣擢之，恐后生仿效，有变陛下风俗。"（唐封演《封氏闻见记》卷三"贡举"）

然五代王定保称进士一科甲于贞观，太宗见新进士鱼贯而出，喜曰："天下英雄入吾彀中矣"；又谓进士登科至难，时称"三十老明经，五十少进士"，故有诗云："太宗皇帝真长策，赚得英雄尽白头。"（见《唐摭言》卷一）凡此皆与史实不尽相符。

严格说来，唐代科举之盛应肇始于高宗朝。永隆二年（681），诏"进士试杂文二篇，通文律者然后试策"（《新唐书·选举志上》）。所谓"杂文"即指诗赋一类，自此朝廷以诗赋为取士标准，而随着考试内容的这一改变，始创于隋的进士科益见隆重，超驾明经甚至制举之上而成仕进唯一正途，"缙绅虽位极人臣，不由进士者，终不为美。"（《唐摭言》卷一"散序进士"）

赵郡李珏举明经，华州刺史李绛见之谓曰："日角珠庭，非常人也，当擢进士科。明经碌碌，非子发迹之路。"（唐裴庭裕《东观奏记》上卷"李珏生平"条）大和中，文宗甚至公开嘲讽明经之为学，曰："只念经疏，何异鹦鹉能言。"（北宋钱易《南部新书》乙卷）出身制举者，名望虽高，犹居进士下，《封氏闻见记》云："御史张瓌兄弟八人，其七人皆进士出身，一人制科擢第。亲故集会，兄弟连榻，令制科者别坐，谓之'杂色'，以为笑乐。"（卷三"制科"）

进士及第，大宴于曲江亭号"曲江会"，列名于慈恩寺大雁塔号"雁塔题名"。白乐天二十七岁一举及第，春风得意，赋诗"慈恩塔下题名处，十七人中最少年"（《唐摭言》卷三"慈恩寺题名游赏赋咏杂记"）。时人目进士登科为"登龙门"，有好事者专纪其姓名，编次成《登科记》。进士张缄初落第，两手捧《登科记》顶戴之，曰："此《千佛名经》也。"（《封氏闻见记》卷三"贡举"）朝野尊崇进士之风气如是，而此风成于高宗即武后专政之时，绝非偶然。进士、明经两科并立，陈寅恪谓："进士科主文词，高宗、武后以后之新学也；明经科专经术，两晋、北朝以来之旧学也。……观唐代自高宗、武后以后朝廷及民间重进士而轻明经之记载，则知代表此二科之不同社会阶级在此三百年间升沈转变之概状矣。"（《唐代政治史述论稿》272页）

《通典》所载德宗时礼部员外郎沈既济[①]之言大致描画出有唐风尚演变之轨迹，云：

[①] 案：唐代试士，自贞观时起，由考功员外郎专掌之；至开元二十四年（736），朝议以郎官望轻，移贡举于礼部，遂为永制（见《通典》卷十五《选举三》）。沈既济，苏州吴人，"博通群籍，史笔尤工"（《旧唐书·沈传师传》）；又善作小说讽世，所撰《枕中记》《任氏传》皆中唐传奇名篇，《枕中记》述歆慕功名的少年卢生之黄粱一梦，明汤显祖《邯郸记》即脱胎于此（见鲁迅《中国小说史略》第八篇《唐之传奇文（上）》）。

"国家自显庆以来，高宗圣躬多不康，而武太后任事，参决大政，与天子并。太后颇涉文史，好雕虫之艺，永隆中始以文章选士。及永淳之后，太后君临天下二十余年，当时公卿百辟无不以文章达，因循遐久，浸以成风。以至于开元、天宝之中……父教其子，兄教其弟，无所易业，大者登台阁，小者仕郡县，资身奉家，各得其足，五尺童子，耻不言文墨焉。是以进士为士林华选，四方观听，希其风采，每岁得第之人，不浃辰[1]而周闻天下。"（卷十五《选举三》）

事实上，尚文之风盛于南朝，"有梁荐士，雅爱属词；陈氏简贤，特珍赋咏。"（《旧唐书·薛登传》）隋文时李谔上书论其弊曰："世俗以此相高，朝廷据兹擢士。故文笔日繁，其政日乱。"（见《隋书·李谔传》）隋代初重秀才，杜正玄应举，对策既毕，杨素掷策于地不视，令拟司马相如《上林赋》、王褒《圣主得贤臣颂》、班固《燕然山铭》、张载《剑阁铭》《白鹦鹉赋》；其弟正藏应举，苏威监选，又令拟贾谊《过秦论》及《尚书·汤誓》《匠人箴》《连理树赋》《几赋》《弓铭》（见《北史·杜铨传》附正玄、正藏传）。据此知隋时举秀才，试策外又需加试诗赋[2]；而炀帝改革科目之初衷，依唐长孺所说，"是由于秀才录取标准日益严格，不轻得第，设立进士科可以放宽标准，使文士虽不能取得秀才的称号，也有入仕的道路。"（《魏晋南北朝史论丛续编》126页）

"雕虫小艺"见重于隋，固出于炀帝对南朝文采风流的向往；武后亦喜好之，则别有深刻用意。

太原文水人武士彟靠鬻材起家，"常聚材木数万茎，一旦化为丛林森茂，因致大富。"（《太平广记》卷一三七《征应类》"武士彟"条，原注：出《太原事迹》）后追随李渊起兵，入唐封功臣，既丧妻，高祖谓曰："朕自为卿更择嘉偶。"（《册府元龟》卷八五三《总录部·姻好》）因娶隋观王杨雄（隋文族子）弟、始安侯杨达之女，而生则天。这样一位木材商人虽借着与杨隋宗室联姻骤成新朝显贵，推其家世，无疑仍为山东庶族。永徽六年（655）的皇后废立，让太宗以来唐代政治格局变得格外清晰起来：一派由外戚兼首相长孙无忌领衔，属关陇勋旧，一派以司空李勣为代表，属山东寒士，两派为各自利益展开博弈，最终李勣"陛下家事，无须问外人"的密奏（见《新唐书·李勣

---

[1] 浃为'周匝'义，干支纪日，自子至亥为十二辰，故浃辰亦即十二日，不浃辰喻极快。

[2] 隋世天下举秀才止十余人，而杜氏一门三秀才（正玄、正藏、正伦），"兄弟三人俱以文章一时诣阙，论者荣之。"（见《隋书·文学传》）案：隋重秀才乃继承南北朝以来传统，洪迈谓"秀才之名，自宋、魏以后，实为贡举科目之最"（《容斋三笔》卷二"秀才之名"）。北齐"举秀才例取文士"（《北齐书·儒林传》马敬德条），已含秀才重文章之意。

传》），把时为昭仪的武则天稳稳当当送上皇后宝座。陈寅恪谓，武后之立"实为政治上社会上关陇集团与山东集团决胜负之一大关键"（《金明馆丛稿初编》"记唐代之李武韦杨婚姻集团"273页）。

从太宗死后的青灯古佛为伴（则天十四岁被太宗召为才人，赐号武媚，帝崩，入寺为尼），到和高宗并号"二圣"，再到"革唐命，改国号周"，出身寒族的武氏（就父系而言）几经坎坷走过的这条"女皇之路"，即使没有李勣等人拥护，也已经将她与李唐治下无门望可恃、辛苦自建门户的新兴势力紧密联系在一起。故一旦登上权力顶峰，对旧日政治情势、尊卑秩序，必全力摧陷廓清之。

载初元年二月（690），武后亲试贡人于洛城殿，别其等第，数日方了，"殿前试人自此始。（《通典》卷十五《选举三》）"①自有廷试，头名称状元②，天下士民竞尚进士文词之科，于是《昭明文选》（梁昭明太子萧统所编，收录先秦至梁各体诗文，不选经、子、史之文）摇身变作芸芸众生求取功名的宝典。唐人"以《文选》为论衡枕秘，举世咸尚此编"，杜甫作《宗武生日》，亦以"诗是吾家事""熟精《文选》理"训子；降及宋世，犹流传"《文选》烂，秀才半"一语（见王士禛等《师友诗传录》，载丁福保辑《清诗话》）。

"科第之设，草泽望之起家，簪绂（谓显贵）望之继世。"（《唐摭言》卷九"好及第恶登科"）仕进大门既向包括寒族在内的全体民众开放，士子黄卷青灯，冀得一酬③，重新洗牌的武周之世乃为不同社会阶级盛衰浮沉创造新的机遇，史称"武周革命"，殆非虚妄。陈寅恪谓，"武周之代李唐，不仅为政治之变迁，实亦社会之革命。若依此义言，则武周之代李唐较李唐之代杨隋其关系人群之演变，尤为重大也。"（《唐代政治史述论稿》202页）

太宗亦拔擢寒素，目的却是为了打压山东士族，而且到贞观后期，态度大变，寒族出

---

① 《资治通鉴》亦取此说，然显庆四年（659），高宗"亲策试举人，凡九百人"（《旧唐书》本纪），则武后似不应被视为首创殿试之人。又：载初元年这次考试，《唐会要》归入制举而非进士科（卷七十六《贡举中》"制科举"条），兹存疑。

② 廷试毕，门下例有奏状，"居首者因曰状头，亦曰状元。"（《陔余丛考》卷二十八"状元榜眼探花"）

③ 文宗大和九年（835）死于"甘露之变"的宰相舒元舆以其亲历，述唐代进士应试之苦，云："试之日，见八百人，尽手携脂烛水炭洎朝晡餐器，或荷于肩，或提于席。为吏胥纵慢声大呼其名氏，试者突入，棘围重重。乃分坐庑下，寒余雪飞，单席在地。"（《上论贡士书》，载《全唐文》卷七二七）
案：唐制，进士平明入举场。唐人李肇云："旭日都堂始开"（《唐国史补》卷下"崔元翰为杨崖州所知"条），白乐天亦有"凤驾送举人，东方犹未明"句（《早送举人入试》）。至后期则见夜试办法实行，乐天奏状云："伏准礼部试进士例，许用书策，兼得通宵。"（《论重考试进士事宜状》，载《白居易集》卷六十）据容斋洪氏，"刘虚白有'二十年前此夜中，一般灯烛一般风'之句，及三条烛尽之说。"（《三笔》卷十"唐夜试进士"条，洪氏所记本自《唐摭言》）

身大臣在朝中的地位已岌岌可危。贞观十八年（644），岑文本拜中书令，回家有忧色，母问之，答曰："非勋非旧，责重位高，所以忧也。"有来贺者，辄曰："今日受吊不受贺。"（《新唐书》本传）看看后来张亮、崔仁师的下场——或斩首或流放①，便知岑氏之忧绝非空穴来风。至于李勣，太宗当日剪须和药、竭力拉拢，晚年终是放心不下，贬出为叠州都督，嘱太子李治曰："李世勣才智有余，然汝与之无恩，恐不能怀服。我今黜之，若其即行，俟我死，汝于后用为仆射，亲任之；若徘徊顾望，当杀之耳。"（《资治通鉴·唐纪十五》）胡三省注曰："太宗以机数御李世勣，世勣亦以机心而事君。"

杜佑云："南朝至于梁、陈，北朝至于周、隋，选举之法，虽互相损益，而九品及中正至开皇中方罢。"（《通典》卷十四《选举二》）然《唐会要》卷六十九"丞簿尉"条载，武德七年（624），依周、齐旧制，"每州置大中正一人，掌知州内人物"，贞观初始废。后世史家因对九品中正之废除时间有隋（开皇）、唐（贞观）两种歧异说法。事实上，隋文也好，太宗也罢，皆仰赖关陇贵族为其统治核心，主观上非但无遏抑门阀之动机，反而深感加力扶植之必要，观太宗敕撰《氏族志》，其义甚明。至武氏开辟新局，用词科进士"海选"全国人才，以实现其创业垂统野心，我们不妨作一大胆假设，曹魏以后被世家大族用作政治垄断工具的九品中正制，其正式废除即在科举大盛的武周时代。不见史书对此大书特书，或与史臣从传统立场出发对女皇所抱深刻偏见有关，而《新唐书·选举志》一句"武后之乱，改易旧制颇多"，当透露出向为治史者忽略的重要信息。

这里又牵涉对武则天的个人评价问题。岑仲勉谓："撇去私德不论，总观其在位廿一年（684—704），实无丝毫政绩可纪。"（《隋唐史（上）》160页，中华书局，1982年）此语或与矗立在今日咸阳乾陵、临风嘿然的那座著名的"无字碑"恰相贴合，却未免有失公允。

就拿撇去不论的"私德"来说，古往今来无聊文人多半津津乐道于母后跟张易之、张昌宗、薛怀义一班男宠的"秽史"，中间偶有为鸣不平者，赵瓯北算一个，辩曰："人主富有四海，妃嫔动至千百，后既身为女主，而所宠幸不过数人，固亦无足深怪。"（《廿二史劄记》卷十九"武后纳谏知人"条）

前引刘宋山阴公主语："陛下六宫万数，妾唯驸马一人，事不均平，一何至此！"大抵在一个传统意义的男权社会里，女性倘能触摸到权力，势必会有一番反抗甚至报复的举动。则天每宴集，令侍从"嘲戏公卿以为笑乐"（《旧唐书·张行成传》附易之、昌宗传）。又自称制马有三物，"一铁鞭，二铁楇，三匕首。铁鞭击之不服，则以楇楇其首，

---

① 案：张、崔皆属太宗亲手提拔起来的山东宰相，张亮家门最低，本来是一个农夫，崔仁师的家庭充其量是高门中的破落户（见汪籛《隋唐史论稿》137页对太宗时山东籍贯宰相家世之分析）。

又不服，则以匕首断其喉"（《资治通鉴·唐纪二十二》）——这实为她的御人之术，从中不难感到这位"铁娘子"内心深处某种情绪的涌动。

再说"无丝毫可纪"的政绩。则天柄政，不次擢人，造就了姚崇、宋璟、张说、张九龄等一大批未来的"政治明星"。陆贽谓"当世称知人之明，累朝赖多士之用"；李绛亦言"开元中有名者皆出其选"（各见《新唐书》本传）。除延揽文士，长安二年（702）又创设武举，武人亦见拔用，平定安史之乱的关键人物郭子仪即由此科出身，玄宗朝用人行政深深刻有武周时代的烙印，固不待论。《新唐书》作者则有意抹杀之，谓"（武举）选用之法不足道，故不复书"（《新唐书·选举志上》）。马端临曰："郭子仪大勋盛德，身系安危，自武举异等中出，是岂可概言其不足道邪？"（《文献通考》卷三十四《选举七·武举》）

由具体人事更可进一步做制度上之探求。武氏偏重辞章取士，关陇勋旧、山东盛门之外，乃别有一进士出身的新兴势力崛起。开元二十六年（738），玄宗置翰林学士一官（由翰林供奉改），选文学之人专掌制诏，号称"内相"；肃宗至德以后，"又于学士中择年深望重者一人为承旨，往往至宰相，于是学士遂为公辅之先路矣。"（《陔余丛考》卷二十六"学士"条）宪宗元和时，白乐天与李绛话翰林旧事，赋诗云："同时六学士，五相一渔翁。"（《容斋续笔》卷二"元和六学士"条）翰林学士间有自他途入者，不必全由科第（如李德裕、郑覃皆以父荫入官，后擢学士），然进士词科无疑为最常见、也是当仁不让的正统出身。从被视为天子私人、"本以文学言语被顾问"的所谓内相（见《文献通考》卷五十四《职官八·学士院》），一迁而成外朝宰相，实为中唐以下朝局一大变化，伏笔即埋于武周之世。

明代李贽盛赞武后"胜高宗千倍中宗万倍"（《藏书·后妃·唐太宗才人武氏》）；若论对李唐王朝之积极影响，武氏或又在声名显赫的太宗之上。

论安史之乱的原因

安史之乱是治唐史者绕不过去的一个节点。经此战祸，唐王朝仿佛由一位风度翩跹的贵公子，遽尔变得老态龙钟，以致不治。然安史之乱不应被视为一起突兀孤立事件，打个比方，需在帝国的完整尸体上从头到脚细细用刀解剖，方能见出此处致命病变之前因后果。

先以表格形式整理回顾一下事变过程。

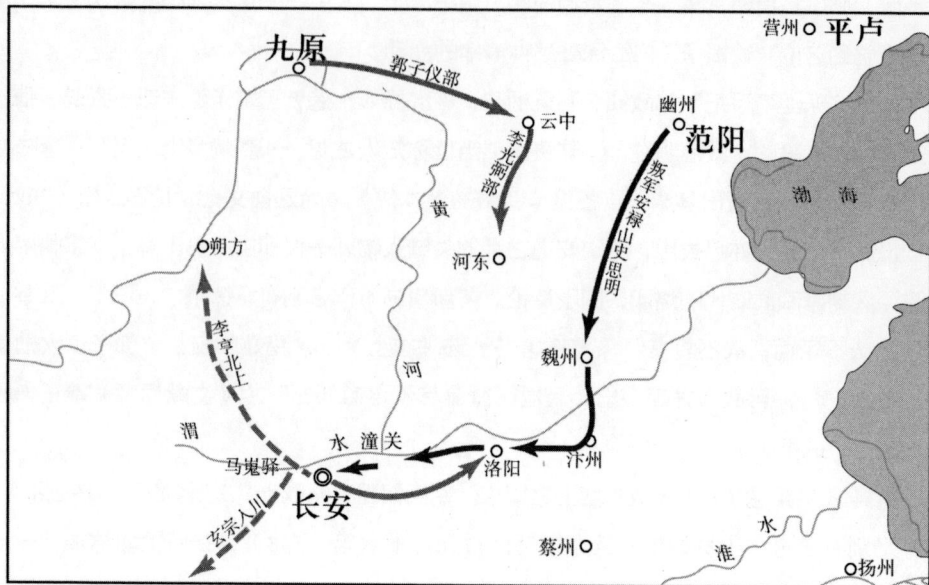

安史之乱

安史之乱大事记

天宝十四载（755）	安禄山自范阳（今北京西南）起兵，攻占东都洛阳。颜杲卿、真卿兄弟起兵拒贼，河北十七郡响应
十五载（756）	安禄山称帝洛阳。玄宗弃长安奔蜀，至马嵬驿（今陕西兴平西北），禁军哗变，杨贵妃殒命。肃宗即位于灵武（今宁夏灵武西南）
至德二年（757）	安禄山为其子庆绪所杀。张巡血战睢阳（今河南商丘），城破殉国。唐军得回纥之助，收复两京
乾元元年、二年（758—759）	史思明降而复叛，解安庆绪相州（今河南安阳）之围；旋杀庆绪，自称帝，重陷洛阳
上元二年（761）	史思明为其子朝义所杀
宝应元年（762）	代宗即位。唐军再得回纥之助，收复洛阳
广德元年（763）	史朝义授首，近八年安史之乱宣告结束

以下就从几方面试析祸乱起因。

（一）立国姿态

依陈寅恪"关陇本位"一说，隋、唐建国，皆以关中为其战略重心，府兵分派即围绕此点进行，故"河北之地不置府"（见前引，至武则天始改之）。陆贽谓："（太宗）列置府兵，分隶禁卫，大凡诸府八百余所，而在关中者殆五百焉。举天下不敌关中，则居重驭轻之意明矣。"（《论关中事宜状》，载《全唐文》卷四六七）这样的建国思路甚至影响到官员配置。太宗时马周疏云："朝廷独重内官，县令刺史，颇轻其选。刺史多是武夫勋人，或京官不称职，方始外出。"（《请简择县令疏》，《全唐文》卷一五五）内重外轻之风至开元、天宝犹然，张九龄奏言："朝廷卿士，入而不出，于其私情，遂自得计。何则？京华之地，衣冠所聚，子弟之间，身名所出，从容附会，不劳而成，一出外藩，有异于此。……今大利在于京职，而不在于外郡。"（《上封事书》，《全唐文》卷二八八）待安史乱后，风气又一变而为外重内轻，则是后话。

值公元七、八世纪，唐朝与外族、外国接触之频繁，诚为前代所不及，今日陕西境内出土的大量胡人造型的彩绘陶俑便是当日情形的生动写照。黄仁宇把李唐称作中国最具世界主义色彩的一个朝代（见《中国大历史》108—109页），并引用美国汉学家傅路德（Luther Carrington Goodrich）《中华民族简史》（*A Short History of the Chinese People*）书中对都城长安的描述以证明之："（长安）是一个有国际性格的都会，内中叙利亚人、阿拉伯人、波斯人、鞑靼人、西藏人、朝鲜人、日本人、安南人和其他种族与信仰不同的人都能在此和平共处。"（《赫逊河畔谈中国历史》98页）

就国防政策而言，唐代特重西北，竭全国武力、财力在此方向开疆拓土，以确保关陇腹心之安全。贞观十四年（640），灭高昌，置安西都护府，是为沿边六都护府（安东、安西、安南、安北、单于、北庭）之最先设立者[1]。安西府统辖龟兹（今新疆库车）、于阗（今新疆和田）、疏勒（今新疆喀什）、焉耆（今新疆焉耆西南），四镇遂为唐西境门户。高宗咸亨元年（670），四镇陷于吐蕃；武周长寿二年（693），武威军总管王孝杰克复之。唐人苏冕曰："咸亨元年四月，罢四镇，是龟兹、于阗、焉耆、疏勒。至长寿二年十一月，复四镇敕，是龟兹、于阗、疏勒、碎叶。两四镇不同，未知何故。"（《唐会要》卷七十三"安西都护府"）令苏氏困惑的四镇设置之前后变化，其实正反映出大唐势

---

[1] 侯君集率军讨灭高昌国，朝中魏征、褚遂良先后进言，皆谓不宜屯戍据有其地，散有用而事无用；太宗置之不理（见《新唐书·西域传上》高昌条）。案：魏、褚之议泥古不化，二人一代表山东寒族，一出自南朝侨姓，对新王朝建国方略殊欠了解。

力跨越葱岭、深入中亚的不断西拓进程①。

高宗龙朔元年（661），又在于阗以西、波斯以东的广袤范围内，分置十六都督府，皆隶安西府（见《新唐书·地理志七下》）。当然，因波斯不久便亡于大食，位于极西的所谓波斯都督府名同虚设，象征意义大过实际意义。史称至开元、天宝全盛之时，"自安远门西尽唐境万二千里，闾阎相望，桑麻翳野，天下称富庶者无如陇右。"（《资治通鉴·唐纪三十二》，胡注：长安城西面北来第一门曰安远门，西尽唐境万二千里，并西域内属诸国言之）

相比之下，帝国在东北方向之用力则要逊色许多。隋时曾四次用兵高丽（隋文开皇十八年，炀帝大业八、九、十年），皆无所作为；更尴尬的是，辽东之役反倒成了引燃农民大起义的导火索②。贞观十九年（645），唐太宗以辽东本中国之地，"且方隅大定，惟此未平，故及朕之未老，用士大夫余力以取之。"（《资治通鉴·唐纪十三》）遂信心满满自洛阳发兵，亲征高丽，至辽泽（今辽河下游西岸沼泽地带），放眼四望，看到的却是昔日隋军骸骨遍野之惨象（见《旧唐书·东夷·高丽传》）。

苦战半载，及秋凉，辽左早寒，士卒冻馁，乃下诏班师，"次汉武台③，刻石以纪功德。"（《旧唐书·太宗纪下》）官书虽讳言败绩，此番东征其实仍是空手而归，饮恨而

---

① 史称高宗调露元年（679），安西都护王方翼筑碎叶城，五旬而毕（《唐会要》卷七十三"安西都护府"，参见新、旧《唐书》方翼传）。《新唐书·地理志七下》"焉耆都督府"条云："贞观十八年灭焉耆置，有碎叶城。"胡三省注《通鉴》，更明确以碎叶为焉耆都督府治所（见《资治通鉴·唐纪十八》注文）。大概基于上述文献，郭沫若断言"碎叶在唐代有两处：其一即中亚碎叶；又其一为焉耆碎叶。焉耆碎叶，其城为王方翼所筑"（《李白与杜甫》第3页，人民文学出版社，1972年）。张一纯注杜环《经行记》，亦取同样说法，谓王方翼所筑焉耆碎叶"约在东经86度，北纬43度附近，与中亚碎叶城（Tokmak）同名并存，相去极远，断非一处"（《经行记笺注》36页，中华书局，2000年）。
滥觞于宋、成形于元、又在今人中流行的碎叶近在焉耆一说，张广达认为实难令人信服，谓"这种碎叶东西并存或以城与镇区分为两个碎叶的处理方法并未澄清问题，毋宁说反而增加了人们的困惑"；又称"遍检可资印证的唐代西域地理文献和资料……直到目前，都找不到碎叶位于焉耆的任何线索"（《碎叶城今地考》，《西域史地丛稿初编》第3—4页，上海古籍出版社，1995年）。据张氏考证，今吉尔吉斯坦托克马克（Tokmak）西南8—10公里里的阿克·贝希姆废城极有可能便是碎叶故址，"其位置大约在东经75° 30′，北纬42° 50′处"（同书22页）。

② 大业末，邹平人王薄自称"知世郎"（谓世事可知），又作《无向辽东浪死歌》，率先据长白山起义（见《资治通鉴·隋纪五》）。案：《通鉴》所载王薄事迹本诸唐刘仁轨《河洛记》，据该书"知世郎"条，王薄作歌以招征役者，歌云："长白山头知世郎，纯著红罗锦背裆。横稍侵天半，轮刀耀日光。上山吃獐鹿，下山食牛羊。忽闻官军至，提剑向前荡。譬如辽东豕，斩头何所伤。"（见宋曾慥辑《类说》卷六）明杨慎《古今风谣》亦收录此歌，题为"隋大业长白山"，文字略异，末句作"譬如辽东死，斩头何所伤"。

③ 案：《嘉庆重修一统志》卷二十五《天津府二》"望海台"条谓汉武台又名望海台，在沧州东北；复引《唐实录》云："贞观十九年，帝自高丽班师，次汉武台。"然谭其骧曾作《碣石考》一文（载《学习与批判》1976年第2期），称"汉武台在今北戴河海滨的山冈上"，未知何据。

已。太宗悔曰："魏征若在，不使我有是行也！"（《资治通鉴·唐纪十四》）

至高宗总章元年（668）始攻克平壤，获胜原因，一是高丽内乱，逢天时；二是先取百济，得地利①，遂能毕其功于一役。是岁，置安东都护府，令将军薛仁贵以兵二万镇之。然此后新罗及粟末靺鞨又盛，史称"高宗平高丽、百济，得海东数千余里，旋为新罗、靺鞨所侵，失之"（《通典》卷一七二《州郡二·序目下（大唐）》）。

自上元三年（676）至天宝二年（743），安东府治所由最初平壤先后徙于辽东郡故城、新城、平州、辽西郡故城（见《旧唐书·地理志二》），考其地望，在今辽宁甚至冀东北一带，可谓一退再退。武周时又一度降都护府为都督府，狄仁杰上表曰："辽东所守，已是石田；靺鞨遐方，更为鸡肋。……得其地不足以耕织，得其人不足以赋税，此乃前王之所弃，陛下劳师而取之，恐非天意。臣请罢薛仁贵，废安东镇。"（《唐会要》卷七十三）肃宗至德后干脆废弃了事。

又有一事可注意。唐虽退出平壤，对高丽之地大概仍保有名义上的辖制权。开元二十四年（736），新罗王遣使献表曰："伏奉恩敕，浿江以南，宜令新罗安置。"（《册府元龟》卷九七一《外臣部·朝贡第四》）浿江即今日朝鲜大同江，陈寅恪谓，当开元之际，"即此虚名亦予放弃，斯诚可谓唐代对外之一大事。"（《唐代政治史述论稿》346页）

唐之盛时，"东西九千五百一十一里，南北一万六千九百一十八里"，"盖南北如汉之盛，东不及而西过之。"从《新唐书·地理志》对大唐疆域的描述亦能大致看出统治者为帝国制定的发展蓝图。国防力量东西失衡，势必大大增加原本存在于太行山以东之山东或称河北地域内的变数；一旦中央驾驭能力减弱，北朝以来历史因素的淀积易使该地区率先脱缰，国家未来厄运即萌于此。

唐朝的"西部开发战略"倒未必全是关陇本位思想作祟，盖迫于当时国际大势，不得已而为之。

首先是吐蕃兴起于贞观之世。松赞干布（旧史称'弃宗弄赞'）十三岁继赞普位，削平内乱，统一各部。贞观十五年（641）娶唐文成公主，接受汉文化影响，又首创"吐蕃基础三十六制"（即吐蕃社会的管理体制和法律条文），以逻些（今拉萨）为都，在西藏高原上建立起强大的吐蕃王朝②。高宗、武后时，渐图扩张的吐蕃已是唐朝在西域遇到的

①案：高丽居北，西南接百济，东南邻新罗，是为海东三国形势。唐军得百济，即对高丽构成环包之势。
②传说藏族祖先是一只猕猴和一位岩罗刹女，故后代皆面呈赭色。第一位君王聂墀赞普出现于大约公元前126年。松赞干布为第三十二代赞普，幼年亲政，公元七世纪初统一全藏（见《西藏贵族世家》"导论"第2—4页）。

劲敌，号称"三箭定天山"，刚刚建功高丽的大将薛仁贵就在咸亨元年（670）兵败大非川[1]，英名尽毁。以后吐蕃趁安史乱起，袭取河西、陇右之地，遂成严重边患，"数年间，西北数十州相继沦没，自凤翔以西，邠州以北，皆为左衽矣。"（《资治通鉴·唐纪三十九》）可以说唐帝国之西方经营即在吐蕃侵逼下土崩瓦解[2]。

尤令读史者惊诧莫名的是，代宗广德元年（763）也就是安史之乱平息的当年，吐蕃兵攻入唐都，另立唐帝，留十五日始退，"长安中萧然一空。"（《资治通鉴·唐纪三十九》）杜甫次年作于成都的《登楼》诗云："花近高楼伤客心，万方多难此登临。……北极朝廷终不改，西山寇盗莫相侵。"时正值西藏历史上继松赞干布后又一位重要赞普赤松德赞执政时期，史称在其治下，吐蕃"在外国政远及四边，在内安乐均匀……比此赞普政务宏伟者，过去的赞普世系中从未有过。"（《西藏通史》，转引自次仁央宗《西藏贵族世家》"导论"第8页，中国藏学出版社，北京，2005年）

德宗贞元三年（787），吐蕃又大入寇，掠万余人以归。百姓东向哭辞乡国，"一恸而绝者数百人，投崖谷死伤者千余人，闻者为之痛心。"（《旧唐书·吐蕃传下》）

对唐构成威胁者，吐蕃以外，复有唐人呼为"大食"的阿拉伯帝国[3]。唐朝一路向西，大食舞弯刀而东，两大帝国的碰撞在所难免，终于在中亚恒逻斯城擦出了火花。

恒逻斯之名，最早见于玄奘的《大唐西域记》，其书云："素叶城（即碎叶）西行四百余里至千泉……千泉西行百四五十里至咀逻私城（即恒逻斯）。"（卷一《三十四国·窣利地区总述》）然则恒逻斯东距碎叶五百余里，一般认为今哈萨克斯坦东南塔拉斯河畔（Talas River）、旧称江布尔（Zhambyl，过去拼为Dzhambul）的塔拉兹（Taraz）即

---

[1] 在今青海兴海县西南苦海子大草原，一说即今青海共和县西南切吉滩（见《中国历史地名大辞典》124页"大非川"条）。

[2] 至宣宗大中年间，吐蕃势衰，河西张议潮（或作义潮、义朝）乘隙起义，奉沙（今甘肃敦煌）、瓜（今安西）、肃（今酒泉）、甘（今张掖）、伊（今新疆哈密）等十一州归唐。朝廷遂置归义军于沙州，以议潮为节度使。"自河西归朝廷，边陲无事者，历五朝垂六十年，张氏世守之，盖终唐之世云"（清罗振玉《丙寅稿·补唐书张义潮传》）。时人赞曰："河西沦落百年余，路阻萧关雁信稀。赖得将军开旧路，一振雄名天下知。"（黄征、张涌泉《敦煌变文校注》卷一《张淮深变文》193页，中华书局，1997年；案：淮深为议潮兄子）张氏收复河西，虽称壮举，轰动一时，于唐之颓势实无所补矣。

[3] 岑仲勉以为阿拉伯人自西东侵，于阗应首受影响，唐人盖通过于阗语音译而呼之为多食或大食，意为"耕种者"（见岑仲勉《隋唐史（上）》260页及《西突厥史料补阙及考证》100页，中华书局，1958年）。英国汉学家苏慧廉（William Edward Soothill）所著《中国与西方：中西交流概述》（China and the West: A Sketch of Their Intercourse）一书则谓波斯语中阿拉伯称作大食，意为"明哲"，中国人经波斯而知阿拉伯，故因袭此名（恨不得见其书，转引自张一纯《经行记笺注》45页）。

其故址所在①。

天宝十载（751），唐安西四镇节度使高仙芝（高丽人）率军与大食交战于此，大败而归。怛逻斯之役，中外史书皆载其事，有同有异，对唐军伤亡数目字，尤有较大出入。《新唐书·李嗣业传》谓："仙芝率兵二万深入，为大食所败，残卒数千。"（《旧唐书》所记同）《资治通鉴·唐纪三十二》把仙芝带去的唐兵总数略作抬升，谓"蕃汉三万，所余数千。"（《资治通鉴考异》卷十四《唐纪六》又云：马宇《段秀实别传》称"蕃汉六万"，今从《唐历》，舍而不用）阿拉伯古籍却说唐兵被杀或被俘的多至七万（穆塔海尔·麦格迪西或艾哈迈德·巴勒希《肇始与历史》，伊本·艾西尔《历史大全》），这在中国方面仅从杜佑《通典》一书中得到呼应（卷一八五《边防一·边防序》注云："于怛逻斯川七万众尽没"）。

无论如何，此役结果是常胜将军高仙芝吃了败仗，至于具体数字，或为战胜一方的扬声筒，或为战败一方的遮羞布，似不应成为问题焦点。真正值得注意的，一是安西府到怛逻斯的里程，白寿彝据唐时《西域记》《经行记》《皇华四达记》等书的叙述估算，"至少有一千四五百里，多则要有二千三百八十里以上"（《从怛逻斯战役说到伊斯兰教之最早的华文记录》，《中国伊斯兰史存稿》65页，宁夏人民出版社，1983年）——颠簸在遥远路途上的，无疑是唐帝国那颗飞扬的雄心。

二是战事起因，中方史料多把矛头指向高仙芝之贪。天宝九载（750），仙芝袭破石国（今乌兹别克斯坦塔什干），"掠得瑟瑟（宝石名）十余斛，黄金五六橐驼，其余口马杂货称是，皆入其家"；石国王子亡奔诸胡，"具告仙芝欺诱贪暴之状，诸胡皆怒，潜引大食欲共攻四镇"（《资治通鉴·唐纪三十二》）。如此看来，仙芝不义，挑起事端；但成书于公元十世纪的阿拉伯史籍《肇始与历史》却向人们讲述了一个不一样的故事。

据该书称，与高仙芝正面交锋的大食军将领是齐亚德·本·萨里赫与赛义德·本·侯

---

① 季羡林等注《西域记》，谓"呾逻私故址在今苏联哈萨克斯坦的江布尔城，今名塔拉斯之城已移至江布尔东南偏东八十公里处。江布尔城在1936年以前名奥利耶阿塔（Aulia-Ata）"（《大唐西域记校注（上）》78页，中华书局，2000年）。案：Aulia-Ata为Aulie-Ata之误写，考该地名称变革，1936—1938年曾以时任哈萨克共产党第一书记Levon Mirzoyan的名字短暂命名为米尔卓扬，后改称江布尔（取自著名的哈萨克民间吟唱诗人Zhambyl Zhabayev之名），至1997年始称塔拉兹。季氏所述自是苏联解体前情况，他提到的与古代怛逻斯并无瓜葛的塔拉斯（Talas）今位于吉尔吉斯斯坦西北边境，若不辨其微，极易诱人致误。葛铁鹰便称，"（怛逻斯）旧址在今哈萨克斯坦江布尔城，也有说在该国塔拉兹城（不知是否为一个地方）。"季氏又据中国地图出版社《世界地图集》所作标注，谓："在哈萨克斯坦有一城市，名塔拉兹；在吉尔吉斯斯坦也有一城市，名塔拉斯。两城相距不足100公里，应该说两城所在之地，便是'怛逻斯之战'发生之地。至于后来两城之间的关系和名称的演变过程，则有待进一步考证"云云（葛铁鹰《阿拉伯古籍中的中国（七）》，《阿拉伯世界》2003年第5期50页）。

梅德两人。阿拔斯王朝（即《唐书》所谓'黑衣大食'）初建，布哈拉（乌兹别克斯坦境内，唐人称'安国'）爆发起义，艾布·穆斯林（阿拔斯朝开国元勋，《唐书》译作'并波悉林'）前去镇压，获胜后，派齐亚德继续挺进，一直打到怛逻斯。"于是中国人出动了，发兵10万余人。赛义德在怛逻斯城加固城防……分几次将他们（中国人）各个击败，共杀死4万5千人，俘获2万5千人，其余纷纷败逃。……艾布·穆斯林决意进攻中国，并为此做好了准备。但接下来发生的一件事使他改变了这一计划——齐亚德向他展示了一封无法证实其真实性的、来自艾布·阿拔斯（阿拔斯朝首任哈里发，《唐书》译作'阿蒲罗拔'）的信，信上说委任他为呼罗珊（东方省）的总督。艾布·穆斯林开始施展计谋，最终将齐亚德杀死，并派人把他的首级送到艾布·阿拔斯那里。"（葛铁鹰《阿拉伯古籍中的中国（十四）》，《阿拉伯世界》2005年第1期54—55页）仅过数年，自己当上呼罗珊总督的艾布·穆斯林也被新哈里发以谋反罪砍了脑袋。

由这段记载，我们看到的是比唐朝更加野心勃勃的阿拉伯帝国，若不是起内讧，怛逻斯之后恐怕还有更大规模的战事发生。法人沙畹曰："由怛逻斯河之败，中国国势遂绝迹于西方。"（万有文库本《西突厥史料》275页，冯承钧译，商务印书馆，1935年）

至德二年（757），回纥助唐收复两京，当时施以援手的其实还包括大食，据《旧唐书·西戎·大食传》，"代宗时为元帅，亦用其国兵以收两都"。沙畹又谓："是为中国在西方所执光荣任务之最后遗响。"（同上引）明年，广州奏："大食、波斯围州城……掠仓库，焚庐舍，浮海而去。"（《资治通鉴·唐纪三十六》）白寿彝"疑心这件事情，就是助唐平乱的大食兵作的。说不定，这时西域有特殊情形，大食兵在陆路上的归途发生障碍，改由海道归国，临走放了这末一个起身炮。……至于他们和波斯人之合于一起，则是因波斯在这时早已亡国，事实上，波斯人须受大食人的支配。在援唐的大食军队中，包含许多波斯人，恐怕是难免的"（《中国伊斯兰史存稿》91—92页）。其言是矣。

德宗贞元三年（787），宰相李泌曰："大食在西域为最强，自葱岭尽西海，地几半天下。"（《资治通鉴·唐纪四十九》）这段话清楚表明，唐朝至此已彻底放弃了对中亚霸权的争夺。唐之西进计划因大食这只"拦路虎"的横空出世而泡了汤，震惊中外的怛逻斯战役除改变当日国际形势，另产生两种"偶然影响"（白寿彝语）。首先是造纸术西传，这在李约瑟主编的《中国科学技术史》中曾有提及，其书云："据说751年怛逻斯河两岸的战役中，突厥—吐蕃联军（此语误）击溃了高仙芝的军队，俘虏中有各种匠人，包括制纸工匠。这些纸工被送往撒马尔罕（乌兹别克斯坦境内，唐人称'康国'）制纸。……造纸工业继续由撒马尔罕传到巴格达，794年左右，在那里由中国工匠开办了第二家纸坊。……从这时起，纸张取代了羊皮作为主要书写材料。到15世纪，欧洲市场的纸一直由阿拉伯供应。"（钱存训著第五卷第一分册《纸和印刷》（*Paper and Printing*）264—265页，刘祖慰译，科学出版社、上海古籍出版社，1990年）

其次，中国俘虏中还有一位著名人物即杜佑族子杜环，"（代宗）宝应初，因贾商船舶自广州而回，著《经行记》。"（《通典》卷一九一《边防七·西戎总序》自注）杜环陷大食十载，把他游历时了解到的当地宗教信仰、风俗习惯一一写入书中，"遂成了伊斯兰教义之最早的中文纪录，这在中国伊斯兰史上也是一件应该大书特书的事，这也是当日从事怛逻斯战争者所梦想不到的。"（《中国伊斯兰史存稿》99页）

再把眼光放长远一些，那么唐室重西北轻东北的战略架构使得我国东北地区早早与中原脱钩，进入自身特有的发展模式，又每每掉转头对中原王朝施加重大影响，这种局面的形成就更加令人梦想不到了。

（二）兵制

若论唐朝军队缘起，需回溯至李渊马邑练兵之时。大业末，隋室近亲李渊（隋文独孤皇后为渊之姨母）被派往马邑防御北方突厥。渊曰："突厥所长，惟恃骑射，见利即前，知难便走，风驰电卷，不恒其陈。……中国兵行，皆反于是，与之角战，罕能立功。今若同其所为，习其所好，彼知无利，自然不来。"遂简选能骑射者二千余人，饮食居止，一同突厥（《大唐创业起居注》卷一）[1]。毫无疑问，这两千名按突厥方式训练的骑兵，便是他日后起义太原的资本。

当隋之末世，突厥强盛，群雄如"薛举、窦建德、王世充、刘武周、梁师都、李轨、高开道之徒，虽僭尊号，俱北面称臣"（《通典》卷一九七《边防十三·突厥上》）。李渊亦不例外，官史虽尽力掩饰，贞观初李靖破颉利可汗，太宗狂喜之余，却不慎失言道："往者太上皇以百姓之故，称臣于突厥，朕常痛心。"（《资治通鉴·唐纪九》）[2]汪篯谓李渊叛后，首先连结突厥，殆含双层用意："一曰防突厥之南牧以袭其背，二为资突厥马以供军用。"（《隋唐史论稿》229页）鼓动李渊起兵的裴寂曰："今士众已集，所乏者马，蕃人未是急须，胡马待之如渴。"（《大唐创业起居注》卷一）及发兵南下，将渡河，突厥援兵至，人五百，马二千匹。渊喜曰："吾已及河，突厥始至，马多人少，甚惬本怀。"（同书卷二）所以惬意者，渡河即入关中，姗姗来迟的战马正可在关键时刻派上用场。凡此皆可见唐军对胡马之倚重，而此后唐室致力于克定关陇，扩充骑兵，遂为进军

---

[1] 参见《新唐书·高祖纪》。

[2] 陈寅恪谓晋阳起兵之初，主谋俯首突厥者实为太宗本人，见"论唐高祖称臣于突厥事"一文（载《寒柳堂集》，三联书店，2001年）。

中原准备下必需的力量和条件。

武德元年（618），平陇右薛举、仁杲父子；二年（619），擒河西李轨；三年（620），破马邑刘武周。这三大战役的胜利，对于新生的李唐王朝来说意义非同凡响。河陇地区自古便是重要的畜牧基地。河西水草丰美，盛产良马，汉代流传"凉州之畜为天下饶"一说（《汉书》卷二十八下《地理志下》），西晋又闻"凉州大马，横行天下"之歌（见《晋书·张轨传》）。陇右之民亦以畜牧为事，不惯田种（见《隋书·贺娄子干传》），事实上，隋代主要的官马放牧场即设于此地。据《隋书·百官志下》，朝廷置陇右牧以统诸牧，有骅骝牧、二十四军马牧、苑川十二马牧等。史念海谓："陇右牧及骅骝牧、二十四军马牧的具体设置地点不可详知，苑川在今甘肃榆中县，隋时为金城郡地。当地有牧师苑，本汉牧苑的故址，苑川马牧设在这里，是有历史的渊源的。"（《黄土高原历史地理研究》556页，黄河水利出版社，郑州，2001年）《百官志》另外提到屡见于唐诗中的沙苑（今陕西大荔南洛、渭之间），仅设羊监，无牧马事，史氏称"可能是隋史失载"（同上书557页）。唐军削平薛、李，尽收河陇，从而牢牢控制住了极具战略价值的西北马源[1]。

李渊起兵前就热衷于跟突厥做马匹互市交易。突厥柱国康鞘利"送马千匹，身来太原交市"，渊"唯市好者，而取其半"（《大唐创业起居注》卷一）。刘武周袭唐之身后，占据太原；武德三年既拔掉这颗钉子，北方胡马输入又能畅通。此役另一收获，则是得其部将张万岁。万岁殆以善养马知名[2]，降唐后即领重任，专掌马政，史称"张氏三代典群牧，恩信行于陇右，人以马岁为四齿两齿，亦谓之背二向三者，为张氏家讳'岁'字者也"（《唐会要》卷七十二"马"条）[3]。

描写唐代马政的最完整史料来自张说（玄宗时宰相，封燕国公）开元十三年（725）所撰《陇右监牧颂德碑》文，略云：

---

[1] 李密拥众百万，以盟主自居，却因部下皆山东人，不肯西行，乃不得不专意于东都，竟让李渊西入关中，抢得先机（见《旧唐书·李密传》）。案：密（李弼曾孙）、渊二人不但同为西魏八大柱国之后，亦是隋末群雄中最大的一对竞争对手；观李渊初起兵，令记室温大雅作书与密，"卑辞推奖，以骄其志"，即可推知。李密部队得自翟让的瓦岗军，而当时"华骝龙厩细马所向江都者，多为让所劫，故其兵锐于他贼"（《大唐创业起居注》卷二），可见瓦岗以马军为主力，战斗力之强即缘于此。李密在东都洛阳与王世充鏖战，战马消耗自不待言，又讨宇文化及，"劲兵良马多战死"（《旧唐书·王世充传》）。李密败亡固有多种原因，单从军事角度分析，中州既非产马之地，密军中战骑得不到及时补充应是造成其实力衰减的重要因素。汪籛谓："唐室与李密之间虽无直接战争，而唐高祖克定关中，遂断绝李密良马补充之来源，其影响及于东方盟主之崩溃者，实至深焉。"（《隋唐史论稿》245页）

[2] 汪籛谓养马、相马本胡人特长，而张姓居晋北者实多胡人，乃据以推测马邑人张万岁应为改汉姓之胡人（见《隋唐史论稿》250页）。

[3] 司马光辨称："《公羊传》晋献公谓荀息曰：'吾马之齿，亦已长矣。'然则谓马岁为齿，有自来矣。"（《资治通鉴考异》卷十三《唐纪五》）

"大唐接周隋乱离之后，承天下征战之弊，鸠括残烬，仅得牝牡三千，从赤岸泽徙之陇右。……肇自贞观，成于（高宗）麟德，四十年间马至七十万匹，置八使以董之，设四十八监以掌之。跨陇西、金城、平凉、天水四郡之地，幅员千里，犹为隘狭，更析八监布于河曲丰旷之野，乃能容之。"（《张燕公集》卷十一）

这段文字虽广为《通典》《通考》《新唐书》《唐会要》诸书征引，实有语意含混数处需澄清之。赤岸泽一名始见于北周时，庾信《同州还》有"赤岸绕新村"句（载《庾子山集》卷三），史念海考其地"在今陕西大荔县西南，近在沙苑"（《黄土高原历史地理研究》557页），显然指的就是隋代沙苑监。至于"牝牡三千"，汪篯疑为套用《诗经·国风·鄘风·定之方中》"騋牝三千"之句，非指实数，后人误会其意（见《隋唐史论稿》238页）。至睿宗时，河曲（今青海东南黄河弯曲处）陷于吐蕃，官马牧地转而向东扩展，故文忠公修正曰："西起陇右、金城、平凉、天水，外暨河曲之野，内则岐、豳、泾、宁，东接银夏，又东至于楼烦，皆唐养马之地也。"（《论监牧劄子（嘉祐五年）》，载《欧阳修全集·奏议集》卷十六《翰苑》）

燕公之文备述唐马政盛况，惟对其渊源语焉不详，仅"后魏胡马入洛，蹴踏千里"数语而已。拓跋鲜卑本是善牧马的民族，代人燕凤出使前秦，告苻坚曰：北人有马百万，驱驰若飞，"此南方所以疲弊，而北方之所常胜也"。坚以为虚辞，凤曰："云中川（今山西忻州北）自东山至西河二百里，北山至南山百有余里，每岁孟秋，马常大集，略为满川。"（《魏书·燕凤传》）《通典》云："（后魏）太武帝平统万赫连昌（赫连勃勃之子），定陇右秃发、沮渠等，河西水草善，乃以为牧地，六畜滋息，马三百余万匹，馲驼（即骆驼）将半之，牛则无数。孝文帝迁洛阳之后，复以河阳（今河南孟州西）为牧场，恒置戎马十万匹，以拟京师军警之备。每岁自河西徙牧于并州，渐南，欲其习水土而无死伤也，而河西之牧滋甚。"（卷二十五《职官七·太仆卿》原注）[1]唐代养马之风殆上承北魏，故有"秦汉以来，唐马最盛"之说（《新唐书·兵志》）。

"天可汗"唐太宗盖世英雄，武功辉煌，尝言："吾自少经略四方，颇知用兵之要，每观敌陈（同'阵'），则知其强弱，常以吾弱当其强，强当其弱。彼乘吾弱，逐奔不过数十百步，吾乘其弱，必出其陈后反击之，无不溃败，所以取胜，多在此也。"（《资治通鉴·唐纪八》）这种"出敌阵之后"的快速反击战法显而易见需由高质量的骑兵来贯彻

---

[1] 案：杜佑此文本诸《魏书·食货志》。孝文迁洛，宇文福为都牧给事，检行牧马之所，"规石济（今河南延津县东）以西、河内（今河南黄河以北地）以东，拒黄河南北千里为牧地"（《魏书·宇文福传》），此即河阳牧场范围。

执行，著名的"昭陵六骏"即可看作太宗惯用骑兵的象征。观其麾下大将，尉迟敬德、李世勣、秦叔宝、程咬金等，莫不弓马娴熟。其中敬德亦是刘武周旧将，考其族类，汪籛以为殆源出西域胡人（见《隋唐史论稿》249—250页）[①]。世勣等则同属"山东豪杰"，1952年陈寅恪曾发表"论隋末唐初所谓'山东豪杰'"一文，诚为理解初唐历史之重要文章。依陈氏所言，诞生于冀、定、青、齐诸州的"山东豪杰"集团，骁勇善战，组织力强，中多胡人姓氏（如窦建德之'窦'、刘黑闼之'刘'、翟让之'翟'、李世勣之本姓'徐'，皆常见胡人所改汉姓），胡种形貌（如世勣[②]），疑为"北魏镇戍屯兵营户之后裔"（《金明馆丛稿初编》259页）。尤可注意者，《隋书·食货志》云："六镇扰乱，相率内徙，寓食于齐、晋之郊。齐神武（即高欢）因之，以成大业。"则此辈实代表高齐遗留之武人势力，其构成即胡族及胡化汉人。后来安禄山养诸族"曳落河"（健儿）八千余人为假子，其军号"父子军"（见唐姚汝能撰《安禄山事迹》），自是胡人部落习俗；而山东豪杰中的杜伏威"有养子三十人，皆壮士"（《新唐书》本传），张亮归降后畜义儿五百（见《旧唐书》本传），愈能暴露此集团之深染胡化。

传统说法以为唐初武功之盛得益于府兵，《邺侯家传》云："初置府兵，西魏、周、隋用之皆利。及太宗之时，每府番上，必引于殿庭，亲自教射，加以赏赐，由是用之，所向无敌。"（《玉海》卷一三八《兵制三》）事实未必如此。贞观初，魏征尝言："比年国家卫士，不堪攻战。"（《贞观政要》卷二《纳谏》附《直谏》）李泌谓"府兵为卫士，神策等为禁军"（见《玉海》所引《邺侯家传》），由此知魏征口中"卫士"即指番上宿卫的府兵而言。这里显然冒出了疑问。《新唐书·诸夷蕃将传》列太宗、高宗之世，虽夷人而精忠事唐、征战四方者，有史大奈、阿史那社尔、执失思力、契苾何力等，乃知唐初多用蕃将（亦见《陔余丛考》卷十七）。太宗又选官户及蕃口少年骁勇者百人，"令骑豹文鞯，著画兽文衫，谓之'百骑'"（《旧唐书·王毛仲传》），则禁军内亦杂用蕃卒。陈寅恪更结合史料，推测太宗未大用蕃将以前，其对内对外作战兵力实寄托于"山东豪杰"集团（见《金明馆丛稿初编》"论唐代之蕃将与府兵"299页）。

骑射技术本由胡人发明并熟练掌握，唐武装力量既以马军为主，不能不大量使用蕃兵、蕃将。拉铁摩尔称，"（唐朝）是利用突厥及半突厥的骑兵而建立起来，其后则利用包括蒙古、新疆、东北及西藏诸部落的联盟制度以维持其帝国。……在许多方面，它是中国最汉化的朝代，但是它的建立与维持，都依赖于受中国资助的'蛮族'军队"（《内陆

---

① 《旧唐书·哥舒翰传》谓翰母尉迟氏，于阗之族，可为汪说佐证。
② 《大唐新语》卷八《聪敏》记云，贾嘉隐年七岁，以神童召见，司空李勣戏曰："此小儿作獠面，何得如此聪明？"嘉隐曰："胡面尚为宰相，獠面何废聪明！"勣状貌胡也。

边疆》285页），可谓深中肯綮。天授元年（690），武则天出金宝，选禁军善射者五人赌之。泉献诚第一，让薛咄摩，咄摩复让献诚。献诚乃奏言："陛下令选善射者，今多非汉官，窃恐四夷轻汉，请停此射。"（《资治通鉴·唐纪二十》）①胡注："泉献诚，高丽泉男生之子；薛咄摩，薛延陀之种。"两位蕃将比射，互相谦让，显然较汉人技高一筹。这仍可看作北朝胡人当兵、汉人种田遗风的延续，府兵至此已行百余年，竟不能从根本上撼摇此俗。陈寅恪又谓：自武周以下，"既别产生一以科举文词进用之士大夫阶级，宰相不能不由翰林学士中选出，边镇大帅之职舍蕃将莫能胜任，而将相文武蕃汉进用之途，遂分歧不可复合"（《唐代政治史述论稿》235页）——则是北朝遗风在唐时一变相耳。

太宗固然增置兵府，亲自操练，以期增强其战斗力；但从实际情形看，府兵在唐功效甚微。唐初已不堪攻战，武后之世更加沦落，"为人所贱者，百姓耻之，至蒸熨手足，以避其役。"（李泌《议复府兵》，载《全唐文》卷三七八）至开元、天宝时，张说"募长征兵，谓之彍骑"，李林甫"奏请军皆募人为之"（同上引），府兵番上制竟为长征招募制所取代。李泌自称"臣家自西魏以来代掌其任"，备知府兵之制（《邺侯家传》），照其说法，亲手终结它的便是兵部尚书张说与宰相李林甫两人。时四境设九节度使（安西、北庭、河西、朔方、河东、范阳、平卢、陇右、剑南）、一经略使（岭南）以御诸胡，府兵法既坏，边兵自然多出招募。节度使之官始设于睿宗景云二年（711），"然犹第统兵，而州郡自有按察等使司其殿最。"（赵翼《廿二史劄记》卷二十"唐节度使之祸"）且皆以文臣领使，立功边陲后，往往入为宰相（如郭元振、张嘉贞、张说等），所谓"出将入相"。天宝中，李林甫奏称：文吏怯懦莫若武臣，武臣莫若蕃将；"蕃将生而气雄，少养马上，长于阵敌，此天性然也。"（《大唐新语》卷十一《惩戒》）自是节度多改任蕃将（如高仙芝、哥舒翰、安禄山等）。李林甫其人名声不好，他的这一奏或出于私心，并造成此下节度专方面，"既有其土地，又有其人民，又有其甲兵，又有其财赋"的藩镇强盛之势（见《新唐书·兵志》），却未必不是为当日情势所迫，做出的顺水推舟之举。钱穆谓："（蕃将）所带镇兵，间亦杂有大量之胡卒，其先本用兵防胡，其后乃变为豢胡为兵，全失本意。"（《国史大纲（上）》447页）

安禄山自谓"我父是胡，母是突厥女"（姚汝能《安禄山事迹》卷上），率诸族杂凑的"父子军"反，大唐平叛主力则是蕃将蕃卒占了半边天的朔方军。蕃将中，契丹李光弼与郭子仪齐名，"而战功推为中兴第一"（《新唐书·李光弼传》）；仆固怀恩"攻城野

---

① 案：此事又见于《旧唐书·东夷·高丽传》及《新唐书·诸夷蕃将·泉男生传》附献诚传。

战，身先士卒，兄弟死于阵，子姓没于军，九族之内，十不一在"，阖宗死王事者四十六人（《新唐书·叛臣上·怀恩传》）。宪宗元和时武力削藩，淮、蔡之役，李光颜（其先为河曲部落）功冠诸将；世人皆知李愬雪夜下蔡州，擒吴元济以建奇功，然蔡州城空因元济尽遣锐卒以抗光颜，"无光颜之胜，愬乌能奋哉？"（见《新唐书》卷一七一"赞"）黄巢之乱，沙陀李克用助唐收复京师；巢失长安，一蹶不振，竟败死于途。李唐中叶以后，残喘百五十年，屡屡命悬一线，牵此线者，实为武人、胡人也。

北朝后期以来社会改革关键在于均田、府兵二制之推行，唐帝国前期运行亦有赖于此。府兵见废，原因很多，而均田之授田法以及相应租庸调税制咸遭破坏，恐怕更起到釜底抽薪的作用。安禄山反叛当年，天下有户八百九十一万四千七百九，口五千二百九十一万九千三百九，号称"极盛"（见《通典·食货七·历代盛衰户口》）。人口增长当然代表国力蒸蒸日上，但政府能否按原先规定跟进授田则大有疑问。杜佑仅谓"天宝中应受田一千四百三十万三千八百六十二顷十三亩"（《通典·食货二·田制下》），并未交代下文，估计是出了问题。事实上，官方掌握数字先已不可靠，《新唐书·食货志二》称，"自开元以后，天下户籍久不更造，丁口转死，田亩卖易，贫富升降不实"。开元九年（721），玄宗以宇文融为覆田劝农使，融举裴宽等二十九人为劝农判官，分往州县检括，"诸道收没户八十万，田亦称是。"（《新唐书·宇文融传》）这次"括田"行动本应引起政府警觉，至少认清当前事态，然玄宗务求太平，敕曰："前令检括逃人，虑成烦扰。天下大同，宜各从所乐，令所在州县安集，遂其生业。"（《资治通鉴·唐纪二十八》）故杜佑谓："开元之季，天宝以来，法令弛宽，兼并之弊，有逾于汉成、哀之间。"（《通典·食货二·田制下》）

至德宗初，"有田则有租，有家则有调，有身则有庸"的租庸调法已名存实亡。宰相杨炎合并杂项，改以钱谷定税，夏、秋两季征户税（户无主、客，依现居地造簿，以贫富为差输钱；行商就所在州县纳三十分之一税）、田税（按田亩收谷物），是为两税法。及卢杞为相，藩镇叛乱，又以筹军资为名，括富商财货，设间架、除陌钱，长安为之罢市[①]。至此，由北朝摸索发明、后经隋及初唐因循改进的一整套社会组织体系终于全部告废，吾国历史乃不得不在新的方向上寻求出路。

别有一事可附论于此。天宝时政治腐败，宫廷淫逸，以致酿成"渔阳鼙鼓动地来，惊

[①] 计出户部侍郎赵赞。所谓间架，屋二架为一间，分三等，上等税二千钱，中等一千，下等五百；敢隐匿者，二架即抵罪，告者赏五万。所谓除陌，公私贸易，每千钱官留五十，即百分之五；隐匿者率千钱没二万，告者赏万钱，赏钱皆出坐事之家（见《新唐书·奸臣下·卢杞传》）。其法隐约有当年汉武算缗告缗的影子，然武帝收富商钱以作国用，锐意进取，德宗则朝不保夕，惟搜民财而已，二者绝难相提并论。

破霓裳羽衣曲；九重城阙烟尘生，千乘万骑西南行"（白居易《长恨歌》）的惨剧。关于此点史论极多，毋庸赘述。唐郑处诲《明皇杂录补遗》则记录下当时教坊训练舞马的热闹场面，略云：

> 玄宗尝命教舞马百匹，塞外有善马来贡，亦俾之教习，无不曲尽其妙。因命衣以文绣，饰其鬃鬣。又施三层板床，乘马而上，旋转如飞。或命壮士举一榻，马舞于榻上，乐工数人环立。其后舞马散在人间，安禄山养数匹于范阳，转为田承嗣所得，杂处战马中。一日，军中饮宴乐作，马舞不能已，承嗣以为妖，命箠毙于枥下。

观其文，颇似现代盛装舞步之马术表演。宋人徐积读之，感天宝之乱，作《舞马诗》曰："开元天子太平时，夜舞朝歌意转迷。绣榻尽容骐骥足，锦衣浑盖渥洼泥。才敲画鼓头先奋，不假金鞭势自齐。明日梨园翻旧曲，范阳戈甲满西来（四库本'西来'作'东西'）。"（载《全宋诗》第一一册卷六五四）

唐本重马政，马在冷兵器时代"实兼今日飞机、坦克二者之效力"（陈寅恪语，《金明馆丛稿初编》302页）。玄宗之世，京师不闻战马嘶鸣，但见舞马翩跹，军备怠惰一至于斯，大难临头，固其宜也。

（三）山东风俗

代宗大历八年（773），安史降将、魏博节度使田承嗣"为安史父子立祠堂，谓之'四圣'"（《资治通鉴·唐纪四十》）。至穆宗长庆初，上距叛乱结束已近六十年，幽燕之人犹尊安史为"二圣"，卢龙节度使张弘靖欲变其俗，发墓毁棺，众滋不悦，竟酿军乱（见《新唐书·张嘉贞传》附孙弘靖传）。

再有隋末聚众起义、称"夏王"的窦建德，两百年后，"山东河北之人，或尚谈其事，且为之祀。"文宗太和三年（829），魏州书佐殷侔过其庙下，"见父老群祭，骏奔有仪，夏王之称，犹绍于昔。"（殷侔《窦建德碑》，载《全唐文》卷七四四）

观以上二例，便知山东民风迥异，空气中也能嗅到一股浓烈的"对抗"味道；面对这样一个近在咫尺的"国中之国"，中央政府却显得畏首畏尾，毫无办法。

若论山东风俗，不能不回溯至北朝时。《隋书·地理志中》曰："自古言勇侠者，皆推幽、并。然涿郡、太原，自前代以来，皆多文雅之士。"这段看似矛盾的描述，说的正是并存于此地域内文、武两股势力之不同表现。

太和十八年（494）魏孝文帝迁洛，明年即着手评定鲜卑姓族高低兼及"中国士人差第阀阅"（《新唐书·柳冲传》）。唐长孺谓："唐代最高门阀是崔、卢、李、郑、王五姓七家，获得这个崇高地位即在太和定士族时。"（《魏晋南北朝史论拾遗》83页）其中居山东者，如清河崔氏、范阳卢氏、太原王氏，无不为当时北方代表华夏文化之一流高门。

自北魏末年六镇流民内徙，胡汉杂糅的镇兵及其后裔渐流落散布于冀、定、瀛、相、济、青、齐、徐、兖诸州。东魏、北齐乃此辈武人力量大发展时期，致使山东之地，民间风尚为之一变。陈寅恪尝谓"河北士族大抵本是地方之豪强，以雄武为其势力之基础，文化不过其一方面之表现而已"（《金明馆丛稿二编》"论李栖筠自赵徙卫事"第5页），则是对文、武两派未加区分、混为一谈矣。

入唐，河北胡化非但没有停歇，反而受突厥汗国盛衰影响，愈发加快了脚步。隋开皇三年（583），突厥分裂为东、西两部，后来最与唐本土发生关系的是东突厥（旧史又称北突厥）。隋末李渊起兵，称臣乞援，相约攻下长安，"人众土地入唐公，财帛金宝入突厥"者（见《旧唐书·刘文静传》），即为此部；时值始毕可汗在位，"东自契丹，西尽吐谷浑、高昌诸国，皆臣之。控弦百万，戎狄之盛，近代未之有也。"（《通典》卷一九七《边防十三·北狄四·突厥上》）贞观三年（629），李靖率兵六路出讨，明年擒颉利可汗，降者十万。当时朝中围绕如何安置这些降户，发生过一场争论，最终太宗依中书令温彦博之言，"全其部落，收居内地"，于河套以南朔方地，自幽州至灵州置顺、祐、化、长四州都督府统辖之（同上引）。

高宗、武后时，骨咄禄、默啜兄弟重振雄风，建立所谓"后突厥汗国"。默啜可汗之世，"其地东西万余里，控弦四十万，自颉利之后，最为强盛。"（《通典》卷一九八《边防十四·北狄五·突厥中》）然而强大的默啜帝国只能算是东突厥势力的回光返照；至玄宗开元初，随着默啜本人被杀，帝国崩溃，部落逃散，河朔地区以相邻接之故，再次承担起吸附招纳的历史使命。陈寅恪称："中国河朔之地不独当东突厥复兴盛强之时遭其侵轶蹂躏，即在其残败衰微之后亦仍吸收其逃亡离散之诸胡部落……而成为一混杂之胡化区域。"（《唐代政治史述论稿》234页）自幼生长在北方民族杂居之地的安禄山、史思明皆"通六蕃语，为互市郎"（见《新唐书·逆臣传上》）[1]，也就不足为奇了。

于是我们看到，首先是此区域内人民生活发生重大改变，渐形成农牧混合的经济模式，这在藩镇割据时期尤为明显。卢龙节度使刘总奏请弃官为僧，以求自全（代之者即张弘靖），"献马万五千匹"；幽州节度使朱克融得朝廷美官（检校工部尚书），"表献马万匹，羊十万。"（见《新唐书·藩镇卢龙传》）黄仁宇称，"这些征象，表示当地社会

---

[1] 《安禄山事迹》（卷上）作"解九蕃语"。

经济情形非常特殊，已无可置疑。"（《赫逊河畔谈中国历史》139页）韩昌黎为文，好以马、伯乐作喻（如著名的《马说》）；当他写下"伯乐一过冀北之野，马群遂空"，"冀北马多天下"（《送温处士赴河阳军序》，《昌黎集》卷二十一）这样的文字时，必然是联想到了自己祖居地一带的现实景象①。

因民族杂居而产生新的生活方式，涵育滋养，惟使胡化愈深，风习大异，河朔遂与长安并立为唐帝国版图内代表不同文化的两极。范阳卢氏本系名门，至晚唐，秀才卢需年二十，未闻古有周公、孔子，"击球饮酒，马射走兔，语言习尚，无非攻守战斗之事。"幸有儒者拓其眼界，指点迷津，谓曰："自河而南，有土地数万里，可如燕赵比者百数十处。有西京、东京，西京有天子，公卿士人畦居两京间，皆亿万家。……但能以先王儒学之道，可得其公卿之位，显荣富贵，流及子孙，至老不见战争杀戮。"（杜牧《唐故范阳卢秀才墓志》，《樊川文集》卷九，亦载《全唐文》卷七五五）事实上，朝廷科举取士、爵禄邀人的这套办法早已在河北境内行不通。刘总杀父兄、领军政后，曾欲尽更河朔旧风，"使幽蓟之人皆有希羡爵禄之意"（《旧唐书·刘怦传》附孙总传），便是例证。

而那些投身科举之人，一旦失意，往往又会北走河朔，另觅机遇。德宗贞元中，董邵南举进士不得志，去游河北，韩愈作文送之，曰："吾尝闻风俗与化移易，吾恶知其今不异于古所云邪？聊以吾子之行卜之。"（《送董邵南序》，《昌黎集》卷二十）清陈景云解此文之意，略云："时仕路壅滞，两河诸侯竞引豪杰为谋主。文中立言，尚欲招燕赵之士。送之所以留之，其辞绞而婉矣。"（《韩集点勘》卷三）名列"大历十才子"的李益登第后久不见用，亦奔河北。幽州刘济（刘总父）辟为营田副使，益乃献诗云："草绿古燕州，莺声引独游。……感恩知有地，不上望京楼。"（宋计有功《唐诗纪事》卷三十"李益"条）

河朔本为东汉、魏晋、北朝文化最高地域，陈寅恪对于李唐最盛时发生在这里的胡化现象大感不解，曾试举三因，并言"私心殊未敢自信"："其远因为隋季之丧乱，其中因为东突厥之败亡，其近因或主因为东突厥之复兴。"（《唐代政治史述论稿》230页）陈氏之感殆源于他对高齐一贯所抱好感，换言之，即仅看到高氏政治上继承北魏太和时代的汉化政策，而未尝注意齐境之内，整个社会迅速胡化这一事实。

杜牧谓："山东，王者不得，不可为王；霸者不得，不可为霸；猾贼得之，是以致天下不安。"（《罪言》，《樊川文集》卷五）这是就此地重要性而言。世皆谓唐失河北，

---

① 杜牧亦云："（山东）产健马，下者日驰二百里，所以兵常当天下。"（《罪言》）可见韩文并非出于文学想象，晚唐时河朔已是著名的牧马地。

始于平叛后，河北副元帅仆固怀恩"阴图不轨，虑贼平宠衰，欲留贼将为援"（《旧唐书·田承嗣传》），乃请瓜分河北以授田承嗣、李怀仙、张忠志（即李宝臣）等，是为"河朔三镇"（魏博、卢龙、成德），"河北藩镇自此强傲不可制。"（《资治通鉴·唐纪三十八》胡注）岑仲勉亦称"藩帅不恭，河北为烈，河北失于处置，怀恩之携贰实致之"（《隋唐史（上）》330页）。

旧史又谓安禄山反，实由杨国忠激之，更是愚浅无稽之谈。大抵自魏末六镇之乱，边兵涌入，山东地域便开始经历一个漫长的胡化过程；唐代北方边境情状的变化进一步加剧这一趋势，终于发展到"天下指河朔若夷狄然"（《新唐书·史孝章传》）的地步。在此框架内审视中唐以后一系列事变，则不必待乱起，唐已先失河北，安禄山反仅是时间早晚问题；即使轮不到他作乱，也会有接踵而至的一个个张禄山、李禄山们，这才造成后来"国门以外分裂于方镇"（《新唐书·兵志》）的局面，而唐廷名存实亡，席卷大半个中国的黄巢起义不过是压垮骆驼的最后一根稻草而已。故安史之乱与藩镇割据实为连续的历史事件，皆是河朔胡化大主题下之具体人事表现。陈寅恪称："论唐代河北藩镇问题必于民族及文化二端注意，方能得其真相所在！"（《唐代政治史述论稿》210页），信哉斯言

颇耐人寻味者，藩镇相望，尾大不掉，固然打破了建国之初"举天下不敌关中"的军事格局，而中央与地方官吏地位亦在此时捩转。开元、天宝以前，京官出任方面，自谓"下迁"，反之则云"登仙"；肃、代之后，京师凋敝，俸料寡薄，京官待遇大不如昔。时元载当政，"制俸禄，厚外官而薄京官，京官不能自给，常从外官乞贷。"（《资治通鉴·唐纪四十一》）及元载败，其党薛邕由左丞贬歙州刺史，"家人恨降之晚"（《新唐书·李泌传》）。杜佑之孙杜牧在外任刺史七载，赚得盆满钵满；一旦回朝，顿如"坠井者求出"，发自肺腑道："作刺史，则一家骨肉，四处皆泰；为京官，则一家骨肉，四处皆困。"（《上宰相求杭州启》，《樊川文集》卷十六）有唐一代，内、外官轻重转换实代表着中央政府威望之升降起伏，据此"亦可以观世变也"（赵瓯北语，《陔余丛考》卷十七"唐制内外官轻重先后不同"条）。

由牛李党争看唐代士风

唐后期朋党之争因科场舞弊而起。穆宗长庆元年（821），礼部侍郎钱徽掌贡举，涉嫌受李宗闵（唐宗室，高祖十三子、郑王元懿四世孙）请托，西川节度使段文昌诉称："今岁礼部殊不公，所取进士皆子弟无艺，以关节得之"（《资治通鉴·唐纪五十

七》）。翰林学士李德裕、元稹、李绅等共证其言。帝乃命重试，诏曰："访闻近日浮薄之徒，扇为朋党，谓之关节，干扰主司，每岁策名，无不先定。永言败俗，深用兴怀。"（《旧唐书·穆宗纪》，亦见旧书《钱徽传》）①钱徽、宗闵俱坐贬。朝中自是壁垒森严，"树党相磨轧，凡四十年，搢绅之祸不能解。"（《新唐书·李宗闵传》）

史称"牛李党争"，指两党魁首牛僧孺（隋代名臣牛弘八世孙②）、李德裕（元和宰相李吉甫之子）而言③，彼此结怨实早在宪宗元和时。元和四年（809），牛僧孺、李宗闵应制举贤良直谏科策试，指陈失政，无所回避，触怒宰相李吉甫；二人俱遭斥逐，久之不调④。仇恨的种子一经播下，遂在穆宗以后催生一段殊死党争，"文宗朝为两党参错并进，竞逐最剧之时，武宗朝为李党全盛时期，宣宗朝为牛党全盛时期。"（陈寅恪《唐代政治史述论稿》303页）

宣宗即位，李德裕失势罢相，大中三年（849）贬死崖州（今海南海口琼山），遗诗云："独上高楼望帝京，鸟飞犹是半年程。青山欲似留人住，百匝千遭绕郡城。"（唐范摅《云溪友议》卷八，明商濬所刻《稗海》本）⑤李氏之死标志着数十年文臣纷争表面上的终结，但朝中依然暗流汹涌，门户如故。元和八年（813），宰相李绛谓"朋党言之则可恶，寻之则无迹"（《资治通鉴·唐纪五十五》）⑥，此语实为对公元九世纪没落帝国整个朝局的综括；如王船山所言，"朋党争衡，国是大乱，迄于唐亡而后已。"（《读通鉴论》卷二十六《穆宗二》）

当党争最剧时，"中朝半为党人"（李德裕语），文宗叹曰："去河北贼易，去此朋党难！"（《新唐书·李宗闵传》）士大夫处夹缝之中，若无明晰"党籍"，几难以存身

---

① 案："关节"之语始自唐，盖本于汉人所谓"关说"（见吴曾《能改斋漫录》卷二《事始》"关节"条）。据苏鹗《杜阳杂编》（卷上），元载宠姬薛瑶英之父曰宗本，母曰赵娟，兄曰从义，三人"递相出入，以摅贿赂，号为关节"，然则唐时关节非专指科场之弊。见于科场者，李肇《唐国史补》云："造请权要，谓之关节"（卷下"进士为时所尚久"条）。赵瓯北称："盖关节之云，谓竿牍（即书札）请嘱，如过关之用符节耳。"（《陔余丛考》卷二十九"关节"条）

② 见杜牧撰《唐故太子少师奇章郡开国公赠太尉牛公墓志铭（并序）》（载《樊川文集》卷七）。《资治通鉴·唐纪五十三》谓"僧孺，弘之七世孙"，误。

③ 案：牛党内牛僧孺、李宗闵又合称"牛李"。

④ 依杜牧《牛公墓志铭》及《旧唐书·李宗闵传》；《资治通鉴·唐纪五十三》系此事于元和三年（808）。

⑤ 案：《唐语林》卷七《补遗》亦载此诗，文字稍异，其下又云：崖州有古寺，德裕游之，至一禅院，见壁上挂十余葫芦，指问："中有药物乎？"僧叹曰："此非药也，皆人骼灰耳。此太尉（指德裕）当朝时，为私憾黜于此者。贫道悯之，因收其骸焚之，以贮其灰，俟其子孙来访耳。"德裕怅然若失，返步心痛，是夜即卒。由此可见党争之残酷。

⑥ 李绛原文为："寻之则无迹，言之则可疑，所以构陷之端，无不言朋党者。"（见《对宪宗论朋党》，载《全唐文》卷六四五）

立足。像李商隐初投牛党，后入李党，遂负"无行"恶名，"为当途者所薄，名宦不进，坎壈终身。"（《旧唐书·文苑下·李商隐传》）义山《偶成转韵七十二句赠四同舍》最能描摹其穷途凄惶之状，诗云："顷之失职辞南风，破帆坏桨荆江中。斩蛟断璧不无意，平生自许非匆匆。"《锦瑟》诗又云："沧海月明珠有泪，蓝田日暖玉生烟。此情可待成追忆，只是当时已惘然[1]。"

牛（僧孺）李（宗闵）系同年进士，李德裕则不喜科试，以父荫补校书郎，后擢翰林学士（见新旧《唐书》本传）。初有劝之应举者，德裕言："好驴马不入行。"明代张居正评曰："盖世家子弟，自有登用之路，不藉科目而后显。"（张舜徽主编《张居正集》第三册卷三十九之《文集十一·杂著十八》，湖北人民出版社，1994年）[2]德裕既非科第出身，尤嫉进士。唐佚名所撰《玉泉子》云：李氏供职藩府时，同院进士李评事与之官同。有举子投卷，误与德裕，复请曰："文轴当与及第李评事，非与公也。"由是德裕志在排斥。虽为轶闻，亦可据以推知其政治主张。武宗会昌四年（844），李氏奏："臣无名第，不合言进士之非。然臣祖天宝末以仕进无他伎，勉强随计，一举登第。自后不于私家置《文选》，盖恶其祖尚浮华，不根艺实。然朝廷显官，须是公卿子弟。何者？自小便习举业，自熟朝廷间事，台阁仪范，班行准则，不教而自成。寒士纵有出人之才，登第之后，始得一班一级，固不能熟习也。则子弟成名，不可轻矣。"（《旧唐书·武宗纪》）[3]

近人沈曾植尝曰："唐时牛李两党，以科第而分。牛党重科举，李党重门第"（张采田《玉谿生年谱会笺》卷三大中二年注引）。陈寅恪进一步阐发其意，曰："牛李两党之对立，其根本在两晋、北朝以来山东士族与唐高宗、武则天之后由进士词科进用之新兴阶级两者互不相容。"（《唐代政治史述论稿》276页）这已是史界公论，本篇关注重点不

---

[1] 清王士祺曰："一篇锦瑟解人难"（《戏仿元遗山论诗绝句三十二首》之十一，载《渔洋山人精华录》卷五）。历代诗家众说纷纭，至有将其读成爱情诗者。李义山是唐代士人中为数不多有政治理想与家国情怀的一位，诗作虽以晦涩著称，布满郁抑"惘然"情绪，大抵犹未离"诗言志"之旨，或可从其政治遭际解读诗意。

[2] 案：此则逸事最早见于五代孙光宪所撰《北梦琐言》，云："李德裕太尉未出学院，盛有词藻，而不乐应举。吉甫相俾亲表勉之，掌武（太尉别名）曰：'好骡马不入行'。"（卷六"李太尉请修狄梁公庙事"条）

[3] 《新唐书·选举志上》亦载其言，评曰："德裕之论，偏异盖如此。"自武曌以辞章取士，举子文人日益在社会上攫取到重要地位。张说犹慕旧日门阀，求与山东士族为婚；"后与张氏为亲者，乃为甲门。"（《唐国史补》卷上"张燕公好求山东婚姻"条）孔至撰《百家类例》，竟以张说等为近世新族，删之；说之子垍怒曰："天下族姓，何豫若事，而妄纷纷邪？"（《新唐书·儒学中·孔若思传》附子至传）进士出身的新兴阶级自然对日薄西山的传统门第形成巨大威胁，钱穆称李德裕的言论"代表了门第势力最后的呼声"（《国史大纲（上）》488页）。史书谓李氏"抑退浮薄，奖拔孤寒"（《玉泉子》）；及南贬，或有诗曰："八百孤寒齐下泪，一时南望李崖州。"（《唐摭言》卷七"好放孤寒"条；《云溪友议》卷八作"一时回首望崖州"）这里反映出的恰是科举制下不同阶级盛衰浮沉之复杂社会情势，所谓"颇为寒畯开路"，绝非李氏本意，更不该被当成其政治口号。

在于此，而在党争发生之背景①。

唐中叶以后政治的关键词是"分裂"，不惟朝臣因党籍不同捉对厮杀，中央政府亦有南衙、北司的分野：宰相官署（中书、门下、尚书三省）与宦官内侍省分处宫禁南北，故有此称。太宗时，内侍四品，宦者不任以事，守门洒扫而已；又定制，"无得逾百员"（《宋史·吴及传》，《日知录》卷九"禁自宫"条亦引之）。玄宗始置内侍省监二员，秩三品，以高力士、袁思艺为之；"是后宦官稍增至三千余人，除三品将军者浸多，衣绯、紫至千余人。"（《资治通鉴·唐纪二十六》）②高力士初入宫在武后时，至开元、天宝间，宠任极专，太子呼为"二兄"，诸王公主呼为"阿翁"，驸马辈呼为"爷"，李林甫、杨国忠、安禄山、高仙芝等皆因之而取将相高位（见《旧唐书》本传）。甚至玄宗和本是寿王妃的杨太真的一段传奇姻缘也是借他之手才被牵出。逸史云：玄宗幸温泉宫，见寿妃貌美，羡慕不已。力士奏曰："高宗既可纳天后，陛下独不可纳寿妃乎？"玄宗大悦，遂命力士于寿邸取妃以归，度为女道士，号太真，未几册封贵妃，曰："朕得杨贵妃，如得至宝。"（明刻本《唐明皇杨太真外传》）③

力士虽跋扈，犹是察言观色一近侍耳，鲜有外廷弄权机会，故放浪不羁的李白便能教他受脱靴之辱④。安史之乱成全了肃宗李亨，宦官李辅国劝进有功，掌禁军，拜兵部尚书，始得以用事，进而求为宰臣。肃宗死后，辅国杀张皇后（即张良娣），拥立代宗，终于如愿以偿成为秦赵高后又一位太监宰相，谓新帝曰："大家但居禁中，外事听老奴处分。"（《资治通鉴·唐纪三十八》）

吾国历史上的阉祸以后汉、唐、明三朝为烈，而唐罹祸尤甚，"宦官之权反在人主之上，立君、弑君、废君，有同儿戏，实古来未有之变也。"（赵翼《廿二史劄记》卷二十"唐代宦官之祸"条）究其原因，与唐后期宦寺既握兵柄、又管枢要大有关系。

①必须说明的是，岑仲勉曾对沈氏，尤其陈氏之说予以尖锐抨击，认为"牛党对德裕，只是同一士族阶级内结党营私者与较为持正者之相互间斗争，并非'门第'与'科举'之斗争"；像陈氏硬要区别新、旧，"旧族可以拨入新兴，新兴又忽变成旧族，构成'团团转'之论证方法"（《隋唐史（下）》422页）。岑、陈论牛、李，各有所偏袒，欲为两党正是非，观其论战文字，竟隐隐嗅到了唐时"党争"的火药味。

②高宗上元元年（674）制：朝官三品以上服紫，四品服深绯，五品服浅绯，六品服深绿，七品服浅绿，八品服深青，九品服浅青。又据高祖武德四年（621）制，流外及庶人服黄（见《旧唐书·舆服志》）；案：隋唐一至九品官称"流内"，九品以下称"流外"）。

③唐陈鸿《长恨歌传》亦云：玄宗在位岁久，倦于旰食宵衣，驾幸华清宫，诏高力士潜搜外宫，得弘农杨玄琰女于寿邸（载《白氏长庆集》卷十二）。杨氏入宫，显然跟力士有直接关系。案：明刻《外传》不署撰者名，与今见宋乐史《杨太真外传》详略不同。

④唐段成式《酉阳杂俎》记云：李白名播海内，玄宗于便殿召见，不觉忘万乘之尊，因命纳履。白遂展足与高力士，曰："去靴。"力士遽为脱之（见《前集》卷十二《语资》）。《唐国史补》又云："（李白）对御引足令高力士脱靴，上命小阉排出之。"（卷上"李白在翰林多沈饮"条）新旧《唐书·李白传》皆载其事。

监军累朝皆有，唐代初不常置，开元二十年（732）后，始以中官居其职（见《文献通考》卷五十九《职官十三》"监军"条）。安禄山起兵，监军边令诚谮杀大将高仙芝、封常清，导致潼关不保。肃宗乾元初，九节度讨相州安庆绪，鱼朝恩为观军容使，谮罢郭子仪兵权。代宗广德初，监军骆奉先逼反仆固怀恩（见《新唐书·宦者传上》骆奉先条；《通鉴》作骆奉仙）。此尤为宦人典兵前事。德宗之世，藩镇乱起，节度使朱滔（卢龙）、田悦（魏博）、王武俊（成德）、李纳（淄青）、李希烈（淮西），"五贼株连半天下"（《新唐书·逆臣中·李希烈传》）。朝廷调泾原镇兵讨之，而泾师又哗变，攻入长安，拥立朱滔兄、太尉朱泚为帝。德宗仓皇出奔奉天（今陕西乾县），事在建中四年（783），史称"泾师之变"。此后德宗疑忌武将，贞元十二年（796）特设左、右神策护军中尉，以内官窦文场、霍仙鸣为之，禁军遂全归宦寺，"窦、霍之权，振于天下"（《旧唐书·宦官传》）①。

另外又有枢密使一职。代宗永泰二年（766），"以中人掌枢密用事"；至宪宗元和中，"置枢密使二人"，乃成定制（见《册府元龟》卷六六五《内臣部·总序》）。枢密初无厅事，惟三楹舍贮文书，承受诏旨而已。僖、昭时，杨复恭、西门季元之徒欲夺相权，始于堂状后贴黄②决事（见《文献通考》卷五十八《职官十二》"枢密院"条）。两枢密、两中尉唐末遂称"四贵"（《资治通鉴·唐纪五十九》胡注）。赵瓯北谓："二者（指枢密、禁军）皆极要重之地，有一已足揽权树威，挟制中外，况二者尽为其所操乎！"（《廿二史劄记》"唐代宦官之祸"）

唐代壁画中的宦官像

宣宗欲抑权阉，密问计于翰林学士韦澳。澳曰："不若就其中拣拔有才者，委以计事。"其意大抵不外以阉制阉，分化离间，帝曰："此乃末策。朕行之，初擢其小者，至黄、至绿、至绯，皆感恩；若紫衣挂身，即合为一

---

① 肃、代时李辅国掌禁军，后鱼朝恩亦以观军容使统神策军，然皆属暂时管摄，并无专门职务；且朝恩死后，宦人不复典兵。案：神策军本为天宝十三载（754）哥舒翰破吐蕃，于临洮西磨环川（今甘肃卓尼县西）所置；安史之乱，神策故地沦没，改屯陕州（今河南三门峡市陕县）。代宗时，吐蕃乱起，神策军始由鱼朝恩引入禁中，"遂为天子禁军，非它军比。"（《新唐书·兵志》）
② 宋叶梦得《石林燕语》卷三云：唐制，皇帝敕诏皆用绢黄纸，如有更改，以黄纸贴之，谓之"贴黄"；"盖敕书用黄纸，则贴者亦黄纸也"。

片矣。"（《唐语林》卷二《政事下》）宦寺胶结成团，自难击破。他们操纵废立犹嫌不够，誓要把人主彻底变作手中玩偶。大太监仇士良教其党徒曰："天子不可令闲，常宜以奢靡娱其耳目，使日新月盛，无暇更及他事，然后吾辈可以得志。慎勿使之读书，亲近儒生，彼见前代兴亡，心知忧惧，则吾辈疏斥矣。"（《资治通鉴·唐纪六十三》）文宗尝流泪自叹：周赧（末代周王）、汉献亡国之主，不过受制强臣；"今朕受制家奴，自以不及远矣！"（《新唐书·宦者传上》仇士良条）

以上便是朋党之争的政治背景。司马温公曰："宦官之祸，始于明皇，盛于肃、代，成于德宗，极于昭宗。"（《资治通鉴·唐纪七十九》）面对阉宦一手遮天，外朝士大夫未尝不做反抗，大率无甚结果。所谓"南衙北司之争"，大者仅二例，即"二王八司马事件"与甘露之变。

顺宗朝，翰林学士王叔文、王伾主政，发起革新，谋夺宦寺兵权。俱文珍等怒曰："吾属必死其手！"（《新唐书·王叔文传》）遂逼顺宗传位太子李纯（即宪宗），改元永贞，史称"永贞内禅"（顺宗自即位至失位，仅半载）。于是二王就诛，其党远窜，韦执谊、柳宗元、刘禹锡、韩泰、韩晔、陈谏、凌准、程异八人俱贬为边州司马，时称"八司马"。唐朝版的"百日维新"宣告失败（二王集团掌权百四十六天）。当太子册立之日，即阉宦阴谋发端之时，叔文心知肚明，口不敢言，但吟杜诗"出师未捷身先死，长使英雄泪满襟"，人皆窃笑之（《旧唐书》本传）。又曾"大会诸阉，袖金以赠"（《唐国史补》卷中），欲借杯酒释憾，王鸣盛叹云："亦可怜矣"（《十七史商榷》卷七十四"《顺宗纪》所书善政"条）。谪居永州（今湖南零陵）的柳宗元则以一首《江雪》描摹心迹，诗云："千山鸟飞绝，万径人踪灭。孤舟蓑笠翁，独钓寒江雪。"

这起事件的背后另有隐情。《旧唐书·俱文珍传》曰："顺宗即位，风疾不能视朝政，宦官李忠言与牛美人侍病，美人受旨于帝，复宣之于忠言，忠言授之王叔文。叔文与朝士柳宗元、刘禹锡、韩晔等图议，然后下中书，俾（宰相）韦执谊施行，故王之权振天下。"（参阅《新唐书·宦者传上》刘贞亮（即俱文珍）条）《旧唐书·顺宗纪》亦云："时上久疾，事无巨细皆决于李忠言、王伾、王叔文。"从中我们至少可以读出两则信息，一是顺宗时宦人尚未"合为一片"，李忠言、俱文珍显然代表内廷不同势力；二是朝臣欲行新政，犹不得不勾结阉竖以固其位。韩昌黎《顺宗实录》述永贞时事，王鸣盛评曰："（昌黎）因恶叔文，又与俱文珍有旧，不能无私。"（《蛾术编》卷五十七"俱文珍"条）①更可见阉人、士人错综交织之状，故陈寅恪把永贞内禅说成是"内廷阉寺党派影响于外朝士大夫之显著事例"（《唐代政治史述论稿》287页）。讽刺的是，昌黎所撰《实录》虽祖文珍，仍因泄露宫掖秘闻，"内官恶之，往往于上前言其不实，累朝有诏改修。"（《旧唐书·路随传》）

借宦官之力登上帝位的宪宗号称英主，武力削藩，成就昙花一现的"元和中兴"，这也正值党争萌芽之时。主张用兵者，在外为宰相李吉甫，在内为护军中尉吐突承璀②，而"议者以吉甫通于承璀"（《旧唐书·李绛传》）。适有牛李直言时政被逐，以后遂演变为相互报复，则党争初起尚与新旧阶级无关，却隐约有阉宦影子闪烁其间。

文宗之世，宦人王守澄、仇士良不和，复使外朝有机可乘。文宗倚重李训、郑注，首先清除王守澄等谋弑宪宗的"元和逆党"，进而把目光瞄向群阉。当年王叔文争神策兵柄，卒无所成；与叔文一样以翰林学士行宰相事（即所谓"内相"）的李训则借南衙掌控之金吾卫军发动政变，诈称金吾仗舍（即卫士值宿之所）石榴树夜降甘露，诱仇士良等往观，欲一网打尽，事在大和九年（835）十一月。

唐代天子禁卫有南、北衙兵，"南衙，诸卫兵是也；北衙者，禁军也。"（《新唐书·兵志》）南衙初有十六卫，其中左右金吾掌宫中及京城昼夜巡警（见《旧唐书·职官志三》）。府兵废败后，十六卫之兵渐名存实亡，杜牧乃谓："自今观之，设官言无谓者，其十六卫乎？"（《樊川文集》卷五《原十六卫》）而禄山、吐蕃之变，神策兵外入赴难，遂成禁军，悉由中人主之，"南衙日轻北衙日重"（《文献通考》卷一五五《兵七·禁卫兵》）。日僧圆仁曰："（左、右神策）每年有十万军，自古君王频有臣叛之难，仍置此军已来，无人敢夺国位。"（《入唐求法巡礼行记》卷四）强藩尚惧神策，遑论府兵余烬之区区金吾，则甘露之变结果可想而知。李训、郑注及宰相王涯、贾餗、舒元舆等先后被害，"自是天下事皆决于北司，宰相行文书而已。"（《资治通鉴·唐纪六十一》）

李、郑二人本由宦竖（王守澄）引进，旧史斥作"无赖小人"③；之所以成为文宗心腹，王船山曰："无他，环唐之廷，大小臣工贤不肖者，皆知有门户，而忘其上之有天子者也。"（《读通鉴论》卷二十六《文宗三》）又有替王涯等遇难三相鸣冤者，司马温公

---

① 案：昌黎曾作《送汴州监军俱文珍序（并诗）》，为其歌功颂德（收入《昌黎外集》卷三）。

② 承璀率禁军征讨强藩，谏官、御史交章上疏，皆谓"古无中人位大帅，恐为四方笑"（《新唐书·宦者传上》吐突承璀条）。据此可推断，当时内廷实对藩镇持强硬立场。

③ 《新唐书》训、注传末"赞"曰："李训浮躁寡谋，郑注斩斩小人。"王鸣盛则以为二人奇士，未可深责，曰："传中讥其诡谲贪黩，皆空诋无指实。"（《十七史商榷》卷九十一"训注皆奇士"条）

独以为不然，曰："涯、餗安高位，饱重禄；训、注小人，穷奸究险，力取将相。涯、餗与之比肩，不以为耻；国家危殆，不以为忧。偷合苟容，日复一日，自谓得保身之良策，莫我如也。若使人人如此而无祸，则奸臣孰不愿之哉！"（《资治通鉴·唐纪六十一》）

喋血抗争犹无法令当日史官笔下留情，不能不说与唐代士人的整体表现有关。晚唐政治既为死水一潭，朝士党争所能掀动的，充其量只能算是死水之上一丝涟漪。事实上，阉宦主导废立，内外朝势必发生勾连，牛党抑或李党皆需交通中人方能有所进退，故朋党之争不独以宦官专权为背景，双方实有相辅相成之势。陈寅恪干脆称，"外朝士大夫党派乃内廷阉寺党派之应声虫，或附属品。"（《唐代政治史述论稿》313页）王船山亦深感朋党正邪难断，离合无定，有如乱丝，曰："李宗闵、牛僧孺攻李吉甫，正也；李德裕修其父之怨而与相排摈，私也。乃宗闵与元稹落拓江湖，而投附宦官以进，则邪移于宗闵、稹；而德裕晚节，功施赫然，视二子者有薰莸（指善恶）之异矣。"（《读通鉴论》卷二十六《文宗二》）阉寺久经宫廷斗争锤炼，渐能求同存异，自觉合为一片，而士大夫却在彼此巨大裂隙中愈陷愈深，难以自拔。

昭宗天复三年（903），最终篡唐的原黄巢部将朱全忠（即朱温，归降后赐名全忠）入长安，尽杀八百余阉人于内侍省，"盖不减东汉末之诛宦官，至有无须而误死者。"（赵翼《廿二史劄记》"唐代宦官之祸"）同样是他，又在哀帝天祐二年（905）杀宰相裴枢等被贬朝官数十人于白马驿（今河南滑县境内），投尸黄河，朝中搢绅为之一空。既势同水火、又藕断丝连的士大夫与阉宦竟为同一武装集团摧残，玉石俱焚，殆非偶然。

白马驿之祸源于全忠军中谋士李振。振屡举进士不第（黄巢亦如是），尤恶搢绅之士，乃曰："此辈常自谓清流，宜投之黄河，使为浊流！"又曰："朝廷所以不理，良由衣冠浮薄之徒紊乱纲纪；且王欲图大事（暗指朱篡位），此曹皆朝廷之难制者也，不若尽去之。"（《资治通鉴·唐纪八十一》）

安史乱前，天下承平，士人真金与否，无由验证[1]；八年国难，文臣起而抗战者，张巡、颜杲卿数人而已，皆骂贼而死，文天祥《正气歌》所谓"张睢阳齿""颜常山舌"。张巡守城，粮尽食人，身后因此而受非议；肃宗上元二年（761），卫县尉李翰撰巡传，乃"采从来论巡守死立节不当异议者五人之辞，著于篇"，以正视听（见《唐国史补》卷上"张巡之守睢阳"条）。当时多数朝官则唯以禄位、性命为念，望风而降，以致法不责

---

[1] 宰相张嘉贞不立田园，有劝之者，答曰："吾尝相国矣，未死，岂有饥寒忧？若以谴去，虽富田产，犹不能有也。近世士大夫务广田宅，为不肖子酒色费，我无是也。"（《新唐书》本传）案：开元宰相中，嘉贞仅算平庸，犹被树为典范，成为庸中佼佼，则一般士大夫情状可想而知。

众，平乱后朝廷专门下诏："东京及河南、北受伪官者，一切不问"（《资治通鉴·唐纪三十八》）。六朝以来，士大夫舍大家顾小家已成常态，风尚相沿非一朝一夕，"延及李唐，犹不以为怪，颜常山、张睢阳、段太尉①辈，一代不过数人也。"（《陔余丛考》卷十七"六朝忠臣无殉节者"条）故科举制度培植一新社会阶级有余，重塑其精神则不足。

至穆宗长庆初，给事中丁公著曰："国家自天宝已后，风俗奢靡，宴处群饮，以喧哗沈湎为乐。而居重位秉大权者，优杂倡肆于公吏之前，曾无愧耻。公私相效，渐以成俗，由是物务多废。"（《唐会要》卷五十四《省号上》"给事中"条，亦载《旧唐书·穆宗纪》）这是对中唐以下士人群体生活的直接描写。僖宗乾符六年（879），节度使刘巨容败黄巢于湖北江陵，止诸将勿追，曰："国家喜负人，有急则抚存将士，不爱官赏，事宁则弃之，或更得罪；不若留贼以为富贵之资。"（《资治通鉴·唐纪六十九》）及黄巢恢复元气，北上逼近潼关，士子方流连待试，作诗云："与君同访洞中仙，新月如眉拂户前。领取嫦娥攀取桂，任从陵谷一时迁。"黄梨洲不由大骂："中土时文之士，大抵无心肝如此。"（《行朝录》序）于此可见末世光景。五代时张全义媚事朱温，妻妾子女为其所乱，不以为愧；"长乐老"冯道历仕四朝，丧君亡国，未尝屑意，赵瓯北谓此二人"不知人间有羞耻事者"（《廿二史劄记》卷二十二"张全义冯道"条）。始自魏晋的士人萎靡之风至是可谓登峰造极，而其精神之重新昂扬振奋亦必为期不远矣！

会昌废佛：三论宗教问题

唐武宗李瀍（后改名炎）是狂热的道教信徒。初即位，亲受法箓（相当入道执照），先把自己塑造成"道士皇帝"的形象；又服食求仙，筑望仙台于南郊，"以为鸾骖鹤驭可指期而降。"（唐康骈《剧谈录》卷下"说方士"条）据日僧圆仁记载，会昌五年（845）仙台筑成，高百五十尺，道士七人奉敕登台求仙。武宗亦亲自登台，怪道士曰："朕两度上台，卿等未有一人登仙者，何意？"道士奏曰："缘国中释教与道教并行，黑气越着，碍于仙道，所以登仙不得。"（《入唐求法巡礼行记》卷四）帝深恶释氏，乃发起大规模的"拆寺"运动，毁天下佛寺四千六百余所，招提、兰若（音'惹'）四万余

---

① 即段秀实。泾师之变，秀实伴与朱泚合谋，以象笏击其头，骂曰："吾恨不斩汝万段。"（《旧唐书》本传），遂遇害。文文山《正气歌》曰："或为击贼笏，逆竖头破裂。"柳宗元作《段太尉逸事状》，云："太尉为人姁姁（和好貌），常低首拱手行步，言气卑弱，未尝以色待物，人视之儒者也。遇不可，必达其志，决非偶然者"（《柳河东集》卷八）

所①，还俗僧尼二十六万五百人（见《旧唐书·武宗纪》）。此举令他与毁佛的北魏太武帝、北周武帝齐名，释家称"三武之难"。

治文学史者喜欢把唐朝说成是浪漫主义的时代。王摩诘长斋奉佛，"北窗桃李下，闲坐但焚香"（《春日上方即事》）；李太白倾心神仙，"清斋三千日，裂素写道经。"（《游泰山六首》其四）②浓郁的宗教氛围似乎确让文人笔端流出源源不绝的灵感。

北周灭佛，道法亦废；值隋唐盛世，二教死灰复燃。隋文帝十三岁前寄养佛寺（见本书188页注二），与释氏感情其来有自；既革周命，政治、文化事业必酝酿一番反动，标志性的举动便是再弘佛法③。开皇元年（581），诏境内任听出家，于是"天下之人，从风而靡，竞相景慕，民间佛经多于六经数十百倍"（《隋书·经籍志四》）。炀帝被儒家史官骂得体无完肤，却因与开创天台宗的智者大师（智顗，俗姓陈）"深有缘契"之故，而在佛教徒眼中成为堪比虽弑君父、未堕地狱的阿阇世王的人物④，不但无罪，"其地位之尊，远非其他中国历代帝王所能并论。"（陈寅恪语，《金明馆丛稿二编》"武曌与佛教"161页）

唐武德时，傅奕上《减省寺塔僧尼益国利民事十一条》，李仲卿著《十异九迷论》，二人代表道教率先向释门发难；沙门法琳、明概不甘示弱，撰文驳斥。傅奕原是北周通道观学士，隋开皇中请为道士，入唐官至中书令（见《广弘明集》卷七）。由他引发的口水战使得佛道之争在唐初便陷入白热化。观李仲卿所举老子、释迦"十异"，论战焦点犹是南北朝以来的所谓夷夏之别（发轫于刘宋末顾欢所著《夷夏论》），即道教为中夏固有，

---

① 司马光曰："盖官赐额者为寺，私造者为招提、兰若。"（《资治通鉴考异》卷二十二《唐纪十四》，亦收入《困学纪闻》卷二十《杂识》）

② 天宝元年（742），李白因道教关系得入翰林，荐者有道士吴筠、贺知章及持盈法师（即玄宗妹玉真公主）。两年后遇谗离京，"请北海高天师授道箓于齐州紫极宫，自是浮游四方"，时年四十四岁（王伯祥《增订李太白年谱》50页，四川人民出版社，1981年；传箓事亦见《历世真仙体道通鉴》卷三十七《李白传》）。案：玄宗之世，两京及诸州各置老子庙一所，后改称宫，长安为太清宫，东都为太微宫，诸州为紫极宫（见《全唐文》卷三十一《命两京诸路各置元（玄）元皇帝庙诏》及《唐会要》卷五十"尊崇道教"条）。

③ 女尼智仙尝对杨坚预言周武废佛曰："佛法将灭，一切神明今已西去，儿当为普天慈父重兴佛法。"其后杨坚建隋，"每以神尼为言，云：我兴由佛。"（王劭《舍利感应记》，载《广弘明集》卷十七）

④ 晋王杨广总管扬州，遣使奉迎智顗禅师。智顗曰："我与晋王深有缘契。"既至，为广授菩萨戒，取法名"总持"。广曰："大师传佛法灯，宜称'智者'。"（宋释志磐《佛祖统纪》卷六《四祖天台智者禅师纪》，《赵城金藏》本）智顗圆寂后，广依其遗愿，造寺浙江天台山中，初名"天台"，后改名"国清"。志磐曰："世谓炀帝禀戒学慧，而弑父代立，何智者之不知预鉴邪？然能借阇王之事以比决之，则此滞自销。"（《佛祖统纪》卷三十九《法运通塞志六》）志磐之书虽成于南宋末，所持论点，陈寅恪疑应"出于唐代天台宗相承之微言"（《金明馆丛稿二编》"武曌与佛教"161页）。又：金圣叹批《水浒》，第三回有云："隋炀帝从天台智者受菩萨戒，日食止米二撮，而别以衣襟裹肉恣啖。"未知出于何书。

佛教乃夷狄异教。武德九年（626），这场争论有了初步结果，高祖诏令沙汰天下僧、尼、道士、女冠（指女道士），"京师留寺三所，观二所，诸州各留一所，余皆罢之。"（《资治通鉴·唐纪七》）此诏执行情况不得而知，至少表面上双方各打五十大板。至贞观十一年（637），胜负方见分晓，太宗下诏："自今以后，斋供行立，至于称谓，其道士女冠，可在僧尼之前。"（《全唐文》卷六《令道士在僧前诏》）这里面仍有傅奕的功劳。唐临《冥报记》称，"太史令傅奕，自武德初至贞观十四年，常诽毁佛僧。"（《广弘明集》卷七注引）①玄武门之变，傅奕站队正确，作为宗教人士，遂能对贞观朝宗教政策发生影响；同时太宗本人崇尚儒术，曾明确表示"至于佛教，非意所遵"之立场（见《旧唐书·萧瑀传》），然则佛教势焰浇熄于当时，正是情理中事。

武则天革唐命，以女身称帝，唐代政治情势至是大变。此创局为传统男权社会所不容②，欲证明其合理性，武氏一党必然要求助于儒家以外的典籍。旧史称，载初元年（690）武后男宠薛怀义偕沙门法明③等伪造《大云经》，谓太后弥勒下生，作阎浮提主（《旧唐书·薛怀义传》，亦见《资治通鉴·唐纪二十》，胡注：释氏以人世为阎浮提）。近世王国维见敦煌所出《大云经疏》残卷，乃力辩伪造说之诬枉，云："卷中所引'经曰'及'经记曰'云云，均见后凉昙无谶所译《大方等无想经》。此经又有竺法念④译本，名《大云无想经》。"又云："今观此卷所引经文，皆与凉译无甚差池，岂符命之说皆在疏中，经文但稍加缘饰，不尽伪托欤？又此疏之成，盖与伪经同颁天下，故敦煌寺中尚藏此残卷。"（《唐写本〈大云经疏〉跋》，《观堂集林》卷二十一《史林十三》）汤用彤亦曰："《大云经》盖此前已译数种，怀义等因其内有女主之文，故特改造表上之。"（《隋唐佛教史稿》17页，江苏教育出版社，2007年）⑤

武氏既以《大云经》为革命之舆论工具，赞"《大云》阐奥，明王国之祯符"；更

---

① 案：新旧《唐书》本传俱称傅奕卒于贞观十三年（639）。

② 《尚书·牧誓》："古人有言曰：牝鸡无晨。牝鸡之晨，惟家之索。"雌代雄鸣、妇夺夫政，自古便被视作亡国之兆。儒家心目中的理想王国盖建立在男权基础上，以牺牲两性中一方权益为代价换取整体社会结构以及附带伦理价值体系之稳定平衡。此种理念固为今日女权主义者所深恶痛绝，然其意不可谓不深。观吾国历史，每逢礼崩乐坏、世道浇漓，则女性往往率先逸出常轨，作种种自由奔放、惊世骇俗举动，当为儒家社会运行遇阻时之特有表现。

③ 赞宁《僧史略》、志磐《佛祖统纪》等佛家史籍多写成法朗。

④ 陈寅恪订正王氏此处笔误，谓应作竺佛念（《金明馆丛稿二编》166页）。案：前、后秦时竺佛念译经于长安，号称"在符、姚二代为译人之宗"（《高僧传》卷一）。

⑤ 陈寅恪称王国维跋文"尚有未谛"，事实上王氏虽沿用"伪经"一词，考辨甚精，既斥"伪造"为非，亦未见得认可《统纪》"重译"说，其意以及汤用彤之"改造"表述，与陈氏所谓"薛怀义等当时即取旧译之本，附以新疏，巧为傅会"（《金明馆丛稿二编》167页），实同出一辙。

欲借西方佛大造声势，反抗儒家正统，乃颁诏推翻太宗旧制，"自今已后，释教宜在道法之上。"（《全唐文》卷九十五《释教在道法上制》）于是武周之世，佛教又能重现杨隋时之光荣。狄仁杰疏称："今之伽蓝，制过宫阙，穷奢极壮，画缋（同'绘'）尽工。……无名之僧，凡有几万，都下检括，已得数千。"（《全唐文》卷一六九《谏造大像疏》）

再谈道教。史称隋文"雅信佛法，于道士蔑如也"；但他挑选的第一个年号"开皇"，却是不折不扣的道教劫名，宣告新朝降临，天地一新（见《隋书·经籍志四》）。又置玄都观①，诏道士王延主之；开皇六年（586），特召见延于大兴殿，"时公卿大夫，翕然钦附。"（元赵道一《历世真仙体道通鉴》卷三十《王延传》）《仙鉴》虽云"隋室道教复振"（同卷《严达传》），相比沙门所受礼遇，道士们在这时的活动还是稍显冷清了些。

唐皇室则以李姓之故，攀老子为始祖。相传武德三年（620），老君"显圣"羊角山（后改名龙角山，今山西浮山县南），自云唐帝之祖；"高祖异之，乃立庙于其地。"（《唐会要》卷五十"尊崇道教"条）②太宗继承了这一说法，诏云："朕之本系，出于柱史（代指曾为周柱下史的老子）。"（《全唐文》卷六《令道士在僧前诏》）贞观末，又令玄奘"翻《老子》五千文为梵言，以遗西域"（道宣《续高僧传》卷四《释玄奘传》）③。高宗进而将老子升格为帝，乾封元年（666），谒亳州老君庙（今河南鹿邑境内），"追号曰太上玄元皇帝"（《旧唐书·高宗纪下》）。玄宗变本加厉，屡上尊号，天宝十三载（754）称"大圣祖高上大道金阙玄元天皇大帝"（《旧唐书·玄宗纪下》），愈发推崇之；其他如擅改《汉书》"古今人表"老子等级，由四等（中上）拔为头等（圣人），立孔子像以侍老子（见《唐会要》卷五十"尊崇道教""杂记"条），以及亲注《道德经》，列诸经之首，诏天下家藏一本（见《全唐文》卷二十三、三十二、三十五玄宗诏敕）——凡此种种举动，无不引人发笑。更有甚者，开元二十九年（741）正

---

① 据宋敏求《长安志》，开皇二年（582）自长安故城徙通道观于新都大兴城（即唐长安城）崇业坊，改名玄都（卷九《唐京城三》）。王溥《唐会要》则谓该观本名通达，"周大象三年（581）于故城中置，隋开皇二年移至安善坊"，未知孰是；又云："元（玄）都观有道士尹崇，通三教，积儒书万卷，开元年卒。天宝中，道士荆朏亦出道学，为时所尚，太尉房琯每执师资之礼，当代知名之士无不游荆公之门。"（卷五十"观"条）显然隋唐二代，玄都观地位无异于国立道教研究中心。"八司马"之一的刘禹锡诗云："玄都观里桃千树，尽是刘郎去后栽"（《元和十年自朗州召至京戏赠看花诸君子》），即指此处。

② 《困学纪闻》卷二十《杂识》"后周武帝废佛、道教"条，清翁元圻注引《唐书·高祖纪》："武德三年，诏晋州立老子庙以为唐始祖。"案：遍检新旧书，俱不见此记载；《唐会要》外，惟明正统《道藏》第十九册所收《龙角山记》详说显圣及立庙事，然则翁氏无乃痴人说梦乎？

③ 法国汉学家伯希和（Paul Pelliot）曾于1912年发表《论〈道德经〉的梵文译本》一文。

月，因夜梦老子（事见《资治通鉴·唐纪三十》），遂命"两京、诸州各置玄元皇帝庙并崇玄学，置生徒，令习《老子》、《庄子》、《列子》、《文子》，每年准明经例考试"（《旧唐书·玄宗纪下》，参阅《全唐文》卷三十一《命两京诸路各置元（玄）元皇帝庙诏》）。是为"道举"制度，以所列四部书，加上后来从诸子著作中辑出的《庚桑子》，合称"五经"，作为崇玄学钦定教材（见《唐会要》卷七十七《贡举下》"崇元（玄）生"条）①。天宝二年（743），改京师崇玄学曰崇玄馆，"置大学士一人，以宰相为之"（《新唐书·百官志三》"崇玄署"条下原注）。高彦休《唐阙史》曰："明皇朝崇尚玄元圣主之教，故以道举入仕者，岁岁有之。"（卷下"太清宫玉石像"条）早年隐居嵩山少室的诗人岑参（贞观宰相岑文本后人）天宝初闻诏，按捺不住心头喜悦，致意严、许两位山人："滩上思严子，山中忆许由（以严光、许由比二山人，其姓恰合）。苍生今有望，飞诏下林丘。"（《七月三日在内学见有高道举征宿关西客舍寄东山严许二山人》）清朱之荆评曰："（严、许）盖隐者，今被征举，必不终隐，以负苍生之望也。"（见朱氏增订黄生《唐诗摘钞》卷一，乾隆十五年南屏草堂刻本②）

大约开元前后，民间还流传着太宗游冥府的故事，盛唐文学家张鷟掇拾入书，略云：有大臣白日哭诉太宗寿将终，入夜，果有人至，自称"臣是生人判冥事"。太宗入见，冥官问六月四日事（指玄武门之变），即令还（见《朝野佥载》卷六"太宗极康豫"条）。同样传说亦出现在敦煌的"变文"作品当中③，署为天复六年抄记④，王国维、鲁迅拟其篇名作《唐太宗入冥小说》。写本虽污损严重，难见全貌，故事显然已具备了完整框架，出场判官亦有名有姓作催子玉（即崔子玉）。据托名王世贞辑次的《列仙全传》，子玉名珏，贞观七年应贤良科，除潞州长子县令，后迁磁州滏阳令，人称崔府君，"以其昼理阳间，夜断阴府也。"（卷五《崔子玉传》）《通考》又云："崔府君庙在（宋）京城北，相传唐滏阳令设为神，主幽冥事，庙在磁州。"（卷九十《郊社二十三·杂祠淫祠》）由唐至宋元，崔氏成仙的演变轨迹虽不太清楚，日人游佐昇曰："这位崔子玉之名见于敦煌本《唐太宗入冥记》，反映了他在唐五代时已从单纯的地方神发迹为在中国各地广泛地以冥界神而知名的人物"，"仅就崔府君这一个信仰来看，也能再次了解民间信仰（指道

---

① 天宝元年（742），诏号《庄子》为《南华真经》，《列子》为《冲虚真经》，《文子》为《通玄真经》，《亢仓子》（即《庚桑子》）为《洞灵真经》，道教称"四子真经"（见《新唐书·艺文志三》）。

② 案：该书今以《唐诗评》之名收入《唐诗评三种》，黄山书社，1995年。

③ 所谓"变文"，王国维初命名为"通俗诗及通俗小说"，指唐五代时期民间流行的一种讲唱体俗文学形式，开宋元话本先河。十九世纪末、二十世纪初，变文写本从莫高窟藏经洞中被陆续发现。

④ 天复共四年，天复六年当指天祐三年（906）；一说为后晋高祖（石敬瑭）天福六年（941）之讹（见黄征、张涌泉《敦煌变文校注》卷二《唐太宗入冥记》332页注一六一）。

教）的根深蒂固"（福井康顺等监修《道教》第二卷"道教和文学"278—279页，王葆珍译）①。

崇玄好道一大害处，便是服用丹药引起的水银中毒。受害者往往因神经系统受伤而焦躁易怒，性情大变，古诗云："服食求神仙，多为药所误。"（《文选》卷二十九《古诗十九首》之十三）据赵瓯北统计，唐代服丹药者六君（加上女皇则天实为七人），号称英主的太、宪、武、宣皆因此丧命，"贪生之心太甚，而转以速其死耳。"（《廿二史劄记》卷十九"唐诸帝多饵丹药"条）上行下效，唐初就有尉迟敬德、杜伏威食云母粉以求延年，后者中毒暴卒（见《新唐书》本传）；至穆宗长庆三年（823），韩愈因其侄孙女婿李于（一作干）服丹身亡，痛感道家之法"杀人不可计"，乃罗列当时同遭此祸知名之士，以警世人，计有："工部尚书归登，殿中御史李虚中，刑部尚书李逊，逊弟刑部侍郎建，襄阳节度使工部尚书孟简，东川节度御史大夫卢坦，金吾将军李道古。"（《故太学博士李君墓志铭》，《昌黎集》卷三十四）②

自玄宗以降，朝野上下沉迷佛、道二教，不知节制，风气每况愈下，渐不可挽。高力士尝于京城建佛寺、道观各一所，钟成，宴公卿，一扣钟纳礼钱十万，求媚者多至二十扣，少亦不减十扣（见《旧唐书·高力士传》）。代宗崇奉释氏，春百品香，和银粉涂佛室。新罗献五彩氍毹（即地毯），又献万佛山，雕沉檀珠玉而成，高可一丈；因置山于佛室，以氍毹铺地（见《杜阳杂编》卷上）。宪宗、懿宗时又有迎佛骨盛事。法门寺（位于今陕西扶风县北）护国真身塔内有佛指骨一节，"三十年一开，开则岁丰人泰"③。元和十四年（819）正月，宪宗遣使迎骨，"王公士庶，奔走舍施，唯恐在后。百姓有废业破

① 南宋以后民间有崔府君显灵，"泥马渡康王"的传说（见旧题辛弃疾撰《南渡录》及小说《说岳全传》）。所谓泥马故事，据赵翼《陔余丛考》卷二十"高宗泥马渡江之讹"，康王赵构（即宋高宗）出使金，至磁州，留守宗泽欲假神以止之，曰："此间有崔府君庙甚灵，可以卜珓。"庙有马，是夜果衔车辇等物填塞去路。宗泽曰："可以见神之意矣。"康王乃止。案：这段文字见于《朱子语类》卷一二七《本朝一》"高宗朝"，赵氏称引自《宋史·宗泽传》，大误。

② 中国化学史专家王琎尝曰："仙术之盛，以唐为最。以韩愈、李泌之明达，至晚年皆以服丹不起，可见长生学说入人之深。"（"中国古代金属化合物之化学"，《中国古代金属化学及金丹术》12页，中国科学图书仪器公司，1955年）案：贞元宰相李泌虽好谈"神仙诡道"（《旧唐书》本传），未闻晚年服丹药事；至于韩愈，白居易《思旧》诗云："退之服流黄，一病讫不痊"，宋陈师道《嗟哉行》亦有"韩子作志还自屠"之讥。然退之撰《李君墓志铭》在长庆三年（823），明年冬病殁，不足两年时间里，刚刚还口诛笔伐，转脸便以身试丹，似与情理不合。日人佐中壮亦辩其冤，谓硫黄无毒，中国古代被用来抢救危笃病人，"韩愈是将硫黄用作治疗剂，不是用作仙药，痛感丹药之害的韩愈是不会自己去做那种蠢事的。"（转引自村上嘉实"炼金术"，《道教》第一卷241页，朱越利译）王琎之说或有不确，唐代士大夫服食铅汞成风却是不争的事实。

③ 康骈《剧谈录》卷下"真身"条注云："真身相传云是释迦佛中指节骨，长一寸八分，莹净如玉，以小金棺盛之……未详此骨从何而有。"

产、烧顶灼臂而求供养者。"(《旧唐书·韩愈传》)咸通十四年(873),懿宗再次迎骨,其况较元和更胜百千倍,"有僧自京一步一礼至凤翔法门寺,及到京,则倾城迎请,幡幢珂伞,香车宝马,阗咽衢路。"(《唐阙史》卷下"迎佛骨事"条)

元和末,刑部侍郎韩愈谏迎佛骨,几被处以极刑。韩子站在儒家立场,平生以排释老、斥异端为己任,撰《原道》一文陈说当日之怪现象曰:"古之为民者四(指士、农、工、商),今之为民者六(加入僧、道);古之教者处其一(指士),今之教者处其三(士、僧、道)。农之家一,而食粟之家六;工之家一,而用器之家六;贾之家一,而资焉之家六。奈之何民不穷且盗也!"韩氏拿传统"仁义道德之说"对抗佛老,宋人如苏子由或不赞同,尝云:"愈之学,朝夕从事于仁义、礼智、刑名、度数之间,自形而上者,愈所不知也。"(《昌黎集》卷十一《原道》注引)张右史亦称:"韩退之以为文人则有余,以为知道则不足。"(《韩愈论》,载《张耒集》卷四十一,中华书局,1990年)上述批评也算戳中了要害,因为退之虽鼓吹"先王之道",更加关注的还是他那个时代妖妄宗教蛊政害民这类"形而下"的具体现实问题,其斥佛之《送灵师》诗云:"佛法入中国,尔来六百年。齐民逃赋役,高士著幽禅。官吏不之制,纷纷听其然。耕桑日失隶,朝署时遗贤。"无独有偶,大历十三年(778),与退之同时的彭偃奏曰:"今天下僧道,不耕而食,不织而衣,广作危言险语,以惑愚者。一僧衣食,岁计约三万有余,五丁所出,不能致此。举一僧以计天下,其费可知。"(《唐会要》卷四十七《议释教上》)可见当时明达人士大抵以国计民生为念,祭出反宗教大旗,殊不知无论道之神仙说,抑或佛之寂灭说,其重创儒家社会的致命一击莫过于磨蚀改造人心,在这种说教面前,作为国家象征的朝廷顿时成了镜花水月,空中楼阁。我们刚刚谈完令人失望的唐代士风,这一节宗教问题便不期而至,二者之间的内在联系不言而喻。

另有一事尤值得注意。大概以玄奘译《老子》为契机,佛、道两教由剑拔弩张转而发生较多的"学术交流"。日人秋月观暎谓,道教为挽回论战中暴露出来的教学劣势,剽窃佛典,编写了最高理论经典《太上真一本际经》和《太上一乘海空智藏经》;佛教则为缓和出家与孝道之矛盾,模仿《老君父母恩重经》这部道经,伪造了有名的《佛说父母恩重经》(《道教》第一卷"道教史"46~47页)。事实上,两教间的融通尝试六朝时已发其端,据《高僧传》卷六《释慧远传》,慧远"少为诸生,博综六经,尤善《庄》《老》";后讲说佛经,听者不解,"乃引《庄子》义为连类,于是惑者晓然"。天竺佛教传入文化高度发达的中国,难免水土不服,故当时僧人有所谓"格义"之法,"用原本中国的观念对比佛教的观念,让弟子们以熟悉的中国概念去达到充分理解印度的学说。"

（汤用彤语，《儒学·佛学·玄学》"论'格义'"136页①，江苏文艺出版社，2009年）此法不可能仅停留于名词配对的原始阶段，传授时自然而然会兼采儒、道理论，北魏昙靖伪撰的《提谓波利经》就用儒家"五常"（仁、义、礼、智、信）类比释氏"五戒"（不杀、不盗、不淫、不欺、不饮酒），"附会于中国之礼教，复杂以阴阳术数，最合于北朝一般人之信仰。"（汤用彤《汉魏两晋南北朝佛教史》813页，上海书店，1991年）②另一方面，本土道教亦在与佛教的争竞角逐中，习学演进，丰满羽翼，而成就其混合庞杂体系。士大夫受风气熏陶，是以南陈之世能够诞生像马枢那样集儒、释、道于一身的完美代表，"六岁诵《孝经》、《论语》、《老子》，及长，博极经史，尤善佛经及《周易》、《老子》义。"（《陈书》本传）

有唐一代，随着佛学教义进一步中国化，两教融合的步伐大大加快。以禅宗为例，六祖慧能倡南宗"顿悟"说（当武后至玄宗时），不立文字，直指人心，见性成佛，其精神已暗合崇尚老庄的魏晋玄学；庄子曰："道在屎溺"（《庄子·知北游》），文偃禅师说释迦身是"干屎橛"（《云门匡真禅师广录》卷上），更有异曲同工之妙。基督教神秘论者兼作家托马斯·默顿（Thomas Merton）乃称"唐代禅师才是庄子思想与精神的真正继承者"（The true inheritors of the thought and spirit of Chuang Tzu are the Chinese Zen Buddhists of the Tang period）③。有意思的是，双方又都攀认孔圣，以期获得稳固可靠的立足点，"老者（指老子信徒）曰：孔子，吾师之弟子也；佛者曰：孔子，吾师之弟子也。④"（韩愈《原道》）这种动向，要到宋世方能结出果实。

五代十国

自唐朝亡，后梁、唐、晋、汉、周五代政权先后称霸北方黄河流域；南方则有吴、吴越、闽、南唐、南汉、南平（又称荆南）、楚及前、后蜀各自偏安一隅，加上太原受契丹保护的北汉，合称"十国"⑤。虽被目为吾国历史上又一分裂时期，此五代十国大抵仍是

---

① 汤氏此文原用英语写成，石峻译，引文删译者增字。
② 《提谓经》之说为后来颜之推所继承，《颜氏家训》卷五《归心篇》作对应云："仁者，不杀之禁也；义者，不盗之禁也；礼者，不邪之禁也；智者，不酒之禁也；信者，不妄之禁也。"
③ 引文见默顿所著 The Way of Chuang Tzu（《庄子之道》）第2页，Shambhala Publications，2004年。作者自译，坊间尚未见有该书中译本。
④ 释道安《二教论·服法非老篇》："佛道三弟子震旦教化，儒童菩萨彼称孔丘。"（《广弘明集》卷八）
⑤ 后汉刘知远之弟刘旻所建北汉（《新五代史》称"东汉"）灭亡最迟，传统史家将其算作十国之一，实仍属北方五代系统，唯规模较小而已。

唐室藩镇势力之延伸，情形与南北朝迥然不同。要言之，彼时社会上下在黑暗中磕碰摸索，无所适从，直至统一曙光重现，扫清漫天阴霾；而此时大势已定，历史方向不会因李唐帝国垮台而再度迷失，只需静静等待一个拨乱反正的合适契机。惟此承上启下数十年间孕育产生几种新的苗头，让未来赵宋王朝面临前所未有复杂局面。

首先是政治文化重心的东移。五代中除后唐都洛，余皆都汴，延及北宋不能改；"自周、秦、汉以来，三州花似锦，八水绕城流"①的历代建都之地长安，则在公元907年之后再未能回到历史舞台的中心。唐中叶以前，国防政策偏重西北，帝国横向扩张；入宋世，元昊所建西夏号称盛强，并不构成实质威胁，倒是强势崛起于东北的契丹一族成了真正"搅局者"，以致"中国多数民族与少数民族在今后400年的争斗中，采取一种南北为轴心的战线"（黄仁宇《中国大历史》126页）。

当武周时，狄仁杰已指辽东为石田、鸡肋；安史乱后，唐室既失河朔，东北更为阻绝，成了游离于中央政府以外的真空地带。乃有满族祖先靺鞨之粟末部（依粟末水即今松花江而居）建渤海国，自武曌圣历元年（698）至辽天显元年（926），历二百余年②；鼎盛之际，"地有五京、十五府、六十二州"，称"海东盛国"（《新唐书·北狄·渤海传》）。契丹接踵而兴，其名始见于《魏书》，被认为与库莫奚（隋唐称奚）同属鲜卑宇文氏别种（见《库莫奚传》），应是一支早有汉化传统的民族。公元916年耶律阿保机（辽太祖）建国，即倚仗汉人归附。唐亡后，刘守光割据幽州称帝（国号燕），幽、涿之人多逃入契丹。阿保机得汉人韩延徽之助，率降者居炭山汉城（在今河北独石口外滦河上游），自为一部，治城郭、邑屋、廛市如幽州制度。汉城既宜耕种，又可煮盐，阿保机恃此地利，诱杀诸部大人，一统部众（见《新五代史·四夷附录一》）。至耶律德光（辽太宗），契丹、汉人分治，诏有司教民播种纺绩，契丹人授汉官者从汉仪，听与汉人婚姻（《辽史·太宗纪下》），更从法律上强化了契丹国家的汉化色彩。辖境之内，既灭渤海（太祖时），兴建五京（上京、中京、东京、南京、西京），政治经济渐具规模，宋初已呈现"辽海编户数十万，耕垦千余里"的繁荣景象（见《宋史·宋琪传》）。中原方向，

---

① 语出《西游记》第八回附录"陈光蕊赴任逢灾，江流僧复仇报本"。

② 案：渤海亡国时间，《辽史·太祖纪下》有明确交代，应无疑问，唯其建立之始，《旧唐书·北狄·渤海靺鞨传》仅笼统谓"圣历中"而不明言何年，致学界意见分歧。日人津田左右吉参照《旧唐书·狄仁杰传》等，推断渤海建国当在"圣历三年，即久视元年，亦即西纪700年"（《渤海史考》25页，陈清泉译，商务印书馆，1939年）。而日本古籍《类聚国史》则保存有"在唐学问僧永忠等所附书"，称渤海国建于文武天皇二年即圣历元年（见魏国忠等著《渤海国史》58页，中国社会科学出版社，2006年），金毓黻《渤海国志长编》卷三《世纪》亦取此说。

自后晋石敬瑭割赠十六州①，幽（今北京）、云（今山西大同）并为辽之南京（又称燕京）、西京，契丹遂成了北宋不得不尽力与之周旋的一种"用骑兵为骨干、有农业为支援的新型外患"（黄仁宇《赫逊河畔谈中国历史》154页）。钱穆径称辽国为汉族分化出去的国家，待与宋室为敌，"而那隔绝沦陷在东北方面的民众，早已忘却他们的祖国了"（《国史大纲（上）》522页）——这大概是其书中最为沉痛一语。

　　南方则是另外一派气象，偏安九国寿命多超过五代，所处环境较为和平，故有时间、精力做地方建设。钱镠在杭州垂四十年，大兴水利，筑捍海石塘以遏钱塘江潮。大潮冲激沙岸，板筑不能就，"乃命运巨石，盛以竹笼，植巨材捍之，城基始定。"（钱俨《吴越备史》卷一《武肃王》）②又于杭州子城外扩建罗城③，周七十里，事在唐昭宗景福二年（893）。罗隐为钱氏作《杭州罗城记》（载《全唐文》卷八九五），录其语曰："千百年后，知我者以此城，罪我者亦以此城。"④王审知据有闽土，辟甘棠港，"招来海中蛮夷商贾。"（《新五代史·闽世家》）昭宗天复元年（901），筑福州外罗城四十里⑤。郭白阳引清蒋垣《榕城景物考》云："唐时罗城南关（在利涉门外安泰桥），人烟绣错，舟楫云排，两岸酒市歌楼，箫声从柳阴榕叶中出。"郭氏羡曰："旧时安泰桥夹岸，不减秦淮风月矣！"（《竹间续话》卷三）楚王马殷听民自采茶卖于北客，又于荆、襄诸州置"回图务"⑥，专营南北间茶叶贸易，"湖南由是富赡。"（《资治通鉴·后梁纪一》）前、后蜀相继七十余年，蜀中府库充盈，乃成天府。成都城上尽种芙蓉，九月盛开，望之

① 十六州为：幽、蓟、瀛、莫、涿、檀、顺、新、妫、儒、武、云、应、寰、朔、蔚，约当今京津及晋、冀两省北部地。十六州尽失，北方门户洞开，契丹骑兵长驱直入，数日可抵黄河北岸。按当时习惯，石敬瑭所割地分为代北五州（应、朔、寰、云、蔚）、山前八州（幽、蓟、瀛、莫、涿、易、檀、顺）、山后四州（儒、妫、新、武），见李攸《宋朝事实》卷二十《经略幽燕》（案：李氏所录并不合十六州之数，山前八州多出易州，其地北宋雍熙四年即987年始陷于契丹）。所谓山前、山后，大致以今太行山、军都山、燕山为界。宋人沿用此称谓，所指则与五代时大不同，徽宗时曾预将涿、檀、顺、蓟等"山前九州"划归燕山府，武、应、朔、蔚等"山后九州"归云中府（见《宋史·地理志六》）。

② 胡三省曰："上起六和塔，下抵艮山门，（石塘）皆钱氏所筑"（《资治通鉴·后梁纪二》开平四年（910）八月注）。案：钱俨为钱镠之孙，又据其书，镠因江涛昼夜冲激，命强弩五百以射潮头。苏轼有"安得夫差水犀手，三千强弩射潮低"诗句，自注云："吴越王尝以弓弩射潮头，与海神战，自尔水不近城。"（《八月十五日看潮五绝》其五）

③ 胡三省曰："罗城，外大城；子城，内小城。"（《资治通鉴·唐纪六十七》懿宗咸通九年十月丁丑注）

④ 《水浒传》第一一四回谓钱王旧都，"从来江山秀丽，人物奢华，所以相传道：上有天堂，下有苏杭。"

⑤ 依宋梁克家《三山志》（卷四《地理类四》）；清吴任臣《十国春秋》（卷九十《闽一·太祖世家》）则谓王氏筑罗城在天复二年（902）。

⑥ 案：契丹亦设"回图使"一职，与后晋互通有无。胡三省曰："凡外国与中国贸易者，置回图务。"（《资治通鉴·后晋纪四》天福八年（943）九月注）

如锦绣，后主孟昶曰："自古以蜀为锦城，今日观之，真锦城也。"（宋张唐英《蜀梼杌》卷下）宰相毋昭裔出资刻印《文选》《初学记》及九经、诸史，方便天下学者，"两蜀文字由此大兴。"（明焦竑《焦氏笔乘》续集卷四"雕板印书"条）

六朝时，历史重心已向南倾斜，当此五代十国乱世，江南再迎来一段黄金期。南方社会从此"眼界始大"（王国维语，《人间词话》评南唐李后主词），愈能在国家演进途中占到重要地位，尤其东南沿海之开发，直是为赵宋后半段历史预埋下伏笔。

第九章

两宋：和与战的纠结

公元960年，后周大将赵匡胤借陈桥兵变黄袍加身，成为五代军士拥立皇帝的第四例[1]。太祖讨江南，易如反掌，扬言"卧榻之侧，岂容他人鼾睡"（毕沅《续资治通鉴·宋纪八》）；一旦掉头北上，则力不从心。太宗光义虽艰难剿灭北汉，终不能从辽人手中夺回幽云十六州。故赵宋势力自始便难以逾越黄河，辽（后来是金）、夏交侵，所谓"一榻之外，皆他人家"（李焘《续资治通鉴长编》卷九），新版三国鼎立格局下，宋室以汉人正统王朝自居，如何一统天下遂成了一块难去的心病。

宋人在与党项、契丹、女真的较量中始终处于下风，失去对北方马源的控制是一大要因，以致迭经变法，难以扭转富而不强的被动局面。世人仅看到赵宋之世中央集权前所未有，事实上王朝建立伊始便被深深打上"军国"的烙印，枢密、中书分掌军政，并号"二府"，清人犹将"军国大计，罔不总揽"的军机处别称作"枢廷""枢垣"[2]。从现实出发，由澶渊之盟开其端，军事上似乎不得不和；而内心深处却时时涌起战的冲动与渴望。和、战之间的纠结与困惑影响到大宋朝之"国是"[3]，自王安石变法，两种观点的对立演变为党争，经历靖康国难、建炎南渡等大动荡，终以韩侂胄的孟浪一战尴尬收场——可以说直至覆亡宋人也未能从这样的泥潭中拔出身来。

---

[1] 此前有唐明宗李嗣源、唐废帝李从珂（本姓王）、周太祖郭威，皆如出一辙。自唐中叶以后，河朔镇兵跋扈难制，至五代益甚，"军士擅废立之权，往往害一帅，立一帅，有同儿戏。"（赵翼《廿二史劄记》卷二十一"五代诸帝多由军士拥立"条）

[2] 曾在嘉庆至道光年间任军机处章京的梁章钜撰《枢垣记略》，序云："军机处为我朝政府，考官制者谓即唐、宋之枢密，因题为《枢垣记略》。"

[3] 案：何谓"国是"？近代军事家蒋百里解释云："国于世界，必有所以自存之道，是曰国本。国本者根据民族历史地理之特性而成。本是国本，而应之于内外周围之形势，以策其自存者，是曰国是。国是者，政略之所从出也。"（转引自蒋复璁《宋史新探》第1页，台北正中书局，1966年）

太祖号称"艺祖"①，以文驭武，大重儒臣②；又立"誓碑"于太庙，镌誓词三行，其一云："不得杀士大夫及上书言事人。"（旧题陆游撰《避暑漫抄》）③由他开创的优礼士大夫传统以家训形式代代相传，终于唤醒读书人心中以天下为己任之使命感与自觉意识，乃有范仲淹振臂一呼："先天下之忧而忧，后天下之乐而乐"④；乃有文丞相身陷图圄，犹大义凛然叹天地之浩然正气。赵瓯北称："历代以来，捐躯徇国者，惟宋末独多，虽无救于败亡，要不可谓非养士之报也。"（《廿二史劄记》卷二十五"宋制禄之厚"条）

宋帝系及年号

帝王		年号	公元起讫
北宋	太祖（赵匡胤）	建隆（4）	960—963
		乾德（6）	963—968
		开宝（9）	968—976
	太宗（赵炅；初名匡义，后改光义，即位改炅）	太平兴国（9）	976—984
		雍熙（4）	984—987
		端拱（2）	988—989
		淳化（5）	990—994
		至道（3）	995—997
	真宗（赵恒）	咸平（6）	998—1003
		景德（4）	1004—1007
		大中祥符（9）	1008—1016
		天禧（5）	1017—1021
		乾兴（1）	1022

---

① 顾炎武谓艺祖是历代太祖通称（见《日知录》卷二十四"艺祖"条），其说不误，然宋人称太祖为艺祖，自应含有赞其才艺文德之意味。

② 案：宋朝文官治国政策丝毫不能改变其"军国"性质。军人出身的赵匡胤惩于前朝王室微弱，藩镇势盛，乃杯酒释兵权（事在登基次年即建隆二年），让文人压住武人，用意只在进一步强化中央政权。赵普谓唐季五代之乱因方镇太重，君弱臣强；"今欲治之，惟稍夺其权，制其钱粮，收其精兵，则天下自安。"（《续资治通鉴·宋纪二》）

③ 《宋史·曹勋传》作"不杀大臣及言事官，违者不祥"。

④ 范公名句（出自《岳阳楼记》，《范文正集》卷七），以及前引东汉荀悦"为世忧乐者，君子之志；不为世忧乐者，小人之志"一语，均脱胎于孟子"乐以天下，忧以天下"那句话（见《孟子·梁惠王下》）。朱子评曰："本朝惟范文正公振作士大夫之功为多。"（《语类》卷一二九《本朝三》"自国初至熙宁人物"）

续表

		天圣（10）	1023—1032
北宋	仁宗（赵祯）	明道（2）	1032—1033
		景祐（5）	1034—1038
		宝元（3）	1038—1040
		康定（2）	1040—1041
		庆历（8）	1041—1048
		皇祐（6）	1049—1054
		至和（3）	1054—1056
		嘉祐（8）	1056—1063
	英宗（赵曙）	治平（4）	1064—1067
	神宗（赵顼）	熙宁（10）	1068—1077
		元丰（8）	1078—1085
	哲宗（赵煦）	元祐（9）	1086—1094
		绍圣（5）	1094—1098
		元符（3）	1098—1100
	徽宗（赵佶）	建中靖国（1）	1101
		崇宁（5）	1102—1106
		大观（4）	1107—1110
		政和（8）	1111—1118
		重和（2）	1118—1119
		宣和（7）	1119—1125
	钦宗（赵桓）	靖康（2）	1126—1127
南宋	高宗（赵构）	建炎（4）	1127—1130
		绍兴（32）	1131—1162
	孝宗（赵昚）	隆兴（2）	1163—1164
		乾道（9）	1165—1173
		淳熙（16）	1174—1189
	光宗（赵惇）	绍熙（5）	1190—1194
	宁宗（赵扩）	庆元（6）	1195—1200
		嘉泰（4）	1201—1204
		开禧（3）	1205—1207
		嘉定（17）	1208—1224

续表

		宝庆（3）	1225—1227
南宋	理宗（赵昀）	绍定（6）	1228—1233
		端平（3）	1234—1236
		嘉熙（4）	1237—1240
		淳祐（12）	1241—1252
		宝祐（6）	1253—1258
		开庆（1）	1259
		景定（5）	1260—1264
	度宗（赵禥）	咸淳（10）	1265—1274
	恭帝（赵㬎）	德祐（2）	1275—1276
	端宗（赵昰）	景炎（3）	1276—1278
	卫王（赵昺）	祥兴（2）	1278—1279

附：辽帝系及年号

帝王		年号	公元起讫
辽	太祖（耶律阿保机）	神册（7）	916—922
		天赞（5）	922—926
		天显（1）	926
	太宗（耶律德光）	天显（12）	927—938
		会同（10）	938—947
		大同（1）	947
	世宗（耶律阮）	天禄（5）	947—951
	穆宗（耶律璟）	应历（19）	951—969
	景宗（耶律贤）	保宁（11）	969—979
		乾亨（5）	979—983
	圣宗（耶律隆绪）	统和（30）	983—1012
		开泰（10）	1012—1021
		太平（11）	1021—1031
	兴宗（耶律宗真）	景福（2）	1031—1032
		重熙（24）	1032—1055

续表

		清宁（10）	1055—1064
辽	道宗（耶律洪基）	咸雍（10）	1065—1074
		大康（10）	1075—1084
		大安（10）	1085—1094
		寿昌*（7）	1095—1101
	天祚帝（耶律 延禧）	乾统（10）	1101—1110
		天庆（10）	1111—1120
		保大（5）	1121—1125
西辽	德宗（耶律大石）	延庆（10）	1124—1133
		康国（10）	1134—1143
	感天后（萧塔 不烟）	咸清（7）	1144—1150
	仁宗（耶律夷列）	绍兴（13）	1151—1163
	承天后（耶律普 速完）	崇福（14）	1164—1177
	末主（耶律直 鲁古）	天禧（34）	1178—1211

（*《辽史》作寿隆，据钱大昕改。）

附：西夏帝系及年号

帝王	年号	公元起讫
景宗（李元昊）	显道（3）	1032—1034
	开运（1）	1034
	广运（3）	1034—1036
	大庆（3）	1036—1038
	天授礼法延祚（11）	1038—1048
毅宗（李谅祚）	延嗣宁国（1）	1049
	天祐垂圣（3）	1050—1052
	福圣承道（4）	1053—1056
	奲都（6）	1057—1062
	拱化（5）	1063—1067

续表

惠宗（李秉常）	乾道（2）	1068—1069
	天赐礼盛国庆（5）	1070—1074
	大安（11）	1075—1085
	天安礼定（1）	1086
崇宗（李乾顺）	天仪治平（4）	1086—1089
	天祐民安（8）	1090—1097
	永安（3）	1098—1100
	贞观（13）	1101—1113
	雍宁（5）	1114—1118
	元德（9）	1119—1127
	正德（8）	1127—1134
	大德（5）	1135—1139
仁宗（李仁孝）	大庆（5）	1140—1144
	人庆（5）	1144—1148
	天盛（21）	1149—1169
	乾祐（24）	1170—1193
桓宗（李纯祐）	天庆（13）	1194—1206
襄宗（李安全）	应天（4）	1206—1209
	皇建（2）	1210—1211
神宗（李遵顼）	光定（13）	1211—1223
献宗（李德旺）	乾定（4）	1223—1226
末主（李睍）	宝义（2）	1226—1227

附：金帝系及年号

帝王	年号	公元起讫
太祖（完颜阿骨打）	收国（2）	1115—1116
	天辅（7）	1117—1123
太宗（完颜吴乞买）	天会（13）	1123—1135
熙宗（完颜亶）	天会（3）	1135—1137
	天眷（3）	1138—1140
	皇统（9）	1141—1149

续表

	天德（5）	1149—1153
海陵王（完颜亮）	贞元（4）	1153—1156
	正隆（6）	1156—1161
世宗（完颜雍）	大定（29）	1161—1189
	明昌（7）	1190—1196
章宗（完颜璟）	承安（5）	1196—1200
	泰和（8）	1201—1208
	大安（3）	1209—1211
卫绍王（完颜永济）	崇庆（2）	1212—1213
	至宁（1）	1213
	贞祐（5）	1213—1217
宣宗（完颜珣）	兴定（6）	1217—1222
	元光（2）	1222—1223
	正大（9）	1224—1232
哀宗（完颜守绪）	开兴（1）	1232
	天兴（3）	1232—1234
末帝（完颜承麟）	盛昌（1）	1234

澶渊之盟

宋、辽订立澶渊之盟，距宋建国已逾四十年，本章开篇首论此事，似略显突兀，然赵宋朝之将来走势实因这次军事议和而定下基调。

后周显德二年（955），王朴献《平边策》，谓"攻取之道，从易者始"，用兵次第当先取吴、蜀，太原"可为后图，候其便则一削以平之"（《旧五代史·王朴传》）。入宋，太祖雪夜访赵普，欲收太原；普嘿然良久，曰："太原当西北二边，使一举而下，则边患我独当之，何不姑留以俟削平诸国。"（《续资治通鉴长编》卷九）是为自周世宗起一直遵循的先南后北战略。

太祖未尝不知"今之勍敌，止在契丹"（魏泰《东轩笔录》卷一），虽有存北汉以为屏翰之说，终视其为心腹大患。开宝二年（969）亲征太原，引汾水灌城（见《宋史·太祖纪二》）。及退兵，城中辽使叹曰："王师之引水浸城也，知其一而不知其二，若先浸而后涸，则并（指并州）人无类矣！"（《新五代史·东汉世家》）开宝九年（976）八月，再遣五路兵北伐，而两个月后太祖即暴死宫中，年仅五十，由此引出一桩"烛影斧声"的疑案①。太平兴国四年（979），太宗又亲征，"筑连隄壅汾河灌城"②，始讨平之。接下来宋军便要趁热打铁，收复幽蓟，赵昌言曰："自此取幽州，犹热锹翻饼耳"（王得臣《麈史》卷上"忠说"条）③。高梁河（今北京西直门外）之战，契丹骑兵左右夹击，"追杀三十余里，斩首万余级"（《辽史·耶律休哥传》）；太宗"乘驴车南走"（《续资治通鉴·宋纪十》），仅以身免④。

雍熙三年（986），太宗分兵三路伐辽，欲报前仇。结果太祖时曾用兵江南、风光无限的东路统帅曹彬⑤为辽骑所败，死者数万，辽将耶律休哥"收宋尸为京观⑥"（《辽史·耶律休哥传》）。诸路仓促撤退，号称"无敌"的太原降将杨业陷入重围被擒，绝食而死⑦。

宋、辽交锋，相比马步杂糅、行动迟缓的宋军，契丹骑士"未逢大敌，不乘战马，俟近我师，即竞乘之，所以新羁战蹄有余力也。且用军之术，成列而不战，俟退而乘之"（宋琪疏，见《宋史》本传，亦见《续资治通鉴长编》卷二十七）。宋琪生长燕地，熟悉

---

① 见释文莹《续湘山野录》，隐指晋王光义弑兄夺位。据该书载，一夕大雪，太祖召晋王饮酒。"宦官、宫妾悉屏之，但遥见烛影下，太宗时或避席，有不可胜之状。饮讫，禁漏三鼓，殿雪已数寸，帝引柱斧戳雪，顾太宗曰：'好做，好做！'遂解带就寝，鼻息如雷霆。是夕，太宗留宿禁内，将五鼓，周庐者（指宿卫）寂无所闻，帝已崩矣。太宗受遗诏于枢前即位。"《续资治通鉴长编》卷十七采用文莹之言，注云："《正史》、《实录》并无之，今略加删润，更俟考详。"

② 《续资治通鉴长编》卷二十注引《九国志》，李焘又云："《实录》、《正史》略不载（太宗）灌城事，当考。"

③ 李焘指《麈史》记载有失真处，然赵昌言之语正折射出当时宋人上下一致、急于向契丹开战的迫切心情，李氏书中亦录崔翰语曰："此一事（指伐契丹）不容再举，乘此破竹之势，取之甚易，时不可失。"（见《续资治通鉴长编》卷二十及注）

④ 案：李焘叙事，讳言此败，惟后文引王銍《默记》，不慎透露其中消息。神宗追忆前事，曰："太宗自燕京城下军溃，辽兵追之，仅得脱，凡行在服御宝器尽为所夺，从人宫嫔皆陷没。上股中两箭，岁岁必发，其弃天下竟以箭疮发云。"（《续资治通鉴长编》卷三五三注；王氏原文见《默记》卷中）据此，太宗之死实与高梁河一役有关。

⑤ 《宋史》本传称曹彬为良将第一，伐二国（后蜀、南唐），"秋毫无犯，不妄戮一人"。然曾景建《金陵百咏乐官山诗序》云："南唐初下时，诸将置酒，乐人大恸。杀之，瘗此山，因得名。"元韦居安曰：由此观之，岂果不妄杀耶？（《梅磵诗话》卷中）案：赵瓯北《陔余丛考》卷二十"曹彬伯颜不妄杀人之非"条亦录《诗话》所载，误书曾景建为曹景建。

⑥ 语出《左传·宣十二年》，指聚敌尸，封土而成高冢以炫武功。王莽攻破翟义，下诏称："古者伐不敬……有京观以惩淫慝。"颜师古曰："京，高丘也；观谓如阙形也。"（见《汉书·翟方进传》附子义传及注）

⑦ 案：杨业本名重贵，北汉刘旻赐姓刘，名继业；归宋后复杨姓，止名业（见《续资治通鉴长编》卷九及二十）。

边事，据其言，战场胶着之时契丹每每抢得先机，转败为胜，殆非偶然。

至真宗景德元年（1004）辽军南犯，宋人大概胆气尽丧，竟有迁都之议（王钦若请迁金陵，陈尧叟请迁成都，见《宋史·寇准传》）。新任宰相寇准力促宋帝亲征澶州（今河南濮阳），相持日久，双方结盟城下：两国约为兄弟（宋兄辽弟），宋花钱买和平，输"岁币"银十万两、绢二十万匹，自是宋、辽百二十年间再无大的战事发生。岁币之数，据称真宗许以百万，宋使曹利用以三十万成约还奏，见内侍不肯言，以三指加颊。内侍人曰："三指加颊，岂非三百万乎？"帝失声曰："太多！"既而曰："姑了事，亦可耳。"（《续资治通鉴长编》卷五十八）

当日情势下，双方皆乐于息兵修好。其时契丹虽强，不能南下灭宋；宋军疲弱，不能北取幽蓟，议和乃两国真实实力的反映。惟参知政事王钦若曰："城下之盟，《春秋》耻之；澶渊之举，是城下之盟也。以万乘之贵而为城下之盟，其何耻如之！"（《宋史·寇准传》）钦若之语或嫉寇准之功，却代表着宋人对待议和的态度，这种一面不得不和、一面心有不甘的扭曲心理势必影响及于朝政，而成为左右此下历史之关键因素。

辨宋之"积贫""积弱"

自来史界流行宋朝"积贫""积弱"的说法，"贫"指财用，"弱"指军事，此观点究竟在多大程度上接近事实真相，实有可商榷处。

宋代政制之绝大特色在于"中书主民，枢密主兵，三司主财"（范镇语，见《宋史》本传）。枢密、三司俱沿袭唐（后期）、五代之制，以剖分传统相权，足见赵宋立国，首重兵、财。三司长官（称三司使）"位亚执政，目为计相"，"掌邦国财用之大计，总盐铁、度支、户部（即三司）之事，以经天下财赋而均其出入焉。"（《宋史·职官志二》）至于地方，"凡一路之财，置转运使掌之①；一州之财，置通判掌之"，乾德三年（965）诏诸州"度支经费外，凡金帛悉送阙下，无得占留"（《宋朝事实》卷九《官职》）②。如是则中央不但牢牢把控财权，各地财富亦尽括囊中。

两宋朝廷敛财之数，据李心传《建炎以来朝野杂记》，"国朝混一之初，天下岁入缗钱千六百余万，太宗皇帝以为极盛，两倍唐室矣。天禧之末，所入又增至二千六百五十余

---

① 案：转运使亦循唐制，或称"计使""漕臣"，初掌军需粮饷，后兼边防、盗贼、刑讼、金谷、按廉之任，于一路之事无所不总（见《文献通考》卷六十一《职官十五》）。又，"路"为宋代最高一级地方行政单位，太宗至道三年（997），分天下为十五路，天圣析为十八，元丰又析为二十三（见《宋史·地理志一》）。
② 李焘云：乾德二年（964）已有此诏，系赵普之谋（见《续资治通鉴长编》卷五、六及注）。

万缗。嘉祐间，又增至三千六百八十余万缗。其后月增岁广，至熙、丰间，合苗、役、易、税等钱，所入乃至六千余万。元祐之初，除其苛急，岁入尚四千八百余万。渡江之初，东南岁入不满千万，逮淳熙末，遂增六千五百三十余万焉。"（甲集卷十四《财赋一》"国初至绍熙天下岁收数"条）①徽宗时，安焘亦上疏称："熙宁、元丰之间，中外府库，无不充衍，小邑所积钱米，亦不减二十万"（《宋史》本传），其时朝野富庶可想而知。而宋人竟苦于入不敷出，渡江后更叫嚷"今日所入倍于祖宗时，所费亦倍于祖宗时"（郑湜劄子，《群书考索》续集卷四十六《财用门》"东南岁人"条），如此窘境当由多方原因以致之，当时及后世分析颇详，毋庸续貂，但必须指出，宋代之"贫"非真贫，其"钱荒"始终是建立在国库充盈基础上，就算每年要送给北方民族几十万两、匹银绢，对国家收入而言仅为九牛一毛，事实上若论富裕，恐怕以前任何一个朝代都不能望其项背。元祐元年（1086）苏辙曰："元丰及内库财物山委，皆先帝多方蓄藏，以备缓急。若积而不用，与东汉西园钱，唐之琼林、大盈二库何异？"（《宋史·食货志下一》）恰道出其中消息。

宋代社会日趋浓厚之商业色彩也是一个极惹人注意的现象。清沈垚曰："宋太宗[祖]乃尽收天下之利权归于官，于是士大夫始必兼农桑之业，方得赡家，一切与古异矣。仕者既与小民争利，未仕者又必先有农桑之业方得给朝夕，以专事进取，于是货殖之事益急，商贾之势益重"（《费席山先生七十双寿序》，载《落帆楼文集》卷二十四《别集》）。美国历史学家斯塔夫里阿诺斯（L. S. Stavrianos）甚至称宋朝"发生了一场名副其实的商业革命"，"中国首次出现了主要以商业活动而不是以政务活动为中心的大城市"（《全球通史》（*A Global History*）上册260页，董书慧等译，北京大学出版社，2005年）。

斯翁"商业革命"之说可信与否姑置勿论，这里不能不提到北宋画师张择端摹绘汴京盛况的传世名作《清明上河图》。黄仁宇生前大概有机会手持放大镜细细观赏这幅名画，因而留下极为详尽的描述，迻录如下：

"在街上有小贩发卖点心及刀剪，供应食物之处所高低上下不等，自街头之摊担至三层楼客房都有，所有售酒之处皆张挂着一种旗帜，上有三条直线，好像现代的商标，甚可能因为当日酿造是由国家专利，此旗帜即为店铺之特许证。船舶、驮兽、骆驼、车辆以及

---

① 《朝野杂记》盖本于高宗绍兴时郑湜劄子，所记与《宋史·食货志》不同，但彼此只是数目上的差异，不妨碍读者了解宋代财政之大体情形。案：郑氏劄文载章如愚《群书考索》续集卷四十五、四十六，今以"东南岁入与月支劄子"为名收入《全宋文》第二六〇册卷五八四五（曾枣庄、刘琳主编，上海辞书出版社、安徽教育出版社，2006年）。

水牛拖曳之大车上所载各种筐袋圆桶等，证实当日京城拥有大量之商业。"（《中国大历史》152—153页）

另外有绍兴年间孟元老追忆旧京盛景的绮丽文字，可知张氏画卷非粉饰太平之作，文曰："举目则青楼画阁，绣户珠帘，雕车竞驻于天街，宝马争驰于御路，金翠耀目，罗绮飘香。新声巧笑于柳陌花衢，按管调弦于茶坊酒肆。八荒争凑，万国咸通。集四海之珍奇，皆归市易，会寰区之异味，悉在庖厨。花光满路，何限春游，箫鼓喧空，几家夜宴。"（《东京梦华录序》）

宋室南渡，人口流迁，促使十二世纪以降国家经济重心南移，遂现"天下地利，南盛北衰"之变化："长江、剑阁以南，民户虽止当诸夏中分，而财赋所入当三分之二。漕运之利，今称江淮，关河无闻。盐池之利，今称海盐，天下仰给，而解盐[1]荒凉。陆海之利，今称江浙，甲于天下，关陕无闻。灌溉之利，今称浙江、太湖，甲于天下，河渭无闻。"（见《群书考索》续集卷四十六《财用门》"东南财赋"条）这在中国古代经济发展史上是一件大事。时人曾丰（号撙斋）又云："居今之人，自农转而为士、为道、为释、为技艺者，在有之。"（《撙斋先生缘督集》卷十七"送缪帐干解任诣铨改秩序"）从这句话竟可隐约看出南宋之世，传统农业社会渐要"解构"或称转型的苗头。宋亡后，马可·波罗（Marco Polo）以游客身份徜徉于"行在"临安城（杭州）的石铺街道上，同样观察到"此城有十二种职业，各业有一万二千户，每户至少有十人，中有若干户多至二十人、四十人不等"，"城中有商贾甚众，颇富足，贸易之巨，无人能言其数。"（《马可波罗行纪》第二卷第一五一章330—331页，冯承钧译，上海书店出版社，2006年）虽然黄仁宇笑话这个威尼斯人身上有着"大肆夸张的性格"，证以较早宋人笔记，《行纪》所言大体不虚。

试比较下面两段文字。马可·波罗称临安"有大市十所，沿街小市无数"，"每星期有三日为市集之日，有四五万人挈消费之百货来此贸易。"（同上书335—336页）吴自牧《梦粱录》罗列杭城有名字号百余家，谓"自大街及诸坊巷，大小铺席，连门俱是，即无虚空之屋"，"买卖昼夜不绝，夜交三四鼓，游人始稀，五鼓钟鸣，卖早市者又开店矣。"（卷十三"铺席""夜市"条）后者非但"夸张"胜于《行纪》，笔下再现行都之繁华亦远在曩昔汴京之上矣。伴随宋世商业发达，纸币遂能代替铜铁钱而在市面上广为流通。蜀地民间先有交子出现，以便贸易，仁宗天圣元年（1023），官置交子务于益州，禁民私造（见《续资治通鉴长编》卷一〇一）；建炎以后，东南复有会子，"初止行于两

---

① 指山西运城解池之盐。

浙，后又诏通行于淮、浙、湖北、京西。"（《文献通考》卷九《钱币二》）

斯翁又谓，宋朝"比国内贸易大发展更引人注目的是对外贸易的突飞猛进"（《全球通史（上）》260页）。这首先要归功于市舶司的设立，北宋初置司于广、杭、明（宁波）三州，后增福建泉州及密州板桥（今山东胶州），"掌蕃货海舶征榷贸易之事，以来远人，通远物。"（《宋史·职官志七》）南渡后，海外贸易更趋活跃，至绍兴末，闽、广、浙三路舶司"抽分及和买，岁得息钱二百万缗"（《朝野杂记》甲集卷十五"市舶司本息"条）。以胡人所谓"婆兰"（三百斤）为单位计算，"凡舶舟最大者曰独樯，载一千婆兰。次者曰牛头，比独樯得三之一。又次曰木舶，曰料河，递得三之一。"（《宋史·食货志下八》）由此可以想见当日沿海口岸千帆云集、来往如蚁，近年从南海海域打捞出水的"南海一号"便是这番忙碌景象的一个缩影。宋世（尤其南宋）海上商道的拓展离不开航海技术的改进——"包括指南针、带有可调中心垂直升降板的平底船，以及代替竹帆的布帆的使用"，以致斯翁惊呼"宋朝时的中国正在朝着一个海上强国的方向发展"（《全球通史（上）》261页，斯翁充满善意的诠释当然仅仅只是一种美丽的可能）。

南宋赵鼎言："祖宗于兵政最为留意。"（李心传《建炎以来系年要录》卷三十三）据传太祖尝以别府储每岁国用之余，号"封桩库"，谓近臣曰："俟所蓄满五百万缗，遣使北虏，以赎山后诸郡；如不我从，即散府财募战士，以图攻取。"（王辟之《渑水燕谈录》卷一《帝德》）又云："我以二十匹绢购一契丹首，其精兵不过十万，止不过费我二百万匹绢，则契丹尽矣"（《续资治通鉴长编》卷十一）。神宗亦聚金帛为兵费，藏于三十二库，自制四言诗一章，每字题一库，诗曰："五季失图，猃狁孔炽。艺祖造邦，思有惩艾。爰设内府，基以募士。曾孙保之，敢忘厥志。"后积攒愈多，别置二十库，复题诗二十字曰："每虔夕惕心，妄意遵遗业。顾予不武姿，何日成戎捷。"（见陆佃《陶山集》卷十一《神宗皇帝实录叙论》）[1]可见宋廷敛财意图乃在用兵，将金帛钱物换算成军事力量，故而有必要对宋代兵制做一粗略检讨。

赵瓯北《廿二史劄记》于宋之冗官冗费论述极详，钱宾四《国史大纲》亦借其材料大事铺陈；但应该看到，定期科举取士有如滚雪球，造就不断膨胀的文官集团，岁支薪俸遂成为政府脖子上愈勒愈紧的一根套索——这种情形自唐已然。德宗时，沈既济总结有"四太"："入仕之门太多，世胄之家太优，禄利之资太厚，督责之令太薄。"（《文献通考》卷三十七《选举十》）又曰："今日之理，患在官烦，不患员少。……天下财赋耗斁（耗费，斁音'度'）之大者，唯二事焉，最多者兵资，次多者官俸。其余杂费，十不当

---

[1] 亦见《宋史·食货志下一》及《续资治通鉴长编》卷二九五，四言诗文字稍异。

二事之一。"（《旧唐书·沈传师传》）故冗官之弊似不应过分夸大（至少非症结所在），惟冗兵则为宋世特有问题。

宋初兵制改革的首要一步是建立枢密院，"掌军国机务、兵防、边备、戎马之政令"，以及"内外禁兵招募、阅试、迁补、屯戍、赏罚之事"（《宋史·职官志二》）。枢密之名始于唐代宗宠任宦官，五代始用士人，渐权侔宰相；"宋朝枢密院与中书对持文武二柄，号为'二府'。"（《文献通考》卷五十八《职官十二》）如是则兵部名存实亡，哲宗时苏东坡拜兵部尚书，谢表云："武选隶于天官（指吏部），兵政总于枢辅（枢密院），故司马（兵部尚书）之职，独省文书。"（《容斋续笔》卷十一"兵部名存"条）任枢密使者多为文臣，偶一用武将如仁宗时狄青，即引起满朝哗然，欧阳修上疏云："武臣掌机密而得军情，不唯于国家不便，亦于其身未必不为害。"（《欧阳修全集·奏议集》卷十三《翰苑》"论狄青劄子（至和三年）"）

军队另一重要改革是普遍实行招募，其途有四："或募土人就所在团立（是为乡兵），或取营伍子弟听从本军，或募饥民以补本城，或以有罪配隶给役。"（《宋史·兵志七》）太祖曾选强健卒为"兵样"（后代以木梃），诸州如样招募，壮勇者送京师（为禁军），短弱者留本城（为厢军）。黄仁宇称"宋朝可说是中国唯一以募兵解决军事人员需要的主要朝代"（《中国大历史》128页）。

新兵首先得在身体上刺字，"使之判然不得与齐民齿。"（苏洵《嘉祐集》卷五《衡论·兵制》）刺字始于唐末刘仁恭（刘守光父），驱燕地男子无贵贱皆从军，"黥其面，文曰'定霸都'，士人黥其臂，文曰'一心事主'。"（《旧五代史·刘守光传》）朱温为防士卒亡命，亦下令文面（陶岳《五代史补》卷一《梁》"太祖文健儿面"条）。宋因循而为常法，故有"招刺"之称，"方其募时，先度人材，次阅走跃，试瞻视，然后黥面（即黥面），赐以缗钱、衣履而隶诸籍。"（《宋史·兵志七》）岳母刺字故事妇孺咸知，或与此俗不无关系。再有行伍出身的大将狄青，虽贵为枢密，面涅（指脸上刺字）犹存；仁宗准其敷药除字，青曰："臣所以有今日，由此涅尔，臣愿留以劝军中，不敢奉诏。"（《宋史》本传）黥为古时墨刑，当兵刺字显然是一种耻辱标记，这在当时便有议论。欧阳修曰："军士本是小人，面有黥文"（"论狄青劄子"）。苏洵曰："其人益复自弃，视齐民如越人矣①。……（新军）毋黥其面，毋涅其手。"（《衡论·兵制》）然黥面之制讫南宋不改（见《嘉泰会稽志》卷四"军营"），吕颐浩乃谓"中国之军莫非黥卒"（《忠穆集》卷一《上边事备御十策·分器甲》），揆宋廷本意，未尝不是视国家军

---

① 案：越人有断发文身之俗，此句有语病，殆指五代以下，朝廷募兵，黥面涅手，乃是视百姓如蛮夷。

队为完全私有之物。

观宋时军士待遇，便知其身份并非如刺字所表示的那般低下。太祖尝曰："可以利百代者，唯养兵也。"（晁说之《嵩山文集》卷一《元符三年应诏封事》）据《宋史·兵志一》，兹将太祖至英宗五朝兵马总数列表如下：

太祖开宝时	三十七万八千（含禁军十九万三千）
太宗至道时	六十六万六千（含禁军三十五万八千）
真宗天禧时	九十一万二千（含禁军四十三万二千）
仁宗庆历时	一百二十五万九千（含禁军八十二万六千）
英宗治平时	一百十六万二千（含禁军六十六万三千）

宋制，男夫二十成丁（见《文献通考》卷十一《户口二》），若以此为法定从军年龄，"至六十一始免"，这还是熙宁四年（1071）以前的规定。神宗虽有裁军手诏，年五十以上拣汰为民，哲宗以下便因军额废阙，"六十已上复收为兵。"（《兵志八》）军队正式俸禄"包括料钱、月粮、春冬衣等名目，而各种补助更是花样繁多，自北宋初的口券，又发展到南宋的生券和熟券"（王曾瑜《宋朝兵制初探》215页，中华书局，1983年）。范仲淹曰："一卒之费，岁不下百千。"（《续资治通鉴长编》卷一一二）①士兵服役久，老弱病患可"减充半分、剩员"②，但并不意味着停拿饷银，只是不再亲受矢石，供军中杂役而已，《水浒传》第十回"林教头风雪山神庙"中看管草料场的老军即为此例；欲真正复员，"放停"为民，则需等到七十以后了（见《宝庆四明志》卷七《叙兵》"禁军厢军"）。故仁宗时张方平称，一旦入伍，"衣食财用，终身仰给县官"（《续资治通鉴长编》卷一三三）。钱穆谓宋兵受廪终身，"一卒有二十年向公家无用而仰食"（《国史大纲（下）》537页），这段"吃空饷"的时间实际远不止二十年。

两宋文臣以好议论闻名，国家每有事，必口舌飞舞，横议丛生，兵费支出自不例外。北宋蔡襄云："一岁所用，养兵之费常居六七，国用无几。"（《蔡忠惠公文集》卷十八《论兵十事》）孙洙云："天下之户口千有余万，自（仁宗）皇祐一岁之入一倍〔亿〕二

---

① 案：范公只是约略估计，曾任三司使的蔡襄算过一笔细账，云："禁军一兵之费以衣粮、特支、郊赉通计，一岁约费钱五十千，厢军一兵之费岁约三十千。"（《蔡忠惠公文集》卷十八《论兵十事》）

② 案：半分又称"小分"，相对"大分"而言，顾名思义，廪禄减半。剩员系太祖建隆二年（961）设置，"以处退兵"（《续资治通鉴长编》卷二），所领军俸较小分更少，"内有战功亦止半给。"（《兵志八》"廪给之制"）

千六百余万，而耗于兵者常十八，而留州以供军者又数百万也。总户口岁入之数，而以百万之兵计之，无十户而资一厢兵，十亩而给一散卒。”（王明清《挥麈后录余话》卷一）陈襄云：“（英宗）治平二年，天下所入财用大数，都约缗钱六千余万，养兵之费约五千万，乃是六分之财，兵占其五。”（《上神宗论冗兵》，载赵汝愚编《宋朝诸臣奏议》丁集卷一二一《兵门·兵议下》）南宋之世同样七嘴八舌，朱熹云：“今日财赋岁出以千百巨万计，而养兵之费十居八九。”（《朱文公文集》卷二十五“答张敬夫书”其四）。姚愈云：“比年以来，月支不下百二十万，大略官俸居十之一，吏禄居十之二，兵廪居十之七”（徐松《宋会要辑稿》第一四八册《食货五六》之七〇）

兵费占到政府岁支的比重，或十之六七，或十之八九，皆为估算，“计相”蔡襄亦声明自己的统计“大较”而已，遑论他人；惟孝宗退位前，宣谕太子（即光宗）曰：“当今天下财赋，以十分为率，八分以上养兵，不可不知”（《皇宋中兴两朝圣政》卷六十四），这应该是一个带有官方性质、叫人不得不信的数字了。蔡襄谓宋时“积兵之多，仰天子衣食，五代而上，上至秦汉无有”（《文集》卷十八《国论要目·强兵》），然则形容赵宋为“军国”，不为过矣。

事实上，太祖最初的举措，聚天下金帛、劲兵于京师，命文臣出守列郡，总一方兵民之政[①]——无不为着矫正唐安史乱后，藩镇跋扈、外重内轻之弊。乾德二年（964）节度使郭从义入朝，献击毬之技于殿庭，太祖讽曰：“卿此技诚精绝，然非将相所为。”郭氏大惭而退，谓僚佐曰：“从义龌龊藩臣，摧颓如是，当为英雄所笑。”（《续资治通鉴长编》卷五）可见当日武臣失势、威风扫地情状。然而日益严峻的边防形势很快取代历史遗留问题，吸引了政府全部注意力，于是帝京选址成为开国君臣们争执的焦点。王鸣盛谓自汉及唐从无都汴者，“不意朱梁凶丑，忽创都于此。汴本非可都之地，而晋、汉、周皆因之不改（惟后唐都洛阳），而赵宋且运臻二百。流俗口传，动辄称为汴梁。[②]”（《十七史商榷》卷九十四“梁有两都”条）从军事角度看，失去幽、蓟屏障的开封可以说完全敞露于契丹骑兵直接打击之下，定都于此确犯大忌。张方平尝论宋初都汴原因，“非乐是而处

① 地方长官号“权知军州事”，军谓兵，州谓民政，自此以文驭武遂为永制。高宗南渡，首要一事便是下诏：“要郡文臣一员带本路兵马钤辖，武臣一员充副钤辖；次要郡文臣一员带本路兵马都监，武臣一员充副都监”（《职官志七》“府州军监”）。《水浒传》第三十三回花荣骂清风寨知寨刘高：“近日除将这个穷酸饿醋来做个正知寨，这厮又是文官，又没本事……小弟是个武官副知寨，每每被这厮怄气。”

赵瓯北曰：“自宋以文臣知州事，历代因之，遂无复弱干强枝之患。宋太祖及赵普之计虑深矣，而议者徒谓宋之弱由此，是但知御侮力薄，不足以自强，而不知消患于未萌。苟非外有强敌，内有流寇，则民得安耕牧，不至常罹兵革之苦，其隐然之功，何可轻议。”（《廿二史劄记》卷二十“唐节度使之祸”条）

② 案：汴州为战国时魏都大梁所在，王西庄认为汴梁之称“犹是凶丑（指后梁）之遗”，或误。

之，势有所不获已（即不得已）。今日之势，国依兵而立，兵以食为命，食以漕运为本"，看重的还是汴渠漕运之利，所谓"国家于漕事最急最重"（见《乐全集》卷二十三《论京师军储事》）。太祖末年曾萌生西迁洛阳之意，且曰："迁河南未已，久当迁长安，以安天下。"终因晋王等人苦谏不能成行，愤愤曰："不出百年，天下民力殚矣。"（《续资治通鉴长编》卷十七）南渡后临安则仅以"行在""行都"之名存在于官书中，时人虽有"便把杭州作汴州"的兴致（见明田汝成《西湖游览志余》卷二《帝王都会》），讫覆亡这座城市也未能获得像样名分。建都思路的摇摆恰反映出宋朝处境之窘迫。

宋军战力低下，屡战屡败，世人有目共睹。与契丹交手，"大小八十一战，惟张齐贤太原之战才一胜尔。"（张方平语，陈师道《后山谈丛》卷四）仁宗时，李元昊称帝，西夏骤盛。韩琦、范仲淹赴陕西主兵，天下称"韩范"，范公又号称"胸中有数万甲兵"（见明张岱《夜航船》卷五），然而名声再响亮也换不来战场上哪怕一次酣畅淋漓的大胜，结果窝窝囊囊，还得搬出澶州城下对付契丹那套老办法来让"中国安枕"。庆历四年（1044）宋、夏议和，元昊称臣，宋"岁赐银、绢、茶、彩凡二十五万五千"（《宋史·仁宗纪三》）。而辽人亦趁火打劫，逼宋"岁增银、绢十万两、匹"（《辽史·兴宗纪二》），事在辽重熙十一年即宋庆历二年（1042）。

武事不振从此成了宋人心头挥之不去的阴影，叶水心谓兵、财二事今日最大，当极论之，而"财之所以为大事者，由兵之为大事而已"（《水心先生别集》卷十一《兵总论一》）。然儒臣所议，像百万之兵"进不可战，退不可守，百人跳梁，一方震动"（同上引），以及"竭民赋租以养不战之卒，糜国币廪以优坐食之校"（《文献通考》卷一五二《兵四》引《两朝国史志》），多属激愤，不得旨要。事实是，赵宋所处"新三国"时代的情形，已非此前任何一朝所能比拟。

神宗尝曰："本朝无前世离宫别馆、游豫奢侈之事，非特不为，亦无余力可为也。盖北有强敌（契丹），西有黠羌（夏），朝廷汲汲枝梧不暇。然二敌之势所以难制者，有城国，有行国。自古外裔能行而已，今兼中国之所有，比之汉唐尤强盛。"（《续资治通鉴长编》卷三二八）这也就是黄仁宇所说，北方游牧民族已知经营农业、筑城为防，发展成新型外患的意思。此仅为其一；其二，也是更重要、却往往被议者忽视掉的一点，在于宋朝徒有百万走卒，实无良马可乘。

乾德三年（965）太祖阅禁军，"以马军为骁雄，步军为雄武"（《续资治通鉴长编》卷六），似建制甚全。然太宗北伐，竟命宦者赵守伦购民间私马，得十七万余匹①，颇有些临时抱佛脚的意思，至少说明宋军并无常备之骑兵。

历史上塞外最大战事发生在汉代，故武帝要开通西域获取良马以抗匈奴。唐代养马之地愈广，西起陇右，东至冀北，幅员千里，号称最盛。自石敬瑭割地，先没冀北，以致"五代以来，（官府）募民盗戎人马。"（《宋会要辑稿》第一九六册《蕃夷一》之一）元昊崛起西陲，其地"东尽黄河，西界玉门，南接萧关，北控大漠，地方万余里"（清吴广成《西夏书事》卷十二），则陇右又失。欧阳修曰：考唐之牧地，"或陷没夷狄，或已为民田，皆不可复得。"（《欧阳修全集·奏议集》卷十六《翰苑》"论监牧劄子（嘉祐五年）"）

宋初主要靠互市采购胡马，"直之少者匹不下二十千，往来资给赐予，复在数外"，已招物议（见李觉《上太宗论自古马皆生于中国》，《宋朝诸臣奏议》丁集卷一二五《兵门·马政》）。随着边境战火点燃，辽、夏相继出台限马令，契丹"禁朔州路羊马入宋"（《辽史·食货志下》），夏亦马不出市，导致"国家每岁所失二万余匹"（陈次升《上徽宗论西蕃市马》，《诸臣奏议》卷一二五）。后起女真同样视马如生命，其祖劾里钵传下"马不可以与人"的家训②，自然更不会轻易跟宋做马匹交易。黄仁宇观《清明上河图》，甚至有这样的发现："画幅上开封之大车都用黄牛水牛拖拉，可见马匹短少情景迫切。"（《中国大历史》156页）

此诚为中原汉人王朝前所未遇之大窘境，宋世乃有种种奇怪言论与举动出现。张方平论西北边防曰："缘边骑兵，计蓄一骑可以赡卒五人。西戎出善马，地形险隘，我骑诚不得与较走集也。多留马军既不足用，徒索刍粟。今方北备北敌，乃是用骑之地，乞以陕西新团土兵多换马军东归，一以省关中之挽输，一以备河北之战守。"（《乐全集》卷二十二《请省缘边骑兵事》）③

然而现实世界里的河北战守并无宋骑驰突身影，唯见塘泺屈曲，波光鄰鄰，号称"天险"。太宗经北伐失利之痛，遂用何承矩言，自顺安砦（今河北容城县北）以东濒海，广袤数百里，筑堤储水，悉为稻田，"深不可以舟行，浅不可以徒涉，虽有劲兵不能度。"

---

① 案：《宋史·兵志十二》"马政"系市马事于太平兴国四年，李焘谓是年正月即出师，市马恐在四年以前（《续资治通鉴长编》卷二十注）。

② 金景祖乌古乃有黄马，为辽人所觊觎；景祖死后，其子劾里钵（世祖）宁割马之双耳，谓之秃耳马，不与辽人（见《金史·阿疎传》"赞"）。

③ 案：宰相富弼亦请增步兵以御西羌，云："给一骑之刍粟，可以赡步兵数人，得不违害而就利哉"（《上仁宗论削兵当澄其冗，弛边当得其要》，《诸臣奏议》丁集卷一二〇《兵门·兵议上》）。宋人所见之误，一至于此！

（《宋史·河渠志五》）又沿边植木防辽，其事始自太祖，尝令于瓦桥①一带"专植榆柳，中通一径，仅能容一骑"（《挥麈后录》卷一）。至真宗朝，榆柳数逾三百万，帝曰："此可代鹿角。"（《续资治通鉴·宋纪三十三》）熙宁时，数以亿计，沈括察访河北，始悟"契丹依之可蔽矢石，伐材以为梯冲，是为寇计"，遂请尽去之（《续资治通鉴长编》卷二六七）。

宋朝本处在一个科技快速发展的时代，南宋已造出"突火枪"，"以巨竹为筒，内安子窠，如燃放，焰绝，然后子窠发出，如炮声，远闻百五十余步。"（《宋史·兵志十一》"器甲之制"）斯翁认为"这几乎就是金属管枪的前身"（《全球通史（上）》204页）。必须看到，类似发明改变不了十三世纪以前冷兵器作战的根本性质，即前引陈寅恪所云，马在战场上兼具今日"飞机、坦克之效力"。岳家军能击败南犯金骑，有地形、战术、心理等多重因素，不可单纯视为以步克马的经典战例。马、步军之别，宋非不知，陈次升云："兵家制胜莫如马，步兵虽多，十不当马军之一。故自古论兵，必以马为先。"（《上徽宗论西蕃市马》）然赵宋缺马，只好拼命养兵，竭举国之财保持一支数量庞大的常备军力量。苏东坡言："观祖宗以来，沿边要害，屯聚重兵，止以壮国威而消敌谋，盖所谓先声后实，形格势禁之道耳。"（《宋史·兵志四》）可见养兵之意，威慑大过实战。天然之军事劣势注定了百万宋军难有作为，怎么办？"以和保邦，不失为图全善策"（赵瓯北语，《廿二史劄记》卷二十六"和议"条）——可惜这种论点从一开始便是卡在宋人喉头的鱼鲠，受此拖累，三百年间乃有一幕又一幕悲喜交加故事上演。

王安石变法

仁宗、神宗两朝，是北宋历史上有名的变法时期。

逆境中的宋王朝因版图残缺而关注兵事，又因过分关注兵事而走上"军国"的畸形发展道路，"兵皆天子之兵，财皆天子之财，官皆天子之官，民皆天子之民。"（《宋史·陈亮传》）蒋复璁说当时的情形，是"国家政治不能作一整个打算，自中央至地方，行政制度不能健全建立"（《宋史新探》38页）。以州郡长官为例，本为抑制藩镇武人而设知州、通判，皆文臣充任；通判既非副贰，又非属官，常与知州争权，云："我是监郡，朝廷使我监汝。"杭人钱昆（吴越钱氏之后）嗜蟹，尝求为外任，曰："但得有螃蟹

---

① 案：瓦桥关位于今河北雄县南易水上，后晋时入辽，后周显德六年（959）世宗北伐，兵不血刃直取三关，即含此地。

无通判处则可。"（《欧阳修全集》之《归田录》卷二）仁宗正值夏、辽为患，"西伐则北助，北静则西动，两下牵制，困我中国。"（富弼语，见《续资治通鉴长编》卷一五〇）边情紧急转而促成国内各种矛盾的总爆发，确乎到了"纲纪制度，日削月侵，官壅于下，民困于外，不可不更张以救之"的关头（范仲淹语，同书卷一四三）。

庆历年间，改革名臣有范仲淹、韩琦、富弼等，皆亲历北方战事，深知症结所在，绝非高居庙堂、不谙世事的泛泛之辈。仁宗拔此数人，屡问当世急务，仲淹语人曰："上用我至矣，然事有后先，且革弊于久安，非朝夕可能。"（同上引）可见范公胸中先已有了一个孰先孰后的通盘筹划，一面又深知牵一发动全身，故迟疑观望，不敢轻举妄动。

庆历三年（1043）九月，仁宗亲赐笔札，催问良策；仲淹不得已上十事疏，曰：明黜陟，抑侥幸，精贡举，择官长，均公田，厚农桑，修武备，减徭役，覃恩信，重命令。十事当中，钱穆谓"前五事属于澄清吏治（前一、二项从消极方面说，三、四、五项就积极方面说）"，其余始渐及于富民、强兵（《国史大纲（下）》563页）。这也正合范氏疏奏所云"欲正其末，必端其本，欲清其流，必澄其源"之意（《续资治通鉴长编》卷一四三）。可见庆历新政有着十分浓厚的政治改革意味。《宋史》本传谓仲淹十事"更张无渐，规摹阔大，论者以为不可行"；"更张无渐"显为政敌攻讦之辞，至于"规摹阔大"则是实语。

吴人范仲淹二岁而孤，随母改嫁山东，读书长白山醴泉寺僧舍，"日作粥一器，分为四块，早暮取二块，断韭数茎，入少盐以啖之，如此者三年"。二十七岁举进士，赋诗云："长白一寒儒，名登二纪余"，从此开始了近四十年的仕宦生涯[①]。范公堪称宋朝养士百年的结晶，因为他所秉持的以天下为己任之信念"已是一种时代的精神，早已隐藏在同时人的心中，而为范仲淹正式呼唤出来"（钱穆语，《国史大纲（下）》558页）。比他稍晚的黄庭坚亦歆慕曰："范文正公在当时诸公间第一品人也，故余每于人家见尺牍寸纸，未尝不爱赏，弥日想见其人。所谓先天下之忧而忧，后天下之乐而乐，此文正公饮食起居之间先行之而后载于言者也。"（《豫章黄先生文集》卷三十《跋范文正公诗》）

熙宁年间又出了一位有名的"拗相公"。庆历二年（1042），当韩、范在陕西指挥对夏作战时，临川（今江西抚州临川）人王安石小荷才露尖尖角，以进士第四名及第。嘉祐三年（1058），安石上"万言书"称："因天下之力以生天下之财，收天下之财以供天下之费，自古治世，未尝以财不足为公患，患在治财无其道。"（《宋史》本传）此为日

---

① 此段叙述依《范文正公集·年谱》。案《年谱》谓"断韭画粥"典故出自《东轩笔录》，然今见《笔录》不载其事；登第诗恐亦有误，据王辟之《渑水燕谈录》（卷七《歌咏》），应系仲淹晚年出镇青州时所作，原句为"长白一寒儒，登荣三纪余"，则意思大不同。

后变法的"纲领性文件"。神宗即位,拜安石为相,青苗、免役、均输、市易、方田、保甲、保马、农田水利诸法次第颁行,号为新法。史家往往将庆历新政与熙宁新法相提并论,但从具体施政内容来看,后者功夫全花在理财一项,可以说不关政治;余英时曾把王安石变法称作"一次彻底失败的政治实验"(《朱熹的历史世界——宋代士大夫政治文化的研究》"自序二",三联书店,2004年;以下简称《朱熹》),失败固然人所共知,若说"政治实验"则恐怕有些文不对题了。

北宋两次变法均为自上发动,前有"赐笔札"之例,犹不过略加助推,熙宁新法背后更隐然竖立着王室的影子。神宗早有恢复大志,尝愤恨流涕曰:"北虏乃不共戴天之雠,反捐金缯数十万以事之为叔父,为人子孙,当如是乎!"(王铚《默记》卷中)乃积聚金钱,赋诗题库,以为将来战资。然复仇壮志每为左右所沮,向老臣富弼询问边事,弼曰:"愿(陛下)二十年口不言兵。"(《宋史·富弼传》)谋取燕蓟,报慈圣曹太后,太后曰:"得之不过南面受贺而已。苟可取之,太祖、太宗收复久矣,何待今日!"(《宋史·慈圣曹后传》)神宗锐意进取之心,竟为满朝凝重暮气所湮没,这时忽有王安石站出来说:"称契丹母为叔祖母,称契丹为叔父,更岁与数十万钱帛,此乃臣之所耻。"(《续资治通鉴长编》卷二三七)君臣同耻,帝闻此言,能不"如鱼得水,如胶投漆,而倾心纳之"(赵瓯北语,《廿二史劄记》卷二十六"王安石之得君"条)。宋朝诸帝中,神宗算是最有雄心的一个,欲行非常之事,建不世之功。蒋复璁谓"熙宁之变法,乃神宗之变法,不过用荆公之策以行法"(《宋史新探》167页)。

王荆公也确实没有辜负皇帝期望,"招来新进勇锐之人,以图一切速成之效"(苏轼语,见《宋史》本传),这是改革的基本态度;新法指导精神则是"不加赋而国用足"(见《宋史·司马光传》),以取息为富国之务,"青苗则春散秋敛,是以有赊贷之息;市易则买贱卖贵,是以有贸易之息。"(《文献通考》卷二十《市籴一》)要言之,"其目的无非都是想借由经济力量支援国防军备,以应付来自辽和西夏的威胁。"(黄仁宇《中国大历史》127页)

就拿最受时人诟病的青苗来说,官府贷钱于民,取息二分,春散秋敛,其法始于仁宗时李参。据《宋史》本传,李参为陕西转运使,苦兵多食少,"令民自隐度麦粟之赢,先贷以钱,俟谷熟还之官,号'青苗钱'。经数年,廪有羡粮。"安石知鄞县(今浙江宁波鄞州区)时,亦用此术,"贷谷与民,出息以偿",邑人称便(《宋史》本传)。假贷之事非同小可,严谨行于一州一县尚可,一旦推广全国,无相应保障制度之跟进,局面失控几不可免。苏辙曾预言其弊,云:"出纳之际,吏缘为奸,虽有法不能禁;钱入民手,虽良民不免妄用;及其纳钱,虽富民不免违限。"(《宋史·食货志上四》)安石闻之,逾月不言青苗。然此下情形恰印证了苏子由的担心，"干进者以多借为能，而不顾民之愿否，不肖者又藉以行其头会箕敛之术。……况青苗钱，虽曰不得过加二之息，而一岁凡两放两收，则其息已加四，有司又约中熟为价，令民偿必以钱，则所定之价又必逾于市价，而民之偿息且十加五六。"（赵翼《廿二史劄记》卷二十六"青苗钱不始于王安石"条）于是善政变为苛政烦政，利民变为扰民害民。范镇上疏曰："言青苗有见效者，不过岁得什百万缗钱，缗钱什百万，非出于天，非出于地，非出于建议者之家，盖一出于民。"（《宋史·范镇传》）安石心头火起，持范氏疏至手颤。

荆公本意犹在破富惠贫，尝作《兼并诗》云："三代子百姓，公私无异财。人主擅操柄，如天持斗魁。赋予皆自我，兼并乃奸回。奸回法有诛，势亦无自来。后世始倒持，黔首遂难裁。秦王不知此，更筑怀清台。礼义日已偷，圣经久埋埃。法尚有存者，欲言时所咍。俗吏不知方，掊克乃为才。俗儒不知变，兼并可无摧。利孔至百出，小人司阖开。有司与之争，民愈可怜哉！"用词颇不讲究，苏子由以为昔之诗病未有过此者。洪迈曰："设青苗法以夺富民之利，民无贫富，两税之外，皆重出息十二，其祸源于此诗。"（见《容斋四笔》卷四"王荆公上书并诗"条）

宋世差役是压在农民头上沉重的负担。仁宗时，吕公绰出知郑州，问民疾苦，父老曰："官籍民产，第赋役重轻，至不敢多畜牛，田畴久芜秽。"（《宋史·吕夷简传》附子公绰传）后来司马光又称："臣尝行于村落，见农民生具之微，而问其故，皆言：'不敢为也。今欲多种一桑，多置一牛，蓄二年之粮，藏十匹之帛，邻里已目为富室，指使以为衙前（官役之一种）矣。况敢益田畴，葺庐舍乎'。"（《温国文正司马公文集》卷三十八"衙前劄子"）新法许民按家资高下出钱雇役（即免役法），乍看亦似善政，然收取无已，当役人户缴"免役钱"，原无役者（未成丁、单丁、女户等）出"助役钱"，额外再增取二分以备水旱，号"免役宽剩钱"（见《宋史·食货志上五》）。这简直是变着法地哄农民自掏腰包买"清闲"。因免役出钱不均，积极推动新法的二号人物吕惠卿又创"手实法"，使民自报财产以定户等，隐匿者许告，以三分之一充赏。于是"尺椽寸土，检括无遗，至鸡豚亦遍抄之"（《宋史·吕惠卿传》），朘削之刻远逾青苗。苏轼比较差役、免役曰："差役之害，民常在官，不得专力于农；免役之害，掊敛民财，十室九空，敛聚于上而下有钱荒之患。二害轻重，盖略等矣。"（《宋史》本传）

事实上，赵宋自开国便奉行不渝的理财办法是，"既已尽取之于民，不使社会有藏富；又监输之于中央，不使地方有留财。"（钱穆《国史大纲（下）》551页）熙宁变法则进而把这种精神推向极致。新法中让人稍感不解的是保甲法，"籍乡村之民，二丁取一，十家为保，保丁皆授以弓弩，教之战阵。"（《宋史·王安石传》）细审其义，不过是对寓兵于农的府兵旧制稍加改良而已。其实庆历时韩琦、范仲淹皆有籍民为兵、以助正兵主张，范氏十事中的第七事"修武备"即仿唐之府兵，仁宗悉用其说，"独府兵法，众以为不可而止。"（《宋史·范仲淹传》）宋朝已在全国行募兵制，再兼用征兵，英宗治平元年（1064）司马光就极论其弊道："既赋敛农民之粟帛以赡正军，又籍农民之身以为兵，是一家独任二家之事。"（《续资治通鉴长编》卷二〇三）神宗元丰八年（1085）又奏曰："二丁取一，以为保甲，农民半为兵。无问四时，每五日一教，耕耘收获稼穑之业几尽废也。"（同上卷三五五）

安石变法，只在看准的各个点上全力展开，狂飙突进，以图速效，并无面上之通盘考虑和事先铺陈——这与范仲淹之审慎形成鲜明对照。其时中央创建"制置三司条例司"，诸路则遍遣提举官，"兴利之臣纷纷四出"（韩琦《上神宗乞罢青苗及诸路提举官》，《宋朝诸臣奏议》丙集卷一一一《财赋门·新法三》）。宋制，两府（中书、枢密）不预三司之事[1]；然制置司作为变法决策机构，重新整顿国家财政，权力之专可不奉圣旨，径自施行，是"中书之外又有一中书也"（韩琦《上神宗论条例司画一申明青苗事》，同上卷一一二）。史书谓荆公"议论高奇"（《宋史》本传），前引"不加赋而国用足"便是一例；今又说增置官司，可以省费，增厚吏禄，可以省刑[2]，熙宁初三司上新增吏禄数："京师岁增四十一万三千四百余缗，监司、诸州六十八万九千八百余缗。"（《宋史·食货志下一》）宋初设祠禄之官[3]，大臣老而罢职，使任宫观，继续食俸，为朝廷一项优礼政策。先时员数甚少，王安石著令宫观毋限员，以三十月为一任（见《宋史·职官志十》），"欲以宫观之禄处不奉行新法之人，遂无限员，亦无职事"（《文献通考》卷五十五《职官九》），吃闲饭而已。总之为推行新法，原本过分臃肿的文官体系非但没有瘦身，反而添加许多办事或不办事的人员。至哲宗元祐三年（1088），苏辙等奏称："今日文武百官宗室之蕃，一倍皇祐，四倍景德"（《续资治通鉴长编》卷四一九），未尝不是熙宁新政的苦果所致。

言归正传，神宗用安石敛财，意在动武，复祖宗仇。元丰中，安石虽已罢相，正到了检验改革成果的时候；只是"兵不敢用于北，而稍试于西"（赵瓯北语，《廿二史劄记》卷二

---

[1] 熙宁二年（1069）司马光与吕惠卿辩论新法，曰："三司使掌天下财，不才而黜可也，不可使两府侵其事。"（《续资治通鉴》卷六十七）

[2] 案：高薪养廉亦为宋朝既定国策之一，开宝三年（970）太祖诏曰："吏员猥多，难以求治；俸禄鲜薄，未可责廉。与其冗员而重费，不若省官而益俸。"（《续资治通鉴》卷六）至神宗，则变成了增官加俸，国家包袱愈背愈重。

[3] 真宗尊崇道教，置玉清昭应宫使，以宰相王旦兼之。后王旦因病罢相，犹领宫使，给宰相半俸，祠禄之制自此始（见《宋史·王旦传》）。

十六"王安石之得君"），遂诏令五路出师西征夏国。然而单靠财力增长，不可能一夜间就把战场上的劣势扭转过来。马不够而充以驴骡，宋军战力依然低下①。元丰四年（1081）冬先有灵州（今宁夏灵武）之败，帝"中夜得报，起环榻行，彻旦不能寐"（《宋史·宣仁高后传》）；明年又兵败永乐城（今陕西米脂西北），帝"涕泣悲愤，为之不食"（《宋史·徐禧传》）。史称"灵州、永乐之役，官军、熟羌、义保死者六十万人，钱、粟、银、绢以万数者不可胜计"（《宋史·夏国传下》），这等于直接宣告了熙宁变法的失败。

列宁曾把王安石称作"中国十一世纪的改革家"，叫国人倍感荣耀②。其实荆公生前身后，毁誉不一。唾骂者如南宋洪迈，谓安石所学所行皆出《周礼》一书，直拿他与王莽相提并论，"二王托《周官》之名以为政，其归于祸民一也。"（《容斋续笔》卷十六"《周礼》非周公书"条）讴歌者则如今人蒋复璁，认为"吾国历代人物，知仁勇三者俱备，可当'完人'之称者"，非王荆公莫属（《宋史新探》151页）。或褒或贬，皆掺有过多意气成分，而黄仁宇从现代金融管理的角度条分缕析熙宁新政，得出"王安石与现代读者近，与他同时人物远"（《中国大历史》141页）的结论，尤让人感觉南辕北辙。世间之人或事，并非一经贴上"改革"标签便能变得名正言顺而且神圣起来，古今同理；荆公"三不足之说"③固然勇气可嘉，且垂范后代，新法行之于世的实际效果则需另当别论。

仲淹之子纯仁曰："事大者不可速成，人才不可急求，积弊不可顿革"（《宋史》本传），持论一如其父。司马光亦云："治天下譬如居室，敝则修之，非大坏不更造"（《宋史》本传）。反观熙宁朝政，上有皇帝好大喜功，下有宰相急功近利，"汲汲以财

---

① 神宗既决意西讨，特批曰："诸路战骑所系甚大，况今军兴，尤为要急，可督提举陕西买马监牧郭茂恂速措置招买"（《续资治通鉴》卷七十六）。外戚高遵裕领军，"骑不足用，以群牧马益之。"（《宋史》本传）宦官王中正代皇帝亲征，恐夏人知宿营处，"禁军中驴鸣。"（《续资治通鉴》卷七十六）凡此皆可见出当时宋军并未（也不可能）解决其缺马痼疾，仓促投入战斗，虽气势汹汹，难求一胜势所必然。

② 案：史学界广为流传的这句评语实为列宁在反驳普列诺夫观点时所做的一个注释，原话为："王安石是中国11世纪时的改革家，实行土地国有未成。"（《修改工人政党的土地纲领》，《列宁全集（第二版）》第十二卷226页注二，人民出版社）列宁主张土地国有化，或引安石为同类，但显然对公元十一世纪中国发生的那场变革缺乏了解。

③ 熙宁三年（1070）三月，神宗谕王安石："闻有三不足之说否？"安石曰："不闻。"上曰："陈荐言外人云，今朝廷谓天变不足惧，人言不足恤，祖宗之法不足守。昨学士院进试馆职策，专指此三事。此是何理？朝廷亦何尝有此？已别作策问矣。"安石曰："陛下躬亲庶政，无流连之乐，荒亡之行，每事惟恐伤民，此亦是惧天变。陛下询纳人言，无小大惟言之从，岂是不恤人言？然人言固有不足恤者，苟当于理义，则人言何足恤。故《传》称礼义不愆，何恤于人言。郑庄公以人之多言，亦足畏欤。故小不忍致大乱，乃诗人所刺，则以人言为不足恤，未过也。至于祖宗之法不足守，则固当如此。且仁宗在位四十年，凡数次修敕，若法一定，子孙当世世守之，则祖宗何故屡自变改？今议者以为祖宗之法皆可守，然祖宗用人皆不以次。今陛下试如此，则彼异论者必更纷纷。"（宋杨仲良《皇宋通鉴长编纪事本末》卷五十九）据此，《宋史》本传将"三不足"狂论强塞给安石，诚为断章取义或道听途说；然从荆公回答神宗的话来看，未尝不以此说为是。

利兵革为先务"（朱熹语，《宋史·王安石传》"论"）；安石官位虽高仲淹半级（后者仅为参知政事，相当副相），实不具备范公之全局眼光，他所扮演的倒更像是汉武之世桑弘羊、孔仅的角色，而那时喊出的口号，恰恰也是"民不益赋而天下用饶"（《史记·平准书》）①。苏辙曰："善为国者，藏之于民，其次藏之州郡。州郡有余，则转运司常足；转运司既足，则户部不困。……自熙宁以来，言利之臣，不知本末之术，欲求富国，而先困转运司。转运司既困，则上供不继；上供不继，而户部亦匮"（《宋史》本传），可谓一语道破新法病根所在②。

荆公又"勇于有为，吝于改过"（曾巩语，《宋史·曾巩传》），属于一条道走到黑的人。中书议事，尝对谏官声色俱厉，程颢见状云："天下事非一家私议，愿平气以听。"（《宋史·程颢传》）变法伤民自不待言，表现在行政层面上，则随处可见党同伐异的影子。"吕公著、韩维，安石藉以立声誉者也；欧阳修、文彦博，荐己者也；富弼、韩琦，用为侍从者也；司马光、范镇，交友之善者也，悉排斥不遗力。"（《宋史·王安石传》）③朝堂之上，凡老成持重者几四散一空。老臣张方平陛辞，曰："若新法卒行，必有覆舟、自焚之祸。"（《宋史》本传）司马光又有"士夫沸腾，黎民骚动"之语（《宋史·王安石传》），殆非诬谤。

钱穆谓新法虽不成功，"然而王安石确是有伟大抱负与高远理想的人。"（《国史大纲（下）》581页）这当然表达出民间或学界不少王氏"拥趸"的心声，像是回应此说，四百年前李卓吾有著名的君子误国论，谓君子比小人尤能误国，"彼盖自以为君子而本心无愧也，故其胆益壮而志益决，孰能止之？"（《焚书》卷五《读史》"党籍碑"条）南宋吕中曰："自治平四年九月安石之召，至熙宁九年十月安石之去，凡十年之国论，皆安

---

① 袁枚谓桑、孔二人理财手段阴侵商贩之利，于国家体制不雅；"至于荆公，则先结保而后贷或金银为抵，又贸迁货物，又追呼比征。其时榷酒税太重，酒店不开，人不往饮，荆公命设妓以招之。……使桑、孔有知，亦当含笑于地下。"（《随园随笔》卷二十七"荆公新法之拙"条）

② 案：苏子由指摘熙宁新法，与晚清郭嵩焘点评洋务派师法西洋、盲目追求富强，二者精神实有相通之处。试观郭氏此语："岂有百姓困穷，而国家自求富强之理？今言富强者，一视为国家本计，与百姓无与，抑不知西洋之富专在民，不在国家也。"（《养知书屋文集》卷十三"与友人论仿行西法"）苏、郭二人之见并不新鲜，孔子弟子有若便曾论及公、私贫富的问题，曰："百姓足，君孰与不足？百姓不足，君孰与足？"（《论语·颜渊》）

③ 欧阳修乞致仕，安石毫不挽留，曰："如此人，在一郡则坏一郡，在朝廷则坏朝廷，留之安用？"（《宋史·王安石传》）神宗欲用司马光，安石曰："光外托劘（音'磨'，劝谏义）上之名，内怀附下之实，所言尽害政之事，所与尽害政之人。"（《宋史·司马光传》）庆历旧臣韩琦、富弼反对新政，安石谓弼兼有鲧、共工之罪（见《宋史·富弼传》），其子王雱又云："枭韩琦、富弼之头于市，则法行矣。"（《宋史·王安石传》附子雱传）范纯仁评曰："（安石）鄙老成为因循，弃公论为流俗，异己者为不肖，合意者为贤人。"（《宋史·范纯仁传》）

石变法之国是。"（《宋大事记讲义》卷十七"惠卿叛安石，安石复罢相"条）变法与国是挂钩，无异于打开了潘多拉的盒子，从此人言籍籍，朝臣分野，终于演变成汹汹党争；此害实由荆公肇始。

当年范仲淹与宰相吕夷简政见不合，已引发朋党之说；"党人"欧阳修献《朋党论》，谓小人以同利为伪朋，君子以同道为真朋，故小人无朋，惟君子有朋（见《宋史·欧阳修传》）。范党被贬出朝，对手交相庆曰："一网打尽"（《宋史·范纯仁传》）。欧公在滁州自号醉翁，作《啼鸟》诗曰："我遭谗口身落此，每闻巧舌宜可憎。春到山城苦寂寞，把盏常恨无娉婷。花开鸟语辄自醉，醉与花鸟为交朋。……可笑灵均（即屈原）楚泽畔，离骚憔悴愁独醒。"

然而范、吕间的冲突还只算是序曲，熙宁、元祐新旧党争因为牵扯进"国是"，才愈演愈烈真正发生了"划时代的变化"（余英时语，《朱熹（上）》317页）。

熙宁三年（1071）神宗与司马光论新法，帝曰："今天下汹汹者，孙叔敖所谓'国之有是，众之所恶'也。"光曰："今条例司所为，独安石、韩绛、吕惠卿以为是，天下皆以为非也。陛下岂能独与三人共为天下耶？"（《续资治通鉴长编》卷二一〇）余英时称"这是'国是'观念在宋代朝廷争议中第一次正式出现"（《朱熹（上）》252页）。到元丰间，神宗因摆脱掉王安石而能"事皆自做"（《朱子语类》卷一三〇），遂正式确定"国是"，曰："惟立法于此，使奉之于彼，从之则为是，背之则为非，以此进退，方有准的，所谓朝廷有政。"（《续资治通鉴长编》卷三一三）他在这里仍拿新法作幌子，不像南宋高宗宣称"断自朕志，决讲和之策"（《建炎以来系年要录》卷一七二）那样把话挑明。富弼曾说"澶渊之盟，未为失策"（《续资治通鉴长编》卷一五〇），而神宗变法最终目的乃为报仇雪耻，清算昔日城下之盟的旧账。故熙宁以下"国是"之争说到底就是朝廷对和、战政策的选择。元祐时旧党内部又分出洛、蜀、朔三支，洛党以程颐为领袖，蜀党惟苏轼马首是瞻，朔党则多由司马光弟子组成（时温公已亡），"分党相毁"，"攻击不已"（见《邵氏闻见录》卷十三）。这些人"皆与王安石已死之灰争是非"（王夫之《宋论》卷七《哲宗》），貌似在青苗、免役等技术细节上喋喋不休，骨子里争的仍是有关和、战之根本问题。

自赵宋立国，三百年间"外无汉王氏之患，内无唐武、韦之祸"（《宋史·后妃传》序），诚为宋世一大口碑。北宋先后有章献、慈圣、宣仁、钦圣太后垂帘听政，大抵称贤。宣仁、钦圣临朝，皆站在旧党一边，于是"神宗创法立制，两遭变更，国是未定"（《宋史·蔡京传》）；而神宗的两个儿子（哲宗、徽宗）当时不语，一旦亲政即以"绍述"为名复行新法。所谓绍述，用现代话说便是"全面继承神宗（王安石）的政治遗产"

（《朱熹（上）》266页）。在这一点上，原本擅长书画的徽宗（书法创"瘦金体"，张择端画作上的"清明上河图"五字即用此体御书）走得更远，不但诏立"奸党碑"①，以安石配飨孔子庙，甚至闹到了"禁诗"的地步②。身边又被童贯、高俅一班宵小包围③，他老人家愈发利令智昏，宣和二年（1120）竟"遣使自登、莱涉海，结好女真，与之相约攻辽"（《宋史·赵良嗣传》），是为"海上之盟"④。五年（1123），借金人之力，宋终于得到朝思暮想的燕蓟故地；然金兵劫掠过后，燕京"城市邱墟，狐狸穴处"，"所得空城而已"（宋徐梦莘《三朝北盟会编》甲集《政宣上帙十六》）。宋使赵良嗣私下道："只可保三年尔"（《续资治通鉴·宋纪九十五》）。一语成谶，金前脚灭辽，后脚渝盟伐宋，卒有靖康之难。金帅宗翰、宗望挟徽、钦二帝及宗族四百七十余人北归⑤，"凡法驾、卤簿，皇后以下车辂、卤簿，冠服、礼器、法物，大乐、教坊乐器，祭器、八宝、九鼎、圭璧，浑天仪、铜人、刻漏，古器、景灵宫供器，太清楼秘阁三馆书、天下州府图及官吏、内人、内侍、技艺、工匠、娼优，府库畜积，为之一空。"（《宋史·钦

---

① 宰相蔡京亲撰文，定司马光、苏轼以下凡三百零九人为"奸党"，令郡国皆刻石。长安石工安民恳求勿镌自己姓名于碑后，曰："民愚人，固不知立碑之意。但如司马相公者，海内称其正直，今谓之奸邪，民不忍刻也。"（《宋史·司马光传》）案：石工安民，李贽《焚书》卷五《读史》"樊敏碑后"条又作"常安民"。

② 徽宗政和间，大臣有不能为诗者，指诗为元祐学术（元祐旧党得势，其说遂称"元祐学术"），不可行。宰相何执中修敕令，至有"诸士庶传习诗赋者杖一百"之规定。后来还是已经做了太上皇的徽宗自己技痒难耐，率先破禁，诗遂复盛行于宣和之末（见叶梦得《避暑录话》卷下）。

③ 太监童贯状貌魁伟，颐下生须，不类阉人。握兵二十年，权倾一时，时人称蔡京为公相，贯为媪相。以平方腊进太师，与蔡京、王黼、梁师成、李彦、朱勔被太学生陈东并指为"六贼"。高俅《宋史》无传，据《挥麈后录》卷七载，本为苏东坡小史（即侍僮），笔札颇工，后凭蹴鞠之技得入端王（即后来徽宗）府，从此飞黄腾达。

④ 献计者为燕人赵良嗣，本名马植，童贯出使辽国，见之大奇，载与归，易姓名曰李良嗣，徽宗复赐赵姓。案：宋初即有在东北寻求外援、夹击契丹之图谋。太平兴国中，太宗曾联系渤海遗民所建定安国，令张掎角之势，共讨契丹，当时在中间牵线搭桥的便是女真使者（见《宋史·外国传七·定安国》）。可知宋与女真在反辽问题上早有默契。又据《朱子语类》，高丽主闻徽宗通好女真，曰："我国与女真陆路相通，常使人察之。女真不是好人，胜契丹后，必及宋。"（卷一三三《本朝七·夷狄》）未知可信否。

⑤ 此依《金史》。然据金人可恭所撰《宋俘记》，金既平赵宋，俘其妻孥三千余人，宗室男、妇四千余人，贵戚男、妇五千余人，诸色目（谓士农工商各色人等，与元人所谓"色目"不同）三千余人，教坊三千余人；除丧逸、遁释，分期分道挟以北行者凡万四千人，逮至燕、云，男十存四，妇十存七。侥幸活下来的俘虏，一入北地，尽没为奴，"每人一月支稗子五斗，令自舂为米，得一斗八升，用为糗粮。岁支麻五把，令绩为裳，此外更无一钱一帛之入。男子不能绩者，则终岁裸体，虏或哀之，则使执爨，虽时炙火得暖气，然出外取柴归，再火火边，皮肉即脱落，不日辄死。唯喜有手艺，如医人、绣工之类，寻常只团坐地上，以败席或芦藉衬之。遇客至开莛，引能乐者使奏技，酒阑客散，各复其初，依旧环坐刺绣，任其生死，视如草芥。"（《容斋三笔》卷三"北狄俘虏之苦"条）

宗纪》）①

朱熹启蒙老师、被钱钟书喻为"诗人里的一位道学家"的南宋刘子翚②作《汴京纪事》，广为传诵，诗云："帝城王气杂妖氛，胡虏何知屡易君！犹有太平遗老在，时时洒泪向南云。联翩漕舸入神州，梁主经营授宋休；一自胡儿来饮马，春波惟见断水流。内苑珍林蔚绛霄，围城不复禁刍荛；舳舻岁岁御清汴，才足都人几炬烧③。空嗟覆鼎误前朝，骨朽人间骂未销；夜月池台王傅宅，春风杨柳太师桥④。辇毂繁华事可伤，师师垂老过湖湘；缕衣檀板无颜色，一曲当时动帝王⑤。"

宋人口舌误事荆公本人已深有体会，尝抱怨："天下事如煮羹，下一把火，又随下一杓水，即羹何由有熟时也！"（《续资治通鉴长编》卷二六二）史称"宋失其政，金人乘之"（《宋史·叛臣传》序）。又金人语宋使曰："待汝家议论定时，我已渡河。"（明陈邦瞻《宋史纪事本末》卷五十六）说的都是同一层意思。

英宗治平间，邵雍散步洛阳天津桥上，闻杜鹃声，惨然不乐道："洛阳旧无杜鹃，今始至；不三五年，上用南士为相，专务变更，天下自此多事矣！"（《邵氏闻见录》卷十九）邵伯温深受乃父（即雍）影响，对新法向无好感，其说本不足信，但毕竟代表了时人的一种看法。余英时称"'国是'和党争并未终于北宋，而是随着汴京的陷落一齐南渡。"（《朱

---

① 洪迈修《靖康实录》，痛一时之祸，叹道："以堂堂大邦，中外之兵数十万，曾不能北向发一矢、获一胡，端坐都城，束手就毙！"（《容斋随笔》卷十六"靖康时事"条）金主诏废徽、钦为庶人，逼令易服。吏部侍郎李若水（原名若冰）抱帝痛哭，诋金人为狗辈，遂被曳出，裂颈断舌而死。若水临刑无惧色，歌诗曰："矫首问天兮，天卒无言；忠臣效死兮，死亦何怨？"金人相与言："辽国之亡，死义者十数，南朝惟李侍郎一人。"（《宋史》本传）徽宗既沦为阶下囚，作"绝笔"《燕山亭·北行见杏花》云："裁翦冰绡，轻叠数重，淡著燕脂匀注。新样靓妆，艳溢香融，羞杀蕊珠宫女。易得凋零，更多少无情风雨。愁苦！问院落凄凉，几番春暮？ 凭寄离恨重重，这双燕何曾，会人言语。天遥地远，万水千山，知他故宫何处？怎不思量，除梦里有时曾去。无据，和梦也有时不做。"宋末无名氏谓词中"天遥地远"和"梦也有时不做"，真似李后主"别时容易见时难"声调也（《朝野遗记》）。

② 据《宋元学案》卷四十三《刘胡诸儒学案》，刘子翚字彦冲，学者称屏山先生，"韦斋朱先生（即朱松）且以子文公（即熹，时年十四）托之"，"屏山门下，朱子最为大儒"。钱氏语见《宋诗选注》153页（人民文学出版社，1989年）。

③ 徽宗搜采奇花异石，竭国力建成艮岳（亦称"万岁山"），绛霄楼是苑内最雄伟富丽的一处建筑。汴京被围，诏许搬万岁山石当炮石御敌；及城陷，京师苦寒，许民拆万岁山屋宇为薪。

④ 这里写的是六贼中的王黼、蔡京。

⑤ 这里写的是徽宗宠幸的汴京名妓李师师。相传"剧贼"宋江至师师家，题词于壁云："天南地北，问乾坤何处，可容狂客。借得山东烟水寨，来买凤城春色。翠袖围香，鲛绡笼玉，一笑千金值。神仙体态，薄幸如何销得。 想芦叶滩头，蓼花汀畔，皓月空凝碧。六六雁行连八九，只待金鸡消息。义胆包天，忠肝盖地，四海无人识。闲愁万种，醉乡一夜头白。"（见杨慎《词品拾遗》"李师师"条）据《三朝北盟会编》《墨庄漫录》《宣和遗事》等载，靖康元年（1126）正月师师被宋政府籍没家产，后流落湖、湘间，不知所终。

熹》自序二）。扰攘因荆公而起，可以说他的幽灵迄宋灭亡，徘徊不散。

兹引两首元人诗作为本节的结束。刘因《书事绝句》云："当年一线魏瓠穿，直到横流破国年。草满金陵谁种下？天津桥上听啼鹃。"宋无《咏王安石》云："投老归耕白下田，青苗犹未罢民钱。半山春色多桃李，无奈花飞怨杜鹃。"杨慎评道："二诗皆言宋祚之亡由于安石，而含蓄不露，可谓诗史矣。"（《升庵诗话·补遗》"咏王安石"条）①

论秦桧之罪

古今人游览杭州栖霞岭下岳王庙，冲四座跪像而去者恐怕不在少数。据张岱《西湖梦寻》，墓前初只有构陷岳飞的秦桧夫妇与万俟卨三人之像，明正德八年（1513）"［都］指挥李隆以铜铸之，旋为游人挞碎。后增张俊一像，四人反接，跪于丹墀。自万历二十六年，按察司副使范涞易之以铁，游人椎击益狠，四首齐落，而下体为乱石所掷，止露肩背"（卷一《西湖北路》"岳王坟"条）。又据朱国祯《湧幢小品》，明万历中，"抚臣王汝训沉张俊、王氏两像于湖，移秦、万二像跪祠前。"（卷二十"岳武穆"条）而清代赵翼所见，墓前"仍有四像，不知何人更铸"（《陔余丛考》卷四十一"岳坟铁像"条）。岳庙跪像源流大抵如此。黄仁宇称上世纪三十年代"本地巡警很不容易才禁止游客溲溺于秦桧像上"（《中国大历史》148页），想来今日国人素质大见提高，当不致再有"溲溺"之不雅行为。

秦桧骂名始于议和，他的事业始终与岳飞以及金人联系在一起。元陶宗仪曰："贼桧欺君卖国，虽擢发不足以数其罪，翻四海之波不足以湔（音'尖'，洗刷义）其恶。"（《南村辍耕录》卷三"岳鄂王"条）

唐初靺鞨分粟末、黑水二部，粟末建渤海国，黑水为役属。五代时契丹灭渤海，称黑水在南者为熟女真，在北者为生女真（见《金史·世纪》）。生女真居白山（长白山）、黑水（黑龙江）间，至宋徽宗政和五年（1115）始建金国，十年后灭辽，又二年灭北宋，势如下山猛虎，当时辽人盛传"女直（即女真，避辽兴宗耶律宗真讳）兵若满万则不可敌"之说（见《金史·太祖纪》）②。

靖康二年（1127），金兵掳徽、钦二帝北去，秦桧亦从行。高宗建炎四年（1130），

---

① 案：南渡后宰相赵鼎亦言："凡今日之患始于安石，成于蔡京"（《宋史》本传），致罢荆公配飨。

② 据《太祖纪》，女真恨辽岁岁遣使勒索境内名鹰"海东青"，遂举兵叛，宋政和四年（1114）十一月拒战于鸭子河（即松花江），甲士三千七百，至者才三之一。既败辽，辽兵大惧，咸谓女真满万不可敌。赵翼称该篇上文方云至者三之一，下文即云满万，"殊属语病"（《廿二史劄记》卷二十七"《金史》失当处"条）。

桧自挞懒（即完颜昌，金穆宗盈歌子；金太宗初为穆宗养子，故与挞懒兄弟相称）军中逃出，偕妻王氏航海南归。宋人颇怀疑他实由挞懒故意放还，身上带有不可告人的使命。旧题张师颜所撰《南迁录》载金臣孙大鼎疏，称"南臣羁旅，秦桧独稳足，一朝资以金宝，驾以海舟，挟孥而去，大得权位。可见逃人归国，不可不细查其来历，关系国家不小"云云。罗大经谓此疏"备言（金）遣桧间我，以就和好，于是桧之奸贼不臣，其迹始彰彰"（《鹤林玉露》甲编卷五"格天阁"条）。然《南迁录》所言"舛错谬妄，不可胜举"，应是一部伪书，而罗氏引之以证桧为奸细，"未免好异"（纪昀《钦定四库全书总目》卷五十二）。

近人吕思勉干脆撇开迷雾重重的奸细说，反其道而行之，明白宣布"秦桧一定要跑回来，正是他爱国之处；始终坚持和议，是他有识力，肯负责任之处；能看得出挞懒这个人，可用手段对付，是他眼力过人之处；能解除韩岳的兵柄，是他手段过人之处"（《自修适用白话本国史》第三册81页，商务印书馆，1933年）。吕氏向以行文奇险著称，简直到了语不惊人死不休的地步，前引他对王莽的议论便是例证。今番又发表"大反常理"的文字，据说其书很快便被当时的"南京市政府呈请教育部通令查禁"了，而肯于附和者只有他日沦为汉奸的周作人，声称"鄙人也不免觉得他笔锋稍带情感，在字句上不无可以商酌之处，至于意思却并不全错"（见《苦茶随笔》174—175页，河北教育出版社，2002年）。

问题关键在于议和，仓皇南渡、甚至入海避难的康王赵构自不必说，风头正劲的金人未尝不同做这方面打算。"满万不可敌"之谚，既喻女真崛起之速，亦揭示其民族之浅演。灭辽已出意外，再要彻底剿灭赵氏，力有未逮，故先后在黄河南岸扶植张邦昌（楚帝）、刘豫（齐帝）两个异姓政权作为缓冲，"以中国攻中国"（岳飞语，《宋史·岳飞传》）。金太宗之子蒲鲁虎（即宗磐）说得很清楚，"先帝（指太宗）立豫者，欲豫辟疆保境，我得按兵息民。"（《宋史·刘豫传》）一旦楚、齐二伪帝进不能取、退不能守，反而拖累金人，他们便毫无存在的必要了。于是金廷直接与宋室谈起了条件。挞懒首唱割河南、陕西地，令宋称臣；既废刘豫（事在宋绍兴七年即1137年），谓宋使王伦曰："好报江南，自今道途无壅，和议可以平达。"（《宋史·王伦传》）显然挞懒为金廷中主和派的代表人物，传说秦桧私通于他殆非空穴来风。

不料金朝政局很快发生了惊天巨变，挞懒伏诛，宋使被扣（在绍兴九年即1139年；王伦拘于金境六载，至死未能南还），主战的兀术（即宗弼）得势，撕毁成约，复取河南、陕西，伐江南。这正到了岳飞建功立业的时候，然而朝廷一日发十二金字牌召他回师。至绍兴十一年（1141）十一月，宋、金订立新约，划淮水中流为界，宋割唐、邓二州，岁贡银、绢二十五万两、匹，"世世子孙，谨守臣节"（《金史·宗弼传》）；金使来宋，另有馈赠，"大使金二百两，银二千两，副使半之，币帛杂物称是。"（《金史·梁肃传》）明年，双方再分划陕西，以大散关（今陕西宝鸡西南）为界，宋割商、秦之半；作为"回报"，金归还徽宗、郑后、邢后"梓宫"（即棺骨）及高宗生母韦后（见《宋史·高宗纪七》）。平心而论，兀术较挞懒苛刻万倍，陕洛之地寸土不让，"直以三枢一老妪，坐致宋称臣纳币"（《陔余丛考》卷二十"兀术致书秦桧之不可信"条），可说是捡了天大的便宜。

宋朝这边，同样分成主战、主和两股势力。南渡诸将多出自山、陕，有北人血性（见赵翼《廿二史劄记》卷二十六"宋南渡诸将皆北人"条），大抵他们是希望在战场上决胜负的。只是"两国交兵，国史所载，各夸胜讳败"（同书卷二十七"宋金用兵须参观二史"条），首先带来史料甄别的问题；而自宋以下，议和即卖国渐成公论，明、清不能脱其樊笼，上溯至澶渊之盟，蒋复璁竟称那项和约"影响了中国的思想界及中国整部历史"（《宋史新探》100页），加之民间流传的《精忠记》《说岳全传》一类话本演义起到"以正视听"之警世作用（其深入人心效力恐怕不亚于四书五经）——凡此种种因素，令原本应该壮怀激烈，且是非分明的南宋抗战一时变得有些雾里看花、真伪莫辨起来。

岳飞等抗金将领苦战沙场，而时人对他们的看法似乎就已大异其趣。郦琼曰："江南诸帅，才能不及中人，每当出兵，必身居数百里外，谓之持重。幸一小捷，则露布飞驰，增加俘级以为己功。"（见《金史》本传）郦琼初隶宗泽，后附刘光世，自然熟知南军情形，但他毕竟是从宋叛逃的，其言不足为凭。接下来几位却不好等闲视之了。朱子曰："唐、邓、汝三州，皆官军取之，王师骎骎到南京矣，而诸将虏掠妇女之类不可言。"（《朱子语类》卷一三三《本朝七》"夷狄"）我们知道，唐、邓是由岳飞于绍兴四年（1134）收复的，朱子矛头显然直指武穆，而钱穆谓："武穆卒时，朱子已二十余岁，岂有见闻不确？"（《国史大纲（下）》618页）然则岳家军"冻死不拆屋，饿死不卤掠"（《宋史·岳飞传》）的严明军纪便被打上了问号[1]。建炎四年（1130）汪藻疏言："刘光世、韩世忠、张俊、王瓒之徒，平时飞扬跋扈，不循朝廷法度，所至焚掠驱掳，甚于敌人。臣窃观今日诸将，在古法皆当诛。"（《浮溪集》卷一《奏论诸将无功状》，此疏又载于《文献通考》卷一五四及《宋史全文》卷十七下）马端临亦曰："张、韩、刘、岳，辅佐中兴，然究其勋庸，多是削平内寇，抚定东南。一遇女真，非败则遁，纵有小胜，不

---

[1] 案：清人俞正燮亦疑心岳飞军纪，但他说"岳武穆军律之严整，在绍兴二年以后"（《癸巳存稿》卷八"岳武穆军律"条），则与朱子之语相抵牾。又绍兴元年（1131）汪藻疏请裁损军中冒请，谓朝廷取民财以养战士，今一军之中非战士者率三居其二。"访闻岳飞军中如此类者几数百人，州县惧于凭陵，莫敢诃诘，其盗支之物至不可胜计。"（《浮溪集》卷一《行在越州条具时政》，此疏亦载《北盟会编》丙集《炎兴下帙四十五》）

能补过。"(《文献通考》卷一五四《兵六》)

以上或可看作一面之词。就岳飞而言,他打过的最大胜仗当属绍兴十年(1140)郾城之捷,破兀术"拐子马","杀死贼兵满野,夺到马二百余匹",捷状载《宋会要辑稿》(第一七九册《兵一四》之三〇),当决然无疑。惟"进军朱仙镇,距汴京四十五里"一说,仅见于武穆嫡孙岳珂所撰《鄂王行实编年》,《宋史·岳飞传》采之,似不足信①。然参照《金史》,是役岳飞"袭取许、颍、陈三州,旁郡响应"(《金史·阿鲁补传》),又"出兵涉河东,驻岚、石、保德之境,以相牵制"(《金史·宗弼传》),当日岳家军深入金人后方展开行动,应是事实(参见赵翼《廿二史劄记》"宋金用兵须参观二史")。总之对于岳飞胜绩,我们既无须采取吕思勉"全是瞎说"的怀疑态度,亦万万不可用读《说岳》眼光来看待之。

这里便产生一个疑问,试让岳飞专意北伐,放手一搏,定能成恢复之功,"直抵黄龙府,与诸君痛饮"吗? 朱子给出的答案是:"也未知如何,盖将骄惰不堪用。"(《朱子语类》卷一三一《本朝五》"中兴至今人物上")②绍兴十一年(1141)四月,宋廷夺三大将(岳飞、韩世忠、张俊)兵权,陶南村诗云:"万里长城真自坏,中兴武绩遂云休。"(《辍耕录》卷三"岳鄂王"条)据《建炎以来系年要录》,"自毁长城"虽由宰相秦桧做成,其前任张浚、赵鼎早萌此意,"以诸大将久握重兵难制,欲渐取其兵属督府,而以儒臣将之"(卷一四〇)——说到底还是要回到宋初驭将的老套路上去。赵氏"军国"的一大特色便是爱兵不爱将,惩唐季五代之弊,对武将尽行摧抑,不遗余力;然国难以来,艺祖好不容易开创的以文驭武局面大有被颠覆之虞,不能不引起士大夫的警觉。绍兴元年(1131)汪藻上疏,略云:

"臣以为方今所急者,惟驭将一事。谋臣之任,宰相执政而已。陛下以为谋之不臧欤? 慎择而易之可也,独不可使武夫参预其间。此曹何所知识,必不能上补聪明,不过入则希求恩泽,出则凭藉权势而已。自古以兵权属人,久而未有不为患者,岂不以予之至易,收之至难,不蚤图之,后悔无及耶? 国家以三衙管军,而一兵之出,必待枢密院之符,祖宗于兹盖有深意。今诸将之骄,密院已不得而制矣。及今之时,当精择偏裨十余

---

① 岳珂描写朱仙镇之捷,谓"父老百姓争挽车牵牛,载糗粮以馈义军,顶盆焚香迎拜而候之者充满道路。虏所置守令,熟视莫可谁何。自燕以南,号令不复行。"(《鄂王行实编年》卷下)语涉夸大,吕思勉认为是"必无之事"。

② 朱子又谓"绍兴之初,贤才并用,纲纪复张,诸将之兵屡以捷告,恢复之势什八九成。"(《朱文公文集》卷七十五《戊午谠议序》)盖时人对战事说法、看法亦不能前后尽相一致。

人，人裁付兵数千，直隶御前而不隶诸将，合为数万，以渐销诸将之权，此万世计也。"（《浮溪集》卷一《行在越州条具时政》）

后来叶适替秦桧收韩岳兵柄辩护，亦谓"诸将之兵尽隶御前，将帅虽出于军中，而易置皆由于人主，以示臂指相使之势"（《水心别集》卷十二《四屯驻大兵》），这才是赵宋"军国"本来该有的面目。据赵甡之《中兴遗史》，汪氏疏一出，武将大患，有令门下进士作不当用文臣论者，曰：自金人深入中原，误国败事者皆文臣，张邦昌为伪楚，刘豫为伪齐，非文臣谁敢当之？"自此文武二途，若冰炭之不合。"（《北盟会编》丙集《炎兴下帙四十五》）

而那时的情势的确堪忧，三大将各以姓为号，称"岳家军""韩家军""张家军"，"诸军但知有将军，不知有天子。"（秦桧语，《鹤林玉露》"格天阁"条）"绍兴间诸将横"（《朱子语类》卷一三二）已是南宋人的共识，"玩寇养尊，无若刘光世，任数避事，无若张俊"（《四屯驻大兵》）；岳飞算军中特立之人，犹不免骄横，朱熹说他是"有才者又有些毛病，上面人不能驾驭。"（《朱子语类》卷一三一）绍兴十一年（1141）正月，张俊入见，高宗以郭子仪尊唐廷事训诫之，曰："今卿所管兵，乃朝廷兵也。若知尊朝廷如子仪，则非特身缵福，子孙昌盛亦如之。若恃兵权之存，而轻视朝廷，有命不即禀，非特子孙不缵福，身亦有不测之祸。"（《建炎以来系年要录》卷一三九）这番教诲恩威并施，语重心长，最能道出高宗心事。

关于岳飞，南宋之世又流传一则轶闻，尤值得注意。绍兴七年（1137），飞赴行在面奏，"请正建国公（即孝宗）皇子之位"；高宗谕曰："卿言虽忠，然握重兵于外，此事非卿所当预也。"（《建炎以来系年要录》卷一〇九）据说飞下殿时，"面如死灰"，奉旨同日入对的飞幕中参谋官薛弼日后评曰："鹏举（飞字）为大将，越职及此，其取死宜哉！"（同书注引张戒《默记》）我们没有理由怀疑岳飞精忠报国之心，同样不该忽略掉高宗因他这次越职行为而可能产生的微妙心理变化。俞正燮云："欲和议成，不俟杀武穆，所以杀武穆者，非为和议，可以驾驭诸将"（《癸巳存稿》卷八"岳武穆狱论"），真真勘破其中机关。康王重续宋祚于江南，能够偏安已属不易，遑论北伐；故当务之急唯有尽快恢复旧日秩序，一旦武人跋扈再成尾大不掉之势，那才是十足的灭顶之灾！由此推论，风波亭冤狱看似秦桧设计，实出高宗宸断。故清初廖柴舟直言不讳道，秦桧用来锻炼成狱的"莫须有"即"上之意"，"不然，'莫须有'三字直儿戏耳！"（《廖燕全集》卷一"高宗杀岳武穆论"，上海古籍出版社，2005年）

武穆后人恨桧入骨，谓兀术尝致书于他，曰："必杀飞，然后和可成"（《鄂王行实编年》卷下），似桧与兀术密有成约。此事已经赵翼指出为岳珂"附会之词"，兀术察挞懒与宋交通，奏请诛之，假使秦桧私通金人为实事，所通者当是挞懒而非兀术（见《陔余丛考》"兀术致书秦桧之不可信"）。抛开这些个人恩怨、家族情仇①，秦桧与岳飞，一文臣，一武将，一主和，一主战，二人被推上历史的风口浪尖，原因仅在于此。宋人早有纳币买和的经验，心理上接受不了绍兴和议，主要因称臣一款。胡铨疏云："丑虏（指金）犬豕，堂堂大国，相率而拜犬豕，童孺所羞，陛下忍为之耶？"（《宋史·胡铨传》）胡氏之疏上于绍兴八年（1138），骂的主要是与挞懒议和的宋使王伦（疏中又有"秦桧可斩"语，故铨远谪）。王伦为故相王旦弟勖之玄孙，初奉使在建炎元年（1127），"问两宫（指被掳徽、钦）起居"，乘间以息兵修好游说金帅粘罕（即宗翰）（见《宋史·王伦传》），赵翼认为"和议实肇端于此"（《廿二史劄记》卷二十四"王伦"条）。据《宋史·秦桧传》，徽宗"闻康王即位，作书贻粘罕，与约和议"。徽宗乃由王伦得悉江左事，君臣谈话内容史书不载，想必少不了对未来出路的筹划；而伦困于金营，欲说动粘罕，必是秉承徽宗意，其事甚明②。

唱和议者还有另外一位宋使洪皓（即洪迈父）。建炎三年（1129），皓出使被拘，劝金酋室燃息兵养民以保太平，读《孟子》"乐天畏天"一章曰："小国能畏天，大国能顺天。"室燃曰："善哉善哉，吾计决矣。"两国终能媾和。宋末谢枋得追叙这段掌故，曰："金人自丁未（建炎元年）以后，安处中原，享国百有八年。而宋自戊午（绍兴八年）至甲午（理宗端平元年），偷安江南者九十七年，非秦桧之功，皆洪忠宣（即皓）读《孟子》劝室燃之力。"（《叠山集》卷二《上丞相留忠斋书》）③

曾让北宋政府头痛不已的和战问题的紧箍咒并未失落，江南小朝廷忙不迭又套在了自己头上。高宗即位，不顾时局艰难，首诏史官辨宣仁太后诬谤，全面肯定她的"九年保佑之功"。这是一个极为重要的政治风向标。元祐时宣仁垂帘，用旧党司马光、吕公著为相，"凡熙宁以来政事弗便者，次第罢之"（《宋史·宣仁高后传》）；现在替她正名，

---

① 据说时至今日，各地岳飞后人仍循家法，不与秦姓通婚。

② 据《金史·王伦传》，伦南归，"见康王言和议事，康王大喜。"亦可证和议萌于王伦使金期间（更准确说，是在见到徽宗后），非江南宋廷早有预谋。

③ 案：孟子"乐天畏天"说见《孟子·梁惠王下》，原句为："以大事小者，乐天者也；以小事大者，畏天者也。乐天者保天下，畏天者保其国。"又谢氏文中"室燃"，《宋史·秦桧传》作室撚，《洪皓传》作悟室，当指同一人。赵翼谓《宋史》所记金人名如悟室、室撚，"考之《金史》，绝无其人，即按其事以求其人，亦无一相合者。"（《廿二史劄记》卷二十七"《宋史》金人名多与《金史》不符"条）然据洪皓《松漠纪闻》，悟室"名希尹，封陈王，为左相"。完颜希尹本名谷神，《金史》有传，瓯北不察之下，致有此误。

等于推翻了哲宗以下"专以'绍述'为国是"(《宋史·章惇传》)的做法。孝宗乾道八年(1172),故相张浚之子栻偶读建炎旧诏,谓此乃"拨乱反正之宏纲,天下古今之公理"(《南轩集》卷三十三《题赵鼎家光尧御笔》)。

如上节所云,自王安石变法,新、旧两党本质上争的就是战守之计,满腔愤怒的统治者们被一步步逼迫着换从现实角度重新打量周边形势,因为"中国历史到了宋代,可说是大变特变,中国不再是中国,中国有了外交"(蒋复璁《宋史新探》100页)。在这一点上高宗心意大体已明,而问题很快便被正式搬上了桌面。建炎元年(1127)六月,也就是朝廷为宣仁元祐之治平反恰一个月后,宰相李纲上十议,首曰"国是",话讲得异常直白,云:"靖康之间,唯其国是不定,而且和且战,议论纷然,致有今日之祸"(《梁谿集》卷五十八《表劄奏议二十·十议上》)。故献和、守、战三说,谓"今欲战则不足,欲和则不可,莫若自治,专以守为策"(同书卷一七四《建炎进退志总叙上》)。三说之中,李纲主守,距讲和尚有一步之遥,却"对南宋一代政局发挥了一定程度的定向作用"(《朱熹(上)》274页)。后来和议达成,世人皆罪秦桧,然绍兴二十六年(1156)高宗诏曰:"朕惟偃兵息民,帝王之盛德,讲信修睦,古今之大利,是以断自朕志,决讲和之策。故相秦桧,但能赞朕而已,岂以其存亡而有渝定议耶?近者无知之辈,遂以为尽出于桧,不知悉由朕衷"(《建炎以来系年要录》卷一七二)。

秦桧归来,两登相位。第一次拜相在绍兴元年(1131)八月,一年后即罢。桧主张"南自南,北自北",其时高宗尚要摆出一副强硬姿态,质问道:"朕北人,将安归?"至绍兴八年(1138),宋金关系开始缓和,高宗态度亦大大软化下来,桧复相,再陈讲和之说,两请"陛下更思三日",凡六日,国是(即"和")始定(见《宋史·秦桧传》,《北盟会编》丙集《炎兴下帙八十四》记录尤详)。从这段过程来看,上引二十六年诏书盖实语,并非有意为桧开脱。宋旧恨未已,又添新仇,现在不思进取,反要跟不共戴天死敌议和,"天下之人,无贤愚,无贵贱,交口合辞,以为不可"(《朱文公文集》卷七十五《戊午谠议序》),独宋皇初衷不改,一意孤行,其中实包藏不便为外人知的私心。

想当年高宗怀念亲人,曾发自肺腑地说:"朕北望庭闱,无泪可挥。"又道:"宣和皇后(韦氏)春秋高,朕思之不遑宁处,屈己讲和,正为此耳"(《宋史·韦贤妃传》),其情可悯[1]。然而麻烦在于,幽囚朔漠的除了生母韦氏,还有钦宗。建炎元年(1127),太学生陈东妄称"上不当即大位,将来渊圣皇帝(即钦宗)来归,不知何以处"(《建炎以

---

[1] 高宗顾其亲而忘天下大计,这被李纲讥为"匹夫之孝友"(《梁谿集》卷五十八《十议上·议国是》)。秦桧则立"三日思虑"之言以坚人主之心,又倡孝悌之说以动人主之听(范如圭语,《建炎以来系年要录》卷一二四注引何俌《龟鉴》)。

来系年要录》卷八注引赵甡之《遗史》），被斩于市。这在有着"不杀士大夫"祖训的宋朝，实属罕见，大概陈东之疏确实触着了皇帝痛处。对于弟弟难言之隐，遥在北廷的钦宗其实心知肚明。绍兴十二年（1142）韦后将南还，钦宗卧车前泣曰："归语九哥（高宗）与丞相（秦桧），我得太乙宫使足矣，他不敢望"（《宋史纪事本末》卷七十二）。韦氏至临安，竟不敢述其言。钱穆谓高宗真实用意"正以乞和易得自己皇位之承许，与钦宗之长拘"（《国史大纲（下）》611页）。文征明《满江红·题宋思陵赐岳忠武手敕》云："岂不念，封疆蹙？岂不念，徽、钦辱？念徽、钦既返，此身何属？千载休谈南渡错，当时自怕中原复。笑区区一桧亦何能，逢其欲。"文璧之词初收入明卓人月《古今词统》卷十二，眉批曰："叹钦、高宗不两立，亘古一眼。"廖柴舟再进一步，谓秦桧不过高宗一刽子手，定岳案之罪，"高宗为首，桧次之。"（《廖燕全集》卷一"高宗杀岳武穆论"）

　　说一千道一万，宋朝那点事都是一个"和"字惹的祸。议和真个便是洪水猛兽，能让英雄气短，无人肯替国家出力（此语借自钱彩《说岳》第二十三回）？时人王明清已经看到，"太母回銮，卧鼓减锋逾二十年，此桧之功不可掩者也。"（四库本《玉照新志》卷六）[1]明清如邱浚、郎瑛、赵翼等人所发"异论"，大抵不离王氏调子。世间事情，到底还得靠实力讲话，像"金人有狼牙棒，我国有天灵盖"一类自暴自弃的市井谐谑自不足取[2]，义和团念咒画符，挺红缨枪往洋人马克沁机枪上冲的莽夫做法同样不济事。宋朝兵弱固非人力所能挽救，北宋盛强时犹不敌辽、夏，南渡后收拾残余，仅仅自保，"而欲乘此偏安甫定之时，即长驱北指，使强敌畏威，还土疆归帝后，虽三尺童子知其不能。"（《廿二史劄记》"和议"）[3]前有澶渊之盟"未为失策"，则绍兴议和亦无过错；统观两宋，始终被外患压得喘不过气来，虽不停叫嚷复仇，欲走出困局，恐议和之外实无他途可求，故郎仁宝谓"桧之心虽私，而和之事则当"（《七修续稿·义理类》"武穆不能恢复，秦桧再造南宋"条）。

　　评价秦桧，显然不应拘泥于和议之说（何况其事不由桧发端，王伦、洪皓之辈为之奔

---

① 案："减锋"二字不通，殆为传写之误。《后汉书·祭肜传》"论"有"卧鼓（即息鼓）边亭，灭烽幽障"语，当是《玉照》所本。

② 宋张知甫《可书》"天灵盖"条载："金人自侵中国，惟以鼓棒击人脑而毙。绍兴间，有伶人作杂戏，云：'若要胜其金人，须是我中国一件件相敌乃可。且如金国有粘罕，我国有韩少保（即韩世忠）；金国有柳叶枪，我国有凤凰弓；金国有凿子箭，我国有锁子甲；金国有鼓棒，我国有天灵盖。'人皆笑之。"

③ 赵瓯北以为，徒以和议为辱，不审时势妄肆诋毁，听其言则是，究其实则不可行。案：《廿二史劄记》此篇向来引发争议，今人王树民称"实已混淆公正之和与屈辱之和之原则"，殊不得要领（见王树民著《廿二史劄记校证（订补本）》下册579页，中华书局，1984年）。赵氏于篇末注云："明邱浚曾有宋南渡后不得不和之论（见查继佐《罪惟录》传十三上《丘浚传》），为世儒所讪笑，今此论毋乃蹈其辙乎？然通观古今者必见及此也。"

走，甚至付出生命），而要看他主政期间，可有任何事功真正有益于"再造南宋"。田汝成《西湖游览志余》记录下一条逸事：

> "桧女孙崇国夫人，方六七岁，爱一狮猫，亡之，限令临安府访索。逮捕数百人，致猫百计，皆非；乃图形百本，张茶坊酒肆，竟不可得。府尹曹泳因嬖人以金猫赂恳，乃已。"（卷四《佞幸盘荒》）

桧之政绩，可想而知。

余英时认为，因神宗与王安石君相共定国是之关系，导致此下权相出现，哲宗朝章惇、徽宗朝蔡京以及秦桧堪称"最有代表性的三个权相"（《朱熹（上）》326页）。于是满朝臣僚"知畏宰相，不知畏陛下"（《宋史·曾布传》），这可说是熙宁时代留下的最大一笔政治遗产。秦桧两据相位，凡十九年，除做成正大光明和议一事，剩下的便都是见不得人的私底下如何固权保位，"钤制中外，胁持荐绅，开告讦之门，兴罗织之狱"（《玉照新志》卷六），流毒遍天下。当日士大夫道："与是人相识，便是不幸。"（《容斋三笔》卷四"祸福有命"条）太学生张伯麟题壁曰："夫差，尔忘越王杀而父乎？"坐杖脊，刺配吉阳军（今海南三亚西北，见《宋史·秦桧传》）。桧尝建"一德格天"阁（高宗亲书匾额），有朝士贺云："我闻在昔，惟伊尹格于皇天；民到于今，微管仲吾其左衽。"竟得超擢（《鹤林玉露》"格天阁"）。一时献言者，非诵桧功德，即中伤善类，"稍涉国事，恐触忌讳，率噤而不发。"（《西湖游览志余》卷四）至此士风、吏治大坏，桧难辞其咎，故赵瓯北曰："论者徒以主和议责其辱国事仇，转为末减。桧之罪在彼而不在此。"（《陔余丛考》"兀术致书秦桧之不可信"）

有一点需要特别澄清于下。本篇虽无替秦桧翻案意思，但秦氏流毒到底有多深，我们却不可单凭感情好恶而肆意夸大之。"权相"指控的确吓人，王安石尝云：道隆德骏之士，"虽天子北面而问焉，而与之迭为宾主。"（《临川文集》卷八十二《虔州学记》）门人陆佃（陆游祖父）记曰："安石性刚，论事上（神宗）前，有所争辩时，辞色皆厉。上辄改容为之欣纳。"（《陶山集》卷十一《神宗皇帝实录叙论》）"迭为宾主"理想似乎竟在熙宁时变成了现实，然陆氏文字几分为实情，几分为溢美，究属可疑，至少我们知道，两次罢相的王安石固能短暂活跃于台前，成独领风骚第一人，其真正角色仅是宋皇意志贯彻者而已。熙宁八年（1075），被贬去江宁（今江苏南京）的荆公复相，还京途中作《泊船瓜洲》诗曰："京口瓜洲一水间，钟山只隔数重山。春风又绿江南岸，明月何时照我还？"语气中已透见许多落寞无奈①。熙、丰之际，神宗实无一时一刻放松过对全局的操控掌握，他才是那个指挥木偶跳舞的幕后提线人，此种情形至南宋高宗不变。据《朱子语类》，"桧末年做事，皆与光尧（即高宗）争胜。"（卷一二七《本朝一·高宗朝》）又传高宗闻桧死，曰："朕今日始免靴中置刀。"（四库本《宋稗类钞》卷四《逸险第八》）袁枚由此得出结论，谓桧窥窃神器，欲帝中国，是"古之为操、莽而不成者"（《小仓山房（续）文集》卷三十五"书《秦桧传》后"，载《袁枚全集》卷二）。姑不论赵宋之世是否还有操、莽再生的政治土壤，高宗朝之君相关系恐怕也不似坊间传说的那般邪乎。更何况绍兴二十五年（1155）桧死之后，高宗便着手整顿朝廷人事，务求除尽秦氏影响。以汤思退为例，因不敢受桧临终所赠黄金，而为高宗信用，理由是"非桧党"；拜相后，言官劾其所作所为"多效秦桧"，即遭罢免（见《宋史》本传）。这一细节不能不引起治史者的注意，而秦桧"权相"威风及其流毒不过如此，人死灯灭，下面已不再是属于他的时代了。

理学风云

宋室优礼文士，自来传为美谈，观唐、宋举子科场待遇之不同，便知读书人的社会地位已今非昔比。唐宰相舒元舆自述入试情形，几近凌辱（见本书205页注三）；杜佑亦云："阅试之日，皆严设兵卫，荐棘围之，搜索衣服，讥诃出入，以防假滥。"（《通典》卷十五《选举三》）入宋则仪式一变而为"焚香礼进士，撤幕待经生"（欧阳永叔诗）。北宋范镇曰："礼部贡院试进士日，设香案于阶前，主司与举人对拜，此唐故事也。所坐设位供帐甚盛，有司具茶汤饮浆。至试学究，则悉撤帐幕、毡席之类，亦无茶汤，渴则饮砚水，人人皆黔其吻。非固欲困之，乃防毡幕及供应人私传所试经义。"（《东斋记事》卷一）重进士轻明经本是唐代传统，欧诗所描写的倒不全是礼数轻重，盖明经（学究）主记诵，试之不得不严。礼部取士（省试）之后，复有廷试，始于太祖开宝时，在讲武殿（太宗改名崇政殿）举行，由此产生"三鼎甲"（状元、榜眼、探花）。皇

---

① 案："又绿江南岸"是荆公得意名句，洪容斋曰："吴中士人家藏其草，初云'又到江南岸'，圈去'到'字，注曰不好，改为'过'，复圈去而改为'入'，旋改为'满'，凡如是十许字，始定为'绿'。"（《容斋续笔》卷八"诗词改字"条）钱钟书则指出，"绿"字用法唐诗中屡见不鲜，"于是发生了一连串的问题：王安石的反复修改是忘记了唐人的诗句而白费心力呢？还是明知道这些诗句而有心立异呢？他的选定'绿'字是跟唐人暗合呢？是最后想起了唐人诗句而欣然沿用呢？还是自觉不能出奇制胜，终于向唐人认输呢？"（《宋诗选注》49页）

帝"御殿宣唱，第一人第二人第三人为一班"，谓之"传胪"（赵升《朝野类要》卷二《举业》"唱名"条），这一天几乎成为全京城的节日。进士第一人"自崇政殿出东华门，传呼甚宠，观者拥塞通衢，人肩摩不可过，至有登屋下瞰者"；时人曰："状元登第，虽将兵数十万，恢复幽、蓟，凯歌而还，献捷太庙，其荣亦不可及。"（丁传靖辑《宋人轶事汇编》卷九引《儒林公议》，中华书局，1981年）

再来看及第人数。据徐松《登科记考》统计，"唐代二百九十年中共得6442人，平均每年不过二三十名进士"（转引自余英时《朱熹（上）》218页），其中不少名额又被旧族公卿子弟占去（见岑仲勉《隋唐史（上）》192页）。宋世门第势力彻底瓦解，科场成了专为民间寒士搭建的舞台；据《通考》统计，仅在北宋，自太宗太平兴国元年（976）至真宗天禧三年（1019），"四十四年间已有（进士）9323人，自天禧四年（1020）至仁宗嘉祐二年（1057），三十七年间又增加了8509人。"（转引自《朱熹（上）》212页）太祖尝曰："设科取士，本欲得贤以共治天下。"（《陈亮集》附录李幼武《陈亮言行录》）朝廷公然以"共治天下"相号召，倾力培植士人、寄予厚望，此诚为吾国史上空前绝后景象。范文正公登高远眺洞庭一湖，油然而生以天下为己任之恢宏抱负——庆历六年（1046）秋岳阳楼上一幕实在是一个缩影：士大夫从前被撕裂的人格复归统一，犹如开云见日，其喜洋洋，王安石称"大有为之时，正在今日"（《临川文集》卷四十一"本朝百年无事劄子"），他们注定要在这个千载难逢的时代里大放异彩！

然有宋三百余年间，其略显诡异的政治文化又值得后人好好对它检讨总结。据说五代乱世，有僧佯狂，谓人曰："汝等望太平甚切，若要太平，须待定光佛出世始得。"宋人遂传太祖为定光佛后身（见朱弁《曲洧旧闻》卷一）。而陈桥兵变之际，赵匡胤回师开封，"太夫人杜氏、夫人王氏方设斋于定力院"（司马光《涑水记闻》卷一），可知赵家乃是一个信佛的家庭，这也就不难解释为什么河南府进士李霭因著书攻佛（书名《灭邪集》），乾德四年（966）"决杖，配沙门岛（今山东长岛县西北庙岛）"，竟落到和唐代韩愈相似的下场了（见《续资治通鉴长编》卷七）。应该看到，赵宋皇室自始便浸淫于浓厚的佛、道宗教氛围中。真宗、徽宗皆醉心道教。大中祥符时宰相王钦若奉旨整理道经目录，真宗赐名《宝文统录》；稍后张君房编纂《天宫宝藏》，复撮其精要而成《云笈七签》。徽宗之世则有著名的《万寿道藏》[①]。其余诸帝大抵崇佛。太平兴国八年（983），太宗谓宰相曰："浮屠氏之教有裨政治，达者自悟渊微，愚者妄生诬谤，朕于此道，微究宗旨。凡为君治人，即是修行

[①] 案：宋代《道藏》编次工作始于太宗朝，徐铉、王禹偁总其事，惟名称不详（见尾崎正治"道教经典"一文，《道教》第一卷75—76页，朱越利译）。

之地，行一好事，天下获利，即释氏所谓利他者也。"又曰："朕夙夜孜孜，固不为己，每焚香，惟愿民庶安辑。"（同上卷二十四）当然最为人知的还是南宋孝宗的三教之论。自韩昌黎《原道》一文出，佛老之害甚明；淳熙中，孝宗作《原道辨》以驳之，谓三教本不相远，特所施不同，末章云："以佛修心，以道养生，以儒治世可也，又何惑焉。"（《朝野杂记》乙集卷三"原道辨易名三教论"条）

孝宗文章亦收入《佛祖统纪》卷四十七《法运通塞志十四》，实含有极重要的历史信息。宗教史家把宋朝看成是三教调和论兴盛的一个时期，此风南北朝已见端倪，比如前引颜之推用儒家"五常"对应佛教"五戒"（见本书239页注二）。隋开皇九年（589），李士谦论三教曰："佛，日也；道，月也；儒，五星也。"（《佛祖统纪》卷三十九《法运通塞志六》）志磐评曰："能达此意，则三教之位定。世言儒道释，盖本乎此。"（同书卷四十四《法运通塞志十一》）至此融合说大致勾勒成形，"日、月、星之间虽有优劣、大小的差别，但在照耀世界这点上，哪一个都不可缺少，三教的关系亦然如此。"（福井文雅"道教和佛教"，《道教》第二卷76页，朱越利译）北宋初，自号"中庸子"的智圆喻三教为病夫三药，俱不可废（见《闲居编》卷三十四《病夫传》）；又专论儒、释关系曰："儒者饰身之教，故谓之外典；释者修心之教，故谓之内典。儒、释其共为表里乎？故吾修身以儒，治心以释。"（同书卷十九《中庸子传上》）显然孝宗言论即脱胎于此[①]。

我们姑且在这里接受"三教"划分（此概念于根本上不能成立，参见本书51—52页），其中佛教动向尤值得注意。仍以智圆为例，他有一段话恰能说明当时酝酿于佛门内部的风习变化："吾门中有为文者，反斥本教以尊儒术，曰：师韩愈之为人，师韩愈之为文，则于佛不得不斥，于儒不得不尊。"（见《闲居编》卷二十八《师韩议》）而他在《中庸子传》里的表白更是叫僧徒们大跌眼镜："世有滞于释氏者……往往以儒为戏，岂知夫非仲尼之教，则国无以治，家无以宁，身无以安。国不治，家不宁，身不安，释氏之道何由而行哉！"对佛门中人而言，这无异于一声"狮子吼"；然而只消稍稍回顾由唐入宋，佛学中国化之渐进过程，再闻智圆吼声便会柔顺许多，不似晴空霹雳、石破天惊了。

当吾国中古之时，佛教教理的革命性改造应归功于唐初慧能所创南宗顿教，从此新禅宗正式登台亮相，钱穆甚至认为，其说教与西方马丁·路德宗教改革之态度路径正有相似处（见《国史大纲》"引论"18页）。禅宗最大贡献在于援儒入释，拿传统中国精神喂养水土不服的外来和尚，让原本重视彼岸解脱的佛学转而对此俗世发生兴趣，从而有了显著

[①] 元仁宗尝曰："明心见性，佛教为深；修身治国，儒道为切。"（《元史》本纪三）清世宗亦曰："以佛治心，以道治身，以儒治世"（转引自《道教》第二卷77页），可见三教"异室同堂"（清汪辉祖语，见《病榻梦痕录》卷下）、各有施用的看法自宋以下几成定谳。

的入世倾向。慧能言："若欲修行，在家亦得，不由在寺。在寺不修，如西方心恶之人。在家若修行，如东方人修善，但愿自家修清净，即是西方。"复作《无相颂》曰："法元在世间，于世出世间。勿离世间上，外求出世间。"（敦煌本《六祖坛经》第三十六节）[1]

如果说六祖慧能还只是停留于纯理论意义的给人指点迷津，至大智禅师怀海立"百丈清规"，提倡"一日不作，一日不食"，以儒家入世精神规范禅门，颇有那么点儿刻下"励志"的味道，则在僧侣行为实践上取得了重大突破[2]。有趣的是，唐代丛林制度本借鉴儒，南宋成书的《禅林宝训》中已赫然出现"丛林兴衰，在于礼法"，"纲纪不振，丛林不兴"（见卷四）这样不加掩饰的字眼[3]，而它反过头来又对宋代儒学发展施加影响。程颢至天宁寺，方饭，见趋进揖逊之盛，叹曰："三代威仪，尽在是矣！"（《能改斋漫录》卷十二《记事》）[4]事实上，北宋有名书院（如岳麓、嵩阳、白鹿洞、应天府）"多即山林创建（掌书院者多称'山长'），亦模仿寺庙规制。"（《国史大纲（下）》790页）南宋陆九龄讲学，"欲做一小学规，使人自小教之便有法"；朱熹曰："只做《禅苑清规》样做，亦自好。"（《朱子语类》卷七《学一·小学》）朱子所谓《清规》乃由北宋末宗赜重修，余英时称，"朱、陆代表南宋的两大宗派，现在他们建立的儒门学规竟以《禅苑清规》为范本，仅此一端，即可说明佛教的入世转向和新儒家（指理学）的兴起之间是如何地息息相通了。"（《士与中国文化》424页）

禅宗仅为佛教一支，但由它发动的教义革新不可能不在整个佛门之内引起回响，像天台宗智圆标榜"平生宗释复宗儒"（《闲居编》卷三十七《挽歌词》其一），"礼乐师周孔，虚无学老庄"（同书卷四十九《湖居感伤》），便是很好例证。比他稍晚的云门宗（禅宗五家七宗之一）契嵩则是另一位带有鲜明儒家色彩的宗教人物，尝"独居作《原教》、《孝论》十余篇，明儒、释之道一贯"（陈舜俞《镡津明教大师行业记》，载《镡津集》卷首）。其《原教》篇曰："佛之道岂一人之私为乎？抑亦有意于天下国家矣。何尝不存其君

---

[1] 案：《坛经》流行本《般若品第二》载此颂曰："佛法在世间，不离世间觉。离世觅菩提，恰如求兔角。"其义更明。故李泽厚称"敦煌本与流行本相比，与其去责备后者之背离原作，似不如肯定后者正是某种发展。"（《李泽厚十年集》第三卷《中国古代思想史论·庄玄禅宗漫述》198页注二，安徽文艺出版社，1994年）

[2] 宋释普济《五灯会元》卷三记云："（怀海）凡作务，执劳必先于众。主者不忍，密收作具，而请息之。师曰：'吾无德，争合劳于人？'既遍求作具不获，而亦忘餐。故有'一日不作，一日不食'之语，流播寰宇。"又《广弘明集》卷七引荀济语："佛家遗教，不耕垦田，不贮斗谷，乞食纳衣，头陀为务。"这里描写的还是古印度僧侣靠人供养、不屑劳作的那套贵族做派。比较截然相反的两种尘世生活态度，铃木大拙曾说，注重实践之传统正是禅宗只能产生于中国的一个原因（见李泽厚《庄玄禅宗漫述》213页）。

[3] 案：丛林本为僧人聚居念佛修道的地方，后泛指寺院。王安石《次韵张子野竹林寺》二首其一（载《临川文集》卷十九）："涧水横斜石路深，水源穷处有丛林。"

[4] 案：此事亦见于《程氏外书》卷十二所引吕本中《吕氏童蒙训》。

臣父子邪？岂妨人所生养之道邪？"（《镡津集》卷一《辅教编上》）仁宗康定初，他又力劝西山隐者自然子出仕，谕之曰："自然子读书探尧舜之道，岂宜自私。……与其道在于山林，曷若道在于天下？与其乐与猿猱麋鹿，曷若乐与君臣父子？其志远而其节且大，为之名也赫赫掀天地、照万世，不亦盛矣哉！"（《西山移文》，《镡津集》卷八《杂著》）

故北宋晁说之要把非同宗同派的两位沙门相提并论，云："往年孤山智圆凛然有名当世，自成一家之学，而读书甚博，性晓文章经纬，师法韩文公，常责其学者不如韩能有功于孔氏；近则（契）嵩力辩欧阳（修）之谤，有古义士之风。"（《惧说赠然公》，《嵩山文集》卷十四《杂著》）而从两宋之际大慧宗杲禅师的言论更能看出当时儒、释间互通款曲有多么热烈。宗杲谓"三教圣人立教虽异，而其道同归一致，此万古不易之义"（蕴闻辑《大慧普觉禅师语录》卷二十二《法语》"示张太尉"）。他反复申说的是"不坏世间相而谈实相"的道理，"茶里饭里，喜时怒时，净处秽处，妻儿聚头处，与宾客相酬酢处，办公家职事处，了私门婚嫁处，都是第一等做工夫提撕举觉底时节。昔李文和都尉在富贵丛中参得禅，大彻大悟；杨文公参得禅时，身居翰苑；张无尽参得禅时，作江西转运使。只这三大老，便是个不坏世间相而谈实相底样子也。又何曾须要去妻孥、休官罢职、咬菜根、苦形劣志、避喧求静，然后入枯禅鬼窟里作妄想方得悟道来！"（同上卷二十一《法语》"示徐提刑"）

宋代儒、佛关系之复杂不妨拆成两条平行线来看，一条线索是高僧士大夫化，家事国事俱萦怀，如宗杲所云："予虽学佛者，然爱君忧国之心，与忠义士大夫等。"（同上卷二十四）；另一条线索则是士人争以谈禅相高，蔚然成风，每燕集，"谈空寂者纷纷"（《程氏粹言》上卷《论学篇》）上有皇帝老儿崇佛，士大夫好禅当然不值得大惊小怪，于是"佛学今则人人谈之，弥漫滔天"（《程氏遗书》卷一）。我们使用"平行"一词，仅就两种思潮同时展开而言，至于两边人物，因气味相投、相互推重，注定要发生交集①。余英时谓"北宋名僧多已士大夫化，与士大夫的'谈禅'适为一事之两面"（《朱熹（上）》75页）。不夸张地说，从当时士人、僧徒交往密切，以及彼此心灵世界的沟通，完全可以诞生出一部新的《世说新语》来。这里面有一背景须作交代。

五代之世，天下丧乱，学校废绝。据《五代史补》卷三《晋》"冯道修夫子庙"条，同州酒务吏（掌酒税之低级官吏）自请出家财修缮夫子庙，判官（节度使僚属）参详其事，书一绝于状后云："荆棘森森绕杏坛，儒官高贵尽偷安。若教酒务修夫子，觉我惭惶

---

① 仅举一例。宗杲作《刘通判（即刘子翚）画像赞》曰："财色功名，一刀两断。立地成佛，须是这汉。"（法宏、道谦编《普觉宗杲禅师语录》卷下，载《大日本续藏经》第壹辑第贰编第贰拾六套第壹册《支那撰述·禅宗语录别集部》）

也大难。"宋初依然是学术凋敝、文教不振的情形。太祖尝幸朱雀门,指门额问赵普:"何不只书'朱雀门',须著'之'字安用?"普对曰:"语助。"太祖大笑:"之乎者也,助得甚事!"(《湘山野录》卷中)历史上的艺祖赵匡胤以尚文著称①,不过尔尔。宰相赵普熟读《论语》,自诩以半部辅太祖定天下,以半部佐太宗致太平(见《鹤林玉露》乙编卷一"论语"条)。王夫之说他只是"投身戎幕之策士"(《宋论》卷一《太祖》),非纯正儒生;清高宗亦云:"史称普寡学术,及为相,始手不释卷,而箧中所携不过《论语》一编。……普于忠恕之教且未能服膺勿失,则亦徒知记诵而已。今乃云半部定天下,半部致太平,尤为鲁莽可笑。"(《御批历代通鉴辑览》卷七十二)

官学既衰,私人讲学未兴,唯佛寺、道观授经传教,尚存一个讲求学术的样子,故"宋初的学者,还都往寺庙中借读"(《国史大纲(下)》790页)。范仲淹早年读书长白山醴泉寺已如前述,"三先生"胡瑗、孙复、石介则同往泰山栖真观苦学十年,相传安定先生胡瑗"得家书,见上有'平安'二字,即投之涧中,不复展,恐扰心"(黄宗羲《宋元学案》卷一《安定学案》)。这是宗教势力在当时对于保护延续吾国文化传统所作出的独特贡献,不应被抹杀掉。禅宗教理一出,进而为读书人与沙门提供了对话平台,引导他们的精神要求渐渐走到一起。宋世在位士大夫结交名僧的最早例子见于吴处厚《青箱杂记》(卷六),谓太宗时吴僧赞宁以著书立言、尊崇儒术为佛事,王禹偁在一篇类似读后感的《与赞宁书》中盛赞其文"使圣人之道无伤于明夷,儒家者流不至于迷复";最后竟称:"师胡为而来哉?得非天祚素王(指孔子),而假手于我师欤?"《湘山野录》(卷下)亦谓赞宁有大学问,王禹偁、徐铉"疑则就而质焉,二公皆拜之"。

仁宗之世,契嵩在政坛上的活跃愈发惹人注意,从《镡津集》卷十所收书启来看,当朝有名士夫几乎无一不跟他过从甚密;函信中单是写给宰相韩琦的就有四封,同书卷九更录其《万言书上仁宗皇帝》及《再书上仁宗皇帝》。又据《湘山野录》(卷下),契嵩携所著《辅教编》来京,"大学者若今首揆王相(安石)、欧阳(修)诸巨公,皆低簪以礼"。

陈寅恪谓,唐代古文运动实由安史之乱及藩镇割据所激起,韩昌黎作为领袖,有着强烈的"尊王攘夷"之自觉意识,"因释迦为夷狄之人,佛教为夷狄之法,抉其本根,力排痛斥"(《金明馆丛稿初编》"论韩愈"329页),绝非无病呻吟放空炮。此项运动至宋代不乏继承者,其健将如李觏、欧阳修诸公皆以排佛著称,惟力道大不如前,以致明王世贞有"(欧阳)永叔不识佛理,强辟佛"之讥(《艺苑卮言》卷四第八十五则)。契嵩和权贵名流打成一片,自有弘扬佛法、鼓吹禅学之特殊动机,是以入世精神做出世事业;上

---

① 《宋史·文苑传》序云:"艺祖革命,首用文吏而夺武臣之权,宋之尚文,端本乎此。"

引陈舜俞所撰《行业记》说他著书乃为对抗排佛之说，"诸君读之，既爱其文，又畏其理之胜，而莫之能夺也，因与之游。遇士大夫之恶佛者，仲灵（契嵩字）无不恳恳为言之。由是排者浸止，而后有好之甚者，仲灵唱之也。"北宋中期的儒、释较量，后者明显占了上风。韩退之呵诋释迦，不惜使用"人其人（意为令僧徒还俗），火其书，庐其居"（《原道》）这样现在看来有些"混不吝"的野蛮语言，清代五台僧明玉谓披缁之徒（指僧侣）畏昌黎不畏宋儒，因昌黎如用兵者先断粮道，使敌不攻自溃，宋儒不过坐而论道，隔靴搔痒。"唐以前之儒，语语有实用，宋以后之儒，事事皆空谈，讲学家之辟佛，于释氏毫无所加损，徒喧哄耳"（纪昀《阅微草堂笔记》卷十八《姑妄听之四》第二十一则）——这真是一针见血之论。

韩愈攻佛虽猛，在陈寅恪看来，其思想却不能不受到当时方兴未艾的新禅宗影响。从前皈依佛乘的"皇帝菩萨"萧衍曾利用儒家书《中庸》作沟通"二教"之尝试，究竟不算成功；韩子"首先发见《小戴记》中《大学》一篇，阐明其说，抽象之心性与具体之政治社会组织可以融会无碍，即尽量谈心说性，兼能济世安民，虽相反而实相成，天竺为体，华夏为用，退之于此以奠定后来宋代新儒学之基础"（《金明馆丛稿初编》"论韩愈"322页）。这也就是哲学史家喜欢说的入室操戈，从内部吸收改造佛教原理，看似要比"人其人，火其书，庐其居"的"肉体消灭法"高明，但自命不凡且任重道远的宋儒们又取得了怎样的成绩呢？

在儒释交锋的战场上，双方相向而动，都想做钻进铁扇公主肚内的孙猴子，士大夫集团率先把持不住，乱了阵脚。二程语录有一条曰："学者于释氏之说，直须如淫声美色以远之，不尔则骎骎然入于其中矣。"（《程氏遗书》卷二上）[1]这是一种声音。正统儒家出身的司马光则表现出类似"骑墙"的包容精神，认为韩愈"尝遍观佛书，取其精粹而排其糟粕"（《传家集》卷六十七"书《心经》后赠绍鉴"）。又谓释老皆有所取，释取其空，老取其无为。"空取其无利欲之心，善则死而不朽，非空矣；无为取其因任，治则一日万几，有为矣。"（同书卷七十四《迂书·老释》）这是另外一种声音。温公尝言："吕晦叔之信佛近夫佞[2]，欧阳永叔之不信近夫躁，皆不须如此。信与不信，才有形迹便不是。"庆历中士大夫写偈颂、谈禅理成风，温公亲作"解禅偈"六首，因内中透出十分

---

[1] 类似表述亦见《程氏粹言》上卷《论道篇》，云："于佛氏之说不必穷也，苟欲穷之而未能穷，则己与之俱化矣。"在这一点上，朱子看法比二程更悲观，谓"释氏之教，其盛如此，其势如何拗得他转？吾人家守得一世再世，不崇尚他者，已自难得。三世之后，亦必被他转了。"（《朱子语类》卷一二六《释氏》）

[2] 指吕夷简之子公著。元祐时吕公著为相，"好佛，士大夫竞往参禅，寺院中入室升堂者皆满，当时号为'禅钻'。"（《朱子语类》卷一〇七《内任·宁宗朝》）

重要的消息，照录如下：

"忿怒如烈火，利欲如铦锋；终朝长戚戚，是名阿鼻狱。颜回甘陋巷，孟轲安自然；富贵如浮云，是名极乐园。孝悌通神明，忠信行蛮貊；积善来百祥，是名作因果。仁人之安宅，义人之正路；行之诚且久，是名不坏身。道德修一身，功德被万物；为贤为大圣，是名菩萨佛。言为百世师，行为天下法；久久不可掩，是名光明藏。"（四库本《宋稗类钞》卷二十八《宗乘第四十六》）

宋儒中，王荆公对佛的态度尤值得玩味。安石声明"方今乱俗不在于佛，乃在于学"，自云"某自百家诸子之书至于《难经》、《素问》、《本草》诸小说无所不读……然后于经为能知其大体而无疑"。或是为了避嫌，书单中故意不列佛书，但曾巩早疑心他"所谓经者，佛经也"（《临川文集》卷七十三"答曾子固书"）。至熙宁五年（1072），佛书佛理就正式成了朝堂上君臣对谈的话题。安石曰："臣观佛书，乃与经合，盖理如此，则虽相去远，其合犹符节也。"神宗曰："佛，西域人，言语即异，道理何缘异？"安石曰："臣愚以为苟合于理，虽鬼神异趣，要无以异。"神宗曰："诚如此。"（《续资治通鉴长编》卷二三三）

看来荆公留心释氏非一日两日，他的毅然以天下为己任最初便是受到禅宗入世教义的感召，曾说过"吾止以雪峰一语作宰相"，其语为："这老尝为众生作什么。"（《宋人轶事汇编》卷十引《冷斋夜话》）①荆公发明"新学"作为"新政"之理论支撑，而在罢相后，其学术活动竟全似围绕佛学展开。《宋史》本传说他"晚居金陵，又作《字说》，多穿凿附会，其流入于佛、老"②当时荆公居处谓之半山，"由（金陵）东门至蒋山（即钟山），此为半道，故以半山为名。元丰七年，公病既愈，乃请以宅为寺，因赐额为报宁禅寺。"（王象之《舆地纪胜》卷十七《建康府·景物下·半山寺》）据陆游《老学

① 案：雪峰之语，惠洪《冷斋夜话》（殷礼在斯堂丛书本）原书作："这老子尝为众生，曰是什么"（卷十"三代圣人生儒中两汉以下生佛中"条），文义似不通。余英时考证此处雪峰当指赐号"真觉"的唐代义存禅师，后来开创云门宗的文偃即其弟子（见《士与中国文化》441页）。

② 苏子由评曰："《字说》穿凿儒书，亦如佛书。"（《栾城先生遗言》）关于此书撰写，朱子云："荆公作《字说》时，只在一禅寺中。禅床前置笔砚，掩一龛灯。人有书翰来者，折封皮埋放一边。就倒禅床睡少时，又忽然起来写一两字，看来都不曾眠。字本来无许多义理，他要个个如此做出来，又要照顾须前后，要相贯通。"（《朱子语类》卷一三○《本朝四》）时苏东坡过金陵，日与荆公同游，"尽论古昔文字，闲即俱味禅悦。"荆公叹语人曰："不知更几百年，方有如此人物！"（《宋人轶事汇编》卷十引《西清诗话》）案：《舆地纪胜》卷十七《建康府·景物上·蒋山》亦引此条，其中"俱味禅悦"作"禅说"，其义较明，或系丁氏辑本误抄。

庵笔记》（卷三），荆公在半山"好观佛书，每以故金漆版书藏经名，遣人就蒋山寺取之，人士因有用金漆版代书帖与朋侪往来者"。赋闲日子里他的主要工作可由下面数则轶事窥知一二。

王介甫用《字说》解佛经三昧之语，示关西僧法秀，秀曰："梵语三昧，此云正定。相公用华言解之，误也。"（苏籀《栾城先生遗言》）①

朱子云：介甫解佛经"揭帝揭帝"作"揭其所以为帝者而示之"，不知此是胡语（《朱子语类》卷一三〇《本朝四》）。

苏东坡观介甫《华严解》，问曰："《华严》有八十一卷，今独其一，何也？"（四库本《宋稗类钞》卷二十八《宗乘第四十六》）

虽都是些含讥带讽例子，不难看出荆公晚年读佛书之余，还在注解经义上下过一番功夫。然则张栻攻击王氏之学"窃取释氏之近似者"，"祖虚无而害实用"，恐不无道理。栻曰："（王说）窃取释老之似而济之以私意之凿，故其横流蠹坏士心，以乱国事。"（见《南轩集》卷十九"与颜主簿书"，及"寄周子充尚书"其二）

程颢曾以塔上相轮作喻，辨析自己跟王氏的异同，云："公（指安石）之谈道，正如说十三级塔上相轮，对望而谈曰，相轮者如此如此，极是分明。如某则戆直，不能如此，直入塔中，上寻相轮，辛勤登攀，逦迤而上，直至十三级时，虽犹未见相轮，能如公之言，然某却实在塔中，去相轮渐近，要之须可以至也。至相轮中坐时，依旧见公对塔谈说，此相轮如此如此。"（《程氏遗书》卷一）

一在塔内，一在塔外，果如是，二者高下立见。大程一面讥安石不知"道"而说"道"，一面又视"新学"为不共戴天，甚至宣布："今日释氏却未消理会，大患者却是介甫之学。"（《程氏遗书》卷二上）回顾明道求学之路，或许有助于理解他的上述表态。据程颐《明道先生行状》，"先生为学，自十五六时，闻汝南周茂叔（即敦颐）论道，遂厌科举之业，慨然有求道之志。未知其要，泛滥于诸家、出入于老释者几十年，返求诸六经而后得之。"（载《程氏文集》卷十一）

程颢死后，程颐前去扫墓，又曾手指坟围发表著名的儒、佛之辩曰："吾儒从里面做，岂有不见？佛氏只从墙外见了，却不肯入来做，不可谓佛氏无见处。"（《程氏外书》卷十二《传闻杂记》引谢良佐《上蔡语录》）这大约还是承袭其兄的相轮之喻，无非

① 案：《宋人轶事汇编》卷十引此条，关西僧法秀作"关西德秀"，其误甚矣！

从塔内换成墙内，批评对象也由王氏换成了佛氏。让人稍感诧异的是，坟前受教的二程门人谢良佐却在别一场合说"伊川参某僧，后有得，遂反之，偷其说来做己使，是为洛学"。更可怪者，朱子既证实此传闻为"乌龙"，紧接着又说出下面一段模棱两可的话来："当初佛学只是说无存养底工夫，至唐六祖始教人存养工夫。当初学者亦只是说不曾就身上做工夫，伊川方教人就身上做工夫。所以谓伊川偷佛说为己使。"（《朱子语类》卷一二六《释氏》）

上引司马温公"解禅偈"清楚表明宋代士大夫胸臆之中俨然充溢着剪不断、理还乱的佛家思绪，王氏、二程自然不能超脱；渊源既同，所谓塔内塔外不过五十步笑百步而已。循此线索，《程氏遗书》（卷六）冷不丁一句"叔不排释老"①便有了着落，而时人"论程氏王氏之学，有兼与而混为一之意"（张栻"与颜主簿书"）也就不足为奇了。

再有以说"气"著称的横渠先生张载，李泽厚认为他是真正"为理学创榛辟莽奠基开路"之人（见《李泽厚十年集》第三卷《中国古代思想史论·宋明理学片论》222页）。细检其思想，同样是一锅"杂烩"。张氏年轻时尝读《中庸》（从范文正公之劝），"虽爱之，犹未以为足也，于是又访诸释老之书，累年尽究其说，知无所得，反而求之六经。"（吕大临《横渠先生行状》，载《张载集》附录，台北汉京文化事业有限公司，1983年）这与明道经历何其相似！清戴震评曰："宋以前，孔孟自孔孟，老释自老释。……宋以来，孔孟之书尽失其解，儒者杂袭老释之言以解之。"（《戴东原集》卷八"答彭进士允初书（丁酉）"）

张载谓"天地之塞吾其体，天地之帅吾其性"，南宋林栗指出此语源出孟子，又非孟子本义，"其意盖窃取于浮屠所谓佛身充满法界之说。"（见《朱文公文集》卷七十一《杂著》"记林黄中辨《易》、《西铭》"）张氏又论气之聚散，如"太和""太虚""虚空"云者（见《正蒙·太和篇》），这回连一向替他辩护的朱子也坐不住了，不得不说"其弊却是大轮回，盖释氏是个个各自轮回，横渠是一发和了，依旧一大轮回。"（《朱子语类》卷九十九《张子书二》）

即便大儒朱熹的情形也不容乐观。据《宋元学案》卷四十八《晦翁学案（上）》所收传记，晦庵"年十四，韦斋公（即父松）病亟，尝属先生曰：'籍溪胡原仲、白水刘致中、屏山刘彦冲三人，学有渊源，吾所敬畏。吾即死，汝往事三人。'谓胡宪、刘勉之、刘子翚也。"同书卷四十三《刘胡诸儒学案》特为表晦翁之师而立，全祖望曰：胡与二刘"三家之学略同，然似皆不能不杂于禅。"（见该卷"序录"）

---

① 案：程颐字正叔，此处"叔"即指他。

毫无疑问，理学代表着宋代儒学发展的最高阶段。何为理学？借朱子一言以蔽之，"宇宙之间一理而已，天得之而为天，地得之而为地，而凡生于天地之间者，又各得之以为性，其张之为三纲，其纪之为五常，盖皆此理之流行，无所适而不在。"（《朱文公文集》卷七十《杂著》"读大纪"）理学内部又分若干支派如朱（熹）、陆（九渊）、张（栻）、吕（祖谦），此不具论，但大体而言，其基本概念如心、性、理、气之类却是"在士大夫'谈禅'的氛围中逐步发展完成的"（余英时语，《朱熹（上）》72页）。

陈寅恪谓，"凡新儒家之学说，几无不有道教，或与道教有关之佛教为之先导。"（《金明馆丛稿二编》"冯友兰《中国哲学史》下册审查报告"284页）此诚为不易之论，惟宋世"释氏盛而道家萧索"（《程氏遗书》卷二上），故陈氏语序需作微调，对理学影响最著者当推佛教，尤其盛行之禅宗[1]。明人黄绾直言道："宋儒之学，其入门皆由于禅：濂溪（即周敦颐）、明道、横渠、象山则由于上乘；伊川、晦庵则由于下乘。"（《明道编》卷一）朱子称"直至二程出，此理始说得透"（《朱子语类》卷一二九《本朝三》）。他口中有关理学起源只言片语的叙述在黄震笔下变得脉络清晰、轮廓完整起来。黄氏曰："本朝理学虽至伊、洛而精，实自三先生（胡、孙、石）而始。"（《黄氏日抄》卷四十五）；又于三先生外抬出周敦颐，曰："本朝理学阐幽于周子，集成于晦翁"（同书卷三十三）这不过是一套自欺欺人的说法，欲叫世人相信理学其来有自罢了。

吾国政治家或学者每有所更张，必要兜一个"托古改制"的圈子，所谓"言必称尧舜"（《孟子·滕文公上》），似乎不如此不能占领高地，理直气壮[2]。理学家同样离不

---

[1] 案：道教至南宋已民间化，而有"新道教"之称。其苗头肇于东汉末（如太平道、五斗米道），"宋代以后开始了所谓'民众道教'时代"，以全真、真大、太一、净明四派为代表（酒井忠夫、福井文雅"什么是道教"，《道教》第一卷13—14页，朱越利译）。对新道教兴起背景，元人虞集有所交代，云："昔者金有中原，豪杰奇伟之士往往不肯婴世故，蹈乱离，辄草衣木食，或佯狂独往，各立名号，以自放于山泽之间。当是时，师友道丧，圣贤之学湮泯渐尽，惟是为道家者多能自异于流俗，而又以去恶复善之说以劝诸人。一时州里田野莫不以其所近所从之，受其教戒者风靡水流，散在郡县，皆能力耕作，治庐舍，联络表树，以相保守，久而未之变也。"（《道圆学古录》卷五十《真大道教第八代崇玄广化真人岳公之碑》）

日人奥崎裕司又谓新道教诸派都显示出三教融合倾向，"全真教曾受佛教特别是禅宗的强烈影响。与此相对，真大道教及净明道则明显地有儒教的影响。真大道教以道家清静无为的思想为基础引进儒教的伦理，而净明道则以儒教伦理，特别是忠孝道德为根柢。"（"民众道教"，《道教》第二卷108页，朱越利译）元初创立净明忠孝教的玉隆万寿宫道士刘玉（号玉真子，1217—1301）解释本宗教名曰："别无他说。净明只是正心诚意，忠孝只是扶植纲常。但世儒习闻此语烂熟了，多是忽略过去，此间却务真践实履。"（黄元吉编《净明忠孝全书》卷三《净玉真先生语录内集》

[2] 反之亦然。凡反对革新者同样会拿夏商周说事，明中叶张居正锐意改革，就说过："腐儒不达时变，动称三代云云，及言革除事，以非议我二祖（指明太祖、成祖）法令，皆家时奸臣卖国之余习。老儒臭腐之迂谈，必不可用。"（《张居正集》第三册卷三十九之《文集十一·杂著十四》）

开这套路数，而他们的历史观乃是基于韩愈建立的儒学传授之"道统"源流。退之曰："吾所谓道也……尧以是传之舜，舜以是传之禹，禹以是传之汤，汤以是传之文、武、周公，文、武、周公传之孔子，孔子传之孟轲，轲之死，不得其传。"（《原道》）冯友兰谓，韩氏此文有三点至为重要，一是尊崇孟子，以为得孔子之传；二是推重《大学》，阐发正心诚意、修齐治平之说；三是大书一"道"字，道学遂成宋世理学之名。"由此三点言之，韩愈实可为宋明道学家之先河。"（《中国哲学史（下）》804页，中华书局，1961年）

传统儒学可用"内圣外王"四字形容之（语出《庄子·天下篇》）。程颢初识邵雍，论议终日，叹曰："尧夫（雍之字），内圣外王之学。"（见《宋史·邵雍传》）然而套用韩氏"道统"，一个大大的问题便暴露出来。周公以前诸圣有帝王之德而居其位，内圣外王浑然一体；至孔子则有德无位，乃获赠"素王"雅号，其学术已带些许"纸上谈兵"的意味，再传至孟子，情形有了进一步变化，"儒学的'内圣'一面所占的优势地位大为突出，获得了更充分的理论论证和表述形式，并开始与'外王'相离异。"（李泽厚语，《李泽厚十年集》第三卷《中国古代思想史论·经世观念随笔》267页）

朱子门人黄榦重新厘定"道统"谱系，曰："尧、舜、禹、汤、文、武、周公生而道始行，孔子、孟子生而道始明，孔、孟之道，周、程、张子继之，周、程、张子之道，文公朱先生又继之。此道统之传，历万世而可考。"（《勉斋集》卷十九《徽州朱文公祠堂记》）意思再明白不过，宋朝理学家直接承继的是内圣、外王离异后的孔孟之道，中间跨越千五百年，汉、唐都不算数，如朱子所云，"尧、舜、三王、周公、孔子所传之道，未尝一日得行于天地之间也。"（《朱文公文集》卷三十六"答陈同甫书"其六）李卓吾讥曰：若直待有宋而始开辟，"何宋室愈以不竞，奄奄如垂绝之人，而反不如彼之失传者哉！好自尊大标帜，而不知其诟诬，亦太甚矣！"（《藏书》卷三十二《德业儒臣前论》）

虽孔、孟并称，被韩愈发掘出来的孟子实与理学有着更为紧密的传承关系，盖因他"谈心谈性，谈'万物皆备于我，反身而诚'，以及'养心'、'寡欲'之修养方法"（冯友兰《中国哲学史（下）》803页），正中谈禅成风、不能自拔的宋儒下怀。其实正式提出心性修养这类在宋人心头占头等分量命题的是跟韩退之同时的李翱，他所著《复性书》三篇，以《中庸》《易传》为依据，大谈性、情，"然其意义中所含之佛学的分子，灼然可见，性当佛学中所说之本心，情当佛学中所说之无明烦恼。"（同上书805页）朱子亦谓李翱"有些本领，如《复性书》有许多思量"，"至说道理，却类佛。"（《朱子语类》卷一三七《战国汉唐诸子》）

不要忘了王安石也是因为"高谈性命"而被扣上"窃取释氏"帽子的（张栻"与颜主

簿书"）。荆公《虔州学记》讲过一句极重要的话，即"先王之道德出于性命之理，而性命之理出于人心"；无论程朱之流如何仇视介甫之学，如何辩白他们使用的心性概念与王说截然不同，新学、理学间的内在联系不言而喻，至少从政治动机及学术源流来看，二者并无本质区别①。

余英时谓，"理学起于北宋，至南宋而大盛，它所发展的则是儒学中关于'内圣'的部分。它赋予儒学以新貌，但并不是其全貌。就儒学本身言，理学'鞭辟向里'，代表了一种内向的发展。"（《朱熹（下）》410页）此语精彩之极，而宋代学者对于丰富完善传统儒学所作最大贡献正表现在这普普通通的"内向"二字上，即朱子所云"且收拾身心，向里做些工夫"（《朱文公文集》卷五十九"答吴斗南书"其四）。只是他们的贡献并非仅停留于理论层面，尚需结合具体之政治、社会、文化情境以观实效。李泽厚毫不客气地说，"（宋明理学）极大地也是片面地发展了这一倾向（指内向），使'内圣'成为可以脱离甚至必须脱离'外王'而具有独立自足的价值和意义。"（《经世观念随笔》267页）所以讲究"修身"的朱子会告诫门人："修身是对天下国家说，修身是本，天下国家是末。"（《朱子语类》卷十五《〈大学〉二·经下》）

"内圣"的关键在于心性论，这方面理学家们实无独特建树，其观念如果不说抄自释氏，至少也是受后者莫大启发，才有了引申发挥的想象空间。冯友兰评李翱《复性书》，"本为佛家之说者，一变而为儒家之说。"（《中国哲学史（下）》812页）入宋后契嵩亦撰《中庸解》五篇（收入《镡津集》卷四），儒、佛二家高度沟通，达到了程明道所谓"句句同，事事合"之境界（《朱文公文集》卷五十九"答吴斗南书"其三）。朱晦庵尚拘泥于"格物致知"的精微功夫，陆象山则大刀阔斧开辟"心即理"蹊径，故朱子讥他"不免些禅底意思"（《朱文公文集》卷三十五"与刘子澄书"其十二）。至明代王阳

---

① 需要说明的是，王荆公与程朱都怀有致君行道、经世济民之抱负，这是他们的政治动机所在。神宗谓安石曰："卿知性命之理，非有心于功名爵禄"；"朕以卿为无欲，专以生民为意"。（《续资治通鉴长编》卷二三四、二三七）黄庭坚亦评曰："荆公学佛，所谓'吾以为龙又无角，吾以为蛇又有足'者也。然余尝熟观其风度，真视富贵如浮云，不溺于财利酒色，一世之伟人也。"（《豫章黄先生文集》卷三十《跋王荆公禅简》）在这一点上，理学家可以说毫不逊色。程颢当年就曾供职于荆公创设的三司条例司（见《宋史·职官志一》），积极投身熙宁变法；朱熹则曰："王荆公遇神宗，可谓千载一时"（《朱子语类》卷一三〇《本朝四》），羡慕之情溢于言表。他们的歧异仅在于各自从不同儒家典籍中寻求解决问题的答案。荆公真诚相信《周礼》一书，亲作《周官新义》（与《诗义》《书义》合称《三经新义》），序云："其人足以任官，其官足以行法，莫盛乎成周之时；其法可施于后世，其文有见于载籍，莫具乎《周官》之书。"（《临川文集》卷八十四《周礼义序》）理学家则奉《孟子》《大学》《中庸》为圭臬，从中挖掘可以丰富"内圣"内容的原料。余英时称，"新学与道学源出同一政治文化，因此在内容上虽分歧甚大，在结构上却十分相似"；"新学、道学其实是殊途而同归的。"（《朱熹（上）》137页）余氏这段话仅指出两种学说是在儒学框架（即所谓"同一政治文化"）内发育完成，尚未言及它们俱从禅学汲取乳汁这一事实。

明，当他山中观花，说出"你未看此花时，此花与汝心同归于寂；你来看此花时，则此花颜色一时明白起来，便知此花不在你的心外"那番话时，已叫人不明白他到底是儒是禅了（见《王阳明全集》卷三《语录三·传习录下》，上海古籍出版社，1992年）。刘宗周曰："古之为儒者孔孟而已矣，一传而为程朱，再传而为阳明子，人或以为近于禅；即古之为佛者释迦而已矣，一变而为五宗禅，再变而为阳明禅，人又以为近于儒。"（《刘蕺山集》卷七"答胡嵩高、朱绵之、张奠夫诸生书"）真可谓是我中有你，你中有我。

站在唐宋儒生的角度，他们大抵因自家学说在心性方面的不足，援佛入儒，"欲使人以儒家的方法成儒家的佛"（冯友兰《中国哲学史（下）》809页）；其本意是要入室操戈，不想却"与之俱化"，做了精神俘虏。

如前所述，先秦诸子学说无一例外呈现出极强的为现实政治服务的功利指向，纯形而上之思辨绝非他所擅长。儒学之所以能在后来一枝独秀而成"奇葩"，实是糅合"九流十家"元素，把对世间关怀一而再、再而三发挥到极致的结果；而《易》中"天行健，君子以自强不息"这句话最终成为儒家士大夫集体形象的素描。不巧的是，大约自传说中的许由始，吾国知识分子心中又埋下一粒遁世种子，并逐渐萌发为另类人格。从早期儒家典籍中不难寻觅这种思想的痕踪。江畔渔父歌曰："沧浪之水清兮，可以濯吾缨；沧浪之水浊兮，可以濯吾足。"（《楚辞·渔父篇》）这是隐遁离世的正式宣言。孔子曰："小子听之：清斯濯缨，浊斯濯足，自取之也"（《孟子·离娄上》），似乎还带些谴责的口气；但他又说："天下有道则见，无道则隐"（《论语·泰伯》），俨然跟渔父同一腔调了。孟子曰："穷则独善其身，达则兼善天下"（《孟子·尽心上》），亦流露出在朝在野无不可的恬淡心态。远离尘世、充满象征意味的"山林"一度在士人文化心理构成中占据重要一席，但愈往后愈不为主流儒学所容。所以《戴记·大学》的"修齐治平"虽不由孔子嘴中道出，却最大程度上概括了儒学之精神本质及理论要求。

佛学固然可借禅宗发生入世转向，巧做打扮以争取信徒，其中心旨趣仍是舍此世、登彼岸，"佛卒不可以治天下国家。"（《程氏遗书》卷二上）来世、今生的鸿沟注定佛、儒间无融会贯通之半点可能，它们是在天上、地下两个不相衔接领域内各自独立展开的精神探索与追求，彼此都闪耀着人类智慧的光芒，但遥隔十万八千里，自负的宋儒们偏要孜孜矻矻于调和二家说教，儒学发展到这一步可以说走到了尽头，一味泥汤里打滚，扎挣不起。

宋儒变佛说为己说，创建一套心性理论，号召"正其心养其性"（《程氏文集》卷八《颜子所好何学论》），"明天理灭人欲"（《朱子语类》卷十二《学六·持守》），待到此理说透，表现于日常生活便是个体之人需自我修炼，脱胎换骨做个"好人"，"人皆可以为尧舜。"（《孟子·告子下》）袁枚曰："宋儒以绝欲为至难，竟有画父母遗像置帐中，以自警者，以为美谈。……每阅书至此，为之欲呕。"（《牍外余言》第五十六条）戴震又曰："所谓理者，同于酷吏之所谓法。酷吏以法杀人，后儒以理杀人。"（《戴东原集》卷九"与某书"）①表现于国家层面则为"圣人政治"。皇帝要养成圣德，程伊川闻哲宗在宫中盥而避蚁，曰："推此心以及四海，帝王之要道"（《宋史·程颐传》），这是鼓励他做唐僧。臣下得洞晓义理，朱子曰："今世文人才士，开口便说国家利害，把笔便述时政得失，终济得甚事！只是讲明义理以淑人心，使世间识义理之人多，则何患政治之不举！"（《朱子语类》卷十三《学七·力行》）我们不妨再次引用吕思勉那段关于政治的著名表述："西洋的学者说：'政治不是最好的事情。'因为政治本来是社会上有了矛盾然后才有的，所以政治家所对付的，全是些贪婪、强横、狡诈的人，毫无手段是不行的。……政治总是把这一种势力去压服那一种势力的，这虽然不必是战争，其性质实和战争无异。"（《吕思勉集（上）》"为魏武帝辨诬"77—78页）此话乍听似出自纵横家口中，细思量之，便能看出上述宋儒论调有多么迂腐空洞而且荒唐！

余英时在《朱熹》书中一再强调重建合理人间秩序是理学家的终极目的，这个结论并不十分透彻。李泽厚称，"由禅宗而宋儒，有其内在的思想发展线索，宋儒把禅宗宗教神秘领悟的审美感改造为道德伦理性的审美态度。"（《庄玄禅宗漫述》214页注一）易言之，其理论导向是以道德主宰人性，以伦理驾驭政治，由此实现内圣外王合璧的理想。显然这种改造之主体工程是把伦理学抬升到统摄一切的地位，从而造就一部没有年代的历史，"歪歪斜斜的每叶上都写着'仁义道德'几个字。"（《狂人日记》）欲"一道德以同风俗"（陈亮语），世界瞬间被无限简化，仅剩下刚性的正邪、善恶、好坏之分。时至今日，理学庞大体系早已荡然无存，但其核心价值观念仍若隐若现蛰伏在多数人内心深处，像是路上交通灯不时变红，规范制约着我们的前行，难怪研究哲学的李泽厚会从刘少奇《论共产党员的修养》中读出某些似曾相识的东西了（见《宋明理学片论》）。而有着近代中国"最后的儒家"之称的梁漱溟在谈到古代相传的礼法时，则声称宋以前它对人性之束缚压迫似乎还不十分厉害，但是经宋以后所谓礼教名教者一通鼓捣，遂"使吾人不能从种种在上的威权解放出来而得自由；个性不得申展，社会性亦不得发达，这是我们人生上一个最大的不及西洋之处"（梁著《东西文化及其哲学》145页）。在梁氏看来，礼教原是极有人情的东西，一变竟为"吃人"，"像中国礼俗中一个为子要孝，一个为妇要贞，在原初是亲切的自发的行为上说，实为极高的精神，谁也不能非议。但后来……变做

---

① 《狂人日记》："翻开历史一查……满本都写着两个字是'吃人'。"显然戴东原"杀人"之说，为鲁迅所祖。

一种维持社会秩序的方法。此时原初的精神意义尽失，而落于手段化、形式化，枯无趣味；同时复极顽固强硬。"（梁著《乡村建设理论》54页，上海人民出版社，2006年）这种变化大约便是宋儒造的孽。

理学大炽于南渡之后，意识到它的潜在危害的，当时即不乏其人。绍兴十四年（1144），台谏交章攻伊川、横渠之学为"专门曲说，流入迂怪"，"去圣人之道益远"，请禁绝之（见李心传《道命录》卷四"汪勃乞戒科场主司去专门曲说"及"何若乞申戒师儒黜伊川之学"）。李心传谓宰相秦桧"非但不知伊川，亦初不知荆公"；桧好歹进士出身，靖康时官至御史中丞，诬他不知程、王显为不实之词①。高宗曰："秦桧尚安石"（《建炎以来系年要录》卷一七三），桧与新学、道学关系属另一段公案，不在本篇范围，但无论出于何种动机，他执政之日崇王抑程的态度是鲜明的，"设专门（指程学）之禁者十有余年，逮桧死乃已。"（《道命录》卷四汪勃疏后）

绍兴年间的学术纠纷无疑与权力斗争搅在了一起，此下风向陡变，陈亮临终之前上书光宗便把其中利害和盘托出，云："二十年来（指孝宗朝），道德性命之学一兴，而文章、政事几于尽废，其说既偏，而有志之士盖尝患苦之矣。十年之间，群起而沮抑之，未能止其偏、去其伪，而天下之贤者先废而不用，旁观者亦为之发愤以昌言，则人心何由而正乎！"（《陈亮集》卷十一《廷对》）

宋末周密引少时所闻吴兴老儒沈仲固先生之语曰："道学之名，起于元祐，盛于淳熙。其徒有假其名以欺世者，真可以嘘枯吹生。凡治财赋者，则目为聚敛；开阃捍边者，则目为粗材；读书作文者，则目为玩物丧志；留心政事者，则目为俗吏。……异时必将为国家莫大之祸，恐不在典午（'司马'隐语，指晋朝）清谈之下。"（《癸辛杂识续集下》"道学"条）

理学"祖师爷"韩愈对此早有预见，曾说："古之所谓正心而诚意者，将以有为也。今也，欲治其心而外天下国家。"（《原道》，句中'外'字可解作遗弃）这句抨击唐人

---

① 案：台、谏本为两官，御史掌纠察官邪（对百僚），谏官掌规谏讽谕（对天子）。宋制，御史大夫不设正员，止为加官，中丞一人即为台长；又别置谏院，不隶中书、门下两省（见《宋史·职官志》一、四）。当时"台谏"合称，几并为一职，"任用谏官、御史，必取天下第一流，非学术才行俱备，为一世所高者，莫在此位。"（钱穆《国史大纲（下）》553页）靖康二年（1127），金人欲立张邦昌，秦桧冒死以争，被拘，所上议状收入《宋史》本传。然据王明清《挥麈录余话》（卷二），此状实为监察御史马伸之文，因桧为台长，固请署名，且列于首。日后桧南归，遂"扬言己功，尽掠其美名"。

又：在秦桧故乡南京，民间甚至流传他为状元的说法。王焕镳纂《首都志》卷二《街道》"状元境"条下注云："《钟南淮北区域志》：宋秦桧父子居此，皆举状元，以丑其人，故没其姓氏，但称为状元境。"（《民国丛书》第五编七十六册132页，上海书店，1989年）据本传，徽宗政和五年（1115）桧登第，而是年进士第一为何㮚（见《宋史·何㮚传》），然则状元之说不足信也。

佞佛的话直似针砭宋儒。晚明顾炎武则曰："今日之清谈，有甚于前代者。昔之清谈谈老庄，今之清谈谈孔孟……以明心见性之空言，代修己治人之实学。"（《日知录》卷七"夫子之言性与天道"）清代章学诚又曰："天人性命之学，不可以空言讲也。……儒者欲尊德性，而空言义理以为功，此宋学之所以见讥于大雅也。"（《文史通义》卷五《内篇五·浙东学术》）每有惊人之语的李贽对朱子的一通冷嘲热讽尤值得一读："吾意先生当必有奇谋秘策，能使宋室再造，免于屈辱，呼吸俄顷，危而安，弱而强，幼学壮行，正其时矣。乃曾不闻嘉谋嘉猷，入告尔后，而直以内侍为言，是为当务之急与？或者圣人正心诚意之学，直为内侍一身而设，顾不在夫夷狄中国之强弱也。则又何贵于正心诚意也？然自古及今，以能去小人谓为君子者多矣，独先生哉？快一己之喜恶，流无穷之毒害，伪学（指道学）之禁有以也。"（《藏书》卷三十五《赵汝愚传（附韩侂胄）》评语）[1]

然而谈心说性仅为理学现实祸害之一面，其更大威胁来自如下事实：即程朱持论虽剑走偏锋，拐向"内圣"，犹以"治国平天下"（即"外王"）的大题目为终极关怀，所谓"自格物至修身，自浅以及深；自齐家至平天下，自内以及外"（《朱子语类》卷十五），大抵未脱离正统儒家立场。由门人辑成的朱子语录颇为支离，甚至自相牴牾，欲正确理解他的思想需汇拢了一起看，绝不能凭一言半语遽下结论。他说："佛学之与吾儒虽有略相似处，然正所谓貌同心异、似是而非者，不可不审。"（《朱文公文集》卷五十九"答吴斗南书"其三）又曰："道之得名，正以人生日用当然之理，犹四海九州百千万人当行之路尔，非若老佛之所谓道者，空虚寂灭而无与于人也。"（《朱文公文集》卷三十八"答周益公书"其三）可见晦翁是要在儒、佛间划清界限的。回到现实生活，他致书宰相周必大："伏惟深以天下之重自任，而引天下之士以图之，使由中及外、自近而濒，无一不出于正，而亡有私意奸其间者。"（《朱文公文集》卷二十七"与周丞相劄子"）教导门徒："凡人为学，便当以'明明德，新民，止于至善'，及'明明德于天下'为事，不成只要独善其身便了，须是志于天下。"（《朱子语类》卷十四《〈大学〉一·序》）自抒胸臆："经济夙所尚，隐沦非素期。"（《朱文公文集》卷四《感怀》）。我们从中见到的，是与范文正、王荆公毫无二致的忧国情怀

事实上，说理学家耽溺空谈、不重事功、甚至"百事不理"（《陈亮集》卷二十四《送吴允成运干序》），乃是大大地冤枉他们了。以二程为例，伊川尝曰："君子之道，

---

[1] 案：绍熙五年（1194），宗室赵汝愚扶宁宗登基，荐朱熹为焕章阁待制、侍讲。熹在朝四十日（一说四十六日，余英时对此有辨，见《朱熹（下）》552—555页），极诋同有定策功的韩侂胄奸邪，依托内侍（指张宗尹），居中用事。结果不但朱子被逐，亦连累赵汝愚罢相，"庆元伪学之禁"的风暴接踵而至。这段经历可算是晦翁政治生涯之"绝响"，李卓吾之论即为此而发。

贵乎有成，有济物之用，而未及乎物，犹无有也。"（《程氏粹言》下卷《人物篇》）这是他早年说过的"道必充于己，而后施以及人"那句话的翻版，当时年仅十八岁的程颐自比诸葛亮，"不私其身，应时而作"（《程氏文集》卷五《皇祐二年上仁宗皇帝书》），气魄之大令人惊叹。而在后人眼中，明道更胜其弟一筹，"救世之志甚诚切，亦于今日天下之事尽记得熟。"（《程氏遗书》卷十《洛阳议论》）观《明道先生行状》，他一生大部分时间都放外任，所到之处均田税、修水利、办教育，的确是在干着张载所云"纵不能行之天下，犹可验之一乡"（《横渠行状》）的实事①。即便开创"心学"的二陆中的九龄，亦说出"窃不自揆，使天欲平治天下，当今之世，舍我其谁"那样的豪言壮语（《黄氏日抄》卷四十二《陆复斋文集》"与王顺伯书"）②。余英时独具慧眼，敏锐看到南宋理学人士在孝、光、宁宗三朝踊跃参政这一被前人忽略的动向，谓"在这十几年间，特别是从（孝宗）淳熙十四年开始，理学家集团先后在周必大、留正和赵汝愚三位宰相的执政期间，从朝廷到地方都占据了不少重要的位置"（《朱熹（下）》462页）。

按说该是好事，祸害从何谈起？这得看理学家们一旦由务虚转为务实，究竟提出怎样的政治主张。永嘉叶水心以功利之说断断朱、陆二派间，"遂称鼎足"（全祖望语，《宋元学案》卷五十四《水心学案序录》）③。淳熙十四年（1187），他的"上殿劄子"论今日大事，"二陵（指徽、钦）之仇未报，故疆之半未复"；结论为："变国是，变议论，变人材，所以举大事也。"（《水心别集》卷十五）绕了一圈，国家由北到南，对手从辽变金，持论之人胶柱鼓瑟，竟如中了邪般原地打转；我们直要说，折磨宋朝者非"夷狄"，宋儒也！

水心之论很有代表性，基本道出理学家在和战问题上的心声。当年胡铨上疏，谓"此膝一屈不可复伸，国势陵夷不可复振"，"臣有赴东海而死尔，宁能处小朝廷求活邪！"（《宋史·胡铨传》）"其议论既恺切动人，其文字又愤激作气，天下之谈义理者，遂群相附和，万口一词，牢不可破。"（赵翼《廿二史劄记》卷二十六"和议"）秦桧抵拒伊川之学，与朝中程氏门人率皆反对和议大有关系④。

---

① 案：王安石、朱熹在地方同样注意民生，官声极佳；即如晚清袁世凯，蒋廷黻说他一生未干过一件好事，其实项城在山东巡抚及直隶总督任上，颇有几桩拿得出手的政绩（如创办山东大学堂，奏请济南、周村、潍县三地开埠通商等）。可见对政治家而言，从经营局部到掌控全局，实有霄壤之别。

② 语出《孟子·公孙丑下》。

③ 黄宗羲曰："永嘉之学，教人就事上理会，步步著实，言之必使可行。"（《宋元学案》卷五十二《艮斋学案》）

④ 绍兴八年（1138），伊川弟子、礼部侍郎尹焞上疏，谓"《礼》曰：'父母之仇不共戴天，兄弟之仇不反兵。'今陛下信仇敌之谲诈，而觊其肯和以纾目前之急，岂不失不共戴天、不反兵之义乎？"（《宋史·尹焞传》）又移书秦桧切责之，桧大怒。焞乃辞官，往依其婿、桐庐令程暐，暐即伊川之孙（见《道命录》卷四及《宋元学案》卷二十七《和靖学案》）。

在南宋日渐高涨的主战声浪中，一代宗师朱熹无疑扮演着理论上的"急先锋"角色。绍兴三十二年（1162）孝宗甫即位，晦庵即上"封事"，"以非常之事非常之功望于陛下"，简直将他看作神宗再世。这篇长文借经义之名反复灌输给新皇帝的——像"金虏于我有不共戴天之仇，则其不可和也，义理明矣"；"复仇讨贼、自强为善之说，见于经者不啻详矣"——无非这样一条坚定信念，即必须彻底砸烂打破高宗手中那件有百害无一利的"讲和"法宝，让国家重新踏上复仇、恢复之正确轨道（见《朱文公文集》卷十一《壬午应诏封事》）。可惜孝宗空有神宗志向而无其机遇，退位的高宗以太上皇身份几乎陪他走完全程，其间谆谆叮嘱的一句话便是："大哥，且待老者百年后却议之（指恢复）。"（周密《齐东野语》卷三"诛韩本末"条；亦见叶绍翁《四朝闻见录》乙集"孝宗恢复"条）身处局外旁观、内心充满挫折感的朱子不胜感慨道："寿皇（孝宗）本英锐……后来欲安静，厌人唤起事端，且如此打过。"（《朱子语类》卷一二七《本朝一·孝宗朝》）又对名相周必大深不以为然，云："如今是大承气证，渠却下四君子汤，虽不为害，恐无益于病。"（《鹤林玉露》甲编卷二"大承气汤"条）所谓"大承气""四君子汤"俱为中药方剂，一主峻一主缓，以此作喻，其心情一目了然。

曙光重现于宁宗即位那年，晦翁应召急急赴行在，途中谓门人曰："今日之事，非大更改不足以悦天意、服人心。"（清王懋竑《朱子年谱》卷四绍熙五年"八月赴行在"条下引旧谱）余英时称，"在这段话中，我们仿佛又看到了王安石的影子。"（《朱熹（上）》348页）[1]

理学家作为气类相近的一个群体，可以替他们总结两大特点。一是"考其所行，则言行了不相顾，卒皆不近人情之事"（《癸辛杂识续集下》"道学"条）。很难说朱子的"格物致知""正心诚意"与他鼓吹的恢复大计有何内在必然联系。至宋季，物价腾踊，民生艰难，真德秀负一时重望，百姓翘首盼其来，以为真儒一用，立可致治，谚云："若欲百物贱，直待真直院。"及入朝，首以尊崇道学为第一义，继以所著《大学衍义》进，民间以其言不切时务，复以俚语补前句云："吃了西湖水，打作一锅面。"（《癸辛杂识前集》"真西山入朝诗"条）赵瓯北曰："义理之说与时势之论往往不能相符，则有不可全执义理者，盖义理必参之以时势，乃为真义理。"（《廿二史劄记》"和议"），此为确论。二是以学问自负，以道德傲人，"以圣人之道为尽在我，以天下之事无所不能"（《陈亮集》卷二十四《送王仲德序》）拿朱门来说，晦翁论官场风气，"今世士大夫惟以苟且逐旋挨去为事，挨得过时且过。上下相咻以勿生事，不要十分分明理会事，且恁鹘

---

① 李贽痛诋安石胆壮志决、"君子误国"时，就曾把"朱夫子"即朱熹也捎带了进去（见《焚书》卷五《读史》"党籍碑"条）。

突"（《朱子语类》卷一○八《论治道》），大有"举世皆浊我独清，众人皆醉我独醒"的言外之意。绍熙二年（1191）他献给当朝执政的救世良方为："自（光宗）腹心以至耳目喉舌之地，皆不容有毫发邪气留于其间。"（《朱文公文集》卷二十八"与留丞相书（十月十二日）"）有其师必有其徒。永康陈亮专言事功，鄙弃空谈，遂为世所忌。他在淳熙十三年（1186）写给朱熹的信中，控诉："张体仁太博为门下士，每读亮与门下书，则怒发冲冠，以为异说；每见亮来，则以为怪人，辄舍去不与共坐。"（《陈亮集》卷二十八"丙午复朱元晦秘书书"）①看不惯朱门晚辈做派的还有周必大，指斥他们"喜窃伊、洛之言，济其私欲。诘之则恫疑虚喝，反谓人为蹇浅，非如庸夫，尚有忌惮"（《文忠集》卷一八六"乾道九年与张钦夫左司书"其三）。无独有偶，陆门弟子同样以盛气凌人著称，讲论之际，一语不合即"厉色忿词，如对仇敌"，甚至到了"狂妄凶很（同'狠'），手足尽露"，要饱以老拳的地步（见《朱文公文集》卷五十四"答诸葛诚之书"其一及卷五十"答程正思书"其十六）。

这一招果然有杀伤力，让人手软脚软不由自主拜倒在他们"高大全"的形象面前。理学虽在学术上钻进死胡同，却意外获得崇高政治地位，成了官方意识形态的总代表，这只"不死鸟"乃把国家引上一条举步维艰的泥泞之途。自宋以下，元、明、清三朝官方修史者无不站在理学立场指点江山，臧否人物，民间发出的异样响动（如李卓吾、顾亭林、戴东原）微乎其微。许多历史真相就这样被一边倒的舆论风浪刮得面目全非，像搁浅的船躺在岸边静静朽烂，后人懒得再去理会了。在《朱熹》书中，余英时声称不取"君子""小人"简单二分，但他把南宋中期官场上见到的士大夫划为理学型与官僚型两大集团，认为前者代表儒家的理想主义，后者仅患得患失个人前程，其价值取向已显而易见，很难像他自己标榜的那样不偏不倚保持中立了②。

从朱子牙缝中频频挤出的"生事""事端"乃指恢复，在他看来，朝中做官的都因循苟安，不思进取；叶适亦有类似观察，其"上殿劄子"云："今环视诸臣……以奔趋官簿为阀阅，以勾校朱墨为详练，能缚一奸民遂自许为有智，能斩一颗卒遽自负以为有勇，其怀利尚同，毁伤善类，阴塞正路，谋以力据要津者，充满内外。"（《水心别集》卷十五）这当然不是实情。绍兴七年（1137）吕本中（公著曾孙）奏曰："近者臣庶劝兴师问罪者，不可胜数，观其辞固甚顺，考其实不可行。大抵献言之人，与朝廷利害绝不相侔，

---

① 案：张体仁即詹体仁。清梁章钜曰："《宋史》有《詹体仁传》，叶水心尝为体仁志墓（见《水心集》卷十五《詹公墓志铭》），述及改姓，而本传失书，史之疏也。"（《归田琐记》卷三"书詹元善遗集后"）
② 余氏郑重声明，"'道学型'与'职业官僚型'都是现象描述语，不涵任何价值判断。以两大壁垒中个别成员言，我们尤其应避免传统的成见，以为'道学'型在品质上必高于官僚型。"（《朱熹（上）》349页）但通览全书，每涉及一具体人事，作者"《春秋》笔法"已尽寓于充满情色彩的文字中了。

言不酬，事不济，则脱身而去。朝廷施设失当，谁任其咎？"（《宋史》本传）即便十一年（1141）和议达成后，秦桧抑或高宗都无法把朝野上下主战呼声完全压制下去，故孝宗之世立刻发生反弹，张浚、虞允文、胡铨等人重拾雪耻旧说，刚刚复相的汤思退怒曰："此皆以利害不切于己，大言误国，以邀美名。宗社大事，岂同戏剧！"（《续资治通鉴·宋纪一三八》）不消说，风雨飘摇的南宋朝始终是在和与战两股大浪的拍击下艰难行舟，左右摇摆，永远不可能全速驶向一个既定目标。

孝、光之际，理学家们自谓"有血气之属"（《朱文公文集》卷十一《己酉拟上封事》），接过前人衣钵，在宣传阵地掀起新一轮抗金高潮。将意见不合者一律抹黑为"挨得过时且过"，恐怕还是那套矜己傲人的老把戏，除了给自家造势外别无他用。说到这儿，一个颇为关键人物便自然而然进入到我们的视野中。婺州王淮，淳熙八年（1181）至十五年（1188）为相，即余英时笔下"职业官僚集团"之扛大旗者。《宋史》作者对他时有微词，欲深入了解其人其事，必须另觅线索。孝宗"心志未定"，"屡易相"（《宋史·王质传》），惟王淮在位凡七年，这在秦桧之后是难得一见的景象（参见《朝野杂记》甲集卷九"中兴宰相久任者"条）。楼钥概括孝宗前后用人不同曰："孝宗皇帝以不世出之资，直欲鞭笞四夷，以遂大有为之志，一时进用多趋事赴功之人。淳熙以来，益务内治，选任儒雅厚重、经远好谋之士，而公（指淮）为之称首，君臣相遇，千载一时。……孝宗聪明果断，临照百官；公以宽厚精深调娱万务，守法度行，故事大纲小纪，持守无失。……今言治者，必称淳熙之际焉。"（《攻媿集》卷八十七《王公行状》）诗人杨万里对王淮有着更加形象的描写，云："公之为人，貌不襮其刚，动不显其方，呐呐恂恂，言徐色夷，以春迟冬温之气，当风行雷厉之威。……淳熙之治，视庆历、元祐无所与逊。"（《诚斋集》卷一二〇《鲁国王公神道碑》）

王淮春风化雨、润物无声的"温暾"执政风格却让急火攻心的朱子陷入抓狂。后者以为天下事有缓急，"当缓而急者其害固不为小，若当急而反缓则其害有不可胜言者……窃观今日之势可谓当急不可缓者矣"；进而矛头直指时宰，公开批评王氏泄泄沓沓，"忧国之念不如爱身之切。"（《朱文公文集》卷二十六"上宰相书"）此书作于淳熙九年（1182）六月八日，晦庵正在浙东主持抗旱，通篇似陈说救荒刻不容缓，至信尾始笔锋陡转，切回正题："今祖宗之仇耻未报，文武之境土未复，主上忧劳惕厉，未尝一日忘北向之志"，"一念至此，心胆堕地"；这番话恐怕比"爱身"指责更能刺激王淮的神经。

晦庵任浙东提举仅一年，纠弹官吏，毁秦桧祠，的确做到了雷厉风行（见《朱子年谱》淳熙八年、九年条）；而九年七月奏劾前知台州唐仲友不法，似乎导致他与王淮的冲突全面升级。唐、王既是同乡，又为姻亲；晦庵前后六上章，"淮度其势益炽，乃取首章语未甚深者及仲友自辨疏同上，曲说开陈，故他无镌削，止罢新任（江西提刑）。"
（《朱子年谱》卷三"劾唐仲友"条下引旧谱）首先需对仲友学术有所了解，全祖望谓唐氏与永嘉诸先生最同调，"痛辟佛、老，斥当时之言心学者"。接下来全氏又替唐、王开脱道："晦翁虽大贤，于此（指纠唐）终疑其有未尽当者。且鲁公（指淮）贤者，前此固力荐晦翁之人也，至是或以姻家之故，稍费调停，然谓其从此因嗾郑丙、陈贾以毁道学，岂其然乎！"（《宋元学案》卷六十《说斋学案》）

台州一案孰是孰非无关宏旨，但祖望之语至少有两处当辨。前半句谓淮"力荐晦翁"，据《宋史》本传，淳熙八年淮言："朱熹学行笃实，拟除浙东提举，以倡郡国。"又言："修举荒政，是行其所学。"余英时认为"这是一种巧妙的官僚说词，表面上入情入理，其实是有意将他挡在权力中心之外"（《朱熹（上）》364页）。楼钥《王公行状》"故事大纲小纪，持守无失"的说法清楚表明王淮为相七年，其中心工作就是要努力维持绍兴以来南北和局，而晦庵绍兴三十二年所上"封事"已向天下人亮明自己观点，故朱、王不和种子早经埋下，不必待唐案爆发才破土而出。凭朱熹地位，无论入朝与否都不可能对任何人的利益构成实质威胁，王氏之所以处心积虑严防死守，真正忌惮的乃是他振臂一呼的宣传鼓动能力。只有从这个角度，方能读懂叶适"王淮深恶（熹）"那句话的含义（见《水心集》卷二《辩兵部郎官朱元晦状》）[①]。

祖望后半句欲撇清王淮跟淳熙十年（1183）"禁伪学"的关系，如余英时所言，"不免有强辩之嫌"（《朱熹（上）》358页）。难以想象朝廷能够不由宰相筹划而径向"伪学"宣战，在这件事上，同样《宋史·王淮传》的说法更有可信性，云："（淮）擢陈贾为监察御史，俾上疏言：'近日道学假名济伪之弊，请诏痛革之。'郑丙为吏部尚书，相与叶力攻道学，熹由此得祠。其后庆元伪学之禁始于此。"可见王淮乃有计划有步骤地将打击对象由晦庵个人逐渐扩大及于整个理学集团，这确实是一场没有硝烟的战斗。比较朱、王，朱说华丽但不实用，王说丑陋然而务实。史称"金世宗之立，金国平治，无衅可乘"（《宋史·孝宗纪》"赞"）[②]，此话亦可反过来讲。主张"大更改"的理学人士在绝大多数时间里被牢牢摁在"在野"的板凳上，无用武之地，以致晦翁绝望大叫"死亦不出"（《朱子语类》卷一〇七《内任·丙辰后》）；其显见结果便是，终南宋之世，未发生像北宋那样大的政局动荡。单从这一点看，以王淮为首的所谓"官僚集团"功莫大焉；陈寅恪不合时宜赞美东晋王导的话，或正可借来用在淮之头上。

---

① 案：余英时始终在"党争"框架下讨论朱、王关系，似未能看到二人交恶源于执政理念上的深刻而不可调和之分歧；这种矛盾超越个人利害得失，关乎国家生死存亡，绝不可以寻常眼光审视之。

② 案：金世宗完颜雍当时号称"小尧舜"（见《金史·世宗纪》"赞"及《朱子语类》卷一三三《本朝七·夷狄》）。

开禧北伐

孝宗赵昚血管里流淌着先祖的血液[1]，"卓然为南渡诸帝之称首"（《宋史·孝宗纪》"赞"）。即位之初，下诏"追复岳飞元官，以礼改葬"，"逐秦桧党人"（《宋史·孝宗纪一》），已经预示着他这一朝不会以平静收场。

孝宗尝谓宰相虞允文曰："丙午（指靖康）之耻，当与丞相共雪之。"（《宋史·虞允文传》）又作《新秋雨霁》诗以言志，云："平生雄武心，览镜朱颜在。岂惜尝忧勤，规恢须广大。"（张端义《贵耳集》卷上）另有两例故事表明他对于报仇雪耻，是真正下了大决心的。

"寿皇在宫中，常携一漆拄杖，宦官宫妾莫得睨视。尝游后苑，偶忘携焉，特命小黄门取之。二人竭力曳以来，盖精铁也。上方有意中原，故阴自习劳苦如此。"（《鹤林玉露》甲编卷一"铁拄杖"条）

"刘共甫奏事便殿，尝见一马在殿廷间，不动，疑之。一日问王公明，公明曰：'此刻木为之者。上万几之暇，即御之以习据鞍骑射故也'。"（《朱子语类》卷一二七《本朝一·孝宗朝》）

相比同样把复仇二字挂在嘴边的神宗，显然孝宗记忆更惨更深，故其行事隐约有着勾践卧薪尝胆的影子。于是倚魏国公张浚如长城，摆开架势要与金人决战。

张浚因主战遭黜，至绍兴三十一年（1161）金海陵王渝盟伐宋始获得起废复用的机会，卫士见之，"无不以手加额。"（《宋史·张浚传》）是时金骑充斥，宋军呈溃败之势，幸有虞允文督战，采石（今安徽马鞍山市西南）一役扭转战局，海陵旋遇弑身亡，一番激烈摇摆过后，南北间的天平又暂时稳定下来[2]。

高宗治国，"惟以和好为念，盖兼爱南北之民，以柔道御之。"（《建炎以来系年要录》卷一五九）[3]但海陵王的冒险军事行动打破了固有平衡，高宗不得不以"内禅"方式

---

[1] 案：孝宗为太祖七世孙；自赵匡胤在烛影斧声的大雪之夜传位于弟，子孙不得享天下，至赵昚始回归"正统"。

[2] 纵观吾国历史上的分裂时期，北方恃马，大抵取攻势；南方赖地利，以水师与马军周旋，虽处守势而能赚到对峙的资本。历数经典战例，如赤壁、淝水，甚至建炎四年（1130）韩世忠挫兀术于黄天荡，从过程到结果，几乎都在复制相同的模式。然最终打破僵局、实现统一者仍为北人，于此可见冷兵器时代马始终是战争胜负的决定性因素，拥有充足马源一方注定能够笑到最后。

[3] 案："柔道"之说始自汉光武帝（见本书107页）。

黯然退场，淡出宋人视野二十年的张浚全面回归，再唱恢复，一时朝野鼓噪，群情激昂。隆兴元年（1163）出师渡淮，连克灵璧（今安徽灵璧）、虹县（今安徽泗县）、宿州（今安徽宿州），孝宗手书曰："近日边报，中外鼓舞，十年来无此克捷。"（《宋史·张浚传》）然宿州得而复失，信心爆棚的宋军很快便被打回原形，夜遁至符离（今宿州北），赴水死者不可胜计。"金人乘胜，斩首四千余级，获甲三万，于是宋之军资殆尽。"（《续资治通鉴·宋纪一三八》）

明年（1164）十一月双方媾和，约为叔侄之国，宋割商、秦地，岁输银、绢减作二十万两、匹，是为"隆兴和议"。高宗虽居二线，并不意味着就此失去掌控力。《鹤林玉露》丙编卷四"中兴讲和"条记录下隆兴初他与张浚之子栻的一段对话，曰："自亮（海陵王）死，非特金人衰弱，吾国亦未免力弱。……只是说与卿父，今日国家须更量度民力国力，早收拾取。闻契丹与金相攻，若契丹事成，他日自可收下庄子刺虎之功①。若金未有乱，且务恤民治军，待时而动可也。"淳熙中，他又劝诫孝宗："天下事不必乘快，要在坚忍。"（《西湖游览志余》卷二《帝王都会》）

在太上皇调教之下，年轻气盛的孝宗终于变得"明习国事，老成向用"（同上引），似乎悟出点儿"柔道"的哲理；但这仅是表面上的波澜不惊。因近习曾觌、龙大渊窃弄威权，孝宗察之，脱口而出道："为家老子误我不少。"（徐经孙《矩山存稿》卷一《劾董宋臣又疏》）②此话必曲折别有所指，闻弦歌而知雅意，不难体会他的胸中积攒下怎样一腔怨气与怂恿。

直至孝宗退位，恢复之志卒不得逞。光宗在位五年，"主安静之说"（《攻媿集》卷九十九《黄公（裳）墓志铭》），后又患上失心疯，"噤不知人，但张口呓言"（《宋人轶事汇编》卷三"李后"条引《朝野遗记》），他的短短一朝无足称道。宁宗之世江南再次人心浮动。时外戚韩侂胄（故相韩琦曾孙）执政，前后十四年间总共做下两件大事。一是禁"伪学"，庆元三年（1197）曾任监察御史的刘三杰上疏，将"边境之忧"与"伪学之忧"并举，直言"前日之伪党至此变而为逆党"（《道命录》卷七下《刘三杰论伪学党变而为逆党防之不可不至》）。于是坐伪学逆党得罪者五十九人（见《宋史·韩侂胄传》），忮者喜曰："道学结局矣！"（《水心集》卷二十四《李公（祥）墓志铭》）二是开禧二年（1206）兴师北伐。

---

① 典出《史记·张仪传》。两虎相斗，大者伤，小者死。卞庄子从伤者而刺之，一举有双虎之功。

② 余英时指出，绍兴三十年（1160）孝宗立储时，曾、龙即由高宗安插到身边，而成所谓"潜邸旧人"。"'家老子'三字必指高宗无疑。《宋史》觌本传改此句为'曾觌误我不少'，若非有意讳饰，即是误解文义。"（《朱熹（下）》744页）

这两件事连起来看实在有些滑稽，打散道学者韩氏，实现其政治抱负者亦韩氏。如果说庆元党禁背后尚有排挤政敌赵汝愚之个人动机，开禧北伐恐怕就不是他一个人能做得了主的。据《宋史》本传，"或劝侂胄立盖世功名以自固者，于是恢复之议兴。"不消说，韩氏是被举国舆论绑架，昏昏然上了战车，杨慎连用十二字形容之："其事则是，其时则非，其人尤非。"（《升庵诗话》卷十"元载韩侂胄"条）及丧师，舆论又非常及时地来了个一百八十度大转弯，御笔云（应出自杨皇后之手）："韩侂胄久任国柄，轻启兵端，使南北生灵枉罹凶害。"（《宋史·韩侂胄传》）在报仇问题上既知宋人如何上下一心，读到这段端端正正的文字，我们今日只剩下掩嘴偷着乐的份了。

韩氏结局更具几分喜剧色彩。开禧三年（1207）十一月三日，侂胄早朝至六部桥，伏兵："径出玉津园夹墙，用铁鞭中韩阴，乃死（原注：韩裹软缠，故难中）。"（《四朝闻见录》丙集"虎符"条）定诛韩之计者，杨皇后及礼部侍郎史弥远。史称："宁皇闻韩出玉津园，亟用笺批殿司：'前往追回韩太师。'慈明（即杨后）持笺泣，且对上以'他要废我与儿子'[1]，又以'杀两国百万生灵，若欲追回他，我请先死'。宁皇收泪而止。"（同上引）接下来一幕尤匪夷所思。嘉定元年（1208）宋求和，增币之外[2]，应金人要求，"命临安府斲侂胄棺，取其首遗之。"（《宋史·韩侂胄传》）大臣王介争之，"以韩首固不足惜，而国体为可惜。"（《四朝闻见录》乙集"函韩首"条）[3]

韩氏不幸入《奸臣传》。袁枚谓读史不易，"读全史而后可以读本传，读旁史、杂史而后可以读正史。"《宋史》成于道学之风正炽时，"张浚伐金之谋，与侂胄同；符离之败，与侂胄同。然而张浚不诛，士林不议者，何也？则一与朱子交，一与朱子忤故也。善乎宁宗之言曰：'恢复岂非美事？惜不量力耳'（语见《宋史·韩侂胄传》）。"（《小仓山房（续）文集》卷三十"书《陆游传》后"）随园又引钱大昕诗云："匆匆函首议和亲，昭雪何心及老秦。一局残棋偏汝着，千秋公论是谁伸？横挑强敌诚非计，欲报先仇岂为身？一样北征师挫衄，符离未戮首谋人。"（《随园诗话》卷二第四十五条）

宋人游走于和、战两端，其心理纠结并未随着一次次兵败如山倒的耻辱经历而得到稍许缓解。北方蒙古崛起终于让中国大陆上紧绷绷的"三国鼎峙"格局现出松动的迹象。公

---

[1] 案：杨氏为贵妃时，与曹美人俱有宠。韩皇后（侂胄侄孙女）崩，侂胄主立曹氏，杨遂衔恨（见《宋史·后妃传下》）。

[2] 据"嘉定和议"，宋称金曰"伯"（比隆兴时的"叔侄"辈分见涨），增岁币为三十万，别有犒军钱三百万两（见《续资治通鉴·宋纪一五八》）。

[3] 依《宋史》，持有伤国体论者为倪思（见本传）。又：杂史谓金既得韩首，葬之，谥曰"忠缪侯"，言其"忠于为国，缪于为身"云云，恐系宋人传闻（见《四朝闻见录》"函韩首"条及《齐东野语》卷三"诛韩本末"条）。据《金史·章宗纪四》，金"悬其首并画像于市，以露布（即布告）颁中外"，应更近实情。

元1227年成吉思汗灭夏，下一步行动虽在他天寿以外，这位天才人物的心中早有了一张近乎完美的"路线图"，遗言曰："金精兵在潼关，南据连山，北限大河，难以遽破。若假道于宋，宋、金世仇，必能许我，则下兵唐、邓，直捣大梁……破之必矣。"（《元史·太祖纪》）不出所料，南宋理宗几乎是不假思索便接受邀请，与蒙古联手展开了对金人的围攻。

金天眷元年（1138），熙宗诏"以京师为上京，府曰会宁"（《金史》本纪），故址在今黑龙江省哈尔滨市阿城区。贞元元年（1153），海陵王南迁至燕京，称中都。蒙古兵起，贞祐二年（1214）宣宗弃燕迁汴；天兴二年（1233）哀宗又奔蔡州，守将崔立献汴城降，送两宫（太后、皇后）、妃嫔及宗室男女五百余人至青城，皆北迁入蒙。青城在汴京城郊，本为宋祭天斋宫，靖康时徽、钦即由此被俘北上。至是重见当年惨象，汴人窃叹："此国初受宋降处，今乃复至此乎！"（《续资治通鉴·宋纪一六七》）

明年（1234，即宋端平元年）正月，宋蒙联军攻破蔡州，金亡。宋人喜滋滋分得哀宗遗骨的同时，显然未听到他临死所发"蒙古灭国四十，夏亡及于我，我亡必及于宋，唇亡齿寒"（同上引）之哀嚎，从而对形势做出完全错误的判断，以至萌生"守河据关""抚定中原"之狂想（见《齐东野语》卷五"端平入洛"条），欲一举收复三京八陵①。于是遣师北上，沿途荒凉残破，如人无人之境，唾手而得汴、洛。主帅赵葵流连于昔日繁华的东京城中，"盛服行宫阙，省宗庙，吊遗黎故老，以布宣明天子威德，亦一时之盛"（方岳《秋崖集》卷四十《吴公（天球）墓志铭》）。南宋的胃口太大，终于惹毛了蒙古人，大兵蜂拥而来。宋军先被逐出洛阳，汴亦不保，一场计划内的盛事不得不以乞和狼狈收场。时人讥曰："始轻战而挑敌，中议和而款师。今战既不可，和又不成。"（袁甫疏，载《历代名臣奏议》卷三三九《御边》）端平用兵点燃了宋蒙交恶的导火索，双方打打停停四十余年，宋亡乃已。赵瓯北叹曰："宋之为国，始终以和议而存，不和议而亡。"（《廿二史劄记》"和议"条）宋人至死未能打开心结，从心灵深处彻底解决"和"抑或"战"这一命攸关的大问题。

---

① 三京指东京开封、西京洛阳、南京归德（又称应天，今河南商丘）。八陵指北宋皇陵，通称七帝八陵（含赵匡胤父），位于今河南巩义。

第十章

元: 第一次历史大倒退

北方长城未能阻挡住来自草原的蒙古铁骑，以文官制度以及一整套相对成熟的文化价值体系为代表的传统中国社会千百年来赖以维系发展的那根轴终于在公元十三世纪下半叶硬生生断掉，国人从而有了被异族统治的崭新体验，绵历一世纪之久。

阅读或写作元史，无可避免会受到一个技术性难题的困扰，即摆在眼前的究竟该算中国史还是蒙古史？这不只涉及到对历史的认知，还跟民族荣誉感、自尊心有关，稍不慎便要招来骂名。而元朝的景象也的确有几分奇异，一面是皇帝不懂汉文，诏令以蒙古语下达，甚至治下汉人纷纷以取蒙古名为荣；另一面则是这个并不算遥远的朝代与中国历史如此紧密地衔接在了一起，今日共和国首都、曾经以胡同闻名于世的老北京城之棋盘式布局即肇基于彼时[1]，效力元廷的郭守敬目下更在各种官方场合被屡屡征引，成了炙手可热的人物。

蒙古人的武功又不限于中国本土，兵锋直入西亚、欧洲，建起四大汗国（察合台、窝阔台、伊利以及钦察即俄罗斯所称金帐）；阴影拂之不去，十九世纪末二十世纪初西方仍有"黄祸"（Yellow Peril）之恐惧，连累搞侵略扩张的日本一起挨骂[2]。提及这段史实，针对"吾国征战俄国"一说，鲁迅谓那时："中俄两国的境遇正一样，就是都被蒙古人征服的。为什么中国人现在竟来硬霸'元人'为自己的先人，仿佛满脸光彩似的，去骄傲同受压迫的斯拉夫种的呢？倘照这样的论法，俄国人就也可以作'吾国征华史之一页'，说他们在元代奄有中国的版图。"（《三闲集》之"《吾国征俄战史之一页》"，《鲁迅全集》（十六卷本）卷四144页）又道："（元）东取中国，西侵欧洲，武力自然是雄大

---

[1] 案: 胡同本作衚衕，即由元人发明，"字中从胡、从同，盖取胡人大同之意。"（明沈榜《宛署杂记》卷五"街道"）

[2] 1907年德皇威廉二世称："'黄祸'——这是我早就认识到的一种危险。实际上创造'黄祸'这个名词的人就是我。"（《二心集》之"'民族主义文学'的任务和运命"注释十二引自戴维斯《我所认识的德皇》，《鲁迅全集》（十六卷本）卷四321页）

的，但他是蒙古人，倘以这为中国的光荣，则现在也可以归降英国，而自以为本国的国旗——但不是五色的（指北洋政府国旗）——'遍于日所出入处'了。"（《集外集》之"《奔流》编校后记（十）"，同上卷七183页）

华夏文明植根于农业经济土壤中，循自然演进规律，至宋世城市商业之繁荣已见些许破茧成蝶的苗头。然蒙古人携落后之文化与野蛮之习俗入主中夏，首要一事便是重农（虽本身无此传统），获史家交口称许的同时，却将吾国历史往后狠拽一大步——这一幕并非元代独有，今后我们还会再次领教到。

元帝系及年号

帝王	年号	公元起讫
世祖（奇渥温·忽必烈）	中统（5）	1260—1264
	至元（31）	1264—1294
成宗（铁穆耳）	元贞（3）	1295—1297
	大德（11）	1297—1307
武宗（海山）	至大（4）	1308—1311
仁宗（爱育黎拔力八达）	皇庆（2）	1312—1313
	延祐（7）	1314—1320
英宗（硕德八剌）	至治（3）	1321—1323
泰定帝（也孙铁木儿）	泰定（5）	1324—1328
	致和（1）	1328
天顺帝（阿速吉八）	天顺（1）	1328
文宗（图帖睦尔）	天历（3）	1328—1330
	至顺（3）	1330—1332
明宗（和世㻋）*	天历（1）	1329
宁宗（懿璘质班）	至顺（1）	1332
顺帝（妥懽帖睦尔）	至顺（1）	1333
	元统（3）	1333—1335
	至元（6）	1335—1340
	至正（28）	1341—1368

（*案：文宗先即位，以远在朔漠的明宗嫡长让之。天历二年八月，文宗弑其兄于迎还途中，复帝位，史称"天历之变"。至顺元年又杀明宗皇后，徙明宗长子即后来顺帝于高丽大青岛。）

灭宋

　　宋蒙战争正式爆发于双方联手灭金的次年即1235年，太宗窝阔台（成吉思汗第三子）以宋"败盟"为由，发兵攻川蜀及荆襄。蒙古骑兵曾给马可·波罗留下极深刻印象，他说："其人为良武士，勇于战斗，能为他人所不能为。数作一月行，不携粮秣，只饮马乳，只食以弓猎得之兽肉。……此种鞑靼人能耐劳苦，食少，而能侵略国土，世人无能及之。"（《马可波罗行纪》第一卷第六九章145页）耐人寻味的是，金人同以骑射见长，入中原既久，反谓"蒙古所以常取胜者，恃北方之马力，就中国之技巧耳，我实难与之敌"（《续资治通鉴·宋纪一六七》）。他们驰骋亚、欧，所向披靡①，不意却在南宋地界撞见真正劲敌。破蔡灭金的名将孟珙只手擎天，力保千里江防，"以孤军与持荆襄巫夔间，屹然为东南砥柱者有年。"（唐才常《唐宋御夷得失论》，收入郑振铎辑《晚清文选》卷下，中国社会科学出版社，2002年）

　　宪宗蒙哥时，不得不稍敛锋芒，改用迂回战术，遣弟忽必烈绕攻大理，有"止隔重山条江便是南家"之说（见李曾伯《可斋续稿后》卷六《回奏宣谕（五月二十五日）》），这被宋人称作"斡腹之谋"②。宪宗亲征蜀，久攻合州（今重庆合川）不下，公元1259年七月病死于城东钓鱼山③。时忽必烈自大理北上，围鄂州（今湖北武昌）正急，闻凶问，引军还大漠以争汗位，翌年（1260）三月即位于开平（今内蒙古正蓝旗东北上都河北岸兆奈曼苏默古城），建元中统（蒙古有年号自此始），是为世祖。宋朝方面，代表朝廷在鄂州督战的外戚贾似道私下乞和，"愿割江为界，且岁奉银、绢匹两各二十万。"（《元史·赵璧传》）乃攘鄂围之解为己功，"通国皆不知所谓和也"；及世祖遣郝经来定和议，似道虑事泄，竟拘之真州（今江苏仪征），不发一使，不答一书（见《宋史》本传）④。观贾氏

---

① 案：窝阔台伐宋同时，遣诸王子远征欧洲（已是成吉思汗之后第二次），显然在他的规划中，西征意义远大过对宋战事。

② 宋理宗端平三年（1236），监察御史吴昌裔奏称："臣十年前闻敌有斡腹之谋，欲借路云南，图我南鄙，当时说者皆以为迂。"（明杨士奇《历代名臣奏议》卷三三九《御边》）李曾伯亦有"以南方素无备之地，当此敌二十年斡腹之谋"语（《可斋续稿后》卷四《归里谢宣谕奏》）。然则蒙人早有此想。孟珙曾创"藩篱三层"说，备涪、万为第一层，备鼎、澧为第二层，备辰、沅、靖、桂为第三层，已隐含对蒙古迂回包抄之防范。惟第三层防御，珙本人亦未予以足够重视，上书执政，反对增兵广西（见《宋史》本传）。刘克庄又云：自淳祐元年（1241）以后，宋廷防备蒙军斡腹，"若缓若急，将信将疑，岁岁如此。"（《后村先生大全集》卷一〇八《跋赵侹与灏条具掺腹事宜状》）

③ 蒙哥实施斡腹之谋同时，又发动第三次西征，犹是东西方战场并重的战略构想，可见蒙古民族入主中土以前，始终致力于打造一个横跨亚欧的大帝国。

④ 案：苏武、常惠等困居匈奴十九年，汉使求之，单于诡称已死。常惠夜见使者，教其谓汉帝射上林得雁，足有帛书，单于遂不敢隐瞒（见《汉书·苏建传》附武传）。郝经拘宋凡十六年，尝题诗于帛，系于雁足，诗云："霜露风高恣所如，归期回首春初。上林天子援弓缴，穷海累臣有帛书。"郝氏放还之岁，此帛果为汴民射得（见《元史》本传）。赵瓯北叹曰："苏武帛书乃托辞，而经雁书则实事，尤绝奇。"（《陔余丛考》卷三十九"守节绝域不传者甚多"条，亦见《廿二史割记》卷三十"郝经"条）

种种古怪举动，便知宋人无论落到哪步田地，以议和为耻之倔强心理是始终不渝的。

宋理宗景定二年（1261），孟珙旧将刘整为当权所忌，叛降蒙古。所谓风起于青萍之末，这个贾似道当时看来不足为患的小插曲注定要在不远将来大大改变战争进程。刘整本自金入宋，以骁勇闻，尝率十二人夜袭信阳，孟珙以为其事又在"十八骑拔洛阳"的唐末李存孝之上，遂书其旗曰"赛存孝"；刘降后，宋兵见"赛存孝"旗辄遁（见《元史》本传）①。世祖在北方，任用汉人，定官制，立纪纲，颇具开国规模；既获刘整，"由是尽得国事虚实"（明商辂等《续资治通鉴纲目》卷二十一"刘整以泸州叛降"条下原注），侵宋之心愈发膨胀。

至元四年（1267）十一月，刘整奏攻宋方略，宜先从事襄阳，"攻蜀不若攻襄，无襄则无淮，无淮则江南可唾手下也。"（周密《癸辛杂识别集下》"襄阳始末"条）②明年（1268）九月，整偕蒙古将阿术南下围襄，又献计曰："我水战不如宋，夺彼所长，造战舰，习水军，则事济矣。"乃造船五千艘，日练水军，虽雨不能出，亦画地为船而习之，得练卒七万（《元史》本传）。王曾瑜称降将刘整帮助蒙古完成两大战略转变，"第一，将主攻方向由四川转移到襄阳和樊城，并且避免强攻，施行长围久困；第二，编练了强大的水军。"（《宋朝兵制初探》338页）

襄、樊之役前后持续六年，其间世祖取《易经》"乾元"之义，建国号大元，正式创立元朝（事在至元八年即1271年）。至元十年（1273），回回炮匠亦思马因赴前线助战，炮轰樊城，陷之；继攻襄阳，"一炮中其谯楼，声如雷霆"（《元史·阿里海牙传》），守将吕文焕被迫降。刘整凯旋，奏曰："襄阳破，则临安摇。若将所练水军，乘胜长驱，长江必皆非宋所有。"（《元史》本传）王曾瑜说他才是"元灭南宋的关键决策人物"，不为过矣。

十一年（1274），世祖命丞相伯颜为帅，始全力伐宋。是年九月，二十万元军自襄阳南下入江，顺流长驱，"沿江州郡悉降"（《元史·阿剌罕传》），这与襄阳保卫战之艰苦拉锯恰成鲜明对照。至十三年（1276）三月，伯颜已以征服者的姿态按辔徐行于临安城中，一切来得太快太容易，恐怕连他自己都有些恍如做梦的感觉，而《元史》作者甚至使

---

① 案：李存孝本名安敬思，李克用养为义子（见《新五代史·义儿传》）。所谓"十八骑拔洛阳"正史不载，元陈以仁有杂剧《十八骑误入长安》，叙存孝助义父打败黄巢，杀进长安。大概宋元民间甚流行此类传奇。

② 案：襄阳有宋之咽喉一说（见《元史·管如德传》），对该地之战略地位南宋将领早有认识。绍兴四年（1134）岳飞攻取襄阳等六郡，赖以为"恢复中原基本"（《宋史》本传）。理宗嘉熙三年（1239）孟珙收复襄阳、樊城，奏曰："襄、樊为朝廷根本，今百战而得之，当加经理，如护元气，非甲兵十万，不足分守。"（《宋史》本传）顾祖禹曰：以天下言之，湖广形胜重在襄阳；"夫襄阳者，天下之腰膂，中原有之可以并东南，东南得之亦可以图西北。"（《读史方舆纪要》卷七十五《湖广方舆纪要序》）

用了"兵不血刃而平宋"（《元史·阿术传》）这样夸张的语言。姚枢亦云："自古平南，未有如此之神捷者。"（《元史》本传）明周礼叹曰："当时守城之人望风降附，而使蒙古不血刃而据有江南。苟或攻一城而一城不下，略一地而一地不降，纵使敌有强兵劲卒，亦不能半载而遽为深入也。"（《续资治通鉴纲目》卷二十二"巴延（即伯颜）陷常州"条下"发明"）宋人多以亡国归罪权相贾似道，《元史》载世祖与一班宋降将的对话，值得摘出。世祖问："尔等何降之易耶？"对曰："宋有强臣贾似道擅国柄，每优礼文士，而独轻武官。臣等久积不平，心离体解，所以望风而送款也。"世祖曰："借使似道实轻汝曹，特似道一人之过耳，且汝主何负焉。正如所言，则似道之轻汝也固宜！"（《元史·世祖纪六》）

伯颜是发兵前被世祖倚为宋初曹彬的人物，冀其不嗜杀而平江南。然至元十二年（1275）十一月常州之役，杀人无算。赵瓯北引《续资治通鉴纲目》及《府志》曰："伯颜之攻常州也，役城外居民运土填堑，土至，并人筑之。又杀民煎膏取油作炮，号人油炮，焚城上权牌。及城破，又尽屠之，惟七人伏桥坎得免。"（《陔余丛考》卷二十"曹彬伯颜不妄杀人之非"条）

宋祚未因临安城陷、少帝（赵㬎）北徙而骤绝，接下来几年，二王（益王昰、卫王昺）称制海中，直至宋祥兴二年（1279），大臣陆秀夫背着年仅八岁的末帝赵昺在崖山（今广东新会南崖门）投海自尽，苦苦挣扎的赵宋王朝才算艰难咽下了最后一口气。

元世祖一生，东征西讨，虽不能逞志海外（如日本、安南、缅甸、爪哇），依然在东亚大陆建立起一个幅员空前广阔的帝国，"其地北逾阴山，西极流沙，东尽辽左，南越海表。……东南所至不下汉、唐，而西北则过之。"（《元史·地理志一》）于是吾国借马上民族力量，而获得第一个"大中国"之版图。

重农政策

成吉思汗取金燕京，大举西征，仓廪府库无斗粟尺帛。中使别迭等言："虽得汉人亦无所用，不若尽去之，使草木畅茂以为牧地。"（宋子贞《中书令耶律公神道碑》，载苏天爵《元文类》卷五十七）蒙古人南下，势必带来畜牧、农业两种经济类型的冲突。中统三年（1262）正月，禁诸道戍兵及势家纵畜牧犯桑枣禾稼者；明年（1263）七月，戒蒙古军不得以民田为牧地。至元十年（1273）十一月，中书省则以畿内秋禾始收，请禁农民覆耕，恐妨刍牧。以上诸条分见《元史·世祖纪》二、五，当日紧张情势可想而知。至元末年（1294），天下混一已久，东平、大名诸路（分别在今山东、河北境内）犹有"诸王牧马草地，与民田相间，互相侵冒，有司视强弱为予夺，连岁争讼不能定"（《元史·和尚传》附子千奴传）。东平布衣赵天麟上《太平金镜策》云："今王公大人之家，或占民田，近于千顷，不耕不稼，谓之草场，专放孳畜。"（乾隆官修《续文献通考》卷一《田赋》，亦载《历代名臣奏议》卷一一二《田制》）

军队征讨，将相大臣多以掠人为事。陶宗仪曰：国初平定诸国，以俘到男女匹配为夫妻，男曰奴，女曰婢，总曰驱口，所生子孙永为奴婢，视之与马牛无异（见《辍耕录》卷十七"奴婢"条）。据《元史·雷膺传》，至元十四年（1277）江南初平，"诸将市功，且利俘获，往往滥及无辜，或强籍新民以为奴隶。"其中阿里海牙一人所掠民户竟以千万计。伯颜领大兵东进，阿里海牙留戍两湖，"以降民三千八百户没入为家奴，自置吏治之，岁责其租赋。"（《元史·张雄飞传》）至元十七年（1280），诏核阿里海牙等"所俘丁三万二千余人，并放为民"（《元史·世祖纪八》）。海牙本传犹肉麻兮兮赞他"未尝专事杀戮"，"取民悉定从轻赋，民所在立祠祀之。"赵瓯北则不客气地骂他"兵权在握，乘势营私，故恣行俘掠，且庇逃民，占降民，无不据为己有，遂至如此之多。"（《廿二史劄记》卷三十"元初诸将多掠人为私户"条）

元初情态大抵如是，胡祗通谓："方今之弊，民以饥馑奔窜，地著务农者日减日消，先畴畎亩抛弃荒芜，灌莽荆棘何暇开辟。中原膏腴之地，不耕者十三四。"（《紫山大全集》卷二十二《宝钞法》）世祖尝叹："使百姓安业力农，蒙古人未之知也。"（《元史》本纪五）

忽必烈开国之主，"尤惓惓于农桑一事"（《元史·食货志》序），当是实情。为藩王时，身边已聚集一班汉人儒士如刘秉忠、姚枢、许衡、郝经、窦默、王鹗、赵璧之流，耳濡目染，乃能褪去自身戾气，留意治道，略知养民[1]。宪宗时，刘秉忠首言"宜差劝农官一员，率天下百姓务农桑，营产业，实国之大益"（《元史》本传）；忽必烈以皇弟受封关中，遂"以姚枢为劝农使，教民畎植"（《元史·许衡传》）。

世祖登基，中统二年（1261）设劝农司，至元七年（1270）设司农司，寻改大司农司，专掌农桑水利[2]。遣劝农官及知水利者巡行郡邑，察举农事成否，岁终上达户部，作

---

[1] 忽必烈征大理，夜闻姚枢谈曹彬平南唐事；明日，据鞍连呼曰："汝昨夕言曹彬不杀者，吾能为之，吾能为之！"（《元史·姚枢传》）即位后，传谕丞相史天泽："朕或乘怒欲有所诛杀，卿等宜迟留一二日，覆奏行之。"（《元史》本纪二）又，郝经奉诏使宋，云："今主上（指世祖）在潜开邸，以待天下士，征车络绎，贲光丘园，访以治道，期于汤武。……今日能用士，而能行中国之道，则中国之主也。"（《陵川集》卷三十七《与宋国两淮制置使书》）

[2] 案：大司农司于至元十四年（1277）罢，后改设农政院、务农司、司农寺等，二十三年（1286）复立（见《元史·百官志三》）。

为地方官之考评依据。虞集（宋丞相虞允文五世孙）云："昔时守令之门皆画耕织之事，岂独劝其人民哉？亦使为吏者出入观览，而知其本。"（《道园学古录》卷十一《纺绩图跋》）①又于农村每五十家置一社，选立社长，教督农桑。"凡种田者，立牌橛于田侧，书某社某人于其上，社长以时点视劝诫"；有不遵教诲及不敬父兄者，"大书其所犯于门，俟其改过自新乃毁。"（《元史·食货志一·农桑》）至元十年（1273）《农桑辑要》成书，二十三年（1286）颁行天下；仁宗及明宗、文宗之世皆重刊，"盖有元一代，以是书为经国要务也。"（《四库提要》）

元代又是棉花在中土种植推广的重要时期。"棉有草、木二种，皆出海外。"（《柳南续笔》卷二"棉布之始"条）元稹"木绵温软当绵衣"（《送岭南崔侍御》），白居易"木棉花冷得虚名"（《新制绫袄成，感而有咏》）诗句②，指的都是木本棉，即俗称攀枝花者。《南史·西域传》谓高昌国"有草实如茧，茧中丝如细纑，名曰白叠子，国人取织以为布。布甚软白，交市用焉"，指的则是草本棉，即今通称之棉花也。明邱浚曰："汉唐之世，远夷虽以木绵入贡，中国未有其种。……宋元之间，始传其种入中国，关陕闽广首得其利。"（《大学衍义补》卷二十二《制国用·贡赋之常》）至元二十六年（1289），"置浙东、江东、江西、湖广、福建木绵提举司，责民岁输木绵十万匹。"（《元史·世祖纪十二》）其时闽广多种木棉，松江府乌泥泾地土硗薄，不宜五谷，遂遍植草棉，其用与木棉同。黄道婆自海南崖州来，教以杆弹纺织之法，利被一乡。清王应奎赞曰："今棉之为用，可以御寒，可以生煖，盖老少贵贱，无不赖之。其衣被天下后世，为功殆过于蚕桑。"（《柳南续笔》"棉布之始"）③

开掘疏浚之事功亦不可泯，史称："元有天下，内立都水监，外设各处河渠司，以兴举水利、修理河堤为务。"（《元史·河渠志》序）世祖于燕京旧城东北建新城，"城方六十

---

① 宋宗室之后赵孟頫（太祖十一世孙）有《题耕织图二十四首奉懿旨撰》（载《松雪斋集》卷二）。案：南宋绍兴年间临安於潜令楼璹首作耕、织二图以献高宗。"耕，自浸种以至入仓，凡二十一事；织，自浴蚕以至剪帛，凡二十四事。事为之图，系以五言诗一章，章八句。农桑之务，曲尽情状。"（楼钥《攻媿集》卷七十六《跋扬州伯父耕织图》）此图遂为历朝用来劝课农桑的钦定教材。清王士禛曰："康熙中，尝命画苑写《耕织图》，御制诗冠其上，方刻印颁行。"（《香祖笔记》卷十二）

② 案：棉、绵互通。

③ 陶宗仪谓闽广多种木绵，乌泥泾人觅种于彼，以资生业（见《辍耕录》卷二十四"黄道婆"条）；元王逢亦谓黄道婆归，"躬纺木绵花，织崖州被自给。"（《梧溪集》卷三《黄道婆祠》序）则松江所植即木棉；今从王柳南之说。又，柳南谓元末至正间松江始种草棉，而黄道婆自崖州来，大误。陶南村笼统系其事于"国初"，王梧溪则明确写道：乌泾人黄道婆"少沦落崖州，（成宗）元贞间始遇海舶以归。"显然吴地种棉、纺织应兴起于元初。

里，里二百四十步，分十一门。"（《辍耕录》卷二十一"宫阙制度"条）①筑城毕，汉人名之曰大都，蒙古人名之曰汗八里（《马可波罗行纪》第二卷第八四章200—201页沙海昂旧注二；波罗释汗八里为"君主城"之义，同书199页）。为解决大都漕运，至元十三至二十年（1276—1283）开济州河（今山东济宁境内），二十六年（1289）开会通河（今山东东平至临清，长二百五十余里），二十九至三十年（1292—1293）开通惠河（今北京市东，郭守敬主持，长一百六十四里）。至是，有名的京杭大运河南北贯通。

蒙古本草原游牧民族，入主中原，一变而重视农事，这在他们已是了不得的进步，但其政权不可避免带有劫掠的性质。以世祖为例，赵瓯北说他内用聚敛之臣，外兴无名之师，"嗜利黩武之心根于天性，终其身未尝稍变。"（《廿二史劄记》卷三十"元世祖嗜利黩武"条）邱浚亦曰："元世祖在位之日，击缅甸，击爪哇，击占城，击日本，殆无虚岁。……盖闻此诸国多珠贝宝石之类，欲得之耳。"（《大学衍义补》卷一五六《驭夷狄·劫诱穷黩之失》）元代海外贸易号称繁荣，而沿海置市舶司，大抵却是为着"损中国无用之货，易远方难制之物"（《经世大典序录·赋典·市舶》，载《元文类》卷四十）。

元人防制之心甚重。至元二十二年（1285）卢世荣奏曰："于泉、杭二州立市舶都转运司，造船给本，令人商贩，官有其利七，商有其三。禁私泛海者，拘其先所蓄宝货，官买之；匿者，许告，没其财，半给告者。"（《元史》本传）这可以看作是元廷经营国际贸易的基本模式，垄断色彩本已浓厚；至元二十九年（1292）藉爪哇有事，进而出台禁令，"暂禁两浙、广东、福建商贾航海者。"（《元史·世祖纪十四》）此后"禁商下海"之令时有颁布，开中国海禁先河。对待汉人，防禁尤严，禁民间私造、私藏兵器，禁聚众结社，禁夜行，又屡下诏括天下马匹②。

即便颇受称道的重农政策亦渐流于形式。长官以劝农署衔，不知农作之事，虚造文册，反成扰民，"世有纸上栽桑之语。"（许有壬《至正集》卷七十四《农桑文册》）胡祗遹奏云："农司水利，有名无实，有害无益，宜速革罢。"（《紫山大全集》卷二十二

---

① 案：新城始建时间《元史》自相歧互，《世祖纪三》及《刘秉忠传》皆谓至元四年（1267），《张弘略传》则曰："至元三年，城大都，（弘略）佐其父（张柔）为筑宫城总管。"又，新城街制，《日下旧闻考》卷三十八《京城总纪》引元熊梦祥《析津志》曰："自南以至于北谓之经，自东至西谓之纬。大街二十四步阔，小街十二步阔，三百八十四火巷，二十九衕通（即胡同）。"

② 案：元廷所颁禁令详载《元典章》及《元史·刑法志》，括马令散见各纪、传中。其中夜禁之法，"一更三点，钟声绝，禁人行。五更三点，钟声动，听人行（有公事急速及丧病产育之类，不在此限）"（《元典章·刑部十九·诸禁》之《禁夜》"禁夜"条）；"江南之地，每夜禁钟以前，市井点灯买卖。晚钟之后，人家点灯读书工作者，并不禁。"（《刑法志四》）又据《世祖纪十一》：至元二十三年（1286）二月敕中外，"凡汉民持铁尺、手挝及杖之藏刃者，悉输于官"。《英宗纪二》：至治二年（1322）正月，"禁汉人执兵器出猎及习武艺"。

《时政》）世祖时农政即堕坏如此，苏天爵说"农桑本以养民，世皆视为具文"（《滋溪文稿》卷十八《尚侯惠政碑铭》），指的已是顺帝至正间事了。

元代赋税又极苛酷。取于民者，有税粮（南北不同，北方征丁税、地税，江南征秋税、夏税）、科差（按户之高下征丝料、包银、俸钞）两项。世祖及成宗之世尚称宽仁，往后"除税粮、科差二者之外，凡课之人，日增月益。至于（文宗）天历之际，视至元、大德之数，盖增二十倍"（《元史·食货志》序）。举商税一项，至元七年（1270）定三十分取一之制，以银四万五千锭为额①。二十六年（1289）从丞相桑哥之请，增腹里（指山东、山西、河北之地，包括京畿）为二十万锭，江南二十五万锭。至天历时，"天下总入之数，视至元七年所定之额，盖不啻百倍。"（《元史·食货志二·商税》）

课税有"扑买"之制，最为无理。此制源于宋，或称"买扑"②，大抵是政府将某些官办产业的产销经营权下放给个人的一种包税办法，承包者借妄增课额牟利，南宋民间流传"欲得富，赶著行在卖酒醋"之说（庄绰《鸡肋编》卷中"建炎后俚语"条）。初时，包税仅限"茶盐榷酤课额少者"（《续资治通鉴长编》卷十七），入元则全面开放。蒙古太宗时，富人有请扑买天下差发、廊房、地基、水利、猪鸡、河泊、桥梁、渡口者，耶律楚材咸奏罢之。后有回鹘以银四万四千锭扑买课税，楚材力争不能止，叹曰："扑买之利既兴，必有蹑迹而篡其后者。民之穷困，将自此始！"（《耶律公神道碑》）

太宗八年（1236），楚材定天下田税，上田每亩税三升半，中田三升，下田二升，水田五升，以为永额（同上引，数字与《元史》本传有出入），较前朝不可谓不轻。然元代民田以外，复有官田，不惟赋额极重，且任意赏赐。文宗时，燕铁木儿以拥立之功获赐平江（苏州）官田五百顷；既蒙厚赏，因奏"平江、松江圩田五百顷有奇，粮七千七百石，愿增为万石入官，以所得余米赡弟"（《元史》本传）。据这段文字，以百亩为顷，十斗为石，十升为斗换算，当时法定官田租额已高达惊人的每亩十五升，何况还要"增为万石入官"呢！

元之官田承自宋，宋官田则由籍没权幸（如蔡京、韩侂胄等）田产而来，景定四年（1263）又买公田于浙西六郡（平江、江阴、安吉、嘉兴、常州、镇江），凡三百五十余

---

① 案：商税三十分之一，太宗时耶律楚材始定之（见宋子贞《耶律公神道碑》）。

② 宋太祖开宝三年（970），令买扑坊务者收抵当。陈傅良曰："买扑始见此。"（《文献通考》卷十九《征榷六》）李心传又曰："坊场课利者，自开宝九年（976）冬，诏承买以三年为限，仍戒当职官吏毋得信任小民，一时贪利，妄增课额。"（《朝野杂记》甲集卷十四"东南酒课"条）另据北宋杨亿所说，宋初挥师南下，吴越王钱俶调重兵防遏边境龙泉，"此时榷酤甚获其利，县民张延熙贪婪无识，遂入状添起虚额买扑勾当。"（《武夷新集》卷十五《论龙泉县三处酒坊乞减额状》）然则此法初行于五代十国末期之吴越国。

万亩（见《宋史·理宗纪五》）。买田初衷乃为富国强兵，且有抑制兼并之意，"将官户田产逾限之数抽三分之一，回买以充公田。但得一千万亩之田，则每岁可收六七百万石之米，其于军饷沛然有余。"（《续资治通鉴·宋纪一七七》）李卓吾评曰："若真买大户逾限之田，似无不可。"（《史纲评要》卷三十五《宋理宗皇帝》）然一旦付诸实施，本意全失，"除二百亩已下免行派买外，余悉各买三分之一，及其后也，虽百亩之家亦不免。"（《齐东野语》卷十七"景定行公田"条）政府又毫无信用，田亩值千缗者，以四十缗买之，或干脆只予度牒（售给僧尼道士的凭证，可免赋役）、告身（类似空头委任状），等同白取，"六郡之民，破家者多。"（《宋史·贾似道传》）

公田法推行仅过一年，"一岁之军饷，皆仰给于此"（理宗语），可见对于濒死的赵宋还是起到了饮鸩止渴作用的。周密曰："昔隋凿汴渠，以召民怨，乃为宋漕运之利；今宋夺民田以失人心，乃为大元饷军之利。"（《齐东野语》"景定行公田"）元人继承这些无主田地，便有了横恩滥赏的本钱，赵瓯北谓："使本非官田，而欲夺民产以赐，元政虽不纲，亦未必至此。"（《廿二史劄记》卷三十"元代以江南田赐臣下"条）泰定元年（1324）张珪论赐田之害，略云："自至元三十一年以后，累朝以官田分赐诸王、公主、驸马，及百官、宦者、寺观之属，虚耗国储。其受田之家，各任土著奸吏为庄官，巧名多取；又且驱迫邮传，折辱州县。官司交忿，农民窘窜。"（《元史》本传）

更要命的是，江南官田重赋问题历宋、元，至明不得解决。邱浚曰：明洪武中，"天下夏税秋粮以石计者，总二千九百四十三万余，而浙江布政司二百七十五万二千余，苏州府二百八十万九千余，松江府一百二十万九千余，常州府五十五万二千余。是此一藩三府之地，其民租比天下为重，其粮额比天下为多。……以苏州一府计之，以准其余。苏州一府七县，其垦田九万六千五百六顷，而居天下八百四十九万六千余顷田数之中，而出二百八十万九千石税粮于天下二千九百四十余万石岁额之内，其科征之重，民力之竭，可知也已。"（《大学衍义补》卷二十四《制国用·经制之义下》）

钱穆谓元代政治，举其要端，只有两项："一是防制反动，二是征敛赋税。"（《国史大纲（下）》643页）此话虽有黄仁宇所谓"谩骂"之嫌，实不为过。

元人用钞

元又是吾国历史上唯一不铸钱（仅在武宗及顺帝时短暂铸造）、专印钞的朝代。详论元代钞法之前，不妨先读一段善用夸张语言耸动世人听闻的马可·波罗以"大汗用树皮所造之纸币通行全国"为题写下的文字，略云：

"此币用树皮作之, 树即蚕食其叶作丝之桑树, 此树甚众, 诸地皆满。每年制造此种可能给付世界一切帑藏之纸币无数, 而不费一钱。大汗国中商人所至之处, 用此纸币以给费用, 以购商物, 以取其售物之售价, 竟与纯金无别。君主每年购取贵重物品颇多, 而其帑藏不竭, 盖其用此不费一钱之纸币给付也。大汗用此法据有所属诸国之一切宝藏。"(《马可波罗行纪》第二卷第九五章226—227页)

如前所述, 北宋蜀地最先流通名为"交子"的纸币(见本书253页)。据《宋史·西蜀孟氏世家》, 孟昶"用度不足, 遂铸铁钱"。宋平蜀后, 增铸铁钱, 禁铜钱入其境。太平兴国四年(979)始开禁, 输租及榷利征铜钱; 然铜钱已竭, 蜀民"或剜佛像, 毁器用, 发古冢, 才得铜钱四五。"(《皇宋通鉴长编纪事本末》卷十一《蜀钱》)可见自五代时起, 铁钱已畅行西南一隅, 惟用之极不方便: "小钱每十贯, 重六十五斤, 折大钱一贯, 重十二斤。街市买卖, 至三五贯文, 即难以携持。"(《宋朝事实》卷十五《财用》)于是民间乃私印交子, 以便贸易, 富民十六户主之[1]; 后因争讼不断, 方改官办, 置益州交子务(见《续资治通鉴长编》卷一〇一)。吕祖谦总结交子诞生过程, 谓其法"出于民之所自为, 托之于官, 所以可行。"(《文献通考》卷九《钱币二》)

南渡后, 复有"会子"通行辖境内, 同样走过一条先民后官的路途。李心传曰: "临安之民, 私置便钱会子, 豪右主之。钱处和(名端礼)为临安守, 始夺其利以归于官。(绍兴)三十一年春, 置行在会子务。"(见《朝野杂记》甲集卷十六"东南会子"条)

纸钞作为信用货币, 初行之时风险极大, 苏东坡甚至愤愤然将四川裂纸为币的做法喻为"化土芥以为金玉"(《苏文忠公全集》卷七《关陇游民私铸钱与江淮漕卒为盗之由》)。赵瓯北复论楮币曰: "古者以米绢为民生所须, 谓之二实, 银钱与二物相权, 谓之二虚(此系赵孟頫语)。银钱已谓之虚, 乃又欲以纸钞代之, 虚中之虚, 其能行之无弊哉!"(《廿二史劄记》卷三十"元代专用交钞"条)

既是"虚中之虚", 取信于民的关键在于: "楮币在处可行, 但须得本钱称提乃可。"(丞相洪适语, 见《朝野杂记》"东南会子")[2]南宋发行纸钞, 其初未尝不是战

---

[1] 钱穆谓蜀人印造交子, "与其时印刷术发明有关。"(《国史大纲(下)》646页)此说或含部分事实, 但毫无疑问, 成都一带商业活动发达才是催生这种民间自发行为的根本动力。

[2] 案: 洪丞相此话的关键词是"本钱"与"称提"。本钱指纸币的发行准备金, 以四川交子为例, 官府分界发行(两年或三年为一界), 界以百二十五万缗为额, "造一界, 备本钱三十六万缗"(《宋史·食货志下三》), 则准备金占到发行额的大约百分之三十, 大抵可保证交子正常流通。丞相沈该又创称提之说, 指纸币因发行量过大而出现贬值时, 政府使用本钱(金属铸币)回收, 以维持其购买力的管控手段。高宗称赞沈氏办法道: "官中常有钱百万缗, 如交子价减, 官用钱买之, 方得无弊。"(同上引)

战兢兢，如履薄冰。孝宗尝出内库银二百万两售于市，以钱易楮焚弃之；又曰："朕以会子之故，几乎十年睡不著。"（《容斋三笔》卷十四"官会折阅"条）！唯因政府之谨慎态度，故能收到意料之外效果，当时"民间以会子为便，重于见钱（即现钱，金属币）"（见《续资治通鉴·宋纪一四七》）①

事实上，即使在号称"乾淳之治"的孝宗时代，财政状况亦难称善，叶水心至谓"自有天地，而财用之多未有今日之比"（《水心别集》卷十一《外稿·财总论二》）。开禧用兵以后，边事日急，国用日蹙，常赋不足乃向民预借，"预借一岁未已，至于再至于三；预借三岁未已，至于四至于五"（《宋史·食货志上二》）②，仅仅是靠寅吃卯粮支吾糊弄。而执政者能够想出的摆脱困境办法唯有疯狂印钞，将过去恪守的"物为母，钞为子，子母相权而行"（《元史·食货志一》）的货币储备金制度抛诸脑后。理宗端平二年（1235）王迈奏称："今国家罄一岁所入，曾不支旬月，而又日不辍造十数万楮币，乃仅得济。"（《臞轩集》卷一《乙未馆职策》）殊不知"印造乃愈多，物贵乃愈甚，支用乃愈不继"（《可斋续稿后》卷三《救蜀楮密奏》），今人熟知的通货膨胀当日已经到了无法控制的地步。高斯得的一番话尤洞见症结，云：计臣取办之术，不过增楮；"造币以立国，不计其末流剥烂糜灭之害，而苟焉以救目前之急，是饮鸩以止渴也！"（《耻堂存稿》卷一《轮对奏劄（原注六月六日，时为著作佐郎）》）

至宋末造，钞法大坏，楮变废纸，百姓持之无所用，"弃掷燔烧，不复爱惜。"（真德秀《西山文集》卷二《辛未十二月上殿奏劄三》）时人有"楮贱如粪土""纸钱飞上天"之说③。

金海陵王迁都燕京后，即仿宋制，印造交钞，与钱并行④。世宗大定十年（1170）出使金国的范成大述其见闻，云："（金）于汴京置局造官会，谓之交钞，拟见钱行使，而阴收铜钱，悉运而北。过河即用见钱，不用钞。"（《揽辔录》，载《说郛》卷六十五

---

① 孝宗朝所采取的维持纸币币值措施，《皇宋中兴两朝圣政》卷四十六引《大事记》曰："楮未至于滞也，而已虑其滞，隆兴元年广行堆垛本钱以给之。楮未至于轻也，而已虑其轻，淳熙二年多出金银以收之。楮未至于多也，而已虑其多，淳熙三年更不增见在之数。"
② 据《食货志》所引理宗淳祐八年（1248）监察御史陈求鲁奏言，其时州县已有预借至淳祐十四年者（案：淳祐仅十二年，十四年当指宝祐二年即1254年）。
③ 前句为刘克庄语，出自《后村先生大全集》卷五十一"备对劄子（端平元年九月）"贴黄三；后句为宋末民谣，见清厉鹗撰《宋诗纪事》卷一百。
④ 海陵贞元间犹用辽、宋旧钱，正隆二年（1157）始议鼓铸，则金印钞先于铸币（见《金史·食货志三·钱币》）。又，耶律楚材谓"金章宗时初行交钞"（见《元史》本传），与《金史》不合，赵瓯北《廿二史劄记》（"元代专用交钞"）沿袭其误。

上）可知彼时纸钞尚未大流行，且带有明显"不欲留钱于河南"的用意。嗣后发行量激增，流通范围扩大，物重钞轻之弊顿显，政府采取的应对措施则是屡变钞法以愚百姓，又禁民议论，泰和七年（1207）章宗诏曰："自今都市敢有相聚论钞法难行者，许人捕告，赏钱三百贯。"（《金史·食货志三》）富商大贾多因交钞贬值破产，俗称"坐化"。"官知其然，为更造，号曰宝券、新券。初出，人亦贵之，已而复如交钞。官又为更造，号曰通货，又改曰通宝，又改曰通货，曰宝泉、珍宝、珍会，最后以绫织印造，号珍货抵银。"（刘祁《归潜志》卷十）如此看来，金朝货币政策乃是"以诸［楮］帛相诳欺"，透出恶意通货膨胀、套取民间财富之不良居心，后果可想而知。耶律楚材论曰："（金）有司以出钞为利，收钞为讳，谓之老钞，至以万贯唯易一饼。民力困竭，国用匮乏，当为鉴戒。"（《元史》本传）

元承金制，太宗八年（1236）印行交钞，以楚材谏，"不过万锭"（同上引）。然法度未一，"各道以楮币相贸易，不得出境。"（《元史·史天倪传》附子楫传）世祖中统元年（1260）始罢地方旧钞，造中统元宝钞，"自十文至二贯文，凡十等①，不限年月，诸路通行，税赋并听收受。"（《元史·王文统传》）印钞初用木版，至元十三年（1276）改铜版（见《元史·食货志一》）②。

钞法初立时，犹能做到"银本（或称钞本，即准备金）常足不动"（王恽《秋涧集》卷八十《中堂事记上》），"诸路领钞，以金银为本，本至乃降新钞。"（乾隆官修《续文献通考》卷九《钱币三》）中统钞"印造有数，俭而不溢"（《秋涧集》卷九十《论钞法》），故十七八年间，币值大致稳定，"公私贵贱，爱之如重宝，行之如流水。"（《紫山大全集》卷二十二《宝钞法》）然世祖专用西域人阿合马、桑哥，汉人卢世荣理财，务于聚敛，"在位三十余年，几与此三人者相为终始"（赵翼《廿二史劄记》"元世祖嗜利黩武"），则钞法不能不坏。至元十三年（1276）后，岁印钞数骤增③，阿合马将诸路所贮钞本悉搬往大都以作他用，一夜间楮币变为无本之钞，信用大失，"以至物价腾

---

① 依《元史·食货志一·钞法》，应为九等即九种面额。
② 照陶南村说法，元代拒用钱（金属币）由刘秉忠促成。世祖尝以钱币问刘，对曰："钱用于阳，楮用于阴。华夏阳明之区，沙漠幽阴之域，今陛下龙兴朔漠，君临中夏，宜用楮币，俾子孙世守之。若用钱，四海且将不靖。"（《辍耕录》卷二"钱币"条）此说顾不足信。
③ 据《元史·食货志一·钞法》，中统钞发行当年仅为七万锭，至元十年（1273）前多浮动于十万锭上下。军兴（指攻宋）之后，十一年（1274）二十四万锭，十二年（1275）三十九万锭，十三年（1276）更猛增至百四十万锭。以此为分水岭，岁岁居高不下，二十三年（1286）达到创纪录的二百一十八万锭。

踊，奚止十倍！"（吴澄《吴文正集》卷八十八《刘宣行状》）①

先是，设回易库（又称昏钞库，并置监烧官，事在至元元年（1264），见《元史·百官志一》），立昏钞（即破旧纸币）更换法，微有破损者仍令流转，于民甚便②。其后管库小吏"私下倒易，多取工墨，以图利息。百姓昏钞到库不得尽时回换，民间必须行用，故昏者转昏，烂者愈烂"（《秋涧集》卷九十《论钞法》）。卢世荣奉旨整治钞法，一度"闭回易库，民间昏钞不可行"（《元史》本传）③。世祖以后，市面上钞稍昏即不能用，以旧换新，要么管库者"易十与五"（《元史·张养浩传》），要么监烧者指为伪钞（《元史·韩若愚传》）。让大把纸钱烂在百姓手里竟成了政府转嫁经济负担的重要手段。

至元二十四年（1287），改造至元钞，凡十一等，与中统通行，以一当五，名曰"金钞子"（见孙承泽《春明梦余录》卷三十八《户部四·宝泉局》）。钞样为故宋太学生叶李所献，谓"中统一张仅可一张之用，若以至元一张抵中统五张，一岁造钞之费无所增益，自可获五倍之利"（郑介夫疏，载《历代名臣奏议》卷六十七《治道》）。世祖告诫丞相桑哥："朕以叶李言，更至元钞，所用者法，所贵者信，汝无以楮视之，其本（指钞本）不可失。"（《元史·桑哥传》）这话当时说来已轻如鸿毛，无半点分量可言。赵孟頫曰："始造钞时，以银为本，虚实相权，今二十余年间，轻重相去至数十倍，故改中统为至元，又二十年后，至元必复如中统。"（《元史》本传）

此下情形不幸被他言中。至元钞颁行"未及期年，已觉滞涩"（吴澄《刘宣行状》）。武宗至大二年（1309），也就是赵子昂预言的二十年后，复以物重钞轻，改造至大银钞。至是钞法三变，"大抵至元钞五倍于中统，至大钞又五倍于至元。"（《元史·食货志一》）顺帝至正十年（1350），丞相脱脱又欲更钞，国子祭酒吕思诚搬出三字策"行不得，行不得"，竟无人理会（见《元史·食货志五》）。乃"改造'至正印造中

---

① 挪用库存钞本即准备金之禁一开，此下遂不能止。据清乾隆官修《续文献通考》卷九《钱币三》，至元三十一年（1294）八月（时成宗已即位），"诏诸路平准交钞库所贮银九十三万六千九百五十两，除留十九万二千四百五十两为钞母，余悉运至京师"。按语云："银悉敛而归之上，而徒欲藉钞为流转之资，此罔利愚民之隐痛，钞所以日虚日轻，法所以屡变而不胜其弊。"

② 《元史·食货志一·钞法》："凡钞之昏烂者，至元二年，委官就交钞库，以新钞倒换，除工墨三十文。三年，减为二十文。二十二年，复增如故。……所倒之钞，每季各路就令纳课正官，解赴省部焚毁，隶行省者就焚之。"

③ 至元二十一年（1284）卢世荣为中书右丞，以财赋自任，谓别有方术，可增益国用。翰林学士董文用问曰："此钱取于右丞之家耶？将取之于民耶？取于右丞之家，则不敢知；若取诸民，则有说矣。牧羊者，岁尝两剪其毛，今牧人日剪其毛而献之，则主者固悦其得之多矣，然而羊以无避寒热，即死且尽，毛又可得哉！民财亦有限，取之以时，犹惧其伤残也。今尽刻剥无遗，犹有百姓乎！"世荣不能对（《元史·董俊传》附子文用传）。

统交钞'，名曰新钞，二贯准旧钞十贯。"（《春明梦余录》卷三十八《户部四》）新钞"料既窳恶易败，难以倒换，遂涩滞不行。"（叶子奇《草木子》卷三下《杂制篇》）适值兵乱，国用不足，惟多印钞，"京师料钞十锭，易斗粟不可得。"（《元史·食货志五》）元不旋踵而亡。

元廷挥霍无度，入不敷出[①]，只好使出闪转腾挪种种功夫，支用钞本，滥发楮币[②]，最后则是通过屡变钞法达到让人民替政府埋单的罪恶目的。至末季，民间遂有观音钞、画钞、折腰钞、波钞、爁不烂之说。"观音钞，描不成，画不就，如观音美貌也。画者，如画也。折腰者，折半用也。波者，俗言急走，谓不乐受，即走去也。爁不烂者，如碎絮筋查（同'渣'）也。"（孔静斋《至正直记》卷一"楮币之患"条）立法者本意或不至如此歹毒，但在现实生活中，他们的做法正是吮血敲髓，"以不可食不可衣无用之纸而易下民汗血所致有用之谷帛。"（《紫山大全集》卷二十二《宝钞法》）耶律楚材虽引宋、金之弊为殷鉴，元人却义无反顾走上了前朝的覆辙。今人往往夸大元代钞法对后世货币制度之影响，必须指出，其制既非为刺激货物流通而设计，亦非由贸易发达倒逼促成。顶着商业繁荣的虚假光环，元帝国之亡恰缘于纸钞信用败坏所引发的经济总崩溃，所谓"人吃人，钞买钞"，"开河变钞祸根源"（《辍耕录》卷二十三"醉太平小令"）。可以说蒙元印钞自始至终便是失败的经历，活脱脱一部反面教材，甚至朱明亦受牵累。沙海昂（Antoine Henry Joseph Charignon）曰："元亡，明太祖亦造宝钞……虑钞不行，禁民间不得以金、银、铜钱交易，犯者罪致死，而钞仍不行。"（《马可波罗行纪》第二卷第九五章注四230页）

[①] 至元二十六年（1289）桑哥奏："国家经费既广，岁入恒不偿所出，以往岁计之，不足者余百万锭。自尚书省钩考天下财谷，以所征补之，未尝敛及百姓。臣恐自今难用此法矣。"遂建议增收赋税，世祖曰："如所议行之"（见《元史》本传）。至大四年（1311）十一月，李孟奏："今每岁支钞六百余万锭，又土木营缮百余处，计用数百万锭，内降旨赏赐复用三百余万锭，北边军需又六七百万锭；今帑藏见贮止十一万余锭，若此安能周给"（《元史·仁宗纪一》）。魏源谓仁宗"恭俭慈厚，有汉文帝之风"（《元史新编》卷九），即位初已挥霍如是，其他诸帝可想而知。朝廷除滥赏诸王藩戚以示恩典外，又特重佛事，武宗至大三年（1310）张养浩上《时政书》云："国家经费，三分为率，僧居二焉。"（《归田类稿》卷二）仁宗延祐四年（1317），宣徽院会计内廷佛事岁供，以斤计者，面四十三万九千五百，油七万九千，酥二万一千八百七十，蜜二万七千三百，他物称是。论者至谓"元之天下，半亡于僧。"（见《陔余丛考》卷十八"元时崇奉释教之滥"条）

[②] 成宗大德二年（1298）二月，丞相完泽奏："岁入之数，金一万九千两，银六万两，钞三百六十万锭，然犹不足于用，又于至元钞本中借二十万锭。"（《元史》本纪二）明年（1299）正月，中书省又奏："比年公帑所费，动辄巨万，岁入之数，不支半岁，自余皆借及钞本。"（《元史》本纪三）

元代政治

蒙古早期专力征讨，所命各官皆"随事创立，未有定制"（《经世大典序录·治典·制官》，载《元文类》卷四十）。世祖为藩王时，日与幕府汉臣谋治道，置安抚、经略、宣抚三司于封地（邢州、河南、陕西），"其法选人以居职，颁俸以养廉"（苏天爵《元名臣事略》卷八"姚枢"），吏治初具模样。即位后，"遂命刘秉忠、许衡酌古今之宜，定内外之官。"（《元史·百官志》序）可见大元草创，汉人（即所谓"潜邸旧臣"）功不可没[1]。中央设中书省（总政务）、枢密院（秉兵柄）、御史台（司黜陟），世祖尝言："中书朕左手，枢密朕右手，御史台是朕医两手的"（《草木子》卷三下《杂制篇》）。地方则分立行中书省，凡十一（其中设于高丽的征东行省实为藩属），每省丞相一员，统路、府、州、县（长官均称"达鲁花赤"）。行省制系元代首创，能充分体现中央政府威权，遂为后世所因袭[2]。

定制以后，汉臣即见疏远，百官之长率"蒙古人为之，汉人（指辽金遗民，包括汉、女真、契丹、高丽等族）、南人（指南宋遗民）贰焉"（《元史·百官志》序）。省、台、院三个最高部门中，"丞相必用蒙古勋臣"（《元史·仁宗纪三》），"台端（即御史大夫）非国姓（指蒙古人）不以授"（《元史·太平传》），兵机控制尤严，"汉人不得与军政"（《元史·王克敬传》），天下兵马总数惟"皇帝知道，院官里头为头儿的蒙古官人（指枢密使）知道"（《永乐大典》卷二六〇八《御史台三·元宪台通纪》照刷枢密院文卷）[3]。地方官府则"以蒙古人充各路达鲁花赤，汉人充总管，回回人充同知，永

---

[1] 其先，州县官或擢自将校，或起由民伍，皆世袭，廉希宪、宋子贞等上疏言其弊，始改旧制，行迁转法。百官又无俸禄，因姚枢、宋子贞疏请，始给俸（参阅赵翼《廿二史劄记》卷三十"元初州县多世袭"条；太宗时，耶律楚材上时务十策，其一即日给俸禄，殆不能行，见《耶律公神道碑》）。案：廉希宪虽非汉人（其父布鲁海牙畏吾人，拜廉访使，以官为姓），笃好经史，手不释卷，号"廉孟子"。

[2] 行省丞相"皆以宰执某处省事系衔，其后嫌于外重，改为某处行中书省"（《元史·百官志七》）。案：中书省右、左丞相（元制尚右）之下所设平章政事，右、左丞，参知政事，当时皆称宰执。故行省长官"素贵多傲，同列莫敢仰视，跪起禀白，如小吏事上官"（《元史·董文用传》）。钱穆批评此制为变相封建，从此只有中央临制地方，汉、唐州郡地位全失，对地方政事推进实有莫大损害（见《国史大纲（下）》641页）。

[3] 该文件之文言表述为："以兵籍系军机重务，汉人不阅其数。虽枢密近臣职专军旅者，惟长官一二人知之。"（《元史·兵志序》）关于元谕使用白话的问题，鲁迅大概出自官意，"元曲之杂用白话，恐也与此种风气有关，白话之位忽尊，便大踏步闯入文言营里去了，于是就成了这样一种体制。"（"致郑振铎信（1933年9月29日）"，《鲁迅全集》（十六卷本）第十二卷228页）五四时期兴起的白话文运动或许与元朝有着某种历史渊源关系，但当时蒙古人的做法却是为了对抗以士大夫阶级为代表的传统中国文官制度。拉铁摩尔评论道："这个士大夫阶级，素来是利用几乎成为他们专利的、艰深到成为一种职业秘密的文字，来推行政事，致使一切少数民族的征服者必须利用他们作为官僚来征收赋税。……我们根据中国方面的材料可以知道，中国学者的文言已被摧毁。在这个时期，各类公文常用俗语或半蒙古化的中文书写。"（《内陆边疆》57—59页）

为定制"(《元史·世祖纪三》)。

终元之世,汉人为丞相者仅世祖时史天泽、顺帝时贺唯一两人,后者尚需赐蒙古姓,改名太平(见《元史》本传)[①]。蒙元政治体系下,南人即所谓"蛮子"最受排斥。至元二十四年(1287)世祖诏曰:"自今省部台院,必参用南人。"(《元史·程钜夫传》)然顺帝至正十二年(1352)又下诏:"南人有才学者,依世祖旧制,中书省、枢密院、御史台皆用之。"(《元史》本纪五)此诏动机被赵翼释为"江淮兵起,故以是收拾人心"(《廿二史劄记》卷三十"元制百官皆蒙古人为之长"条),亦可证"世祖旧制"久见废弃。但即便是在急需邀汉人、南人装点门面的特殊背景下,丞相脱脱奏事内廷,事关兵机,以中书左丞韩元善、参知政事韩镛皆汉人,"使退避,勿与俱。"(《元史·元善传》)而脱脱伯父伯颜(非灭宋之伯颜)更曾奏请"杀张、王、刘、李、赵五姓汉人",幸顺帝不从(见《续资治通鉴·元纪二十五》)。叶子奇曰:"天下治平之时,台省要官皆北人(指蒙古人)为之,汉人、南人万中无一二,其得为者不过州县卑秩。"南人来京求仕,携腊鸡为馈赠物,"北人目为腊鸡,至以相訾诟。"(《草木子》卷三上《克谨篇》)

元廷用人又惟论"根脚"(指家世,即中夏久被科举制推翻的那套门阀秩序),"图大政为相者,皆根脚人也;居纠弹之首者,又根脚人也;莅百司之长者,亦根脚人也。……所谓根脚人者,徒能生长富贵,衔膻拥毳,素无学问"(明权衡《庚申外史》卷下)。成吉思汗时,置"怯薛"为禁兵,功臣木华黎、赤老温、博尔忽、博尔术世领怯薛之长,轮班宿卫[②]。"凡怯薛长之子孙,或由天子所亲信,或由宰相所荐举,或以其次序所当为,即袭其职,以掌环卫。虽其官卑勿论也,及年劳既久,则遂擢为一品官。"(《元史·兵志二》)故叶子奇有"木华黎王等四怯薛大根脚出身分任省台"之语(《草木子》卷四下《杂俎篇》)。此外又有荫官,子承父、祖之职,号曰"承荫"。此制自古便有(汉初郎官即可承荫得之),元代则加入新的内容。成宗大德四年(1300)中书省奏:"上位知识有根脚的蒙古人每子孙,承荫父职兄职呵,皇帝识也者。除那的已外,壹品子荫正伍品,从壹品子荫从伍品,正贰品子荫正陆品,挨次至柒品。色目比汉儿人高壹等定夺。"(《通制条格》卷六

[①] 赵瓯北谓元代非国姓而拜相者止三人:回回人哈散(仁宗时,《宰相年表》作阿散,《仁宗本纪》作合散),与汉人史天泽、贺惟一(见《廿二史劄记》卷三十"元制百官皆蒙古人为之长"条)。此说广为后世学者征引,实有误。检《宰相年表》,世祖朝任丞相者尚有耶律铸、阿合马、桑哥。耶律铸即楚材之子,契丹人。阿合马、桑哥俱西域人,亦称色目(陶宗仪《辍耕录》卷一"氏族"载蒙古有七十二种,色目三十一种;钱大昕《元史氏族表》卷一谓陶氏所记"见于史者仅十之三四")。《续资治通鉴·元纪三》又谓至元十七年(1280),高丽国王王晴助元兵攻日本,授中书右丞相,《年表》失载。

[②] 钱穆谓蒙古之"怯薛"本由贵族子弟充任,与西汉郎官入仕差似(见《国史大纲(下)》642页),其说甚是。惟承平积久之后,怯薛渐滥,"不问贤愚,不分阶级,不择人品,如屠沽下隶、市井小人及商贾之流,军卒之末,甚而倡优奴贱之辈,皆得以涉迹宫禁。"(郑介夫疏,《历代名臣奏议》卷六十七)

《选举·荫例》）蒙古、色目及汉人之政治身份，高下遽分。

受到族属、根脚的双重歧视，汉人自然难有出头之日。波罗记云：“契丹人（指中国人）之厌恶大汗政府者，盖因其所任之长官是鞑靼人（蒙古人），而多为回教徒（色目人），待遇契丹人如同奴隶也。”（《马可波罗行纪》第二卷第八四章（重）204页）那时的情形是，朝廷诏令皆用蒙古字，自皇帝至大臣多不习汉文①。至元十五年（1278），尚书留梦炎（南宋故相）等奏：“江淮行省事至重，而省臣无一人通文墨。”（《元史·崔斌传》）尤称奇者，为官之蒙古、色目人“多不能执笔花押，例以象牙或木刻而印之。宰辅及近侍官至一品者，得旨，则用玉图书押字，非特赐不敢用”（《辍耕录》卷二“刻名印”条）。

另有一奇，吾国历史上向来地位不高的“吏”忽然间如同落水狗上岸，抖了起来。苏天爵曰：“我国家之用人也，内而卿士大夫，外则州牧藩宣，大抵多由吏进。”（《滋溪文稿》卷十七《王公（惟贤）神道碑铭》）叶子奇言元初平章政事王文统始行吏道②，本意欲以文案牵制，防北人恣肆，“而真儒之效，遂有所窒而不畅。”（《草木子·克谨篇》）成宗大德时，郑介夫作儒、吏之辨云：

> “吏之与儒，可相有而不可相无。儒不通吏则为腐儒，吏不通儒则为俗吏，必儒吏兼通，而后可以莅政临民。……今吟一篇诗、习半行字即名为儒，何尝造学业之深奥；检举式例、会计出入即名为吏，何尝知经国之大体。吏则指儒为不识时务之书生，儒则指吏为不通古今之俗子，儒自儒，吏自吏，本出一途，析为二事，遂致人物之冗莫甚于此时也。”（《历代名臣奏议》卷六十七）

这段文字堪称是对蒙元政治情态之入骨白描，于是造成“天下习儒者少，而由刀笔吏得官者多”的局面（《元史·选举志一·科目》）。汉代以来文治传统至是中辍。

附带说一下元朝的宗教政策。波罗记世祖之语云：“全世界所崇奉之预言人有四，基督教徒谓其天主是耶稣基督，回教徒谓是摩诃末，犹太教徒谓是摩西，偶像教徒谓其第一神是释迦牟尼。我对于兹四人，皆致敬礼，由是其中在天居高位而最真实者受我崇奉，求其默佑。”（《马可波罗行纪》第二卷第七九章（重）183页）其言可谓堂皇。波罗又称

---

① 蒙古初无文字，世祖命国师八思巴造蒙古字，至元六年（1269）颁行天下；九年（1272），诏自今凡诏令并以蒙古字行（《元史》本纪四）；二十九年（1292），河南、福建行中书省臣请诏用汉语，有旨以蒙古语谕河南，汉语谕福建（《元史》本纪十四）。参阅赵翼《廿二史劄记》卷三十“元诸帝多不习汉文”及“元汉人多作蒙古名”条。

② 案：王文统以谋反伏诛，入《元史·叛臣传》，本传曰：“元之立国，其规模法度，世谓出于文统之功为多。”

"大汗有时露其承认基督教为最真最良之教之意"，这或许不是夸大之词。事实上，蒙古统治者先对耶稣基督发生兴趣，世祖"请马可·波罗的父亲和叔父带来大批欧洲天主教教士，准备建立一个完全与中国文化不同的蒙古文化。但这些教士并没有来。而另有些人，如孟德高维诺的约翰（John of Montecorvino）却在蒙古宫廷保护之下宣传天主教。蒙古民族企图以非中国的宗教，建立他们在中国的权力，但没有成功。这也许是因为，那些外来宗教没有一个能够和中国官僚制度的严密而有力的规范相抗衡"（《内陆边疆》58页）。

拉铁摩尔这番话足以打破忽必烈所摆出的"保护一切宗教"之嘴脸；恰相反，宗教在其手中乃是一柄维护蒙古特权、对其他民族分而治之的利器。于是他选中了流行西域的喇嘛教，"毫无疑问，蒙古统治阶级接受这种宗教，是想利用它来造成国家的统一，并团结蒙古民族以自别于汉族。他们希望把蒙古民族造成一个永久的统治阶级，并拥有一个有组织的宗教的特许支持。"（同上书57页）故世祖尊八思巴为国师，奉喇嘛教为国教，甚至打发降元后封瀛国公的南宋皇帝赵㬎"学佛法于土番（即吐蕃）"（《元史》本纪十二）；一面却对中土禅宗、道教予以无情打击。至元十七年（1280）释、道争斗，"先生（指道士）把着棍棒打和尚"，结果道士就诛、割耳鼻、流放边远者凡十人。十八年（1281），"焚烧《道藏》伪经，除《道德经》外尽行烧毁"，勒令道士剃发为僧（见释祥迈撰《大元至元辨伪录》卷五）。

僧侣由此成为元代社会一特权阶层，多行骄纵不法之事。陶宗仪谓"至元间，释氏（指喇嘛教）豪横，改宫观为寺，削道士为髡。且各处陵墓，发掘迨［殆］尽"（《辍耕录》卷十三"发墓"条）。杨琏真迦为江南释教总统，"发掘故宋赵氏诸陵之在钱唐、绍兴者及其大臣冢墓凡一百一所"（《元史·释老传》）；筑塔于暴骨之上，"名曰'镇南'，以示厌胜，又截理宗颅骨为饮器。"（《明史·危素传》）时人曰："释焰熏天，墨毒残骨，不啻鞭尸刖骸之惨。势张威慑，孰撄其锋？"（《辍耕录》卷四"发宋陵寝"条）[1]

最后尚有一点需作交代。蒙古汗位之继承始终是个大问题，入主中国以前已屡启争端。元朝国祚短促，区区百年，世祖、顺帝各在位三十余年，中间不到四十年时间里竟出

---

[1] 案：杨琏发陵之事，周密记录尤详，谓至元二十二年（乙酉）八月，先盗掘宁宗、杨后、理宗、度宗四陵；"又于当年十一月十一日前来，将孟后、徽宗、郑后、高宗、吴后、孝宗、谢后、光宗等陵尽发掘，劫取宝货，毁弃骸骨。"（《癸辛杂识续集上》"杨髡发陵"条）罗有开撰《唐义士传》，则谓其事在至元十五年（戊寅）。陶南村论曰："至元丙子（十三年），天兵下江南，至乙酉，将十载，版图必已定，法制必已明，安得有此事？然戊寅距丙子不三年，窃恐此时庶事草创，而妖髡得以肆其恶。"（《辍耕录》"发宋陵寝"）

九帝；而英宗遇刺①后的十年之内（1323—1332），五位皇帝（泰定帝、天顺帝、文宗、明宗、宁宗）走马灯般上场，堪比上世纪末日本政坛"十年九相"的更迭速度。废立之事虽不似前朝由外戚、宦官操纵，铁失、燕铁木儿等权臣却成了呼风唤雨的人物。赵瓯北总结道："宪宗（蒙哥）、成宗、武宗、仁宗、泰定帝、明宗、文宗，皆大臣所立，此有元一代之大事也。"（《廿二史劄记》卷二十九"元诸帝多由大臣拥立"条）以前面提到的奏请杀五姓汉人的首相（中书右丞相）伯颜为例，凭翊戴之功，"所署官衔计二百四十六字"（《辍耕录》卷二"权臣擅政"条）；本传说他势焰熏灼，"天下之人惟知有伯颜而已。"大臣擅权导致政局不稳，宫廷喋血事件频发，亦算得上是蒙元政治一大特色。

士人待遇

元代社会流传"十等人"之说。郑思肖谓："鞑法，一官、二吏、三僧、四道、五医、六工、七猎、八民、九儒、十丐。"（《心史》之《大义略叙》）谢枋得又云："一官、二吏，先之者贵之也；贵之者，谓有益于国也。七匠、八娼、九儒、十丐，后之者贱之也；贱之者，谓无益于国也。"（《叠山集》卷二《送方伯载归三山序》）二人所记小有参差，赵瓯北云："盖元初定天下，其轻重大概如此。是以民间各就所见而次之，原非制为令甲也。"（《陔余丛考》卷四十二"九儒十丐"条）郑、谢皆南宋遗民，魏源不察，乃将其说归于"明人说部"，且称之为诬谤大元的"无稽之谈"，"荐绅君子弗道焉。"（《元史新编》卷八十《选举志序》）②

世祖时，廉希宪为中书平章政事，都元帅刘整来访，因令撤去坐椅，自据中坐，一语

---

① 世祖定都于燕，以大漠中的开平为上都（相当"陪都"），"大驾岁一巡幸，未暑而至，先寒而南"（《道园学古录》卷十三《上都留守贺公庙碑铭》），遂成定制。这种春去秋还的做法亦是元代政变频发的一个诱因，给阴谋家提供作案时间与空间。至治三年（1323）八月，英宗自上都还，驻跸南坡（今内蒙古正蓝旗东北上都河北岸），御史大夫铁失等人发动政变，弑帝于行幄，史称"南坡之变"。

② 案：宋亡后郑氏改名思肖，字所南，一字忆翁，义不忘赵；隐居吴下，坐必南向，誓不与朔客交往（见《辍耕录》卷二十"狷洁"条）。所著《心史》于明崇祯十一年（戊寅，1638）发现于苏州承天寺一枯井中，铁函封缄甚固，"外书'大宋铁函经'五字，内书'大宋孤臣郑思肖百拜封'十字，自胜国癸未（指至元二十年，胜国即前朝）迄今戊寅，阅岁三百五十六载，楮墨犹新，古香触手，当有神护。"（见《心史》附陈宗之撰《承天寺藏书井碑阴记》）袁枚则谓"郑所南《井中心史》虽用铁匣浸水中，然年历二百，纸墨断无不坏之理"；且所载诸事"语太荒悖，殊不足信。"（《随园诗话》卷四第十九条）又：钱穆称"十等人"说法见于陶宗仪《辍耕录》（见《国史大纲（下）》657页），显系误记。

不发。刘求退，廉曰："此是我私宅，汝欲有所言，明日当诣政事堂。"顷之，宋士之在羁旅者求见，衣衫褴褛，寒饿狼狈。希宪急令铺设坐椅，备酒馔，亲迎至大门外。家人问曰："今日刘元帅者，主上之所倚任，反菲薄之；江南穷秀才，却礼遇如此其至。"希宪曰："整虽贵，卖国叛臣也，故折辱之；若寒士数十，皆诵法孔子者也，在宋，朝不坐，燕不与，何故而拘执于此！"（《辍耕录》卷七"待士"条）

南村这篇文字不经意间泄露元初儒士之困苦窘状，而知郑、谢之说固非"诬谤"。蒙古时期，大抵军队所至，不分读书人与普通百姓，率掠为奴。太宗时，耶律楚材奏曰："制器者必用良工，守成者必用儒臣。儒臣之事业，非积数十年，殆未易成也。"乃立考试法，许被俘儒人与僧道同就试，得名士杨奂等四千余人，免为奴者四之一（见《元史·耶律楚材传》）[1]。宪宗时又定制，士不隶奴籍，然"京兆多豪强，废令不行"（《元史·廉希宪传》）。金遗臣张德辉、元好问觐见皇弟忽必烈，请曰："累朝有旨蠲儒户兵赋，乞令有司遵行。"（《元史张德辉传》）[2]世祖即位，中统二年（1261）明令"听儒士被俘者赎为民"（《续资治通鉴纲目》卷二十一）[3]。至元十年（1273）因对宋用兵，复敕"南儒为人掠卖者，官赎为民"（《元史》本纪五）。

世祖之世，史天泽、王鹗、留梦炎、许衡屡请复科举，王鹗等奏："贡举法废，士无入仕之阶，或习刀笔以为吏胥，或执仆役以事官僚，或作技巧贩鬻以为工匠商贾。以今论之，惟科举取士，最为切务。"（《元史·选举志一·科目》）然终未施行。好在世祖略知"马上得天下，不可以马上治"的道理，平宋后，遣程文海搜访遗逸于江南，获叶李、赵孟頫等二十余人[4]。叶李入朝，首请"凡儒户徭役，乞一切蠲免"（《元史》本传）。

蒙古与宋交战，又偶然得闻程朱理学，竟如获至宝。先是，蒙古兵南侵，屠德安（今湖北安陆市）[5]；杨惟中、姚枢随军，求儒、道、释、医、卜者[6]，挟以北归，名儒赵复

---

[1] 事在太宗九年（1237）。僧道试经通者，给牒受戒，许居寺观；儒人中选者，则复其家（见《耶律公神道碑》）。又据《元史·选举志一·科目》，当世或以为非便，事复中止。

[2] 元吏职有译史，蒙古名怯里马赤，晓华夷语言，掌翻译之事。叶子奇曰："昔世祖尝问孔子何如人，或应之曰：'是天的怯里马赤。'世祖深善之。"（《草木子·杂俎篇》）宪宗二年（1252），张德辉等北觐，"请世祖为儒教大宗师，世祖悦而受之。"（《元史》本传）世运颠倒如此，叫人啼笑皆非。

[3] 《纲目》该条下原注：时淮、蜀士遭俘房者，皆没为奴。翰林学士高智耀奏："以儒为驱，古无有也。"世祖命循行郡县区别之，得数千人。责臣或言诡滥，智耀曰："譬则金也，金色有浅深，谓之非金不可；才艺有浅深，谓之非士不可。"

[4] 事在至元二十三年（1286）。时诏令皆用蒙古字，世祖特命以汉字书求贤诏（《元史·程钜夫传》）。

[5] 《耶律公神道碑》："国制，凡敌人拒命，矢石一发，则杀无赦。"德安之屠在太宗七年（1235），"其民数十万，皆俘戮无遗。"（《元史·赵复传》）

[6] 案：此例始于耶律楚材。蒙古破金汴京，将屠之，楚材力谏，"奏选工匠、儒、释、道、医、卜之流，散居河北，官为给赡。其后攻取淮汉诸城，因为定例。"（《耶律公神道碑》）

（号江汉先生①）在其中。至燕，赵即传授宋儒学问，从者百余人。杨、姚立周子（敦颐）祠，建太极书院，又请赵讲学其间。黄宗羲曰："当是时，南北不通，程、朱之书不及于北，自先生（赵复）而发之。"全祖望亦称："河北之学，传自江汉先生，曰姚枢，曰窦默，曰郝经，而鲁斋（许衡）其大宗也，元时实赖之。"（《宋元学案》卷九十《鲁斋学案》）

于是真德秀的理学名著《大学衍义》遽尔成了元代诸帝手里的"治世宝典"，身价倍增。世祖为亲王时，命书生赵璧习蒙古语，译《衍义》，"时从马上听璧陈说。"（《元史·赵璧传》）仁宗在东宫，命詹事王约等人节译之，曰："治天下，此一书足矣。"即位后，又谓群臣："《大学衍义》议论甚嘉，其令翰林学士阿怜铁木儿译以国语。"延祐五年（1318），诏以江浙行省所印《大学衍义》五十部分赐朝臣（见《元史》本纪一、三）。而世祖之子珍戩早从姚枢、窦默学，有蒙古侍臣携其子入见，更谕之以"毋读蒙古书，须习汉人文字"（《续资治通鉴纲目》卷二十三"太子珍戩卒"条下原注）②。

千呼万唤，至仁宗皇庆二年（1313）终下诏，定科举之制，每三岁一试。蒙古、色目人与汉人、南人分榜考试，俱从《大学》《论语》《孟子》《中庸》即所谓"四书"内出题，并用朱子《四书章句集注》（见《元史·选举志一·科目》）。至是，理学教义登堂入室变作科举考试的钦定规范，此下明、清五百年间相沿不辍。程、朱之辈做梦不曾想到，历经宋世荆棘载途，他们的学说却在北方"鞑靼人"的世界里获得了殊遇。

延祐二年（乙卯，1315）三月正式开科，仁宗曰："设科取士，庶几得真儒之用，而治道可兴也。"（《元史》本纪一）这在当日是轰动一时的大事件，士人视为千载一遇，至有"如阳春布濩（犹'散布'）阴崖冰谷，荄粒无不翘达"之欢呼（徐明善《芳谷集》卷上《送汪子中序》）。

然而躁动过后，依然一片死寂，迟到的科举春风究竟未能吹化元代社会这块坚冰。延祐开科，进士分右、左榜，蒙古、色目人为右，汉人、南人为左。用赵孟頫等所议贡试法，"试蒙古生宜从宽，色目生宜稍加密，汉人生则全科场之制"（见《元史·选举志一·学校》）③；"凡蒙古由科举出身者，授从六品，色目、汉人递降一级"（乾隆官修《续文献

---

① 世祖时在藩邸，尝召见赵复，问曰："我欲取宋，卿可导之乎？"赵曰："宋，父母国也，未有引他人之兵以屠父母者。"赵虽在燕，常有江、汉之思，学者因而称之"江汉先生"（见《宋元学案》卷九十《鲁斋学案·程朱续传》）。

② 《元史·裕宗传》珍戩写为真金。据该篇载，"中庶子（太子属官）伯必以其子阿八赤入见，谕令入学，伯必即令其子入蒙古学（案：蒙古国子学始建于世祖至元八年即1271年）。逾年又见，太子问读何书，其子以蒙古书对，太子曰：'我命汝学汉人文字耳。'"

③ 案：此法原为国子学考试而定，科场沿用之。

通考》卷三十四《选举一》）。犹嫌优待"国姓"不够，复规定："蒙古、色目人，愿试汉人、南人科目，中选者加一等注授（指登录、授官）。"（《元史·选举志一·科目》）

自延祐至元统，凡开七科，取士五百余人[1]，再分两榜，则汉人应试获选者屈指可数。胡粹中曰："元之用人，大抵偏于国族勋旧、贵游之子弟，故选举之法久而未行。仁宗延祐甲寅（当为乙卯）遂决意行之，由此中华缝掖之士（指儒生），仅得拔十一于千百。"（《元史续编》卷十二）《续通典》云："皇庆、延祐中，由进士入官者仅百之一，由吏致位显要者常十之九。"（卷二十七《职官五》，出《元史·韩镛传》）叶子奇又曰："科目取士，止是万分之一耳，殆不过粉饰太平之具。"（《草木子·杂俎篇》）[2]顺帝至元元年（1335）十一月，丞相伯颜谓科举妨选法，中书参知政事许有壬争曰："科举取士，岂不愈于通事、知印等出身[3]。今通事、知印等天下凡三千余名，自四月至九月，受宣者七十三人，而科举一岁仅三十余人。"（《元史续编》卷十二；参阅《元史·彻里帖木儿传》）可见闹出恁大动静的科举取士顶多算是半明半暗点缀官场的几盏红纸灯笼，实难照亮元代政治之漫漫长夜。

翌日宣诏，竟罢科举[4]。因许有壬廷争其事，特使为班首以折辱之。有朝臣讥曰："参政可谓过河拆桥者矣。"有壬本延祐科进士，深以为耻，遂称病不出（《元史·彻里帖木儿传》）。五年后（1340）始诏恢复，仍三年一次。此下自至正二年（1342）至二十六年（1366），又开九科，取士六百余人[5]。

---

[1] 此十九年间登科总目，依乾隆官修《续文献通考》为五百零六人，依《元史·选举志》则为五百三十九人。

[2] 金代自熙宗以后，"无有不通汉文者"（赵翼《廿二史劄记》"元汉人多作蒙古名"）。世宗、章宗时，"庠序日盛，士繇科第位至宰辅者接踵。"（《金史·文艺传》序）至末季渐重吏，然以儒进者犹三十之一，故有"金以儒亡"之说（见《元史·张德辉传》）。同为异族政权，金、元两代习尚迥异。

[3] 案：通事、知印俱为"有出身"的高级吏职，一半由正、从八品职官内选取，任满后（一般须九十个月方可出职），"于元来资历上，拟升一等"。又规定："内外诸衙门宣使、通事、知印、奏差，俱从本衙门自行选保。考满，验历过月日，六品至九品皆得除受"，即所谓"入流"（九品以上为流官）。见《元典章·吏部六·吏制》之《职官吏员》"职官补充吏员"及《书吏》"宣使奏差等出身"两条。

[4] 首议罢科举者乃中书平章政事彻里帖木儿。初，彻里帖木儿为江浙平章，会科举，驿请考官，供张甚盛，心不能平。及入中书，遂挟私憾，力唱罢进士科。胡粹中评曰："真悻悻然小丈夫哉！"（《元史续编》卷十二）元末专以科举无人才为说，耸动观听者又有江西人危素（见《草木子·杂俎篇》）。至正二十年（1360）危氏拜参知政事，为顺帝时南人唯一得入中书者；元亡后降明，授翰林侍讲学士。赵翼谓元代不重儒，"然末年仗节死义者，乃多在进士出身之人。"（《廿二史劄记》卷三十"元末殉难者多进士"条）如元统科进士余阙守安庆而死，事在至正十八年（1358）。明初，太祖遣内使至翰林，适危素当直，自云老臣；明日降旨，令谪居和州（今属安徽），守余阙庙。"余、危皆元臣，余为元死节，盖厌其自称老臣，故以愧之。"（明陆容《菽园杂记》卷三）

[5] 此二十五年间登科总目，依乾隆官修《续文献通考》为六百二十九人，依《元史·百官志八·选举附录》则为六百人（不含国子生员）。

当初议罢科举时，伯颜已称"举子多以赃败，又有假蒙古、色目名者"（《元史·彻里帖木儿传》）。至正复科，更是弊端丛生。至正四年（1344）江浙乡试揭晓后，有人作四六长篇，实名指斥，怒揭黑幕，略云：

"黄璋（松江）称干首，二三月已买试官；鲍恂（嘉兴）在榜中，十四名全赖妻父（建德知事俞镇）。王贺（绍兴，备榜）省中典史，不读书亦解成名；李思（思齐）婺山村童，未知礼焉宜中选？错《春秋》之年分，临海梦龙（姓赵，备榜）；乱《周易》之阴阳，平江俞鼎。指实告官者反雁其罪，怀才抱艺者虚费其劳。赵傲、蒋堂，空仰天而叹息；江孚、沈干，徒踏地以咨嗟。"

二十二年（1362）复有作弹文者，略云：

"文运重开，多士欢腾于此日；科场作弊，丑声莫甚于今年。俞潜、徐鼎，三月初早买试官；丘民、韩明，五日前预知题目。元孚乃泉南之大贾，挥金不啻于泥沙；许征实云间之富家，纳粟犹同于瓦砾。天之将丧斯文，实系兴衰之运；士欲致用于国，岂期贡举之私！"（见《辍耕录》卷二十八"《非程文》"条）

恢复科举带给士人的最初喜悦，很快便在严酷现实面前化为一腔不平怨气。朱思本《观猎》诗云："儒生心事良独苦，皓首穷经何所补？胸中经国皆远谋，献纳何由达明主？"（《贞一斋诗稿》）当时南方士人处境更惨。余阙谓小民粗识字，能治文书，即入台阁为吏，累日积月可致通显；"中州之士见用者遂浸寡，况南方之地远，士多不能自至于京师，其抱材蕴者又往往不屑为吏，故其见用者尤寡。"（四库本《青阳集》卷二《杨君显民诗集序》）[1]

"被西风吹断功名泪"[2]的读书人万念俱灰，只好转往别的方向发挥才能。王国维称元初之废科目实为杂剧发达之因，"盖自唐宋以来，士之竞于科目者，已非一朝一夕之事，一旦废之，彼其才力无所用，而一于词曲发之。"（见《宋元戏曲考》第九篇《元剧之时地》）明人胡侍亦谓中州儒士如关汉卿、马致远辈每每沉抑下僚，志不获展，"于是以其有用之才，而一寓之乎声歌之末，以舒其怫郁感慨之怀。盖所谓不得其平而鸣焉。"

---

① 案：鲁迅《且介亭杂文·儒术》亦引余阙此文，见《鲁迅全集》（十六卷本）卷六31—32页。
② 语出元刘致【中吕·山坡羊】《燕城述怀》。

（《真珠船》卷四"元曲"条）

由"好事之家出钱粟、赡学者"（《元史·选举志一·学校》）建立的书院则是读书人的另一去处。全祖望曰："有元立国，无可称者，惟学术尚未替，上虽贱之，下自趋之。"（《宋元学案》卷九十五《萧同诸儒学案序录》）自杨惟中、姚枢创太极书院，开风气之先，其后大江南北书院林立，乾隆官修《续文献通考》记录有名者凡四十所，复云："盖约略举之，不能尽载。"（卷五十《学校四》）钱穆虽大事挞伐蒙古人的倒退政治，亦赞其保存民间学术之功，曰："明祖崛起，草野绩学之士，乃闻风而兴，拔茅汇征，群集新朝，各展所蕴，以开有明一代之规模。如刘基、宋濂、章溢、陶安、钱用壬、詹同、崔亮、刘三吾等彬彬文雅，郁乎其盛，一时何止数十百人，皆元代之所贻也。"（《国史大纲（下）》661页）

顺帝北亡

至正十一年（1351）二月十五日，大都城内举行一年一次、声势浩大的"游皇城"仪式[1]，刚过而立之年的顺帝携后妃、公主搭彩楼以观。三月，帝亲策进士八十三人。表面上帝国运行一切如常，然自顺帝即位以来，天灾人祸交至，一场久在酝酿中的暴风雨行将到来。

先说人祸。前一年，政府刚刚在丞相脱脱主持下完成了更钞，新钞"行之未久，物价腾踊，价逾十倍……京师料钞十锭，易斗粟不可得"（《元史·食货志五》）。更往前数，脱脱伯父伯颜秉政，贪恶无比，忌汉官，罢科举，禁汉人、南人习蒙古、畏吾儿文字，"势焰熏灼，天下之人惟知有伯颜而已。"（《元史》本传）[2]

再看天灾。至正四年（1344）夏，大霖雨二十余日，黄河暴溢，平地水深二丈，决白茅堤、金堤，河南、山东皆罹水患，"民老弱昏垫（谓无处逃生），壮者流离四方。"（《元史·河渠志三》）十一年春，脱脱取都漕运使贾鲁之议欲挽河东行，以复故道；工部尚书成遵力陈不可，谓山东连岁饥馑，民不聊生，"若聚二十万人于此地，恐后日之忧，又有重于河患者"。脱脱怒曰："汝谓民将反耶？"（《元史·成遵传》）

---

[1] 至元初，世祖从帝师八思巴之言，于大明殿御座上置白伞盖一顶镇伏邪魔。自后每岁二月十五日奉伞盖出宫游行遂成定例，以与天下生灵被除不祥。诸仪卫鲜装丽服，凡万余人，首尾排列三十余里，都城士女聚观。事毕，送伞盖回宫，复置御座上。帝师、僧众作佛事，至次日罢散，谓之"游皇城"（见《续资治通鉴·元纪二十八》）。

[2] 伯颜后以罪徙南恩州阳春县安置，病死于龙兴路驿舍。有滑稽者题壁云："百千万锭犹嫌少，堆积金银北斗边。可惜太师无运智，不将些子到黄泉。"（《辍耕录》卷二十七"讥伯颜太师"）

显然脱脱乐观估计了当前形势，不是民将反，而是民已反。顺帝至元三年（1337）正月，广州增城县民朱光卿反，建大金国，改元赤符；二月，陈州人棒胡（本名闰儿，以善使棒得名）反于河南汝宁信阳州；四月，四川合州大足县民韩法师反，自称南朝赵王。四年（1338），江西袁州周子旺，福建漳州李志甫反。五年（1339），河南行省掾范孟端反。至正六年（1346），福建汀州罗天麟、陈积万反。八年（1348），浙江台州方国珍反。九年（1349），山西平遥曹七七反。此外又有辽阳、云南、广西、湖南等地的边民起义，尤以瑶患为重。

至正十一年四月，顺帝下诏中外，命贾鲁为工部尚书兼总治河防使，发河南北兵民十七万疏浚黄河故道。先是，韩山童以白莲教义聚众，倡言"天下当大乱，弥勒佛下生"（《明史·韩林儿传》），且与门徒刘福通等人散布民谣曰："石人一只眼，挑动黄河天下反。"（《元史·河渠志三》）及贾鲁治河，果于黄陵冈（今山东曹县西南废黄河北岸）掘出独眼石人一尊。福通等又谓山童实故宋皇室后裔，当主中国，乃杀牲祭天地，谋起兵。事觉，山童就擒，福通入颍州（今安徽阜阳）反，以红巾为号，打出"虎贲三千，直抵幽燕之地；龙飞九五，重开大宋之天"标语（《辍耕录》卷二十七"旗联"），众至十余万，元兵不能御。时有徐寿辉起蕲、黄，布王三（本名王权）、孟海马起湘、汉，芝麻李（本名李二，以岁饥，其家尽以芝麻一仓济人得名）起丰、沛，郭子兴起濠州，皆谓"红军"，亦称"香军"。时人造《醉太平》小令一阕云："堂堂大元，奸佞专权。开河变钞祸根源，惹红巾万千。官法滥，刑法重，黎民怨。人吃人，钞买钞，何曾见？贼做官，官做贼，混贤愚，哀哉可怜！"此数语切中时弊，自京师至江南，人人能道之（《辍耕录》卷二十三"醉太平小令"）。

是年十月，徐寿辉在蕲水（今湖北浠水）称帝，国号天完，改元治平。十三年（1353）五月，张士诚据高邮（今江苏高邮），自称诚王，国号大周，建元天祐；后改称吴王（史称东吴）。十五年（1355）二月，刘福通迎韩山童之子韩林儿至亳州（今安徽亳州）称帝，又号小明王，国号宋，改元龙凤。十七年（1357）六月，福通取汴梁为都，同时兵分三路北伐：一路趋晋、冀（该路军直入塞外，陷上都，毁诸宫殿，转攻辽阳，抵高丽境内；顺帝自是不复北巡），一路趋关中，一路出山东北上，声势大振。十九年（1359）十二月，徐寿辉部将陈友谅据江州（今江西九江），自称汉王；次年五月杀寿辉自立，国号大汉，改元大义。二十二年（1362）五月，同为寿辉部下的明玉珍据成都，自称陇蜀王；次年正月称帝，国号大夏，建元天统（此据《元史·顺帝纪》，《续资治通鉴》谓在二十二年三月）。二十四年（1364）正月，朱元璋在应天（今江苏南京）称吴王（史称西吴）；二十八年（1368）正月称帝，建立明朝。

各路义军风起云涌之际，元廷内部也是热闹非凡。顺帝没能摆脱亡国之君惯有恶名，日夜沉溺于房中术①，选宫女三圣奴、妙乐奴、文殊奴等为"十六天魔舞"，宫中男女裸处，君臣宣淫，"丑声秽行，著闻于外，虽市井之人，亦恶闻之。"（《元史·哈麻传》）又传授给皇太子，太子曰："李好文先生教我儒书多年，尚不省其义。今听佛法，一夜即能晓焉。"（《元史·顺帝纪九》）②宫闱之外，皇帝则将个人能力更多展现在心灵手巧上面，造龙舟、制宫漏，皆精妙绝伦、前所未有之物；又亲画屋样、巧做模型为近幸臣建宅，京师号称"鲁般天子"③。有贤相令名的脱脱至正十二年（1352）九月亲讨徐州芝麻李大获全胜，即军中授太师，诏立《平徐勋德碑》以旌其功，可谓达到一生事业的顶峰；两年后再讨高邮张士诚，竟以"老师费财"获罪，流放云南。接下来内有皇后、太子内禅之谋，外有李思齐、张良弼（字思道）、孛罗帖木儿、扩廓帖木儿（本名王保保）诸军阀拥兵自重，互相攻伐；复有宗亲阳翟王阿鲁辉帖木儿兴师问鼎④，大同守将孛罗帖木儿两度犯阙，幽禁皇后奇氏⑤，逼太子爱猷识理达腊出奔太原。蒙元气数已尽。

二十八年七月，北伐明军临大都城下，顺帝徘徊叹息曰："今日当可复作徽、钦！"（《明史纪事本末》卷八"北伐中原"）遂携皇后、太子夜开建德门北奔，两年后因痢疾死于应昌（今内蒙古克什克腾旗达里诺尔西），庙号惠宗；明祖以其"不战而奔，克知天命"，特谥曰顺帝（《太祖实录》卷五十三洪武三年六月壬申条）。太子即位，奔和林（今蒙古国鄂尔浑河上游哈尔和林，成吉思汗初建都于此，窝阔台七年即1235年筑城），改元宣光，高丽称之北元。

---

① 时有西天（即天竺）僧进演揲儿法（译名大喜乐），西番（即吐蕃）僧进秘密法（又名双修法），谓能延年，实皆为房中术。

② 东宫设谕德（掌太子教育），置端本堂，以处太子讲读。翰林学士李好文兼谕德，纂《端本堂经训要义》《大宝龟》《大宝龟鉴》等书以进。帝师则向太子母后告状，曰："向者太子学佛法，顿觉开悟，今乃受孔子之教，恐损太子真性。"太子方读书，又有近侍臂鹰至廊庑间，喧呼驰逐，以惑乱之，将勾引出游为乐（见《辍耕录》卷二"后德""端本堂"条）。

③ 后朱元璋得顺帝所制水晶宫漏，谓侍臣曰："废万几之务而用心于此，所谓作无益害有益也。使移此心以治天下，岂至亡灭！"乃命碎之（见《太祖实录》卷三十五）。

④ 阳翟王将犯京畿，遣使曰："祖宗以天下付汝，汝已失其太半；若以国玺付我，我当自为之。"顺帝答曰："天命有在，汝欲为则为之。"（《元史·顺帝纪八》）

⑤ 奇氏完者忽都来自高丽，初为宫女，有宠，立为次皇后。多以所富高丽美人赠权臣，京师达官贵人必得高丽女然后为名家。自至正以来，宫中给事使令，大半高丽女，以故四方衣服、靴帽、器物皆仿高丽，举世若狂。热衷用房中术媚帝的一班近臣亦以高丽女为耳目，刺探贵人命妇及士庶室家，择其美而善淫者入宫，数日乃出（事分见《续资治通鉴·元纪》三十二、二十九）。可见围绕奇后已形成一股强大的高丽势力，对元末社会、政治均有相当影响。又，元廷始有选高丽女之例；明朝建立，高丽首先效顺，贡女不断。

下册

华夏史录

邵达 著

九州出版社
JIUZHOUPRESS

目录

第十一章

明：理学治国的实验

　　公元十四世纪下半叶，有史以来一位出身最卑微的汉人皇帝把入据中原百年之久的鞑靼成功赶回北方大漠后，信心满满地向世人宣称："自朕统一，申明我中国先王之旧章，务必父子有亲，君臣有义，夫妇有别，长幼有序，朋友有信，方十八年矣。……胡人之俗……夫妇无别，纲常大坏，与我中国圣人之教何如哉。……所以元氏之事不理，为此也。今后若有犯先王之教，罪不容诛。"（《御制大诰·婚姻第二十二》，载上海古籍出版社《续修四库全书》之《史部·政书类》八六二册）有宋之世不受待见的理学终于在明朝枯木逢春，凤凰涅槃，化身成了国家最高纲领和指导原则。

　　于是，各项烦琐礼仪从上到下被严格执行，因为一举一动都代表着至高无上的伦理秩序，容不得半点马虎。万历四十二年（1614）二月初九，神宗生母（李贵妃）崩逝，据礼部所定丧仪，全国居丧二十七日，京城寺观鸣钟三万响，"在京文武官员自明日始至第三日，俱诣慈宁宫门外哭，退于本衙门宿歇，俱不饮酒食肉，第四日各具斩缞服至慈宁宫门外，朝夕哭临三日，各举十五声而止；凡入朝及在衙门视事，用布裹纱帽垂带，素服腰绖麻鞋，退居即服衰（同'缞'）服。"（《神宗实录》卷五一七）正德十三年（1518）太皇太后王氏崩（谥号孝贞），发丧之日，武宗违先朝故事，亲送至山陵；迎神主日，又悯群臣立泥淖中，特命免行礼。上述举动竟然得到时为翰林修撰、精通《周礼》的舒芬的理解，曰："为天子者，能扩充天理，则言动自合于道，而礼仪制度固其所矣，又何必故事之循乎。"（《明经世文编》卷一七一所载舒芬《车服疏》）但接下来迎神主车驾穿经长安门却引起这位状元的无比愤慨，谓"当从午门（正门），不当从长安门（旁门），以《春秋》公薨书地不书地之法求之，则孝贞有不得正终之疑"（黄宗羲《明儒学案》卷五十三《诸儒学案下一·文节舒梓溪先生芬》）；那么先前武宗"虽言动有合于道，不过天资之美"，究竟"讲学之功未至"（《车服疏》）。

　　为天子讲学，时称"经筵"。此制始于宋，王荆公、程伊川为讲官，俱争坐讲，皇帝依之（见钱穆《国史新论》"中国教育制度与教育思想"255页）。元代仪节悉备，以勋旧大臣知其事。入明，正式开经筵于英宗正统元年（1436），地点在文华殿；万历二年（1574）神宗手书"学二帝三王治天下大经大法"十二字，悬之殿中。经筵"每岁以二、八月中旬起，四、十月末旬止，月三会讲，日皆逢二进讲，每两人一四书一经"。具体程序是："东展书官进至地平，膝行诣御案，展四书讲章。讲四书官亦稍前近案，展所讲书；俟展书官复位，先说讲某书，然后申讲。讲毕，掩书稍退后，原展书官仍如仪进，掩书复位。西展书官与讲经官进退俱如前仪。"这套繁文缛节同样需要所有人员拿出一丝不苟的十二分精神来完成，讲官及执事官失仪，俱有处分，皇帝亦不可丝毫懈怠。崇祯时，文震孟（文征明曾孙）讲学，上偶加足于膝，文氏拱手连问两遍："为人君者可不敬哉？"上竦然为之下足端听（俱见孙承泽《春明梦余录》卷九"文华殿"条）。

官员遭父母丧亡，去职还家、守丧三年的"丁忧"古制似乎也蕴藏着无穷深意，稍有触犯便被视为背伦灭理，亵天渎地。万历五年（1577），宰辅张居正父卒于家，神宗欲"夺情"留张于朝①，恰有"彗星从东南方起，长亘天"（《明史·张居正传》），遂致人情汹汹，哓哓不休。翰林编修吴中行、检讨赵用贤、员外郎艾穆、主事沈思孝、进士邹元标相继上疏争之，谓"宜速令奔丧守制，以全忠孝大节，则纲常而朝廷正，朝廷正而百官万民莫不正，一正足以格天，何灾异之不可弭哉！"（《神宗实录》卷六十八）结果五人皆被廷杖。吏部尚书张瀚太息曰："三纲沦矣！"（《明史》本传）

俟风波平息，居正"以青衣、素服、角带入阁治政"（《明史》本传），明年始获准回乡葬父，给期三月。夺情事件中，铁板一块的纲常教条看似被凿开一道缺口，其实不然；廷杖插曲便是象征本朝士气高昂的一面鲜血染红的旗帜，几乎每一次百官伏阙争礼，总能闻其迎风猎猎。按说杖刑不可谓不惨，钱穆就引《魏叔子集》说明其事，云："每廷杖，必遣大珰监视，众官朱衣陪列。左中使，右锦衣卫，各三十员，下列旗校百人，皆衣襞衣，执木棍。宣读毕，一人持麻布兜，自肩脊下束之，左右不得动。一人缚其两足，四面牵曳。惟露股受杖。头面触地，地尘满口中。受杖者多死；不死，必去败肉斗许，医治数月乃愈。"（《国史大纲（下）》667—668页）吴中行受杖毕，"股内剜去数十脔，大盈尺，深入者逾寸，竟空一股。"（《神宗实录》卷六十八）记述此类惨事的文

---

① 案："夺情"指官员丧服未满，朝廷强令出仕，每每成为廷臣争执的焦点。景帝景泰四年（1453）林聪疏云："凡京官非与机要者，有父母丧，悉听终制，不必夺情。或有以夺情为善者，视父母如路人。子道既亏，臣节安在？"时人持论大抵如此。然事情一旦临到自己头上，则不免要打马虎眼。英宗天顺三年（1459），在家守丧的林聪即夺情复起，全不以旧疏为念（见沈德符《万历野获编补遗》卷三《言事门》"疏论夺情"条）。

章中，频频出现"毙而复苏"字样，我们从中揣摩到的是执笔之人发自内心的感佩与钦敬。士人甘受皮肉之苦以求流芳百世、名垂千古，故前赴后继，如同上瘾。邹元标具疏在后，适廷杖中行等人，"见诸臣方宛转血肉中，不为慑，天下闻而壮之"（同上引），即其例。

正德十四年（1519），百官谏武宗南巡，被杖百四十六人，死者十一。嘉靖三年（1524），群臣争"大礼"，五品以下百八十余人各杖有差，死者十七（谷应泰《明史纪事本末》卷五十《大礼议》；《明史·何孟春传》作杖死十八人）。杨慎十日之内两被廷杖，便是一个"毙而复苏"的样本。更有前面提到的舒芬，正德、嘉靖间两次伏阙受杖，世称"忠孝状元"（见《明史》本传）。

廷臣踊跃言事，据理力争，甚至到了"沽名卖直，诬讪君上"（《神宗实录》卷二一九）的份上；其言辞激烈、自信爆棚，大概惟东汉士人堪与匹敌[1]。还是那位邹元标，万历间讥神宗贪图声色游宴，曰："陛下试自省，果无欲耶，寡欲耶？语云：'欲人勿闻，莫若勿为'。"（《明史》本传）一个名叫雒于仁的"无知小臣"又进《酒色财气四箴疏》，指责神宗"好酒""好色""贪财""尚气"，收受太监张鲸贿赂，气得皇上头昏脑涨，哭笑不得道："朕为天子，富有四海，天下之财皆朕之财，朕若贪张鲸之财，何不抄没了他？"（《神宗实录》卷二一九）

然而时代在进步，明儒究与汉儒不可同日而语。他们争的多半是四书大义、典礼仪节之类"古董"，从嘉靖争大礼，到万历争国本，皇室"私生活倒成为公众的问题，百官争吵不清，通常牵扯着皇帝御前的行止和他家庭中的纠纷，好像人世间最重要的事体不发生于他们祖庙之内，即发生于宫闱之中"（黄仁宇《中国大历史》196页）。世宗、神宗并二十余年不视朝，似不宜全归因于皇帝怠惰。

明之末造，民变蜂起，辽东尽失，诸臣仍一门心思沉溺于口舌战中，"不度时势，徒逞臆见，误人家国而不顾。"（赵翼《廿二史劄记》卷三十五"明末书生误国"条）最可笑的，是高攀龙、顾宪成之流讲学东林书院，效法宋人作君子、小人之别，发起重整道德运动，不啻为程朱的一帮"死魂灵"；国事方殷，世间恐怕没有比这"更成事不足败事有余的手段"了（黄仁宇语，《中国大历史》211页）。

永乐迁都北京已错在先，置明室于险境；崇祯时虽面临前所未遇危局，并非山穷水尽，无药可救，如能暂与满人议和，犹有转圜余地。宋高宗身边好歹还有一个厌恶程学

---

[1] 赵瓯北曰：明制，凡百官布衣皆得上书言事。然统观有明一代建言者，先后风气不同。自洪武以至成化、弘治间，朝廷风气淳实，建言者多出好恶之公，辨是非之正，不尽以矫激相尚。正德、嘉靖之间，渐多以意气用事。万历末年，廷臣益务为危言激论，以自标异（见《廿二史劄记》卷三十五"明言路习气先后不同"条）。

的秦桧，崇祯帝环顾左右，全是饱读四书之士，满耳议论纷哜，满眼是非不断，遂不敢再作此想，束手待亡而已。似乎各种力量捴成一只无形的手，将他一路捉到景山歪脖树下。

朱明所做理学治国实验以近乎羞辱的方式收场，拿刻下流行语来说，就是一场不折不扣的笑话。美国学者窦德士（John W. Dardess）曾评论道："首先有1340年间的传染病症流行，又有水灾、饥荒及人口损失。1350年间更发生了全帝国的民变。于是在1368年才在这个坩埚之内产生了一个在中国历史上最大的、顶中央集权的、顶专制的朝代政权。再经过半世纪，这政权才长期地衍化出来一种稳定的制度形式。而这形式一经稳定，就支持中国的文化，迄至1912年最后一个朝代的覆亡为止。并且在转为阴沉而不露面目的状态之下，其影响所及则至今未止。"（转引自黄仁宇《放宽历史的视界》"中国近五百年历史为一元论"200页，三联书店，2001年）有明二百七十年间，呈现给世人太多表里不一的破绽，这跟黄仁宇在《万历十五年》（三联书店，1997年）书中一再强调的人性阴、阳两面大有关系。

本朝不乏士人硬骨头的例子，明初宁死不事二主的方孝孺自不必说，嘉靖四十五年（1566）户部主事海瑞上著名的《治安疏》，谓世宗薄于父子、君臣、夫妇，天下之人不直陛下久矣，纷传"嘉靖者，言家家皆净而无财用也"（见《海瑞集（上编）》218页，中华书局，1962年）。世宗得疏大怒，掷于地，曰："趣执之，无使得遁。"太监黄锦曰："此人素有痴名，闻其上疏时，自知触忤当死，市一棺，诀妻子，待罪于朝，僮仆亦奔散无留者，是不遁也。"（《明史·海瑞传》）正德时，宦竖刘瑾乱政，御史蒋钦疏劾之，逮下诏狱，廷杖为民；再劾又杖三十。越三日，复具疏，灯下闻鬼声，疑先人之灵劝阻，奋笔曰："业已委身，义不得顾私。死即死，此稿不可易！"疏入，复杖三十，卒于狱中。许天锡知劾瑾必罹祸，乃以尸谏，令家人于身后上其疏，自缢而死（各见《明史》本传）。明末自诩君子的东林人士与阉党以命相搏，亦能依稀看到东汉陈蕃、张俭等人的身影。

同时，士人中又流行阿谀媚俗的软骨病。赵瓯北曰："明中叶以后，士大夫趋权附势，久已相习成风，黠者献媚，次亦迫于避祸，不敢独立崖岸。"（《廿二史劄记》卷三十五"张居正久病百官斋祷之多"条）张居正父七十诞辰，王世贞题寿幛以献，"谀语太过，不无陈咸之憾（喻诣谀，典出《汉书·陈万年传》附子咸传）。弇州（即世贞）刻寿辞于文集中，行世六七年，而江陵（指居正）败，遂削去此文，然已家传户颂矣。"（《万历野获编》卷二十五《评论门》"汪南溟文"条）张氏奉旨归葬，所过州邑供食丰盛，犹云无下箸处。至真定，太守钱普（无锡人）能为吴馔，张曰："吾行路至此，仅得一饱餐。"此语一出，吴中善庖者招募殆尽。钱普又献步辇，前为重轩，后为寝室，凡用卒三十二人舁之（见郑仲夔《玉麈新谭·偶记》卷四"步舆"条，载《续修四库全书》第一二六八册）。武将亦染此风。张氏离京前写给总兵戚继光的信曰："途中仍行奔丧礼，不敢烦劳旌节。鸟铳、箭手，矫健者用五六人，键佩不必相随。往回途中，亦不差人迎送。幸惟体谅。"（《张居正集》第二册卷二十三《书牍十》"答蓟镇总兵戚南塘计边事"）可见戚帅原本是要为宰辅这趟返乡旅行大献殷勤来着。张氏另信云："承令弟（指贵州总兵戚继美）厚意，所寄锦帐，祗领用为母寿，余辄璧诸来使，再此申谢。"（同书同册同卷"答总兵戚南塘"）又知戚帅并未死心，派人持礼物千里迢迢追到了居正家里。王世贞所撰《张公居正传》中"继光乃时时购千金姬进之居正"那句话（载焦竑《国朝献征录》卷十七《内阁六》），尤令人瞠目。时人或讥王氏史笔，谓"本朝大小纪载，一出此公之手，使人便疑其不真"（孙樾峰语，《万历野获编》卷二十五《评论门》"评论前辈"条）；但不幸的是，弇州之说竟在沈德符笔下得到了印证，其文曰："媚药中有腽肭脐，俗名海狗肾，出山东登州海中。昔张江陵相末年以姬侍多，不能遍及，专取以剂药，盖蓟帅戚继光所岁献。戚即登之文登人也。药虽奇验，终以热发，至严冬不能戴貂帽。张竟以此病亡。"（见《万历野获编》卷二十一《佞幸门》"滇南异产"条）①

献房中秘方实为当时官场流行的重要"进取"手段。其事始于方士（如成化时李孜省、嘉靖时陶仲文），皆骤贵，于是"天下士大夫靡然从风"（《明史·佞幸传》序）。沈氏谓，"士人无耻莫甚于成（化）、正（德）间，至弘治而谄风稍衰，惟嘉靖以来又见之。"（《万历野获编》卷二十一《佞幸门》"佞人涕泣"条）嘉靖间尤多以进秘术得幸于世宗者。方士陶仲文、邵元节"用红铅取童女初行月事炼之如辰砂以进"；士流效尤，盛端明、顾可学皆以进士起家，"用秋石取童男小遗去头尾炼之如解盐以进。"（同上"进药"条）

嘉靖初的"大礼议"事件最为士人骨头的试金石。举三人为例，陆澄、丰坊皆争礼得罪，后见赞礼诸臣贵显，澄乃言初为人误，质之业师王守仁始大悔恨；坊则谓迫于父严命不敢违（坊父丰熙，翰林学士，因争礼伏阙被杖），非本意。沈氏评曰："二人富贵熏

---

① 《本草纲目》卷五十一《兽部二》"腽肭兽"条谓腽肭脐"气味咸，大热，无毒，治男子宿症气块，积冷劳气，肾精衰损，多色成劳瘦悴"。案：戚帅诗云："一年三百六十日，多是横戈马上行。"（《止止堂集》之《横槊稿上·马上作》，载齐鲁书社《四库全书存目丛书》之《集部·别集类》第一四六册）将军纵怀有马革裹尸壮志，看来他对官场上的公关术还是不得不有所分心。《明史》本传把戚氏跟名将俞大猷相比较，谓"操行不如，果毅过之"，殆即有所耳闻，故闪烁其词，可见修史者苦心。

心，改口逢世，又诿其责于父师，真悖逆之尤！"（《万历野获编》卷二十《言事门》"一人先忠后佞"条）广东官员汪鈜因趋附赞礼派张璁而上调京师，任吏部兼兵部尚书。"其后偶以小故失欢，（张）命阍者拒却不许见。汪无计，乃赁其邻空室，穴以入其庭，伺其将出，扶服叩首泣于阶下。永嘉（张璁）骇笑。"（同书卷二十一《佞幸门》"佞人涕泣"条）

有明最令人作呕一幕发生在熹宗天启间，值魏忠贤得势，朝野谄风滔天。忠贤岁数出，所过之处，"士大夫遮道拜伏，呼九千岁。"（《明史·魏忠贤传》）天启六年（1626），浙江巡抚潘汝祯（或作桢）首请建生祠于西湖，自是祠宇遍天下，自督抚至武夫（如袁崇焕、毛文龙，各见本传）争颂德立祠。每一祠之费，多者数十万，少者数万。南昌建祠，拆周、程、朱三贤祠以益其地，开封则毁民舍二千余间（见《明史·阎鸣泰传》）。祠中供像"以沈香木为之，眼耳口鼻手足，宛转一如生人。腹中肺肠皆以金玉珠宝为之，衣服奇丽，髻上穴空其一，以簪四时香花"（《明史纪事本末》卷七十一《魏忠贤乱政》）。凡疏词揄扬，皆称"尧天帝德，至圣至神"。监生陆万龄又谓忠贤堪比孔子，"宜建祠国学西，与先圣并尊。"（《明史·阎鸣泰传》）

李闯据明都，首辅魏藻德率文武百官入贺，"群贼争戏侮，为椎背、脱帽，或举足加颈，相笑乐。"（《明史·李自成传》）自成问"状元宰相"魏藻德："若受特恩，何为不死？"藻德曰："方求效用，那敢死。"（彭孙贻《流寇志》卷十）群臣毫无"气节"可言，竟为太监王德化当堂叱骂。福王立于南京，治"从贼"之狱，新任刑部尚书解学龙仿安史乱后唐制六等定罪。然小小南明有心办"贼"，无力回天，"六等之案，固不过悬拟罪名，实未尝能行法"。六等"罪人"或未入名籍的漏网之鱼，多数又在清朝摇尾乞怜做了高官，乾隆时至有《贰臣传》之编（见《明史·解学龙传》及赵翼《廿二史劄记》卷三十六"明从贼官六等定罪"条）。

洪武二十五年（1392），明祖更定官俸，正一品至从九品，月俸米自八十七石递减至五石。若真能全支米，似乎还说得过去；但朝廷做不到，发饷时只好折钞、折布，甚至"上半年给钞，下半年给苏木、胡椒"（《明史·食货志六》"俸饷"）。折钞比例适与官阶成正比，换言之，官高者俸米既多，相应兑付的票子亦多[1]；但到正（德）、嘉（靖）间，竟连不值钱的纸钞也发不起，王琼谓"京官折俸四五年不得一支，外官通不得

---

[1] 成祖即位，文武官俸米钞兼支，"一品二品俸支米者什之四，三品四品什之五，五品六品什之六，七品八品什之八。余折支钞，每石折钞五贯（案：《明史·食货志六》作"每米一石给钞十贯"，无论如何，相比洪武时"钞一贯抵米一石"，已见钞价低贱）。九品、杂职、吏、典、知印、总小旗、军，并全支米。"（《太宗实录》卷十五洪武三十五年（实为建文四年即1402年）十二月甲寅条）

支"（《双溪杂记》，载民国王云五主编《丛书集成初编》二九〇三册）。随着钞价日贱，又有折银之例，总之挨坑的是文武百官。以宪宗成化初为例，官俸折钞，米一石给钞十贯；折布，布一匹当钞二百贯。"是时钞法不行，一贯仅直钱二三文。米一石折钞十贯，仅直二三十钱；而布直仅二三百钱，布一匹折米二十石，则米一石仅直十四五钱。自古官俸之薄，未有若此者。"（《明史·食货志六》）顾亭林曰："粮之重者愈重，俸之轻者愈轻。其弊在于以钞折米，以布折钞，以银折布，而世莫究其源流也。"（《日知录》卷十二"俸禄"条）

宣宗宣德初，双流知县孔友谅疏云："国朝制禄之典，视前代为薄。今京官及方面官稍增俸禄，其余大小官自折钞外，月不过米二石，不足食数人。仰事俯育与道路往来，费安所取资？"（《明史》本传）英宗正统初，进士李贤又言："俸禄所以养廉也，今在朝官员，皆实关俸米一石，以一身计之，其日用之费，不过十日，况其父母妻子乎！臣以为欲其无贪，不可得也。"（《达官支俸疏》，载《明经世文编》卷三十六）现实环境和四书理想严重脱节，其结果，"文官的双重性格发展得越来越明显，这也是精神与物质的分离。"（《万历十五年》95页）

要不了多久，李贤的担忧便会得到应验。何瑭（号柏斋）尝曰："（洪武末）渐启贪赂之习，积至正德年间，其弊极矣。官以赂升，罪以赂免，辇毂之下，贿赂公行，郡县之间，诛求无忌。"（《柏斋集》卷一《民财空虚之弊议》）而他来不及看到的是，此后贪赂风气愈演愈烈，"至于明末，则用内官如矿使、税使、监军之类，出则惟钱是索。"（清陈鼎《东林列传》卷十五末外史氏论）终明之世，巨贪大蠹层出不穷。宣德、正统间，"三杨"（杨荣、杨士奇、杨溥）同掌内阁①，"后杨荣曾孙业坐事，抄没家资巨万，况其他乎！"（《春明梦余录》卷二十三"内阁一"）②武宗朝，宦官刘瑾窃柄，敛财无数，竟在2001年被《亚洲华尔街日报》（*Asian Wall Street Journal*）评为过去千年全球五十富之一。幸臣钱宁籍没时，"得玉带二千五百束，黄金十余万两，白金三千箱，胡椒数千石"；江彬籍没时，"得黄金七十柜，白金二千二百柜，他珍宝不可数计。"（各见《明史·佞幸传》）世宗朝，江西人严嵩为相二十载，父子俱贪；及失势，抄其家，"黄金可三万余两，白金二百余万两，他珍宝服玩所直又数百万。"（《明史·严嵩传》附子

---

① 王世贞云：以居第为别，杨士奇曰西杨，杨荣曰东杨，杨溥曰南杨，"其在阁远者四十余年，最近者亦十六年。"（《弇山堂别集》卷十七《皇明奇事述二》"内阁三杨"条）焦竑又谓："西杨有相才，东杨有相业，南杨有相度。故论我朝贤相，必曰三杨。"（《玉堂丛语》卷七"赏誉"条）

② 《明史·杨荣传》曰："家富，曾孙业……以赀败。"案：《明史·汪直传》，杨荣曾孙名晔；《宪宗实录》卷一六二成化十三年（1477）二月丁丑条则写成杨华，疑即晔之误。

世蕃传）①赵瓯北称"嵩之纳贿，实自古权奸所未有"（《廿二史劄记》卷三十五"明代宦官"条按语）。至于算不上"权奸"的，据焦竑《玉堂丛语》，夏言久贵用事，家富厚，膳羞如王公。言、嵩同阁共事，阁臣日给酒馔，言自食家所携酒肴，什器皆用金，与嵩对案，不以一匕及嵩（见卷八"汰侈"条）。而"良相"徐阶罢归故里，传说因在政府久，"富于分宜（即嵩），有田二十四万"（伍袁萃《林居漫录前集》卷一），"家人多至数千"（于慎行《谷山笔麈》卷五《臣品》）。

嘉靖初，大学士张璁所上奏疏一语道破有明官场的玄机，云："今之部院诸臣，有志者难行，无志者听令，是部院乃为内阁之府库矣；今之监司，苞苴（指行贿）公行，称为常例，簠簋不饬（喻为官不廉），恬然成风，是监司又为部院之府库矣；抚字心劳（谓尽心抚恤百姓），指为拙政，善事上官，率与荐名，是郡县又为监司之府库矣。司马光曰：'天之生财，止有此数，不在官则在民。'今在官者恒多矣。"（《春明梦余录》卷二十三《内阁一》）官员合法收入连养家糊口都成问题，情急之下，只好另辟蹊径，开拓灰色地带，张氏疏中所说"常例"便是"一种普遍的不成文制度"（黄仁宇语，《万历十五年》93页）。其实"常例"也并非什么新鲜玩意儿，明初叶子奇就曾提及，谓"元朝末年，官贪吏污……问人讨钱，各有名目。所属始参曰拜见钱，无事白要曰撒花钱，逢节曰追节钱，生辰曰生日钱，管事而索曰常例钱，送迎曰人情钱，勾追曰赍发钱，论诉曰公事

---

① 案：严氏江西家产被抄之数，《世祖实录》（卷五四九）所记尤详，金银宝玩之外，有"府第房屋六千六百余间又五十七所，田地山塘二万七千三百余亩"。稗史所载更骇人听闻，谓世蕃与其妻窖金于地，每百万为一窖，凡十数窖，嵩见之亦大惊，以多藏厚亡为虑（见赵翼《廿二史劄记》卷三十五"明代宦官"条按语）。据田艺蘅《留青日札》（卷三十五"严嵩"条），江西、北京两处所抄，不及严氏家产十四五，"盖行赂于权要者十二三，寄顿于亲戚者十三四，郿坞（汉末董卓所筑老巢）久营，兔窟多术，安能根连株拔？"坊间又流传《天水冰山录》一书，详列严氏被抄金银珠宝、古玩书画之类，让人过足眼瘾。似乎明清文人一大嗜好便是不断加工完善这张财产清单，乐此不疲。然而即便《明史》《实录》中的保守数字，也不过是办案官员之一说而已，嘉靖四十四年（1565）十二月，世祖就曾追问道："三月决囚后，今已十月余矣，财物尚未至，尚不见，一所巨屋只估银五百两。是财物既不在犯家，国亦无收，民亦无还，果何在耶？"（《实录》卷五五三）至万历时，赵锦称当年治严氏父子罪，"承勘者与抚按诸臣，惧无以上应明诏，重干不测，则虚上所当籍事，而其实不符。则又为株连影捕，旁搜远取以足之。圣祖（指世祖）以为此所籍世蕃之物，而不知其强半出于无辜之民。"（《春明梦余录》卷四十五《刑部二》"讞理"）美籍学者苏均炜指出，事实上，当时加给严嵩的所有罪名（包括贪污）都无实据，"将严嵩定谳为奸臣，实在大有商榷的余地。"（"大学士严嵩新论"，《明清史国际学术讨论会论文集》861页，天津人民出版社，1982年）但毋庸置疑，官场贪污成风，严氏父子的屁股自然干净不了。张居正一向倡导节俭，私底下也过着奢侈腐化的生活。据王世贞所作《张公居正传》，"锦衣大帅朱希孝所畜名书画甚富，且死，裹其精绝者以识别居正，既露之，于是日有进，以博一解颜，然尚不能当严氏之十二，而他珍奇瑰异稍浮之矣。"张氏死后遭清算，"发其诸兄弟藏，得黄金将万两，白金十余万两。"（载《国朝献征录》卷十七；当然此案同样存在指攀虚报的情形，《明史纪事本末》卷六十一《江陵柄政篇》谓"株连颇多，荆、川骚动"，而居正长子敬修即不胜刑，自诬服寄三十万金于别处，尽其产不能十之三，自缢死）

钱……漫不知忠君爱民之为何事也。"（《草木子》卷四下《杂俎篇》）

宦囊羞涩的地方官靠手中权力攫取额外进项俨然已成为改善生计的重要手段，因此"常例"可以说渗透到明代社会的各个角落。浙江按察司署（全称提刑按察使司，掌一省刑狱之事）设在岳武穆旧宅，有系狱者讲述切身经历道："人初入，牢头例索贿，谓之常例钱。金多者处净室，或自构精舍以居。否则置一狱，曰套监，周遭树木栅，地秽湿，覆以腐草，郁蒸之气，是生恶虫。罪人械而入，卒持其两手系栅上，使不得便。须臾虫触人气，百千攒集人体，自耳鼻缘入衣袘（即衣襟），凡属有窍，虫满其中。经昼夜，虽壮夫，生者十不得一二。"（《皇朝经世文编》卷九十四《刑政五·治狱下》所载吴骞"与秦小岘廉使书"）[1]军队中也是贪墨成风。隆庆初，谭纶劾一片石（又名九门水口，位于今河北抚宁县东北）某提调，"初至即索见面之钱，随事悉有常例之贿，号令不行，逃亡相继。"（《谭襄敏奏议》卷六《秋防举劾疏》）按照本朝最初的军事设计，京师及各地要害处遍立卫所，但此制开创伊始，便饱受兵士逃匿之困扰；至末季，魏学洢（号茅檐）称，"今（卫所）大抵亡虑，皆空籍矣。最可忿者，自抚台以至哨长，无处不有常例钱。上之所费甚烦，下之所得甚苦，是以从来兵变，无不以刻减军粮为端。"（《茅檐集》卷八"家书"）甚至当李自成兵临城下，"守城军尚枵腹，司饷官犹索常例，不时给。"（《东林列传》卷九《汪伟传》）钱粮这一摊更给衙门里梦想发财的各级官吏创造了上下其手的广阔空间，王鏊提到吴中贪官的渔利手段，就有常例之输、火耗之刻（见《震泽集》卷三十六"吴中赋税书与巡抚李司空"）。所谓火耗，原指铸钱时出现的金属损耗。五代时，国家钱粮始有加耗一说，民租一石加二升，曰"雀鼠耗"（见《新五代史·王章传》）；宋代称"出剩"（犹'盈余'），又称"润官"（见姚莹《寸阴丛录》卷三"赋税加耗"条，载台北新兴书局《笔记小说大观》十八编第四册）。明代税法加耗之弊已极，自中叶田赋征银，又添花样，"于正数外有加者，名曰'火耗'，其数之多寡不等，存乎人而不加者鲜矣。"（清王山史《山志》二集卷二"加耗"条）顾亭林曰：污官滑胥"藉火耗之名，为巧取之术"，以致征收之数"薄于正赋而厚于杂赋"，"解之藩司，谓之羡余，贡诸节使，谓之常例。"（《顾亭林诗文集》之《文集》卷一《钱粮论下》，中华书局，1983年）

海瑞任严州淳安知县时，曾详细罗列县属各职——上自知县，下至县丞、主簿、典

---

① 这段文字让人联想到武松替兄报仇后，刺配孟州，初入牢城营的经历（见《水浒传》第二十八回）。案：吴骞为清乾隆至嘉庆时人，此信原载《愚谷文存》卷九，内容系录自明末王献定《浙江按察司狱记》，后被魏源选入《经世文编》。王氏原文则由黄宗羲辑入《明文海》（卷三四○）。几经辗转，今人至有误将文中所叙惨事当成清朝狱政黑暗之写照者。又：百二十卷《皇朝经世文编》署贺长龄辑，实为邵阳魏源代编。

341

史、教官、阴阳官、医官、六房吏——每年所受常例，其中知县常例多达二十一项（见《海瑞集（上编）》所载《兴革条例·吏属》），据夏邦、黄阿明粗略估算，"总收入约白银2665—2723两左右"，"已是明代国家规定的一个知县岁俸的一百多倍①"（见夏、黄合撰"明代官场常例钱初探"一文，载《史林》2008年第4期）。京官高高在上够不着常例，却可以坦然把手伸进地方官腰包里，拿走属于自己的一份"孝敬"。海瑞曰："今人谓朝觐年（指'外察'）为京官收租之年，外官至期盛辇金帛以奉京官"（《兴革条例·吏属》），说的便是这个意思。还有巡视地方，或仅仅路过（如张居正归葬），亦能趁机捞上一笔，故万历时华亭范濂谓一县之费有必不可免者，"如各上司按临，例有迎风饭、下马饭、阅操酒、送风饭，动以数金计；而时值暑天，随腐随易，则一酒而费数金者有之。"（《云间据目抄》卷四《赋役》）官场熙攘忙碌在《金瓶梅》书中有着极为生动的描写。主人公西门庆固然因贪欲而"英年早逝"，逐日迎来送往、疲于应酬恐怕也会让他难保长寿。这里正为爱妾李瓶儿筹办丧事，那边就有人央烦"尊府作一东"，迎请东京来的六黄太尉。于是丧席改接风宴，"（搭）棚且不消拆，亦发过了……摆酒日子来拆"。县里众官悉言："正是州县不胜忧苦这件事，钦差若来，凡一应祗迎、廪饩、公宴、器用、人夫，无不出于州县，州县必取之于民，公私困极，莫此为甚"（第六十五回）。甚至西门死后，两淮巡盐御史蔡蕴来访，吴月娘心中惨戚，"想有他（指西门）在时，似这样官员来到，肯空放去了？又不知吃酒到多咱晚。"（第八十回）②

海瑞当然是位不折不扣的好官，他不但痛骂"官之借公受取，侵渔百姓，于强盗劫财之律何如"（《兴革条例·吏属》），而且说到做到，真个把淳安的常例旧规给一一革除了。显然铁面无私的海大人已臻"圣贤"之境，常人绝难望其项背。大多数官员往往说一套做一套，"莅任之初，必有一番禁谕，谓之通行。大率胥曹剿袭旧套以欺官，而官假意振刷以欺百姓耳。至于参谒有禁，馈送有禁，关节有禁，私讦有禁，常例有禁，迎送有禁，华靡有禁，左右人役需索有禁，然皆自禁之而自犯之，朝令之而夕更之。"（谢肇淛《五杂组》卷十四《事部二》）最典型者莫过于嘉靖时的都察院左副都御史鄢懋卿，奉旨南下总理盐政，行前晓谕沿途，自称"素性简朴，不喜承迎。凡饮食供帐，俱宜俭朴为尚，毋得过为华侈，靡费里甲"。然而一旦上路，就全不是那么回事，"携妾偕行，制五

---

① 据王琼《双溪杂记》，"知县月支米七石，岁支米八十四石。"

② 案：《金》书假宋朝故事，说明朝时事。书中这已是蔡蕴（蔡京假子）三登西门家门。第一次以新科状元身份回乡省亲，西门送"金段一端，领绢二端，合香五百，白金一百两"（第三十六回）。第二次是在赴任巡盐途中，偕巡按山东监察御史宋乔年一同拜访。西门送礼不在话下，单招待二位巡按一席酒，"也费勾千两金银"（第四十九回）。

彩舆，令十二女子舁之。仪从煌赫，道路倾骇"。知县海瑞特上禀帖，谓"浙之前路探听者皆云：'各处皆有酒席，每席费银三四百两。金花金段，一道汤一进。下程则山禽野兽，人不能致者备焉。供帐极华丽，虽溺器亦银为之。'与台下颁行条约大悖戾。"鄢氏览帖，说不清是良心发现，还是恼羞成怒，竟"迁道去，不过严（州）"。（见《海瑞集（上编）》所载《禀鄢都院揭帖》及附录王国宪辑《海忠介公年谱》嘉靖三十九年庚申条）

　　明王朝"理学治国"的乌托邦终究在复杂人性的严酷现实面前撞了个头破血流，所能做到的，仅将斗大"虚伪"二字深深烙在躁动不已的人世间。需要附带说明的是，历史走向往往偏离设计者初衷。四书描画的美丽轨辙箍不住社会进步的车轮，恰恰是在这个举国高唱仁义道德的时代，我们的古老国家来到了一个必须做出改变的十字路口。治明史者，不可不看诞生于此际的《金瓶梅》——十六、十七世纪社会转型之风声，正从其中泄出。

明帝系及年号

帝王	年号	公元起讫
太祖（朱元璋）	洪武（31）	1368—1398
惠帝（朱允炆）	建文（4）	1399—1402
成祖（朱棣）	永乐（22）	1403—1424
仁宗（朱高炽）	洪熙（1）	1425
宣宗（朱瞻基）	宣德（10）	1426—1435
英宗（朱祁镇）	正统（14）	1436—1449
景帝（朱祁钰）	景泰（8）	1450—1457
英宗（复辟）	天顺（8）	1457—1464
宪宗（朱见深）	成化（23）	1465—1487
孝宗（朱祐樘）	弘治（18）	1488—1505
武宗（朱厚照）	正德（16）	1506—1521
世宗（朱厚熜）	嘉靖（45）	1522—1566
穆宗（朱载垕）	隆庆（6）	1567—1572
神宗（朱翊钧）	万历（48）	1573—1620
光宗（朱常洛）	泰昌（1）	1620
熹宗（朱由校）	天启（7）	1621—1627
思宗（朱由检）	崇祯（17）	1628—1644

附：南明建元

诸王	年号	公元起讫
福王（朱由崧）	弘光（1）	1645
唐王（朱聿键）	隆武（2）	1645—1646
唐王（朱聿鐭）	绍武*	1646
桂王（朱由榔）	永历（15）	1647—1661

（*案：广州绍武政权仅存月余即被南下清军摧毁，其年号亦从未正式使用过。）

明祖复古

清顺治帝阅《通鉴》，问汉高、文帝、光武及唐宗、宋祖、明祖孰优，有臣下对曰："唐太宗似过之。"顺治曰："不然，明太祖立法可垂永久，历代之君皆不及也。"（《清史稿·世祖纪二》）这可以说是至高无上的评语。赵瓯北则以历史家的眼光审视其人，谓"明祖一人，圣贤、豪杰、盗贼之性，实兼而有之。"（《廿二史劄记》卷三十六"明祖以不嗜杀得天下"条）

（一）起于游丐

濠州钟离（今安徽凤阳）人朱元璋原名重八①，十七岁父母兄弟俱亡，"孤无所依，乃入皇觉寺（凤阳西北，后改名龙兴寺）为僧"（《明史·太祖纪一》），外出化缘，游走四方，逾三年始返。时元政已紊，群雄蜂起，乱兵焚皇觉寺，元璋计无所出，投濠州郭子兴。子兴奇其状貌，留为亲兵，以所抚宿州马公女妻之。军中遂呼"朱公子"。

元至正十三年（1353），羽翼渐丰的朱元璋离开郭子兴，独率徐达、汤和等二十四人南略定远（今属安徽，郭子兴老家），很快发展起自己的队伍。途中得定远人李善长，问以平天下之策，善长对曰："秦乱，汉高起布衣，豁达大度，知人善任，不嗜杀人，五载成帝业。……公濠产，距沛不远。山川王气，公当受之。法其所为，天下不足定也。"（《明史·李善长传》）定远人冯国用亦云："金陵龙蟠虎踞，帝王之都。愿先拔金陵，定鼎，然后命将四出，救生灵于水火，倡仁义于远迩。"（《明史纪事本末》卷一《太祖

---

① 元制，庶人无职者不许取名，止以行第及父母年齿合计为名，如夫年二十四，妇年二十二，合为四十六，生子即名"四六"；夫年二十三，妇年二十二，合为四十五，生子即名"五九"，见俞樾《春在堂随笔》。又，张士诚小字九四，朱元璋父名朱五四（后改为世珍），常遇春父名常六六，汤和父名汤七一等，皆是其例。

起兵》）

郭子兴死后，朱元璋尽得其兵，不受亳州韩林儿节制，惟用龙凤年号以令军中。至正十五年（1355）夏，元璋再得猛将常遇春[1]及巢湖水师，如虎添翼，渡江拔采石，取太平（今安徽当涂）。避乱家居的明道书院山长陶安率父老出迎，元璋问曰："吾欲取金陵，何如？"安曰："金陵古帝王都，取而有之，抚形胜以临四方，何向不克？"（《明史·陶安传》）复有布衣叶兑献书，论取天下规模，宜定都建康，"进则越两淮以北征，退则画长江而自守。夫金陵古称龙蟠虎踞，帝王之都，藉其兵力资财，以攻则克，以守则固。"（《明史·叶兑传》）集众多谋士之意见，大计遂定。

（二）定鼎金陵

至正十六年（1356），朱元璋攻克集庆，改名应天（今江苏南京），自号吴国公。时刘福通横据中原，纵兵四出，元璋藉其力，又得枫林先生朱升"高筑墙，广积粮，缓称王"（《明史·朱升传》）的九字真诀，乃得以从容略定江表，收召才隽（如宋濂、刘基、章溢、叶琛四先生），缔造基业。

政权初立，心腹之患在于周边的汉（陈友谅）、吴（张士诚）等割据势力。刘基（字伯温）献策云："士诚自守虏，不足虑。友谅……地据上流，其心无日忘我，宜先图之。陈氏灭，张氏势孤，一举可定。然后北向中原，王业可成。"（《明史》本传）这成为朱氏日后统一天下的基本战略。

朱、陈数度交锋后，至正二十三年（1363）在鄱阳湖摆开水师一决高下。双方激战月余，友谅中流矢，贯睛及颅而死。明年，朱元璋即吴王位，以李善长为右相国，徐达为左相国。又明年，布告中外，指张士诚"假元之命，叛服不常"，"连兵构祸，罪不可逭"（《太祖实录》卷十八），发兵讨伐。徐达、常遇春先后攻取泰州（张士诚老家）、高邮、淮安及濠、徐、宿三州，断其江北退路；继而破湖州、杭州，剪其羽翼；然后筑长围困平江（今江苏苏州），历十一月而克之，士诚被俘自缢死，事在至正二十七年（1367）九月。接下来大将汤和讨浙东方国珍，国珍遁入海乞降；再讨福建陈友定，友定兵败被俘。

明年（1368）正月，朱元璋在应天称帝，是为太祖，建元洪武，国号大明，立马氏为后，以李善长、徐达为左、右丞相[2]。初，汴梁失守，小明王韩林儿退驻安丰（今安徽寿

---

[1] 徐达、常遇春并称徐常，皆肖像鸡笼山功臣庙，位居一、二。遇春自言能将十万众，军中又称"常十万"。

[2] 吴元年（1367），命百官礼仪尚左，改右相国为左相国，左相国为右相国。至是，改为左、右丞相（见《明史·职官志一》）。

县）。士诚部将吕珍攻之，杀刘福通。元璋驰援，安置林儿于滁州，后派人迎归应天，至瓜步（亦称瓜州，今江苏扬州南端瓜洲镇，旧在长江中）覆其舟沉于江①。

（三）混一四海②

至正二十七年（1367）十月，朱元璋发布"驱逐胡虏，恢复中华"，以"雪中国之耻"的讨元檄文（出宋濂手），命徐达、常遇春率师二十五万北取中原。按照太祖亲自制定的"先取山东，撤其屏蔽；旋师河南，断其羽翼；拔潼关而守之，据其户槛"（《太祖实录》卷二十六）的作战方针，至洪武元年（1368）八月，明军顺利攻占元都。

大都既克，改称北平；以应天为南京，正式建都③。徐、常继续进军，平山西、陕西，元将扩廓帖木儿西走甘肃，李思齐不战而降。

至此虽"天下之乱十平其九"（《太祖实录》卷三十七），太祖对遁入沙漠的顺帝父子终是放心不下，遂于洪武初连续调兵遣将发动北征，大有毕其功于一役之决心。二年（1369）六月，常遇春率步骑九万从北平出发，拔开平（元上都），北追元主数百里，"凡得将士万人，车万辆，马三万匹，牛五万头。"（《明史纪事本末》卷八《北伐中原》）然一代名将就在这次班师途中暴疾而卒，年仅四十，副将李文忠④代领其军。

三年（1370）春，太祖分道出兵，一令徐达自潼关出西道攻扩廓，一令李文忠自居庸出东道追元主，双双告捷：西路军在沈儿峪（今甘肃定西西北）全歼扩廓兵，后者仅携妻子数人渡河奔和林；东路军克应昌，获元嫡孙、妃主、将相数百人。

五年（1372）春，再遣徐达、李文忠、冯胜（冯国用弟）各将五万骑出塞。除西路冯胜全师而还外，东路文忠杀伤相当，中路徐达遇扩廓，大败，死者数万。经是役，太祖命徐达等备边山西、北平，渐转成守势，"自是明兵希出塞矣。"（《明史·扩廓帖木儿传》）

时故元诸将先后归附，独扩廓拥太子爱猷识理达腊居和林，只手擎天撑起塞外北元。刘伯温早有预言："王保保（即扩廓）未可轻也。"（《明史·刘基传》）太祖屡遣使招

---

① 此依《明史》。谷应泰《明史纪事本末》则谓安丰既失，林儿走入应天，诸将欲奉之，刘伯温不可而止。至正二十六年（1366）林儿复自应天至瓜步，卒于道（见卷二《平定东南》）。

② 对明朝是否完成统一，今有学者持不同意见，谓统一本身既成问题，尤不能以1387年"金山之役"为所谓统一标志，详见孙景坛刊于《中共南京市委党校南京市行政学院学报》2004年第4期"明代历史定位问题新探"一文。这种说法显然是拿元代"大中国"版图强求于明了。

③ 洪武十一年（1378）正月，改南京为京师；永乐元年（1403）正月仍称南京（见《明史·地理志一》）。

④ 太祖外甥，后被收为养子，肖像功臣庙，位第三。

降不成，最后派出降将李思齐。扩廓初待以礼，送至塞下，请留一臂为别。思齐知不免，断臂与之，未几而亡。朝中曾有谁为天下奇男子之议，众将皆曰常遇春，太祖笑曰："遇春虽人杰，吾得而臣之。吾不能臣王保保，其人奇男子也。"（《明史·扩廓帖木儿传》）竟册其妹为秦王妃[①]。

扩廓死后，复有纳哈出（木华黎之裔）屯兵金山（今吉林双辽东北），为辽东边患。洪武二十年（1387）春，冯胜、傅友德、蓝玉率步骑二十万北征，降纳哈出，得其部曲二十余万人，辎重畜马亘百余里。明年春，蓝玉率师十五万入沙漠追讨残元，战于捕鱼儿海（今中蒙边境贝尔湖），获元主次子及妃主百余人，渠帅三千，军士男女七万余，马驼牛羊十五万余，元主脱古思帖木儿仅携太子等数十人遁去，于是漠北削平。北元"自脱古思帖木儿后，部帅纷拏，五传至坤帖木儿，咸被弑，不复知帝号。有鬼力赤者篡立，称可汗，去国号，遂称鞑靼"。（《明史·鞑靼传》）

与旷日持久的北方战事同步展开的是略定南方的军事行动。洪武元年，廖永忠（即弑韩林儿者）平广东、广西。四年（1371），汤和、傅友德、廖永忠等伐蜀，明玉珍之子升出降，四川平。十四年（1381），傅友德、蓝玉、沐英征云南，多年来守边自若，"岁遣使自塞外达元帝行在，执臣节如故"（《明史·把匝剌瓦尔密传》）的元梁王（世祖之裔）败走普宁自杀；明年，蓝玉克大理，滇地悉平。

（四）倒行逆施

淮北沛县人刘邦为中国史上第一个由平民拔起的皇帝；如果不是史家有意"撮合"，那么步其后尘的朱元璋之祖籍应当亦在沛县（见《明史·太祖纪一》），"遂有一汉高在胸中，而行事多仿之。"（赵翼《廿二史劄记》卷三十二"明祖行事多仿汉高"）两位"同里"的布衣天子冥冥中先就有了一丝沟通。

赵瓯北列举明祖仿汉事例，首一桩便是徙富，徙江南十四万户于凤阳，又徙浙江、应天等地富民万四千三百余户于京师。后来成祖篡位，"复选应天、浙江富民三千户，充北京宛、大二县厢长。"（《明史·食货志一》）大抵政权初建，总要打着"右贫抑富"旗号对旧有各社会阶层来一番大洗牌，而在载沉载浮的动荡之后，新权贵树立，依然是贫者愈贫，富者愈富，泾渭分明。

其次是分封子弟，二十六子中，封王者二十四人（懿文太子标外，皇子楠未封，见《明史·诸王世表》序）。洪武元年，太祖论及汉景时七国之乱，曰："景帝为太子时，尝设博

---

① 秦王名樉，太祖次子，封藩西安。元妃扩廓妹，次妃大将邓愈之女，及王卒，二妃以身殉。

局杀吴王世子,以激其怒;及为帝,又听晁错之说,轻意黜削诸侯土地。七国之变,实由于此",故曲不在七国(见"中央研究院"历史语言研究所校印本《明实录》附录《皇明宝训》之《洪武宝训》卷二"教太子诸王"条)。建藩初计,"分封而不锡土,列爵而不临民,食禄而不治事"(《明史·诸王传》"赞"),对中央王朝似无大碍。很快成祖以燕邸起兵,其后宗姓叛者先后有高煦(汉王)、寘鐇(安化王)、宸濠(宁王)诸人,但这犹非真正威胁。像是孙悟空身上拔下的猴毛,一阵风吹往各府州县的宗藩落地生根,子孙兴旺;这些人"不农不仕,吸民膏髓"(靳学颜疏,见《明史》本传),简直成了遍布帝国全境的一个个永远也填不满的无底洞。嘉靖四十一年(1562),御史林润言:"天下财赋,岁供京师米四百万石,而各藩禄岁至八百五十三万石。山西、河南存留米二百三十六万三千石,而宗室禄米五百四万石。即无灾伤蠲免,岁输亦不足供禄米之半。年复一年,愈加蕃衍,势穷弊极,将何以支!"(《明史·诸王传一》)事实上,早在洪武九年(1376),叶伯巨就上书称当今之事,可患者三,其中"难见而患速"者即分封太滥。太祖大怒曰:"小子间吾骨肉,速逮来,吾手射之!"伯巨竟死狱中(见《明史》本传)。

建都南京二十余年,仍时时有西迁之意。洪武初,御史胡子祺(名寿昌,以字行)上书请都关中,谓天下形胜地可都者四,河东、汴梁、洛阳皆有利弊,"夫据百二河山之胜,可以耸诸侯之望,举天下莫关中若也。"(《明史·兴宗孝康皇帝(即懿文太子标)传》)太祖称善,至二十四年(1391)八月,遣太子巡视陕西。因太子回京不久即病故,其事乃止。

甚至开国后屡兴大案,功臣诛戮殆尽,"亦仿菹醢韩(信)、彭(越)之例,此则学之而过甚者矣。"(赵翼语,《廿二史劄记》"明祖行事多仿汉高")

汉高深刻的"仇商"心理同样为明祖所继承,"贾人不得衣丝"之禁令便被照搬到了明初。徐光启云:洪武十四年(1381),"上加意重本抑末,下令农民之家许穿绸纱绢布,商贾之家止许穿布。农民之家但有一人为商贾者,亦不许穿绸纱。"(《农政全书》卷三《农本·国朝重农考》)

"明祖开基,乃旷然复古"(《明史·功臣世表》序),这背后的深层原因着实令人费解。黄仁宇曾说,显而易见,"他的历史观与世界潮流相悖。"(《放宽历史的视界》"明代史和其他因素给我们的新认识"68页)但朱氏复古又不全以汉为标本,比如沿用元朝海禁政策,"片板不许入海。"(《明史·朱纨传》)初起时,数养他姓为子,幼而抚之,长即军前效力,多至二十余人(见《明史·沐英传》)。养异姓子本为胡俗,唐安禄山之军便称"父子军";后来朱全忠、李克用等皆用假子征战,深得其力。不意此风竟在元末重新抬头。尤匪夷所思者,是野蛮"人殉制"的死灰复燃。史载,明祖崩,宫嫔多从死者，家人后世皆得优恤，号"太祖朝天女户"。成祖及仁、宣二宗俱用殉，王府亦然（见《明史·后妃传一》）。成祖死时，宫嫔殉葬者三十余人，其中就有朝鲜（时为李朝）选献的韩氏、崔氏诸女。"当死之日，皆饷之于庭，饷辍，俱引升堂，哭声震殿阁。堂上置木小床，使立其上，挂绳围于其上，以头纳其中。遂去其床，皆雉经（指自缢）而死。韩氏临死，顾谓（乳媪）金黑曰：'娘，吾去！娘，吾去！……'语未竟，旁有宦者去床，乃与崔氏俱死。"（吴晗辑《朝鲜李朝实录中的中国史料》上编卷四《世宗实录一》甲辰六年即永乐二十二年十月戊午条，中华书局，1980年；以下简称《李朝实录史料》）宣宗死后，殉葬宫人皆于英宗正统元年（1436）获追赠妃号及美谥，册文云："兹委身而蹈义，随龙驭以上宾，宜荐徽称（即美称），用彰节行。"（《明史·后妃传一》）直至英宗临终，始下遗诏曰："用人殉葬，吾不忍也。此事宜自我止，后世子孙勿复为。"（王圻纂《稗史汇编》卷十八《人物门·帝王类下》"禁殉葬"条，载台北新兴书局《笔记小说大观》三编第四至七册）

文治方面，虽号称右文左武，犹罢科举十年（洪武六年至十五年），别令有司察举贤才，以德行为本，文艺次之；一时间中外大小臣工皆得推举，由布衣而登大僚者不可胜数（见《明史·选举志三》）。往好处说，这叫"破格用人"（赵翼《陔余丛考》卷十八"明初用人不拘资格"条），然玉石杂进，终非政制步入轨道后应有之正常局面[1]。

军事方面，太祖开创的卫所制亦是别出心裁。帝国境内自京师至郡县，分设卫所，"大率五千六百人为卫，千一百二十人为千户所，百十有二人为百户所。"（《明史·兵志二·卫所》）兵由充当军役的专门人户提供，称军户。明制，户分三等，"曰民，曰军，曰匠"（《明史·食货志一·户口》），各承差役，"役皆永充"（《明史·食货志二·赋役》）。洪武二年（1369）下令，军民等诸色户，"许各以原报抄籍为定，不许妄行变乱，违者治罪。"（万历重修《大明会典》卷十九《户部六·户口一》"户口总数"条）按照这种精神，军户为世袭，甚至有着"户有军籍，必仕至兵部尚书始得除"的不成文法（《明史·兵志四·清理军伍》）。终明之世，"于军籍最严"（同书），显然壁垒森严的户籍制度是卫所兵源的重要保障。岳正曰："军法必世继，继绝以嫡，嫡绝以支，支绝以同姓，不奉上诏旨，不得遽自免。"（《送张鸣玉诗序》，载《明经世文编》卷三十二）于是洪武二十五年（1392）竟出现如此荒唐一幕："怀远县人王出家儿年七十余，二子俱为卒，从征以死。一孙逋［甫］八岁，有司复追逮补伍。"（《太祖实录》卷二一七）

---

[1] 耆儒鲍恂、余诠、全思诚、张长年等年九十余，征至京，即授文华殿大学士。时史部奏荐举当除官者，多至三千七百余人，少亦至一千九百余人（见《明史·选举志三》）。

　　《明史》作者称卫所颇得"唐府兵遗意"（《兵志》序；钱穆亦取其说，见《国史大纲（下）》691页），黄仁宇则认为明袭元制，"将军籍与民籍划分为二，使前者保持武艺精神，后者不受动员征调的扰攘。"（《放宽历史的视界》"中国近五百年历史为一元论"201页）元代确有"尝为军者，定入尺籍伍符，不可更易"的规定（《元史·兵志》序），但追溯上去，军民分治、各立户籍实为魏晋南北朝乱世下的怪胎（如曹魏士家制度，见本书179页），军人因地位卑下而战无斗志，这才促成后来向兵农合一转化的府兵制改革。太祖初意，未尝不是打着寓兵于农的算盘，即"以军隶卫，以屯养军"（《明史·兵志二》。洪武二十一年，天下卫所屯田岁得粮五百余万石；二十五年，诏天下卫所军以十之七屯田），曾夸口道："吾养兵百万，要不费百姓一粒米。"（乾隆官修《续文献通考》卷一二二《兵考二》）可惜他的自鸣得意仅昙花一现，问题就出在军户世袭上面。被迫充军者欲摆脱军籍梦魇，可以说使尽各种手段。先是自残，嘉靖间侍御史霍冀所辑《军政条例类考》就有"各处军户内应继壮丁，多有怕充军役，故自伤残者"的记载（卷四《解发条例》"故自伤残"条，署宣宗宣德四年即1429年；该书收入《续修四库全书》之《史部·政书类》八五二册，误作清霍翼辑）。又据沈德符《万历野获编》，仁宗初即位，兴州左屯卫军余徐翊奏："有子自宫，今为内竖，乞除军籍。"孝宗弘治六年（1493），又有"军人马英妻罗氏，自宫其幼男马五"（《补遗》卷一《内监门》"禁自宫"条）。然后便是集体逃亡。事实上，自吴元年（1367）十月至洪武三年（1370）十一月，出逃军士即多达四万七千九百八十六人（《太祖实录》卷五十九洪武三年十二月丙子条），以致二十二年（1389）朝廷颁严旨："卫所官员不肯教儿子弓马，如今但有学唱的，割了舌头；下棋打双陆的，断了手；蹴圆（即蹴鞠）的，卸了脚；做买卖的，发边远充军。"（《春明梦余录》卷三十《五军都督府》附记）中叶以后，士兵匿亡、占役（指军官私役卫军）及换籍事件层出不穷，弘治年间的两组数据可以很好说明当时卫所退化的严重程度：五年（1492），广西官军从洪武、永乐时的十二万人锐减至万八千人，"且官多庸懦，士多老弱，军政不修，兵威不振。"（《孝宗实录》卷六十六）；更夸张的是十五年（1502），江西南昌左卫旗军"原额四千七百五十三人，今差拨事故者居多，而在城操练者正［止］百四十一人"（同上卷一八六）

　　王毓铨称"军户本非贱民，实际上却和贱民的地位等同；……本非罪隶，但身与充军罪犯为伍。"（《明代的军屯》239页，中华书局，1965年）而社会上也果然形成"人耻为军"风气（顾炎武《天下郡国利病书》原编第十三册《河南》引《怀庆府志·京边戍役论》，载《续修四库全书》之《史部·地理类》五九六册），一如《晋书·赵至传》所描绘的景象。至嘉靖时东南沿海闹起倭患，戚继光竟不得不自行募兵、练兵，方能抗倭。黄仁宇认为"戚继光所生活的时代，落后陈旧的卫所和军户制度早应该全盘放弃，而代之以先进的募兵制度。"（《万历十五年》200页）其实募兵并不新鲜，在"积弱"的宋朝便已实现。如今明祖自作聪明地倒退回三国时代，吴晗称"卫所制度建立的一天就已伏下崩溃的因素……这制度等不到土木之变，等不到嘉靖庚戌之变和倭寇的猖獗的试验，已经完全崩溃了。"（《吴晗史学论著选集》第一卷"明初卫所制度之崩溃"658页，人民出版社，1984年）有明一代之军备弛懈、军事窳败可谓触目惊心，不能不说与朱元璋当年的突发奇想有着太大关系。

经济则以农立国，退缩保守，其宗旨"只是在于使大批人民不为饥荒所窘迫，即在'四书'所谓'黎民不饥不寒'的低标准下以维持长治久安。"（《万历十五年》53页）洪武十九年（1386）三月，谕户部臣曰："我国家赋税，已有定制，撙节用度，自有余饶。减省徭役，使农不废耕，女不废织，厚本抑末，使游惰皆尽力田亩……自然家给人足。"（《太祖实录》卷一七七）不消说，欲把治下王朝打造成淳朴农业社会，看上去"好像一座大村庄而不像一个国家"（黄仁宇语，《中国大历史》183页），关键得靠四书宣扬的伦理道德来教育百姓、督导官吏。这一点太祖看得非常清楚，声称："朕今为天下主，期在明教化以行先圣之道。"（《洪武宝训》卷二"尊儒术"条）又曰："人之害莫大于欲。欲非止于男女宫室饮食服御而已，凡求私便于己者，皆是也。然惟礼可以制之，先王制礼，所以防欲也。"（《太祖实录》卷一二六洪武十二年八月丁卯条）洪武十四年（1381）颁五经、四书于北方学校，谓廷臣曰："五经载圣人之道者也，譬之菽粟布帛，家不可无。人非菽粟布帛则无以为衣食，非五经、四书则无由知道理。"（《洪武宝训》"尊儒术"）吏治清明尤为重中之重。唐、宋、元皆有官妓，太祖尽革之，"官吏宿娼，罪亚杀人一等；虽遇赦，终身弗叙。"（王锜《寓圃杂记》卷一"官妓之革"条）每当府州县吏来朝，必谆谆嘱曰："惟廉者能约己而爱人，贪者必朘人以肥己，尔等戒之。"（《明史·循吏传》序）若好说好道不管用，那就采取非常手段，"重典驭下，稍有触犯，刀锯随之。"（赵翼语，《廿二史劄记》卷三十二"明祖晚年去严刑"条）洪武九年（1376）时，"官吏有罪者，笞以上悉谪屯凤阳，至万数。"（《明史·韩宜可传》）十八年（1385），诏"尽逮天下积岁官吏为民害者，赴京师筑城。"（《明史·朱煦传》）又据《稗史汇编》，贪吏"赃至六十两以上者，枭首示众，仍剥皮实草，以为将来之戒"。一时间人人自危，"在京官员每入朝，必与妻子诀别，至暮无事，则相庆以为更生。"（卷七十四《国宪门·刑法类》"皮场庙"条）洪武中解缙疏云："国初至今，将二十载，无几时不变之法，无一日无过之人。"（《明史》本传）

史称明祖以下，"吏治澄清者百余年。"（《明史·循吏传》序）凭着教化与严刑双管齐下，居然成功把人性关进理学笼子里，让"人皆可以为尧舜"（孟子）、"满街人都是圣人"（王阳明）的乌托邦变成现实；然而人心都是肉长的，违反常情的状态持续百年已经算作天大奇迹，一旦众生"久在樊笼里，复得返自然"（陶潜《归园田居》其一），本相毕露，那么等在前面的便只好是"太祖之法荡如"（《明史·循吏传》序）的下场了。当神宗之世吏治窳败、人心败坏，清官海瑞仍然欲凭一己之力振刷世风，上疏"举太祖法剥皮囊草及洪武三十年定律枉法八十贯论绞，谓今当用此惩贪"（《明史》本传）[1]。言者大哗，交章纠劾。吏部无奈之下，呈给皇上一份实事求是的用人意见，云："当局任事，恐非（海瑞）所长，而用之以镇雅俗、励颓风，未为无补"（《神宗实录》卷一七三）[2]。日后李贽更发表一通惊世骇俗的"宏论"："余每云贪官之害小，而清官之害大；贪官之害但及于百姓，清官之害并及于儿孙。余每每细查之，百不失一。"（《焚书》卷五《读史》"党籍碑"）[3]

---

[1] 据王国宪辑《海忠介公年谱》，万历十三年（1585）海瑞上此疏，力主重刑惩贪，援引世宗朝霍韬请复洪武枉法律疏，并举国初尚有剥皮等刑之例，以证其言可信。"论者不察，遂谓公欲复剥皮令。"（《海瑞集》附录598页）案：阿合马死后，罪恶始彰，世祖命剖棺戮尸，籍没财产，得二熟人皮于其妻家，讯问莫知为何人，但云诅咒时，应验甚速。事闻，敕剥阿合马妻等人之皮以徇（见《元史·阿合马传》）。可见元代已有剥皮酷刑。明祖惩元政纵弛，谓"元以宽而失，朕收平中国，非猛不可"（刘基《诚意伯文集》卷二十《翊运录·御书》之《皇帝手书》）。又谓"吾治乱世，刑不得不重"（《明史·刑法志一》）。像剥皮这样的法外之刑，《大明律》及太祖亲撰的四编《大诰》（《御制大诰》《御制大诰续编》《御制大诰三编》《大诰武臣》）虽无明文记载，但明清之人言谈（如海瑞）笔述（如《明史纪事本末》《蜀碧》《安龙逸史》）屡屡提及，想必不会是无中生有或以讹传讹。鲁迅就有"大明一朝，以剥皮始，以剥皮终，可谓始终不变"的说法（《且介亭杂文·病后杂谈》，《鲁迅全集》（十六卷本）卷六167页）。

[2] 李卓吾曰："世有清节之士，可以傲霜雪而不可以任栋梁者，如世之万年青草……此海刚峰（即海瑞）之徒也。"（《焚书》卷四《杂述》"八物"）竟与吏部看法若合符节。

[3] 案："党籍碑"即"元祐奸党碑"。卓吾"君子误国"之论本为王安石而发，把他的话借用在这里，可以说让海大人"躺枪"了。
比海瑞稍晚的姚士麟言："海忠介有五岁女，方啖饵，忠介问饵从谁与，女答曰僮某。忠介怒曰：'女子岂容漫受僮饵？非吾女也，能即饿死，方称吾女。'此女即涕泣不饮啖，家人百计进食，卒拒之，七日而死。"（《见只编》卷上，收入《丛书集成初编》三九六四册）黄仁宇认为海瑞就像一个悬挂在高处的，廉洁公正、至善至美的抽象道德符号，虽然符合洪武皇帝所定规范，但在他生活的时代已经显得不合时宜。性格偏执、把道德看得重过生命的海瑞乃不惜以一个人的力量向全社会宣战，痛斥"举朝之士皆妇人"（《海瑞集（上编）》242页《告养病疏》）。黄氏曰："他虽然被人仰慕，但没有人按照他的榜样办事。……他可以和舞台上的英雄人物一样，在情绪上激动大多数的观众，但是……他的所作所为无法被接受为全体文官们办事的准则。"（《万历十五年》138—139页）

胡蓝之狱及其政治影响

洪武十三年（1380）正月，中书左丞相胡惟庸以谋反伏诛。据王世贞所作《胡惟庸传》，胡决意铤而走险，源于以下动机："主上鱼肉勋旧臣，何有我耶！死等耳，宁先发，毋为人束，死寂寂。"（《国朝献征录》卷十一）但这个案子初起之时便露出破绽，大有"葫芦僧乱判葫芦案"的味道。仅仅因为几个可疑之人（御史中丞涂节、中书省吏商暠、太监云奇）告发[①]，凭一面之词考掠具状，仓促定罪，首恶（指胡）磔于市，"僚属党与凡万五千人，株连甚众。"（《明史纪事本末》卷十三《胡蓝之狱》）开国文臣之首、退休在家的前翰林学士、太子师傅宋濂亦受牵连，拘押至京，赖马皇后救护方得安置茂州（今属四川），终因惊吓过度客死道途。即便惟庸罪名中较易坐实的纳贿一项，亦纯属臆测，迹近莫须有。据太祖亲撰"跋夏珪《长江万里图》"一文，"奸臣胡惟庸权奸发露，令法司捕左右小人询情究源。良久，人报左相赃贪淫乱，甚非寡欲。朕谓来者曰：'果何为实，以验赃贪？'对曰：'前犯罪人某被迁将起，其左相犹取本人山水图一轴，名曰夏珪《长江万里图》。'朕犹未信，试遣人取以验，去不逾时而至。吁！微物尚然，受赃必矣！"（《高皇帝御制文集》卷十六）

按照官方说法，胡死后，其通倭、通虏诸反状始一一浮出水面，真相乃大白于天下。二十三年（1390）旧案重提，已七十七岁高龄的李善长坐胡党族诛（《明史纪事本末》谓善长自缢死）。明年，虞部郎中王国用上疏鸣冤，谓善长勋臣第一，功比萧何，人臣之分已极，"何苦而忽为此？"（《明史·李善长传》）太祖得其疏，装聋作哑，竟不问王氏之罪。南倭北虏始终为有明大患，沾上其中任何一条都足以掉脑袋，而这也为办案者"锻炼成狱"开了后门。万历时王世贞之子士骐曾质疑道："近年勘严世蕃亦云交通倭虏，潜谋叛逆，国史谓寻端杀之，非正法也。胡惟庸之通倭，恐亦类此。"（《皇明驭倭录》卷一，载《续修四库全书》之《史部·杂史类》四二八册）吴晗称翻遍史书也找不出胡谋反及通倭虏的真凭实据，"这正好象一个故事，时代越后，故事的轮廓便越扩大，内容也越充实。到了洪武二十三年后胡惟庸的谋反便成铁案，装点得有条有理了。"（《吴晗史学

[①] 传说中的云奇告变事尤荒诞不可信。《明史纪事本末》卷十三《胡蓝之狱》篇记曰："（十三年）正月戊戌，惟庸因诡言第中井出醴泉，邀帝临幸，帝许之。驾出西华门，内使云奇冲跸道，勒马衔言状，气方勃，舌駃不能达意。太祖怒其不敬，左右挝捶乱下。云奇右臂将折，垂毙，犹指贼臣（指胡）第，弗为痛缩。上悟，乃登城望其第，藏兵复壁间，刀槊林立"云云。清人夏燮引《三编·质实》曰："考《实录》：'正月癸巳朔。甲午，中丞涂节告胡惟庸谋反。戊戌，赐惟庸等死。'若然，则正月二日，惟庸已被告发，不应戊戌尚有邀帝幸第之事，盖传闻异词。"（《明通鉴》卷七《纪七》"考异"）吴晗曾详辨云奇事件为伪史，见《吴晗史学论著选集》第一卷"胡惟庸党案考"447—452页。

论著选集》第一卷"胡惟庸党案考"463页）

未几，又兴蓝党之狱。蓝玉为常遇春妻弟，遇春、徐达殁后，数统大军，立战功。洪武二十一年（1388），出塞追元主至捕鱼儿海（是役获封绩，据说即胡惟庸通沙漠使者，善长匿不以闻）。奏捷京师，太祖比之卫青、李靖，进封凉国公。二十六年（1393）二月，同样因谋反"磔于市，夷三族"（《明史纪事本末·胡蓝之狱》）①。此案备细不必再述，大抵仍是疑窦丛生，嘉靖时郑晓就意味深长地说道："国初李太师（善长）、胡丞相、凉国公诸狱未可知。"（《今言》卷二第一一四条）

胡狱有御制《昭示奸党录》，族诛至三万余人（《明史·胡惟庸传》）；蓝狱有《逆臣录》，诛至万五千人，"于是元功宿将相继尽矣。"（《明史·蓝玉传》）赵翼谓明祖定天下时已年逾六旬（此说不确），太子早亡，孙更孱弱，"不得不为身后之虑，是以两兴大狱，一网打尽。"（《廿二史劄记》卷三十二"胡蓝之狱"）不意此举却替皇孙预先掘好了坟墓，这是后话。

胡、蓝二案，加上洪武九年（1376）的"空印案"、十八年（1385）的郭桓案②，并称"明初四大案"，然真正撼动根本、对明代政治产生深远影响的还是胡狱。

胡案发生前的一个插曲不能不引起我们的注意。十二年（1379）九月，占城国王遣使来贡方物，中书省臣不以时奏。内臣出外，见其使者以闻，上亟召见，叹曰："壅蔽之害，乃至此哉！"因切责省臣，丞相胡惟庸、汪广洋皆叩头谢罪（《太祖实录》卷一二六）。事实上，这已不是太祖第一次抱怨"壅蔽"了。十年（1377）七月，初设通政使司，任曾秉正为通政使（正三品），刘仁为左通政（正四品），谕之曰："壅蔽于言者，祸乱之萌；专恣于事者，权奸之渐。故必有喉舌之司，以通上下之情，以达天下之政。……今以是职命卿等，官以通政为名，政犹水也，欲其长通，无壅遏之患。卿其审命

---

① 据欧阳直《蜀警录》，太祖处置蓝玉的办法则是："剥其皮，传示各省"（载巴蜀书社《中国野史集成》第二十九册）。

② 二案俱以惩贪而起，又俱源自太祖疑心，并无实据。明初，地方计吏每岁诣户部核钱粮、军需诸事，以道远故，预持空印文书，遇部驳即改，本为权宜办法；"及是，帝疑有奸，大怒。"（《明史·刑法志二》）结果"凡主印吏及署字有名者，皆逮系御史狱，狱凡数百人"（方孝孺《逊志斋集》卷二十一《郑士利传》）；"主印者论死，佐贰以下榜一百，戍远方"（《明史·郑士利传》）。而当时"丞相大夫皆知空印者无它，罪可恕，莫敢谏"（方孝孺《郑士利传》）。方孝孺之父、济宁知府克勤即受诬，于洪武九年十月二十四日死京师狱中（《逊志斋集》卷二十一《先府君行状》）。作为受害人家属，方氏《郑士利传》及《先府君行状》两文俱言之凿凿称此案发生在洪武九年，当不会有误；《刑法志二》系其事于十五年（1382），未知何据。
郭桓原为户部侍郎，"帝疑北平二司官吏李彧、赵全德等与桓为奸利，自六部左右侍郎下皆死，赃七百万，词连直省诸官吏，系死者数万人。核赃所寄借遍天下，民中人之家大抵皆破。"（《刑法志二》）太祖视桓为惩贪经典案例，在《大诰》前三编（《御制大诰》《御制大诰续编》《御制大诰三编》）中屡屡提及，谓"造天下之罪，其造罪患愚者，无如郭桓甚焉"（《御制大诰·郭桓造罪第四十九》），以儆效尤。

令以正百司，达幽隐以通庶务。当执奏者勿忌避，当驳正者勿阿随，当敷陈者勿隐蔽，当引见者勿留难。"（《太祖实录》卷一一三）这道敕令大谈"壅蔽""专恣"，矛头显然指向中书省（通政司即针对中书而置）。

明朝初建，官制承"胡元"之旧，中央设中书省、大都督府、御史台，称"三大府"，"中书总政事，都督掌军旅，御史掌纠察，朝廷纪纲尽系于此。"（《明史·职官志二》）中书省下辖吏、户、礼、兵、刑、工六部（初仅四部，掌钱谷、礼仪、刑名、营造之务），职权最重。太祖尝曰："国家之事，总之者中书，分理者六部，至为要职"（《太祖实录》卷三十四洪武元年八月丁丑条），"凡朝廷命令政教，皆由斯出。"（《太祖实录》卷三十九洪武二年二月乙酉条）地方则设行中书省（后改承宣布政使司）、行都督府（后置都卫指挥使司，再改都指挥使司）、提刑按察使司，改制后合称"三司"，对应中央之"三大府"，"以都司典兵，布政司理民，按察司执法。"（何乔新《论都司书》，载陈九德辑《皇明名臣经济录》卷十七《兵部四》，收入北京出版社影印本《四库禁毁书丛刊》之《史部》第九册）洪武九年（1376）更行省为承宣布政使司的举动尤值得玩味，明祖解释这样一个拗口名称的含义曰："所以承者，朕命也；宣者，代言之也；布者，张陈之也。所以政者，军民休戚，国之利病。所以使者，必去民之恶而导民之善，使知有畏从。"（《高皇帝御制文集》卷四《承宣布政使诰》）这话几乎可以看作是对中书省左、右丞相的旁敲侧击。

太祖虑中书壅蔽非止一日，洪武十一年（1378）就对礼部臣说："胡元之世，政专中书，凡事必先关报，然后奏闻……深可为戒。"（《太祖实录》卷一一七是年三月壬午条）。遂命"奏事毋关白中书省"（《明史·太祖纪二》）这已然是个十分危险的信号，中书官员如此愚钝，竟不能于无声处听惊雷。另外从中书用人亦不难窥见太祖心迹。曾被寄予厚望的中书参政张昶、左丞杨宪皆获罪诛[1]，李善长罢相后，洪武六年（1373）且有半年不置相，仅以左丞胡惟庸独专省事。十二年（1379）年底，右丞相汪广洋（余阙弟子）谪海南，赐死；明年正月，惟庸即东窗事发。甚至不在中书省的御史中丞兼太史令刘基因一度成为宰相人选，也难逃被毒死的下场[2]。

---

[1] 二人《明史》无传（张昶并失载于《宰辅年表》），事迹见《国朝献征录》卷十一。

[2] 据《明史》本传，及善长罢相，帝欲相杨宪，刘基力言不可，曰："宪有相才无相器。"帝问汪广洋，曰："此褊浅殆甚于宪。"又问胡惟庸，曰："譬之驾，惧其偾辕（犹车覆）也。"帝曰："吾之相，诚无逾先生。"案：善长罢相在洪武四年（1371）正月，三年（1370）七月杨宪已伏诛（见《明史·太祖纪二》及《宰辅年表一》），则上述说法显系误传。

本传又说："基在京病时，惟庸以医来，饮其药，有物积腹中如拳石。其后中丞涂节首惟庸逆谋，并谓其毒基致死"云云。吴晗综较《胡惟庸传》《诚意伯行状》《太祖实录》诸书记载，得出结论曰："可知胡惟庸之毒基，确受上命，所以刘基中毒后，虽具言情状，亦置不理。并且派人看他会不会死，直到确知他必定要死，方派人送他回家。"（《吴晗史学论著选集》第一卷"胡惟庸党案考"460页）

　　既杀胡惟庸，太祖便大刀阔斧开始了对中央政府的机构改革，罢中书省、御史台，更定六部官秩（各部尚书由原正三品升正二品；建文中，一度改六部尚书为正一品，成祖即位，悉复旧制），析大都督府为中、左、右、前、后五军都督府①。至洪武二十八年（1395）六月，诏曰：“自古三公论道，六卿分职，自秦始置丞相，不旋踵而亡。汉、唐、宋因之，虽有贤相，然其间所用者多有小人，专权乱政。我朝罢相，设五府、六部、都察院、通政司、大理寺等衙门②，分理天下庶务，彼此颉颃，不敢相压，事皆朝廷总之，所以稳当。以后嗣君并不许立丞相，臣下敢有奏请设立者，文武群臣即时劾奏，处以重刑”（《太祖实录》卷二三九）。同年九月颁“祖训”，即将此条列入首章，改以更严厉口气，命擅请复相者“凌迟，全家处死”（《皇明祖训》，收入齐鲁书社《四库全书存目丛书》之《史部·政书类》第二六四册）。

　　此为洪武一朝规模，一系列政改的要点是废宰相，指导精神是各部门彼此颉颃，相互制衡。然则胡丞相之冤不言自明，倒霉就在生不逢时，撞上枪口。明祖惧中书为专权作奸者渊薮，故自编自导了一出惟庸之祸的闹剧；对于明初政坛发生的这件大事，孟森形象地称之为“因噎废食”（《明清史讲义（上）》67页，中华书局，1981年）。

　　今日历史家习惯把朱元璋打造的政体描述为高度集权的君主专制独裁。对研究者来说，这自然不失为方便办法，可让许多棘手问题得到简化，但其中尚有待发之覆。

　　若将传统政治运行比作一部交响乐的话，那么自秦汉实行宰相制度③，君、相磨合与彼此之权力消长便是贯串始终、以各种形式回响在不同时代乐章里的基本主题。虽然类似“民贵君轻”（《孟子·尽心下》），“天下非一人之天下，天下之天下”（《吕览·贵公》）的“民主”思想萌芽甚早，大抵宋以前这部乐曲并没有出现特别离谱的变奏，如朱子所言，“秦之法，尽是尊君卑臣之事，所以后世不肯变”（《朱子语类》卷一三四《历代一》）。

　　变化恰恰发生在士阶层“最能自由舒展”的宋代（余英时语，《朱熹（上）》290页）。本着“先天下之忧而忧，后天下之乐而乐”的高度责任感和使命感，士人不但积极干预国家大事，“以天下为己任”，而且要在凝重的传统秩序下扬眉吐气，树立自己的主体政治价值。楚庄王曾对令尹孙叔敖说：“国是不定独在君乎？亦在臣乎？愿相国与诸侯士大夫共定国是。”（见刘向《新序·杂事第二》）直到宋世这种古老观念才被重新挖

---

① 五府与兵部分权。兵部掌兵政，五府统军旅、专征伐，故“兵部有出兵之令而无统兵之权，五军有统兵之权而无出兵之令，至将属于五府而兵又总于京营，合之则呼吸相通，分之则犬牙相制。”（《春明梦余录》卷三十《五军都督府》）

② 都察院、大理寺与刑部合称“三法司”，同典刑狱。

③ 案：三代即置相（如名相伊尹），先秦各诸侯国也已普遍行此制，荀子就有专文讨论君、相关系，见本书17页注三。

掘，得以运用。神宗熙宁四年（1071），枢密使文彦博因反对变法，就在朝堂上脱口说出下面一句名言："（陛下）为与士大夫治天下。"（《续资治通鉴长编》卷二二一是年三月戊子条）同时代的程颐亦云："帝王之道，以择任贤俊为本，得人而后与之同治天下。"（《程氏经说》卷二）可见当时士人在这一点上已达成共识，余英时因此称，"'君臣同治'与'君为臣纲'之间存在着一道不可跨越的鸿沟，这是宋代理学家对于传统儒家政治思想的重大修改。"（《朱熹（上）》161页）南宋时，朱子又有一番议论，道理讲得愈发透彻，云：

"朝廷纪纲，尤所当严。上自人主，以下至于百执事，各有职业，不可相侵。盖君虽以制命为职，然必谋之大臣，参之给舍，使之熟议，以求公议之所在，然后扬于王庭，明出命令，而公行之。是以朝廷尊严，命令详审，虽有不当，天下亦皆晓然，知其谬之出于某人，而人主不至独任其责。臣下欲议之者，亦得以极意尽言，而无所惮。"（《朱文公文集》卷十四"经筵留身面陈四事劄子"）①

以上所述还都是君臣分工之事，待王安石出任宰相，便以实际行动专门对君、相关系给出了全新的诠释。前引荆公之言，谓道隆而德骏者，"虽天子北面而问焉，与之迭为宾主"。他又当面向神宗说："君臣相与，各欲致其义耳。为君则自欲尽君道，为臣则欲自尽臣道，非相为赐也。"（《陆九渊集》卷十九《荆国王文公祠堂记》；此时安石已执政，且须督责神宗，"使大有为"，他所说"臣"显然专指丞相）程颐则从旁为荆公的理直气壮做下铺垫，称"臣以为天下重任唯宰相与经筵。天下治乱系宰相，君德成就责经筵。"（"论经筵第三劄子"之"贴黄"，载四库本《二程文集》卷七《伊川文集二·表疏》）对于这样的言论，刚刚摆脱权相秦桧的宋高宗已感觉不爽，公开指斥王安石的"迭为宾主"说为"背经悖理甚矣"（《宋史·陈瓘传》；桧死于绍兴二十五年，高宗讲这番话在二十六年，其时机之选择颇有深意）；清高宗又痛诋伊川之说，谓"使为人君者，但深居高处，自修其德，惟以天下之治乱付之宰相，己不过问……此不可也。且使为宰相者，居然以天下之治乱为己任，而目无其君，此尤大不可也！"（《御制文二集》卷十九《书程颐论经筵劄子后》）

明祖政治嗅觉之敏锐绝不在宋、清两位高宗之下。洪武五年（1372），他读《孟子》至"君之视臣如土芥，则臣视君如寇雠"句，怒曰："使此老在今日，宁得免耶！"遂罢

---

① 据王懋竑《朱子年谱》卷四，该劄子上于绍熙五年（1194）十月，是年七月光宗内禅，宁宗即位。

孟子配享，逾年始复。二十七年（1394），卒命刘三吾等修《孟子节文》，共删八十五条（见全祖望《鲒埼亭集》卷三十五《辨钱尚书争孟子事》）。

回过头来看朱元璋疾风骤雨般的改革，不难发现，从一开始他就怀有莫名敌意，要把君、臣置于完全对立的两极。这种敌对情绪蔓延至正德、嘉靖及万历三朝达到高峰，到了末造，崇祯帝仅由太监王承恩相陪，孤零零吊死在煤山寿皇亭，自书衣襟曰："诸臣误朕"（《明史·庄烈帝纪二》），似乎正是一个合理的收场。

考察有明君臣双方之冲突，偶尔表现为"热战"——即大庭广众下打得血肉横飞、鬼哭狼嚎的廷杖，更长时间里则是"冷战"——即君不视朝，消极怠工。赵瓯北曰："统计自成化至天启一百六十七年（当为一百六十三年），其间（天子）延访大臣，不过弘治之末数年，其余皆廉［帝］远堂高，君门万里"（《陔余丛考》卷十八"有明中叶天子不见群臣"条）。更极端的例子是万历末年官缺不补，叶向高疏言："自阁臣至九卿台省，曹署皆空，南都九卿亦止存其二。天下方面大吏，去秋至今，未尝用一人。"又言："今六卿止赵焕一人，而都御史十年不补。"（《明史·叶向高传》）南京御史孙居相至身兼七差，署诸道印（《明史·孙居相传》；参阅赵翼《廿二史劄记》卷三十五"万历中缺官不补"条）。

黄梨洲评曰："明之为治，未尝逊于汉、唐也，则明之人物，其不逊于汉、唐明矣。其不及三代之英者，君亢臣卑，动以法制束缚其手足，盖有才而不能尽也。"（《明名臣言行录序》，载《黄宗羲全集》第十册《南雷诗文集（上）·序类》，浙江古籍出版社，1993年）所谓"君亢臣卑"恐非当日情实，黄仁宇就注意到明代政治的诡异走势，称"初期以极严峻的态度组织其帝国，中期以后，行政多显捉襟见肘的状态。"（《放宽历史的视界》"明《太宗实录》中的年终统计"43页）这倒不是说朱元璋的子孙们多么孱弱无能，关键在于文官集团的发展壮大，不仅数目日渐膨胀[①]，更重要的是其思维模式、办事风格已臻成熟定型，外力难以撼摇；因此，即使听不到"最高指示"，整个行政体系的自身惯性也能提供足够强大的牵引力，保障国家机器运转如故。赵瓯北尝叹，明天子既不亲政、不视朝，历百六七十年而天下不遽失，"诚不可解"（《陔余丛考》"有明中叶天子不见群臣"）——秘密即藏于此。黄仁宇径直把明代文官说成"权力的源泉，也是这一大帝国的实际主人"；而皇帝"不过是紫禁城中的一名囚徒，他的权力大多带有被动性。"

[①] 嘉靖时霍韬上疏，比较历朝文武官总数，云："唐制文武官一万八千八百余员，额数适中。宋制文武官二万四千余员，额数极多。我朝自成化五年，武职已逾八万，合文职计之，盖已逾十万。"（《明经世文编》卷一八七《霍文敏公文集三·修书陈言疏》）郑晓亦言："正德年间，文官二万四百，武官十万。"（《今言》卷二第一六五条）可见明中叶，文官集团已达到至少两万人的规模。万历时张居正曾大力裁革冗官，但在他死后，瘦身成果即付诸东流，所裁官又一一得以恢复。

（《万历十五年》67、97页）欧阳琛则说："明代皇帝对臣下凌辱之甚，是历代所罕见的，但受制于臣下之多，也是历代不多见的。"（"明代中央集权制度的发展阶段"，欧阳琛、方志远著《明清中央集权与地域经济》20页，中国社会科学出版社，北京，2002年）

黄梨洲又云："有明之无善治，自高皇帝罢丞相始。"（《明夷待访录·置相》）此说亦欠平允。秦朝引发"坑儒"惨案的侯生、卢生两位方士曾私下议论："始皇为人，天性刚戾自用。……天下之事无小大皆决于上，上至以衡石量书，日夜有呈，不中呈不得休息。"（《史记·秦始皇纪》）明祖勤如始皇，临朝"每至日鼎食不遑暇"（《寓圃杂记》卷一"早朝奏事"条）[1]；洪武十七年（1384）九月，当他听说自十四日至二十一日，八天之间"内外诸司奏札凡一千六百六十，计三千三百九十一事"，也不免失色道："朕代天理物，日总万几［机］，安敢惮劳？但朕一人处此多务，岂能一一周遍？苟致事有失宜，岂惟一民之害，将为天下之害；岂惟一人之忧，将为四海之忧。"（《太祖实录》卷一六五）是年太祖五十七岁，犹在壮年，我们听到的却仿佛是一位耄耋老人心力交瘁、不堪重负的喃喃告白，废相之害至此尽显。

从政府结构来看，既去中书省，"专以处文学之士"（《陔余丛考》卷二十六"翰林"条）、不显山露水的翰林院开始发挥特殊作用。为了减轻身上负担，洪武十四年（1381），太祖令"翰林、春坊官考驳诸司章奏"（《明史·太祖本纪二》）[2]。孟森夸张地称此举为"千余年来政本之一大改革"（《明清史讲义（上）》58页），当时环境下，这实乃不得已而为之的权宜之计。十五年（1382），又仿宋制，置殿阁大学士[3]，秩皆正五品，"特以备顾问而已，于政事无与。"（赵翼《廿二史劄记》卷三十三"明内阁首辅之权最重"条）

成祖践祚之初，便悄悄放弃了近乎诅咒的祖训。建文四年（1402）九月，亲擢翰林官七人（解缙、胡广、杨荣、杨士奇、黄淮、金幼孜、胡俨），"谕以委任腹心之意"，"专典密务"（黄佐《翰林记》卷二"内阁亲擢"条）[4]——明代别具特色的内阁制由此萌芽。

---

[1] 案：《春明梦余录》卷四十九《通政使司》引此条，改作"每至日昃，不遑朝食"，其义较明。

[2] 春坊属詹事府。案：詹事府为辅导太子机构，凡府僚暨下辖坊（左右春坊）、局（司经局）官均兼职翰林院，实可看作翰院参支，嗣后府、坊、局即成了"翰林官迁转之阶"（《明史·职官志二》）。

[3] 洪武间设大学士者为华盖、武英、文华三殿及文渊、东阁两阁（见《明史·职官志一》）。

[4] 是年六月成祖在南京即皇帝位。案：《太宗实录》卷十二下洪武三十五年九月癸巳条记曰："赐翰林侍读解缙等七员金织罗衣各一袭"。据《翰林记》"内阁亲擢"条，赐衣即在开内阁次日。《明史·职官志二》亦谓简任翰林参预机务在是年九月。《成祖纪一》则云：建文四年"八月壬子，侍读解缙、编修黄淮入直文渊阁。寻命侍读胡广，修撰杨荣，编修杨士奇，检讨金幼孜、胡俨同入直"，显然有误。

时人因阁臣"常侍天子殿阁之下，避宰相之名，又名内阁。"（《明史·职官志一》）据欧阳琛等考证，内阁称呼最早出现在洪熙、宣德之际，"从宣德中后期开始，才被经常使用……至于在正式敕谕中的使用，则在正统以后。"（"明代内阁制度的形成"，《明清中央集权与地域经济》39—40页）作为新的中枢机构，内阁从草创时的遮遮掩掩，到制度化后的冠冕堂皇，其间经历颇多曲折。

第一步是要迅速提高阁臣地位。七翰林初涉机务，秩最高不过正六品（即侍读、侍讲），既不得专制诸司，诸司奏事亦不得相关白（《明史·职官志一》）。但杨士奇自称"所职代言，属时更新，凡制诏命令诫敕之文日夥，而礼典庶政之议及事之关机密者，咸属焉"（《东里续集》卷四十四《御书阁颂》序），其事权之重不言而喻。永乐之世，解缙、胡广、金幼孜、杨荣、杨士奇等皆迁翰林学士（正五品）。十四年（1416），胡广（即洪武时御史胡子祺之子）进文渊阁大学士；十八年（1420），金幼孜、杨荣并进文渊阁大学士（各见本传）。官秩未变，身份迥然不同，这是成祖利用洪武旧制所做的又一手脚。仁宗在位仅十个月，本纪"赞"曰："用人行政，善不胜书"。洪熙一载的确成为有明官制演变的分水岭。杨士奇、杨荣、黄淮、金幼孜俱在这时授殿阁大学士（杨士奇华盖殿大学士，杨荣谨身殿大学士，黄淮、金幼孜武英殿大学士；其中谨身殿大学士系洪熙首置），带尚书虚衔；四人同掌内制，"不预所升职务"（《翰林记》卷二"参预机务"条）。其后阁臣兼衔大学士渐成定例①。大学士委寄虽隆，秩止正五品，"故其官仍以尚书为重，其署衔必曰'某部尚书兼某殿阁大学士'，本衔在下，而兼衔反在上。"（纪昀等撰《历代职官表》卷四《内阁下》）嘉靖以后，内阁诸大学士朝位班次列六部之上（《明史·职官志一》），于是"内阁之权渐重，无异宰相之设，六部之权渐轻，凡事多乐受内阁风旨而后行。"（王琼语，载张萱辑《西园闻见录》卷二十六《宰相上》②）

厘清内阁与翰林院关系也是一个敏感而又棘手的问题。如果把詹事府理解为辅导太子的翰院分支（杨士奇、杨荣等获仁宗重用的原因即在永乐时兼春坊官，被视作东宫旧

---

① 沈德符曰："宣德以后，辅臣初次入直，最重者即入武英殿，次之为文渊阁，其稍轻者则东阁，俱称大学士。"但这只是一般情形，实际仍有虽入阁而终不得大学士者，或大学士而不得预阁务者（见《万历野获编》卷七《内阁门》"辅臣殿阁衔"条）。万斯同《宰辅汇考》所述更近事实，谓弘治以后内阁悉用翰林大僚，然以侍郎、詹事、少詹事入者，止兼翰林学士，不遽授大学士。隆庆初，张居正以礼部侍郎入阁，遽列衔东阁，自是初拜者无不即授大学士（《历代职官表》卷四《内阁下》）。

另有一例可证洪熙一载之重要：永乐时杨溥受太子牵连，系狱十年。仁宗即位，释出，立擢翰林学士。宣宗践祚，召入内阁，与杨士奇、杨荣共典机务，遂凑成宣德、正统间叱咤政坛、赫赫有名的"三杨"，张璁所谓"内阁有声者称三杨而已"（《春明梦余录》卷二十三《内阁一》）。

② 案：此语亦收入《历代职官表》卷四《内阁下》，署《双溪杂记》，然不见于《丛书集成初编》所录《杂记》中。

臣），内阁初设，则是翰院派驻天子身边的办事处。杨士奇谓成祖"建内阁于奉天门内"
（《御书阁颂》序），后来王直作《泰和杨公传》（直、士奇同为泰和人），又言"时方
开内阁于东角门内"（《抑庵文集》卷十一）[1]，其址已不可考，总之是连个像样的办公
地点也不曾有。解缙、胡广等人从翰林小吏升任学士后，又相继掌翰院，这让两个单位的
分工、隶属都变得模糊不清起来。洪熙以后，阁职渐崇，始不署院事，从而实现了二者职
能的完全剥离。至正统七年（1442），北京各政府衙门陆续建成，悉如南京之制，翰院移
至长安左门之东（《英宗实录》卷九十一是年夏四月癸卯条）。王直谓"今内阁傍文渊而
不在东角门之内"（陆深《玉堂漫笔摘抄》，载沈节甫辑景明刻本《纪录汇编》四十二册
一三一卷），正是这次部门大搬迁的结果，此下才有了"凡入内阁，云直文渊阁"（《今
言》卷一第七十五条）的说法[2]。"午门内东南隅外"（《春明梦余录》卷二十三《内阁
一》）的文渊阁被正式启用为官署，标志着内阁终于获得真正独立的行政地位，"位尊权
重"不再是一句空话。嘉靖十六年（1537），诏增修内阁，"以文渊阁之中一间恭设御
座，旁四间各相间隔，而开户于南，以为阁臣办事之所。阁东诰敕房内装为小楼，以贮书
籍。阁西制敕房南面隙地添造卷棚三间，以容各官书办。于是阁制视前称完美矣。"
（《世宗实录》卷一九九是年四月癸亥条）

　　洪、宣以后内阁规模已今非昔比，与永乐初略显寒酸的临时办事处不可同日而语，但
至少名义上仍跟翰院藕断丝连。就在正统七年新翰院落成之日，学士钱习礼不设杨士奇、
杨溥座，英宗闻之，命具椅案，以内阁固翰林职也；甚至"嘉、隆以前，文移关白，犹称
翰林院，以后则竟称内阁。"（《明史·职官志二》）事实上，终明之世，翰院的"娘
家"地位从未动摇；不但朝廷用人受"非进士不入翰林，非翰林不入内阁"之拘，因翰院
兼负教习庶吉士之责，庶吉士又成了公认的"储相"[3]。"通计明一代宰辅一百七十余
人，由翰林者十九。……翰林之盛前代绝无。"（《明史·选举志二》）

　　阁臣从最初的每日御前"商机务，承顾问"（《翰林记》卷二"内阁亲擢"条），发
展到后来的文渊阁独立办公，"辅佐朝廷，裁决政务"（刘健语，《孝宗实录》卷一五四
弘治十二年九月丙戌条），职权既明，如何行使也在考验着设计者的智慧。黄佐记曰：

---

[1] 据刘若愚《酌中志》，所谓东角门即宏政门，居奉天门之左，二门俱在午门内（卷十七《大内规制纪略》）。

[2] 《明史》称解缙等七翰林入直文渊阁（见成祖本纪、各当事人传、职官志及宰辅年表），系误解。王直谓"内
阁在东角门内，常人所不能到，其外为文渊阁，则翰林诸公之所处也。"（陆深《玉堂漫笔摘抄》）案：王直
永乐时召入内阁，历事仁宗、宣宗，与三杨同堂办事（见本传），其说当可采信。

[3] 案：翰林院庶吉士，选善文学、书法进士任之，无定员。肄业三年，学成考试，优者留本院为编修、检讨，次
者出为给事中、御史，或州县官，谓之"散馆"（见《明史·职官志二》《选举志二》）。此为有明值得称道
的一项储养人才制度。

"永乐、洪熙二朝,每召内阁造膝密议,人不得与闻,虽倚毗之意甚专,然批答出自御笔,未尝委之他人。宣庙时,始令内阁杨士奇辈……于凡中外奏章,许用小票墨书,贴各疏面以进,谓之条旨。……自正统后,始专命内阁条旨。"(《翰林记》卷二"传旨条旨"条)

所谓"条旨",亦称"票旨""票拟"。对此项制度,《明史》言简意赅总结道:"纶言批答,裁决机宜,悉由票拟,阁权之重俨然汉、唐宰辅,特不居丞相名耳。"(《宰辅年表》序)孝宗曾当面揶揄内阁大学士刘健:"先生辈亦传得旨"(《翰林记》"传旨条旨"),倒不全是句玩笑话。

围绕票拟权,又进而发生阁臣位次之争。孙承泽谓"内阁诸殿次第自正统间始定"(《春明梦余录·内阁一》)。其序次为:"华盖殿、谨身殿、文华殿、武英殿、文渊阁、东阁,凡六大学士。"(《翰林记》卷二"殿阁大学士"条)嗣后华盖、谨身殿大学士(世宗改两殿名为中极、建极)便成了俗云首辅、次辅的身份象征。

胡世宁疏曰:"不知自何年起,内阁自加隆重,凡职位在先第一人,群臣尊仰,称为首相。"(《西园闻见录·宰相上》)王世贞作《嘉靖以来首辅传》,序中明言"盖至嘉靖而始有相与首也"。遂逐渐形成"首辅票拟,余唯诺而已"(《春明梦余录·内阁一》)的局面。夏言为首辅,严嵩"事之甚谨,至不敢与分席",然夏公"视分宜如无也"(《谷山笔麈》卷四《相鉴》)。其时夏言、翟銮、严嵩同在内阁,因座次关系,权势地位判若云泥。内中情形在严嵩日后恨恨不已的回忆里表现得淋漓尽致,云:

"吾生平为贵溪(即夏言)所狼籍,不可胜数,而最不堪者二事。其一,大宗伯时(指嵩以礼部尚书入阁),贵溪为首揆,俱在直,欲置酒延贵溪者数矣,多不许,间许,至前一日而后辞,则所征集方物,红羊、貔狸、消熊、栈鹿之类,俱付之乌有。一日候出直,乃敢启齿。又,次揆诸城(即翟銮)为从史(犹奉承),则曰:'吾以某日赴,自阁出,即造公,不过家矣。'至日,诸城为先憩西朝房以俟,乃贵溪复过家,寝于它姬所,薄暮始至。就坐,进酒三勺,一汤,取略沾唇而已,忽傲然起,长揖,命舆,诸城亦不敢后。三人者,竟不交一言。"(《玉堂丛语》卷八"仇隙"条)

万历时,张居正为首辅,同列"恂恂若属吏,不敢以僚自处"(《明史》本传)。居正闻父丧,三日不赴阁办事,"吏以函捧章奏就第票拟,次辅在阁坐候,票进乃出。"(《神宗实录》卷六十九万历五年十一月戊午条)及回乡葬父,神宗又戒次辅等人,"有大事毋得专决,驰驿之江陵,听张先生处分。"(《明史》本传)

与中央政府机构调整同步，地方行政体系的改造也在悄然进行中。洪武二十四年（1391），太祖"敕太子巡抚陕西"（《明史·兴宗孝康皇帝传》），当时是为迁都关中做打算，事虽不果，却给后代留下了一个好听的"巡抚"名字。洪武以后，朝廷屡"命京官巡抚地方，有军事则命总督军务，因事而设，事已旋罢，原非为一定官称"（《历代职官表》卷五十《总督巡抚》）。至宣德五年（1430），御史于谦等六人擢为侍郎，巡抚河南、江苏、江西、浙江、湖广、山东等地，"此各省专设巡抚之始"（清龙文彬纂《明会要》卷三十四《职官六·巡抚》引《大政记》）。成化五年（1469），韩雍总督两广，"此为专设总督之始"（《历代职官表》卷五十）。此后督、抚同为方面大臣（清亦沿用），三司反在其下，受节制，嘉靖十一年（1532）就有"地方之事，俱听巡抚处置"的诏令（万历重修《大明会典》卷二一一《都察院三》"抚按通例"条）。各省三司并立体制遂告瓦解，可以说权力重新集中是从中央到地方共同发生的变化①。

带着某种怀旧情绪，明人往往将内阁大学士尤其首辅看成"真宰相"。张璁称"今之内阁，宰相职也"（《世宗实录》卷八十一嘉靖六年十月辛未条）。高拱称辅臣"虽无宰相之名，有其实矣。"（《本语》，《高拱论著四种》47页，中华书局，1993年）连世宗也认为阁臣"虽无相名，实有相职。"（《明实录》附录《皇明宝训》之《嘉靖宝训》卷六"审用舍"条）张居正甚至公然挑战高皇帝祖训，将自己供职的"台府"（即内阁）喻为"中书"（见《张居正集》第一册卷六《奏疏六·谢免自陈疏》）。这当然是一种美好的愿望，惜乎离实情尚远，问题就出在"内阁之拟票，不得不决于内监之批红，而相权转归之寺人"上（《明史·职官志》序）。

关于内监批红，宦者出身的刘若愚曰："凡每日奏文书，自御笔亲批数本外，皆（司礼监）众太监分批。遵照阁中票来字样，用朱笔楷书批之。间有偏旁偶讹者，亦不妨略为改正。"（《酌中志》卷十六《内府衙门职掌》）朱批本为皇帝特权，对君、相分工来说未尝不是一项善制。清世宗以勤政闻名，在世之日即结集出版《雍正朱批谕旨》；但毕竟人的精力有限，加上贤否、勤惰不同，不可能要求所有天子都推出一部沉甸甸的《朱批谕旨》来。在内廷、外朝分立的传统格局下，太监者流近水楼台，遂获得擅权窃柄的大把机会。

高拱谓隆庆时司礼监官奏文书，穆宗"止接在手中，略览一二，亦有全不览者。"（《病榻遗言》，载《纪录汇编》六十八册一九八卷）要知道隆庆尚非明政最为不堪的一朝。刘瑾奏事，必侦武宗嬉戏时，帝曰："吾用若何事，乃溷我！"魏忠贤奏事，每伺熹宗引绳削墨时（熹宗好手工），帝曰："朕已悉矣，汝辈好为之！"二人俱得以专决（见

---

① 这里说的权力集中是就政府部门而言，并非指君主集权。

《明史·宦官传》）。赵瓯北称，"有明一代宦官之祸，视唐虽稍轻，然至刘瑾、魏忠贤，亦不减东汉末造。"（《廿二史劄记》卷三十五"明代宦官"条）

《明史》把奄寺权重归咎于成祖（见《宦官传》序），查继佐亦称："明累朝率中贵用事，百职咸仰气息恐后，遂至殿阁不能为天子下一人，则皆自太宗（成祖最初庙号，嘉靖十七年始改今称）时始之。"（《罪惟录》列传卷二十九《宦寺传》郑和等传末"论"）钱穆承袭旧说，谓"明祖之废宰相，与永乐之任宦寺，皆出一时私意。明代规模定于二君，祸根亦胥种于是。"（《国史大纲（下）》678页）朱棣以藩王身份非法攫取帝位，"靖难之举，不平之气遍于海宇"（《春明梦余录》卷十二《文渊阁》），但若因此将全部罪名扣他一人头上，显然有失公允。太祖虽擘画宏伟，我们看到，有明政体实奠基于永乐间，以下子孙不断修正祖训，使政治艰难重上轨道，然则成祖贡献远在乃父之上矣。

史载明祖读《唐书》至宦者鱼朝恩，为之触目惊心，谓侍臣曰："大抵此曹只充使令，岂可使之当要路，执政操权，擅作威福？朕深鉴前辙。"（《太祖实录》卷二四六洪武二十九年七月丙寅条）洪武十七年（1384）铸铁牌置宫门中，文曰："内臣不得干预政事，犯者斩。"（《明史·职官志三》"宦官"）但太祖一面口口声声严驭内臣，一面有条不紊地扩充完善中官机构，"历五次而始有成规"（《万历野获编补遗》卷一《内监门》"内官定制"），凡"十二监、四司、八局，所谓二十四衙门"（（《明史·职官志三》），这与他创锦衣卫，侦伺臣民，应是源自同一心理①。成祖恐人不附己，复用锦衣，别设东厂，往后遂发展出一套臭名昭著的厂卫特务制度，不必细述②。

司礼监初设于洪武十七年，"掌宫廷礼仪"（《太祖实录》卷一六一是年四月癸未条），在十二监中排名靠后。上引黄佐之语，谓正统后专命内阁条旨，接下来一句话则

---

① 宋濂尝与客饮，太祖密使人侦视，翌日，问濂昨饮酒否，坐客为谁，馔何物，俱一一得实，乃笑曰："诚然，卿不朕欺。"（《明史·宋濂传》）胡惟庸之祸的导火索是阻隔占城贡使，因获"壅蔽"罪名，而告密者即内臣。谈迁云："闻国初严驭，夜无群饮，村无宵行，凡饮会口语细故辄流戍，即吾邑充伍四方至六千余人。诚使人凛凛，言之至今心悸。"（《国榷》卷五）

② 案：宪宗时添设西厂，汪直领之；武宗时刘瑾得志，复立内行厂，虽东、西厂亦在伺察中。武夫、宦竖四出刺事曰"打事件"，"事无大小，天子皆得闻之，家人米盐猥事，宫中或传为笑谑，上下惴惴无不畏打事件者"。厂卫之祸至魏忠贤而极。有四人夜饮密室，一人酒酣，谩骂忠贤，骂未讫，厂役阑入，执四人同去（见《明史·刑法志三》）。隆庆中，刑科给事中舒化疏曰："（厂卫）非盛世所宜有也。"（《春明梦余录》卷六十三《锦衣卫》）其尤甚者，"三法司几于虚设"（刑科都给事中刘济语，《世宗实录》卷三十三嘉靖二年十一月辛卯条），大理寺成了太监炫耀权势的地方。成化十七年（1481，辛丑）定五年大审制，逢丙、辛之岁，遣内臣同法司审囚。"凡大审录，（中官）贵敕张黄盖于大理寺，为三尺坛，中坐，三法司左右坐，御史、郎中以下捧牍立，唯诺趋走惟谨。三法司视成案，有所出入轻重，俱视中官意，不敢忤。"参与大审的太监死后"则于墓寝画壁，南面坐，旁列法司堂上官，及御史、刑部郎引囚鞠躬听命状，示后世为荣观"（《明史·刑法志三》）。

是："然中每依违或径由中出（指内监批红），是时上（英宗）方幼冲，委政中官王振，一至于此。"（《翰林记》"传旨条旨"）这要得益于此前宣德四年（1429）的一项创举，"特设内书堂，命大学士陈山专授小内使书。"（《明史·职官志三》）自古宦官恃宠并不罕见，但正经接受政府教育，还是大姑娘上轿头一遭。王振即由内书堂毕业，掌司礼监（见《明史》本传）[1]，可见宣、正以下分量最重的批红之权已专属该监，它也因此取得与内阁遥相呼应、平起平坐的地位。刘若愚介绍司礼监构成，"掌印太监一员，秉笔、随堂太监八九员或四五员。……最有宠者一人，以秉笔掌东厂。掌印秩尊，视元辅；掌东厂权重，视总宪（都御史）兼次辅。其次秉笔、随堂，如众辅焉。"（《酌中志·内府衙门职掌》）沈德符亦云："司礼今为十二监中第一署，其长与首揆对柄机要，金书、秉笔与管文书房[2]，则职同次相。其僚佐及小内使，俱以内翰自命，若外之词林（即翰林）。"（《万历野获编补遗》卷一"内官定制"）

随着二十四衙门中原本普普通通的司礼监青云直上，内廷、外朝关系也在起着微妙变化。以嘉靖时为例，有太监曰："我辈在顺门上久，见时事几变。昔日张先生（璁）进朝，我们多要打个弓，盖言罗峰（璁之号）也。后至夏先生（言），我们只平着眼儿看哩。今严先生（嵩）与我们拱拱手，方始进去。盖屡变屡下矣"（何良俊《四友斋丛说》卷八《史四》）。

再看内阁待中官之礼。"天顺间，李文达公贤为首相，司礼监巨珰以议事至者，便服接见之，事毕，揖之而退。后彭文宪时继之，门者来报，必衣冠见之，与之分列而坐。阁老面西，太监面东，太监第一人位对阁老第三人，常虚其上二位。后陈阁老文则送之出阁，后商阁老辂又送之下阶，后万阁老安又送至内阁门。"（陆深《俨山外集》卷七《金台纪闻上》）

焦芳入阁，呼刘瑾千岁，自称门下（《明史·焦芳传》）。时议"芳之官非瑾不进，瑾之权非芳不张"（《武宗实录》卷三十六正德三年三月癸亥条）。顾秉谦、魏广微谄附魏忠贤，杨涟讥二人为"门生宰相"，而忠贤"得内阁为羽翼，势益张"（见《明史·顾秉谦》传）。崇祯帝叹道："忠贤不过一人耳，外廷诸臣附之，遂至于此！"（《明史·阉党传》序）

---

[1] 查继佐谓王振大同人，"始由儒士为教官，九年无功，当谪戍。诏有子者许净身入内，振遂自宫以进"云云（《罪惟录》列传卷二十九《宦寺传·王振》）。案此说亦见于李诩《戒庵老人漫笔》、黄溥《闲中今古录》诸稗史中。王世贞辨称，"考之王振，少以选入司礼读书（当指内书堂），英庙即位，遂柄司礼，见《实录》甚详，无所谓教官阉割之说。"（见《弇山堂别集》卷二十三《史乘考误四》）

[2] 案：文书房虽不在二十四衙门之列，阁票、批答之收进、发出，均需该处经手。"凡升司礼者，必由文书房出，如外廷之詹、翰。"（《明史·职官志三》）

上述种种官场怪状，很大程度源于阁臣名不正言不顺的尴尬处境。兵部官员杨继盛疏陈严嵩十大罪，首罪便是"高皇帝罢丞相，设立殿阁之臣，备顾问视制草而已，嵩乃俨然以丞相自居。"（《明史·杨继盛传》）御史刘台劾张居正，罪名同样是"俨然以相自处。"（《明史·刘台传》）欧阳琛认为首辅制度确立与嘉靖初因大礼议而一步登天、入主内阁的张璁大有关系，冯琦亦称"自永嘉（即璁）相而君臣始亲，机务始一。人谓永嘉夺馆阁之官，而不知馆阁得永嘉始重。"（《西园闻见录》卷二十六《宰相上》）但就是这位世宗面前的大红人却说："臣历数从来内阁之官，鲜有能善终者，盖密勿之地，易生嫌疑，代言之责，易招议论，甚非君臣相保之道。"（《春明梦余录》卷二十三《内阁一》）张居正则坦言"臣之所处者，危地也"（《张居正集》第一册卷四《奏疏四》"被言乞休疏"），他的后任叶向高更发自肺腑地将其中酸楚一语道尽："祖宗设立阁臣，不过文学侍从，而其重亦止于票拟，其委任权力与前代之宰相绝不相同。夫以无权之官，而欲强作有权之事，则势固必败；以有权之事，而必责于无权之官，则望更难酬。此从来阁臣之所以无完名也。"（《神宗实录》卷五一一万历四十一年八月庚寅条）

这不得不说是制度上的硬伤，终明一代无解。

靖难之役

洪武六年（1373）五月，太祖《祖训》编成，共十三目，"大书揭于西庑，朝夕观览……一字不可改易。"（《太祖实录》卷八十二）二十八年（1395）九月，正式颁《祖训》条章于中外，"立为家法，俾子孙世世守之"（《太祖实录》卷二四一）。其中一条云："如朝无正臣，内有奸恶，则亲王训兵待命。天子密诏诸王，统领镇兵讨平之。"（《皇明祖训》之《法律门》）俞樾据此称，"靖难之师，固太祖所自召矣"（《九九销夏录》卷十"明太祖祖训"，载《春在堂全书》第七册）。

明祖分封已毕，谓太孙允炆曰："朕以御虏付诸王，可令边尘不动，贻汝以安。"太孙问："虏不靖，诸王御之；诸王不靖，孰御之？"太祖默然良久，反问道："汝意何如？"太孙答曰："以德怀之，以礼制之，不可则削其地，又不可则变置其人，又其甚则举兵伐之。"（尹守衡《皇明史窃》列传第三卷《革除纪》）

朱元璋聪明反被聪明误，自己精心布置、留给皇孙的这个局可谓险象环生，杀机四伏。在外，九王（秦、晋、燕、代、肃、辽、庆、宁、谷）御边，个个手握重兵，桀骜不驯；在内，屡兴党狱，谋臣宿将"划削芟夷，存者不及三四。"（《明史·功臣世表》

序）及朱允炆即位，空有削藩决心，实已无人可用。

惠帝用齐泰、黄子澄计，相继废周、代、湘、齐、岷五王。僧人道衍[1]密劝燕王举事，练兵燕邸（故元宫）后苑中，"日夜铸军器，畜鹅鸭乱其声。"（《明史·姚广孝传》）建文元年（1399）七月，燕王指齐、黄为内奸，发兵清君侧，师名"靖难"。一旦动起刀枪，相比久经沙场的朱棣，锐意文治的侄子允炆立刻显出他的稚嫩一面。所倚齐、黄及方孝孺、练子宁等皆书生[2]，君臣不知兵倒还罢了，关键时刻每每优柔寡断，坐失良机。先是放走本来可以扣作人质、以资周旋的燕王三子（高炽、高煦、高燧），无异于纵虎归山，战前动员又诫将士手下留情，"毋使朕有杀叔父名"（《明史纪事本末》卷十六《燕王起兵》），真是一派叫人哭笑不得的妇人之仁。他日燕王被围，南军竟无人敢发一矢。

南京任命的首位大将是六十五岁的耿炳文，率三十万军北伐，兵败滹沱河；再以五十万军尽付名将李文忠之子景隆，燕王闻报笑曰："昔汉高止能将

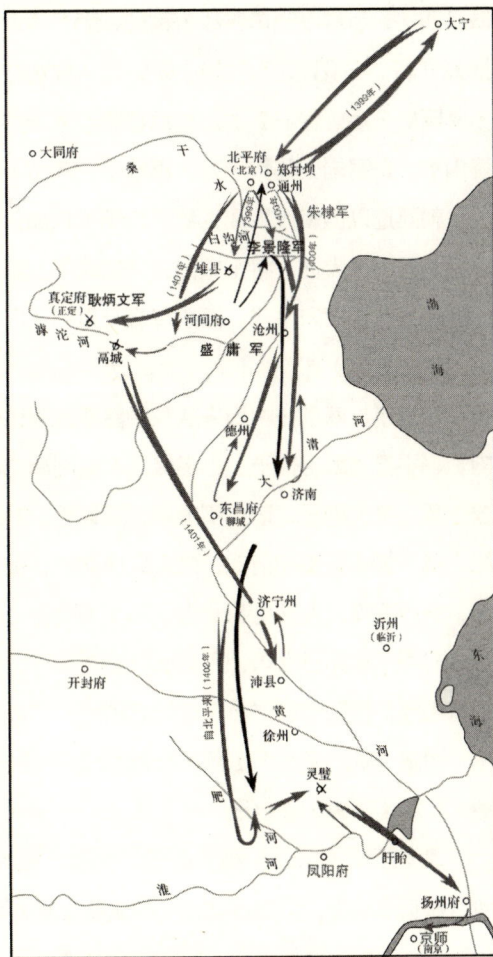

靖难之役图

---

[1] 道衍，长洲（今苏州）人，《明史》本传说他未尝临战阵，然定策起兵，功居第一。永乐二年（1404）拜太子少师，复俗姓姚，赐名广孝。稗史称广孝晚年巡抚吴地，访故人王宾，宾拒见之，遥语曰："和尚差矣。"此节亦收入本传。李贽谓王宾之言不足道，"但知公之差，不知公之大"，"二百余年以来……士安于饱暖，人忘其战争，皆我成祖文皇帝与姚少师之力"（《续藏书》卷九《靖难功臣荣国姚恭靖公》传末按语），感激之情溢于言表。但卓吾于别处又不客气地将他骂作"好杀之和尚"（同书卷五《逊国名臣文学博士方公（孝孺）》传末按语）。

[2] 李卓吾不无讽刺地写道：齐、黄、方、练四杰，"所谓功之首，而罪之魁也。罪之魁，灭建文；功之首，事兴我成祖。"（《续藏书》卷五《逊国名臣兵部尚书齐公（泰）》传末按语）兵事初起时，惠帝表现淡定，"日召学士辈讨论《周官》法度。"卓吾评曰："此岂粉饰太平时！迂而疏矣。"（《兵部尚书齐公传》）

十万。景隆何才，其众适足为吾资也。"（《明史·齐泰传》）

是年十月，压根没把贵公子李景隆放在眼里的燕王挥师奔袭大宁（今内蒙古赤峰市宁城县西），尽得以骁勇善战著称的朵颜、福余、泰宁三卫骑兵。景隆乘间进围北平，道衍指挥守城，王妃徐氏（徐达长女）"激劝将校士民妻，皆授甲登陴拒守，城卒以全"（《明史·后妃传一》）。其后景隆连败于郑村坝（今北京东南）、白沟河（今河北雄县境内），丧军辎士马数十万；再败于济南城下。济南赖大将盛庸、参政铁铉固守三月而不失。朝廷遂以盛庸代景隆，建文二年（1400）年底，终于在东昌（今山东聊城）取得开战以来的第一场大捷，将士咸曰："破北平，张筵痛饮"（《明史纪事本末》卷十六），气概豪迈不亚于南宋岳飞。而燕军遭受重创，自是"南下由徐、沛，不敢复道山东"（《明史·铁铉传》）。

转过年，南京城中尚未从东昌奏凯的喜讯中回过味来，盛庸兵败夹河（今河北武邑境内）、平安（太祖养子，小名保儿）失利滹沱河的噩耗便接踵而至。夹河之役，"燕王战罢还营，尘土满面，诸将不能识，闻语声，始趋进见。"（《明史纪事本末》卷十六）滹沱之战，矢集王旗如猬毛，使人送旗北平，被俘南将顾成见之泣曰："臣自少从军，今老矣，多历战阵，未尝见若此也。"（《明史·平安传》）

时燕王称兵已三年，所克城邑旋得旋弃，仅据北平、保定、永平三府而已。有中官被黜者来奔，告以南京空虚；道衍亦献计："毋下城邑，疾趋京师。京师单弱，势必举。"（《明史·姚广孝传》）燕王乃慨然曰："频年用兵，何时已乎？要当临江一决，不复返顾！"（《明史·成祖纪一》）

建文四年（1402）燕师南下，由徐、沛入安徽，平安引军蹑其后，接战于淝河、小河，燕王几成擒。再战齐眉山（今安徽灵璧西南）下，平安与徐辉祖（徐达长子）军合，大败燕军。惠帝误信谣言，以为北兵已遁，召还辉祖，致战局逆转。随后的灵璧大战，平安等三十七人皆被执，既而盛庸亦遭败绩。燕王自起兵，所向披靡，惟安与庸二军屡挫之；既破安、庸，则再无劲敌，渡江如履平川。庆成郡主（燕王从姊）诣燕师求和，无济于事。是年六月，李景隆等开门迎降，南京遂陷。

惠帝践祚，未能闯过削藩这一关，也就意味着满盘皆输，从此不知所踪，或云由地道出逃，或云与皇后马氏俱死于宫中大火（见《明史·恭闵帝纪》）。谷应泰谓建文皇帝落发为僧，往来滇、黔、粤、蜀间凡三十九年，尝赋诗曰："牢落西南四十秋，萧萧白发已盈头。乾坤有恨家何在？江汉无情水自流。长乐宫中云气散，朝元阁上雨声收。新蒲细柳年年绿，野老吞声哭未休。"英宗正统五年（1440）始结束流亡生活来到北京，宫中皆呼为老佛，以寿终，葬西山，不封不树云云，说得有鼻子有眼（见《明史纪事本末》卷十七

《建文逊国》）①。甚至永乐间郑和奉命出海的任务之一即为打探建文下落，据《明史·胡濙传》，"传言建文帝蹈海去，帝分遣内臣郑和数辈浮海下西洋。"

按下建文疑案不表，燕王在南京登基称帝，改元永乐，是为成祖，以北平为北京。紧接着便大肆清算，榜齐、黄、方、练等五十余人姓名曰奸臣，出赏格："凡文武官员军民人等绑缚奸臣，为首者升官三级，为从者升二级；绑缚官吏，为首者升二级，为从者升一级。"（《明史纪事本末》卷十六）金陵顿成人间地狱。

先是，讨燕诏檄皆出文学博士方孝孺之手。燕王起兵，道衍请城破之日，勿杀孝孺，"杀之则天下读书种子绝矣。"及捉拿归案，成祖欲使草即位诏，告曰："我法周公辅成王耳！"孝孺问："成王安在？"曰："伊自焚死。"问："何不立成王之子？"曰："国赖长君。"问："何不立成王之弟？"曰："此朕家事。"孝孺掷笔于地，且哭且骂道："死即死耳，诏不可草。"遂慷慨就戮，"十族"皆诛②，坐死者八百七十三人（见《明史纪事本末》卷十八《壬午殉难》）。

王世贞《弇州史料·南京法司所记》云："永乐二年十二月十二日，教坊司题（奏）：卓敬女杨奴，牛景先妻刘氏，合无照依谢升妻韩氏例，送淇国公（即邱福，靖难后封功臣，福为首）处，转营奸宿。"

又云："永乐十一年正月十一日，教坊司于右顺门口奏：齐泰姊及（两个）外甥媳妇，又黄子澄妹，四个妇人，每一日一夜，二十余条汉子看守着，年少的都有身孕，除生子令做小龟子，又有三岁女子，奏请圣旨。奉钦依：由他，不的到长大，便是个淫贱材儿。又奏：当初黄子澄妻生一个小厮，如今十岁。也奉钦依：都由他。"

又云："铁铉妻杨氏年三十五，送教坊司，茅大芳妻张氏年五十六，送教坊司，张氏病故，教坊司安政于奉天门奏。奉圣旨：分付上元县，抬出门去，着狗吃了，钦此。"（俱见俞正燮《癸巳类稿》卷十二"除乐户丐户籍及女乐考附古事"条③）

守济南城的铁铉下场尤惨，既遭寸磔，又令"舁大镬至，纳油数斛熬之，投铉尸，顷刻成煤炭"（《明史纪事本末》卷十八）。妻女发教坊司为娼。所幸两个女儿"入教坊数月，终不受辱。有铉同官至，二女为诗以献。文皇（即成祖）曰：'彼终不屈乎？'乃赦出之，皆适士人。"（王鏊《守溪笔记》"铁布政女诗"条，载《纪录汇编》三十九册一二四卷）

---

① 明邓士龙辑《国朝典故》卷十九《建文皇帝遗迹》谓建文于宣德元年（1426）归京师，作《感怀》一律，与谷氏所录诗大同小异。《遗迹》撰者无名氏曰："此诗感慨无穷，含蓄无限，凄凉意思，吾固知其失天下而独饮恨于万世矣。"

② 案：十族者，九族之外，朋友门生别为一族。清朱彝尊辨孝孺诸友咸不及难，则世传诛十族之说不足据（见《清史稿·文苑传一》）。

③ 案：《国朝典故》卷四十所收宋端仪《立斋闲录二》记载略同，文中卓敬、牛景先、谢升、茅大芳等皆榜题"奸臣"。

　　成祖嗜杀①，连同他扑朔迷离的身世②，都成为稗史作者津津乐道的绝佳题目，其中少不了带有吸人眼球的演义成分。铁铉二女故事，以博物著称的钱牧斋就考出"铁长女诗，乃吴人范昌期《题老妓卷》作也。……次女诗……其语尤为不伦。宗正睦㮮论革除事③，谓建文流落西南诸诗，皆好事者伪作，则铁女之诗可知。"（《列朝诗集》闰集卷四"铁氏二女小传"）而俞正燮引完永乐上谕，特加注曰："铁公妻女以死殉，或云铁二子无女。"鲁迅说："由这虚构的故事，也可以窥见社会心理之一斑，就是：在受难者家族中，无女不如其有之有趣，自杀又不如其落教坊之有趣。"（《且介亭杂文·病后杂谈之余》，《鲁迅全集》（十六卷本）卷六191页）

　　成祖既取其侄之位而代之，"悉指忠臣为奸党，甚者加族诛、掘冢，妻女发浣衣局、教坊司，亲党谪戍者至隆、万间犹勾伍不绝。"（《明史·刑法志二》）这当然是抹杀不了的事实，但不过给本朝历史意外添上无关宏旨的血腥一笔，真正影响到帝国通盘棋局的是永乐十八年（1420）九月颁发的一道诏令："自明年正月初一日始，正北京为（京）师，不称行在"（《太宗实录》卷二二九）。两个月后，便正式"以迁都北京诏天下"（《明史》本纪三）。

---

① 吴晗把明太祖说成一个"十足自私惨刻的怪杰"（《吴晗史学论著选集》第一卷"胡惟庸党案考"477页），在这一点上成祖丝毫也不逊色。洪武二十五年（1392），高丽大将李成桂自立为王，遣使请更国号，明祖命仍古号曰朝鲜（见《明史·朝鲜传》），是为李朝（1392—1910）。出人意料的是，成祖赋性凶残在李朝所修《实录》中被完整记录下来。永乐时，朝鲜贡女充掖庭，最有名者便是"姿质秾粹，善吹玉箫"的权贤妃（见《明史·后妃传一》）。有吕姓贾人之女入宫，欲结好同姓吕美人（皆朝鲜人）。美人不从，贾吕畜憾，及权妃卒，诬美人鸩杀之。成祖怒，"吕家（即吕美人）便着烙铁烙一个月杀了"，同时被诛者又有宫人宦官数百余人。后贾吕与宫人鱼氏私宦者，事发，二人自惧缢死（即鱼、吕之乱）。成祖怒事起贾吕，鞫其侍婢，皆诬服，云欲行弑逆。连坐者凡二千八百人，成祖亲临剐之；或有面诟帝曰："自家衰阳，故私年少寺人，何咎之有！"（分别见吴晗辑《李朝实录史料》上编卷三《太宗实录二》甲午十四年即永乐十二年九月己丑条，及上编卷四《世宗实录一》甲辰六年即永乐二十二年十月戊午条）

② 官方正统说法谓成祖乃马皇后氏所生第四子（见《太宗实录》卷一及《明史·成祖纪一》），然民间历来私议纷纷，吴晗就曾总结明人对成祖生母的种种推测，有达妃、碽妃、元主妃等。据傅斯年所见明人笔记，"时人修言成祖实元顺帝之高丽妃所遗之子……谓（洪武）三十五年仍是胡人之天下云云"（傅斯年《明成祖生母记疑》，转引自《吴晗史学论著选集》第一卷"明成祖生母考"546页）。有趣的是，野史记载中，连元顺帝的身世也成了疑案，《宋遗民录》等书说他非明宗长子，而是宋德祐帝即被元廷封伯瀛国公的赵㬎之子。赵翼亦然有得意推算道："至元十三年瀛国公降，年六岁。至元二十五年瀛国学佛于土蕃，年十八岁。延祐七年顺帝生之岁，瀛国公年五十。计其年岁，亦不悬殊。"（《廿二史劄记》卷三十"庚申帝"条）对上述曲径通幽的连缀，坚信碽妃为成祖生母的傅斯年称，"在明人心目中，永乐非他，绝懿文之裔，灭方孝孺之十族者也。……洪武元年直接至正，庚申帝（即元顺帝）为瀛国公子之说依然甚嚣于人，则士人凭感情之驱率，画依样之葫芦，于是碽妃为庚申帝妃，成祖为庚申帝子矣。"（《明成祖生母记疑》，转引自《吴晗史学论著选集》第一卷555页）

③ 案："革除"指被废的建文年号。《明史·艺文志二》录朱睦㮮撰《逊国记》二卷，或即牧斋引语出处。

自永乐八年（1410）成祖亲征鞑靼，"五出漠北，三犁虏庭"（高岱《鸿猷录》卷八，载《纪录汇编》二十五册七十四卷），多数时间他都住在自己熟悉的北平，南京早已变成事实上的陪都。惟永乐后迁都之事又有反复。仁宗即位，"决意复都南京"，北京仍称行在（《仁宗实录》卷八下洪熙元年三月戊戌条）。至正统六年（1441）十一月，"乾清、坤宁二宫，奉天、华盖、谨身三殿成"（《明史·英宗前纪》），定都北京始成定局，终明不改。

时人反对北迁，多以漕运为由，所谓"自永乐北都，挽输道远，加耗滋多"（《天下郡国利病书》原编第六册《苏松》引《嘉定县志·田赋》，载《续修四库全书》之《史部·地理类》五九五册）。洪熙时胡濙力请还都南京，也是为着"省南北转运供亿之烦"（《明史》本传）。盛赞"定鼎于燕，不独扼天下之吭，亦且制戎虏之命"的谢肇淛亦承认："其间有少不便者，漕粟仰给东南耳。"（《五杂组》卷三《地部一》）

当年太祖出于边防考虑，就曾动过都燕的念头，问廷臣曰："北平建都可以控制胡虏，比南京如何？"因翰林修撰鲍频力谏乃止（见何孟春《余冬序录摘抄二·外篇》，载《纪录汇编》五十一册一四九卷）。后来朱健详论定鼎燕京的军事意义，云："自古建立都邑，率在北土，盖不止我一朝，而我朝近胡为甚。……（燕京）东北去辽阳尚可数日，去渔阳百里耳；西北去云中尚可数日，去上谷亦仅倍渔阳耳。……是故去虏之近，制虏之便，莫有如今日者也。"（《古今治平略》卷二十四《地理篇》"古今都会"条）劳堪又云："我朝都燕……据险防胡，居外驭内。"（《天下郡国利病书》原编第一册《北直上》引《京都形势说》）

北京一地仅在先秦时的燕国扮演过几百年国都角色，自秦朝开启统一国家模式，它便被彻底边缘化。唐时作为安禄山老巢，当地年轻人不知周公、孔子（杜牧《唐故范阳卢秀才墓志》），其与中央之隔膜疏远可想而知。自石敬瑭割地，幽、云十六州在宋代更沦为"化外之地"。辽、金、元皆都燕，揣其本意，无不是为预留后手，进可攻，退可守，一旦事有不谐，如元顺帝，打开城门便可天高任鸟飞。现在成祖为了逼蒙古人远遁，不惜行出险棋，长驻北平，一面又自负地尽撤藩篱（详见下文）。吴晗说他当日若不迁都，"自以身当敌冲，也许在前两次蒙古人入犯时（指土木、庚戌之变），黄河以北已不可守，宋人南渡之祸，又要重演一次。"（《吴晗史学论著选集》第一卷"明代靖难之役与国都北迁"575页）这在国力强盛时自然是值得大书特书的盛事，而当国势渐颓，胡人屡屡犯阙，易如反掌；最后李自成、满洲兵双管齐下，各地来不及"勤王"，大厦先已轰然倒塌。不知惨剧发生之时，崇祯帝陷入一片空白的脑海中，是否可有"居外驭内"四个大字一闪而过？

北边防务

自明朝创立，御"北虏"便是国防首重。故安南可弃①，北边防务却一刻不敢掉以轻心，终明之世，"东起鸭绿，西抵嘉峪，绵亘万里，分地守御。"（《明史·兵志三》）

洪武三年（1370），太祖颁"平定沙漠诏"，同时分封诸王，陆续将九个儿子派到捍御蒙古的最前线，"晋、燕二王，尤被重寄，数命将兵出塞及筑城屯田。"（《明史·晋王橚传》）何乔远曰："此九王者，皆塞王也，莫不傅险隘，控要害，佐以元侯宿将，权崇制命，势匹抚军，肃清沙漠，垒帐相望。"（《名山藏》卷三十六《分藩记一》，载《四库禁毁书丛刊》之《史部》第四十六册）二十三年（1390），太祖闻四皇子朱棣平元将乃儿不花，大喜过望，曰："肃清沙漠者，燕王也。"（《明史纪事本末》卷十《故元遗兵》）但事情远非如此简单。

洪武六年（1373），镇守北平的淮安侯华云龙遣使言："塞上诸关，东自永平、蓟州、密云，西至五灰岭外，隘口通一百二十一处，相去约二千二百里；其王平口至官坐岭口，关隘有九，约去五百余里，俱系冲要之地，并宜设兵守之。若紫荆关及芦花山岭，尤为要路，宜设千户所守御。"（《太祖实录》卷八十一是年四月辛丑条）太祖从之，遂开明代大修边墙之先声，也替今日观光客辟出一条"不到长城非好汉"的旅游热线。隆庆初，戚继光调任蓟州总兵，又请跨墙增筑敌台千二百座，"台高五丈，虚中为三层，台宿百人，铠仗糗粮具备。"隆庆五年（1571）墩台建成，"精坚雄壮，二千里声势联接。"（《明史·戚继光传》）

原本严峻的边防形势随着永乐迁都、三面临敌而进一步变得吃紧起来。黄道周曰："（国家）初以辽东、大宁、宣府、大同、甘肃、宁夏为六镇，复益以蓟州、榆林、固原，为九边。每边各设重兵，统以大将，副以偏裨……无事则画地防守，有事则犄角为援。"（《博物典汇》卷十九《九边》）②成祖以攻为守，凡五出塞，勒铭于擒胡山（今蒙古国境内）曰："瀚海为镡，天山为锷，一扫胡尘，永清沙漠"（《鸿猷录》卷八），最

---

① 永乐四年（1406），成祖遣师分道讨安南。明年，安南尽平，改称交阯，设布政、按察、都司三司，"自唐之亡，交阯沦于蛮服者四百余年，至是复入版图"（《明史·张辅传》）。然交人乍服乍叛，宣宗即位，欲弃之，二杨（杨士奇、杨荣）力赞，谓"汉弃珠厓，前史以为美谈，不为示弱"（《明史·杨士奇传》；案：珠厓郡，汉武元鼎六年（前111）置，治所在今海南琼山东南，元帝初元三年（前46）罢）。朝廷诏未至，守将王通已尽撤文武吏士，事在宣德二年（1427）。"交阯内属者二十余年，前后用兵数十万，馈饷至百余万，转输之费不与焉，至是弃去。官吏军民还者八万六千余人，其陷于贼及为贼所戮者不可胜计。"（《明史·王通传》）

② 案："九边"为长城沿线九个军事重镇的合称。《明史·兵志三》谓初设辽东、宣府、大同、延绥（《地理志》称榆林）四镇，继设宁夏、甘肃、蓟州三镇，加上太原、固原二镇，是为九边，与黄氏所说稍异。

后竟死在回师途中，不能不说劳苦功高。但当年北迁已属失策，靖难毕，因朵颜、福余、泰宁从征有功，"尽割大宁地界三卫，以偿前劳"（《明史·朵颜传》），更是败笔。

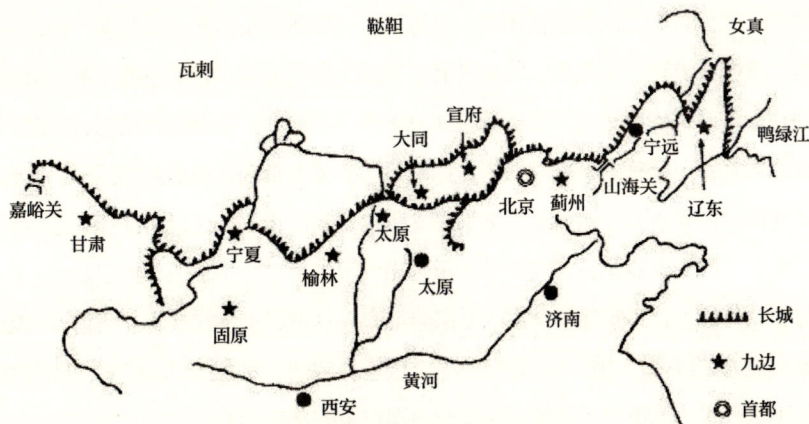

九边重镇示意图

隶属大宁都司的朵颜三卫初置于洪武二十二年（1389），"其地为兀良哈，在黑龙江南，渔阳塞北"（《明史·朵颜传》），故又称兀良哈三卫。成祖尝曰："守开平、兴和、大宁、辽东、宁夏、甘肃，边境永无事矣。"（《读史方舆纪要》卷十八《北直九》"废开平卫"条）平衡正是被他自己亲手打破。大宁既弃，东胜（今内蒙古托克托县西）、兴和（今河北张北县）亦废，降及宣德中，开平终不保。守卫益薄，卒有土木之变。畿辅不宁尤为近忧，辽东阻绝才是远虑。郑晓云："永乐初以大宁地尽界兀良哈，譬之左臂痛肿则上谷孤子，后背伛偻则卢龙单薄，哽其喉吭则辽海坐隔，扼其胸腹则陵寝震惊，失计甚矣！"（《读史方舆纪要》卷十八"大宁卫"条）黄道周痛惜明末辽东尽失，谓"金瓯无缺之天下，亏损此一隅也"（《博物典汇》卷十九），祸根实由永乐埋下。

元亡后，逃归沙漠的蒙古陷入内乱，各部互相攻杀，且威胁明之北疆，举其大者，为鞑靼（元室本宗）、瓦剌（蒙古别部，在鞑靼西）。正统十四年（1449）七月，瓦剌首领也先入寇大同。受太监王振鼓惑，英宗贸然亲征，被围于土木堡（今河北怀来县东南）。是役，明军死伤数十万，帝亦成擒。十月，也先拥英宗南下，直犯京师。京中则紧急立郕王为帝（即景帝，英宗弟），新任兵部尚书于谦亲自督战，相持五日；也先索金帛不得，战又不利，怏怏夜走，自良乡至紫荆关，大掠而出。

最富有戏剧性的一幕发生在正德间。明廷内迁东胜卫，致鞑靼骑兵时时渡河出没河套，窥伺边境。武宗嗣位后，自号"大元大可汗"的鞑靼小王子——即蒙古史书所称达延可汗①——便以河套为跳板，"屡犯宣、大、延、绥、宁、固诸处"（《读史方舆纪要》卷四十五《山西七》"蒙古"条）。正德十二年（1517）秋，任性的武宗微服出关，以"总督军务威武大将军总兵官朱寿"为名，北巡至阳和（今山西阳高县）。值小王子掠邻近应州（今山西应县），"大将军"亲督诸军御敌，战五日，"斩虏首十六级，而我军（者）[死]者五十二人，重伤者五百六十三人。"（《武宗实录》卷一五四）乃命宣捷于朝，大事鼓噪，吹嘘"朕在榆河亲斩虏首一级"（《武宗实录》卷一五八），甚至自封镇国公，敕曰："总督军务威武大将军总兵官朱寿统领六师，扫除边患，累建奇功，特加封镇国公，岁支禄米五千石"（《武宗实录》卷一六六）。据蒙古文献《俺答汗传》，达延可汗死于红牛年（即明正德十二年），四十四岁（见《汉译蒙古黄金史纲》99页注一，朱风、贾敬颜译，内蒙古人民出版社，1985年），不知是否与这次武宗亲征有关，或者不幸在被斩"虏首十六级"中？或更不幸，竟为"朕亲斩虏首之一级"？总之因了武宗的十足孩子气，应州之战在世人眼中显得不是那么严肃，倒更像一出供年轻皇帝自娱自乐的荒唐闹剧。

日后达延汗之孙、土默特部领主俺答又崛起为草原上呼风唤雨的实力派人物。正是借助他的力量，喇嘛教——具体说是明永乐间宗喀巴创立之格鲁派或俗称黄教——再度传入蒙古②。他在青海会晤"观世音菩萨化身"索朗嘉措（明人译锁南坚错，即三世达赖），赠"圣识一切瓦齐尔达喇达赖喇嘛"尊号，"'达赖喇嘛'的称谓从此被确立并在西藏社会应用"，而俺答曾孙云丹嘉措也被认定为三世达赖的转世灵童，成了历史上唯一的非藏族达赖喇嘛（见次仁央宗《西藏贵族世家》第一章12页）。"达赖喇嘛的化身既降生于达延可汗的黄金氏族，而今才将宗喀巴的宗教在蒙古之国显扬得如太阳一般。"（《汉译蒙古黄金史纲》106页）

又是俺答，"攻打汉地、袭击城池之际，汉地的大明皇帝（指穆宗）惧怕而缴纳贡赋和租税，并上以顺义王的称号"（同上书104页），而大青山脚下拔地而起的青城（即今呼和浩特旧城）也被明廷赐名归化（见《神宗实录》卷四十三万历三年十月丙子条）。这些都是隆

---

① 案：鞑靼首领明时被呼作"小王子"者不止一人，这已是第三位。《蒙古黄金史纲》称之为巴图蒙克达延可汗，其父为巴颜孟克博勒呼济农。达延（Dayan）系"大元"音译，故《万历武功录·俺答列传》上卷有"弘治中，小王子番书犹能袭残元故号"之语。《明史·鞑靼传》谓"入寇者复称小王子，又有伯颜猛可王。弘治元年夏，小王子奉书求贡，自称大元大可汗……与伯颜猛可王等屡入贡"文字交代虽不甚清晰，条缕尚在。顾祖禹未知何据，径将北元这段历史写成："入寇者复称小王子，或称把秃猛可王（即巴图蒙克）。……小王子死，弟伯颜猛可代为小王子，弘治元年自称大元大可汗。"（《读史方舆纪要》卷四十五"蒙古"条）不但父子误为兄弟，称号、世系亦乱。黄仁宇《万历十五年》书中更把小王子（巴图蒙克）与伯颜猛可（巴颜盂克）父子混作一人。

② 拉铁摩尔称俺答汗统治下的社会，其经济形式是混合的，包含游牧、农耕及手工业。"这种人民和这种政权都需要一个联合的力量。像成吉思汗一样，俺答汗避免采用中国文化，因为中国文化不但不能联合其混合社会，而且会将其同化于中国。在这种情况下，喇嘛教正是他所需要的。"（《内陆边疆》60页）

庆至万历间的后事，真正让明人刻骨铭心记住这位草原枭雄的，是嘉靖时的"庚戌之变"。

嘉靖二十九年（庚戌，1550）秋，俺答率诸部大举入寇，直逼北京。京师戒严，久不视朝的世宗也终于答应出来议事，"群臣昧爽（拂晓）入，至日晡（午后），帝始御奉天殿，不发一词。"（《明史·丁汝夔传》）时京兵册籍皆虚数，"禁军仅四五万，老弱半之，又半役内外提督大臣家不归伍，在伍者亦涕泣不敢前。"（同上书）大学士严嵩曰："败于边可隐，败于郊不可隐。（寇）饱将自去，惟坚壁为上策。"（《明史纪事本末》卷五十九《庚戌之变》）这话乍听有几分滑头，但似乎情急之下也别无善法；同时俺答出这趟远门，大抵还是为了"临城胁贡"（徐阶语，见《世宗实录》卷三六四是年八月壬午条），并无更深用意。不出嵩等所料，"敌焚掠三日夜，引去。"（《明史·鞑靼传》）

土木之变后，大同总兵郭登曾上疏言用兵方略："今日之计，可以养锐，不可浪战；可以用智，不可斗勇。兵法知彼知己，可守则守。其涞水、易州、真定、保定一带，皆坚壁清野，京兵分据，犄角安营。以逸待劳，以主待客，勿求侥幸，务在万全。此谓不战而屈人兵，善之善者也。"（《明史纪事本末》卷三十三《景帝登极守御》）啰里啰唆一堆话，和严公说的其实是同一意思。

然而胡骑频临城下让明帝国颜面扫地。后来朝廷欲开马市，跟俺答议和，因弹劾严嵩名满天下的杨继盛就奏称有"十不可，五谬"，其一曰："以堂堂天朝而下与边臣互市，冠履倒置，损国家之重威。"（《明史纪事本末》卷六十《俺答封贡》）

尤可笑者，边事余波荡漾，激起千层浪花，给明代社会造成意想不到的冲击。庚戌后复有滦河之变，嘉靖三十八年（1559），俺答子辛爱（《蒙古黄金史纲》称僧格特穆尔都古楞可汗）等诡称东下，渡滦而西，"大掠遵化、迁安、蓟州、玉田，驻内地五日，京师大震。"（《明史·王忬传》）上了胡人之当的蓟辽总督王忬坐戍边失察，论死系狱，其子世贞、世懋"日蒲伏嵩门，涕泣求贷"（《明史·王世贞传》）。明年冬，忬竟斩首西市，从此王氏与严氏交恶。文豪世贞为首辅立传，大笔如椽，杀人于无形，且收挫骨扬灰之效。清代修《明史》者将严氏列入《奸臣传》，背后自然有皇帝授意；顺治、康熙、乾隆诸帝入乡随俗，不自觉会戴上中原人的有色眼镜来看"胜国"人物，而一面倒舆论之最初形成，追本溯源，实与世贞那篇脍炙人口的传记有着很大关系，以致引发一段"《金瓶梅》作者猜想"的公案（参阅本书421页注二）——当然这已全是题外话了①。

---

① 案：王世贞所作《严嵩传》载《嘉靖以来首辅传》卷四，亦收入焦竑辑《国朝献征录》卷十六。苏均炜在"大学士严嵩新论"文中就指出，清初几位君主皆好看戏，虽是宫廷娱乐活动，天长日久，戏中所作好人、坏人之区分也会先入为主，在观众心头占据一个不易抹掉的位置。自明至清，民间流行的戏剧以及文学作品中几乎清一色都是唾骂严嵩的声音，嵩之奸名早已妇孺皆知，深入人心（见《明清史国际学术讨论会论文集》858—861页）。

三保太监下西洋

成祖御宇廿二载，南讨安南，北征沙漠，诏修《永乐大典》①，文治武功，桩桩件件可谓惊天动地的大事。其中也闹出不少笑话，比如永乐十八年（1420），山东蒲台（今属滨州市）一个名叫唐赛儿的小女子自号"佛母"，聚众造反，声称能剪纸人马战斗。官军如临大敌，"尽逮山东、北京尼，既又尽逮天下出家妇女，先后几万人"（《明史纪事本末》卷二十三《平山东盗》），竟不能俘获之。

"妖妇"作乱显然抹黑了"永乐盛世"，但郑和下西洋之壮举无疑给它添上极为光彩的一笔。

冯承钧曰："东、西洋之称……至明代始盛行，大致以马来半岛与苏门答腊以西，质言之，今之印度洋为西洋，以东为东洋。"（《中国南洋交通史》"序例"，载上海书店《民国丛书》第五编第二十七册）明人张燮又云："文莱即婆罗国，东洋尽处，西洋所自起也。"（《东西洋考》卷五《东洋列国考·文莱》）永乐三年（1405）六月，世称"三保太监"的郑和受命出使西洋；其后二十多年时间里，七奉使海外，遍历三十余国，远达红海海口、非洲东岸，最后一次出海在宣德五年（1430），三年后还京，不久即老病而亡②。

毋庸讳言，成祖好大喜功，向往洪武初"诸蕃贡使不绝"（《明史·三佛齐传》）之

---

① 永乐元年（1403）七月，成祖命解缙等采摘经、史、子、集、百家，并天文、地志、阴阳、医卜、僧道、技艺之言，"备辑为一书，毋厌浩繁。"（《太宗实录》卷二十一）二年（1404）十一月书成，赐名《文献大成》。帝嫌其未备，旋命姚广孝、解缙等主持重修；五年（1407）十一月告成，更赐名《永乐大典》，贮文渊阁。其卷帙及纂修人数各书所记不同，《太宗实录》谓"书凡二万二千二百一十一卷，一万一千九百五本"，"赐广孝等二千一百六十九人钞有差"（卷七十三）；《世宗实录》谓"供事编辑者三千余人，为卷凡三万有奇"（卷五一二）；徐伯龄据《大典目录》及姚广孝表文，作"二万二千九百三十七卷，勒为一万一千九十五本"（《蟫精隽》卷一）；宋端仪谓"时修《永乐大典》，召至四方儒学、老成充纂修及缮写之士，几三千人"（《立斋闲录》卷三）。朝廷如此兴师动众，背后动机一目了然，明人如陆深、李日华等便联想到了宋初"烛影斧声"之后，太宗召集群儒编《太平御览》《太平广记》《文苑英华》三大部书，使老死文字间的恶毒做法。清孙承泽称，"至靖难之举，不平之气遍于海宇，文皇借文墨以销垒块，此实系当日本意也。"（《春明梦余录》卷十二《文渊阁》）成祖又先后命解缙、姚广孝、夏原吉等重修《太祖实录》，命杨荣、金幼孜、胡广等编纂《五经四书大全》《性理大全》，颁于六部并两京国子监、天下郡县学，皆用心良苦。而在此庞大文字工程中扮演举足轻重角色的解缙非但没有功成名就，反而系狱数年，最终被锦衣卫官灌醉，落得"埋积雪中，立死"的下场，年仅四十七岁（见《明史》本传；参阅俞樾《九九销夏录》卷六"永乐大典创议于解缙"条）。

② 案：郑和本姓马，云南昆阳（今晋宁县）人，"奉回教，亦曾皈依佛教。"（冯承钧《瀛涯胜览校注》序）吴晗认为他是洪武十四年（1381）明军定云南时所俘被阉之幼童（《吴晗史学论著选集》第一卷"十六世纪前之中国与南洋"624页）。初事燕王，从起兵有功，擢太监。"身长九尺，腰大十围……行如虎步，声音洪亮"，"姿貌材智，内侍中无与比者"（袁忠彻《古今识鉴》卷八"国朝"）。对"三保太监"一名，明人就颇多疑惑，严从简谓"三保之称不知系是郑和旧名，抑岂西洋私尊郑和、王景弘、侯显（三人皆奉使海外中官）等为三太保故耶？"（《殊域周咨录》卷七《南蛮·占城》）

盛况，广造巨舰通使海外自有其政治考量，追踪建文帝有如大海捞针，"耀兵异域，示中国富强"（《明史·郑和传》）才是实实在在、且能立竿见影的事情。果不其然，随着宝船一趟趟满载而归，不但诸蕃使臣充斥于廷，重现昔日辉煌，更令人振奋的是，传说中的麒麟漂洋过海不期而至。盛世见麒麟，恰似英雄配宝剑，试想这是何等美妙的景象！难怪举朝欢呼，同声庆贺。永乐十二（1414）、十三年（1415），榜葛剌国（今孟加拉国）、麻林国（今肯尼亚境内）相继献麒麟，夏原吉作《麒麟赋》，序云："臣闻麒麟瑞物也，中国有圣人则至。昔轩辕时来游于囿，成康之世见于郊薮，是后未之闻也。今两岁之间而兹瑞载至，则圣德之隆，天眷之至，实前古所未有。"（《忠靖集》卷一；亦载《古今图书集成·博物汇编·禽虫典》第五十六卷《麒麟部》，文字稍异）其后复有阿丹国（今也门亚丁）献麒麟，金幼孜作《瑞应赞》曰："五六年间麒麟凡三至京师，烜赫昭彰，震耀中外……盖上天以是彰显圣德，为王化之大成，诚宗社生民万世无疆之庆。"（明严从简《殊域周咨录》卷九《麻剌》）

据郑和船队译员马欢（亦回教徒）描述，所谓麒麟"前二足高九尺，后两足约高六尺，头抬颈长一丈六尺，首昂后低，人莫能骑。头生二短角，在耳边，牛尾鹿身，蹄有三跲，匾口，食粟豆面饼。"（《瀛涯胜览·阿丹国》，载《纪录汇编》十九册六十二卷）不用说，这是今天动物园里司空见惯的非洲长颈鹿，在十五世纪初被足不出户的明人误当成吉祥物，也没有什么可大惊小怪的。

像"麒麟"之类政治宣传，除了满足当时朝野上下的虚荣心，自然不会有任何实际意义，更不可能引起后世关注。冯承钧曰："考郑和统率大艎纵横印度洋上之时，尚在西方诸大航海家甘马（Vasco da Gama，今译达·伽马）、哥伦布（Columbus）等航海之数十年前，则我华人此种空前航海事业，应为东西交通史中之一大事。"（《瀛涯胜览校注》序，中华书局，1955年）

沈度《瑞应麒麟图》

作为享誉学界的交通史专家，冯氏显然看重永乐通使西洋的航海意义。我们在这里主要从海外贸易的角度看待此事。

据《明史·三佛齐传》及《郑和传》，时有广东人陈祖义占据旧港（今印度尼西亚苏门答腊岛巨港（Palembang），或音译巴邻旁），行劫海中，剽掠商旅。永乐五年（1407）郑和自西洋还，顺道擒之，明廷遂设旧港宣慰使司以便市易。需要注意的是，旧港宋时名三佛齐，"在南海之中，诸蕃水道之要冲也。东自阇婆（即爪哇）诸国，西自大食、故临诸国，无不由其境而入中国者。"（南宋周去非《岭外代答》卷二《外国门上·三佛齐国》）其海上枢纽地位至明不变，"扼诸番舟车往来之咽喉……诸国之商舶辐辏。"（《殊域周咨录》卷八《三佛齐》）抓陈祖义的例子表明，郑和船队兼负有作战任务[1]——倒未必如本传所云宣诏海外蕃国，"不服则以武慑之"，而是为了"海盗肃清，航路无阻"（吴晗语，《吴晗史学论著选集》第一卷627页），总之远航的商业实用目的远远大过官方文件或戏曲平话所加给它的种种浮夸不实之词。

成祖虽有走向"深蓝"的远见与气魄，毕竟观念太过"前卫"，难以被同时代人接受。永乐十九年（1421）四月，奉天、华盖、谨身三殿发生火灾，诏群臣直陈阙失，随即命"下番一应买办物件并铸造铜钱，买办麝香、生铜、荒丝等物暂行（停止）"；"往诸番国宝舡及迤西迤北等处买马等项暂行停止"；"修造往诸番舡只暂行停住，毋得重劳军民。"（《太宗实录》卷二三六）好在只是些搪塞群臣的面子话，出海计划并未因宫殿着火而搁浅（三个月前，郑和刚刚出发做第五次航行），但从这个小小插曲，不难听出朝中反对声音已是一浪高过一浪。《明史》作者为郑和立传，犹颇有微词，谓"所取无名宝物，不可胜计，而中国耗废亦不赀"。

所谓"无名宝物"，不外是"明月之珠，鸦鹘之石，沉南龙速之香，麟狮孔翠之奇，梅脑薇露之珍，珊瑚瑶琨之美"（明黄省曾《西洋朝贡典录》序）一类中看不中用的东西。黄仁宇显然受到上述文字的影响，径称"此类物品可以增加宫廷生活之色彩，却不适用于大众化市场"（《中国大历史》188页）。

如此看来，下西洋似乎纯粹是皇帝异想天开做出的劳民伤财的糊涂事。但严从简《殊域周咨录》一书却给出了完全不同的说法，曰："自永乐改元，遣使四出，招谕海番，贡献毕至，奇货重宝前代所希，充溢库市，贫民承令博买，或多致富，而国用亦羡裕矣。"（卷九《佛郎机（附）》）永乐之世一改洪武时的因循保守，取进取、开放姿态，国家花

---

[1] 史称郑和"有智略，知兵习战"（《古今图书集成·明伦汇编·宫闱典》第一三二卷《宦寺部·郑和传》引《明外史·郑和传》），他被选为正使的原因或在于此。

消既大，而财政不致遽坏，实受益于南洋贸易。至于"充舶而归"的"宝物"，严氏又曰："夷中百货，皆中国不可缺者，夷必欲售，中国必欲得之。"（卷八《暹罗》）双方互依互补之经济关系由此可见一斑，从暹罗、占城等国进口的苏木、胡椒甚至一度成了政府发给两京文武官员的薪俸[1]。

扬帆远航的海船因为是去取宝，故称"宝船"。南京西北有宝船厂，仅为郑和初下西洋就造船六十三艘（《明史·郑和传》作六十二），"大船长四十四丈四尺，阔一十八丈；中船长三十七丈，阔一十五丈"（顾起元《客座赘语》卷一"宝船厂"条），船名则如"清和、惠康、长宁、安济、清远之类"（祝允明《前闻记》"下西洋"条，载《纪录汇编》七十册二○二卷）。至永乐十八年（1420）九月，"设大通关提举司，置官如南京龙江提举司，专造舟舰。"（《太宗实录》卷二二九）1957年，南京船厂遗址曾出土一根长逾十一米的巨型舵杆。郎瑛《七修类稿》又载："淮安清江浦厂中草园地上有铁锚数枚，大者高八九尺，小亦三四尺者，不知何年之物，相传永乐间三保太监下海所造。"（卷四十八《奇谑类》"动石银锚"条）据此，眼界较宽、至少对海外通商无恶感的严从简改口叹曰："举一物之坚巨，而他物可推矣，其功费之靡滥何算也！"（《殊域周咨录》卷七《南蛮·占城》）

查《明史·兵志四》，永乐之际，沿海如福建、广东、浙江，内陆如江西、湖广皆奉敕制造或改造海舟，其中的大福船能容百人，"底尖上阔，首昂尾高，柁楼三重，帆桅二，傍护以板，上设木女墙及炮床。中为四层：最下实土石；次寝息所；次左右六门，中置水柜，扬帆炊爨皆在是，最上如露台，穴梯而登，傍设翼板，可凭以战。矢石火器皆俯发，可顺风行"。这一时期征发全国人力物力大造海船的举动同样饱受诟病，给批评者提供口实。但换一种眼光看，因航海而带动造船，又因造船而刺激经济，适为求之不得的良性循环。通使西洋毕竟非隋唐征高丽、元征日本那样的战争行为，作为一项长期工程，如果政府不把造船当成劳役，简单摊派到农民头上了事，而是顺势调整产业及社会结构，必会另有一番崭新气象（结合宋以来日趋成熟之经济条件，以及当日造船业之发达，航海活动若持之以恒，也许竟能促成制度上的相应改良）。即便不作非分之想，一个方兴未艾、本该给市场带来无限活力的新经济门类无论如何不应成为骚扰天下、威胁国计民生的毒瘤。

永乐帝驾崩，曾大赞麒麟的夏原吉首劝罢西洋宝船（见《明史》本传）。洪熙元年

---

[1] 见《明史·食货志六》。广东官吏椒木折俸情形更为普遍，据《天下郡国利病书》原编第三十三册《交阯西南夷》，"布政司案：查得迳年止系都、布、按三司文武职官员及在省文职官吏，本司备行广丰库，于库贮抽回胡椒、苏木，计算各名下折色俸银，每一两内除八钱，折苏木一百斤，尚余二钱，折椒五斤八两八钱八分。其余卫所武职官吏与夫境外各属，则无折支椒木之例"。

（1425）十月（时仁宗已死，宣宗立），黄泽上疏，有"江北困于营造，江南疲于转输"，"丁男疲于力役，妇女困于耕耘，富者怨征敛之繁，贫者罹冻馁之苦"语（《宣宗实录》卷十）。至成化时，诏索郑和出使水程，兵部郎中刘大夏竟匿而不出，曰："三保下西洋费钱粮数十万，军民死且万计，纵得奇宝而回，于国家何益！此特一敝政，大臣所当切谏者也。旧案虽存，亦当毁之以拔其根，尚何追究其有无哉！"（《殊域周咨录》卷八《琐里、古里》）[1]翻检历史，这些都是出自农业国家管理者口中、熟悉得不能再熟悉的陈词滥调。黄仁宇称"朱棣之作为已超过他可以支付的能力，他的帝国接受了极度的负担，已近乎破裂点，他的继承人必须全面地紧缩，才能避免朝代之沦亡。"（《中国大历史》187页）不知黄氏作此番解释前，手头是否可有过硬的统计学数据以资支持？吴晗痛惜明弃南洋，拱手让与东来欧人（见《吴晗史学论著选集》第一卷"十六世纪前之中国与南洋"一文）；但这仅是失算于海外，嘉靖间来自日本的倭寇划着小舟在我东南沿海把官军打得落花流水，上距郑和横行海上不过区区百年，方不啻为天大的笑话！

科举与八股

明祖有尊儒之名，初聘耆儒宋濂、刘基、章溢、叶琛至应天，慰曰："我为天下屈四先生。"（《明史·章溢传》）但洪武元年（1368）一句"治天下须用匠"（《蓉塘诗话》，载万表辑《灼艾续集上》，收入张寿镛编《四明丛书》（民国约园刊本）第七集第三十三册），彻底暴露了读书人在他心目中的真实地位。洪武六年（1373）诏暂罢科举，访求卓荦奇伟之才，摆出一副打破常规求贤若渴的模样；一面却用法严苛，随意诛谪，在朝文人学士罕有善终者。解缙疏云："陛下进人不择贤否，授职不量重轻，所谓取之尽锱铢，用之如泥沙。"叶伯巨疏云："朝廷取天下之士，敦迫上道，如捕重囚。比到京师，所学或非其所用，所用或非其所学。洎乎居官，一有差跌，苟免诛戮，则必在屯田工役之科。"（俱见本传）

又大兴文字狱，杀儒流气焰。相传洪武帝欲效宋之艺祖，右文左武，诸勋臣不平，进曰："此辈善讥讪，张九四厚礼文儒，及请其名，则曰：士诚。"帝曰："此名甚美。"答曰："《孟子》有'士诚小人也'之句，彼安知之？"文字之祸由此而起（见黄溥《闲中今古录摘抄》，载《纪录汇编》四十一册一二九卷）。有翰林编修张姓者，黜为山西蒲

---

[1] 顾起元又谓刘大夏取库中案卷焚毁之，"意所载必多恢诡谲怪，迥绝耳目之表者。"（《客座赘语》卷一"宝船厂"条）

州学正，例撰庆贺表文，谓"天下有道"，"万寿无疆"。帝疑"强""道"二字，怒曰"此老谤我！"即差人逮来。张辩曰："'天下有道'乃先圣孔子之格言，'万寿无疆'乃《诗经》臣子祝君之至情。今谓臣诽谤，不过如此。"帝闻其说，良久曰："此老还嘴强。"竟不问罪。左右咸曰："数年以来，才见容此一人而已。"（见李贤《古穰集》卷三十《杂录》）。

士人饱受摧残，噤若寒蝉，遂"以溷迹无闻为福，以受玷不录为幸"（《明史·叶伯巨传》）。贵溪夏伯启叔侄断指不仕，苏州姚叔闰、王谔被征不至（《明史·刑法志二》作姚润、王谟），皆获罪。明祖曰："'率土之滨，莫非王臣'成说，其来远矣。寰中士夫不为君用，是外其教者，诛其身而没其家，不为之过。"（《御制大诰三编·苏州人材第十三》）余英时称，"明太祖设'寰中士大夫不为君用'之科，是宋代皇帝做梦也想不到的。……明太祖的个人出身和历史背景都与宋太祖、宋太宗不同，他对于士大夫阶层始终抱着很深的敌意。"（《朱熹（上）》382页）

敌意归敌意，"游丐起事，目不知书"（赵翼语，《廿二史劄记》卷三十二"明祖文义"条）的朱元璋起码还是懂得治天下离不开读书人道理的，所谓"治国之要，教化为先；教化之道，学校为本"，故特重学校教育。元时亦广建学校，据《元史·世祖纪》，大司农司所上诸路学校数，至元二十三年（1286）二万一百六十六所，二十五年（1288）二万四千四百余所，二十八年（1291）二万一千三百余所。然明祖谓其弊极矣，"学校之设，名存实亡"（《太祖实录》卷四十六洪武二年十月辛巳条），乃另起炉灶，别作规划。称帝前即在应天建国子学，后改学为监①，入学者通称监生，"厚给廪饩，岁时赐布帛文绮、袭衣巾靴。正旦元宵诸令节，俱赏节钱"。马皇后置红板仓二十余舍，积粮监中，养诸生妻、子。洪武二年（1369），以京师虽有太学，天下学校未兴，诏府、州、县皆立学，培养士类。洪武八年（1375）又立社学，教民间子弟。史称"无地而不设之学，无人而不纳之教……明代学校之盛，唐、宋以来所不及"（《明史·选举志一》）。钱穆亦赞明"与两汉、唐、宋诸朝并为中国史上之一段光昌时期"（《国史大纲（下）》693页）。

《选举志》序云："选举之法，大略有四：曰学校，曰科目，曰荐举，曰铨选。学校以教育之，科目以登进之，荐举以旁招之，铨选以布列之，天下人才尽于是矣。"论李唐以来科举取士制度，这段话可谓一语破的。明代甄拔人才办法，其精神上承唐、宋，实际运作却别有发明，深深打上本朝烙印。

罢科举十年后，洪武十五年（1382）复设，三年一行。十七年（1384）颁科举定式，

---

① 永乐元年（1403）复设北京国子监，迁都后太学生遂有南、北监之分。

遂为永制。乡试（在直省）考三场，八月初九日第一场，试四书义三道，每道二百字以上，主朱子《集注》；经义四道，每道三百字以上，大率仍主程、朱（后四书五经主永乐时所编《大全》）。十二日第二场，试论一道，三百字以上，判五道，诏、诰、表、内科一道。十五日第三场，试经、史、时务策五道，俱三百字以上（见万历重修《大明会典》卷七十七《贡举·科举》"科举通例"条）。会试（在京师）于次年二月举行，亦初九、十二、十五日三场。试毕发榜，乡试榜谓之举人，会试榜谓之进士。三场之制，虽有先后，而无重轻，士子"非下帷十年，读书千卷，不能有此三场也"（《日知录》卷十六"三场"条）。

洪武三年（1370）太祖初设科取士时，曾下诏云："使中外文臣皆由科举而选，非科举者毋得与官。"（《太祖实录》卷五十二是年五月己亥条）此后则改变主意，察举贤才，破格用人，理由是："资格为常流设耳，有才能者当不次用之。"（《明史·杨思义传》附费震传）洎科举复设，荐举之法并行不废。永、宣以下，渐徇资格，"科举日重，荐举日益轻，能文之士率由场屋进以为荣。"（《明史·选举志三》）按说这也无可厚非，不拘一格仅限于草创之际，一旦制度完善，走上正轨，好比流水线批量生产出来的人才有可能素质下降，多了些中规中矩的雷同，少了些卓尔不群的乖张，却是必须付出的代价。此局面宋代已然，南宋项安世就说："举天下之人才——限于科目之内。入是科者，虽椿杌、饕餮必官之；出是科者，虽周公、孔子必弃之。习之既久，上不以为疑，下不以为怨。"（《宋会要辑稿》第一百八册《选举四》之四三；亦载《文献通考》卷三十二《选举五》）

有明科举最重进士，"举（举人）、贡（贡生，府、州、县生员即俗称秀才入国子监就学者）虽与进士并称正途，而轩轾低昂，不啻霄壤。"（《明史·选举志三》）隆庆时贾三近疏云："抚按诸臣遇州县长吏，率重甲科（指进士）而轻乡举。同一宽也，在进士则为抚字，在举人则为姑息；同一严也，在进士则为精明，在举人则为苛戾。"（《明史》本传）

重进士实为唐、宋以来传统。北宋司马光言："国家用人之法，非进士及第者不得美官。"（《文献通考》卷三十一《选举四》）马永卿又称："本朝取士之路多矣，得人之盛，无如进士，盖有一榜有宰相数人者，古无有也。……其余名臣，不可胜数，此进士得人之明效大验也。"（《懒真子》卷三"进士得人之盛"条，载《丛书集成初编》二八五册）士君子至谓"不由进士第者为终身之耻"（宋王禹偁《小畜集》卷二十《送翟骧序》）。

但这里有一个概念的转换。唐以诗赋取者叫进士，以经义取者叫明经，南宋吕祖谦总结这段历史道："隋炀帝时，风俗浮华，进士科始立。至唐初间，进士、明经都重；及至中叶以后，则进士重而明经轻。盖当唐之时，文华之士多了，故如此。到得本朝，待遇不同，进士之科往往皆为将相，皆极通显；至明经之科，不过为学究之类。当时之人为之语曰：'焚香取进士，嗔目待明经'。"（《文献通考》卷三十二）

初开科时，明祖便对唐、宋科举"但贵词章之学而不求德艺之全"（《太祖实录》卷五十二）大为不满，改以经义取士，这也列入后来颁布的科举定式中。故顾炎武曰："今罢诗赋而用经义，则今之进士，乃唐之明经。"（《日知录》卷十六"明经"条）可见取士标准及旨趣皆已大变。亭林又言："今之经义，始于宋熙宁中王安石所立之法。"（同书同卷"经义论策"条）[1]陈师道云："王荆公改科举，暮年乃觉其失，曰：'欲变学究为秀才，不谓变秀才为学究'"（《后山集》卷十八《谈丛一》；或作"初意驱学究为进士，不意驱进士为学究"，见《续通典》卷二十二《选举六》载王鏊"制科议"）。

元时袁桷谓："自宋末年尊朱熹之学，唇腐舌弊，止于四书之注。……近者江南学校教法，止于四书，髫龀诸生，相师成风，字义精熟，蔑有遗忘，一有诘难，则茫然不能以对，又近于宋世之末尚甚者。"（《清容居士集》卷四十一《国学议》）然则明代陋风，承宋末及元而来。

至于科场考试的具体情形，我们不妨读一下传教士利玛窦纤悉备至的描写：

"在每个大城市都有一座专门为考试而修建的宽阔无比的宫殿，四周围以高墙。考场内有许多套间隔绝外务，专供考官讨论呈交上来的手稿。在这座宫殿的中心有四千多个小单间，每间只够放下一个人用的一张桌和一把椅。小单间构造得使相邻的人不能谈话甚至见面。当本地考官和朝廷考官到达这个城市时，立即被带到这座宫殿里各就各位，而不得与任何人谈话。甚至在评阅考卷时他们也不准彼此交谈。这段特殊时期日夜都有地方官的和军队的警卫不断在巡逻，以防宫殿内工作的人和外边的人以口头或书面形式进行任何接触。"

"参加考试的人被准许在上了锁的门里从清早一直写到日落，并且以公费供应他们前一天准备好的简单饭食。候选的学士进入考场时，要受到仔细搜查，看看有没有夹带书籍或字纸。应考时，他们可以带几枝笔、砚台以及纸墨。他们的衣服，甚至笔砚，都要仔细检查以免舞弊；如果发现任何作弊行为，他们不仅要被剥夺考试资格而且还要严加惩罚。"

"答卷要写成一式三份……每个人都必须把他的手稿再抄入一本特别带来的纸本上，在

---

[1] 宋神宗熙宁四年（1071）二月，"罢诗赋及明经诸科，以经义、论、策试进士。"（《宋史·神宗纪二》）

文章的最后除了自己的姓名以外，还要写明他祖上三代的姓名。然后这个纸本也要加封，只有负责人才能启封。每个人这样的手抄本可以随他用多少，并把它们亲手呈交负责人。这些抄本由专门指定的书记或抄手再重新抄过。为了防止任何徇私，抄本上都用红笔写上一个特别的字，然后再送交考官，而作者的笔迹则全部消除。这些不留笔迹的手稿才是送交考官评定的试卷。本人手迹本则编号与送呈考官的试卷上的符号相对应。遵循这种方法是要防止识别手稿并从书写的字体中隐瞒作者本人及其笔迹。"（利玛窦、金尼阁著《利玛窦中国札记》第一卷第五章38—40页，何高济、王遵仲、李申译，中华书局，1983年）①

　　虽防范极严，然百密一疏，科场弊窦渐多，如贿买钻营、怀挟倩代、割卷传递、顶名冒籍之类，不胜枚举。最轰动一时的当属弘治十二年（1499）的会试弊案，考官程敏政被劾鬻题，"初场未入，而《论语》题已传诵于外；二场未入，而表题又传诵于外；三场未入，而策之第三、四问又传诵于外。江阴县举人徐经、苏州府举人唐寅等狂童孺子，天夺其魄，或先以此题骄于众，或先以此题问于人。"（《孝宗实录》卷一四七是年二月丁巳条）"江南第一风流才子"唐寅（字伯虎）因此罹祸，"逃禅学佛，任达自放"（王稚登《丹青志·妙品志》"唐解元"条，载于安澜编《画史丛书》第四册，上海人民美术出版社，1963年），于是未来官场上少了一名进士，而画坛则多出一位怪才②。

　　撇开个案不提，"百年之间，主司所重、士子所习，惟在经义"（王鏊语，《续通典》卷二十二），三场之制徒具其表（《日知录》"三场"："主司阅卷，复护初场所中之卷，而不深求其二、三场"），以致学问流于空疏，人才今不如古，方是最可痛心之事。自王安石以经义试进士，宋世学风已坏，"士专一经，白首莫究其余，经史付之度外，谓非己事。"（王鏊语，《续通典》卷二十二）至明其弊愈深，尤可笑者，时人问答，"称其人所习为'贵经'，自称为'敝经'。"（《日知录》卷十六"拟题"条）

---

① 所引三段文字为各省乡试写照。有趣的是，利玛窦把秀才、举人、进士分别比作西方学位中的学士、硕士、博士。

② 泄题一案，《明史·程敏政传》谓"事秘，莫能明也"。王世贞记其事颇详，云："敏政问策秘，人罕知者，其故所昵门生徐经居平日窥得之，为其同年解元唐寅说，由是各举答无遗。……下狱按问，经自诬服购敏政家人得之。又寅曾以一金币乞敏政文，送洗马梁储（唐举弘治十一年乡试第一即解元，梁为主考，俗称座主）。狱成，敏政致仕，经、寅俱充吏。一云果敏政家人为之。"（《弇山堂别集》卷八十二《科试考二》）此案又有别一版本，谓预泄场题事实由唐之同里都穆（字玄敬）告发。"唐既罢归，誓不复与都接。一日都瞰其楼上独居，私往候之。方登梯，唐顾见其面，即从檐跃下，堕地几死。"（《万历野获编》卷二十三《士人门》"唐伯虎"条）蒋鏁《逸事传·唐伯虎寅》对唐、都交恶始末交代尤详，谓"伯虎性豪爽，玄敬稍迂腐，常同学。（玄敬）每夜酌清泉向北斗，晨起拱揖饮之，自谓吸沆瀣之气。伯虎窃笑，阴以他秽易之。玄敬误饮，已知其秽，大恨"云云（载黄宗羲编《明文海》卷四二八）。此说虽不经，却流传甚广，钱谦益《列朝诗集》丙集卷九"都穆小传"亦采之。

明世这套取士办法自然招致不少读书人的反感，他们不但"腹诽"，而且敢于明白讲出来。杨慎曰："本朝以经学取人，士子自一经之外，罕所通贯。……有以汉人为唐人、唐事为宋事者，有以一人析为二人、二事合为一事者。"邱浚曰："士子有登名前列，不知史册名目、朝代先后、字书偏傍者。"黄尊素（黄宗羲父）曰："天下尽出于空疏不学，不知经史为何物，是科举为败坏人才之具。"（俱见《续通典》卷二十二）遗民顾炎武则说："今于四书、一经之中，拟题一二百道，窃取他人之文记之。入场之日，抄誊一过，便可侥幸中式，而本经之全文，有不读者矣。率天下而为欲速成之童子，学问由此而衰，心术由此而坏。"（《日知录》"三场"）又道："今日科场之病，莫甚乎拟题。以经文言之，初场试所习本经义四道，而本经之中，场屋可出之题，不过数十。富家巨族，延请名士，馆于家塾，将此数十题各撰一篇，计篇酬价，令其子弟及僮奴之俊慧者记诵熟习。入场命题，十符八九，即以所记之文抄誊上卷，较之风檐结构，难易迥殊。四书亦然。……天下之士靡然从风。"（《日知录》"拟题"）

体例方面，经义之文渐衍变为八股，《明史》声称是太祖与刘基所定，"其文略仿宋经义，然代古人语气为之，体用排偶，谓之八股，通谓之制义。"（《明史·选举志二》）顾炎武认为八股始于成化以后，"股者，对偶之名也。"（《日知录》卷十六"试文格式"条）。梁章钜又谓"其体实沿自宋，而定为程式，则自明始"（《制义丛话》卷一）

八股作法，"发端二句，或三四句，谓之破题，大抵对句为多，此宋人相传之格。下申其意，作四五句，谓之承题。然后提出夫子为何而发此言，谓之原起。至万历中，破止二句，承止三句，不用原起。篇末敷演圣人言毕，自摅所见，或数十字，或百余字，谓之大结。明初之制，可及本朝时事。以后功令益密，恐有藉以自炫者，但许言前代，不及本朝。至万历中，大结止三四句。于是国家之事，罔始罔终，在位之臣，畏首畏尾，其象已见于应举之文。"（《日知录》"试文格式"）

杨慎论当日举子之文，"不根程朱，妄自穿凿，破题谓之'马笼头'，处处可用也；又谓之'舞单枪'，思一跳而上也。起语百余言，谓之'寿星头'，长而虚空也。其中例用存乎存乎、谓之谓之、此之谓此之谓、有见乎有见乎，名曰'救命索'，不论与题合否，篇篇相袭，师以此授徒，上以此取士，何所底止！"（《续通典》卷二十二）

科举本为善制，朱明"沿唐、宋之旧，稍变其试士之法"（《明史·选举志二》），这一变，下迄清代，从内容到形式皆僵死。顾炎武称"八股之害，等于焚书，而败坏人材，有甚于咸阳之郊所坑者，但四百六十余人也"（《日知录》"拟题"）；遂致天下"士不成士，官不成官，兵不成兵，将不成将。"（黄汝成纂《日知录集释》卷十七"生员额数"条附《生员论》）郑达亦云："治国必需经济之才，而以八股取士，所取非所用，故内外大小臣工，求一戡乱致治之才，满朝无一人。"（《野史无文》卷三"《烈皇帝遗事》说"）

有明人才窳败至其末造尽显无遗。先来看宋朝是如何自食恶果的，元时刘埙回首往事，"痛念癸酉（1273）之春，樊城暴骨，杀气蔽天，樊陷而襄亦失。……敌已刻日渡江吞东南，我方放解试，明年春，又放省试。朝士惟谈某经义好，某赋佳，举吾国之精神工力，一萃于文，而家国则置度外。是夏又放类试，至秋参注甫毕，而阳罗血战，浮尸蔽江。未几上流失守，国随以亡。"（《水云村稿》卷十一"答友人论时文书"）当李自成攻破北京，文武百官朝贺者一千三百余人（见计六奇《明季北略》卷二十"内臣献太子"条），与宋之末世差相仿佛。黄宗羲深叹"功名气节人物，不及汉唐远甚，徒使庸妄之辈充塞天下"（《明夷待访录·取士下》）。

李闯谋士宋献策尝言："明朝国政，误在重制科，循资格，是以国破君亡，鲜见忠义。满朝公卿，谁不享朝廷高爵厚禄？一旦君父有难，各思自保。其新进者盖曰：'我功名实非容易，二十年灯窗辛苦，才博得一纱帽上头，一事未成，乌有即死之理！'此制科之不得人也。其旧任老成又云：'我官居极品亦非容易，二十年仕途小心，始得至此地位，大臣非止一人，我即独死无益。'此资格之不得人也。"（《明季北略》卷二十三"宋献策与李岩议明朝取士之弊"条）

而就在城破之日，北京国学文庙前有人悄悄大书一纸贴壁云："谨具大明锦绣江山一统、崇祯帝后二尊，奉申赆敬。门军弟文八股顿首拜。"（《野史无文》卷四所载《烈皇帝遗事（下）》，即锦衣卫军官王世德撰《崇祯遗录》）谁说中国人不懂得幽默？这里便有活生生的例子，只不过颜色是"黑色"的而已。

"大礼议"

嘉靖初的"大礼之议"牵动每个人神经，竟至举朝鼎沸，百官号泣，俨然成一里程碑式的大事件，开启明中叶以后不一样的政坛格局。

武宗死后，膝下无子，依兄终弟及原则，选从弟厚熜（孝宗异母弟兴献王朱祐杬长子）为继承人。礼官请如皇太子即位礼，由东安门入居文华殿，择日登极；厚熜不允，曰："遗诏以我嗣皇帝位，非皇子"（《明史·世宗纪一》），乃由大明门直入，即帝位，是为世宗。从一开始便擦出不和谐的火花，预示着此下事情不会简单收场。

争论因入继大统的新皇帝到底该追崇谁而起。大学士杨廷和援引汉、宋故事，谓"宜尊孝宗曰皇考，称献王（已故）为皇叔考兴国大王。有异议者即奸邪，当斩"。礼部尚书毛澄等搬出程颐之言曰："为人后者，谓所后为父母，而谓所生为伯、叔父母，此生人之大伦。"（俱见本传）这几乎成了朝中一边倒的舆论。惟进士张璁（后避帝讳，改名孚敬）初登第，抓住这一难得的历史机遇，上疏谓世宗继统不继嗣，何必强夺此父子之亲，建彼父子之号，朝议"未免胶柱鼓瑟而不适于时，党同伐异而不当于理，天下岂有无父母之国哉！《记》曰：'礼非从天降，非从地出，人情而已'"（见《太师张文忠公集》之《奏疏卷一·正典礼第一（正德十六年）》，载《四库全书存目丛书》之《集部·别集类》第七十七册）。杨廷和斥曰："秀才安知国家事体！"杨一清则曰："张生此议，圣人复起，不能易也。"（俱见本传）

世宗正在孤立无援之际，得璁疏大喜，曰："此论出，吾父子获全矣。"（《明史·张璁传》）兵部主事霍韬亦向廷臣奉为"万世法"的宋儒之说发难，谓果如其言，"则天下重而父母轻矣。"（《明史》本传）时世宗母蒋氏以尊号未定，拒不入京，曰："安得以吾子为他人子。"（《明史·睿宗献皇帝传》附献皇后传）帝闻而泣，威胁避位归藩。群臣惶惧，合议改称兴献王为"本生父兴献帝"，好歹安抚下世宗母子；一面又把不安分的张璁打发去了南京，廷和寄语曰："子不应南官，第静处之，勿复为'大礼说'难我耳。"（《明史纪事本末》卷五十《大礼议》）璁心意阑珊，临行赋诗云："今朝辞北阙，明日赴南官。时论苦难定，圣心当自安。独怜知己少，只见直躬难。若问唐虞治，终期白首看。"（《赴南都留别诸友》）至南都复作诗云："心对阙廷无远近，地邻乡国有平安。徘徊问舍长冈上，独有湖山是旧观。"（《渡江至金陵》；二诗俱载《太师张文忠公集》之《诗稿》卷三）尽吐胸中不平之气。

但他究竟不甘寂寞，日与同官桂萼"讨论古礼，其议符合"（《明史纪事本末·大礼议》）。嘉靖二年（1523）十一月，桂萼具疏，并上席书、方献夫议礼疏，重掀波澜。明年，"顽固派"杨廷和致仕，璁、萼召还北京，疏请去献帝尊号中的"本生"二字，理由很简单，"若不亟去'本生'之称，天下后世终以陛下为孝宗之子，堕礼官欺蔽中矣"。张璁又言："今日之礼不在皇与不皇，惟在考与不考。"（《明史·张璁传》）这下可真是捅了马蜂窝，廷和之子杨慎振臂呼曰："国家养士百五十年，仗节死义，正在今日！"（《明史·何孟春传》）于是廷臣二百余人伏阙争礼，哭声震天，"有大呼高皇帝、孝宗皇帝者"，正所谓"万世瞻仰，在此一举。"（《明史纪事本末·大礼议》）

世宗帝位已稳，毫不妥协，尽逮"闹事"的五品以下官，各杖之，死十七人。至此，纠缠不清的皇统继承与家系继承问题终于以近乎武力的方式强行解决，即"考献皇，伯孝宗"。嘉靖七年（1528），修《明伦大典》成，"定议礼诸臣罪，追削杨廷和等籍。"（《明史·世宗纪一》）

然而风波远没有平息，围绕武定侯郭勋又发生一桩震惊朝野的疑案。郭勋系开国功臣郭英之后（洪武十四年，英随傅友德征云南，论功封侯），沈德符说他"好文多艺"，"新安所刻《水浒传》善本，即其家所传。"（《万历野获编》卷五《勋戚门》"武定侯进公"条）璁、萼奉召回京，廷臣纷纷欲捶杀之，二人退朝，入郭家以免，遂结为同志（见《明史·桂萼传》）。朝堂集议，郭遽曰："祖训如是，古礼如是，璁等言当，更何议！"（《明史纪事本末》卷五十六《李福达之狱》）故《明史》谓"大礼议起，勋首右张璁"（《郭英传》附曾孙勋传）。

嘉靖五年（1526），山西人张寅"倡白社妖术，为弥勒佛教"（《明史纪事本末·李福达之狱》）；会御史马录巡按山西，认定张氏即早年间谋反潜逃的通缉犯李福达，穷治其狱。张曾到京城活动，以烧炼术往来郭勋，郭乃移书请托；马录不从，劾郭庇奸乱法，上其手书。因案情重大，移送三法司会审，台谏诸臣以"党护叛逆""交通逆贼"为由，群起攻郭，必欲置之连坐。

张寅、李福达是否同一人，赵瓯北征引《戒庵漫笔》《法传录》《从信录》《林居漫录》《竹墅席上谈》诸书，可谓众说纷纭，莫衷一是（见《廿二史劄记》卷三十一"李福达之狱"条）。但这并非本案关键，耐人寻味的倒是郭勋如何从一个配角变成了主角。

张璁自称"臣与举朝抗四五年，举朝攻臣至百十疏"（《明史》本传）；由他主持编写的《大典》中，亦有"勋竟构怒于众"语（《明史纪事本末·李福达之狱》）。赞礼一派的内心积愤可想而知。如今得势，未及报复，先遭暗算，岂肯善罢甘休？此番"血战"作为大礼议的余波，也替未来廷臣结党互掐的遍地狼藉绘好了蓝图。

史称张璁、桂萼、郭勋合谋造蜚语，谓"廷臣内外交结，借事陷勋，渐及议礼诸臣，逞志自快"（《明史纪事本末·李福达之狱》；亦见《明史·马录传》）。世宗果然雷霆震怒，改命璁、萼及方献夫分署三法司事，平反"冤狱"，治众臣罪，"死箠楚狴犴者十余人，余戍边、削籍，流毒至四十余人。"（《明史纪事本末·李福达之狱》）嘉靖六年（1527）九月，编《钦明大狱录》颁示天下。

值得注意的是，世宗一怒之下，已抛出"朋比罔上"的重话。仇恨的种子一经播下，其后百余年时间里，朝臣借大大小小各种事端，不断洗牌、重组，官场变战场，自相残杀，势同水火。至明末，门户攻击之局牢不可破，"是非蜂起，叫呶蹲沓，以至于亡。"（赵翼语，《廿二史劄记》卷三十五"明言路习气先后不同"条）崇祯帝非碌碌无为君主，即位之初，尽除魏忠贤阉党，但很快迫于朝中门户纠纷，转而复用宦官；面对质疑，愤愤然道："苟群臣殚心为国，朕何事乎内臣！"（《明史·宦官传二》张彝宪条）

戚继光抗倭

明朝自创立之日，便深深受制于"南倭""北虏"。"北虏"已如前述，"南倭"系指泛海而来的日本寇盗[1]。何乔远谓："（洪武）十五年惟庸（通倭）事觉[2]，上追怒惟庸……于是名日本曰倭，下诏切责其君臣，暴其过恶天下，著《祖训》绝之。"（《名山藏》卷一〇五《王享记一》）将倭患与胡惟庸党案搅在一起，倒不是何氏信口开河，妄加攀扯，《皇明祖训》首章列不征之国凡十五，其中日本国后附一小注云："虽朝（贡）实诈，暗通奸臣胡惟庸，谋为不轨，故绝之。"

倭寇为害始于日本的镰仓幕府时期（1192—1333）。《明史·日本传》曰："高皇帝即位，方国珍、张士诚相继诛服。诸豪亡命，往往纠岛人入寇山东滨海州县。"胡丞相通倭虽载诸中、日史书，纯属子虚乌有，吴晗"胡惟庸党案考"一文已详辨之。事实上，洪武二年（1369）明廷即为禁倭，遣使越洋接洽，此后又做数度交涉，然"欲望彼国之约束诸夷，断断乎不能也。"（李言恭、郝杰撰《日本考》卷一）

在朱明一方，因摸不清彼国国情，一直存有严重的外交误会。洪武间恰值日本南、北朝对立（1336—1392），吉野、京都各供奉一位天皇。明使抵日，懵懵懂懂，不知哪个代表正统；而日方两个朝廷对待海盗的态度实际是南辕北辙的，"北朝虽愿和中国通商，解决它财政上的困难，南朝却以倭寇为利，且以政治地位的关系，也不肯让北朝和明有任何外交关系。"（《吴晗史学论著选集》第一卷473页）[3]海盗问题无法通过正常的谈判渠道解决，明政府只好毅然与日绝交，闭关自守，可笑的是，"又不愿自承失败，贻讥藩属"，事后便把绝倭责任强摁在公认罪人胡惟庸的头上（同上书478页）。

中国历代均重视开展海外贸易。绍兴七年（1137）宋高宗言："市舶之利最厚，若措

---

[1] 史学家坂本太郎写道："所谓倭寇是日本西部的边民为进行走私贸易前往中国和朝鲜，如果对方不允许贸易或是不能获利时，便凭实力进行劫掠，因而对方称为倭寇。"（《日本史概说》227页）十三、十四世纪（即"前期倭寇"时），朝鲜半岛受害尤甚。"1323至1422年的百年间寇掠朝鲜382次。据《高丽史》所说，倭寇侵朝鲜，所至'妇女婴孩，屠杀无遗'；'掳我人民，焚荡我府库，千里萧然'。"（吴廷璆主编《日本史》165页）

[2] 据《明史·胡惟庸传》，洪武十九年（1386），惟庸通倭事始著。此处十五年疑为十九年之误。

[3] 洪武二年明使向代表南朝的征西大将军怀良亲王（此人在《明史·日本传》中就稀里糊涂写成了"日本王良怀"）送递国书，并请禁倭。"亲王怀有浓厚的吉野朝（即南朝）传统的大义名分思想，认为明朝的国书视日本为属邦，以开战相威胁，实属无礼，从而断然拒绝了对方的要求"（坂本太郎《日本史概说》227页）。坂本没有写出的是，当日流亡海上的倭寇中就包括许多南朝的溃兵败将。

　案：南朝君臣始终坚信正统在己，并把镰仓时代传入日本的朱子学用作同北朝皇室进行斗争的思想武器。北畠亲房撰《神皇正统记》，"仿照朱熹《通鉴纲目》的宗旨，大力宣扬'大义名分论'，笔诛'乱臣贼子'"。并依朱熹理气之说，对"天神出现"等本土神话加以演绎，"大大发展了神国思想，为所谓独特的日本'神国国体'的'理论'奠定了基础。"（吴廷璆主编《日本史》170页）

置合宜，所得动以万计，岂不胜取之于民？"（《建炎以来系年要录》卷一一六）①元朝始颁"禁商下海"令，但多数情况下形同虚设，海上交通禁而不绝。从"（北人）家僮，必得黑厮，不如此谓之不成仕宦"（《草木子》卷三下《杂制篇》）的历史记载，不难推见当日远贾辐辏盛况，所交易者，甚至超出了番货范围②。

明祖亦非一开始就祖露其消极保守的农民心胸。洪武初，分遣使臣以即位诏谕海外（见《明史·外国传五》），设市舶司于宁波、泉州、广州，"宁波通日本，泉州通琉球，广州通占城、暹罗、西洋诸国。"（《明史·食货志五》）既绝日本，索性一竿子打翻一船人，禁止所有外交，"申明此禁，最为严切"（永乐帝语，涂山辑《明政统宗》卷七，载《四库禁毁书丛刊》之《史部》第二册）。洪武七年（1374）罢三市舶司（见《太祖实录》卷九十三），以后借防倭之名，屡下禁令，"禁濒海民私通海外诸国"（同书卷一三九），"禁民入海捕鱼"（卷一五九），"敢有私下诸番互市者，必置之重法"（卷二三一），"禁人民无得擅出海与外国互市"（卷二五二）。

永乐改元，复置三市舶司（见《太宗实录》卷二十二永乐元年八月丁巳条），继而通使西洋，恢复贸易往来。成祖"以篡得天下"（《明史·陈瑛传》附马麟等传），加之即位后一系列残酷无理的暴行，故在传统史家心目中得分不高，钱穆就不无惋惜地说："若明无靖难之变，其政制或可不如以后之所至。"（《国史大纲（下）》691页）我们必须看到的是，朱棣虽然做足表面文章，口口声声"一遵洪武事例"（《太宗实录》卷十上）③，但骨子里绝非等闲之辈，现实中更不肯轻易就范，而是阳奉阴违，釜底抽薪，把太祖以祖训名义套在子孙头顶的紧箍咒一点点松脱开。平心而论，口碑不佳的他对明帝国实有再造之功。

国际关系方面，明廷采取的新做法被吴晗称为"国营海外贸易"，"这一政策的实现者是威震一代的明成祖，执行和代表者是历史上有名的三保太监郑和。"（《吴晗史学论著选集》第一卷"十六世纪前之中国与南洋"617页）所谓"国营海外贸易"，说到底其

---

① 清梁廷枏自《宋会要》摘引高宗此语，作"所得动以百万计"（见《粤海关志》卷三《前代事实二·宋》）。

② 案：唐宋时豪门富家便流行蓄养黑奴，谓之"昆仑奴"，这些人除了肤色较黑的南洋诸岛土著，亦有来自非洲沿岸者。周去非《岭外代答》云："西南海上有昆仑层期国……海岛多野人，身如黑漆，拳发，诱以食而擒之，动以千万，卖为蓄奴。"（卷三《外国门下·昆仑层期国》）《中国历史地名大辞典》"昆仑层期国"条，谓"故地在今马达加斯加及其附近之非洲沿岸"。朱彧《萍洲可谈》又云："广中富人，多畜鬼奴，绝有力，可负数百斤。……色黑如墨，唇红齿白，发鬈而黄，有牝牡，生海外诸山中。"（卷二"鬼奴"条）

③ 成祖追随乃父的例子实有不少，如永乐二年下令禁民间海船，"原有海船者悉改为平头船，所在有司防其出入。"（《太宗实录》卷二十七）永乐五年敕谕陕西官吏，"禁止外交"（《明政统宗》卷七）。但这些不过一纸虚文，充其量用来堵住铁心拥护洪武祖训的朝臣们的嘴巴罢了。

实就是在朝贡形式下进行的不等价交易；无论如何，比起"禁止外交"已经开放多了。

明成祖

以日本为例，吉野朝廷在苦苦支撑、对抗北方五十七年后，元中九年（北朝明德三年，1392），后龟山天皇让位给京都的后小松天皇（即中国观众熟悉的一休和尚生父），国家终于回归统一。应永八年（1401），掌握实权的室町幕府将军足利义满致书南京惠帝，请复邦交，而明廷答书中称义满为"日本国王源道义"。成祖即位，义满遣使致贺，自称"日本国王臣源"。一来一往间，双方开始了"朝贡贸易"。永乐初规定"日本十年一贡，人止二百，船止二艘"；宣德间重定为"人毋过三百，舟毋过三艘"（《明史·日本传》）。但以上条款从未被认真遵守过，"永享六年（1434）已经派出六艘，宝德三年（1451）竟达十艘"（坂本太郎《日本史概说》229页，汪向荣、武寅、韩铁英译，商务印书馆，1992年）。

上述附带限制的通商方式在日本有一个"勘合贸易"的好听名字，其法，"用日字号和本字号两种勘合各从中央分开，一半叫勘合符，一半叫勘合底本，本字号勘合符与日字号勘合底本放在幕府，日字号勘合符与本字号底本则留在中国，日本贸易船持本字号勘合符驶往中国，先要与其底本核对，以验证是否是正当贸易"（同上书228—229页）。日方虽因称臣而受到政治名分的矮化，却能赚尽商业实惠。"明政府对此种贸易不只减免关税，且承担'日本国王'使节及其众多随员（实际是商人）在明期间全部食宿费用，发给衣服，免费供应他们归途一个月的海上旅程用粮。部分贸易品是以足利将军向明帝贡献方物、明帝回赠'颁赐物'的方式进行交易的，一般说来，回赠品的价值大大超过贡献方物的价值。"（吴廷璆主编《日本史》166页）

日、明间的朝贡贸易持续一个半世纪，"1404至1547年间，日本派出勘合船队共十七次。"（同上引）。大永三年（明嘉靖二年，1523），背后各有商人支持的大内氏、细川氏两大家族为垄断对明贸易发生严重冲突，"双方的船在宁波争吵起来，甚至袭击了当地官衙。"（《日本史概说》229页）该事件在中国称为"争贡之役"，给事中夏言奏倭患起于市舶，"遂革福建、浙江二市舶司，惟存广东市舶司。"（《明史·职官志四》）[①]

---

① 案：《明史·职官志四》误系其事于嘉靖元年（1522）。夏言此奏因日使争贡而起，《明史·食货志五》及《明史纪事本末》卷五十五《沿海倭乱》载之甚明。

至天文十六年（明嘉靖二十六年，1547），随着最后一艘遣明船驶离日港，勘合贸易宣告结束。

此下便进入史书所谓"后期倭寇"时期。海盗"随风所之"，北起辽阳、天津，南至淮扬、浙江、福建、广东，皆受荼毒（见《日本考》卷一）。"滨海数千里，同时告警"（《明史·日本传》），漫长海岸线上几乎无处不见他们舞刀弄棒的剽悍身影。

倭寇再度猖獗，有多重因素促成之。首先，朝廷既罢市舶，"闽人资衣食于海，骤失重利，虽士大夫家亦不便。"（《明史·朱纨传》）乃相率纠引番人，"海上无宁日矣"（《明史·食货志五》）。其时勾结外寇、助纣为虐的沿海中国人，有名有姓的就有汪直（亦作王直，人称"老船主"）、徐海、毛海峰（即汪滶，直之养子）、彭老生等"不下十余帅"。故盛传"真倭十之三，从倭者十之七"（《明史·日本传》）①。浙江巡抚朱纨哀叹"去外国盗易，去中国盗难"。嘉靖二十八年（1549），纨擒斩通番闽贼李光头等凡九十六人，被劾擅杀，自流涕曰："纵天子不欲死我，闽、浙人必杀我。"（《明史》本传）②

万历时张燮详论沿海居民生计，云："海滨一带，田尽斥卤，耕者无所望岁，只有视渊若陵，久成习惯。富家征货，固得稇载归来，贫者为佣，亦博升米自给。一旦戒严，不得下水，断其生活，若辈悉健有力，势不肯缚手困穷，于是所在连结为乱，溃裂以出。"（《东西洋考》卷七《饷税考》）

其次，朝贡以外一切方式海外通商本为明廷所严禁，现在竟连"十年一贡"的勘合贸易也办不下去，只有驱使日人走上武装抢劫一途，这其实就是三百年后鸦片战争一幕的预演。雪上加霜的是，好不容易从南北朝分裂走出的日本岛国又一头掉入战国时代（1491—1568），"群雄割据，相互攻伐，整个国家卷入战乱的漩涡中。"（《日本史概说》248页）政府自顾不暇，指望其禁倭更是痴人说梦，散兵游勇下海为寇、自谋生路遂成常态。

最后，承平二百余年，卫所兵之窳败自不待言，永乐以后南京官营船厂的灯火也黯淡

---

① 当时严嵩曾发表对倭寇成份的看法，云："倭寇之起，因闽浙人下海通番得利，聚徒众盛，遂起狂谋。……据报，真倭数不满千，皆系漳温近海贼徒结伙导引"（《历官表奏》卷十二《计处倭件（二）》，转引自白寿彝总主编《中国通史（修订本）》第九卷下册1565页，上海人民出版社，2004年）。

② 案：朱纨在闽、浙厉行海禁，最终饮鸩自尽。徐光启评曰："譬有积水于此，不得不通。决之使由正道，则久而不溢。若塞其正道，必有旁出之窦；又塞其旁出之窦，则必溃而四出。贡舶市舶，正道也；私市，旁出之窦也；壬子之祸（指嘉靖三十一年汪直勾诸倭入寇，浙东骚动），则溃而四出者也。……朱秋崖纨（纨号秋崖）清正刚果，专以禁绝为事，击断无避，当时哗然，卒被论劾，愤懑以死，至今人士皆为称冤。冤则冤矣，海上实情实事，果未得其要领；当时处置，果未尽合事宜。"（《明经世文编》卷四九一《徐文定公集四·海防迂说》）

下去，化成死灰。倭患既起，浙、闽海防前沿"战船、哨船十存一二"（《明史·朱纨传》），"及遇警，乃募渔船以资哨守。兵非素练，船非专业，见寇舶至，辄望风逃匿。"（《明史·日本传》）船敝伍虚，于是出现下面这样的军事奇观：配以短刃、弓箭、标枪、鸟铳的小股倭寇在大明官军面前纵横驰突，如入无人之境。嘉靖三十四年（1555）秋，贼不过六七十人，深入江、浙腹地，"经行数千里，杀戮战伤者几四千人，历八十余日始灭"。随后又有两股倭登岸，一支不满二百人，蹂躏浙江沿海，历五十日始平；另一支自山东日照南下劫至苏北，"亦不过数十人，流害千里，杀戮千余。"（俱见《明史·日本传》）海防隳坏至此，可谓一塌糊涂，徒令倭寇轻中国心有增无已。

就在这一年，名将戚继光奉调入浙防倭，所见沿海卫所情形触目惊心，"军伍不惟不能保障生民，无益内地，且每事急，又请民兵以为伊城守。是供军者民也，杀贼者又民也；保民者民也，保军者又民也。"（戚继光《纪效新书》卷首《新任台、金、严诸任事公移》）遂放弃官军，向台州知府谭纶提出为期三年的训练乡兵计划。

继光出身将门，世为登州卫（今山东蓬莱）指挥佥事，尝从抗倭前辈唐顺之习枪法[1]，赋诗云："封侯非我意，但愿海波平。"（《韬钤深处》，载《止止堂集·横槊稿上》）至浙，以金华、义乌民好勇斗狠，召募三千，教以击刺法，后扩至万人。选兵标准，只收"乡野老实之人"，切忌"城市游滑之人"（《纪效新书》卷一《束伍篇·原选兵》）。练兵则"用破格之号令，施极重之赏罚，严如霜雪，以立威信"；按照他的说法，"平日十分武艺，临时如用得五分出，亦可成功，用得八分，天下无敌。"（同书卷首《或问篇》）

倭寇作战惯用阵法，一曰"蝴蝶阵"，"临阵以挥扇为号，一人挥扇，众皆舞刀而起，向空挥霍。我兵苍皇仰首，则从下砍来"。二曰"长蛇阵"，"阵前耀百脚旗，以次鱼贯而行，最强为锋，最强为殿，中皆勇怯相参。"（《日本考》卷一）继光针锋相对，因南方地形而创"鸳鸯阵"，以长牌、藤牌各一面，狼筅[2]二把，长枪四枝，短兵二件，火兵[3]一名为一队，"二牌平列，狼筅各跟一牌，以防拿牌人。身后长枪每二枝，各分管

---

[1] 戚帅自述："巡抚荆川唐公于西兴江楼自持枪教余，继光请曰：'每见他人用枪，圈串大可五尺，兵主独圈一尺者何也？'荆翁曰：'人身侧形只有七八寸，枪圈但拿开他枪一尺，即不及我身膊可矣。圈拿既大，彼枪开远，亦与我无益，而我之力尽。'此说极得其精。余又问：'如此一圈，其功何如？'荆翁曰：'工夫十年矣'。"（《纪效新书》卷十《长兵短用说篇》）

[2] 狼筅乃竹制兵器，"用大毛竹上截，连四旁附枝，节节枒杈，视之粗可二尺，长一丈五六尺，人用手势遮蔽全身，刀枪丛刺，必不能入。"（戚继光《练兵实纪杂集》卷五《军器解》之《步军器具·狼筅》）《纪效新书》又曰："凡用狼筅，须要节密枝坚，杪加利刃，要择力大之人能以胜此者……枝梢茂盛，遮蔽一身有余，眼前可恃，足以壮胆助气。"（卷十一《狼筅总说》）

[3] 案：火兵非执火器者，实即火夫，又称火头军，"用铁尖扁担，便于肩挑，又可击刺，亦农中战器也。"（《练兵实纪》卷一《练伍法》之《骑兵第四·骑队牌》）鸳鸯阵中加入快枪、鸟铳等火器是后来事。

一牌一筅。短兵防长枪进的老了，即便杀上。"（《纪效新书》卷二《紧要操敌号令简明条款篇》）又施以连坐法，使全队士兵生死相关，"凡临阵退缩，许甲长割兵耳，队长割甲长耳，哨官哨长割队长耳，把总割哨官哨长耳。回兵查无耳者斩。"（同书卷三《临阵连坐军法篇》）

一个有趣的现象是，十六世纪中叶，欧洲步枪已传入日本，并很快改变了战国群雄的交战方式①。但倭寇似乎仍对传统兵器情有独钟，手里挥舞的闪闪倭刀也确让中国军人胆寒。倭刀形制各异，"每人有一长刀，谓之佩刀，其刀上又插一小刀，以便杂用。又一刺刀，长尺者谓之解手刀，长尺余者谓之急拔，亦刺刀之类。此三者，乃随身必用者也。"（《日本考》卷一）反观戚家军，所用武器更有得一看，除了藤牌、弓箭、狼筅、钑钯、枪棍，还有著名的"农中战器"——铁尖扁担。戚帅谓陆战"火器可为奇兵不可为正兵"（《戚少保文集二·练兵条议疏》旁注，《明经世文编》卷三四七），又强调"火器不精，不如无"（《练兵实纪》卷一《练伍法》之《骑兵第四·骑队牌》）。即使最重火攻的水战，"远则只用飞天喷筒，近则只用埋火药桶，至易至便，万用无差"；其他如火箭、神机、火砖、喷筒之类，"愈淫巧繁多，愈无实用。"（《纪效新书》卷十八《治水兵篇·战船器用说》）显然在他制定的战术体系中，火器始终不能成为主导胜负的决定因素，唯有铁一般的纪律才是这支装备原始的农民部队百战百胜的法宝②。

嘉靖三十八年（1559），新练成的戚家军初试牛刀，破浙东倭寇，"从此一无败挫，凡四方所调之兵尽罢之。"（《戚少保文集四·辨请兵议》，《明经世文编》卷三四九）四十年（1561），于台州、仙居等地"九战皆捷，俘馘一千有奇，焚溺死者无算"（《明史》本传）。倭寇转入福建，据横屿、牛田、兴化（今莆田市）为巢。四十一年（1562），八千浙兵援闽，连捣三窟。继光乘兴口授《凯歌》一章，使众士歌之，曰："万人一心兮，泰山可撼。惟忠与义兮，气冲斗牛。主将亲我兮，胜如父母。干犯军法兮，身不自由。号令明兮，赏罚信。赴水火兮，敢迟留。上报天子兮，下救黔首。杀尽倭奴兮，觅个封侯！"（《横槊稿上·凯歌》）

四十二年（1563），继光再援闽，与俞大猷、刘显合攻倭于平海卫（今莆田东南），大获全胜，斩首二千二百级。明年的仙游之役终于彻底扭转战局。时仙游被围，戚家军驰

---

① 天文十二年（1543），一艘驶往中国宁波的葡萄牙船遭遇台风，漂流到九州的种子岛（属鹿儿岛县）。岛主种子岛时尧花两千两高价从船上葡人手中购得两支步枪。这种新式武器的使用和制造迅即风靡日本全国（见吴廷璆主编《日本史》197页）。

② 兹举一例以证戚帅治军严明。抗倭胜利后，继光调北方守边，三千浙兵随至，陈郊外，"天大雨，自朝至日昃，植立不动。边军大骇，自是始知军令。"（《明史》本传）

援，与倭大战城下，悉荡平之。余寇窜至广东潮州，又遭俞大猷截杀，几无遗类。

谈戚继光的光荣事迹，便不能不联想到清道光间的林则徐。除了文、武身份不同，这是两个无论从哪方面看都极为相似的历史人物，也是当之无愧的民族英雄。但细细品咂，总有那么一丝不是滋味。两人均为朝廷海禁政策的坚定捍卫者与执行者，只不过由于所处时代不同，一个功成名就，一个黯然收场，个人事业与命运呈现出截然不同的轨迹。

当明政府一味退守大陆，拒绝再向海外谋发展时，平静的大洋正掀起滔天巨浪，变得滚热沸腾起来。举数例如下：

● 十五世纪末，葡萄牙航海家成功发现由好望角通印度的航路。1510年，葡人侵占印度果阿（Goa），进而夺取马来半岛的马六甲。1543年，借着一艘随波逐流漂至九州的商船（见上页注一），叩开日本国门。1553年，又强行登陆澳门并建居留地。他们成了欧洲海外殖民经商的急先锋，"以马六甲为中心，经营日本、南洋、中国和印度间获利甚巨的亚洲居间贸易"（吴廷璆主编《日本史》197页）。

● 1565年（即仙游之役次年），西班牙舰队自墨西哥出征菲律宾，随后在马尼拉建立殖民首府，开辟东南亚至美洲的远洋贸易航线①。

● 1588年7月，恃重炮称雄地中海和大西洋的西班牙无敌舰队远征英国，在英吉利海峡几乎全军覆没，英国从此攫得海上霸主地位②。

● 1600、1602年，英国及尚未完全独立的荷兰各自成立东印度公司，挤掉老牌的西班牙、葡萄牙，一跃而为开展东方贸易的欧洲新贵。

● 十七世纪初，荷兰、西班牙分据台湾南、北，相互抗衡。1642年，荷人逐走西班牙人，独占全岛。

《漳州府志·洋税考》曰："舶之为利也，譬之矿然。封闭矿洞，驱斥矿徒，是为上策。度不能闭，则国收其利权而自操之，是为中策。不闭不收，利孔漏泄，以资奸萌，啸聚其间，斯无策矣。"（《天下郡国利病书》原编第廿六册《福建》，载《续修四库全书》之《史部·地理类》五九七册）当国际贸易日趋活跃之际，文中所列上、中、下三策恰是

---

① 当时从马尼拉驶往墨西哥阿卡普尔科（Acapulco）的大帆船（galleon）因满载丝绸、棉布、瓷器等中国货物，又被称作"中国之船"。

② 巧合的是，戚继光卒于万历十五年十二月初八，换算为公历即1588年1月5日。汪道昆撰《戚公继光墓志铭》曰："丁亥（万历十五年），始及耆（年六十），蜡［腊］日（腊月初八），鸡三号，将星陨矣。"（载《国朝献征录》卷一百六）案：黄仁宇《万历十五年》书中引用此语，莫名其妙作"口鸡三号，将星陨矣"（三联版202页）。鲁迅曾说，"标点古文，确是一种小小的难事，往往无从下笔；有许多处，我常疑心即使请作者自己来标点，怕也不免于迟疑。"（《华盖集续编》"马上日记"，《鲁迅全集》（十六卷本）第三卷313页）但像黄氏这样的断句、标点法，实在到了叫人无语的地步。

洪武、永乐、嘉靖三朝的不同应对之术，映照出时人对海外通商既疑且惧的彷徨心态。

当然，帝国内部亦存在不同声音，比如严嵩就是有名的"弛禁派"。嘉靖十八年（1539）五月，日本贡使航海远来，巡按浙江监察御史傅凤翔等合词具奏，请复勘合贸易，"庶通外夷纳款之情，亦免边海军民警扰之患。"（《南宫奏议》卷三十《夷情五·议处日本朝贡事宜》）翌年，严嵩就此事上疏，称："（日使）帖然而畏服矣，兹复议绝之，似出无名。且王者之驭四夷，有不庭也（即不朝于王庭）则征之，今来贡也绝之，恐无以感兴四夷向服之情。所据外夷进贡关系甚大，应否禁绝，臣等擅难轻议。"（同书同卷《会议日本朝贡事宜》）此话说得十二分委婉，符合分宜一贯作风，但其真实态度已跃然纸上。对于主要由沿海商、民组成的所谓"倭寇"，朝廷意见大致分成两派，张经、俞大猷等主战剿，胡宗宪、赵文华、唐顺之等主招抚。徐光启谓："于时分宜能为之（指胡、赵）主持，特不能条列事理，分明入告。"（《明经世文编》卷四九一《海防迂说》）

降及万历间，人们看法突然有了天翻地覆的变化。致仕官员张瀚：谓"东南诸夷，利我中国之货，犹中国利彼夷之货，以所有易所无，即中国交易之意也。……若曰夷数入寇，势不可通，岂知夷人不可无中国之利，犹中国不可无夷人之利，禁之使不得通，安能免其不为寇哉？余以海市一通，则鲸鲵自息。"（《松窗梦语》卷四《商贾纪》）谢杰发表的一通见解更有振聋发聩之效，云："寇与商同是人，市通则寇转为商，市禁则商转为寇。……禁愈严而寇愈盛，片板不许下海，艨艟巨舰反蔽江而来；寸货不许入番，子女玉帛恒满载而去。……向之互市，今则向导；向之交通，今则勾引，于是海滨人人皆贼，有诛之不胜诛者。"（《虔台倭纂》上卷《倭原二》，载书目文献出版社《北京图书馆古籍珍本丛刊》第十册《史部·杂史类》）这一切与隆庆开关有着极大关系。

隆庆改元，"福建巡抚都御史涂泽民请开海禁，准贩东、西二洋。"（《东西洋考》卷七《饷税考》）同时在月港（今福建龙海市东南海澄镇）置县，赐名海澄。月港"外通海潮，内接山涧，其形如月"（乾隆《海澄县志》卷一《舆地》）；人民则以航海贸易为业，"什家而七"（《东西洋考》卷十一《艺文考·吕宋》引高克正《折吕宋采金议》），海禁期间走私猖獗。自隆庆元年（1567）开设"洋市"于此，它便成了铁板一块的明王朝向外面世界打开的一扇窗口。开海禁事正史记载甚略，《明史》仅用"迨隆庆初，倭渐不为患"（《兵志三·海防》）一语隐约透露其中消息；倒是私人著述大张其事，海澄人周起元为《东西洋考》作序，云："我穆庙（指穆宗）时除贩夷之律，于是五方之贾，熙熙水国，刳艅艎，分市东西路。……所贸金钱，岁无虑数十万。公私并赖，其殆天子之南库也。"（周序载中华书局出版《中外交通史籍丛刊·东西洋考》，1981年）

万历二十一年（1593），福建巡抚许孚远亦称，自月港开市，"二十余载，民生安乐，岁征税饷二万有奇，漳南兵食藉以充裕。"（《明经世文编》卷四百《敬和堂集·疏通海禁疏》）

有明二百七十七年，正史刻意回避的隆庆开关实为最重要转捩点。考其本意，虽是"易私贩而为公贩"，"于通之之中，寓禁之之法"（《疏通海禁疏》），而且仅以小小月港为试点，不过对前朝略显狼狈的"无策"稍作变通而已，却迈出了至为关键的一小步，促成万历以下大步向前（此指民间动向），气象迥异令人瞪目，而社会转型亦呼之欲出，只剩下一层有待捅破（然终未捅破）的窗户纸了。

以吕宋（即今菲律宾马尼拉所在吕宋岛）为例，万历时，"闽人以其地近且饶富，商贩者至数万人，往往久居不返，至长子孙。"（《明史·吕宋传》）[1]丁元荐谓："今之通海者十倍于昔。"（《西山日记》卷上《才略》"朱纨"条）崇祯三年（1630），兵部尚书梁廷栋等更奏称："闽地瘠民贫，生计半资于海，漳、泉尤甚。……春夏东南风作，民之人海求衣食者以十余万计。"（《崇祯长编》卷四十一）从海瑞祖孙的人生经历最能看出明中晚期世风流变。清官海瑞"壁立千寻，超然埃壒（即尘土）"（《海瑞集》附录邹元标《海忠介公文集序》），任淳安知县，令老仆种蔬自给；总督胡宗宪曾经不顾身份，像小喇叭似的四处广播："昨闻海令为母寿，市肉二斤矣"（《明史》本传）！万历十五年（1587）海公病逝，"葛帏敝籝，仅存俸银十余两，旧袍数件，为寒士所不堪者。"（《海瑞集》附录《年谱》）至其孙述祖，"斥其千金家产，治一大舶。……濒海贾客三十八人赁其舟，载货互市海外诸国，以述祖主之。"崇祯十五年（1642）扬帆出洋，明年返广州，"获赀无算，买田终老。"（钮琇《觚剩续编》卷三《事觚·海天行》，载江苏广陵古籍刻印社《笔记小说大观》第十七册）[2]

需附带说明的是，明廷因为仇日，虽开海禁，"止通东西二洋，不得往日本倭国。"（许孚远《疏通海禁疏》）这最后一道禁令终明世不改[3]，以致"倭所欲得于我者，悉转市之吕宋诸国。倭去我浙直路最近，走闽稍倍之；吕宋者，在闽之南，路迂回远矣。而市

---

① 《漳州府志·洋税考》亦曰："是时漳、泉民贩吕宋者……不得归，流寓夷土，筑庐舍，操佣贾杂作为生活，或娶妇、长子孙者有之，人口以数万计。"（《天下郡国利病书》原编第廿六册《福建》）

② 案：钮琇所作《海天行》，中间叙海述祖之船入龙宫、达天界，语颇不经，惟首尾两段文字值得注意。张潮将此文辑入《虞初新志》（卷十八），谓"若非有年月姓名，便如读《太平广记》矣"。又：梁云龙《海忠介公行状》（载《海瑞集》附录）称海瑞三子皆夭亡，"从弟玥，有仲子中适伦序应继公……继者必此子。"据此，"海忠介之孙"述祖无论真伪，其名分必由过继得来。
   这则故事透出的另一个信息是，广州贸易既盛，到了晚明，永乐后一蹶不振的造船业似乎又在这里得以恢复。

③ 《明史·日本传》："终明之世，通倭之禁甚严，间巷小民，至指倭相詈骂，甚以喋其小儿女云。"

物又少，价时时腾贵，湖丝有每斤价至五两者。"（《海防迂说》）后来便有中国商人铤而走险，"海舶出海时，先向西洋行，行既远，乃复折而入东洋。嗜利走死，习以为常，以是富甲天下。"（王沄《漫游纪略》卷一《闽游》，载江苏广陵古籍刻印社《笔记小说大观》第十七册）清楚看到中日贸易"势不能绝"，徐光启谓"入寇与通市两事也，来市则予之，来寇则奸之，两不相妨。必绝市而后无入寇，必日本通国之中，无一人识中国之海道者，然后可，此必无之理也。绝市而可以无入寇，必日本通国之中，并丝帛瓷器药品诸物，悉屏去不用，然后可，又必无之理也"。遂提出著名的"四言"，冀一劳永逸解决"南倭"问题，曰："惟市而后可以靖倭，惟市而后可以知倭，惟市而后可以制倭，惟市而后可以谋倭。"（《海防迂说》）

张居正理财

大礼之议嘉靖帝得遂所愿，从此便静下心来崇尚道教，专事斋醮，文渊阁里养一班"青词宰相"（见《明史·严讷传》附袁炜传）[1]。大学士严嵩柄政二十年，"无他才略，惟一意媚上，窃权罔利。"（《明史·严嵩传》）[2]上下昏聩，终于造成"府藏告匮，百余年富庶治平之业，因以渐替"（《明史·世宗纪》"赞"）的烂摊子。这绝非危言耸听。史称嘉靖之世，"岁入不能充岁出之半"（《明史·食货志二·赋役》）；至隆庆元年（1567），户部尚书马森犹奏称："今帑藏所积可谓匮乏之极……各处库藏空矣，势时至此，即鬼运神输，亦虽［难］为谋。"（《穆宗实录》卷十五是年十二月戊戌条）

---

[1] 案：青词指道士斋醮、祈天时所写表章。唐李肇《翰林志》曰："凡太清宫道观荐告词文，用青藤纸朱字，谓之青词。"

[2] 案："嵩窃政二十年"之语出自本传，苏均炜考证严嵩实际主持内阁的时间，合算起来不过十五年多一点（"大学士严嵩新论"，《明清史国际学术讨论会论文集》831页）。杨继盛指控严嵩的十罪、五奸，苏认为"大半空疏无实"（同上书849页）。明中叶官场贪墨之风盛行，严氏父子纵然不能对此负责，也断然做不到出污泥而不染；而且若不懂权术，要想在龙争虎斗、险象环生的文渊阁里待上十五年殊非易事，毕竟"这在世宗朝内，已比任何一个首辅都长久"（同上书831页）。杨氏疏文谓"今京师有'大丞相、小丞相'之谣，又曰'此时父子二阁老，他日一家尽狱囚'"（《明经世文编》卷二九三《杨椒山集·早诛奸险巧佞贼臣疏》），盖非发泄私愤的诽谤之词。嘉靖三十三年（1554），翰林编修张居正告病回乡，在写给大学士徐阶的信中就直言不讳道："自顷内外用竭，习尚侈靡。贫者祖祸不完，而在位者或婢妾衣绮绮；百姓藜藿不饱，而在位者或厮养厌粱肉"（《张居正集》第二册卷二十八《书牍十五·附录翰林时书牍》之"谢病别徐存斋相公"），矛头直指分宜。数年后又曰："京师十里之外，大盗十百为群。贪风不止，民怨日深。"（同上"答西夏（指甘肃）直指（即巡按御史）耿楚侗"）

张居正字叔大，号太岳，江陵（今属湖北）人，嘉靖二十六年（1547）进士。少怀壮志，十三岁作《题竹》诗云："绿遍潇湘外，疏林玉露寒。凤毛丛径节，只（'直'义）上尽头竿。"（《张居正集》第四册卷四十五《诗六》）供职翰苑，初涉政坛，"即志期公辅"（林潞语，同书同册卷四十七《附录一·江陵救时之相论》；林氏此论亦载《皇朝经世文编》卷十四《治体八·臣职》）；上疏论时弊，以名医扁鹊婉转作喻，谓"人病未深，固宜早治，不然，臣恐扁鹊望之而走也。"（《张居正集》第一册卷十二《奏疏十二·论时政疏》）世宗忙于修炼，竟置之不理。穆宗之世，

张居正像

张跻身内阁，再上《陈六事疏》（载同书同册卷一《奏疏一》），这一次则是放出了"臣窃以为矫枉者必过其正"的狠话，预示要大干一番。

居正能够全力推行改革，还是在神宗即位，他代高拱出任内阁首辅之后，时年四十八岁[1]。作为历史上又一位"慨然以天下为己任"（《明史》本传）的理财名臣，张之见解朴素得近乎寒酸，反复强调者不过"省俭"二字，即要"倡节俭之风，兴礼义之教"（《张居正集》第二册卷十九《书牍六》"答应天巡抚宋阳山论均粮足民"）。嘉靖二十八年（1549）所上《论时政疏》就说："天地生财，自有定数。取之有制、用之有节则裕，取之无制、用之无节则乏。"二十年后旧调重弹，惟用词更加讲究，曰："天之生财，在官在民，止有此数。譬之于人，禀赋强弱，自有定分。善养生者，唯撙节爱惜，不以嗜欲戕之，亦皆足以却病而延寿。"（《陈六事疏》）万历七年（1579）上疏，仍是老一套："天地生财，止有此数，设法巧取，不能增多，惟加意撙节，则其用自足。"（《张居正集》第一册卷八《奏疏八·看详户部进呈揭帖疏》）

---

[1] 案：高、张关系是当日一段有趣公案。嘉靖时，高为国子监祭酒，张为司业（各相当正、副校长），彼此友善，"相期以相业"；隆庆朝，同在内阁，"两人益相密"（《明史·张居正传》）。沈德符记录一则逸事，谓"新郑（指高拱）与江陵初年，相契如兄弟。偶联镳出朝，而朝暾初上，高戏出一俪语云：'晓日斜熏学士头。'张应声曰：'秋风正贯先生耳。'两人拊掌几坠马。盖楚人例称干鱼头，中州人例称偷驴贼，俗语有'西凤贯驴耳'也。"（《万历野获编》卷二十六《谐谑门》"谑语"条）穆宗病革，居正密与太监冯保处分后事，高面责曰："我当国，奈何独与中人具遗诏？"神宗冲龄践祚，高又大恸曰："十岁太子，如何治天下？"（《明史·冯保传》）遂被逐，"即日出朝门，得一牛车，立而附载，缇骑兵番跟跄追逐，丧厥资斧，大臣去国，以为异闻。"（《明史纪事本末》卷六十一《江陵柄政》）这也标志着他跟江陵兄弟情分的终结。及张死后，高之遗著《病榻遗言》恰巧出版，自述其与张、冯冲突，对万历帝发动的倒张运动无疑起到了推波助澜的作用（详见黄仁宇《万历十五年》35—37页）。

相比理论上的苍白，张氏更擅长实干。他洞察到的帝国痼疾，第一便是土地兼并，"私家日富，公室日贫，国匮民穷，病实在此。"（"答应天巡抚宋阳山论均粮足民"）兼并问题由来已久，嘉靖八年（1529）詹事霍韬即上疏言："洪武初年，天下田土八百四十九万六千顷有奇；弘治十五年，存额四百二十二万八千顷有奇，失额四百二十六万八千顷有奇。……由洪武迄弘治，百四十年耳，天下额田已减强半，再数百年，减失不知又何如也。"（《明经世文编》卷一八七《霍文敏公文集三·修书陈言疏》；此疏亦载《世宗实录》卷一〇二是年六月癸酉条）所失田土去向，"非拨给于藩府，则欺隐于猾民。"（同上引）万历初，苏、松一带竟有"豪家田至七万顷，粮至二万"（"答应天巡抚宋阳山论均粮足民"）。分封各地的藩王也个个不是省油的灯，嘉靖十年（1531）山东巡抚邵锡奏称，本省德、衡、泾三王侵夺山场湖陂，皆称庄田，"占据之后，民间地土搜括殆尽。"（《世宗实录》卷一三〇是年九月己卯条）更不必说天子名下连州跨郡、百姓望洋兴叹的皇庄了。弘治初，"畿内皇庄有五，共地万二千八百余顷；勋戚、中官庄田三百三十有二，共地三万三千余顷。"（《明史·食货志一·田制》附庄田）成化十六年（1480），六科给事中齐章（《明史·食货志一》作齐庄）言："天子以四海为家，普天率土，莫非所有，何必置立庄田，与贫民较刀锥之利哉！"（《宪宗实录》卷二〇三是年五月庚寅条）！

改革就从这里入手。万历六年（1578），神宗用张居正议，"天下田亩通行丈量，限三载竣事。"（《明史·食货志一·田制》）户部尚书张学颜奏列《清丈条例》，"厘两京、山东、陕西勋戚庄田，清溢额、脱漏、诡借诸弊。"（《明史》本传）条例凡八款，万历八年（1580）通行天下，诏命："各抚按官悉心查核，着实举行，毋得苟且了事。"（《神宗实录》卷一〇六是年十一月丙子条）清丈工作的初步成果堪称丰硕，"总计田数七百一万三千九百七十六顷，视弘治时赢三百万顷。"（《明史·食货志一·田制》）[①]但吾国历来通病，中央的好政策到了下面便要走样，"一丈量之余，弓口有大小，册籍有虚伪，甚至有势者除沃壤为荒地，无势者开旷土为良田，隐弊百端，难以枚举。"刘仕义叹曰："除一弊，滋一弊，改革之难，诚难哉！"（见《新知录摘抄》"一条边"条，载《纪录汇编》七十六册二一六卷）

还有户口问题。霍韬翻阅旧籍，大感困惑，曰："洪武初年，户一千六百五万有奇，口六千五十四万有奇。时甫脱战争，户口凋残，其寡宜也。弘治四年，承平久矣，户口蕃且息矣，乃户仅九百一十一万，视初年减一百五十四万矣；口仅五千三百三十八万，视初

---

① 案：全国范围内度田在居正去世一年后始告竣，亦成其罪状之一，被神宗指为"私占废辽（指辽王）地面，假以丈量遮饰，骚动海内"（《明史纪事本末》卷六十一）。

年减七百一十六万矣。国初户口宜少而多，承平时户口宜多而少，何也？"（《修书陈言疏》）对此，宣、正之世的周忱早有答案，曰："投倚于豪门，或冒匠窜两京，或冒引贾四方，举家舟居，莫可踪迹。"（《明史·食货志一·户口》）洪武时编赋役"黄册"①，以户为主；又编"鱼鳞图册"②，以田为主。于是"鱼鳞册为经，土田之讼质焉；黄册为纬，赋役之法定焉"（《明史·食货志一·田制》），以农立国的王朝经济命脉即悬于两册之中。现在土地、户口俱流失，诚如霍韬所问："赋税何从出？国计何从足？"不能不让时人惊出一身冷汗。

为了挽大厦于"将圮而未圮"（《张居正集》第三册卷三十七《文集九·京师重建贡院记》），在天下度田基础上，万历九年（1581）居正请颁一条鞭法（史书亦称"一条编"或"一条边"），"总括一县之赋役，量地计丁，一概征银，官为分解，雇役应付。"（《神宗实录》卷二二〇万历十八年二月戊子条）《明史·食货志二·赋役》所记较详，曰："总括一州县之赋役，量地计丁，丁粮毕输于官。一岁之役，官为金募。……凡额办、派办、京库岁需与存留、供亿诸费，以及土贡方物，悉并为一条，皆计亩征银，折办于官，故谓之一条鞭。"

此法甚是简便，但非居正首创，嘉靖间即数行数止。嘉靖九年（1530）十月，大学士桂萼所奏《任免考》之"编审徭役"条中已包含"条编"精神，次年三月御史傅汉臣正式提出"一条编"名称，谓可保"徭役公平而无不均之叹"（《世宗实录》卷一二三嘉靖十年三月己酉条）。率先动起来的是一帮地方官员，如潘季驯行"均平里甲法"于广东，庞尚鹏行"十段锦法"、"一条鞭法"于浙江，海瑞行"一条边法"于应天十府③。可以说，量地计丁、地丁合一是当日大势所趋（清代"摊丁入亩"之制即萌于此）。我们且来看反对者是怎么讲的，隆庆元年（1567）户部尚书葛守礼列举"一条鞭法"之害，"不论籍之上下，惟计田之多寡"，"工匠佣力自给，以无田而免差；富商大贾操赀无算，亦以无田而免差"。因此坚决主张复旧规、罢新法，"使小民不离南亩，则流移渐复，农事可兴。"（《穆宗实录》卷七是年四月戊申条）这段议论掷地有声，恰恰把嘉靖以来社会变革、经济转型的实况暴露在皇帝面前。嘉靖后期何良俊就说："昔日逐末之人尚少，今去农而改业为工商者，三倍于前矣。……空一里之人，奔走络绎于道路，谁复有种田之人哉！"（《四友斋丛说》卷

---

① 洪武十四年（1381）诏编天下户口册籍。册凡四，一上户部，余则分存布政司、府、县。交户部者，册面黄纸，故名，亦称黄籍、人籍。其后黄册只具文，有司征税、编徭自造一册，号"白册"（见《明史·食货志一·户口》）。

② 明初，两浙富民畏避徭役，多以田产寄他户，谓之"铁脚诡寄"。洪武二十年（1387）遣官分行州县，量度田亩，次以字号，悉书主名及田之丈尺，编类为册，状如鱼鳞，故名（见《明史·食货志一·田制》）。

③ 更早则有宣德时周忱在江南创"平米法"，嘉靖中欧阳铎在应天立"征一法"等。

十三《史九》）大约同时的林希元（号次崖）亦云："今天下之民，从事于商贾技艺游手游食者，十而五六，农民盖无几也。"（《林次崖先生文集》卷二《王政附言疏》，载《四库全书存目丛书》之《集部·别集类》第七十五册）拘泥于传统的重农立场，二人难免夸大其词，但自下而上掀起的弃农经商大潮已皎然可辨，且势不可当。

《东昌府志·户役论》指出，条编非尽便，然便多于不便，"世所称不便者，大概谓贾贩得脱免，是为利末而病农"（载《天下郡国利病书》原编第十六册《山东下》）——这真是一针见血之论。晁中辰对隆庆开关给予高度评价，认为"以前不少人提到'永乐开放'，主要是看到永乐年间出现了郑和下西洋的壮举。实际上，那只是扩大了官方往来。……隆庆开放则不然，它的最大意义是使私人海外贸易获得了合法的身份，从而真正突破了两个多世纪朝贡贸易的樊笼。因此，从发展民间海外贸易的角度来看，隆庆开放才是真正意义上的开放。"（晁中辰《明代海禁与海外贸易》205—206页，人民出版社，2005年）以此为契机，张居正实施"一条鞭法"，无疑让更多农民从土地中解放出来，等于给方兴未艾的国内工商打了一剂强心针，提供了制度上的保障。傅衣凌就充满激情地讴歌"万历时代是自由奔放的，有较多的新气息"（"从中国历史的早熟性论明清时代"，《明清史国际学术讨论会论文集》第9页）。

嘉靖时倭患最剧的江南地区显然是沾了海外贸易的光，城镇商品经济突飞猛进，呈一枝独秀之势，故当时有户部官员称："嘉靖末年创立条鞭……商贾享逐末之利，农民丧乐生之心。然其法在江南犹有称其便者，而最不便于江北。"（《神宗实录》卷五十八万历五年正月辛亥条）[1]

以苏州为例，据道光《苏州府志》记载，晚明时，"聚居城郭者十之四五，聚居市镇者十之三四，散处乡村者十之一二。"[2]吴人王锜谓该城经历了明初萧条，正统、天顺间稍复其旧，然犹未盛；"迨成化间，余恒三、四年一入，则见其迥若异境，以至于今，愈益繁盛，闾檐辐辏，万瓦甃鳞，城隅濠股，亭馆布列，略无隙地。舆马从盖，壶觞罍盒，交驰于通衢。水巷中，光彩耀目，游山之舫，载妓之舟，鱼贯于绿波朱阁之间，丝竹讴舞与市声相杂。"（《寓圃杂记》卷五"吴中近年之盛"条）这里说的还只是弘治情形，到了后期，城市规划、行业布局皆定型，城东为贫民区，以机织为业，织工多达万户；"城西则为商业区，特别是沿大运河的上塘街、南濠街，棉布、丝织、米谷商行林立其间，全

---

① 案：白寿彝总主编《中国通史（修订本）》第九卷下册1656页引用此条，误作"农民享乐生之心，然其法在江南犹有称其不便者"，则意思满拧。

② 转引自李伯重"工业发展与城市变化：明中叶至清中叶的苏州"，《多视角看江南经济史（1250—1850）》408页，三联书店，2003年。

国各地商人蜂拥而来，开展贸易活动。枫桥的米市、南濠的鱼盐市、东西汇的木簰市，尤为有名。棉布加工的踹坊，亦在其附近，拥有万人以上的劳动者。这里的工商业是面向全国的。"（傅衣凌《明清社会经济变迁论》154页，人民出版社，1989年）

清代龚自珍曾说过一段耐人寻味的话，曰："有明中叶，嘉靖及万历之世，朝政不纲，而江左承平，斗米七钱。士大夫多暇日，以科名归养望者，风气渊雅。……俗士耳食，徒见明中叶气运不振，以为衰世无足留意，其实尔时优伶之见闻，商贾之气习，有后世士大夫所必不能攀跻者。"（《龚自珍全集》第三辑《江左小辨序》）

新法中的"一概征银"规定尤值得注意。顾亭林曰："唐宋以前，上下通行之货，一皆以钱而已，未尝用银。"（《日知录》卷十一"银"条）金代钞法屡变，随出随坏，至哀宗时信用全失，"民间但以银市易"（《金史·食货志三》），此为后世用银之始。元人专用钞，法坏而亡，遗弊于明。太祖造大明宝钞，"禁民间不得以金银物货交易，违者治其罪。"（《太祖实录》卷九十八洪武八年三月辛酉朔条）永乐期间政策不变，白银或铸造首饰器皿，或赏赐外国贡使，总之，用途"以仪礼为主，其经济意义至微"（黄仁宇《放宽历史的视界》"明《太宗实录》中的年终统计"53页）。但政府靠行政手段强行建立的宝钞信誉究竟不能持久，正统元年（1436）黄福奏云："洪武间银一两当钞三五贯，今银一两当钞千余贯，钞法之坏，莫甚于此。"（乾隆官修《续文献通考》卷十《钱币四》）英宗两次即位，渐弛用银之禁；降及嘉靖初，"钞久不行，钱亦大壅，益专用银。"（《明史·食货志五》）钱穆称，"明起，钞法竟不能复行，而银币代起，亦为中国史上一重要之变更。"（《国史大纲（下）》647页）

中国不是产银大国，矿藏量及品位皆不高。万历中户科给事中程绍工（《明史》有传，作程绍）等言："嘉靖二十五年七月，命采矿，自十月至三十六年，委官四十余，防兵千一百八十人，约费三万余金，得矿银二万八千五百，得不偿失。"（《明史纪事本末》卷六十五《矿税之弊》）而海外白银的大量输入正好解决了这一难题[1]。

明中叶，白银内流的途径主要有二：一是与美洲日益扩大的转口贸易，以马尼拉为中转站；二是与日本屡禁不止的海上走私贸易，由盘踞澳门的葡萄牙人牵线。此外欧洲商人在中国开展的套汇业务也是白银源源流入的一条重要渠道[2]。

一方面是商品经济的活跃，一方面是白银储备的增加，里应外合，终于以颁行"一条鞭法"为标志，表明中央政府正式承认白银的本位货币地位，从而结束了自秦代以降"孔

---

[1] 明、清两代一直面临产银不足的问题。清道光间龚自珍尝谓："自明初开矿，四百余载，未尝增银一厘。今银尽明初银也，地中实，地上虚。"（《龚自珍全集》第二辑《送钦差大臣侯官林公序》）

[2] 参见梅新育《明季以降白银内流及其对中国经济制度之影响》一文，刊于澳门《文化杂志》1999年第39期。

方兄"一统天下的局面。

张居正任内阁首辅十年间,所推行的"万历新政"内容尚多,计有:清驿传、裁冗官、严考成、饬边备(用李成梁镇辽东,戚继光守蓟州)、浚河漕(委潘季驯治黄、淮)等①。

"考成"用以责吏治。明代百官考课之法,三年初考,六年再考,九年通考始行黜陟,曰"考满",其目有三:称职、平常、不称职。考满之外复有考察,京官六年一次,谓之"京察";外官三年一朝觐,朝毕察典随之,谓之"外察",其目有八:贪、酷、浮躁、不及、老、病、罢、不谨②。但这套程序往往流于形式,且助长贿风,海瑞就把外官朝觐比作"京官收租之年"。居正请敕吏部严考课,以内阁监科臣,科臣督部院,务求政令畅通,"万里之外,朝下而夕奉行。"(王世贞《张公居正传》)③

自考成法立,王弇州谓"一切不敢饰非,政体稍肃,而渐有不便于居正者矣"(同上引)。这段话讲得委实玄妙,颇有皮里阳秋的意味。

裁官比考成动静更响,这也是明政府的一个老大难问题。嘉靖初,霍韬感叹文、武职合计十万,"职员极冗,未有甚于此时"(《修书陈言疏》);但他还来不及看到万历时"天下武职逾十万人,五倍于昔"(乾隆官修《续文献通考》卷五十一《职官一》)的盛况。居正痛感"官多民扰,供亿费烦"(《张居正集》第二册卷十四《书牍一》"答湖广雷巡按"),万历九年(1581)正月,"汰在京诸司冗官九十五人"(《续文献通考》卷五十一)。事实上,行动在头年即已展开,而且绝不只是拿京官开刀,神宗诏曰:"各省直兵备守巡及参游等官,凡添设者,俱一一查议,具奏裁革,以称省事尚实之意。"(《神宗实录》卷九十六万历八年二月丁亥条)

张敬修撰《张文忠公行实》(载《张居正集》第四册卷四十七《附录一》),称其父在位之日,"汰冗员什二三,岁省稍食(指官俸)若干";而工科给事中叶遵的说法更吓人,谓"近年两京各省文武官员裁革几半"(《万历邸抄》上册《十一年癸未卷》151页,江苏广陵古籍刻印社,1991年)。从以上言过其实的记载,至少可以推见这场运动之

---

① 对于安边、治河这两项功绩,《张文忠公行实》赞曰:"天下有一世之计,有万世之计。今西自嘉峪,东至山海关,延袤万里,崇墉密雉,如天险不可升,虏无能蹯也。又南自高邮,北至太行堤,延袤四千余里,两堤峣崒,屹为巨防,必不至引水病漕。……此皆万世之计,非太师(指居正)所[不]能办。"

② 有明官吏考课之法,详见《大明会典》卷十二、十三,《明史·选举志三》及《春明梦余录》卷三十四。

③ 居正强调"一方之本在抚按,天下之本在政府"(《张居正集》第二册卷二十四《书牍十一》"答两广刘凝斋论严取与")。按照新的考成法规定,抚按考成章奏,每具二册,一送内阁,一送六科。抚按延迟,部臣纠之;六部隐蔽,科臣纠之;六科隐蔽,内阁纠之。这样由内阁统一领导,做到"事权归一,法令易行"(同书同册卷十四《书牍一》"与蓟辽总督谭二华(即谭纶)"),政府办事效率大大提高,但也为张氏本人招来"擅权"骂名(见《明史·刘台传》)。

声势浩大；当时究竟多少冗官被裁，南炳文"姑妄言之"，就曾给出过"一万员"的估计（"论张居正大力裁革冗官及其失败的原因"，《第十一届明史国际学术讨论会论文集》106页，天津古籍出版社，2007年）。

不消说，居正理财大获成功，"自正、嘉虚耗之后，至万历十年间，最称富庶"（《明史·张学颜传》），因而博得"救时宰相"的美名（高以俭语，《张居正集》第四册卷四十七《附录一·太师张文忠公集跋》）。但政治改革却让他树敌无数，以致"恶名污青史"（《明史纪事本末》卷六十一《江陵柄政》），"身后一败涂地"（《万历野获编》卷九《内阁门》"言官论人"条）。

袁中道谓，江陵少时留心禅学，号太和居士，"见《华严经》'不惜头目脑髓，为世界众生，乃是大菩萨行'，故立朝时，于称讥毁誉，俱有所不避；一切利国福民之事，挺然为之。"（《游居柿录》卷五，《珂雪斋集》下册1208页，上海古籍出版社，1989年）这令人联想起王荆公做宰相，只因雪峰一句"这老尝为众生作什么"的传说。万历元年（1573）江陵在写给老师李元阳的信中亦云，偶阅《华严》悲智偈，忽有所悟，那便是："如入火聚，得清凉门"（《张居正集》第二册卷十八《书牍五》"答李中溪有道尊师"）——可见他早已抱有"苟利社稷，死生以之"（同书同册卷二十四《书牍十一》"答福建巡抚耿楚侗谈王霸之辩"）的决心。只是行事过于偏激，不留余地，"如疾雷迅风，无所不披靡。"（王世贞《张公居正传》）黄仁宇这样形容他跟整个官僚集团的关系："得罪了一个人，就得罪了一批人；得罪了一批人，也就得罪了全国。"（《万历十五年》72页）

更要命的是，江陵做人不知检点，可谓严以待人、宽以律己。比如他提倡节俭，教导皇上"能节一衣，则民间数十人受其衣者；若轻用一衣，则民即有数十人受其寒者"（《神宗实录》卷五十七万历四年十二月庚申条）。自己私生活中却"性整洁，好鲜丽，日必易一衣"（王世贞《张公居正传》）[1]。整顿驿传，本为节算，"两都大臣诸方面之任咸僦民舟车，就旅店，食与货商贾无别。"（同上引）万历六年（1578）张氏回乡葬父，一路之上却大摆排场，面对山珍海味，犹云"无下箸处"。如此言行不一，内外有别，必会贻人口实，难怪连御史刘台也忍不住上疏炮轰昔日恩师，居正至谓"二百年来无门生劾师长者"（《明史·刘台传》）[2]。

好在还有朱翊钧这把保护伞。神宗六岁立为皇太子，十岁即位，生母李太后教子极严，每切责之，曰："使张先生闻，奈何！"（《明史·张居正传》）张先生之严厉的确

---

[1] 沈德符亦谓居正"性喜华楚，衣必鲜美耀目，膏泽脂香，早暮递进"（《万历野获编》卷十二《吏部门》"士大夫华整"条）。

[2] 案：刘台举隆庆五年（1571）进士，时居正为总裁，故二人有师生之谊。

是出了名的,让小皇帝有几分谈虎色变。"经筵"课堂上,帝读《论语》"色勃如也",误读成"背"字,居正从旁厉声道:"当作'勃'字。"甚至皇上喜欢翰墨,居正亦不以为然,谓笔札小技,非君德治道所系(俱见《明史纪事本末》卷六十一)。故"上以师臣待居正,凡所下御札皆不名,称先生,或称元辅"(王世贞《张公居正传》)。正因为此,江陵才有了无比的底气与胆气,把改革事业称作:"世必有非常之人,然后有非常之事;有非常之事,然后有非常之功。"(《张居正集》第二册卷十五《书牍二》"答鉴川策俺答之始")前进路上不管遇到多大阻力,"唯当鞠躬尽瘁,以答主知。"(同上"答藩伯(即布政使)施恒斋")

至此,一切看上去都很完美,问题仍出在江陵待人接物不留情面的严苛作风上。这里有一个小插曲不能不提。《万历野获编》载,神宗大婚后,"偶被酒,令小阉唱以侑之。阉辞不能,上倚醉拔剑断其总角(指幼童头上扎的一对发髻)。"(卷九《内阁门》"江陵震主"条)①据《神宗实录》,此事发生在万历八年(1580)十一月。居正代草罪己手诏,"词过挹损,帝年已十八,览之内惭,然迫于太后,不得不下。"(《明史·冯保传》)居正又上疏切谏,劝皇上痛自改悔,"戒饮宴以重起居,专精神以广胤嗣,节赏赉以省浮费,却玩好以定心志。"(见《神宗实录》卷一〇六)刚刚长大成人的皇帝被一班长辈耳提面命,表现得唯唯诺诺,但心底掀起怎样的惊涛骇浪,唯有他自己晓得。

旧史多攻击江陵"威权震主",实在有些冤枉。王弇州谓居正执政,大约以"尊主权、课吏实、明赏罚、一号令"为主(《张公居正传》),其中"尊主权"才是关键。《陈六事疏》中阐述君臣关系,曰:"君者,主令者也;臣者,行君之令而致之民者也。君不主令则无威,臣不行君之令而致之民,则无法。"万历二年(1574),居正特制御屏一座,"中三扇绘天下疆域之图,左六扇列文官职名,右六扇列武官职名",以便皇上朝夕省览,可谓用心良苦(见《神宗实录》卷三十二是年十二月壬子条)。其疏曰:"君,心也;臣,股肱耳目也。人之一心,虽赖股肱耳目,以为之视听持行,而心之精神,亦必常流通于股肱耳目之间,然后众体有所管摄,而各效其用。此明君所以总条贯而御人群之要道。"(《张居正集》第一册卷三《奏疏三·进职官书屏疏》)这和王荆公"君尽君道,臣尽臣道","迭为宾主",以及程伊川"天下治乱系宰相"的理念显然有着本质区别。

接下来居正又做出"毁天下书院"的惊人决定。该诏令下于万历七年(1579)正月(见《明史·神宗纪一》),导火索似与何心隐(原名梁汝元)聚徒讲学,扬言"江陵首辅专制

---

① 王弇州《张公居正传》则谓神宗豪饮至醉,挥剑杀二监(皆冯保养子),事情就比较严重了。黄仁宇转述这则故事,又说神宗斩断两名宫女的飘飘长发以象征斩首(见《万历十五年》27页),笔调固然浪漫,惟去史实太远矣!

朝政，必当入都倡言逐之"有关（见《神宗实录》卷九十五）①。然居正"最憎讲学，言之切齿"（《万历野获编》卷八《内阁门》"邵芳"条），万历三年（1575）所上《请申旧章饬学政以振兴人才疏》中已明确表达"若能体认经书，便是讲明学问，何必又别标门户，聚党空谭"的意见，申令"不许别创书院，群聚徒党"（载《张居正集》第一册卷四《奏疏四》）。足见在他心目中，禁书院与"尊主权"一脉相承，是确保"一号令"的必要手段。钱穆认为居正大呼尊君卑臣，深仇讲学之士，"真是中国传统之所谓法家，即朔党、蜀党（宋元祐时党派，皆主尊王）亦不致出此耳。"（《国史大纲（下）》594页）

可惜神宗年轻气盛，揣摩不透师傅的这番苦心，于是"积怼许久而后发"（《万历野获编》卷九"江陵震主"条）。万历十年（1582）一代名相病逝，尸骨未寒，即遭削夺，并籍其家，仅仅免于剖棺戮尸。籍没之令下，"荆州守令先期录人口，锢其门，子女多遁避空室中。比门启，饿死者十余辈。"（《明史·张居正传》）②

海瑞评价江陵曰："工于谋国，拙于谋身。"（见高以俭《太师张文忠公集跋》）③谷应泰又说他"救时似姚崇，褊礉则似赵普，专政似霍光，刚鸷则类安石"（《明史纪事本末》卷六十一）。至天启二年（1622），熹宗降旨，谓张居正"辅政十载，天下乂安，任怨任劳，功不可泯"（《熹宗实录》卷二十二是年五月戊戌条），始正式平反昭雪，让九泉之下的旧辅得以瞑目。

援朝战争

日本国群雄争斗的战火燃烧近百年，至天正十八年（1590），关白④丰臣秀吉（中、朝史书称平秀吉）终于用武力再度完成统一，他也因此成为本国历史上的英雄人物。坂本

---

① 案：张、何二人之芥蒂始于居正为国子监司业时。心隐偶遇江陵于僧舍，率尔问曰："公居太学，知太学道乎？"复讯之曰："尔意时时欲飞，却飞不起也。"（见《明儒学案》卷三十二《泰州学案一》）

② 沈德符记录张家被抄情形，谓"妇女自赵太夫人（即居母）而下，始出宅门时，监搜者至搨及亵衣脐腹以下，如金人靖康间搜宫掖事。其婴稚皆扃钥之，悉见啖于饥犬，太惨毒矣！"（《万历野获编》卷八"籍没二相之害"条）

③ 案：金人谓韩侂胄"忠于为国，缪于为身"，海公评语实源于此。孟森称张氏"高不知危，满不知溢"，"明于治国而昧于治身"（《明清史讲义（上）》256页），亦如出一辙。

④ 案："关白"相当摄政，地位与权力颇似今之首相。《明史·日本传》："日本故有王，其下称关白者最尊。"朝鲜史书的叙述更近实情，谓"其国尊其天皇，秀吉以下皆臣事之，而国事皆统于关白。天皇尸位，而礼事尊奉仪章有别，如奉浮屠。关白云者，取《霍光传》'凡事皆先关白'之语（《汉书·霍光传》原文为：诸事皆先关白光，然后奏御天子）"（《李朝实录史料》上编卷二十五《宣祖实录一》辛卯二十四年三月引《宣祖修正实录》）。天正十三年（1585），秀吉迫使朝廷授以关白之职；翌年任太政大臣，并被赐姓丰臣。

太郎评价道，统一事业虽由织田信长奠基，"但如果没有出现秀吉这位英雄，恐怕也不会这样迅速而完全统一全国的。秀吉是个罕有的具有雄才大略的武将和政治家，同时又是一个具有适合实现这个统一所需要的开阔胸怀和通达人情事理的人。"（《日本史概说》264页）然而提到对外政策，坂本笔锋陡转，说他"不过是一个局促于岛国内部的井底之蛙式的人才……不懂得现实国际关系的严峻性，天真得简直像个孩子"；"他有一种错觉，认为对待外国，也可以像对待国内那样。"（同上书266、267页）

事情恐怕不似坂本轻描淡写得那么简单。秀吉有着跟明祖朱元璋相似的贫贱出身和发迹经历。八岁入光明寺为僧，后四处流浪，穷不聊生，守过厕所，做过小买卖，甚至干过帮人穿脱鞋的"草履取"。投身织田信长军中，如鱼得水，从无名小卒蹿升至一人之下、万人之上的关白。而其野心也毫不逊色。史称"中朝（指明）久绝日本，不通朝贡，平秀吉以此心怀愤耻，欲起兵端"（《李朝实录史料》上编卷二十五《宣祖实录一》辛卯二十四年即万历十九年闰三月引《宣祖修正实录》）。这样看来，恢复昔日勘合贸易似乎是促使他发动海外战争的原因；但是且慢，秀吉希望看到的，可不是日本朝贡，而是对方入贡，"与前代的勘合贸易在主客关系上恰恰是完全相反的。"（《日本史概说》267页）天正十一年（1583），他就告诉琉球使节："自今岁以后每岁进贡而气和。因此乃命其遣使大明，告以明如不通聘于日本，则予征伐。"又作牒状云："今也欲征大明国，盖非吾所为，天所授也。……若匍匐膝行于迟延者，速可加征伐者必矣。"（水野明"丰臣秀吉侵朝征明的检证"引自《朝鲜征伐记》，《第二届明清史国际学术讨论会论文集》341页，天津人民出版社，1993年）天正十八（1590）、十九年（1591）及文禄二年（1593），又分别致书朝鲜、吕宋、高山国（台湾），促其入贡。

对于秀吉的饕餮胃口而言，远邦来朝不过是餐前小菜，更庞大的计划，如天正二十年（1592）他在给关白秀次[1]的"二十五条觉书"（即备忘录）中所说：宜准备恭请天皇于后年行幸唐（明）都，呈献都城（北京）附近十国（州）与皇室；天皇居北京，秀吉居日本船来泊之宁波（见水野明"侵朝征明"一文，《第二届明清史国际学术讨论会论文集》345页）。此绝非心血来潮的一时胡话，早在天正五年（1577），他就向织田信长描述过这一构想，谓"君欲赏臣功，愿以朝鲜为请。臣乃用朝鲜之兵，以入于明，庶几倚君灵威，席卷明国，合三国为一，是臣之宿志也"（吴廷璆主编《日本史》214页注十二引自赖山阳《日本外史》第十五卷）。天正十八年答朝鲜国王书中，秀吉大发日式感慨，其无限膨胀的野心更一览无余，云："人生一世，不满百龄焉，郁郁久居此乎？不屑国家之远，山河之隔，欲一超直入大明国，欲易吾朝风

---

① 案：天正十九年，秀吉将关白一职让与养子秀次，自称"太阁"。

俗于四百余州，施帝都政化于亿万斯年者，在方寸中。"（《李朝实录史料》上编卷二十五辛卯二十四年三月引《修正实录》）故日本学者水野明称，"这种夸大妄想的领土扩张和对中国侵略的思想，是近代日本侵略中国的典型思想"，"对近代日本大陆膨胀政策有着重要的影响。"（《第二届明清史国际学术讨论会论文集》339 页）

朝鲜适在李氏王朝统治下，"升平二百年，民不知兵。"（《李朝实录史料》上编卷二十六壬辰二十五年四月十四日癸卯条）两位赴日使臣回国报告，竟各执一词，已是山雨欲来风满楼，李朝君臣还在为着天上哪块云彩下雨的问题而呶呶不休。说到秀吉长相，正使黄允吉言："其目光烁烁，似是胆智人也。"副使金诚一言："其目如鼠，不足畏也。"允吉以为必有兵祸，诚一又针锋相对道："臣则不见如许情形。允吉张皇论奏，摇动人心，甚乖事宜。"（同书卷二十五辛卯二十四年三月引《修正实录》）最终还是诚一的意见占了上风。

文禄元年（即明万历二十年，壬辰，1592）四月，秀吉发十六万大军在釜山登陆[1]，出兵目的十分明确，即"先据朝鲜，直寇辽左，以图天下"（同书卷二十五辛卯二十四年五月引《修正实录》）。此役日本称"文禄战役"，中、朝称"壬辰倭乱"。朝军毫无准备，望风奔溃，王京（即汉城）、开城、平壤次第陷落，国王李昖逃往义州（今朝鲜平安北道义州）。时"八道几尽没，（倭）且暮且渡鸭绿江，请援之使络绎于道"（《明史·朝鲜传》）。

明廷消息其实比李朝灵通，开战前，"有客商陈甲者，回自倭中，言秀吉将入寇，以朝鲜为先锋。"（《李朝实录史料》上编卷二十五辛卯二十四年五月引《修正实录》）这个通风报信的陈甲显然就是一位冲破禁令、私自去日贸易的海商[2]。现在李朝乞援，虽不断有人质疑朝鲜为何速败，"倭奴一逞，不逾月而全国倾陷"（宋应昌《经略复国要编》卷十三《慎留撤酌经权疏》，收入王有立主编《中华文史丛书》第十九册，台湾华文书局，1969 年）[3]，主战呼声仍是一浪高过一浪。山西道御史彭好古奏称："今日御倭之计，迎敌于外，毋使入境，此为上策。拒之于沿海，毋使深入，是为中策。及至天津、淮扬之间，而后御之，是无策矣。"（同书卷首附《部垣台谏条议疏略》）兵部侍郎宋应昌尤具战略眼光，谓"关白之图朝鲜，实所以图中国；而我兵之救朝鲜，实所以保中国"（同书卷八"报三相公并石司马书（万历二十一年五月十九日）"；此信亦载《明经世文

---

[1] 据坂本《日本史概说》（267 页），日军实数为 158 700 人。

[2] 许孚远《疏通海禁疏》中作陈申，此外又有名朱均旺者，皆藉经商，探得倭情，及时报知朝廷。

[3] 兵部尚书石星闻城陷没，就问朝鲜使臣道："你国乃天下强兵处，何以旬日之内，王京遽陷？"（《李朝实录史料》上编卷二十六壬辰二十五年七月戊午条）兵部又咨问辽东都司："朝鲜世胙东方，号称大国，何得一遇倭至，望风而遁？殊可骇异。"（同上七月戊辰条）

编》卷四〇二《宋经略奏议二》）。刑部侍郎吕坤疏论天下安危，亦云："我合朝鲜，是为两我；倭取朝鲜，是为两倭。朝鲜一失，其势必争，与其争于既亡之后，孰若救于未破之前；与其以单力而敌两倭，孰若并两力而敌一倭。愿陛下早决大计，并力东征。"（见《明经世文编》卷四一五《吕新吾先生文集一·忧危疏》）

应当说，神宗并未过多迟疑便下定了决心，所谓"朝鲜素效恭顺，为我属国，有寇岂宜坐视！"（《李朝实录史料》上编卷二十六壬辰二十五年六月甲寅条）其间发生的一个插曲值得注意，时有女真建州贡使马三非等禀告兵部："本地与朝鲜界限相连。今朝鲜既被倭奴侵夺，日后必犯建州。奴儿哈赤部下原有马兵三、四万，步兵四、五万，皆精勇惯战，如今朝贡回还对我都督说知，他是忠勇好汉，必然威怒，情愿拣选精兵，待严冬冰合，即便渡江征杀倭奴，报效皇朝。"（同上书九月甲戌条）而冰冻后老乙可赤（即努尔哈赤）果然率三万兵到江边，声称"余遵皇敕而来"（同上书九月辛未条），引起李朝君臣的恐慌。我们看到，那个在不远将来敲响明帝国丧钟的人已经悄然登场了。

除了武力援朝，为惩治日本，严防铅硝铜铁等军用物资出海，明年即万历二十一年（1593），神宗重拾海禁政策；但从实际效果看，这柄双刃剑之伤已远远大过伤人，"贻祸（海）澄商，引船百余只，货物亿万计，生路阻塞，商者倾家荡产，佣者束手断飱，闽地呻嗟，坐以待毙"。福建巡抚许孚远上疏，谓防一日本，并弃诸国，"不几于因噎而废食乎"！乃疾呼"禁不便，复之便，急复之为尤便。"（《疏通海禁疏》）所幸这次由战争引发的海禁仅维持一年，至二十二年（1594）便开禁如初。

日军久经内战考验，兼普遍使用步枪（明人称鸟铳），故战斗力极强；其性又凶残，惯割敌人耳、鼻报功。"据琴乘洞著《耳冢》一书记载，耳、鼻用盐淹，或用醋渍，置于木桶，或置壶、罐中送回日本，其数不下十万（合文禄、庆长两次战役）。这些耳、鼻不仅是朝鲜官兵和非战斗员的民众，也有妇女和婴儿的耳、鼻，更包括明国援军官兵的耳、鼻。"（水野明"侵朝征明"一文，《第二届明清史国际学术讨论会论文集》344页）

明军装备有攻城重炮如大将军、佛郎机、灭虏炮、虎蹲炮等，但近距离交战仍落下风，仅靠"绵枭、被褥、毡牌及坚硬木棍"对付"倭奴鸟铳"（见《复国要编》卷二《经略海防事宜疏》）[1]。宋应昌对两军战力有精彩论述，转引如下：

"说者谓倭之鸟铳我难障蔽，倭之利刀我难架隔。然我之快枪、三眼枪及诸神器岂不

---

[1] 因"倭奴鸟铳甚利"，宋应昌又建议"往后凡遇战阵，当离倭营四百余步，我先以大将军炮挑击之，彼必以鸟铳抵我，俟其放尽，方以大兵进之，必获全胜"（《复国要编》卷五"与参军郑文彬赵汝梅书（万历二十一年正月十四日）"）。

能当鸟铳？倭纯熟，故称利；我生熟相半，故称钝，原非火器之不相敌也。倭刀虽利，能死人；我刀虽稍不如，岂不能死倭哉！倭之所以能敢战者，非缘一刀之故，其实殊死战也，前者死，后者进，无少退怯。今日调兵四至，云集乌合，若兵无统纪，士分彼此，心果坚耶？否耶？……岂我之刀不能敌倭，倭之利刀不能架隔，殆非也，其心实不如倭之死战也。"（同书卷三"檄大小将领（万历二十年十一月十六日）"）

这段充满辩证色彩的文字在平壤攻坚战中得到了充分体现。明廷以宋应昌为经略，李如松（李成梁长子）为东征提督，领兵援朝，首要之事便是颁布军令，严明军纪，规定：将士经过朝鲜地方，务使鸡犬不惊，秋毫无犯，敢有擅动民间一草一木者斩；官军有狎朝鲜妇女者斩；将士有擅杀朝鲜男妇并投降人役者斩（同书同卷《军令三十条（万历二十年十一月三十日）》）。

万历二十年十二月二十五日，誓师东渡，临鸭绿江，天水一色，望朝鲜万峰，出没云海。监军刘黄裳慷慨誓曰："此汝曹封侯地也。"（《明史纪事本末》卷六十二《援朝鲜》）二十一年正月八日一早，已把平壤团团围住的明军发起总攻。头年七月，副总兵祖承训曾率首批小股援军战于城下，结果先锋史儒阵亡，承训仅以身免。身处后方的辽东总兵杨绍勋气急败坏道："自古以来，安有大国为小国劳动许多兵马，救济急难于数三千里之外者乎？"（《李朝实录史料》上编卷二十六壬辰二十五年七月丁丑条）此番再战平壤，朝鲜史书记叙始末极详，云："诸军鳞次渐进，望见水路马跑飞屑杂尘如白雾涨空，初日下射盔铠，银光灿烂，眩耀万状，奇怪夺目。……俄而发大炮一号，各阵继而齐发，响如万雷，山岳震摇。乱放火箭，烟焰弥数十里，咫尺不分。但闻呐喊声杂于炮响，如万蜂哄闹。"（同书卷二十七癸巳二十六年正月丙寅条）

是役，先锋吴惟忠中弹伤胸，犹奋勇攻城，功冠诸营。将士无不以一当百，"浙兵先登，拔贼帜，立天兵（指明军）旗麾"[1]。朝鲜史书称提督李如松带领的"南兵轻勇敢战，故得捷赖此辈"（同上引）。事后如松向朝鲜国王说起前后胜败之异，亦云："前来北方之将，恒习防胡战法，故战不利。今来所用，乃戚将军《纪效新书》，乃御倭之法，所以全胜。"（同书卷三十二甲午二十七年二月引《修正实录》）

平壤大捷彻底扭转了朝鲜战局。接下来虽有碧蹄馆（去王京三十里）之败，战场走势已不可逆转，随着明军南下，"倭弃王京汉江以南千有余里，朝鲜故土奄然还定。"

---

[1] 案：《明经世文编》卷四〇二收宋应昌"与参军郑同知赵知县书"（亦载《复国要编》卷六），中有"闻攻平壤时，朝鲜妇女上城助击我师"语，批云："属国苦倭久矣，王师一至，土人助我击之，此情理之必然者，何乃反助倭乎？"宋为明军统帅，其说当不诬，然此事殊不可解。

（《明史纪事本末》卷六十二）退守釜山的日军士气低落，士兵在家信中写道："日本人早就想逃出京城，都这样想：当和尚也好，只要能留下一条命。我也在盼望，能在活着的时候重新踏上故国芳香的土地，哪怕喝上一杯家乡水也好。"（吴廷璆主编《日本史》213页引自读卖新闻社《日本历史》第七卷）

这时也迎来了明、日议和的机会。丰臣秀吉提出七项要求，包括：迎明帝公主为日本天皇后妃；发展恢复勘合贸易；京城及四道归还朝鲜，另四道割让日本等。水野明特别指出，"明代的史料中，没有这七条和谈的记录，这全由于沈惟敬从中捣鬼，中日两方都被他蒙蔽了。"（"侵朝征明"一文，《第二届明清史国际学术讨论会论文集》343页）

那么沈惟敬何许人也？《明史·朝鲜传》称其为"市中无赖"[1]，朝鲜方面则说"其人貌寝而口如悬河，盖辩士也"（《李朝实录史料》上编卷二十六壬辰二十五年六月丁巳条）。自祖承训兵败平壤，他便受到兵部尚书石星的器重，扬言"主和为上策，讨贼决不可为"（同上十一月丙戌条），"以市井而衔皇命"（谷应泰语，《明史纪事本末》卷六十二），因而成了操纵和谈的关键角色。这一次他把秀吉的议和条件揣进兜里，瞒天过海，让明、日间鸡同鸭讲，"封贡"谈判如常进行，拿今天话说绝对是个不折不扣的"大忽悠"。

于是明军尽撤回国，仅留刘綎[2]一枝川兵助朝守御。直至最后一刻，宋应昌犹在反复陈说留守意义，谓"朝鲜与中国势同唇齿，非若琉球诸国泛泛之可比也。唇亡齿寒，自古言之，休戚与共，是朝鲜为我中国必不可失之藩篱也。……今日御倭之计，惟守朝鲜为至要。"（《慎留撤酌经权疏（万历二十一年十二月初八日）》）

万历二十四年（1596）九月，明使赴日，向秀吉宣读"特封尔为日本国王"的明帝诏书。秀吉这才发觉上当，勃然大怒，掷诏书于地曰："不是明帝乞和，封我为大明皇帝吗？吾自力可以统治日本，欲为王可自为王，何待异族封王！"（水野明"侵朝征明"一文，《第二届明清史国际学术讨论会论文集》343页）[3]

沈惟敬一手导演的"封贡"闹剧露馅后，媾和失败；庆长二年（即明万历二十五年，丁酉，1597）初，日军再由釜山登陆，半岛重燃战火，日本称"庆长战役"，中、朝称"丁酉

---

① 又据《明史·朱国祚传》，日本陷朝鲜，石星惑沈惟敬言，力主封贡，国祚面诘星："此我乡曲无赖（朱、沈俱浙人），因缘为奸利耳，公独不计辱国乎？"

② 刘綎，嘉靖间名将刘显之子，诸将中最骁勇。所用镔铁刀百二十斤，马上轮转如飞，天下称"刘大刀"。每上阵辄呼二近侍收网绳，饮酒斗余，网入内数寸，两目睘出如电（见《明史》本传及《纪事本末补遗》卷一《辽左兵端》）。又能诗，袁枚《随园诗话》录其遗句云："剪发接缰牵战马，折袍抽线补旌旗。胸中多少英雄泪，洒上云蓝纸不知！"（卷六"六七"条）万历四十七年（1619）战殁于辽东。

③ 水野明指出，秀吉撕弃册书的传说源自赖山阳《日本外史》之篡改，"其实明帝的诏书现在仍很完整的保管在大阪市立博物馆中。其册书为五色绢绫，上绣鹤、云模样，宽30英寸，长约520英寸。现被指定为重要文物。"（"侵朝征明"一文，《第二届明清史国际学术讨论会论文集》344页）

倭乱"。明廷亦重整兵马，邢玠、麻贵、杨镐、陈璘等先后入朝作战，双方互有胜负。明年秋，秀吉病亡，日军无心恋战，扬帆欲归，中、朝水军联合上演海上追逃，年逾七十的明将邓子龙与朝鲜水师统帅李舜臣双双战死。至此，旷日持久的援朝抗倭战争始告结束。

明万历朝注定为多事之秋，除了朝鲜战场，国内也是狼烟四起，宁夏副总兵、鞑靼降将哱拜父子，四川播州（今贵州遵义）宣慰司使杨应龙先后叛乱。《明史·陈增传》谓，"二十年，宁夏用兵，费帑金二百余万（李如松平乱）。其冬，朝鲜用兵，首尾八年，费帑金七百余万。二十七年，播州用兵，又费帑金二三百万（秦良玉一战成名[①]）。三大征踵接，国用大匮"。张居正理财十年，据称"帑藏充盈，国最完富"（夏燮《明通鉴》卷六十七《纪六十七》万历十年二月丁酉条），"太仓粟可支十年，囷寺（即太仆寺）积金至四百余万。"（《明史纪事本末》卷六十一）但旧辅辛辛苦苦攒下的家底顷刻便被倒腾一空。

"争国本""三案"及党祸

神宗之世，皇帝家事再次成为廷臣关注的焦点。当然话也不能全这样讲，万历朝的争论因建储而起，毕竟"皇太子，国之本也"（顾允成语，见顾宪成《泾皋藏稿》卷二十二《先弟季时述》），跟嘉靖初沸沸扬扬的"大礼议"还是有着不太一样的分量。

万历九年（1581）冬，神宗与太后身边宫女王氏的邂逅不期然擦出火花，明年八月遂有长子常洛出生。但是对年轻皇帝而言，这次"艳遇"并不预示着爱情降临，直到一位郑姓女子的出现才让他真正品尝到人生幸福的滋味。万历十一年（1583）七月，上谕内阁：淑嫔郑氏今有喜，册封为德妃（《万历起居注》第二册392—393页，北京大学出版社，1988年；四个月后，德妃诞下一女，见同书443页）。十二年（1584）七月，"封贵妃郑氏"（《万历邸抄》上册259页）。十四年（1586）正月，郑氏生皇三子常洵，"进皇贵妃"（《明史·郑贵妃传》）。此为郑氏连升三级、获帝专宠的经过。黄仁宇用充满同情的笔调描写这对青年男女的热恋，有助于我们客观认识当日争议之缘起、背景，转引如下：

"据说，淑嫔郑氏和万历具有共同的读书兴趣，同时又能给万历以无微不至的照顾。这种

[①] 秦良玉，四川忠州（今重庆忠县）人，善骑射，兼通词翰。丈夫石砫宣抚使马千乘死后，代领其众，号"白杆兵"。明末张献忠入川，良玉与之战，所部三万人尽溃，犹据境抵抗。献忠陷全蜀，遍招土司，独无敢至石砫者（见《明史》本传）。崇祯帝赐诗旌其功，曰："学就西川八阵图，鸳鸯袖里握兵符。古来巾帼甘心受，何必将军是丈夫。蜀锦征袍手制成，桃花马上请长缨。世间不少奇男子，谁肯沙场万里行。露宿风餐不辞苦，饮将鲜血带胭脂。凯歌马上清吟曲，不似昭君出塞词。凭将箸帚靖皇都，一派歌声动地呼。试看他年麟阁上，丹青先画美人图。"（邓之诚引杨复吉《梦阑琐笔》，见邓之诚著《骨董琐记》卷七"秦良玉"，中国书店，北京，1991年）

精神上的一致，使这个年轻女人成了皇帝身边一个不可缺少的人物。可以说，她是在最适当的时机来到了他的生活里，填补了他精神上的缺陷。……她看透了他虽然贵为天子，富有四海，但在实质上却既柔且弱，也没有人给他同情和保障。即使是他的母亲，也常常有意无意地把他看成一具执行任务的机械，而忽视了他毕竟是一个有血有肉、既会冲动又会感伤的'人'。基于这种了解，她就能透彻地认清了作为一个妻子所能够起到的作用。别的妃嫔对皇帝百依百顺，但是心灵深处却保持着距离和警惕，惟独她毫无顾忌，敢于挑逗和嘲笑皇帝，同时又倾听皇帝的诉苦，鼓励皇帝增加信心。在名分上，她属于姬妾，但是在精神上，她已经常常不把自己当作姬妾看待，而万历也真正感到了这种精神交流的力量。"（《万历十五年》30页）

据文秉《先拨志始》（卷上），神宗曾向母亲隐瞒自己跟王宫人的"一夜情"，被当面拆穿后，郑氏"每与神庙戏，辄呼为老嬷嬷，暗行讥刺"。这可以看作是对上面一段话的注脚。

随着诸皇子降生，立储便被提上了议事日程；但在这件关系帝国命运的头等大事上，神宗一如既往表现出性格中优柔寡断的一面，给人印象似乎别有他图。万历十八年（1590）正月，阁臣申时行等入宫，睹皇长子"容貌粹美"（《万历邸抄》上册486页），奏云："皇上有此美玉，何不蚤加琢磨，使之成器？愿皇上蚤定大计。"（《神宗实录》卷二一九）神宗犹豫久之，下诏曰："朕不喜激聒。近诸臣章奏概留中，恶其离间朕父子。若明岁廷臣不复渎扰，当以后年册立，否则俟皇长子十五岁举行。"（《明史·申时行传》）

群臣盼星星盼月亮，望眼欲穿盼来的却是万历二十一年（1593）一纸"三王并封"的诏令，云："朕所生三皇子，长幼自有定序，但思《祖训》立嫡之条（指立嫡不立庶），因此少迟册立，以待皇后生子。今皇长子及皇第三子俱已长成，皇第五子虽在弱质，欲暂一并封王，以待将来，有嫡立嫡，无敌[嫡]立长。"（《神宗实录》卷二五六是年正月辛巳条）此谕一出，舆论大哗。如此出尔反尔的举动，只能彻底坐实一直以来压在众人心头的疑虑，即皇上打算废长立幼！

本朝以程朱理学为立国之本，自幼熟读四书五经的士大夫们岂容违背伦常事情公然发生在庙堂之上！时任吏部员外郎的顾宪成（号泾阳）上疏曰："元子（指长子）为太子，诸子为藩王，于理顺，于分称，于情安。……始者奉旨，少待二三年而已，俄改二十年，又改于二十一年，然犹可以岁月期也。今日'待嫡'，是未可以岁月期也。命方布而忽更，意屡迁而愈缓。自并封命下，叩阍上封事者不可胜数，至里巷小民亦聚族而窃议，是孰使之然哉？人心之公也。"其弟允成亦云："夫天下事非一家私议，元子封王，祖宗以来未有此礼。"（俱见《明史》本传）

是为国本之争，十余年间，廷臣章奏累数千百，窜谪相踵，至万历二十九年（1601），已经二十岁的常洛始正式立为太子。"激战"酣时，阁臣王锡爵谓顾宪成曰："当今所最怪者，庙堂之是非，天下必欲反之。"宪成曰："吾见天下之是非，庙堂必欲反之耳！"（《明史纪事本末》卷六十六《东林党议》）后顾氏罢官，讲学无锡东林书院（即"程门立雪"的宋儒杨时讲学处），写下那副有名对联："风声雨声读书声声声入耳，家事国事天下事事事关心。"一批官场失意的士人云集于此，遂被冠以"东林党"之名①。

与争国本有关的两则"齐东野语"流传极广，深入人心，一是"都人子"之说，二是金盒之誓。

所谓"都人"系内廷对宫人的称呼。一日，太后问神宗："外廷诸臣多说该早定长哥，如何打发他？"神宗对曰："道他是都人的儿子。"太后正色曰："母以子贵，宁分差等！你也是都人的儿子！"神宗无地自容，立长之议始定（见《先拨志始》卷上；此传闻亦载《明史·孝定李太后（即神宗生母）传》）。

谈迁《枣林杂俎》载："（郑）贵妃生福王（常洵），有如意之爱，上书其名于金盒，属妃藏之，约他日东宫之征也。辛丑（二十九年）十月，皇后子（指常洛）受册东宫，贵妃不怿，持盒泣诉。上启之，书字皆蚀，叹曰：'此天也'！"（《义集·彤管》"恭恪惠荣和靖皇贵妃郑氏"条）文秉记录此事尤绘影绘声，谓神宗偕贵妃至大高玄殿行香，设密誓，惟改金盒为玉盒；"（太子）既立，遣使往贵妃处取玉盒来，封识宛然，启盒而所书已蚀尽，止存四腔素纸而已。"（《先拨志始》卷上）②

需要指出的是，"密誓"一事，谈迁自称从"钱塞庵相国"处听来，钱氏名士升，与东林关系密切③，文秉更是东林之后，他们转述的这类"掌故"难免经过了党人有色眼镜的过滤。为此梁绍杰特别提醒，征引晚明野史"应该提高警惕"（《第十一届明史国际学术讨论会论文集》所收"三则与晚明'国本之争'有关的传闻考辨"137页注三）。《明史》作者就说，野史所载未知信否，"《诗》曰'时靡有争，王心载宁'，诸臣何其好争也"（卷二三三"赞"）！

---

① 案："东林"称号盖出自反对者口中，黄宗羲曰："东林岂真有名目哉？亦小人者加之名目而已矣。"（《明儒学案》卷五十八《东林学案》序）

② 清嘉庆时，张晋作《玉合叹》曰："大高元殿门谨闭，官家夜偕郑妃誓。赐妃玉合作符契，妃子后来当嗣帝。合中一纸帝手缄，重重包裹密且严。揭来开合忽惊叹，虫蚀御书尽漫漶。当年信誓今已捐，当年封识犹宛然。郑妃抱含泣不止，常洛遂为皇太子。"（《续尤西堂拟明史乐府》第29页下，收入原山西省文献委员会编《山右丛书初编》第十二册，山西人民出版社影印出版，1986年）

③ 据《明史》本传，天启年间，钱士升破产救护罹难的赵南星、魏大中等人，为东林所推重。又据陆陇其《三鱼堂剩言》（卷十二），"钱塞庵少受业于顾泾阳，尝手辑泾阳十书。"

神宗犹犹豫豫，一再拖延册立太子，是否存心废长立幼，时人、后人均无从得知，至少文秉给出了另外一种解释，谓："祖制，既立太子，凡朔望大节，东、西两宫同诸贵妃俱诣太子圣母宫行庆贺礼。郑贵妃方盛宠，神庙意颇难之，因托言欲候中宫生子以为太子。外廷不察，建储之疏朝夕继续，而上圣怒所由起也。"（《先拨志始》卷上）

黄景昉则称，"（神庙）谕王文肃（即锡爵）札云'朕不老，又无重疾'二语，想即其本怀。或以世庙立储迟，算永；穆庙立储早，算促。疑有邪说阴中者，亦未知果出是否也。"（《国史唯疑》卷九）

以上两说，一为宠妃郑氏留面子，二为自身寿数去隐患。无论如何，国本之争是以神宗屈服于众议而收场，却开启了此下迄万历朝终，君臣不谋面的"冷战"局面①。然树欲静而风不止，接下来"三案"又起。

万历四十三年（1615）五月初四日，有蓟州男子名张差者持枣木棍一路打进东宫，至前殿檐下被擒。刑部审之，供称"随不知姓名一老公"，"入不知街道大宅子"；"不知姓名老公乃修铁瓦殿之庞保，不知街道宅子乃住朝外大宅之刘成。"（《明史·王之寀传》）是为"梃击案"，涉案庞、刘二人皆郑贵妃宫中内侍。翰林编修孙承宗意味深长阐明了办理此案的要害，云："事关东宫，不可不问；事连贵妃，不可深问。庞保、刘成而下，不可不问；庞保、刘成而上，不可深问。"（《明史》本传）于是"葫芦僧乱判葫芦案"，杀掉张、庞、刘，草草了事。

万历四十八年（1620）七月，神宗驾崩。太子常洛（庙号光宗）践祚十日即得疾，御医崔文升（亦贵妃宫中内侍）投以泻药，病益剧，一昼夜三四十起，"头目眩晕，身体软弱，不能动履。"（《明史·方从哲传》）鸿胪寺丞李可灼进红丸二粒，自云仙丹，帝服之，竟一命呜呼，是为"红丸案"。给事中杨涟质问道："臣闻文升调护府第有年，不闻用药谬误；皇上一用文升，倒置若此，有心之误耶？无心之误耶？"（《明史纪事本末》卷六十八《三案》）熹宗天启二年（1622），刑部主事王之寀上《复仇疏》追论此案，谓"用药之术，即梃击之谋。击不中而促之药，是文升之药惨于张差之梃也。张差之前，从无张差；刘成之后，岂乏刘成？"（《明史》本传）

光宗即位时，郑贵妃献美女四人（一说八人），其中就有李选侍②。光宗死后，李氏私

---

① 神宗受此打击，心灰意冷，《明史》本纪谓万历十七年（1589）后"临御遂简"。十八年（1590），阁臣王家屏言："统计臣一岁间，仅两觐天颜而已。"（《明史》本传）至四十三年（1615）"梃击案"发生，"帝不见群臣二十有五年矣。"（《明史·王之寀传》）

② 明季宫女称"选侍"。据《酌中志》卷三"恭纪先帝诞生"条，万历三十三年（1605）皇长孙朱由校生，母王氏未有名封。中官曰："前曾有旨，多选淑媛，不好称别样名色。今可称曰：钦命选侍某氏出。不亦宜乎？"选侍之名盖出于此。

藏太子朱由校（即熹宗）于乾清宫（皇帝寝宫），杨涟等闯入，抢出太子，事在泰昌元年（1620）①九月初一。群臣疑李娘娘为郑氏私人，有垂帘之谋，请她立刻搬出乾清宫。御史左光斗称："选侍既非嫡母，又非生母，俨然尊居正宫……借抚养之名，行专制之实，武氏之祸再见于今。"（《明史》本传）杨涟怒斥袒护娘娘的太监道："汝是食先帝饭的，是食李、郑二家饭的？"（《明季北略》卷二"移宫一案"条）九月初五，李氏被迫移居仁寿殿，二十七日再移至哕鸾宫。是为"移宫案"，涟与光斗出力最多，朝野并称"杨、左"。

在这一桩桩"群体性事件"中，东林人士前仆后继，格外忙碌，目的就是要把矛头引向郑贵妃。许大龄说过，"最初的东林党人，从顾宪成等开始'争国本'起，直到争'梃击'、'红丸'和'移宫'三案，都是针对神宗宠信郑贵妃和慎选继承人的问题来进行的。"（"试论明后期的东林党人"，《明清史国际学术讨论会论文集》149—150页）

当然，若将东林简单看成跟妇道人家争高下未免有些以小人之心度君子之腹。事实上，他们敬慕海瑞，"以为当代伟人"（《明史·顾允成传》），内心显然有着更为高远的政治理想。吴应箕追溯东林之源，便想到了万历初的"争夺情"，"以其为气节之倡也"（《楼山堂集》卷七《国朝纪事本末论·江陵夺情（以下东林本末）》）。此说极有道理，昔日纠举张居正大出风头的"五贤"之一邹元标再次成为公众人物，建首善书院，与顾宪成、赵南星一起被天下清流目为"三君"。提到"气节"，"三大征"后陷入困境的朝廷开矿增税，一时间矿、税两监遍天下（见《明史·食货志五》），凤阳巡抚李三才疏云："陛下爱珠玉，民亦爱温饱；陛下忧万世，人亦恋妻孥。陛下欲黄金高北斗之积，而不使百姓糠秕充升斗之储；陛下欲为子孙千万年之计，而不使百姓有一朝夕之谋。试观往籍，如此政令而不乱者，未之有也。及至于乱，珠玉不啻粪土，积累散于一朝，悖入悖出，失众失国，每诵斯言，心寒魄散，可畏也。"（陈鼎《东林列传》卷十六《李三才传》；此疏亦载《神宗实录》卷三四八万历二十八年六月丁丑条，文字稍异）其词锋犀利丝毫不亚于当年攻讦神宗之邹元标、雒于仁。

明之末造，众说纷纭，乱象丛生，东林所发起者乃是一场收拾人心、重振理学的道德救世运动。欲正风气，必明是非，所谓"是曰是，非曰非，不为模棱也；是而知其非，非而知其是，不为偏执也，则公矣"（《泾皋藏稿》卷五"与伍容庵（其三）"）。

钱谦益谓"顾端文（宪成）、高忠宪（攀龙）以明善为宗，力辟吴门'无善无不善'之宗旨"（《牧斋初学集》卷八十六《题跋四·题同学会言》，上海古籍出版社，1985年）。不难看出明中叶以来风靡海内的阳明心学才是东林心腹大患。"无善无不善"即

---

① 万历四十八年八月以后称泰昌元年。

"无善无恶"，出自王守仁生前留下的"四句教"（详见后文），最能刺痛名教卫士紧绷的神经。顾宪成就痛心疾首称这四个字为世间最玄、最巧、最险之语："谓人之心原自无善无恶也，本体只是一空；谓无善无恶惟在心之不著于有也，善恶必至两混。空则一切扫荡，其所据之境界为甚超，故玄也，世之谈顿悟者大率由此入耳。混则一切包裹，其所开之门户为甚宽，故巧也，世之谈事功者大率由此出耳。玄则握机自巧，巧则转机益玄，其法上之可以张皇幽渺，而影附于至道，下之可以徼名徼利，而曲济其无忌惮之私，故险也，世之浮游于两端之中而内以欺己、外以欺人者，大率就此播弄耳。"（《泾皋藏稿》卷六《朱子二大辨序》）

东林秉承"慨然以整齐天下为任"（《明史·赵南星传》）的士大夫传统，但移形换步间，家国情怀（公）与学术信仰（私）已悄悄发生错位。他们"绳人过刻，持论太深"（《明季北略》卷四"倪元璐论东林"条），拾起的不过是宋儒"君子""小人"之牙慧，凡"与东林忤者，众目之为邪党"（《明史·魏忠贤传》）——其眼光境界远不逮北宋范仲淹，较之东汉党锢中人物，亦不可同日而语。继踵东林、崇祯时号称"小东林"的江南"复社"之宗旨仍是"期与四方多士共兴复古学"（陆世仪《复社纪略》卷一），"文章足以追古作，议论足以卫名教"（《刘瑞当先生墓志铭》，载《黄宗羲全集》第十册《南雷诗文集（上）·碑志类》），视捍卫程朱为天下读书人的共同担当。

万历末，朝中官员按地缘关系结成宣、昆、齐、楚、浙诸朋党，"攻东林殆尽"（《明史·叶向高传》）。光、熹之际，风水轮流转，东林由"在野党"变回"执政党"，尽斥先前攻己者。天启年间，形势再度逆转，被斥者纷纷投靠权珰魏忠贤，"如蛾赴火，如蚁集膻"（赵翼语，《廿二史劄记》卷三十五"明言路习气先后不同"条），遂将各派势力整合成统一"阉党"。吏部尚书王绍徽（因对魏阉唯命是听，时称"王媳妇"）作《东林点将录》一卷（载《四库全书存目丛书》之《史部·传记类》第一〇七册）[1]，附会《水浒传》天罡、地煞，造一百零八人名单，列托塔天王李三才、及时雨叶向高、玉麒麟赵南星、入云龙高攀龙、黑旋风魏大中、大刀手杨涟、豹子头左光斗、急先锋黄尊素（黄宗羲父）、圣手书生文震孟（文秉父）、武行者邹元标、浪子钱谦益等，令按名黜汰。大学士顾秉谦又主持修纂《三朝要典》，追论"三案"之事。于是卫国本、争三案者，"率指目为东林，抨击无虚日，借魏忠贤毒焰，一网尽去之。杀戮禁锢，善类为一空"（《明史·顾宪成传》）。监生陆万龄直将魏阉比孔圣，称"孔子作《春秋》，忠

---

[1] 案：计六奇《明季北略》误称阮大铖造此书以献魏阉，指为东林恶党（见卷二"点将录"条）。

贤作《要典》；孔子诛少正卯[1]，忠贤诛东林"（见《明史·阉党传》）。崇祯时倪元璐论三案，谓"逆珰未用之先，虽甚水火，不害埙篪"；此后"逆珰杀人则借三案，群小求富贵则借三案。经此二借，而三案全非"（《明史》本传）。

一方面是陈鼎盛赞东林讲学令"风气顿回，贤良叠出"（《东林列传》自序）；另一方面则是自万历以后，"国是纷呶，朝端水火，宁坐视社稷之沦胥，而不能破除门户之角立。"（《明史》卷二七九"赞"）南明袁继咸言："臣每叹三十年来，徒以三案葛藤血战不已。"（《明史》本传）"六君子""七君子"反抗魏阉的铮铮铁骨让人起敬[2]，所谓"一堂师友，冷风热血，洗涤乾坤"（《明儒学案》卷五十八《东林学案》序）；但细究起来，阉党结盟未尝不是东林自诩"正人""善类"，"起于意见之歧而成于意气之激"（《泾皋藏稿》卷五"与友人"）的情绪化争执有以激成也。

顾宪成虽有心欲使"两下精神俱为国家用，而不为争区区之门面"（同上引），有目共睹的事实却是，值明季危亡之际，东林、阉党"精神智术俱用之相顾相防"，"二党之于国事，皆不可谓无罪。"（夏允彝《幸存录》上卷《门户大略》）清初理学名臣陆陇其说，"愚以为明之天下不亡于寇盗，不亡于朋党，而亡于学术。学术之坏，所以酿成寇盗、朋党之祸。"（《三鱼堂文集》卷二《学术辨上》）陆氏"学术之坏"的帽子自然是扣向王阳明，若单从字面意思理解，他的这番宏论恰恰宣告了朱明一朝理学治国的总失败。

北京陷没、崇祯帝自缢后，围绕立福王（由崧，常洵之子）还是潞王（常涝），南京诸大臣又斗起了心眼，虑福王立，或追怨三案，"潞王立，则无后患，且可邀功。"（《明史·马士英传》）因指福王有"七不可"，曰："贪、淫、酗酒、不孝、虐下、不读书、干预有司。"（《明史·史可法传》）最终福王登基，起用阉党余孽阮大铖。阮氏倡言"彼攻逆案，吾作'顺案'与之对"（《明史·马士英传》附大铖传）[3]，大捕东林、复社党人。吴伟业曰："国是未定，顾乃先朋党，后朝廷，而东南之祸亦至。"（《清忠谱》序）再到"桂林播越（指南明永历帝），且夕不支，而吴、楚之树党相倾，犹仍南都翻案之故态"（《明史》卷二七九"赞"）。清康熙年间孔尚任（孔子第六十四

---

[1] 据《史记·孔子世家》，鲁定公十四年（前496），孔子年五十六，由大司寇行摄相事，诛鲁大夫乱政者少正卯。《孔子家语》谓少正卯有"五恶"：心逆而险，行僻而坚，言伪而辩，记丑而博，顺非而泽。"此五者，有一于人，则不免君子之诛，而少正卯皆兼之。……此乃人之奸雄者也，不可以不除。"（见卷一《始诛》）

[2] 案："六君子"指杨涟、左光斗、魏大中、周朝瑞、袁化中、顾大章，"七君子"指高攀龙、周顺昌、缪昌期、李应升、周宗建、黄尊素、周起元。除高攀龙赴水自沉外，余皆下诏狱，受酷刑而死。

[3] "逆案"由崇祯钦定，旨在剪除魏阉，拨乱反正。所谓"顺案"，以李自成国号"大顺"，而北京投降诸臣颇多清流，阮氏故造此语。

代孙）一出叫人心碎的《桃花扇》问世，方给这段党争画上句号[1]。

门户之见直要闹至亡国拉倒，被梁启超称为有明"学术界最后的一幕悲剧"（《专集之七十五·中国近三百年学术史》，《饮冰室合集》第十册）。而弘治时参与制造会试泄题案的徐经后人徐宏祖（或作弘祖，号霞客）目睹官场血肉横飞，遂不肯入仕，放志远游，跋山涉水三十余年撰成"古今游记之最"（钱谦益语，《徐霞客传》）的《徐霞客游记》，也算是历史的一个意外收获罢。

从《金瓶梅》谈开去

本章开篇曾说治明史者不可不看《金瓶梅》，故在这里专为这部"奇书"或曰"秽书""淫书"拿出一点篇幅[2]。

据沈德符《万历野获编》，万历己酉（1609）前后，吴中始刻此书，原本缺五十三至五十七回，有陋儒补以入刻，"肤浅鄙俚，时作吴语……一见知其赝作。"（卷二十五《词曲门》"金瓶梅"条）[3]今所见最早刻本为万历丁巳（1617）序刊之《新刻金瓶梅词话》，世称词话本或万历本，后来通行的二十卷《新刻绣像批评金瓶梅》（崇祯本）及清康熙中"彭城张竹坡批评金瓶梅第一奇书"本，皆祖于此。

该书自面世之日起便饱受争议，有将《水浒传》《金瓶梅》并称"逸典"，为其延誉

---

[1] 崇祯时阮大铖居南京，黄宗羲等复社名士作《留都防乱揭》声讨。大铖欲拉拢复社四公子之一的侯方域（倪元璐弟子），为秦淮名妓李香君识破，计不得行，见方域所撰《李姬传》。孔尚任将侯生、香君的爱情故事演绎成传奇《桃花扇》，谓"借离合之情，写兴亡之感，实事实人，有凭有据"（卷一《试一出·先声》）。剧中大铖逼香君嫁新任漕抚田仰做妾，香君宁死不从，倒地撞头，血溅诗扇（与侯生的定情信物），故得名。"桃花者，美人之血痕也；血痕者，守贞待字，碎首淋漓不肯辱于权奸者也；权奸者，魏阉之余孽也；余孽者，进声色，罗货利，结党复仇，膺三百年之帝基者也。"（《桃花扇小识》）

又，阮大铖字集之，号圆海，怀宁（今安徽安庆）人，万历四十四年（1616）进士，富才藻，著有《咏怀堂诗集》《咏怀堂诗外集》及《春灯谜》《燕子笺》等传奇。陈寅恪称阮氏诗集与严嵩之《钤山》、王修徽（明季女诗人）之《樾馆》"同是有明一代诗什之佼佼者"，而"《燕子笺》、《春灯谜》二曲，尤推佳作。"（《柳如是别传》860页，三联书店，2001年）

[2] 余早年就读密西根大学时，偶至设于校区（Ann Arbor）内的美国亚洲研究协会（Association for Asian Studies），见其接待室壁间书架醒目处赫然陈列中文版《金瓶梅》，颇感觉惊讶。日后思量，西方学者从未接受中式礼法之熏陶，故较少道德上的羁绊与忸怩，既喜之，则捧读、推介，正大光明。国人喜好之心虽同，却谈性色变，生怕沾上"诲淫"恶名，大抵夜里把玩，日间痛诋，坊间偶有印制也要打上"内部发行""供内部参考"字样，真不知所谓"内部"是怎样一群柳下惠坐怀不乱的冰清玉洁正人君子！

[3] 案：沈氏记录《金瓶梅》刊刻始末颇详，检其原文，有"（万历）丙午……又三年（己酉）……未几时，吴中悬之国门"等字，据此似不宜遽断为"万历庚戌（1610），吴中始有刻本"（《中国小说史略》第十九篇，《鲁迅全集》（十六卷本）卷九179页）。

者（袁宏道）①；有恐坏人心术，"他日阎罗究诘始祸，何辞置对"，拒为刊刻者（沈德符）。至于作者，万历本欣欣子序仅谓"兰陵笑笑生"，迄今仍是一桩悬案。盖因沈德符一句"闻此为嘉靖间大名士手笔"，遂有好事徒铺陈敷演，谓当日文坛领袖王世贞撰之以献其仇严世蕃，卒致严氏父子宠衰而败云云，不值一驳②。鲁迅曾指出，"（万历本）虽比现行本粗率，对话却全用山东的方言所写，确切地证明了这决非江苏人王世贞所作的书。"（《〈中国小说史略〉日本译本序》，载《鲁迅全集》（十六卷本）卷六《且介亭杂文二集》）又有学者疑清人李笠翁为崇祯本改定者，1991年浙江古籍出版社编印《李渔全集》，即将日本内阁文库藏《新镌绣像批评原本金瓶梅》收入其中（载第十二至十四卷，涉淫文字以若干"□"替之，犹如现今互联网时代于图像紧要处打马赛克③）。

让明清以至今人们感觉浑身刺痒不舒服的，不消说，是书中那些"粗鲁的露骨的性交描写"；论起叙述床笫私事之专注与率真，西洋擅长此术的大师如莫泊桑、左拉"尚不免类于小巫见大巫"（《茅盾全集》卷十九《中国文论二集》所收"中国文学内的性欲描写"，人民文学出版社，1991年）。此诚为当日极可注意之文学怪象，因为这种"背伦灭理"（沈德符语）的色情苗头集中出现于《金瓶梅》前后像《绣榻野史》《株林野史》《昭阳趣史》《僧尼孽海》（托名唐寅）、《杂事秘辛》（杨慎伪撰）、《痴婆子传》

---

① 袁中郎曰："诗余则柳舍人、辛稼轩等，乐府则董解元、王实甫、马东篱、高则诚等，传奇则《水浒传》、《金瓶梅》等，为逸典。"（《觞政》十之《掌故》，见钱伯城《袁宏道集笺校》卷四十八1419页，上海古籍出版社，1981年）

② 清顾公燮《消夏闲记摘抄》云：太仓王忬家藏《清明上河图》，严世蕃强索之，忬乃觅名手摹赝者以献。世蕃既觉，恚甚，乘便杀之。"忬子凤洲（世贞）痛父冤死，图报无由。一日偶谒世蕃，世蕃问坊间有好看小说否，答曰有。又问何名，仓卒之间凤洲见金瓶中供梅，遂以'金瓶梅'答之，但字迹漫灭，容抄正送览。退而构思数日，借《水浒传》西门庆故事为蓝本，缘世蕃居西门，乳名庆，暗讥其闺门淫放。而世蕃不知，观之大悦，把玩不置。相传世蕃最喜修脚，凤洲重略修工，乘世蕃专心阅书，故意微伤脚迹，阴搽烂药，后渐溃腐，不能入直。独其父嵩在阁，年衰迟钝，票本拟批，不称上旨。上浸厌之，宠日以衰。御史邹应龙等乘机劾奏，以至于败。"（卷上"作《金瓶梅》缘起王凤洲报父仇"条，载《涵芬楼秘笈》第二集）其文颇不经。鲁迅《小说旧闻钞》摘引此条，并加案语云："凤洲复仇之说，极不近情理可笑噱，而世人往往信而传之。"（《鲁迅全集》（二十卷本）卷十83页）

③ 案：民国时已有此先例。郑振铎搜集古今中外古典名著，分册编为《世界文库》，"其中有《金瓶梅词话》，但已删削所谓'猥亵'之处，据说否则不准出版"（"致增田涉信（1935年6月10日）"，《鲁迅全集》（十六卷本）卷十三634页）。高罗佩曾给出一个中国文人谈性色变的例子。清末民初长沙叶德辉辑录古代房术书籍而成《双梅景闇丛书》（始纂于1903年，1914年付梓），"因此大大地触犯了当时的旧式士人，自己的学者声望立刻扫地以尽。……哪个学者胆敢就此特殊题目（指性）命笔，他立刻就会被人嗤之以鼻"（《秘戏图考》27页）。

又：鲁迅考证"'□□'是国货，《穆天子传》上就有这玩意儿，先生教我说：是阙文。……到目前，则渐有代以'××'的趋势，这是从日本输入的"（《花边文学》之"'……''□□□□'论补"，《鲁迅全集》（十六卷本）第五卷484—485页）。

《玉娇李》《肉蒲团》等一大批春宫作中，其数量之惊人，以系列侦探推理小说《大唐狄公案》（"Judge Dee Mysteries"）蜚声中西的荷兰外交官高罗佩（Robert van Gulik）称，"日本汉学家高安芦屋于1784年发表其《小说词汇》时，他有可能利用的作品不下一百六十部，这些作品被列举于他的书的开头。它们中有相当大的部分是色情作品，这些书在日本几乎全保存了下来，不管是以原始的中国明版的形式还是以日本抄本的形式"（《秘戏图考》（*Erotic Colour Prints of the Ming Period*）135—136页，杨权译，广东人民出版社，1992年，内部发行）。其势之汹汹"在当时，实亦时尚"固然不错，但鲁迅将此说成是成化至嘉靖间朝野热衷"房中术"之颓风"渐及士流"，"并及文林"的结果（《中国小说史略》第十九篇），则恐怕不大能够站得住脚。

中国人注意房中术的历史颇早，《汉书·艺文志》方技三十六家中，就有专门的房中八家①，谓"房中者，情性之极，至道之际……乐而有节，则和平寿考"——这可以看作先民对日常性生活所持基本态度，此下虽有炼丹术士发展出行房益寿、采阴补阳等说，究属左道；而且如《艺文志》将房中与医经、经方并举，归为一类，其术大概自始便是被当成养生医学的一个分支来看待的。唐孙思邈特著《养性·房中补益》一篇，即其证，论曰："人年四十已下，多有放恣；四十已上，即顿觉气力一时衰退。衰退既至，众病蜂起，久而不治，遂至不救。……故年至四十，须谙房中之术。"（《备急千金要方》卷八十三）

勇敢闯入吾国性文化史这一禁区的高罗佩曾得出如下印象："古代中国人的性生活在整体上是健康和完全正常的——所谓正常，是说其合乎一夫多妻之家庭制度的准则要求。"（《秘戏图考》英文自序）"食、色，性也"，"性无善无不善"（告子语，《孟子·告子上》），大抵正缘于古人在这方面的科学务实、心平气和态度，至少明代以前并未滋长类似意淫或偷窥狂的心理极度扭曲的色情文学，恰相反，性话题倒是迭经专业学者以严肃口吻提及，由此产生的房术书籍"不啻不涉放荡，抑亦符合卫生，且无暴虐之狂、诡异之行"（《秘戏图考》中文自序）。

然而高氏把色情文学发端放到唐朝的说法似值得商榷。他所依据的主要是唐传奇与一篇令人生疑的《天地阴阳交欢大乐赋》。首先唐之传奇小说虽风格陡变，"叙述宛转，文辞华艳"（《中国小说史略》第八篇），却绝少直接写性的文字。高氏提到张鷟的《游仙

---

① 它们是：《容成阴道》二十六卷，《务成子阴道》三十六卷，《尧舜阴道》二十三卷，《汤盘庚阴道》二十卷，《天老杂子阴道》二十五卷，《天一阴道》二十四卷，《黄帝三王养阳方》二十卷，《三家内房有子方》十七卷，总百九十一卷（原文误作百八十六卷，案《艺文志》卷帙统计多有误）。高罗佩指出，古文献里的"阴"代表男女生殖器，后世始专用于女子，故书目中"阴道"的概念可译为"性生活法则"（见《秘戏图考》第8页），其说甚是。

窟》，亦承认全书大半都是一对情侣的诗歌唱和，"故事结尾处对他们的性结合描写很简洁。"（《秘戏图考》94页）①至于署名白行简的《大乐赋》，见于清末叶德辉所纂《双梅景阁丛书》，叶氏言之凿凿称此赋"出自敦煌县鸣沙山石室，确是唐人文字"。早在1927年茅盾发表"性欲描写"一文，已"很疑叶氏的话，未必可靠"；扯上白乐天之弟行简尤显荒唐，"要说作《李娃传》的人同时会忽然色情狂起来，作一篇《大乐赋》，无论如何是不合情理的。"即便我们不去为《大乐赋》之真伪劳神，这样一篇毫无情节架构、专写性交乐趣的骈俪之辞充其量仅算个别无聊文人"以戏谑的笔调把性内容融入其诗文中以逗趣"（高罗佩语，《秘戏图考》80页），硬将它与色情文学的大题目挂上钩，未免牵强。

而茅盾怀疑叶氏虽有道理，他却比后来高氏走得还远，竟为《飞燕外传》一类来路不明的伪古书所误引②，无端猜测"西汉末已有许多描写性欲的文学出现，不过多不传于后世"（"性欲描写"），遂要替吾国性欲文学理出一条自汉以降完整清晰的发展脉络，这种尝试只好遗人笑柄罢了。

可以断言，色情文学之泛滥乃明代中晚期独立发生的现象，仅区区不足百年间事，为此前后历史所绝不曾见。今读茅公旧文味同嚼蜡，且有相当部分是在转售鲁迅的《中国小说史略》，但他指性欲描写为"禁欲主义的反动"，不能不说是慧眼独具；惟"禁欲"一词略显含糊，有待展开。吾国大煽禁欲之风的节点，高罗佩所作专题研究标注得十分明白。他引用东汉张衡的《同声歌》及南朝诗人徐陵的答友人信，认为二者俱公开谈论性行为的事实证明，"在公元开始的六个世纪里，中国人几无性禁锢之苦楚。这些文字进一步显示，带插图的房中书广为传习，不仅是新娘们的性指南，而且是普通已婚夫妇的性指南。"（《秘戏图考》164页）上面提到的《大乐赋》或许没有过高文献价值，若信其为真，那么它至少揭示出唐人对待性生活的开放心态。风气至赵宋始变，"程朱学兴，据男女有别之义，遂谓房中一切均是淫事，以房中术为诱淫之具。"（同上书中文自序）接下来高氏对虚情矫饰的宋学大张挞伐，言：

　　"朱熹的道德观是极端顽固的。经典提出男女有别，理学把这类或与之相似的信条解释为在日常生活中男女授受不亲，所有与两性关系相关的事情都必须严格禁止。……这种

---

① 案：《游仙窟》国内久失传，仅存日本，清杨守敬始访得之，收入《日本访书志》。二十世纪二十年代，鲁迅曾助章廷谦据日注释本重新整理出版，并序之。其序载《集外集拾遗》，对翻刻之指导意见，见1927年7月28日"致章廷谦信"（《鲁迅全集》（十六卷本）卷十一563页）。

② 案：《飞燕外传》题西汉末河东都尉伶玄撰，鲁迅已指出，"现存之所谓汉人小说，盖无一真出于汉人"，"（《外传》）恐是唐宋人所为"（《中国小说史略》第四篇）。高罗佩亦指《外传》为唐代传奇（见《秘戏图考》148页）。

讲法与古代中国的性概念和旧有的社会结构是相悖的。因此，理学不得不离开经典中涉及性爱和涉及两性自由交往的所有原文去自圆其说。理学牵强附会地解释古经的突出例子，表现在对《诗经》中的情诗的注评上，在注评中，这些诗歌竟然被解释为复杂的政治寓言！①"（同上书102页）

理、欲关系是朱子理论体系中一个至关重要的命题。他所说的"欲"当然并非专指性欲，而是较为宽泛意义上的"人欲""私欲"。打个比方，即："饮食者，天理也；要求美味，人欲也。"按说对美味的要求乃人之常情，可他偏偏在这一点上不肯将就，虽也承认"天理人欲，几微之间"，"人欲中自有天理"，终不免把理、欲看成你死我活的交战双方，"此胜则彼退，彼胜则此退，无中立不进退之理"（俱见《朱子语类》卷十三）。这才有了那个"明天理、灭人欲"的著名论断。

不屑于朱子之蛮横，明遗民中大抵便很流行"存欲"的主张，谓"欲是去不得的，耳目口体，与生俱来，无去之理。……惟佛家以六欲为六贼，不可不去，儒者无是也。"（毛奇龄《西河文集》第十册《折客辨学文》，上海商务印书馆万有文库本，1937年）②更加明确的表述来自陈乾初，挑明了"人欲不必过为遏绝，人欲正当处，即天理也"（《陈确集·别集》卷二《瞽言一·近言集》，中华书局，1979年）。又贡献《私说》，坦承君子有私，"君子之心私而真，小人之心私而假；君子之心私而笃，小人之心私而浮。彼古之所谓仁圣贤人者，皆从自私之一念，而能推而致之以造乎其。极"（载《陈确集·文集》卷十一《说》）

再后来，便由清儒戴震祭出他发明的"水流泛滥"之喻，试图了结这桩公案，谓欲出于性，"一人之欲，天下人之所同欲。""性，譬则水也；欲，譬则水之流也；节而不

---

① 案：高氏此处批评不尽确当。本诸孔子"郑声淫"之说（见《论语·卫灵公》），朱熹解读《诗经·国风》中的《郑风》和《卫风》，不改疾言厉色一贯做派，斥曰："郑、卫之乐，皆为淫声。然以诗考之，卫诗三十有九，而淫奔之诗才四之一；郑诗二十有一，而淫奔之诗已不翅七之五。卫尤为男悦女之词，而郑皆为女惑男之语。卫人犹多刺讥惩创之意，而郑人几于荡然无复羞愧悔悟之萌。是则郑声之淫，有甚于卫矣！"（《诗集传》卷四56页，中华书局，1958年）杨慎则把《论语》"淫"字释为"声溢于乐"，谓"郑声淫者，郑国作乐之声过于淫，非谓郑诗皆淫也。后世失之，解《郑风》皆为淫诗，谬矣！"（四库本《升庵集》卷四十四"淫声"）其论显为驳朱而发。

② 案：毛文中发表上述意见的某客误以存理去欲之说始自王阳明，西河已作订正。对于理、欲关系，朱子采取宋儒标志性的简单粗暴做法，称"人只有一个公私，天下只有一个邪正。"（《朱子语类》卷十三）西河先生系理学传人，批折某客，干脆释曰："欲者，恶之别名。存理去欲，犹言为善去恶。"（《折客辨学文》）反理学的戴震则云："宋以来之言理、欲，徒以为正邪之辨而已。""谓'不出于正则出于邪，不出于邪则出于正'，可；谓'不出于理则出于欲，不出于欲则出于理'，不可。"（《孟子字义疏证》卷上《理》）

过，则为依乎天理，为相生养之道，譬则水由地中行也；穷人欲而至于有悖逆诈伪之心，有淫洗作乱之事，譬则洪水横流，泛滥于中国也。……禹之行水，行其所无事，非恶泛滥而塞其流也。恶泛滥而塞其流，其立说之工者且直绝其源，是遏欲无欲之喻也。"（何文光整理《孟子字义疏证》卷上《理》第2、10页，中华书局，1982年）东原之见与其说新，毋宁说回归到了千年以前汉人"乐而有节"的理性精神上去。

其实万历时的"狂人"李贽已倡言"私者人之心也，人必有私而后其心乃见，若无私则无心"，"为无私之说者皆画饼之谈"（《藏书》卷三十二《德业儒臣后论》），"虽大圣人不能无势利之心"（《道古录》卷上第十章）。这跟乾初、东原之说若合符节。卓吾崇尚真性情，故极诋当日文坛"满场是假""无所不假"，"言虽工，与我何与？"在他看来，"天下之至文，未有不出于童心焉者。……诗何必古《选》，文何必先秦？降而为六朝，变而为近体，又变而为传奇，变而为院本，为杂剧，为《西厢》曲，为《水浒传》，为今之举子业，皆古今至文……更说甚么六经，更说甚么《语》、《孟》乎！"（《焚书》卷三《童心说》）

同样看不惯"工文字"之虚伪的是戚继光师傅唐顺之，尝云：

"今有两人，其一人心地超然，所谓具千古只眼人也，即使未尝操纸笔呻吟，学为文章，但直据胸臆，信手写出，如写家书，虽或疏卤，然绝无烟火酸馅习气，便是宇宙间一样绝好文字；其一人犹然尘中人也，虽其颙颙学为文章，其于所谓绳墨布置，则尽是矣，然翻来覆去，不过是几句婆子舌头话，索其所谓真精神与千古不可磨灭之见，绝无有也，则文虽工而不免为下格。……唐宋而下，文人莫不语性命，谈治道，满纸炫然，一切自托于儒家。然非其涵养畜聚之素，非真有一段千古不可磨灭之见，而影响勦说，盖头窃尾，如贫人借富人之衣，庄农作大贾之饰，极力装做，丑态尽露。"（四库本《荆川集》卷四"与茅鹿门主事书"）[①]

[①] 案：唐荆川、李卓吾以及后来公安三袁所抨击的实为弘治至嘉靖间"文必秦汉，诗必盛唐"的文坛复古之风。由"李（梦阳）、何（景明）、王（世贞）、李（攀龙）"四大家领衔的前、后七子振起古风，径称唐以后无师，亦是针对宋人而发，凡意见不合辄"诋为宋学"（见《明史·李攀龙传》）——在这一点上他们与持性灵说的公安派实无根本冲突，双方充满火药味的论战甚至多少给人以"大水冲了龙王庙"的感觉。惟李、何、王、李矫枉过正，反生新弊。江进之云："固有复古之力，亦有泥古之病。"王伯谷云："矫枉太过，和平不及；摹仿刻深，陶镕未暇。"（见清朱彝尊编《明诗综》（四库本）卷三十四"李梦阳"）

此真为世间极酣畅淋漓一段议论，笔锋之犀利尖刻更在卓吾上也①。

《金瓶梅》既是对禁欲的"反动"，故"全书一百回，描写性交者居十之六七"（茅盾"性欲描写"，此统计确否存疑），不但花样多，而且有了像饮尿、用脚带拴两足、在身上烧香等迹近性虐待的轻微痕迹。又全用方言、俗语写成，可谓满纸糙话，却是一部无比真切的"世态炎凉之作"（第一回张竹坡评语），"非独描摹下流言行，加以笔伐而已"（《中国小说史略》第十九篇）。袁中郎提倡作文"独抒性灵，不拘格套"，闻里弄妇孺唱《擘破玉》《打草竿》辄喜，谓是"无闻无识真人所作，故多真声"，"能通于人之喜怒哀乐嗜好情欲"（《袁宏道集》卷四《叙小修（即弟中道）诗》）；那么他"睹（《金瓶梅》）数卷，甚奇快"（《万历野获编》卷二十五），也就不足为奇了。

无论描写性爱，还是摹绘世情，《金瓶梅》在当时绝不孤单，宣泄着文人心头郁结的反抗情绪——这被李泽厚形象地冠以"浪漫洪流"之名，"不是一两个人，而是一批人，不是一个短时期，而是迁延百余年的一种潮流和倾向。……确乎够得上是一种具有近代解放气息的浪漫主义的时代思潮。"（《李泽厚十年集》第一卷《美的历程》190页，安徽文艺出版社，1994年）

这股情绪不仅弥漫于文艺圈，如涌动的暗流，对思想界之冲激涤荡只怕来得更早，也更凶猛。

朱明一朝靠理学治天下，正是程朱气焰万丈、如日中天之时。太祖立太学，"一宗朱氏之学，令学者非五经、孔孟之书不读，非濂、洛、关、闽之学不讲"。成祖益张其势，"命儒臣辑《五经四书大全》及《性理全书》，颁布天下。"（《东林列传》卷二《高攀龙传》）士流屈服于理学淫威，"此亦一述朱，彼亦一述朱"（黄宗羲《南雷文定前集》卷四"移史馆论不宜立《理学传》书"），"宁得罪于孔子，而不敢得罪于宋儒"（杨慎《丹铅总录》卷十二"东西二周后辨"）。

明祖依仿元制，以朱子《四书集注》为科举取士准则，清人饶廷襄谓"其事为孔孟明

---

① 案：唐荆川不巧也是《金瓶梅》案中躺枪之人。《寒花盦随笔》云："此书为一孝子所作，用以复其父仇者。盖孝子所识一巨公，实杀孝子父，图报累累皆不济。后忽侦知巨公观书时，必以指染涎，翻其书叶。孝子乃以三年之力，经营此书。书成，粘毒药于纸角，觇巨公出时，使人持书叫卖于市曰：'天下第一奇书。'巨公于车中闻之，即索观。车行及其第，书已观讫，啧啧叹赏，呼卖者问其值，卖者竟不见。巨公顿悟为人所算，急自营救，已不及，毒发遂死。"又云："孝子即凤洲也，巨公为唐荆川。凤洲之父忤，死于严氏，实荆川谮之也。"（转引自朱一玄辑《金瓶梅资料汇编》94页，南开大学出版社，1985年）杨椿撰《孟邻堂文抄》力辨其事，"谓民望（王忬字民应，民望之称未知何来，但指井无疑）之死，非由于荆川。民望逮下狱时，荆川在南讨倭，已逾七月，至次年冬民望死西市，而荆川已先半载卒于泰州舟中。"万斯同则称"民望与鄢懋卿同年相契，力恳其勋己以求罢。懋卿谓上于边事严，喜怒不可测，止勿勋。民望乃自属草，付其门人方辂上疏劾之，帝果大怒，遂下狱论死。是民望之死，实自为之，与严氏亦无涉。"（见李慈铭《越缦堂读书记》1002—1003页，上海书店出版社，2000年）

理载道之事，其术为唐宗英雄入彀之术，其心为始皇焚书坑儒之心"，林则徐叹称"奇论"（见冯桂芬《校邠庐抗议》卷下"改科举议"）。事实上，自晚明至清迭有学者拿焚书作喻，发激切之论。出生于明亡之年（1644）的廖柴舟就说："自汉唐宋历代以来，皆以文取士，而有善有不善，得其法者惟明为然。明制，士惟习四书，兼通一经，试以八股，号为制义，中试者录之。士以为爵禄所在，日夜竭精敝神以攻其业。自四书、一经外，咸束高阁，虽图史满前，皆不暇目，以为妨吾之所为。于是天下之书不焚而自焚。"又云："明太祖以制义取士，与秦焚书之术无异，特明巧而秦拙，其欲愚天下之心则一。"（《廖燕全集》卷一"明太祖论"）[1]

即便理学大炽，儒士"尽扫百家而归之宋人，又尽扫宋人而归之朱子"（杨慎《丹铅续录》卷二"先郑后郑"），总有不怕掉脑袋的拼上一命钻出地缝，如几匹野狗猖猖吠于旷宇，是为异端。永乐初，饶州鄱阳县民朱季友诣阙上书，专攻周、程、张、朱之说。成祖览而怒曰："此儒之贼也！"万历中，四川金事张世则疏诋程朱，献所著《大学初义》，请颁学宫。高攀龙斥曰："使世则之言一倡，人人得自骋其私，浮词邪说充塞天下，二祖列宗之教荡然扫地矣！"（《东林列传·高攀龙传》）两事相距近二百年，其间冒死进"邪说"者层出，见诸《万历野获编》的就有傅宽、陈真晟、陈公懋、周成、陈云章、王俊柏、湛若水、任时、林希元九人（卷二十五《著述门》"献书被斥"条，无锡陈公懋成化、弘治时两上书），多半落得毁书治罪的下场[2]。出身名门的杨用修的言动尤引人注意，今人王仲镛甚至说他是"明代前期中反理学之第一人"（《升庵诗话笺证》前言，上海古籍出版社，1987年）。

用修不以理学为然，从含沙射影（"宋儒论天外""宋人议论不公不明""宋人多议论可厌"），到指名道姓（"晦庵僻论""朱子引用误字""朱子论吴才老叶韵"，俱见《丹铅总录》），胆量可谓越来越大。不但公开指斥"经之拘晦实自朱始"（四库本《升

---

[1] 顾炎武亦称"八股之害，等于焚书"，与廖柴舟不谋而合。案：明清学者论调实滥觞于宋人晁说之（号景迂生）。晁氏曰："秦焚《诗》、《书》，坑学士，欲愚其民，自谓其术善矣。盖后世又有善焉者。其于《诗》、《书》，则自为一说以授学者，观其向背而宠辱之，因以尊其所能而增其气焰，固其党而而世其名位，使才者顿而拙，智者固而愚矣。学士之众，则丰饮食以侈其朝夕，峻爵禄以利其身世，济其欲而夺其志，严其法而禁其言，使之不择祸福而靡然趋己，又岂不愚"（《嵩山文集》卷十三《儒言·善术》）。景迂矛头始指向王荆公新学，明季赵南星借其说以诋科场功利，谓"秦以焚书坑儒愚天下之人，而后世以读书为儒，愚天下之人，使天下之人渐渍于其中，日以迂腐趑趄，不能为乱，亦不能为治"（《味檗斋文集》卷五《周元合文集序》）。赵为东林领袖，悼惜经义渐堕为"取青紫（指爵禄）之具"，欲重振道学（见同书同卷《〈圣学启关臆说〉序》），故言辞虽慷慨，与亭林等遗民的亡国之痛又不可同日而语。

[2] 助燕王发动靖难之役、官至太子少师的僧人道衍（姚广孝）生前亦著有《道余录》，专诋程、朱。其友张洪尝云："少师于我厚，今死矣，无以报之，但见《道余录》辄为焚弃。"（王鏊《姑苏志》卷五十二《人物十（名臣）》"姚广孝"条）

庵集》卷六"答重庆太守刘嵩阳书"），更要进入到直被晦翁霸为专利、不容置喙的"格物致知"里头去做一番手脚，以格为扞格、隔绝，解格物为"格其物欲之诱"。"朱子云：'格，至也。穷至事物之理。'此添字太多，乃成其句，若止云'至物'，成何句法？"（清光绪八年刻《总纂升庵合集》第三十八册卷九十四《经说》"格物致知"）犹不肯住手。朱子闻吕子约死，叹道："子约竟赍著许多鹘突道理去矣！"闻陆象山死，又道："可惜死了告子！"[1]用修因曰："评品切劘，在朋友平日则可，至闻其死亡，不加惋惜，而以讥讪，何邪？"（《丹铅续录》卷二"朱子忿懥"）这是连晦翁人品也被打上了大大的问号。

孔子学生子贡尝问："有一言而可以终身行之者乎？"夫子答曰："其恕乎！己所不欲，勿施于人。"（《论语·卫灵公》）先秦孔孟本以循循善诱的长者"指导"风范见称[2]，未尝有过一言九鼎的野心；惟一经宋儒之口便大变腔，成了恨铁不成钢的虚声恫吓，"辩论之劲，排辟之严"，令人生畏[3]。清沈垚言："宋儒先生律己甚严，自处甚高，而待人则失之不恕"，"宋儒实有过高之弊"（《落帆楼文集》卷九"与许海樵札"）。理学家以为"理"尽在于我，言必称尧舜，强求人皆圣贤。东林悍将赵南星更是放言："不欲为圣人者，不欲为人者也"；为人之道，"心无邪思，身无苟动，日无妄言，入则为孝子悌弟，出则为信友，仕则为忠臣良吏"，"否则与禽兽无异"（《味檗斋文集》卷五《〈圣学启关臆说〉序》）。

杨慎之外，还有一个不得不提的人物，就是比他略早、宋明理学史上"疑云重重"的王守仁。

说来有趣，杨、王二人均不同程度卷入到嘉靖初震惊朝野、并对此下政治情态发生深刻影响的"大礼议"事件中。杨氏父子身先士卒，可以看作"争礼"派的领袖。廷和为首辅，坚称程颐之论"最得义理之正，可为万世法"（《明史》本传；李贽说他"未脱见闻窠臼"，"可以许其忠而未敢以许其妙"，见《续藏书》卷十二《太保杨文忠公传》）。用修为翰林学士，在下附和道："臣等所执者，程颐、朱熹之说也。"（《明史》本传）故世宗恨之入骨。用修死里逃生，发配云南永昌，从此"陶情乎艳辞，寄意于声伎，落魄

---

[1] 以上两条分别见《朱子语类》卷一二二、一二四。案：子约即吕祖谦弟祖俭，告子便是战国时与孟子辩论人性善恶的那位著名学者。晦翁每以孟子自居，认为告子之说近禅，因视象山为当世告子，谓"陆子静所学，分明是禅"（《朱子语类》卷一一六）。叶绍翁云："象山于告子之说，亦未尝深非之，而或有省处。象山之学杂乎禅，考亭谓陆子静满腔子都是禅，盖以此"（《四朝闻见录》甲集"考亭解《中庸》"条）。

[2] 案："循循然善诱人"一语即孔子另一高足颜回礼赞其师的话，见《论语·子罕》。

[3] 见《总纂升庵合集》第八十三册卷二〇九《理学》"朱子自言"所引张栻与朱书。张南轩曰："（元晦）平时只是蔵规他人，见他人不是，觉己是处多。他人亦惮元晦辩论之劲，排辟之严，纵有所疑，不敢深请。"

不羁"（《续藏书》卷二十六《文学名臣修撰杨公传》），开始了离经叛道，"实迷途其未远，觉今是而昨非"（语出陶潜《归去来兮辞》）的后半生。

北京城里风雨大作之时，王阳明却能置身事外，夜坐会稽碧霞池畔，悠闲赋诗。其一云："一雨秋凉入夜新，池边孤月倍精神。潜鱼水底传心诀，栖鸟枝头说道真。莫谓天机非嗜欲，须知万物是吾身。无端礼乐纷纷议，谁与青天扫旧尘？"又云："独坐秋庭月色新，乾坤何处更闲人？高歌度与清风去，幽意自随流水春。千圣本无心外诀，六经须拂镜中尘。却怜扰扰周公梦，未及惺惺陋巷贫。"独有门人钱德洪觑破其心事，谓："盖有感时事，二诗已示其微矣。"（《年谱三》，载《王阳明全集》卷三十五）

阳明看似钓翁野叟，然而万万不可低估他在该事件中秘密发挥的作用。欧阳琛发表于1949年的"王守仁与大礼议"一文（载《新中华半月刊》第十二卷第七期），对今天读者了解真相仍大有裨益。站在世宗一边的"赞礼"诸臣中（重要者有张璁、桂萼、霍韬、熊浃、席书、方献夫、黄绾、黄宗明八人），席书与守仁"介乎师友之间"，"献夫二黄均为守仁纳贽弟子，学谊友情均极融洽"；故"庙堂政争与思想论战合流"，新旧两派士大夫集团的博弈"实与当时新兴王学及正统朱学之对立有关"，而王学恰是"赞礼者之理论基础"。

这篇旧文章体现出来的真知灼见，确如陈年佳酿，至今暗香袭人。王学在当日已背上"伪学"骂名，阳明又为宰辅杨廷和所沮，不得入朝[1]；但他在余姚老家丝毫未曾闲着，议论既兴，遇"士夫之问及者，亦时时为之辩析"（"与霍兀崖宫端（即霍韬）（丁亥）"，《王阳明全集》卷二十一《外集三》）。俟政争尘埃落定，"赞礼"派大获全胜，犹抱病致书黄绾，称与诸公"有道义骨肉之爱"，告诫他们"更须警惕朝夕，谦虚自居。其所以感恩报德者，不必务速效，求近功，要在诚心实意，为久远之图"（同书同卷"与黄宗贤四（戊子）"）。

彼时王学打出的旗号是"致良知""知行合一"。中国学者的传统方法看重探本穷源，建立谱系，替任何横空出世的新说寻一妥当安顿处，然后方可心安。故明清以降，陆、王并称，认为阳明衣钵实从象山"心学"接过来。清理学名臣熊赐履便非常自信地说："晦翁以象山为宋之告子，愚亦以姚江为明之告子。"（《学统》卷四十九《异学·告子》）

朱、陆异同绝对算是南宋最大的儒门公案。淳熙二年（1175），二公会于鹅湖寺（今江西铅山县境内），象山讥朱学"支离"，不欢而散；"于是宗朱者诋陆为狂禅，宗陆者

---

[1] 据《明史·章侨传》，嘉靖元年（1522）侨为礼科给事中，疏言："三代以下正学莫如朱熹。近有聪明才智，倡异学以号召，天下好高务名者靡然宗之。取陆九渊之简便，诋朱熹为支离。乞行天下，痛为禁革。"显指守仁新学。黄绾《阳明先生行状》（载《王阳明全集》卷三十八《世德纪》）又谓嘉靖元年，"科道官迎当路（指杨廷和）意，以伪学举劾"。

以朱为俗学，两家之学各成门户，几如冰炭。"（《宋元学案》卷五十八《象山学案》）这次辩论的具体内容，朱亨道记云："鹅湖之会，论及教人。元晦之意，欲令人泛观博览，而后归之约。二陆（九龄、九渊）之意，欲先发明人之本心，而后使之博览。朱以陆之教人为太简，陆以朱之教人为支离，此颇不合。"（《陆九渊集》卷三十六《年谱》，中华书局，1980年）

这其实就是"尊德性"与"道问学"的方法论之争。陆学以"尊德性"为宗，谓"先立乎其大，而后天之所以与我者，不为小者所夺"；朱学以"道问学"为主，谓"格物穷理，乃吾人入圣之阶梯"。"尊德性而道问学，致广大而尽精微"本是《中庸》（第二十七章）原话，硬将一句话掰成两橛，于"广大""精微"处各下功夫，足证其区别仅为"殊途"而已，那个在煌煌"天理"之下重建人间伦理秩序的总目标是一致的。故黄宗羲曰："二先生同植纲常，同扶名教，同宗孔孟。即使意见终于不合，亦不过仁者见仁，知者见知。"其子百家亦云："二先生之立教不同，然如诏入室者，虽东西异户，及至室中，则一也。"（《象山学案》）

象山主张"心即理"，其学遂称"心学"，并因此得到"近禅"的声名。观其专论"心"之文字，便知不少地方竟是被人误读了。他说："人非木石，安得无心？心于五官最尊大。""人皆有是心，心皆具是理，心即理也，故曰'理义之悦我心，犹刍豢之悦我口'。所贵乎学者，为其欲穷此理，尽此心也。有所蒙蔽，有所移夺，有所陷溺，则此心为之不灵，此理为之不明，是谓不得其正，其见乃邪见，其说乃邪说。一溺于此，不由讲学，无自而复。故心当论邪正，不可无也。"（《陆九渊集》卷十一"与李宰二"）就字面而言，"心即理"说法无疑取自禅宗（见契嵩《镡津集》卷七《论原·治心篇》），但细心体会，其中千差万别不辨自明。更可笑的是，晦翁公开指斥象山学禅，纯源于道听途说。曾祖道自陆门转投朱门，告以从前象山语："目能视，耳能听，鼻能知香臭，口能知味，心能思，手足能运动，如何更要甚存诚持敬？"清儒李绂辩曰："此见《朱子语类》记录之言，又经数转，自多失其本旨。先生尝以'存'名其斋，极取存诚之说，何尝谓不必存诚？惟谓持敬，'持'字为未安耳。目能视之说亦讹舛，其论见傅子云所录，言先生居象山，多告学者云：'汝耳自聪，汝目自明，事父自能孝，事兄自能弟，本无少缺，不必他求，在乎自立而已。'并非如祖道所述。……先生之言悉本孟子，所谓在我全无杜撰者也。"（《陆子学谱》卷十三《弟子八》"曾宅之祖道"条）

朱、陆持论虽异，远未到世间哄传水火不容的田地，正相反，彼此倒是有点儿惺惺相惜意思。晦翁尝云："南渡以来，八字着脚，理会着实工夫者，惟某与陆子静二人而已。"（《陆九渊集·年谱》淳熙十六年条）鹅湖会上的火花四溅似乎也不曾影响到私交，六年后象山便应朱子之邀，登上白鹿洞书院讲坛，说得痛快，闻者流涕，"元晦深感动，天气微冷，而汗出挥扇。"（同上书淳熙八年条）世人尽知晦翁自比孟子，讥象山为告子，但象山又何尝不说自己学问是"读《孟子》而自得之"（同上书卷三十五《语录下》），回击朱为"告子之见"（《朱子语类》卷一二四《陆氏》）。二人间这种极富戏剧性的论战方式尤耐人寻味。

至于守仁所学，渊源有自，《明儒学案》交代得十分清楚，谓"始泛滥于词章，继而遍读考亭之书，循序格物，顾物理吾心终判为二，无所得入。于是出入于佛、老者久之。及至居夷处困，动心忍性，因念圣人处此更有何道？忽悟格物致知之旨，圣人之道，吾性自足，不假外求（指龙场悟道）。其学凡三变而始得其门"（卷十《姚江学案·文成王阳明先生守仁》）。可见王学由"格物"发端，据《年谱一》，"先生始侍龙山公（指王父华）于京师……官署中多竹，即取竹格之，沉思其理不得，遂遇疾。"（《王阳明全集》卷三十三）显然这是一段充满挫折感、让他刻骨铭心的难忘经历，多年后仍耿耿于怀地回忆道："初年与钱友同论做圣贤，要格天下之物，如今安得这等大的力量？因指亭前竹子，令去格看。钱子早夜去穷格竹子的道理，竭其心思，至于三日，便致劳神成疾。当初说他这是精力不足，某因自去穷格。早夜不得其理，到七日，亦以劳思致疾。遂相与叹圣贤是做不得的，无他大力量去格物了。"（《王阳明全集》卷三《语录三·传习录下》）从格竹子失败（二十一岁），到杜撰出神奇的"龙场（贵阳西北）顿悟"（三十七岁），余英时乃看出"他的思想并不是直接从陆象山的系统中发展出来的，相反地，他的'良知'二字是和朱子'格物致知'的理论长期奋斗而获得的。"（《士与中国文化》"中国近世宗教伦理与商人精神"447—448页）

"顿悟"有如打通了思想家的任督二脉，让他跳出樊笼，从烦琐走向简捷，曰："先儒解格物为格天下之物，天下之物如何格得？且谓一草一木亦皆有理，今如何去格？纵格得草木来，如何反来诚得自家意？我解格作'正'字义，物作'事'字义。"（《传习录下》）这便是长成"阳明学"那棵参天大树的最初一粒种子①。

---

① 或许因"大礼议"旧伤难愈，杨慎虽反程朱，却坚持当年"学术不同，议论亦异"（《明史》本传）之见，终生不肯与阳明和解，对王氏新学多有抵斥。如云："格物之说，近日解者何其纷纷乎！有以格为正者，《大学》之始遽能正功，则修齐治平皆赘矣。"（《升庵集》卷五"格物说"）甚至骂王为"霸儒"，"削经划史，驱儒归禅"（同上书卷六"答重庆太守刘嵩阳书"）。又引他人戏语讥曰："宋儒'格物致知'之说，久厌听闻，'良知'及'知行合一'之说一出，新人耳目。如时鱼鲜笋，肥美爽口，盘肴陈前，味如嚼冰，若久而厌饫，依旧是鹅鸭菜蔬上也。又如真旦看厌，却爱装旦；北西厢听厌，乃唱南西厢。观听既久，依旧是真旦、北西厢出也（同上书卷七十五"蒋北潭戏语"）当然也偶有契合之时，如升庵读《晋书》，目王导为叛臣，谓"近读阳明《纪梦诗》，尤为卓识真见，自信鄙说之有稽而非谬也"（《升庵诗话》卷十二"王阳明《纪梦诗》"条）。

正德四年（1509）即顿悟之翌年，守仁始论"知行合一"，谓"知是行之主意，行实知之功夫；知是行之始，行实知之成"（《年谱一》）。至十六年（1521），揭"致良知"之教，谓得此三字，"譬之操舟得舵，平澜浅濑，无不如意，虽遇颠风逆浪，舵柄在手，可免没溺之患。"（《年谱二》）又曰："童子知畏先生长者，此亦是他良知处。故虽嬉戏中见了先生长者，便去作揖恭敬，是他能格物以致敬师长之良知了。童子自有童子的格物致知。"（《传习录下》）

从身体力行的"知行合一"，到通俗易懂的"良知"，飘在云端的宋儒理论终于跌落回人间，一切生硬说教都在这里被打上了感性认知的烙印，变得触手可及。阳明面向大众之教学方法尤能彰显这一转变。他说："须做得个愚夫愚妇，方可与人讲学。"又说自家格物之法，"虽卖柴人亦是做得，虽公卿大夫以至天子，皆是如此做。"故当弟子见"满街人都是圣人"，以为异事时，他愈发坦然，云："此亦常事耳，何足为异？"（俱见《传习录下》）①

清人焦循发表过一个看法："余谓紫阳（指朱子）之学所以教天下之君子，阳明之学所以教天下之小人。……良知者，良心之谓也。虽愚不肖、不能读书之人，有以感发之，无不动者。"（《雕菰集》卷八《良知论》）传至王门后学，李贽说"穿衣吃饭，即是人伦物理"（《焚书》卷一"答邓石阳"），王艮（心斋）说"圣人之道无异于百姓日用"（《明儒学案》卷三十二《泰州学案一·心斋语录》），进一步把理学世俗化或社会化的倾向推到极致②。

---

① 案：此处弟子指董沄（号萝石），六十八岁游会稽，闻阳明讲学，遂投门下。王时年五十三（见《年谱三》"嘉靖三年"条）。

② 钱穆称守仁"平生讲学，总是针对著对方讲，从不凭空讲，也不是在读书本，或讲天地与万物"；他的良知学，"可说是一种社会大众的哲学"（《宋明理学概述》255、303页）。此教法可往前追溯到陆象山，据《年谱》"淳熙十三年"条，"既归，学者辐辏。时乡曲长老，亦俯首听诲。每诣城邑，环坐率二三百人，至不能容，徙寺观。县官为设讲席于学宫，听者贵贱老少，溢塞途巷。"（《陆九渊集》卷三十六）

阳明显然继承了象山的民间讲学传统，巡抚南、赣，"四方学者辐辏，始寓射圃，至不能容，乃修濂溪书院居之。"（《年谱一》"正德十三年"条）归余姚，辟稽山书院，"宫刹卑隘，至不能容，盖环坐而听者三百余人。"（《年谱三》"嘉靖三年"条）晚年讲学故里这一段，《传习录下》所记尤详，云："先生初归越时，朋友踪迹尚寥落。既后四方来游者日进。癸未年（嘉靖二年即1523年）已后，环先生而居者比屋，如天妃、光相诸刹，每当一室，常合食者数十人；夜无卧处，更相就席；歌声彻昏旦。南镇、禹穴、阳明洞诸山远近寺刹，徙足所到，无非同志游寓所在。先生每临讲座，前后左右环坐而听者常不下数百人，送往迎来，月无虚日。……诸生每听讲出门，未尝不跳跃称快。"

阳明死后，弟子王艮"开门授徒，远近皆至"，"谓'百姓日用即道'，虽僮仆往来动作处，指其不假安排者以示之，闻者爽然。"（《明儒学案》卷三十二《泰州学案一·处士王心斋先生艮》）由他创立的泰州学派得以继续风行民间。黄仁宇指出，"很多历史学家认为，王艮把王阳明的学说推广而成为'群众运动'，这可以算得是一种历史的误会。因为在明代社会里，并不存在以哲学领导群众运动的可能。"（《万历十五年》231页）不可否认，历史家之叙述会有言过其实的夸张成分，但看一看泰州门下的人员构成，有樵夫（朱恕）、陶匠（韩贞）、田夫（夏廷美，《泰州学案》均为立传），其社会基础之广泛当非向壁虚造。

象山的"心即理"已被讥为禅，阳明又在此基础上大加发挥，谓"良知者，心之本体"（《王阳明全集》卷二《语录二·传习录中》"答陆原静书"），"吾心之良知，即所谓天理"（同书同卷"答顾东桥书"），更易引火烧身。时人便担心"立说太高，用功太捷……未免堕于佛氏明心见性、定慧顿悟之机"（"答顾东桥书"引顾氏来书），而阳明自幼研习佛、老，亦承认"其妙与圣人只有毫厘之间"（《王阳明全集》卷一《语录一·传习录上》）。杨慎骂他"驱儒归禅"自不必说，清代陆陇其则斥"良知"乃"以禅之实而托儒之名"（《三鱼堂文集》卷二《学术辨上》），王船山同样诋王学为"阳儒阴释诬圣之邪说"（《张子正蒙注》序论）。

毋庸讳言，阳明师徒常借用禅的语言、意境来阐释自家理，前引"山中看花"议论最令人生疑（见本书292页），门人徐爱又曾以镜喻心，曰："圣人心如明镜，常人心如昏镜。近世格物之说，如以镜照物，照上用功，不知镜尚昏在，何能照！先生之格物，如磨镜而使之明，磨上用功，明了后亦未尝废照。"（《传习录上》）徐爱系守仁妹婿，最早执弟子礼（见《明儒学案》卷十一《浙中王门学案一》），当时以为悟得明白，不自觉却掉入神秀"身是菩提树，心如明镜台；时时勤拂拭，勿使惹尘埃"的误区，其境反在禅之下了①。

攻击象山抑或阳明为禅显为不实之词，但"心学"的确有此风险，所谓差之毫厘，谬以千里，后学诸流不满师说，纷纷"跻阳明而为禅"（《明儒学案》卷三十二《泰州学案》序），便很好地印证了这一点。阳明讲学最后一番话是有名的"四句教"，谓"无善无恶是心之体，有善有恶是意之动，知善知恶是良知，为善去恶是格物"（见《传习录下》），由此引发绝大争论，而有"四无"（心、意、知、物俱无善无恶）与"四有"（心、意、知、物俱有善有恶）之辨。据说他自己的解释是："吾教法原有此两种，四无之说为上根人立教，四有之说为中根以下人立教。上根者，即本体便是工夫，顿悟之学也。中根以下者，须用为善去恶工夫以渐复其本体也。"王畿（龙溪）亲承末命，持论归于"四无"，谓"当下本体，如空中鸟迹，水中月影，若有若无，若沉若浮，拟议即乖，趋向转背，神机妙应。当体本空，从何处识他？于此得个悟入，方是无形象中真面目，不著纤毫力中大著力处"（见《明儒学案》卷十二《浙中王门学案二》）——这已不是"近

① 刘仕义《新知录摘抄》"王阳明"条记录一则逸闻："（先生）尝游僧寺，见一室封锁甚密，欲开视之。寺僧不可，云：'中有入定僧，闭者五十年矣。'阳明固开视之，见龛中坐一僧，俨然如生，其相貌酷肖阳明。先生曰：'此岂吾之前身乎？'既而见壁间一诗，云：'五十年前王守仁，开门原是闭门人。精灵剥后还归复，信始禅门不坏身。'先生曰：'此固吾之前身乎！'怅然者久之，为之建塔以葬焉，而后去。"盖明时"阳明禅"之说甚盛，乃有此类齐东野语口口相传。

禅"，而是"入于禅"了。顾亭林谓"龙溪之学，一传而为何心隐，再传而为李卓吾"
（《日知录》卷十八"朱子晚年定论"）。身为王学传人，李贽不但公然倡佛，声称
"儒、道、释之学，一也"（《续焚书》卷二《三教归儒说》），晚年更削发为僧，真正
做到了知行合一，"以释门弟子而兼儒家学者的姿态出现"（黄仁宇语，《万历十五年》
236页），这让主张"学术异同，皆可无论"（见"移史馆论不宜立《理学传》书"）的
黄梨洲也忍无可忍，撰《明儒学案》竟要将他拒之门外了。

虽有着与禅的上述纠葛，细观王学，最引人注意处还是它的感性色彩。且看他对
"心"之描述：

"视、听、言、动皆是汝心：汝心之视，发窍于目；汝心之听，发窍于耳；汝心之
言，发窍于口；汝心之动，发窍于四肢。若无汝心，便无耳目口鼻。所谓汝心，亦不专是
那一团血肉。若是那一团血肉，如今已死的人，那一团血肉还在，缘何不能视听言动？所
谓汝心，却是那能视听言动的，这个便是性，便是天理。有这个性才能生。这性之生理便
谓之仁。这性之生理，发在目便会视，发在耳便会听，发在口便会言，发在四肢便会动，
都只是那天理发生，以其主宰一身，故谓之心。"（《传习录上》）

阳明也讲存天理去人欲，但显
而易见，二者不再剑拔弩张，反倒
成了互依互存的"合体"关系。他
说"良知虽不滞于喜怒忧惧，而喜
怒忧惧亦不外于良知"（《传习录
中》），这到刘宗周便是："人生
一时离不得七情，七情即良知之
魄，若谓良知在七情之外，则七情
又从何处来？"（《明儒学案》卷
十《姚江学案》）他说"乐是心之
本体，虽不同于七情之乐，而亦不
外于七情之乐"（《传习录
中》），这到王艮便是："人心本
自乐，自将私欲缚。私欲一萌时，
良知还自觉。一觉便消除，人心依

王守仁画像

旧乐。"（《明儒学案》卷三十二《泰州学案一·心斋语录》）[①]

正德十三年（1518），阳明刻《朱子晚年定论》，其序云："取朱子之书而检求之，然后知其晚岁固已大悟旧说之非，痛悔极艾，至以为自诳诳人之罪不可胜赎。世之所传《集注》、《或问》之类，乃其中年未定之说，自咎以为旧本之误，思改正而未及。而其诸《语类》之属，又其门人挟胜心以附己见，固于朱子平日之说犹有大相缪戾者。……世之学者徒守朱子中年未定之说，而不复知求其晚岁既悟之论，竞相呶呶以乱正学，不自知其已入于异端。"（载《王阳明全集》卷七《文录四》）

这下像是一竿子捅着马蜂窝，真的犯了"众怒"。罗钦顺（"与王阳明书"）、陈建（《学蔀通辩》）先后发声，把王氏驳得体无完肤（见《日知录》"朱子晚年定论"）。钱穆亦称"从来以一代大儒、一代宗师来写一本书，总没有像此书般的粗疏"（《宋明理学概述》269页，《钱宾四先生全集》第九册，联经出版事业公司，台北，1998年）。

钱氏认为王学"逃不开朱陆异同的问题，在守仁自然是偏主陆的一边多，所以后世称程朱与陆王，这是宋明理学一大分野、一大对垒"（同上书267页）。此话大抵不假，但有一点不得不辨，阳明接过象山衣钵，其目的究竟要做私淑弟子，弘扬"心学"，还是另有他图？

万历时，大理少卿王用汲疏劾守仁悖叛晦庵，"曾詈朱熹为夷狄禽兽，至造其像鞭朴之。"（《万历野获编》卷十四《礼部门》"四贤从祀"）用汲"为人刚正"（《明史》

[①] 《年谱一》"弘治十六年"条：阳明移疾钱塘西湖，往来南屏、虎跑诸刹。有禅僧坐关三年，不语不视，先生喝之曰："这和尚终日口巴巴说甚么！终日眼睁睁看甚么！"僧惊起，即开视对语。先生问其家，对曰："有母在。"曰："起念否？"对曰："不能不起。"先生即指爱亲本性谕之，僧涕泣谢。明日问之，僧已去矣。

"弘治十七年"条：主考山东乡试，试录皆出先生手笔。其策问议国朝礼乐之制，《王阳明全集》卷二十二《外集四》所附《山东乡试录》云："圣人之制礼乐，非直为观美而已也；固将因人情以为之节文，而因以移风易俗也。夫礼乐之说，亦多端矣，而其大意，不过因人情以为之节文，是以礼乐之制，虽有古今之异，而礼乐之情，则无古今之殊。……后世之言礼乐者，不本其情，而致详于形器之末……纷纷藉藉，卒无一定之见，而礼乐亦因愈以废坠，是岂知礼乐之大端，不过因人情而为之节文者乎？"

综观阳明一生，弥缝理、欲，寻求妥协之迹斑斑俱在，其哲学体系中始终为人欲、人情留有一席之地。嘉靖初赞礼诸臣，所持即人情说，阳明曰："父子天伦不可夺，礼臣之言未必是，张（璁）桂（萼）之言未必非。"（《万历野获编》卷二十《言事门》"陆澄六辨"）黄梨洲论及其事，谓"世儒（指争礼者）之论过，以天下为重，而不返其心之所安。永嘉（张璁）或问，天下外物也，父子天伦也，瞽瞍（舜父）杀人，舜窃负而逃，知有父而不知有天下也。……阳明所谓心即理也，正在此等处见之。"（见《明儒学案》卷十四《浙中王门学案四·主事陆原静先生澄》）案："舜为天子，皋陶为士，瞽瞍杀人"乃孟子弟子桃应提出的假设，并非实事，孟子答曰："皋陶执之而已，舜窃负而逃，乐而忘天下。"（见《孟子·尽心上》）朱子曰："此章言为士者但知有法，而不知天子父之为尊；为子者但知有父，而不知天下之为大。盖其所以为心者，莫非天理之极、人伦之至。学者察此而有得焉，则不待较计论量，而天下无难处之事矣。"（《孟子集注》）对这一问题晦翁态度倒很豁达，可笑争礼者自以为得着程朱真传，呶呶不休，意态坚决顽冥更在宋儒之上。

本传语），海瑞死，亲往吊唁，见家徒壁立，"泣下，醵金为敛。"（《明史·海瑞传》）他的话纵然难以置信，至少道出了不少正经人的心声。阳明颠倒早晚，矫诬朱子，弥缝陆学（语出《学蔀通辩》），可以说自《朱子晚年定论》一出，总算让世人看清了他的真实面目。《明史·儒林传》序曰：有明学术之分，自陈献章、王守仁始，"宗献章者曰江门之学，孤行独诣，其传不远①。宗守仁者曰姚江之学，别立宗旨，显与朱子背驰，门徒遍天下，流传逾百年，其教大行，其弊滋甚。嘉（靖）、隆（庆）而后，笃信程朱、不迁异说者，无复几人矣。"顾亭林更是大骂狂诞李卓吾为"人痫"，且直追源头，谓"推其作俑之繇，所以敢于诋毁圣贤而自标宗旨者，皆出于阳明、龙溪禅悟之学"（《日知录》卷十八"李贽"条）。

我们不妨这样推论，阳明师承象山是虚，取其简便以攻朱子方为实。"专取朱子议论与象山合者"（语出《学蔀通辩》）编成的《朱子晚年定论》让严肃学者大跌眼镜，但它恰恰不是一部严肃著作，甚至可能带有某些戏谑调侃的味道，仅为阳明毕生反朱学术活动中的一个小小插曲；只有从这个角度，才能充分体会他料定生前身后决然不会风平浪静，而在舟途中说出"此心光明，亦复何言"（《年谱三》"嘉靖七年"条）那句遗言时的心情②。李泽厚"张（载）建立理学，朱集大成，王使之瓦解"的提法，诚有见地。他说，"王阳明的'心学'与其看作与程朱并峙的理学内部纷争或派别，不如就整个宋明理学的历史全程来考察和确定其地位，这个地位就是'理学'走向末梢的逻辑终结。……（王学）成为明中叶以来的浪漫主义的巨大人文思潮（例如表现在文艺领域内）的哲学基础。"（《李泽厚十年集》第三卷《中国古代思想史论》"宋明理学片论"240、249页）

回过头来还说《金瓶梅》。拿《水浒》中武松、潘金莲故事作引子，假西门庆为线

---

① 案：陈献章即"白沙先生"。杨慎谓，"陈白沙诗曰'六经皆在虚无里'，是欲率古今天下而入禅教，岂儒者之学哉！"（《升庵集》卷七十五"儒教禅教"）但他别处又论白沙诗，云："若其古诗之美，何可掩哉！然谬解者，篇篇皆附于心学性理，则是痴人说梦。"（《升庵诗话》卷十二"陈白沙诗"）黄梨洲称"有明学术，白沙开其端，至姚江而始大明。"（《南雷文定前集》卷四"移史馆论不宜立《理学传》书"）又曰："两先生之学，最为相近，不知阳明后来从不说起，其故何也？"（《明儒学案》卷五《白沙学案》序）王船山径称白沙厌弃朱子传人训诂之风，遂启姚江王氏之学（《张子正蒙注》序论），则把二者关系描得益发明白。

② 案：朱子学与阳明学之对立，亦可从日本历史中找到证据。朱学最早于镰仓时代（1192—1333）随禅宗传入岛国，至江户时代（1603—1867）初期，经藤原惺窝、林罗山师徒之手，始跳出寺院，脱佛归儒，发展成德川幕府统治下的官学（宽政二年即1790年幕府颁"禁止异学令"，独尊朱学，斥其他学问为异端。罗山对确立朱学地位尤有开山之功，建林家学塾，后改为官立"学问所"；官学讲授率由林氏后人把持，直至幕府灭亡。元禄年间（1688—1703），中江藤树、熊泽蕃山师徒开始批朱崇王，成为日本阳明学派的祖师。蕃山因此"触怒了以朱子学为正学的幕府忌讳，被幽禁并死于下总古河"（坂本太郎《日本史概说》306页）。

索，作者另外搭起一座热闹戏台，以供清河县中诸色人等登台亮相①；托称大宋徽、钦时事，然所述桩桩件件无一不反映明代社会之风俗习尚、市井人情。书中人物凡公私交易皆用银两，而用银之风大盛正是明中叶以后的事情②。西门庆遣人上东京打点相府，礼单上写着"白米五百石"（第十八回），这也恰为明官场流行的行贿术语。太监李广死后，孝宗得其赂籍，多文武大臣名，馈黄、白米各千百石。帝惊问："广食几何，乃受米如许？"左右曰："隐语耳，黄者金，白者银。"（《明史·宦官传一》）

潘金莲说："南京沈万三，北京枯树湾——人的形儿，树的影儿。"（第三十三回③）清顾震涛云："元沈万三宅在周庄……万三名富，字仲荣，富甲江南。"（《吴门表隐》卷一）明谢肇淛又云："金陵南门名曰聚宝，相传洪武初沈万三所筑。……人言其家有聚宝盆，故能致富，沈遂声言以盆埋城门下以镇王气，故以名门。"（《五杂组》卷三《地部一》）巨富沈万三助修南京事亦载《明史·高皇后马氏传》。沈氏尝欲代出犒军钱，太祖曰："朕有百万军，汝能遍济乎？"对曰："每一军犒金一两。"（《稗史汇编》卷七十四《国宪门·刑法类》"沈万三"条）钱塘田艺蘅（田汝成子）又谓嘉靖间严嵩当国，贪墨滔天，仕路污秽，"嘉兴丙辰科（三十五年即1556年）一进士，用金一万三千两买选吏部考功主事，时人号之曰'沈万三官'。"（《留青日札》卷三十五"沈万三秀"条）如今他的名字忽然打金莲口中冒出，尤显滑稽。

书中类似例子俯拾皆是（又如"内阁""三法司会审"等，俱为明代术语），甚至西门庆服胡僧药而亡，亦似隐隐影射沉溺女色的明穆宗④。这部专写宋人明事的小说竟被道学家扣上"海淫"的帽子，实属人世间制造的最大一起冤案。左拉声称，"小说家只是一名记录员，他不准自己作评判、下结论。"（"戏剧中的自然主义"，毕修勺、洪丕柱译，《西方文艺理论名著选编》中卷201页，北京大学出版社，1986年）《金》书作者在

① 清方濬师谓武松、潘金莲故事，民间说法不一，引包世臣《闸河日记》云："明初有阳谷知县武姓者，甚贪虐，有二妻，一潘一金，俱助夫婪索。西门有庆大户尤被其毒。民人切齿，呼之为武皮匠，言其剥割也，又呼为卖饼大郎，言其于小民口边求利也。"（《蕉轩随录》卷二"武松"条）可发一噱。
② 时人如何使用碎银元宝，《金》书第二十三回描写最详。宋蕙莲立在二层门里，打门厢儿拣花翠（头饰），向腰里摸出半侧银子儿来，央及贲四替他凿，称七钱五分。那贲四正写着帐，丢下走来替他锤。只见玳安来，说道："等我与嫂子凿。"一面接过银子在手，且不凿，只顾瞧这银子，道："这银子到有些眼熟，倒像爹银子包儿里的。前日爹在灯市里，凿与买勾金蛮子的银子，还剩了一半，就是这银子。"玳安把银子凿下七钱五分，交与买花翠的，把剩的银子拿在手里，道："我不拿你的。你把剩下的与我些儿买果子吃。"那妇人道："贼猴儿，你递过来，我与你。"哄的玳安递到他手里，只掠了四、五分一块与他，别的还塞在腰里，一直进去了。
③ 又见第七十二回，作："南京沈万三，北京枯柳树：人的名儿，树的影儿。"
④ 沈德符曰：穆宗以壮龄御宇，用奇方秘药，"致损圣体，阳物昼夜不仆，遂不能视朝。"（《万历野获编》卷二十一《佞幸门》"进药"条）死状与西门庆恰相仿佛。

性交描写的直接、精准方面更胜一筹，但显然没有采取法国同行那种"把情绪留给自己，仅仅陈述他所见到东西"（同上引）的超然物外态度。开篇即言："二八佳人体似酥，腰间仗剑斩愚夫。虽然不见人头落，暗里教君骨髓枯。"至第七十九回西门庆纵欲丧命，仍用这四句诗点题。全书"居十之六七"的猥亵文字固然极富感官刺激，审字里行间，作者本人却像隐身现场的幽灵，一口口接连啐在沉浸于床笫欢娱的"奸夫淫妇"脸上。自古未见有如此痛恨男欢女爱之人！故万历丁巳东吴弄珠客序云："作者亦自有意，盖为世戒，非为世劝。读《金瓶梅》而生怜悯心者，菩萨也；生畏惧心者，君子也；生欢喜心者，小人也；生效法心者，乃禽兽耳。"而评点本书的张竹坡亦云："一篇淫欲之书，不知却处处是性理之谈，真正道书也。"（第一百回评语）又曰：读者"当深省之，便可于淫欲世界中，悟圣贤学问。"（第二十五回评语）

自隆庆开关，海外贸易空前繁荣，带动国内工商大发展，中国传统社会即将迎来转型之关键时期，拿傅衣凌的话说，"在严密封锁的历史长流中，迸发出一股活泼、开朗、新鲜的时代气息。"（《明清社会经济史论文集》"论明清社会的发展与迟滞"105页，人民出版社，北京，1982年）

王世贞云："（严世蕃）尝与所厚客屈指天下富家居首等者，凡十七家……己与蜀王、黔公、太监高忠、黄锦及成公、魏公、陆都督炳，又京师有张二锦衣者，太监永之侄也，山西三姓，徽州二姓，与土官贵州安宣慰。积赀满五十万以上，方居首等。前是无锡有邹望者将百万，安国者过五十万。"（《弇州史料后集》卷三十六《国朝丛记六》"严氏富赀"条，载《四库禁毁书丛刊》之《史部》第五十册）山西三姓、徽州二姓、无锡邹望、安国显然是以商人身份偕一班达官显贵共同登上"十七家"富豪榜的[1]。

时人又以饶有趣味的文字记录下江南徽州一地明中后期世风之变，略云："弘治时家给人足，闾阎安堵，妇人纺织，男子桑蓬，此正冬至以后春分以前之时也。正德末嘉靖初，出贾既多，土田不重，东家已富，西家自贫，高下失均，锱铢共竞，此正春分以后夏至以前之时也。嘉靖末隆庆间，末富（指经商）居多，本富（指务农）尽少，富者愈富，贫者愈贫，贸易纷纭，巨猾侵牟，此正夏至以后秋分以前之时也。迄今三十余年（指万历时），富者百人而一，贫者十人而九，贫者既不能敌富，少者反可以制多，此正秋分以后冬至以前之时也。"（顾炎武《天下郡国利病书》原编第九册《凤宁徽》引《歙志·风土论》）以上议论自然站在正统儒家立场而发，不过结合嘉靖之世天下豪富情状，正可说是

---

[1] 晋商、徽商富可敌国自不待言，邹望、安国则为嘉靖、隆庆时无锡有名富翁。安号桂坡，二十年间，积财至"闾厦阡陌，粟红贯朽"，有"晋室王谢"之称。邹号东湖，财力更大，"曾与顾尚书荣僖公构讼，郡城内外十里，悉令罢市。"（《花村谈往》卷二"锡山三富"条，署花村看行侍者偶录，载张钧衡辑《适园丛书》第十一集）

由点及面对当时社会的一个全景概括。

清乾隆帝钦定的二十四部"正史"作者中，太史公大概是唯一肯替商人立传的一位，犹抱"本富为上，末富次之"之见（《史记·货殖列传》）。自宋始，城市商业活动渐在国民经济中占到越来越大比重，傅衣凌称，"近世中国商业界中坚的山西商人、徽州商人，大体在这时开始显出身手"（《明清时代商人及商业资本》第2页，人民出版社，1956年）①。经蒙元短暂过渡，入明，经商之风益盛，"天下之势偏重在商"（沈垚语，《落帆楼文集》卷二十四《费席山先生七十双寿序》）；连皇亲国戚也眼热心痒，纷纷"下海"。武宗先还出于游戏心理，假扮商贾，"与六店（宫中储材物处）贸易，争忿喧诟"（毛奇龄《西河文集》第十四册《诗话六》）；到后来便正式下诏"设开皇店"（正德八年即1513年），以万乘之尊干起了与小民争利的勾当（徐学聚编《国朝典汇》卷十九）。前面提到的武定侯郭勋，嘉靖时"京师店舍多至千余区"（《明史》本传）。包汝楫南游荆楚，更惊诧于所见"宗室与市民一体"的不雅景象："楚宗错处市廛者甚多，经纪贸易，与市民无异。通衢诸绸帛店，俱系宗室。"（《南中纪闻》，载《丛书集成初编》三一一四册）

于是，商人形象虽难入正史，却在坊间流行的小说中迅速蹿红起来。晚明冯梦龙的"三言"、凌濛初的"二拍"以及陆人龙的《型世言》多取材商人故事，以生药铺老板西门庆为主角的《金瓶梅》更可看作开风气之先者②。

明时举国经商的热潮反映在张瀚所撰《商贾纪》文中（载《松窗梦语》卷四）——那简直是用密密麻麻文字绘成的一幅行商分布图或商旅路线图，读之，"天下熙熙，皆为利来；天下攘攘，皆为利往"的壮观场面宛然在目。毫无疑问，徽商、晋商乃当时最为活跃的两大

---

① 案：傅氏所依资料，转引如下。有关晋商，穆修撰《徐文质墓志铭》云："凡并人，其俗刚厚而勤啬，能自节损，以立衣食。诸来徙之户（指宋初取太原，大徙并民入处京徽），初虽贫极者，居久而皆为富室"（吕祖谦编《宋文鉴》卷一三九）。有关徽商，洪迈《夷坚甲志》卷九"邹益梦"条云："朱元，徽州人。蔡京改茶法，元为茶商，坐私贩抵罪。"《容斋三笔》卷十四"官会折阅"条云："官会子之作，始于绍兴三十年，钱端礼为户部侍郎，委徽州创样撩造纸五十万。"

② 黄仁宇称，"《三言》非历史著作，但其所包括中国16、17世纪间社会史及经济史之资料丰硕。吾人以其所叙与其他资料暨历史背景对照，发觉其所提供商人生活及商业组织之情况大都确切，且其叙述绵密，可以补助较正式堂皇历史资料之不足。"（《放宽历史的视界》"从《三言》看晚明商人"28页）

《型世言》全称《峥霄馆评定通俗演义型世言》，共四十回，问世未久即被书贾改篡为《三刻拍案惊奇》，原书反而湮没无闻，现仅存于韩国首尔大学奎章阁图书馆。以奎章阁藏本为底本，最早由"台湾中央研究院中国文哲研究所"1992年出影印版，翌年中华书局出点校本，中国大百科全书出版社1997年复整理出版，收入《韩国藏中国稀见珍本小说》第五卷。余英时称，《型世言》中多商人故事，"第六回写徽商逼娶唐贵梅事是真实故事，由自杨慎《孝烈妇唐贵梅传》，李诩《戒庵老人漫笔》卷四《唐孝妇》条曾节录杨文。又第五、七、十二诸回也都有明代本事，斑斑可考。"（《士与中国文化》"士商互动与儒学转向"566页注十）

集团，谢在杭因以二者并举，云："富室之称雄者，江南则推新安（徽州古名），江北则推山右。新安大贾，鱼盐为业，藏镪（即钱）有至百万者，其他二三十万则中贾耳。山右或盐，或丝，或转贩，或窖粟，其富甚于新安。"（《五杂组》卷四《地部二》）

略能与之抗衡者，为苏州洞庭山商人。吴中田土膏腴，物产丰饶，北宋即有"苏常熟，天下足"之说；南渡后，"四方之赋输，与邮置往来、军旅征戍、商贾贸迁者，途出于此，居天下十七。"（陆放翁《渭南文集》卷二十《常州奔牛闸记》）元、明之际，富商大贾更云聚三吴，前文提到的沈万三便是其中佼佼者。张瀚云："自金陵而下控故吴之墟，东引松、常，中为姑苏。其民利鱼稻之饶，极人工之巧，服饰器具，足以炫人心目，而志于富侈者争趋效之。"（《商贾纪》）

冯梦龙《醒世恒言》有一段描述："太湖在吴郡西南三十余里之外……中有山七十二峰，襟带三州（苏州、湖州、常州）。……七十二峰，惟有洞庭两山最大。东洞庭曰东山，西洞庭曰西山，两山分峙湖中。……两山之人，善于货殖，八方四路，去为商为贾。所以江湖上有个口号，叫做'钻天洞庭'。"（第七卷"钱秀才错占凤凰俦"）①

这还只是小说家言。顾亭林云："（太）湖中诸山，大概以橘柚等果品为生，多至千树，贫家亦无不种。以蚕桑为务，地多植桑。生女未及笄，教以育蚕。三四月谓之'蚕月'，家家闭户不相往来。以商贾为生，土狭民稠。人生十七八，即挟赀出商，楚卫齐鲁，靡远不到，有数年不归者。"（谭其骧等点校《肇域志》261页，上海古籍出版社，2004年）散文大家归有光则曰："洞庭人依山居，仅仅吴之一乡，然好为贾，往往天下所至，多有洞庭人。"（《震川集》卷二十一《叶母墓志铭》）其曾孙归庄亦曰："余数游洞庭山，悉其形势风土人物。……人多饶于财，四民之业，商居强半。"（《归庄集》卷六《传砚斋记》，中华书局，1962年）

此外又有"江右商"见称于世。"江西三面距山，背沿江汉……地产窄而生齿繁，人无积聚，质俭勤苦而多贫，多设智巧，挟技艺以经营四方，至老死不归。"（《商贾纪》）可见他们的情况与洞庭商有几分相似，故同样选择背井离乡、致富他省一途②。徐

---

① 清王寅（东壁山房主人）编《今古奇闻》卷十九"曹孝子感异梦获亲骸"第二回有"钻天洞庭，遍地徽州"之语，更将洞庭商人与徽商并称。

② 语出清吴嘉宾（江西人）《论裁定州县规费书》，原文曰："江西土产甚薄，又三面负山，一面汇湖，百物由陆运乃能致，而米谷不出其乡。故江西富人皆在他省致富。"（载清盛康辑《皇朝经世文续编》卷二十四《吏政七》）案：明、清作者几乎众口一词，率以"地狭人稠"为经商理由。如唐顺之曰："新安土碗狭，田蓄少，人庶仰贾而食，即阀阅家不惮为贾。"（《唐荆川文集》卷十五《程少君行状》）又据清光绪《五台新志》卷二《生计》，"晋俗以商贾为重，非弃本而逐末，土狭人满，田不足于耕也。"（转引自张正明、薛慧林主编《明清晋商资料选编》22页，山西人民出版社，太原，1989年）

世溥云："豫章（江西别称）之为商者，其言适楚，犹门庭也。北贾汝、宛、徐、邳、汾、鄂，东贾韶，西贾夔、巫，西南贾滇、僰、黔、沔，南贾苍梧、桂林、柳州。"（《榆溪集·楚游诗序》，收入清李祖陶选《国朝文录续编》）相邻湖广甚至流传"无江西人不成商场"之谚（白眉初《"中华民国"省区全志·湖南省志》[①]）。

有意思的是，各地"商帮"立身行事好像有着截然不同的做派与风格。谢在杭便给著名的徽、晋商人贴上标签："新安奢而山右俭。"在他眼里，徽商衣食虽俭，"婚妾、宿妓、争讼则挥金如土。"（《五杂组·地部二》）从此"新安奢"的名声可谓不胫而走。更有甚者，清赵吉士（号恒夫）称："余邑南乡商山人，未三十辄夭死；今一村皆贫，而庞眉者比比（'庞眉'亦作'厐眉'，眉毛花白，义同今言'寿眉'）。吾乡人言富者每艳商山，余尝张目不答。"（《寄园寄所寄》卷下《泛叶寄·故老杂纪》）休宁为徽州府辖下六县（歙、黟、婺源、休宁、祁门、绩溪）出产商贾最多的县份之一，有"休、歙贾人遍天下"之说（《商贾纪》）。恒夫原籍休宁，照他所云，故乡商山之民富则夭亡，贫则庞眉，个中原因不言自明。

余英时则替徽商辩解，认为他们为了争夺两淮食盐贩运权，"不能不采取交际的方式以笼络政府官员……关于新安大贾'奢'的记述似乎都集中在搞好'公共关系'的一面……'婚妾'、'宿妓'正是'召客高会'的场合。"（《士与中国文化》478页）考虑到自古盐业官府垄断之特殊性，而贩盐又是徽商致富的重要手段，余氏之辨有一定道理，但也未必全能坐实。

首先必须看到，明、清人口中充斥着相互矛盾的说法，有时即使同一作者也会前言不搭后语，比如谢在杭，刚刚说完"新安奢"，下面便冒出"天下推纤啬者必推新安与江右"的话来。王士性却是把"奢"的帽子扣到中原商人头上，"岁余十斛粟则买一舟乘之，不则，酿饮而赌且淫焉，不尽不已。"（《广志绎》卷四《江南诸省》）一地民俗往往又非一成不变，晋人本以俭著称，"积千金者，宫墙服饰，窘若寒素；后则靡然向奢，以俭为鄙……奢靡之风，乃比于东南。"（《肇域志》889页）

徽商豪奢固然名闻遐迩，同时亦能给人留下"勤俭"的深刻印象。顾亭林云："新都勤俭甲天下，故富亦甲天下。……青衿士（指士子）在家，间走长途而赴京试，则短褐至骭，芒鞋跣足，以一伞自携，而訾舆马之费，问之则皆千万金家也。徽人四民咸朴茂，其起家以赀雄闾里，非数十百万不称富也，有自来矣。"（《肇域志》146页）

《今古奇闻》又有一则讲述徽商勤俭持家的例子，曰：

---

① 转引自傅衣凌《明清社会经济史论文集》"明代江西的工商业人口及其移动"193页。

"姑苏地方有一人姓吴，名有源，原籍徽州。……这有源虽做财主，一生省俭成家，从没有穿一件新鲜衣服，吃一味可口东西。也不晓得花朝月夕，同个朋友到胜景处游玩一番；也不曾四时八节，备个粗筵席，会一会亲族，请一请乡党。终日缩在家中，皱着两个眉头，吃这碗枯茶淡饭。一把钥匙叮叮当当，如牢头禁子一般，终日紧紧挂在身上，丝毫东西都要亲手出放。房中桌上，除了一个算盘、几本账簿之外，更无别物。日夜思算把银钱堆积上去，要撑破了屋子方得快心。分文不舍得妄费，就在至亲兄弟面上，也锱铢必较。"（卷三"许武善能孝友于兄弟"第二回）

——这简直抵得上巴尔扎克笔下的葛朗台了。

我们不妨作一假设，但凡商人乍富，大抵都会经历一个鲜衣怒马、花天酒地的豪侈阶段，其下场，家财挥霍一空倒在其次，不知节制、纵欲而亡（如西门庆、商山贾）才是最当引以为戒的。若要父业子承、作长久计，终需回归勤俭本色。上引《今古奇闻》所写人物虽略显极端，却绝非个例，乃是从不分畛域、帮派的众多商人形象中提炼而成，看似龌龊的文字背后其实正有余英时所谓"商业伦理"在熠熠生辉。

商业活动本为士大夫所不齿，现在商人要建立自己的行业秩序，所看重的诚实、勤俭、孝悌等价值观念恰恰源自儒家道德，于是他们转而对孔孟，更为近便则是程朱之思想、学说发生兴趣了——这样一个过程既出乎意料，又合情合理。歙商黄玑芳"少读朱子《小学》，至温公训刘无城以诚，读《尚书》至'有忍乃济'，即有颖悟，谓'诚'与'忍'乃二字符也，当佩之终身"（歙县《竦塘黄氏宗谱》卷六《黄公玑芳传》[1]）。

徽州系朱子故里，儒风独茂，号称"东南邹鲁"。晦翁"以居敬穷理启迪乡人……风之所渐，田野小民亦皆知耻畏义"（光绪《婺源县志》卷三《风俗》[2]）。耳濡目染，明、清之际"贾而好儒"的徽商血液中自是满满流淌着他的说教。休宁人戴震自云："吾郡少平原旷野，依山为居，商贾东西行营于外，以就口食。然生民得山之气，质重矜气节，虽为贾者，咸近士风。"（《戴东原集》卷十二《戴节妇家传》）连宗族家规中也堂而皇之出现这样的训示："我新安为朱子桑梓之邦，则宜读朱子之书，取朱子之教，秉朱子之礼。"（雍正茗州《吴氏家典》序[3]）

[1] 转引自张海鹏、王廷元主编《明清徽商资料选编》441页，黄山书社，合肥，1985年。
[2] 同上书26页。
[3] 同上书38页。

商人中虽偶有好学者①，但自身学养究竟有限，读朱子书谈何容易。他们对深奥理学多半停留于格言、警句式的一知半解②，或者走捷径，于茶余饭后听曲看戏的娱乐中潜移默化接受通俗易懂的道理，如黟人舒遵刚所云，"人皆读四子书，及长习为商贾，置不复问，有暇辄观演义说部。"（《黟县三志》卷十五《舒君遵刚传》③）

至此，我们便对《金瓶梅》有了新的认识，可以说以"禁欲的反动"始，以道德的箴规终，最后还是向程朱投了诚。这一曲折过程也揭示着现实生活的最真实面目。所以张竹坡评刻该书，必冠以"苦孝说"，谓作者"以孝哥（西门庆遗腹子）结入一百回，用普净幻化，言惟孝可以消除万恶，惟孝可以永锡尔类"（《寓意说》）。担负着教化任务的警世小说，又不全讲儒家道理，其间掺杂不少轮回转世、善恶报应一类大众信仰，观《金瓶梅》《红楼梦》诸书，要不出此框架之外。针对儒、释、道合流的民间"亚文化"，清初刘献廷专门有一番议论，云："余观世之小人，未有不好唱歌看戏者，此性天中之《诗》与《乐》也；未有不看小说听说书者，此性天中之《书》与《春秋》也；未有不信占卜祀鬼神者，此性天中之《易》与《礼》也。圣人六经之教，原本人情。而后之儒者，乃不能因其势而利导之，百计禁止遏抑……何异壅川使之不流。"（《广阳杂记》卷二）

明中后期又涌现一批商人专用书，如《一统路程图记》《三台万用正宗·商旅门》《士商要览》《士商类要》等，或介绍水陆行程，或传授经商要诀。所谓"买卖机关"中，很重要的一条为"是官当敬"："官无大小，皆受朝廷一命，权可制人，不可因其秩卑，放肆慢侮。苟或触犯，虽不能荣人，亦足以辱人，倘受其叱挞，又将何以洗耻哉。凡见官长，须起立引避，盖尝为卑为降，实吾民之职分也。"（徽人程春宇撰《士商类要》卷二）前文提到的无锡邹望，就因为不守这条戒律，跟当地官僚斗气构讼，最终"百万家资断送衙门，想赔〔殆〕未读书之故"（《花村谈往》卷二"锡山三富"条）。

元代"十等人"便以官居首，但吾国"官本位"特色似乎只有在商业社会里才真正被无限放大。看一看西门庆之发家史，起先不过一介乡民，在清河县前开着个生药铺，自打巴结上东京蔡太师，谋到金吾卫副千户的五品官职，真个如鱼得水，鸡变凤凰，生意越做越红火，"家中放官吏债，开四五处铺面：段子铺、生药铺、绸绢铺、绒线铺，外边江湖又走标船，扬州兴贩盐引，东平府上纳香烛，伙计主管约有数十"（第六十九回），遂摇

---

① 明末清初吴伟业便给出过一个名叫卓禺的浙江瑞安商人例子，说他"为学从本达用，多所通涉，诗词书法，无不精诣"（见《梅村家藏稿》卷五十《卓海幢墓表》）。

② 洞庭商席启图"好读书，贮书累万卷，于是遍葺先贤嘉言懿行，条晰部居，共若干卷，名曰'畜德录'"（汪琬《尧峰文钞》卷十五《席含人墓志铭》）。歙人佘兆鼎"少废书，读《大学》未半。行贾后益好书，日疏古人格言善事而躬行之"（方苞《望溪先生文集》卷十一《佘君墓志铭》）。可为证。

③ 转引自《明清徽商资料选编》276页。

身一变成了"山东第一个财主"（第五十四回）。

一直以来，四民之首、自命清高的士人津津乐道"君子喻于义，小人喻于利"（《论语·里仁》），但席卷全国的经商热终于冲垮了他们的心理防线；这是一个被动的过程，借用余英时的话，"十六世纪以后的商业发展逼使儒家不能不重新估价商人的社会地位。"（《士与中国文化》455页）

早在先秦，商贾"治产业，力工商，逐什二以为务"（《史记·苏秦传》），就是一个十分活跃的阶层。出现在《史记·货殖列传》里的富翁们（陶朱公、白圭、猗顿）个个身手不凡，而《左传》所载"弦高犒师"的故事更家喻户晓①。秦、汉以降，随着国家样式暨意识形态逐步定型，"士农工商，四民有业"（《汉书·食货志上》）的秩序变得牢固不可动摇。西汉便执行"臭名昭著"的贱商政策，即使到了商业繁荣的宋代，朝野上下仍看不到任何价值观改变的迹象。首先四民之末的商人自己就自惭形秽。湘潭李迁之岁入数千万，自我批评道："士非我匹，若工、农则吾等也。夫琢磨煎炼，调筋柔革，此工之尽力也；斤劚鉏夷，畎亩树艺，此农之尽力也，然后所食皆不过其劳。今我则不然，徒幸物之废兴而上下其价，权时轻重而操其奇赢，游嬉以浮于江湖，用力至逸以安，而得则过之，我有惭于彼焉。"（《欧阳修全集》之《居士外集》卷十三《湘潭县修药师院佛殿记》）

而在士大夫这边，放翁家训曰："子孙才分有限，无如之何，然不可不使读书。贫则教训童稚以给衣食，但书种不绝足矣。若能布衣草履，从事农圃，足迹不至城市，弥是佳事。……仕宦不可常，不仕则农，无可憾也。但切不可迫于衣食，为市井小人事耳，戒之戒之。"（明叶盛撰《水东日记》卷十五《陆放翁家训》，收入台湾新兴书局《笔记小说大观》三十六编第三册）

朱、陆二人争吵了一辈子，唯一产生共鸣的地方就是义利之辨。象山赴白鹿洞书院讲"君子喻于义，小人喻于利"一章毕，晦庵离席曰："熹在此不曾说到这里，负愧何言。"又告诉门人："这是子静来南康，熹请说书，却说得这义利分明，是说得好。"（《陆九渊集·年谱》"淳熙八年"条）

情形至明始大变。王阳明率先打破沉寂，发惊世骇俗之论："古者四民异业而同道，其尽心焉，一也。士以修治，农以具养，工以利器，商以通货，各就其资之所近，力之所及者而业焉，以求尽其心。其归要在于有益于生人之道，则一而已。士农以其尽心于修治具养者，而利器通货，犹其士与农也；工商以其尽心于利器通货者，而修治具养，犹其工

---

① 据《左传·僖三十三年》，秦师至滑，郑商人弦高将市于周，遇之，以十二牛犒师，使人遽告于郑。秦将孟明曰："郑有备矣，不可冀也。攻之不克，围之不继，吾其还也。"《淮南子·人间训》又云："郑伯乃以存国之功赏弦高，弦高辞之。"

与商也。故曰：四民异业而同道。"（《王阳明全集》卷二十五《外集七·节庵方公墓表（乙酉）》）①

阳明之说无疑释放出一个重要信号，此下之思想解放，顿如开了闸的洪水，一发而不可收。何心隐已敢打破四民次序，谓"商贾大于农工，士大于商贾"（《何心隐集》卷三"答作主"，中华书局，1960年）。陈确又以读书与治生为对，谓"二者并学人之本事，而治生尤切于读书"（《陈确集·文集》卷五《学者以治生为本论（丙申）》）。至赵南星、黄宗羲等，则公然喊出"工商皆本"的口号②。

显而易见，商人上升势头之猛，不但超越农工，而且威胁到士的地位。很快，商、儒孰优孰劣就成了一个绕不开的话题。清初梁份曰："（商贾）劳心力以殖货财，其候时转物，致远穷深，经日月出入地，所经营日不暇给，而处心应事有大过人者；乃以经术经世律之，不亦过乎？世之名儒，守一经以求荣一命，其升沉得丧，咸委之命，况乎其他！"（《怀葛堂集》卷五《王文佐传》，载胡思敬辑《豫章丛书》第一九七册，1923年）

---

① 案：阳明这篇重要文字是他死前三年（1525）为"去士而从商"的昆山方麟所作。唐顺之云："仆居闲，偶想起宇宙间有一二事，人人见惯而绝是可笑者。其屠沽细人，有一碗饭吃，其死后则必有一篇墓志；其达官贵人与中科第人，稍有名目在世间者，其死后则必有一部诗文刻集，如生而饮食、死而棺椁之不可缺。此事非特三代以上所无，虽汉唐以前亦绝无此事。幸而所谓墓志与诗文集者皆不久泯灭，然其往者灭矣，而在者尚满屋也，若皆存在世间，即使以大地为架子，亦安顿不下。"（四库本《荆川集》卷五"答王遵岩书"）文中可注意者为屠沽细人死后必有墓志。李维桢亦有"（新安贾人）死而行金钱谀墓者之门，以取名高"之语（《大泌山房集》卷一〇六《蒋次公墓表》，载《四库全书存目丛书》之《集部·别集类》第一五三册）。余英时敏锐地发现上述史料，称："这一普遍的现象最可以说明当时商人阶层的心理：他们不但已不再自惭形秽，而且相信自己和立功、立德、立言的大人物一样，也可以'不朽'了。"（《士与中国文化》513页）
② 赵南星曰："士农工商，生人之本业。"（《味檗斋文集》卷七《寿仰西雷君七十序》）又曰："农之服田，工之饬材，商贾之牵车牛而四方，其本业然也。"（同书同卷《贺李汝立应乡举序》）东林后人黄宗羲亦称："（世儒）以工商为末，妄议抑之。夫工固圣王之所欲来，商又使其愿出于途者，盖皆本也。"（《明夷待访录·财计三》）
由东林中人鼓噪"工商皆本"，最合情理。齐党首领亓诗教口中的东林，都是"才智自雄之士与拔扈无赖之人，及任子赀郎、罢官废吏、富商大贾之类"（《神宗实录》卷五一三万历四十一年十月戊戌条）。虽为政敌污蔑之词，却也道出部分实情。许大龄就说，"许多东林党的主要人物原籍都在江南，江南正是当时商品经济已有了高度发展的地区，考察某些人的家世，确实也兼营过工商业。……说他们是代表了（中小）地主兼工商业者的利益也未尝不可。"（"试论明后期的东林党人"，《明清史国际学术讨论会论文集》134—135页）比如东林领袖顾宪成便出自不折不扣的商人之家，其父顾学（号南野）"竭力商贾"，"不数年，起家数千金"（丁元荐《西山日记》卷下《笃行》）；尝谓"我贾人，何短长于世"（《泾皋藏稿》卷二十一《先赠公南野府君行状》）。高攀龙父高德征（本名梦龙，以字行）弃去大学不读，一意治生；"所谓治生，第取交质什一"（《高子遗书》卷十《家谱·谱传》），指的大概是高利贷生意。而《点将录》中第一人，"开山元帅托塔天王"李三才更被攻击者说成是"甲第连云，店肆鳞比"；经实地调查，顾宪成虽证明此言诬妄，亦承认"大都议论之兴，无问虚实，必有所缘"（见《泾皋藏稿》卷五《与吴怀野光禄》）。

　　这种议论并非无关痛痒的口水仗，而是现实世界里正在上演的一幕幕真情实景。江右周松冈不忍靠寡母供养读书，自忖曰："使予而儒，母氏劬劳；使予而商，身劳母康。"遂毅然选择后一条出路（罗洪先《念庵文集》卷十六《董岭周君松冈墓志铭》）。洞庭山严舜工家士商相杂，归庄为严氏计，"宜专力于商，而戒子弟勿为士。盖今之世，士之贱也甚矣！"（《归庄集》卷六《传砚斋记》）凌濛初《二刻拍案惊奇》卷三十七称："徽州风俗，以商贾为第一等生业，科第反在次着。"清江绍莲《歙风俗礼教考》亦云："商居四民之末，徽殊不然……固商而兼士。"（见许承尧撰《歙事闲谭》卷十八603页，黄山书社，2001年）晋俗之蜕变尤叫人咋舌，清雍正帝朱批曰："山右大约商贾居首，其次者犹肯力农，再次者谋入营伍，最下者方令读书。朕所悉知，习俗殊属可笑。"（《朱批谕旨》第四十七册，雍正二年五月初九日山西学政刘於义奏折）

　　与此同时，商人自身态度也在悄然转变。晋商席铭便理直气壮道："丈夫苟不能立功名于世，抑岂为汗粒之偶不能树基业于家哉！"（韩邦奇《苑洛集》卷六《席君墓志铭》）歙人汪道昆又声称："良贾何负闳儒。"（《太函集》卷五十五《程公、闵氏合葬墓志铭》）曾任义乌令、协同戚继光抗倭的徽商之后汪道昆是一个值得注意的人物[1]，因其家庭背景，余英时把他说成"新安商人的一个有力的代言人"（《士与中国文化》459页）。

　　据估计，明代人口"可能已自国初之六千余万口不断增加，至（末期）突破一亿五千万"（《放宽历史的视界》"明《太宗实录》年终统计的再检讨"261页，引自何炳棣《明初以降人口及其相关问题：1368—1953》）。科举竞争之白热化可想而知。在"士而成功也，十之一；贾而成功也，十之九"的严峻现实面前（语见吴自有《百岁翁（行）状》，吴吉祐辑《丰南志》卷六《艺文志下》），全社会重商轻儒恐怕已是大势所趋，于是世人纷纷弃儒就贾遂成常态。梁份笔下的江右南丰人王文佐即为一例：

　　"南丰当明二百七十年，以翰林起家者二人，王玺其一，文佐则四世孙也，世业儒。……甲寅，滇闽变寇蜂起，民窜散山谿险远间，百物贵且乏。（文佐）于时年十三，饶心计，废诵读，懋迁（即贸易）给家食，备甘鲜，尽室若不知地之僻、价之昂、家之贫者十有二年。……念生殖莫如服贾，乃挟赀遍南北。"（《怀葛堂集》卷五《王文佐传》）

---

[1] 《金瓶梅》案罗织之广，连汪道昆也难以幸免。后来成为明史专家的吴晗在二十世纪三十年代讲过，"（沈德符）'嘉靖间大名士'是一句空洞的话，假使可以把它牵就为王世贞，那末，又为什么不能把它归到曾著有杂剧四种的天都外臣汪道昆？"（《吴晗史学论著选集》第一卷"《金瓶梅》的著作时代及其社会背景"351页）汪、王俱以文见称，俱官至兵部侍郎，世称"两司马"；到今天，果然就有人大受启发，按图索骥，顺藤摸瓜，正经给汪氏戴上《金》书作者的桂冠，实在称得上是"无厘头"的经典范例。

但这仅是《红楼梦》中两面皆可照人的"风月宝鉴"之正面（见第十二回）；至于背面风光，黄仁宇自"三言"中窥见，"弃商而以举业入仕，实为明代富商子孙之常情"（《放宽历史的视界》"从《三言》看晚明商人"第7页）。说到底，这还是常见"暴发户"心理作祟。在秩序井然的中国传统社会，商人获得的巨大现实利益仍难以转化为迅速攀登"成功阶梯"（舶来词，ladder of success，何炳棣《明清社会史论》英文原版即用之为书名）的资本[①]。他们一面借重儒术塑造属于自己的商业伦理，一面暗自垂涎士人头顶闪烁不已的光环。新安有"三贾一儒"之说，"贾为厚利，儒为名高。夫人毕事儒不效，则弛儒而张贾；既则身飨其利矣，及为子孙计，宁弛贾而张儒。一弛一张，迭相为用。"（《太函集》卷五十二《海阳处士金仲翁配戴氏合葬墓志铭》）徽人潘汀州科场不得意，商场大有成，既老，嘱"诸子为良贾，诸孙为闳儒"（同上书卷三十四《潘汀州传》）——皆为上述心态的真实表白。何炳棣称，"平均商人家庭经过二代或三代之后，即非原先同样的社会身份。事业上几乎当盐商家庭达到小康时，年轻的成员就被鼓励从事学术方面，最终是从政，结果使得商人家庭的商人成分愈来愈淡。"（《扬州盐商：十八世纪中国商业资本的研究》，巫仁恕译，载《中国社会经济史研究》1999年第2期[②]）

那么，入仕为官、身蹈宦海风波的汪道昆就不光是徽商代言人，还应算作士、商结合的完美代表。上引黄氏从小说看到的晚明商人姿态同样能在"商而兼士"的新安风俗中得到印证："歙之业鹾（即盐）于淮南北者，多缙绅巨族。其以急公议叙入仕者固多，而读书登第，入词垣跻膴仕者，更未易仆数，且名贤才士往往出于其间。……浙鹾更有商籍，岁科两试，每试徽商额取生员五十名，拔杭州府学二十名，仁（和）、钱（塘）两学各十五名。淮商近亦请立商籍。斯其人文之盛，非若列肆居奇肩担背负者能同日语也。"（《歙事闲谭》卷十八"《歙风俗礼教考》"603页）[③]沈垚乃叹曰："古者四民分，后世四民不分。古者士之子恒为士，后世商之子方能为士。此宋、元、明以来变迁之大较也。"（《落帆楼文集·费席山先生七十双寿序》）余英时称"明清社会结构的最大变化便发生在（士、商）这两大阶层的升降分合上面"（《士与中国文化》458页），诚为确论。

生活在十六、十七世纪的人们犹如身处漩涡中，被汹涌时代大潮裹挟，其观念上的变革可以说是全方位的。郭沫若曾经注意到《管子·侈靡篇》提倡奢侈之"异说"，并撰文分析其社会、经济意义，得出的结论是：侈靡学说反映着自战国中叶至西汉中叶官僚地主

[①] 前文"士成功十之一，贾成功十之九"仅就各自领域内情形而言。必须看到，惟成功者方能真正迈入士、商阵营，而在我们这个一直由儒家思想主导的社会里，二者间鸿沟未被填平，社会地位之高下亦未逆转。

[②] 案：何氏所讲虽为清朝两淮盐商家庭的一般价值观，其实同样适用于晚明社会。

[③] 案：此处许承尧所记浙、淮立商籍次序有误，详见下文。

与富商大贾的持续斗争，"这样一篇文章，两千多年来不生不死地摆在那儿……成为了化石般的存在。……商人投降了，侈靡说自然也就石化了。"（《奴隶制时代》"《侈靡篇》的研究"，《郭沫若全集·历史编》第三卷192—193页）[1]郭氏此话显然说早了些，随着商业渐发达，侈靡这块"化石"迟早是要复活过来以刺激全社会消费的。宋代已露端倪，神宗熙宁十年（1077）三司使沈括云："钱利于流。借十室之邑有钱十万，而聚于一人之家，虽百岁，故十万也；贸而迁之，使人飨十万之利，遍于十室，则利百万矣。迁而不已，钱不可胜计"（《续资治通鉴长编》卷二八三引沈氏《自志》）。到了明代，《金》书中的成功商人西门庆又道："兀那东西（指银子），是好动不喜静的，怎肯埋没在一处。也是天生应人用的，一个人堆积，就有一个人缺少了。因此积下财宝，极有罪的"（第五十六回）——竟与梦溪所见略同。而陆楫（陆深之子）的一通议论如同晴空霹雳，标志着侈靡论借尸还魂，派上了新的用场。略云：

"予每博观天下之势，大抵其地奢则其民必易为生，其地俭则其民必不易为生。何者？势使然也。今天下之财赋在吴越，吴俗之奢莫盛于苏杭之民。只以苏杭之湖山言之，其居人按时而游，游必画舫肩舆，珍羞良酝，歌舞而行，可谓奢矣。而不知舆夫舟子，歌童舞妓，仰湖山而待爨者不知其几。所谓奢者，不过富商大贾、豪家巨族，自侈其宫室车马、饮食衣服之奉而已。彼以粱肉奢，则耕者庖者分其利；彼以纨绮奢，则鬻者织者分其利。若今宁、绍、金、衢之俗，最号为俭，而彼诸郡之民至不能自给，半游食于四方。要之，先富而后奢，先贫而后俭。市易正起于奢，使其相率而为俭，则逐末者归农矣，宁复以市易相高耶？"（《蒹葭堂杂著摘抄》，载《纪录汇编》七十一册二〇四卷）

前面讲过，商贾个体的奢侈行为可能导致其事业短命，现在陆氏则从宏观角度鼓动富人大把烧钱，以带动更多经济部门的发展，不能不说新颖而大胆。这种论调只有在一个商品经济十分发达成熟的社会里才可想象，清人顾公燮的表达愈加明白，曰："有千万人之奢华，即有千万人之生理；若欲变千万人之奢华，而返于淳，必将使千万人之生理亦几于绝。"（《消夏闲记摘抄》卷上"苏俗奢靡"条）联想到永乐之世造船业的孤掌难鸣以及

---

[1] 郭沫若声称，《侈靡篇》必作于西汉初吕后专政时期；作者假托管仲之名，站在商人立场大肆鼓吹秦时崇尚的侈靡，可能为李斯的门人或门下客，更进一步的推测就是《艺文类聚》中留下名字的周容子夏，"盖周其姓，容其名，子夏其字。"（《郭沫若全集·历史编》第三卷"《侈靡篇》的研究"189页）杨联陞看到，《荀子》"礼论"篇里也存在类似的奢侈说，而他又对郭氏考证及推论不以为然，认为"还是应该以谨慎保留的态度来处理"（《国史探微》"侈靡论——传统中国一种不寻常的思想"124页，新星出版社，北京，2005年）。但无论如何，郭毕竟是"第一个用一整篇论文来研究该篇的学者"（杨氏语，同书121页），其贡献不可抹杀。

事后朝臣的口诛笔伐，仅百余年后人们的识见便骤上升到如此高度，明代社会演进之速不能不令人惊叹。

傅衣凌当年隆重介绍陆氏之文，将它比作十八世纪初英国古典经济学先驱曼德维（Bernard de Mandeville）的"蜜蜂寓言"："在蜜蜂的社会里面，罪恶与奢侈若是行着的时候，这个社会就非常之繁荣；若是代以道德和简易生活，他们的社会就不能不衰微了。"又称崇奢黜俭的主张出现在明朝绝非偶然，"而是和当时资本主义生产萌芽这一个历史条件相适应的。"（《明代江南市民经济试探》108—109页，上海人民出版社，1957年）

二十世纪五十年代以来，史学界一直有"资本主义萌芽问题"的探讨。毛泽东讲过，"中国封建社会内的商品经济的发展，已经孕育着资本主义的萌芽。"（《中国革命和中国共产党（1939年12月）》，《毛泽东选集》（第二版）第二卷626页，人民出版社，1991年）所以国内意见很快归于统一，以傅衣凌为代表，认为"明代中叶以后封建经济的发展，由于小生产者有可能走向资本主义的自发倾向，因而在中国的个别地区、个别行业之出现资本主义生产的萌芽，那是合乎规律的"（《明清社会经济史论文集》"关于中国封建社会后期经济发展的若干问题的考察"68页）。惟海外学者（如黄仁宇、余英时等）多持怀疑否定态度，并对"封建""资本主义"之类名词给出新的解释。

本篇无意卷入"主义"之争，但也不会采取"鸵鸟政策"，把头埋进沙子里装看不见明中叶以降所发生的一切。首先必须承认，传统官僚体制对新兴商业活动有着巨大的破坏力。正德以后，皇家开设皇庄、皇店达到近乎疯狂的程度，以至辇毂之下，几无生理。嘉靖初，夏言疏云："'皇'之一字……奸佞之徒假之以侵夺民田，则名其庄曰皇庄；假之以罔求市利，则名其店曰皇店；又其甚者，假以阻坏盐法，则以所贩之盐名为皇盐。即此三言，足以传笑天下，贻讥后世。"（《勘报皇庄疏》，载《皇明经世文编》卷二〇二）万历时又有税使为害。万历三十年（1602）九月，户部尚书赵世卿奏称，因税使征敛，河西务关往年布店一百六十余座，今止三十余家。临清关夥商三十八人，独存两人；缎店三十二座，闭门二十一家；布店七十三座，闭门四十五家；杂货店闭门四十一家。"人情熙熙攘攘，竞尺寸之利，今乃视为畏途，舍其重利不通往来，无乃税使之害，尤有甚于跋涉风涛者，则苛政猛于虎之说也。"（《神宗实录》卷三七六）。时人因有"明之亡不亡于崇祯，而亡于万历"之论（见赵瓯北《廿二史劄记》卷三十五"万历中矿税之害"条）

但另一方面，我们也不该忽视，无论当朝执政还是民间智囊，或建言献策，或实际运作，不乏审时度势顺应潮流以求变革者。李豫亨就有一段关于富民的议论，云："善役民者，譬如植柳，薪其枝叶，培其本根。不善役民者，譬如翦韭，日翦一畦，明日复翦，不尽其根不止也。每见江南差役，率先富民，今年如此，明年复然。富民不支，析为贫窭，复遣中户，中户复然。遂致村落成墟，廛市寥寂。语曰：富民国之元气，为人上者，当时时培养。如公家有大征发大差遣，亦有所赖，大兵燹大饥荒，亦有所藉。不然，富民尽亡，奸顽独存，亦何利之有！"（清法式善《陶庐杂录》卷五引《推篷寤语》）

张瀚为南京工部郎，兼摄龙江上、下关榷务时，与侍御方克用同事，告之曰："古者关市讥而不征（语出《孟子·公孙丑上》，讥，犹'稽查'），征商非圣朝所宜急。顾缓急在人，讵谓今无善政哉！"二人遂相与弛商之什二（见《商贾纪》）。

当然更著名的例子来自张居正。水部周汉浦将赴荆州榷税，居正嘱曰："古之为国者，使商通有无，农力本穑。商不得通有无以利农，则农病；农不得力本穑以资商，则商病。故商农之势，常若权衡。……欲物力不屈，则莫若省征发，以厚农而资商；欲民用不困，则莫若轻关市，以厚商而利农。"这是托古之名将本业（农业）、末业（工商）紧紧拴在一起。周氏到任，果然"赋视旧额，务在轻贷，舆人诵焉"（《张居正集》第三册卷三十六《文集八·赠水部周汉浦榷竣还朝序》）。

神宗又变通科举办法，特为盐商立商籍。"明制设科之法，士自起家应童子试必有籍，籍有儒、官、民、军、医、匠之属，分别流品，以试于郡，即不得就他郡试"（《歙事闲谭》卷二十九"吴宪"条1041页）；这对常年在外的"业醝之家"来说，显然面临"艰于原籍应试"的难题（见嘉庆《两浙盐法志》卷二十五《商籍二·人物》"吴宪"条）。万历十三年（1585）八月，"采（巡盐）御史蔡时鼎议，许扬州商、灶子弟（商指盐商，灶指煮盐户）于运司应试，提学官一体选取入学。"（《神宗实录》卷一六四）二十八年（1600），巡盐御史叶永盛奏："淮扬长芦等盐场，行盐商人子弟俱附籍应试，取有额例，惟两浙商籍子弟，岁科所取不过二三人而止。浙地濒海最迩，煮贩十倍他所，取数若少则遗珠可惜，回籍应试则阻隔为忧。伏乞圣慈……敕令在浙行盐商人子弟，凡岁科提学使者按临取士，照杭州府、仁和、钱塘三学之数，另占籍贯，立额存例。"（嘉庆《两浙盐法志》卷二十四《商籍一·科目》）至此，两淮、两浙盐场俱设商籍，许盐商子弟附近就试，"异地之才与土著无殊。"（同书同卷《商籍》序）①

---

① 案：商籍设置背后，又暗藏着晋、徽两大商人集团的竞争。据康熙《两淮盐法志》卷二十七《艺文三》所载雷士俊《增建两淮运学议》，"淮扬滨海，山西、陕西、徽州之盐商皆寓其处。先时天子听大臣言，推柔远之义，凡山西、陕西盐商之子学儒者，得于其处者附淮扬两府之学。而徽州即为南直隶所统，以是不与。"（转引自《明清晋商资料选编》179页）从中不难看出，两淮盐场商籍只有晋商、陕商，而徽商是被排除在外的。至叶永盛以御史巡视浙江盐政，禁增课税，设立商籍，主要是为徽商争利益。浙人俞樾就酸溜溜地说："浙商多徽人，永盛亦徽人，其力争加课，自为公议，请许商人占籍，或亦维桑之私意乎？"（《九九销夏录》卷十"浙江商籍"）晋、徽矛盾激化则是由崇祯五年（1632），淮扬拟建运学（专为商、灶子弟所设学校）引起的。盖运学立，凡商之业盐者，其子皆得入学，晋商在该地特权便化为乌有。故"山西、陕西人以为不便，喧哗于有司"，其事遂寝（雷士俊《增建两淮运学议》），但这已不在本篇讨论范围之内了。

循这条路下去，被动抑或主动，社会转型确乎到了一触即发的关头。但接下来走向哪里？不得而知，因为这是一个未及完成的进行时态，我们无法回答假设性问题。

亚当·斯密（Adam Smith）作成于1776年的《国富论》（*The Wealth of Nations*）一书曾说："中国历来就是世界上一个顶富裕，也是一个最肥沃，耕耘得最合法，最勤奋而人口最众多的国家。可是看来她长久以来已在停滞状态。马可·波罗在500多年前游历该国，盛称其耕种、勤劳与人口广众的情形，和今日旅行该国者所说几乎一模一样。可能远在当日之前，这国家法律与组织系统容许她聚集财富的最高程度业已到达。"（转引自黄仁宇《中国大历史》232—233页）

斯密之停滞说在西方甚为流行。无独有偶，李四光又在1931年写过一篇题为《中国周期性的内部冲突战》的出色论文。按照他的归纳，从秦朝开始，每八百年为一单位，中国历史可以很方便地划分成三个循环周期。"每个周期都以短命的然而在军事上却很强大的王朝开始，它使中国在几百年的内部纷争之后重新团结起来。其后，是五百年的和平，中间有一次改朝换代，接着是一系列的战乱。结果，首都即从北方迁往南方。然后，北方与南方脱离，南北形成对峙局面，敌对情绪强烈。这时，外来民族入侵，整个周期便告结束。历史于是又开始重新循环。"（林语堂《中国人》（通译《吾国与吾民》，*My Country and My People*）42页，郝志东、沈益洪译，学林出版社，上海，1994年）①

抨击国史甚猛的黄仁宇也承认"中国之具有创造能力，无可置疑"（《放宽历史的视界》57页）。事实上，但凡像样朝代都曾拥有过制度发明的专利权，足以改变此下历史进程。从汉代建立士人政府，到唐代打破门第、科举取士，再到宋代完善文官体系，可以说每一步都走在世界前头。即便国人不大擅长或看重的自然科学②，李约瑟在其《中国科学技术史》中也说"中国和西方的科技在1450年到1600年间仍有并驾齐驱的样子，兹后西欧突出，才使中国望尘莫及"（转引自《放宽历史的视界》"我对'资本主义'的认识"87页）。李

---

① 经林语堂介绍，李氏循环论同样在西方引起反响，拉铁摩尔《内陆边疆》书中就转引其说，并专门讨论中国历史明显的周期性循环重复现象（见364—370页）。

② 关于这个问题，利玛窦对明代社会的观察新鲜而有趣。他说："中国人不仅在道德哲学上而且也在天文学和很多数学分支方面取得了很大的进步。"然而，"凡有希望在哲学领域成名的，没有人会愿意费劲去钻研数学或医学。结果是几乎没有人献身于研究数学或医学，除非由于家务或才力平庸的阻挠而不能致力于那些被认为是更高级的研究。钻研数学和医学并不受人尊敬，因为它们不像哲学研究那样受到荣誉的鼓励，学生们因希望着随之而来的荣誉和报酬而被吸引。这一点从人们对学习道德哲学深感兴趣，就可以很容易看到。在这一领域被提升到更高学位的人，都很自豪他实际上已达到了中国人幸福的顶峰。"而且，"所有考试中，无论是军事科学或数学或医学以及特别是哲学的考试，主考或监考都总是从哲学元老中选出，从不增加一位军事专家或数学家或医生。擅长于伦理学的人，其智慧受到极高的尊敬，以致他们似乎能对任何问题做出正当的判断，尽管这些问题离他们自己的专长很远。"（《利玛窦中国札记》第一卷第五章"关于中国人的人文科学、自然科学及学位的运用"32，34，43—44页）

翁后半截话超出本章范围，暂不予深究（其实大有嚼头）；前半截说的正是当前之事。故本书自始至终对"停滞""循环"不屑一顾，更倾向使用"螺旋式上升"的表述。

得益于重新认识"资本主义"的结果①，黄仁宇笔下借大量现代政治、金融术语给以手术刀式剖析的明代史无疑死气沉沉，山穷水尽，"不妨称为一个大失败的总记录"（《万历十五年》自序），读之令人沮丧。他甚至讲出"西方在此时极端的进步，中国却一心一意的要保持两千年来的传统"那样极不厚道的话来（《放宽历史的视界》"中国近五百年历史为一元论"196页，当然这是将明、清合而攻之）。

黄仁宇、余英时等海外学者不约而同认定明代商业繁荣仅停留在表面，并未实现真正意义上的突破②。需要预作声明的是，十七世纪中叶的改朝换代看似李四光所谓八百年周期中的普通一环，来得却最最不是时候。基于对历史全程的认知与信心，我们有一打以上的理由相信，中国社会的出路——无论资本主义或者其他什么主义——完全有可能在当日找到，而不是日暮途穷，坐以待毙，从领跑者瞬间变成落伍者，被世界甩在后面。明末螳螂捕蝉（李自成）、黄雀在后（满洲），一系列突发事件让所有可能化作泡影。以晋、徽为代表的商人势力入清之后仍有发展，但大环境既变，他们顶多发寒蝉之鸣，最终盛极而衰、惨淡收场也是事有必至。心中块垒难消，李泽厚愤怒写道："在那几位所谓'雄才大略'的君主的漫长统治时期，巩固传统小农经济、压抑商品生产、全面闭关自守的儒家正统理论，成了明确的国家指导思想。从社会氛围、思想状貌、观念心理到文艺各个领域，都相当清楚地反射出这种倒退性的严重变易。与明代那种突破传统的解放潮流相反，清代盛极一时的是全面的复古主义、禁欲主义、伪古典主义。"（《美的历程》191页）

而黄、余对这股逆向而行的暗流视而不见，泛泛将明、清混为一谈，两朝之间若无其事。他们看到、也喜欢谈论的多是源自理性分析的诸般"必然"，恰恰忽略了偶然性所加给历史的重大影响。

---

① 按照黄氏之梳理，"资本主义"（包括体制结构、意识形态）在西方社会的成长大致呈如下轨迹：十四世纪前后萌芽于意大利，十六世纪末十七世纪初发展于"低洼国家"（荷兰、比利时、卢森堡），至十七世纪末完成于英国（参见《放宽历史的视界》所载"我对'资本主义'的认识"一文）。这个过程，即公元十四到十七世纪，似乎正可反证中国明朝之失败。

② 余英时称，"我们决不能夸张明清商人的历史作用，他们虽已走近传统的边缘，但毕竟未曾突破传统。"（《士与中国文化》494页）黄仁宇又称，"因中国幅员广，人口多，江南诸地内河航行便利，一遇承平之际，其商业表面呈发达现象。但此发达程度，必须与全国人口幅员成比例，尤须突破传统习惯，改进商业组织，始能与西欧现代商业机构并论。以上所述，可见政治、法制、社会、金融各方面均阻碍此种突破之趋势。"（《放宽历史的视界》第5页）

徐光启和利玛窦

万历十年（1582），意大利籍耶稣会士利玛窦（Matteo Ricci，Matteo英文作Mathew）"泛海九万里，抵广州之香山澳（即澳门）。"（《明史·外国传七》）[1]经元朝短暂接触之后，天主教再次与中国结缘。

虽肩负传教使命，来华的利玛窦神父身着儒服，精研儒学[2]，其最大贡献是在"文化交融"领域内（教皇约翰·保罗二世语）。万历二十九年（1601）利氏入京，献《坤舆万国全图》，言天下有五大洲，"第一曰亚细亚洲，中凡百余国，而中国居其一"；余曰欧罗巴洲、利未亚洲、亚墨利加州（分南北二洲）及墨瓦腊泥加州（《明史·外国传七》），从而为国人打开了一扇放眼看世界的窗口[3]。

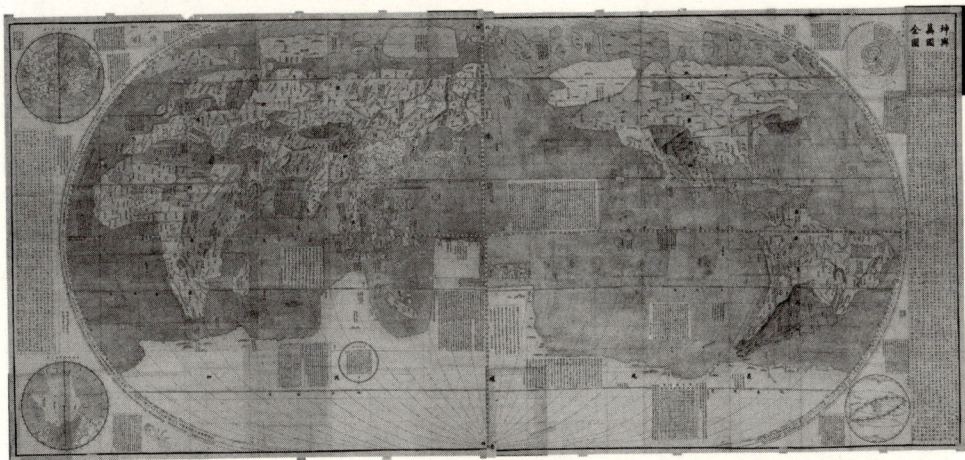

《坤舆万国全图》

利玛窦带来的"洋玩意"远不止一幅让人开眼的世界地图，其他还有自鸣钟[4]、简平

---

[1] 受耶稣会总会派遣，利玛窦等人于1578年3月从葡萄牙里斯本出发，同年9月抵印度果阿，1582年再由果阿赴澳门传教。利氏来华时间中国方面史书多记作万历九年（1581），依《利玛窦中国札记》改。

[2] 利氏曾花数年时间将"四书"译成拉丁文寄回国内，并著《畸人十篇》记录同十位中国儒士的对话。

[3] 乾隆时成书的《清朝文献通考》犹在驳斥五大洲之说"语涉诞诳"，"以中国数万里之地为一洲，以矛刺盾，妄谬不攻自破矣"（卷二九八"四裔六"）。而"目逾万卷，胸有千秋"的纪昀在编修《四库全书》时，对天启三年（1623）传教士艾儒略所撰、记录绝域风土的《职方外纪》一书给出的评语是："所述多奇异不可究诘，似不免多所夸饰。然天地之大，何所不有，录而存之，亦足以广异闻也。"（《四库全书总目提要》）可见利氏所献《万国全图》全不入张廷玉、刘墉、纪昀这些大学问家的法眼。

[4] 自鸣钟以铁为之，丝绳交络，悬于簨，轮转上下，昼夜不停，应时击钟有声（《客座赘语》卷六"利玛窦"条）。

仪^①、望远镜^②、西洋书册^③、油画^④之属。其时"公卿以下重其人，咸与晋接"（《明史·外国传七》）。李贽赠诗曰："逍遥下北溟，迤逦向南征。刹刹标名姓，山山记水程。回头十万里，举目九重城。观国之光未，中天日正明。"大学士叶向高亦作《赠西国诸子》诗曰："天地信无垠，小智安足拟！爰有西方人，来自八万里。言慕中华风，深契吾儒理。著书多格言，结交皆贤士。淑诡良不矜，熙攘乃所鄙。圣化被九埏，殊方表同轨。拘儒徒管窥，达观自一视。我亦与之游，泠然得深旨。"（见明刘侗、于奕正《帝京景物略》卷四《西城内》"天主堂"条）

十六、十七世纪的中国于自然科学方面不乏能人，如李时珍著《本草纲目》（1578年完稿，1596年刊行）、宋应星著《天工开物》（1637年刊行）、徐光启著《农政全书》（1639年刊行），但与同时期欧洲的哥白尼、开普勒、伽利略、哈维、笛卡尔等人的工作相比，不免稍显逊色；而写有《学术的进步》（1605）、《新工具》（1620）等哲学名著的弗朗西斯·培根（Francis Bacon）提出"知识就是力量"（《宗教沉思录》），以及稍后科学巨人牛顿的出现，更让西方学术达到一个空前高峰。

置于这样的背景下，徐光启与利玛窦的交往便有了异乎寻常的历史意义。光启字子先，号玄扈，上海人，万历三十二年（1604）进士，官至礼部尚书兼大学士，从利氏"学天文、历算、火器，尽其术"（《明史》本传）。虽然死后出版的六十卷《农政全书》一般被认为是他的主要代表作，但从科学史角度看，合作翻译《几何原本》与主持编纂《崇祯历书》更能凸显其在特定时代的个人成就。

万历二十八年（1600），光启赴南京拜见座师焦竑时，与利玛窦第一次晤面，三年后受洗加入天主教，教名保禄（Paul）。三十四年（1606）开始在北京同利氏合作翻译欧几里得的《几何原本》（克拉维乌斯本，十五卷），次年译出前六卷，所创点、线、面、平

---

① 简平仪有天盘，有地盘，有极线，有赤道线，有黄道圈，本名范天图，为测验根本（《帝京景物略》卷四）。

② 郑仲夔《玉麈新谭·耳新》卷八载："番僧利玛窦有千里镜，能烛见千里之外，如在目前。以视天上星体，皆极大；以视月，其大不可纪；以视天河，则众星簇聚，不复如常时所见。又能照数百步蝇头字，朗朗可诵。"《帝京景物略》卷四亦载利氏所携远镜"状如尺许竹笋，抽而出，出五尺许，节节玻璃，眼光过此，则视小大，视远近"。崇祯初徐光启督修历法，请造望远镜等器；光启卒，李天经继其事，谓望远镜"不但可以窥天象，且能摄数里外物如在目前，可以望敌施炮，有大用焉"（《明史·天文志一》）。

③ 书册皆以白纸一面反复印之，字皆旁行，纸如今云南绵纸，厚而坚韧，板墨精甚。间有图画人物屋宇，细若丝发，其书装订如中国宋摺式，外以漆革周护之，而其际相函，用金银或铜为屈戌钩络之，书上下涂以泥金，开之则页页如新，合之俨然一金涂版耳（《客座赘语》卷六"利玛窦"条）。

④ 《客座赘语》卷六谓利氏所携耶稣像以铜板为帧，而涂五彩于上，其貌如生，身与臂手俨然隐起帧上，脸之凹凸处，正视与生人不殊。人问画何以致此，答曰："中国画但画阳，不画阴，故看之人面躯正平，无凹凸相。吾国画兼阴与阳写之，故面有高下，而手臂皆轮圆耳。"《帝京景物略》卷四亦称较之西洋画像，"中国画绘事所不及"。

面、曲面、几何等术语沿用至今，被梁启超赞为"字字精金美玉，为千古不朽之作"
（《中国近三百年学术史》）。

自商代商高发现"折矩，以为句，广三，股修四，径隅五"（《周髀算经》卷上一）
的勾股定理，到南朝宋、齐时祖冲之推求圆周率为3.1415926－3.1415927，中国人的数学
天分从未被埋没掉；然而欧氏书中展示的严谨求证体系却对我们一向重想象、轻证明的传
统思维方式提出了严峻挑战①。昔人谓"鸳鸯绣出从君看，不把金针度与人"；徐光启反
其语曰："金针度去从君用，未把鸳鸯绣与人"，强调其书作用在于"使人人真能自绣鸳
鸯"（《几何原本杂议》）。

崇祯二年（1629），钦天监推算日食失验，光启因请开设历局，征利氏之徒龙华民
（Nicolas Longobardi）、邓玉函（Johann Schreck，Schreck亦写作Terrenz）、汤若望
（Johann Adam Schall von Bell）、罗雅谷（Giacomo Rho，或作Jacques Rho）以西洋新法厘
正旧历，谓"欲求超胜，必须会通；会通之前，先须翻译"（崇祯四年所上《历书总目
表》）。光启及光禄卿李天经先后督修历法，久之成历书一百三十余卷，名曰《崇
祯历》。

明初刘基上《大统历》，实即元郭守敬之《授时历》，洪武十五年（1382）又诏译
《回回历》，是为有明沿用的两部历书。及崇祯修历，布衣魏文魁上疏排之，乃于《大
统》《回回》外，别立西洋为西局、文魁为东局以互推验，时"言人人殊，纷若聚讼"
（《明史·历志一》）。最终西法胜出，然未颁而国亡。

梁启超云："中国智识线和外国智识线相接触，晋唐间的佛学为第一次，明末的历算
学便是第二次（中间元代时和阿拉伯文化有接触但影响不大）。"（《中国近三百年学术
史》）清兵入关，汤若望将《崇祯历》改名《新法历书》进呈，遂被用为《时宪历》，取
"朝廷宪天乂民之至意"（《清史稿·汤若望传》），而汤氏亦得以掌钦天监事。不料同
为降臣的汉人杨光先见所颁《时宪历》上题有"依西洋新法"五字，便要闹事；"争胜
了，就教他做钦天监正去，则又叩阍以'但知推步之理不知推步之数'辞。不准辞，则又
痛哭流涕地来做《不得已》②，说道'宁可使中夏无好历法，不可使中夏有西洋人'。"
（《坟·看镜有感》，《鲁迅全集》（十六卷本）第一卷199页）

---

① 利玛窦谓："中国人最喜欢的莫过于关于欧几里得的《几何原本》一书，原因或许是没有人比中国人更重视数
　学了，虽则他们的教学方法与我们的不同；他们提出了各种各样的命题，却都没有证明。这样一种体系的结果
　是任何人都可以在数学上随意驰骋自己最狂诞的想象力而不必提供确切的证明。欧几里得则与之相反，其中承
　认某种不同的东西；亦即，命题是依序提出的，而且如此确切地加以证明，即使最固执的人也无法否认它
　们。"（《利玛窦中国札记》第五卷第七章517页）
② 杨光先自审学术不逮远甚，编次其攻汤氏诸论，命曰《不得已》。

《清史稿·时宪志一》称："光启等断断辩论，当时格而不行，乃为新朝改宪之资，岂非天意哉！"学术大师阮元同样不无得意地写道："彼十余年辩论翻译之劳，若以备我朝之采用者，斯亦奇矣！"（《畴人传》卷四十五）于是一部《时宪书》承用二百六十余年不加增损，新法变旧历，我们的天文学在明季甫与西方比肩，又被狠狠且远远地甩到了后面！

现在看来，徐光启训诫子孙之语——"毋空期明日，期明日则今日是作梦之日，以梦废今日而明日不醒当奈何"（查继佐《罪惟录》卷十一下《徐光启传》），倒更像是为浑浑噩噩的大清朝提前敲响了警钟。

祸起辽东

（一）萨尔浒之役

万历四十四年（1616），统一了女真各部的原建州卫都督金事努尔哈赤在赫图阿拉（今辽宁新宾）建立后金政权，随即兴兵反明，连克抚顺、清河二重镇，全辽震动。连晏处深宫、万事不理的神宗也大惊失色道："辽左覆军陨将，虏势益张，边事十分危急！"（《神宗实录》卷五六八万历四十六年四月丙辰条）

首辅叶向高曾预言："今日边疆之事，惟建夷（指建州女真）最为可忧，度其事势必至叛乱。而今九边空虚，亦惟辽左最甚。"（王在晋《三朝辽事实录》首卷总略）礼部同样洞察到危险，奏称建夷志不在小，"辽东战士不满八千，而建州控弦之骑三万，思之可为寒心。"（《明史纪事本末补遗》卷一《辽左兵端》）兵力对比既悬殊，将士又久不习战，"不修兵具，朽戟钝戈，援急不足于用，金鼓几于绝响，偶令之截杀，股栗腕战，面孔殊无生色。"（程开祜辑《筹辽硕画》卷四）简直是兵戈未起，败局先定。

万历四十六年（1618），曾丧师朝鲜的杨镐以熟谙边事起为辽东经略，亟征四方兵。其冬援兵大集，首辅方从哲发红旗催战。明年（1619）二月，杨镐誓师辽阳，遣李如柏（李如松弟）、杜松、马林、刘綎分四道出塞，又得朝鲜兵为助，号大军四十七万[①]，以为"不过二三百里之遥，数路齐捣，旬日毕事耳。"（杨镐语，《李朝实录史料》上编卷四十八《光海君日记二》戊午十年六月丙子条）

山海关总兵杜松"勇而无谋，刚愎使气"（《明史》本传），率西路军六万人从抚顺

[①] 此役过后，努尔哈赤笑曰："明以二十万众，号四十七万，分列四路，并力来战"（《清太祖实录》卷六天命四年三月庚寅条），可知明军人数不实。

出发，欲立首功，先期渡浑河，遇伏，"凡火药利器俱未渡，水大至，兵多没焉。"（夏允彝《幸存录》下卷《东夷大略》）已渡之兵一部驻萨尔浒山上（今辽宁抚顺市东大伙房水库东南隅），余者攻界藩（后金临时都城，在赫图阿拉西北百二十里处）城外吉林崖。

时后金军不过四五万，努尔哈赤采取"凭尔几路来，我只一路去"（《幸存录·东夷大略》）的方针，先破萨尔浒山军，再歼围吉林崖者，杜松及副将赵梦麟、王宣皆没于阵，"横尸亘山野，血流成渠，其旗帜器械及士卒死者蔽浑河而下，如流澌焉。"（《清太祖实录》卷六天命四年三月）

接下来从开原（即今辽宁开原市东北老城镇）南下至尚间崖、飞芬山的北路军亦被击溃，"死者遍山谷间，血流尚间崖下，河水为之尽赤。"（同上引）统帅马林仅以身免，数月后战死开原。

南路刘綎军偕朝鲜援军出宽甸（今辽宁宽甸满族自治县）北上，深入三百里，遇伏尽覆，綎力战而亡。朝鲜都元帅姜弘立（或作姜宏立）降，匍匐谒见努尔哈赤，有明兵逃入己营，皆掷落山下。凡五日而三路皆破，独李如柏一枝遁还，敌哨兵二十人登山鸣螺作追击状，如柏军大惊，"夺径路而遁，相踩践死者，复千余人。"（同上引）

萨尔浒之役，明以倾国之兵云集辽左，竟一败涂地，"文武将吏前后死者三百一十余

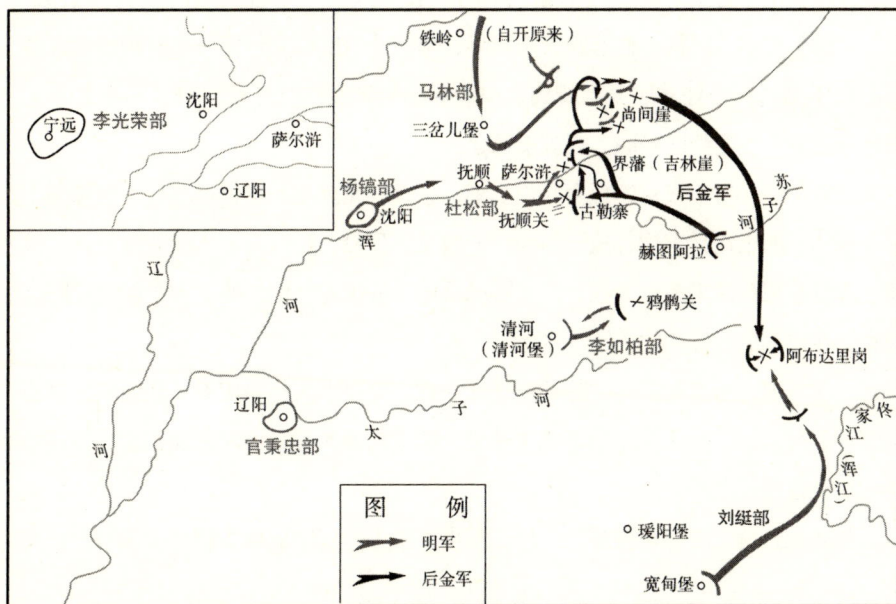

萨尔浒之役示意图

人，军士四万五千八百余人，亡失马驼甲仗无算"（《明史·杨镐传》）①；而后金士卒仅损数百，"明与我朝（指清）之兴亡肇于是战。"（魏源《圣武记》卷一《开创·开国龙兴记二》）

（二）熊廷弼失疆

惨败之后，熊廷弼代杨镐为经略，领尚方剑未及出京，开原已失；甫出关，铁岭又陷。

廷弼字飞百，号芝岗，江夏（今湖北武昌）人，万历二十六年（1598）进士，"身长七尺，有胆知兵。"（《明史》本传）"时辽、沈大震，诸城堡军民尽窜，数百里无人迹，中外谓必无辽。"（《圣武记》卷一《开国龙兴记二》）廷弼兼程抵辽阳，冒雪亲巡沈阳、抚顺各塞，"所至招流移，缮守具，分置士马，由是人心复固。"（《明史》本传）遂定"坚守渐逼之策"，上疏言："今日制敌，曰恢复，曰进剿，曰固守。而此时语恢复，语进剿，未敢草草。不如分布险要，守正所以为战也。"（《明史纪事本末补遗》卷二《熊王功罪》）

后金按兵不攻岁余，辽转亡为存，转危为安，而是年"天下加赋八百万，辽饷三百二十四万"（同上引）。朝中忌廷弼者争劾其糜费钱粮，养兵不战；廷弼自辩一岁间"止通共用银二百三十一万余两，米、豆用一百余万石，不知'一年虚糜八百万'之语，是从何来？""各色军器……何一件非职大声疾呼、争口斗气所得来？何一事非职废寝忘餐、吐血呕肝所干办？何一处非职身亲脚到、口筹手画所亲授？"（计六奇《明季北略》卷一"熊廷弼回籍"）遂愤而辞职，袁应泰代之。

天启元年（1621）三月，后金兵攻沈阳，总兵官尤世功、贺世贤战死，秦邦屏（秦良玉兄）率川、浙土司兵来援，战于浑河，皆败没。是役，明以万余人当敌数万，"虽力屈而覆，为辽左用兵以来第一血战。"（《圣武记·开国龙兴记二》）敌乘胜攻辽阳，经略袁应泰、巡按御史张铨死之。

辽、沈既陷，熹宗叹曰："熊廷弼守辽一载，未有大失；袁应泰一战而败，将祖宗百战封疆袖手与人。"（《明史纪事本末补遗·熊王功罪》）乃诏起廷弼于家，复任经略，擢王化贞为巡抚。

廷弼入朝，建"三方布置策"：以重兵屯广宁（今辽宁锦州下辖之北镇市），天津、

---

① 案：明军伤亡数字有出入。《明史纪事本末补遗·辽左兵端》谓"三路凡丧师九万"；邹元标疏劾方从哲，亦称"秉政七年，未闻建树何事，但闻马上一日三趣战，丧我十万师徒"（《明史·邹元标传》）。

登、莱各置舟师策应，经略驻山海关"节制三方，以一事权"（《熹宗实录》卷十一天启元年六月辛未条）；同时联络朝鲜，"约期并举，进足以战，退亦足以守。"（《熹宗实录》卷十四天启元年九月癸丑条）

王化贞守广宁，"素不习兵，轻视大敌"（《明史·熊廷弼传》），遣部下毛文龙"率乌合之众二百人，涉海三千里"（《明史纪事本末补遗》卷四《毛帅东江》），袭取鸭绿江口镇江城。举朝为镇江大捷所激动，惟廷弼谓其乱三方布置之局，"目为奇功，乃奇祸耳"。经、抚由此不和，廷弼主守，力陈玩师必败，间谍当防；化贞则一切反之，大言"愿请兵六万，一举荡平"（《明史·熊廷弼传》）。

时"广宁兵十三万，粮数百万，尽属王化贞"（《明史纪事本末补遗·熊王功罪》）。天启二年（1622）正月，后金兵克西平堡，化贞心腹将孙得功退入广宁，亟呼军民剃发归降。化贞方晨起视文书，闻变，股栗莫知所为，仓皇弃城，遇廷弼五千人马于大凌河。化贞哭，廷弼笑且愤曰："六万军荡平辽阳！今竟何如？"（同上引）遂整众西行，护难民数十万入关。

熊、王同下诏狱治罪。正值朝中党争进行得如火如荼，双方都抓住此案大做文章。"及时雨"叶向高与化贞有座主门生之谊，仅凭此条，廷弼先就在东林这边失分，阴差阳错的是，他又成了阉党必欲拔之的眼中钉、肉中刺。被两下往死里整，廷弼受到"比之杨镐更多一逃，比之袁应泰反欠一死"的严厉谴责，而化贞罪名不过是"有忧国之心而无谋国之智，有吞胡之志而无灭胡之才"（《熹宗实录》卷二十一天启二年四月壬午条；主审官中包括大名鼎鼎的"武行者"邹元标）。御史江秉谦一语道出背后玄机："今日之事，非经、抚不和，乃好恶经、抚者不和；非战守之议论不合，乃左右经、抚者之议论不合。"（《明史》本传）天启五年（1625）八月，廷弼被斩于西市，"传首九边，尸弃荒野"（《明史纪事本末补遗·熊王功罪》）。行刑日洗沐整冠，从容就戮，赋绝命诗云："他日倘拊髀（以手拍股，振奋义），安得起死魄？绝笔叹可惜，一叹天地白。"（《明季北略》卷二"熊廷弼传"）《明史》曰："广宁之失，罪由化贞，乃以门户曲杀廷弼，化贞稽诛者且数年。①"（卷二五九"赞"）

继任辽东经略王在晋总结前事，有板有眼道："东事一坏于清、抚，再坏于开、铁，三坏于辽、沈，四坏于广宁。初坏为危局，再坏为败局，三坏为残局，至于四坏，则弃全辽而无局。退缩山海，再无可退。"（《熹宗实录》卷二十天启二年三月乙卯条）

---

① 据《明史·熊廷弼传》，崇祯五年（1632），化贞始伏诛。

（三）误杀袁崇焕

自熊、王之败，经略王在晋专主守山海弃关外。大学士孙承宗抵关，以在晋不足恃，自请代之，用监军袁崇焕策，筑宁远城（今辽宁兴城），守关外地二百余里。

宁远位于辽西走廊中部，"内拱岩关，南临大海，居表里之间，屹为形胜。"（顾祖禹《方舆纪要》卷三十七《山东八》）崇焕筑城讫，遂为关外重镇，"商旅辐辏，流移骈集，远近望为乐土"；承宗又遣将分戍锦州、右屯、松山、杏山、塔山及大、小凌河诸要害，"自是宁远且为内地，开疆复二百里。"（《明史·袁崇焕传》）

承宗在关四年，前后修复城堡数十，练兵十一万，造甲胄、器械、弓矢、炮石之具合数百万，拓地四百里；而后金方营都沈阳，"按兵四载不攻"（《圣武记·开国龙兴记二》）。然承宗终以忤魏忠贤罢官，兵部尚书高第为经略，重弹关外不可守旧调，尽撤锦州诸城守具，驱将士入关；独崇焕坚守宁远不去，誓与城共存亡。

袁崇焕字元素，号自如，广东东莞（一说广西藤县）人，万历四十七年（1619）进士。有胆略，好谈兵，晓边事，"熊廷弼而后，边吏皆不及。"（《明史纪事本末补遗》卷五《锦宁战守》）广宁师溃，崇焕单骑出阅山海关内外，还朝放言："予我军马钱谷，我一人足守此。"（《明史》本传）

天启六年（1626）正月，后金兵十三万西渡辽河，围宁远。崇焕偕大将满桂（蒙古人）、祖大寿、何可纲等刺血书，誓将士，坚壁清野以待。二十四日，敌大举攻城，推坚车撞击，人藏于下锤凿，城基俱成凹龛。城内则架西洋大炮[①]十一门，"一发决血渠数里，伤数百人"（《圣武记·开国龙兴记二》）；又撒火药于被褥上，号"万人敌"，燃之投下，焚死甚众。两日后敌退，"拾敌矢十余万枝，见城上大小穴至七十余，而查硝黄库亦已尽，危矣哉！"（《明季北略》卷二"袁崇焕守宁远"引金日升辑《颂天胪笔》）

努尔哈赤"自二十五岁起兵以来，征讨诸处，战无不捷，攻无不克，惟宁远一城不下"（《清太祖实录》卷十天命十一年二月壬午条），悻悻而归沈阳。明廷擢崇焕辽东巡抚，罢经略不设，以关内外尽属之。

是年八月，努尔哈赤死，四贝勒皇太极即位，明年正月发兵征朝鲜。崇焕佯议和，遣将修锦州、中左、大凌三城，为战守计。至五月，从朝鲜班师的后金兵十五万攻锦州，不克，转攻宁远。崇焕守城内，满桂、祖大寿等战于城外。皇太极怒曰："昔皇考太祖攻宁远不克，今我攻锦州又未克，似此野战之兵尚不能胜，其何以张我国威耶？"

---

① 又称"红夷"或"红衣大炮"，其造设应得益于徐光启。自杨镐丧师，光启累上练兵之说，"力请多铸西洋大炮，以资城守。"（《明史》本传）天聪五年（1631），皇太极命汉人佟养性铸红衣大炮，镌曰"天祐助威大将军"，凡四十具，满洲兵造炮自此始。

（《清太宗实录》卷三天聪元年五月癸巳条）亲率诸将进击。满桂身中数矢不退，"杀伤相当，尸满壕堑。"（《圣武记》卷一《开国龙兴记三》）皇太极无奈，回攻锦州，明军"用火炮、大坛与矢石打死敌兵数千，中伤数千。敌败回营，大放悲声"（《明季北略》卷二"赵率教守锦州"）。时称宁、锦大捷，惟魏忠贤以不救锦州为暮气，逼崇焕去位。

思宗（即崇祯帝，又称庄烈帝、毅宗、怀宗等）登基，起崇焕为兵部尚书，督师蓟、辽。"崇焕锐而轻，每易言天下事"（《明史纪事本末补遗·锦宁战守》）；帝问何日复辽，漫应以五年之期，谓"野战既非所长，惟有凭坚城用大炮一策，守为正，战为奇，和为辅"（《圣武记·开国龙兴记三》）。

崇祯元年（1628）七月，宁远戍兵因乏粮哗变。崇焕至，宥首恶，捕从党，斩十六人。计六奇谓处置颠倒，致不越三月，复有锦州军哗（见《明季北略》卷四"宁远军哗"）。诛毛文龙则是崇焕复出后最引起争议的举动。

文龙字振南，"居钱塘荐桥忠孝巷，与于谦同里。"（《明季北略》卷二"毛文龙入皮岛"）初从辽东总兵李成梁，"潦倒行间者十余年"（《明史纪事本末补遗》卷四《毛帅东江》），至天启元年镇江之役始一战成名。然未几镇江复陷，文龙遁入朝鲜，以鸭绿江口皮岛"地形广衍，有险可恃"（《方舆纪要》卷三十七），屯驻于此。皮岛亦称东江，"在登、莱大海中，绵亘八十里，不生草木，远南岸，近北岸，北岸海面八十里即抵大清界，其东北海则朝鲜也。"（《明史·袁崇焕传》）文龙屯兵岛上，遂成牵制之局。

按熊廷弼的三方布置之策，国家有两大局，"一在关外，一在海外。……以海上言之，牵制敌人者朝鲜也，联络朝鲜者毛文龙也。"（《明史纪事本末补遗·毛帅东江》）故熹宗倚文龙为"海外长城"（《熹宗实录》卷四十二天启三年十二月壬辰条），授平辽总兵官，加至左都督，挂将军印，赐尚方剑。

崇祯二年（1629）六月，崇焕以阅兵为名抵皮岛西之双岛，诱杀文龙于岛上。谷应泰（《明史纪事本末》）、谈迁（《国榷》）皆谓袁无以塞五年平辽之语，乃思以纵横捭阖之计，反为后金利用，有此擅杀。计六奇干脆称"崇焕捏十二罪，矫制杀文龙，与秦桧以十二金牌，矫诏杀武穆，古今一辙"（《明季北略》卷五"钟万里解梦"）。

崇焕宣布的应斩十二大罪中，最重者当属冒功糜饷，文龙当场抗辩："六七年来，止受国家银一百五万两，米九十余万石，犹谓无功虚冒乎？"（《明季北略》卷五"袁崇焕谋杀毛文龙"）而崇焕不为所动，取尚方剑，杀掉同样手持尚方的边帅，可谓决绝。

此案背后即使今日犹有诸多疑点。孤处海隅的毛文龙"灭敌则不足，牵敌则有余"

461

（《明史纪事本末补遗·毛帅东江》），而资助岛军亦成为皇太极讨朝鲜借口，可见毛帅的军事牵制作用不容低估。但朝鲜方面却提供了对毛极为不利的证据，说他"领率数十万男妇就食我边"，"其人所为，无非瞒上国搆属藩之事，肝肺尽露，视听齐愤"（分见《李朝实录史料》上编卷五十二《仁祖实录一》四年即明天启六年三月己巳、五月戊申条）。

事情远比上述指控严重得多。朝鲜人与毛帅周旋近十年，在他们眼中，"文龙之于天朝，决非纯臣也，其所为极多可骇，西边大小人心蓄疑久矣"（同上书闰六月乙卯条）。更直接证据来自天启六年（1626）倪汝听的揭发。时翰林编修姜曰广、工部给事中王梦尹[①]奉旨出使朝鲜，士人倪汝听上密揭，告文龙盟天誓地，加倍练兵，欲袭取王京，然后"攻败山东，到一处收一处，大事可图也"（同上书闰六月辛亥条）。

毕竟文龙"有乱之萌，无乱之形"（同上书八月丙辰条），仅凭倪氏道听途说的一面之词难以定案。但朝鲜人疑毛太深，闻努尔哈赤死，犹不敢掉以轻心。国王李倧就说："奴酋虽死，彼欲降虏，则岂无奴酋之子乎？"（同上书十月丙午条）此后文龙果然多次致书皇太极，约以"尔取山海关，我取山东"[②]。其中一封信录下毛帅掏心窝子的话，云："我自思自悔，当初原不该与你通这个机密。你到底是达子家，做事只图目前之小利，那知日远之大妙。渺想之事，屡做屡败。非我与你德不深，诚不至之谓也，实我与你缘薄分浅，无大福以享受耳。……你思想了看，我若不是实心，拿着这个大事与你往来，为着何意？还是哄你城池来不成？还是哄你王子来不成？"孟森称其"词气倨傲，绝不似投降口吻……当是互相玩弄，非有意于归降也。"（《明清史论著集刊续编》"关于刘爱塔事迹之研究"，中华书局，1986年）联想到李倧评价文龙"与禽兽无异，至如皇帝之尊，亦无所畏"（《李朝实录史料》上编卷五十四《仁祖实录三》六年十月甲辰条），单凭语言桀骜这一点，恐怕说明不了什么问题。

文龙反形已著朝鲜人看得明白，明廷亦当有所耳闻，比如姜、王两诏使看过倪氏密揭，"颇动其色"（《李朝实录史料》上编卷五十二《仁祖实录一》四年闰六月辛亥条），回朝后不可能不详作禀报，那么交通敌国才应该是让毛帅掉脑袋的真正原因。崇焕杀文龙，谓"今日非本部院意，乃是上旨"（《明季北略》卷五）。此情节稗史多以"矫诏"二字轻轻带过，事后崇焕上书请罪，思宗闻报惊骇，配合默契，简直像是一出天衣无缝的双簧。至于崇焕数十二斩罪，独不言通敌，其中玄机殊难臆测；不管怎样，消息传到一向"爱戴中朝，忠贞之忱，溢乎言表"的朝鲜（语出《明史·朝鲜传》），君臣同赞

---

① 《明季北略》称王梦尹为兵科给事中（见卷五"袁崇焕谋杀毛文龙"）。

② 见金梁辑《满洲秘档》"毛文龙来书四"。案：文龙约降书信在皇太极时用无圈点老满文撰写的《满文原档》及乾隆重抄本中均有收录。

"袁帅办得大举措"，"奋发英断，为天下除此巨害，海外苍生，莫不拭目为督帅耸贺"云云（《李朝实录史料》上编卷五十四《仁祖实录三》七年七月丙戌条）。

崇祯二年（己巳年，1629年）冬，皇太极以蒙古兵为向导，亲统大军十余万绕过山海关防线，由喜峰口毁边墙入，攻陷遵化，总兵赵率教战死，是为"己巳之变"。京师戒严，崇焕率祖大寿、何可纲自山海关兼程入援。皇太极设反间计，假称与袁有密约，营中被俘明太监杨姓者"佯卧窃听，悉记其言"（《清太宗实录》卷五天聪三年十一月戊申条）。于是上演了明版的"蒋干盗书"，杨太监逃回北京告变，思宗立逮崇焕下诏狱。祖大寿大惊，领所部万五千人出山海关，奔锦州。去袁被执仅半月，大将满桂又殁于阵。

崇祯三年（1630）八月，诏磔袁于市，兄弟妻子流三千里。时朝野上下深信崇焕"谋叛欺君，结奸蠹国"，以致"生灵涂炭，神人共忿"（《国榷》卷九十一）。思宗本欲族诛，以阁臣何如宠申救，"免死者三百余口"（《明史·何如宠传》）。行刑之日百姓怨恨，"将银一钱，买肉一块，如手指大，啖之。食时必骂一声，须臾，崇焕肉悉卖尽"（《明季北略》卷五"逮袁崇焕"）。

《明史》本传谓："自崇焕死，边事益无人，明亡征决矣。"

（四）松、锦大败

后金天聪八年（1634），皇太极诏改沈阳为盛京，赫图阿拉为兴京；两年后称帝，改元崇德，国号大清。清军每从居庸、喜峰间道内袭，终不能得尺寸地，皆以京东天险山海关阻隔，内外声势不接之故；"而欲取关，非先取关外四城（锦州、松山、杏山、塔山）不可。"（《圣武记·开国龙兴记三》）崇德六年（1641），多尔衮等攻锦州，祖大寿拒守。

先是，大寿筑城大凌河，被困数月，粮尽援绝，遂降。副将何可纲不从，祖令拉出城外斩之，"可纲颜色不变，亦不发一言，含笑而死。"（《明史》本传），事在明崇祯四年（1631）大寿徒步入锦州，复投效明朝。及锦州告急，从陕西抽调入卫、授蓟辽总督的洪承畴率吴三桂（大寿甥）等八总兵来援。承畴初议"步步立营，以守为战"，被兵部尚书陈新甲否决，不得已进次松山（今辽宁凌海市西南松山乡境），大败。洪师号十三万，诸军夜溃，自相蹂践，毙五万有奇。"自杏山南至塔山，死伤狼藉，海中浮尸如雁鹜"，而清军"昏夜中仅伤十人。"（《圣武记·开国龙兴记三》）承畴死守松山半年，至崇德七年（1642）二月城陷被俘①。大寿闻承畴败，再降，"锦州被屠，稚子少妇，悉为兵

---

① 承畴被困松山，上书求援凡十八疏，皆不得奏。后其子走京师，击登闻鼓，崇祯帝始知有十八疏，谢其殉难，立祠城外，将亲临奠；俄闻承畴降，乃止（见《明季北略》卷十八"洪承畴降清"及《清史稿·洪承畴传》）。

掠。"(《明季北略》卷十八"洪承畴降清")未几塔山、杏山俱陷。

明自万历后,"岁征辽饷六百六十万,崇祯中复加剿饷二百八十万,练饷七百二十万,先后共增赋千有六百七十万[1],竭天下兵饷大半以事关东。而中原盗贼蜂起,或百万或数十万,所至破城陷藩,东西交哄,"(《圣武记·开国龙兴记三》)以致国事崩坏。

承畴俘至盛京,范文程[2]劝降,与谈古今事。梁间尘偶落沾衣,承畴即拂去之。文程走告皇太极曰:"承畴必不死,惜其衣,况其身乎?"(《清史稿·洪承畴传》)承畴自降清,从入关,偕故明大学士冯铨、谢陞等请复内阁票拟故事,议定郊社宗庙乐章,又率师南征,"江南、湖广以逮滇、黔,皆所堪定",算得上文武双全,为清主立下汗马功劳。而民国初年"满清遗老"赵尔巽等修清史,特辨明"国初诸大政,皆定自太祖、太宗朝。世谓承畴实成之,诬矣"(见《清史稿》卷二三七"论"),竟全不把他放在眼里。

张李双雄

崇祯年间,"秦、豫屡岁大饥,齐、楚比年蝗旱"(《明季北略》卷二十三"论明季致乱之由"),尤以三秦被灾最重。崇祯二年(1629),陕西安塞县人马懋才(《崇祯长编》作马茂才)上疏言家乡饿殍惨状云:

"臣乡延安府,自去岁一年无雨,草木枯焦。九八月间,民争采山间蓬草而食,其粒类糠皮,其味苦而涩,食之仅可延以不死。至十月以后,而蓬尽矣,则剥树皮而食,诸树惟榆皮差善,杂他树皮以为食,亦可稍缓其死。迨年终而树皮又尽矣,则又掘其山中石块而食,石性冷而味腥,少食辄饱,不数日则腹胀下坠而死。……最可悯者,如安塞城西有粪城之处,每日必弃一二婴儿于其中,有号泣者,有呼其父母者,有食其粪土者。至次晨,所弃之子己无一生,而又有弃之者矣。更可异者,童稚辈及独行者,一出城外,便无踪迹。后见门外之人,炊人骨以为薪,煮人肉以为食,始知前之人,皆为其所食。而食人之人亦不免,数日后面目赤肿,内发燥热而死矣。于是死者枕藉,臭气熏天,县城外掘数坑,每坑可容数百人,用以掩其遗骸,臣来之时已满三坑有余,而数里以外不及掩者,又

---

① 《明史·食货志二》引御史郝晋言,崇祯时加派辽饷九百万,剿饷三百三十万,练饷七百三十万,合千有九百六十余万,数字不尽同。

② 范文程,字宪斗,北宋范仲淹十八世孙,先世明初自江西谪居沈阳。曾祖范𨱇为明正德间进士,官至兵部尚书。文程本沈阳县学生员,万历末偕兄文寀投努尔哈赤,参与军国机密。闻李自成入北京,文程请发兵入关,进取中原,亲草檄书谕明吏民曰:"义师为尔复君父仇,非杀尔百姓,今所诛者惟闯贼。吏来归,复其位;民来归,复其业。"檄皆署文程官阶、姓氏。既克北京,百度草创多用其议(见《清史稿》本传)。

不知其几许矣。"（《明季北略》卷五"马懋才备陈大饥"）

朝廷增戍、加派，拿全国银子砸向东北的同时，只能在其他地方紧缩开支，"核兵饷，各边镇咸厘汰裁饷至数十万"；又裁驿递，至秦、晋、燕、赵游民失驿站生计，无所得食。及陕西民变发生，饥军、驿卒起而应之，于是"边贼倚土寇为乡导，土寇倚边贼为羽翼"（《明史纪事本末》卷七十五《中原群盗》），两相纠结，势同燎原，全陕遂无尺寸宁土。

黄仁宇认为万历时期就埋下了民变的种子，那时发生一些不为人察觉的事情，如"白银由海外流入，使东南受益却未及于西北，西北诸省倚靠中央政府向边防军的津贴，才能维持平衡。……当明帝国用兵于东北，与满洲人作战时，朝代的资源重新安排，实陷西北区域于不利。我们不能忽视此中关系和以后流寇横行于西北的影响"（《中国大历史》212页）。

恰似松、锦败后委陈新甲议和又杀之[1]，崇祯帝对待"流寇"的态度也是剿、抚无策，首鼠两端。先传谕"寇亦吾赤子也，宜招抚之"（《明史纪事本末》卷七十五），既而陕西总督杨鹤主抚误国下狱，其子嗣昌建"四正六隅、十面张网"之说，谓"必安内方可攘外"（《杨文弱先生集》卷九《敬陈安内第一要务疏》，载《续修四库全书》之《集部·别集类》一三七二册）[2]。于是大发兵剿寇，且加派剿饷，下诏有"暂累吾民一年，除此腹心大患"语（见《明史·杨嗣昌传》）。

崇祯四年（1631），秦地各路义军二十余万人东入山西，分三十六营，首领有闯王（高迎祥）、闯将（李自成，迎祥甥）、八大王（张献忠）、老回回（马守应）、曹操（即罗汝才，多智而狡，故得此号）等。随后分道四出，进军河北、河南、湖广、四川等地。八年（1635）正月，高迎祥、李自成、张献忠率兵攻陷凤阳。凤阳无城郭，时方元夕，歌舞升平，忽火光四起，官军无人应战，尽溃。"贼焚皇陵，烧享殿，燔松三十万株"，杀士民数万，"焚公私邸舍二万余间，光烛百里"（《明季北略》卷十一"贼陷凤阳"）。事闻，崇祯帝素服哭，"下诏罪己，辟居武英殿，减膳撤乐，示与将士同甘苦。"（《明史·庄烈帝纪一》）

---

[1] 崇祯十三年（1640）陈新甲以举人破格擢为兵部尚书，及松、锦大败，崇祯帝以和议专委之，手诏往返者数十。其事殊秘，朝鲜驻沈阳官员仅风闻而已，还报国主曰："请和之说，虽未能的知，而中朝之运，亦已衰矣。"（《李朝实录史料》上编卷五十八《仁祖实录七》二十年即明崇祯十五年五月乙酉条）后新甲家僮误以议和密信为塘报，付之抄传，外廷大哗，崇祯帝遂以累陷亲藩为由杀之。谈迁曰："其祸兆于主款（即议和），时天子亦心动，不欲外著。"（《国榷》卷九十八）

[2] 杨鹤被逮在崇祯四年（1631），后卒于戍所袁州。杨嗣昌居丧，夺情起为兵部尚书，崇祯称"恨用卿晚"（《明史》本传）。嗣昌字文弱，武陵人，万历三十八年（1610）进士。崇祯十年（1637）条上方略，请以陕西、河南、湖广、江北为四正面，分任剿而专任防；以延绥、山西、山东、江南、江西、四川为六隅面，时分防而时协剿，"如是而十面之网张矣。"（《敬陈安内第一要务疏》）

　　明年（1636），命孙传庭为陕西巡抚，同总督洪承畴协剿。是年七月，传庭擒高迎祥于盩厔（今陕西周至）黑水峪，送京师磔死。李自成继为闯王，十一年（1638）大败于梓潼，自蜀奔陕，再被承畴、传庭合击于潼关南原，仅偕刘宗敏（蓝田铁匠）、李过（自成兄子）、高一功（自成妻弟）、顾君恩（以善谋著称）等十八骑突围，伏匿商、洛山中①。时张献忠已降，朝中皆谓"天下无贼"（吴伟业《绥寇纪略》卷六《谷城变》），不料半路杀出个程咬金，一支清兵南下深入高阳（今河北高阳县境），致仕大学士孙承宗阖家死难（承宗时年八十）。不得已，召秦兵入援，改承畴蓟辽总督，传庭保定总督。杨嗣昌谏曰："贼未绝种，承畴、传庭宜留一人于彼镇压"（戴笠《流寇长编》卷十一），崇祯不听②。

　　李自成，陕西米脂人，世居怀远堡李继迁寨③。本名鸿基，乳名闯儿④，以"大丈夫当横行天下，自成自立"，改名自成，尝与李过（二人同年生，同就塾）约曰："吾辈须习武艺，成大事，读书何用！"（《明季北略》卷五"李自成起"）己巳之变，自成投军勤王；兵行四日，诸军以缺饷哗变，自成振臂一呼："予号闯王，名著三秦"（《明季北略》卷二十三"李自成生"），从此拉起了一支起义队伍⑤。

　　崇祯十二年（1639），张献忠复反于湖北谷城，遭受重创的李自成亦东山再起，突入河南。举人牛金星、李岩（本名信）偕卜者宋献策来归，俱为谋主。献策进谶语云："十八子，主神器。"（《明史·李自成传》）李岩劝自成不杀以收民心、图大事，编童谣传唱："吃他娘，穿他娘，开了大门迎闯王，闯王来时不纳粮。"（《明季北略》卷二十三"李岩说自成假行仁义"）

　　李闯不好酒色，军纪严明，每临阵，"列马三万，名'三堵墙'。前者返顾，后者杀

---

① 案：四川梓潼及陕西潼关原之战的具体时间、经过各书记载不一。《明史·庄烈帝纪二》系梓潼之战于十一年（1638）正月，潼关原之战于十月。《国榷》（卷九十六）谓梓潼之战发生在是年二月，自成投西番，复潜身终南山月余，再入广元山中，被围，与田见秀、谷英、张能等十七人"碎布衣为绳，缒崖逸去"。潼关原之战则在六月，自成"独乘骡日行六百里，走商雒龙驹塞，至淅川老回回营，卧疾半年余"；八月，总督洪承畴报陕西贼剿降略尽，此与《崇祯实录》（卷十一）、《明史纪事本末》（卷七十八）所记同。《绥寇纪略》（卷六）又称潼关原败后，"李自成妻女俱失，从七人遁走"。

又，《明季北略》谓刘宗敏、顾君恩至十四年（1641）始归自成（见卷十七"牛李降自成"及卷二十三"宋献策等归自成"），历史小说《李自成》的作者姚雪垠亦认为顾君恩参加起义的时间较晚，当在崇祯十五年（1642）或十六年（1643）。

② 案：《明史·孙传庭传》所记不同，谓嗣昌欲留秦兵守蓟、辽，传庭以为是代贼撤兵，争之不得，郁郁以致耳聋，遂引疾乞休，竟被逮，系狱三年。

③ 李继迁即元昊祖父，"心知兵要，手握乾符，大举义旗，悉降诸部"（《宋史·夏国传上》），为西夏国奠基者。后李自成称王，以李继迁为太祖，知其应为党项羌人后裔。

④ 自成乳名或别名各书又记有黄娃子、黄来僧、黄来儿、枣儿、砲生等。

⑤ 一说自成家贫，为驿卒，崇祯元年（1628）投延安王嘉胤等为盗（见《明史纪事本末》卷七十八）。

之。战久不胜，马兵佯败诱官兵，步卒长枪三万，击刺如飞，马兵回击，无不大胜。攻城，迎降者不杀，守一日杀十之三，二日杀十之七，三日屠之。"（《明史》本传）崇祯十四年（1641）正月，闯军克洛阳，杀神宗钟爱的福王常洵，"发藩邸及巨室米数万石、金钱数十万赈饥民"，又"置酒大会，以王为俎，杂鹿肉食之，号'福禄酒'"（《明史纪事本末》卷七十八《李自成之乱》）。未几，张献忠陷襄阳，杀襄王翊铭。亲自督师剿寇的大学士杨嗣昌以连丧两亲藩，忧惧不食，死于军中[①]。

自成移攻开封，城即故宋汴京，北枕黄河，金人增筑，土坚厚五丈。前后三攻不下，自成左目中箭几死，遂于崇祯十五年（1642）九月决河灌城。守城官军亦怀决堤之谋，于是二口并决，"势如山岳，自北门入，穿东南门出，流入涡水，水骤长二丈，士民溺死数十万。"（《明史纪事本末》卷七十八）经此河决，开封为泥沙所掩埋，清初始筑新城。重起为陕西总督的孙传庭出关赴援，在郏县覆军数千，大败而归。时天降大雨，秦兵冻馁交加，采青柿以食，豫人谓之"柿园之败"。

崇祯十六年（1643）春，张献忠连陷蕲州、蕲水、黄州，自称"西王"。又沿江而上，破汉阳、武昌，沉楚王华奎于江，屠城。"时大雨如注，雷声轰烈。献忠驰马周呼曰：'上天怒得紧了，何不快杀！'遂如砍截瓜菜者。然数十万众不能遽杀，乃启城逼入江中。献忠每自云：'我是黄巢后一人。'又云：'我比黄巢杀人更多些'。"（《明季北略》卷十九"张献忠屠武昌"）杀戮过后，"由鹦鹉洲至道士洑，浮胔蔽江，逾月人脂厚累寸，鱼鳖不可食。"（《明史·张献忠传》）献忠遂据楚王府，改武昌曰天授，署置百官。

李自成据襄阳，改称襄京，自号"奉天倡义文武大元帅""新顺王"，袭杀罗汝才等人，兼其众。闻献忠取武昌，忌且怒，遣使威胁道："老回回已降，曹操辈诛死，行及汝矣。"（《明史》本传）献忠惧，南走长沙。先是，杨嗣昌督师，专剿献忠，平贼将军左良玉在太平县玛瑙山（今四川万源境内）大破献军，"斩馘三千六百二十，坠岩谷死者无算。"（《明史·杨嗣昌传》）[②]献忠攀藤越岭逸去，精锐俱尽，恨嗣昌甚，杀襄王即以"借王头断嗣昌头"为辞。及陷武陵（今湖南常德），发嗣昌墓，斩尸见血。

张献忠，字秉吾，号敬轩，延安卫肤施县（今陕西定边东）人，"天性好杀，不耐久静"，人称"黄虎"（《明季北略》卷七"张献忠起"）。当是时，从陕西杀出的各路义

---

① 一说自缢或饮药死，见《明史纪事本末》卷七十七、七十八。

② 是役献军被杀人数各书记载不一，《崇祯实录》《绥寇纪略》《流寇长编》《明史稿》《国榷》等皆作数千，惟《明季北略》及《明史纪事本末》称"斩首万级"。又，左良玉为明廷剿寇主力，崇祯十一年（1638）曾箭射献忠眉心，玛瑙山之役又擒其妻孥，然独畏李自成，崇祯十五年（1642）率麾下二十万众自朱仙镇南溃，致陷开封。

军首领"降死殆尽,惟自成、献忠存"(《明史·李自成传》)。张、李同年生,并起延安,盖是"两不相下人"(《明季北略》卷十六"李自成败而复振")。马世奇称:"闯、献二贼,除献易,除闯难。人心畏献而附闯,非附闯也,苦兵也。……使兵不虐民,民不苦兵,则乱可弭。"(《明史·马世奇传》)这跟计六奇"兵之厉民更甚于贼"的说法恰有暗合之处(见《明季北略》卷二十三"总论流寇乱天下")。

崇祯十六年(1643)六月,自成从顾君恩计,佯造战舰于荆、襄,声东击西,挥师北上,谋取关中建立基业。孙传庭再督师十万出关,与自成战于南阳,大败,"一日夜,官兵狂奔四百里,至于孟津,死者四万余,失亡兵器辎重数十万。"(《明史·孙传庭传》)十月,闯军乘胜破潼关,毙传庭,长驱直入西安,改称西京。明年正月称王置官,以牛金星为丞相,国号"大顺",年号"永昌"。接下来按照顾君恩制定的万全之策——"旁略三边(延绥、宁夏、甘肃),攻取山西,后向京师"(《明季北略》卷十九"顾君恩议取关中")——步步推进,多年的戎马倥偬眼见得要修成最后"正果"了。

崇祯十七年(1644)三月,闯军自山西抵北京城下。自成久窥畿辅空虚,先阴遣其党入城,或列肆贩货,或辇金买官,京中事纤悉必知,而新募军卒亦为内应,至"城中坑厕皆贼"(《明季北略》卷二十"李自成入北京内城")。攻城日,架数百五丈云梯,令十四五岁孩儿军"手持短刀,如猿猴狡[矫]捷,四面登城,逢人乱砍,城兵见之俱惊溃"(《明季北略》卷二十三"李自成入京城")。十八日(一说十七日夜),太监曹化淳启彰义门迎降,崇祯帝逼皇后自缢,拔剑斫死妃嫔数人,又砍长平公主(年仅十六),断其臂,哭曰:"汝何故生我家!"(《明史·公主传》)[1]翌日天未明,撞钟集百官,声彻京城,竟无一至者。遂登万岁山(又称煤山,即今景山)寿皇亭,与太监王承恩对缢于海棠树下,刺血书衣襟为遗诏曰:"朕死无面目见祖宗,自去冠冕,以发覆面。任贼分裂,无伤百姓一人。"(《明史·庄烈帝纪二》)从而以极不体面的方式结束了吾国历史上的最后一个汉人帝国。

自成"毡笠缥衣,乘乌驳马"(《明史》本传)入城,禁淫掠,改官制,考选举人,一个新王朝似乎就要拔地而起,但随后京城内外形势急转直下,教人瞠目结舌,也让开国蓝图顿时成了空中楼阁。闯军乱入人家,望见高门大第,将入据之,兵则"以搜马、搜铜为名,沿门蜂聚,初曰'借锅爨',少焉曰'借床眠',顷之曰'借汝妻女姊妹作伴'……安福衚衕一夜妇女死者三百七十余人"(徐鼒《小腆纪年附考》卷四)。刘宗敏霸占外戚田弘遇(田贵妃父)私第,方为日后拘吴襄、劫陈沅,山海守将吴三桂"冲冠一

---

① 《明季北略》等书皆写作长公主,案自汉以降惟帝之姊妹号长公主,显为误记。

怒为红颜"（吴伟业《圆圆曲》）的故事提供了出处①。不予录用的明勋戚、文武诸臣凡八百余人又送入宗敏等营中，"拷掠责赇略，至灼肉折胫，备诸惨毒"（《明史·李自成传》）②；而刘将军"门立二柱，磔人无虚日"（《明季北略》卷二十"廿四日壬子"）。其间李岩上疏请招抚各镇，诚军兵毋借住民房，自成不喜，批云"知道了"，竟不行（见《明季北略》卷二十三"李岩谏自成四事"）。

及吴三桂兴兵，自成匆匆东征，匆匆败归，匆匆登基，匆匆西走，"这虽然仅是四十天以内的事，而是天翻地覆的四十天"（《甲申三百年祭》，《郭沫若全集·历史编》第四卷）。自成出讨三桂，留守丞相牛金星"冠带具内阁仪仗，往来拜谒，夸其乡人"（《小腆纪年附考》卷五）；弃京前劝自成将皇宫"付之一炬，以作咸阳故事"（《明季北略》卷二十"附记野史"），成就霸王英名；败退途中又进言"十八子之谶，得非岩乎"（《明史·李自成传》），谮杀李岩，致将相离心。故郭沫若拿他与崇祯并列，"都可以说是两位种族的罪人"（《甲申三百年祭》）。

是年十月，清顺治帝迁都北京，"议大举讨流贼"。遣英王阿济格偕吴三桂等"由大同边外会诸蒙古兵，赴榆林、延安，出陕西之背"；豫王多铎"由河南夹攻潼关，约会于西安"（《圣武记》卷一《开国龙兴记四》）。明年（1645）正月，多铎进逼潼关，"发巨炮迭战……屡破敌垒，尸满壕堑，械胄弥山野，自成精锐略尽，遁归西安"（《清史稿·诸王传四》）。守关将马世尧（《明史》作马世耀）率七千人诈降，俱被屠。自成腹背受敌，寻弃西安，走湖广，英王紧蹑其后。五月③，自成率亲随二十八骑④登湖北通山县九宫山，遇乡

---

① 陈沅亦作陈圆圆，吴中歌妓，名震一时。田弘遇南游，携归京。三桂美圆圆倾城貌，求为妾，留其父襄家，旋出镇山海。权将军刘宗敏拘吴襄以索圆圆，拷掠酷甚。三桂道闻爱姬被夺，须髯奋张曰："大丈夫不能保一女子，何以生为！"遂结清兵杀出山海关，圆圆竟失而复得（见《小腆纪年附考》卷四）。钮琇《觚剩》则谓圆圆本邢姓，初归外戚周奎（周皇后父，封嘉定伯）。三桂尝读《汉纪》，至"仕宦当作执金吾，娶妻当得阴丽华"，慨然叹曰："我亦遂此愿足矣"。后于周邸见圆圆，神移心荡，乃出千金聘之云云（见卷四《燕觚》"圆圆"条）。
　　拉铁摩尔则对上述传奇式说法予以驳斥。拉氏借爱尔兰古称"英吉利边"（English Pale），造出"汉边"（Chinese Pale）一词，用以指东北地区南部，"虽然与黄河流域一体，但相距过远，地方特性很强"。像"冲冠一怒为红颜"之类故事，"忽略了吴三桂本人乃是东北'汉边'人的事实，作为一个高级军官，他在那里一定有重要的产业及家庭关系，也还会有许多已经降清的旧友。因此，在北京已告沦陷的极端纷扰中，投降清朝显然是他的一条出路"（见《内陆边疆》89、92页）。读者不应忘记的是，吴三桂舅舅祖大寿即为最早降清的明将之一。
② 《小腆纪年附考》（卷四）记云：自二十一日，令百官投职名，其不用者，每官用马兵二人，执刀随之，驱往西华门外四牌楼街，铁索锁，五人一串，驱逐如牵羊然，少迟，鞭梃雨下，有仆地晕倒者。顷之，忽传伪旨云："前朝犯官送权将军刘处分。"既至，刘方拥妓欢饮，命兵士回营守之。明日复至刘所，以次论赃，内阁十万，部院京堂锦衣帅七万，科道吏部郎五万、三万，翰林一万，部属以千计，勋戚无定名。凡输纳见银加二，首饰十不当一，衣服罗缎以次定减，珠玉玩好概不用。能缴者立搜进之，不能即严刑。
③ 《绥寇纪略》作四月，《圣武记》作闰六月，《明史》作秋九月。徐鼒遍考诸书，云自成之死当在四五月间（《小腆纪年附考》卷十）。
④ 或谓十八骑、二十骑等，各书所载不一，此依何腾蛟所上《逆闯伏诛疏》。

兵伏击而死①，其将李过、高一功、郝摇旗等率余众降于南明湖广总督何腾蛟。

阿济格奏报云："遣素识自成者往认其尸，尸朽莫辨，或存或亡，俟就彼再行察访。"（《清世祖实录》卷十八顺治二年闰六月甲申条）何腾蛟《逆闯伏诛疏》则称，自成死于九宫山团练之手，其部将无不众口同词，"嗣后大行剿抚，道阻音绝，无复得其首级报验。"自成之死，本就传者异词，分别呈给南北两个朝廷的两份措辞模棱的疏奏让事情变得愈发扑朔迷离起来。清乾隆年间，澧州知州何璘闻故老传言自成实窜湖南石门夹山寺为僧，乃亲往考察，见寺旁有石塔，上书"奉天玉和尚"；有遗像，"高颧深颐，鸱目曷鼻，状貌狰狞，与《明史》所载相同。"自成初号奉天倡义大元帅，何氏由此作出"其曰奉天玉和尚，盖以奉天王自寓，加点以讳之，而玉又玺质，天子之所宝"（《书李自成传后》，清乾隆《澧州志林》卷二十三）的大胆推断。此说为嘉庆时《广虞初新志》等书所沿用，又在民国初年得到章太炎的附和。太炎先生甚至访得寺内所藏自成咏梅花诗五首，称其"无草泽粗犷之风，而举止羞涩，似学童初为诗者"。诗云：

"松肥梅瘦双堪画，岁暮相亲似弟兄。一操一妍神更爽，奇花珍木孰如君？"（《松眼梅》）

"白玉花心白玉妆，枝枝倒挂笋琳琅。敲窗窜壁高低舞，又带余香上草堂。"（《香雪梅》）

"边外梅芳雁字开，陇羌性鲁亦能栽。奉诏天使行边后，带得新香马上回。"（《雁来梅》）

"先生深隐湖山水，爱把冰花湖上栽。一味赏花情性古，梅妻鹤子日和谐。"（《放鹤梅》）

"一林冻雨新霁后，倒影纤红射玉心。小鸟一群枝上下，啾啾唧唧若枯吟。"（《夕照梅》）②

---

① 关于自成结局，众说纷纭，其地有黔阳罗公山、通山九宫山等，其死有病故、自缢、截于乱刃之下等。费密《荒书》记云，山民程九伯与自成手搏，呼救甚急，其甥金姓以铲杀之，不知其为闯贼也。《绥寇纪略》则谓自成单骑登山入玄帝庙，伏谒，若有物击之，遂不起；村人疑为劫盗，荷锸碎其首云云。

② 录自《李自成遗诗存录》，载《太炎文录续编》卷六上，《章太炎全集》第五册307—308页。案：民间亦有黄巢未死传说。陶谷《五代乱离记》称巢既遁免，祝发为浮屠，绘像题诗云："三十年前草上飞，铁衣著尽著僧衣。天津桥上无人问，独倚危栏看落晖。"类似说法见于王仁裕《洛城漫录》、邵博《邵氏闻见后录》、罗大经《鹤林玉露》、王明清《挥麈后录》及张端义《贵耳集》等。南宋赵与时（太祖赵匡胤七世孙）辨曰："殊不知此乃元微之（即元稹）《智度师》诗窜易碎裂，合二为一。元集可考也。其一云：'四十年前马上飞，功名藏尽拥僧衣。石榴园下擒生处，独自闲行独自归。'其二云：'三陷思明三突围，铁衣抛尽纳禅衣。天津桥上无人识，闲凭栏杆望落晖'。"（《宾退录》卷四）赵瓯北叹"此二贼先后事迹，何适相肖。"（《廿二史劄记》卷二十"黄巢李自成"条）然多半出自小说家附会，有意捏合而已。

话分两头。大约与李自成谋取关中同时，张献忠亦定入川之策，连陷夔州、万县、涪州、泸州。崇祯十七年（1644）六月破重庆，杀瑞王常浩（神宗第五子）；"是日，天无云而雷，贼有震者，献忠怒，发巨炮与天角。"（《明史·张献忠传》）时重庆军士尚存三万七千余人，尽断其臂，驱徇各州县[①]。八月克成都，蜀王至澍率妃妾投井。献忠遂据有全蜀，以成都为西京，称帝，国号"大西"，年号"大顺"[②]。

无论正史、野史，都极尽渲染张氏暴行之能事。谷应泰称自献忠入川，"数千里萧条绝无人迹"（《明史纪事本末》卷七十七《张献忠之乱》）；《明史·张献忠传》中甚至冒出"共杀男女六万万有奇"这样的惊人"雷语"。虽不必尽信，但可以肯定的是，民间所传献忠祸蜀不会"空穴来风，桐乳致巢"，全属毁谤，清雍正御制《大义觉迷录》就说"康熙四五十年间，犹有目睹当时情形之父老，垂涕泣而道之者"（见卷一，载《四库禁毁书丛刊》之《史部》第二十二册）。张氏陷成都，大杀三日，联百姓十人为一缚，驱至中园尽坑之。杀人则有"草杀"[③]"天杀"[④]等名目，创生剥皮法，"从头至尻，一缕裂之，张于前，如鸟展翅，率逾日始绝，有即毙者，行刑之人坐死。"又以砍女人小脚为乐，"堆积两峰，将焚之，必欲以最窄者置于上，遍斩无当意者，忽见己之妾足最窄，遂斫之，溅以油燃之，其臭达天。"（彭遵泗《蜀碧》卷三）

尤可异者，是诡称试士，集诸生于成都青羊宫，"击杀数千人，咸挟笔握策以死，蜀中士类俱尽。"（《明史纪事本末》卷七十七）[⑤]献忠虽莽，颇好附庸风雅[⑥]。先是，所掠文人多不杀，呼为"相公"，口口声声"岂有文人无用之理"（《明季北略》卷十六"张献忠围桐城"）。陷蕲州，致仕陕西按察使佥事李新死节，献忠赋诗凭吊："山前山后皆出松，地平平地柳成阴。桃李笑柳柳笑松，千秋万古还是松。"（《小腆纪年附考》卷二引顾景星《白茅堂集》）占武昌，开科取士，题诗黄鹤楼，令部下和之。过梓潼，夜梦文昌帝君[⑦]，作文祭献曰："咱老子姓张，尔也姓张，累甚吓咱老子？咱与尔联了宗

---

① 此依《蜀碧》，《明季南略》卷十"张献忠乱蜀本末"则谓砍手者三十余万人。

② 《明季南略》卷十"张献忠陷蜀"又称其改元"义武"。

③ 遣孙可望、刘文秀、李定国、艾能奇四养子分屠各府县，名"草杀"。

④ 投降诸臣朝会拜伏，呼噭数十下殿，噭所嗅者，引出斩之，名"天杀"。献忠曰："文官怕没人做耶？"（《蜀碧》卷三）

⑤ 《蜀碧》谓死于青羊宫的士子"前后近万人"（见卷三）。

⑥ 《明季南略》谓献忠和魏忠贤一样"一字不识"，平日发敕书必口述，不论鄙恶，须逐字照录，违者砍头。部将刘进忠袭汉中败回，献忠大怒，传诏曰："咱老子叫你不要往汉中去，你强要往汉中去，如今果然折了许多兵马。驴毬子，入你妈妈的毬！钦哉。"（卷十"张献忠乱蜀本末"）吓得进忠连夜降了清。然献忠不识字说与下文题诗等事迹不符。

⑦ 据《明史·礼志四》，梓潼帝君"姓张名亚子，居蜀七曲山。仕晋战没，人为立庙。……道家谓帝命梓潼掌文昌府事及人间禄籍，故元加号为帝君"。

罢。尚享。"（《蜀碧》卷三）①为什么忽然对读书人大开杀戒，的确费解。

彭遵泗在《蜀碧》中给出三种解释，或跟儿时受缙绅欺辱的痛苦记忆有关，或有士子私通李自成，或诸生实为寺僧所嫁祸。计六奇又谓献忠以"蜀中绅衿反覆，尽行诛灭"（《明季南略》卷十"张献忠陷蜀"）。青羊宫大屠杀前，曾有过一次开科取士，得状元张大受；献忠喜甚，大加赏赐，一日忽颦蹙曰："这驴养的，咱老子爱得他紧，但一见他就心上爱得过不的，咱老子有些怕看见他，你们快些与我收拾了，不可叫他再来见咱老子！"（《明季南略》卷十"张献忠乱蜀本末"）遂杀大受，并其全家及所赐美女、家丁尽数斩戮，一个不留。由此看来，青羊宫案无甚道理可讲，只好归因于张氏性格的喜怒无常了。

清顺治三年（1646），肃王豪格入川。献忠走川北，在西充凤凰山猝遇清军，中箭而死②。部将孙可望率残众入云南，归附桂王朱由榔（神宗孙），至顺治十四年（1657）又降清。

李自成弃北京时，将所掠金银铸成大砖，以骡马骆驼驮往西安；"旧有镇库金积年不用者三千七百万锭，锭皆五伯两，镌有'永乐'字，每驮二锭，不用包裹。"（《明季北略》卷二十"十六癸酉载金入秦"）与此形成巨大反差的，则是崇祯之世加征辽饷、剿饷、练饷，"官府征粮纵虎差，豪家索债如狼豺。"（《明季北略》卷二十三"李岩作《劝赈歌》"）谈迁曰："三千七百万锭，损其奇零，即可两年加派，乃今日考成，明日搜括，海内骚然，而扃钥如故，岂先帝未睹遗籍耶？不胜追慨矣。"（《明季北略》"载金入秦"条）

崇祯帝"性多疑而任察，好刚而尚气。任察则苛刻寡恩，尚气则急遽失措。……败一方即戮一将，隳一城即杀一吏。"（《明史·流贼传》序）皇太极尝问洪承畴："（明）将帅力战见获，或力屈而降，必诛其妻子，否亦没为奴。此旧制乎，抑新制乎？"承畴对曰："旧无此制。"皇太极叹道："将帅以力战没敌，斥府库财赎而还之可也，奈何罪其孥？其虐无辜亦甚矣！"（《清史稿·洪承畴传》）另外明季又确实面临"廷臣无可任者"（《明史·杨嗣昌传》）的尴尬处境。士大夫一肚子程朱理学，"问钱谷不知，问甲兵不知"（《明史》卷二五二"赞"），唯一引以为傲的"气节"也在争大礼、争国本、争三案这些琐事，以及植党倾轧的内耗中消磨殆尽。先有温体仁为首辅，京城传唱"崇祯皇帝遭温（瘟）了"（《明季北略》卷十"童谣"）；继有白面书生杨嗣昌运筹帷幄，十

---

① 同书卷二又记此事为：献忠过梓潼七曲山，仰视神庙，题额张姓，曰此吾祖也，追上尊号曰始祖高皇帝，自谓文昌后裔，建太庙于山，铸像祭祀。落成赋诗，命左右和之，稍迟者斩。

② 献忠之死同样众说纷纭。《蜀碧》（卷三）、《小腆纪年附考》（卷十三）谓降将刘进忠使清军善射者雅布兰射之，献忠中箭，逃伏积薪下，为敌曳出碟杀。《明季南略》（卷十"张献忠乱蜀本末"）谓献忠喉中一箭，坠马立死。《清史稿·诸王传五》谓豪格亲射杀献忠，而豪格奏报则称："鳌拜等奋击大破之，斩献忠于阵"（《清世祖实录》卷二十九）。《明史纪事本末》（卷七十七）又谓"献忠以病死于蜀中"。

面张网，鱼走网破，终成笑谈。而崇祯在位十七年，诛总督七人，巡抚十一人，自毁长城，临死犹痛骂"君非亡国之君，臣皆亡国之臣"，"可谓至死不悟矣"（孟森语，《明清史讲义》333页）。

君之失德置勿论，计六奇总结明失天下其故有四：一曰外有强敌，二曰内有大寇，三曰天灾流行，四曰将相无人。"喻之人身有疾，东师者腰背之患也，张、李者腹心之患也，水旱蝗虫者伤寒失热之患也，一身而有三患，势已难支，更令庸医调治之，其亡可立而待耳！"（《明季北略》卷二十三"论明季致乱之由"）

南明残余

北都既陷，逃窜南方的朱明宗室子弟纷纷成立偏安政权，先后计有：

福王由崧在南京称帝，年号弘光；

唐王聿键在福州称帝，年号隆武，别有靖江王亨嘉、鲁王以海（《清史稿》作彝垓）自称监国于桂林、绍兴，俱不奉聿键命；

桂王由榔在肇庆称帝，年号永历，别有唐王弟聿鐭自闽浮海至粤，自立于广州，年号绍武，与由榔相拒。

（一）弘光苟安

顺治元年（1644）五月，凤阳总督马士英偕南窜总兵官黄得功、高杰、刘良佐、刘泽清护送福王由崧（常洵子）至南京称帝，诏以明年为弘光元年。旋设淮、扬、凤、庐江北四镇，以四总兵领之，上流倚武昌左良玉为屏蔽，迫首辅史可法过江督师——仓促建立的南明小朝廷从一开始便受制于各路军阀，"文恬武嬉，顿成暮气"（《明史·史可法传》），注定难有作为。

四镇将中，高杰与刘良佐原是李自成麾下，杰绰号"翻山鹞"，私通自成妻邢氏；良佐素乘花马，号"花马刘"，皆降明。刘泽清为山东总兵，跟左良玉一样畏自成如虎，望风披靡。黄得功军中呼为"黄闯子"，最能战，崇祯朝大半时间里却是以偏裨"随大帅立功名，未尝一当大敌"（《明史》本传）。至是皆恃"定策"有功，"人人有门生天子心"（《过江七事》"裁镇将"条[1]），拥兵自重，跋扈难驭。

---

[1] 世传《过江七事》为陈贞慧所撰，顾诚考证作者当是天启六年（1626）出使朝鲜、弘光初与王铎并命为大学士的姜曰广，详见《南明史》46页注一。

高杰欲驻扬州，扬人不纳，遂围城两月，"城外庐舍焚掠殆尽……江南北大震"（《明季南略》卷一"高杰"条批注）；后又伏兵邀击黄得功，两镇成仇。督师史可法在军中讲话，多引圣旨，杰怫然曰："'旨'，'旨'，何旨也！尔曾见皇极殿中有人走马耶？"得功伏受诏语，稍不称意辄起，攘袂掀案詈曰："去！速去！吾不知是何诏也！"（《过江七事》"裁镇将"）刘泽清盘踞淮安，大兴土木，其宅"极其壮丽，四时之室俱备，僭拟皇居"（《明季南略》卷一"刘泽清"条）。与漕抚田仰酣饮，问及守御则曰："我为扶立福王而来，此地但供我息师，设或有事，我自择一善处去耳。"（吴伟业《鹿樵纪闻》卷上"福王下"）入朝陛见更是口出狂言，谓"祖宗天下为白面书生坏尽，此曹宜束之高阁……今请罢制科勿设便。"（《过江七事》"裁镇将"）

南京城中弘光帝以"天下事有老马（士英）在"（《圣安本纪》（六卷本）卷四[①]），放心过起了花天酒地、醉生梦死的偏安生活，每日"深居禁中，惟以演杂剧、饮火酒、淫幼女为乐，民间称之曰'老神仙'"（《鹿樵纪闻》卷上"福王上"）。又命大学士王铎书对联悬于内庭，云："万事不如杯在手，百年几见月当头。"（抱阳生《甲申朝事小纪》初编卷八"弘光失德"条）[②]而留京辅政的马士英外结诸镇，内倚福邸旧阉田成，复荐起名在逆案的阮大铖，"身掌中枢，一无筹画，日以锄正人引凶党为务。"（《明史》本传）时有谚曰："弘光年，要做官，非骑马（原注：士英），即种田（原注：太监田成）。""射人先射马（原注：士英），擒贼须擒王（原注：铎）。""职方贱如狗，都督满街走；宰相只要钱，天子但呷酒。""自成不成，福王无福，两下皆非真主；北人用牛（指牛金星），南人相马（马士英），一般俱是畜生。"（谈迁《枣林杂俎》之《仁集·逸典》"民谣"）弘光命捕虾蟆为房中药，士英则有南宋贾似道斗蟋蟀之好，都人又称"虾蟆天子"以对"蟋蟀相公"（《鹿樵纪闻》"福王下"）。

最要命的还是所谓"明朝三百年社稷，只靠俺一身撑持"（《桃花扇》卷四《第三十八出·沈江》）的史可法，传说其母尹氏梦文天祥而生之（见《明史》本传），文、史二丞相的确有得一比，除了共同杀身成仁、以死报国的民族气节外，就政治才干和战略眼光而言皆不过"中材"，俱当不起匡时救世、扭转乾坤的中流砥柱。天祥领兵抗元，败多胜少，惟尽忠全节而已，如所作《沁园春》云："为子死孝，为臣死忠，死又何妨。……人生翕欻云亡，好烈烈轰轰做一场。使当时卖国，甘心降虏，受人唾骂，安得流芳？"而大

---

① 旧题顾炎武著《圣安本纪》有"二卷本"及"六卷本"传世。据谢国桢《晚明史籍考》，"六卷本"盖即文秉之《甲乙事案》，非亭林原作。

② 王铎，字觉斯，明末清初大书法家。陈寅恪谓"圆海（阮大铖）之戏剧，觉斯之书法俱为当时之绝艺也"（《柳如是别传》860页）。

474

敌（清）当前、江南命悬一线，可法犹谓"目前最急者，无逾办寇（李自成）"（《史忠正公集》卷一），声泪俱下请"速发讨贼之诏，严责臣与四镇，使悉简精锐，直指秦关"（《甲申朝事小纪》四编卷一《史可法请出师疏》），对形势做出了完全错误的判断。多尔衮致书，以吴三桂之例劝降，大言道："将以为天堑不能飞渡，投鞭不能断流耶"（《清史稿·多尔衮传》）？进士黄日芳代答，"词颇峻，（史）相国删润曰：'不必口角也'。"（《枣林杂俎》之《仁集·逸典》"寓书史可法"条）①倒是御史沈宸荃一针见血地指出："目前之策，防虏（清）为急，贼（李）次之。"（李清《南渡录》卷四）

南京政府先以吴三桂"破贼复仇，功在社稷"，"奋身血战，仿佛李（光弼）郭（子仪）"（《南渡录》卷一），进封蓟国公、户部侍郎，并遣官"自海道运米十万、银五万犒师"（《清史稿·吴三桂传》）；继而派出以兵部侍郎左懋第为首的使团，冀与清结叔、侄之好②。诏旨又令懋第经理河北，联络关东诸军。时山东等地的反清义军此起彼伏，兼经理、通和二事的使团赏银十万两、金一千两、币帛数万匹北行，至泗州与可法见。可法谓懋第曰："经理具文耳，通和诏旨也，公宜疾行无留！"是以沿途"山东豪杰稽首愿效驱策者皆不敢用，慰遣而已"（温睿临《南疆逸史》卷九《左懋第传》）。

懋第等至北京即遭软禁，请祭告诸陵、改葬先帝，大学士刚林叱曰："我朝已替你们哭过了、祭过了、葬了了，你们哭甚么？祭甚么？葬甚么？"（陈洪范《北使纪略》③）和议不成，大清兵日南下，左良玉又以清君侧为名发水师顺流东下，马士英不惜撤江北兵马以御左兵，谓"宁死北，无死逆"（李清《三垣笔记》卷下）。顾诚怒斥南明"当政的文武大臣（包括史可法在内）都是一批鼠目寸光的政治侏儒"（《南明史》101页，中国青年出版社，1997年）。

可法虽称"和不成惟有战"，但他惋惜的只是"向以全力御寇而不足，今复分以御北

---

① 《明季南略》称答书乃当年申救袁崇焕的何如宠之孙何亮工手笔（卷二"史可法答书"）。
② 左懋第等将北行，命会同府部等官从长酌议，马士英曰："彼主尚幼，与皇上为叔侄可也。"人哂其言（见《三垣笔记》卷下）。
③ 左都督陈洪范为副使，作《北使纪略》详记出使事。据其书，使团于顺治元年（1644）十月十二日入京，摄政王多尔衮问如何处置南来使臣，十王子曰："杀了他罢。"冯铨曰："剃了他发，拘留在此。"洪承畴曰："两国相争，不斩来使；难为他们，下次无人敢来了！"摄政曰："老洪言是"，遂于二十七日遣还使团。行过沧州十里，复有清兵追至，留懋第等人，而命洪范回南传报；"本镇（洪范自指）此时同出独归，肝肠欲裂矣"。
　　然《清世祖实录》对当时发生的事情有着明明白白的交代："伪弘光使臣陈洪范南还，于途次具密启，请留同行左懋第、马绍愉，自愿率兵归顺，并招徕南中诸将"（卷十一顺治元年十一月乙酉条），从而暴露了陈洪范暗中降清、卖友求荣的无耻行径。左懋第返北都，拘太医院，汉臣说降者皆受骂，惮见之。洪承畴投谒，懋第叱曰："鬼也！承畴松、杏败死……今日安得更生！"及金陵失守，以不降被诛，题《绝命诗》曰："峡坼巢封归路迥，片云南下意如何。寸丹冷魄消难尽，荡作寒烟总不磨。"（《明季南略》卷四"使臣左懋第"）

矣"(《明季南略》卷三"史可法奏和议不成")。冒雪北上的高杰在写给已进至黄河北岸的肃亲王豪格的信中,仍然表达出史督师未能完全破灭的最后一丝幻想:"贵国原有莫大之恩,铭佩不暇,岂敢苟萌异念,自干负义之愆。杰猥以菲劣,奉旨堵河,不揣绵力,急欲会合劲旅,分道入秦,歼闯贼之首,哭奠先帝。……若杰本念,千言万语,总欲会师剿闯,始终成贵国恤邻之名。"(《明季南略》卷二"高杰移清肃王书")

顺治二年(即弘光元年,1645)正月,高杰在睢州(今河南睢县)遇害①。部下大乱,见人辄杀,屠睢州旁近二百里殆尽。可法流涕顿足叹曰:"中原不可为矣!"(《明史》本传)新聘幕僚阎尔梅②"劝(史)阁部西征,徇河南,不听。劝之渡河北征,徇山东,又不听。一以保扬州为上策"(《惜扬州》引,《阎古古全集》卷二)③。

四月十七日,豫亲王多铎率领的南下清军"距扬州城二十里列营",次日"薄扬州城下"(《清世祖实录》卷十六)。可法"檄各镇兵,无一至者";而总兵李栖凤、监军副使高岐凤"拔营出降,城中势益单"(《明史》本传)。孔尚任在《桃花扇》中用艺术的文字再现了史公苦苦支撑阑珊残局的绝望心情:先是拍胸大叫"平生枉读诗书,空谈忠孝,到今日其实没法了";接着哭出血泪,命手下仅存的三千人马"一千迎敌,一千内守,一千外巡。上阵不利,守城。守城不利,巷战。巷战不利,短接。短接不利,自尽"(卷四《第三十五出·誓师》)。

二十四日清兵攻城,次日克之,可法死难④。多铎以城内军民抗命不降,"不得已"下令屠城。每"遇一卒至,南人不论多寡,皆垂首匐伏,引颈受刃,无一敢逃者"。五月初二始停止屠戮,谕寺院僧人焚化积尸,"查焚尸簿载数共八十余万";越二日天晴,"烈日蒸熏,尸气熏人,前后左右,处处焚烧,烟结如雾,腥闻数十里"(王秀楚《扬州十日记》)。八十万的数字显然有所夸大,《明季南略》记云:清帅连发令箭,"直杀至

---

① 高杰为李自成将时,尝杀睢州人许定国全家老幼。至是,定国为河南总兵,致书高杰,佯称愿让其驻兵城中,并置酒宴。杰不为备,偕亲卒数十人赴宴。定国伪恭顺,多选妓侍杰,至夜发伏兵杀之,遂渡河降清,封平南侯(见《明史》杰传及《明季南略》卷三"许定国杀高杰")。

② 阎尔梅字用卿,号古古,晚号白耷山人,沛县人。弘光亡,尔梅拒不仕清,犹联络淮北、山东豪杰,思建义愤,事发被执。后脱走,流亡楚蜀晋秦等九省,有诗云"一驴亡命三千里,四海无家十二年",垂老乃归故里(见《甲申朝事小纪》初编卷二"白耷山人事迹"条)。

③ 案:阎尔梅在《已矣歌》《上史阁部书》等其他作品中亦记睢州之变后史可法弃河南、江淮,一意退保维扬事。时黄得功又觊觎高杰地盘,高营将士摩拳擦掌,赖可法奔波调停未至血刃,时人为之语曰:"谁唤番山鹞子来(指杰),闯仔不和谐('闯'指得功)。平地起刀兵,夫人来压寨(原注:邢夫人也)。亏杀老媒婆(原注:史公也),走江又走淮,俺皇爷醉烧酒全不睬"(应廷吉《青燐屑》卷下)。

④ 史可法殉难情形各书记载不一,或谓"拔剑自刎"(《明季南略》),或谓被俘不屈死(《甲申朝事小纪》)。觅其遗骸不得,逾年,家人举袍笏招魂,葬于扬州城外梅花岭。

数十万，扬州烟爨四十八万，至是遂空"（卷三"史可法扬州殉节"）。

唐王聿键览史公遗表，赞曰："可法名重山河，光争日月，至今儿童走卒，咸知其名。"（无名氏《思文大纪》卷七）然阎尔梅《惜扬州》一诗却尽是对他的指责，云："伤哉胡骑渡河南，杀人唯独扬州多。……鸣刀控矢铁锋残，僵尸百万街巷填。……公退扬州为公羞，公死扬州为公愁。死与不死俱堪惜，我为作歌惜扬州。"

扬州失守，多铎部直扑南京，五月初九渡江，翌日弘光帝偕马士英及诸太监潜遁。大学士王铎、礼部尚书钱谦益等三十一人献城，刘良佐与高杰之子元照、甥李本身、部将李成栋等率"马步兵共二十三万八千三百"（《清世祖实录》卷十六）先后来降。举兵武昌"清君侧"的左良玉行至九江病死，其子梦庚率"马步兵十万并家口"，"大小船艘四万"（同书卷十八）投于击溃李自成军、顺流东下的阿济格部；自淮安败入海的刘泽清亦归降。四镇将中唯一顽抗到底的黄得功中刘良佐暗箭，叹曰"我无能为矣"（《明季南略》卷四"刘良佐挟弘光回南京"），拔剑自刎，而其副将田雄、马得功缚弘光帝献于豫王，以为投降之贽①。弘光押入南京，"夹路百姓唾骂，有投瓦砾者"（《明季南略》卷四"弘光拜豫王"），明年五月以"私匿印信，谋为不轨"（《清世祖实录》卷二十六）罪名，与其他被俘藩王共十一人斩首于北京。张岱《石匮书后集》曰："自古亡国之君，无过吾弘光者。汉献之孱弱、刘禅之痴疴、杨广之荒淫，合并而成一人。"（卷三十二《乙酉殉难列传》）至于误国马（士英）、阮（大铖），袁枚更痛诋道："奸而不雄，较之曹操，直奴才耳！"（《随园诗话》卷八"五八"条）

（二）薙发易服

江南底定，捷报传至北京，欣喜若狂的摄政多尔衮将当初"天下臣民照旧束发，悉从其便"，"不欲以兵甲相加"（《清世祖实录》卷五顺治元年五月辛亥条）的信誓旦旦抛诸脑后，诏改南直隶为江南省，应天府为江宁府，传谕"各处文武军民尽令薙发，傥有不从，以军法从事"（同书卷十七顺治二年六月丙辰条），"衣冠皆宜遵本朝之制"（同书卷十九顺治二年七月戊午条），所谓"今中外一家，君犹父也，民犹子也。父子一体，岂可违异？若不画一，终属二心，不几为异国之人乎？……自今布告之后，京城内外限旬日，直隶各省地方自部文到日亦限旬日，尽令薙发。遵依者为我国之民，迟疑者同逆命之

---

① 据郑达《野史无文》卷十一《鲁监国诸臣传·黄斌卿传》，时田雄负弘光帝于背，马得功（绰号"马呜喝"或"马叫唤"，以每临阵大呼故）执二足。弘光恸哭哀求，二人曰："我之功名在此，不能放你也！"弘光恨，啮田雄项肉，流血渍衣。又据《明季南略》"刘良佐挟弘光回南京"条，其后每逢夏五月田雄便发项后旧疮，需日食肉三斤，反复以一简覆其上，痛乃稍缓；如是不得休息者凡十八年，终以此疮痛死。

寇，必置重罪"（同书卷十七顺治二年六月丙寅条）。顺治三年（1646）又宣谕："有为薙发、衣冠、圈地、投充、逃人牵连五事具疏者，一概治罪，本不许封进。"（同书卷二十八是年十月乙酉条；圈地、投充、逃人详见后文）

薙发令下，孔圣后裔、原任陕西河西道孔闻謤奏言："臣家宗子衍圣公孔允植已率四氏子孙告之祖庙，俱遵令薙发讫。但念先贤为典礼之宗，颜、曾、孟三大贤并起而羽翼之，其定礼之大者，莫要于冠服。先圣之章甫缝掖，子孙世世守之，是以自汉暨明，制度虽各有损益，独臣家服制三千年来未之有改。今一旦变更，恐于皇上崇儒重道之典有未备也。应否蓄发，以复先世衣冠，统惟圣裁。"多尔衮大怒，传旨"孔闻謤疏求蓄发，已犯不赦之条，姑念圣裔免死……著革职永不叙用。"（同书卷二十一顺治二年十月戊申条）

黄得功部将任有裤①降，入南京见豫王，王去其帽，见虽剃发而顶颇大，不合定式，遂斩之（见《明季南略》卷一"黄得功"条）。士在明朝多方巾大袖，禁制既出，"私居偶戴方巾，一夫窥瞷，惨祸立发"；间有乡愚不知法律，服宽衣入城，"蹩躄行道中，无不褫衣陵逼，赤身露归，即为厚幸。"（无名氏撰《研堂见闻杂记》）又有"画网巾先生"，服明衣冠，匿居山中。清兵捕之，去其网巾，先生谓僮仆曰："衣冠历代旧制，网巾则我太祖高皇帝创之，即死，可忘明制乎？取笔墨来，为我画网巾额上。"及被斩，"所画网巾犹班班在额上也。"（徐鼒《小腆纪传》卷五十二）②

清军一路南下，如砍瓜切菜，鲜遇抵抗；临江南，降臣钱谦益密授其客吴郡人周荃谒豫王，"具言吴下民风柔软，飞檄可定，无烦用兵。"（朱子素《东塘日劄》）不曾想正是这些号称"柔软"的吴人在风光旖旎的水乡掀起了轰轰烈烈的抗清风暴。时人有诗云："满州衣帽满州头，满面威风满面羞。满眼干戈满眼泪，满腔忠愤满腔愁。"（《枣林杂俎》之《和集·丛赘》"逸诗"）

辜鸿铭在日本演讲时曾说："实际上连日本人都不是真正的日本人，应该说今日的日本人是真正的中国人，是唐代的中国人，那时中国的精神，今天在日本继续着，而在中国却已大部失传了。……后来到元朝，由于蒙古人的入侵，中国人中大约有一半被蒙古化了，接受了蒙古人粗野肮脏的东西。在今日中国，真正继承了中国文明精华的只有浙江和

---

① 任氏本为小卒，无名，得功见其严冬尚无裤，因取此名。

② 方巾（方形软帽）及冠下网巾（裹发丝网）皆明之服制，前世所无。相传方巾乃元末高士杨维祯入见太祖时所戴。上问曰："此巾何名？"对曰："此四方平定巾也。"遂颁式天下。又，太祖一夕微行至神乐观，有道士于灯下结网巾，问曰："此何物也？"对曰："网巾，用以裹头，则万发俱齐。"明日，有旨召道士，命为道官，取巾十三顶颁于天下，使人无贵贱皆裹之（《七修类稿》卷十四《国事类》"平头巾、网巾"条）。

江苏两个省份，所以如此，主要是由于在蒙古入侵的时候，宋朝皇帝同一帮贵族逃到浙江的杭州，这就使得纯粹的中国文明在这两个省内得到了保存。"（《论集·中国文明的复兴与日本》，《辜鸿铭文集》下卷276页）

这样的说法乍听叫人难以接受，倘能平心静气细细品味，恐怕不无道理。我们且来看下面的例子。崇祯十六年（1643），内外交困，明帝国已摇摇欲坠，叶绍袁记曰："七月二十五日，（苏州）枫桥有好事者敛银于粮食行中，以为赛会之资，风闻从来未有之盛。余亦随俗往观，将及上津桥，人挤不克前进，遂坐于肆中，第见衿绅士庶男女老幼，倾城罢市，肩舆舟楫之价，皆倍于常。通国若狂，殊为可怪。"至明年四月初二，吴江赛会如常举行，"目睹者云富丽异常，为郡中从来所未有。是时北都不祥之说已竞传，民间犹为此举，可见人无忧国之心。"（《启祯记闻录》卷三）

一如淅淅沥沥、持久绵密的梅雨，江南水土滋育出南人外表柔弱、内里坚韧的性格。看惯或者看烦了"城头变幻大王旗"，只要人生无重大变故，他们便不去理会谁做皇帝；像顾宪成之流"事事关心"，实在显得有些多余。现在的情形则大不然，新大王放着好好皇帝不当，要来强行改变祖辈留传、世代相守的生活习惯与方式，这就等于触碰了"最后的中国人"的底线，势必激起超乎想象的反抗。

顺治二年（1645）六月，清新授知县方亨至江阴，下薙发令，有"留头不留发，留发不留头"之语（韩菼《江阴城守纪》卷上）。诸生[①]许用德（或作许用）率众拜且哭曰："头可断，发不可剃！"（许重熙《江阴守城记》）大骂方亨"汝是明朝进士，头戴纱帽，身穿圆领，来做清朝知县，羞也不羞？丑也不丑？"（《江阴城守纪》卷上）遂据城反，推典史陈明遇、阎应元为盟主。

清兵大至，先锋刘良佐招降，诸生王华作答书曰："薙发一令，大拂人心，是以城乡老幼誓死不从，坚持不二。"江民日夜拒战，抬张睢阳城隍神像巡城，"人人有必死之志，中秋家家畅饮如生祭然。"（《明季南略》卷四"江阴续记"）至八月二十一日城始破，阎应元题敌楼门曰："八十日带发效忠，表太祖十七朝人物；十万人同心死义，留大明三百里江山"（《江阴城守纪》卷下），被俘遇害。陈明遇合室自焚。

是役，清殁三王、十八将，"城内死者九万七千余人，城外死者七万五千余人。"（《江阴城守纪》卷下）清兵大杀三日，止存十三岁以下童子，城中"河长三十余丈，积尸与桥齐"（《明季南略》"江阴续记"）。袁枚记云：时积尸满岸，秽不可闻，有女子

---

① 唐代，凡在太学学习的监生统称生员，员谓一定数额也。明清时监生与生员有别，监生专指入国子监就读者，生员则指地方经本省各级考试取入府、州、县学者，俗称秀才，有增生、附生、廪生、例生等名目，统称诸生。

投河死，啮指血题诗"寄语路人休掩鼻，活人不及死人香"（《随园诗话》卷一"五二"条）。

与此同时，嘉定县民起义，逐清朝官吏，推进士黄淳耀、在籍左通政使侯峒曾主持城守。七月初四，降将李成栋率大兵陷城，屠三日，城中"浮胔满河，舟行无下篙处"（《东塘日劄》）。峒曾赴水死，淳耀与弟渊耀同缢于西城僧舍，题壁云："读书寡益，学道无成，耿耿不昧，此心而已！异日夷氛廓靖，中华士庶再见天日，论其世者，尚知予心。"（《明季南略》卷四"黄淳耀、渊耀"条）七月下旬及八月中旬，清兵又两次屠城，是为"嘉定三屠"，城内外死者凡两万余人，"远近始薙发，称大清顺民云。"（无名氏《嘉定屠城纪略》）

（三）灰飞烟灭

既灭弘光，清廷召多铎、阿济格等班师，命大学士洪承畴招抚江南各省。承畴至南京莅任，有人于石头山麓乌龙潭书对联讽曰："史册流芳，虽未灭奴犹可法；洪恩浩荡，未能报国反成仇（谐承畴音）。"（《枣林杂俎》之《仁集·逸典》"江宁谣"）[1]在接下来不到二十年的时间里，中间虽偶有鲁监国军报捷于浙江（顺治二年十月）——"真三十年来未有之事"（《明季南略》卷五"清兵大败"），以及隆武朝首辅黄道周募师北伐（顺治二年）[2]，永历时张名振、张煌言三入长江作战（永历八年即顺治十一

洪承畴像

------

[1] 此联一出，缉捕颇众。江日昇《台湾外纪》亦收之（文字略有出入），则记为黄道周被俘后作，或系讹传（见卷五"唐监国福州假号，黄道周南京尽节"，载江苏广陵古籍刻印社《笔记小说大观》第十七册）。

[2] 黄道周字幼平，号石斋，福建漳浦人，天启二年（1622）进士，"严冷方刚，不谐流俗。"（《明史》本传）唐王聿键召为大学士，与武帅郑芝龙不和，自请募兵江西，以图恢复，田夫荷锄从之，曰"扁担兵"，夫人蔡玉卿亦集兵万人，号"夫人军"。顺治二年（1645）十二月在婺源兵败被执，系狱八十天，赋诗三百十一章，自名《石斋逸诗》（见邵廷采《东南纪事》卷三《黄道周传》）。洪承畴劝降，叱曰："青天白日，何见鬼耶？"与左懋第骂承畴同。又制一衣，刺"大明孤臣黄道周"于裾（《台湾外纪》卷五），不屈死，年六十二。临就义，裂衣襟，啮指血书四语为家报，曰："纲常万古，节义千秋，天地知我，家人无忧。"（李光地《榕村语录》卷二十二《历代》）

年）①，延平王郑成功围攻南京几克之（永历十三年即顺治十六年），但靠着吴三桂、孔有德、耿仲明、尚可喜②等一班故明降将效命，原本势单力薄的清军未费多大气力便将南明各残余政权一一铲平。尤可异者，制造嘉定惨剧的李成栋仅派十人以青白布裹头潜入广州城，"于人丛中悉去头上布，现出辫发，露刃大呼，止杀一人，满城崩溃。"（《明季南略》卷九"辜朝荐献策下广"条）十人分守六门，三日后始迎来三百骑前锋，而成栋大军半月后乃至，擒杀唐王聿𨮁。

永历帝西走广西，再入云南，以地处僻远存活最久，而且形势一度曾变得相当有利：收编了李自成数十万余众的湖广总督何腾蛟分署李锦（即李过，赐名赤心）、郝摇旗（赐名永忠）及左良玉旧将屯湖南、北以卫长沙，号"十三镇"；张献忠部下孙可望、李定国据滇、黔，相誓扶明室。顺治五年（1648）正月，随左梦庚降清的三十六总兵之一金声桓反于江西，迎大学士姜曰广至南昌以资号召（见徐世溥《江变纪略》卷一）；四月，李成栋亦"将所辖广东、广西兵马钱粮、户籍土地悉归永历"（《明季南略》卷十一"李成栋

---

① 三入长江之役的日期南明史籍记载殊混乱，或谓顺治九年（1652）张军已初入长江（《鲁春秋》《东南纪事》）。顾诚考证"张名振、张煌言三入长江之役都在甲午年（顺治十一年，永历八年，公元1654年，但其第三次在十二月，按公历推算已至1655年）"（《南明史》815页）。甲午年正月，二张率海船数百溯流而上，抵镇江，是为三入长江之始。诸将题诗金山，遥祭太祖陵而还，其诗云："十年横海一孤臣，佳气钟山望里真。鹢首义旗方出楚，燕云羽檄已通闽。王师枹鼓心肝噎，父老壶浆涕泪亲。南望孝陵兵缟素，会看大势㧑龙津。"（《明季南略》卷十六"张明正题诗金山（或作名振）"条）煌言自述："三入长江，登金山，掠瓜、仪，而师徒单弱，迄鲜成绩。"（《北征得失纪略》，又名《北征录》）是役也，江南半壁震动，大长有志复明人士之气。

案：清兵克舟山，定西侯张名振、兵部侍郎张煌言奉鲁监国（朱以海）南依郑成功，居金门。据《清史稿·张煌言传》，时成功用唐王隆武号，自称招讨大将军，"事鲁王但月上豚、米，修寓公之敬。"煌言曰："招讨始终为唐，真纯臣也！"成功对曰："侍郎始终为鲁，与吾岂异趋哉？"此记载并不准确，《清史稿·郑成功传》谓鲁王南奔在顺治八年（1651），而顺治六年（1649）成功已遣使朝桂王，改用永历号，封延平公（后改封王）。又成功初见名振，责其无功，名振乃袒背示所刺"尽忠报国"四字（《罪惟录》列传卷十二下《张名振传》）。张帅效法南宋岳飞刺字于背，《清史稿》本传作"赤心报国"，顾诚引沈光文《挽定西侯》诗注又作"忠心报国"（《南明史》813页注一）。后名振中毒亡，或云成功鸩之，遗嘱煌言领其军。顺治十六年成功再遣舟师入沿江列郡，即以煌言为前锋（效岳飞刺字者，清咸丰间又有曾国藩麾下满洲将塔齐布，出师剿太平军，涅"忠心报国"四字于左臂，见《清史稿》本传）。

至于《明史·诸王传一》谓成功初礼待鲁王颇恭，既而懈，鲁王"不能平，将往南澳，成功使人沉之海中"，则纯系讹传。康熙元年五月成功死于台湾，十一月鲁王病卒，葬金门，两者相差半年矣。

② 据无名氏《吴耿尚孔四王全传》，孔、耿、尚皆皮岛毛文龙爱将，养为孙，孔名毛永诗，耿名毛有杰，尚名毛永喜。文龙伏诛，三将先后降清，孔封恭顺王，后改封定南王；耿封怀顺王，后改封靖南王；尚封智顺王，后改封平南王。

归明"引《粤事记》），八月迎驾返肇庆①。而"是年姜瓖（大同总兵）奉永历年号，传檄秦晋。王永强据榆林，方窥西安"，久蓄复明之志的钱谦益喜而作诗云："三秦驷铁先诸夏，九庙樱桃及仲春"，"秦城北斗回新腊，庾岭南枝放早春"（金鹤冲《钱牧斋先生年谱》顺治五年戊子条，载《北京图书馆藏珍本年谱丛刊》第六十四册，北京图书馆出版社，1999年）②。然金、李、姜、王相继败死，何腾蛟所置十三镇将"皆自为盗贼"（《明史·何腾蛟传》），渐不能制③，何本人亦被俘杀于湘潭，孙可望与李定国又反目成仇，大动干戈，中兴之梦如昙花一现，局面很快变得不堪收拾。顺治十六年（1659），清军三路并进，攻取云南，永历帝逃亡缅甸④。十八年（1661），吴三桂入缅获永历以归，康熙元年（1662）四月在昆明篦子坡以弓弦绞杀之⑤。

---

① 李成栋自负有取粤大功，然清廷仅授提督广东总兵官，而以佟养甲为两广总督兼广东巡抚。案：佟姓为辽阳世家，明初以来多人担任卫所军职。努尔哈赤克抚顺，佟养真（避世讳，后改名养正）、养性兄弟附附。皇太极时养性督造红衣大炮（清军自是有火器），总理汉人军民诸政。陈寅恪谓"清人欲招致辽东诸族，以增大其势力，故特尊宠佟氏。不仅因其为抚顺之豪族，且利用其本为明边将，能通晓西洋火器之故"（《柳如是别传》1001页）。康熙帝更以其生母（养正次子图赖之女）故，命改后家佟氏为佟佳氏，抬入满洲。至于佟氏后人自谓先祖名达尔哈齐，本满洲人，入明边为商，自开原徙抚顺，郑天挺经多方考证，驳以"盖属伪托，其事实不足信"（《清史探微》24页，北京大学出版社，1999年）。佟氏在明为叛族，遭遇残酷，通族之人"潜者潜，逃者逃，易姓者易姓，更名者更名"（陈寅恪引盛昱《八旗文经》卷五十佟世思《先高曾祖三世行略》，《柳如是别传》995页）。投左良玉避祸的佟养甲至清军南下始敢恢复姓名，即受重用。成栋受其节制，"意不平，亦怀异志"（钱澄之《所知录》卷中，《荆驼逸史》本）。《明季南略》"李成栋归明"引《粤事记》又谓成栋妾朝夕怂恿，最后引刀自刎"以成君子之志"；成栋抱尸恸哭"女子乎是矣"，乃有降而复叛之举。

② 案：陕西王永强顺治六年（1649）二月占领榆林，三月克蒲城，主力西进，始有图西安之意，金氏《年谱》有误。

③ 归附何腾蛟的李自成余部并未能与南明官军结成统一的抗清力量。李过、高一功（赐名必正）军投诚后号"忠贞营"，却屡受排抑，先后败于湖北、湖南，最后在李来亨（李过养子，时李、高已死）带领下被迫移师夔东（长江三峡一带），与大顺旧将郝摇旗、袁宗第、刘体纯等会合，改称"夔东十三家"，从而成为一支孤军坚持抗清，直至康熙初清廷发动四川、湖广、陕西三省会剿才被彻底镇压下去。

④ 追随永历帝逃逃缅甸的一班文武大臣虽寄人篱下，依然吃喝玩乐，自在逍遥。据三余氏《南明野史》载，八月十五，文安侯马吉翔、司礼监李国泰等以令节饮后弟王维恭家。维恭有女妓黎维新，已老，吉翔强之为梨园舞。维新泣下曰："何何时，顾犹为歌舞欢耶？"绥宁伯蒲缨家复纵博喧呼，声彻于内。时帝卧病，不能禁，叹息不已（见卷下《永历皇帝纪》）。计六奇评永历曰："当时国势危如累卵，清势重若泰山，而举朝文武犹尔梦梦，欲不亡得乎！"（《明季南略》卷十二下"举朝醉梦"）

⑤ 无名氏《行在阳秋》（卷下）引《杂录》云，三桂初见永历帝甚倨傲，长揖而已。上问为谁，三桂嗫不敢对；再问之，遂伏地不能起；及问之数至，始称名以诏。上切责良久，三桂缄口伏地若死人。上卒曰："今亦已矣！朕本北京人，欲还见十二陵死，尔能任之乎？"对曰："臣能任之。"上令之去，三桂伏不能起，左右挟之出，则色如死灰，汗浃背，自后不复敢见。

篦子坡，后人称"逼死坡"，位于今昆明华山西路中段，民国元年（1912）云南都督蔡锷以"三迤士民"（指全体滇人）名义立碑于此，镌"明永历帝殉国处"七字，至今保存完好。

附 钱牧斋降清与金圣叹哭庙

如果缺了被《东林点将录》指为"浪子燕青"的钱谦益，紧锣密鼓、异彩纷呈的晚明官场一定会冷清不少。谦益字受之，号牧斋，常熟人，万历三十八年（1610）一甲三名进士（即"探花"），授翰林编修。然初登仕途，即受重创，天启元年（1621）典试浙江，所取举人钱千秋"首场文用俚俗诗'一朝平步上青天'之句，分置七篇结尾"（金鹤冲《钱牧斋先生年谱》），迹涉关节，为人所讦；钱氏坐失察，夺俸三月①。崇祯改元，擢礼部侍郎，好不容易等来翻身机会，却因与温体仁、周延儒争入阁，再遭贬黜②。体仁追论科场前事，劾他结党营私，一语戳中皇上心头痛处；于是牧斋即日罢官，回籍闲住，终明世不复起。事还没完，崇祯十年（1637），常熟人张汉儒又举报他居乡不法，已为首辅的温体仁衔旧怨，逮钱下狱。牧斋托人求救于大学士冯铨及太监曹化淳，冯曰："钱谦益的事，我都晓得了，如今已不妨，你可回去，教他安心。"（文秉《烈皇小识》卷五）③及体仁去位，钱狱始解。

牧斋蛰居乡间，北京政权垮台后才重新变得活跃起来。南方的明遗臣群龙无首，仓促议立新君，钱氏身为东林中人，自常熟两入南京游说，力主立潞王以绝后患；但不幸被马士英先下手为强，扶福王即位。时"钱谦益侍郎触暑步至胶东④第中，汗竭解衣，连沃豆汤三四瓯。问所立，胶东曰：'福藩。'色不怿，即告别。胶东留之曰：'天子毋容抗也。'钱悟，仍坐定，遽令仆市乌帽，谓：'我虽削籍，尝经赦矣。'候驾龙江关。"（《枣林杂俎》之《仁集·逸典》"异议"）

眼见大局已定，牧斋及时转向，改口颂马士英"拥戴"之功，谓"臣观三十年来，文臣出镇、克奏肤功者，孙承宗之后马士英一人耳"；复以"天下多事，果有嫌隙，固当先国家之急而后私仇"，力荐阮大铖。李清评曰："谦益老于门户，乃以门户攻门户，又以门户荐非门户，人皆哂之。"（《南渡录》卷三）有这一连串见风使舵的举动，他很快升任弘光朝的礼部尚书，崇祯十七年秋赴南都就职，"其妾柳如是戎服控马，插装雉尾，作昭君出塞状"（《鹿樵纪闻》卷上"福王上"）；宦海浮沉大半生，终于扬眉吐气，获得

---

① 牧斋充浙江乡试考官，《明史·温体仁传》谓在天启二年（1622），《明史·选举志二》则作"二年辛酉"。案：辛酉即元年，既书二年，复系辛酉，误甚。又，钱千秋者，各书所记皆钱姓，惟《明季北略》卷四"温体仁参钱谦益"作田千秋。

② 《明史·选举志二》作崇祯二年，又误。

③ 案：崇祯初冯铨已因谄附魏忠贤论杖徒，赎为民，文秉所记牧斋求援之事真伪难定，兹录以备考。

④ 指户部尚书高弘图，胶州人。福王立，与史可法、马士英并命为大学士。

一次"爽"的感觉①。

惜好景不长，翌年四月扬州告急，牧斋自请督师援扬；南都倾覆，则率先归附。据顾苓撰《河东君小传》，"乙酉（即顺治二年）五月之变，君（指柳如是）劝宗伯（指谦益）死，宗伯谢不能。君奋身欲沉池水中，持之不得入。"（谷辉之辑《柳如是诗文集》附录226页，引自范锴《华笑庼杂笔》卷一，中华全国图书馆文献缩微复制中心，1996年）②钱氏降清情形，史惇《恸余杂记》"钱牧斋"条记云："豫王下江南，下令剃头，众皆汹汹。钱牧斋忽曰：'头皮痒甚。'遽起。人犹谓其篦头也。须臾，则髡辫而入矣。"对此，牧斋援佛自解，谓我辈多生流浪，"头之不知，发于何有？毕竟此数茎发，剃与未剃，此二相俱不可得。"（《牧斋有学集》卷四十九"题邵得鲁迷途集"，上海古籍出版社，1996年）

钱氏既降，随例北行，顺治三年（1646）正月被清廷命为礼部侍郎，兼充修《明史》副总裁（冯铨为正），六月谢病归。有无名子虎丘石上题《寄赠大宗伯钱牧斋盛京荣归》二首，其一云："钱公出处好胸襟，山斗才名天下闻。国破从新朝北阙，官高依旧老东林。"（《枣林杂俎》之《和集·丛赘》"嘲钱牧斋"）牧斋剃发易服，意绪怏怏，自嘲曰："老夫之领，学前朝，取其宽；袖依时样，取其便。"人笑称"两朝领袖"（顾公燮《消夏闲记摘抄》卷下"钱牧斋"条）。

徐鼒痛斥钱氏"谬附东林以为名高，既以患得患失之心，为倒行逆施之举，势利熏心，廉耻道丧。盖自汉、唐以来，文人之晚节莫盖无如谦益之甚者"（《小腆纪年附考》卷八）。归庄祭文的笔调则平和许多，谓牧斋晚年"喜其同志，每商略慷慨，谈宴从容，剖肠如雪，吐气成虹。感时追往，忽复泪下淋浪，发竖鬘鬆。窥先生之意，亦悔中道之委蛇，思欲以晚盖"（《归庄集》卷八《祭钱牧斋先生文》）——说的是他投降后又蓄反正之心，"曲线救国"的复杂情状。

顺治四年（1647）正月，江阴贡生黄毓祺起兵海上，谋复常州，钱"命其妻艳妓柳如

---

① 《牧斋遗事》云："宏［弘］光僭立，牧翁应召，柳夫人从之。道出丹阳，同车携手，或令柳策驴而己随其后，私语柳曰：'此一幅昭君出塞图也。'邑中遂传钱令柳扮昭君妆，炫煌道路。吁！众口固可畏也。"陈寅恪评曰："钱、柳自常熟至南京，道出丹阳时，得意忘形，偶一作此游戏，亦有可能，遂致众口讹传，仇人怨家，藉为诋诮之资。《遗事》之言，最为近情。"（《柳如是别传》865页）

又，柳如是本姓杨，秦淮名妓，色艺俱绝，尝谓非才学如钱者不嫁，谦益闻之大喜，回曰非能诗如柳者不娶。崇祯十四年（1641）夏二人结缡于松江"芙蓉舫"中，时钱年六十，柳二十四。

② 案：河东君即柳如是，谦益称宗伯，以其任礼部尚书之故。顾苓字云美，谦益弟子。

是至海上犒师"（祝纯嘏《孤忠后录》）①。明年，坐与毓祺交通，逮至金陵论死，赖柳氏救之乃免。牧斋沉湎于温柔乡之际，尝戏谓柳氏："我爱你乌个头发，白个肉。"柳亦回道："我爱你白个头发，乌个肉。"（《消夏闲记摘抄》卷下"柳如是"条）自黄案后十余年间，当年的风流韵事早成陈迹，"钱、柳已由言情之儿女，改为复国之英雄矣。"（陈寅恪语，《柳如是别传》1130页）

这期间牧斋托迹空门，秘密从事反清活动。其时江南缙绅中矢志复明的大有人在，如徐孚远（字闇公）、致远兄弟及归庄、顾炎武等②，"深入房窟，多方联络，苦心大力。"（《徐闇公先生年谱》引永历敕书）永历三年（1649），牧斋在写给门人瞿式耜（号稼轩）的"蜡书"中就以"楸枰三局"作喻细数他对"中兴"的通盘畅想：

"人之当局，如弈棋然，楸枰小技，可以喻大。在今日有全著，有要著，有急著，善弈者视势之所急而善救之。今之急著即要著也，今之要著即全著也。夫天下要害必争之地不过数四，中原根本自在江南。长、淮、汴京，莫非都会，则宜移楚南诸勋重兵，全力以恢荆襄。上扼汉沔，下撼武昌，大江以南在吾指顾之间。江南既定，财赋渐充，根本已固，然后移荆、汴之锋，扫清河朔。……其次所谓要著者，两粤东有庾关之固，北有洞庭之险，道通滇黔，壤邻巴蜀……宜以重兵径由遵义入川，皇上则择险固宽平富饶之地，若沅州或常德为驻跸之所，居重驭轻，如指使臂。三川既定，上可以控扼关陇，下可以掇拾荆襄。……倘以刍言为迂而无当，今惟急著是问。夫弈棋至于急著，则斜飞横掠，苟可以救败者，无所不用。……王师亟先北下洞庭，别无反顾支缀，但得一入长江，将处处必多响集……我得以完固根本，养精蓄锐，恢楚恢江，克复京阙。"（《瞿忠宣公集》卷五

---

① 《明季南略》（卷四"黄毓祺续记"条）及《小腆纪年》（卷十六）、《小腆纪传》（卷四十六）则谓毓祺将起义，遣人往谦益处提银五千，谦益知其事必败，却之。案：黄毓祺，字介之（或作介兹、介子），家住江阴东城内，曾参与顺治二年（1645）守城之役，城破，亡命淮南，明年率十四义士袭江阴，再起兵海上，事皆不就。至顺治五年被擒，拷掠酷甚，诘以若欲何为，曰："求一死耳"（《孤忠后录》）。毓祺在狱自注所赋《小游仙诗》，其一云："百年世事弈棋枰，冷眼旁观局屡更。乌喙只堪同患难，龙颜难与共升平。遥空自有饥鹰击，古冢曾无狡兔横？为报韩卢并宋鹊，只今公等固当烹"（《明季南略》卷四"黄毓祺起义附小游仙诗"）。明年病死金陵狱中，戮尸。

② 顺治十四年（1657），顾炎武四谒孝陵归，事将发，"有为先生求救于某公者，某公欲先生自称门下而后许之。其人知先生必不可，而惧失某公之援，乃私自书一刺以与之。先生闻之，急索刺还，不得，列揭于通衢以自白。某公亦笑曰：'宁人之卞也'。"（《鲒埼亭集》卷十二《亭林先生神道表》）据《归玄恭先生年谱》，为亭林求救者即归庄，"某公者，钱谦益也"。亭林虽执"士大夫之无耻，是谓国耻"之见（《日知录》卷十三"廉耻"条），不愿与牧斋产生瓜葛，二人在敌后其实做着同样的工作。案：归庄，字玄恭，号恒轩，江苏昆山人，与同邑顾炎武齐名，"时有'归奇顾怪'之目"（陈康祺《郎潜纪闻初笔》卷八"士大夫制行之岸异"条）。

《报中兴机会疏》）

稼轩时任留守桂林大学士兼兵部尚书，向永历帝献上此书，大赞道："累数百言，绝不道及寒温家常字句，惟有忠驱义感溢于楮墨之间。盖谦益身在[虏]中，未尝须臾不念本朝，而规画形势，了如指掌，绰有成算"云云（同上引）。

顺治十一年（1654）张名振、张煌言发动的三入长江之役，顾诚认为即由原弘光朝礼部尚书钱谦益、鲁监国所封仁武伯姚志卓等"内地反清复明人士联络东西，会师长江，恢复大江南北计划的一个组成部分"（《南明史》822页）。事实上在这次精心准备的军事行动中，牧斋除了负责幕后策划、暗中联络，还直接出资召集义兵，如《投笔集》卷上《后秋兴之三》（"八月初十日小舟夜渡，惜别而作"）第三首自注所云："姚神武有先装五百罗汉之议，内子（指柳如是）尽橐以资之，始成一军。"①

会师长江计划失败后，牧斋志不稍挫，转寄希望于延平王郑成功身上。顺治十二年冬至次年春，他以就医为名寓居秦淮，作绝句三十首（《丙申春就医秦淮，寓丁家水阁，浃两月，临行作绝句三十首留别，留题不复论次》，载《有学集》卷六）。陈寅恪不厌其详一一剖析这三十首诗，得出"牧斋此次留滞金陵，与有志复明诸人相往还，当为接应郑延平攻取南都之预备"的结论（《柳如是别传》1127页）；复检《有学集》卷七《高会堂诗集》，"其中绝大部分乃游说马进宝②响应郑成功率舟师攻取南都有关之作"（同书1128页）。

及郑成功扬帆远走，退据海岛，牧斋始悟复明无望，虽闻清世祖崩，不胜欢娱，张灯夜宴③，但观其作为《投笔集》总结的《癸卯（康熙二年）中夏六日重题长句二首》：

---

① 谢肇淛《五杂组》卷十六《事部四》谓北宋宗室赵宗汉恶人犯其名，讳汉曰"兵士"。其妻供罗汉，其子授《汉书》，宫中人曰："今日夫人召僧供十八罗汉兵士，太保请官教点兵士书。"顾诚据此考定谦益乃借用此典，"先装五百罗汉"即先募数百兵士隐语，仁武伯改称神武也是一种遁词（见《南明史》824页注五）。案：姚志卓（或作志倬）字子求，浙江钱塘人，顺治二年以张起芬为将，举义兵，破余杭，转战浙、赣等地，"闽中授平原将军，浙东封仁武伯"（《小腆纪传》卷四十七）。顺治十年（1653）入黔请命，永历帝遣之东还，募兵海上。张名振、张煌言出师，志卓以众来依，顺治十二年战死崇明城下；张起芬被执，不屈而死，临刑有诗云："头能过铁身方显，死不封泥骨亦香。"（《南疆逸史》卷三十六《姚志卓传》）《小腆纪传》谓志卓殁于顺治十一年，误矣。

② 明降将马进宝，赐名逢知，时任苏、松、常镇提督，陈寅恪指出郑成功兵败金陵城下的关键即在此君骑墙观望，时时欲袭其后（见《柳如是别传》1215页）。据《清史列传》卷八十《逆臣传》，顺治十六年（1659）九月，马氏坐"镇江失守，拥兵不救；敌遁，又不追剿"而受到"免革职，著解任"的处分；明年终以交通"海敌"罪名伏诛。

③ 《投笔集》卷下《后秋兴之十》（"辛丑（顺治十八年）二月初四日，夜宴述古堂，酒罢而作"，共八首）及《有学集》卷十一《红豆三集》之《辛丑二月四日，宿述古堂，张灯夜饮，酒罢而作》（共四首），可为证。

"漫漫长夜独悲歌，孤愤填胸肯自磨。敢对灾星凭酒伯，破除愁垒仗诗魔。逢人每道君休矣，顾影还呼汝谓何。欲共老渔开口笑，商量何处水天多。"

"百篇学杜拟商歌，墨沉频将渍泪磨。世难相寻如鬼疰，国恩未报是心魔。射潮霸主吾衰矣，观井仙人奈老何。取次长谣问空阔，江天云物〔雾〕为谁多。"

——已是风烛残年的牧翁之心灰意冷跃然纸上矣。

谦益卒于康熙三年（甲辰年，1664）五月廿四日，晚景凄惨，卖文为活。是年四月杪，余姚黄宗羲来访，自述云："甲辰，余至。值公病革，一见即云以丧葬事相托，余未之答。公言：'顾盐台求文三篇，润笔千金，亦尝使人代草，不合我意，固知非兄不可。'余欲稍迟，公不可。即导余入书室，反锁于外……余急欲出外，二鼓而毕。公使人将余草誊作大字，枕上视之，叩首而谢。"（《思旧录》）①

乙酉年牧斋拒夫人殉节之劝，后同游虞山拂水山庄，"见石涧流泉，澄洁可爱，牧翁濯足其中而不胜前却，柳笑曰：'此沟渠水，岂秦淮河耶'？"（佚名撰《牧斋遗事》）至暮年不得意，恨曰："要死，要死。"柳叱曰："公不死于乙酉，而死于今日，不已晚乎？"（《消夏闲记摘抄》"柳如是"条）文如钱谦益，武如李成栋，大明江山之不保情理中事，无足为怪。

乾隆对钱氏深恶痛绝，至有"有才无行"，"大节有亏，实不足齿于人类"语，命销毁其书及板，并题《初学集》曰："平生谈节义，两姓事君王。进退都无据，文章那有光？真堪覆酒瓮，屡见咏香囊。末路逃禅去，原为孟八郎。"（《清史列传》卷七十九《贰臣传乙·钱谦益》）又诏令将其打入《贰臣传》乙编，使不与洪承畴等同列，以示差等。

顺治十八年（1661）正月初七，世祖逝于养心殿，遗诏自陈有"渐习汉俗""委任汉官"等十四罪（详见《清世祖实录》卷一四四）。二月初一，哀诏传至姑苏，府堂设幕，江宁巡抚朱国治率官绅哭临。初四日，诸生百余人拥入文庙哭泣，鸣钟击鼓，旋至府堂跪进揭帖，号呼随至者复千余人，劾新任吴县令任维初苛征钱粮，监守自盗，粜米易金以饱抚臣。国治大骇，捕为首倪用宾等十一人，余皆星散，是为"哭庙案"。

时江苏金坛又有所谓"通海案"发生。"金坛风土趋名而骛利"，缙绅勾结胥吏舞弊，诬"叫号刊揭"、"不肯扬善隐恶"的诸生私通郑成功，本以为"不但可以钳其口，而且可以绝其影"（《明季南略》卷十六"金坛大狱"），不成想搬起石头砸自己脚，反

---

① 《黄梨洲先生年谱》（卷中）亦载此事。

有数十缙绅背上"通海"罪名。朱国治请于朝,敕满洲四大臣下江南,"公同确议,拟罪具奏。"(无名氏《辛丑纪闻》)

四大臣会审"哭庙案",被捕十一人各以枲粮为对,怒曰:"我方问谋反,尔乃以枲粮为辞耶?"(《辛丑纪闻》)这可不得了,本案性质竟大变!嗣后引疾归里的吏部员外郎顾予咸及金圣叹等陆续牵连入狱,而穷究之下,供出金氏的苏州府教授程邑又欲将哭庙众人悉数列名呈上,幸被制止。

金氏名采,一名人瑞,字若采,号圣叹①,吴县诸生,"为人倜傥高奇,俯视一切,好饮酒,善衡文评书,议论皆发前人所未发。"(《金圣叹先生传》,载《廖燕全集》卷十四)少补长洲博士弟子员,以岁试之文怪诞不经被黜;明年顶张人瑞名下科试,试官拔置第一,补庠生,复儒冠②。崇祯八年(1635)其至诡托"慈月宫陈夫人"扶乩,用"洪武韵"作长句赠文坛巨擘钱谦益,"求椽笔作传一首,以耀于世";牧斋和其诗十首并撰《天台泐法师灵异记》记其事(诗载《初学集》卷十,文载同书卷四十三,引文见《倡和诗》序)。王应奎《柳南随笔》(卷三)曰:"圣叹自为卟(古'乩'字)所凭,下笔益机辨澜翻,常有神助。"

会审毕,朱国治欲兴大狱,报诸生"平时不告知县任维初,于初二日遗诏方到,辄敢纠众聚党,于举哀公所要打知县,跪递匿名揭帖,鸣钟击鼓招呼数千人,摇动人心,聚众倡乱,殊干法纪"云云。然"奏疏中口供皆非实据,抚臣(指国治)为稿,文致其辞,四大人署名而已"(《辛丑纪闻》)。

六月二十日圣旨下,倪用宾、金圣叹等八人问斩,妻子、家产籍没入官;余十人亦斩,免籍没,至秋用刑。惟顾予咸叨皇恩浩荡,免绞免籍没并免革职。国治闻顾见释,拍案怒骂道:"老奴有如此手段!"竟拍折一指(见《甲申朝事小纪》三编卷七《哭庙纪略》)。

至七月初七、八间,又奉旨特赦金坛案中一人。国治大惧,坐立不安,"恐放虎出柙,自贻后患",乃于七月十三日巳时立秋前(未时立秋)将吴县、金坛等案凡百余人分五处斩决于江宁城中。"是时,四面皆披甲围捉,抚臣亲自监斩。至辰刻,狱卒于狱中取出罪人,反接背插招旗,口塞栗木,挟走如飞。亲人观者稍近,则披甲者枪柄刀背乱打。

---

① 关于金氏姓名,明末清初史籍记载殊不一。《辛丑纪闻》云:"金圣叹名喟,又名人瑞,庠姓张,原名采,字若采。"后人据此有谓金氏原姓张者。案:"庠姓"当指士子冒他姓以应试,此现象在明季实属普遍,"原姓张"之说误矣。廖燕《金圣叹先生传》又云鼎革之后,金氏绝意仕进,更名人瑞,字圣叹。或问圣叹二字何义,先生曰:"《论语》有两喟然叹曰,在颜渊为叹圣,在与点则为圣叹,予其为点之流亚欤?"廖氏为广东曲江人,哭庙案后三十多年始"过吴门,访先生故居而莫知其处",其说或不足信;早在崇祯十四年金氏作"读批水浒"序,已有"是则圣叹廓清天下之功,为更奇于秦人之火"句。所谓《论语》有两叹,《子罕第九》颜渊叹曰:"仰之弥高,钻之弥坚,瞻之在前,忽焉在后",是为"叹圣";《先进第十一》曾晳(名点)言其志:"莫春者,春服既成。冠者五六人,童子六七人,浴乎沂,风乎舞雩,咏而归。"夫子叹曰:"吾与点也",是为"圣叹"。

② 见《甲申朝事小纪·哭庙纪略》。《辛丑纪闻》作"顶金人瑞名",与前记"庠姓张"不符。

俄而炮声一震，百二十一人皆毕命。披甲乱驰，群官皆散，法场之上惟血腥触鼻、身首异处而已。"（《辛丑纪闻》）其中吴县案斩决十八人，金坛案"共斩六十四人，家属男女没入、流徙大小老幼又共二百七十六人"（《明季南略》"金坛大狱"）①。

圣叹在狱，致书其妻曰："杀头，至痛也；籍没，至惨也。而圣叹以无意得之，不亦异乎！"（《辛丑纪闻》）传临难时口赋七绝一章云："天公丧母地丁忧，万里江山尽白头（原注：其时因天雪，故云②）。明日太阳来作吊，家家檐下泪珠流。"（小横香室主人辑《清朝野史大观》卷九《清朝艺苑》"金圣叹绝命诗"，河北人民出版社，1997年）

圣叹尝谓世间有六才子书，曰《离骚》、《庄子》、《史记》、杜诗、《水浒传》及《西厢记》③，有志一一评点。初批《水浒》，昆山归庄曰："此倡乱之书也！"继批《西厢》，归氏又曰："此诲淫之书也！"（《柳南随笔》卷三）时称"金批"，盛行吴下，江南纸贵。圣叹方治杜诗，未毕而罹难，"天下惜之，谓天之忌才，一至于斯！"（《辛丑纪闻》）④

抚臣朱国治之横暴远不止此，未几又发起"奏销案"。据《清史稿》本传载，国治"以苏、松、常、镇四府钱粮抗欠者多，分别造册，绅士一万三千五百余人，衙役二百四十人，请敕部察议。部议现任官降二级调用，衿士褫革，衙役照赃治罪有差"。昆山叶方蔼系顺治十六年进士及第第三人，以欠银一厘被黜，民间有"探花不值一文钱"之谣（见王应奎《柳南续笔》卷二"辛丑奏销"条）。奏销一案攀染株及江南名人不在少数，如吴伟业、彭孙遹⑤、周茂源⑥等。牧斋死后追索三千金、逼柳如是自缢的钱氏族人钱朝鼎、钱曾亦涉案，只

① 同书"金坛一案"条则谓"斩四十八人，绞一人，流徙十四人，共六十三人"。而"金坛大狱"条又称"海寇一案，屠戮灭门，流徙遣戍不止千余人"。

② 七月飞雪，喻受难者有窦娥之冤乎？

③ 圣叹所举六才子书各本所记略同，惟《研堂见闻杂记》作"七才子书"：《西厢》《水浒》《左传》《史记》《离骚》《楞严》《唐诗》；清人董含又将《左》《孟》《史》《汉》，下及传奇小说一并列入"才子书"中（见《三冈识略》卷九"才子书"条）。

④ 自有圣叹评才子书，世间痛诋者不乏其人。董含谓"其言夸诞不经，谐词俚句，连篇累牍，纵其胸臆"，"终以笔舌贾祸也，宜哉"（《三冈识略》卷九）。鲁迅则说"经他一批，原作的诚实之处，往往化为笑谈，布局行文，也都被硬拖到八股的作法上。这余荫，就使有一批人，堕入对于《红楼梦》之类，总在寻求伏线，挑剔破绽的泥塘"（《南腔北调集·谈金圣叹》，《鲁迅全集》（十六卷本）第四卷527页）。袁枚亦讥金好批小说，独叹道其《宿野庙》一绝，批以"殊清绝"三字。原诗为："众响渐已寂，虫于佛面飞。半窗关夜雨，四壁挂僧衣。"（见《随园诗话》卷一）

⑤ 彭孙遹，字骏孙，号羡门，别号金粟山人，浙江海盐人，彭孙贻弟。工词章，著有《延露词》《金粟词话》等，与诗坛领袖王士禛齐名，号曰"彭王"。士禛尝戏谓孙遹为"艳情专家"，谭莹则盛推他是"大科名重千秋在，开国填词第一人"（《论词绝句》）。

⑥ 周茂源，字宿来，号釜山，华亭（今上海松江）人。顺治六年（1649）进士，官至处州府（今浙江丽水）知府。少以文章动天下，著有《鹤静堂集》十九卷。

因朝鼎辈百计钻营，得以"横行乡党，愈肆鸱张"（钱孺饴《钱氏家变录》"瞿邑尊公揭"）。而幸免于哭庙案的顾予咸至此终以奏销违误，竟落职。

朱国治知吴人恨之入骨，适以丁忧罢，"仓猝离任，轻舟遁去。"（《研堂见闻杂记》）苏州有民谣曰："天呀天！圣叹杀头真是冤。今年圣叹国治杀，他年国治定被国贼奸。"（《甲申朝事小纪》初编卷五"杀金圣叹"）一语成谶，国治后为云南巡抚，康熙十二年（1673）吴三桂反，果杀之。

清初连兴大狱，孟森认为跟顺治十六年郑成功舟师入长江，士大夫多响应有关。清廷"有意与世家有力者为难，以威劫江南人也。"（《明清史论著集刊》"奏销案"，中华书局，1959年）[1]其实满人刻意摧折士类之举动还要来得更早一些。顺治十四年（1657）冬，顺天、江南两省同时发生"科场案"，几祸及全国，考官与中式举子诛杀、遣戍无数。"发难者汉人，受祸者亦汉人。汉人陷溺于科举至深且酷，不惜假满人以为屠戮，以泄多数侥幸未遂之人年年被摈之愤。"（同书"科场案"）

孟氏称"北闱所株累者多为南士，而南闱之荼毒则又倍蓰于北闱"（同上引）。顺天案，所戮不过房官[2]及新举人数人，余皆从宽免死，责四十板，流徙尚阳堡（今辽宁开原市东）；主考降五级听用。江南案，正、副主考及十八房官除一人已死外，俱坐私通关节伏法，妻子、家产籍没入官；举子则各决四十，偕父兄妻子长流宁古塔。据《研堂见闻杂记》，"宁古塔在辽东极北，去京七八千里。其地重冰积雪，非复世界，中国人亦无至其地者。诸流人虽各拟遣，而说者谓至半道为虎狼所食、猿狄所攫或饥人所啖，无得生也。向来流人俱徙尚阳堡，地去京师三千里，犹有屋宇可居，至者尚得活。至此，则望尚阳如天上矣。"[3]

科场事发后，凡南北中试者皆召入京，御前复试，黜落数十人（其中南闱举子更两度复试，分别在顺治十五年三月和十六年三月）。《柳南随笔》（卷一）谓："是时每举人一名，命护军二员持刀夹两旁，与试者悉惴惴其慄，几不能下笔。"《研堂见闻杂记》又云："天子亲御前殿，士子数里外携笔砚，冰雪僵冻，立丹墀下，顷刻成数艺，兵番杂沓以旁逻之。……是役也，师生牵连就逮，或就立械，或于数千里外锒铛提锁。家业化为灰尘，妻子流离，更波及二三大臣，皆居间者，血肉狼藉，长流万里。"

---

[1] 清室借奏销案荼毒江南缙绅望族，可参看叶梦珠《阅世编》卷五"门祚"。

[2] 案：清代科举制度，乡、会试主考官下，设同考官，分房阅卷，又称房官。各地生员一登科第，"则有所谓主考官者谓之座师，有所谓同考官者谓之房师"（顾炎武《亭林文集》卷一"生员论"）。

[3] 《三冈识略》又谓宁古塔"近鱼皮岛，无庐舍，掘地为屋以居。地极寒，四月尽，布火烧之冻始解。五月可锄，急种蔬菜。六七月便采食，一交白露即枯，至寒露则根亦烂腐矣。或曰此即昔之五国城也"（卷三"宁古塔"条）。案：宁古塔旧城在今黑龙江省海林市，康熙五年（1666）迁建新城于宁安。

第十二章

清：第二次历史大倒退

清军入关，再次置中国于异族统治下。八旗兵不如当年蒙古骑兵强大，所以这回汉奸作用得以凸显。满人倚重汉奸自皇太极始[1]。洪承畴降，赏赉无算，诸将多不平，太宗问："吾曹栉风沐雨数十年，将欲何为？"对曰："欲得中原耳。"太宗笑曰："譬诸行道，吾等皆瞽。今获一导者，吾安得不乐？"（《清史稿·洪承畴传》）

今天学者往往讳谈明末清初的汉奸问题，殊不知这个心结解不开，吾国抗日八年遍地汉奸的"奇葩"便无从解释。可以说汉奸现象是我们民族精神上的一颗最致命毒瘤，渊源极深。孟子曾说：舜乃东夷之人，文王西夷之人，相隔千余里、千余岁，"得志行乎中国，若合符节。先圣后圣，其揆一也。"（《孟子·离娄下》）[2]又云："吾闻用夏变夷者，未闻变于夷者也。"（《孟子·滕文公上》）上述胸怀在圣人是自信、包容，有容乃大，至黔首则歪曲为逆来顺受，尺蠖之屈以求伸，最后发展成形的便是著名的阿Q精神胜利法，这可以喻为"僵尸的乐观"（鲁迅语，《华盖集》"青年必读书"）。顾炎武曾作亡国、亡天下之辨：易姓改号谓之亡国，仁义不行而至于率兽食人、人将相食，谓之亡天

---

[1] 案：努尔哈赤极端排汉，得汉人，十三壮丁为一庄，给满官为奴。抚顺李永芳为明边将降满第一人，贵为"额驸"（娶太祖第七子贝勒阿巴泰之女），努尔哈赤犹不能尽信之，斥以"尔顾轻视朕乎"（《满洲秘档》《太祖怒责李永芳》）！皇太极即位，始传谕"满洲、汉人，毋或异视，讼狱差徭，务使均一"（《清史稿·太宗纪一》）。天聪八年（1634）正月，众汉官赴户部诉差徭繁重，皇太极谕曰："朕意以为尔等苦累，较前亦稍休息矣。初，尔等俱分隶满洲大臣，所有马匹，尔等不得乘，而满洲官乘之；所有牲畜，尔等不得用，满洲官强与价而买之；凡官员病故，其妻子给给贝勒家为奴。既为满官所属，虽有腴田，不获耕种，终岁勤劬，米谷仍不足食，每至鬻仆典衣以自给。"（《清太宗实录》卷十七，亦见王先谦《东华录·天聪九》）据此可知努尔哈赤治下汉人处境。

[2] 雍正皇帝就抓住孟子这番话，大加发挥，谓华夷一家，舜东夷之人，文王西夷之人，"本其所生而言，犹今人之籍贯"，"曾何损于圣德乎？"又曰："中国之人轻待外国之入承大统者，其害不过妄意诋讥，盅惑一二匪类而已，原无损于是非之公，伦常之大；倘若外国之君入承大统，不以中国之人为赤子，则中国之人，其何所托命乎？"对于明、清之各得天下，雍正更有一套奇怪理论，谓"明继元而有天下，明太祖即元之子民也，以纲常伦纪言之，岂能逃篡窃之罪？至于我朝之于明，则邻国耳"（俱见《大义觉迷录》卷一）。

下；"保国者，其君其臣，肉食者谋之；保天下者，匹夫之贱，与有责焉耳矣。"（《日知录》卷十三"正始"条）亭林先生既非圣人，又非黔首，代表着社会中坚的智识阶级，他头脑里的"国家"概念也是这般空洞无物，不关痛痒，遑论其余。回顾明清嬗替这段历史，于是乎辜鸿铭可以用其擅长的英文欣然写道："大约三百年前，中国的统治阶级又一次退化了，丧失了其高贵品质，无法保卫中国文明。当时，未退化的，只有生活在白雪覆盖的深山中的那些北满部族——他们最初仅有二十八甲——因此，他们不得不进入中国本土，来指导和协助中国统治阶级，照管好中国人民的道德生活及其物质福利，并保卫中国文明。"（《辜鸿铭文集》上卷《中国牛津运动故事》358页）甚至在辛亥革命前夜他还要大声疾呼："一个新中国赖以建立的唯一基础和基石，是满洲贵族。"（同上书365页）

得着汉奸们的大力襄助，拖辫子的部落民族一举摧垮了商品经济高度发达、社会转型面临突破的明王朝。几乎一旦夜间，中夏大地上的一切都显得不伦不类起来。我们不妨把眼光往纵、横两个方向都拓展一些。清朝定鼎，"并蒙古极边诸部落，俱归版图，是中国之疆土开拓广远，乃中国臣民之大幸"（《大义觉迷录》卷一），不幸却是为异日列强瓜分做好了一个又大又圆的蛋糕。当康熙帝纵马驰突、开疆拓土之时，比他小十八岁的彼得大帝正微服潜游西洋各国船厂、火器局，"讲习工艺，返国传授，其所造战舰、火器反为西洋最"（魏源《圣武记》卷六《外藩·国朝俄罗斯盟聘记》），将原本落后的俄罗斯带上一条工业化、现代化的强大之路。康乾盛世，王道乐土，歌舞升平，李光地称："臣观道统之与治统，古者出于一，后世出于二。……至我皇上（指康熙）……应王者之期，躬圣贤之学，天其殆将复启尧舜之运，而道与治之统复合乎？"（《榕村集》卷十《进读书笔录及论说序记杂文序》）看来连"素王"孔子都解决不了的天大难题，到异族皇帝这里竟迎刃而解了[①]。但是且打住，自彼及今一片曲辞谄媚中，偏有李泽厚不买"盛世"的账，当头棒喝道："尽管号称'康乾盛世'，这个社会行程的回光返照毕竟经不住'内囊却也尽上来了'的内在腐朽，一切在富丽堂皇中，在笑语歌声中，在钟鸣鼎食、金玉装潢中，无声无息而不可救药地垮下来、烂下去，所能看到的正是这种种金玉其外败絮其中的糜烂、卑劣和腐朽，它的不可避免的没落败亡。"（《李泽厚十年集》第一卷《美的历程》196页）无独有偶，梁漱溟亦"常说"："中国文化到清代的时候，表面上顶光华，顶整齐文密，而内里精神顶空虚，顶糟；外面成了一个僵壳（指礼教），里头已经腐烂。"（《乡村建设理论》115页）这一时期在文化教育上继承并发扬的正是宋明理学传统，"率

---

① 案：治统、道统之说，可参阅王船山的解释，云："天下所极重而不可窃者二：天子之位也，是谓治统，圣人之教也，是谓道统。"（《读通鉴论》卷十三《东晋成帝》）实即"内圣外王"的旧命题，孔子有德无位，因获"素王"之称。

天下为八股时艺，一宗朱注，演孔孟书为游戏文章；学术界风气又以名物考订为事，鲜及义理。……同时，礼教之威严愈著，人情真意愈以衰薄。"（"丹麦的教育与我们的教育"，《梁漱溟全集》卷七680页，山东人民出版社，1993年）即使在乾隆朝被诩为"盛业"的编纂《四库全书》，钱穆也骂它是寓禁于征，"自（乾隆）三十八年至四十七年，藉征书之名，烧毁犯禁书籍共二十四次，五百三十八种，一万三千八百六十二部。"（《国史大纲（下）》833页）鲁迅又有"清人纂修《四库全书》而古书亡"之说（《且介亭杂文·病后杂谈之余》，《鲁迅全集》（十六卷本）卷六185页）。乾、嘉年间，汉族知识分子受着高压，改"经世"为"避世"，一头扎进故纸堆里钻研"朴学"①，那时英国年轻的机械师瓦特正忙于试验蒸汽机，要在欧洲引发一场改变世界历史的产业革命；时隔不到百年，英国远征军就驾驶蒸汽轮船现身中国沿海，向不可一世的"天朝"开炮了。

政制方面，清帝国于内阁之外别设军机处，变明之假废宰相为真废，乾纲独揽，将皇权政治推向登峰造极的地步。康熙曰："今天下大小事务皆朕一身亲理，无可旁贷；若将要务分任于人，则断不可行。所以无论巨细，朕必躬自断制。"（《圣祖实录》卷二八四康熙五十八年四月辛亥条）嘉庆帝亦云："皇考高宗纯皇帝临御六十年，于一切纶音宣布，无非断自宸衷，从不令臣下阻挠国是。即朕亲政以来，办理庶务，悉遵皇考遗训。虽虚怀延纳，博采群言，而至用人行政，令出惟行，大权从无旁落。"（《仁宗实录》卷九十四嘉庆七年二月乙丑条）"工作狂"雍正向来被视为皇帝勤政的楷模，但"勤政"背后反映的恰恰是对皇权的绝对追求。

朝廷用人则无处不体现着防范汉人之心。命官满、汉分别，实权多在满人。满洲臣对上自称"奴才"，行三跪九叩头礼，更是开一代风气之先②，遂有历事乾、嘉、道三朝，"少说话、多磕头"的大学士曹振镛③，以及苦练"磕头功"的南皮状元张之万（清末名臣张之洞堂兄）④。甚至开明如李鸿章者，亦以慈禧寿辰将至，"在北洋大臣署中日拜跪

---

① 李定一声称"朴学是间接受到明末清初中西文化交流的影响"，是西方治学方向、方法与态度在中国的开花结果（见《中华史纲》425页，北京大学出版社，1997年）。实不知此论因何得出。

② 近人徐一士谓有清故事，汉臣奏事称臣，满臣自称奴才，与汉臣会衔方称臣；非以满臣为卑，盖视若家奴，亲之之意，汉臣则较疏也。至宣统二年（1910）始颁旨，命满汉一律称臣，奴才之称可谓与清朝相始终（见《凌霄一士随笔》，收入沈云龙主编《近代中国史料丛刊续编》第六十四辑，台北文海出版社）。案：《随笔》初连载于天津《国闻周报》，采用徐氏兄弟合作方式，多由一士执笔，其兄凌霄助搜资料。

③ 曹晚年恩遇益隆，门生问其故，答曰："无他，但多磕头，少说话耳"（朱克敬《暝庵二识》卷二）。汪康年又谓当年曾国藩见人至京者辄曰："多叩头，少说话"（《汪穰卿笔记》卷二《杂记》，载《近代中国史料丛刊》第四十一辑）。

④ 张在漕运总督任上参与审理清末四大奇案之一的"刺马案"（指同治九年两江总督马新贻遇刺身亡，2007年陈可辛执导的电影《投名状》即改编于此），敷衍塞责。台湾作家高阳说他是官场上的"不倒翁""磕头虫"，"他的独得之秘的强身之道，是每天临睡以前，磕多少个头，说是起拜跪伏，可以强筋活血"（《慈禧全传》之《玉座珠帘（下）》446—447页，华夏出版社，北京，2008年）。

三次，以肄习之。"（《清朝野史大观》卷四《清朝史料》"碰响头"）①

地方承袭元代行省制度及明代督、抚官职，以兵政凌驾民政之上。总督、巡抚在明尚带临时性质，至清始为常设，且多半由满人垄断②。按说元代首创的行中书省对体现中央权威不无裨益，钱穆批评清之督、抚，连带及于此制，云："元人所谓'行中书省'，即是活动的中书省，即中枢政权之流动分布。其意惟恐一个中央政权不足控驭此广土众民，乃专为蒙古狭义的部族政权而设此制度。明人不能彻底荡涤，清代则有意利用。故行省长官（即督、抚）乃地方官之临制者，而非地方官之领袖与代表。同时此等长官，皆偏重于军事统治之性质。此种制度在平时足以障碍地方政事之推进，而增加地方与中央之隔阂；而待一旦中央政权削弱，各行省转易成为反抗中央，分区割据之凭藉。"（《国史大纲（下）》907—908页）民国初年军阀混战乱局之形成，实与此有莫大干系。

老实讲，我们是一个容易忘却的民族。黄梨洲、王船山、顾亭林、吕晚村一辈明遗民拒绝出仕的硬骨头精神有如天边一抹晚霞转瞬即逝，经历顺、康、雍、乾四朝之后，大清便名正言顺成了"满洲人和汉人共同的帝国"（《中国大历史》215页）。黄仁宇说，"用现代眼光的学者想从清代的纪录之中寻觅汉人民族主义的导火线，却找不出来。在清朝入主之后所出生的汉人，仕清已不能算为服侍异族之主。这是'他们的'帝国，他们有出仕的义务。"（同上书227页）再往下，男人脑后那根"猪尾巴"也变得珍贵，或者竟是与生俱来、关乎气节的东西；一如先辈护发般勇敢，阿Q们要为护辫而拼命一争了。

好在各自还都有未完全失忆的人。戊戌变法之际，御史文悌就劝康有为，"将忠君爱国合为一事，勿徒欲保中国而置我大清于度外。"（《清史稿·文悌传》）又据邹容所著《革命军》，"满人刚毅之言曰：'汉人强，满人亡'，彼族之明此理久矣。"而从民间走出的太平军也旗帜鲜明地喊出了种族革命的口号："中国有中国之形象，今满洲悉令削发，拖一长尾于后，是使中国之人变为禽兽也。中国有中国之衣冠，今满洲另置顶戴，胡衣猴冠，坏先代之服冕，是使中国之人忘其根本也"；"三千粉黛，皆为羯狗所污；百万红颜，竟与骚狐同寝。言之恸心，谈之污舌，是尽中国之女子而玷辱之也。"（中国史学

---

① 《清朝野史大观》"碰响头"条下又记云，凡大臣被召见，须碰响头，声彻御前，乃为至敬。大臣跪久膝痛，膝间必以厚棉裹之。又须重赂内监，指示向来碰头之处，则叩头声蓬蓬然若击鼓，且不至大痛；否则叩至头肿如瓠，亦不响也。案：中国古代君臣之礼，据《水浒传》（第一一九回）的描述，"上前八拜，退后八拜，进中八拜，三八二十四拜，扬尘舞蹈，山呼万岁"，是谓"拜舞"。唐安史之乱，时为雍王的太子李适（即后来德宗）向回纥请兵，可汗责雍王不于帐前舞蹈，从臣药子昂曰："安有中国储君向外国可汗拜舞乎！且两宫在殡，不应舞蹈。"（《资治通鉴·唐纪三十八》）汉时，丞相谒见，皇帝尚需起而迎之（参见本书85页）。

② 镇压太平天国后，清廷始广授湘、淮军功臣为各省督、抚，然不久复用满人。

会主编"中国近代史资料丛刊"《太平天国》第一册162页，上海人民出版社，1957年）[1]相比"长毛"慷慨激昂的《奉天讨胡檄》，鉴湖女侠秋瑾一句"秋雨秋风愁杀人"，的确显得太过斯文雅气。

清帝系及年号（含后金）

帝王		年号	公元起讫
后金	太祖（爱新觉罗·努尔哈赤）	天命（11）	1616—1626
	太宗（皇太极）	天聪（10）	1627—1636
		崇德（8）	1636—1643
清	世祖（福临）	顺治（18）	1644—1661
	圣祖（玄烨）	康熙（61）	1662—1722
	世宗（胤禛）	雍正（13）	1723—1735
	高宗（弘历）	乾隆（60）	1736—1795
	仁宗（颙琰）	嘉庆（25）	1796—1820
	宣宗（旻宁）	道光（30）	1821—1850
	文宗（奕詝）	咸丰（11）	1851—1861
	穆宗（载淳）	同治（13）	1862—1874
	德宗（载湉）	光绪（34）	1875—1908
	溥仪	宣统（3）	1909—1911

上篇：不合时宜的帝国

满洲"龙兴"

发祥于白山黑水的满洲民族，其先曾建渤海国、金国，至明分为野人女真、海西女真、建州女真三部。始祖姓爱新觉罗，名布库里雍顺[2]，相传为天女佛库伦所生，号其部

---

[1] 洪秀全虽和当年朱元璋一样，利用种族煽动革命，到头来却是被传统士人组织的地方武装削平，而非败于满人手中，这被钱穆称作"同族相残之惨剧"（《国史大纲（下）》879页）。

[2] 孟森考定布库里雍顺实有其人，约生活在元初（见《清朝前纪·建州左卫前纪第三》，中华书局，2008年）；魏源则谓"当在辽、金末造"（《圣武记·开国龙兴记一》）。

族曰"满洲"①。

明廷设奴儿干都司对东北北部少数民族地区实行羁縻统治②,下辖三百八十四卫、二十四所,其中就包括著名的建州三卫,即建州卫（洪武间置）、建州左卫（永乐间置）、建州右卫（正统间置）③。统率于建州三卫下的建州女真"为清之正系"（孟森语,《明清史论著集刊续编》"女真源流考略"）,永乐后屡南迁,永乐二十一年（1423）建州卫都指挥李满住率一千余户"到婆猪江④居住"（《李朝实录史料》上编卷四《世宗实录一》甲辰六年四月辛未条）,正统三年（1438）又"移住灶突山东南浑河上"（《明英宗实录》卷四十三是年六月戊辰条）,地望当在满洲"龙兴"之地赫图阿拉附近。

嘉靖三十八年（1559）,布库里雍顺九世孙努尔哈赤生⑤,"凤眼大耳,面如冠玉,身体高耸,骨格雄伟,言词明爽,声音响亮,一听不忘,一见即识,龙行虎步,举止威严",堪称满洲所出"戡乱致治"、众望所归之"圣人"（《满洲实录》卷一）。

明辽东总兵李成梁攻古勒城主阿太,误杀努尔哈赤祖父觉昌安（景祖）、父塔克世（显祖）⑥。明人多谓是役之后,努尔哈赤幼而孤,"育于李成梁"（《国榷》卷八十三）,"建酋与成梁谊同父子"（《明神宗实录》卷四六二万历三十七年九月壬午条）,"如柏兄弟与奴酋有香火之情"（同书卷五八〇万历四十七年三月癸卯条）云云。据《清太祖实录》,成梁诛阿太在万历十一年（1583）,《明史》本传则系于头一年,总之努尔哈赤当时已是二十出头的大小伙子,断无再被收养之必要与可能；惟其求媚于李⑦,或衰暮之年的成梁敷衍悍酋,当为各自所取策略,故明人之说"以今考之,不为无因,而亦不

<hr/>

① 满洲本作"满珠",或"曼珠""曼殊",由梵语"文殊"音转而来,为"妙吉祥"之意（见阿桂、于敏中、和珅等奉敕撰修《满洲源流考》卷一"部族"）。后金天聪九年（1635）十月,皇太极传谕:"我国原有满洲、哈达、乌喇、叶赫、辉发等名……自今以后,一切人等止称我国满洲原名,不得仍前妄称"（《清太宗实录》卷二十五）,此为正式定族名满洲之始。又,明初建州女真首领有李满住,努尔哈赤据明建州卫,自号满洲汗,范文澜认为,满字取满住第一字,洲字取建州第二字加水而成,按五行相克之说,以水灭火,可克朱明（二字皆有火意）。（见范氏《中国通史简编》686页,河北教育出版社,2001年）。

② 永乐二年（1404）置奴儿干卫,五年后升都司；南部汉族地区则归辽东都司辖治。案:羁指马笼头,縻指牛缰绳,联络、维系之意。《史记·司马相如列传》:"盖闻天子之于夷狄也,其义羁縻勿绝而已。"

③ 此依《明史·兵志二》；《满洲源流考》谓建州卫初设于永乐二年（1404）,《皇明实录》则作永乐元年（1403）。

④ 《明史·朝鲜传》作泼猪江,鸭绿江支流,即今之佟家江（见《清朝前纪·建州纪第二》）。

⑤ 《圣武记·开国龙兴记一》引《开国方略》载,太祖自言"我爱新觉罗上天降生"不过十世以来之事。据此推算,太祖为布库里雍顺九世孙,并其本身为第十世。又据《清实录》《清史稿》,努尔哈赤本作努尔哈齐,今名或为汉人讹传所致。

⑥ 阿太,《明史》作阿台,建州右卫都督王杲之子、觉昌安之孙婿。或谓觉昌安父子实阴为明军向导。

⑦ 据《明神宗实录》载,李成梁子如柏"曾纳奴弟素儿哈赤女为妾",生子,时有"奴首女婿作镇守,未知辽东落谁手"之谣（卷五八二万历四十七年五月癸未条）。

能尽确"（孟森《明清史讲义》380页）。

二祖被难，努尔哈赤归罪于引明军攻阿太的图伦城（今辽宁新宾境内）之尼堪外兰，起兵征讨，万历十四年（1586）得而杀之；又不数年间，受明封为建州卫都督佥事、龙虎将军等职。

是时女真"各部蜂起，皆称王争长，互相战杀，甚且骨肉相残，强凌弱，众暴寡"（《满洲实录》卷一）。"好看《三国》、《水浒》二传，自谓有谋略"（《明季北略》卷一"建州之始"）的努尔哈赤以父遗甲十三副起兵，创八旗制①，卒至"女真兵满万不可敌"（《圣武记·开国龙兴记一》），继统一建州各部后又征服海西、野人，"于是语言相同之国尽为我有，疆域西至辽，南至朝鲜，东至海，北抵黑龙江。"（《圣武记·开国龙兴记二》）

天命元年（1616）正月，五十八岁的努尔哈赤在赫图阿拉受"覆育列国英明"尊号，国号大金（史称后金）。三年（1618）四月，书"七大恨"告天，大略以二祖无端遇害、女真备受欺凌为辞，兴师报复，萨尔浒、沈阳、辽阳诸战皆大败明军，遂于十年（1625）三月迁都沈阳。

努尔哈赤卒于天命十一年（1626）八月，民间盛传跟宁远之战有关。李肯翊《燃藜室记述》引李星龄《春坡堂日月录》云（二李皆朝鲜人）：袁崇焕发红夷大炮退敌，翌日遣使备礼谢曰："老将横行天下久矣，今日见败于小子（崇焕自指），岂其数耶！"努尔哈赤先已负创，见礼物、谢词，约再战，愤恚而死。

宁远战役发生在是年正月，据马晋允《皇明通纪辑要》及《清太祖实录》，同年五、六两月，努尔哈赤侵并朵颜三卫，又与蒙古科尔沁部落订盟以专力对明，全不像"重伤"之人②。

---

① 八旗始于牛录编制。初定凡行师出猎，每人各取一矢，十人设一总领，称牛录（汉语"大箭"）额真（汉语"主"）。至万历二十九年（1601），归附日众，遂扩三百人为一牛录，辖以额真一人，共四牛录，以黄、白、红、蓝四旗为辨。万历四十三年（1615）复增设镶黄、镶白、镶红、镶蓝四旗，八旗之制自此始（此依《清太祖实录》，《清朝文献通考》卷一七九《兵一》则系八旗之始于万历四十二年）。皇太极复于天聪九年（1635）、崇德七年（1642）分别设蒙古八旗和汉军八旗，制与满洲八旗同，合为二十四旗。满洲八旗中镶黄、正黄、正白为"上三旗"，亦称内府三旗，清初直属亲军，余为"下五旗"。

又，金人侵宋前，曾将全部族以兵民合一方式组织起来，每三百户为一谋克（百夫长），十谋克为一猛安（千夫长），平时生产，战时打仗。何柄棣称金代女真的猛安谋克组织实为满洲八旗制度之祖型，"二者唯一的不同是：谋克以'户'为单位，八旗以'壮丁'为单位，但事实上300壮丁与300户几乎是一事之两面，没有根本的不同。"（《读史阅世六十年》356页，广西师范大学出版社，2005年）八旗不惟是清之兵制，还关系到户籍、分封等。努尔哈赤以一国尽隶于八旗，以八贝勒为旗主实行分治，旗下属人对旗主有君臣之分，此乃初定国体，可喻为"联邦制"（实则"联旗制"）。皇太极以下渐受儒家纲常熏染，革联邦制为君主制，务使各旗属员于皇帝之外别无他主，雍正甚至指旗主与属员为"朋党"，故孟森叹"儒家名分之说在中国有极深之根柢"（详见《明清史论著集刊》"八旗制度考实"一文）。

② 侵并三卫事仅载于《皇明通纪辑要》，盖"在太祖固以此等兵事为甚轻微，无足称述"（孟森《明清史论著集刊续编》"清太祖死于宁远之战之不确"）。

朝鲜官方对努尔哈赤之死的记述为："奴酋去七月间得肉毒病，沐浴于辽东温井，而病势渐重，回向沈阳之际，中路而毙。"（《李朝实录史料》上编卷五十二《仁祖实录一》四年九月庚寅条）此与《清实录》合①，野史之说或不足信。

定鼎燕京

皇太极即位，改金为清，始萌觊觎中原野心②。崇德八年（1643）八月，皇太极无疾而崩，年仅六岁的福临嗣位，是为世祖，年号顺治，皇叔多尔衮辅政。

多尔衮，努尔哈赤第十四子，天聪二年（1628）皇太极赐号墨尔根代青（即聪明王），崇德元年（1636）进封睿亲王。从征朝鲜，入江华岛，获国王李倧妻子，倧请降（事在崇德二年）；伐明，擒洪承畴，降祖大寿（事在崇德七年），战功赫赫。

顺治元年（1644）四月，大学士范文程上书多尔衮，首建进取中原之议，谓"成丕业以垂休万禩者此时，失机会而贻悔将来者亦此时"（《清世祖实录》卷四）。多尔衮领奉命大将军印，兵发盛京，路遇明总兵吴三桂派出的乞降使者，遂兵不血刃长驱直入山海要隘。已破明都的李自成率二十万人东征，与吴兵激战正酣，清军骤然杀出，锐不可当。自成登高望见，惊诧曰："此满洲兵也"（《清史稿·吴三桂传》），拨马先走；闯军大溃，"自相践踏死者无算，僵尸遍野，沟水尽赤。"（《明史·李自成传》）自成奔还京师，杀三桂父吴襄并其家口三十余人以泄愤③。

多尔衮即军前封三桂平西王，五月初二入居京师武英殿，故明众官俱拜伏，呼万岁。为崇祯帝发丧三日，具帝礼以葬。六月，与诸王、贝勒、大臣等定议，建都北京。十月初一，自盛京颠簸而来的小皇帝福临亲诣南郊登坛即位，告祭天地，云"救民水火，扫除暴虐，抚辑黎元，内外同心，大勋克集，因兹定鼎燕京，以绥中国"（《世祖实录》卷九）。至此满洲终化茧成蝶，"振长策而御宇内"几三百年。

与上述盛大庄严一幕稍显不和谐的，是"成一统之业，厥功最著"（《清史稿·诸王传四》）的摄政王多尔衮的下场。顺治七年（1650），多尔衮出猎途中病死于喀喇城（今河北承德市郊），次年世祖亲政，即以谋逆罪名追削其封，黜宗室籍，"把尸体挖出来，

---

① 《清太祖实录》（卷十）记云："（七月）癸巳，上不豫，幸清河坐汤。八月庚子朔，丙午，上大渐，欲还京，乘舟顺太子河而下，使人召大妃来迎。入浑河，大妃至，溯流至瑷鸡堡，距沈阳城四十里，庚戌未刻，上崩。"

② 范文澜称"金、清音近字异，皇太极改金为清，不仅有隐蔽汉族对完颜金旧恨的作用，同时也免火克金的嫌忌……显示灭明野心更进了一步。"（《中国通史简编》686页）

③ 李自成杀吴襄事，有谓初出兵时杀者（《明季北略》），有谓兵败即杀者（《甲申传信录》），有谓败还京师后杀者（《烈皇小识》等），诸说不一，详见《小腆纪年附考》卷五。

用棍子打，又用鞭子抽，最后砍掉脑袋暴尸示众，他的雄伟壮丽的陵墓也化为尘土。"[1] 至乾隆四十三年（1778），高宗始为其平反，恢复封号。

清初弊政

清朝初建，政制皆因明旧，顺治元年（1644）"令在京内阁、六部、都察院等衙门官员，俱以原官同满官一体办事"（《世祖实录》卷五是年五月癸巳条），六部尚书满汉分任[2]。又尊孔崇儒，开科取士，征聘遗贤[3]，建各省绿营[4]，许满汉联姻[5]，罢明季加派，颁《赋役全书》[6]，惩贪墨官胥[7]——看上去，有清开国一系列政策都立足于"满汉一家，同享升平"（同书卷三十一顺治四年四月丁酉条）。

多尔衮自诩"别的聪明我不能，这知人一事，我也颇用功夫"，对汉人可谓了如指

---

[1] 引自意大利耶稣会士卫匡国（Martino Martini）所著《鞑靼战纪》之"补充"（戴寅译，见杜文凯编《清代西人见闻录》65页，中国人民大学出版社，1985年）。彭孙贻《客舍偶闻》云"焚王骨扬灰，世祖始克亲政"，可为旁证。又据稗史，范文程以多尔衮丧妃，孝庄太后（世祖生母）盛年寡居，请二人同宫，张煌言诗"春官昨进新仪注，大礼恭逢太后婚"即讽此事。太后下嫁摄政王之说流传民间，妇孺皆知，而顺治五年（1648）诏改"叔父摄政王"为"皇父摄政王"似乎更为普天下提供了口实。孟森详考其事，证为无中生有，世间浮言实凝聚着清初人民的排满情绪，"天下哗传，明遗老由此而入诗，国人转辗而据以腾谤。"（《明清史论著集刊续编》"太后下嫁考实"）

[2] 顺治五年（1648）七月始设六部汉尚书，以陈名夏、谢启光、李若琳、刘余祐、党崇雅、金之俊分任之，又以徐起元为都察院汉左都御史，然部院印仍由满官掌握。工部尚书金之俊叹曰："汉官之得为正卿，乃自诸臣而始乎，不胜感，尤不胜惧也。"（《金文通公集》卷二《同升录序》）

[3] 顺治元年（1644）定以子午卯酉年乡试，辰戌丑未年会试，乡试以八月，会试以二月，殿试以三月（乾隆间改会试三月，殿试四月）。二年（1645）颁《科场条例》（见《清史稿·选举三》）。多尔衮又书征故明大学士冯铨至京，以原衔入内院佐理机务。曾讯刺吴三桂降清的吴伟业亦被召，三吴士大夫集虎丘会饯，忽有少年投一函，启之，得绝句云："千人石上坐千人，一半清朝一半明。寄语娄东吴学士，两朝天子一朝臣。"举座哑然（刘献廷《广阳杂记》卷一）。

[4] 各省降清汉兵以绿旗为辨，号绿营或绿旗兵。康熙征三藩，用旗、绿兵至四十万，每战绿营步兵居前，旗兵继之，所向辄捷，遂正式代旗兵而起。其后平定准部、回疆、金川，皆绿营勋绩（见《清史稿·兵志二》）。

[5] 顺治十年（1653）八月，以太宗十四女和硕公主下嫁吴三桂之子应熊。

[6] 顺治三年（1646）四月，特遣大学士冯铨前往户部，与尚书公英俄尔岱彻察钱粮原额，拟定《赋役全书》，"务期积弊一清，民生永久"（《世祖实录》卷二十五）。十一年（1654）订正《赋役全书》，十四年（1657）颁行天下。赋税册籍，有丈量册（又称鱼鳞册，详载上、中、下田则）、黄册（岁记户口登耗，与《赋役全书》相表里）、赤历（百姓自登纳数，岁终磨对）、会计册（备载州县正项本折钱粮），复采用明万历一条鞭法（见《清史稿·食货志二》）。

[7] 福建巡按御史周世科婪贿虐刑，"其刑具有火炕、碓磨、活钉、钩舌、割阴、倒挂等名色，真地狱变相也。"（觉罗乌尔通阿《居官日省录》卷四）李率泰（李永芳之子）疏劾之，立时拿执，顺治六年（1649）正月就地正法。同年受查办的还有牛金星之子牛铨。铨随父降贼，历任黄州知府、湖广粮储道，户科给事中常若柱劾其赃私巨万，得旨"流贼伪官投诚诸，多能效力。若柱此奏，殊不合理"（《清史稿·季开生传》附）；湖广、四川总督罗绣锦再劾之，终被革职。

掌，曾专门指示宣大总督李鉴、山西巡抚马国柱"不可并在一处，当更调一人。大略满洲人心，实说过便了。汉人似不如此，恐不挤之死地不止"（《多尔衮摄政日记》）。但这位摄政王入关后推行的圈地、投充、缉捕逃人等弊政却让"满汉一家"的共荣理想成了一句彻头彻尾的政治谎言。又恐不能久据中国，特划关外"东三省"为禁地以作退步计，不许汉人出关；此禁令直至光绪末年始废，所造成的后果，"不惟吉、黑两省不能开发，而辽宁一省因与中国隔绝，其地文化亦有退无进。……中国近代东北文化之落后，实由清人以私意闭塞之也。"（钱穆《国史大纲（下）》842页）

（一）圈地

圈地之议源于顺治元年（1644）十二月顺天巡按御史柳寅东的一纸疏奏，称"清察无主之地，安置满洲庄头，诚开创弘规。第无主之地与有主之地犬牙相错，势必与汉民杂处"，遂上满、汉分居五便①。未几，清廷据此发布圈地令，谕户部"凡近京各州县民人无主荒田，及明国皇亲、驸马、公、侯、伯、太监等死于寇乱者，无主田地甚多，尔部可概行清查。若本主尚存，或本主已死而子弟存者，量口给与，其余田地尽行分给东来诸王、勋臣、兵丁人等。此非利其地土，良以东来诸王、勋臣、兵丁人等无处安置，故不得不如此区画"（《世祖实录》卷十二）。从此开始了大规模的跑马圈地。燕、赵之民率先归附，"此汉高之关中，光武之河内"（《清史稿·魏裔介传》），然未沾实惠，首罹其祸，仅顺治四年（1647）正月圈占的畿辅四十一州县及河间府地就合计九十九万三千七百余晌②（见《世祖实录》卷三十）。"圈田所到，田主登时逐出，室内所有皆其有也。妻孥丑者携去，欲留者不敢携。其佃户无生者，反依之以耕种焉。"（《恸余杂记》"圈田"条）

顺治二年（1645）虽有民地被圈者"俱视其田产美恶，速行补给，务令均平"之谕（《世祖实录》卷十四是年二月己未条），清廷亦以圈地妨民，屡令退还，"然旗退荒地，与游牧投来人丁，仍复圈补。又有因圈补而并圈接壤民地者"（《清史稿·食货志一》）。顾诚引康熙十年（1671）《雄县志》描述河北雄县情形曰："圈则倍占，退仅虚

---

① 降臣柳寅东忠心耿耿，对清初创制规划多有建树。顺治元年（1644）六月疏称察吏务清其源，"近见升除各官，凡前朝犯赃除名，流贼伪官，一概录用，虽云宽大为治，然流品不清，奸欺得售，非慎加选择之道"。摄政王报曰："经纶方始，治理需人，凡归顺官员，既经推用，不必苛求。"（《世祖实录》卷五）
又据《清朝野史大观》卷五《清人逸事》"洪承畴有功汉族"条，当满汉一家之日，承畴建以汉人养旗人、不令旗人营生计之策，从此满汉分居，汉人得安其农工商贾之业，二百七十年来免受其扰，虽出租税以养之，犹有利焉云云。观此可发一噱。

② 晌为田地面积单位，杨宾《柳边纪略》卷三云："宁古塔地，不计亩而计晌。晌者，尽一日所种之谓也，约当浙江田四亩零。"又据近人邓之诚《骨董琐记》，奉天以晌计地，每晌六亩，读若'赏'；清初圈地，每人六赏（三十六亩），言赏者，谓以赏有功也（卷三"晌"条）。

名，以致丁男流离，城郭为空"，"雄其虚存版籍哉！"（《南明史》219页）

主要推行于畿辅地区（今北京、天津及河北省）的圈地波及范围之广甚至远达江南。曾被康熙帝钦点状元、官至礼部尚书的长洲人韩菼（字元少）作《己未（康熙十八年）出都述怀诗》（载《有怀堂集》），忆辛丑年（顺治十八年）切身经历，有"室毁还作室，督促旧主人"句，自注云："时驻防兵圈占房屋，更代为修葺。"据此知苏州旗兵圈地，屋主不但被逐，尚负修缮之责；而迫辱之下，韩氏当时竟悲愤欲死①。直至康熙二十四年（1685），清廷始正式下令"嗣后永不许圈"（《圣祖实录》卷一二〇是年四月戊戌条），从而结束了这种明火执仗、长达半个世纪的强盗行径。

（二）投充

与圈地相联系的是投充。"投充者奴隶也"（《清史稿·世祖纪二》），满洲统治者将关外实行的奴隶制②在畿辅等地推而广之，听任"无衣无食，饥寒切身"的汉人投入圈占了大量土地的满洲家为奴，充当耕耘庄田的主要劳力，美其名曰"为贫民衣食开生路"。按清廷的说法，此举本属自愿，"愿投充旗下者听，不愿者勿得逼勒"，但在距京城三百里外地方，就有"将各州县庄村之人逼勒投充，不愿者即以言语恐吓，威势逼胁，各色工匠尽行搜索，务令投充"（《世祖实录》卷十五顺治二年四月辛巳条）的事情发生。汉人中又多游手无赖者，"身一人旗，夺人之田，攘人之稼"（同书卷二十五顺治三年四月辛卯条），狐假虎威，横行乡里。另外还有奸黠者带地投充，顾诚引康熙四十年（1701）《怀柔县新志》曰："其始不过借旗名色希免征徭，其他仍系本人为业。厥后所投之主竟为己业，或将其地另卖，或收其家口另派庄头。向之田连阡陌者，今无立锥，虽悔憾而无及矣。"（《南明史》221页）如此一来，满洲权贵自然可以坐收渔利。朝廷原定投充额数以防冒滥，多尔衮名下人数已足，遂打着多尔博③的幌子，滥令投充至六百八十余名，"所收尽皆带有房地富厚之家。"（《世祖实录》卷五十九顺治八年八月癸酉条）

圈地与投充给旗人带来了源源不绝的收入，用顾诚的话说，"这就是满洲贵族在畿辅地区建立的一种民族利己主义的新秩序。"（《南明史》223页）

---

① 蒲松龄《聊斋志异》卷十二《元少先生》谓韩菼为诸生时，应聘做家塾先生。一日主人坐堂判冥间事，被韩撞见，始知为冥府官。主人身份既露，遂赠来金遣韩归，曰："君天下第一人，但坎壈未尽耳。"盖即喻其受辱事。又据《骨董琐记》，顺治七年（1670）粤中亦曾圈地，殆尚可喜、耿继茂二王所为（卷八"圈地"条）。

② 清入关前，凡所获俘房、掠得人口，皆编为"包衣"（汉语"家里的"，即奴仆），分属八旗。及清在全国范围建立统治，包衣中偶有因战功等而跻身显贵者，但对其主子仍保留奴才身份。前文一手制造江南哭庙、奏销等大案的朱国治即包衣出身，至雍正七年（1729）因忠义殉国，"命查其子孙出包衣，归于（汉军）正黄旗。"（《钦定八旗通志》卷二百三十《朱国治传》）

③ 多尔衮无子，以豫亲王多铎（努尔哈赤第十五子）之子多尔博为后。

（三）缉捕逃人

　　承上述两项弊政而来的则是清初演变为严重社会问题的逃人现象。顾诚估计清军入关以前，在辽东和深入畿辅、山东等地的多次战役中"俘掠的汉族人口至少在一百万以上"（《南明史》223页），率赏赐旗下为奴；而入关后征战所获人口"照例给赏登城被伤之人"（《世祖实录》卷二十顺治二年八月辛巳条），《红楼梦》第六十三回亦有"贾府二宅皆有先人当年所获之囚赐为奴隶"的记述。投充人的加入更加壮大了这支奴隶队伍的规模，他们或从事庄田生产，或承担家内杂役，或随侍主人出征，不但失去人身自由，子孙也被称作"家生子儿"而沦为私府世仆[①]。欲摆脱永世不得翻身的悲惨命运，一是自尽，康熙初年刑部朱之弼疏言："八旗家丁，每岁以自尽报部者不下二千人"（《清史稿》本传）；二是逃亡，顺治三年（1646）五月多尔衮谕兵部："只此数月之间，逃人已几数万"（《世祖实录》卷二十六），顺治六年（1649）三月又谕兵部：原以所俘分赏功苦将士者"今俱逃尽，满洲官兵纷纷控奏"（同书卷四十三）。

　　"大抵清于八旗皆以国力豢养之"（《清史稿·食货志一》），而保证他们过上衣租食税生活的关键是土地和人口（劳动力），二者缺一不可。据《清史稿·李裀传》，"八旗以俘获为奴仆，主遇之虐，辄亡去；汉民有愿隶八旗为奴仆者，谓之投充，主遇之虐，亦亡去。逃人法自此起。"朝廷增置兵部督捕侍郎，专司缉拿逃人、严惩窝主之事。逃人法自出台以来迭经变更：顺治元年（1644），隐匿满洲家人者定拟重刑，寻减为鞭笞；三年（1646），定逃人鞭一百，归原主，窝主正法，家产籍没，邻佑及地方官连坐；六年（1649），定窝主免死流徙；九年（1652），定逃人一次拿获者鞭一百，归原主，窝主并其家产给与逃人之主，二次拿获者正法，窝主并家产解户部；十年（1653），复定窝主正法，家产籍没，逃人至两次者鞭一百，归原主，三次者正法；十四年（1657），更定窝主免死，责四十板，面刺"窝逃"字，并家产、人口入官（见《清朝文献通考》卷一九五）。这种从宽、从严间的摇摆不定多半与汉族官员具疏力争有关，顺治十二年（1655）三月世祖谕兵部曰："近见诸臣条奏，于逃人一事各执偏见，未悉朕心。但知汉人之累，不知满洲之苦。……向来血战所得人口，以供种地、牧马诸役，乃逃亡日众，十不获一。究厥所由，奸民窝隐，是以立法不得不严。若谓法严则汉人苦，然法不严，则窝者无忌，逃者愈多，驱使

---

① 《红楼梦》第四十六回介绍贾母丫鬟鸳鸯的身世为："他爹的名字叫金彩，两口子都在南京看房子，从不大上京。他哥哥金文翔，现在是老太太那边的买办。他嫂子也是老太太那边浆洗的头儿"。贾赦欲强娶她做妾，鸳鸯怒道："家生女儿怎么样？'牛不吃水强按头'？我不愿意，难道杀我的老子娘不成？"贾赦发作起来，叫人传话，"我要他不来，此后谁还敢收？此是一件。第二件，想着老太太疼他，将来自然往外聘作正头夫妻去。叫他细想，凭他嫁到谁家去，也难出我的手心。"

何人？养生何赖？满洲人独不苦乎？"两日后复谕吏部："自此谕颁发之日为始，凡章奏中再有干涉逃人者，定置重罪，决不轻恕。"（《世祖实录》卷九十）[1]

缉捕逃人令举国鸡犬不宁，可笑的是，许多人却从中看到了生财之道。康熙年间曾任《明史》总裁的王鸿绪疏言各省驻防将领"谎诈逃人，株连良善"（《清史稿·王鸿绪传》）。顾诚引素心室主人编次《南沙枕秘四种》云："凡地方获逃人，先解典史录供，然后解县。县官视逃人如长上，不敢稍加呵叱；惟严讯株连之人，夹者夹，桚者桚，监禁者监禁。逃人亦暂寄监，奉之惟恐不至。蠹吏狱卒，更导之扳害殷实有家者，于中攫取货财。逃人高坐狱中，而破家者不知其几矣。"（《南明史》226页）

严刑峻法非但不能杜绝逃人，反有激起民变之虞。世祖亲政，吏科给事中魏裔介疏言：往昔多尔衮摄政，"隐匿逃人，其法甚严。凡有犯者，家长坐斩。尔时天下嚣然，丧其乐生之心，盗贼蜂起，几成燎原之势。"（《魏文毅公奏议》卷一《查解宜贵州县疏》）[2]顺治十年（1653），同官王祯奏称："迩者霪雨为灾，河水泛滥。……直隶被水诸处，万民流离，扶老携幼，就食山东。但逃人法严，不敢收留，流民啼号转徙。"（《世祖实录》卷七十七是年七月壬寅条）康熙初年，修改法令，禁结伙讹诈，废窝主刺字，三十八年（1699）"裁兵部督捕衙门，督捕事务归并刑部管理"（《圣祖实录》卷一九六是年十一月庚子条），由逃人引发的社会危机方得以缓解。曾任督捕侍郎的王士禛如释重负，盛赞朝廷宽大，"终岁不劾一失察之官，不治一窝隐之罪。"（《香祖笔记》卷四）

三藩之乱

顺治帝死，遗诏内大臣索尼、苏克萨哈、遏必隆、鳌拜同辅政。康熙六年（1667）七月，十三岁的爱新觉罗·玄烨亲政。其时辅臣鳌拜党比营私，专横乱政，"凡事即家定议，然后施行。"（《清史稿》本传）八年（1669）五月，玄烨选侍卫、拜唐阿年少有力者为扑击之戏，乘鳌拜入见，掊而絷之[3]。既除鳌拜，肘腋无虞，雄心勃勃的少年天子遂

---

[1] 是年，兵科给事中李祖就因疏论逃人法之弊，谓有"七可痛"，而被流放尚阳堡（见《清史稿》本传）。

[2] 案：《清史稿·魏裔介传》删"燎原之势"四字。

[3] 见《清史稿·圣祖纪一》，清代有善扑营之制自此始。《啸亭杂录》又谓圣祖伺鳌拜入见日，召诸羽林士卒入，问曰："汝等皆朕股肱耆旧，然则畏朕欤，抑畏拜也？"众曰："独畏皇上。"因谕鳌拜诸过恶，立命擒之（卷一"圣祖拿鳌拜"）。

　　案：拜唐阿系满语音译，汉语即"执事人"，置军中及衙署间以供奔走。据《清史稿·选举志五》，"满人入官，以门阀进者，多自侍卫、拜唐阿始。故事，内、外满大臣子弟，五年一次挑取侍卫、拜唐阿，以是闲散人员，勋旧世族，一经拣选，入侍宿卫，外膺简擢，不数年辄致显职者，比比也。"大抵与蒙古"怯薛"相类。乾隆时和珅即为由拜唐阿而得超擢之著例。

将目光投向鞭长莫及的远方。

初，世祖命平西王吴三桂征四川、云南，定南王孔有德征广西，靖南王耿仲明、平南王尚可喜征广东，"外藉其招徕，内以佐禁旅之不逮。"（《圣武记》卷二《藩镇·康熙戡定三藩记上》）后孔有德战死桂林，其子亦被杀，遂绝；所余平西、靖南、平南三王世称三藩，"分驻滇、黔、闽、粤，几半天下"（赵翼《皇朝武功纪盛》卷一《平定三逆述略》），而天下财赋亦"半耗于三藩"（《圣武记·康熙戡定三藩记上》）。耿仲明以部卒匿逃人，畏罪自缢，子继茂袭爵，与可喜并开府广州，深为民害，"一省不堪两藩"（《清史稿·耿仲明传》附子继茂传），朝廷因迁耿于闽。继茂卒，子精忠嗣为王，"好饮酒，喜结纳闽中人，率出入府中，左右及藩下未免倚势朘民，所在逞虐，相沿已久，遂成积威之渐，督抚噤不敢问"（许旭《闽中纪略》）。尚可喜父子在粤横征暴敛，"凡凿山开矿、煮海鬻盐，无不穷极其利；于是，平南之富甲于天下。"（无名氏《吴耿尚孔四王全传·平南王尚传》）三藩中携爱妾陈圆圆南下、统辖滇黔的吴三桂之势最熏灼，籍沐天波①庄田七百顷为藩庄，据五华山永历故宫为藩府，"卉木之奇，运自两粤，器玩之丽，购自八闽，而管弦锦绮以及书画之属，则必取之三吴，捆载不绝，以从圆圆之好。"（《觚剩》卷四《燕觚》"圆圆"条）②专制滇中十余年，开局鼓铸新钱，自行署置官吏，各省提督多其腹心。"诸水陆要冲，遍置私人，榷敛市货，潜积硝矿诸禁物。诡称边警，要挟军需，以示饷不可裁。日练士马，利器械"；子应熊为额驸，居京城，"朝事大小，飞骑报闻。"（刘健《庭闻录》卷四《开藩专制》）又通使达赖喇嘛，互市茶、马于北胜州（今云南永胜）。三藩尾大不掉，因此成为朝廷的心腹重患。

康熙帝自少时睹"三藩势焰日炽"（《圣祖实录》卷九十九康熙二十年十二月癸巳条），初亲政，"以三藩及河务、漕运为三大事，夙夜廑念，曾书而悬之宫中柱上。"（同书卷一五四康熙三十一年二月辛巳条）十二年（1673）三月，尚可喜受制于其子之信，疏请归老，帝大喜，降温旨褒之，曰："览奏，年已七十，欲归辽东耕种，情词恳切，具见恭谨能知大体，朕心深为嘉悦。"（勒德洪等《平定三逆方略》卷一）继而顺水推舟，下撤藩之谕，曰："吴、尚等蓄彼凶谋已久，今若不及早除之，使其养痈成患，何以善后？况其势已成，撤亦反，不撤亦反，不若先发制之可也。"（昭梿《啸亭杂录》卷一"论三逆"）

撤藩令下，三桂"愕然气阻，其党愤愤不平……怂恿举事"（《庭闻录·开藩专制》），遂于是年十一月二十一日勒兵反，自号周王、天下都招讨兵马大元帅，杀巡抚朱

---

① 明初沐英后裔。沐氏家族世守云南，至天波为第十二代，从永历帝奔缅甸，死国难。
② 同书又谓三桂潜蓄异谋，圆圆窥其微，以齿暮乞为女道士，竟以是得免于祸。

国治，执云南府各官为质①。同知刘昆（刘健父）不屈骂道："在明亡明，事清叛清，两朝乱贼，天地不容！"（《庭闻录》卷五《称兵灭族》）

时达赖喇嘛出面扮演和事佬，奏请"裂土罢兵"（《圣武记·康熙戡定三藩记上》），康熙帝严斥弗许，命顺承王勒尔锦率师讨逆，诛应熊父子于京师。三桂方饮酒，闻噩耗停杯洒泪曰："今日乃真骑虎矣！"（《庭闻录·称兵灭族》）

自三桂举兵，数月而滇、黔、蜀、湘、桂、闽六省尽陷。一时间四方响应，叛变蜂起，除耿、尚二藩，鼓噪助乱者又有贵州提督李本深（高杰甥）、广东总兵祖泽清（祖大寿子）、广西将军孙延龄（孔有德婿）、陕西提督王辅臣②等，"几于东西南北，在在鼎沸"，"自古藩镇之乱未有甚于是时者"（《皇朝武功纪盛·平定三逆述略》）。

面对危局，刚二十出头的康熙帝表现出与年龄不符的大智大勇。由他亲手制定的讨逆方略，一是擒贼先擒王，以三桂为叛首，命诸将"舍贼党而专力渠魁"，"凡贼党之自拔来归者悉仍其官位"（《皇朝武功纪盛·平定三逆述略》），于是耿精忠、尚之信、王辅臣等先后请降③。二是重用汉将。时清兵"云集荆、襄、武昌、宜昌诸郡，无敢渡江撄其锋者"（《圣武记·康熙戡定三藩记上》），而驻守荆州的勒尔锦闻吴兵将至，甚至把比利时籍钦天监监正南怀仁（Ferdinand Verbiest）奉敕铸造的数十门轻便火炮埋瘗地下，跟跄而归（见《啸亭杂录》卷十"荆州炮"条）。帝颁诏罪满洲亲王、贝勒以下老师糜饷，贻误战机者近二十人，又传谕绿旗诸将："自古汉人逆乱，亦惟以汉兵剿平，彼时岂有满兵助战哉！"（《平定三逆方略》卷四十七）"故一时张勇、赵良栋、王进宝、孙思克（世称河西四将）奋于陕，蔡毓荣、徐治都、万正色奋于楚，杨捷、施琅、姚启圣、吴兴祚奋于闽，李之芳奋于浙，傅弘烈奋于粤，群策群力，敌忾同仇"；及攻云、贵，以多山故，"皆绿营步兵居前，满骑继后。"（《圣武记·康熙戡定三藩

---

① 周寿昌《思益堂日札》卷四"方光琛"条云，歙县廪生方光琛（《庭闻录》谓其为明礼部尚书方一藻之子）坐欠钱粮中式后被黜，亡命至滇，入吴三桂幕。撤藩议起，三桂坐花亭，令人取所乘马与甲来，贯甲骑马，旋步庭中，顾影自叹曰："老矣！"光琛从左厢出曰："王欲不失富家翁乎？一居笼中，烹饪由人矣。"三桂嘿然，反意遂决。

三桂蓄发、易衣冠而反，惟难于"举兵之名"，尝集诸士议之，或谓："明亡未久，人心思旧。宜立明后，奉以东征，老臣宿将，无不愿为前驱矣。"方光琛曰："出关乞师，力不足也，此可解；至明永历已窜蛮夷中，必擒而杀之，此不可解矣。今以王兵力恢复明土甚易，但不知成功之后，果能从赤松子游乎？事势所迫，万不能终守臣节。篦子坡之事，可一行之，又再行之乎？"（《庭闻录·开藩专制》）案："从赤松子游"典出汉初张良语，子房尝曰："封万户，位列侯，此布衣之极，于良足矣。愿弃人间事，欲从赤松子（仙人，神农时为雨师）游耳。"（《史记·留侯世家》）

② 王辅臣本姜瓖部校，号"马鹞子"，降清后隶三桂部下，诸叛将中兵力最强。

③ 耿、尚、王号称三桂之"三大援"，虽反正，皆不免秋后算帐：耿、尚伏诛，王死于非命。

记上》）

手握重兵的吴三桂却在一开始便犯下了致命错误。其将"或言宜疾行渡江，全师北向；或言直下金陵，扼长、淮，绝南北运道；或言宜出巴蜀，据关中塞殽、函自固"。这些方案各有利弊，考虑到东南一带民众抗清基础及其枢纽地位，似应以东下金陵为首选。然"三桂年老更事多，欲出万全，不肯弃滇、黔根本，初得湖南，即下令诸将毋得过江"，致使江淮晏然，清廷得以从容"转输财赋，佐军兴之急"（《圣武记·康熙戡定三藩记上》）。

至康熙十七年（1678），三桂年六十有七，既失外援，渐显颓势，念余日无多，思窃号自娱，遂筑坛衡山行郊天即位礼称帝，都衡州（今湖南衡阳），改元昭武。刘昆曰："僭元昭武，柝〔拆〕昭字为斜日刀口，〔日〕斜不久，刀口不祥，武之文，止戈也，贼亡无日矣。"（《庭闻录·称兵灭族》）三桂僭号五个月即病卒，竟为吴氏一门自襄以下唯一得善终者。

清军自湖南、四川、两广三道入云南，康熙二十年（1681）十月克昆明，三桂孙世璠自杀，历时八年的三藩之乱至是悉平。

收复台湾

本节内容还得回头从郑成功父子说起。

福建泉州南安人郑芝龙，字飞黄（或作飞皇），小名一官（西方文献写作"Iquan"），明季入海为盗，崇祯初受招抚，与弟鸿逵俱累迁至总兵，"一跃而登福建海防之重镇"（匪石著《郑成功传》），藉朝廷命官身份垄断了利润丰厚的东南海上贸易。时"海舶不得郑氏令旗，不能往来，每一舶例入将三千金，岁入千万计，芝龙以此富敌国"；又筑城于泉州郡城南三十里安平镇（今晋江安海镇），"海梢直通内卧，可泊船，径达海。其守城兵皆自给饷，不取于官。旗帜鲜明，戈甲坚利，凡贼遁入海，檄付芝龙，取之如寄。故八闽以郑氏为长城。"（邹漪《明季遗闻》，《昭代丛书》道光本）

弘光亡，芝龙、鸿逵兄弟拥立唐王聿键于福州（即隆武帝），专揽朝政，"闽中有大郑、二郑之目。"（华廷献《闽游月记》卷一）何楷掌都察院事，竟以忤郑氏致仕回籍，途中又被芝龙派出的刺客截去一耳。时人作一联曰："都院无耳方得活；皇帝有口只是啼。"宰相黄道周出师，不能从芝龙处得一钱，叹称："天下虽大，那有黄道周藏身处？"（李光地《榕村续语录》卷八《历代》）

　　芝龙做海盗前曾落魄去日本，娶"倭妇"翁氏，时在明天启三年（1623）[1]；明年生一男，取名福松，"就石侧古松以为祝也。"（匿石《郑成功传》）崇祯三年（1630），芝龙遣使迎子归，延师肄业，改名森，时年七岁。十一年（1638），森入南安县学为诸生；十五年（1642）赴福省乡试[2]。黄宗羲《赐姓始末》（载《梨洲遗著汇刊》）又云，弘光时郑森"入南京太学，闻钱谦益之名，执贽为弟子，谦益字之曰大木"。《延平二王遗集》收传为成功所作《春三月至虞谒牧斋师同孙爱世兄（谦益子）游剑门》《越旬日复同孙爱世兄游桃源涧》等诗，牧斋评曰："声调清越，不染俗氛，少年得此，诚天才也！"上述记载若是属实，堪称一段脍炙人口的佳话，然顾诚对钱、郑二人的所谓师生关系表示了明显的怀疑（见《南明史》371页注一）。

　　及隆武帝即位，芝龙引其子陛见。据托名黄宗羲的《郑成功传》（亦载《梨洲遗著汇刊》）[3]，隆武见而奇之，抚其背曰："惜无一女配卿，卿当尽忠吾家，无相忘也。"遂赐姓朱，改名成功，仪同驸马，中外自此咸称"国姓"。是年，成功生母自日本归，《台湾外纪》（卷五）谓"日本国王惧芝龙威权，认翁氏为女，妆奁甚盛，遣使送到安平"。

　　清军南下，洪承畴与芝龙同里，密通书问，许以王爵，芝龙遂挟二心，尽撤由浙入闽要冲仙霞关之守兵，时有民谣曰："峻峭仙霞路，逍遥军马过。将军（指芝龙）爱百姓，拱手奉山河。"（《台湾外纪》卷五）[4]前已薙发投降的阮大铖随军过岭，逞强徒步攀登。至山顶，众人"见大铖马抛路口，身踞石坐。喘息始定，呼之骑不应；马上以鞭掣其辫，亦不动。视之，死矣"（钱澄之《藏山阁文存》卷六《皖髯事实》）[5]。

<hr />

[1] 据《明季北略》，芝龙因调戏庶母，被父追杀，情急跳上泊于岸边的漂洋船，恳船商带往日本（见卷十一"郑芝龙小传"）。江日昇《台湾外纪》则谓，芝龙性情荡逸，不喜读书，潜往粤东香山澳投母舅黄程，后押程之货物乘船赴日本（见卷一《江夏侯惊梦保山，颜思齐败谋日本》）。
　　关于成功生母，郑克塽（成功孙）撰《郑氏祔葬祖父墓志铭》作"翁曾祖母"，《郑成功传》作者匿石游日本，闻岛上人称之曰"义侠女田川氏"。顾诚引何廷瑞《日本平户岛上有关郑成功父子之资料》谓，成功于天启四年（1624）七月十四日出生于"日本长崎县平户川内町千里滨"（《南明史》370页）。

[2] 见求无不获斋刊大型本《台湾外纪》卷三、卷四，然不载于《笔记小说大观》本《外纪》。

[3] 该书文字与署名郑亦邹《郑成功传》几全同。

[4] 案：仙霞关在今浙江江山市保安乡南仙霞岭上。顾祖禹称之为"两浙之衿束，八闽之咽喉"，又谓唐乾符五年（878），"黄巢破饶、信、歙等州，转趣浙东，因刊山开道七百余里，直趣建州，即此岭也。"（《方舆纪要》卷八十九《浙江一》"仙霞关"条）王澐《漫游纪略》卷一《闽游》谓仙霞关最险，地介衢（今浙江衢州）、建（今福建建瓯）、信州（今江西上饶）之交，"万山起伏，山势至此，两崖斗绝，中通鸟道，仰高俯下，因险设关，裁容一夫。今已颓废，闽人言先年郑氏望风送款，预撤守兵，启关以俟，故入闽者无血刃焉。"

[5] 《台湾外纪》则谓大铖既降，复与马士英等连名疏请隆武帝出关为内应。清兵搜得其疏，擒士英斩之。大铖方游山，闻信，自投崖下死，亦戮尸（见卷六《肇庆府桂王僭位，曾鞍鞴施郎逃生》）。又据《清朝野史大观》卷五《清人逸事》"阮大铖暴死"条，时值天气炎热，其仆下岭求棺不得，三日后始得门扉一扇，募人舁下山，则尸骸溃烂虫出矣。草草薄殓，不知埋骨何地。

无名氏《思文大纪》（卷八）载顺治三年（1646）八月二十二日，清骑入仙霞关，隆武出逃[1]；据《台湾外纪》（卷五），二十八日李成栋已率追兵将隆武帝、后围于汀州（今福建长汀）府堂内，挥箭齐发射杀之。九月十九日，福州陷（《思文大纪》卷八）。芝龙决意降，成功跪哭曰："夫虎不可离山，鱼不可脱渊；离山则失其威，脱渊则登时困杀。吾父当三思而行！"苦劝无果，父子由是分道扬镳，成功上书云："从来父教子以忠，未闻教子以贰。今吾父不听儿言，后倘有不测，儿只有缟素而已。"（《台湾外纪》卷五）

同年十一月，清兵突至安平，翁氏"毅然拔剑割肚而死"（《台湾外纪》卷六）[2]。国恨家仇集于一身的郑成功决心投笔从戎，赴文庙焚所著儒巾、蓝衫，仰天叹道："昔为孺子，今为孤臣；向背去留，各有作用。谨谢儒服，惟先师昭鉴之！"（黄宗羲《郑成功传》）[3]遂乘船赴粤东南澳募兵，得数千人，走上了武装抗清的道路。

退踞台湾之前，成功立足金（门）、厦（门）二岛，凭水师与满骑相周旋，在东南沿海竖义旗十四年，"奋螳臂以抗颜行"（陈其元《庸闲斋笔记》卷四），其间最浓墨重彩的一笔当属顺治十六年（1659）夏发动的金陵之役。

顺治十五年（1658）五月，成功率舟师号十万北征，行前颁十项"出军严禁条令"，禁奸淫、焚毁、掳掠、宰杀耕牛等。八月初九抵羊山[4]，将入江，不意次日遇飓风，"舟覆甚众，精锐十丧五六。"（《广阳杂记》卷四）随军征战的户官杨英著《先王实录》（又名《从征实录》）描绘当时情景道："风起浪涌，迅雷电闪，雨大如注，昏黑，对面亦不相见，只闻呼死呼救、拆裂冲击悲惨之声"；最可怜者，六中军船皆不见，"船中失

---

[1] 顾诚引乾隆十七年（1752）《汀州府志》卷四十五《兵戎》谓清军过仙霞岭在八月十八日；又据《台湾外纪》（卷五），隆武闻仙霞失守，八月二十一日启行幸赣。

[2] 《赐姓始末》云北兵大事淫掠，成功母亦被淫，自缢死。成功大恨，用彝法剖母腹，出肠涤秽，重纳之以敛。又据郑克塽《郑氏祔葬祖父墓志铭》，"翁曾祖母生于壬寅年（明万历三十年）八月十八日未时，卒于丙戌年（清顺治三年）十一月三十日巳时，享年四十有五"；《台湾外纪》记翁氏遇害时间在顺治四年（1647）二月，显然有误。

[3] 日人藤森大雅感成功节义，作《郑延平焚儒服图诗》曰："延平郡王真男儿，忠义之心确不移。一死酬恩无反顾，一木欲支大厦欹！慷慨唱义意激烈，先师庙前矢立节。脱却儒衣付焚如，仰天低回沥心血。昔为孺子今孤臣，向背去留异所遭。旁人乍听色潜动，呜咽无声气自振。呜呼志业虽不遂，足为万世鼓忠义。君不闻此子受生日，城中山川钟秀胆气雄？又不闻母氏清操亦英特，泉城烈死惊异域？母教自古贤哲多，何况男儿性所得。莫怪金陵丧败气犹刚，直取鸡笼笃金汤。戈铤一挥紫飔愿，鳄鱼远徙鲸鲵僵。三世恭奉明正朔，衣冠堂堂四十霜。永为臣子示仪表，昭回并是日月光。"（见《庸闲斋笔记》卷四）

[4] 《广阳杂记》卷四谓"山在普陀之东，有鸡山、羊山，鸡山一山皆鸡，羊山皆羊也"。案：羊山亦作洋山或大洋山，即今浙江嵊泗崎岖列岛之主岛。《观海指掌图》云："洋山者，海道必由之路。山围百里，形似南箕，中平如掌，中有十八隩，可藏海船数百。……南至定海，北至吴淞，皆一潮可到，盖江、浙之交界也。"

去六妃嫔并二舍、三舍、五舍三位（指成功次子、三子及五子），余男妇老幼梢兵计二百三十一人，俱没水中，唯存一老婆及老梢浮水逃生。"

遭受如此重创，成功仅"发一笑，令各收尸埋葬"（《先王实录》），明年整军复出。时清军在镇江至瓜洲十里江面上"用巨木筑长坝，截断江流，广三丈，以泥覆平，可驰马。左右木栅有穴可射，炮石盘铳，星列江心。用围尺大索牵接木坝两端，以拒海舟，凡费金钱百万"（《明季南略》卷十六"郑成功入镇江"）。就是这样一条号称"滚江龙"的江上防线在郑氏水师面前显得不堪一击。六月十六日郑军截断"滚江龙"，克瓜洲，二十二日取镇江（见《先王实录》），而前锋张煌言"人不及万，舟不满百"（《清史稿》本传），昼夜兼程已于二十八日进抵金陵观音门下了（见张煌言《北征得失纪略》）。《延平二王遗集》收成功《出师讨满夷自瓜州至金陵》诗云："缟素临江誓灭胡，雄师十万气吞吴。试看天堑投鞭渡，不信中原不姓朱！"

然而接下来战局的发展却拖泥带水，如同潮闷的江南梅雨天，全然不见了上引诗中斩钉截铁的宏大气魄①。六月二十八日召开的军前会议讨论进攻南京，"水陆孰得快便"（《先王实录》）。成功最终选择放弃陆路而走水路，"巨舰逆流迟拙"，贻误战机，以致"金陵得严为之备"（《北征得失纪略》）；十日后兵临城下，又围而不攻。奉命往抚芜湖、幕府之谋不复与闻的张煌言诧曰："延平大军围石头城者已半月，初不闻发一仆姑②射城中……士卒释兵而嬉，樵苏四出，营垒为空。"（《北征得失纪略》）

康熙时内阁学士李光地与施琅论及顺治十六年战事，谓成功若不围南京，或从江、淮，或趋山东，"扬帆直上，天下岌岌乎殆哉！"施氏笑道："兵家用所长，不用所短，海寇之陆战，其所短者。计所有不过万人，能以不习陆战之万人，而敌精于陆战之数十万乎？不过一霎时便可无噍类矣。"但他也认为："不顾南京，直取荆、襄，以其声威扬帆直过，决无与敌者。……得了荆、襄，呼召滇、粤三逆藩，与之连结，摇动江以南，以挠官军，则祸甚于今日矣。"（《榕村续语录》卷十一《本朝时事》）

郑成功在南京城下"奇异的部署"（顾诚语，《南明史》944页）实与清将马逢知的观望态度有着密切关系。入长江前，成功即密书通报这位曾被钱谦益积极策反的江南提督，而马氏之意，"若延平克南京，则反清；若不能，则佐清"（陈寅恪《柳如是别传》

---

① 据《先王实录》，攻陷镇江后，郑氏诸将以炎暑酷热、大雨泥泞，不愿兼程行军直取南京。

② 箭名，题元伊世珍辑《琅嬛记》卷中引《胶葛》略曰：鲁人有仆忽不见，旬日而返。主欲笞之，仆曰："臣之姑修玄女术得道，白日上升，昨降于泰山，召臣饮，临别赠金矢一乘，曰'此矢不必善射，宛转中人而复归于筈。'"主人试之果然，因以"金仆姑"名之。

1216页），绝无协同出兵的打算①。

成功围城近半个月，清军增援大至，已无速战速决之可能，只得于七月二十三日晚传令全师撤退，大将甘辉、余新、万礼、蓝衍、张英等俱殁于阵（见《先王实录》）。陈寅恪谓，施琅之论未必切当日情势，成功率舟师速退，避免全军覆没于长江口内，"亦用兵谨慎之道"，"未可尽非也"（《柳如是别传》1217页）。

施琅本名郎，字琢公（一说字尊侯，号琢公），福建晋江人，通阵法，尤善水战。尝以偏裨随黄道周出征，上书陈机宜，谓不如散乌合之众，潜入江西、湖广重募师；道周复书拒之，施氏谓"漳州（指黄）只是一忠臣，却用不得，无经济才"（《榕村续语录》卷八《历代》），乃辞归。顺治三年（1646）从郑芝龙降清，隶李成栋军，南下广东。成栋反正，施返闽，成功初倚重之，"凡军事必咨商"（施琅《靖海纪事》附施德馨撰《襄壮公传》），后心忌其能，二人交恶。顺治八年（1651）施再降清，十三年（1656）改名琅②。成功愤而杀其父弟子侄，顿足叹曰："吾不幸结此祸胎，贻将来一大患"（《襄壮公传》）！又尝悔曰："楚国之祸，其在子胥矣。"（《清朝野史大观》卷五《清人逸事》"施琅为郑成功旧部"）顾诚指出，北兵不谙水战是郑军能长期活跃于东南沿海的重要原因，成功处置失当，"导致施琅这样一位杰出的海军将领投入清方怀抱，使清廷能够建立一支足以同郑军相抗衡的水师，这对后来局势的发展确实是关系匪浅的。"（《南明史》451页）

金陵之役虽遗憾以失败告终，对清廷之军事以至心理打击却是不言而喻的。顾诚摘自汉译魏特《汤若望传》的一段文字让我们从另一个角度更加清晰地看到了当日北京城中惊慌失措的景象：顺治帝"完全失去了他镇静的态度，而颇想作逃回满洲之思想。可是皇太后向他加以叱责，她说：他怎么可以把他的祖先们以他们的勇敢所得来的江山，竟这么卑怯地放弃了呢？他一听皇太后底这话，这时反而竟发起了狂暴的急怒。他拔出他的宝剑，并且宣言为他决不变更的意志，要亲自去出征，或胜或死。为坚固他的言词，他竟用剑把一座皇帝御座劈成碎块。照这样他要对待一切人们的，只要他们对于这御驾亲征的计划说出一个不字来时。皇太后枉然地尝试着用言词来平复皇帝底这暴躁。另派皇帝以前的奶母

---

① 《先王实录》记曰："（五月）十九日，移泊吴淞港口，差监纪刘登密书通报伪提督马进宝（即马逢知），合兵征讨。以前有反正之意，至是未决，欲进国京都时举行，故密遣通之。未报。"杨英所记可从《清世祖实录》得到印证，卷一三九谓马逢知供认"将海逆差来伪副将刘澄（即《先王实录》之刘登）不即诛戮，仍行放回"。又据卷一四三，奉旨查案的刑部侍郎尼满等人奏称："郑成功曾遣伪副将刘澄说令逢知改服衣冠，领兵往降。逢知声言欲杀刘澄而实未杀，反馈刘澄银两，又差人以扇遗成功。……逢知当日叛逆从贼虽未显著，然当海贼率众直犯江南之时，托言招抚而阴相比附。"

② 见《台湾外纪》卷九《献海澄黄梧归诚，护国岭格商被斩》，原本误作"瑯"。

到皇帝面前进劝，可是这更增加了他的怒气。各城门已贴出了官方的布告，晓谕人民，皇上要亲自出征。登时全城内便起了极大的激动与恐慌。"（《南明史》950页）

当然等不及皇帝亲征战事已告结束，成功败还厦门，知进取不易，会永历帝远遁缅甸，声援既绝，乃规取时为荷兰人占据的台湾岛。

荷兰"地近佛郎机（即葡萄牙）"，郑和七下西洋时尚无闻，明万历二十九年（1601）始驾大舰、携巨炮入粤东海中求通贡市，三十二年（1604）七月又抵澎湖，"伐木筑舍为久居计"（《明史·和兰传》）。都司沈有容率兵往谕，指陈利害，又断其接济，荷人乃扬帆而去。

《万历野获编》云此夷初至内地，沿海军民素不习见，"以其须发通赤，遂呼为红毛夷。"（卷三十"红毛夷"条）天启初复泛舟东来，侵夺台湾地，再据澎湖筑城设守，要求互市，新任福建巡抚南居益①上书言："为今日计，非用兵不可。"天启四年（1624，成功出生之年）大发兵，攻击数月，擒渠帅高文律等，"彭湖之警以息，而其据台湾者犹自若也。"（《明史·和兰传》）

时荷人已将1602年成立的东印度公司②总部迁至巴达维亚城（Batavia，即今印度尼西亚雅加达，事在1619年），矢志争夺东南亚海上贸易霸权，台湾自然是一不容有失的战略据点。郑芝龙为盗时尝屯于岛上，据为巢穴，既就抚，"借与红毛为互市之所。"（《清史稿·施琅传》）荷人遂大修工事，筑热兰遮堡（Fort Zeelandia，中国文献作"台湾城"或"王城"）、普罗文查堡（Fort Provintia，中国文献作"赤崁城"）③。

荷人横行海上，所恃惟巨舟大炮，"舟长三十丈，广六丈，厚二尺余，树五樯，后为三层楼。旁设小窗置铜炮。樯下置二丈巨铁炮，发之可洞裂石城，震数十里，世所称'红夷炮'，即其制也。"（《明史·和兰传》）④

自顺治十七年（1660）九月起，成功屡催令各镇修葺船只，明年二月亲率舟师跨海出征，四月初一日黎明涨潮之际顺利进港，抵台湾本岛。初四日普罗文查守军降，应了《明

---

① 南居益字思受，渭南世家出身，万历二十九年（1601）进士。仕途多舛，天启、崇祯两被削籍。李自成陷渭南，责南氏饷百六十万，掳之去，绝食而死（见《明史》本传）。

② 荷文简写VOC，意为"联合东印度公司"，现代商业社会之股份制组织形式即由其首创。

③ 二要塞隔水相望，均在今之台南，普罗文查较小，揆一（Frederick Coyett，荷兰东印度公司驻台末任长官）所建热兰遮为防御主堡，"用糯米和灰，磨砖堆砌，外附炮台"（《台湾外纪》卷四《登煤山明祚终，定燕都大清一统》）。

④ 《万历野获编》又云："自来中国惟重佛郎机大炮，盖正统以后始有之，为御夷第一神器。自此夷通市，遂得彼所用诸炮，因仿其式并方制造，即未能尽传其精奥，已足凭为长城矣"（卷三十"红毛夷"条）。

史·和兰传》中"其人不善战"那句评语①。荷兵死守热兰遮,成功谓之曰:"此地乃先人故物。珍宝不急之物,悉听而归;地归我,兵始罢。"(黄宗羲《郑成功传》)②又以热兰遮孤立无援,"攻打未免杀伤,围困待其自降。"(《先王实录》)旷日持久的围城使得要塞中"红毛存者仅百数十"(《清史稿·郑成功传》),据荷方记载,至1662年2月1日(公历),长官揆一被迫代表荷兰政府在投降书上签字,同意放弃剩余军用物资及东印度公司名下财产后,率残余士兵"扬旗、鸣炮、荷枪、击鼓、列队上船",虽狼狈而不失体面地返回了巴达维亚③。成功改台湾城为安平镇④、赤崁城为承天府,设天兴、万年二县,总号曰东都,"示将迎桂王狩焉"(《清史稿》本传)。

对郑成功决策复台,张煌言曾不客气地上书规谏道:"夫思明⑤者,根柢也;台湾者,枝叶也。无思明,是无根柢矣,安能有枝叶乎? 此时进退失据,噬脐何及。古人云:宁进一寸死,毋退一尺生。使殿下奄有台湾,亦不免为退步,孰若早返思明,别图所以进步哉!"(《上延平王书》,载《张苍水集》第一编《冰槎集》)及进兵,"诸将虽不敢违阻,有难色。"(阮旻锡《海上见闻录》(定本)卷上)登岛之后更遇到了前所未有的困难。先是运粮船不至,官兵食蕃薯、木子充饥,"日只二餐,多有病没,兵心嗷嗷。"(《先王实录》)立足稍稳,成功令兵丁屯垦,将官各搬家眷来台居住;"初至,水土不服,瘴疠大作,病者十之七八,死者甚多……人心惶惧,诸将解体。"(《海上见闻录》(定本)卷上)

其时清廷对成功的态度已由最初的招抚变成了"迁界",即迁徙沿海,坚壁清野⑥。

---

① 有意思的是,中、荷文献中均留下了轻视对方作战能力的文字。顾诚引揆一托名C. E. S.所著《被忽视的福摩萨》(Neglected Formosa)云:"据荷兰人估计,二十五个中国人合在一起还抵不上一个荷兰兵。他们对整个中华民族都是这样看法:不分农民和士兵,只要是中国人,没有一个不是胆小而不耐久战的,这已经成为我方战士不可推翻的结论。"(《南明史》1042页)

② 这段话在《被忽视的福摩萨》中记作:"该岛一向是属于中国的。在中国人不需要时,可以允许荷兰人暂时借居;现在中国人需要这块土地,来自远方的荷兰客人,自应把它归还原主,这是理所当然的事。"(引文录自《南明史》1047页)又,以上日期均依《先王实录》,与荷方记载略有出入。

③ 此为十八款投降条约之第二、六款内容,顾诚引自《被忽视的福摩萨》(见《南明史》1051页)。《台湾外纪》卷十一则谓"(顺治十八年)十二月初三日,成功纵揆一王回国"。

④ 顺治十二年(1655)六月,成功闻清兵将至,毁其父芝龙发迹之地福建安平镇;至是改台湾城为安平,似含纪念之意。

⑤ 指厦门。顺治十二年(1655)三月成功改厦门(时称中左所)为思明州。后有老儒上一条陈,谓改固当改,不宜改作"思"字,徒思何益? 思尽即止也(《先王实录》)。

⑥ 初,清世祖羁置郑芝龙于京师以胁迫成功就范。成功则采取"将计就计,权借粮饷,以裕兵食"的策略与之周旋,又致书其父曰:"儿此时惟有秣厉以待,他何言哉! 他何言哉!"(《先王实录》)清廷招抚不成,遂将芝龙及诸子世恩、世荫、世默等一并囚禁。

早在顺治十二年（1655）六月，世祖就严令沿海省份"无许片帆入海，违者立置重典"
（《世祖实录》卷九十二）。翌年六月又传谕严禁商民船只私自出海贸易，"凡沿海地方
大小贼船可容湾泊、登岸口子，各该督、抚、镇俱严饬防守各官，相度形势，设法拦阻，
或筑土坝，或树木栅，处处严防，不许片帆入口，一贼登岸！"（同上书卷一〇二）

顺治十八年（1661），自郑军降清的黄梧向初即位的康熙帝密陈"灭贼五策"，一
曰："金、厦两岛弹丸之区，得延至今日而抗拒者，实由沿海人民走险，粮饷、油、铁、
桅船之物，靡不接济。若从山东、江、浙、闽、粤沿海居民尽徙入内地，设立边界，布置
防守，不攻自灭也"；二曰："将所有沿海船只悉行烧毁，寸板不许下水。凡溪河监桩
栅，货物不许越界，时刻瞭望，违者死无赦。如此半载，海贼船只无可修葺，自然朽烂，
贼众许多，粮草不继，自然瓦解。此所谓不用战而坐看其死也。"（《台湾外纪》卷十一
《何斌献策取台湾，黄公密疏迁五省》）①

朝廷得此清野之计，即遣满洲大员阅视海疆，"诏沿海居民三十里界外尽徙内地"
（《圣武记》卷八《海寇民变兵变·康熙戡定台湾记》），开始了大规模迁海②。于是
"上自辽东，下至广东，皆迁徙，筑垣墙，立界牌，拨兵戍守，出界者死，百姓皆失业流
离，死亡者以亿万计。"（《海上见闻录》（定本）卷上）顾诚指出，"在迁海政策的直
接影响下，从康熙元年到二十年，我国大陆的海上对外贸易中断了二十年。……复界之
后，禁海政策仍然延续了下来，至多不过是在一段时间里放宽一点出海的限制。这种作茧
自缚式的闭关政策严重地阻碍了我国社会的发展。"（《南明史》1079页）

闻迁界令下，成功曰："使吾徇诸将意，不自断东征，得一块土，英雄无用武之地
矣。"（黄宗羲《郑成功传》）

顺治十八年（1661）十月初三，康熙帝谕令将在押的郑芝龙父子"照谋叛律族诛"
（《圣祖实录》卷五）。明年正月，成功闻凶信，顿足望北哭曰："若听儿言，何至杀身；
然得以苟延今日者，亦不幸之幸也。"四月，永历帝被难消息传至岛上，成功再顿足，知国
事无望，偏又家中生变——留守厦门的长子郑经（一名锦）与乳媪私通生子③，姻戚唐显悦

---

① 《漫游纪略》卷三《粤游》则指北平酒家子方星焕为首倡迁海之说者。星焕从其兄至漳州，被掳入海，旋放
归，因言海外情形曰："海船所用钉、铁、麻、油，神器所用焰硝，以及粟、帛之属，岛上所少，皆我濒海之
民阗出贸易，交通接济。今若尽迁其民入内地，斥为空壤，画地为界，仍厉其禁，犯者坐死，彼岛上穷寇内援
既断，来无所掠，如婴儿绝乳，立可饿毙矣。"《海上见闻录》将方星焕写作房星曜。

② 《闽中纪略》记云："凡沿海二三百里弃为瓯脱（本汉时匈奴语，泛指边地），荒畜牧，焚庐舍，百姓尽徙入
内地，筑台寨为界，有过此者命为'透越'，立斩不赦。"

③ 郑经聘兵部尚书唐显悦长子之女为妻，在外又多蓄狡童、骚妇为乐。四弟乳母陈氏年方二十六七，窈窕轻佻，
郑经与之通，狎昵如佳偶，惟瞒成功一人而已（见《台湾外纪》卷十一）。

书责之曰："治家不正，安能治国乎？"（《台湾外纪》卷十二《入缅甸桂王受辱，阅祖训成功寿终》）成功气塞胸膛，以妻董氏教子不严，立命斩之，并郑经、乳媪及所生孙。金、厦诸将接令骇然，不肯奉命，成功绝望恚忿无以排解，至五月初八遽病卒，年仅三十九，临终叹曰："自家国飘零以来，枕戈泣血十有六年。今日屏迹遐荒，遽捐人世，忠孝两亏，死不瞑目。天乎天乎！何使孤臣至于此极也！"（夏琳《海纪辑要》卷一）

迨三藩殄灭，胸中甲兵的康熙帝终将目光投放到孤悬海外的台湾。康熙二十年（1681），李光地力荐"名为内大臣而困苦不堪"的降将施琅，曰："琅自幼在行间，经历得多，又海上路熟，海上事他亦知得详细，海贼甚畏之。"（《榕村续语录》卷十一）当是时，曾助耿精忠叛清的郑经已死，子克塽幼弱，岛上内乱，而头一年福建总督姚启圣、巡抚吴兴祚、水师提督万正色、陆路提督杨捷已合兵克复金、厦二岛，正值跨海作战的最佳时机。然朝中大臣"咸谓海洋险远，风涛莫测，长驱制胜，难计万全"（《圣祖实录》卷一一二康熙二十二年九月戊寅条），刚刚打了胜仗的万正色更有三难六不可之疏，言"台湾断不可取"（同书卷一一六康熙二十三年七月丙戌条），康熙怒道："我仗他有本事，委之以重任，而他却畏服贼将，不成说话！"（《榕村续语录》卷十一）遂用施琅代水师提督职。二十二年（1683）六月，琅师乘南风攻澎湖，"酣鏖竟日，声震数百里，焚其[船]百余艘，杀其兵万有二千。"（《圣武记·康熙戡定台湾记》）门户澎湖既失，岛内大惊。八月，琅师登岸，克塽薙发出降。

初得台湾，廷议以其一块荒壤、无用之地，欲弃之。施琅上疏陈利害，谓台湾一地虽属多岛，实乃"江、浙、闽、粤四省之左护"，一旦舍去，被逐荷兰必乘隙再入，"沿海诸省断难晏然无虞"；故"断断乎其不可弃"，"弃之必酿成大祸，留之诚永固边围"（《靖海纪事》卷下《恭陈台湾弃留疏》）。康熙卒用其议，置台湾府及诸罗、台湾、凤山三县[①]。

中俄《尼布楚条约》

早在后金时期，满人已将北方黑龙江流域纳入版图之内。天聪八年（1634）十二月，皇太极遣兵二千五百人往征黑龙江地方，以"少壮不努力，老大徒伤悲"之语激励将领，传谕："此地人民语音与我国同，携之而来，皆可以为我用。攻略时宜语之曰：'尔之先

---

① 案：施琅以平台之功封靖海侯，世袭罔替，但从康熙那里得到的不过是"粗鲁武夫，未尝学问，度量褊浅，恃功骄纵"的十六字评价（见《圣祖实录》卷一一六）。

世，本皆我一国之人，载籍甚明，尔等向未之知，是以甘于自外。我皇上久欲遣人详为开示，特时有未暇耳。今日之来，盖为尔等计也'。"（《太宗实录》卷二十一）至崇德七年（1642）六月，皇太极终于可以向大明皇帝夸口道：予"嗣位以来，蒙天眷佑，自东北海滨，迄西北海滨，其间使犬、使鹿之邦，及产黑狐、黑貂之地，不事耕种、渔猎为生之俗，厄鲁特部落，以至斡难河源，远迩诸国，在在臣服"（同上书卷六十一）。

正当满人锋镝南指、无暇北顾之际，征服了西伯利亚汗国的沙俄开始将扩张触角伸向中国东北边陲。其国东部之人翻越外兴安岭，据黑龙江北岸雅克萨（今俄罗斯阿穆尔州阿尔巴津）、尼布楚（今俄罗斯赤塔州东涅尔琴斯克）二地，树木城居之，"每横肆杀掠，纳我逋逃，为边境患"（佚名《平定罗刹方略》卷一），时称"罗刹"[1]。顺治时屡遣兵驱逐，"以饷不继，半途返"（《圣武记》卷六《外藩·国朝俄罗斯盟聘记》）。

中俄尼布楚条约

康熙自亲政后即留意东北问题，"细访其土地形胜、道路远近及人物性情"；解除三藩后顾之忧后，决意出师挞伐，谓"征罗刹之役，似非甚要，而所关最巨。罗刹扰我黑龙江、松花江一带三十余年，其所窃据，距我朝发祥之地甚近，不速加剿除，恐边徼之民不获宁息"（《圣祖实录》卷一二一康熙二十四年六月癸巳条）。康熙二十一年（1682）八

---

[1] 犯境俄人皆"犷悍贪鄙，冥顽无知"，"我达呼尔、索伦之人因呼之为'罗刹'。"（《平定罗刹方略》卷一）

月，遣副都统郎坦（或作郎谈）、彭春（或作朋春）、萨布素以捕鹿为名，率兵至雅克萨城下侦探情形。十二月，郎坦等还奏罗刹可图状，称"发兵三千，与红衣炮二十，即可攻取"（《清史稿·郎坦传》）。

然康熙以一道"兵非善事，宜暂停攻取"的谕旨轻轻否定了"发兵三千足矣"的大话（见《圣祖实录》卷一〇六康熙二十一年十二月庚子条），曰："凡事必周详审度，方获实效，不可轻率从事。……兵法云：多算胜，少算不胜，讵可忽视？"（同上书卷一二一康熙二十四年六月癸巳条）遂修整船舰，筑城运粮，开始了细致充分的备战工作；同时为填补东北防务空虚，令长白山以东的库雅喇、赫哲等东海诸部壮丁内迁编旗，披甲效力，号"新满洲"，与从各地抽调的福建投诚藤牌兵（原郑成功麾下）一起成为日后的抗俄主力[1]。

康熙二十四年（1685）四月，彭春、郎坦统兵与萨布素（时为黑龙江将军）会师，"乘冰解，水陆并进"（《圣武记·国朝俄罗斯盟聘记》），一举克雅克萨城[2]。明年正月俄军复来，六月，萨布素、郎坦合兵再薄其城，掘壕筑垒长围之。会荷兰使臣抵京，称与俄罗斯邻，康熙乃贻书沙皇，请荷使代为转达[3]。九月，克里姆林宫复书至，言"中国前屡赐书，本国无能通解者。今已知边人搆衅之罪，自当严治，即遣使臣诣边定界，请先释雅克萨之围"（《清史稿·邦交志一·俄罗斯》）[4]。

康熙二十八年七月二十四日（公历1689年8月27日），中、俄双方在尼布楚签订议界

---

[1] 何秋涛《朔方备乘》卷一《东海诸部内属述略》谓："东三省驻防兵有老满洲、有新满洲，犹史言生女真、熟女真也。国初收服诸部往往迁其家属于盛京，选其壮丁入旗披甲。……顺治、康熙年间续有招抚壮丁，愿迁内地编佐领、隶旗籍者，则以'新满洲'名之，国语所谓'伊彻满洲'也。"又有以采捕、打牲为业的原黑龙江索伦、达呼尔诸部受沙俄侵掠，被迫南徙，初未设额兵，故顺治、康熙间征剿罗刹皆自京师及他省调军，康熙三十年（1691）始令其众披甲驻防，编入布特哈八旗，"盖布特哈为打牲部落之总称，故东北数千里内处山野、业采捕者悉隶之"（同书卷二《索伦诸部内属述略》），亦成为一支防边抗俄的重要力量。
　案：《平定罗刹方略》中曾提及索伦兵、打虎儿（即达呼尔）兵（隶黑龙江将军），则其众似已参与康熙二十四年（1685）的雅克萨之役，与何氏所记不符。何秋涛，字愿船，福建光泽人，道光二十四年（1844）进士，官至刑部员外郎，所著《朔方备乘》言俄罗斯事最详尽。其为人性情朴质，衣冠古陋，尝穿一靴，十年不换。咸丰帝见而笑曰："何秋涛之靴，底面一色也。"盖靴底以白粉涂之，久变黄，再久变黑，青缎靴面久亦如墨，故上下一色（见欧阳昱《见闻琐录前集》卷二"何秋涛靴"条）。
[2] 随征何祐、林兴珠等皆郑氏降将。
[3] 此次康熙接见荷兰使团，担任翻译的便是六十三岁高龄的耶稣会士南怀仁。
[4] 1682年，十岁的彼得与同父异母哥哥伊凡五世同时即位为沙皇，随后索菲娅公主摄政，将亲弟弟伊凡五世留于克里姆林宫，逐彼得和皇太后于莫斯科郊外皇村。1689年索菲娅发动宫廷政变企图篡位，彼得在贵族和军队支持下挫败政变，始得亲政，是为彼得一世（彼得大帝）。据此知康熙二十五年（1686）的沙俄复书当出自索菲娅之手。

条约①，俄罗斯遂成为诸国与华订约之最先者。冬十二月，康熙帝遣官"立石于黑龙江两岸，刊泐会议条款，用满、汉、拉提诺（即拉丁）、蒙古、俄罗斯五体文字"（《清史稿·邦交志一·俄罗斯》）以垂永久。据《圣祖实录》（卷一四三），条约全文如下：

"一，将由北流入黑龙江之绰尔纳即乌伦穆河相近格尔必齐河为界，循此河上流不毛之地，有石②大兴安以至于海，凡山南一带流入黑龙江之溪河尽属中国，山北一带之溪河尽属鄂罗斯；

"一，将流入黑龙江之额尔古纳河为界，河之南岸属于中国，河之北岸属于鄂罗斯。其南岸之眉勒尔客河口，所有鄂罗斯房舍迁移北岸；

"一，将雅克萨地方鄂罗斯所修之城尽行除毁，雅克萨所居鄂罗斯人民及诸物尽行撤往察汉汗之地；

"一，凡猎户人等断不许越界，如有一二小人擅自越界捕猎偷盗者，即行擒拿，送各地方该管官，照所犯轻重惩处。或十人，或十五人，相聚持械捕猎、杀人抢掠者，必奏闻，即行正法。不以小故沮坏大事，仍与中国和好，毋起争端；

"一，从前一切旧事不议外，中国所有鄂罗斯之人，鄂罗斯所有中国之人，仍留不必遣还；

"一，今既永相和好，以后一切行旅有准令往来文票者，许其贸易不禁；

"一，和好会盟之后，有逃亡者不许收留，即行送还。"

据此，两国以额尔古纳河、格尔必齐河及向东绵延至海之外兴安岭为界。中方以"尼布楚归我，则俄罗斯贸易无所栖止"（《清史稿·索额图传》），主动让出该地，然雅克萨仍属中国，自是"二百载无边患"（《圣武记·国朝俄罗斯盟聘记》）。其间有明季西越哈萨克投俄罗斯、牧额济勒河（今伏尔加河）百余年的蒙古土尔扈特部东归新疆伊犁（事在乾隆三十六年即1771年），边吏称"伊犁本我地，土尔扈特本中国部落"，归而受

---

① 中方首席谈判代表为领侍卫内大臣索额图（康熙初四辅臣之一索尼子），余有佟国纲（佟图赖子，康熙舅）、郎坦、萨布素等，耶稣会士徐日升（Thomas Pereira，葡萄牙籍）、张诚（Jean-Francois Gerbillon，法籍）任拉丁文译员；俄方全权代表为费耀多罗·亚历克塞耶维奇·戈洛文伯爵。
　　案：清制，选满洲"上三旗"（镶黄、正黄、正白）子弟为侍卫亲军，统以勋戚大臣。首为领侍卫内大臣（正一品），次为内大臣（初制正一品，后改从一品），各六人（三旗各二人），乃武职中最高官员（见《清朝文献通考》卷八十六《职官十》及《清史稿·职官志四》）。
② 《平定罗刹方略》改"石"为"名"，文义较通。

之无爽盟约，"俄罗斯无他言，亦不问土尔扈特所往。"（同上书）①

至咸丰八年（1858）《瑷珲条约》签订，将黑龙江以北、外兴安岭以南约六十万平方公里土地划归俄属（雅克萨即含其中），乌苏里江以东包括库页岛、海参崴在内的四十万平方公里土地划归"共管"，边境晏然局面终被打破，而"其地裒络满洲、蒙古、新疆之西北境，与中国相首尾"（《圣武记·国朝俄罗斯盟聘记》）的沙俄也开始了对我北方领土的全面掠夺。仅以东北为例，咸丰十年（1860），俄据《中俄北京条约》正式得到乌苏里江以东原"共管地"，光绪二十四年（1898），租借旅顺、大连（日俄战争失利后租借权让与日本），既而造东三省铁路，在松花江行船，庚子年（1900）义和团起，更借口"防马贼、保铁路"（《清史稿·邦交志一·俄罗斯》）出兵攻占东北全境，直以我东三省视为己有也。

戡定准部

元亡之后，蒙古分三大部：漠南内蒙古，漠北外蒙古（喀尔喀三部）——皆成吉思汗裔，及漠西厄鲁特蒙古——明正统间制造土木之变的瓦剌可汗也先之裔。清初，漠南蒙古以接壤满洲，最先臣服，而喀尔喀、厄鲁特"皆雄长西北，间通使，间为寇"（《圣武记》卷三《外藩·康熙亲征准噶尔记》）。厄鲁特旧分四部，曰和硕特（牧乌鲁木齐，明末其酋固始汗袭据青海，发兵入藏，留长子达颜汗统摄其地②）、杜尔伯特（牧额尔齐斯河）、土尔扈特（牧雅尔，即伊犁东北一千九百里之塔尔巴哈台，蒙语"多水獭"意，与今哈萨克斯坦接界；明末土尔扈特徙俄罗斯，辉特部继有其地）、准噶尔（牧伊犁），号四"卫拉特"（即瓦剌之音转），其中准噶尔部"最习战斗"（《圣武记》卷三《外藩·雍正两征厄鲁特记》）。

康熙初，准噶尔汗僧格死于内乱。其弟噶尔丹幼时入藏"投达赖喇嘛，习沙门法"（温达等撰《圣祖仁皇帝亲征平定朔漠方略》卷一），归而杀僧格子索诺木阿拉布坦，自云受达赖封为"准噶尔博硕克图汗"（《清史稿·藩部传八》），遂跃居四部总汗，向南

---

① 土尔扈特原为西域四厄鲁特之一，明季为邻部所逼阖族走俄罗斯，然苦于征役，思还故土。会清兵平伊犁，其首渥巴锡闻之曰："吾侪本蒙古裔，今俄罗斯种类不同，嗜好殊异，又复苦调丁赋，席不暇暖。又闻大皇帝普兴黄教，奚不弃此就彼，亦良禽择木智也"（《啸亭杂录》卷一"土尔扈特来降"）。遂约北岸部落于河冰合时同渡东徙。据《圣武记》卷四《外藩·乾隆新疆后事记》，适冬暖，河久未冻，渥巴锡不能等，乾隆三十五年（1770）十一月率南岸十六万口启行，绕道各国边界戈壁之地，无水草，皆饮牛马血，次年六月始至伊犁，仅存七万余口，尪羸无人形。廷臣恐以收纳逃亡启边衅，乾隆曰："远人来降，岂可拒绝？况俄罗斯亦大国，彼既弃彼而南，而又挑衅于此，进退无据，黠者必不为也。"（《啸亭杂录》"土尔扈特来降"）乃纳之，厚加抚绥。案：《清史稿·藩部传六》谓土部归途中"死者三十万，牲畜十存三四"，则各书所记其众数目又不尽相同。
② 时西藏自达赖、班禅外有汗，蒙古部长为之（见《清史稿·藩部传八》）。

"攻取回子（维吾尔）千余城"（《圣武记》卷四《外藩·乾隆戡定回疆记》），又扬言借俄罗斯兵，欲北并喀尔喀。康熙二十七年（1688）夏，噶尔丹率奇兵逾杭爱山而下，喀尔喀诸部仓促应战，大败，集众议投俄罗斯或中国孰为利。宗教领袖哲布尊丹巴[①]曰："俄罗斯持教不同，必以我为异类，宜投中国兴黄教之地。"（《清史稿·藩部传八》）乃定计南徙，途遇索额图所率出使俄罗斯的边界谈判代表团，据后者所见，数十万众"蔽地而来，前后相望六十余里"，"遗弃牛马死者相枕，臭闻数里。"（钱良择《出塞纪略》，载《圣武记·康熙亲征准噶尔记》附录）

噶尔丹"既兼有回部、青海、漠北，则益骄蹇"（《圣武记·康熙亲征准噶尔记》），再次扬言偕俄罗斯兵同侵喀尔喀。康熙严厉警告在京之俄使臣："喀尔喀已归顺本朝，倘误信其言，是负信誓而开兵端也。"（《圣祖实录》卷一四六康熙二十九年五月癸丑条）康熙二十九年（1690），噶尔丹以追喀尔喀仇人为名兴兵南犯，长驱直抵距京师七百里的乌兰布通（今属内蒙古赤峰市克什克腾旗）。康熙谓"噶尔丹势炽，既入犯，其志不在小"（《圣武记·康熙亲征准噶尔记》），下诏亲征。是年八月，两军决战于乌兰布通。"贼骑十万余，布阵于山冈，以橐驼万千，缚其足使卧于地，背加箱垛，毡渍水盖其上，排列如栅，以自蔽，谓之'驼城'，于栅隙注矢发枪，兼施钩矛"（马思哈《塞北纪程》，载《圣武记·康熙亲征准噶尔记》附录）。清军隔河炮火齐发，驼毙于炮，阵断为二，遂大破之[②]。

噶尔丹以火器不济，求援俄罗斯；沙俄遣使者二十余人来，"约至青草出后，助鸟枪手一千及车装大炮，发至克鲁伦东方界上。"（《平定朔漠方略》卷二十四）康熙三十四年（1695），噶尔丹率三万骑兵沿克鲁伦河而下，赴俄罗斯援兵之约。明年春，康熙兵分三路出师漠北，志在一战覆之。噶尔丹登高望见河南岸康熙亲自镇守的中路军营帐，"自度力不能抗，仓皇宵遁"（《圣祖实录》卷一八四康熙三十六年七月丁酉条），狂奔五昼夜，却与费扬古（满洲将）、孙思克（河西四将之一，时伤右臂，已成残疾）率领的西路军（以陕甘宁绿旗兵为主）遭遇于肯特山南、土拉河北之昭莫多（今蒙古国乌兰巴托东南）。昭莫多，蒙语"大树林"，"其北大山千仞，矗立如屏，不见所尽处。大山之下，平川广数里，林木森立，有河流其间，曲折环绕"（殷化行《西征纪略》，载《圣武记·康熙亲征准噶尔记》附录），自古为漠北战场，即当年"明成祖破阿鲁台地"（《圣

---

① 据《清史稿·藩部传八》，时喀尔喀蒙古"以入藏隔于额鲁特，乃自奉宗喀巴第三弟子哲卜尊丹巴胡图克图之后身为大胡图克图，位与班禅亚，凡数十年矣。"案：哲布尊丹巴呼图克图（简称哲布尊丹巴）与达赖、班禅齐名，是外蒙古藏传佛教最大的转世活佛系统。此处指一世哲布尊丹巴即罗桑丹贝坚赞。
② 是役清军胜在火器。康熙三十一年（1692），"以前征噶尔时火铳便利，立火器营。朝鲜国王进鸟铳三千杆"（《圣武记·康熙亲征噶尔记》）；案：《清史稿·职官志四》谓火器营之设在三十年即1691年）。

武记·康熙亲征准噶尔记》）。双方于此鏖战终日，清军大获全胜，"乘夜逐北三十余里"，噶尔丹仅"引数骑远窜"，其妻阿奴"素悍，能战，亦殪于阵"（《清史稿·费扬古传》）①。大军凯旋，献俘，弹筝筛歌者毕集。内有老者通汉语，悲壮歌曰："雪花如血扑战袍，夺取黄河为马槽。灭我名王兮虏我使歌，我欲走兮无骆驼。呜乎黄河以北奈若何？呜乎北斗以南奈若何？"（《圣武记·康熙亲征准噶尔记》）康熙闻而大笑。

三十六年（1697）二月，康熙乘噶尔丹穷蹙，西渡黄河，开始了第三次亲征。当噶尔丹自立为汗之际，僧格次子策妄阿拉布坦偕其父七旧臣逃亡吐鲁番，叔侄成雠；及噶尔丹遣兵侵掠喀尔喀，策妄潜回伊犁，"用其七友收集散亡……遂有准部大半。"（《圣武记·雍正两征厄鲁特记》）②困于漠北的噶尔丹"连年与中国战，精锐丧亡，牲畜皆尽，回部、青海、哈萨克皆隔绝叛去"（《圣武记·康熙亲征准噶尔记》），欲西归伊犁，则畏策妄之逼，北投俄罗斯，俄罗斯拒不受，真正到了山穷水尽的地步；至是又闻大兵压境，虽进退维谷，而生性倔强，不肯降，饮药自尽。

策妄阿拉布坦献噶尔丹尸有功，康熙"特赐生全，俾与厄鲁特诸部仍安游牧"。但策妄体内流淌的仍是僧格家族血液，"貌为恭顺，潜怀不靖"（傅恒等撰《平定准噶尔方略》前编卷一），效叔叔噶尔丹所为，吞并四部，自立为汗。康熙五十六年（1717），遣兵六千"徒步绕戈壁，逾和阗南大雪山，涉险冒瘴，昼伏夜行"，千里奔袭西藏。时藏地适有真伪达赖之争，拉藏汗（又称拉藏鲁贝，达颜汗之孙，固始汗曾孙）废六世达赖仓央嘉措③，别立阿旺益西嘉措为达赖。准噶尔兵攻入拉萨，杀拉藏汗，囚阿旺益西嘉措，"搜各庙重器送伊犁"（《清史稿·藩部传八》）。

康熙以"西藏屏蔽青海、川、滇，若准夷盗据，将边无宁日"，五十九年（1720）二月发大军从四川、青海两路入藏，准兵大溃，"得还伊犁者不及半"（同上引）。九月十

---

① 是役清军获胜关键，一在抢占制高点，二在出奇兵攻敌之胁及后阵妇女辎重，计皆出于宁夏总兵王化行（本姓殷，康熙九年（1770）以王姓成武进士，三十七年（1698）始复殷姓。据《西征纪略》，战前化行请急据横亘昭莫多南之小山，费扬古曰："日将暮矣，需来日战耳。贼甚近，山上难以夜守。"化行曰："战即来日，此山宜据。若贼据其上，我军营其下，则危矣。至虑夜难守，何不移山下全阵列此以守之？"费扬古曰："日且暮，移营非宜，纵贼据山，明日用炮击之。"化行曰："从来用兵，高处不宜让敌。"费扬古曰："既如此，君即移兵上守之。"化行挥鞭赶军士上山，方至巅，贼亦登半山矣。此书虽不免有化行自我吹嘘成分，亦可见费扬古身为大将，指挥无方。及还京师，康熙命大臣校射，费扬古以臂痛辞，出语人曰："我尝为大将军，一矢不中，为外藩笑，损国家威重，故不敢与角耳。"（《清史稿》本传）

② 此处《圣武记》所载与《清实录》不符。《圣祖实录》（卷一七四）谓噶尔丹夺策妄未婚妻阿海，又杀其弟索诺木，"策妄阿喇布坦因率兵五千而逃"；据此，则策妄为长，索诺木次之。

③ 仓央嘉措既废，送京师，行至青海死，年二十五，事在康熙四十六年（1707），故拉萨布达拉宫无六世达赖灵塔。案：诗人出身的仓央嘉措以其情歌闻名于世，他本人也是一个爱情故事的主角。其名句有，"住进布达拉宫，我是雪域最大的王。流浪在拉萨街头，我是世间最美的情郎。"

五日，转世于青海理塘（今属四川甘孜藏族自治州）的七世达赖格桑嘉措由清军护送至布达拉宫坐床，西藏平，达赖衣钵之争亦止①。

至雍正元年（1723），和硕特部罗卜藏丹津（固始汗之孙）又叛于青海，川陕总督年羹尧、四川提督岳钟琪分路进兵，明年三月讨平之。岳钟琪先败叛军于郭隆寺（即今西宁东北之佑宁寺），"杀贼六千余，毁寺"（《清史稿·年羹尧传》）；再"一昼夜驰三百里"直捣其巢，十五日内"斩八万余级"（《清史稿·岳钟琪传》）。罗卜藏丹津易妇人服遁，北投策妄阿拉布坦。

策妄死后，子噶尔丹策零立，"狡黠好兵如其父"（《圣武记·雍正两征厄鲁特记》）。雍正不顾廷臣反对，以噶尔丹策零"稔恶藏奸，终为边患"（《清史稿·世宗本纪》），命傅尔丹（满洲将）、岳钟琪出师进讨。雍正九年（1731）六月，傅尔丹所率北路军轻进中伏，惨败于和通淖尔（和通泊，今阿尔泰山东北蒙古国境内）。副将查弼纳、巴赛、达福（鳌拜孙）以下皆战死，傅尔丹杂士伍中奔窜出；"贼获诸士卒，皆以皮绳穿其胫，盛以皮袋，载诸马后，从容唱胡歌而返"（《啸亭杂录》卷三"记辛亥败兵事"）。明年，西路军主帅岳钟琪又被革职查办②，所幸还有一个蒙古额驸策棱③奋勇杀

① 是役担任南路军前驱的岳钟琪崭露头角，献以番攻番计，并亲自督师渡江，率先攻入拉萨。

② 岳钟琪罪名不过是进退失据、战守乖宜，至于傅尔丹，兵败和通泊，两上请罪，雍正皆宽宥之，谕曰："轻信贼言，冒险深入，中贼诡计，是尔之罪；至不肯轻生自杀，力战全归，此尔能辨别轻重"云（《清史稿·傅尔丹传》）。于此一例，清廷满、汉歧视之心昭然若揭。

案：岳钟琪字东美，四川成都人，代年羹尧为川陕总督。与傅尔丹议进兵，赴其帐中，见壁上刀槊森然，问何所用。傅尔丹曰："此皆吾所素习者，愚以励众。"钟琪出语人曰："为大将者不恃谋而恃勇，亡无日矣！"（《啸亭杂录》"记辛亥败兵事"）钟琪兵柄既重，谤言交至，终被劾下狱，乾隆间始复起。"终清世，汉大臣拜大将军，满洲士卒隶麾下受节制，钟琪一人而已"（《清史稿》本传）。

又汉军旗人年羹尧、国戚隆科多（佟图赖次子佟国维之子，已不著汉姓）皆为佐雍正继位的有力人物，然不旋踵间，羹尧赐死，隆科多永远禁锢。羹尧平定青海后仅一年即被削职，起因竟是贺疏中将"朝乾夕惕"写成"夕惕朝乾"，雍正怒曰："羹尧不以朝乾夕惕许朕，则羹尧青海之功，亦在朕许不许之间而未定也。"隆科多尝自拟诸葛亮，有"白帝城受命之日，即死期将至之时"语。二人获罪，似非一句简单的恃宠骄纵、结党营私能说得过去。佟国纲长子鄂伦岱（同样不著汉姓）入党附八阿哥允禩，在储位之争中因站错队被诛，沾咸光而有"不籍其家，不没其妻子"的恩遇，可见清廷对抬入满洲的辽东佟氏态度已由最初尊宠转为刻意遏抑。汉臣中即如雍正倚为心腹、遗诏他日配享太庙的桐城人张廷玉，在乾隆朝亦触圣怒，至有罢配享之命；及其卒，乾隆始命仍遵遗诏，于是"终清世，汉大臣配享太庙，惟张廷玉一人而已"（以上引文，俱见《清史稿》各人本传）。

③ 策棱，蒙古喀尔喀部人，其祖兴黄教，达赖喇嘛赐号曰"塞音诺颜"。策棱愤喀尔喀为准噶尔凌藉，练猛士千人，隶帐下为亲兵；中有脱克浑者，日行千里，每登高词敌，辄以两手张其衣，若皂雕鼓翼，敌远望不觉。雍正十年（1732）八月，策棱追准兵至光显寺，命满洲军背水而阵，蒙古军阵于河北，自率劲旅万人伏山侧；及战，掷帽于地曰："不破贼不复冠矣。"（《啸亭杂录》卷十"书光显寺战事"）是役，杀敌万余，河水尽为之赤，雍正赐号"超勇"。喀尔喀原分土谢图汗、车臣汗、扎萨克图汗三部，自后金崇德三年（1638）岁献白驼一、白马八，曰"九白之贡"（见《清史稿·藩部传四》）；乾隆初，分土谢图汗二十旗与策棱为赛音诺颜部，游牧鄂尔浑河河西北至乌里雅苏河，喀尔喀自是遂成四部。

敌，获光显寺大捷（寺又名额尔德尼昭，位于今蒙古国境内杭爱山北麓、鄂尔浑河上游），算是给雍正勉强挽回一丝颜面。

乾隆二十年（1755），再有辉特部阿睦尔撒纳（拉藏汗孙，策妄阿拉布坦外孙）之叛。先是，阿睦尔撒纳推立达瓦齐为准噶尔汗，与争锋，引清兵入伊犁剿灭之，并擒罗卜藏丹津。论功行赏，阿睦尔撒纳"晋封双亲王，食亲王双俸"；然觊四部总汗位以专制西域，乃起兵犯伊犁。乾隆分道出师，阿睦尔撒纳不能抗，二十二年（1757）仅"携八人徒步夜走俄罗斯界"，后患痘（天花）客死异乡。康熙、雍正皆视准部为大患，有"此贼不灭，天下不安"之谕，乾隆终倾覆之；"计数十万户中，先痘死者十之四，继窜入俄罗斯、哈萨克者

清高宗像

十之二，卒歼于大兵者十之三，除妇孺充赏外，至今惟来降受屯之厄鲁特若干户，编设佐领、昂吉（蒙语'分支'之谓），此外数千里间，无瓦剌一毡帐。"（《圣武记》卷四《外藩·乾隆荡平准部记》）魏源写下这段文字当然是着歌功颂德，但拿今天眼光来看，康、雍、乾三朝轰轰烈烈的西北用兵无疑就是一场"国家"名义下的"种族清洗"，噩运以后还会降临到陕甘回民头上。

北疆既定，乾隆二十四年（1759）再平南疆"回部"大、小和卓[1]之叛，清廷遂在天山北路设乌鲁木齐都统、塔尔巴哈台参赞大臣，南路设喀什噶尔参赞大臣，又置伊犁将军"总统南北两路，其驻防之参赞大臣、都统、办事大臣、领队大臣，绿营之提督、总兵，均受节制"（椿园氏撰《西域闻见录》卷一《新疆纪略上》"伊犁"条）。"以伊犁为总汇重地，而乌鲁木齐中外冲要，塔尔巴哈台边接外藩，分设满兵驻防，汉兵屯种，皆携眷移戍。惟南路回疆，则更番轮戍。"（《圣武记·乾隆荡平准部记》附录）

设军机处

皇太极初设"内三院"（国史、秘书、弘文）于盛京，入关后始从明制改称内阁，别置翰林院[2]。内阁外复有议政处以掣其柄，议政王大臣"半皆贵胄世爵，不谙世务"

---

[1] 大、小和卓即波罗尼都、霍集占兄弟。波罗尼都（或译布那敦、布拉尼敦）之孙张格尔，嘉庆、道光间又叛。
[2] 初改内阁在顺治十五年（1658），十八年（1661）复三院旧制，康熙九年（1670）再更名内阁。

（《啸亭杂录》卷七"军机大臣"条），然权力远逾诸大学士，"每朝期，坐中左门外会议，如坐朝仪。"（同上书卷四"议政大臣"条）①康熙十六年（1677）又置南书房，择张英、高士奇等"词臣才品兼优者充之"（《啸亭续录》卷一"南书房"条）②。入直者不止供奉文翰而已，"凡诏旨密勿，时备顾问，非崇班贵傭、上所亲信者不得入"（萧奭《永宪录》卷一），则内阁再被分权。其时"章疏票拟，主之内阁；军国机要，主之议政处；若特颁诏旨，由南书房翰林视草"（吴振棫《养吉斋丛录》卷四）③。

康熙三十五子，太子旋立旋废④，四阿哥胤禛自"狠戾残贼"诸皇子（孟森语，《明清史讲义》453页）中脱颖而出，嗣位后更将其刻薄多疑天性注入本已十分防猜的清代政

---

① 努尔哈赤分封子侄为八和硕贝勒，共理国政，复置议政五大臣，"凡军国重务皆命赞决"（《啸亭杂录》卷二"五大臣"条）。皇太极即位，更定八大臣（即"固山额真"，汉称都统）"总理一切事务，凡议政处与诸贝勒偕坐共议之"（《太宗实录》卷一）；崇德二年（1637）又选爵秩较低满臣置于议事之列。顺治时汉人如范文程、宁完我，蒙古人如明安达礼亦授议政大臣。谈迁《北游录·纪闻下》谓"六部事俱议政王口定"，又谓"清朝大事，诸王大臣金议既定，虽至尊无如之何"，遂有"国议"之号。

② 南书房在乾清宫西南隅，乃康熙旧时读书处，"以诗文书画供御，地分清切，参与密勿。"（《清史稿》卷二七一"论"）案：张英系张廷玉之父，著名的"六尺巷"故事即源自于他。桐城家人与邻居争宅旁隙地，驰书告之；英批诗于后寄归，云："一纸书来只为墙，让他三尺又何妨。长城万里今犹在，不见当年秦始皇。"家人见诗，撤让三尺，邻居亦退三尺，遂成六尺巷（见桐城姚永朴著《旧闻随笔》卷四"乡先辈遗事"）。钱塘人高士奇能文善书，康熙用之而知学问门径，尝谓"初见士奇得古人诗文，一览即知其时代，心以为异，未几，朕亦能之。士奇无战阵功，而朕待之厚，以其禅朕学问者大也"（《清史稿·高士奇传》）。又有长洲人何焯（学者称义门先生，为人短小麻胡，绰号"袖珍曹操"），康熙四十一年（1702）由李光地荐召入南书房，被康熙称为"读书种子"（《清史稿·文苑传一"》）。值南书房时，尝夏日裸坐，康熙骤至，不及避，因匿炉坑中，久之，作吴语问人曰："老头子去否？"康熙闻而大怒，欲置之法，焯徐曰："先天不老之谓老，首出庶物之谓头，父天母地之谓子，非有心诽谤也。"（《啸亭杂录》卷九"何义门"条）

③ 康熙初，田雯、张鹏、申樾等十二人以进士授内阁中书，入署办事，遭同年翰林侮辱，叹云："吾辈何日可成正果！"申樾吟曰："书生薄命还同妾，丞相怜才不论官。"田雯吟曰："失路嗟何及，痴怀老渐平。"竟相对泣下。他日田雯会客，有人后至，昂然上坐，大声曰："非不撝让也，我词林（即翰林），尔中书，贵贱别也。"又有某翰林与张鹏同典山东试，事竣，语人曰："此行是吾辈分内事，乃竟与中书下贱为伍，耻孰甚焉！"（方浚师《蕉轩随录》卷二"记蒙斋年谱语"）由中书一官被人侮慢至此，足可想见当日内阁卑微地位。案：中书舍人初设于三国曹魏，历代名称、职务不尽相同。南朝权势最重，从起草诏令、参与机密到决断政务，往往代行宰相职。宋代主管中书六房（吏、户、礼、兵、刑、工），承办文书，起草诏令。明太祖罢中书省，其官属尽革，唯存中书舍人，后归内阁中书科，职权较前已微，仅从七品，掌书写语敕、制诰、银册、铁券等事。清沿置，正七品，掌撰拟、翻译。

④ 康熙十四年（1675）十二月立次子胤礽为皇太子，大学士张英、李光地为之师。胤礽为孝诚仁皇后（索额图侄女）所生，四十七年（1708）九月被废。康熙指索额图为"本朝第一罪人"，宣太子罪状曰："索额图助允礽（即胤礽）潜谋大事，朕知其情，将索额图处死。今允礽欲为索额图报仇，令朕戒慎不宁。"（《清史稿·索额图传》）时康熙且谕且泣，至于仆地，又谕"诸皇子中如有谋为皇太子者，即国之贼，法所不宥"（《清史稿·诸王传六》）。后闻皇长子胤禔用蒙古喇嘛魇术咒诅其弟，乃于明年三月复立胤礽为太子。五十一年（1712）十月再废之，自是，终清世不复立太子。雍正甫立，即在乾清宫召见王大臣、满汉文武大臣、九卿，面谕秘密建储之制，曰："朕特将此事亲写密封，藏之匣内，置之乾清宫正中世祖章皇帝御书'正大光明'匾额之后，乃宫中最高之处，以备不虞。"（《世宗实录》卷十）

治制度之中。

雍正于继统事有取巧嫌疑①，故对不尽诚服诸王"束缚驰骤，呵谴诛戮"（孟森《明清史论著集刊》"八旗制度考实"）。初听政，即面谕诸王、文武大臣，"谆谆以朋党为戒"；一年后又亲撰《朋党论》一篇，命群臣"洗心涤虑，详玩熟体"（《世宗实录》卷二十二雍正二年七月丁巳条）。所谓"朋党"，实指"各旗主属之名分"（《明清史论著集刊》"八旗制度考实"）。八旗中"上三旗"由天子自将，对王贝勒属下的"下五旗"，康熙末年已选派皇子办理旗务，雍正更进一步，直接掌控八旗，尽夺诸王之权，从此旗员"只知有君上，不知有管主"（《世宗实录》卷四十四雍正四年五月乙巳条）。究其动机，既同室操戈，开杀戮兄弟之隙，则蛇影杯弓，"惟恐诸王贝勒旧属之为主报仇，且觉诸兄弟之尚有心腹忠党。"（《明清史论著集刊》"八旗制度考实"）而随着王公旗主势力削弱，议政王大臣议政之权亦衰②。

与八旗改制同时，雍正从云贵总督鄂尔泰之请，在西南少数民族地区推行"改土归流"，即废除土司，代以朝廷任命的"流官"③，其要皆在加强皇权，务使"天无二日，民无二王"理念深入人心而后已。

雍正七、八年（1729—1730）间，以西北两路用兵，而"内阁在太和门外，僚直者多，虑漏泄事机"（赵翼《檐曝杂记》卷一"军机处"条），特设军机房，领以亲重大臣④。雍正十年（1732）改称办理军机处⑤，张廷玉为定规制："诸臣陈奏，常事用疏，自通政司上，下内阁拟旨；要事用摺，自奏事处上，下军机处拟旨，亲御朱笔批发。自是内阁权移于军机处。"（《清史稿·张廷玉传》）

谕旨交内阁传抄者，谓之"明发"；令军机处行，封交兵部发驿驰递者谓之"廷寄"

---

① 时有太监私语，云圣祖皇帝原传十四阿哥允禵（雍正同母弟）天下，今上将"十"字改为"于"字；又云圣祖在畅春园病重，今上进一碗人参汤，圣祖就崩了驾。语见《大义觉迷录》（卷三），雍正自述又自辟之，乃兴流言。案：雍正即位后，改诸皇兄弟名由"胤"为"允"字排行以避讳，惟信任允祥（皇十三子），死后特命复其"胤"字，余皆仇视如路人，尤恶允禩、允禟（皇九子），勒令改名阿其那、塞思黑，削爵禁锢。"阿其那、塞思黑者，盖满洲语，比之于猪、狗"；未几，二人先后卒于幽所，"盖暗杀也"（《清朝野史大观》卷一《清宫遗闻》"清代骨肉之惨祸"）。

② 至乾隆五十六年（1791）十月，以议政大臣"无应办之事，殊属有名无实"（《高宗实录》卷一三八九），特旨裁之。

③ 因有任期，与世袭土官不同，故名。

④ 《清史稿·军机大臣年表一》谓雍正七年（1729）六月始设军机房，《张廷玉传》则系其事于雍正八年（1730）。

⑤ 乾隆莅政，更名总理事务处，寻复如初。案：军机处在隆宗门内之北，与南书房邻。大臣入军机者，曰"军机大臣上行走"，初入者加"学习"二字；章京（即司员）曰"军机处行走"。大臣直庐初仅板屋数间，乾隆时命改建瓦屋；章京直房先在大臣直庐之西，仅屋一间半，又逼近隆宗门之墙，窄且暗，后迁于对面北向屋五间，满汉两班分左右居之（见《檐曝杂记》卷一）。

或"寄信"，以事之缓急，注明日行若干里（自三百里至八百里）于函外。机事传递"自有廷寄之例，始密且速矣"（《簷曝杂记》卷一"廷寄"条）[1]。

明太祖废宰相，事权尽归宸断，终不能长久行之，至永乐便有内阁之设，复掌相权。清踵明制不置宰相，可谓得了朱元璋的真传，乾隆曾借着批程颐，咬牙切齿道："为宰相者，居然以天下之治乱为己任，而目无其君，此尤大不可也！"（《御制文二集》卷十九《书程颐论经筵劄子后》）[2]雍正别出心裁设"名不师古"的军机处，"军国大计，罔不总揽"（《清史稿·军机大臣年表一》），自是"内阁益类闲曹，六部长官数四，各无专事。……一职数官，一官数职，曲存禀仰，建树宁论！"（《清史稿·职官志一》）至光绪三十二年（1906），庆亲王奕劻等奏陈当日政治积弊有三，其一曰名实不副，"名为吏部，但司签掣之事，并无铨衡之权；名为户部，但司出纳之事，并无统计之权；名为礼部，但司典礼之事，并无礼教之权；名为兵部，但司绿营兵籍、武职升转之事，并无统御之权"（《庆亲王奕劻等奏厘定中央各衙门官制缮单进呈摺》，见《清末筹备立宪档案史料》，中华书局，1979年），——其弊正自雍正朝始。

需要指出的是，承旨诸军机大臣固然权重，"亦只供传述缮撰，而不能稍有赞画于其间"（《簷曝杂记》卷一"军机处"条）。故听上去有几分吓人的军机处不过一御用话筒，非但威胁不到高高在上的皇权，实在倒是强化皇权的有力"帮凶"。有清一代，"用人行政，事事悉仰君主一人之独断，务求柄不下移，实中国有史以来之创局也"（钱穆语，《国史大纲（下）》836页）。

摊丁入亩

满清携奴隶制残余入关，跑马圈地，晚明由江南地区商品经济高度发展而掀起的巨变洪流[3]竟在新帝国的铜墙铁壁前撞成了一堆泡沫。至康熙传谕"民为邦本，必使家给人

---

[1] 初，为军机大臣者门庭峻绝，罕与督抚外吏相接，即在京部院官亦少往还（见《簷曝杂记》卷一"军机不与外臣交接"）。乾隆中于敏中为军机大臣久，广接外吏以通声气，风气为之一变（见《啸亭杂录》卷七"于文襄之敏"）。其后和珅专擅，所属繁多，无地画诺，皆丛集军机处阶下待之；相沿日久，直入堂中回稿，视为泛常，故政事易泄漏（见《啸亭杂录》卷七"军机御史"）。及和珅伏法，纪纲复归于严，"凡军机大臣，止准在军机承本日所奉谕旨，部院稿案，不准在军机处办理；司员不准至军机处启事；军机章京办事处，不许闲人窥视；王以下及文武大臣，不许至军机处与军机大臣谈论；至通谕王公大臣之事，在乾清门阶下传述，不许在军机处传述。并命科、道官一人，轮日至隆宗门内纠察，俟军机退直方退"（《养吉斋丛录》卷四）。

[2] 案：钱穆对这段话印象深刻，以致在所著《国史大纲（下）》不长篇幅内连引用两次，分别见833及860—861页。

[3] 参见本书"从《金瓶梅》谈开去"一节。

足，安生乐业，方可称太平之治"（《圣祖实录》卷二十二康熙六年五月丙午条），复将中国社会拉回到传统小农经济的"本位"上来，而冠以"盛世"美名。

顺治初抚中夏，"丁徭之法，悉沿明旧"（王庆云《石渠余纪》卷三《纪丁额》）。编《赋役全书》，复万历间原额；造黄册、鱼鳞册，与《赋役全书》相表里；征之于民，则用万历一条鞭法。及康熙亲政，务行宽仁，叫停圈地，鼓励垦荒，蠲免钱粮，康熙五十一年（1712）更有以上年丁数永为定额，"自后所生人丁，不必征收钱粮"（《圣祖实录》卷二四九是年二月壬午条）的圣谕。廷议"（康熙）五十年以后，谓之盛世滋生人丁，永不加赋"（《清史稿·食货志二》）。此项"惠政"，被钱穆指为清廷一面钳制中层士大夫、一面讨好下层民众的最有名例证（见《国史大纲（下）》862页）。

丁额既定，康熙五十五年（1716）户部再议抵补之法：凡有缺额人丁，"以本户新添者抵补；不足，以亲戚丁多者补之；又不足，以同甲粮多之丁补之。"（《清史稿·食货志二》）此法一出，在官谓之补，在民则谓之累，遂有"丁倒累户，户倒累甲"之谣（《石渠余纪》卷三《纪丁随地起》）。且继续执行丁、地分征，赋役不均之痼疾难除。解决的办法，如雍正四年（1726）河南巡抚田文镜疏中所云："丁粮同属朝廷正供，派之于人与摊之于地均属可行。然与其派在人而多贫民之累，孰若摊在地而使赋役之平。"（田文镜《抚豫宣化录》卷二《条奏·详请题明豫省丁粮按地输纳以均赋役事》）此即"摊丁入亩"或曰"丁随地起"之法，实际秉承的仍是明代一条鞭法所蕴含的地丁合一精神。

康熙季年已准"广东所属丁银就各州县地亩摊征，每地银一两，摊丁银一钱六厘四豪［毫］不等"（《石渠余纪·纪丁随地起》），是为摊丁入亩见诸明文之始[1]。雍正初，准直隶巡抚李维钧丁银随地起征之请，嗣后通行各省[2]，"将丁口之赋，摊入地亩输纳征解，统谓之'地丁'。"（《清史稿·食货志二》）

清人王庆云总结摊丁入亩的好处道："可以无额外之多取，而催科易集。其派丁多者，必其田多者也；其派丁少者，亦必有田者也。保甲无减匿，里户不逃亡，贫穷免敲

---

[1] 案：丁随地派之法，明天启元年（1621）给事中甄淑奏请行之，然不久辄罢。又陕西鄠县、城固县皆行此法于明季，南郑县行于顺治十三年（1656），故秦地并丁于粮，其来最久（见《石渠余纪·纪丁随地起》）。

[2] 不含奉天、贵州、山西、台湾等地。贵州、台湾实行摊征皆在乾隆年间。山西情况较为特殊，"居民置产者少，逐末者多，且地土瘠薄，不同于他省"（《朱批谕旨》第二册，雍正四年七月二十九日山西巡抚伊都立奏折），故雍正九年（1731）试办，乾隆间三次改丁归地粮，又历嘉庆、道光诸朝，至光绪五年（1879）始告通省完成（见光绪《山西通志》卷五十八《田赋略一》）。奉天、吉林均因户籍未定，摊征无从着手，道光二十一年（1841）始将奉天境内无业穷丁税银摊入地粮征收（见咸丰《户部则例》卷六《田赋下·丁银定额》），而吉林、宁古塔、伯都讷三处摊征令下，更迟至光绪九年（1883），户部咨准"吉林除优免七十一丁外，每地银一两，摊丁银一钱九厘六毫三丝；宁古塔地银一两，摊丁银三钱三分八厘六毫；伯都讷地银一两，摊丁银一钱零三厘九毫六丝"（光绪《大清会典事例》卷一六二《户部·田赋》）。

扑，一举而数善备焉。所不便者，独家止数丁而田连阡陌者耳。"（《石渠余纪·纪丁随地起》）的确，李维钧初请在直隶摊征，"有力之家皆非所乐，或有阻遏其请者。"（《朱批谕旨》第五册，雍正元年七月十二日李维钧奏折）一旦推行全国，家居不仕、潜心经学的李光坡（李光地弟）也坐不住，秉笔直陈利害，谓"富者虽田连阡陌，不过一身；贫者虽粮无升合，亦有一身。普天之下，莫非王土，食毛输税，赋既无容偏枯；率土之滨，莫非王臣，均履后土而戴皇天。富者则责急公，贫者必尽蠲其手足之烈，除其公旬之义，则役非偏枯乎？今之丁银既有定额，与粮并征，何富可卖，何贫可差，何能脱漏，何有加驮"（《皇朝经世文编》卷三十《户政五·赋役二》，李氏"答曾邑侯问丁米均派书"）？可见清廷此次变革赋役制度，打压士人缙绅的意图是十分明显的[1]。

《世宗宪皇帝上谕内阁》清楚记录了雍正对待士类的态度，曰："朕观今日之士，虽不乏闭户勤修读书立品之人，而荡检踰闲不顾名节者亦复不少。或出入官署，包揽词讼；或武断乡曲，欺压平民；或抗违钱粮，藐视国法；或代民纳课，私润身家。种种卑污下贱之事，难以悉数。"（卷四十八，雍正四年九月二十七日谕）又云："秀才自称儒户，监生自称宦户……迟延拖欠，不即输纳，大干法纪"，令"除去儒户、宦户名目，如再有抗顽不肖生监，即行重处，毋得姑贷。"（卷十六，雍正二年二月十四日谕）田文镜出任河南巡抚，最能领会上面精神，"以严厉刻深为治"，不但疏请本省摊征，无论"绅衿富户，不分等则，一例输将"，且"尤恶科目儒缓，小忤意，辄劾罢"（《清史稿》本传）。广西巡抚李绂改授直隶总督，过河南，见田氏，一揖未毕，厉声责问："公身任封疆，有心蹂践读书人，何耶？"（《蕉轩随录》卷十"记田督事"）遂劾文镜贤否倒置，负国殃民。雍正则谓李妄语，谆谆诫其"切勿偏袒士子，以沽虚名"（《朱批谕旨》第八册，雍正四年八月十六日李绂奏折朱批）[2]。

《清史稿·食货志二》谓自丁随粮办，"丁徭与地赋合而为一，民纳地丁之外，别无徭役"，实属诲辞。清初于钱粮外例有"火耗"（亦称"耗羡"）加征，地方官吏借此名

---

[1] 案：一条鞭法初行于明世，同样遇到"有力之家不乐"的局面。明、清赋役之制的形式虽一脉相承，背后暗藏的朝廷用意却迥然有别。

[2] 李绂卒以参劾田文镜下狱，《蕉轩随录》"记田督事"谓两次决囚，雍正命缚李诣菜市口，刀置于颈，问："此时知田文镜好否？"绂答："臣愚，虽死实不知田文镜好处。"御史谢济世亦劾文镜，逮下狱，严鞠主使之人。济世对曰："某自幼读孔、孟书，知事上以忠荩，即为孔、孟所主使也。"（《啸亭杂录》卷九"谢济世"）案：是时河南地方官吏体察清廷意旨，蹂躏士人之风堪称盛矣。巩县知县张可标发布告示，命"生员与百姓一体当差"（《朱批谕旨》第十一册，内阁侍读学士班第奏折）。封邱知县唐绥祖亦令生员与百姓一例完粮、当差，导致生员罢考，至期仅二十三人应试。诸生抗议道："若要我等赴考，必须免了我们按地出夫，参了唐知县。若是不免夫，不参官，断断不考。"（《朱批谕旨》第十一册，雍正二年六月二十三日河南巡抚石文焯奏折）

目舞弊滥收，偏州僻邑"税轻耗重，数倍于正额者有之"（《皇朝经世文编》卷二十七《户政二·理财下》，钱陈群《条陈耗羡疏》）[1]。雍正二年（1724）从山西巡抚诺敏、布政使高成龄之请，明定火耗充公，"分给官吏养廉及其他公用。"（《清史稿·食货志二》）县令出身、熟谙民情的吏部侍郎沈近思[2]争曰："耗羡归公，即为正项，今日正项之外加正项，他日必至耗羡之外加耗羡。"（《清史稿》本传）后来情形果如其言，故雍正叹"惠民之政，转而扰民"（《清史稿》本纪）。乾隆时征收钱粮有所谓"浮收""折扣"之弊（见《清史稿·食货志二》），此犹在"盛世"，其后诸弊丛生，清廷徒有"永不加赋"虚名授民以口惠，而私征加派无已，甚至卖官筹饷，推广捐例，致仕途殽杂。光绪八年（1882）山西巡抚张之洞言"晋省虐民之政，不在赋敛而在差徭"（《清史稿·食货志二》），正透出此中消息。及战败于列国，赔偿兵费至四百余兆，地方纷纷有"赔款捐"。当是时，"以中国所有财产抵借外债，积数十年不能清偿。摊派加捐，上下交困"（《清史稿·食货志一》），事更不可论矣。

在新赋役政策的感召下，百姓放开手脚生儿育女，人口激增，民生又渐有不给之虞。乾隆五十八年（1793），高宗谕内阁曰："承平日久，生齿日繁，盖藏自不能如前充裕。且庐舍所占田土，亦不啻倍蓰。生之者寡，食之者众，朕甚忧之。"（《清史稿·食货志一》）据《清史稿·食货志》提供的数字，总计天下民数，康熙五十年24 621 324口，乾隆六十年296 960 545口，嘉庆二十四年301 260 545口，道光二十九年412 986 649口，已突破四亿大关。

乾、嘉间，洪亮吉尝作治平之虑，云："治平至百余年可谓久矣，然言其户口，则视三十年以前增五倍焉，视六十年以前增十倍焉，视百年、百数十年以前不啻增二十倍焉。试以一家计之，高、曾之时有屋十间，有田一顷，身一人，娶妇后不过二人。以二人居屋十间，食田十（当为'一'之误）顷，宽然有余矣。以一人生三计之，至子之世而父子四人，各娶妇即有八人，八人即不能无佣作之助，是不下十人矣。以十人而居屋十间，食田一顷，吾知其居仅仅足，食亦仅仅足也。子又生孙，孙又娶妇，其间衰老者或有代谢，然已不下二十余人。以二十余人而居屋十间，食田一顷，即量腹而食，度足而居，吾以知其必不敷矣。又自此而曾焉、自此而玄焉，视高、曾时口已不下五六十倍，是高、曾时为一

---

[1] 案：元、明亦征火耗（参见本书341页），而清代最重，不惟熔销折耗，解送往返费用亦含在内。《聊斋志异》卷八《盗户》谓："章丘漕粮徭役，以及征收火耗，小民常数倍于绅衿。"噶礼性贪，康熙中任山西巡抚数年，通省钱粮加火耗十之二，分补大同、临汾等县亏帑，余入己，得四十余万，晋民不能堪（见《清史稿》本传）。

[2] 此公即奉旨赴河南按治封邱诸生罢考案者。

户者，至曾、玄时不分至十户不止。""田与屋之数常处其不足，而户与口之数常处其有余"，"一人之居以供十人已不足，何况供百人乎？一人之食以供十人已不足，何况供百人乎？"（《卷施阁文甲集》卷一《意言·治平篇》，载《洪亮吉集》第一册）

又作生计之虑，云：四民之中，各有生计，除农本计不议外，士工商一岁所入不下四十千。"闻五十年以前吾祖若父之时，米之以升计者，钱不过六七；布之以丈计者，钱不过三四十。一人之身，岁得布五丈即可无寒，岁得米四石即可无饥。米四石为钱二千八百，布五丈为钱二百。是一人食力，即可以养十人。即不耕不织之家，有一人营力于外，而衣食固已宽然矣。今则不然，为农者十倍于前，而田不加增；为商贾者十倍于前，而货不加增；为士者十倍于前，而佣书授徒之馆不加增。且昔之以升计者，钱又须三四十矣；昔之以丈计者，钱又须一二百矣。所入者愈微，所出者益广，于是士农工贾各减其值以求售，布帛粟米又各昂其价以出市。此即终岁勤动，毕生皇皇，而自好者居然有沟壑之忧，不肖者遂至生攘夺之患矣。"（《意言·生计篇》）

《意言》成书于乾隆五十八年（1793），五年后英人马尔萨斯（Thomas Robert Malthus）之《人口学原理》（*An Essay on the Principle of Population*）问世，"斯于学术史上极奇异、极凑巧之现象。"（张荫麟语，《素痴集》"洪亮吉及其人口论"205页，百花文艺出版社，天津，2005年）惟自马氏人口论出，开辟西方经济学、社会学新天地，洪氏学说则长埋故纸堆中，"在当时及后世皆未尝有丝毫之影响，徒为今日历史上之资料而已。"（同上书202页）

康雍乾间文字狱

满洲人仅用四十日奠定北京，却须用四十年征服全中国；"在这四十年里头，对于统治中国人方针积了好些经验，他们觉得用武力制服那降将悍卒，没有多大困难，最难缠的是一班'念书人'——尤其是少数有学问的学者，因为他们是民众的指导人，统治前途暗礁都在他们身上。满洲政府用全副精神对付这问题，政策也因时因人而变。"（梁启超《中国近三百年学术史》）

多尔衮摄政时代，招纳降臣，开科取士；迨世祖亲政，江南底定，顾忌渐少，对"那群被'诱奸'过的下等'念书人'"转而用高压手段，大兴科场案，又有所谓奏销案，被累者一万三千余人，江南缙绅之家无一获免，已尽如前述；对"真正智识阶级"则发起文字狱"加以特别摧残"（同上引）。顺治初，僧人函可亲见金陵诸臣死事状，记为私史，遂下狱，有满妇张氏告曰："师不择于字，故祸至此。师生无论好字丑字，毋更着笔"

（陈伯陶辑《胜朝粤东遗民录》卷四"函可"）函可闻之悚然，此为清代最早史狱①。顺治十七年（1660），时为左都御史的魏裔介疏劾大学士刘正宗"与张缙彦为友，缙彦序正宗诗曰'将明之才'，诡谲尤不可解"。御史萧震又劾缙彦"编刻《无声戏》，自称'不死英雄'，惑人心，害风俗"（见《清史稿·刘正宗传》及所附张缙彦传）。刘、张皆获罪籍没。嗣后康、雍、乾间以文字诛戮士人之风日炽。

康熙二年（1663）有庄氏史案。浙江湖州富户庄廷鑨购得前朝阁辅朱国祯所著明史稿，补崇祯一朝事，攘为己作，刊刻成书。书内"颇有忌讳语，本前人诋斥之辞未经删削者"（《顾亭林诗文集》之《文集》卷五《书吴潘二子事》）②，遂召大祸，牵连罹难凡七十余人（或曰二百余人），遣戍百余人，病故者甚且剖棺剉尸，"江楚诸名士列名书中者皆死，刻工及鬻书者同日刑。"（徐珂辑《清稗类钞》第三册《狱讼类》"庄廷鑨史案"，中华书局，1984年）吴江诸生吴炎、潘柽章皆高才，有志修一代史书，"以继迁、固之后"（《书吴潘二子事》），不及成而株累被戮③。惟海宁查继佐以识广东水陆师提督吴六奇故，侥幸脱罪④；亭林薄庄氏不学，未列己名，亦免祸。此在鳌拜执政时期。

康熙亲政后数年而三藩乱起，于是变高压为怀柔，康熙十七年（1678）诏曰："自古一代之兴，必有博学鸿儒，振起文运，阐发经史，润色词章，以备顾问著作之选。……凡有学

---

① 函可本姓韩，名宗騋，父日缵官至明礼部尚书，洪承畴即其门下士。函可以罪戍沈阳，与谪谪诸臣结"冰天诗社"，自称揩揸和尚。案：揩揸，粪便、垃圾也。

② 书中不用清在关外年号，直书太祖为建州都督，又指孔有德、耿精忠为叛，皆触时讳。或云廷鑨目盲，以司马迁有"左丘失明，厥有《国语》"之说，奋欲著书，成一家言；书垂成而廷鑨卒，父胤城为之付梓（见《书吴潘二子事》）。然徐珂谓"此非实事也"（《清稗类钞·狱讼》"庄廷鑨史案"）。又佚名撰《庄氏史案》误将剿窃者记作廷鋆，据翁广平《书湖州庄氏史狱》，廷鋆乃胤城弟胤采之子。胤城本复社遗老，与弟胤坤、胤采，子廷鑨、廷钺，及胤采子廷镳、廷鋆、廷镜、廷铣，俱以才学名著两浙，号"庄氏九龙"。

③ 吴、潘等俱磔于杭州弼教坊。先一日，吴炎语其弟曰："我辈必罹极刑，血肉狼籍，岂能辨识？汝但视两股上各有一火字者，即我尸也。"闻者无不流涕（见《觚剩》卷一《吴觚上》"虎林军营唱和"条）。

④ 据沈起撰《查东山先生年谱》（沈为查之门人），查继佐本名继佑，号伊璜，学者称东山先生；十八岁应县试，以试册误书"佐"，遂仍之。《聊斋志异》卷六《大力将军》谓伊璜尝遇乞儿吴六奇于野寺中，骇其力健，携以归，赠资使投行伍。至伊璜以修史案林连被收，六奇奏免其罪。《香祖笔记》卷三、《觚剩》卷七《粤觚上》"雪遘"条亦记其事，徐鼒考证尚可喜南下征粤时，明总兵吴六奇迎降，故查、吴遘逅若非传奇，当在明世（《小腆纪年附考》卷十七）。《查东山先生年谱》则力辨吴将军实为新安人陆晋，晋贫时亦行乞，偶遇伊璜，后从军效力，贵为潮州提督，因二者事迹略同，致有此附会云。
《查东山先生年谱》又谓早在顺治十八年（1661）伊璜便曾投牒督学检举庄氏书，手著四六体，中一联云"倘或犯于所忌，间有非所宜言"，并入海宁范骧、钱塘陆圻名于牒，以此一联，活三家三百余口。据此，则是案伊璜竟为首告，《查东山先生年谱》所引查氏日记及陆圻女莘行所作《老父云游始末》同证之。陆圻既获免，叹曰："今幸得不死，奈何不以余年学道耶！"（《清史稿·文苑传一》）遂出家，后入粤投僧人函昰（本名曾起莘）。案：函昰、函可俱从高僧道独剃度，为同门师兄弟。函昰开法岭南，明遗臣流寓粤东者多依之；函可遣戍沈阳，所度弟子皆江南人，由是两家弟子分处南北。

行兼优、文词卓越之人，不论已仕未仕，令在京三品以上及科道官员，在外督抚布按，各举所知，朕将亲试录用。"（《圣祖实录》卷七十一是年正月乙未条）明年三月，御试博学鸿词于保和殿，各地所举百四十三人，取一等彭孙遹、朱彝尊等二十人，二等潘耒（潘柽章弟）、毛奇龄等三十人，分授翰林官。只不过"被买收的都是二三等人物"（《近三百年学术史》），不要说顾亭林、王船山、黄梨洲这样负重望的大师，即如梨洲弟子万斯同亦辞鸿博荐不就[1]。及明史馆开，情形方有所改观，谙熟明代掌故的万先生终以布衣应聘参与其中，出力最多。康熙尝撰文阐述修《明史》原则，曰"《明史》不可不成，公论不可不采，是非不可不明，人心不可不服"（《圣祖实录》卷二一八康熙四十三年十一月壬戌条）。潘耒亦上书总裁，有"秉笔直而持论平"（《清史稿·文苑传一》）之说。然而"始于顺治二年，开馆于康熙十七八年间，至乾隆四年始成，历时几近百年"的《明史》一书"忌讳孔多"（谢国桢《增订晚明史籍考》自序，上海古籍出版社，1981年），讳言建州女真，又未敢直书南明史实，意有所蔽，持论自偏，凡有涉明季及清初开国事迹者俱与上述堂皇要求相差远矣。

康熙对待士人策略既变，乃有宽仁之名。两江（江南、江西）总督噶礼劾苏州知府陈鹏年所作《重游虎丘》诗含讥刺，涉诽谤，圣祖诏曰："诗人讽咏，各有寄托，岂可有意罗织以入人命？"（《清稗类钞·狱讼》"陈恪勤诗案"）故梁启超称"康熙朝学者，没有什么顾忌，对于各种问题，可以自由研究"（《近三百年学术史》）。但任公的结论未免下早了些，至康熙五十年（1711）便有《南山集》大案，左都御史赵申乔劾新科翰林编修戴名世恃才放荡、语多悖逆，逮下狱严鞫[2]。

名世字田有，号褐夫，别号忧庵，桐城人。留心明代史事，"时访明季遗老，考求故事，兼访求明季野史，参互考订，以冀后来成书。"（佚名撰《记桐城方戴两家书案》）尝遇同县方苞于京师，曰："吾胸中有书数百卷，其出也，自忖将有异于人人。"（《清史稿·文苑传一》）及《南山集》书成，采方孝标《滇黔纪闻》所载永历事[3]，又谓"本朝当以康熙壬寅（即元年）为定鼎之始，世祖虽入关十八年，时三藩未平，明祀未绝，若循蜀汉之例，则顺治不得为正统"（《清稗类钞·狱讼》"戴名世《南山集》案"），出言不逊，惹祸上身。

康熙五十二年（1713）狱成，名世处斩，所著《南山集》《孑遗录》（记明季桐城被兵事）及方孝标书尽行烧毁。时孝标已死，族属充发黑龙江，方苞序戴氏书，与诸干连者皆免死

---

[1] 当时拒鸿博荐者又有吕晚村，事迹详见后。

[2] 赵申乔居官以清廉著称，尝救陈鹏年于不死；然自兴此狱，乃获世讥。

[3] 案：内弘文院侍读学士、桐城人方玄成字孝标，避康熙讳以字行。尝陷顺治十四年（1657）江南科场案，流放宁古塔；后遇赦释归，闲居无事，游历滇黔，值吴三桂反，被拘留，授以伪职。孝标佯作疯癫逸去，剃发为僧，追记在滇黔时所闻见，成《滇黔纪闻》一书。戴名世见而喜之，《南山集》中多有采录。

入旗。李光地荐苞能作古文,苞乃得释,召入南书房,然专事编辑,终康熙朝未尝授以官①。

雍正即位,重施高压,气象又与乃父时代大不同。最悖情理者,世宗微服人书肆浏览,微风吹拂书页,有书生见状吟道:"清风不识字,何必来翻书。"遂以为讥讽,下诏杀之(见《清稗类钞·狱讼》"吟诗杀身")。

出人意料的是,首先以文字获咎者竟是助雍正登上帝位的封疆大吏年羹尧。羹尧、隆科多案发(见本书521页注二),党羽如海宁查嗣庭、钱塘汪景祺、武进钱名世等纷纷以这样那样罪名被一网打尽。钱名世官至侍讲,尝佐万斯同修《明史》,坐投诗谄羹尧夺职,发回原籍,雍正亲书"名教罪人"四字,命地方官制造匾额,张挂其门,又令"在京现任官员由举人进士出身者,仿诗人刺恶之意,各为诗文,纪其劣迹,以儆顽邪"(《世宗实录》卷四十二雍正四年三月壬戌条)。礼部侍郎查嗣庭典试江西,出题曰"维民所止",有讦者谓"维止"乃取"雍正"二字去其首也(见《海宁州志稿》卷二十九《人物志·文苑》)②。嗣庭因此受祸,削职逮问,后自杀,戮尸;其兄慎行③、嗣瑮亦牵连就逮。羹尧幕僚汪景祺以谤讪处斩,与嗣庭同为浙人,浙江因之停会试科,时为江南乡试考官的沈近思(亦浙人)疏曰:浙省有嗣庭、景祺,"越水增羞,吴山蒙耻!"(《清史稿·沈近思传》)

广西人谢济世撰《古本大学注》,陆生柟撰《通鉴论》十七篇,俱涉嫌怨望谤讪,雍正密谕诛陆,谢陪绑(见《清史稿·谢济世传》)。陆氏之狱更是开了以论史而获罪的先例,"自兹以往,非惟时事不敢论议,即陈古经世之书,亦不敢读矣。"(《康雍乾间文

---

① 《南山集》中称孝标为方学士,康熙误以为方学士即当年助吴三桂叛的歙人方光琛之子方学诗,乃有"案内方姓人俱系恶乱之辈,伊等族人不可留本处"之谕(见《方戴两家书案》)。又佚名辑《康雍乾间文字之狱》谓尚书韩菼以下与戴名世牵连者俱免死。案:菼卒于康熙四十三年(1704),或将其窜入其中,然菼和名世有文字往来应为事实。李绂诗文集内亦载与名世七夕同饮趣事,至乾隆三十三年(1768),江西巡抚吴绍诗参奏李绂诗文愤嫉狂悖,请查封其原籍家产(时绂已死),欲兴大狱。高宗传谕毋庸置疑,止将绂所著《穆堂初集》《穆堂续集》等各项书籍、版片尽行销毁(见乾隆三十三年十月初六日《吴绍诗奏将李绂诗文板片销毁折》,《清代文字狱档》第二辑《李绂诗文案》;《清代文字狱档》缺吴绍诗初奏一件,甚憾)。

② 或曰,嗣庭尝著《维止录》一书,取明亡大厦已倾,赖清维之而止意。世宗初甚嘉许,有太监指为逆书,曰:"纵观之,见其颂扬我朝,若横观之,尽是诋斥满洲耳。"世宗侧其书览之,果然。嗣庭又于首页云:"康熙六十一年某月日,天大雷电以风。予适乞假在寓,忽闻上大行,皇四子已即位,奇哉"(见《清稗类钞·狱讼》"查嗣庭以文字被诛"),更是罪证。

③ 据陈敬璋撰《查他山先生年谱》(陈为查之外曾孙),查慎行初名嗣琏,字夏重,号他山,学者称初白先生。尝受学于黄宗羲,工诗。康熙四十二年(1703)成进士(名在二甲第二,时年五十四),寻授编修。圣祖幸南海子,捕鱼赐近臣,慎行赋诗云:"笠檐蓑袂平生梦,臣本烟波一钓徒。"宫监遂传呼为"烟波钓徒查翰林"。

字之狱》）

　　起于雍正六年（1728）的曾、吕之狱当属世宗时第一文字巨案。浙人吕留良（号晚村）追念明代，削发为僧，不仕清室，著书论夷、夏之防，发抒种族思想，有诗云："清风虽细难吹我，明月何尝不照人。"（《述怀》）湘人曾静读吕氏生前文章，沉溺其说，遣弟子张熙化名投书川陕总督岳钟琪，谓钟琪系岳飞后裔，"今握重兵，居要地，当乘时反叛，为宋、明复仇。"（雍正六年九月二十八日《陕西总督岳钟琪奏折》，《清代文字狱档》第九辑《曾静遣徒张倬投书案》，上海书店据原北平故宫博物院文献馆1931—1934年版复印，1986年）案发，曾静师徒自湖南、留良之子毅中自浙江锁押解京。雍正痛诋留良"于明毫无痛痒之关"，而造言生事，罪较曾静更为倍甚，实"恶贯满盈，人神共愤，天地不容"（《大义觉迷录》卷四）。旋将留良并已故长子葆中剖棺戮尸，毅中处斩，子孙发宁古塔为奴。株连罹祸者又有留良弟子严鸿逵、鸿逵弟子沈在宽及黄补庵、车鼎丰、车鼎贲、孙用克等众多文士。惟始作俑者曾静在交上一篇《归仁说》（相当于悔过书）之后洗心革面，与张熙一同免罪释放。

　　此案趣味之处在于，世宗不惜以万乘之尊，与区区山野陋儒大打笔墨官司，并将辩论文字汇成一部洋洋洒洒、烦冗枯燥十万余言的《大义觉迷录》颁行天下，"俾读书士子及乡曲小民共知之，并令各贮一册于学宫之中，使将来后学新进之士，人人观览知悉"（见卷一）。高宗嗣位，迫不及待将先父这部得意之作列为禁书，回收销毁，先前开释的曾静、张熙也终于不能逃过"寸磔于市"的下场。而围绕世宗晏驾，民间很快流传开晚村孙女"侠娘"入宫行刺、替祖复仇的故事，更让本案案中生案，书场看官狂呼过瘾①。

　　擅附庸风雅的乾隆作诗有"不为已甚去已甚"句（《高宗实录》卷一〇四四乾隆四十二年十一月甲戌条），自诩"朕不以语言文字罪人"（《清史稿·谢济世传》）；然在他治下，正是断章取义、深文周纳、文网最密之时，因一二字忌讳遂至家破人亡者不可胜纪。像"一把心肠论浊清"（加"浊"字于国号之上，《清稗类钞》"胡中藻以《坚磨生诗》被诛"），"大明天子重相见，且把壶儿搁半边"（"壶儿"即"胡儿"），"明朝期振翮，一举去清都"（借朝夕之朝作朝代之朝，不言到清都而言去清都，《清稗类钞》"徐述夔《一柱楼诗》案"），"乱剩有身随俗隐，问谁壮志足澄清"，"蒹葭欲白露华清，梦里哀鸿听转明"（虽隐约其词，实有厌清思明意，《清稗类钞》"方国泰以藏匿祖

---

① 见许指严《十叶野闻》"九汉外史五则"（载《中国野史集成》第五十册）。野史又谓吕晚村孙女名四娘，精剑术，与金陵甘凤池、常州白泰官等并称大江南北七义侠。七侠皆出郑成功门下，抱种族主义。四娘兼有国仇家恨，图报愈急。《聊斋志异》卷二《侠女》一文即隐指四娘，而她所取"须发交而血模糊"的仇人头颅即胤禛之首云云（见《清朝野史大观》卷十二《清代述异》"江南北八侠""甘凤池"条）。

诗被杖徒"），"风雨从所好，南北杳难分"，"莫教行化乌肠国，风雨龙王欲怒嗔"（涉隐约怨诽，《清稗类钞》"蔡显以诗句论斩"①）这样的诗句都可成为致罪之由。"江南老名士"沈德潜编《国朝诗别裁集》，以钱谦益为冠，进呈求序，高宗谕曰："将身事两朝、有才无行之钱谦益居首，有乖千秋公论"（乾隆四十一年十二月初一日《上谕（军机处档）》，《清代文字狱档》第七辑《沈德潜选辑〈国朝诗别裁集〉案》），乃命内廷翰林重为校定，原版销毁；而德潜卒以替《一柱楼集》作者、东台举人徐述夔写传故，招身后之辱。

乾隆四年（1739），京师市井传直隶总督孙嘉淦奏稿论劾大学士鄂尔泰、张廷玉等；十六年（1751），又传嘉淦奏稿斥言高宗失德有"五不可解""十大过"，清廷震怒，饬各省穷治。此案"转相连染，历六省，更三岁"（《清史稿·孙嘉淦传》），最终不了了之②。曾被世宗谕奖为"安分读书人"的钱陈群疏请免株连，高宗斥以"取巧沽名""作梦呓语"，有"并尔子将不保首领"之严谕（见《高宗实录》卷四三六乾隆十八年四月丁亥条）。

尤可异者，江西新昌县举人王锡侯以撰《字贯》竟成大狱。锡侯三十八岁始中乡举，"九上春官③，每当榜落之时，碌碌风尘，茫茫身世，百感交集，殆难为怀。"（王锡侯《经史镜》自跋）遂日向故纸搜求，另刻字书以补《康熙字典》之不足，取名"字贯"，意谓"字犹散钱也，贯之以义耳"（《清稗类钞》"王锡侯以《字贯》被诛"）。编字典已属大不敬，书前凡例又直书康、雍、乾三帝之名，乃自取杀身之祸。工部侍郎李友棠（李绂之孙）以题诗卷首革职，钱陈群尝为《经史镜》作序，高宗念其身故，不予追究，自谓此即"不为已甚"的折中办法。先前查办多起文字大案的两江总督高晋，以及在管区内认真缴毁禁书的江西巡抚海成，至是皆坐失察治罪。面对这样一位困顿科场数十载、闲

---

① 吴振棫《养吉斋余录》（卷四）亦引蔡氏诗句，所据应为乾隆三十二年（1767）六月初五日《蔡显案各犯应按律严治姑息息谕》（《清代文字狱档》第二辑《蔡显〈闲渔闲闲录〉案》），惟《清稗类钞》《养吉斋余录》二书皆将"风雨龙王欲怒嗔"误抄作"风雨龙王行怒嗔"。案：蔡显为松江府华亭县举人，作《闲闲录》，摘引古人《紫牡丹》诗句而触时讳（许㫨芽《绪南笔谈》）。孟森自述幼时闻《紫牡丹》诗狱，有"夺朱非正色，异种尽称王"句（见《明清史论著集刊》"《闲闲录》案"）。或有将此二语归长洲沈德潜所作《咏墨牡丹》者，则又非古人诗矣（见《清朝野史大观》卷三《清朝史料》"沈归愚诗狱"条）。

② 案：孙嘉淦字锡公，号懿斋，山西兴县人，官至吏部尚书、协办大学士。居官有八约，曰："事君笃而不显，与人共而不骄，势避其所争，功藏于无名，事止于能去，言删其无用，以守独避人，以清费廉取"（《清史稿》本传），用以自戒。伪奏稿案株累多人，江南、江西尤甚，嘉淦始终一问不问，然自是益自抑，毁所著述《春秋》义之书，结案当年即卒于任上，或系惊惧而死。

③ 春官，礼部别称，主持春季会试。刘禹锡《宣上人远寄和礼部王侍郎放榜后诗因而继和》诗云："一日声名遍天下，满城桃李属春官。"

来无事喜弄墨的老孝廉,乾隆大动干戈,弄出偌大动静,无怪孟森要说"陋儒了无大志,乃竟以国家仇此匹夫,亦可见清廷之冤滥矣"(《明清史论著集刊》"《字贯》案")。

一浪高过一浪的文字狱令"学者渐惴惴不自保"(梁启超《专集之三十四·清代学术概论》,《饮冰室合集》第八册),终于造就"避席畏闻文字狱,著书都为稻粱谋"(龚自珍《咏史》)这样"万马齐喑"的盛世景观。乾隆一鼓作气,借纂修《四库全书》,搜天下遗书,逞毁禁能事。孟森指此为万古所无之文字劫,"不但明、清之间著述,几遭尽毁,乃至自宋以来,皆有指摘,史乘而外,并及诗文。……始皇当日焚书之厄,决不至离奇若此。"("《字贯》案")又痛心疾首道:"《四库全书》乃高宗愚天下之书,不得云学者求知识之书也。"(《明清史论著集刊》"选刻《四库全书》评议")这和鲁迅"满清暗杀中国著作"的说法不谋而合,其手段,"全毁,抽毁,剜去之类也且不说,最阴险的是删改了古书的内容……使天下士子阅读,永不会觉得我们中国的作者里面,也曾经有过很有些骨气的人。"(《且介亭杂文·病后杂谈之余》,《鲁迅全集》(十六卷本)卷六182页,着重号系原书所加)

和珅倒,嘉庆饱

和珅,字致斋,满洲正红旗人(乾隆中改入正黄旗,获罪后仍隶正红旗),初官拜唐阿,在銮仪卫当差,给皇上抬轿,发迹颇具传奇色彩。据薛福成《庸盦笔记》(卷三《轶闻·入相奇缘》,商务印书馆《万有文库》本),一日大驾将出,仓促求黄盖不得,高宗怒问谁之过,各员瞠目不知所措,和珅应声云:"典守者不得辞其责。"高宗喜曰:"若辈中安得此解人。"一路详加询问,和珅虽无学问,于四书五经则稍能记忆,奏对称旨,自是平步青云,遍历重职①。乾隆四十一年(1776)以后,用事二十余年,历任军机大臣、议政大臣、领侍卫内大臣、文华殿大学士、翰林院掌院学士、四库全书馆正总裁、国史馆正总裁,兼户部、兵部、吏部、刑部、理藩院尚书,晋封公爵,"宠任冠朝列"(《清史稿》本传)。高宗甚至将素所钟爱的小女儿固伦和孝公主(第十女)下嫁和珅之

---

① 又据陈康祺《郎潜纪闻》(卷四),高宗偶于舆中阅边报,有奏要犯脱逃者,怒诵《论语》"虎兕出于柙,龟玉毁于椟中,是谁之过"三语。扈从咸愕眙,互询天语云何,和珅独曰:"爷谓典守者不能辞其责耳。"高宗为之霁颜,问:"汝读《论语》乎?"对曰:"然。"又问家世、年岁,奏对皆称旨,自是恩礼日隆。

子丰绅殷德①，并对亲家翁作如是评价："承训书谕，兼通清、汉，旁午（犹'纷繁'）军书，惟明且断……赐爵励忠，竟成国幹"（《平定台湾二十功臣像赞》）；又云："清文、汉文、蒙古、西番，颇通大意，勤劳书旨，见称能事"（《平定廓尔喀十五功臣图赞》，《钦定八旗通志》卷首六），恩宠溢于言表。

和珅柄政既久，善伺帝意。据朝鲜来华使臣亲见，"皇帝若有咳唾之时，和珅以溺器进之。"（《李朝实录史料》下编卷十一《正宗实录二》十六年即清乾隆五十七年三月辛卯条）又云："阁老和珅，用事将二十年，威福由己，贪黩日甚，内而公卿，外而藩阃，皆出其门。纳赂谄附者，多得清要。中立不倚者，如非抵罪，亦必潦倒。上自王公，下至舆儓，莫不侧目唾骂"（同上十八年三月辛亥条）。两江总督苏凌阿贪庸异常，每接见属员辄曰："皇上厚恩，命余觅棺材本来也。"晚年与和珅弟和琳联姻，授东阁大学士，其时衰迈聩眊，不能辨戚友，举动赖人扶掖，人笑称"此活傀儡戏也"（《啸亭杂录》卷八"苏相国"）。

两广总督孙士毅兵败安南被解职，回京持鼻烟壶进贡。壶系明珠雕琢而成，和珅见而喜之；数日后遇士毅，自称亦得一壶，实即前日物。士毅乃知和珅出入宫禁，所好者径携出，不复关白。宫中陈设有大碧玉盘，偶被皇八子永璇碰碎。盘径尺许，为高宗爱物，永璇惧甚，与弟永瑆同诣和珅述其事。明日和珅即送新盘，径尺五寸许，色泽又在旧盘之上。二兄弟乃知四方贡物，上者先入和珅私第，次者始入宫也（见《清朝野史大观》卷六《清人逸事》"和珅之贪黩"）。

言官钱沣、曹锡宝尝疏劾和珅，皆无好下场。钱沣劾其直庐妄立私寓，不与诸军机大臣同堂办事；日后钱氏奉命监察，竟劳瘁而死，或谓和珅鸩之（《清史稿·钱沣传》）。曹锡宝劾其家奴刘全奢僭，衣服、车马、居室皆踰制。和珅预使刘全毁屋更造，匿踰制衣服、车马，勘察无迹。高宗召锡宝至热河行宫面诘曰："尔读书人，不读《易》欤？君不密，则失臣；臣不密，则失身。"（《清稗类钞》第四册《谏诤类》"曹锡宝劾和珅"）锡宝叩头流涕而出。又有内阁学士尹壮图上疏，极言地方库藏空虚，民业凋敝状，高宗动容。和珅使户部侍郎庆成偕壮图往勘各省仓库，庆成每至一省，先游宴数日，待库藏挪移满数，然后开仓校核，皆无亏绌。壮图终日枯坐馆舍，举动辄掣肘，

---

① 野史谓和孝公主府址清季改为北京大学堂（《清朝野史大观》卷六《清人逸事》"入相奇缘"）。案：京师大学堂故址在马神庙四公主府，高宗第四女和硕和嘉公主下嫁大学士傅恒之子福隆安，盖坊间讹传，误以此公主府为彼公主府也。邓之诚《骨董续记》云，"和珅花园名十笏者（即淑春园，罪状之十三所指"点缀与圆明园蓬岛、瑶台无异"者），赐成邸（即成亲王永瑆），在海淀，未久即废……今为燕京大学"（卷二"明珠和珅旧居"）。据此知，今北大燕园未名湖畔石舫即当日淑春园遗存。

竟以妄言坐黜（见《清稗类钞·谏诤》"尹壮图遇事条奏"）。朝中遂无敢昌言和珅罪者①。

　　嘉庆四年（1799）正月，高宗崩；数日后，仁宗便传旨逮治和珅，数其二十大罪（详见《李朝实录史料》下编卷十二《正宗实录三》二十三年三月戊子条，书状官徐有闻所进"闻见别单"），令自裁，家产籍没。查出珍珠手串二百余（大内所贮珠串不过六十余），大珠一颗（较御用冠顶珠尤大），真宝石顶数十，整块大宝石不计其数，银两、衣服数逾千万，又夹墙藏金二万六千余两，私库藏金六千余两，地窖埋银三百余万两，通州、蓟州均有当铺、银号，资本不下十余万。家奴刘全家产亦至二十余万（见《清史稿·和珅传》）。和珅一口一个"奴才糊涂该死"，至于馈送之人则"实在一时不能记忆"（《清稗类钞》第三册《狱讼类》"和珅狱事"）。然以上所引仅为尚未吐实之初供，与世传查抄清单迥不相符。清单"凡一百零九号，已估价者只二十六号，值二百二十三兆余；未估价者尚八十三号，以三倍半为比例算之，当得八百兆（即八亿）有奇，可抵甲午、庚子两次赔款总额"，时人遂有"和珅跌倒，嘉庆吃饱"之谣（《清朝野史大观》卷三《清朝史料》"和珅家产之籍没"）。

　　和珅临绝作诗云："五十年来梦幻真，今朝撒手谢红尘。他时水汛含龙日，认取香烟是后身。"（载徐有闻"闻见别单"）孟森戏称此诗"似偈似谣，不甚可解"，"水泛含龙，似用夏后龙漦故事，为孝钦（即慈禧）祸清之兆。香烟后身，孝钦或有烟瘾，而和珅于嘉庆初已染此癖，亦未可知。当时能吸洋烟者为绝少，至咸、同、光则不足奇。但以此为识，直谓再生作亡清之祸首，以报身雠耳。"（《明清史讲义》574页）②

　　乾隆"盛世"，风气尚侈，贪官又不止和珅一人。云贵总督李侍尧（李永芳四世孙）贪纵营私，高宗震怒，曰："侍尧身为大学士，历任总督，负恩婪索，朕梦想所不到！"

---

① 刘墉、纪昀与和珅同朝，虽不敢直撄其锋，恒隐相戏嘲，野史多有记载，并给今日充斥荧屏的清宫"辫子戏"提供下脚料。汪诗侬记云，癸未（1763）春首，刘墉侦知和珅应召入宫，值风雪载途，泥泞遍地，故著敝衣迎于路，曰："中堂亲自过府贺年，不遇，令降舆矣。"和珅无奈下轿，未及寒暄，刘已跪地与贺；和珅急答以礼，玄裳绣袄，污秽满身，拖泥带水，恰如斗败鸡公矣（《所闻录》"和珅"，载《中国野史集成》第五十册）。一日和珅又向纪昀乞书亭额，昀为作"竹苞"二大字。高宗临幸见之，大笑曰："此纪昀詈汝之词，盖谓汝家个个草包也。"（《清朝野史大观》卷六《清人逸事》"纪晓岚之机警"）

② 案：孟氏此处误抄"水汛含龙"为"水泛含龙"。邓之诚《骨董琐记》亦收录和珅绝命诗，该句又作："他年应泛龙门合。"（卷五"和珅吴卿连诗"）所谓夏后龙漦（音'迟'，龙所吐沫）故事，即《史记·周本纪》所载夏后收藏龙漦，传至周厉王末，漦流于庭，变玄鼋，生褒姒的无稽之谈。光宅元年（684）李勣之孙敬业反，骆宾王代草讨武檄文，令武后读之耿耿，其中就有"龙漦帝后，识夏庭之遽衰"语（《骆宾王文集》卷十《杂著·代李敬业以武后临朝移诸郡县檄》）。

（《清史稿·李侍尧传》）①大学士傅恒之子福长安在军机处行走，阿附和珅，贪黩昧良仅居其次（语见《仁宗实录》卷三十七嘉庆四年正月甲戌条）。福康安身为武将，"在军中习奢侈，犒军金币辄巨万，治饷吏承意指，糜滥滋甚"；及卒于军，子德麟迎丧归，"将吏具赙四万有奇，责令输八万。"（《清史稿》本传）而满汉督抚如恒文、国泰、王亶望、勒尔谨、陈辉祖、蒋洲、钱度、觉罗伍拉纳、浦霖之辈，"赃款累累，屡兴大狱，侵亏公帑，抄没资产，动至数十百万之多，为他代所罕睹。"（《庸盦笔记》卷三《轶闻·入相奇缘》）②高宗尝叹："可见外省大吏无一不欺朕者，不可不惩一儆百。"（《清史稿》本纪一）然诛殛愈众，贪风愈甚，个中缘由，怕是正在"执政者尚贪侈，源浊流不能清"（《清史稿》卷三三九"论"）。

　　风流天子乾隆六下江南，让一班善捧臭脚的文人骚客笔下生花，但诗情画意、风光无限的背后却是一长串血淋淋的数字。乾隆三十三年（1768），盐政高恒受贿案发，两淮盐商具言"频岁上贡及备南巡差，共用银四百六十七万余"（《清史稿·高恒传》）。高宗晚年检讨道："朕临御六十年，并无失德，惟六次南巡，劳民伤财，作无益害有益。"（《清史稿·吴熊光传》）③此语太谦，其实他在北京也没怎么闲着，扩建圆明园，所费不可以亿万计，南巡所至名胜辄图画以归，仿其制增置园中，而成"万园之园"（见《清朝野史大观》卷一《清宫遗闻》"圆明园"）；又嫌京城闷热，特建避暑山庄于热河（治所在今河北承德），"圈地数十里，广筑围场，杂植时花，分置亭榭"，民间有谚曰："皇帝之庄真避暑，百姓仍是热河也。"（《清朝野史大观》卷一《清宫遗闻》"避暑山庄"）

　　"所谓'黄金时代'的乾隆六十年，思想界如何的不自由"（梁启超《中国近三百年学术史》）前已备述，而上行下效，贪黩成风，吏治也渐渐到了不堪收拾的地步。如尹壮

---

① 讽刺的是，乾隆四十五年（1780）奉命按治侍尧案者正是新宠和珅。和珅至云南，密鞫其仆，得侍尧婪索状，显示了非凡的办案才能。侍尧虽屡以贪黩坐法，高宗终不忍下杀手，每以"不为已甚"为之曲赦。

② 觉罗伍拉纳贪酷，至倒悬县令以索贿（《啸亭杂录》卷一《诛伍拉纳》）。败后籍其家，得银四十万有奇，如意至一百余柄，高宗比之元载胡椒八百斛。钱度则寄书其子，令为复壁藏金，作永久计（俱见《清史稿》卷三三九）。或谓和珅籍没时人参多至六百余斤，彼侈言胡椒八百石者未免寒陋矣（《清朝野史大观》卷六《清人逸事》"和珅纳贿"）。

　　案：唐宰相元载死后，家产籍没，胡椒至八百石（《新唐书》本传）。曾写过《续金瓶梅》的清初小说家丁耀亢叹曰："吾生中寿六十，除去老少不堪之年，能壮乐者四十余年耳。即极意温饱，亦不至食胡椒八百石也。惟愚生贪，贪转生愚。黄金虽积，不救燃脐之祸。三窟徒营，难免排墙之危。吾于此侪，亦大生怜悯矣。"（《天史》卷六《贪十三案·元载聚货杀身》）

③ 嘉庆帝言少时尝跸过苏州，风景绝佳，苏人吴熊光对曰："苏州惟虎丘称名胜，实一坟堆之大者！城中河道逼仄，粪船拥挤，何足言风景？"（《清史稿·熊光传》）

图奏疏所云："各督抚声名狼藉，吏治废弛。臣经过地方，体察官吏贤否，商民半皆蹙额兴叹。各省风气，大抵皆然。"（《清史稿》本传）

高宗一生好大喜功，这才有了作于五十七年（1792）十月、极尽自夸之能事的《御制十全记》一文，并"十全大武扬"诗句。十全武功者，"平准噶尔为二，定回部为一，扫金川为二①，靖台湾为一②，降缅甸、安南各一，即今二次受廓尔喀降③，合为十。"（《高宗实录》卷一四一四）④然用饷之巨，"初次金川之役，二千余万两；准、回之役，三千三百余万两；缅甸之役，九百余万两；二次金川之役，七千余万两；廓尔喀之役，一千有五十二万两；台湾之役，八百余万两"（《清史稿·食货志六》），合一亿五千余万两。时人评曰："国帑告匮，元气夷伤，所谓功成万骨枯矣。"（《清朝野史大观》卷三《清朝史料》"十全武功"）梁启超则嘲讽乾隆"数次大举攻缅甸不下，乃不惜重赂其酋，使贡象数匹，以博'十全老人'之一头衔"（《专集之五·张博望班定远合传》，《饮冰室合集》第六册），并引黄遵宪《越南篇》云："岂其十全功，势成强弩末。"（《文集之四十五（上）·诗话》，《饮冰室合集》第五册）

---

① 大金川（今四川金川县）位于川西北大渡河上游，东邻小金川（今四川小金县）。乾隆十二年（1747），高宗调兵征大金川，久战无功，明年命傅恒代为经略，起岳钟琪于废籍。钟琪献别选锐师、捷径深入之策，虽老，亲当重任。大金川土司莎罗奔初从钟琪征西藏，至是惧，乞降。钟琪轻骑赴其巢，携莎罗奔回营，跪向傅恒启事。莎罗奔见状惊曰："吾侪平日视岳爷爷为天上神祇，傅公何人，乃安受其拜？天朝大臣，固未可量如此。"（《啸亭杂录》卷四"金川之战"）三十六年（1771），大、小金川同叛，清廷再用兵，至四十年（1775）始平定之。明年设阿尔古厅于大金川，美诺厅于小金川；四十四年（1779）并阿尔古入美诺，改懋功厅（见《清史稿·土司传二·四川》）。

② 乾隆五十一年（1786）十一月，台湾天地会领袖林爽文聚众反清，克彰化等地，建号"顺天"；至五十二年（1787）十二月兵败被俘，解京师磔杀（此依《圣武记》卷八《海寇民变兵变·乾隆三定台湾记》，《清史稿·高宗纪六》谓擒林氏在五十三年二月）。是役，福建水师提督柴大纪坚守孤城诸罗逾半载，高宗改县名为嘉义，以旌其功，诏曰："古之名将，何以加之？"（《清史稿·柴大纪传》）因晋封一等义勇伯。福康安赴台解嘉义围，大纪出迎，礼节不谨，竟以是坐死。

③ 乾隆五十三年（1788）廓尔喀（即尼泊尔）入侵后藏，理藩院侍郎巴忠、成都将军鄂辉奉旨往查，私许岁币万五千金，矫奏内附，将就了事。既而后藏不能偿，五十六年（1791）廓尔喀再犯境，清廷始议大举征讨。福康安、海兰察率军深入廓境七百余里，直逼其都阳布（今加德满都），廓尔喀乞和。
案：黄教创始人宗喀巴遗嘱两大弟子达赖、班禅世以呼毕勒罕（蒙语"化身"意）转生，以嗣其教，二者易世互相为师。达赖居拉萨布达拉庙，号前藏；班禅居日喀则扎什伦布庙，号后藏。转生之法行之久，其弊日甚，以致呼毕勒罕多如牛毛（见《啸亭杂录》卷二"活佛掣签"）。廓尔喀甫平，清廷即颁《善后章程》二十九条，在藏行使完全主权，规定驻藏大臣与达赖、班禅平等，又创金瓶掣签法，制金奔巴瓶二，一供拉萨大昭寺（后移布达拉宫），书呼毕勒罕名姓于牙签，封贮瓶中，由驻藏大臣、达赖、班禅共同启封掣之；一供北京雍和宫，掣定蒙古所奉呼图克图。

④ 二征金川，清帅温福、阿桂皆奏言："满兵一人费至绿营三人，不如止满兵而多用绿营。"嘉庆初剿川、楚"教匪"，清帅勒保（温福子）又言："征黑龙江一人，可募乡勇数十人，不如舍远征而近募乡勇。"（《圣武记》卷十一《武事余记·兵制兵饷》）乾隆勉强拼凑起来的所谓十全武功，实仰赖汉兵汉将之力也。

乾隆中叶以后屡有民变发生，令"盛世"蒙羞①。三十九年（1774）山东王伦之变②，四十六（1781）、四十八年（1783）甘肃回民起义③，六十年（1795）湘黔苗民起义④，接下来便是发端鄂中，蔓延川、陕、陇、豫的会党大起义。嘉庆三年（1798）洪亮吉上《征邪教疏》云：楚、蜀之民"始则惑于白莲、天主、八卦等教，欲以祈福；继因受地方官挟制万端，又以黔省苗氛不靖，派及数省，赋外加赋，横求无艺，忿不思患，欲借起事以避祸"（《卷施阁文甲集》卷十，载《洪亮吉集》第一册）。自嘉庆元年（1796）至九年（1804），"先后用兵九载，费帑银几二万万两，所奏杀贼数十万计，而官兵乡勇之阵亡与五省民之罹毒者，无得而稽焉。"（《圣武记》卷十《教匪·嘉庆川湖陕靖寇记八》）⑤钱穆称"康熙与乾隆，正如唐贞观与开元、天宝"（《国史大纲》（下）865页）。清室自是转入衰运，"外面的架子虽未甚倒，内囊却也尽上来了。"（《红楼梦》第二回）

德天赐案

嘉庆九年（1804）底，在京意大利籍传教士德天赐（Adeodato di Sant'Agostino）托教友陈若望（广东新会人）向澳门递送书信，途中被官府截获，搜出夹带直隶广平府至山东登州府海口地图一张，遂酿成大案。德氏供称"图内自山东登州至直隶广平府，又自曲阜至直隶景州，俱系西洋传教地方，近日各堂要争往传教，我想将此图寄回西洋，求教主

---

① 乾隆末年访华的英特使乔治·马戛尔尼（George Macartney）在日记中述其观感曰："说中国人在满洲人统治下的生活是中国人有福，假如有人信这些话，那是大错特错的。别的暂且不说，单说近年中国各省兵乱之事，几于无日无之，虽然此种造反，经政府镇压后即告平息，但接着第二处的火头又起，政府又再用武力去平乱。这些小事故虽然对整个国家不致有什么大影响，但祸根不除，人民之当其冲者，好像染上疟疾，大寒大热，交缠其身，没有一时一刻安乐，这样还不元气大损吗？"（秦仲龢译《英使谒见乾隆纪实》301页，《近代中国史料丛刊》第八十八辑）

② 寿张人王伦以清水教运气治病，教习拳勇，及起事，连陷寿张、堂邑、阳谷及临清旧城，围新城十余日。清廷所谓满兵畏缩不敢战，乾隆怒曰："不特有玷满洲之风，抑亦实非人类，殊堪痛恨！"（《高宗实录》卷九六八乾隆三十九年十月庚寅条）

③ 为首者分别为苏四十三、田五，以"新教"聚众。

④ 为首者贵州石柳邓、湖南吴半生、石三保，福康安及和珅弟和琳相继卒于征苗军中。是役，仅湖南一省费帑银一千又九十万两。

⑤ 四川义军首领王三槐被俘，解京廷讯，言："官逼民反。"仁宗问："四川一省官皆不善耶？"对曰："惟有刘青天一人。"刘青天者，南充知县刘清，政声为一省之冠，募集乡勇，人乐为用；在军七年，先后招降三万余人（见《清史稿》本传）。川、陕戡定后仅九年（即1813年，为癸酉年），又有天理教林清之变，遣二百徒众进京，由太监接应直突入禁城，旻宁（即后来道光帝）立养心殿阶下亲发鸟枪御敌。战自九月十五日午时起，诸王大臣有奋勇向前者（如成亲王永瑆），有日落始至者，亦有逍遥雅步于御河岸看热闹者。事后嘉庆帝下罪己诏，言："我大清以前何等强盛，今乃致有此事。"（《啸亭杂录》卷六"癸酉之变"）

传谕各堂，不许争竞，并无别意"（中国第一历史档案馆编《清中前期西洋天主教在华活动档案史料》第四一二条"刑部奏为审拟西洋人德天赐私自托人寄送书信一案摺（嘉庆十年正月十八日）"，第二册836页，中华书局，2003年）①；但真正引起清廷恐慌的却是禁教几近百年，"何以迄今仍有各处传教之事。"（同上书834页）

审讯德天赐的过程像是一出精心编排的滑稽剧，初羁押于圆明园提督衙门，据南弥德（Lamiot，系北堂教士）描述，因地图关系，问官如临大敌，多至十七人，命德氏长跪听询；"问官意旨，欲究实是否具有侵略计划，反复研讯此地图是否系供英人袭取山东之用。"（矢泽利彦"嘉庆十年查禁天主教始末"，景华译，载《中和月刊史料选集》第一册，沈云龙主编《近代中国史料丛刊》第六十辑，台北文海出版社）这样自然问不出名堂，因而在随后两个月时间里，"官方极为沉默"；迨传信人陈若望解至京师，刑部办案官员才幡然醒悟，"由政治问题而转为宗教问题。"（同上引）这一下取得重大突破，共揪出传教习教者多人，"不惟愚民妇女被其煽惑，兼有旗人亦复信奉，并用汉字编造西洋经卷至三十一种之多。"（《仁宗实录》卷一四二）十年（1805）四月嘉庆帝宣布对该案的处置结果：主犯德天赐"以西洋人来京当差，不知安分守法，妄行刊书传教，实为可恶。……著兵部派员解往热河，在额鲁特营房圈禁"②；陈若望等一干重犯发往伊犁为奴，其余执迷不悟旗员"既自背根本，甘心习学洋教，实不齿于人类，均各销除旗档"（同上引）。

嗣后清廷制定管理西洋堂事务章程，"严加管束"，"随时稽察"（语见《仁宗实录》卷一四三、一四四）。供职于钦天监的洋人不得结交旗民人等，"虽许其出动，但须事先申请该管官吏，派士官一人同行"；并在京城四堂附近及其他处所张贴告示："官吏信奉天主教者免职，旗人加刑，余人则判徒刑"。此即西人所谓"一八零五年之迫害"（矢泽利彦"嘉庆十年查禁天主教始末"）。

清兵初入北京，有内城专驻旗人、居民一律迁移外城之令。汤若望献《新法历书》（即《大清时宪历》）以示效忠，授钦天监监正，赐号"通玄教师"，恩准安居内城天主堂如故，"严禁军民人等入内滋扰"（萧若瑟《天主教传行中国考》卷五"自崇祯末至永历末"，收入上海书店1989年版《民国丛书》第一编第十一册），为传教士与新朝的合作

---

① 案：当时北京城内有东、西、南、北四教堂，分由法、意、西、葡四国教士管理，德天赐即西堂"当家"。四堂之间因传教而起争竞，矢泽利彦曾推测"陈若望携图南下而被捕，或系葡教士为顾及本派之利害而向清廷告密以阻止其企图者"（"嘉庆十年查禁天主教始末"，原载《中和月刊》三卷四期）。

② 据威勒克（Bernward H. Willeke）所著《清政府与天主教在华的传教活动：1784—1785》（*Imperial Government and Catholic Missions in China during the Years 1784-1785*），德天赐在热河度过四年囚禁生活后，于1809年释放回京，两年后获准离华，1821年1月29日客死于菲律宾马尼拉圣塞巴斯蒂安女修道院（Convent of San Sebastian）。

开了一个好头[①]。康熙初虽有杨光先挑起"历法之争"，致汤氏以七十四岁高龄下刑部大狱，一俟圣祖亲政即为"历狱"翻案，复汤氏封号（改"通玄"曰"通微"以避讳），用南怀仁治理历法，"自是钦天监用西洋人，累进为监正、监副，相继不绝。"（《清史稿·南怀仁传》）

圣祖因对科学及外国珍奇之物的兴趣而使用欧洲人，自谓"所以好待他者，不过是用其技艺耳"（《榕村续语录》卷六《异端》），故虽禁各省立堂传教，态度日趋松动。康熙二十六年（1687）谕曰："地方官禁止条约内，将天主教同于白莲教谋叛字样，此言太过，着删去。"（《康熙起居注》第二册1617页，中华书局，1984年）三十一年（1692）终颁布令所有在华教士欣喜若狂的解禁敕令，云："西洋人并无违法之事，反行禁止，似属不宜。相应将各处天主教堂俱照旧存留，凡进香供奉之人，仍许照常行走，不必禁止。"（引自冯秉正神父1717年6月5日信，《耶稣会士中国书简集》卷二，郑德弟译，大象出版社，郑州，2001年）

康熙朝旗人入教以领侍卫内大臣索额图为最著名例子[②]，其次便是佟氏家族。据《天主教传行中国考》，康熙外祖佟图赖之子国纲、国维兄弟俱被感化，"确知教理真正，深信不疑，然惮于人言，不肯遽尔受洗。家中供圣母像，像前常燃烛致敬，累年不懈"（卷六）；图赖侄子国器则不再遮遮掩掩，晚年"领洗进教，圣名弥额尔"，胞弟国印"亦是圣教功臣"（卷五）。又有太祖五世孙苏努（曾祖即努尔哈赤长子褚英）诸子先后领洗，康熙闻报并不在意，"轻描淡写地很宽容地说：这件事我早就知道了。"（巴多明神父1724年8月20日信，《耶稣会士中国书简集》卷三，朱静译）

上述局面延至康熙末因一场东西方"礼仪之争"而风云突变。当年利玛窦神父穿着新采用的"知识阶层的衣服"[③]到处走动传教，对儒教"不加以挑剔，反而赞扬他们，尤其是他们的伟大的哲学家孔夫子"（《利玛窦中国札记》362页），因而博得士大夫阶级的好感。利氏移花接木，利用中国人的敬天观念，把"上帝"说成"天主"以迎合儒家学

---

① 顺治帝对汤氏宠爱有加，屡微服私幸，或召入内廷，不拘礼节，如家人父子，甚至不呼其名而称"玛法"（满语，犹汉言"老先生"）以示亲昵。汤氏乘机进言教理，"久而久之，顺治帝于天主造世救世诸要端，皆能通晓大义，且能背诵天主经、圣母经，一字不差"。惟一日汤氏宣讲天主十诫，至第六诫毋行邪淫，谓一夫一妇乃人伦正道，顺治帝奋然作色，喝令停止，良久始转怒为喜，笑曰："顷所讲第六诫，严峻若此，朕料世界无人能守。"（《天主教传行中国考》卷六"自顺治初至康熙末"）

② 希伯禄神父致张诚神父信中有"您充当了上帝为了有利于这种使命和他的使者们而特意安排在中国皇帝身边的约瑟夫（Joseph）"之句，中译注云约瑟夫即索额图圣名（见洪若翰神父1704年1月15日信，《耶稣会士中国书简集》卷一，郑德弟等译）

③ 利氏所著儒服"是一件朴素的道袍，配一顶有点象我们自己的教士们戴的四角帽的帽子"（《利玛窦中国札记》362页）。

说，顽固如邹元标者亦云："欲以天主学行中国，此其意良厚；仆尝窥其奥，与吾国圣人语不异。"（《愿学集·答西国利玛窦》，转引自《利玛窦中国札记》中译者序）对中国敬孔子及敬亡人之礼，利氏亦"极力迁就，为华人大开进教之门"（《天主教传行中国考》卷六），说"他们不向孔子祷告，也不请求他降福或希望他帮助；他们崇敬他的那种方式，正如前述的他们尊敬祖先一样"（《利玛窦中国札记》104页）。

利氏的妥协策略终究不能得到同行们的认同，至康熙年间各省传教士争执益甚，纷纷上书罗马教皇，以基督徒跪拜孔子、祖先事为异端，"求察明断决，以息群喙"。康熙四十四年（1705）年底，使臣多罗（Charles-Thomas Maillard de Tournon）携克莱孟十一世（Clement XI）禁敬孔祭祖之谕抵京，圣祖获悉来意即下逐客令。多罗行至南京，贸然发表教皇禁令，"晓谕各省教士一体遵照毋违。"（《天主教传行中国考》卷六）被大大激怒的康熙帝告诉近臣："汝等知西洋人渐渐作怪乎？将孔夫子亦骂了。"（《榕村续语录》卷六《异端》）

教皇于1715年重申禁令，越五年，使臣嘉乐（Carlo Ambrogio Mezzabarba）携新谕抵京。康熙阅毕，朱笔一挥批道："览此告示，只可说得西洋人等小人，如何言得中国之大理。况西洋人等，无一人同[通]汉书者，说言议论，令人可笑者多。今见来臣告示，竟是和尚道士，异端小教相同。……以后不必西洋人在中国行教，禁止可也，免得多事。"（《清中前期西洋天主教在华活动档案史料》第三十三条"教王禁约译文（康熙五十九年十二月初二日）"后，第一册49页）[1]

禁教政策在康熙的继任者那里得到了很好的贯彻与执行。耶稣会士的往来信件对当日情形多有描绘，法国宋君荣神父（Antoine Gaubil）记曰："我到达中国仅几个月，踏上这片土地时，见到不久前曾给人以如此美好希望的一个传教会处境这般艰难，使我感触良多。教堂被毁，基督徒被驱散，流亡的传教士在中国第一港广州闭门不出，因为他们不得进入帝国内地，宗教本身也即将被禁止，这便是在我进入帝国之际呈现在我眼前的凄惨景象，而人们先前却在这个帝国发现了如此有利于听从福音的倾向。"（宋君荣1722年11月4日信，《耶稣会士中国书简集》卷二）两年后冯秉正神父又写道："多年来我们所担心并无数次预言过的一切终于于最近发生了：我们的圣教在中国已被完全禁止，所有传教士——除在北京的以外——都被逐出帝国，教堂或被拆除或被派作渎神的用场；敕令已经

[1] 嘉乐于次年（1721）三月陛辞出京，南下抵澳门后，公布宽免八事，允许基督徒不迷信地祭孔祀祖，作为对中国皇帝的让步（见王治心《中国基督教史纲》第十二章"礼仪问题的争端与其影响"，122页，上海古籍出版社，2004年）。至1742年（即乾隆七年），教皇本笃十四世（Benedict XIV）旧事重提，措辞较克莱孟十一世"尤为严厉，命中国传教神父，非先誓许遵守谕旨，严绝跪拜孔子、亡人之礼，及立牌位、焚香献供等事，则夺其行圣事之权"（《天主教传行中国考》卷六）；嘉乐所许宽免八事一并撤销。

颁布，基督徒必须放弃信仰，其他人不得信基督教，违者将被严惩。近二百年来花了我们无数心血建立起来的传教会竟落得如此可悲的下场。"而从冯氏"眼看着三百余座奉献给真正的上帝的教堂落入非基督徒之手，又目睹三十余万基督徒因没有教士和牧师而失去了一切神佑"的哀叹（见冯秉正1724年10月16日信，《耶稣会士中国书简集》卷二），不难想象先前天主教在华传播是何等盛大热烈一个场面。

雍正朝宗室大臣被害最酷者莫如苏努一家。苏努获罪的正式罪名是跟允禩、允禟结党，卷入了储位之争，然世宗又指控他令诸子"信从西洋之教，谕令悛改，伊竟抗称：'愿甘正法，不能改教'"（《清史稿·世宗纪》）。于是苏努及其子女府第被查封，"这些都是在夜间进行的，这个夜晚也和平常一样发生了抢劫。当时在众亲王府内的仆人都被抓了起来，并抄了他们中最富裕者的家，拿走了全部契约和借据。搜查，确切点说是洗劫持续了十天。苏努全家在这次没收中损失了一千六百多万。那些府管家、庄头和佃户也都损失了数目相当可观的款项。就这样，大清帝国最富有、最有势力的家族之一——苏努家族，刹时间沦入最贫困之中。"（宋君荣"有关雍正与天主教的几封信"之三"对信奉天主教亲王的迫害"，沈德来译，《清代西人见闻录》153—154页）

苏努全家随后遭流放，年近八旬的老亲王不堪折磨，仅过半年便躺在"一个非基督徒的家人怀中断了气"；死前对皇帝的指责逐条予以辩驳，关于奉教一事，"说我的孩子们信了基督教，我没有处罚他们。其实，我好几次责罚了他们，但是我在基督教理中没有看到任何违背道理的东西，难道我该对我所钟爱的、我认为是无辜的孩子们严加惩罚吗？"（巴多明1725年7月20日信，《耶稣会士中国书简集》卷三）

德天赐案因习教被逮者又有苏努曾孙图钦、图敏，嘉庆帝谕曰：二犯本属罪人子孙，执迷不悔，情殊可恶，"发往伊犁枷号六个月，再行充当折磨差使……永远不准释回。"（《仁宗实录》卷一四六嘉庆十年闰六月庚子条）[1]

早在明天启二年（1622），山东巨野人徐鸿儒以白莲教聚众起义，自号中兴福烈皇帝，改元大成兴胜元年[2]，礼部尚书沈㴶乘机诬天主教"与白莲邪教同，不同者仅名称耳"（《天主教传行中国考》卷四"自沈㴶教难至崇祯末"）。礼科给事中余懋孳附和道：自利玛窦东来，中国复有天主之教，煽惑群众，夜聚晓散，"一如白莲、无为诸教"（《明史·外国传七》）。康熙虽在大部分时间里对天主教持宽容态度，亦曾逆料："海外如西洋等国，千百年后中国恐受其累。"（《圣祖实录》卷二七〇康熙五十五年十月壬

---

① 至道光间苏努后人再因习教流放伊犁，则其家族"五世奉教，历雍正、乾隆、嘉庆、道光四朝而不渝。"（吴伯娅"德天赐案初探"，载《清史论丛》2008年号，中国广播电视出版社）
② 《明史纪事本末》作"大乘兴胜元年"（卷七十《平徐鸿儒》）。

子条）清廷在禁教过程中甚至破天荒使用了"汉奸"一词①，大概传教关乎民心所向，进而危及社稷，这在秘密宗教频频成为民变工具或形式的嘉庆朝更其明显。

嘉庆帝审理德天赐案时严正申明"关系人心风俗者甚巨"（《仁宗实录》卷一四二嘉庆十年四月癸未条），怒骂天主教义"支离狂妄，怪诞不经"，"蔑伦绝理，直同狂吠"（同书卷一四四同年五月癸卯条）。乃父乾隆亦曰："西洋人潜赴内地传教惑众，最为人心风俗之害。"（《高宗实录》卷一二一八乾隆四十九年十一月丙寅条）而雍正一番说辞最能道破清帝们的心迹："如果朕派一队和尚喇嘛到你们国家传播他们的教义，你们该怎么说呢？你们如何接待他们呢？……你们想让所有中国人都成为基督徒，这是你们宗教的要求，朕很清楚这一点。但这种情况下我们将变成什么呢？变成你们国王的臣民。你们培养的基督徒只承认你们，若遇风吹草动，他们可能惟你们之命是从。朕知道目前还没什么可担心的，但当成千上万的船只到来时就可能出乱子。"（冯秉正1724年10月16日信，《耶稣会士中国书简集》卷二）

"愿甘正法，不能改教"的苏努诸子被捕后竟说出"我入了教，我至死不渝，只有我死了才能离开它"和"愿意为这样的事业流尽最后一滴血的疯话"（巴多明1727年9月26日信，《耶稣会士中国书简集》卷三），似乎完全是对上述担忧的印证。

清廷持续不懈的打击，加之罗马方面毫不通融的态度无异于对士人阶层关闭了教会之门，导致"中国天主教徒的文化程度呈不断下降的趋势"（吴伯娅"从新出版的清代档案看天主教传华史"，《清史论丛》2005年号）。贩夫、雇工等下层民众渐构成教徒主体，此种情形既奠定日后洪杨之变的民间基础，亦为其失败埋下伏笔。

下篇：被近代化

鸦片战争

"中国人对一切外国人都感到新奇，但关于这些外国人的国家，他们却并不感兴趣。他们认为自己的国家是'中华'，一切思想概念都出不去本国的范围。除了少数住在沿海铤而走险的人，或者以航海为业的自成一个阶层的人以外，没有人想离开中国到别的国去看看。……他们的书上很少提到亚洲以外的地区，甚至在他们画得乱七八糟的地图上也找

---

① 两广总督舒常、广东巡抚孙士毅在奏折中声称："西洋人传教，势不能自来自去，总由内地匪徒……私下诱导所致。此等汉奸其情罪实浮于洋人。"（《文献丛编》第15辑《两广总督舒常广东巡抚孙士毅拿获西洋人案内戴加爵送部摺》，转引自吴伯娅"从新出版的清代档案看天主教传华史"一文）

不到亚洲以外的地方。……对于更远的区域，中国政府，如同外国人做生意的中国商人一样，只有一个抽象的观念。中国一般的老百姓对于外国事物除了离奇的神话般的传述而外，一切都不知道。"

这是乾隆年间出使中国的英人乔治·斯当东（George Leonard Staunton）所著《英使谒见乾隆纪实》（*An Authentic Account of an Embassy from the King of Great Britain to the Emperor of China*）中的一段话[1]。对身外世界几乎一无所知的大清帝国懵懵懂懂进入世相与以往大不同的十九世纪，披着华丽外衣的"天朝"便不可避免要被剥个精光了。

清廷一直以来实行一口通商制度，由广州的"十三洋行"（英文作"Thirteen Factories"）专营与西方国家贸易，洋人寄居澳门，夏秋两季入住十三行做买卖，一举一动都受到严格限制。彼时商业多系"以有用易无用"，拿中国所产茶、丝、瓷器换西方钟表、玻璃等奇巧物。贸易顺差虽带来白银入流的实惠，坚持闭关防夷、保淳朴之俗的清廷实无心拓展此种关系。乾隆帝谓："国家四海之大，内地所产何所不有，所以准通洋船者，特系怀柔远人之道。"（《高宗实录》卷六四九乾隆二十六年十一月辛亥条）嘉庆甚至以为："钟表，不过为考察时辰之用，小民无此物者甚多，又何曾费其晓起晚息之恒业乎？尚有自鸣鸟等物，更如粪土矣。"（《仁宗实录》卷五十五嘉庆四年十一月癸未条）[2]

乾隆五十五年（1790），高宗"八旬万寿"；隔三年，英使马戛尔尼、斯当东一行以补贺寿辰为名来华，请加开通商口岸，谋求发展两国贸易[3]。然此次"亲善"访问却因为磕头礼仪之争而导致完全失败的结果。中国方面要求英使觐见皇帝时要像臣民一样双膝下跪，九叩首，马特使则在写给军机大臣和珅的信中坚持只在下述条件下行跪拜礼，即"贵国皇帝钦派一位同本使地位身份相同的大员穿着朝服在英王陛下御像前行本使在贵国皇帝

① 转引自秦仲龢译《英使谒见乾隆纪实》（57—58页）。案：秦译本乃马戛尔尼日记，为避免同名，该书将所引斯当东《英使谒见乾隆纪实》（叶笃义译）一律改称作《出使中国记》。

② 斯当东《英使谒见乾隆纪实》云："中国目前并未感到以贸易货从欧洲运进产品的必要；中国从印度得到的棉花和稻米的供应，中国几个省份自己同样生产；中国从英国输进生金银，有时会因此而使国内日用品涨价；英国军舰可以帮助中国剿灭海盗，但中国的内河航运非常安全，对此也并不感到需要。中国一向自认为天府之国，可以不需要对外贸易而自足自给。中国同任何外国的贸易，绝不承认是互利，而只认为是对外国的特别恩赐"（转引自秦译本141页）。

③ 据马戛尔尼日记，除互派使节，英使于发展贸易共提出六项请求：（一）准许英国商人在舟山、宁波、天津三个地方贸易；（二）准许英国商人在北京设立一所货栈；（三）请于舟山附近指定一个未经设防小岛，给英国商人使用、居住；（四）请于广州附近，准许英国商人有上述同样权利及其它较小权利；（五）英国在澳门的货物运往广州，请特别优待，减免关税；（六）准许英国商人按中国所定税率切实纳税，不另行加征，并请赐税则一份，因过去英国商人完税，都是一任海关人员随意估价，完全未看过中国税则的具体内容（见秦仲龢译《英使谒见乾隆纪实》230—231页）。

面前所行的同样礼节"（斯当东《英使谒见乾隆纪实》，转引自秦译本92页）。最终乾隆妥协，允许特使行屈膝礼，却大不快意，不但拒绝了英方的所有请求，并在回复英王乔治三世（George Ⅲ）的信中声称："天朝物产丰盈，无所不有，原不藉外夷货物以通有无。"（梁廷枏《粤海关志》卷二十三《贡舶三》）[1]

马戛尔尼与清廷的不成功接触远不如沿途所见所闻更有价值。漫长的乘船旅行让这位闲不住的特使对中国沿海情形了然于心，据其观察，"只要我们派两三艘小战舰，不消两个月功夫，就可以把中国沿海的海军全部摧毁。"（秦仲龢译《英使谒见乾隆纪实》262—263页）一语成谶，四十年后英人又谓："如果我们要和中国订立一个条约，这个条约必须是在刺刀尖下，依照我们的命令写下来，并在大炮的瞄准下，才发生效力的。"（《鸦片战争史料选译》48页，中华书局，1983年）[2]接下来"天朝"不得不向船坚炮利的英帝国俯首，开启自己坚闭已久的大门。大约从这声炮响始，吾国历史便彻底掉进一个不堪入目的丑陋时期。

（一）虎门销烟

鸦片，取罂粟花汁抟块而成，有安神止痛多眠之药用，明代即自印度、南洋等地辗转传入。成化时中国得取汁之法，嘉靖初其法益精，万历间定每十斤税银二钱，是为征税之始。康熙二十三年（1684），准鸦片以药材进口，每斤征税银三分（见李圭《鸦片事略》卷上）。

世界上第一个爆发工业革命的英国在挤走竞争对手法国、逐步控制印度全境后[3]，以机器代人力榨浆抟块，鸦片产量骤增。不列颠东印度公司（BEIC）将其作为打开中国市场的敲门砖，疯狂推行倾销政策。乾隆三十年（1765）以前，鸦片输入岁不过二百箱；嘉庆末，每年私鬻三千余箱；道光六年（1826）突增至二万箱，十七年（1837）更达到惊人

---

[1] 叩头一事在中国人看来非同小可，据使团庶务总管约翰·巴罗（John Barrow）所著《中国旅行记》（*Travels in China*），因马氏赴热河行宫观觐见乾隆，北京甚至生出特使遇害的谣言。然据原故宫博物院掌故部《掌故丛编》所辑军机处档案，英使经军机大臣传谕训诫，"颇知悔惧"，"礼节恭顺"，"诚心效顺，一遵天朝法度"；秦仲龢并引管世铭（乾隆进士，官至御史）诗云："一到殿庭齐膝地，天威能使万心降"，则马氏等人虽不肯承认，又似被迫行了跪拜之礼（见秦仲龢译《英使谒见乾隆纪实》184页）。早在雍正年间，世宗接见葡萄牙使臣时尝谓："我看见欧洲的一位大使拜倒在我的宝座脚下，这是一件很高兴的事。"（巴多明神父1727年9月26日信，《耶稣会士中国书简集》卷三），足见盲目自大的清廷对邦交一无所知。外国使节觐见礼节之争至同治末年始有定论，"以鞠躬代跪拜，惟易三鞠躬为五，号为加礼"（《清史稿·邦交志二·英吉利》）

[2] 原载英文期刊《中国文库》（*Chinese Repository*，旧译《澳门月报》）1936年2月第4卷第10期首篇。

[3] 公元1757年的普拉西战役（Battle of Plassey）成为英法角逐印度的关键之战。经过所谓"七年战争"（1756—1763），继占有鸦片产地孟加拉国后，英人终将法势力彻底逐出印度。

的四万余箱（见魏源《海国图志》卷二《筹海篇四·议款》）。仅孟加拉国一地出口，道光十四年（1834）后即在万箱以上[①]；"每年印度所收鸦片税饷自五百万至一千万员不等，故巴厘满（即英国国会"Parliament"之音译）遂以印度为属国中之第一。"（《海国图志》卷八十一《夷情备采》引《澳门月报》）鸦片生意让英国受益、将对华贸易从逆差变为顺差的同时，严重破坏中国经济秩序，造成银贵钱贱、白银外流的不利局面。据鸿胪寺卿黄爵滋道光十八年（1838）所上奏疏，银价逐年递增，"每银一两，易制钱（即官铸铜钱）一千六百有零"。粤省"自道光三年至十一年，岁漏银一千七八百万两；十一年至十四年，岁漏银二千余万两；十四年至今，渐漏至三千万之多；福建、浙江、山东、天津各海口合之亦数千万两"（《清史稿·黄爵滋传》）。

　　鸦片问题很快引起清廷的警觉。雍正中，定贩烟者"照收买违禁货物例，枷号一月，发近边充军"；私开烟馆者"照邪教惑众律，拟绞监候，为从杖一百，流三千里"（《鸦片事略》卷上）。嘉庆亦传谕：鸦片"由外洋流入内地，蛊惑人心，戕害生命，其祸与鸩毒无异"（《仁宗实录》卷二七一嘉庆十八年七月甲戌条）。

　　禁烟政策迫使英商转入地下私鬻，始囤积澳门，继移于黄埔，复移于零丁洋之趸船[②]，"全恃沿海内地游手、走私奸民，为之载棹入口，灌输内地。"（梁廷枏《夷氛闻记》卷一）嗜利奸商甚至勾通兵弁，用"扒龙""快蟹"等船护送，"船中水手众至数十人，往来如飞，兼备炮械；又有为趸船接济米粮牛羊等物，俾可久泊者，为内地之渔船"（文庆等纂辑《筹办夷务始末（道光）》卷三）。鸦片流毒之广，"其初不过纨袴子弟习为浮靡，嗣后上自官府缙绅，下至工商优隶，以及妇女僧道，随在吸食"（《清史稿·黄爵滋传》），"势将胥天下之编氓丁壮，尽为委靡不振之徒。"（《筹办夷务始末（道光）》卷三）

　　道光间黄爵滋首请行保甲连坐之法，重治吸食，罪以死论，且谓其祸烈于洪水猛兽。湖广总督林则徐倡和其言，辞尤削切，云："历年条奏，不啻发言盈廷，而独于吸食之人，未有请用大辟者"（《筹议严禁鸦片章程摺》，《林文忠公政书·湖广奏稿》卷四）；"开馆应拟绞罪，律例早有明条，而历年未闻绞过一人，办过一案，几使例同虚设。……迨流毒于天下，则为害甚巨，法当从严，若犹泄泄视之，是使数十年后，中原几无可以御敌之兵，且无可以充饷之银。"（《钱票无甚关碍宜重禁吃烟以杜弊源片》，同上卷五）宣宗命则徐入觐，召对十九次，授钦差大臣赴粤查办。

[①] 据《海国图志》（卷八十一《夷情备采》引《澳门月报》），孟加拉国一处输入中国鸦片，道光十四年10 206箱，十五年9 485箱，十六年13 094箱，十七年10 393箱，十八年16 297箱。

[②] 鸦片烟箱每1 680斤为一趸，300趸为一船，故名趸船（见《夷氛闻记》卷一）。

林氏字元抚，一字少穆，嘉庆十六年（1811）进士，福建侯官（今福州）人。其于湖广总督任上即宽猛兼施，大力禁烟。"在楚所获烟土、烟膏，已奏者一万二千余两，未奏者亦有此数。收枪已数千杆"（道光十八年十月二十五日"致刘建韶"，《林则徐书简》（增订本），福建人民出版社，1985年），以致奸徒莫不魄悸魂惊，"不特开馆兴贩之徒闻风远窜，并吸食者亦恐性命莫保，相率改图"。又配药方俾民去瘾，楚北一地"除官制断瘾药丸外，凡省城汉镇药店所配戒烟之药，无家不有，无日不售，高丽参、洋参等药皆已长价数倍，并有耆民妇女在路旁叩头称谢"（《查拿烟贩收缴烟具情形摺》，《林文忠公政书·湖广奏稿》卷五）。时"湖广之人，有积瘾三十年、日吸一两而居然断去者，断后则颜面发胖，筋力复强，屡试屡验"（道光十九年二月《晓谕粤省士商军民人等速戒鸦片告示稿》，《林则徐集·公牍六》，中华书局，1985年）。

时任礼部主事的龚自珍预见到林公至粤必有一战，赠文请携重兵，造火器，所谓"无武力何以胜也"；又详析用兵之道，曰："不比陆路之用兵，此驱之，非剿之也；此守海口，防我境，不许其入，非与彼战于海，战于舻艎也。"（《龚自珍全集》第二辑《送钦差大臣侯官林公序》）道光十九年（1839）正月，则徐抵广州，与两广总督邓廷桢严申禁令，收缴烟具，索历年贩烟之英商查顿（William Jardine）、颠地（Lancelot Dent），并颁新律曰："以一年又六月为限，吸烟罪绞，贩烟罪斩。"（《清史稿·邦交志二》）又申斥十三行商人"只知致富由于通商，遂尔巴结夷人为利薮"，"廉耻何存"（《林则徐集·公牍六》道光十九年二月初四日《谕洋商责令外商呈缴烟土稿》）；檄谕外商呈缴趸船鸦片，签名出具"夷字汉字合同甘结"，保证"嗣后来船永不敢夹带鸦片，如有带来，一经查出，货尽没官，人即正法，情甘服罪。"（同上书道光十九年二月初四日《谕各国商人呈缴烟土稿》）

外商尚在观望诿延之际，表示"若鸦片一日未绝，本大臣一日不回，誓与此事相始终，断无中止之理"（同上引）的林则徐已经动手，将停泊黄埔各国商船"先行封舱，停止买卖"，"省城夷馆买办及雇用人等，一概撤出。"（《林则徐集·公牍六》道光十九年二月初十日《谕缴烟土未覆先行照案封舱稿》）二月十三日，英国驻华商务总监（Chief Superintendent of British Trade in China）查理·义律（Charles Elliot）被迫答应呈缴鸦片20 283箱。截至四月初六日，共收鸦片19 187箱又2119袋，较义律原报数"更溢收一千袋有零"（《会奏夷船呈缴鸦片一律收清摺》，《林文忠公政书·使粤奏稿》卷二）。则徐命暂存八箱作为样土，余悉焚化，每箱偿以茶叶五斤①。

---

① 此依《清史稿·邦交志二》；魏源《道光洋舰征抚记》作每箱约偿茶叶三斤。琦善尝密疏劾则徐启衅，曰："每烟一箱，仅给茶叶五斤，所得不及本银百分之一。"（《清史稿·琦善传》）

自四月二十二日起，林则徐、邓廷桢等逐日赴虎门监视销毁，"将烟土切碎抛入石池，泡以盐卤，烂以石灰"（《会奏销化烟土一律完竣摺》，同上卷三），随潮送出大海，至五月十五日始尽[①]。

虎门所焚鸦片烟去箱袋实重 2 376 254 斤（见上引"完竣摺"），"在印度本地每箱值价银二百五十圆，至广东则价银五六百圆，为利一倍。共烧毁赀本银五六百万圆，并利银共千余万圆。"（魏源《道光洋艘征抚记（上）》，《魏源集》上册，中华书局，2009年）

（二）兵戎相见

清政府禁烟行动在英国国内引起极大震动，有正义感的人士如地尔洼（Algernon S. Thelwall）亦挺身而出，撰《鸦片罪过论》（*The Iniquities of the Opium Trade with China*）抨击这一罪恶贸易。地尔洼按一年输入中国三万四千箱鸦片来计算，"在二十年之内，至少有一百九十九万九千人由于吸食这种毒药而被谋杀，或每年被谋杀了九万九千三百人。"他宣称"与走私密不可分的行贿、欺骗、奸诈、伪证和暴力等一切罪恶行为，正在继续之中"，要求国会作彻底调查（引文见《鸦片战争与林则徐史料选译》117—118页，广东人民出版社，1986年）。

彼时"茶叶已变成联合王国全体人民的生活必需品，每年在中国购茶的成本将近300万镑"。以1837年7月1日至1838年6月30日的中英贸易为例，广州出口12 589 924元（合3 147 481镑）货物，其中茶叶9 561 576元，占75%；而英国进口5 637 052镑货物，其中鸦

[①] 销烟之法经广谘博采，乃于海滩高处挖二池，"其池平铺石底，纵横各十五丈余尺，四旁栏桩钉板，不令少有渗漏。前面设一涵洞，后面通一水沟，池岸周围广树栅栏。……先由沟道车水入池，撒盐成卤，所有箱内烟土，逐个切成四瓣，投入卤中泡浸半日，再将整块烧透石灰纷纷抛下，顷刻便如汤沸，不爨自燃。复雇人夫多名，各执铁锄木爬，立于跳板之上，往来翻截（《筹办夷务始末（道光）》（卷七）作'戳'字），务使颗粒悉化。俟至退潮时候，启放涵洞，随浪送出大洋，并用清水刷涤池底，不任涓滴留余。"（《会奏销化烟土已将及半情形摺》，《林文忠公政书·使粤奏稿》卷三）试行之初每日销毁三四百箱，数日后手法渐熟，日可八九百至千箱不等。

又据闻风来观、亲眼见证这一场面的外国人撰文记述，销烟场地依山傍河，由东向西依次排列三口石板铺设的池子，其过程简单来说是这样的："先往池子里注入从山坡上流下来的淡水，注至二英尺深左右。第一口池子这时刚好是在注水的时候。第二口池子上，人们正在工作。池上每隔几英尺架有厚木板。装在箩筐里的鸦片，由苦力们经木板抬到池子上各处，然后把烟团一个个取出，摔在木板上，用脚踩碎后踢进池水中。同时，另一些苦力手拿锄和宽口铲，正忙着搅拌和把池底的鸦片翻上来。还有些苦力负责运送盐和石灰，并把它们大量地撒遍池面。第三口池子已填了差不多一半，看上去像一口酒厂里的大发酵池，不过不是在剧烈地发酵，而是在慢慢地分解，它已快可以排放了。排放通过一条狭窄的水沟来进行，它连通池子与河道，约有二英尺宽，沟底比池底稍低些。还装有一个像筛子一样的隔板，用来防止大块的鸦片流进河里去。"（《鸦片战争与林则徐史料选译》89页）

片3 376 157镑，占60%。对英人而言，鸦片输出成为方便茶叶买进、扭转贸易平衡的有利手段，并造成该贸易年中国方面共计2 489 571镑的逆差；"这项逆差，主要地由中国向英属印度输送白银去支付，而白银则又是靠鸦片吸收来的。"因此国会上、下两院的小组委员会在仔细调查鸦片种植及对印度岁入的贡献问题后，毫不犹豫地得出如下结论："放弃一项如此其重要的岁入来源是不适当的。"（引文见1839年11月2日"拉本德、斯密斯、克劳复致巴麦尊"，《英国鸦片贩子策划鸦片战争的幕后活动》，中国社会科学院近代史研究所编《近代史资料》总21号，46—47页，科学出版社，1958年）①

与此同时，义律致书以好战著称的外交大臣巴麦尊（Henry John Temple Palmerston），将林、邓禁烟描述为"不可饶恕的暴行"，认为"应该出之以迅速而沉重的打击，事先连一个字的照会都不用给"；信末又："以最最迫切的心情建议，应该使用足够的武力，并以西方国家对这个帝国所从来没有过的最强有力的方式进行武力行动的第一回合。……必须教训中国政府，要他懂得对外义务的时机已经来到了。"（1839年4月3日"义律致巴麦尊"，同上17—18页）

巴麦尊虽然私底下承认"中国人是地球上唯一最不好战争的民族"（转引自《英国鸦片贩子策划鸦片战争的幕后活动》辑译说明，同上引第6页），为了不列颠之民生国计，亦在复信中叫嚣对付中国，"开头先来一个打击，然后再说道理。"（1839年11月4日"巴麦尊致义律"，同上57页）

此时大清帝国早已日薄西山，英人对此心知肚明，指出"所谓中国的国力，不过虚妄之谈，现今这乃是世界上最为孱弱的力量，只靠妄自尊大的上谕说着成套的谎话，并把广大人民闷在无知之中去支持罢了"（1839年10月21日"汉得孙致拉本德私函"，同上53页）。道光二十年（1840）五月，海军上将乔治·懿律（George Elliot）率领的远征军驰抵广东洋面，按事先部署，在封锁珠江口后，迅速启程北上，陷定海，掠宁波，七月中旬便来到天津口外，月底又至山海关等处②。

---

① 又据魏源统计道光十七年（1837）粤省与英国贸易出入之数，计出口丝、茶等货价银21 816 000元，进口棉、米等货价银14 478 000元，实际顺差700余万元。"使无鸦片而以货易货，则英夷应岁补中国银七百余万员，乃是岁鸦片价银反出口二千二百万员，计销鸦片四万箱，此数之确然可考者。"（《海国图志》卷二《筹海篇四·议款》）

② 中国史书多谓粤防严密，英船避去。检英方档案，封锁珠江后立刻前往北直隶湾、逼北京政府就范乃其既定战略，义律在最早写给巴麦尊的信中便这样设计，而且从实施效果看也是相当成功的。巴麦尊为远征军规划的路线图为：首先开往珠江江口，"但在那个地区，除非是为了封锁、或是为了被扣船只的安全有必要，不必进行任何陆上的军事行动。广州距离北京太远了，所以那儿的任何行动都没有决定性意义；有效的打击应该打到接近首都的地方去。"（1840年2月20日"巴麦尊致海军部"，《近代史资料》总21号70页）

　　直隶总督琦善遣千总白含章登船察探，结果不看不知道，一看吓一跳：英舰至大者"船身吃水二丈七八尺，其高出水处亦计二丈有余。舱中分设三层，逐层有炮百余位。……每层前后又各设有大炮，约重七八千斤，炮位之下设有石磨盘，中具机轴，只需转移磨盘，炮即随其所向"。又有名"火焰船"者（即汽船），"后梢两旁，内外俱有风轮，中设火池，上有风斗，火乘风起，烟气上熏，轮盘即激水自转，无风无潮，顺水逆水，皆能飞渡。"（《筹办夷务始末（道光）》卷十二）①

　　反观我方防务，天津"虽曾遗有从前水师营炮位，惟系存贮多年，不堪应用"；"存兵共止八百余名，除看守仓库、监狱、城池暨各项差使外，约止六百余名，其余沿海之葛沽、大沽、海口等三营，葛沽止额设兵一百余名，余二营均止数十名不等。"（同上引）至于山海关一带竟无存炮，仓促于"废弃炮位内，检得数尊，尚系前明之物"，蒸洗备用（同书卷十四）。

　　从琦善对英舰云山雾罩、不得要领的描述中不难看出中国在技术上已严重落后，若肯放下"天朝"架子选择求和尚属明智之举；故这位力持抚议，欲劝退懿律、义律（二人为联合全权代表）的总督很快以钦差大臣身份奔赴广东，将朝廷的最新精神带去那里。

　　九月，诏以林、邓（则徐时任两广总督，廷桢调闽浙总督）办理不善，同夺职，翌年同戍伊犁。据在虎门销烟现场见过林钦差的外国人描述，他一点也不"野蛮或粗暴"，"看来不满四十五岁，矮个子，相当壮实，一张光滑的、圆圆的脸，细长的黑胡须，一双敏锐的黑眼睛，声音洪亮，口齿清晰。他的脸容表明他是一个办事认真而又缜密的人。"（《鸦片战争与林则徐史料选译》92页）居留广州期间，则徐"日日使人刺探西事，翻译西书，又购其新闻纸"（《道光洋艘征抚记（上）》），这些材料成为日后魏源所撰、翔实介绍列国概况的《海国图志》之蓝本②，他也因此被誉为"开眼看世界的第一人"。然蒋廷黻指出，"林则徐实在有两个，一个是士大夫心目中的林则徐，一个是真正的林则徐。"（《中国近代史》36页，上海古籍出版社，2004年）前一个林则徐惧怕清议指摘，故作信心满满，奏章中扬言英人徒负船坚炮利之虚名，兵舰实则笨重，"吃水深至数丈，只能取胜外洋，破浪来风，是其长技，惟不与之在洋接仗，其技即无所施"；"且夷兵除

----

① 早在嘉庆年间，两广总督吴熊光即意识到中英军事力量之悬殊。时英人图占澳门，熊光曰："若轻率用兵，彼船炮胜我数倍，战必不敌。"竟以葸懦革职，遣戍伊犁（见《清史稿》本传）。

② 《海国图志》原序谓是书所据，"一据前两广总督林尚书所译西夷之《四洲志》，再据历代史志及明以来岛志，及近日夷国夷语"；乃"为以夷攻夷而作，为以夷款夷而作，为师夷长技以制夷而作"。案：魏源，字默深，邵阳人，与龚自珍皆"负才自喜，名亦相垺"（《清史稿·文苑传三》），并称"龚魏"。道光二十一年（1841）入两江总督裕谦幕府，参与浙东抗英战役。兵败，裕谦赴水死，源痛愤时事，著《圣武记》四十余万言；复编纂《海国图志》，初为六十卷，咸丰二年（1852）增补成百卷。

枪炮之外，击刺步伐，俱非所娴，而其腿足缠束紧密，屈伸皆所不便，若至岸上，更无能为。"（《筹办夷务始末（道光）》卷八）后一个林则徐自知技不如人，遣戍途中写给故交姚椿、王柏心①的信里坦言："侧闻议军务者，皆曰不可攻其所长，故不与水战，而专于陆守。此说在前一二年犹可，今则岸兵之溃，更甚于水，又安所得其短而攻之？""彼之大炮，远及十里内外，若我炮不能及彼，彼炮先已及我，是器不良也。彼之放炮，如内地之放排枪，连声不断，我放一炮后，须辗转移时，再放一炮，是技不熟也。……内地将弁兵丁，虽不乏久历戎行之人，而皆觌面接仗，似此之相距十里八里，彼此不见面而接仗者，未之前闻"。又以姚、王两书生为局外人，"乃不妨言之，幸勿以示他人，祷切，祷切！"（道光二十二年八月"致姚椿、王柏心"，《林则徐书简》193—194页）蒋氏批曰："真的林则徐，他不要别人知道……他让主持清议的士大夫睡在梦中，他让国家日趋衰弱，而不肯牺牲自己的名誉去与时人奋斗。林文忠无疑的是中国旧文化最好的产品。他尚以为自己的名誉比国事重要，别人更不必说了。"（《中国近代史》37—38页）②

十月，琦善抵广州，一意主抚，尽撤沿海防御。十二月五日，英舰突犯虎门外沙角、大角炮台，守台副将陈连升寡不敌众，父子并战死。明年二月，虎门亦陷，水师提督关天培殉难。粤事急，琦善与义律（时懿律已请辞归国）私订《穿鼻草约》，擅予香港，擅许通商；疏闻，道光震怒，治琦善罪。

说林则徐有两个，道光皇帝又何尝不是如此。闻林钦差禁烟有成则喜："朕不虑卿等猛浪，但诚卿等不可畏葸"（《筹办夷务始末（道光）》卷八朱批）；见英军舰驰赴天津辄忧："外而断绝通商并未断绝，内而查拿犯法亦不能净，无非空言搪塞，不但终无实济，反生出许多波澜。思之曷胜愤懑，看汝以何词对朕也！"（同书卷十三）主战主和，反复无定。及广州战衅起，琦善代传英人照会，数陈"夷情"可畏，道光斥曰："朕断不似汝之甘受逆夷欺侮戏弄，迷而不返。……汝被人恐吓，甘为此遗臭万年之举，今又摘举数端恐吓于朕，朕不惧焉"（同书卷二十二），乃决心抗战。然姑且不论所遣奕山、奕经、耆英等贵胄不谙军旅，庸懦误事，即便兵精将良，胆壮心齐，在已进入热兵器时代的

---

① 案：姚、王二人曾在湖北荆州书院讲学，则徐任湖广总督，数次赴荆巡视，与其结识往来（见《林则徐书简》191页原注）。

② 毫无疑问，如同他所处的时代，林钦差身上有着多重矛盾且不可调和的性格，对此当日之外国人亦能一目了然，称他是"一个神奇的人物"，声望甚至超过皇帝。"他具有他人少有的如此之多的美德，而同时又显露出如此之多独特的缺点。他具有堪称哲人的才思，采用方法精明而与众不同，并百折不挠地去执行，他具有远超国人的远见卓识，有无限的报国之心，其崇高无私更罕见于中国官员。但这位才华横溢的政治家，又常常表现出他的粗野、卑鄙、残酷、无情、可恶、固执，和对外交基本原则的无知。他把他的国家驱赶进了一场可怕的战争之中，其后，在那危急的时刻，成了一个孤立无援的小孩。"（《鸦片战争与林则徐史料选译》435页）

十九世纪中叶，指望用大刀长矛和几门前明旧炮武装起来的中古军士在战场上有所作为，无异于白日做梦。

首先是督师广东的靖逆将军奕山，战不能战，守不堪守，订《广州和约》，偿银六百万元。就是这位在广州城头竖白旗乞降的奕山，后来跑到西北、东北专与沙俄打起了交道：咸丰元年（1851）订《伊（犁）塔（尔巴哈台）通商章程》（时为伊犁将军）；咸丰八年（1858）订《瑷珲条约》（时为黑龙江将军），"以边地五千余里，藉称闲旷，不候谕旨，拱手授人。"（《清史稿》本传）[1]

广州战役后不久，英政府召回义律[2]，改派璞鼎查（一译砵甸乍，Henry Pottinger）率军进犯福建、浙江、江苏，战事迅速扩大。闽浙总督颜伯焘败走厦门，两江总督裕谦殉于宁波，调去援浙的扬威将军奕经贪功浪战，复一败涂地。道光二十二年（1842）五月，英舰攻破吴淞口，连陷宝山、上海二县；六月，突入长江，占镇江，踞瓜洲；七月，乘潮上驶，泊南京下关。至是清廷彻底丧失反抗能力，七月二十四日（公历8月29日），钦差大臣耆英亲诣皇家海军皋华丽号（HMS Cornwallis），与璞鼎查订《南京条约》；明年续订《虎门条约》，详定细则。举其要端如下：

一、开放广州、福州、厦门、宁波、上海为通商口岸，允英人携眷赴五港口居住，"不相欺侮，不加拘制"，"英国君主派设领事、管事等官住该五处城邑，专理商贾事宜"；

二、割香港一岛；

三、偿银二千一百万元，分四年交清；

---

① 通过《瑷珲条约》（1858）、《北京条约》（1860），沙俄共攫取中国东北一百余万平方公里土地（参见前文"中俄《尼布楚条约》"一节）。同治三年（1864）又与清廷签订《中俄勘分西北界约记》，割占巴尔喀什湖以东以南四十四万多平方公里领土。恩格斯称第二次鸦片战争期间，各参战国得到的好处纯属商业性质，而这其中俄国不但有份，同时"夺取了中国的一块大小等于法德两国加在一起的领土和一条同多瑙河一样长的河流（指黑龙江）"；如果把各国条约比较一下就必须承认："这次战争不是对英、法而是对俄国有利，已成为昭然若揭的事实。"（《俄国在远东的成功》，《马克思恩格斯选集》第一卷734页）曾经处在禁烟运动风口浪尖、流放新疆归来的林则徐亦道："英夷何足深虑，其志不过以鸦片及奇巧之物劫取中国钱帛已耳。予观俄国，势日强大，所规划布置，志实不小。英夷由海道犯中国实难，但善守海口，则无如我何。俄国则西北包我边境，南可由滇入，陆路相通，防不胜防，将来必为大患，是则重可忧也。"（欧阳昱《见闻琐录后集》卷四"耆英"条）

② 义律得香港在当时可谓两面不讨好。道光帝纵然不知香港在哪里，却有"烟价一毫不许，土地一寸不给"之严旨（《道光洋艘征抚记（上）》）；英国政府看中的是东海岸一处岛屿，因此对割让香港这样"连一所房子都难找到的荒岛"的结果"极其失望"（见《中华帝国对外关系史》卷一附录七"巴麦尊子爵致皇家海军义律大佐函"）。

四、英商"应纳进口出口货税、饷费，均宜秉公议定则例"，即协定关税；

五、凡涉词讼，"英人如何科罪，由英国议定章程、法律，发给管事官照办"，即领事裁判权；

六、将来大清"有新恩施及各国，亦应准英人一体均沾"，即片面最惠国待遇①。

道光二十四年（1844），调授两广总督的耆英又与美、法分别签订"五口通商章程"，即《望厦条约》和《黄埔条约》。

蒋廷黻谓诸条款中，五口通商最让道光年间的中国人感觉痛心疾首，颜面丢尽；相反，他们对真正涉及核心利益的"协定关税"和"治外法权"（即领事裁判权）却等闲视之，牺牲国家主权的同时还以为打赢了外交，这完全是不懂国际公法和国际形势，争所不当争、弃所不应弃的糊涂做法（见《中国近代史》40—42页）②。

接下来在广州，条约所定洋人入城一款又成了关乎和战的大问题。粤民坚执不准入城旧例，聚众相抗。二十七年（1847），总督耆英漫许两年后入城，姑为权宜之计。期至，继任总督徐广缙坚称万不可行，"阻其入城而有事，则众志成城，尚有爪牙之可恃；许其入城而有事，则人心瓦解，必至内外之交讧。"（《清史稿·徐广缙传》）英人将动武，广缙偕巡抚叶名琛联合民团，严为戒备，华商亦自停各国贸易，入城之议始寝。初，宣宗恐生变，密诏暂允入城一次以践前言，广缙矫旨勿许；事既定，宣宗大悦道："数年诸臣委靡，无一人能伸国威，此事非独无罪，且有大功！"（《见闻琐录前集》卷六"徐广缙"条）

徐氏赴广西剿太平军，叶名琛升总督，恃功自负，"遇中外交涉事，略书数字答之，或竟不答。"（《清史稿》本传）时英人乘中国内乱，联合法、美欲变通成约，有减税率、增口岸、遣使驻京之请，名琛拒不接见。各国代表驰赴上海、天津，处处碰壁。前后一系列争端终将广州再次变作一个火药桶，至咸丰六年（1856）兵端重开，是为"第二次鸦片战争"。

---

① 《江宁条约》（一称《白门条约》，即《南京条约》）与《虎门条约》（《五口通商附粘善后条款》《五口通商章程》）原文载《近代中国史料丛刊续编》第八辑《道光条约》。

② 案：蒋氏议论，让人想起美国传教士明恩溥（Arthur H. Smith）所写的《中国人气质》（*Chinese Characteristics*）。该书又被安冈秀夫污蔑中国民族的《从小说看来的支那民族性》加以引用，叫身为"支那人"的鲁迅读了"的确不免汗流浃背"，那里面说："支那是颇有点做戏气味的民族，精神略有亢奋，就成了戏子样，一字一句，一举手一投足，都装模作样，出于本心的分量（少），倒还是撑场面的分量多。这就是因为太重体面了，总想将自己的体面弄得十足，所以敢于做出这样的言语动作来。总而言之，支那人的重要的国民性所成的复合关键，便是这'体面'。"（《华盖集续编》"马上支日记"，《鲁迅全集》（十六卷本）卷三326页）

英法联军攻占圆明园

　　翌年英法联军围城之际，迷信仙术的叶名琛摇得一签，语曰过某月某日后便无事，信以为真，不事战守，结果束手就擒，解往印度加尔各答。此公身陷图圄，自诩"海上苏武"，赋诗见志，日诵《吕祖经》不辍[1]。粤人讥之："不战、不守、不降，不和、不死、不走；二十一史翻遍，如此之人无有。"（《见闻琐录后集》卷一"叶名琛"条）其诗曰："零丁洋泊叹无家，雁札犹传节度衙。海外难寻高士粟，斗边远泛使臣槎。心惊跃虎笳声急，望断慈乌日影斜。惟有春光依旧返，隔墙红遍木棉花。"（见《清朝野史大观》卷四《清朝史料》"叶名琛被俘后记事"条）

　　咸丰八年（1858）四月，联军北上陷大沽炮台，京师戒严。五月，清廷分别与俄、美、英、法订《天津条约》；十月，又在上海与英、法订《通商章程善后条约》。据此，外国公使驻京，长江通航通商，"洋药"（即鸦片）准其进口；旧有五口以外，新增沿海商埠南起琼州，北至营口（初定牛庄），几乎贯穿整条海岸线[2]。

　　明年五月，海军上将贺布（一译何伯，James Hope）率领的英国舰队驰抵大沽口外，护送英法公使进京交换条约批准书。英军拒绝清廷"大沽设防，当进自北塘"的路线安排

---

[1] 叶氏堪称东晋王凝之后第二人也（参见本书161页）。

[2] 以上诸条约原文载《近代中国史料丛刊续编》第八辑《咸丰条约》。

（见薛福成《书科尔沁忠亲王大沽之败》，中国史学会主编"中国近代史资料丛刊"《第二次鸦片战争》第一册598页，上海人民出版社，1978年），欲强闯白河（即海河），被炮台守军开炮击退，贺布本人亦受重伤①。消息传回国内，已升任首相的巴麦尊的笔杆子们立即在伦敦《每日电讯》上叫嚣："大不列颠应该对中国海岸线全面进攻，打进京城，将皇帝逐出皇宫。……应该教训中国人尊重英国人，英国人高中国人一等，应该做他们的主人。……起码可以一试的是攻占北京。"（转引自马克思《新的对华战争》，《马克思恩格斯选集》第一卷739页，人民出版社，1995年）

咸丰十年（1860）六月，英法联军卷土重来，攻夺炮台，占据天津，劫知府石赞清（旋释归）。怡亲王载垣奉旨赴通州议和，又因觐见礼仪之争，做出将巴夏礼（Harry Smith Parkes）以下三十九名英法员弁全部扣为人质的孟浪举动②。谈判破裂，双方复开战于通州城西八里桥。时号勇将的僧格林沁"于酣战之际，自乘骡车，撤队而逃"；另一大将胜保力战受伤，"昏迷不省"，遂大败（见赘漫野叟撰《庚申夷氛纪略》，《第二次鸦

---

① 对此次冲突始末，各方说法不一。据马克思《新的对华战争》，当时"大沽炮台除去伪装，向英国船只进行毁灭性的轰击"，陆战水战同时并举，英军死伤四百六十四人，军官死伤二十八人，损失鸬鹚号、避风号、小鸻号三艘战船，参战法军死伤十四人（见《马克思恩格斯选集》第一卷739页）。据马士著《中华帝国对外关系史》，英军清除河中障碍后即布置登陆，因潮水降落、河岸泥泞而告失败，"在这期间，炮台和炮艇遂互相猛烈的轰击起来"；英军损失重大，伤亡四百三十四人，"六只炮艇被打得不能作战，其中四只被击沉"。（见卷一653页）中国方面则称英船毁我防具，开炮衅由，负责海防的蒙古科尔沁亲王僧格林沁督军力战，毁敌船入内河者十三艘（见《清史稿·邦交志二》及《清史稿·僧格林沁传》）

时襄助僧王设防津沽的郭嵩焘一年后在日记中写道："夷祸成于僧郢之诱击。去岁之役，先后奉诏旨十余，饬令迎击拦江沙外晓谕。洎夷船入内河九日，僧邸不一遣使往询。去衣冠自称乡勇，诱致夷人，薄而击之。……夷人之来有辞，当求折冲樽俎之方，不足与用兵。即势穷力竭，要使理足于己，庶胜与败两无所悔。圣心忧勤如此，岂可乘骄愤以贸天下之名哉。"（《郭嵩焘日记》卷一406—407页，湖南人民出版社，1980年）

② 此次通州议和堪称阻止英法联军攻入北京的最后一道外交"藩篱"，然文宗预先便有巴夏礼等人系"谋主"，"著将各该夷及随从人等，羁留在通，毋令折回"的谕旨。所رب巴夏礼言辞"驯顺"，故"事机尚为顺利"（《筹办夷务始末（咸丰）》卷六十二）；只是后来巴夏礼节外生枝，坚决要求面递国书，因为在英人看来，"此凡在礼义之邦，无有不知，无不奉行。遇有自谓礼议［义］之国，不用此礼相待，斯虽言称和好，而实滋他国之疑异。"（《英使为限期三日内释还被押英法员弁并应允全部条件盖印画押方能停止进兵事照会》，《第二次鸦片战争》第五册135页）对此清廷却有着截然不同之理解，文宗谕曰："国体所存，万难允许。……如欲亲递国书，必须按照中国礼节，拜跪如仪，方可允行。"（《筹办夷务始末（咸丰）》卷六十二）据说成为俘虏的巴夏礼被抛掷到僧格林沁面前，俯伏在地接受讯问，"为什么他在当日以前未曾解决朝见问题，为什么他在这个问题上故意推诿责任，以及为什么他竟敢对怡亲王用那样无礼的词句"云云（《中华帝国对外关系史》卷一678页）。

案：1856年10月8日悬英国国旗、在香港登记（已过期十一天）的快艇亚罗号（Arrow）泊于广州黄埔。巡河清军以缉捕海盗为名，登船绑走十二名中国水手，拔其旗。领事巴夏礼向粤督叶名琛抗议，要求赔偿、道歉，双方就亚罗号法律地位及清兵扯旗与否等细节问题纠缠不已，是为引发第二次鸦片战争的"亚罗号事件"。巴氏为"谋主"一说盖源于此。

片战争》第二册第10页）[①]。

事至此已无可为，咸丰帝自圆明园启銮逃往热河避暑山庄，留皇弟奕䜣为"钦差便宜行事全权大臣"，偕户部左侍郎、署步军统领的文祥办理"抚局"。恭亲王奕䜣乃宣宗第六子，被蒋廷黻誉为"清朝后百年宗室中之贤者"（《中国近代史》55页），然危难之际，自己吓得不敢进城不说[②]，对英法遣还俘虏的要求推诿搪塞，又在照会中虚声恫吓："当你们攻击北京的时候，不但你们的国民将被牺牲，并且当你们军队撤退的时候，将会被打得溃不成军"（马士（Hosea Ballou Morse）《中华帝国对外关系史》（*The International Relations of the Chinese Empire*，以下简称《对外关系史》）引高第（Henri Cordier）《一八六〇年远征中国记》，卷一682页，张汇文等合译，商务印书馆，1963年），完全可说是应对失当[③]。

联军并未放缓进攻脚步，巴夏礼亦从狱中传出话来："不要为我等在此，遂阻进兵。"（"巴夏礼致威妥玛信"，《筹办夷务始末（咸丰）》卷六十四）八月二十二日（公历10月6日），圆明园失陷，"在第一天就被法国军队和一小支英国骑兵掠夺一空。"（《对外关系史》卷一684页）参与抢劫的英军副军需官卧耳斯莱（一译吴士礼，Garnet Joseph Wolseley）甚至酸溜溜地抱怨："这种掠夺行为继续了几天之久，而我们的（英国的）官员们，大多数都获得了很多东西，但是下士以及士兵们——驻扎在几英里外的地方——则都没

[①] 僧格林沁所部骑兵最号劲旅，初以荡平林凤祥、李开芳率领的太平天国北伐军而"威名震于海内"（《清史稿》本传），事在咸丰五年（1855）；后专事剿捻，同治四年（1865）遇伏毙命。胜保伤愈后拥兵支持辛酉政变，扶叶赫那拉氏垂帘听政，疏称"为今之计，非皇太后亲理万机，召对群臣，无以通下情而正国体"（《清史稿》本传）。从此活跃于剿捻、剿太平战场上，清军污称为"四眼狗"的英王陈玉成被俘后即送颍州胜保大营，后在延津遇害。同治初获罪赐自尽。

案：同治八年（1869）曾国藩论及当日事，曰："咸丰九年，洋人来换和约，僧忠亲王诱而击沉其船，天下称快；十年，夷人复至，僧邸不守北塘，意欲引夷人陆战，一鼓歼之；及夷人上岸，开花炮一击，我军人马自相践踏，溃败不可收拾。……某（国藩自称）谓僧邸此败，义当杀身以谢天下矣，然至今亦未闻有以九年诱击夷人为非者也。当夷人十年复至时，文宗下十七诏敕僧邸罢兵，僧邸不听，及事败，谓'不守北塘系为端华、肃顺所制'，岂有敢抗天子诏书而不敢违二三佞人（指端、肃兄弟）意旨者哉！此议出，人必骇为谬妄，以是知是非之无定评也。"（《吴汝纶全集》第四册《日记》卷六379页，黄山书社，2002年）黄浚（福建侯官人，早年就读于日本早稻田大学，曾任国民政府行政院机要秘书，抗战伊始以通敌叛国罪被处决）谓："文宗最信肃顺，故十七诏罢兵者，自为肃顺主谋。……（曾文正）言天下无真是非，意即深慨端、肃之冤"（《花随人圣盦摭忆》496页，载沈云龙主编《近代中国史料丛刊》三编第四十六辑），此是后话。

[②] 时恭亲王出驻长辛店，与城中大臣及英法专使皆飞函往来；及见圆明园火起，又惊惧欲逃。外人曰："幸其未逃，议和有人，可免冬日作战矣。"（《Henri Cordier纪事》第二十五章，《第二次鸦片战争》第二册458页）

[③] 其时扣押人质已成骑虎难下之势，但清廷仍幻想只要巴夏礼在手，有所牵制，局面未必便无转机。僧格林沁奏称："现在势处两难，若将该夷正法，是激群夷之愤，坚其攻城之心；若将该夷放回，其患更不堪设想。为今之计，仍应妥为看待，以为转圜地步。"（《筹办夷务始末（咸丰）》卷六十三）

有获得任何东西的机会。"另外，附近的中国人"从宫殿中抢到比两国军队更多的掠夺品"（《对外关系史》引《一个战士生活的故事》（*The Story of a Soldier's Life*），卷一684页）。

八月二十九日（公历10月13日）正午，安定门城门打开，联军以"一种和平解决方式"（《对外关系史》卷一685页）占领北京①。此前巴夏礼已侥幸获释，据称是在皇帝处死谕旨下达前不到一小时才走出的监狱大门（同书680页）。总共三十九名人质中，"计英人二十六，死伤各十三人，法人十三，七死六伤"（《Henri Cordier纪事》第二十五章，《第二次鸦片战争》第二册455页）；《泰晤士报》记者包尔卑（Thomas William Bowlby）下场尤惨，抬回联军大营的只是"血淋淋的七零八块的尸体"（《Henry Knollys纪事》第七章，同上书396页）。

英全权专使额尔金（James Bruce, 8th Earl of Elgin）发誓报复，在致恭王函中声称"圆明园者，英法侨民所受痛心疾首惨刑而死之地也②，誓必毁为平地"（《Henri Cordier纪事》第二十五章，同上书450页）③。英军言必信，行必果，九月初五日（公历10月18日）再次闯入，将"万园之园"付之一炬④。

卧耳斯莱著《与中国之战争》（*Narrative of the War with China in 1860*）一书记录当时

---

① 奕䜣、文祥奏疏中称，僧格林沁等每来函，"总以军无斗志，深盼和议速成"。屡遭败绩的僧王怯战姑置不论，皇上启銮远遁，皇弟不敢入城，犹指望统兵大臣"激励兵心，以维大局"（《筹办夷务始末（咸丰）》卷六十四），力保危城不失，岂非奢求？

② 案：巴夏礼擒送入京后由刑部监狱转至德胜门内高庙，直至释放；且诸囚犯连人带尸陆续于10月12日至16日间送回，而法军10月6日已攻占圆明园，故额尔金所陈焚园理由不能成立。马士在《对外关系史》中仍使用以下语言将焚园与虐囚相联系："在中国人的头脑中会若干年保留着一个生动的记忆，即法国人掳掠了这个宫殿，而英国人又毁坏了它，他们忘记了或很少注意到原来的罪行。"（卷一690页）

③ 英、法之间对火烧圆明园有不同意见。指挥英地面部队的格兰特将军（James Hope Grant）辩解曰："圆明园宫殿之为要地，人所共知。毁之所以予中国政府以打击，造成惨局者为此辈而非其国民，故此举可谓为严创中国政府，即就人道而言，亦不能厚非也。"（《Henry Knollys纪事》第七章，《第二次鸦片战争》第二册394页）法国专使葛罗（一译葛历劳士，Jean-Baptiste Louis Gros）则表示："北京城内之宫殿，乃全国政府之所寄，若先劫取其文物典籍，而后悉毁其宫殿，其在中国人与欧洲人之眼中，或将视此举为一种之报复与惩罚，其印象之深，比之仅焚毁一游幸行乐之离宫别馆（指圆明园）当远过之。"（《Henri Cordier纪事》第二十五章，同上书451页）对比葛罗更为大胆的方案，额尔金曰："焚毁圆明园，实乃避重就轻，害最小而可行之策。"（《Henri Cordier纪事》第二十五章，同上书459页）

④ 野史又将龚橙与联军焚掠圆明园挂起钩来。案：龚橙系龚自珍长子，字孝拱，以字行，晚号半伦（言其无君臣父子夫妇昆弟朋友而尚爱一妾）。《见闻琐录后集》（卷三"烧圆明园"条）记曰："英夷初志，不过要索金钱，讲和通商而已，非欲焚烧以示虐也。有浙江龚某者，为汉奸，教其烧圆明园。谓非是不足以恐吓中国。……英夷遂从其言，焚之，而累朝精华遂尽于一炬中。龚某祖为尚书，父为侍郎，伯叔兄弟多为显官。因己未登乡榜，怨国家屈抑其才，遂借此以泄愤。"《龚半伦传》（载《清朝野史大观》卷十《清朝艺苑》）更直书曰：半伦中年寥落，旅居沪上，入英使威妥玛幕府。威氏大悦之，月致万金为修脯。"庚申（即咸丰十年）之役，英以师船入都，焚圆明园，半伦实同往。单骑先入，取金玉重器以归。"此或系谬传。

情景："此两日中，密黑之烟所成之浓云，横空笼罩于其上，往昔富丽华严之区域，而今已矣。有风自西北来，吹其烟团，直过我军营（在北京近郊）之上，而直抵北京城。相距虽远，而灰星直落城中巷衢，是为皇宫中破坏惩罚之工作，无言而有力之证据。此两日中，如有人行过吾兵营与圆明园之间，则见烟际之云，使天光黯晦，无殊日蚀，附近一带地方，亦皆黑暗云。"

其书又曰："十二年后，吾人亲见额尔金爵士所破坏之残景，巨梯已毁，上载铜塔，附近亭观，亦皆残破，其下则湖水静平，满覆荷花，又有大理石桥，二者相映，益增凄楚。"（转引自《Henri Cordier纪事》第二十五章，《第二次鸦片战争》第二册458页）

九月十一、十二日（公历10月24日、25日），奕訢先后与英、法订《北京条约》，悉从其请，增开天津商埠，将突入并控制香港港口的九龙半岛割让给英国。十月初二日（公历11月14日），复与沙俄订《北京条约》①。

清廷在与"泰西"列国的这场因贸易引发的大战中彻底败下阵来。"我们的军器和军队是中古的军队，我们的政府是中古的政府，我们的人民，连士大夫阶级在内，是中古的人民"（蒋廷黻《中国近代史》34页），所以这注定是一场打不赢的战争。可注意者，乃两次战争中间，朝野上下都做了些什么。光绪初文祥密疏云："迨至立约通商已有成议，而在内无深知洋务之大臣，在外无究心抚驭之疆吏，一切奏牍之陈，类多敷衍讳饰。敌人方桀骜而称为恭顺，洋情方怨毒而号为欢忭，遂至激成事端，忽和忽战；甚且彼省之和局甫成，此省之战事又起，赔款朝给，捷书暮陈。乘遭风之船以为胜仗，执送信之酋以为擒渠，果至两军相交，仍复一败不可收拾。"（《清史稿·文祥传》）蒋廷黻谓"道光咸丰年间的人没有领受军事失败的教训，战后与战前完全一样，麻木不仁，妄自尊大……中华民族丧失了二十年的宝贵光阴"（《中国近代史》35页）。然所失又岂只在这二十年？

是年十二月，清廷置总理各国事务衙门（简称"总署"），恭亲王奕訢偕大学士桂良、侍郎文祥领其事，终开始学着做起"外交"的样子，肯于承认"诸国为平等政体之友邦，公文照会禁用夷字"（《清朝野史大观》卷四《清朝史料》"鸦片战争之结果"条）②。尽管如此，外人恒讥清廷外交为"儿戏之外交"。与巴夏礼一起因为"有卓越才干并对中国人有很好的了解"（《对外关系史》卷一664页）而充任英军翻译的威妥玛

① 诸条约原文载《近代中国史料丛刊续编》第八辑《咸丰条约》。至光绪二十四年（1898）四月，九龙地区又被扩大，"议展香港界址至九龙城，租期九十九年"（《清史稿·邦交志二》）；1997年7月1日，香港回归。而时至今日，港地青年学子打出"Hong Kong is not China"旗号（意为：香港不属中国），复有谋求"独立"（抑"回归英国"？）之运动，殊可怪、可怜亦可叹也。

② 《中英天津条约》第五十一款规定："嗣后各式公文，无论京外，内叙大英国官民，自不得提书夷字。"

（Thomas Francis Wade）[①]尝曰："总理衙门大臣，皆喃喃学语之小儿耳，击之则号哭，抚之又骄惯。左手打之，右手摩之，乃对中国外交家之善法也。"（《清稗类钞》第一册《外交类》"外人讥吾外交"条）[②]

英人发动鸦片战争之非正义性不言自明，然当此历史关头，清廷表现出的愚昧落伍、不达世务亦实难令人对它产生同情。故蒋廷黻用颇为无奈的笔调写道："中西的关系是特

[①] 威妥玛于第一次鸦片战争末来来华，二次战争期间参与签订中英天津、北京条约。威氏驻华逾四十载，通晓汉语，著有《寻津录》（*Hsin Ching Lu*，1859年）、《语言自迩集》（*Yü-yen tzu-erh chi*，1867年）等，发明用拉丁字母标注汉语发音方法，后经翟理斯（Herbert Allen Giles，与威氏先后在剑桥大学任汉语教授）修订，是为威妥玛—翟理斯拼音法（Wade-Giles romanization）。其法虽在中国大陆早已废止，今日北大（Peking University）、清华（Tsinghua University）以致青岛啤酒（Tsingtao Beer）之英文名称仍沿用旧式拼法，足见影响之深远。
又据方浚师《蕉轩随录》，同治时威氏尝译"欧罗巴人《长友诗》九首，句数或多或少，大约古人长短篇耳。然译以汉字，有章无韵，请于甘泉尚书，就《长友》底本，裁以七言绝"（卷十二"长友诗"）。案："欧罗巴人《长友诗》"即美国诗人朗费罗（Henry Wadsworth Longfellow）的名诗《人生颂》（*A Psalm of Life*），"甘泉尚书"即户部尚书董恂（号酝卿，扬州府甘泉县人）。威、董二人的"珠联璧合"之作被钱钟书称为"破天荒最早译成汉语的英语诗歌"（《七缀集》"汉译第一首英语诗《人生颂》及有关二三事"134页，三联书店，2002年），兹自《蕉轩随录》分别抄录于下。威氏译文曰："勿以忧时言，人生若虚梦。性灵睡即与死无异，不仅形骸，尚有灵在。人生世上，行走非虚生也，总期有用，何谓死埋方至极处。圣书所云人身原土，终当归土，此言人身，非谓灵也。其乐其忧，均不可专务，天之生人，别有所命。所命者作为有图，日日长进，明日尤要更有进步。作事需时，惜时飞去，人心纵有壮胆定志。仍如丧鼓之敲，皆系向墓道去。人世如大战场，如众军林下野盘。莫如牛羊无言，待人驱策，争宜勉力作英雄。勿言异日有可乐之时，既往日亦由已埋已。目下努力切切，中尽己心，上赖天祐。著名人传，看则系念，想我们在世，亦可置身高处。去世时尚有痕迹，势如留在海边沙面。盖人世如同大海，果有他人过海。船只搁浅，受难失望，见海边有迹，才知有可解免。顾此即应奋起动身，心中预定，无论如何，总期有济。日有成功，愈求进功，习其用工坚忍，不可中止。"董氏译七言诗曰："莫将烦恼著诗篇，百岁原如一觉眠。梦短梦长同是梦，独留真气满坤乾。天地生材总不虚，由来豹死尚留皮。纵然出土仍归土，灵性长存无绝期。无端忧乐日相循，天命斯人自有真。人法天行强不息，一时功业一时新。无术挥戈学鲁阳，枉谈肝胆异寻常。一从薤露歌声起，丘陇无人宿草荒。扰扰红尘听鼓鼙，风吹大漠草萋萋。驽骀甘待鞭笞下，骐骥谁能辔勒羁。休道将来乐有时，可怜往事不堪思。只今有力均须努，人力殚时天祐之。千秋万代远蜚声，学步金鳌顶上行。已去冥鸿犹有迹，雪泥爪印认分明。茫茫尘世海中沤，才过来舟又去舟。欲问失风谁挽救，沙洲遗迹可探求。一鞭从此跃征鞍，不到峰头心不甘。日进日高还日上，肯教中道偶停骖。"

[②] 同书又载，某为驻日公使时，各国公使玩弄其面曰："贵公使福人福相，尊面之滑润，尚如婴儿。"牵其朝珠曰："贵公使有此奇宝，宜终日玩不释手，如小儿之得食物也。"驻华俄使与总理衙门王大臣往还，每投赠金钱为礼物，曰："今日又投若干钱，与小儿买馍馍（馒头也——原注）矣"。
威妥玛又记总理衙门事曰，恭亲王不发言，诸大臣不敢言；恭亲王一发言，诸大臣轰然响应。一日威氏至总署，先发言曰："今日天气甚好。"举座默然久，有一人首答曰："今日天气果好。"余皆曰："今日天气果好。"不啻如犬之吠影吠声（见侠名撰《清代之竹头木屑》"总理衙门"条）。
清廷中熟悉洋务如李鸿章者，出使列国亦贻笑柄。使美之时，以翰林名刺投某官，该官见其字大，以为凌己，还以愈大者。鸿章怒曰："此欺我也。"更以长五六尺之名刺复之。至伦敦，瞻仰曾在江南助剿太平军的英将戈登之纪念碑；戈登亲属赠爱犬，盖于各地竞犬会中得第一，不意数日后得李氏谢柬云："厚意投下，感激之至，惟是老夫耄矣，于饮食不能多进，所赏珍味，感欣得沾奇珍，朵颐有幸。"又赴某贵族宴，李素多痰，见满屋铺地毯，无处吐痰，乃以玻璃酒盖作痰盂，绿浓滋滑，状至不堪，一班贵女皆掩目欲呕，逃席而去（见汪诗侬《所闻录》"李鸿章笑史"18页，载《中国野史集成》第五十册）。

别的。在鸦片战争以前，我们不肯给外国平等待遇；在以后，他们不肯给我们平等待遇。"（《中国近代史》17页）

最后要说的是，中英之间因贸易失衡而生龃龉，一发不可收拾。关于这场战争的结论，第一我们没错，第二我们有错；看不破这一层，当年那个亏就算白吃了。

太平天国起义

道、咸年间的大清王朝，不但有外侮，兼有内患："捻炽于北，发（指太平军）炽于南"（《筹办夷务始末（咸丰）》卷七十一），苗民反于贵州（张秀眉为首），回民反于云南（杜文秀为首）；至同治初西北回民又反。内患与外侮之间有着必然联系：沿海通商地区，传统手工业破产，原本自给自足的自然经济面临解体；内地所受外国商品冲击稍小，然战败赔款，"摊派加捐，上下交困。"（《清史稿·食货志一》）于是"在官逼民变的实况下，回忆到民族的旧恨"（钱穆语，《国史大纲（下）》871页），民间打着各种旗号的反清运动便势不可遏了。恭亲王奕䜣尝论天下大势曰："发、捻交乘，心腹之害也；俄国壤地相接，有蚕食上国之志，肘腋之忧也；英国志在通商，暴虐无人理，不为限制则无以自立，肢体之患也。故灭发、捻为先，治俄次之，治英又次之。"（《筹办夷务始末（咸丰）》卷七十一）

广东花县（今广州花都区）福源水村塾师洪秀全[①]科场失意，屡试不第，遂弃功名而创"拜上帝会"，自称上帝（耶和华）次子、耶稣之弟，"云若世人肯拜上帝者，无灾无难，不拜上帝者，蛇虎伤人。"（罗尔纲《李秀成自述原稿注（增补本）》101页，中国社会科学出版社，1995年；以下简称《李秀成自述》）道光三十年十二月初十日（公历1851年1月11日，时为秀全三十八周岁生日），召集会众蓄发易服，红巾包头（清廷所用"长毛""发逆"等蔑称即源于此），在广西桂平金田村起义，建号太平天国。秀全自为天王，封杨秀清、萧朝贵、冯云山、韦昌辉、石达开为东、西、南、北、翼王[②]。

[①] 洪秀全，本名仁坤，幼名火秀，祖先系从广东嘉应州迁来的客家人，其生平详见瑞典籍传教士韩山文（Theodore Hamberg）据洪仁玕（秀全族弟）口述写成的《太平天国起义记》。

[②] 据《李秀成自述》，杨秀清在家种山烧炭为业，"天王顶而信用，一国之事，概交于他，军令严整，赏罚分明"。萧朝贵在家种田种山为业，"天王妹子嫁其为妻，故其重用，勇敢刚<刚>强，冲锋第一"。冯云山在家读书，与秀全为同窗书友，"谋立创国者出南王之谋，前做事者皆南王也"。韦昌辉在家"出入衙门办事，是监生出身，见机灵变之急才足有"。石达开"家富读书，文武备足"。又有天官丞相秦日纲（后封燕王），在家与人做工，忠勇信义，天王重信之。"除此六人以外，并未有人知到天王欲立江山之事。"（见103—104页）
罗尔纲考证萧朝贵之妻为黄宣娇，与杨秀清认为兄妹，改姓杨；秀全称天父次子，秀清第四子，宣娇第七子，朝贵则称帝婿而为秀全"妹夫"。稍晚加入太平军的李秀成误拿人世亲戚关系去理解洪秀全创立的神天家庭，"这就给太平天国史增添一个乌有人物'洪宣娇'出来了"（同书105页注四）！另，罗氏对石达开"家富"一说亦持异议。

太平军攻省城桂林不下，改图湖南，北上围长沙八十余日，复渡洞庭湖，陷岳州（今岳阳），得城中旧储吴三桂军械，自是进入长江。"旬日间夺（船）五千艘，妇孺货财尽驱之满载，秀全驾龙舟，树黄旗，列巨炮，夜则张三十六灯，他船称是，数十里火光不绝如昼"（《清史稿·洪秀全传》），顺流东下，水陆并进，连克武昌、九江、安庆、芜湖，至咸丰三年（1853）二月攻取南京为都，改称天京。

广西变初起，刚刚即位的咸丰帝起林则徐于家，授钦差大臣，署巡抚，赴桂督办防务。林公行至潮州，病卒，从而再次保全了自己的名誉①。相比之下，徐广缙就没那么幸运，督师进剿，"所部皆精卒，为林文忠募粤人练成者，不善调度，一败溃散，尽变为贼"（《见闻琐录前集》卷六"徐广缙"条），本人也落得"褫职逮问"的下场。

定都金陵以前，太平军采取流动作战方式，南王冯云山死于湘、桂交界处的全州，西王萧朝贵死于长沙城下。扬帆东下之际，两江总督陆建瀛在前步步退，钦差大臣向荣在后步步追，皆不敢一撄其锋。义军遍贴标语戏辱陆总督曰："无须陆建瀛引路，可免其沿途迎接"；又讽向钦差曰："无劳向大哥远送。"（《见闻琐录前集》卷四"陆建瀛"条）及建都，攻克府、厅、州、县始"即其地分军，立军帅以下各官，而统于监军，镇以总制，监军、总制受命于伪朝"（《清史稿·洪秀全传》），有了开国的规划。

太平军从金田起事，至咸丰六年（1856）发生内讧，这段时间可算是军事上的顺利时期，不但握有武汉、九江、安庆三大据点，控制着长江中下游地区，又解天京之围，去腹心之患，逼清帅向荣自缢而亡②。然祸起萧墙，杨秀清总揽天国军政大权，"威风张扬，不知自忌，一朝之大，是首一人"（《李秀成自述》138页）；如韦昌辉、石达开等"虽同起草泽，比于神将"（《清史稿·洪秀全传》），进而"逼天王亲到东王府封其万岁"（《李秀成自述》138页）。是年八月，韦昌辉、秦日纲率兵袭杀东王，又依洪妻赖莲英"除恶不尽，必留后祸"之言，尽杀东王统下亲戚属员文武大小男妇，"前后死者近三万人。"（《清史稿·洪秀全传》）石达开责以杀人太过，惹祸上身，母妻子女悉被杀。再后秀全杀韦、秦，迎石达开归。"翼王回京，合朝同举翼王提理政务，众人欢说。主有不乐之心，专用安、福两王。"（《李秀成自述》139页）二王即秀全长兄仁发、次兄仁达，达开颇自危，适手下献策云："王得军心，何郁郁受人制？中原不易图，曷入川作玄

<hr/>

① 最早质疑林则徐为人处事者为曾国藩，同治八年（1869）与幕府长谈，谓林文忠不能治事，"但闲户作手札、工俳语，以取悦士大夫而已"；又谓"广东烧鸦片烟一事，林公亦不得无过。其后著英和夷，偿烟值二千一百万，海内皆愤詈英为小人，未尝一咎林公也"。因有著名的"天下无真是非"之叹（《吴汝纶全集》第四册《日记》卷六378—379页）。

② 此据《李秀成自述》（176页）；清官方资料皆谓向荣忧愤成疾，病卒于军。

德，成鼎足之业？"（《清史稿·洪秀全传》）乃引兵出走，事在咸丰七年（1857）四月。至是首义诸人略尽，秀全"因东、北、翼三王弄怕，故未肯信外臣，专信同姓之重"（《李秀成自述》159页）。后李秀成开列太平天国失误有十，其五曰："误因东王、北王两家相杀，此是大误"；其六曰："误翼王与主不和，君臣而〈疑〉忌，翼起狐〈猜〉心，将合朝好文武将兵带去，此误至大。"（同上书382页，校改依罗氏原书）

　　另一方面，动荡时局让清廷之无能再次暴露无遗，"那些征服了这个帝国的满洲战士，自从1842年被英国人迭次战败以后，已经再也显不出昔日的勇武。"（《对外关系史》卷二71页）事实上康熙以降绿营汉兵屡立战功，已逐渐取代八旗"劲旅"而成为政府的主要作战力量，惟"承平日久，暮气乘之"（《清史稿·兵志二》）。咸丰元年（1851）礼部右侍郎曾国藩上疏论各省兵伍情状，云："漳泉悍卒，以千百械斗为常；黔蜀冗兵，以勾结盗贼为业；其他吸食鸦片，聚开赌场，各省皆然。大抵无事则游手恣睢，有事则雇无赖之人代充。见贼则望风奔溃，贼去则杀民以邀功。"（《议汰兵疏》，李瀚章编纂、李鸿章校勘《曾文正公全集》第二部《奏稿》卷一，吉林人民出版社，1995年）

曾国藩像

　　张国梁（向荣义子）指挥官兵围攻南京，甚至出现这样一幅奇特的画面："有一个'长毛'可以进出而并无多大困难的出口，是一直向向南面的。沿着这条路，举行着一种市集。帝国政府储存的食米等项就在这里以高价卖给'叛军'。城里的逃兵急于要变成好人的也从这条路上出来，可是更多的急于变坏的人也由此而进城。天王的兵勇就在这里和张国樑的兵士们赌博，并且以掠得的银两换取枪械、弹药、鸦片和女人。有时张将军也会扩展其权力而提去几名'叛军'，立即处死，但是这些大都是因为在赌博时候的欺骗，或者受到好处而不付代价，以致激起攻城军的憎恨的人。"（《对外关系史》卷二73页注一，引1861年1月12日《北华捷报》[1]）及陈玉成、李秀成击溃围城清军，左宗棠竟曰："此胜败之转机也！江南诸军，将蹇兵疲久矣。涤而清之，庶几后来可藉手乎？"（《清

----

[1]《北华捷报》（*North China Herald*）是道光三十年（1850）由英国商人奚安门（Henry Shearman）创办于上海的一份英文周报，即日后著名的《字林西报》（*North China Daily News*）之前身。

史稿·曾国藩传》)

大学士文庆密请破除满、汉畛域之见，不拘资格用人，云："当重用汉臣，彼多从田间来，知民疾苦，熟谙情伪。岂若吾辈未出国门、懵然于大计者乎？"（《清史稿》本传）咸丰二年（1852）十二月文宗诏令"各省绅士在籍办理团练"（《清史稿》本纪）。八旗、绿营不足恃，转藉民间自力，是为乡兵，雍、乾间已有之，然"旋募旋散，初非经制之师"；嘉庆初平湘黔苗民及川楚会党起义，"乡兵之功始著"（《清史稿·兵志四》）①。至是再膺重任，扶大清于将倾。

时曾国藩丁母忧归，奉旨以在籍侍郎身份帮同办理本省团练。曾氏初名子城，字伯涵，号涤生②，谥文正，湖南湘乡人，道光十四年（1834）肄业岳麓书院，中举人；十八年（1838）中进士，改今名。致力程朱之学，"每日楷书写日记，每日读史十页，每日记茶余偶谈一则"，此三事终身不间断（"道光二十二年十二月二十日信"，《曾文正公全集》第八部《家书》卷一）。"其为日记力求改过，多痛自刻责之言。"（同书第一部《年谱》卷一）

国藩初欲疏请终制，郭嵩焘（湘阴人，后与曾氏结为亲家）驰吊其家，谏曰："公本有澄清天下之志，今不乘时而出，拘守古礼，何益于君父？且墨绖从戎，古之制也③。"（朱孔彰撰《中兴将帅别传》卷一《曾文正公国藩》，载《近代中国史料丛刊》第十二辑）国藩乃奋然投袂起，募练"新军"。

先是，湘人如江忠源④、罗泽南、王鑫⑤等皆练乡勇自卫。国藩驰抵省城，次日即上奏云："今欲改弦更张，总宜以练兵为要务。臣拟现在训练章程，宜参仿前明戚继光、近人傅鼐成法，但求其精，不求其多，但求有济，不求速效。"（《敬陈团练查匪大概规模摺》，

---

① 凤凰厅同知傅鼐平苗，所用仅乡勇数千。"鼐因苗地用苗技训练士卒，囊沙轻走，习藤牌闪跃，狭路则用短兵。每战后辄严汰，数年始得精卒千，号'飞队'，风雨不乱行列，遗资道路无反顾，甘苦与共，是以能致死。"（《清史稿·傅鼐传》）仁宗令各省督抚以傅氏练乡勇之法练营兵。
 四川总督勒保定坚壁清野、练勇自卫之策，中间因裁抑八旗兵一度被褫职逮问；及会党平，仁宗诏曰："自嘉庆四年，勒保在川省令乡民分结寨落，且助官军击贼。其后陕、楚仿行，今三省间阎安堵，实得力此策为多。"（见《清史稿·勒保传》）其他勋绩著者，"文臣则四川按察使刘清（即刘青天），武臣则四川提督桂涵、湖北提督罗思举，各统乡兵，分路剿寇，大小数百战，遂奏肤功。"（《清史稿·兵志四》）
② 《清史稿》本传谓国藩字涤生，依黎庶昌所编《年谱》改。
③ 墨绖亦作墨缞，黑色丧服之谓。案：在家守制，丧服用白；遇战争不能守制，则服黑以代之。《左传·僖三十三年》谓晋文公死，襄公墨缞（缞）绖，败秦师于殽。杜预注云："以凶服从戎，故墨之。"
④ 江忠源乃新宁举人，与弟忠浚、忠济、忠淑练乡兵号"楚勇"，"湘人以书生杀贼，自忠源始。"（王定安《湘军记》卷一《粤湘战守篇》）
⑤ 罗泽南乃湘乡诸生，偕弟子王鑫倡办团练。曾国藩立湘军，泽南实左右之，"朴诚勇敢之风，皆二人所提倡。"（《清史稿》卷四〇七"论"）近人钱基博又有"无泽南，无湘军"之说（《近百年湖南学风》20页，中国人民出版社，2004年）。

《曾文正公全集》第二部《奏稿》卷一）于是练勇成军，"有南勇、浏勇、楚勇、宝勇、湘勇，率以文员领之。"（王闿运《湘军志·湖南防守篇弟一》，《湘绮楼诗文集》，岳麓书社，1996年）这时清朝甚至没有一支像样的水师，"长江数千里之险独为敌有。"（郭嵩焘语，《清史稿·洪秀全传》）国藩冶治战船于衡州，匠卒不知形制，无能为役；仿竞渡龙舟，又得广东船式，始成"大小二百四十舰"（《清史稿·曾国藩传》）。

曾氏所谓"别树一帜，改弦更张"，乃"利用中国的旧礼教作军队的精神基础，而且利用宗族观念和乡土观念来加强军队的团结力"（蒋廷黻著《中国近代史》72页）。还有非常现实的一点，即"小民倚财为命"（《敬陈团练查匪大概规模摺》），增饷才是硬道理，遂出现"绿营兵月饷不及防勇四分之一，升擢拥滞，咸辞兵就勇"的景象（《清史稿·兵志三》）。

国藩以儒臣治军，以忠义激励将士。凡招募兵勇，"须择技艺娴熟，年轻力壮，朴实而有农民土气者为上。其油头面，有市井气者，有衙门气者，概不收用。"（《曾文正公全集》第三部《杂著》卷二）带兵之人，须"智深勇沈之士，文经武纬之才"，"第一要才堪治民，第二要不怕死，第三要不急急名利，第四要耐受辛苦"（"与彭筱房、曾香海"，《全集》第四部《书札》卷三）[1]。针对绿营"将与将不和，卒与卒不习"（同上引），"既无恩义，自难钤束"（《清史稿·兵志二》）之弊，定湘军营哨之制，"营官由统领挑选，哨弁由营官挑选，什长由哨弁挑选，勇丁由什长挑选。譬之木焉，统领如根；由根而生干、生枝、生叶，皆一气所贯通。是以口粮虽出自公款，而勇丁感营官挑选之恩，皆若受其私惠。平日既有恩谊相孚，临阵自能患难相顾。"（《覆议直隶练军事宜摺》，《全集·奏稿》卷二十八）"一营之中，指臂相联。弁勇视营、哨，营、哨官视统领，统领视大帅，皆如子弟之事其父兄焉"（王定安《湘军记》卷二十《水陆营制篇》，岳麓书社，1983年），遂能"呼吸相顾，痛痒相关，赴火同行，蹈汤同往"，结成"誓不相弃之死党"（"与文任君"，《全集·书札》卷二）——凡此种种，皆可依稀见到戚继光当年练兵的影子[2]。

---

[1] 国藩又谓凡将才有四大端："一曰知人善任，二曰善觇敌情，三曰临阵胆识，四曰营务整齐。"（"咸丰七年十月二十七日致沅浦九弟（即曾国荃）"，《曾文正公全集》第八部《家书》卷五）

[2] 贵州道员胡林翼用戚继光法练黔勇，张亮基代徐广缙署湖广总督，疏请"委明干官绅，选募本省有身家来历、艺高胆大之乡勇一二千名，即由绅士管带，仿前明戚继光束伍之法行之"（《筹办湖南堵剿事宜摺》（左宗棠代拟），《张大司马奏稿》卷一，《左宗棠全集》第十七册，上海书店，1986年），皆在曾国藩长沙练军之前。故王定安曰："总其成者，湘乡曾文正公国藩也。"（《湘军记》卷一）

案：胡林翼，字润之，谥文忠，湖南益阳人，尝有名言曰："国之需才，犹鱼之需水，鸟之需林，人之需气，草木之需土。得之则生，不得则死。才者无求于天下，天下当自求之。"（《清史稿》本传）

至咸丰四年（1854）正月，湘军水、陆师练成，然出师不利，国藩在靖港（长沙西北）愤而投水；是年冬，再挫于湖口（鄱阳湖入长江口），水师截断为二，外江、内湖阻绝三载。八年（1858）十月，复有三河（安徽省肥西县东南）之败，李续宾（罗泽南弟子）、曾国华（国藩胞弟）战殁，精锐尽失；国藩叹三河惨败，"全局破坏，与咸丰四年冬间相似，情怀难堪！"（《谕纪泽》，《全集》第八部《家训》卷上）十一年（1861）三月坐困皖南休宁，八营皆溃，一筹莫展的国藩草遗嘱寄二子纪泽、纪鸿，谓"尔等长大之后，切不可涉历兵间。此事难于见功，易于造孽，尤易于贻万世口实。"（同上引）

正所谓"军家胜败，本属无常"（"咸丰五年正月初二日致弟信"，《全集·家书》卷五），国藩虽屡战屡败，然"早有一整个讨平洪、杨之腹本"（钱穆《国史大纲（下）》882页）。战场形势就在接二连三、惨不忍睹的败仗中被一点点扭转过来。既夺武汉，湘军四出，前锋则曾国荃、胡林翼、李续宜（续宾弟）、多隆阿、鲍超等由九江层层推进而至安庆；后方则湖南巡抚骆秉章出钱出人，悉力资给，而无后顾之忧[1]。曾氏始终"深算慎重，不求急效，取踏实地步节节进取之策"（《中国四十年来大事记（一名李鸿章）》，《饮冰室合集·专集》之三）；一面折节下士，网罗人才[2]。清廷初不欲全以进讨事付国藩，慈禧太后垂帘听政，始命其"通筹进剿机宜"（《清史稿·穆宗纪一》），节制苏、皖、赣、浙四省军务。又有左宗棠之楚军[3]及李鸿章之

---

[1] 咸丰五年（1855）骆秉章遣兵援江西，三年间"糜湖南饷凡二百六十万，协济之数不预"（《清史稿》本传）。案：骆氏（谥文忠）亦广东花县人，故老相传，幼时与洪秀全同塾。秀全每言他日长成必造反，秉章曰："汝造反我必平之。"秀全戏之曰："竖子不足以平我。"秉章曰："我或不能，亦当举有力以代我。"（《清朝野史大观》卷七《清人逸事》"骆文忠与洪秀全"）此传说盖脱胎于伍子胥、申包胥间"覆楚""存楚"的铿锵对话（见本书39页注七）。

[2] 国藩驻抚州，有邹姓童生文理不通，好为谬语，自云有"奇计出卖"。国藩命肩舆迎至，让居上座，初问读何经史，不知；继问天下情形，不知；终问兵书韬略，不知，仍以礼送之出。左右惊怪，国藩笑曰："彼诚妄人，然使人不知其妄，或疑予骄傲，不能容才。若使人知其妄，必谓妄人尚如是礼待，非妄人不至拒绝可知，则真才真能者，有不各挟所长以献乎？是所以来天下士也。"（《见闻琐录前集》卷一"奇计出卖"条）

[3] 左宗棠，字季高，谥文襄，和国藩同乡。"中兴"将帅多尊事曾公，宗棠独与抗行，书函每以兄弟相称，不肯稍自谦抑。王鑫精于训练，国藩谓其"过自矜许"，"宜于剿土匪，而不宜于当大敌"（《曾文正公全集》第三部《治兵语录》第一章），故不用其军。宗棠练兵，则"参用鑫法"以成楚军，可见初起之时便与国藩"趣舍时合时不合"（《清史稿》本传）。

左氏幼年自负，几不可一世，人称"小诸葛"，其游戏笔墨致友人书，亦自称"老亮顿首"（刘体智《异辞录》卷二"左宗棠媲美诸葛亮"，中华书局，1988年）。有日人作清史，谓太平军围长沙时，左文襄曾"以策干洪秀全，不用，缒城遁去"，日后卒跻身削平洪、杨的"中兴名臣"之列（见《花随人圣盦摭忆》138页）。

淮军①加入，由一班儒生带领的农民武装遂一跃成为清廷镇压太平天国的主力②。

初，洪秀全偶读梁发所写《劝世良言》③，"自行研究揣摩"（韩山文《太平天国起义记》（*The Visions of Hung-siu-tshuen and Origin of the Kwang-si Insurrection*），简又文译，"中国近代史资料丛刊"《太平天国》第六册848页；以下简称《起义记》），后偕仁玕赴广州，从美籍传教士罗孝全（Issachar Jacox Roberts）学习教义④。他所宣扬的"三圣一体"（耶和华、耶稣、洪本人）的"伪基督教"确实让跟清廷打不成交道的外国人看到了一线希望，太平军攻陷南京仅一个月，英国公使文翰（George Bonham）即从香港匆匆赶往该城调查，最终却得出这样的结论："'叛军'对于他们目前的教义有过分夸张的倾向；他们的教义从严格的理论上来说确是基于基督教的伦理原则，但是因为过分地渲染了神人同形论，以致形质大变；军队中的核心人物似乎是完全坚守着这些教义，但军队中的广大群众却并不如此；能够代替满洲人政府的一个事实政府，似乎还没有建立起来；英国政府应该奉行的真正政策是在这抗衡势力之间严守中立，除非它直接受到攻击而有直接保护英国利益的必要。"（《对外关系史》卷一510页）

虽如此，洪秀全依然一厢情愿地引洋人为志同道合之士，尝谓："上帝划分世上各国，以洋海为界，犹如父亲分家产于儿辈"；"如果上帝助吾恢复祖国，我当教各国各自

---

① 同治元年（1862）曾国藩遣门生李鸿章赴安庆募淮勇七千人以"济湘勇之穷"（"复李宫保"，《曾文正公全集·书札》卷二十四）。国藩亲为"定营伍之法，器械之用，薪粮之数，悉仿湘勇章程，亦用楚军营规以训练之。"（《全集》第一部《年谱》卷八）

据张祖翼（号梁溪坐观老人）《清代野记》，安徽贵池人刘含芳（字芗林）欲作《淮军志》述淮军原委，未果而卒，尝曰："淮军并不始于李氏"，犹王闿运云曾氏之前已有称湘军者；"特二公起，继续而扩充之，遂建大功，名闻天下。"又谓王闿运所著《湘军志》事皆直笔，虽表扬功绩，劣迹丑态亦不少讳，湘军将帅咸恶之，购其板而毁焉；王定安撰《湘军记》，则一意谀颂，无足观也（俱见卷上"湘淮军之来历"条，巴蜀书社，1988年）。

② 咸丰九年（1859）命袁甲三（袁世凯叔祖）为江北钦差大臣，明年复以曾国藩为江南钦差大臣，二人分授漕运、两江总督，清廷至此始不得不倚重汉人，梁启超谓"金田一役，实满汉权力消长之最初关头也"（《中国四十年来大事记》）。及慈禧垂帘、恭亲王辅政，大肆汰满用汉，"当同治八、九年间，十八省督抚提镇，为湘淮军功臣占其大半。"（《清代野记》卷上"满汉轻重之关系"）

③ 梁发或称梁阿发，原在南洋马六甲任教会排字工人，每日有机会聆听牧师讲解《圣经》，遂信教受洗，并自编九本小册子，每册约五十页，阐发教理，加插《圣经》章句于其中，1832年在马六甲印刷出版，取名《劝世良言》，署名"学善"（见《太平天国起义记》，《太平天国》第六册844—846页）。

④ 罗牧师对洪秀全、洪仁玕印象颇佳，称秀全"言行举止无可非议"（《西方关于太平天国的报道》"1852年10月6日罗孝全信"，《近代史资料》总98号117页，中国社会科学出版社，1999年），"他们都是极富才华的年轻人……是我今年遇到的第一批问道者，在迄今我所听说过的所有中国人的经历中，他们所自述的那些经历是最令人满意的"（《有关太平天国的西文资料选译》"1847年3月27日罗孝全信"，《近代史资料》总86号59页，1994年）。然其助手唆使洪姓兄弟于受洗前索要生活费，罗牧师大不悦，"于是决意将为其施洗礼一事展期于漫无一定之将来。"（《起义记》，《太平天国》第六册855页）

保管其自有之产业，而不侵害别人所有；我们将要彼此有交谊，互通真理及知识，而各以礼相接；我们将共拜同一之天父，而共崇敬同一天兄世界救主之真道。"（《起义记》，《太平天国》第六册853—854页）定都后犹不忘当年精神导师，邀罗孝全至，任命他为"外务丞相"[1]。在1858年送与额尔金的照会中，天王又用十分贴己的语气写道："西洋番弟听朕诏，同项〈顶〉爷哥灭臭虫。万事爷哥朕作主，弟们踊跃建万功"；"同敬天父同一家，地下太平早既言"，"替爷替哥杀妖魔，报爷生养战胜回"（《新发现的太平天国史料选辑》"天王诏西洋番弟书"，《近代史资料》总6号第5页，科学出版社，1955年；校改依原书）。所谓"妖魔""臭虫"，当然是指"共同敌人"——满洲。1861年英国领事馆翻译富礼赐（R. J. Forrest）造访干王（洪仁玕）府，甚至在墙上看到"贴有一张英法联军进攻天津之记载，末后则有天朝'杀尽诸妖'之口号。"（《天京游记》，简又文译，《太平天国》第六册954页）[2]

先前宣称"不助官、亦不助洪"（《清史稿·邦交志二》），保持观望的"西洋番弟"却在这时悄然改变了自己的态度。首先，自太平军攻占南京，贸易处于解体状态，但这只是就进口货销售而言（鸦片除外[3]），战乱在地方上产生的效果完全相反，茶、丝出口无论数量和价值都大为增加；于是"在这几年中，十八世纪广州的情形又重演于上海：出口货在价值上年复一年地超过进口货，其间的差额只能用现金银的不断进口来调节"（《对外关系史》卷一524页）。当时华中的中国人只信任并愿意接受铸于查理四世朝代（1788—1808）的西班牙"加罗拉"银圆，"为求得到这种铸币的足够数量，欧洲各市场被搜光了，欧洲的银圆外流已不胜负担，而上海的情况则是难以容忍的，因为中国人，除去非这种铸币不收而外，并且钱一到手就储藏起来。"（同上书525页）

贸易停顿、银根吃紧、汇兑紊乱当然是刺激列国神经的可怕情形，还有更重要的一点，即他们费尽气力攫取到的长江通航通商，并借以打开内地市场的那点儿好处很可能将永远停留在纸上。《中英天津条约》第十款规定："长江一带各口，英商船只俱可通商。唯现在江上下游均有贼匪，除镇江一年后立口通商外，其余俟地方平靖，大英钦差大臣与

---

[1] 对此项任命，罗氏坚辞不就（见《西方关于太平天国的报道》"艾约瑟牧师访问南京的叙述"，《近代史资料》总98号134页）。

[2] 太平军首领罗大纲在给文翰的信中又用如下文字描述鸦片战争："前者贵国以正当之理由用兵于我国，此皆胡虏之咎，非同胞之罪也。"（"革命军首领致濮亨（即文翰）书"，原件佚，照英文迻译，载《英国政府蓝皮书中之太平天国史料》，《太平天国》第六册911页）

[3] 战乱虽导致一般进口货滞销，鸦片作为满足"纵情自溺和忘忧一时之用的奢侈品"，需求却持续上涨。太平天国起事前的1847—1849年，吴淞趸船鸦片平均年交货量为18 814箱；1853年增至24 200箱，1857年31 907箱，1858年33 069箱，1859年33 786箱（见《对外关系史》卷一522页）。

大清特派之大学士尚书会议，准将自汉口溯流至海各地，选择不逾三口，准为英船出进货物通商之区。"（《咸丰条约》，《近代中国史料丛刊续编》第八辑259页）"按照这一条款，英国人实际上是被禁止进入全帝国的通商大动脉"，除非"帮助帝国政府将起义者逐出其目前所占领的区域，那时他们才或许可以在长江航行"（马克思《中国和英国的条约》，《马克思恩格斯选集》第一卷730页）。

《北京条约》的签订让形势变得更加微妙起来。留京主持和议的奕訢与洋人相处融洽，赴热河告诉欲动手剪除赞襄八大臣的慈禧太后："外国无异议，如有难，惟奴才是问。"（王闿运《录祺祥故事》，《湘绮楼诗文集·文集》卷九《补遗》）①英国公使布鲁斯（Frederick Wright-Bruce，额尔金同父异母弟）1862年3月12日写给伦敦的报告中透露了英国在辛酉政变②中扮演的角色："在过去十二个月里［我们］培植了一个倾心并相信作友善交往之可能性的派别，且有效地帮助了这个派别掌权，这绝非是细小的成功。［我们］业已在北京建立了令人满意的关系，并已在某种程度上成为政府的顾问，而十八个月前我们还在同该政府开战"（坂野正高（Masataka Banno）著《中国与西方（1858—1861）：总理衙门的诞生》（*China and the West, 1858-1861: The Origins of the Tsungli Yamen*），转引自徐中约《中国近代史》264页，计秋枫、朱庆葆译，世界图书出版公司，2008年）。

奕訢认识到"要粉碎太平天国的'叛变'而恢复清朝的统治的唯一可能性就是与外国和平合作"（《对外关系史》卷二66页），遂以蜀国"联吴伐魏"为喻，曰："今日之御夷，譬如蜀之待吴。蜀与吴仇敌也，而诸葛亮秉政，仍遣使通好，约共讨魏，彼其心岂一日而忘吞吴哉？诚以势有顺逆，事有缓急，不忍其忿忿之心而轻于一试，必其祸尚甚于此。"（《筹办夷务始末（咸丰）》卷七十一）与此同时，至少已获得书面上的好处之保

---

① 《热河密札》"第八札"记云，太后与恭亲王见面，以夷务为问，"邸（即奕訢）力保无事，又坚请速归"（载《近代史资料》总36号第9页，中华书局，1978年），可互为印证。

② 病死在热河的咸丰帝遗诏载垣及端华、肃顺兄弟等赞襄政务。八大臣中肃顺最强硬，定年号祺祥，阻太后垂帘，故政变后唯他违例处斩于菜市口，载垣、端华允自尽，余五位褫职。肃顺临刑，秽语詈那拉后，刽子以刀筑其口，齿舌皆糜，犹喷血骂不止。

案：肃顺秉政时，奏减八旗俸饷，待旗员如奴隶，力主杀宗室耆英；满人尤恨之，观其就刑，争掷瓦砾称快。然肃顺待汉人颇恭，尝谓："咱们旗人混蛋多，懂得什么。汉人是得罪不得的，他那枝笔利害得很。"因而喜延揽名流，郭嵩焘、王闿运、陈孚恩等皆为座上宾。赞画军事，所见出诸廷臣上，主用湘军镇压太平天国，曾国藩、胡林翼、左宗棠得握兵柄，多赖其力（见《清史稿》本传及《清朝野史大观》卷七《清人逸事》"肃顺"条）。郭嵩焘晚年犹尊称他为"肃相"（见《玉池老人自叙》），"不忍斥之之意，显于词表"（黄濬语，《花随人圣盦摭忆》496页）。《清稗类钞》又谓孝钦杀肃顺以灭口。孝钦生穆宗、进贵妃后渐怙宠肆骄，弄权宫掖。适有人以那拉氏将覆满洲之说进，文宗恶之，谓肃顺曰："朕不日将效汉武帝之于钩弋夫人故事，卿谓何如？"临终又留遗诏："朕死，必杀西后以殉，毋使覆我宗。"太监李莲英窥见，亟诉于后。孝钦乃抢先入宫烧遗诏，肃顺至，唯见烛旁纸灰耳（见第一册《宫闱类》"孝钦后诛肃顺之异闻"）。

证的洋人也看到, 与其扶植一个带有极大不确定性的太平天国, 不如维持现有王朝; 他们甚至能从清廷改年号"祺祥"为"同治"的举动中读出"示好"的意思 (见《对外关系史》卷二66页)。于是一对冤家最终走到了一起, 西方列强决定放弃"善意的中立", 向帝国政府提供符合"本身利益"的军事援助 (同上书70页)①。

就在英、法、美诸国还在上海将"中立的外衣被 [披] 盖在那个'保留为外人贸易和居住之用的区域' (即租界) 之上"时 (同上书13页), 如同商人吕不韦发现了秦国公子, 组织沪上士绅成立"会防局"的苏松太道吴煦和苏松粮储道杨坊 (初为怡和洋行买办, 捐候补道员) 已经认定来自麻省 (Massachusetts) 萨伦城 (Salem)、十五岁便离家闯荡世界的美国冒险家华尔 (Frederick Townsend Ward) 为"奇货可居"。1860年6月初, 华尔领衔的百人"洋枪队" ("Shanghai Foreign Arms Corps") 现身上海滩, 成员主要为"外国海军和商船队里潜逃出来的士兵和被解雇的海员" (同上书75页注五引朗陶 (R. S. Rantoul) 著《华尔传》)②。更富戏剧性的是, 两个多月后的8月21日, "即联军在北方占领大沽炮台的那天, 在上海的联军 [却] 逐退了这个皇朝的敌人" (同上书卷一668页)。

咸丰十一年 (1861) 春, 英国驻华使馆参赞巴夏礼奉海军总司令何伯之命登陆天京, 递送照会, 曰: "英法两国政府已颁发训令, 倘太平军进入上海及吴淞境内, 必以武力迎击, 因此太平军行近该地显然于己无益, 势必发生冲突, 希望太平军切勿进至距离该处两日路程之地点" (转引自吟唎 (A. F. Lindley)《太平天国革命亲历记》(*Ti Ping Tien Kwoh*) 第十二章266页, 王维周译, 上海古籍出版社, 1985年; 以下简称《亲历记》)。尽管诸将称"取天下岂能顾通商大局" (《黄畹上刘肇钧禀》,《太平天国》第二册767页), 碍于和"洋兄弟"的情谊, 洪秀全还是应允了英人"粗暴的不合理的要求" (《亲历记》274页), 答复如下: "特谆谕各营将士, 勿率队进入各该地一百里之内, 此系对双方有利之协定。我军于本年内并不作攻击上海吴淞之计划" (同上书269页), 并诏曰: "中西永远〈遵〉和约章, 太平一统疆土阔" ("太平天国辛酉十一年二月二十四日

---

① 1861年2月11日, 海军上将何伯率舰队巡阅扬子江, 英人吟唎在《太平天国革命亲历记》中直言不讳道: "这个舰队的文武官员反对太平军最为激烈, 因为太平军妨碍了清政府在炮口下被迫签订的'条约的正当履行'; 同时太平军即将取得的成功, 不仅影响了'中国的赔款', 而且也影响了这些文武官员的个人的功名前程, 以及他们和突然变得卑顺的清朝官吏的交往中所能取得的利益。" (第十二章263页)

② 由一群乌合之众组成的"洋枪队"初攻太平军守卫的松江即被击溃, 华尔退回上海, 重新募集起一支以菲律宾人为主、数目在二百五十人左右的队伍, 以法尔思德 (Edward Forrester) 和白齐文 (Henry Andres Burgevine) 为副手, 于7月17日发动二次进攻, 夺占松江。8月2日, 洋枪队攻青浦再受重创, 华尔面部被子弹击穿, 留下终身疤痕并从此口齿不清。伤愈后决心改变策略, 由外国军官负责训练、指挥中国士兵, 原先招募的菲律宾人则成为一支独立的"亲军"。

诏"，《太平天国》第二册679页；校改依原书）。

就是这位去年（1860）在北京城大难不死的巴公使，随后在黄州会晤英王陈玉成，后者正准备奇袭汉口以解安庆之围，但对此"感到踌躇，因为英国已在这个口岸建立了商业"；巴氏乘机劝陈"不要进军汉口，因为叛军攻占我们已经建立了的商业中心，是不可能不严重妨碍我们的商务的，所以他们必须使自己的行动不要跟我们发生冲突才好"（《亲历记》引巴夏礼报告，279页）。巴氏"斡旋"的直接后果，是导致英王坐失良机，变主动为被动，终于丢掉了安庆这一兵家必争之地[1]。

十一月初八日（公历12月9日），太平军攻克宁波；数日后何伯亲赴南京，欲说服太平天国当局将不进攻上海的允诺展期一年，并附四项野蛮要求，所谓"一百里"限制区适用于汉口、九江、镇江、金山等地，凡悬挂英国旗之木船视同英国船只，"得自由航行江上，不受检查及任何其他侵扰"（同上书第十四章336页）[2]。"不胜诧异"的洪秀全这一回义正辞严予以拒绝[3]，明年元旦发表"答复书"云："我军肩负重任，为上帝光复全国，不能弃寸土于不顾。……本年将尽，协定满期后，我国不能仅以贵国商务为念，而不攻取该地（上海吴淞）。……今当我国派军攻取汉口、九江、镇江、金山之际，贵国忽伪

---

[1] 《清史稿·洪秀全传》谓"安庆者，江表之咽喉，实平吴之根本也"。交战双方都对该地看得极重，曾国藩屡奏安庆之围不可撤，"盖取以上游制下游之势，为进攻芜湖、克复金陵张本"（《曾文正公全集·奏稿》卷十一《妥筹办理并酌拟变通章程折》）；又云："自古平江南之贼，必踞上游之势，建瓴而下，乃能成功。"（同上书《通筹全局并办理大概情形折》）洪仁玕曰："夫长江者，古号为长蛇，湖北为头，安省为中，而江南为尾，今湖北未得，倘安徽有失，则蛇既中折，其尾虽生不久。"（《洪仁玕自述》，《太平天国》第二册852页）李秀成率援军由江西入湖北，"惮于水势稍涨，即撤兵下取浙江"，以为"有苏、浙可以高枕无忧"（同上书852页），对咸丰十一年（1861）八月安庆失守当负一定责任，故被俘后清军亦问之："安庆合围之后，陈玉成屡次求救于李秀成、李世贤（秀成堂弟，封侍王），何以未去救皖，仅杨辅清（辅王）一人去救？"（《李秀成自述》附录《忠王答辞手卷》397页）

[2] 案：长江上航行的外国船只往往负有为清政府秘密运输军队、军火之使命，而清朝船则挂外国旗以避太平军炮火攻击。有案可查之例，同治元年（1862）李鸿章在安庆练成淮军，即"赁西国汽舟八，穿贼道二千余里，抵上海"（《清史稿·李鸿章传》）。头年秋间，应江苏巡抚薛焕之请，英轮运送九千名湘军兵士至上海，并从清政府得到"十八万两（六万英镑）的报酬"。当满载清军的轮船驶过南京城下时，投效太平天国的前英国海军军官吟唎"正坐在沉默无声的炮台上"，"几次想要开炮，均被太平军所阻，因为他们说开炮会伤害'外国弟兄'。卑怯的清军暴徒一驶出了炮位射程之外，就发出了大声的欢呼，并且挥舞着遮蔽了并玷污了英国船只和英国水手的清军军旗，向太平军挑衅，因为这时候他们已经是安全的了。"（《亲历记》273—274页）

[3] 据《李秀成自述》，"鬼子到过天京，与天王及<叙>过，要与天王平分地土，其<渠>愿助之。天王[云]不肯<云>：'我争中国，欲相<想>全图，事成平定<分>，天下失笑，不成之后，引鬼入邦'"（385页）。此事不见于其他中外文献记载，李秀成亦未交代具体人物、时间，然其真实性不容置疑。罗尔纲考证秘密交涉平分中国的不是别人，正是此时来到南京的何伯和巴夏礼（见387—392页注二）。

托友好，暗助满妖，派兵驻守彼等重地，钳制我军行动，宁非怪事？……贵国欲我军勿攻该地目的何在？……我国所欲殄除者满妖盗匪也。我国所欲恢复者中国也。今满妖未除，伟业未竟，我国碍难照准贵国所请。"（"答复书"全文见《亲历记》337—340页）至是与"番弟"正式决裂，六日后传檄进军上海。英国政府亦毫不含糊地"采取了'将各通商口岸置于我们保护之下'的政策，通过不宣而战的方式，向太平军进行正规的战争"（同上书326页）。

自咸丰六年（1856）天京事变后，"朝中无将，国内无人"（《李秀成自述》183页），对清作战悉赖后起之英王陈玉成、忠王李秀成。"玉成纵横长江上游，起飓飚于豫皖湘鄂，秀成出没长江下口，激涛浪于苏杭常扬"（梁启超《中国四十年来大事记》）；然英王在与湘军的拉锯战中渐落下风，忠王专力东南，建立以苏州为首府、辖有苏南和浙江的苏福省，闻玉成被俘就义，顿足叹曰："吾无助矣！"（《清史稿·洪秀全传》）[1]跟忠王捉对厮杀的正是率领淮军的新署江苏巡抚李鸿章。淮勇初抵沪，"外国人见其衣装朴陋，辄笑之"（《清史稿·李鸿章传》），然李氏"独立无助，惟恃此水陆万人相依为命"（"同治元年三月十五日上曾相"，吴汝纶编《李文忠公全集·朋僚函稿》卷一，《近代中国史料丛刊续编》第七十辑）；既而见洋兵"枪炮并发，所当辄靡，其落地开花炸弹，真神技也"（"同治元年四月初二日上曾相"，《朋僚函稿》卷一），乃借师助剿。同治元年（1862）初，清廷准华尔、白齐文"归化"入中国籍，赏四品顶戴、花翎，

淮军进入上海城

---

[1] 陈玉成系广西藤县大黎里西岸村人，李秀成系大黎里新旺村人。据《李秀成自述》，"陈玉成在家，（秀成）与其至好，上下屋之不远，旧日深交，来在天朝，格宜深友。"（150页）

正式命名他们训练的一千二百余名洋枪兵勇为"常胜军"①。英、法为华尔的成就所鼓舞，亦相继成立中英、中法混合军（分别号"常安军""定胜军""常捷军"）参加作战。李秀成称："苏、杭之误事，洋鬼作怪。……攻克苏州等县，非算李鸿章本事，实得洋鬼之能。"（《李秀成自述》328页）在此期间，虽有白齐文"变节"投奔太平天国的小插曲，究属个人行为，改变不了西方列强援清剿洪的既定政策②。

在中外军队的夹击下，已无长江依托的天京又失东南屏障，终成一座孤城，势不能

---

① 这支军队最盛时达到六千人，"每年饷银需要九十万两"（《对外关系史》卷二83页）；开泰记银号的杨坊不但是华尔的老泰山，还是常胜军的军需官。1862年9月21日华尔攻打慈溪阵亡后，白齐文暂署统领，帅位旋归曾抢掠过圆明园的英国军官戈登（Charles George Gordon，其名Charles与Chinese读音相似，遂有"中国戈登"之谬称）。同治二年（1863）十月廿四日苏州守将郜永宽（纳王）等八人刺杀慕王谭绍光，献城投降，次日郜等即被李鸿章背信斩首，此事件几乎导致爱护"荣誉"与"人道"，蒋廷黻称其为"老实人"的戈登与李决裂，但经海关总税务司赫德出面调解，二人很快冰释前嫌，重修旧好。对选择赫德充当调解人的理由（此公以后我们还要提到），1864年10月《香港日报》披露道："赫德先生名誉好，地位高，又是一个忠实可靠的官吏。清朝官吏对他极为信任，他的话很有力量。如果他们派他向戈登提出五万两银子，那么戈登就可以得到保证，不仅这笔钱可以存在他所指定的任何伦敦银行里，而且这件事还可以绝对保密。"（转引自《亲历记》第二十四章617页）此报道在同治三年（1864）三月的清廷上谕里得到证实："上年十一月间，英国总兵戈登随同官军攻克苏州，曾经明降谕旨，赏给该洋将头等功牌，并赏银一万两。……嗣据李鸿章奏称，于赏银一万两外，先已允给常胜军犒赏洋银七万元，均经如数筹给。"（《筹办夷务始末（同治）》卷二十三）

再说华尔，据称临死前口述遗嘱，宣布留下十四万两银子："苏松太道（吴煦）欠我十一万两，杨坊的银号欠我三万两。"（《对外关系史》卷二88页转引朗陶《华尔传》）其父来华追讨，因华尔在时欠有二十七万两代购轮船款，而老华尔自认仅收银十二万两，中方遂提出十二万两的"反要求"。同美国驻沪领事交涉，白齐文又"唆串中外商人捏追欠账一百余款，共银二十九万八百余两，又洋八万二千余元之多"（《吴煦档案中的太平天国史料选辑》148页，三联书店，1958年）。杨坊在写给吴煦的信中，愤然称"细察其情，此系步步引人入胜，殊属荒唐之至，此事实难依议"（同书174页）。吴、杨两位当事人均作古后，"1896年，李鸿章答应华尔的妹妹亲自查问这个案件；最后，在1901年，在那位大臣的完全赞同下，美金十八万元一款就被列入庚子赔款内美国要求赔偿款下，这是全数付清的"（《对外关系史》卷二89页）；华尔所欠巨款则略过不提。

② 白齐文（太平天国文书译作白聚文）继任为常胜军统帅后，因拖欠军饷，带数十人赶至杨坊家，"见面不由分说竟将杨道痛打，鼻颔胸膛均受重伤，吐血不已……且将杨道寓中存储洋银四万余元强劫而去。"（《吴煦档案中的太平天国史料选辑》133页）呤唎分析这很可能是清朝与英国官员共同策划的一场阴谋，目的在于藉欠饷激起兵变，从而派一名英国军官取代白齐文的位置（见《亲历记》第二十章489页）。白氏因不遵调遣、劫饷殴官遭革黜后，眼看复职无望，遂干出一件更大胆的事情，于1863年8月2日"在松江攫夺了'高桥号'（Kajow）轮船，开到苏州，投入太平军服役。"（《对外关系史》卷二94页）出离愤怒的李鸿章悬赏三千两白银，不拘生死也要将他拿获归案。但两个月后白氏即叛降戈登，旋递送到日本，返回中国后居然再度加入大势已去的太平军。1865年5月与另外两名外国人在福建厦门附近被捕，清军"将他们紧紧捆住，投入江中，然后谎称解送这三个不幸的俘虏的船只在江中覆没，三人均告淹死"（《亲历记》第二十六章674页）。

李秀成供称"洋人助贼自五年始"（《李秀成自述》附录《忠王答辞手卷》399页），不知所指何人。助太平军作战的外国人士，有志愿者如呤唎（1860），倒戈者如白齐文（1863），被停者如纳里斯（P. Nellis, 1864年，见《西方关于太平天国的报道》"纳里斯的声明"，载《近代史资料》总98号）等，马士又提到1860年8月2日华尔率洋枪队进攻青浦不能得手，即因一位名叫萨发基（Savage）的英国人指挥的"一支由'叛军'方面募集的外国雇佣军"（《对外关系史》卷二76页）的缘故。

支，至同治三年六月十六日（公历1864年7月19日）被曾国荃率军攻破。此前孤师西进的石达开已在大渡河畔为骆秉章（时任川督）所擒，磔于成都，事在同治二年（1863）六月。"天朝"最后一员勇将李秀成"把自己所乘的以强壮快速闻名的白马"（《亲历记》第二十五章647页）让给天王长子洪天贵福（秀全时已病亡），自"奇〈骑〉不力之奇〈马〉"（《李秀成自述》367页）保护幼主出城，在离天京数十里的方山被村民捕获①。曾国荃审秀成，"置刀锥于前，欲细割之"；幕僚赵烈文从旁劝谏，国荃益怒，"叱勇割其臂股皆流血，忠酋殊不动"（赵烈文《能静居日记》卷二十"六月二十日记"，台湾学生书局，1964年）。但这只是最初的一幕，待曾国藩由安庆赶来亲自鞫讯，秀成便"有乞恩之意"，在九天内"写亲供五、六万言，叙贼中事，自咸丰四、五年后均甚详。虽不通文墨，而事理井井"（同书"七月初六日记"）。写完供词当晚，秀成赴市就诛，换来的是"免凌迟"的恩幸②。

自道光三十年十二月（公历1851年1月）金田起义，至同治四年十二月（公历1866年1月）十万余众在广东嘉应州被左宗棠最后扑灭③，太平天国前后历时十五载，据金陵十二载，"在战斗中，以及由于暴行、屠杀与饥馑，直接杀死了两千万人"（卫廉士（Samuel Wells Williams，即卫三畏）《中国总论》（*The Middle Kingdom*），转引自《对外关系史》卷二119页），使得清王朝无时无刻不处于风雨飘摇、一触即溃之险境，它失败的原因值得好好总结一番。

一、战略之误

应该说洪秀全犯下了与吴三桂一脉相承的战略性错误：当年三桂攻下湖南，而不肯东下金陵；秀全占有金陵，而不愿全力北进。"划江为治"自古便是一条行不通的法则。

太平天国的风声已让数千里外的北京城乱作一团，"官眷出城者约有四百家，崇文、宣武两门外官宅十空其六七。钱铺闭歇者，自二月十五后相继，共有三百家。典铺当者，以十千为率。银价斗落至大钱一千二三百文一两，西客收帐，商贾歇业。"（吴昆田《漱六山房

---

① 捉到忠王的两个村民是方山南麓洞东村陶大来和丁村王小二（见《李秀成自述》376页注二）。

② 李秀成在供状中称十六岁的幼主"自幼<幼>至长，并未奇<骑>过马，又未受过惊慌，九帅（曾国荃）四方兵追，定言<然>被杀矣"（《李秀成自述》368页）。事实是幼天王乘秀成坐骑冲出天京后与洪仁玕会合，由浙江遁入江西，至九月始在石城被俘。曾国藩相信秀成供词，而左宗棠谍知幼天王尚在，两人各执一词，"嫌隙乃大构"；及洪天贵福就戮于南昌，"二公怨辛不解，遂彼此绝音问"（陈其元《庸闲斋笔记》卷四），据此则曾、左交恶的种子实为秀成种下。罗尔纲曾引用国藩曾外孙女、原北京大学西语系俞大缜教授所述"李秀成劝文正公做皇帝，文正公不敢"之说，提出"李秀成学蜀汉姜维伪降魏钟会故智，以图恢复太平天国"的假设（见"假设举例——李秀成伪降考"，《困学集》，中华书局，1986年）。

③ 闽浙总督左宗棠奉诏节制赣、粤、闽三省诸军，合围嘉应，城破，"跪乞免者六万余（先前降者逾四万），俘斩贼将七百三十四，首级可计数者万六千。"（《清史稿》本传）

全集》卷九^①）秀全如能效明洪武挥师北上，淮北有捻军接应，趁热打铁，直捣幽燕，历史抑或就此改写亦未可知。但事实是，他过于留恋那座烟雨楼台的江南新都，派出的只是林凤祥、李开芳一支孤军，后援不继，一去不返，连敲山震虎的响声都未留下，甚至给出清朝从容练军的时间。《清史稿·洪秀全传》曰："河北肃清，是后不复北犯，我军遂无后顾忧。"

李秀成称天王既下江南，仍"欲取得河南为业"；有为东王驾舟的湖南籍老水手禀道："河南河水小而无粮，敌困不能救解。尔今得江南，有长江之险〈险〉，又有舟只万千，又何必往河南。南京乃帝王之家，城高池深，民富足余，上〈尚〉不立都，尔而往河南何也？"（《李秀成自述》135页）遂在天京扎下根来。罗大纲曰："天下未定，乃欲安居此都，其能久乎？吾属无类矣！"（《清史稿·洪秀全传》）^②

定都天京当然是太平天国史上值得大书特书的重大事件，但从军事角度看，"株守一城，坐待围击"（梁启超《中国四十年来大事记》）的做法更像是给自己挖下了一个陷阱。清军尾随而至，向荣驻孝陵卫，是为江南大营；戴罪立功的琦善驻扬州城外，是为江北大营，于是有了李秀成"六解京围""七困败亡"之说。太平军力战上流楚、皖、赣省，再图东南苏福省，无一不是围绕保卫天京来进行；甚至松江城指日可下之际，天王一日三诏，立逼退军，并责问秀成："三诏追救京城，何不启队发行？尔意欲何为？尔身受重任，而知朕法否？若不遵诏，国法难容！"（《李秀成自述》315页）不亚于南宋朝十二金牌追岳飞故事。从建都之日起，以攻救守的格局已经形成；接下来的十年时间里，号称"恢复中国"，实则只有处处掣肘、被动挨打之份。

二、政策之误

太平军起事，打出的是种族革命的旗号，曰：满洲"既盗我邦之珍宝，又毒我国之身灵。年耗五千万银之鸦片烟，历教十八省人之拜妖佛，事事坏我纲常，条条制我族类，此文天祥、谢枋得所以死不事元，瞿式耜、史可法所以誓不事奴也"（洪仁玕《诛妖檄文》，《太平天国》第二册622页）；"满洲之众不过十数万，而我中国之众不下五千余万。以五千余万之众受制于十万，亦孔之丑矣"（杨秀清、萧朝贵《奉天讨胡檄》，《太平天国》第一册163页）。就号召力而言，上述文字远比朱元璋"驱逐胡虏，恢复中华"的口号猛烈，但问题出在"凡属华裔，悉是夏宗，皆系天堂子女"（《诛妖檄文》）这样

---

① 转引自李侃等著《中国近代史》（第四版）第二章"太平天国及第二次鸦片战争"，中华书局，2000年。

② 罗尔纲称《清史稿》所记罗大纲语系采自罗惇曧伪书《太平天国战纪》，是捏造出来的（见"《太平天国战纪》考伪"，《太平天国史料辨伪集》，三联书店，1955年）。此种考证显然有刻意美化之嫌，以让洪秀全独享"坚持迁都河南开封这一英明主张"之令名。案：罗大纲乃最初加入太平军的三合会八首领中仅存的一根独苗，"因彼正爱其军律之严及其治军之教理"（《起义记》，《太平天国》第六册872页）。张德坚《贼情汇纂》（卷二）称他"慓悍机警，贼中号为能者，然因非粤西老贼，功在秦日纲上而不封侯王"（《太平天国》第三册61页）。

的宗教理念上。

自康熙以降，禁教政策的打压使得天主教在华传播逐渐远离主流群体，像利玛窦明末来华时"公卿以下咸与晋接"的盛况早成明日黄花[①]。洪秀全赴广西传教，"读书明白之士子不从，从者具〈俱〉是农夫之家，寒苦之家。"（《李秀成自述》102页）单是拜上帝也就罢了，秀全偏跟孔夫子作对，在家乡教书时便撤其牌位，以致丢掉教席，又亲自动笔创作一幕"活报剧"：

天父责孔丘曰："尔因何这样教人糊涂了事，致凡人不识朕，尔声名反大过于朕乎？"天兄亦责孔丘曰："尔造出这样书教人，连朕胞弟读尔书亦被尔书教坏了！"众天使遂将孔丘捆绑、鞭挞，永不准下凡（见《太平天日》，《太平天国》第二册636页）。

进入南京，下诏"凡一切孔孟诸子百家妖书邪说者尽行焚除，皆不准买卖藏读也，否则问罪也"（黄再兴《诏书盖玺颁行论》，《太平天国》第一册313页）。廪生马寿龄（在向荣江南大营任文书）作诗曰："尔本不读书，书于尔何辜，尔本不识孔与孟，孔孟于尔亦何病。搜得藏书论担挑，行过厕溷随手抛，抛之不及以火烧，烧之不及以水浇。读者斩，收者斩，买者卖者一同斩。"（《金陵癸甲新乐府·禁妖书》，《太平天国》第四册735页）

这首新乐府诗很能反映当时一般读书人对洪、杨所倡宗教的反感。曾国藩师出衡州，有《讨粤匪檄》云："农不能自耕以纳赋，而谓田皆天王之田；商不能自贾以取息，而谓货皆天王之货；士不能诵孔子之经，而别有所谓耶稣之说、《新约》之书，举中国数千年礼义人伦、诗书典则，一旦扫地荡尽，此岂独我大清之变，乃开辟以来名教之奇变，我孔子孟子之所痛哭于九原，凡读书识字者，又乌可袖手安坐，不思一为之所也。"（《曾文正公全集》第三部《文集》卷三）

"李自成至曲阜不犯圣庙，张献忠至梓潼亦祭文昌"（同上引）；洪秀全敢呵孔骂孟便是冒天下之大不韪，"向全民族传统文化树敌。"（钱穆《国史大纲（下）》880页）满洲入关至此已逾二百年，由当初的异族渐同化而成汉文化的捍卫者与代言人，或谓"满人读汉文，现在都读成汉人了。"（《集外集拾遗》"报《奇哉所谓……》"，《鲁迅全集》（十六卷本）第七卷253页）[②]如果说禁教时期"汉奸"一词还只是偶尔出现在官方文

---

① 参见本书前文"德天赐案"一节。

② 案：康熙爱慕汉族文化，影响及于子孙，这是清与元不同之处；故朱元璋能一呼百应，洪秀全却成为"同族相残"的牺牲品。洪氏虽反孔，他鼓吹的基督教实染有不少儒家色彩，既招致士人阶层反对，又不能获外人认同（对太平天国抱有好感的英人密迪乐（T. T. Meadows）用温和的语调谈到洪秀全宗教思想中的儒家或理性成分，并有为其辩解之意，是不多见的例子，见《有关太平天国的西文资料选译》"密迪乐谈太平天国的宗教"，载《近代史资料》总86号）。

件里的话,自鸦片战争开始便已屡见不鲜;洪秀全对民族文化的公然蔑弃再次让传统士人与满洲统治者结成同呼吸共命运的一体。

太平天国亦重文治,"天历"癸好年(即咸丰三年癸丑)天王万寿时首开"天试"(后改在幼天王生日),依各王名号又有东试、北试、翼试(均在各王生日举行)[1]。及洪仁玕"总揽文衡,聿修试典",改秀才为"秀士",举人为"博士"(后称"约士"),进士为"达士",翰林为"国士",定每年二月举行乡试,省试、京试俱三年一次。每考皆圣诏命题,"俾人人共证天心";文武士子所习之经,"须钦遵圣诏,习理《旧约》、《前约》(即《新约》)、《真约》(即《天命真圣主诏旨》)诸书……以及钦定《天条书》、《三字经》等",其文与策论不合"天情"者不录(见《钦定士阶条例》,《太平天国》第二册)[2]。李秀成供称"安徽应贼试者尚有三百余人,南京应贼试者不过数十人而已"(《李秀成自述》附录《忠王答辞手卷》401页);又谓"官兵多用读书人,贼中无读书人"(同上书400页)。此与曾国藩"幕府宾僚之盛,冠绝一时"(钱穆《国史大纲(下)》882页)恰成极大反差。

天京政权固然有禁吹烟饮酒、禁买卖奴婢、禁娼妓淫乱、禁妇女缠足、废买卖婚姻、倡一夫一妇、倡男女平权等移风易俗的好主张,但在制度方面"可算绝没有些微上轨道的建设"(同上书883页)。《天朝田亩制度》作为立国之本所描摹的"清平好世界"——"务使天下共享天父上主皇上帝大福,有田同耕,有饭同食,有衣同穿,有钱同使,无处不均匀,无人不饱暖"(《太平天国》第一册321页)——实在有些可望而不可即。"农民的主要空想是什么呢?无疑是平均制思想,是他们相信消灭土地私有制和平均分配土地(或使用土地)就能够消除贫困、失业和剥削的根源。"(《俄国社会民主工党第五次代表大会文献·关于对资产阶级政党的态度的报告》,《列宁全集(第二版)》第十五卷335页)列宁在1907年对农民问题的认识即使今天看来亦不过时。与"平均制"空想相伴随的是天朝一套独特的城市管理办法,包括设立"圣库","天下人人不受私,物物归上主"(《天朝田亩制度》,《太平天国》第一册322页),以及"男有男行,女有女行"(《天条书》,《太平天国》第一册79页),男女分馆而居,授受不亲,虽夫妻不得

---

[1] 马寿龄《点状元》诗曰:"八月号东试,十月号天试。正月及二月,北试、翼试又相继。六闱月耳四状元,唾手功名太容易。"(《金陵癸甲新乐府》,《太平天国》第四册738页)

[2] 太平天国己未九年(即咸丰九年)会试题为天父上帝圣旨:"三星共照日出天,禾王作主救人善;尔们认得禾救饥,乃念日头好上天。"洪仁玕奉命总典秋闱,揭题后窥见圣旨至深至奥,挥毫逐一发明(见《己未九年会试题》,《太平天国》第二册653—654页)。

同寝①。

军民人人共守的十款天条（模仿《旧约》"摩西十诫"而作）以第七条"不好奸邪淫乱"最为严厉，诗云："邪淫最是恶之魁，变怪成妖甚可哀。欲享天堂真实福，须从克己苦修来。"（《天条书》，《太平天国》第一册79页）"凡犯第七天条，如系老兄弟定点天灯，新兄弟斩首示众。"（《贼情汇纂》卷八，《太平天国》第三册231页）镇国侯卢贤拔（杨秀清表兄）、冬官又正丞相陈宗扬皆因"与妻私合"获罪，结果卢被革职，陈氏夫妇双双斩首（见《天父天兄圣旨》卷三，辽宁人民出版社，1986年）。

禁欲、克己施之百姓已无人理，何况精强力壮、有今无明的作战将士？军中乃有所谓"带娃崽"②，鸡奸之风日盛，"凡见俊美子弟如获至宝。"（《贼情汇纂》卷十二，《太平天国》第三册317—318页）马寿龄《带娃崽》诗曰："饥进饭，渴奉水，热挥扇，寒熏被，昼随马后夜床第。……可怜良家子，含垢复忍耻，既不欲生，又不能死，间日省亲难仰视"（《金陵癸甲新乐府》，《太平天国》第四册734页）；又作《狎娈童》曰："人心不同各如面，水炮不如铜鼓便"，注云："奸淫妇女谓之打水炮，鸡奸谓之打铜鼓，铜鼓者童股也。"（同上书745页）由太平军规定"凡奸老弟，如十三岁以上皆斩，十三岁以下专斩行奸者"（《贼情汇纂》卷八，《太平天国》第三册231页），不难想见当时鸡奸绝非个别现象。

欲维持"大同世界"的正常运转，种种不切实际或不近人情的禁令到头来唯有放开一途，于是允许经商，除烟酒禁物"百般贸易俱可做"（《醒世文》，《太平天国》第二册505页），百姓"照旧交粮纳税"（《贼情汇纂》卷七，《太平天国》第三册204页），"小弟、小妹团聚成家"（《天父天兄圣旨》卷三111—112页）。很快洪秀全又从一个极端走向另一个极端，"就婚姻诏明天下，妻子人数依据官职的高低而定"，宣布"妻子应娶多个"③。太平军之军风军纪遂每况愈下，时人谓："贼酷烈之气，销磨于子女玉帛

---

① 一名太平军逃兵承认："南京的妇女都被集中在该城的一个特定区域，那里满街都是妇女，但禁止任何男人接近，违者处死"；"谁都没有私产，任何人一被发现有五元以上的钱，立刻就会被鞭打，因为他没有事先舍弃这些钱；一旦得到钱，将随即悉数交归总金库，凡私藏金钱者便被怀疑有叛变的企图。"当被问及总金库（即所谓"圣库"）是否有许多钱时，逃兵回答："哈！多极了，一堆堆的数不清的银子，这都是留作用来从事伟大事业的。"（《有关太平天国的西文资料选译》"麦都思（W. H. Medhurst）牧师对太平军一逃兵的采访"，《近代史资料》总86号60—61页）

② 涤浮道人撰《金陵杂记》云："自洪逆以至伪旅帅皆有幼童打扇，又自伪丞相以至伪卒长圣兵，凡粤楚真贼，均准掳带幼童以为义子义弟，总名为'带娃崽'。"（《太平天国》第四册623页）

③ 此诏原件佚，照英文移译，引自夏春涛"太平军中的婚姻状况与两性关系探析"一文，《近代史研究》2003年第1期。

中。"（李圭《思痛记》卷下，《太平天国》第四册488页）①曾国藩亦曰："凡军最忌暮气，当道咸之交，官军皆暮气，而贼军皆朝气；及同治初元，贼军皆暮气，而官军皆朝气。"（《中国四十年来大事记》）

咸丰九年（1859）春，一直避居香港的洪仁玕辗转来到天京，封军师，号干王；容闳在用英文写成的回忆录中称他"居外久，见闻稍广，故较各王略悉外情。即较洪秀全之识见，亦略高一筹。凡欧洲各大强国所以富强之故，亦能知其密钥所在"（"走向世界丛书"《西学东渐记》（*My Life in China and America*）94页，恽铁樵、徐凤石原译，张叔方补译，岳麓书社，1985年）②。干王奉命总理朝纲，撰《资政新篇》曰："治国必先立政，而为政必有取资"（《太平天国》第二册523页）；及《立法制諠谕》曰："国家以法制为先，法制以遵行为要，能遵行而后有法制，有法制而后有国家。"（金毓黻、田余庆等编《太平天国史料》147页，载《近代中国史料丛刊续编》第三十六辑）

干王志在建设一有规模的近代化国家，政治自上而下权归于一，自下而上中无壅塞；外交则平等往来，似万方来朝、四夷宾服、夷狄戎蛮鬼子等"一切轻污之字皆不必说也，盖轻污字样是口角取胜之事，不是经纶实际"（《资政新篇》，《太平天国》第二册528页）③。具体"法式"为兴银行，兴宝藏（即采矿），兴市镇公司，兴士民公会，兴医院、跛盲聋哑院、鳏寡孤独院，兴车马、舟楫之利，"兴邮亭以通朝廷文书，书信馆以通

---

① 从美国留学归来的容闳实地访察苏州、无锡、常州、丹阳、句容、南京后，总结观感，将太平天国革命比作埃及石人，谓"埃及石人首有二面，太平军中亦含有两种性质"（《西学东渐记》98页），一面是上层人物的宗教理想，一面是普通士兵的愚昧无知。后期所招抚，"皆无业游民，为社会中最无知识之人。以此加入太平军，非独不能增加实力，且足为太平军之重累，而使其兵力转弱。盖此等无赖之尤，既无军人纪律，复无宗教信仰。……迨占据扬州、苏州、杭州等城，财产富而多美色，而太平军之道德乃每下而愈况。盖繁华富丽，固足以销磨壮志，而促其灭亡也。"（同上书99页）

② 容闳结识干王于香港，1860年冬访问天京，向其面陈"治国七策"曰："一、依正当之军事制度，组织一良好军队；二、设立武备学校，以养成多数有学识军官；三、建设海军学校；四、建设善良政府，聘用富有经验之人才，为各部行政顾问；五、创立银行制度，及厘订度量衡标准；六、颁定各级学校教育制度，以耶稣教圣经列为主课；七、设立各种实业学校。"（《西学东渐记》94页）案：容闳，字达萌，号纯甫，广东香山（今珠海）人，1854年毕业于耶鲁大学，入美国籍，自谓"以中国人而毕业于美国第一等之大学校，实自予始"（同书61页）归国后投身洋务运动，协助筹建江南制造局，组织一百二十名幼童分四批赴美留学，其中就包括日后不假外援、独力修成京张铁路的著名工程师詹天佑。

③ 早期太平天国与清廷一样，自称"天朝"，凡外人至，必有一番礼仪之争。1853年文翰访问南京，北王向其翻译密迪乐解释："太平王即真主"，"中国君主即天下之君主，他是上帝次子，全世界人民必须服从及跟随他。"（《英国政府蓝皮书中之太平天国史料》"翻译官麦多士（即密迪乐）在南京及镇江与革命军首领叙话记实"，《太平天国》第六册904页）东王给文翰的信中称："尔海外英民'不远千里而来'，归顺我朝。"（"革命军首领致濮亨（即文翰）书"，原件佚，照英文移译，同上书909页）罗孝全居留南京期间，甚至"为在唯一一次被获准觐见天王的场合不得不向他下跪而十分恼怒"（《西方关于太平天国的报道》"巴夏礼的报告"，《近代史资料》总98号145页）。

各色家信，新闻馆以报时事常变、物价低昂。"（同上书534页）

对以上规划，洪秀全作"钦定此策是也"眉批大加赞赏并下旨刊刻颁行，此外并不见有任何实质意义的举动，反倒是在一年后重刻早已名存实亡的《天朝田亩制度》；而干王所编各书在太平军内部亦不能引起积极反响，"李酋（秀成）皆不屑看也。"（《李秀成自述》附录《忠王答辞手卷》401页）于是乎气魄不可谓不大的《资政新篇》变成了一堆无人问津的废字纸。

三、领袖之人格缺陷

秀全举事之前尝有天降大任异梦，上帝授宝剑一柄，印绶一枚，勉励曰："奋勇放胆去干这工作啊！如遇有种种困难，我必扶助你。"（《起义记》，《太平天国》第六册842页）一旦得了南京，曾经的救世主抱负很快让位于帝王意识，其真实心志"不在建设新国家或新社会，而在建设新朝代"，"宫廷的建筑，宫女的征选，金银的聚敛，官制宫制的规定，这些事情是太平天王所最注意的。"（蒋廷黻《中国近代史》74页）

先是，太平军所过州县，"先毁庙宇，即忠臣义士如关帝、岳王之凛凛，亦皆污其宫室，残其身首，以至佛寺、道院、城隍、社坛，无庙不焚，无像不灭。"（《讨粤匪檄》，《曾文正公全集·文集》卷三）然而由两江总督衙门扩建而成的天王府门前照壁上，却涂有"丑怪不堪之龙多条"（《天京游记》，《太平天国》第六册948页）。巴夏礼甚至看到天王战士"抬着一条龙的绘像在南京的街道上列队行进"，参加这一偶像崇拜仪式的人们声称"他们可以不受约束地将对这一偶像的崇拜和对耶稣基督的崇拜合为一体"（《西方关于太平天国的报道》"巴夏礼的报告"，《近代史资料》总98号143页）。

秀全一方面倡男女平权，"天下多男人，尽是兄弟之辈；天下多女子，尽皆姊妹之群"（《天条书》，《太平天国》第一册79页）；一方面蓄后宫佳丽无数，向女馆搜求童女，"初名选美女，继称选王娘。"[①]针对上下有别的婚姻政策，时人评曰："洪、杨、韦、石并秦日纲五贼，皆有妇女在馆同居，其余虽至伪丞相亦系独处，即母子亦不准在馆，犯有收藏妇女并来去者即杀，谓之犯天条。何以群贼即不准稍犯，而五逆可以犯无底止，诸贼转肯甘服，亦殊不解也。"（《金陵杂记》，《太平天国》第四册624页）

据上述事实，马士谓天王"必定有一种天生的本领，使他成为一个中国人民的穆罕默德，或者，再次一等，一个约瑟夫·斯密士（Joseph Smith）（按：斯密士是美国Mormon

---

① 马寿龄有《选女孩》诗曰："列王传令选王娘，母女相持面如死。巡查勒马立门前，军帅握鞭搜馆里。大者逃出馆外颓垣阴，小者逃入阿母破床底；无论痴与黠，逃之不得脱。面目稍平正，居然中简拔，衣裳罗绮骤装束，脂粉馨香肆涂抹，从之亲戚叨笑言，不从骨肉受鞭挞。女官迫促驴馱去，阿娘肉向心头割，薄送出门忍泪归，吞声哭说掌珠夺，得宠为妃荐床第，失势为奴埽[扫]室闼。"（《金陵癸甲新乐府》，《太平天国》第四册732页）

教的创始人，实行一夫多妻主义）；可是结果，他却不久就堕落成为一个雷登的约翰（John of Leyden）（按：雷登的约翰是荷兰再洗礼教的狂热信徒），甚至于成为一个八十八位圣妻和无数姬妾的好色之徒了"（《对外关系史》卷一499—500页，按语系原书译者所加）①。

礼制方面，"贵贱宜分上下，制度必判尊卑"（咸丰五年三月二十三日晓谕，茅家琦《郭（廷以）著〈太平天国史事日志〉校补》93页，台湾商务印书馆，2001年）；"君不君，臣不臣，父不父，子不子，夫不夫，妇不妇"难成体统，"总要君君、臣臣、父父、子子、夫夫、妇妇"才好（见《福音敬录》，《太平天国》第二册515页）。具体到后宫，则是"妻道在三从，无违尔夫主"（《幼学诗·妻道》，同书第一册233页），并订有"十该打"："服事不虔诚，一该打；硬颈不听教，二该打；起眼看丈夫，三该打；问王不虔诚，四该打；躁气不纯静，五该打；讲话极大声，六该打；有喙不应声，七该打；面情不欢喜，八该打；眼左望右望，九该打；讲话不悠然，十该打"（《天父诗》第十七、十八首，同书第二册435—436页）。

尤为不智的，是天王泥守教规，妄自尊大，不肯放下架子容忍其他主张。比如排斥有意靠拢太平军的三合会②，评价其"反清复明"宗旨道："在康熙年间该会初创时，果然不错的；但如今已过去二百年，我们可以仍说反清，但不可再说复明了。……况且三合会又有数种恶习，为我所憎恶者。……彼等原有之真宗旨今已变为下流卑污无价值的了。如果我们讲真道理，而倚靠上帝强有力之助佑，我们几个人便可比他们多数。甚至孙膑、吴起、孔明等及其他古代历史中之娴于韬略战术者，亦不值得我之一赞，三合会更卑卑不足道矣。"随即便展开清洗，下令"凡三合会人们，如不舍弃旧习而皈依真教，则不容收纳"（《起义记》，《太平天国》第六册872—873页），并在1853年5月"杀死了300名秘密社会成员"（《有关太平天国的西文资料选译》"麦都思对太平军一逃兵的采访"，《近代史资料》总86号61页）。同年八月（公历9月7日）小刀会（三合会支派）起义，占领上海县城，原本希望得到天京政权的支持，天王却发表声明"斥责他们的'不道德习惯和恶劣嗜好'，拒绝承认他们是他的信徒"（《对外关系史》卷一515页），因而错过了一个轻而易举获取上海的绝好机会。

---

① 天王拥有妻妾数目说法不一。上海西商总会代表亚历山大·米切（Alexander Michie）称他有六十八妻、三百侍女（见《西方关于太平天国的报道》"亚历山大·米切的一封信"，《近代史资料》总98号147页），这个数字在富礼赐所著《天京游记》中变成了一百零八位妻子和上千侍女（《太平天国》第六册950页）。而据幼天王在南昌府供词，"父亲老天王……有八十八妻。"（《洪天贵福亲书自述、诗句》，《近代史资料》总92号99页，中国社会科学出版社，1997年）

② 又叫三点会、天地会，会众称其组织为"洪门"。

政务方面，专信同姓，自己言天说地，不问国事。恐众将不服洪仁玕，乃大事封王，"由广东跟出来的都封王，本家亲戚也都封王，捐钱粮的也都封王，竟有二千七百多王。"（《黄文英自述》，《太平天国》第二册857页）日封日多，无可更改，"王加头上三点，以为𡘾字之封。"（《李秀成自述》353页）[1]人心愈散，"动以升迁为荣，几若一岁九迁而犹缓，一月三迁而犹未足。"（《立法制諠谕》，《太平天国史料》147页）及国势崩败，忠王请"让城别走"，秀全斥道："不用尔奏，政事不用尔理，尔欲出外去，欲在京，任由于尔。朕铁桶江山，尔不扶，有人扶。尔说无兵，朕之天兵，多过与〈于〉水，何具〈惧〉曾妖者乎！尔怕死，便是会死。政事不与尔［相］干。"（《李秀成自述》340页）城中粮绝，在宫中空地寻百草，称"甜露"，号召"合城具〈俱〉食咁〈甜〉［露］，可以养生"（同书346页）。总之一味靠天，坐以待毙，自己终因"食咁〈甜〉露病起，又不肯食药方"（同书363页）而死，一个多月后天京即陷。钱穆谓太平天国"虽揭举了民族革命的大旗，终因领袖人物之不够标格而不能成功"（《国史大纲（下）》886页）。

洪秀全领导的这场近代史上规模最大的农民起义不但"于宗教上毫无裨补"，"至若于中国政治上，则更绝无革新之影响"（容闳语，《西学东渐记》99页）；蒋廷黻甚至说"倘若他成了功，他也不能为我民族造幸福"（《中国近代史》78页）。空想多于实效，破坏大于建设，太平天国运动虽在十九世纪下半叶掀起惊涛骇浪，一旦大浪撞碎成沫，留给暮气沉沉的中国社会的，仍是一片空空如也。倒是行色匆匆的时光老人忙里偷闲，每每会做下"无心插柳"之事；迨十数年内乱硝烟散尽，从灰烬中我们竟意外检出两件对今后中国产生极深远影响的"副产品"：

一是效忠个人的私有武力。八旗、绿营再不济事，还算政府军队，湘、淮军则开私有武装之先河，其精神传给袁世凯的北洋军，"民国以来的北洋军阀利用私有的军队，割据国家，阻碍统一，追究其祸根，我们不能不归咎于湘军。"（蒋廷黻《中国近代史》80页）

二是近代海关管理体制。小刀会举事次日即焚毁外滩海关[2]，逃入租界避难、兼管税务的苏松太道吴健彰建"水上海关"，"（1853年）10月28日，海关人员被安顿在椗泊于浦东烂泥渡，就在那时外国船只可以开进江面最远的地方的两只守望船上办事；（1854年）2月6日，那个办事的地方迁移到苏州河的北边。"（《对外关系史》卷二16—17页）那段时

---

① 罗尔纲引刘乐孙解释，谓𡘾字当为"小王"二字连写（见《李秀成自述》357页注九）。

② 康熙二十三年（1684）十月，海外平定，诏"直隶、山东、江南、浙江、福建、广东各省先定海禁处分之例，应尽行停止"（《圣祖实录》卷一一七）；旋设江、浙、闽、粤四海关，取代清以前各朝沿用的"市舶司"制度。乾隆二十二年（1757）又"申禁洋船不准收泊浙海，有驶至者，仍令回粤贸易纳税"（《清史稿·食货志六》），遂形成鸦片战争前一口通商的局面。及上海开埠，苏松太道宫慕久应英国首任驻沪领事巴富尔（George Balfour）要求，在英租界内的外滩设江海北关办理洋商征税事宜，俗称"新关"。

间上海变成一个"自由港"，"事实上是从1853年9月起，一般说来是从11月起，绝对说来是从1854年5月起，中国政府从它的对外贸易方面就没有收到关税。"（同上书20页）

无奈之下，吴健彰只得容许洋员服务海关，以资襄助，委英人威妥玛、法人司密斯（Arthur Smith）、美人卡尔（Lewis Carr）为上海税务司。此法很快推广到所有口岸，威妥玛的继任者李泰国（Horatio Nelson Lay）又在1861年受任为总税务司，"帮同总理稽察各口洋商完税事宜。"（《筹办夷务始末（咸丰）》卷七十二）第二任总税务司赫德（Robert Hart）手订二十七款《海关募用外人帮办税务章程》，由总理衙门颁布，规定"各关所有外国人帮办税务事宜均由总税务司募请调派"；"各关虽系征收洋商之税，然其事实中国之公事，所用之人虽非中国人，其所办系中国之事，其薪水亦中国所发，应较中国人格外尽心办公"；"各关所用之人以各人分内应办之事为第一紧要，当尽心尽力。"（转引自杨德森《中国海关制度沿革》上编《海关沿革》14—15页，商务印书馆，1925年）外籍税务司引入的诚实作风以及高效率的管理体制将"以前在中国政府方面盛行的那种松懈制度"（《对外关系史》卷二32页）改造一新，"洋关"（Foreign Customs）遂正式成为"帝国的一个行政机关"（同上书150页），保障甚至增加了它的关税收入。在总税务司任上一待就是四十八年的赫德也因为忠心耿耿替皇朝办事而被恭亲王亲昵地称为"咱们的赫德"（《对外关系史》引伦尼（David Field Rennie）《北京和北京人》（*Peking and the Pekingese*），卷二152页注三）。

世上恐怕只有傻子才肯吃里扒外去做赔本赚吆喝的买卖。《北京条约》将《天津条约》答应付给英、法四百万两及二百万两的赔款各增至八百万两，给法国的赔款中又特别注明已收到粤海关缴银三十余万两，"其余银两宜在中国各海关每年收税银若干按五分之一扣归。"（《中法北京条约》第四款，《咸丰条约》501—502页）赔款须由关税项下拨付，恐怕这才是诸订约国忧心如焚、如此关切清政府海关制度的真正原因①。

洋务运动

两次鸦片战争，洋人已让满清士大夫们饱尝到了"利器精兵，百倍中国"的厉害（中国史学会主编"中国近代史资料丛刊"《洋务运动》第一册13页，上海人民出版社，1961年）；助剿太平天国，其坚船利炮再给曾国藩、李鸿章、左宗棠一班后起之秀以极大刺

---

① 丁韪良谓清政府"欠外国的债务，无论是贷款还是战争赔款，全都是从海关税收里支付的"。又曰："对于大清海关来说，赫德一直扮演着继父的角色……在近半个世纪的时间里，以不懈的努力将海关这个婴儿从襁褓一直培育到年富力强的成熟期，这个荣誉非赫德爵士莫属。"（《中国觉醒》157页）

激。鸿章尝叹英法兵船"大炮之精纯，子药之细巧，器械之鲜明，队伍之雄整，实非中国所能及。其陆军虽非所长，而每攻城劫营，各项军火皆中土所无；即浮桥、云梯、炮台别具精工妙用，亦未曾见。……深以中国军器远逊外洋为耻。"（"同治元年十二月十五日上曾相"，《朋僚函稿》卷三）胡林翼每与人论及洋务，辄摇手闭目，神色不怡，曰："此非吾辈所能知也。"在安庆见两艘洋船"鼓轮西上，迅如奔马，疾如飘风"，乃"变色不语，勒马回营，中途呕血，几至坠马"，不数月而卒（《庸盦笔记》卷一《史料·荩臣忧国》）。

与鸦片战争后的麻木不仁不同，自咸丰十年十二月（公历1861年1月）京师成立总理衙门，奕訢、文祥主持于内，曾、李、左等奔走于外，在同治、光绪年间发动了一场自强、求富的"洋务运动"。

自强之计，首重武备，这是当时经历过战火洗礼的少数先知先觉者的共识。咸丰十一年（1861）攻克沿江重镇安庆后，曾国藩即设"内军械所"制造洋枪、洋炮，凡天文、算学、机器等专门家——如徐寿、华蘅芳以及与英人伟烈亚力（Alexander Wylie）合译《几何原本》后九卷，完成徐光启、利玛窦未竟之业的李善兰——"无不毕集，几于举全国人才之精华，汇集于此。"（《西学东渐记》110页）徐、华二人后来在南京甚至试制成功一条木质蒸汽轮船，"长五十余尺，每一时能行四十余里，名之曰'黄鹄'。"（《清史稿·艺术传四》"徐寿"条）

同治二年（1863），曾国藩召容闳至安庆，问："若以为今日欲为中国谋最有益最重要之事业，当从何处着手？"容氏志向本在教育，因预知曾督有建西式机器厂计划，答曰："以今日之时势言之，枪炮之于中国，较他物尤为重要。"（《西学东渐记》111—112页）[1]国藩与容闳两次晤谈，一星期后即委派他赴美采购机器，同治四年（1865）乃有江南制造总局创办于上海。

随后李鸿章建金陵机器局（同治四年），左宗棠、沈葆桢建福州船政局（又名马尾船政局，同治五年即1866年），崇厚建天津机器局（同治六年即1867年），丁宝桢建山东机器局（光绪三年即1877年），张之洞建湖北枪炮厂（光绪十九年即1893年）。一座座兵工

---

[1] 国藩眼三角有棱，善相人，《清史稿》本传说他"每对客，注视移时不语，见者悚然，退则记其优劣，无或爽者"。容闳记初次晋谒事曰：总督"以锐利之眼光，将予自顶及踵，仔细估量，似欲察于外貌有异常人否。最后乃双眸炯炯，直射予面，若特别注意于予之二目者。予自信此时虽不至怕愦，然亦颇觉坐立不安。"（《西学东渐记》108页）
据薛福成《庸盦笔记》，"世俗颇传曾文正精相术，于文武员弁来谒者，必审视其福量之厚薄，以定用舍及所任之大小。"（卷二《史料·谈相》）俞樾则谓国藩"尤善相士，其所识拔者名臣名将，指不胜屈。"（《春在堂随笔》卷一）坊间又流传一本署曾氏之名、专谈相术的著作，题曰《冰鉴》。

厂拔地而起的同时，新式军队的建设也在紧锣密鼓进行当中。

奕訢奏称"自强之术，必先练兵"（《筹办夷务始末（咸丰）》卷七十二），令八旗兵丁添习枪炮，操演技艺。同治元年（1862）在天津成立洋枪队，聘欧洲师傅教习外国兵法；南方湘、淮军亦如是训练。同治五年（1866）总理衙门以"京师四路无军，不足以固根本"（刘锦藻撰《清朝续文献通考》卷二一七《兵考十六·练军》），会商户部、兵部，选练直隶六军一万五千人，名"练军"，各省踵行之。

奕訢又委托代理总税务司赫德购买外洋船炮。正在英国休假的总税务司李泰国接手此事，同治二年（1863）由八艘船组成的"吸血舰队"（Vampire Fleet）在舰长阿思本（Sherard Osborn）率领下驶抵上海。这支名义上的"英中舰队"（Anglo-Chinese Fleet）之命运从一开始便注定不妙。先是旗帜问题，李泰国设计的旗子为绿地，饰有两个交叉黄条，却被恭亲王告知清廷已有三角形黄龙旗为国旗；折中结果，各舰统一悬挂一面绿地、有二交叉黄色带、中绘帝国黄龙的旗帜，不伦不类，国籍不明（见《对外关系史》卷二38页）。继而发生兵权之争，李泰国在伦敦与阿思本私订十三条合同，规定前者代传中国皇帝命令，后者享有完全指挥权；清廷获悉后大为光火，立即宣布废除原定十三条，"由中国选派武职大员作为该师船之汉总统，以阿思本为帮总统，均听所在用兵地方督抚节制调遣"（《筹办夷务始末（同治）》卷二十一）。阿思本"不愿意置身于戈登少校所处的那种可耻的地位，特别是在一位像李鸿章那样的'无道德修养的官员'的节制之下"（《对外关系史》卷二44页），拒绝就任"帮总统"（即副管带），连人带船离开上海。清政府先已拿出1 295 000两银子购办船炮，"为了解散人员，遣送船只回到英国，又招致了375 000两的债务"（同上书45页）；但买卖不成仁义在，为表示谢意，"并且自动地在按照合同应付给阿思本大佐的一切款项以外赠送他一万两"（同上书47页）。白白送出合五十五万多英镑的白银后，筹建海军的初次尝试竟以这样一种不太体面的方式草草收场。

"蕞尔小邦"日本受惠于1867年开始的明治维新，武力大盛，1874年借口"台湾生番戕害琉球人民"，遣兵船犯台。船政大臣沈葆桢①赴台调停，总理衙门与日使柳原前光订约，允"给抚恤银十万，再给修道建房费四十万两"（《清史稿·邦交志六》），日本退兵。

因台湾告警而兴海防之议。奕訢谓"今日而始言备，诚病其已迟；今日而再不修备，则更不堪设想矣"（《筹办夷务始末（同治）》卷九十八），乃上练兵、简器、造船、筹

---

① 沈葆桢，字幼丹，福建侯官人，道光二十七年（1847）进士，林则徐外甥兼女婿。曾国藩屡荐其才，超擢江西巡抚；协剿太平天国，擒获逃离天京的幼主洪天贵福及干王洪仁玕等。

饷、用人、持久六条"紧要应办事宜"，并再次想起了赫德，奏由户部分拨江汉等五关洋税共四十五万两，汇交总税务司，向英国订购"装三十八吨炮之船二只，装二十六吨半炮之船二只"（《洋务运动》第二册337页）。对当时最具威力的铁甲船，则因需费过巨，不敢轻于一试[1]。江苏巡抚丁日昌又有"设北、东、南三洋提督"，"三洋联为一气"之议（《筹办夷务始末（同治）》卷九十八）。光绪元年（1875），"先就北洋创设水师一军，俟力渐充，就一化三"（《洋务运动》第一册164页）的海防政策出炉，李鸿章、沈葆桢受命分别督办北洋、南洋海防。

自同治十二年（1873）法军侵越，北京方面表现出罕有的强硬，因为"在南方边境上有一个专横的欧洲强国作为邻居以代替软弱的越南人是不愉快的；抛弃对越南的宗主权，不论它是怎样的虚假，是更不愉快的；而最不愉快的乃是认定中国自己的虚弱无能，没有打仗就承认失败"（《对外关系史》卷二394页）。双方遂起冲突，光绪十年（1884）法舰袭台湾基隆，为淮军将领刘铭传所败；转攻福州马尾港，"在一小时之内，中国船只就一只跟着一只地在作战地点的上游或下游，不是沉没在停泊的地方，就是起着火，没有办法的随着湖水飘荡而下沉。"（同上书396页）[2]马江一战，法国人用猛烈炮火把福建水师送入水底的同时，又捎带摧毁了自己亲手援建的造船厂[3]。

清廷惩前毖后，再下决心大治水师。又一轮七嘴八舌的海防之议重弹"先从北洋开办，精练水师一支"的老调，所谓"与其长驾远驭，难于成功，不如先练一军，以为之倡"（《清末海军史料（上）》59页，海洋出版社，1982年）。光绪十一年（1885）海军衙门成立，醇亲王奕譞总理海军事务，以奕劻、李鸿章、善庆、曾纪泽为佐。鸿章专司北洋练军事，于原有大沽船坞外，经营旅顺、威海二新港。同年，战前花六百二十万马克购自德国伏尔铿厂（AG Vulcan Stettin）的定远、镇远舰来华（同厂定购的还有济远巡洋

---

[1] 光绪元年（1875）三月，李鸿章在天津与赫德面议购船事，"以铁甲船每只价银二百余万两及百万以外，中国现尚无此财力，未能定购。"（《洋务运动》第二册337页）

[2] 据《清史稿·兵志七》，在不到一个小时的战斗里，福州船厂自制的木质兵船扬武、振威、飞云、济安、福星，及蚊炮船二艘，商轮二艘，悉数沉毁，存者惟伏波、蓺新二兵船。又据福建船政第三十四任主持、后加入中国人民解放军海军的韩仲英撰《福建船政始末记》，伏波、蓺新两船后自行凿沉，闽师几全覆（载《清末海军史料（下）》附录，773页）。

[3] 左宗棠创设船政局于福州马尾江（马江）畔，旋调陕甘，荐沈葆桢主其事，聘请曾并肩镇压太平军的法人日意格（Prosper Giquel，原宁波海关税务司）、德克碑（Paul d'Aiguebelle，常捷军末任统领）担任正副监督，造船坞及机器诸厂。这座被李鸿章评为"以法国人的才智建造起来的"造船厂（《对外关系史》引密其（Alexander Michie）著《阿礼国旅华记》（The Englishman in China during the Victorian Era, as Illustrated in the Career of Sir Rutherford Alcock），卷二396页），曾经享有"中国海军之基"的光荣称号（《清史稿·兵志七》）。

舰），终于圆了中国海军创始人的铁甲船之梦。随着致远、靖远、经远、来远陆续自英、德运抵，至光绪十四年（1888），北洋合新购、旧有共得铁甲二艘，快船七艘，蚊炮船六艘，鱼雷艇六艘，练运船四艘，"海军一枝，局势略具。"（《洋务运动》第三册196页）海军衙门旋拟定《北洋海军章程》十四章。

发展军工转而促生洋务派对教育的关注，各地乃有开办新式学堂之举，如京师同文馆①、上海广方言馆（始同治二年即1863年，李鸿章奏设）、广州同文馆（始同治三年即1864年，李鸿章奏设）、湖北自强学堂（始光绪十九年即1893年，张之洞奏设）培养外语人才，福州船政学堂（始同治五年即1866年，隶福州船政局，初名"求是堂艺局"，后改前、后两学堂）、天津水师学堂（始光绪七年即1881年，李鸿章奏设，严复任总教习）、天津武备学堂（始光绪十一年即1885年，李鸿章奏设）、广东水陆师学堂（始光绪十三年即1887，张之洞奏设）培养军事人才。光绪三年（1877），由李鸿章、沈葆桢倡议，选派福建船政习法语的前堂学生"赴法国官厂学习制造"，习英语的后堂学生"赴英国水师大学堂及铁甲兵船学习驾驶"（《闽厂学生出洋学习摺》，《李文忠公全集·奏稿》卷二十八），严复、方伯谦、刘步蟾、萨镇冰等即在赴英学生之列。

丁韪良（William Alexander Parsons Martin）以乐观的笔调写道："教育领域的改革使天空充满了希望的光芒，就像是经历了北极的严冬之后，迎来了第一缕金色的阳光。所有各方都认识到教育改革是高于一切的。"（《中国觉醒——国家地理、历史与炮火硝烟中的变革》（*The Awakening of China*）159页，沈弘译，世界图书出版公司，2010年）念念不忘教育计划的容闳亦劝曾国藩于江南制造局内附设兵工学校，复上条陈四则，谓"政府宜选派颖秀青年，送之出洋留学，以为国家储蓄人材"（《西学东渐记》122页）。

---

① 同治元年（1862）七月，奕䜣奏称"欲悉各国情形，必先谙其言语文字，方不受人欺蒙。各国均以重赀聘请中国人讲解文义，而中国迄无熟悉外国语言文字之人，恐无以悉其底蕴"。乃设同文馆，挑选"八旗中资质聪慧、年在十三四以下者"入馆学习。威妥玛介绍英籍传教士包尔腾（John Shaw Burdon）任英文教习，奕䜣与威氏"豫为言明，止学言语文字，不准传教，仍另请汉人徐树琳教习汉文，并令暗为稽察"（《筹办夷务始末（同治）》卷八）。后经赫德推荐，美籍传教士丁韪良任总教习兼教授国际法，教材即丁氏亲自翻译成中文的惠顿（Henry Wheaton）撰《万国公法》（*Elements of International Law*）。光绪二十四年（1898）京师大学堂成立后，丁氏又被任命为西学总教习，二十七年（1901）同文馆归入大学堂。案：同文馆经费主要来自海关拨款，总税务司赫德因此一直扮演重要角色，"正是他引导总理衙门的大臣们把一个培养译员的同文馆升格到了外交学院的档次"（丁韪良《中国觉醒》158页）。

同治九年（1870），曾国藩赴天津查办"教案"①，容氏利用担任译员机会再次游说，终获成功，"乃喜而不寐，竟夜开眼如夜鹰，觉此身飘飘然如凌云步虚，忘其为僵卧床底间"（同上书125—126页）。明年，曾国藩、李鸿章联名奏请"访选沿海各省聪颖幼童，每年以三十名为率，四年计一百二十名，分年搭船赴洋，在外国肄业"，且云"本源无由洞澈，而曲折无以自明。古人谓'学齐语者，须引而置之庄岳之间'，又曰'百闻不如一见'，比物此志也"（《筹办夷务始末（同治）》卷八十二）。十一年（1872）夏末，距"中兴"名臣曾国藩病逝南京仅半年，第一批学生三十人渡太平洋而赴美国。

由教育再及于民用工业之建设，创轮船招商局（始同治十一年即1872年）、开平矿务局（始光绪三年即1877年）、上海机器织布局（始光绪四年即1878年，十六年投产，十九年毁于火灾，重建后改华盛总厂）、天津电报总局（始光绪六年即1880年，附设电报学堂）、漠河金矿（始光绪十三年即1887年）、汉阳铁厂（始光绪十六年即1890年）。数十年的洋务运动千头万绪，牵连甚多，曾、李、左等未尝拿出一个全盘计划，而是在摸索走向近代化的路上"前进一步以后，就发现必须再进一步；再进一步以后，又必须更进一步"（蒋廷黻《中国近代史》92页）。戊戌年（1898）严复拟万言书论变法大势，亦是对前面"求强""求富"努力做了一个很好的注脚，所谓中国积弱"由于内治者十之七，由于外患者十之三"，"今者审势相时，而思有所改革，则一行变甲，当先变乙；及思变乙，又宜变丙。由是以往，胶葛纷纭，设但支节为之，则不特徒劳无功，且所变不能久

---

① 据《中法北京条约》第六款"任法国传教士在各省租买田地，建造自便"之规定（《咸丰条约》503页），传教士得以深入内地传播福音，仇教情绪迅速在全国蔓延，1867—1869年，广东、广西、四川、江苏、台湾等地皆发生攻击教会事件。1870年春夏间，天津城内传言"有些婴儿失踪了，被传教士买通的人们给拐去了；修女们把他们害死，挖出他们的眼睛和他们的心脏，备作迷魂药和各种奇怪药物之用"（《对外关系史》卷二266页）。适有育婴堂中三四十名婴儿因传染病死亡，民众遂起暴动，殴毙法领事丰大业（Henri Victor Fontanier）。
时为三口通商大臣的崇厚详细奏报事发经过，云天津自入夏以来，人心不定，谣言甚多，"有谓用药迷拐幼童者，有谓义冢内有幼孩尸骨暴露者，有谓暴露之尸均系教堂所弃者"。丰大业来署相见，口出不逊，取洋枪当面施放，信手打破屋内什物；盛气而去，路遇天津知县刘杰，放枪未中，误伤其家人。"众百姓瞥见，忿怒已极，遂将丰大业群殴毙命"（见《筹办夷务始末（同治）》卷七十二）。又据翁同龢同治九年（1870）五月廿五日记，丰大业至崇厚署中，"则手洋枪发火，咆哮而出，于是津民哄然发愤，群殴击之立毙。并杀其妇女，又杀其类十余人，皆展肠裂腹，遂毁教堂，势汹汹至三四千人矣。"（《翁同龢日记》第二册776页，中华书局，1989年）李鸿章闻其事"骇诧"云："因迷拐讹言牵及教堂，遽将法领事教士等殴毙多命，我无一是。彼挟全力衅端重大，为通商二十年来未有之事。"（《朋僚函稿》卷十"复张振轩廉访（同治九年六月初六日）"）
马士记载，这次民变的牺牲者除丰大业和一名叫西蒙的领事馆书记官，还包括十名修女，两名神甫，"另外四名法国男人和妇女，两名俄人和其中一人的妻子，以及教会或育婴堂所佣的三四十名中国人。修女们在被害以前，曾被剥去衣服，赤身露体，她们的尸首，也只能找到一些烧焦的断足残肢"。"半世纪的种族嫌恶，十年来的民族怨恨，反基督教情绪的滋长，部分的基于宗教的偏见，部分的基于迷信，部分的基于轻信谣言；所有这些达到了一个共同的焦点，并且这种上长着的纷扰于三小时的杀人、放火和抢劫中达到极点。"（《对外关系史》卷二270页）

立。又况兴作多端，动靡财力，使其为而寡效，则积久必至不支。"（"中国启蒙思想文库"《严复集·拟上皇帝书》75、83页，辽宁人民出版社，1994年）

各项新办事业在上既缺统筹，在下又遇着几乎是全社会的一致抗拒。举其著者，譬如铁路：郭嵩焘"欲遍天下皆开煤铁，又欲中国皆铁路"（《翁同龢日记》（光绪二年正月十三日）第三册1184页，中华书局，1993年）；容闳则因为看到"人民尤迷信风水之说，阻力多端"，乃直接提倡开采矿产，间接提倡修筑铁路（《西学东渐记》122页）。同治二年（1863）苏州城刚一"光复"，上海二十七家洋行即请江苏巡抚李鸿章准许修建一条连接苏、沪二地的铁路，竟遭拒绝。李批复如下："铁路只有由中国人自办，自行管理，才会对中国有利；在内地雇用许多外国人，却有重重障碍；而且人民对于因筑路而被夺去土地，也一定非常反对。"（《对外关系史》卷三79页，迻译自英文）光绪二年（1876）英人自行铺设从上海到吴淞的铁路，却不幸有人在轨道上被压死；清廷于是花285 000两银子购回铁路，"立刻把它拆毁，并把铁轨和车皮运到台湾，任其在海边上锈烂。"（同上书82页）[1]光绪六年（1880）刘铭传疏请急造铁路，鸿章此时亦萌生兴趣，力赞之曰："铁路之设，关于国计、军政、京畿、民生、转运、邮政、矿务、招商、轮船、行旅者，其利甚溥。"（《清史稿·交通志一·铁路》）然学士张家骧力陈三弊，御史洪良品举五害，侍讲张楷列九不利以阻之，更有刘锡鸿上《仿造西洋火车无利多害摺》，谓"势之不可行者八，无利者八，有害者九"（《刘光禄遗稿》卷一73页，《近代中国史料丛刊三编》第四十五辑）[2]。迫于众议，事竟不行。清廷大规模修建铁路已是晚至光绪十四年

---

[1] 对此事件丁题良记曰："当中国于1876年买下上海至吴淞口的这段铁路时，人们以为它要励志奋进了。令西方人大跌眼镜的是，它在拆毁铁轨之后，又把它们扔进了河里。"（《中国觉醒》156页）

[2] 刘锡鸿，字云生，广东番禺人，光绪初任驻英副使、驻德公使。《清代之竹头木屑》"刘锡鸿"条云："中国铁路之不能开，实因刘锡鸿之摺所阻，四万万人为奴之祸，实基于此。刘为法国使差时，往往散衣趿鞋，举止蹒跚，衣带飘舞，徒步出外。而最爱立于最高桥梁之上，周望四处。其随员等切谏之，刘大怒曰：'你等不知乃翁意，欲使外邦人瞻仰天朝人物耳。'"

赴英途中，刘氏在埃及首见火车，一面叹"技之奇巧，逾乎缩地"，一面坚持"火车之不能行于中国，犹清静之治不能行于欧洲，道未可强同也"（"走向世界丛书"《英轺私记》63页，岳麓书社，1986年）。后与波斯藩王论强弱，王问："中国何以不制火轮车？"刘笑曰："方今政府，谋于朝廷之上制造'大火车'：正朝廷以正百官，正百官以正万民，此行之最速，一日而数万里，无待于煤火轮铁者也。"（同上书141—142页）

出使期间刘氏惊人之语又如："英人无事不与中国相反。论国政则由民以君，论家规则尊妻而卑夫（家事皆妻倡夫随，坐位皆妻上夫下，出外赴宴亦然。平时，夫事其妻如中国孝子之事父母，否则众訾之），论生育则重女而轻男，论宴会则贵主而贱客（主人居中客夹之），论文字则自右而之左（语言文字皆颠倒其先后，如伦敦的套儿，则曰套儿的伦敦；父亲的花园，则曰花园的父亲，此翻译之所以难也），论书卷则始底而终面（凡书自末一页读起），论饮食则先饭而后酒。盖其国居于地轴下，所戴者地下之天，故风俗制度咸颠而倒之也。昼夜亦然，伦敦时刻，较诸中国迟八点钟，阿尔兰（爱尔兰）又较伦敦迟二十五分。其晚也，乃吾中国之午也；其晚也，乃吾中国之夕也。英人每息于昼，忙于夜，毋亦夜时始阳盛欤。"（"英国民数"，同上书205页）

（1888）的事情①，是年，津沽铁路告成；鸿章、铭传倡由天津接造至京师（津通铁路），举朝再哗然，尚书翁同龢等交章谏阻。张之洞特创卢汉干路（卢沟桥—汉口）之说以为调停，既成定议，寻复中辍，光绪三十二年（1906）全路始竣，易名京汉。

譬如科学：同治五年（1866）奕訢、文祥奏请于同文馆内添设一馆，选"翰林院庶吉士、编修、检讨并五品以下由进士出身之京外各官"专习天文算学（《筹办夷务始末（同治）》卷四十六）。帝师倭仁大唱反调，痛心疾首曰："窃闻立国之道，尚礼义不尚权谋；根本之图，在人心不在技艺。今求之一艺之末，而又奉夷人为师，无论夷人诡谲，未必传其精巧，即使教者诚教，学者诚学，所成就者不过术数之士，古今来未闻有恃术数而能起衰振弱者也。天下之大，不患无才，如以天文算学必须讲习，博采旁求必有精其术者，何必夷人？何必师事夷人？"（同上卷四十七）

恭亲王怒不可遏，反唇相讥道："该大学士既以此举为窒碍，自必别有良图。如果实有妙策，可以制外国而不为外国所制，臣等自当追随该大学士之后，竭其梼昧，悉心商办。……如别无良策，仅以忠信为甲胄、礼义为干橹等词，谓可折冲樽俎，足以制敌之命，臣等实未敢信！"（同上卷四十八）

然正如恭亲王所料，倭仁（谥文端）"久著理学盛名，此论出而学士大夫从而和之者必众"（同上引）；于是"词馆（即翰林）、曹郎（即部曹），皆自以下乔迁欲谷为耻②，竟无一人肯入馆者"（《清朝野史大观》卷四《清朝史料》"倭文端阻开同文馆"）。

譬如留洋：初，江苏巡抚丁日昌荐陈兰彬为留学生监督，谓好友容闳曰："君所主张，与中国旧学说显然反对。时政府又甚守旧，以个人身当其冲，恐不足以抵抗反动力，或竟事败于垂成。故欲利用陈之翰林资格，得旧学派人共事，可以稍杀阻力也。"（《西学东渐记》126页）幼童始抵美，"穿长袍马褂，并且结着辫子，使美国人当他们是女孩。"（"走向世界丛书"祁兆熙《游美洲日记》附录温秉忠《一个留美幼童的回忆》（1923年英文演讲），高宗鲁译，271页；该书与《西学东渐记》合为一册）仅仅几个月

---

① 光绪七年（1881）开平矿务局督办唐廷枢曾建成一条连接唐山煤矿和胥各庄的铁路，并制造了一个火车头，在蒸汽机车发明人斯蒂芬森（George Stephenson）百周年诞辰纪念那天，命名为"中国火箭号"（Rocket of China）。《清史稿·交通志一》谓"（光绪）三年，有商人筑唐山至胥各庄铁路八十里，是为中国自筑铁路之始"，误矣。又台湾巡抚刘铭传于光绪十三年（1887）筑基隆至淡水铁路，但"这条铁路自始至终就是中国官吏管理下的牺牲品；它在建造、设备和工作条件方面，都是因陋就简；北京当局拒绝批准任何发展基隆的步骤……因而在1895年，除去五十里铺设简陋的铁路而外，日本人并没有拿到些什么"（《对外关系史》卷三84页）。

案：1881年在西方叫作"颠倒年"（upside down year），即上下颠倒看都一样；下一次这样的年头是八十年后的1961年，再下一次则要等到四千零四十八年后的6009年了。中国人在难得一遇的"颠倒年"而有了自己的火车头，亦算恰逢其会的一桩大事和幸事。

② 语出《孟子·滕文公上》："吾闻出于幽谷，迁于乔木者，未闻下乔木而入于幽谷者。"

后，这批平均年龄不足十五岁的孩子们便打棒球，玩足球，改穿美式服装，"对新生活适应很快，迅速接受了美国的观念及理想。"（同上书271—272页）光绪二年（1876），供职宁波海关的李圭[1]赴美参观费城博览会，"见诸童多在会院游览，于千万人中言动自如，无畏怯态。装束若西人……吐属有外洋风派。"（"走向世界丛书"《环游地球新录》298—299页，岳麓书社，1985年）又见其课稿，凡"绘画、地图、算法、人物、花木，皆有规格。所著汉文策论……亦尚通顺。每篇后附洋文数页，西人阅之，皆啧啧称赞"；随行翻译惊叹"幼童在哈佛攻书二年，足抵其当日在香港学习五年"（同上书212页）。

唯此前从未出国门一步的陈兰彬胸中绝无自由精神与活泼思想，因"星期日至教堂瞻礼，以及平日之游戏、运动、改装"等琐碎细事与幼童冲突不断，并迁怒容闳，事事龃龉之。此公荣升为驻美公使后，复荐"性情怪癖"的翰林院编修吴嘉善担任监督。吴"视中国学生之留学外洋，素目为离经叛道之举；又因前与曾文正、丁日昌二人不睦，故于曾、丁二公所创之事业，尤思破坏，不遗余力"（《西学东渐记》136页）。遂鼓动陈氏上奏朝廷，称若不断然行动，幼童"因环境蜕变之速"，"均将成'洋鬼'（foreign devils）"，"不复卑恭之大清顺民矣"（《游美洲日记》附录《一个留美幼童的回忆》272页）[2]。迫于反对派压力，李鸿章"此时不愿为学生援手"（《西学东渐记》141页）；光绪七年（1881）五月，已经失势的恭亲王奏称："学生以童稚之年，远适异国，路歧丝染，未免见异思迁。……若如陈兰彬所称，是外洋之长技尚未周知，彼族之浇风早经习染。……准李鸿章来咨，现调出洋学生二十名赴沪听候分派，是亦不撤而撤之意。臣等以为与其逐渐撤还，莫若概行停止，较为直截。"（《洋务运动》第二册166页）于是全体一百二十名学生凄然返国，大多数再过一两年即可毕业。"当他们一抵上海，立刻被送往上海城内一个大楼中，禁闭起来不许他们外出"；旋遣往各地，不仅"待遇不佳"，"又受到中国士大夫的杯葛和歧视，他们被视为是'洋鬼子'和无益于国家的人。"（《游美洲日记》附录《一个留美幼童的回忆》273—274页）

清廷召回学生之际，耶鲁大学校长朴德（Noah Porter）致书总理衙门曰："凡此诸生

---

[1] 李圭，字小池，江宁（南京）人，世居去城五十里的乐丰乡夏庄，尝被太平军俘获，后撰《思痛记》追述"庚申（咸丰十年）闰三月举家被难，与己身逮，壬戌（同治元年）秋始克脱离虎穴事"（高鼎原序，《太平天国》第四册465页）。赴美观百年大会（值美利坚立国百年），环地球一周，归来后著《环游地球新录》，记中国馆情况曰："北向建木质大牌楼一座，上面大书'大清国'三字。横额曰：'物华天宝'。联曰：'集十八省大观，天工可夺；庆一百年盛会，友谊斯敦'。"（《环游地球新录》206页）此联即李圭亲拟。

[2] 据陈兰彬光绪七年（1881）二月原摺，上年十一月吴嘉善特来华盛顿，面称"外洋风俗，流弊多端，各学生腹少儒书，德性未坚，尚未究彼技能，实易沾其恶习，即使竭力整饬，亦觉防范难周"云云，遂有载撤之请（《洋务运动》第二册165页）。

言行之尽善尽美，实不愧为大国国民之代表，足为贵国增荣誉也。盖诸生年虽幼稚，然已能知彼等在美国之一举一动，皆与祖国国家之名誉极有关系，故能谨言慎行，过于成人。学生既有此良好之行为，遂亦收良好之效果。美国少数无识之人，其平日对于贵国人之偏见，至此逐渐消灭。而美国国人对华之感情，已日趋于欢洽之地位。今乃忽有召令回国之举，不亦重可惜耶？夫在学生方面，今日正为最关重要时期。曩之所受者，犹不过为预备教育，今则将进而求学问之精华矣。譬之于物，学生犹树也，教育学生之人犹农也。农人之辛勤灌溉，胼手胝足，固将以求后日之收获。今学生如树木之久受灌溉培养，发芽滋长，行且开花结果矣，顾欲摧残于一旦而尽弃前功耶？"（《西学东渐记》142—143页）后来成为驻旧金山总领事的黄遵宪（广东嘉应州即今梅州人）闻此憾甚，作《罢美国留学生感赋》一首云："刻今学兴废，尤关国盛衰，十年教训力，百年富强基。……坐令远大图，坏以意气私。牵牛罚太重，亡羊补恐迟，蹉跎一失足，再遣终无期。目送海舟返，万感心伤悲！"（钱仲联《人境庐诗草笺注》卷三318页，上海古籍出版社，1981年）

总论"洋务"，当以同治十三年（1874）奕訢、文祥所陈"六条"（练兵、简器、造船、筹饷、用人、持久）最关乎宏旨，"目前当务之急与日后久远之图，业经综括无遗。"（《筹议海防摺》，《李文忠公全集·奏稿》卷二十四）通政使于凌辰、大理寺少卿王家璧不敢拿总署王大臣说事，便将"炮火"集中对准了地方大吏中的李鸿章、丁日昌。于凌辰率先发难，曰："师事洋人，可耻孰甚"；"古圣先贤所谓用夏变夷者，李鸿章、丁日昌直欲不用夷变夏不止！"（《洋务运动》第一册121页）王家璧紧随其后，曰："本朝以弓马开基，文德武功，远轶前代。枪炮固可兼习，本业岂可全忘？"对李还算客气，不过"试问电学、算学、化学、技艺学，果足以御敌乎？"对丁则直接发动人身攻击，谓"臣在江南，闻丁日昌有'丁鬼奴'之称"，"矫饰倾险，心术不正，实为小人之尤"（同上书129—131页）

恭亲王乃兴浩叹："同心少，异议多。局中之委曲，局外未能周知；切要之经营，移时视为恒泛"；并呼吁"上下一心，内外一心，局中局外一心"（《筹办夷务始末（同治）》卷九十八）。光绪二年（1876）文祥临终前亦抱憾疏奏："历来练兵、造船、习器、天文、算学诸事，每兴一议而阻之者多，即就一事而为之者非其实。至于无成，则不咎其阻挠之故，而责创议之人；甚至局外纷纷论说，以国家经营自立之计，而指为敷衍洋人。所见之误，竟至于此！"（《清史稿》本传）

自总理衙门设，至甲午年（1894）战败于日本，这三十余年思想界的动向值得关注，因为正构成近代中国漫长而痛苦的蜕变过程中的合理一环。咸丰十一年（1861）冯桂芬写成《校邠庐抗议》一书，列"五不如"："人无弃材不如夷，地无遗利不如夷，君民不隔不如夷，名实不符不如夷"以及"船坚炮利不如夷"。以中国之大而受制于"小夷"，非天时、地利、物产不如，人自不如。"天赋人以不如，可耻也，可耻而无可为也；人自不如，尤可耻也，然可耻而有可为也。如耻之，莫如自强。"（《制洋器议》，"中国启蒙思想文库"《采西学议——冯桂芬 马建忠集》75页，辽宁人民出版社，1994年）上承林（则徐）、魏（源）"师夷长技以制夷"之说，冯氏提出"以中国之伦常名教为原本，辅以诸国富强之术"的自强方策（《校邠庐抗议·采西学议》，同上书84页）。后来流行的"中学为体，西学为用"理论即脱胎于此。

郭嵩焘初抵伦敦，记其观感，犹谓"此间富强之基，与其政教精实严密，斐然可观，而文章礼乐不逮中华远甚"（《郭嵩焘日记》卷三147页，光绪三年正月初九日，湖南人民出版社，1982年）。然一年后其看法便有了翻天覆地的变化："三代以前，独中国有教化耳，故有要服、荒服之名，一皆远之于中国而名曰夷狄。自汉以来，中国教化日益微灭，而政教风俗，欧洲各国乃独擅其胜，其视中国，亦犹三代盛时之视夷狄也。中国士大夫知此义者尚无其人，伤哉！"（同上书卷三439页，光绪四年二月初二日）蒋廷黻誉郭为当时"全国最开明的一个人"（《中国近代史》101页），识见远在一般儒生之上。作为清廷派出的首位驻外公使，有感于中国"一味怕""一味诈""一味蛮""一味蠢"之怪象（见《郭嵩涛日记》卷一469页），他对外交作如是说："交涉之方，不外理、势。势者人与我共，可者与，不可者拒。理者所以自处。势足而理直，固不可违；势不足而别无可恃，尤恃理以折。"（《清史稿》本传）[1]对洋务派们孜孜以求之"富强"，则证以中外情势，谓："秦汉以来治平之盛轨常数百年一见，其源由政教修明，风俗纯厚，百姓家给人足，乐于趋公，以成国家磐固之基，而后富强可言也。……岂有百姓困穷，而国家自求富强之理？今言富强者，一视为国家本计，与百姓无与，抑不知西洋之富专在民，不在国家也。"（"与友人论仿行西法"，《养知书屋文集》卷十三711—712页，《近代中国史料丛刊》第十六辑）又谓："国家大计，必先立其本，其见为富强之效者末也。本者何？纲纪法度人心风俗是也。"（"致李傅相"，同上书669—670页）再谓："求富与强之所在而导民以从之，因民之利而为之制，斯利国之方也。"（《条议海防事宜》，《洋务运动》第一册137页）钱穆评曰，晚清大臣能作此等议论者惟曾国藩，即使李鸿章"亦

---

[1] 原文见王先谦编《郭侍郎奏疏》卷十二《拟销假论洋务疏》第5—6页，《近代中国史料丛刊》第十六辑。

未能深切了解郭氏之意"（《国史大纲（下）》895页）^①。

光绪十五年（1889）出使英、法、意、比欧洲四国的薛福成同样主张"藏富于民"，认为"西国所以坐致富强者，全在养民、教民上用功。而世之侈谈西法者，仅曰精制造，利军火，广船械，抑末矣"（《出使日记续刻》（光绪十九年六月十四日记），《筹洋刍议——薛福成集》148页）。苏州秀才王韬出游欧洲、日本，大开眼界，于是说："天下之治，以民为先，民惟邦本，本固邦宁"，"今夫富国强兵之本，系于民而已矣。"（《弢园文录外编》卷一《重民上》29、31页，辽宁人民出版社，1994年）先后主持上海机器织布局、轮船招商局、汉阳铁厂的实业家郑观应亦云："欲强国，先富国；欲富国，先富民。"（"致梁纶卿书"，《郑观应集（下）》505页，上海人民出版社，1988年）此皆与郭氏思想一脉相承。

---

① 案：郭嵩焘，字伯琛，号筠仙，晚号玉池老人，湖南湘阴人，道光二十七年（1847）进士。光绪二年（1876）十月偕刘锡鸿使英，兼使法。总署为刻海外日记一本，内有"西洋立国二千年，政教修明，具有本末"之语（《使西纪程——郭嵩焘集》23页，辽宁人民出版社，1994年），竟"把满朝士大夫的公愤都激动起来了，人人唾骂，日日奏参，闹到奉旨毁板，才算完事"（梁启超《五十年中国进化概论》，《饮冰室文集》之三十九）。光绪三年（1877）七月初十日郭氏记曰："湖北翰林何金寿参奏，请毁收其版。"（《郭嵩焘日记》卷三272页）同年六月十二日湘潭王闿运记曰："何金寿本名何铸，昨疏劾郭筠仙有二心于英国，欲中国臣事之。有诏申饬郭嵩焘，毁其《使西纪》版。"（《湘绮楼日记》579页，岳麓书社，1997年）又曰："近传骂筠仙一联云：'出乎其类，拔乎其萃，不容于尧舜之世；未能事人，焉能事鬼，何必去父母之邦。'筠仙晚出，负此谤名，湖南至羞与为伍"（金梁引王闿运光绪三年八月三日日记，"清代传记丛刊"《近世人物志·郭嵩焘》126页，明文书局，台北，1985年；然岳麓版《湘绮楼日记》同日所记不见此条）郭氏尝论办洋务者实旧脑筋未变，"推而上之，南宋诸君子及明季议论，如弄空枪于烟雾之中，目为之眩，手为之罢（疲），而终一无所见。明人之言有曰：'当国者如醉卧覆身之中，身已死而魂不悟；忧时者如马行画图之上，势欲往而形不前。'南宋迄今八百余年，终无省觉，皆所谓身死而魂不悟者也。"（《郭嵩焘日记》卷三858页，光绪五年三月廿七日）

嵩焘自谓"生平与人共事动辄抵牾"，盖"共事则权势相敌，遇事据理言之，反见以为求胜也"（《玉池老人自叙》22页，《近代中国史料丛刊》第十一辑）。在英与刘锡鸿积不相能，至谓"得一刘云生为伪使，真妖孽也。受累极多，而丝毫不得其力，徒日闻其怪诞之议论、无因之毁谤而已"（《日记》卷三286页）。光绪四年（1878）七月二人同被召回（时刘已改派德国），《泰晤士报》评曰："渠是第一个中国驻英之钦差，论事如其所见，所详报者皆所得于西洋而有益于中国之事。其尤可称赞，令人思其为国之苦心，在将外国实事好处切实说尽，以求入于偏疑猜嫌中国人之耳。此辈真是误叫做读书人，徒知屡中国古昔之糟糠，而弃欧罗巴第十九百年之粱[梁]肉也。"（载《郭嵩焘日记》卷三699页，严复译）嵩焘乞病，乘小轮船回湘，士绅阻船入省河，直标其名，"指以为勾通洋人，张之通衢。"（《日记》卷三854页，光绪五年闰三月十五日）王闿运读嵩焘日记，谓"殆已中洋毒，无可采者"（《湘绮楼日记》569页，光绪三年四月廿八日）；又撰一联曰："悲悯圣人心，孟子见迁阎，而公见乖厓，若论名实当时笑；才华翰林伯，同年居要津，而退归田里，毕竟文章误我多。"（《联语》卷三《哀挽·郭筠仙》，《湘绮楼诗文集》1998页）嵩焘自作《戏书小像》曰："傲慢疏慵不失真，惟余老态托传神。流传百代千龄后，定识人间有此人。世人欲杀定为才，迂拙频遭反噬来。学问半通官半显，一生怀抱几曾开。"（《养知书屋诗集》卷十五1973—1974页，《近代中国史料丛刊》第十六辑）

早在同治九年（1870），郭嵩焘率先提出准商人自制轮船出海贸易，"使商民皆得置造火轮船以分洋人之利，能与洋人分利，即能与争胜无疑矣。"（《日记》卷二608—609页，同治九年七月初二日）这到郑观应手中便发展成了著名的"商战"理论，"商务者国家之元气也，通商者疏畅其血脉也。"（《盛世危言·商务一》，《郑观应集（上）》604页）一言以蔽之，"习兵战不如习商战"（《盛世危言·商战上》，同上书586页），故亟宜摒弃古训，取法他国，标本兼治，"一法日本，振工商以求富，为无形之战（是为本）；一法泰西，讲武备以图强，为有形之战（是为标）。"（《盛世危言·商战下》，同上书597页）此论一出，影响深远，甲午战后谭嗣同犹执其说："西人虽以商战为国，然所以为战者即所以为商。商之一道足以灭人之国于无形，其计至巧而至毒。……今欲闭关绝市，既终天地无此一日，则不能不奋兴商务，即以其人之道还治其人之身。"（《上欧阳瓣薑师书二——兴算学议》①，《谭嗣同全集》卷三292页，三联书店，1954年）

薛福成又谓："论一国之贫富强弱，必以商务为衡。商务盛则利之来，如水之就下而不能止也；商务衰则利之去，如水之日泄而不自觉也。"（《出使日记续刻》（光绪十八年六月三十日记），《筹洋刍议》130—131页）中国古有四民，商居其末，"西人则恃商为创国、造家、开物、成务之命脉，迭著神奇之效者，何也？盖有商，则士可行其所学而学益精，农可通其所植而植益盛，工可售其所作而作益勤。是握四民之纲者，商也。……居今日地球万国相通之世，虽圣人复生，岂能不以讲求商务为汲汲哉。"（《出使日记》（光绪十六年正月二十五日记），同上书92页）可痛心者，距离上次中国学者（如李贽、黄宗羲）公开言私言利，中间二百余年的时光已白白流失！

毕竟，清末之内外局面已大不同于明季，读书人既睁眼看世界，便有机会一望而更长远，或更到要害处，其言论也就不再隔靴搔痒，而是渐渐靠近了"禁区"——只是他们当日不大觉出危险而已。还是郭嵩焘率先发言，曰："西洋立国，有君主、民主之分，而其事权一操之议院，是以民气为强。"（《日记》卷三534—535页，光绪四年五月初六日）在海外多有奇谈怪论的刘锡鸿也终于说出一句靠谱像样的话："西洋所以享国长久，君民兼主国政故也。"（同上书179页，光绪三年二月廿七日）随郭公使赴英、后入法国巴黎政治学院学习的马建忠写信向李鸿章汇报功课，称学校考试策问八条，其一为："各国吏治异同，或为君主，或为民主，或为君民共主之国，其定法、执法、审法之权分而任之，不责于一身，权不相侵，故其政事纲举目张，粲然可观。"（《适可斋记言》卷二"上李

---

① 案：谭嗣同之师欧阳中鹄（号瓣薑）即著名戏剧艺术家欧阳予倩祖父。

伯相言出洋工课书（光绪三年夏）"，《采西学议——冯桂芬 马建忠集》156页）稍后王、薛、郑等都对西方议院政治有了进一步认同。王韬曰："君为主，则必尧、舜之君在上，而后可久安长治；民为主，则法制多纷更，心志难专一，究其极，不无流弊。惟君民共治，上下相通，民隐得以上达，君惠亦得以下逮，都俞吁咈①，犹有中国三代以上之遗意焉。"（《弢园文录外编》卷一《重民下》35页）又曰："英国政治之美，实为泰西诸国所闻风向慕，则以君民上下互相联络之效也。"（同上书36页）薛福成则说："中国唐、虞以前，皆民主也。……若夫夏、商、周之世，虽君位皆世及，而孟子'民为贵，社稷次之，君为轻'之说，犹行于其间，其犹今之英、意诸国君民共主之政乎？夫君民共主，无君主、民主偏重之弊，最为斟酌得中。所以三代之隆，几及三千年之久，为旷古所未有也。"（《出使日记续刻》（光绪十八年四月己丑朔记），《筹洋刍议》123—124页）不似薛、王二人还要如此委婉地搬出唐尧、虞舜的朽骨作挡箭牌，郑观应直截了当道："议院者，公议政事之院也。集众思，广众议，用人行政一秉至公，法诚良、意诚美"；"中国而终自安卑弱，不欲富国强兵为天下之望国也则亦已耳，苟欲安内攘外，君国子民持公法以永保太平之局，其必自设立议院始矣！"（《盛世危言·议院上》，《郑观应集（上）》311、314页）

事实上，光绪甫即位，作为洋务运动"总设计师"之一的文祥便上密疏，陈大计，称西洋各国"偶有动作，必由其国主付上议院议之，所谓谋及卿士也；付下议院议之，所谓谋及庶人也。议之可行则行，否则止，事事必合乎民情而后决然行之。……中国天泽分严，外国上议院、下议院之设，势有难行，而义可采取"（《清史稿》本传）。未出国门而有此远见，无怪乎蒋廷黻称赞他是一位"'先天下之忧而忧，后天下之乐而乐'的大

上海轮船招商局旧貌

---

① 四字皆叹词，出《尚书·益稷》《尧典》，后用作赞美君臣论政问答、气象雍睦之词。

政治家"了（《中国近代史》55页）①。

百日维新

对同、光时代仅得"西人皮毛之皮毛"的自强运动，梁启超后来作过一个形象的比喻："譬之有千岁老屋，瓦墁毁坏，榱栋崩折，将就倾圮，而室中之人，乃或酣嬉鼾卧，漠然无所闻见，或则补苴罅漏，弥缝蚁穴，以冀支持。斯二者用心虽不同，要之风雨一至，则屋必倾而人必同归死亡一也。夫酣嬉鼾卧者，则满洲党人是也；补苴弥缝者，则李鸿章、张之洞之流是也。谚所谓室漏而补之，愈补则愈漏；衣敝而结之，愈结则愈破，其势固非别搆新厦、别出新制，乌乎可哉！"（《饮冰室合集·专集》之一《戊戌政变记》）任公又激烈批评领导这场运动的李鸿章道："知有兵事而不知有民政，知有外交而不知有内治，知有朝廷而不知有国民"，"以为吾中国之政教、文物、风俗，无一不优于

---

① 丁韪良同样高度评价文祥，称恭亲王执政时期的成功在很大程度上要归功于他。"从北京对外开放一直到1875年逝世，主持外交事务的总理衙门大臣文祥在引导国家这条大船穿越礁石和浪花上显示出了极大的才能。他的思维敏捷给所有的外国人都留下了深刻的印象，同时也使他自己在同胞中脱颖而出。"文祥体质羸弱，有一次来到丁氏房间，气喘吁吁地说："你看，我就像是一头小驴子，戴着过紧的轭具，驮着沉重的负担。"（《中国觉醒》209页）

梁启超则谓恭王"见识甚陋，不通外国情形"，幸同治间"有文祥为之辅佐，故政绩甚可观"（《饮冰室专集》之一《戊戌政变记》）。文祥在六十年代初期常对在京外国人说："你们全都过于急迫地来提醒我们，要我们走上一条新的道路，你们可以这样做；但是你们全都要懊悔，一旦觉醒而开动起来，我们将跑得很快很远——比起你们所想的还要远，比你们所求的更要远。"（赫德《来自中国土地上的这些事物》（These from the Land of Sinim），转引自《对外关系史》卷二211页注一）同治七年（1868）他邀请美国公使蒲安臣（Anson Burlingame）率大清使团"遍交泰西各国，变法之事于是筚路开山矣"（《戊戌政变记》）。

案：蒲安臣1838—1841年肄业于密西根大学底特律分校，1846年毕业于哈佛法学院，1861年由林肯总统任命为驻清帝国公使，来华后奉行所谓"合作政策"以取代列强在鸦片战争期间的"炮舰政策"。1867年冬行将卸任的他受邀出席总理衙门的饯行宴会，文祥不失时机地提出建议："君为何不能正式的代表我们？"（1868年《美国外交关系》（Foreign Relations of the United States）第一卷，转引自《对外关系史》卷二206页）派遣使团事后经赫德极力促成，蒲氏欣然领命，声言"当这个世界上包括有人类的三分之一的最古老的国家，第一次寻求与西方世界发生关系，并要请这个最年轻的国家，通过它的代表来作为那样一种变革的媒介的时候，这个使命并不是一个恳求得来或是拒绝得了的"（同上书212页）。抵达华盛顿后，他甚至以"钦差"身份擅自代表大清与美政府签订《中美续增条约》，史称《蒲安臣条约》，规定："保持中国的完整；中国控制自己的内地贸易；在美国各商埠派驻中国领事；相互不得进行宗教迫害；鼓励中国苦力向美国移殖，但禁止包揽移民；相互居住和旅行的权利；两国相互准许入学；不干预中国的内部发展。"（同上书214页）蒲氏率团遍访美、英、法、瑞、丹、德、俄，在圣彼得堡感染肺炎，1870年2月23日猝然病故。徐中约评曰：从长远观点来看，貌似取得巨大成功的蒲安臣使团其实助长了清政府的保守主义，"因为在这个使团上花费了十六万银两的满洲官员开始认为，洋人毕竟是可以花钱来应付的。他们变得更加自满，对外来刺激也更加麻木。这个使团不期而然地对中国的现代化产生了阻遏作用。"（徐著《中国近代史》306页）

他国，所不及者，惟枪耳、炮耳、船耳、铁路耳、机器耳，吾但学此，而洋务之能事毕矣。"（《中国四十年来大事记》）

吾国近代化历程从初时小心翼翼、不敢越雷池半步的技术革新，层层递进，最后上升到光绪中后期孤注一掷的制度改革，这便是所谓"戊戌变法"。历时百日（一百零三天）的维新虽然短暂得有如昙花一现，其思想与物质层面的准备却非一蹴而就，而是一个铺垫充分、历史必然的结果。转入正题之前，有必要对两位漩涡中心人物——光绪帝与康有为——稍作交代。

同治十三年十二月初五日（公历1875年1月12日），慈禧亲生儿子、十九岁的载淳（即穆宗）染天花死于养心殿东暖阁[1]。慈禧复以太后身份垂帘，择年仅四岁的醇亲王奕譞之子载湉"上继文宗为子，入承大统，为嗣皇帝"，是为德宗（《清史稿》本纪一）[2]。宣旨那一刻醇亲王罔知所措，"惊遽敬唯碰头痛哭，昏迷伏地，掖之不能起。"

---

[1] 清官方公布的遗诏曰："朕体气素强，本年十一月适出天花。……迄日以来，元气日亏，以致弥留不起。"（《穆宗实录》卷三七四）但"在野史和演义里，同治是因得花柳病不治而死的"（爱新觉罗·溥仪《我的前半生》第6页，群众出版社，北京，1980年）。李慈铭在当日日记中就写下同治帝"狎近宫竖"，"嬉戏游宴"，"耽溺男宠，日渐羸瘠"的字句（见《桃花圣解盦日记》甲集第二集，《越缦堂日记》第九册6361页，广陵书社，2004年）。张祖翼亦影射同治有龙阳之好，尝与翰林侍读、世家子王庆祺狎坐一榻，共阅《秘戏图》。张氏更言之凿凿称慈禧不欲儿子亲近皇后，同治于家庭生活找不到乐趣，乃出而纵淫，太医知其染梅毒，不敢言，请命慈禧，慈禧传旨曰："恐天花耳！"同治躁怒，骂曰："我非患天花，何得以天花治？"遂恨恨而死（见《清代野记》"词臣导淫""皇帝患淫创"条）。

费行简（号沃邱仲子，王闿运弟子）又记曰：有太监杜之锡"状若少女，帝幸之，之锡有姊，固金鱼池倡［娼］也，更引帝与之狎，由是溺于色，渐致反［返］"（《慈禧传信录》卷上"穆宗狎游"，崇文书局，1918年）。据费、李（慈铭）二记，黄濬云："穆宗初受病，乃在男色，此说似尤可征信也"（《花随人圣盦摭忆·补篇》90页）。案：金鱼池在崇文门外西南天坛附近，《清稗类钞》谓"道光以前，京师最重像姑（男妓），绝少妓寮，金鱼池等处特舆隶渊集之地耳"（第十一册《娼妓类》"京师之妓"）。杨懋建作于道光年间的《京尘杂录》说："金鱼池在昔盛时，几如唐之杏园、曲江池；今则已无酒肆，但有蝻舍，人皆掩鼻而过之"（卷四《梦华琐簿》，载江苏广陵古籍刻印社《笔记小说大观》第十八册）。盖金鱼池为暗娼出没场所，自然比不得妓风大炽之后"香车络绎，游客如云"的胭脂、石头等胡同，此又与《清代野记》中"（帝）不敢至外城著名妓寮，专觅内城私卖淫者取乐"之记载互为印证。

溥仪则坚持同治死于天花之说，并据自己听来的故事，详述其经过道："有一天同治的皇后去养心殿探病，在同治床前说起了婆婆又为了什么事责骂了她，失声哭泣。同治劝她忍受着，说将来会有出头的日子。慈禧本来就不喜欢这个儿媳，对儿子和媳妇早设下了监视的耳目。这天她听说皇后去探视同治，就亲自来到养心殿东暖阁外，偷听儿子和媳妇的谈话。这对小夫妻万没料到几句私房话竟闯下滔天大祸，只见慈禧怒气冲冲地闯了进来，一把抓住皇后的头发，举手痛打，并且叫内廷准备棍杖伺候。同治吓得昏厥过去了。""按理说天花并非必死之症，但同治在病中受到了刺激，因此发生'痘内陷'的病变，以致抢救无术而死。"（《我的前半生》第6页）

[2] 慈禧明言"溥字辈（孙辈）无当立者"；载湉既是咸丰侄子，又是慈禧外甥，与己出无异，故决意立之。"孝钦利［立］幼君可专政，倘为穆宗立后，则己为太皇太后，虽尊而疏，故欲以内亲立德宗也"（《清稗类钞》第一册《宫闱类》"德宗继统"）；对外宣称将来皇帝生子，即继大行皇帝为嗣。光绪五年（1879）葬穆宗于惠陵（在东陵界内双山峪），吏部主事吴可读（字柳堂）随赴襄礼，还次蓟州，自尽于废寺中，以"尸谏"方式坚为穆宗立嗣之信。

（《翁同龢日记》第二册1087页）太监寇连才形容德宗为"中国四百兆人中境遇最苦者"，"西后待皇上无不疾声厉色，少年时每日呵斥之声不绝，稍不如意，常加鞭挞，或罚令长跪，故积威既久，皇上见西后如对狮虎，战战兢兢，因此胆为之破，至今每闻锣鼓之声，或闻吆喝之声，或闻雷辄变色。"（寇氏笔记，转引自梁任公《戊戌政变记》）①

至光绪十三年（1887）正月，德宗始亲政，"凡遇召见引见，皇太后升座训政"，"设纱屏为障"（朱寿朋编《光绪朝东华录》第二册总2180页，中华书局，1984年）。又两年，德宗大婚②，太后归政，移驻颐和园③。"同、光以来，内外重臣皆孝钦所亲拔，德宗虽亲政，实未敢私用一人"（胡思敬《国闻备乘》卷四"保皇党"，《近代稗海》第一辑308页，四川人民出版社，1985年），故举朝但知有太后，不知有皇上。德宗且需间日往颐和园请安，"每日章疏上阅后，皆封送园中"（《清稗类钞》第一册《帝德类》"德宗保全言官"）；召见臣下，屏风后又有内监窃听，"皇上战战栗栗，如坐针毡"（《戊戌政变记》）。甲午年慈禧六旬大寿，适朝鲜战事起，德宗请停颐和园工程以充军费，西后大怒，自此凡二十阅月与皇上"不交一言"（同上引），且有"今日令吾不欢者，吾亦将令彼终身不欢"语（转引自王芸生《六十年来中国与日本》卷二192页，三联书店，1980年）④。德宗汲汲然欲求改革，热血冲动，固然能放出"太后不给事权，我愿退让此位，不

---

① 寇连才（或作寇连材），直隶昌平人，光绪二十二年（1896）冒死上疏请太后归政皇上，哭曰："老佛爷即不为祖宗天下计，独不自为计乎？"以违制言政事处斩，年十八（见《清稗类钞》第四册《谏诤类》"寇连才直言被诛"）。

② 黄浚引宫监唐冠卿所言，详细记录了德宗选后的过程：光绪十三年（1887）冬，选后在体和殿进行，"与选者五人，首列那拉氏，都督桂祥女，慈禧之侄女也（即隆裕）。次为江西巡抚德馨之二女，末列为礼部左侍郎长叙之二女（即珍妃姊妹）。当时太后上坐，德宗侍立……前设小长桌一，上置镶玉如意一柄，红绣花荷包二对，为定选证物（清例，选后中者，以如意予之；选妃中者，以荷包予之）。西后手指诸女语德宗曰：'皇帝，谁堪中选，汝自裁之，合意者即授以如意可也。'言时，即将如意授与德宗。德宗对曰：'此大事当由皇爸爸主之（据宫监谓，当时称谓如此），子臣不能自主。'太后坚令其自选，德宗乃持如意趋德馨女前，方欲授之，太后大声曰：'皇帝！'并以口暗示其首列者（即慈禧侄女）。德宗愕然，既乃悟其意，不得已乃将如意授其侄女焉。"西后又虑德氏女选入妃嫔有夺宠之忧，遂不容德宗续选，匆匆授荷包于末列珍妃姊妹。"嗣后德宗偏宠珍妃，与隆裕感情日恶，其端实肇于此。"（《花随人圣盦摭忆》119页）

③ 光绪十年（甲申年即1884年）三月慈禧罢恭亲王军机大臣，以礼亲王世铎代之，遇重要事与醇亲王商办，是为"甲申易枢"，李慈铭讥曰："易中驷以驽产，代芦藶以柴胡。"（《荀学斋日记》已集上，《越缦堂日记》第十四册10245页）醇王既用事，迎合太后意，先修北、中、南三海（以南海为最，遍种荷花，中有殿曰瀛台），再挪用海军经费修颐和园。案：慈禧初欲重修圆明园，有人奏称所费不下三千万，万寿山昆明湖风景更胜，且施工较易，估计千余万足矣，乃定议重修万寿山清漪园，改名颐和园。自慈禧携帝后宫眷等移园，日耗万二千金，园中设电灯厂、小铁道、小汽船，每一处皆有总办、帮办、委员等数十人（见《清代野记》"慈禧之修纵"，及《清稗类钞·宫闱》"孝钦后大兴土木"条）。

④ 案：西太后这句"名言"，溥仪回忆录中亦有记载，改成白话作："谁叫我一时不痛快，我就叫他一辈子不痛快。"（《我的前半生》30页）

甘作亡国之君"的狠话（苏继祖《清廷戊戌朝变记》，中国史学会主编"中国近代史资料丛刊"《戊戌变法》第一册331页，上海人民出版社，1957年），却被慈禧视如儿戏。满洲大臣抗议皇上变乱祖制，西后笑且骂曰："汝管此闲事何为乎？岂我之见事犹不及汝耶？"荣禄亦曰："姑俟其乱闹数月可矣。"（《戊戌政变记》）慈禧自以为世上最聪明之人，英女王维多利亚事业尚不及其一半，尝夸口说："我国大事，皆予独裁，虽有军机大臣，亦惟赞襄于平时，皇帝更何知！"（《清稗类钞》第一册《宫闱类》"孝钦后自述"[1]）

皇上与太后御前女官德龄[2]曾有过几次长谈，自谓"朕一生所处皆逆境，居尝郁郁，且幼时体弱，读书不多，而性好音乐。"（《清稗类钞·帝德》"德宗自述"[3]）他听翁同龢讲《论语》"唯女子与小人为难养也"一章，为之下泪，曰："女戎之祸，其中必有小人（指李莲英）"（同上书"德宗听讲下泪"）；读康有为书如《波兰亡国记》《突厥亡国记》等，又涕泗横流。故钱穆说他"体弱多病，易动感情，而机警、严毅皆不足。……盖一软性富伤感而无经验阅历之青年，不足当旋乾转坤之任"（《国史大纲（下）》901页）。

清朝十八省中，还没有哪个省份像广东更能呼吸到外面的空气。"广东省的子弟们感到香港英国行政的直接影响，惟有他们源源不断地向加利福尼亚和澳洲移民，而且前往新加坡和南洋群岛其他地方的大多数移民和其中最大多数的知识分子也都是他们；并且他们从那些民主思想的所在地，带回了民主的理想，而

慈禧与御前女官合影（前排左起：德龄、慈禧、容龄）

那些理想，在腐朽的老大中华帝国令人沮丧的空气里，不可避免地变成为革命性的。从产

---

① 案：此条实出自德龄著《清宫二年记》（顾秋心译），见"慈禧纪实丛书"《慈禧与我》352页，辽沈书社，1994年。

② 德龄（或作德菱）为清驻日、法公使裕庚之女，随父回国后与妹容龄（曾在巴黎学习舞蹈，得邓肯（Isadora Duncan）亲授）同被慈禧任命为御前女官，随侍左右。1905年出宫，嫁给美国驻华副领事，随夫赴美，开始用英文写作，撰写《清宫二年记》《御苑兰馨记》等多部描写宫中见闻的回忆录和纪实文学作品。辛亥革命后辜鸿铭在上海英文报纸《国际评论》发表书评，称德龄女士的《清宫二年记》，"这部不讲究文学修饰、朴实无华的著作，在给予世人有关满人的真实情况方面（尤其是关于那刚刚逝去的高贵的满族妇人（指慈禧）情况方面）要远胜于其它任何一部名著。"（《辜鸿铭文集》上卷《中国牛津运动故事》附录《中国的皇太后：一个公正的评价》，397页）

③ 案：此条同样出自《清宫二年记》，见《慈禧与我》247页。

生太平天国领袖的广东省，又产生两位当代改革的斗士，革命党的领袖孙中山和变法派领袖康有为。"（《对外关系史》卷三139—140页）只不过孙中山驱逐满清、建立共和国的革命主张在被麻木与惰性主宰的一般中国人听来太过刺耳，尚需假以时日方能成为民众之普遍心声，即使如康有为这样持君主立宪说、俾中国政治生活与西方比肩的温和改革分子①，其数量"最多不过几千人，而且在那个时期，他们对舆论所能发生的作用实微不足道"（同上书138页）。官场中虽不乏倡变人士，多半却是明哲保身且识见浅陋之辈，"莫谈时事逞英雄，一味圆融，一味谦恭"②，绝无为变法赴汤蹈火的勇气与决心。由早年的所谓"清流派"转为洋务派，被丁韪良誉为"改革领袖"、"鹤立鸡群的中国巨人"、"代表了中国最优秀阶层的名人"（《中国觉醒》166、178页）的湖广总督张之洞在光绪二十四年（1898）抛出轰动一时的"五知"说：（一）知耻：耻不如日本、土耳其、暹罗、古巴；（二）知惧：惧为印度、越南、缅甸、朝鲜、埃及、波兰；（三）知变：不变其习，不能变法，不变其法，不能变器；（四）知要：中学考古非要，致用为要，西学西艺非要，西政为要；（五）知本：在海外不忘国，见异俗不忘亲，多智巧不忘圣（《劝学篇》"序"，中州古籍出版社，1998年）。张氏又专作中、西学之辨，谓"四书五经、中国史事、政书、地图为旧学，西政、西艺、西史为新学。旧学为体，新学为用"（《劝学篇》之《外篇·设学第三》）。梁启超讥曰："所谓'中学为体，西学为用'者，张之洞最乐道之，而举国以为至言。"（《饮冰室合集·专集》之三十四《清代学术概论》）③

康有为原名祖诒，字广厦，号长素，广东南海人。其家自九世祖（名惟卿）始读书，二十一传至有为，"凡为士人十三世"（《康南海自编年谱》（以下简称《自编年谱》）第2页，《近代中国史料丛刊》第二辑）。有为五岁"能背诵唐诗数百首"，十一岁（同

---

① 反过来，康、梁又视从前曾、李、左为"温和"，所做之事为"支节"。

② 时有无名子赋《一剪梅》讥世风浮滑，其一云："仕途钻刺要精工，京信常通，炭敬常丰。莫谈时事逞英雄，一味圆［圆］融，一味谦恭。"其二云："大臣经济在从容，莫显奇功，莫说精忠。万般人事要朦胧，驳也无庸，议也无庸。"其三云："八方无事岁年丰，国运方隆，官运方通。大家襄赞要和衷，好也弥缝，歹也弥缝。"其四云："无灾无难到三公，妻受荣封，子荫郎中。流芳身后更无穷，不谥文忠，便谥文恭。"（朱克敬《瞑庵二识》卷二，岳麓书社，1983年）

③ 梁启超谓张之洞、李鸿章之流皆以为西法之精仅在枪炮、外交，而不以蓄养民力、整顿内治为要务；"此所谓不务本而欲齐其末"，"彼辈病根之所在，由于不以民为重。"（《戊戌政变记》附录二《湖南广东情形》）传湖南巡抚陈宝箴（陈寅恪祖父）拟在该省内河行小轮船，张阻之，曰："中国十八省惟湖南无外国人足迹，今一行小轮船，外人接踵而至，其祸不可自我当之耳。若吾与君离湖南督抚之任，以后虽有事而非吾两人之责也。"又欧洲列强分割中国之议纷起，张曰："虽分割之后，亦当有小朝廷，吾终不失为小朝廷之大臣也。"梁启超因曰："若不能知中国全国二品以上大员之心事如何，则张之洞此两语其代表也。呜呼！张公固大臣中之最贤而有闻于时者也，然其言犹若此，况其他出张公之下数等者乎！"（《戊戌政变记》）

治七年即1868年）丧父，从祖父（名赞修）学，"始览《纲鉴》而识古今，次读《大清会典》而知掌故，并读《三国志》、《明史》能论其治乱之所由"（门人张伯桢撰《南海康先生传》第3页，《近代中国史料丛刊》第二辑）；又"频阅邸报，览知朝事，知曾文正、骆文忠、左文襄之业，而慷慨有远志矣"（《自编年谱》第5页）。十九岁拜大儒朱次琦①为师，遍览群经；后"以日埋故纸堆中，汩（犹'埋没'）其灵明，渐厌之"，遂辞朱先生，入西樵山白云洞，"专讲道佛之书，养神明，弃渣滓。"（《自编年谱》第10页）

至此我们看到的是一个典型中国士人的成长轨迹，从中尚难发现与日后惊天波澜有任何牵连的叛逆苗头。康氏在西樵山的隐居生活并未持续多久，便因家人"断其资粮"而被迫还乡；其后"薄游香港，览西人宫室之瑰丽，道路之整洁，巡捕之严密，乃始知西人治国有法度，不得以古旧之夷狄视之"（《自编年谱》11页）。二十五岁（光绪八年即1882年）北上游京师，返粤时"道经上海之繁盛（指租界），益知西人治术之有本"（《自编年谱》12页）。对西方的认识首先来自殖民市政管理之井井有条给他留下的深刻印象，继而"购《万国公报》，大攻西学书，声、光、化、电、重学及各国史志、诸人游记皆涉焉"（《自编年谱》13页）。《万国公报》（*A Review of the Times*）系美国传教士林乐知（Young John Allen）创办于上海的一份月刊（初为周刊），"以开风气、扩民智为宗旨"（每期扉页导语），李提摩太（Timothy Richard，英国传教士）、丁韪良等皆为重要撰稿人。徐中约指出康的很多改革思想实际上即从传教士那里借来②。

光绪二年（1876），文祥曾在密疏中纵论当世，谓"敌国外患，无代无之，然未有如今日之局之奇、患之深、为我敌者之多且狡也"（《清史稿》本传）。至二十年（1894，甲午），清廷因对朝鲜之宗主权而与日本发生战事，结果陆、海之上皆遭败绩。这一次，孱弱而不失骄傲的帝国不仅被打败，并且蒙羞；大半年时间里，虽然陆军有左宝贵之不屈，海军有邓世昌之壮烈③，"它的军队未曾打过一次胜仗，在每一个战场上都是望风而

---

① 朱次琦，字稚圭，号子襄，广东南海人，尝为山西襄陵知县百九十日，弃官归里，讲学九江礼山草堂，三十年累召不出，人称九江先生。

② 康氏谈及对他影响极大的《万国公报》，谓"吾之于变革之主因系两传教士之著作，尊敬的李提摩太和尊敬的林乐知博士"（徐中约《中国近代史》转引Cyrus H. Peake著 *Nationalism and Education in Modern China*，364页）。"公车上书"后康、梁自办报刊，即借用《万国公报》名以示敬意。

③《清史稿》卷四六〇"论"曰：中日之战，"陆军皆遁，宝贵独死平壤；海军皆降，世昌独死东沟"，二公并称"双忠"。案：邓世昌，字正卿，广东番禺人，毕业于福建船政学堂，"身短发秃，军中呼为'邓小辫子'。"（《所闻录》"甲午余痛"，载《中国野史集成》第五十册）。鸭绿江口大东沟之战，致远舰中鱼雷沉没，邓身为管带，义不独生，自溺而亡；提督丁汝昌虑诸将自是以轻生为烈，固定《海军惩劝章程》，著为令（见《清史稿》丁、邓二人传）

逃，并且把坚强的阵地一个个地放弃了；它的希望所寄的舰队被可耻地驱逐到设防港口的掩护下；它的将领们表现出一齐无能，并且很多是懦夫；它的行政方面的缺乏效率和腐败，在国家危急之秋和承平时候是一模一样的。"（《对外关系史》卷三60页）尤令人唏嘘者，是洋务派呕心沥血、苦苦经营的北洋水师——这枚数十年自强运动结出的硕果，竟沦为威海卫港内的一头困兽，坐以待毙。海军提督丁汝昌被迫投降后服毒自杀，总兵刘步蟾中弹而死，下场与他们统领的这支舰队同样可怜①。明年（1895，乙未）三月，中日订《马关条约》，我方被迫承认朝鲜独立，割辽东及台湾、澎湖各岛，赔银二万万两，且许以内地通商、内河行轮、制造土货等事。

和约送北京请批准，光绪帝"绕殿急步约时许，乃顿足流涕，奋笔书之"（易顺鼎《盾墨拾余》，载中国史学会主编"中国近代史资料丛刊"《中日战争》第一册128页，新知识出版社，上海，1956年）。败且受辱于素所轻视的近邻日本令举国哗然。曾任使日参赞、著《日本国志》的黄遵宪正兴致勃勃登武昌黄鹤楼，"忽闻台湾溃弃之报，遂兴尽而返"，赋诗曰："矶头黄鹄日东流，又此阑干又此秋。……洒尽新亭楚囚泪，烟波风景总生愁。"（见《上黄鹤楼》诗并自注，《人境庐诗草笺注》卷八763—764页）复作《台湾行》曰："城头逢逢雷大鼓，苍天苍天泪如雨，倭人竟割台湾去。……天胡弃我天何怒，取我脂膏供仇虏。眈眈无厌彼硕鼠，民则何辜罹此苦？"（同上书687页）谭嗣同（湖南浏阳人，字复生）亦作《有感一章》云："世间无物抵春愁，合向苍冥一哭休。四万万人齐下泪，天涯何处是神州！"（《谭嗣同全集》卷四488页）愤然称"割地一层，犹是祸之浅者。和约中通商各条，将兵权利权商务税务一网打尽，随地可造机器，可制土货。又将火轮舟车开矿制造等利一网打尽，将来占尽小民生计，并小民之一衣一食皆当仰之以给，自古取人之国，无此酷毒者！"（《上欧阳瓣薑师书二》，同上书289页）

当中日双方还在交火之际，枪炮声甚至惊动了远在伦敦的恩格斯。他预测道，"不管这次战争的直接后果如何，有一点是必不可免的：古老中国整个传统的经济体系将完全崩溃。在那里，同家庭工业结合在一起的过时的农业体系，是通过严格排斥一切对抗成分而人为地维持下来的。这种全盘排外的状况，已由同英国人和法国人的战争而部分地打破

---

① 由太平军"反正"的丁汝昌本骑兵出身，不懂海战，故威令不行；福建船政学堂毕业生刘步蟾（侯官人）留学英国，通晓西学，海军规制多出其手，然喜用闽人，视丁统帅蔑如也。时海军停购船械多年，将帅不和，总兵以下多陆居，军士亦去船以嬉，卒致偾事，时论多责步蟾而右汝昌（见《清史稿》丁、刘二人传），此观点甚至延续至1962年拍摄的《甲午风云》电影中。

了；这种状况将由目前这场同亚洲人、即中国人最邻近的敌手的战争来结束。"（"致劳拉·拉法格（1894年9月）"，《马克思恩格斯全集》第三十九卷上册285页，人民出版社，1974年）能像这位德国老人般辩证看问题的当然还有"咱们的"李鸿章和梁启超一老一少。同样年迈的李公在谈判桌上就说过："此次战争，实获两个良好结果。第一，日本利用欧洲式之海陆军组织，取得显著成功，足以证明黄色人种亦决不逊于白色人种；第二，由于此次战争，中国侥幸得以从长夜之迷梦中觉醒，此实为日本促成中国发奋图强，帮助其将来之进步，可谓得益非常巨大。故中国人虽有多数怨恨日本，但我对日反多感荷。"（陆奥宗光《蹇蹇录》132页，伊舍石译，商务印书馆，1963年）

年轻的梁任公亦抱"唤起吾国四千年之大梦，实自甲午一役始"（《戊戌政变记》附录一《改革起原》）之看法。和议将定时，康、梁适在京参加会试，义愤填膺，奔走呼号，集十八省举人会议于宣武城松筠庵①，"与名者千二百余人，以一昼二夜草万言书，请拒和、迁都、变法"（《自编年谱》30页），是为著名的"公车上书"②。

目睹战争对清帝国造成的重创，外人评曰："中国这个气泡已经爆破了"（《对外关系史》卷三109页引1896年1月3日《北华捷报》社论），只是厄运还远远没有到头。《马关条约》签订仅数日，东京便收到来自俄、法、德三国的联合照会，被要求归还辽东半

---

① 位于宣武门外炸子桥南（今达智桥胡同）的松筠庵系死于严嵩之手的明朝烈士杨继盛故宅，至光绪年间为清流聚议时政之所，恽毓鼎《崇陵传信录》谓"言官欲有所论列，辄集于此，赤棒盈门，见者惊相传，次日必有文字"（转引自《近代稗海》第十三辑504页，四川人民出版社，1988年）。

② 公车为入京应试举人的代称。此番参与上书的人数说法不一，或千二百（康），或千三百（梁），康氏又有"连名三千毂相摩，联辔五里塞巷过"的诗句（《南海先生诗集》卷二《汗漫舫诗集》）。查康及其门生事后在上海刻印的《公车上书记》，有名籍可考者仅604人（吉林1人，直隶37人，江苏47人，安徽8人，山西10人，陕西55人，福建8人，江西2人，湖北4人，湖南4人，四川71人，甘肃61人，广东87人，广西99人，云南15人，贵州95人），加领衔康氏共计605人（汤志钧记作603人则统计有误，见《戊戌变法人物传稿》附录一《公车上书题名》334页注）；至于这个题名录究竟是上书签字名单，还是集会签到名单，则无从求证。
梁启超盛赞公车上书为"清朝二百余年未有之大举"，"各省蒙昧启辟实起点于斯举"（《戊戌政变记》附录一《改革起原》）。康氏自称四月八日投递万言书，都察院以"既已用宝（即用玺），无法挽回，却不收"（《自编年谱》30页）。署名"沪上哀时老人未还氏"者为《公车上书记》所作序中却对事件有着完全不同的描述："是日天本晴丽，风日暄暎，忽于午后大雨震电，风雹交作，逾刻而止，即其时也。是时松筠庵坐中议者尚数十百人，咸未适用宝之举，但觉气象愁惨，相对歔欷，愤悒不得语，盖气机之感召然耶？是夕议者既散归，则闻局已大定，不复可救，于是群议涣散，有谓仍当力争以图万一者，亦有谓成事不说无为蛇足者，盖各省坐是取回知单者又数百人。而初九日松筠之足音已寂然矣，议遂中寝，惜哉惜哉！"据此姜鸣指出举子在当时纷纷投书抗议确有其事，然万言书实未走出松筠庵一步，康"所描绘的'公车上书'历史事件并不存在，顶多只能称作'公车集会'或'公车拟上书'而已"，是他"对历史的一次成功的大欺骗"；之所以刻意制造这样的轰动效应，目的在于"借松筠庵做自己政治上崛起的第一个舞台"（见《天公不语对枯棋：晚清的政局和人物》147—148、154页，三联书店，2006年）。

岛；经磋商，清廷追加赔款三千万两作为赎辽代价。三个西方国家出面干涉而为中国保全了辽东，自然成为国人眼中的"救星"。然而干涉背后的真实动机很快浮现出来：光绪二十三年（1897），德国强租胶州湾、"圈占"山东作为给自己的酬劳；受其鼓舞，对中国东北觊觎已久的沙俄亦强租旅顺、大连，像一个手法高明的魔术师，将刚刚帮人赎回的辽东不动声色地收入自己囊中；已经控制了越南的法国在取得广州湾的租借权后，"使法国国旗又向中国的心脏推进一步"（《对外关系史》卷三121页），并要求清政府"决不暂时或永久地，或以租借，或以其它任何名义"将云南、两广割与别国（同上书129页）。英国不甘落后，租威海卫，展拓香港界址至九龙（租期九十九年），复将最重要的长江流域划作它的势力范围。跻身列强的日本则得到中国方面决不割让福建的保证。至光绪二十五年（1899），"在曾经对中国事务表示积极兴趣的六个强国中，五个已经各自争得瓜的一片"（同上书133页）[1]；此前陷于美西战争[2]、未能参与瓜分狂潮的美利坚合众国突然惊慌地发现自己眼看要被关在"肥嘟嘟"的中国大门之外，于是匆忙提出"门户开放"政策，呼吁在已经建立的各国势力范围内保持自由贸易，所谓机会均等，利益均沾[3]。马士用"哀其不幸，怒其不争"的口吻总结这段历史道："在世界史上，没有一个像中国领土这样广袤，人口这样众多，而又同隶于一个政府之下的国家——没有一个拥有它的面积和人口十分之一的国家——曾经遭到这样一连串的侮辱，或这样多的受人轻视的证明，就像中国从1897年11月到1898年5月这六个月中所遭受到的那样；可是我们更不妨说，也没有一个国家曾经这样地理应遭受它的厄运；没有一个国家曾经在纠正行政上的公认弊端方面，或在组织由具有许多优良品质的坚强民族居住着的一个极其富庶的地区上的资源方面，表现过这样的无能"（同上书136页）。

言归正传。事实上，乙未年的公车上书（姑且不论其实际发生与否）已是康有为第二次现身晚清政治舞台。早在光绪十四年（1888）他就曾以布衣身份伏阙上书，请及时变法，"举京师之人咸以康为病狂。"（《戊戌政变记》）书既不达，退而著书讲学，广东新会人梁启超慕名往谒便在此时。康"以大海潮音，作师〔狮〕子吼，取其所挟持之数百年无用旧学更端驳诘，悉举而摧陷廓清之"；这对少年科第[4]，于训诂词章颇有所知、沾

---

[1] 惟意大利对浙江东海岸三门湾的要求遭到清廷断然拒绝。

[2] 指1898年美国作为新崛起的力量，为争夺古巴、菲律宾等地而与老牌殖民帝国西班牙进行的战争。

[3] 对这项并未得到列强积极响应的政策，徐中约评曰：在它出台之后"瓜分中国的趋势确实缓和了下来，这倒不是因为列强回应了美国的呼吁，而是因为它们害怕互相之间会发生对抗与冲突。由此而形成的均势，挽救了清帝国，使其免遭立即覆亡的命运"（《中国近代史》356页）。

[4] 案：梁氏十七岁中举，主考李端棻赏其才，以从妹（李蕙仙）妻之。

沾自喜的任公来说，如同"冷水浇背，当头一棒"，"且惊且喜，且怨且艾，且疑且惧"，遂尽弃旧学，投入康门，结成时人所谓"康梁"（《饮冰室合集·文集》之十一《三十自述》）。

光绪十七年（1891），康氏在广州办万木草堂，"讲中国数千年来学术源流、历史政治沿革得失，取万国以比例推断之。"（《三十自述》）康所作学问在于"发古文经之伪，明今学之正"（《自编年谱》19页），讲学期间撰《新学伪经考》，称西汉本无古文，刘歆伪造经典，佐莽篡汉；及《孔子改制考》，称孔子著述六经，托尧舜以改制，"又不惟孔子而已，周秦诸子罔不改制，罔不托古。"（《清代学术概论》）①因而为自己赢得"当代圣人"或"孔夫子第二"的称号（见《对外关系史》卷三141页）。任公谓《伪经考》掀起"思想界之一大飓风"，而《改制考》与另外一部充满乌托邦色彩的《大同书》则是"火山大喷火，大地震也"（《清代学术概论》）②。

康氏主动卷入发轫于西汉末的今古文经学之争自有其政治深意，今文学派的某些概念更被他完全用来推动改革事业，"故喜言'通三统'，'三统'者，谓夏商周三代不同，当随时因革也；喜言'张三世'，'三世'者，谓据乱世、升平世（小康）、太平世（大同），愈改而愈进也，有为政治上'变法维新'之主张，实本于此"（《清代学术概论》）。这一点连御史文悌也看得明白，上疏言：康有为"明似推崇孔子，实则自申其改

---

① 案：《孔子改制考》英文译作 *Confucius as a Reformer*（"改革家孔子"），则更为直观。

② 《大同书》初名《人类公理》，属稿于光绪十一年（思想酝酿则在头年秋冬），至辛丑（1901）、壬寅（1902）康氏避居印度时始成之。全书数十万言，其大略为："一、无国家，全世界置一总政府，分若干区域；二、总政府及区政府皆由民选；三、无家族，男女同栖不得逾一年，届期须易人；四、妇女有身者入胎教院，儿童出胎者入育婴院；五、儿童按年入蒙养院及各级学校；六、成年后由政府指派分任农工等生产事业；七、病则入养病院，老则入养老院；八、胎教、育婴、蒙养、养病、养老诸院，为各区最高之设备，入者得最高之享乐；九、成年男女例须以若干年服役于此诸院，若今世之兵役然；十、设公共宿舍、公共食堂，有等差，各以其劳作所入自由享用；十一、警惰为最严之刑罚；十二、学术上有新发明者，及在胎教等五院有特别劳绩者，得殊奖；十三、死则火葬，火葬场比邻为肥料工厂。"梁启超谓《新学伪经考》《孔子改制考》"皆有为整理旧学之作，其自身所创作则《大同书》也"；又谓"有为虽著此书，然秘不示人，亦从不以此义教学"（《清代学术概论》）。

案：大同思想深受《礼记·礼运》篇影响，康亲注其文，曰："孔子之道有三世，有三统，有五德之运，仁智义信，各应时而行运。仁运者，大同之道；礼运者，小康之道。"并作序云："是书也，孔氏之微言真传，万国之无上宝典，而天下群生之起死神方哉！……今者中国已小康矣，而不求进化，泥守旧方，是失孔子之意，而大悖其道也。"（《孟子微·中庸注·礼运注》238，236—237页，中华书局，1987年）

钱穆则对《大同书》作如是评价："近代世界主义、社会主义之产生，皆有相当之背景，及其逐步实现之方法；当长素时中国固无应趋大同之需要，亦无可向大同之步骤，而无端发此奇想，何也？陈义虽高，唐大不实，亦几于以空想为游戏而已。"至于有为思想之来历，钱氏引朱一新（号鼎甫）语曰："其汪洋自恣也取诸庄，其兼爱无等也取诸墨，其权实互用也取诸释，而又炫于外夷一日之富强。"（《中国近三百年学术史（下）》737页，商务印书馆，1997年）

制之义"（《清史稿》本传）①。

康在乙未年中进士、授工部主事（六品），"自知非吏才，不能供奔走"（《自编年谱》32页），拒不到署，致力办报结社，在以后的三年时间里穿梭于京师及南方各省，创《万国公报》（北京，后易名《中外纪闻》）、《强学报》（上海，以孔子纪年）、《知新报》（澳门），开强学会（北京、上海）、圣学会（广西）、保国会（北京），"以唤起国民之议论，振刷国民之精神。"（《戊戌政变记》附录一《改革起原》）

当十九世纪末叶，世界已进入社会达尔文主义流行的时代。戊戌年严复所译赫胥黎（Thomas Henry Huxley）之《天演论》（*Evolution and Ethics*）正式出版（初连载于严氏在天津创办的《国闻报》上），"自严氏书出，而物竞天择之理，厘然当于人心，而中国民气为之一变"（胡汉民《述侯官严氏最近政见》，原载《民报》第二期（1905年11月），《辛亥革命前十年间时论选集》卷二（上）146页，三联书店，1963年）。康盛赞严氏为"中国西学第一者"（"与张之洞书"，《康有为政论集（上）》卷二436页，中华书局，1981年），在他撰成于这一时期的《礼运注》中亦能寻到进化论的影子②。于是转盼之间，"自强"口号一变而作"救亡"，保国会会员日执途人而号之曰："中国必亡，必亡！"（《清史稿·文悌传》）③

因了进步巡抚陈宝箴的关系，内陆省份湖南又几乎在一夜间成为鼓倡新政的舆论中心。十八省中湘省地位尤特殊，向以守旧闻名天下，仇视洋人，拒开电信、行轮船，然"中国首讲西学者为魏源氏、郭嵩焘氏、曾纪泽氏，皆湖南人，故湖南实维新之区也。……他省无真守旧之人，亦无真维新之人，湖南则真守旧之人固多，而真维新之人亦不少。"（《戊戌政变记》附录二《湖南广东情形》）自陈公为巡抚，其子三立佐之，大集豪杰，"思以一隅致富强，为东南倡"（《清史稿·陈宝箴传》）。时黄遵宪、梁启超

---

① 早厌倦了故纸堆的康有为自然不肯复埋头经学，其学术不过追求变法的"幌子"或"门面"，即其耸动人心的今文经理论实借自廖平（王闿运弟子）书中，梁启超称他"盖斯学之集成者，非其创作者也。"（《清代学术概论》）钱穆更直指《新学伪经考》为"剽窃"："长素尝谓刘歆伪造经典，本属无据，不谓长素乃躬自蹈之，然此等伪迹，破绽昭然，明眼人自能见也。"（《中国近三百年学术史（下）》774页）参与《伪经考》编写的梁启超"亦时时病其师之武断"，批评他先入为主，治学不严，"以好博好异之故，往往不惜抹杀证据或曲解证据以犯科学家之大忌，此其所短也；有为之为人也，万事纯任主观，自信力极强，而持之极毅，其对于客观的事实或竟蔑视，或必欲强之以从我。其在事业上也有然，其在学问上也亦有然。其所以自成家数崛起一时者以此，其所以不能立健实之基础者亦以此。"（《清代学术概论》）

② 案：康氏在《礼运注序》中自称该文成于光绪十年（1884），钱穆考证指出"殆长素欲自掩其《伪经考》剽窃之迹，故为此序倒填年月以欺人耳"（《中国近三百年学术史（下）》774页）。

③ 保国会开讲数次，有赴会者闻其言，"自始至终无非谓国家将亡，危亟之至，大家必须发愤，而从无一言说到办法，亦无一言说到发愤之所以。"时京中士夫"恶康甚，畏康甚"，甚至有人咒骂其"所作所为，无不酷肖白莲教，一一仿洪杨故智，不爽毫厘"（汪大燮《致汪康年书之九十六》，《汪康年师友书札》第一册782—783页，上海古籍出版社，1986年）。文悌复上长招，谓"保国会之宗旨在保中国不保大清"（《戊戌政变记》）。

等咸聚于长沙①, 本省谭嗣同、熊希龄、唐才常、毕永年等相应和, 群志士大行改革, 设南学会、时务学堂, 刊《湘学新报》(后易名《湘学报》)、《湘报》, "民智骤开, 士气大昌", "人人皆能言政治之公理, 以爱国相砥砺, 以救亡为己任"(《戊戌政变记》附录二《湖南广东情形》)②。

与此同时, "振士气于下"的康有为从未停止"求变法于上"(《戊戌政变记》)的努力。乙未年五月的第三份上书终由都察院代递, "上览而喜之"(《自编年谱》32页); 然真正打动光绪的是他两年后极具煽动性的第五次上书, 该书以"煤山前事"相

---

① 这里又有一段插曲。黄、梁二人赴湘在光绪二十三年(1897)。头一年, 京、沪二地强学会同遭封禁; 黄、梁及汪康年(字穰卿, 钱塘人, 系张之洞幕僚)"愤学会之停散, 谋再振之"(梁启超《创办时务报源委》, 《戊戌变法》第四册525页), 用沪会余款刊《时务报》于上海。梁任主笔, 时当"六月酷暑, 洋蜡皆变流质, 独居一小楼上, 挥汗执笔, 日不遑食, 夜不遑息"(同上书526页)。自该报出, "一时风靡海内, 数月之间销行至万余分, 为中国有报以来所未有, 举国趋之, 如饮狂泉"(《饮冰室合集·文集》之六《清议报一百册祝辞并论报馆之责任及本馆之经历》)。惜好景不长, 一年后黄与汪因报刊管理问题"几于翻脸"(《创办时务报源委》, 《戊戌变法》第四册527页), 梁、汪亦"情意远不如去年之浃洽"(梁启超《致汪康年书》, 《汪康年师友书札》第二册1858页)。及梁应陈宝箴邀抵长沙主持时务学堂, 声称此行乃"因学问去"而非"因意见去"(同上书1862页), 尚未完全断绝和报馆关系; 至二十四年(1898)年初致书汪氏, 始称"非兄辞, 则弟辞; 非弟辞, 则兄辞"以示决绝(同上书1854页), 遂正式辞职。
事情并未到此结束。是年八月情有不甘的梁"力请其师康有为向清帝前自求派往上海督办官报, 其意即在借官报名义以搜收旧《时务报》"(冯自由《革命逸史初集》"章炳麟传", 《戊戌变法》第四册95页), 至被讥为"康党有腾驾云雾之势"(邹代钧《致汪康年书之七十》, 《汪康年师友书札》第三册2763页)。沪、宁方面, 曾是强学会主要赞助人的张之洞"怒康太横", 授意汪改《时务》为《昌言》, "商报与官报有别, 则商款不至为康所据"(叶澜《致汪康年书之十》, 同上书2611页)。未几政变发生, 朝廷以"《时务官报》无裨治体, 徒惑人心, 著即行裁撤;《昌言报》亦以销路锐减, 经费支绌, 出至第十期即行停办"(汪诒年(汪康年弟)纂辑《汪穰卿先生传记》, 《近代稗海》第十二辑230页)。或谓"新党之议论盛行, 始于《时务报》; 新党之人心解体, 亦始于《时务报》"(胡思敬《戊戌履霜录》卷一, 《戊戌变法》第一册367页)。
② 陈宝箴系江西义宁(今修水)人。政变后诸名士饮酒论旧事, 咸谓不应聘梁启超主讲时务学堂, 败坏湘省风气。或谓此非陈之过, 缘其子三立交友太滥, 为所误。座中王闿运笑曰: "江西人好听儿子说话, 中丞(指陈)亦犹行古之道耳。……王荆公变法时, 遇事多由子雱主持; 严嵩当国, 唯世蕃之言是从。今中丞亦然, 固江西惯例也, 何怪焉。"闻者莫不倾倒(见《国闻备乘》卷二"王壬秋诙谐"条, 《近代稗海》第一辑267页)。
案: 王闿运原名开运, 字壬秋, 又字壬父, 湖南湘潭人, 尝自题所居曰"湘绮楼", 学者称湘绮先生。初为肃顺幕僚, 与高心夔、黄锡焘等并称"肃门五君子"(见刘禺生《世载堂杂忆》40—41页, 中华书局, 1997年)。及肃顺败, 王氏出都, 遂游湘淮军诸帅间(是为撰写《湘军志》之资本), 后专事讲学, 被李慈铭骂为"江湖俍客"(见《异辞录》卷三"李慈铭谩骂时人")。庚子之乱时王氏居长沙, 对中外大势懵懵懂懂, 径作迂阔语曰: "宛平非可都之地, 加以沟洫久废, 沙秽荒芜。居民积惰, 奸盗丛聚。乘衰弃旧, 正可中兴。……便令夷国据有燕城, 于我形势亦无所损。"又云: "通商本不必战, 则不成和; 弃燕暗得上策, 无所用战。……如人居乡里, 为盗丐窥伺, 猾豪挟持, 日寻讼师, 求官坐包庇, 则立见倾败, 而非盗豪败之也。任其侵陵, 随机应付, 小有耗损, 必不破家。"(《王志》卷一《论时事(答陈复心问)》, 《湘绮楼诗文集》491、493页)

激，有今日泰西"等我于非洲黑奴"，"恐皇上与诸臣虽欲苟安旦夕、歌舞湖山而不可得，求为长安布衣亦不可得"语。光绪读后肃然动容，叹称："非忠肝义胆、不顾死生之人，安敢以此直言陈于朕前乎！"（《戊戌政变记》）

皇上既不能向官仅六品的康氏当面聆教①，乃命王大臣在总理衙门西花厅"待以宾礼，问变法之宜"（《自编年谱》42页）。这场著名会见开始于二十四年正月初三日（公历1898年1月24日）"三下钟"，"至昏乃散"，在座者有荣禄、李鸿章、翁同龢等。荣禄首曰："祖宗之法不能变。"有为答曰："祖宗之法，以治祖宗之地也，今祖宗之地不能守，何有于祖宗之法乎？即如此地为外交之署，亦非祖宗之法所有也。因时制宜，诚非得已。"（《自编年谱》42页）在这个"晴暖"的冬日下午，康提出的改革方案是如此宏大而且急激，就连此前与他谈变法事"大洽"的翁师傅亦闻之色变，回家后在日记中写道："传康有为到署高谈时局，以变法为主，立制度局、新政局、练民兵、开铁路、广借洋债数大端，狂甚。"（《翁同龢日记》第六册3086页）

此后康连续上书。至四月十一日（5月30日），老耄守旧、不复当年英气的恭亲王病故，没有了这块横亘在君臣间的绊脚石，久为康书激动的光绪帝跃跃欲试，二十三日（6月11日）即下诏定变法、西学为"国是"，敦促"中外大小诸臣，自王公以及士庶，各宜努力向上，发愤为雄，以圣贤义理之学植其根本，又须博采西学之切于时务者，实力讲求"（《德宗实录》卷四一八）；二十八日（6月16日）又将多年来只闻其声、未见其人的康有为请入颐和园仁寿殿，会晤"历时至九刻钟之久，向来召见臣僚所未有也"（《戊戌政变记》）。其中的精彩场面康本人详记如下：

"上言：'今日诚非变法不可。'

吾言：'少变而不全变，举其一而不改其二，连类并败，必至无功。譬如一殿，材既坏败，势将倾覆，若小小弥缝补漏，风雨既至，终至倾压，必须拆而更筑，乃可庇托。然更筑新基，则地之广袤，度之高下，砖石楹桷之多寡，窗门槛楔之阔窄，灰钉竹屑之琐细，皆须全局统算，然后庀材鸠工，殿乃可成，有一小缺，必无成功，是殿终不成，而风雨终不能御也。'

上以目睨帘外，既而叹曰：'奈掣肘何？'

吾乃曰：'就皇上现在之权，行可变之事，虽不能尽变，而扼要以图，亦足以救中国矣。'"（《自编年谱》48—49页）

---

① 时恭亲王谏阻曰：本朝成例，非四品以上官不能召见；康乃小臣，皇上若有所询问，命大臣传语可也（见《戊戌政变记》）。

　　接下来的三个月里，朝廷"发布了像流星雨一般令人眼花缭乱的改革谕令"（《中国觉醒》171页），内容涉及政治、经济、军事、文教。七月二十七日（9月12日）上谕将"变法之意，布告天下"，曰："国家振兴庶政，兼采西法，诚以为民立政，中西所同，而西人考究较勤，故可以补我所未及。今士大夫昧于域外之观者，几若彼中全无条教，不知西国政治之学，千端万绪，主于为民开其智慧，裕其身家，其精者乃能美人性质，延人寿命，凡生人应得之利益，务令其推广无遗。朕夙夜孜孜，改图百度，岂为崇尚新奇，乃眷怀赤子皆上天之所畀，祖宗之所遗，非悉使之康乐和亲，朕躬未为尽职；加以各国环交陵迫，非取人之所长，不能全我之所有。"（《戊戌政变记》）这份由谭嗣同代草的谕旨被梁启超称为"国朝第一诏书"。

　　康之变法主张，概括而言，"盖政治上拟请颁布宪法，召开国会；经济上拟请发展中国之民族资本主义；军事上拟请重练新军以图富强；文教上拟请废止科举，培养新人。"（汤志钧《戊戌变法人物传稿》上编卷一《康有为》12页，明文书局，台北，1985年）其中大部分以诏书形式推行全国，举其著者有：

● 开办京师大学堂，各省府州县现有书院一律改为中西兼习之学校；废除八股，改试策论；设经济特科（分内政、外交、兵学、工学、理财、格致六门），以实学取士，是为教育。

● 从主持小站练兵的胡燏棻等之请，裁并各省绿营、练勇，汰弱留强，勤加训练；裁空粮，节饷需，整顿厘金①，严杜中饱，以求富国强兵，是为军事。

● 归并衙门，删改则例，裁撤冗员，综核名实，审官定职，是为官制（康氏又用日本例请开制度局总新政之纲，增置法律、度支、学校、农、工、商、铁路、邮政、矿务、游会、陆军、海军等十二局分其事，因总署及军机处阻挠，其议不果行）。

● 设农工商总局于京师，立农务学堂于各省府州县，兴农振商，开辟利源，以植富强之基，是为经济。针对八旗坐食，生计日艰，又有专谕曰："旗丁生齿日繁，徒以格于定例，不得在外省经商贸易……现当百度维新，允宜驰宽其禁，俾得各习四民之业，以资治生。"（《戊戌政变记》）

　　从这张变法清单上似乎挑不出什么毛病，"条条都很健全，条条都打中一个显著的弊端，并且条条都是可以付诸实施的"（《对外关系史》卷三149页），但放在一起便不幸

———————————
① 厘金为晚清新增征收之一种，详见后文。

印证了"1+1≠2"的道理，更何况是要以雷霆万钧之霹雳手段，"三月而备其规模，一年而责其成效"，所谓"缓变不可，必当速变，小变不可，必当全变"（《戊戌政变记》）。有为弟广仁（名有溥，以字行）亦谓"伯兄规模太广，志气太锐，包揽太多，同志太孤，举行太大"（《致口易一书》，《戊戌六君子遗集·康幼博茂才遗稿》601—602页，《近代中国史料丛刊三编》第十八辑），一连使用五个"太"字道出维新的病根所在[①]。

如丁韪良所言，"皇帝推行的改革令一部分人心中充满希望，而使另一部分人如丧考妣。"（《中国觉醒》171页）至于"一部分人"与"另一部分人"之比例，丁氏未加说明，马士则毫不客气地指出，"这种以上谕变法的整套结构就是一个倒置的金字塔"，"运动是康有为和皇帝两个人的创作，一个是空中楼阁的幻想家，一个是毫无经验的懦弱者。"（《对外关系史》卷三149、163页）零零星星的支持来自个别有地位的政治家[②]、少数受过西方教育的青年学子以及在北京和本省的见过世面的广东人，除此而外，"帝国所有的力量，对于这个运动都消极地或积极地严阵以待。"（同上书163页）满洲旗丁不肯改变寄生生活，绿营士兵不肯就此解甲归田，士绅官吏不肯放弃已有特权，全国"数百翰林、数千进士、数万举人、数十万秀才、数百万童生"（《戊戌政变记》）亦不肯失其安身立命之业；于是乎"排者忌者挤者谤者盈衢塞巷"（《康幼博茂才遗稿·致口易一书》602页），维新人士虽欲"奋螳臂而与之争，譬犹孤身入重围之中，四面楚歌，所遇皆敌"（《戊戌政变记》）。

[①] 曾是维新激进分子的王照避祸日本期间批评曰："凡一政之行，必朝廷谋之，众士议之，穷上下之端委，辨各地之情势，于详细曲折，皆已虑及，于是政府发令，大吏应之，州县官实心行之，士庶应之，考校能详尽，而后一政可望实效。岂有一纸上谕，遽作为行一新政之理？"（王照撰《关于戊戌政变之新史料》，《戊戌变法》第四册331页）

戊戌年伊藤博文来访，在总理衙门为中国之变法图强支招，谓维新"确非一夕之间能告成功者"，"何物当急，何物当缓，必顺序以进，应详加规划，理其端绪"。总署官员问："我国改革之必要，如燃眉然。今日年老因循守旧顽固者，概行罢斥，而易以壮年新进熟谙洋务者，果如何？"伊藤答曰："以学术、识见、经验言之，皆老成练达之士，不能易之。有关国家利益得失之举，尤应慎重周详，切忌轻躁之行为。若是老成练达之人适于佐助改革方针之确立，而盛壮气锐之士则擅事之协理。变法须细细考虑，而非猝然急激，否则，乱阶将起。"（森泰二郎手记《晤谈节略》（黄绍海译），转引自汤志钧《乘桴新获——从戊戌到辛亥》15—16页，江苏古籍出版社，1990年）皆深中肯綮。

[②] 户部侍郎张荫桓（广东南海人）算是一个，变法议起，与康往还甚密（见《清史稿》本传）。李端棻奏设京师大学堂，授礼部尚书，"二品以上大臣言新政者一人而已。"（《戊戌政变记》）侍读学士徐致靖仅是书生，而非权臣。疆臣如湖广总督张之洞、两江总督刘坤一则态度暧昧、貌合神离，李鸿章更在甲午败后"被贬到一个湮没无闻的地位"（《对外关系史》卷三60页），远离了政治舞台。

或许是旁观者清的缘故，当时在华外人对变法运动的评价多能一语中的。法国史学家高第发现，取鉴于日本维新的康梁所犯"最大错误就是要在太短的一个时期内使中国全然改观，要同时把所有的政府机构都抓在手里，要一举而肃清所有的弊端。……在日本，虽然有封建制度需要打破，但是没有若干世纪的传统要推翻"（《中国与列强关系史》，转引自《对外关系史》卷三164页）。赫德又说："皇帝的方向是正确的，但是他的顾问康有为和其他人等都缺乏工作经验，他们简直是以好心肠扼杀了'进步'——他们把足够九年吃的东西，不顾它的胃量和消化能力，在三个月之内都填塞给它吃了。"（《对外关系史》卷三165页）

从疾风暴雨的维新运动中感受到威胁的不仅权贵以及习惯了旧有生活方式的普通人，还有一个嗅觉灵敏的"伟大"的西太后。内心充满对权力渴望的慈禧固然从未把光绪当回事儿，其"如电之眼光"却"为嫉妒心所蔽"（《西学东渐记》155页），特别留意年轻皇帝的一举一动。翁同龢曾亲口告诉康有为："太后极猜忌，上有点心赏近支王公大臣，太后亦剖看，视有密诏否。"（《自编年谱》33页）

先来看光绪的"手腕"。召见康有为后即命其在总理衙门章京上行走，特许专折奏事；复擢谭嗣同、刘光第、杨锐、林旭为四品卿，充军机章京，参与新政。礼部主事王照上书，语多偏激，为尚书许应骙等阻遏；帝闻之震怒，以"抑格言路，首违诏旨"（《清史稿》本纪二），尽褫该部尚书以下六堂官之职。继而谕李鸿章毋庸在总理衙门行走，几乎与满朝为敌，专倚"新进小臣"[1]。

慈禧方面，早在甲午年十二月便以"妄造谣言"罪名将御史安维峻革职遣戍张家口，被梁启超称作"西后翦除皇上羽翼第一事"（《戊戌政变记》）[2]。一年后又驱逐江西名士

---

[1] 据梁任公描述，对官制改革康有为曾提出一个"分别官差，以官为虚爵，以差任职事"的折中方案，留作将来转圜地步。具体来说即擢用小臣，委以差事，专办新政之事；仿日本待藩侯故事，厚禄以养守旧大臣，彼辈既无办事之劳，复无失位之惧，怨谤自息。然光绪恶旧之臣已甚，七月十四日（8月30日）赫然下诏归并衙门，裁汰冗员，"亦可谓勇猛明决矣。"（见《戊戌政变记》）案：康氏方案，严格说来并非仿日本故事，用的倒是王荆公行新法之故智。

[2] 安维峻字晓峰，借弹劾李鸿章，疏称"皇太后既归政皇上矣，若犹遇事牵制，将何以对祖宗，下对天下臣民"（《清代野记》卷上"安维峻勃李文忠疏"）？以言获罪，直声震天下，饯送者塞道。相传京师大侠王五亲自护送他前往戍所，"车驮资皆其所赠。"（《清朝野史大观》卷十二《清代述异》"记大刀王五事"）又据孙宝瑄日记，"安晓峰事，天子实为援手。盖上见其奏大惊，急召见大臣，拟旨毕，始并其奏呈太后览。太后怒曰：'即此足了事耶？毋乃已轻。'恭邸跪奏曰：'本朝开国三百年，从未杀谏官，乞太后原之。'太后意始为稍解。"（《忘山庐日记（上）》"甲午年十二月初五日记"60页，《中华文史论丛》增刊，上海古籍出版社，1983年）

文廷式，"实为戊戌政变之先声"（《花随人圣盦摭忆》81页）①。光绪在召见康的前一日（四月二十七日）连下数道诏旨，显然"带有在西太后胁迫下发表出来的迹象"：著协办大学士兼户部尚书、军机大臣翁同龢"开缺回籍"②；谕二品以上文武大员，凡补授官职，咸具摺恭诣皇太后前谢恩；命大学士荣禄暂署直隶总督（数日后实授，兼北洋大臣）③。

"由第一道上谕，慈禧显示出她能够沉重地打击她的敌人；由第二道上谕，她可以在还没有重新垂帘听政的时候，就将她的手指按在政府的脉搏上；由第三道上谕，她使她的密友和亲信掌握住中国唯一有组织的军队的统率权。④"（《对外关系史》卷三145页）

---

① 著将文廷式"革职永不叙用，驱逐回籍"的谕令下达即在杀内监寇连才之次日。参劾者为御史杨崇伊（李鸿章姻亲），称其"在松筠庵广集徒众，妄议朝政"（《戊戌政变记》），"又主使安维峻言事，安发谴，敛银万余送行。"（《翁同龢日记》第五册2887页，光绪二十二年二月十七日）案：文廷式字道希，号芸阁，江西萍乡人，光绪十六年（1890）中进士，授编修。二十年（1894）翰詹大考（朝廷对翰（翰林院）詹（詹事府）官员约六年考核一次，以定升降赏罚），德宗亲拔置第一，擢侍读学士。当年文应廷试时尝误书"间阖"（间，里门；阖，里中门，泛指民间）作"间面"，者儒王闿运憾其盛气凌人，日记中记曰："索大考单，第一名即'间面'也，实为可笑；此人必革，第一例不终也。"（《湘绮楼日记》1927页，光绪二十年四月十八日）廷式在当时"于外交内政已极有主张"（《花随人圣盦摭忆》82页），又忠于德宗，故招太后忌恨。野史谓珍、瑾二妃入宫前皆从廷式习文史，后因"祈请干预种种劣迹"（《翁同龢日记》第五册2754页，光绪二十年十月廿九日）去妃号，褫衣廷杖，兄志锐亦远谪乌里雅苏台；廷式虽托病出京，躲过一劫，卒如湘绮所言，而遭褫革。

对野史中廷式为珍妃幼时师的说法，近人徐一士专作文考辨，曰："志锐之父官广州将军时，文父为广东候补道，缔交颇深，文与志锐因之为总角交。后文氏至京，恒寓志锐家，珍瑾二妃曾就学为诗词，遂误传为授志锐兄妹读耳。"（《凌霄一士随笔》，《近代中国史料丛刊续编》第六十四辑151页）

② 翁同龢（字叔平）为帝师二十余年，皇上有事必问，眷倚尤重，康、梁亦引之为赞襄新政的"同志"。然而在了解了康有为大胆而激进的改革计划之后，翁的态度已发生显著变化。据戊戌年四月初七日（5月26日）日记，"上命臣索康有为所进书，令再写一分［份］递进，臣对与康不往来。上问何也，对以此人居心巨测。日前此何以不说，对臣近见其《孔子改制考》知之。"（《翁同龢日记》第六册3128页）徐中约指出黜退翁的提议实由"康的支持者们策划，以便为他们的领袖扫清道路；他们罗列罪名弹劾翁，包括从受贿到长期主宰户部时的胡作非为"。皇帝与师傅的长期信任和亲切的关系因后者对康的轻蔑评价而受到伤害，皇太后亦痛恨翁引见康并把皇帝引入歧途，两面不讨好的翁便只好在变法的最关键时刻卷铺盖回常熟老家了（见徐著《中国近代史》377页）。虽无直接证据，徐氏之说大概是正确的。

③ 《清史稿》本传谓"荣禄久直内廷，得太后信仗。眷顾之隆，一时无比。事无巨细，常待一言决焉"。对荣禄与慈禧的关系，马士闪烁其词地写道："荣禄是慈禧的姨侄，是慈禧年轻时候的朋友（据说不止于是朋友），是她全部经历中的坚定拥护者，是她自始至终最可靠的顾问。"（《对外关系史》卷三157页）德龄在《御苑兰馨记》（李葆真译）中则将二人描写为一对昔日的恋人，声称"关于荣禄对老佛爷的爱情，始终以真实为主，绝无穿插"（该书序，《慈禧与我》50页）。甚至荣禄在奉旨与慈禧侍从女官、肃顺女儿梅小姐完婚，太后立意使其婚礼在北京城里大大风光一下的时候，"他站在庭院里，脸上毫无欢喜的表情，一点不像那些洞房花烛夜的新郎们的春风满面；相反的，他的脸上却有一股子伤心的表情，好似最亲爱人的尸体，才从他家里被抬出去一样。"（同书114页）

④ 梁启超谓"荣禄之不入军机而为北洋大臣何也？专为节制北洋三军也。北洋三军曰董福祥之甘军，曰聂士成之武毅军，曰袁世凯之新建。此三人皆荣禄所拔擢，三军皆近在畿辅。"（《戊戌政变记》）案：胡燏棻练兵天津小站，号"定武军"，后由袁世凯接替，改称"新建陆军"。政变后荣禄奏设"武卫军"，以上述三军及宋庆所统"毅军"为后、前、右、左军分驻蓟州、芦台、小站、山海关，别练万人驻南苑为中军。其中"庆、福祥用旧法训练，世凯军仿日式，士成军则半仿德式。"（《清史稿·聂士成传》）

据翁氏日记，是日自午夜微雨，潺潺不止（见《翁同龢日记》第六册3134页）。太后与荣禄"一切布置已定，大权在手"，政变之谋"全伏于此日矣"（《戊戌政变记》）。显然帝后双方都加紧了"决战"前的准备工作，相比之下，"皇上打得虽狠，但是乱打，而西太后打得既狠又准。"（《对外关系史》卷三151页）

变法已属不易，何况又与权力斗争扯到一起。需要说明的是，慈禧本人并不反对变法，事实上自四月以来所有新政，皇上莫不先赴太后前禀白，然后宣示；太后则曰："汝但留祖宗神主不烧，辫发不剪，我便不管。"（《清廷戊戌朝变记》，《戊戌变法》第一册342页）故苏继祖谓"推之太后之心，未必不愿皇上能励精图治也，未必不愿天下财富民强也，至法当变不当变，未必有成见在胸也"（同上书329—330页）。曾"咆哮署堂"（许应骙语，见《戊戌政变记》），引发"礼部六堂官事件"的王照亦曰："太后先年原喜变法，此时因不得干政，激而阴结顽固诸老，实不过为权利之计耳。"（见王氏《礼部代递奏稿》自注二，《戊戌变法》第二册355页）

饱含激情与幻想的康有为"心目中的政府乃是一个哲学家的政府，而不是一个政治家的政府"（《对外关系史》卷三149页）；在冷酷的现实政治面前，由这位"心思单纯的赤诚顾问"（同上引）一手推动的维新事业不但未能化作荡涤旧习、改写历史的滚滚洪流，反而不知不觉间唱走了调，成为"镶嵌"在真刀真枪的宫廷政变前的一段绵软无力的过门儿。接下来的事情便是流血，便是淹没在一堆谎言当中，从而变得扑朔迷离、真假难辨的各方势力角逐。老辣的胜利者为掩盖罪行而在事后说谎，年轻的失败者不甘心默默出局亦要说谎。

八月初六日（9月21日）晨，慈禧迎来一生中第三次垂帘的重要时刻，随即下令全城、全国搜捕维新党人。康、梁亡命海外，康弟广仁、御史杨深秀[1]及谭、刘、杨、林"四京卿"皆逮下狱，不讯鞫而斩于市，是为"戊戌六君子"，其他"涉案"官员或罢或流。拒绝出逃、在日本使馆与梁启超"一抱而别"的谭嗣同留下著名遗言："各国变法无不从流血而成，今中国未闻有因变法而流血者，此国之所以不昌也；有之，请自嗣同始。"（《戊戌政变记》）狱中题诗于壁曰："望门投止宿［思］张俭，忍死须臾待杜根[2]。

[1] 政变发生后，京师人人自危，独杨深秀抗疏请太后归政；其子苦谏，深秀厉声叱退之。有狱中诗三首流传于世，其一曰："久拼生死一毛轻，臣罪偏由积毁成。自晓龙逄非俊物，何尝虎会敢徒行（夏朝关龙逄及春秋时虎会皆忠谏之士，杨氏以二人自比）。圣人岂有胸中气，下士空思身后名。缧绁到头真不怨，未知谁复请长缨。"（《戊戌变法》第四册344页）？梁任公赞其"忠气之诚，溢于言表"，"虽前明方正学（孝孺）、杨椒山（继盛）之烈不是过也"（《戊戌政变记》）

[2] 张俭、杜根皆东汉名士，事迹见本书第六章。

我自横刀向天笑，去留肝胆两昆仑。"（《谭嗣同全集》卷四496页）复作临终语曰："有心杀贼，无力回天。死得其所，快哉快哉！"（同书512页）林旭死后，妻沈静仪（沈葆桢孙女）痛不欲生，仰药自尽（见《戊戌政变记》）。康广仁则无人敢认其尸，至"9月29日刽子手将尸拖走，丢在义冢里，没有掩埋——这在中国被认为是最大的耻辱和不幸"（《对外关系史》卷三158页注二引1898年10月10日《北华捷报》）。

罢归原籍、壮志未酬的黄遵宪以"杜鹃"为题，赋诗抒抒杜鹃啼血之痛，云："杜鹃花下杜鹃啼，苦雨凄风梦亦迷。古庙衣冠人再拜，重楼关锁鸟无栖（钱注：此谓载澔之被幽囚）。幽囚白发哀蝉咽（钱注：当指徐致靖。案：徐褫职监禁，两年后赦免出狱），久戍黄沙病马嘶（钱注：当指李端棻、张荫桓。案：二人皆流放新疆，李中途遇疾，留甘州即今张掖，张两年后斩于戍所）。未抵（或作'识'）闻鹃多少恨，况逢春暮草萋萋。"（钱仲联《人境庐诗草笺注》卷十876页）

政变的过程迅雷不及掩耳，在此前后至少有两个疑点耐人寻味，一是后党的"天津阅兵阴谋"，二是康党的"包围颐和园计划"。同样发布于四月二十七日的一道谕旨曰："本年秋间，朕恭奉皇太后銮舆，由火车路巡幸天津阅操。"（《德宗实录》卷四一八）康梁将这一布置解释为慈禧与荣禄共同定下的"篡废之谋"，"预布网罗，听其跳跃，专待天津阅兵以行大事耳。"（《戊戌政变记》）对此姜鸣写下一段叫人啼笑皆非的文字："从她（太后）后来发动政变的实际动作看，证明完全无须跑到天津去干，也无须动用军队。……太后性格上爱玩爱热闹，活到六十多岁，除了早年去过热河避暑山庄和祭扫祖陵外，整天只能待在皇宫、三海和颐和园，自然寂寞。到天津阅兵，算是桩支持富国强兵的新政，谁也不好反对，可是此行却被猜测去搞政变。"（《天公不语对枯棋》177页）说白了，借阅兵废掉光绪听上去有点儿脱裤子放屁，多此一举的意思。

清廷在处决"六君子"的次日颁朱谕宣示康有为罪状，曰："首倡邪说，惑世诬民，而宵小之徒，群相附和，乘变法之际，隐行其乱法之谋，包藏祸心，潜图不轨，前日竟有纠约乱党，谋围颐和园，劫制皇太后，陷害朕躬之事。"（《德宗实录》卷四二七）此谕一出，遂"长留谋颐和园之一疑案不得表白"（《上摄政王书》，《康有为政论集（上）》卷二637页）。

康本人坚决予以否认，称劫园之事"乌得有此？我朝以孝治天下，小臣面对，谁敢妄言，此皆荣、袁辈不学无术，藉危词以邀权势耳"（金梁《四朝佚闻·德宗》，《戊戌变法》第四册221—222页）。又谓逆臣袁世凯生自危之心，"无端造出谋围颐和园一语"，"如俗谚所谓苦肉计者以求自解免，此戊戌冤狱之所由起也。"（《上摄政王书》，《康

有为政论集（上）》卷二636页）[①]

袁世凯确实是围园一说的始作俑者。这位曾被皇上和康有为寄予厚望的直隶按察使七月二十九日（9月14日）奉召来京，无功受赏，政变前夕“著开缺以侍郎候补，责成专办练兵事务”（《德宗实录》卷四二六）；然回到天津即向荣禄告密，导致维新大局一夜间崩坏[②]。项城自记八月初三（9月18日）夜，谭嗣同忽来访，告以“上方有大难，非公莫能救”。谭“气焰凶狠，类似疯狂”，且“腰间衣襟高起，似有凶器”，请诛荣禄、围颐和园。“予闻之魂飞天外，因诘以：‘围颐和园欲何为？’谭云：‘不除此老朽，国不能保’。”（《戊戌日记》，《戊戌变法》第一册550—552页）[③]

袁世凯外，提到围园计划的还有两人，一是王照，一是毕永年。王氏曰：“梁启超、谭嗣同于初三夜往见袁，劝其围太后，袁不允；袁之不允，非不忠于君也，力不足也。”（《关于戊戌政变之新史料》（以下简称《新史料》），《戊戌变法》第四册332—333页）毕氏同样以日记形式，对发生在那几天的故事作了详细和精彩程度皆不亚于袁的描述，自称奉康之命，将亲率百人“往执西后而废之”；至初三日又闻康先生欲弑太后意，“奏知皇上时，只言废之，且俟往围颐和园时，执而杀之可也”。“是夜康、谭、梁一夜未归，盖往袁处明商之矣。”（《诡谋直纪》，《近代史资料》总63号第2—3页，中国社会科学出版社，1986年）

袁项城之为人举世皆知，且势必影响到他那份“交诸子密藏之以征事实而质诸词”（《戊戌日记》附《自书戊戌纪略后》，《戊戌变法》第一册555页）、迟至1926年始由幕僚张一麐送上海《申报》连载的“日记”的可信性；这里重点关注王、毕二人是什么来头。

对直隶人王照（字小航）我们已不陌生[④]，他在逃亡日本后不久便同康、梁闹翻，自谓“依托康梁之末以待偷生，真堪愧死”，并怒指康、梁为“庸医杀人者。”（《新史

---

① 梁启超则将矛头指向文悌，说他愤西后专横，欲翦除之，谋于杨深秀，深秀又转告康。文悌恐泄密，反诬康、杨，“政变后之伪谕，为［谓］康先生谋围颐和园，实自文悌起也。”（《戊戌政变记》）

② 袁氏日记自称八月初五日晚回津，即赴荣府，未及汇报，次早始“以详细情形备述”；当晚见训政之电，“业已自内先发矣。”（《戊戌日记》，《戊戌变法》第一册553页）这段叙述显然对原本紧凑的时间表作了一番精心巧妙的安排。

③ 谭嗣同夤夜访袁的情景在梁启超笔下亦有记述，并未提及围园计划，而袁表现得大义凛然，厉声曰：“诛荣禄如杀一狗耳！”（《戊戌政变记》）

④ 王照又是“官话字母”（即汉字拼音）创制者。至民国二十年（1931）胡适为《王小航先生文存》作序，引其《贤者之责》篇末八字“朋友朋友，说真的吧”，称他是“一个肯说老实话的傻子”，认为“这八个字可以代表王先生四十年来的精神。”（《胡适之先生年谱长编初稿》第三册976页）

料》，《戊戌变法》第四册333页）王的陈述来自与日人犬养毅[1]的笔谈，初刊于香港某报，1936年再发表于天津《大公报》，"殆是清廷侦探或驻日机关之司情报者所传也。"（见张荫麟篇头所加按语，《戊戌变法》第四册330页）

来自湖南长沙、有着哥老会背景的毕永年更是一条血性汉子，政变之后有"自断辫发"之举（见杨天石"毕永年生平事迹钩沉"，《寻求历史的谜底——近代中国的政治与人物》71页，首都师范大学出版社，1993年）。大约在1899年初，毕氏"记述康有为密谋包围颐和园、捕杀西太后等情节，题为《诡谋直纪》，交给平山周[2]，平山周交给日本驻上海代理领事小田切万寿之助，小田切随即于2月8日抄呈日本外务次官都筑馨六"（同上书74页）[3]；此后毕和康便分道扬镳，转投孙中山去了。

上述诸君的积怨到底有多深？王照笔谈中透露出更多信息。王氏声言"今□兄在此证康梁之为人"，笔谈之末"湖南□□□"作跋曰："王君告予：康梁等自同逃共居以来，陵侮压制，几令照无以度日。每朋友有信来，必先经康梁目，始令照览，如照寄家书，亦必先经康梁目始得入封。且一言不敢妄发，一步不敢任行，几于监狱无异矣。予见王君泪随声下，不禁忿火中烧，康梁等真小人之尤，神人共愤，恨不令王君手戮之。"（《新史料》，《戊戌变法》第四册333页）这里隐去的"□兄"及"湖南□□□"据杨天石考证，竟同为毕永年（见"毕永年生平事迹钩沉"，《寻求历史的谜底》74页注二、75页注一）！

王、毕出示的"证据"既非当日所作，又匆匆写就于出离愤怒的情绪之下（甚至可能还怀有某种政治目的），能否作为信史看待就不免令人大大生疑了（比如初三夜是谭独自访袁，还是谭、梁二人同去，还是谭、康、梁三人同去，竟出现了相互矛盾的说法）。

康有为在北京城里的最后一项行政举措是仿前朝故事，请开懋勤殿，"选才行兼著者十人入殿行走，专预新政"（《郑孝胥日记》第二册681页，光绪二十四年八月朔，中华书局，1993年）。七月二十九日午后，康"面有喜色"往见徐致靖、王照，请二人分别推荐人选；结果"照荐六人首梁启超，徐荐四人首康有为"（《新史料》，《戊戌变法》第四册332页）。这全然不像数日后便要刀兵相见、围劫颐和园的样子。

---

[1] 犬养毅号木堂，孙中山早年革命活动的积极支持者。"九一八事变"后出任日本首相，持相对温和政策，拒绝承认伪满洲国，与国民政府秘密谈判，欲藉承认中国领有东三省之虚，行日本经济控制该地区之实。1932年5月15日被军部右翼分子乱枪射杀于首相官邸。

[2] 平山周系犬养毅门下浪人，孙文流亡日本时入住旅舍，平山代填"中山"，后竟沿用成名。

[3] 汤志钧则确信《诡谋直纪》系记于当日，书名"为清政府官僚所拟"（"关于戊戌政变的一项重要史料"，《乘桴新获》25页）。然原件既留日本外务省，何来清官员代拟书名一说？

同时，康心中的确酝酿着一个"以备不测"的军事计划。将在九月十五日举行的天津阅操令他"夙夜虑此"，先是"连日草疏请仿日本立参谋本部，选天下虎罴之士、不二心之臣于左右，上亲摄甲胄而统之"（《自编年谱》65页）；既而托徐致靖、谭嗣同等劝王照"往芦台夺聂提督（士成）军以卫皇上"，照力辞不可，大呼曰："王小航能为狄仁杰，不能为范雎也。"（《新史料》，《戊戌变法》第四册332页）诸方案皆不成功的情况下，这才想到"将帅之中，袁世凯夙驻高丽，知外国事，讲变法……与董、聂一武夫迥异"，而萌召袁入京之计（《自编年谱》65页）。

姜鸣曾把康有为比作一个"旧小说旧戏文看得太多的土乡绅"（《天公不语对枯棋》180页），就他对宫廷政治的理解而言，上述策略应该称得上是比较稳妥且高瞻远瞩了。变故发生得极其突然，七月三十日（9月15日）皇上赐杨锐衣带诏（赐诏日期说法不一），先描述一番不能罢黜守旧大臣的近来为难情形，接下来道："朕亦岂不知中国积弱不振，至于阽危，皆由此辈所误？但必欲朕一早痛切降旨，将旧法尽变而尽黜此辈昏庸之人，则朕之权力，实有未足。果使如此，则朕位且不能保，何况其他？今朕问汝，可有何良策，俾旧法可以渐变，将老谬昏庸之大臣尽行罢黜，而登进英勇通达之人，令其议政，使中国转危为安，化弱为强，而又不致有拂圣意（指太后）。尔等与林旭、谭嗣同、刘光第及诸同志等妥速筹商，密缮封奏，由军机大臣代递，候朕熟思审处，再行办理，朕实不胜紧急翘盼之至。"（上谕之二二八，《戊戌变法》第二册91—92页）

康、梁历来渲染诏中的"朕位不保"这句话，以致"大众痛哭不成声"，"誓死救皇上。"（《自编年谱》67页）姜鸣正确地指出这实际不是一份告急文书，"'朕位不保'的前提是'将旧法尽变，尽黜昏庸之人'这一假设，皇帝是咨询'良策'，而不是授权救援行动，况且他还要'熟思'，方案要'不致有拂圣意'。"（《天公不语对枯棋》173—174页）

至八月初二（9月17日），皇上又谕康氏："前命其督办官报局（指改《时务》为官报），此时闻尚未出京，实堪诧异。……著康有为迅速前往上海，毋得迁延观望。"（上谕之二四二，《戊戌变法》第二册97页）

然而康在流亡途中写给李提摩太的信中却抛出两份不同版本的"密谕"。其一曰："朕惟时局艰难，非变法不足以救中国，非去守旧衰谬之大臣、而用通达英勇之士不能变法。而皇太后不以为然，朕屡次几谏，太后更怒。今朕位几不保，汝康有为、杨锐、林旭、谭嗣同、刘光第等可妥速密筹，设法相救。朕十分焦灼，不胜企望之至。"（上谕之二二九，《戊戌变法》第二册92页）

其二曰："朕今命汝督办官报，实有不得已之苦衷，非楮墨所能罄也。汝可迅速出外，不可迟延。汝一片忠爱热肠，朕所深悉。其爱惜身体，善自调摄，将来更效驰驱，共建大业，朕有厚望焉。"（上谕之二四三，《戊戌变法》第二册97页）

两相对照，则面目全非矣。这又是事后精心补缀而成的一个局，王照揭发道："今康刊刻露布之密诏，非皇上之真密诏，乃康所伪作者也。"（《新史料》，《戊戌变法》第四册333页）

造局的目的不过是要圆他的动兵之议。至于为何突感朝局危疑，显然是听到了什么风声。大风起于青萍之末，那么怎样的风声会让康心惊肉跳，情急之下欲作垂死一搏呢？检《自编年谱》，"荣禄见袁世凯被召，即调聂士成守天津，以断袁军入京之路，调董福祥军密入京师，以备举大事。杨崇伊于初二日至颐和园遽请训政摺，西后意定。"（66—67页）康于是知道到了最危险的时候，仓促派谭"说袁勤王，率死士数百扶上登午门而杀荣禄，除旧党"（《自编年谱》67页）。可见由"备不测"转为动真格的，其拟想的行动规模犹不超出"勤王"，似乎并未决绝到要拿太后开刀的程度。宣统元年（1909）杨锐之子杨庆昶将父亲留下的德宗朱谕呈缴都察院，罗惇曧后来在《宾退随笔》中公布这份神秘的衣带诏时，加上一段按语曰："德宗绝无废太后之心，特当时造谣以重变法诸臣之罪耳。"（《戊戌清德宗之密诏》，左舜生辑《中国近百年史资料续编》421页，台湾中华书局，1983年）

疑案真的就此解开了吗？杨天石读梁启超致康有为密札却又有了惊人的发现。密札写于1909年1月2日清廷罢斥袁世凯后，中云："戊戌密谋，鄙意谓必当隐讳，盖投鼠忌器，今两宫皆殂，前事非复嗣统者所忍言，非伤德宗，伤孝钦，为监国计，实无从理此曲直也。故弟子写信入都，皆力辩戊戌绝无阴谋，一切悉由贼虚构，专归罪于彼一人（指袁世凯），则可以开脱孝钦，而事易办。师谓何如？望此后发论，跟此一线，以免异同，为叩！"（"康有为'戊戌密谋'补证"，《寻求历史的谜底》46页，原件载蒋贵麟《万木草堂遗稿外编（下）》台北版）事实上康、梁等删窜史实、毁誉任情早已不是新闻，王照在1929年写给友人的信中便有所披露，谓梁启超逃至日本，立即于横滨"创办清议报，大放厥词，实多巧为附会（如制造谭复生血书一事，余所居仅与隔一纸槅扇，夜中梁与唐才常、毕永年三人谋之，余属耳闻之甚悉，然佯为睡熟，不管他）"（"复江翊云兼谢丁文江书"，转引自《戊戌变法》第二册575页）。

是历史，还是历史的"创造者们"有意与后人开的一个玩笑？当我们觉得和真相无限接近时，它却稍纵即逝，像一只断了线的风筝，轻灵地，不无诡异地，越飞越远了。这简直是中国版的"罗生门"，让人不由再次想起曾文正"天下无真是非"之感慨。

　　然而上述种种不过苍狗浮云，历史真正定格在八月初六这晦暗的一天，百日维新戛然而止。巧合的是，七月二十九日，实行内阁制的明治政府首任首相伊藤博文来到了北京，并对李鸿章等说下这样一番话：“当我从英国回国时，我的上司——威仁亲王——问我是否认为日本有什么东西需要改变。我回答说：‘所有一切’。”（《中国觉醒》151页）甚至政变前一日光绪在西苑勤政殿接见伊藤时还在问他：“我中国近日正当维新之时，贵爵曾手创大业，必知其中利弊，请为朕详晰言之，并望与总署王大臣会晤时，将改革顺序、方法告之。”（森泰二郎《清国皇帝陛下谒见之次序》，转引自《乘桴新获》18页）

　　慈禧复出训政，初则“与德宗并坐，若二君焉，臣工奏对，（德宗）嘿不发言，有时太后肘使之言，不过一二语止矣”（《清稗类钞·帝德》“德宗抑郁”）；后来干脆把他关到“四面皆环以水，一面设板桥以通出入”（《戊戌政变记》）的中南海瀛台软禁起来。

　　光绪在小岛上“既不能畅游北海，遥望紫禁城也只能见到黄色的琉璃瓦而已”（《慈禧与我·御苑兰馨记》153页）。偶至太监屋，取几上《三国演义》阅数行掷去，长叹道：“朕并不如汉献帝也！”（《崇陵传信录》，《近代稗海》第十三辑492页）

　　据德龄描述，在度日如年的岁月中，失去自由的光绪开始写一本十年后给他招来杀身之祸的日记，其中一段文字大意是这样的：“我现在病得很重，但是我心里觉得老佛爷必定会在我以前死。若果如此，我必下令斩杀袁世凯与李莲英。”（《慈禧与我·御苑兰馨记》182页）入宫前贩硝磺、补皮鞋（由是得“皮硝李”徽号），由梳头房太监晋升为大总管的李莲英[①]读此大惊，请示主子后即揽过皇上一切饮食医药之事。光绪随后卧床不起，“明知道他是逐渐的中毒，可是他却无能为力”，至三十四年十月二十一日（公历1908年11月14日）“在万分痛楚中死去”（《慈禧与我·御苑兰馨记》183—184页）。翌日慈禧亦崩。

　　又据梁任公《戊戌政变记》，曾有法国医士奉召入诊，“详细情形，外间传言不一”，“某西报载述法医之言，谓皇上每日饮食中，皆杂有硝粉，故病日增”。这似乎部分印证了德龄的叙述。黄浚亦认为帝与西后“毕竟先后一日而殂，天下无此巧事也”。“其实德宗正坐西后暴病，遂益趣其先死，此则纯为累年之利害与恩怨，宫中府中，皆必须先死德宗也”；迨至民国十年后，“私家笔记间出，宫女太监，亦能道之，事实始渐露。”（《花随人圣盦摭忆》117页）

　　百年以来虽人言籍籍，苦无确证，最后还得靠科学来说话。自2003年起，中国原子能

[①] 见《清朝野史大观》卷一《清宫遗闻》“李莲英”条。

科学研究院反应堆工程研究设计所、北京市公安局法医检验鉴定中心等单位联合组成"清光绪帝死因"专题研究课题组，运用现代科技手段检测清西陵保存的光绪头发、衣服、遗骨，历时五年，形成一部《清光绪帝死因研究工作报告》，结论是："光绪帝系砒霜中毒死亡。"（戴逸"光绪之死"，《清史研究》2008年11月第4期31页）据此而知德龄的《御苑兰馨记》等书，固然不可全信，亦不可径当成"小说家言"看待，或许不少鲜为人知的"真相"竟藏匿其中①。如她所言，"将过去的事细细研究起来，我虽竭力想祖护老佛爷，可是对于她之终身虐待光绪，以及她谋害光绪性命的事，我却无法替她找出丝毫藉口。"（《慈禧与我·御苑兰馨记》184页）主持光绪死因研究课题的戴逸虽未能锁定真凶，亦承认：慈禧"自己先罹重病，势将不起，故临终前令亲信下手毒死光绪。从检测结果与史料记载来看，这应是事实的真相。"（"光绪之死"，《清史研究》2008年11月第4期32页）

　　古希腊神话中太阳神赫利俄斯之子法厄同（Phaethon）驾驭父亲的太阳金车飞上天空，马儿脱缰，大地燃烧。丁韪良把1898年发生在中国的政变比作"法厄同寓言在现实生活中的再版"，慈禧太后化身为有着雷霆万钧之力的"众神之父"宙斯，"把帝国从一场即将燎原的大火中拯救出来"；"那位年轻的马车夫被从天上击落，太阳也没有从西边升起，而是被送回了原来的轨道。"（《中国觉醒》171页）

　　经历了推翻光绪新政（唯留京师大学堂）、让四万万人民重沐太后恩泽的短暂快乐，以及两年后八国联军攻陷京师的刻骨惨痛，携光绪"远幸"西安的慈禧在庚子年（1900）岁末忽然宣布也要变法，冒险尝一尝亲自驾驭那辆"太阳金车"的滋味了。"戊戌年康有为要辅助光绪帝行的新政，这时西太后都行了，而且超过了"（蒋廷黻《中国近代史》162页），因此颇意满志得地责令皇上"先自骂二句，曰：'康有为之变法非变法也，乃乱法也'。"（王照口述、王树枏笔录《德宗遗事》第十二节）

　　新的变法活过了"百日"，并且活到光绪三十一年（1905）有了更大的动静。是年六月，命"载泽、戴鸿慈、徐世昌、端方等随带人员，分赴东西洋各国考求一切政治，以期择善而从"（《德宗实录》卷五四六）。成员名单后易为载泽、尚其亨、李盛铎、端方、

---

① 拉铁摩尔谈文献材料的甄别与使用问题，曾特别提到民间故事的价值，"因为不是正式记载，民间故事虽然不能用来证实历史事件，但它可以表现那时社会的观念，甚至是那些已无法复原其政治事件的社会的观念。"（《内陆边疆》193页）明、清两代因特殊原因，皇家禁忌最多，修正史者于敏感事件往往噤若寒蝉，甚至有奉旨改篡《实录》事发生，此时所谓"稗官野史"便为后人回看历史另提供一副眼光、开启一扇窗口，理应让谨慎而挑剔的正统学者们放弃偏见，对种种"不经"文字重新加以审视。孔子曰："礼失而求诸野"，"野"字本无贬义，考虑到现代汉语的演变及使用习惯，过去所作"正史""野史"之区分或可易为"官史""私史"，而不致沾上厚此薄彼之嫌。

戴鸿慈，是为"五大臣出洋考察团"，丁韪良称"在中国历史上唯一可以与之相模拟的就是公元66年，汉明帝派人前往天竺国去寻求一种更好的信仰。这个更早的使团所借来的一些火星重新点燃了汉朝的祭坛，现在的这个使团则提出要引入宪政改革这个新的因素"；并引用《益闻西报》（*The Chinese Times*）译载清廷《京报》的报道曰：考察归来的五大臣联合上了一个奏折，"热切地请求皇上降旨，以五年为限，'在中国实行宪政'。"（《中国觉醒》152页）

是年八月，袁世凯、张之洞会奏："科举夙为外人诟病，学堂最为新政大端。……欲补救时艰，必自推广学校始，而欲推广学校，必自先停科举始。拟请宸衷独断，雷厉风行，立沛纶音，停罢科举。"遂诏自下科为始，"所有乡、会试一律停止，各省岁科考试亦即停止。"（《光绪朝东华录》第五册总5390—5392页）

与科举时代"人自为谋，国家不支出教育经费，而得设无限之学校"的情况相比，学堂教育"困于经费，限于学额，而普及较难"（"论今日之教育行政"，《杜亚泉文存》318页，上海教育出版社，2003年）。政府初无准备、骤改学制的恶果很快显现出来，"原业科举之士失业者千万人，既难一切收入学堂，亦无如许之学堂概归造就，且地方贫困，搜括已穷，新政屡兴，尤苦罗掘。以是一县之中延至一二年，不能有一完全学堂，以资教育，官司苟为敷衍，人才坐见消亡，父兄子弟有太息相戒不学，故一乡十里数十里之中，求一旧有之蒙学馆而不得。"（《候补内阁中书黄运藩请变通学务，科举与科学并行，中学与西才分造呈（光绪三十三年七月十八日）》，《清末筹备立宪档案史料（下）》981页，中华书局，1979年）勉强办起来的学堂多有名无实，"名义上无论为官公私立，实际则皆为一二私人，歆于创立学堂之名誉，且冀筹取地方之公款以恣其消费，凭借官厅之权力以张其声势，非实有教育上之见地与其志愿者也。故内容之陋劣，现象之骇怪，不但失社会之信用，且以增社会之恶感。试将此种学堂，与从前之家馆义塾，比较其教育上之价值，如以从前之教育为单位，则此种学堂，当为零以下之负数。"（"论今日之教育行政（续）"，《杜亚泉文存》322页）

五四时期偕梁漱溟与陈独秀、胡适等展开东西方文化问题论战的杜亚泉于1911年在他担任主笔的《东方杂志》上撰文称，"科举之废，学堂之兴，亦已十年于兹矣，而教育之普及，较之科举时代，乃反见其退步焉"，遂"直以当日之设学堂、废科举，为多事矣。向使当日者，不废科举之制度，但稍稍改易其课士之程式，简稍通时事之儒臣，典试各省，招一二研究科学及肄习外国语者，入其幕中，依今日之教科门类，列为试题，以定弃取，则科举之奖励，决不难与学堂之奖励收同一之效果也；且以予意观之，不但收同一之效果而已，其效果且倍蓰焉"（"论今日之教育行政"，《杜亚泉文存》317—318页）。

事实上，当年力请废科举的张之洞事后"追悔诟病，情见乎词"（《给事中李灼华奏学堂难恃，拟请兼行科举摺（光绪三十三年八月十一日）》，《清末筹备立宪档案史料（下）》995页）；而"悔过"者又不止他一个。曾在光绪颁"废除八股"谕后主张"不惟八股当废，即科举亦当全废"（《戊戌政变记》）的梁启超若干年后转而大声疾呼"科举非恶制也"，此法实我先民千年前一大发明，美、英、德、日行之大效，"人方拾吾之唾余以自夸耀，我乃惩末流之弊而因噎以废食，其不智抑甚矣。吾故悍然曰：复科举便！"（《饮冰室合集·文集》之二十三《官制与官规》）曾经痛陈"中国之割地败兵，非他为之，八股致之"（《请废八股试帖楷法试士改用策论摺（光绪二十四年四月二十九日）》，《康有为政论集（上）》卷一270页）的康有为回过头来同样为科举制平反，曰："废科举而用学校，则学者自听讲义课读本外，束书不观，乃至中国相传之名物、日用之书亦不之识，其愚闭乔僿殆甚于八股之时。而八股之士，尚日诵先圣之经，得以淑身而善俗；今学校之士，则并圣经而不读，于是中国数千年之教化扫地。而士不悦学，惟知贪利纵欲，无所顾忌，若禽兽然。"（《中国还魂论（1913年11月）》，《康有为政论集（下）》卷三927页）

废科举的大时代背景蒋廷黻总结得很清楚："人与人的竞争，民族与民族的竞争，最足以决胜负的，莫过于知识的高低。科学的知识与非科学的知识比赛，好像汽车与洋车的比赛。在嘉庆道光年间，西洋的科学基础已经打好了，而我们的祖先还在那里作八股文，讲阴阳五行。"（《中国近代史》第3页）接下来头破血流的我们认错了，深感落伍了，知耻而后勇了，于是叫嚷百事不如人，"不但物质机械上不如人，不但政治制度不如人，并且道德不如人，知识不如人，文学不如人，音乐不如人，艺术不如人，身体不如人"（胡颂平编著《胡适之先生年谱长编初稿》（以下简称《年谱长编初稿》）第三册945页，联经出版事业公司，台北，1984年），仿佛只有切断历史、从头再造才是迎头赶上的唯一生路。科举制不幸首当其冲，成了这股潮流的牺牲品。

对此钱穆讲过一番话："无论如何，考试制度，是中国政治制度中一项比较重要的制度，又且由唐迄清绵历了一千年以上的长时期。中间递有改革，递有演变，积聚了不知多少人的聪明智力，在历史进程中逐步发展，这决不是偶然的。直到晚清，西方人还知采用此制度来弥缝他们政党选举制之偏陷，而我们却对以往考试制度在历史上有过千年以上根柢的，一口气吐弃了，不再重视，抑且不再留丝毫顾惜之余地。那真是一件可诧怪的事。"（《中国历代政治得失》89页）

历史上的科举制并非孤立存在，而是与同样凝聚先民智能的其他制度环环相扣，一起组成"统一中国、巩固秩序"①，维持国家机器正常运转的一套庞大而精密的社会整合机制；弥漫着自由学术空气的书院制便是其中之一，刚猛勇进如胡适之者亦承认，"可惜光绪政变，将一千年来的书院制度完全推翻，使一千年来学者自动的研究精神，将不复见于今日。"（《年谱长编初稿》第二册566页）

西人对科举制的热情溢于言表，威尔·杜兰（Will Durant）所著《世界文明史》称古代中国的官员"是经由人类所发展出的选择公仆的方法中，最奇特、最令人赞赏的方法所选举出来的"；它的特点在于"最能调和贵族政治和民主政治"，"以民主的方式，让人人都有接受这种训练的机会，以及以贵族的方式，严格的限制只有那些被证明是最好的人才有谋得官职的机会。"（第一卷《东方的遗产》（Our Oriental Heritage）544—545页，台湾幼狮文化公司译，东方出版社，北京，1998年）从这番描述不难看出，今日人们津津乐道的"精英政治"的种子早已孕育其中。

甚至光绪初年，总税务司赫德的两个儿子"仰慕中国科名，纳监入籍顺天，且延名师攻八股，以期应试。至乡试年，为北皿号生群起而攻之，乃不敢入场"。李鸿章闻其事，连叹"朝中无人，朝中无人！"（《清代野记》卷中"外人羡我科第"条）

钱穆说科举制"在理论上决不可非议，但后来仍然是毛病百出；然我们并不能因其出了毛病，而把此制度一笔抹杀"（《中国历代政治得失》55页）。所谓改革，"改"与"革"并行，激进人士情绪上来，往往用"革"显示其勇气与决心，赚取大众的欢呼与喝彩，而忽略了"改"这一更需耐心、细致的工作。科举制不过是群情激昂之下被"革"掉的一项内容（后面我们还会专门谈到），美国人杜兰叹称："当这个制度以及由这个制度而带起的整个文化，被那无情的进化和历史破坏推翻时，这实在是一件最大的不幸。"（《东方的遗产》546页）

悲情李鸿章

日本赖维新而致强盛，有外人评道："日本晚出，锐意求进，在亚细亚最有名，甚喜其国日益昌大。中国为天下第一大国，出名最久，诸国皆仰望之，甚喜其有富强之业，能早自奋发为佳也。"又曰："中国宜早醒，莫再酣睡，早醒一日有一日之益。"（《郭嵩焘日记》卷三416页，光绪四年正月初九日）同、光年间李鸿章无疑是国人中早醒的一

① 汤因比语，《展望二十一世纪——汤因比与池田大作对话录》275页，荀春生、朱继征、陈国梁译，国际文化出版公司，北京，1985年。

个，郭嵩焘、曾纪泽的眼光或在他之上，却无权办事；李氏早醒的积极意义在于，他能以疆臣身份遥执朝政，又勇于任事，尽其所能给当日中国带来一些实实在在的变化，而不再是花里胡哨地"弄空枪于烟雾之中"。

同治初还在率淮系子弟同太平军作战的李鸿章致函总理衙门曰："天下事穷则变，变则通。中国士夫沉浸于章句小楷之积习，武夫悍卒又多粗蠢而不加细心，以致所用非所学，所学非所用。……前者英法各国以日本为外府，肆意诛求。日本君臣发愤为雄，选宗室及大臣子弟之聪秀者，往西国制器厂师习各艺，又购制器之器，在本国制习。现在已能驾驶轮船，造放炸炮。……夫今之日本即明之倭寇也，距西国远而距中国近。我有以自立，则将附丽于我，窥伺西人之短长；我无以自强，则将效尤于彼，分西人之利薮。日本以海外区区小国，尚能及时改辙，知所取法。然则我中国深维穷极而通之故，夫亦可以皇然变计矣。"（《筹办夷务始末（同治）》卷二十五）蒋廷黻在其篇幅不长的《中国近代史》中不惜大段抄录此函，称，"这封信是中国十九世纪最大的政治家，最具历史价值的一篇文章，我们应该再三诵读。……李鸿章在同治三年已经看清中国与日本，孰强孰弱，要看哪一国变的快。日本明治维新运动的世界的历史的意义，他一下就看清了，并且大声疾呼的要当时的人猛醒与努力。这一点尤足以表现李鸿章的伟大。"（蒋著《中国近代史》86页）

李鸿章字渐甫，号少荃①，安徽合肥人，先世本姓许。道光丁未年（1847）登进士第，是科状元为张之万，同榜还有沈桂芬、沈葆桢、丁寿昌、郭嵩焘、马新贻，皆是一班有头有脸响当当的人物（见窦宗一（仪）编《李鸿章年（日）谱》，载《近代中国史料丛刊续编》第七十辑4772页）。

鸿章以兵事起家，剿太平军、剿捻，封一等肃毅伯，"在军中十五年未尝有所挫衄"（梁启超著《李鸿章》（即"中国四十年来大事记"），《饮冰室合集·专集》之三）；晚年访欧，前德相俾斯麦（Otto Von Bismarck）告以："我欧人以能敌异种者为功，自残同种以保一姓，欧人所不贵也"（同上引）——然则这段貌似骄人的戎马生涯实不值一提，更何况还有为人诟病的苏州杀降污点（见本书574页注一）困扰其一生②。但也并非全无可书之处，事实上，入曾氏幕府的数年（中间因意见不合辞去，闲居江西一年），对他

---

① 《清史稿》及李书春撰《李鸿章年谱》皆误以"少荃"为鸿章字，对此庄练有详细考辨（见《中国近代史上的关键人物（中）》第2—3页，中华书局，1988年）。

② 跟随李多年的周馥记曰："（杀降）后三十余年，余侍李文忠济南旅馆，夜坐偶谈及前事，文忠尚以为歉。余曰：'……投降者许以不死而复杀之，似伤天理、失大信，降酋何致复叛？当时似欠处置之方耳。'文忠颇是余言。"（《周悫慎公全集》第三十五册《负暄闲语》卷上"处事"条，民国十一年秋浦周氏校刻本）

来说正是"最得力之实验学校"，"其一生立身行己、耐劳任怨、坚忍不拔之精神，与其治军驭将、推诚布公、团结士气之方略，无一不自国藩得之。"（同上引）

故李氏"平素最服膺曾文正公，启口必称'我老师'，敬佩殆如神圣"（吴永①口述、刘治襄记《庚子西狩丛谈》卷四130页，《近代中国史料丛刊》第一辑）。又曰："吾从师多矣，毋若此老翁之善教者，其随时、随地、随事，均有所指示。虽寻常赠遗之物，使幕府皆得见之，且询其意。是时或言辞，或言受，或言辞少而受多，或言辞多而受少，或取乎此，或取于彼。众人言毕，老翁皆无所取，而独抒己见，果胜于众。然后心悦而诚服，受化于无形焉。"（刘体智《异辞录》卷一"李鸿章初入曾军"）

据说曾国藩有十八条秘传心法，最重要的乃是"挺经"。何谓挺经？譬如说："一家子，有老翁请了贵客，要留他在家午餐。早间就吩咐儿子，前往市上备办肴蔬果品，日已过巳，尚未还家。老翁心慌意急，亲至村口看望，见离家不远，儿子挑着菜担，在水塍上与一个京货担子对着，彼此皆不肯让，就钉住不得过。老翁赶上前婉语曰：'老哥，我家中有客，待此具餐。请你往水田里稍避一步，待他过来，你老哥也可过去，岂不是两便么？'其人曰：'你教我下水，怎么他下不得呢？'老翁曰：'他身子矮小，水田里恐怕担子浸着湿，坏了食物。你老哥身子高长些，可以不致于沾水。因为这个理由，所以请你避让的。'其人曰：'你这担内，不过是菜蔬果品，就是浸湿，也还可将就用的；我担中都是京广贵货，万一着水，便是一文不值。这担子身分不同，安能教我让避？'老翁见抵说不过，乃挺身就近曰：'来来，然则如此办理，待我老头儿下了水田，你老哥将货担交付于我，我顶在头上，请你空身从我儿旁边岔过，再将担子奉还，何如？'当即俯身解袜脱履。其人见老翁如此，作意不过，曰：'既老丈如此费事，我就下了水田，让尔担过去。'当即下田避让。他只挺了一挺，一场争竞就此消解。"（《庚子西狩丛谈》卷四132—133页）

日人德富苏峰评价李鸿章道："彼无论如何之事，不惊其魂，不恼其心；彼能忍人所不能忍，无论若何失望之事，视之如浮云过空。虽其内心或不能无懊恼乎？无悔恨乎？然其痕迹从何处求之见之！……其容忍力之伟大，吾人所尊敬膜拜而不能措者也。"（梁著《李鸿章》）殊不知秘诀所在正是曾文正传授的那条"挺经"。同治十一年（1872）国藩去世后，李寄挽联云："师事近三十年，薪尽火传，筑室忝为门生长；威名震九万里，内安外攘，旷世难逢天下才。"（《庸盦笔记》卷一《史料·李傅相入曾文正公幕府》）

---

① 吴永，字渔川，一字槃盦，别号观复道人，浙江吴兴人，系曾国藩孙女婿。

世人皆知李与曾关系非同寻常，未第时"以年家子从文正习制举文"（同上引）①，但他真正的师门渊源却要上推到死敌翁同龢之父翁心存（字二铭）那里。科举时代通例，"于乡会试总裁、朝殿试阅卷大臣，皆尊为老师，自称门生。"（《异辞录》卷三"李文田黜康有为"）翁心存典试道光乙未年（1835）浙江乡试，取瑞安孙锵鸣。丁未（1847）会试，孙为房考官，取李鸿章、沈葆桢，领之谒见太老师。心存首见李，大惊赏曰："是人功业在我辈上。"次见沈，又激赏曰："当为名臣。"（夏敬观《学山诗话》，《民国诗话丛编》第三册38页，上海书店出版社，2002年）王闿运说，"李少荃平生服事翁二铭，于曾蔑如也。"（《湘绮楼诗文集·王志》卷一《论道咸以来事》）曾国藩"自金陵克捷以后，战战兢兢，若芒在背"（梁著《李鸿章》），黄浚称他为"极深沉有心术之人，性毗阴柔，实师黄老……非效愚忠于满清者"（《花随人圣盦摭忆》138页）。门生俞樾（字荫甫，即红学家俞平伯曾祖父）平生专意著述，国藩戏道："李少荃拼命做官，俞荫甫拼命著书，吾皆不为也。"（《春在堂随笔》卷一）故湘绮之言可信，"盖曾李路数各别。"（《花随人圣盦摭忆》138页）《清史稿》本传亦谓李"自壮至老，未尝一日言退，尝以曾国藩晚年求退为无益之请，受国大任，死而后已"②。

平太平天国，鸿章四十一岁；平捻，四十五岁。遂授直隶总督兼北洋大臣，其后二十余年所办事不外洋务、外交。李谓"外交之道与自强之谋相为表里"（《李文忠公全集·奏稿》卷二十五《德国兵官请给宝星片（光绪元年六月初六日）》），二事合为一事，正概括了他对国家近代化的整体构想。

深感"中国兵力平内乱有余，御外侮不足"，李之自强观首在国防，"海陆军事是其生平全力所注也"（梁著《李鸿章》）；再由兴军工而"渐开风气，以利民用"，"于洋务开用人之途"（《奏稿》卷二十四《筹议海防摺（同治十三年十一月初二日）》），所谓牵一发动全身。当列强环伺之际，这样一个由点及面、循序渐进的强国计划似乎比后来康有为连根带枝、眉毛胡子一把抓的彻底改革方案更有现实意义，也更具操作性。

李识见过人之处又在以兴办海军为急务。中国历代边患多自西北起，东南海上倭寇滋事已属晚近，且远不致动摇社稷根本；然进入十九世纪形势骤变，光绪二十一年（1895）胡燏棻疏云："就今日之情事以观，凡地球近海之邦，苟非海军强盛，万无立国之理。"

---

① 李父文安与曾国藩为同年进士，鸿章故称"年家子"。

② 薛福成尝以"麻衣柳庄之术"相曾、李二人，曰："曾文正公器宇凝重，面如满月，须鬓甚伟，殆韩子所云如高山深林，巨谷龙虎，变化不测者。……合肥傅相肃毅伯李公，长身鹤立，瞻瞩高远，识敏辞爽，胸无城府，人谓其似仙鹤之相。"（《庸盦笔记》卷二《史料·谈相》）

（沈桐生辑《光绪政要》卷二十一21页，《近代中国史料丛刊》第三十五辑）早在同治十三年（1874）李便敏锐地洞察到，"今则东南海疆万余里，各国通商传教，来往自如，麋集京师及各省腹地，阳托和好之名，阴怀吞噬之计，一国生事，诸国构煽，实为数千年来未有之变局。轮船电报之速，瞬息千里；军器机事之精，工力百倍；炮弹所到，无坚不摧，水陆关隘，不足限制，又为数千年来未有之强敌。外患之乘，变幻如此，而我犹欲以成法制之，譬如医者疗疾，不问何症，概投之以古方，诚未见其效也。"（《奏稿》卷二十四《筹议海防摺（同治十三年十一月初二日）》）晚清执政集团中有此眼光者，李当为第一人。

总税务司赫德尝言："中国大要有二：其一曰内事，其二曰外防。内事非外人所敢置议，外防有边防、有海防，吾所陈者海防一事而已。"郭嵩焘谓"其意盖欲以西洋之规模，施之中国，而以海防引其端"（《洋务运动》第一册《福建按察使郭嵩焘条议海防事宜》142页）——此语直似为李公后半生事业所下的注脚。比较李鸿章与康有为，毋论高下，其宗旨则一，盖殊途同归也。故李对康党无恶感，戊戌政变后外放到广州，接过胞兄瀚章曾经担任的两广总督一职①，时希功求进之徒日奔走于门，劝曰："公如得逆首，宜进封侯。"又曰："或进封公。"李笑道："且进封王。"朝旨令掘康在粤省先茔，李拒不从命（见《异辞录》卷三"李鸿章蔑视党案"）。据孙宝瑄《日益斋日记》（孙为李瀚章婿），太后尝以弹章示李，谓"有人诿尔为康党"。李答曰："臣实是康党。废立之事，臣不与闻，六部诚可废，若旧法能富强，中国之强久矣，何待今日？主张变法者即指为康党，臣无可逃，实是康党。"太后竟无语（见《戊戌变法》第一册539—540页）。

值中国日弱、外人日骄，李之外交观其实简单得不能再简单，不过"忍小忿而图远略"（《李文忠公全集·朋僚函稿》卷十四"复沈幼丹节帅（同治十三年九月二十日）"），"守疆土，保和局而已"（《奏稿》卷十九《筹议制造轮船未可裁撤摺（同治十一年五月十五日）》），以忍辱负重的精神为已然落后的中国创造一个迎头赶上的和平环境。要之，凡中外交涉，"每举一事，动关全局，是以谋画之始，断不可轻于言战。"（《奏稿》卷四十八《妥筹边计摺（光绪九年十一月二十八日）》）

鸿章自称办一辈子外交，未闹出乱子，皆曾国藩一言指示之力。履任北洋之初，李抱定"打痞子腔"（皖中土语，义同油腔滑调）的主意与洋人交涉。曾帅闻言，"将须不

---

① 对这一人事调动，徐一士评曰："鸿章久督畿辅，为疆臣领袖者二十余年，昔所不屑为之粤督，今则受命欣然，所谓此一时彼一时也"（《凌霄一士随笔》，《近代中国史料丛刊续编》第六十四辑472页）。

已，久久始以目视我曰：'依我看来，还是用一个诚字，诚能动物，我想洋人亦同此人情。圣人言忠信可行于蛮貊，这断不会有错的。我现在既没有实在力量，尽你如何虚强造作，他是看得明明白白，都是不中用的。不如老老实实，推诚相见，与他平情说理；虽不能占到便宜，也或不至过于吃亏。无论如何，我的信用身分，总是站得住的。脚踏实地，蹉跌亦不至过远，想来比痞子腔总靠得住一点。'……后来办理交涉，不论英俄德法，我只捧着这个锦囊，用一个诚字，同他相对，果然没有差错，且有很收大效的时候。"（《庚子西狩丛谈》卷四131—132页）

主和一说实发端于郭嵩焘。咸丰时郭氏尝言："洋务一办便了，必与言战，终无了期。"闻者默然，尚书陈孚恩[①]引郭至僻处告诫道："适言洋务不战易了，一战便不能了，其言至有理，我能会其意，然不可公言之，以招人指摘。"（《玉池老人自叙》第10页，《近代中国史料丛刊》第十一辑）光绪初中俄伊犁交涉事起，郭又疏称"廷臣主战只是一隅之见"，"国家办理洋务当以了事为义，不当以生衅搆兵为名，名之所趋，积重难返。"（《郭侍郎奏疏》卷十二《论俄事疏》28—29页（该疏由李代进），《近代中国史料丛刊》第十六辑）同治九年（1870）曾国藩会同通商大臣崇厚查办天津教案（见本书589页注一），深晓中外强弱，和战利害，亦"坚保和局，不与洋人搆衅，以致启兵端"，并致函崇厚称"有福同当，有谤同分"（《曾文正公全集》第一部《年谱》卷十二）。

梁启超以外交为断定李氏功罪的最大张本，谓"李鸿章之负重望于外国也以外交，李鸿章之负重谤于中国也亦以外交"（《李鸿章》）。鸿章尝为饱受诟病的主和思想自辩道："臣从事军中十余年，向不敢畏缩……惟洋务涉历颇久，闻见稍广，于彼己长短情形之处知之较深，而环顾当世，饷力人才实有未逮"；廷臣争言驱逐，"彼之所长，己之所短，尚未探讨明白，但欲逞意气于孤注之掷，岂非视国事如儿戏耶？"（《筹议海防摺》）奉旨勉为其难收拾庚子之变的烂摊子，鸿章"子身入京，左右前后皆敌军，日与其使臣将帅争盟约"（《清史稿》本传）。这是他平生办理的最后一项交涉，"存亡危急，忍气吞声，诚人情所最难堪哉！"（梁著《李鸿章》）对这场超乎常人想象的复杂外交斗争，庄练写道：李"费尽唇舌，几经折冲，最后终算能以并不十分惨酷的代价签订《辛丑和约》，把支离破碎的中国从瓜分豆剖的边缘中挽救过来"（《中国近代史上的关键人物（中）》66页）。心力交瘁，积劳呕血，这位不久于人世的八旬老人在病榻上总结凝聚其

---

① 陈孚恩，字子鹤，江西新城（今黎川）人，官至礼、兵、刑、户、吏各部尚书，道光帝赐匾"清正良臣"。辛酉政变后坐昵附肃顺，遣戍新疆，值回变，阖家殉难（见《清史稿》本传）。

半生心血的"保和"外交观曰："臣等伏查近数十年内，每有一次构衅，必多一次吃亏。上年事变之来尤为仓猝，创深痛巨，薄海惊心。今和议已成，大局少定，仍望我朝廷坚持定见，外修和好，内图富强，或可渐有转机。譬诸多病之人，善自医调，犹恐或伤元气；若再好勇斗很（同'狠'），必有性命之忧矣。"（《奏稿》卷八十《和议会同画押摺（光绪二十七年八月初十日）》）

追溯起来，李氏的不和谐音是在同、光之交的"塞防""海防"大辩论上首次发出的，不光招致时人、亦包括后人反对。起于同治初的西北回变是一场空前惨烈的民族仇杀，左宗棠部下杨昌浚为《平定关陇纪略》作序云："回仇汉民甚，所至荼毒惨酷异常。死者既暴骨如莽，生者复转徙之他。蝗旱继之，疫疫又继之，浩劫之余，孑遗有几？方是时，千里萧条，弥望焦土。"（中国史学会主编"中国近代史资料丛刊"《回民起义》第三册243页，神州国光社，1952年）自闽浙移督陕甘的左宗棠奏称："陕回窃据（董志塬）以来，远近城邑寨堡惨遭杀掠，民靡孑遗，平（凉）、庆（阳）、泾（川）、固（原）之间，千里荒芜，弥望白骨黄茅，炊烟断绝，被祸之惨，实为天下所无。"（《追缴逆回大胜，荡平董志原，庆泾各属一律肃清摺（同治八年四月初一日）》，《奏稿》卷三十一，《左宗棠全集》第六册）

官军的镇压与屠杀同样惨绝人寰。左氏从太平军那里得到的教训是："如果我不将他们毁灭，如果我不斩草除根，他们就会毁灭我"（《对外关系史》卷二363页引《慈禧外纪》）；著名回民作家张承志因而在"熔历史、宗教、文学为一炉"的《心灵史》书中把他称作"中国穆斯林的血仇死敌"。马化龙（清官方文件有时误作马化隆，回民尊称"十三太爷"）"悍狡为诸回之最"，"以金积堡为老巢……环堡五百余寨，党众啸聚"（《清史稿》刘松山、左宗棠传）。携洋枪洋炮、从江淮战场一路杀来的湘军将士攻金积堡（今属宁夏吴忠）年余不克，曾在陕西收降土匪董福祥的名将刘松山殁于阵。堡破之后，松山侄锦棠亲手凌迟马化龙，据张承志的描写，"他问十三太爷：'我今天杀你满门满姓三百口，后日里谁是你的后人？'十三太爷答道：'大地上但凡念"俩依俩罕、印安拉乎"（清真语：万物非主、唯有真主）的人，都是我的后人。'刘锦棠又问：'可是又有谁为你报仇呢？'十三太爷发出了他的预言：'四十年后，有人为我报仇！'四十年后爆发了辛亥革命。老百姓干脆把这预言又渲染成'四十年后广东人给我报仇'，意指孙中山。"（《心灵史》，载《回民的黄土高原》363页，青海人民出版社，1993年）

左宗棠狠到连孩子也不肯放过。据其奏折，凡问拟凌迟之叛回，照反逆案，"其子讯明实系不知逆谋情事者，无论已未成丁，均解交内务府阉割，发往新疆等处给官兵为奴；如年在十岁以下者，牢固监禁，俟年届十一岁时再行解交内务府照例办理"。缘坐妇女则

"发各省驻防给官员兵丁为奴",甚至有马马氏之女马春梅,"年仅四岁,应暂行收养,俟及岁时再行发遣。"(见《审明叛逆眷属按律议拟摺(同治十年三月初三日)》、《讯明逆犯正法并逆眷依律拟议摺(同治十二年四月十一日)》,分载《奏稿》卷三十八、四十三,《左宗棠全集》第七、八册)

黄浚把左文襄比为赋性阳刚,"好大言出奇计之人"(《花随人圣盦摭忆》138页)。兴兵之初,同治询西陲师期,左氏"对以五年,后卒如其言"(《清史稿》本传)。既平陕甘,值来自中亚的冒险家阿古柏(Yaqub Beg)结援英、俄,窃据新疆,沙俄则借口回乱,袭取伊犁,宗棠意气风发,欲挥师西出玉门关,再立新功。时鸿章独以海防为重,谓"新疆各城自乾隆年间始归版图,无论开辟之难,即无事时岁需兵费尚三百余万,徒收数千里之旷地,而增千百年之漏卮,已为不值。……即勉图恢复,将来断不能久守。……而论中国目前力量,实不及专顾西域,师老财痛,尤虑别生他变。曾国藩前有暂弃关外、专清关内之议,殆老成谋国之见。……况新疆不复,于肢体之元气无伤;海疆不防,则腹心之大患愈棘。孰重孰轻,必有能辨之者。……否则只此财力,既备东南万里之海疆,又备西北万里之饷运,有不困穷颠蹶者哉!"(《筹议海防摺》)

宗棠针锋相对,力主进剿,曰:"此时即拟停兵节饷,自撤藩篱,则我退寸而寇进尺,不独陇右堪虞,即北路科布多、乌里雅苏台等处恐亦未能晏然;是停兵节饷于海防未必有益,于边塞则大有所妨。"(《奏稿》卷四十六,《左宗棠全集》第九册)军机大臣文祥力排"众议之不决者",谓"我朝疆域与明代不同:明代边外皆敌国,故可画关而守;今则内外蒙古皆臣仆,倘西寇数年不剿,养成强大,无论坏关而入陕甘,内地皆震,即驶入北路,蒙古诸部落皆将叩关内徙,则京师之肩背坏,彼时海防益急,两面受敌,何以御之?"(李云麟《西陲述略》,转引自罗正钧著《左宗棠年谱》297—298页,岳麓书社,1982年)评价左、李二人言论,蒋廷黻谓"左的比较动听,李的比较合理;左是高调,李是低调"(《中国近代史》109页)。辜鸿铭在著述中喜欢引用英国作家约翰逊博士(Samuel Johnson)的一句名言:"爱国主义是恶棍的最后避难所"("Patriotism is the last refuge of the scoundrel")。这里当然不能说左宗棠是"恶棍",但清醒务实的李鸿章不肯用"爱国主义"救国,而被永世扣上一顶"卖国"的帽子却是事实。

在文祥的大力支持下,西征最终得以执行。鸿章叹曰:"操天下政权仍在书吏,非外臣所能力争也。各省财力分耗太多,西陲恢复无期,已成无底之壑。总署力请整顿海防,鄙议必不得已,缓西师以顾海疆,饷乃有著。朝议祖宗已得之地不可弃,而弗图二者兼营,则皆无成而已。"(《李文忠公全集·朋僚函稿》卷十五"复鲍华潭中丞(光绪元年二月初十日）"）凑巧的是，沙俄正与土耳其在巴尔干半岛打得热火朝天[①]，无暇东顾，阿古柏集团又发生内讧，左军未遇坚强抵抗便在光绪三年（1877）底收复除伊犁外的全疆领土。述及这段往事，蒋廷黻连叹"左的运气真好"；至此"爱国主义"大获全胜。

光绪五年（1879）夏，肩负索还伊犁使命的全权大臣崇厚历经九个月交涉，终于在黑海岸边的里瓦几亚庄园（Livadia）[②]与俄国议定条约十八款。崇厚字地山，金代皇室完颜氏后裔，"是一个文质彬彬的君子，有和蔼可亲的品德，但却不是一个外交家"（《对外关系史》卷二365页）[③]。他争来的条件，伊犁地区十分之七的土地包括霍尔果斯河以西及特克斯河流域均划归俄，此外还要赔款五百万圆卢布，畀以通商、（松花江）通航、增设领事诸特权。条约的签订"在欧洲引起惊愕，而在中国则发生震动。……这些条件只会是战胜国强加于战败国的，但绝不能是由两国普通交涉的结果所产生的"（同上书365—366页）。郭嵩焘称："崇地山收回伊犁一空城，竟举天下大势全付之俄人。"（《郭嵩焘日记》卷三976页，光绪五年十二月初十日）又谓崇厚"贻误国家"，"不明地势之险要，如霍尔果斯河近距伊犁，特克斯河截分南北两路，均详在图志，平时略无考览，俄人口讲指画，乃直资其玩弄。"（《郭侍郎奏疏》卷十二《论俄事疏》27页）随崇厚赴俄的张德彝则在日记中写道："泰西有总论美、英、义（意）、法、俄五国一节，略云：美人无话不言，英人无物不食，义人无曲不歌，法人无式不跳，俄人无所不贪。不知出自何人之手，历历详查，名实似符"（"走向世界丛书"《随使英俄记》（光绪六年正月三十日）794页；该书与《英轺私记》合为一册）。

外交上吃了这样的大亏，朝中主战呼声又趋高涨。老当益壮的左宗棠最希望把他带到新疆的部队"用在同俄国人一决胜负的战场上"（《对外关系史》卷二367页引《慈禧外纪》）。左在奏疏中声称："武事不竞之秋有割地求和者矣，兹一矢未闻加遗，乃遽议捐弃要地，餍其所欲，譬犹投犬以骨，骨尽而噬仍不止。……就事势次第而言，先之以议论，委婉而用机，次决之以战阵，坚忍而求胜。"（《覆陈交收伊犁事宜摺（光绪五年十月二十一日）》，《奏稿》卷五十五，《左宗棠全集》第十册）。关键时刻赫德将先前援救过大清的"中国戈登"从印度请来"排难"。然戈氏一到北京便"力陈中国武备不修，战无策，不如迁就护大局"（《辜鸿铭文集》上卷《张文襄幕府纪闻·英将戈登事略》

[①] 案：此次俄土战争（1877—1878）期间，奥斯曼帝国以红十字（由中立国瑞士国旗颜色掉转而成）亵渎穆斯林士兵为由，改用"红新月"标识其战地救护车辆。至1929年红新月终被《日内瓦公约》正式承认，与红十字共同成为国际人道主义救援的标志。

[②] 第二次世界大战期间著名的雅尔塔会议即在此举行。

[③] 崇厚祖母恽珠（字珍浦）为名画家恽寿平族孙女。据《清史稿·列女传一》载，"恽自寿平以画名，其族多能画。……珠亦能画，善为诗。"

460页）。他的具体建议是："如果你要作战，就当把北京的近郊焚毁，把政府档案和皇帝都从北京迁到中心地带去，并且准备作战五年（一种游击战），这样俄国将不可能加害于你。"又云："如果中国人要打仗，那就应当将皇帝送走；如果他们不想打仗，那就必须去谋致和平。"（《对外关系史》卷二369页引《戈登传》）[1]

戈登的一番敲打好歹还是起到了作用，清廷于是急调接替郭嵩焘出使英法的国藩长子曾纪泽赴俄重开谈判。欲悉数更改前约势所不能，纪泽审时度势，为圣彼得堡之行定下一个边界必争、通商可谈、偿款可让的策略，"日与俄外部及驻华公使布策等反复辩论，凡数十万言，十阅月而议始定。"（《清史稿》本传）是为《中俄改订条约》，又称《圣彼得堡条约》，争回伊犁南境特克斯河一带七百余里，赔款则增至九百万卢布。这是大清国外交史上罕见的一次胜利，英国驻俄大使达弗林勋爵（Lord Dufferin）评道："中国逼使俄国做了她从来没有做过的事，那就是吐出了她已经吞进的土地。"（《对外关系史》卷二373页引《马格里传》）[2]光绪十年（1884）新疆改建行省，刘锦棠成为首任巡抚。

曾纪泽以不流血的方式为国人带来荣耀，由此产生的一个重大后果却是助长了国内保守势力的抬头。徐中约指出，"从一个西方强国那里赢得胜利的想法激发了自信和自满。那些不负责任妄发清议的士子文人更加相信，这次胜利是来自于他们坚定的立场，因而过分地自信他们有能力解决中国在对外关系中的难题。"（徐著《中国近代史》331页）这里不能不提一下活跃于晚清政坛，"实有左右朝野舆论之权"（《满清野史四编·外交小史》，载《中国野史集成》第五十册）的所谓"清流"。

自湘、淮军平定太平天国，地方军阀势力崛起，"封疆大吏，汉人居半"（《清朝野史大观》卷八《清人逸事》"同光枢臣之消长"），遂成外重内轻之势，说夸张点，格局竟与晚唐有几分相似。然终究未再现"藩镇割据"一幕，其缘由盖如梁启超所言，"愈古代则权臣愈多，愈近代则权臣愈少"。任公进而分析道，自汉武帝用董仲舒言罢黜百家，独尊儒术，"尔后两千年来以此义为国民教育之中心点，宋贤大扬其波，基础益定。凡缙绅上流，束身自好者，莫不兢兢焉。义理既入于人心，自能消其枭雄跋扈之气，束缚于名

---

[1] 戈登甚至认为疾呼对俄作战的汉人内心实怀有借战争赶跑满人的企图。他在信中写道："我觉得问题倒不在俄罗斯与中国之间，而在满人与汉人之间。前者正在人民面前受考验，似不敢对俄罗斯屈服；汉人却情愿战争，以期驱除满人。"（《对外关系史》卷二367页注五引《马格里传》）

[2] 徐中约称曾纪泽自伦敦启程赴俄时，"从英国外交部取得非官方协助的保证，英国驻圣彼得堡的大使在暗中为他出主意。"（徐著《中国近代史》331页）

又据"私史"记载，曾氏后自欧洲还朝，入总理衙门。李鸿章因其文正之嗣，亲近异乎寻常。纪泽年富气盛，看中两江总督一职。李本着"徐之以老其才"的打算，不欲遽予重任，问："江南地大不易治，先试诸陕甘，何如？"纪泽怒曰："虽死，固不愿往。"竟困于总署，郁郁而卒，年仅五十二，病中颇怨鸿章负义（见《异辞录》卷二"李鸿章遥执朝政"条）。

教以就围范。……洎乎近世,天下一于郡县,采地断于世袭,内外彼此,互相牵制,而天子执长鞭以笞畜之,虽复侍中十年,开府千里,而一诏朝下,印绶夕解,束手受吏,无异匹夫。故居要津者无所几幸,惟以持盈保泰守身全名相劝勉。"(《李鸿章》)

王闿运尝劝曾国藩革清命,曾氏以指蘸茶满案书一"妄"字(《花随人圣盦摭忆》139页)。华北拳变,联军统帅瓦德西(Alfred von Waldersee)遣天津海关税务司德璀琳(Gustav von Detring)向李鸿章劝进,李笑曰:"予今年七十有九,明年八十且死,尔观吾子,有似乎皇帝者耶?"(《异辞录》卷三"瓦德西厚颜之至")又传李在广州,港督卜力(Henry Arthur Blake)曾有促其自立之筹划,李府幕僚刘学询(广东香山人)甚至函请远在日本的同乡孙中山速来粤协助云(见高拜石《新编古春风楼琐记》第八集356页,作家出版社,北京,2004年)。传说中的孙李握手、两广独立一事终不了了之,梁启超称"为此言者,非能知李鸿章之为人也"(《李鸿章》)[1]。

与名教之"诛心"义理起着同样作用的是清流人物所发"清议"。光绪初,吴可读以尸谏请为穆宗立嗣(见本书599页注二),后来成为宣统皇帝师傅的陈宝琛赋诗记其事曰:"宁期再出殉龙驭,秦良卫史公所型。同时四谏接踵起,欲挽清渭澄浊泾。"(《吴柳堂御史围炉话别图为仲昭题》,《沧趣楼诗集》卷七16页,载《近代中国史料丛刊》第四十辑)据《清史稿》,黄体芳、宗室宝廷、张佩纶与张之洞"时称翰林四谏,有大政事,必具疏论是非,与同时好言事者,又号'清流党'"(卷四四四"论")[2]。当国事纷纭之际,聚集在京城松筠庵里的一批青年言官持尊王攘夷之论,激浊扬清,纠弹时政,"凡稍谈外交识敌情者,咸斥之为汉奸大佞,痛诋之不遗余力",甚至"朝廷于和战大计,往往为所劫持"(《外交小史》)。这股不容小觑的政治势力或按地域分成"北党""南党"(见《国闻备乘》卷二"南党北党",《近代稗海》第一辑249—250页),或照时间划作前、后清流,分别奉军机大臣李鸿藻、翁同龢为领袖。因清流与青牛谐音,时人"呼李鸿藻为青牛头,张佩纶、张之洞为青牛角,用以触人;陈宝琛为青牛尾,宝廷为青牛鞭,王懿荣为青牛肚,其余牛皮、牛毛甚多"(刘禺生《世载堂杂忆》"龙树寺觞咏大会"条)。为之奔走者又称"清流腿",依草附木者称"清流靴子",意谓比之于腿,犹隔一层也(见《异辞录》卷二"李鸿章遥执朝政"及"清流洋务各为一端"条)。

---

[1] 金天羽《安徽通志稿·李鸿章传》又记其事曰,庚子之变,诏鸿章进京议和,时"朝政久不纲,海内外唱革命者,多奉孙文为主。孙文客三岛,与其友宫崎寅藏等往来香港、新加坡,结纳豪杰。至是英香港总督与寅藏等谋,欲阻鸿章入都,举两广自立,孙文副之。鸿章已老,不敢负大任,遂使谢总督"(转引自钱仲联《人境庐诗草笺注》卷十一,《李肃毅侯挽诗》之四1063页注三)。

[2] 案:"四谏"究为何人,说法不一,或指张佩纶、宝廷、陈宝琛、邓承修(见《花随人圣盦摭忆》129页)。

曾是清流中人的辜鸿铭①凭借其学贯中西的丰富想象力，一下子联想到英国国教会信徒纽曼（John Henry Newman）于数十年前发起的旨在复兴早期基督教会传统的"牛津运动"（Oxford Movement），而作如是表述："北京的翰林院是中国的牛津——国家精英知识分子的荟萃之地。正是这个翰林院，成为了我所谓中国牛津运动的总部。那些参加并坚持了这场运动的年轻的翰林们，称之为'清流党'——国家净化党。"他甚至旗帜鲜明地宣称，这场运动的目的就是要反对完全屈服于欧洲"物质实利主义文明"（materialistic civilization）的李鸿章，反对他和他的追随者们所引进的外国方法、观念，"通过呼吁国民更严格地信守儒家原则，来净化民族心灵和规范民族生活。"（《中国牛津运动故事》（*The Story of a Chinese Oxford Movement*，又译《清流传》），《辜鸿铭文集》298页）

出使英法前夕，曾纪泽在日记中写下这样一段犀利评论："今世所谓清议之流，不外三种。上焉者，硁硁自守之士，除高头讲章外，不知人世更有何书。井田、学校必欲遵行，秦、汉以来遂无政事。此泥古者流，其识不足，其心无他，上也。中焉者好名之士，附会理学之绪论，发为虚悬无薄之庄言。或陈一说，或奏一疏，聊以自附于腐儒之科，博持正之声而已，次也。下焉者，视洋务为终南捷径，钻营不得，则从而诋毁之。以媢嫉之心，发为刻毒之词。就三种评之，此其下矣。"（《曾纪泽日记》中册798页，光绪四年十月初五日，岳麓书社，1998年）

平心而论，言官制亦为古代一项重要政治制度，其历史较科举制还要久远。欧阳修谓："御史本为秦官，出入殿中，督察监视，事无大小，皆得以法绳之。至按章举劾，发奸治狱，以清风轨，则朝廷之得失，御史系焉。"（《送孙屯田序》，载《欧阳修全集》之《居士外集》卷十四）又谓："士学古怀道者仕于时，不得为宰相，必为谏官。谏官虽卑，与宰相等。天子曰不可，宰相曰可；天子曰然，宰相曰不然。坐乎庙堂之上，与天子相可否者，宰相也。天子曰是，谏官曰非；天子曰必行，谏官曰必不可行。立殿陛之前，与天子争是非者，谏官也。宰相尊，行其道；谏官卑，行其言。言行，道亦行也。九卿百司郡县之吏，守一职者任一职之责；宰相谏官系天下之事，亦任天下之责。"（《上范司谏书》，《欧阳修全集·居士外集》卷十六）宋、明以降，台谏合流，言路大开，恶习亦慢慢积攒下来，故每逢末世危亡，辄见书生误国。赵翼论有明言路习气先后凡几变，至末造，虽尽除阉党，"而各立门户、互攻争胜之习，则已牢不可破。"（《廿二史剳记》卷三十五"明言路习气先后不同"条）时外有皇太极兴兵，内有李自成驰骋，其势非先安内

---

① 辜氏自幼在欧洲学习生活，归国后即入张之洞幕府，"粤鄂相随二十余年"（《张文襄幕府纪闻》弁言，《辜鸿铭文集》411页）。

不能攘外；然迫于群议，崇祯既不敢求和于外（见本书465页注一），对内用兵亦百般受制，如南明万元吉疏云："孙传庭守关中，议者谓不宜轻出，而已有议其逗挠者矣。贼（指李自成）既渡河，诸臣请撤（山海）关、宁（远）吴三桂兵迎击，而已有议其蹙地者矣。及贼势燎原，群臣或请南幸，或请皇储监国南京，皆权宜善策，而已有议其邪妄者矣。"（同上"明末书生误国"条）正所谓"天下之亡，不亡于长枪大剑，而亡于三寸毛锥"（《国闻备乘》卷二"大臣延揽不慎"，《近代稗海》第一辑268页）。

李鸿章每叹"吾被举国所掣肘，有志焉而未逮"（梁著《李鸿章》）；顿足恨曰："言官制度，最足坏事，故前明之亡，即亡于言官。此辈皆少年新进，毫不更事，亦不考究事实得失、国家利害，但随便寻个题目，信口开河，畅发一篇议论，藉此以出露头角，而国家大事已为之阻挠不少。当此等艰难盘错之际，动辄得咎，当事者本不敢轻言建树，但责任所在，势不能安坐待毙。苦心孤诣，始寻得一条线路，稍有几分希望，千盘百折，甫将集事，言者乃认为得间，则群起而讧之。朝廷以言路所在，又不能不示加容纳，往往半途中梗，势必至于一事不办而后已。"又曰："天下事，为之而后难，行之而后知。从前有许多言官，遇事弹纠，放言高论，盛名鼎鼎。后来放了外任，负到实在事责，从前芒角，立时收敛，一言不敢妄发；迨至升任封疆，则痛恨言官，更甚于人。"（《庚子西狩丛谈》卷四129—130页）

对清流干将，郭嵩焘曾开列一个"松筠十君子"的名目：一曰宝廷，二曰张之洞，三曰张佩纶，四曰陈宝琛，五曰黄体芳，六曰李端棻，七曰张楷，八曰邓庆麟，九曰邓承修，十曰邵积诚（见《郭嵩焘日记》卷四207—208页，光绪七年八月初七日）。其中尤值得一提的是直隶丰润（今属河北唐山）人张佩纶（张爱玲祖父）。

张氏字幼樵，号蒉斋，同治十年（1871）成进士，入翰林院。"光绪初方露头角，锋厉无伦"（《异辞录》卷三"康有为两谒张佩纶"），以纠弹大臣名著一时，"风骨峻嶒，可谓朝阳鸣凤"（《王文韶日记》上册451—452页，光绪四年十二月十三日，中华书局，1989年）。光绪九年（1883）奉旨赴陕西查案，除劾罢巡抚冯展云外，复论列多人，自云"往还五千里，咒骂十三家"（陈夔龙《梦蕉亭杂记》卷二第8页，上海古籍书店，1983年）。

佩纶少年才俊，直言敢谏，甚至因"喜著竹布衫，士大夫争效之"（《崇陵传信录》，《近代稗海》第十三辑504页），俨然成了京城引领风尚的人物。曾朴小说《孽海花》这样叙说他的"风采"：

"今日参督抚，明日参藩臬，这回劾六部，那回劾九卿，笔下又来得，说的话锋利无比，动人听闻。……半年间那一个笔头上，不知被他拔掉了多少红顶儿。满朝人人侧目，个个惊心，他[所]到处屁也不敢放一个。就是他不在那里，也只敢密密切切地私语，好像他有耳报神似的。"（第五回31页，中华书局，2001年）①

赫德对张佩纶的评价则是："此人曾力主对俄作战，倡言以杀头严惩崇厚的罪状等等，锋芒毕露，不畏权势，很有骨气，这是骄矜、无知和中国式的爱国主义——'中国人的中国'——的产物。"（"致金登干函"（1883年12月9日），《中国海关密档》卷三420页，中华书局，1992年）中俄伊犁之争刚被摁下，中法冲突又起，年轻翰林们再次得到鼓噪的机会。时恭亲王与军机大臣不愿因越南轻启战端，出身宗室的清流中人盛昱劾枢臣怠职，佩纶亦章十数上，积极言战，谓"越南不顾，必亡缅甸"（《保小扞边当谋自强摺（光绪八年正月初八日）》，《涧于集·奏议卷二》，载《近代中国史料丛刊》第十辑），"得越则五洲震其声威，失越则三省（滇、粤、桂）疲于奔命"，"欲长治久安，非出于一战不可"（《统筹法越全局摺（光绪八年六月二十日）》，同上书36页）。于是朝局震荡，不但有"甲申易枢"事件发生（见本书600页注三），李鸿章也"被迫畏缩了一段时间，躲到一旁徒生闷气"（《辜鸿铭文集·中国牛津运动故事》312页）。

接下来决心应战的清廷做出一个颇为匠心独运的人事安排，派书生典戎，命张之洞为两广总督②，吴大澄、陈宝琛、张佩纶会办海防。时人评曰："不问军旅之事曾学与否，凡主战者，即使往战地，尤近滑稽。"（《异辞录》卷二"政府用人近于恶作剧"）马江一战，督师福建的会办大臣张佩纶首当其冲，"闻炮声先遁，狼狈走乡村。"（《崇陵传信录》，《近代稗海》第十三辑504页）一时舆论大哗，曾经崇拜他的士大夫们纷纷舞文弄墨，大张挞伐，或作联语讥云："三钱鸦片，死有余辜；半个豚蹄，别来无恙。"谓其未战之先，信誓旦旦要食鸦片殉难，败逃途中则全无心肺地大嚼猪蹄以饱饥肠（见《异辞录》卷二"甲申都中对语"）。仅靠一本《孽海花》了解祖父一星半点事迹的张爱玲也跟

① 案：这段文字实出自革命党人金松岑之手，曾朴乃自第七回以后续写，小说以"庄仑樵"隐托张佩纶。"私史"又谓张有时迫于穷困，所弹劾者未必尽出于公意。萧山林国柱由贵州学使任满回京，张与之同年，又系宿交，往借三千金，林不与。张悻悻辞出，传话曰："果不允者必有以报复，毋贻后悔。"不二日，林忽得革职永不叙用之旨，知张所为，径入其府詈骂万端，良久不去。张窘甚，呼友劝之始出（见《清朝野史大观》卷八《清人逸事》"张幼樵"条）。此说确否难作考求，但张显然是靠纠弹得到了名利双收的实惠，于是"米也不愁没了，钱也不愁少了，车马衣服也华丽了，房屋也换了高大的了。正是堂上一呼，堂下百诺；气焰熏天，公卿倒展；门前车马，早晚填塞"（《孽海花》31—32页）。
② 张之洞先授山西巡抚，谢恩摺中有"经营八表"语。堂兄张之万偶取视其时辰表，笑谓客曰："余只一耳，其七在舍弟所。"（《异辞录》卷二"都人讥词臣任军役联语"）

着瞎起哄，说他"在台湾福建沿海督师大败，大雨中头上顶着一只铜脸盆逃走"（《对照记》，《张爱玲全集·重访边城》195页，北京十月文艺出版社，2009年）。

光绪十年（1884）的中法战争实在是近代史上极富戏剧性的一幕，这不仅表现在战场上的风云莫测[1]、谈判桌上的诡谲多变[2]，最终"法国不胜而胜，吾国不败而败"，而且战后清廷政治格局之变化同样叫人大跌眼镜。张佩纶革职流放张家口，用杜甫"贱子因阵败"句自称"贱子"；及遇赦归，娶鸿章幼女经璹（小名鞠耦），摇身一变竟成了李府中人[3]。时人又作联语讥云："养老女，嫁幼樵，李鸿章未分老幼；辞西席，就东床，张佩纶不是东西。"（《异辞录》卷二"讥张佩纶三联"）向来世议"以骂洋务为清流，以办洋务为浊流"（"与陈右铭方伯"，《吴汝纶全集》第三册《尺牍》卷一103页），二者水火不容；然"马江一败，天下大局一变，文襄（张之洞谥号）之宗旨亦一变"（《张文襄幕府纪闻·清流党》，《辜鸿铭文集》312页）。这位曾经的清流首领自此"用人行政，惟以洋务为重；于李文忠（鸿章谥号），则亦步亦趋，尤极其揣摹之工"（《异辞录》卷二"清流洋务各为一端"）。对此，"同志"徐致祥耿耿于怀，甚至死前还上书"猛烈弹劾张之洞，措辞严厉，指责他背离了早期的原则，向李鸿章靠拢"（《辜鸿铭文集·中国牛津运动故事》313页）。

在李鸿章的外交生涯中，日本与俄国始终是他解不开的两个死结；尝自叹："予少年科第，壮年戎马，中年封疆，晚年洋务，一路扶摇，遭遇不为不幸，自问亦未有何等陨

---

[1] 马江惨败仅过半年，年届七旬的老将冯子材便取得镇南关、谅山大捷，导致法国茹费理（Jules Ferry）内阁倒台。

[2] 接受赫德遥控的金登干（James Duncan Campbell，中国海关驻伦敦办事处负责人）全权代表清廷，1885年4月4日与法国签订《巴黎条约》（赫德曾告诫金氏千万不要在4月1日即愚人节签字，因为对如此严肃的一件事来说，那不是一个吉日），重新接受李鸿章与法代表福禄诺（François-Ernest Fournier）战前在天津订立的简明条款。法国如愿以偿拿到了对越南的宗主权以及在云南通商的权利，中国方面一无所得，可说是赔了夫人又折兵。需要指出的是，李鸿章因为受到主战派抵制，1885年的中法谈判完全被排除在外（见《对外关系史》卷二401—405页）。

[3] 对这段出人意料的姻缘，"私史"著者极尽铺陈渲染之能事，或谓张自戍所释还，即被鸿章延入幕府。一日偶见李女所作《马江感事》一律云："鸡笼（基隆）南望泪潸潸，闻道元戎匹马还。一战岂容轻大计，四边从此失天关。焚车我自宽房琯，乘障伊谁任狄山？"触目惊心，泪流满面，乃长跪求聘（《清朝野史大观》卷十《清朝艺苑》"张佩纶"条；曾朴采之入《孽海花》第十四回）。汪诗侬《所闻录》又谓张参加会试，适李为主考；榜发后前去谒师，李爱其才，曰："汝才气与我女同。"张即伏拜称婿。汪氏评曰："小人之善于迎结权贵，其术实有可畏者，然文忠以一语之失，遂巍巍成了一座丈人峰，殊为不值"（《所闻录》"张佩纶得妻"条，载《中国野史集成》第五十册）。上述记载多属无稽，然张、李二人成婚后"伉俪尤笃，吟咏之乐，甚于画眉"（《清朝野史大观·清朝艺苑》"张佩纶"）却是有据可查的事实，其情其景尽见于张氏日记留下的"以家酿与鞠耦小酌，月影清圆，花香摇曳，酒亦微醺"，"鞠耦小有不适，煮药、煎茶、赌棋、读画，聊以遣兴"，以及"鞠耦生日，夜煮茗谈史，甚乐"这样一些温馨字句之中（见姜鸣《天公不语对枯棋》85页）。

越；乃无端发生中日交涉，至一生事业扫地无余"（《庚子西狩丛谈》卷四129页）。日中通商早在其意料之中，最初的想法是："中国已开关纳客，无论远近强弱之客，均要接待，无例可以拒阻，然未始不为西洋多树一敌。"（《李文忠公全集·朋僚函稿》卷六"致应敏斋观察（同治四年八月二十二日）"）同治九年（1870）乃与日使柳原前光在津定约，谓"日本距苏浙仅三日程，精通中华文字，其兵甲较东岛各国差强，正可联为外援，勿使西人倚为外府"（《全集·译署函稿》卷一"论天津教案（同治九年九月初九日）"）。又谓："究之距中国近而西国远，笼络之或为我用，拒绝之则必为我仇。"（《全集·奏稿》卷十七《遵议日本通商事宜片（同治九年十二月初一日）》）

同治十三年（1874），由美国退役将军李仙得（Charles Le Gendre，又译李让礼，时受雇于日本外务省）策划，日本派遣远征军登陆"台湾"（见本书586页）；继而乘中俄相争，于光绪五年（1879）废灭琉球，"夷为冲绳县，虏其王及世子而还。"（《清史稿·属国传一·琉球》）黄遵宪作《流求歌》曰："刚闻守约比交邻，忽尔废藩夷九县。吁嗟君长槛车去，举族北辕谁控诉？……迎恩亭下蕉阴覆，相逢野老吞声哭。……北辰太远天不闻，东海虽枯国难复。"（《人境庐诗草笺注》卷三331页）[1]至此士大夫眼中的"蕞尔小邦"终于变成一个需要认真对待的有力对手。

侵台事件发生后，文祥具疏上奏，称台湾一事"只以备虚力绌，将就完结；然问心殊多郁愤，更不能不思患豫防。……目前所难缓者，惟防日本为尤亟"（《筹办夷务始末（同治）》卷九十八）。如前所述，维新运动给日本带来的变化早让李鸿章绷紧了他敏感的神经，看清楚中国"有贝之财，无贝之才，不独远逊西洋，抑实不如日本"（《全集·朋僚函稿》卷十二"复曾相（同治十一年正月二十六日）"）；而"该国上下一心，皈依西土，机器、枪炮、战舰、铁路事事取法英美，后必为中国肘腋之患"（同书同卷"复黄子寿太史（同治十一年四月初八日）"）。与二十岁出头的柳原多次打交道，对他的看法是："无书不读，狡狯异常"；进而对其整个民族性有了全新的认识："其人外貌

---

[1]《清史稿·琉球传》谓其"在福建泉州府东海中"；案：宋元以前所云"流求"指今之台湾，不可混清。琉球在历史上的地位相当特殊，据《对外关系史》载，它"最初向中国进贡是在公元1372年，而向日本进贡则在1451年。琉球历代君主从永乐时期以来，即接受中国皇帝的正式封号；但是，另一方面，这些岛屿于1609年被萨摩（今属鹿儿岛县）诸侯给征服了，并且，从此以后，每个继位的琉球国王也接受日本君主的封号并自愿臣服"（卷二296页），于是形成"一国从兹臣二主，两姑未觉难为妇，称臣称侄日为兄，依汉依天使如父"的局面（《人境庐诗草笺注》卷三327页）。用蒋廷黻的话说，"好像一个女子许嫁两个男人，幸而这两个男人曾未遇面，所以这种奇怪现象竟安静无事的存在了二百七十多年"（《中国近代史》116页），直至光绪初被打破。

呴呴恭谨，性情狙诈深险，变幻百端，与西洋人迥异。"（同书卷十四"复沈幼丹节帅（同治十三年四月十八日）"）文祥的"防日本尤亟"一疏，鸿章赞为"老成远见"，谓该国"其势日张，其志不小，故敢称雄东土，藐视中国，有窥犯台湾之举。泰西虽强，尚在七万里以外，日本则近在户阈，伺我虚实，诚为中国永远大患"（《全集·奏稿》卷二十四《筹办铁甲兼请遣使片（同治十三年十一月初二日）》）。这实在是一段鞭辟入里的分析。甲午开战前，鸿章在写给老部下兼姻亲刘秉璋的信中，更有"英法俄德虽强不如日本，日本将雄长亚洲"之预见（《苌楚斋三笔》卷四，载《中日战争》第五册503页）。

琉球国被灭，李幕僚薛福成作《筹洋刍议》十四篇，其《邻交》篇云："今与中国同处一洲之内，而国势稍足自立者，莫如日本。论外侮之交侵，不能不树援以自固也，宜有吴蜀相亲之势；然日本人性桀黠，藐视中国，彼将以远交近攻之术，施之邻邦也，实有吴越相图之心。……窃尝为日本踌躇审度，知其志必不仅在朝鲜、琉球也。……数年之中，一入台湾，再议朝鲜，三废琉球。今其兵船且游历至福建，隐有耀武之意。彼盖自谓富强之术，远胜中国，故欲迫中国以所难堪，使我怒而启衅，而彼乃得一试其技。幸而获胜，彼固可任其取求，万一不胜，彼恃西人为排解，决无亏损于其国。"（《筹洋刍议——薛福成集》61—62页）

刚刚卸任驻英法大臣回国的郭嵩焘闻琉球之事，亦曰："日本必为中国大患，其关键尤在高丽，今之逞志琉球，其嚆矢也。……周子曰：动而未形，有无之间几也。此其关系之尤巨者也。"（"郭嵩焘未刊手札"其五，刘金库整理，《近代史资料》总88号14—15页）

预感到山雨将至的还有被清流骂作"丁鬼奴"的丁日昌，谓"日本志不在灭琉球，不过欲藉端寻衅耳"，并发出警告："日本倾国之力购造数号铁甲船，技痒欲试。……二三年内不南犯台湾，必将北图高丽。我若不亟谋自强，将一波未平而一波又起，殊属应接不暇。……惟有设法筹款项，速购铁舰、水雷以及一切有用军火，并预筹驶船之将，用器之人。诗云：'未雨绸缪'，何况既阴既雨乎！"（"光绪五年四月二十五日前福建巡抚丁日昌奏"，《洋务运动》第二册394—395页）于是乃有"今日所以谋创水师，不遗余力者，大半为制驭日本起见"之说（《代李伯相筹议海防事宜疏（光绪六年）》，《薛福成选集》147页，上海人民出版社，1987年）。

欲说动恃弓马为本业的满洲统治者兴办海军不是一件容易的事情。先来看李鸿章的政治地位，作为建有殊勋的汉人，他历任直隶总督、北洋大臣、总理衙门大臣，甚至因稳坐文华殿大学士的位子而被目为宰相①，表面上可算位极人臣。然清代入相"指以阁老兼军机大臣，实行相权而言"（《凌霄一士随笔》，《近代中国史料丛刊续编》第六十四辑240页）②；李终身未挂军机衔，不过"总督兼官，非真相"（《清史稿》本传），故私下抱怨"弟之地位，似唐之使相，然无使相之权，亦徒呼奈何而已！"（《清代野记》卷上"翁李之隙"）又将自己比成一个裱糊匠，称："我办了一辈子的事，练兵也，海军也，都是纸糊的老虎，何尝能实在放手办理？不过勉强涂饰，虚有其表，不揭破犹可敷衍一时。如一间破屋，由裱糊匠东补西贴，居然成一净室，虽明知为纸片糊裱，然究竟决不定里面是何等材料。即有小小风雨，打成几个窟笼〔窿〕，随时补葺，亦可支吾对付；乃必欲爽手扯破，又未预备何种修葺材料，何种改造方式，自然真相破露，不可收拾。但裱糊匠又何术能负其责？"（《庚子西狩丛谈》卷四129页）

李访德时尝问俾斯麦："为大臣者，欲为国家有所尽力，而满廷意见与己不合，群掣其肘，于此而欲行厥志，其道何由？"俾氏曰："首在得君，得君既专，何事不可为？"再问："譬有人于此，其君无论何人之言皆听之，居枢要侍近习者，常假威福，挟持大局。若处此者，当如之何？"俾氏会其意，良久曰："苟为大臣，以至诚忧国，度未有不能格君心者；惟与妇人女子共事，则无如何矣！"（梁著《李鸿章》）

辜鸿铭则视李为中国的帕麦斯顿（即巴麦尊），谓："同已故维多利亚女王不能容忍帕麦斯顿勋爵一样，已故皇太后也绝不会真的喜欢李鸿章，尽管她不得不利用他那双富有经验的手来处理政务"（《辜鸿铭文集·中国牛津运动故事》313页）。传说李曾手书楹帖云："受尽天下百官气，养就胸中一段春"（《清朝野史大观》卷八《清人逸事》"中堂目疾"），其中心情我们会在下面有更深切的体会。

光绪元年（1875），清政府终于意识到"海防关系紧要，既为目前当务之急，又属国家久远之图"，"著派李鸿章督办北洋海防事宜，派沈葆桢督办南洋海防事宜"（《著李鸿章沈葆桢分别督办南北洋海防谕（光绪元年四月二十六日）》，《清末海军史料》12页）。海防以筹饷为第一难事。外国人控制的海关岁入最丰，首要任务乃是替朝廷偿还巨额赔款、贷款，另外各关每年应提四成洋税专解部库以备协饷等不时之需。咸丰三年

① 同治十二年（1873）李鸿章授武英殿大学士，明年调文华殿大学士，至死保有之。甲午败后鸿章闭门养晦，由他一手提拔起来的袁世凯尽显小人本色，转授权势正如日中天的翁同龢。时翁觊觎大学士一职，袁代为说客，劝李告让。李怒曰："（袁）说得天花乱坠，要我乞休开缺，为叔平（即翁）作成一个协办大学士。我偏不告退，教他想死！我老师的'挺经'，正用得着，我是要传他衣钵的。我决计与他挺着，看他们如何摆布。"（《庚子西狩丛谈》卷四138页）

② 同书（70页）又谓"大学士而不兼军机，有相之位，无相之权；军机大臣而不入阁，有相之权，无相之位。必二者得兼，始为真相，而阁臣通称为相国，以位言之也"。

（1853）江南战事正酣，扬州仙女庙等镇首创厘金抽捐，"各省踵而行之，军饷之取资于此者，十盖八九"（贾士毅《民国财政史（上）》13页，上海商务印书馆，1916年）；本属临时应急的加派竟一发不可收，从此成了正项，所入岁在千万以上，光绪十七年（1891）达16 316 821两（见《清史稿·食货志六》）。总理衙门与户部均看中这两项"收数较旺"的进款，奏定"粤海等关四成洋税如将来协饷借款全行停拨扣完后，每年约得银二百数十万两，加以酌拨各省厘金银二百万两，以之抵充海防经费"（《奕訢等奏请由洋税厘金项下拨南北洋海防经费摺（光绪元年六月十日）》，《清末海军史料》617页）。沈葆桢犹恐缓不济急，"请以四百万先解北洋，俟成军后，再解南洋"（《清史稿·兵志七·海军》）。

这样一个看似上下一心、雄心勃勃的海防计划一旦付诸实施却被大大地打了折扣。户部给出的四百万许诺不过是画饼充饥，半年过后李鸿章致书沈葆桢，毫不客气地指出，"所拨海防额款本为搪塞之计……统计每年实解不过数十万。"（《李文忠公全集·朋僚函稿》卷十五"复沈幼丹制军（光绪元年十一月十九日）"）明年复向丁日昌抱怨："目前海防额款仅解到二十余万，力实不济，左相（指左宗棠）又大声疾呼，谓海防窒碍西局，以后必报解无几。"（同上书卷十六"复丁雨生中丞（光绪二年三月初六日）"）

主事者毫无定见，朝令夕改，刚刚答应划拨海军的关税，"自光绪二年七月为始，以一半批解海防大臣，以一半委解部库，陆续归还部拨西征饷银二百万两之数。"（"光绪三年二月二十四日总理衙门奕訢等奏"，《洋务运动》第二册360页）各省厘金同样毫无保障。南北洋自光绪三年（1877）七月起平分那张四百万的空头支票，"内除江苏、广东、福建三省厘金每年合拨一百万两，丝毫未解，均经各该省自行留用外，其浙江、江西、湖北三省厘金每年亦合拨一百万两，元、二两年报解虽未尽如数，尚形踊跃，三年以后报解更稀，约计该省各欠解银五六十万不等"。李自叹"饷不应手，断难为无米之炊"（《李文忠公全集·奏稿》卷三十五《请催海防经费片（光绪五年十月二十八日）》）。

光绪六年（1880）李奏称："原拨经费四百万两，除去福建、广东截留之款，即使解足八成，合南北洋不过得二百万余两，每处仅得百余万。"（同上卷三十九《议复梅启照条陈摺（光绪六年十二月十一日）》）八年（1882）奏称："统计各省关所解南北洋防费，约仅及原拨四分之一"；"设令各省关措解无缺，则七八年来，水师早已练成。"（同上卷四十四《议复张佩纶靖藩服摺（光绪八年八月二十二日）》）十一年（1885），醇亲王奕譞领衔的海军衙门成立，海军总算有了自己的"财神爷"；然户部只是将四百万虚数拨归该衙门，拖欠情形一如既往。被筹饷弄得焦头烂额的奕譞大倒苦水："虽号称四百万两，而厘金以八成计算，合之关税实数不及三百万两。江苏、浙江、江西三省竟欠解至四十一万两之多，积欠相沿，何所底止？"（《奕譞等奏请另筹的款抵海防经费摺（光绪十三年闰四月十四日）》，《清末海军史料》631页）鸿章也再次发出"巧妇不能为无米之炊"的哀叹，称"近三年来北洋岁收不过六十余万两，南洋所收更少"（《李文忠公全集·海军函稿》卷一"筹议海军经费（光绪十一年十二月十七日）"）。时海军衙门除竭其所能筹付南北洋常年额支外①，只拨定远、镇远、济远三艘铁甲养船之费；鸿章对此大不满道："西国治水师，用费较多，实非陆军可比。……来示仅准给三舰薪饷，此间文武将弁一闻此信，惊惶无措，不啻婴儿之失哺，必致诸事废弛，不复能军。"（同上书"请拨海军的饷（光绪十一年十二月十七日）"）

可怜创办海军的一班官员竟个个被逼成了祥林嫂式的怨妇。既拨款难望，除自身"节流"，惟向外"开源"一途可寻。"设措无方，莫名焦悚"的李鸿章病急乱投医，甚至想到了鬻官之法，"拟恳天恩，准于北洋暂开军器捐输。"（《李鸿章奏拟请收捐购器摺（光绪十年七月十四日）》，《清末海军史料》623页）经户部奏准，具体办法是：四品以下捐银二千两，三品以上捐银三千两，给花翎；捐银一千两给蓝翎（见《户部议定海防报捐五项新章（光绪十年七月二十八日）》，《清末海军史料》625页）。捐例一开，年年展限，久居官场的李氏不可能不清楚鬻官卖爵所产生的严重后果，不得已而为之，实属饮鸩止渴。

另一方面，从未足额解交的四百万海防经费却在当时"成为众目睽睽的一大财源，每当朝廷财政拮据，便从其中大量腾挪抽调"（姜鸣《龙旗飘扬的舰队——中国近代海军兴衰史（增订本）》136页，三联书店，2002年），不但各地赈綦、河工及电报、电话等洋务事业，就连赴美幼童与年俱增的费用也要靠它垫付②。更匪夷所思的去向则是投在了借口修建昆明湖水师学堂、实际"以昆明易勃〔渤〕海"（《翁同龢日记》第四册2060页，光绪十二年十月廿四日）的颐和园大工程上。梁启超记曰："自马江败后，戒于外患，群臣竞奏请练海军，备款三千万，思练一劲旅。……当海军初兴，未及两年，而颐和园之工程大起，举所筹之款，尽数以充土木之用。此后名为海军捐者，实则皆颐和园工程捐也。吾尝游颐和园，见其门栅内外，皆大张海军衙门告示，同游之人窃窃焉惊讶之，谓此内务

---

① 皆不能如数放款，据奕譞奏折，光绪十四年（1888）"北洋仅拨银九十余万两，南洋仅拨银五十余万两"（《奕譞等奏请按原议筹拨洋药税厘银一百万两摺（光绪十四年四月二十一日）》，《清末海军史料》637—638页）。

② 参照以前华人在外用度，原议每批幼童驻洋十五年，每名每年需银四百两，很快发现与实情不符，殊不敷用。遂于原拨经费一百二十万两外，添银二十八万九千余两，因库款支绌，筹画艰难，由南北洋海防项下分年匀拨（见《李文忠公全集·奏稿》卷三十《驻洋幼童匀拨经费摺（光绪三年九月十九日）》）。以北洋为例，自光绪元年（1875）七月至六年（1880）十二月，六年之中"拨给赴美国肄业幼童经费，银四千六百五十五两九钱四分七厘九毫五丝三忽五微"（《奏稿》卷四十八《海防经费报销摺（光绪九年十二月十九日）》）。

府所管，与海军何与？而岂知其为经费之所从出也。"（《饮冰室合集》文集之四《瓜分危言》）①于是捐输之外又有"报效"（或曰"进献"），"阳借海军为名，实用以给园工，在内醇亲王奕譞主之，在外李鸿章主之"（《国闻备乘》卷二"报效"，《近代稗海》第一辑240页）。各省督抚量力认筹，时广东认筹银一百万两，两江七十万两，湖北四十万两，四川、直隶各二十万两，江西十万两，共计二百六十万两（见《奕劻奏各省筹集海军巨款之督抚请予奖叙摺（光绪十八年闰六月五日）》，《清末海军史料》645—647页）。这笔"报效"巨款分别存入汇丰、德华、怡和等洋行（见《李文忠公全集·奏稿》卷七十九《请添拨备倭饷需摺（光绪二十年九月二十三日）》），御史林绍年上疏道：当洋债数千万尚未归还之际，"各国闻之，能勿哑然失笑欤？"（《林绍年奏督抚报效请饬禁止摺（光绪十五年正月）》，《清末海军史料》644页）疏闻，林氏以"任意揣摩，危词耸听"而受到"严行申饬"的处分（同上书《严行申饬林绍年懿旨（光绪十五年正月二十四日）》）。

英国史学家季南（V. G. Kiernan）评曰，"在这位伟大的总督（指李鸿章）所遭受的许多挫折中，很少有比他的国防计划后来更加一败涂地的。海军经费被大规模地侵用，主要是为了修建颐和园。有许许多多'府台、道台以及诸如此类的官员'栖息在中国海军的索具上。"（《英国对华外交（1880—1885）》（*British Diplomacy in China*）223页，许步曾译，商务印书馆，1984年）而透过带头"报效"的举动，我们看到的究竟是李的圆滑，还是他夹缝中求生存的无奈呢？

本来捉襟见肘的海防经费日后干脆被冻结。光绪十七年（1891）春，李鸿章偕山东巡抚张曜出海阅南北洋海军，忽闻户部奏疏，"因部库空虚，海疆无事，奏明将南北洋购买枪炮、船只、机器暂停二年。"（《户部奏遵议李鸿章奏东征倭寇筹费为难各情请饬核实办理摺（光绪二十年十月初三日）》，《清光绪朝中日交涉史料》卷二十三第10页，故宫博物院1932年辑印）或谓"当时节缩经费，专为颐和园土木工程之用"（《异辞录》卷三"甲午之败李鸿章不得辞其罪"）。面对茫茫大海，鸿章五味杂陈的内心起伏可想而知，他写信向远在昆明的云贵总督王文韶倾诉道："宋人有言，枢密方议增兵，三司已云节

---

① 修园挪用海防费数额乃近代史上一大悬案，曾有多名研究者对三千万之说提出质疑，姜鸣谓"梁启超首创将园工同甲午海战失败相联系的说法，以激起人们对慈禧太后的仇恨。……所有数字相加，海军衙门经费用于颐和园工程的总额，当不超过七百五十万两"（《龙旗飘扬的舰队（增本本）》232—233页）。"私史"又云"孝钦后欲起颐和园，而苦于筹款无术，鸿章乃使恭邸（奕䜣）为孝钦言：'以兴办海军名义，责各疆吏年拨定款，就中挪移十分之六七，园可起也。'孝钦闻之大喜，用其言，北洋海军卒底于成。……识者谓清廷荒奢，以海军费为宫室台榭陂池之用，不知当时若无颐和园，即无北洋海军。"（《清朝野史大观》卷一《清宫遗闻》"颐和园之来历"）

饷，军国大事岂真如此各行其是而不互谋？"（"复云贵制台王"，于式枚录《李文忠公尺牍》507页，《近代中国史料丛刊三编》第十九辑）到了中日海上交锋的甲午年，这位"大清海军之父"拿得出手的，不过是一篇总结前期练军的词气冷峭的奏折，云："即日本蕞尔小邦，犹能节省经费，岁添巨舰；中国自十四年北洋海军开办以后，迄今未添一船，仅能就现有大小二十余艘，勤加训练。"（《李文忠公全集·奏稿》卷七十八《校阅海军竣事摺（光绪二十年四月二十五日）》）

李另一幕僚周馥（初侍鸿章司文牍，后官至山东巡抚、两广总督）记云："一日余密告相国（指李）曰：'北洋用海军费已千余万，只购此数舰，军实不能再添，照外国海军例，不成一队也。倘一旦有事，安能与之敌？朝官皆书生出身，少见多怪，若请扩充海军，必谓劳费无功，迨至势穷力绌，必归过北洋。彼时有口难诉，不如趁此闲时，痛陈海军宜扩充，经费不可省，时事不可料，各国交谊不可恃。请饬部枢通筹速办，言之而行，此乃国家大计，幸事也；万一不行，我亦可站地步，否则人反谓我误国事矣。'相国曰：'此大政，须朝廷决行，我力止于此。今奏上必交部议，仍不能行，奈何？'余复力言之，相国嗟叹而已。后中日事起，我军屡败，兵舰尽毁，人皆谓北洋所误。逾数年，余起病召见，太后问及前败军之故，余将户部掯费、言者掣肘各事和盘托出，并将前密告李相国之言亦奏及，且谓李鸿章明知北洋一隅之力，不敌日本一国之力，且一切皆未预备，何能出师？第彼时非北洋所能主持，李鸿章若言力不能战，则众唾交集矣，任事之难如此。太后、皇上长叹曰：'不料某（指尚书翁同龢）在户部竟如此'！"（《周悫慎公全集》第三十六册《年谱》卷上27—28页）

传说中的翁、李之隙一直是清末民初笔记著者津津乐道的话题。如前所述，李与翁家的关系本不一般；"私史"多谓李居曾帅幕府中时，尝代拟一疏严劾安徽巡抚翁同书（字药房，心存长子），深得奏议文章之"辣字诀"，内中"臣职分所在，例应纠参，不敢因翁同书之门第鼎盛，瞻顾迁就"数语，"足使朝臣袒翁者关口夺气，即帝师元老之翁心存亦不敢显为其子请托。"（《凌霄一士随笔》，《近代中国史料丛刊续编》第六十四辑246页）结果同书革职逮问，发配新疆，不但断送了大好仕途，连性命也一并搭上；同龢由是恨李，"使非文忠有大功于国，使非恭王知人善任，恐亦将以罪同书者罗织而罪文忠矣。"（《清代野记》卷上"翁李之隙"）庄练更谓同龢将仇曾之心转而仇李，"除了对李鸿章所一手创办的北洋海军多方刁难掣肘之外，更在战端将启之时，竭力反对李鸿章的和议主张，以为打击李鸿章之计。凡此种种，虽然没有十分明显的证据，但却踪迹显然。悠悠之口，众论一辞，翁同龢实在无法逃此千载公论。"（《中国近代史上的关键人物（中）》110页）王闿运曾揶揄李道："君推崇翁二铭（心存）过曾涤生（国藩），颠倒是非，故其子以此报"（《湘绮楼诗文集·王志》卷一《论道咸以来事》），李笑而不答。

光绪八年（1882，壬午）朝鲜发生内乱，亲华排日、反对新政的大院君李昰应（国王李熙生父）与王妃闵氏争权，鼓动兵变，围攻王宫，并焚日本使馆。淮军旧将、广东水师提督吴长庆率师东渡，在汉城诱捕大院君，连夜押往天津；值得注意的是，吴所带随员中包括两位很快就要绽放光芒的政治新星——张謇（字季直）和袁世凯（字慰廷）。中方视大院君为变乱祸首，将其幽禁于"近京之保定省城，永远不准复回本国"（《李文忠公全集·奏稿》卷四十四《会问李昰应摺（光绪八年八月初十日）》）。宗室盛昱称此举"出自诱劫，不足言功，徒令属国寒心，友邦腾笑"（《清史稿》本传）。刘体智（淮军旧将、后任四川总督的刘秉璋之子，大学士孙家鼐之婿）亦谓："属国忠诚之士，反在羁禁之中，人心不平，藩邦觖望，莫甚于此。"（《异辞录》卷二"朝鲜之内忧外患"）

不管怎样，汉城行动的成功令朝中士大夫信心爆棚。向来喜欢"煽风点火"的张佩纶认为这正是发兵日本的大好时机，"雪台湾之耻，正冲绳之疆"，"何为举东隅疲弱之邦，任其酣睡榻旁？"（《保小扞边当谋自强摺》，《涧于集·奏议卷二》）且东瀛"外无战将，内无谋臣，问其师船则以扶桑一舰为冠，固已铁蚀木窳，不耐风涛，余皆小炮小舟而已……盖去中国定远铁船，超勇、扬威快船远甚；问其兵数则陆军四五万人，水军三四千人，犹且官多缺员，兵多缺额，近始杂募游惰用充行伍，未经战阵，大半惬怯，又去中国湘淮各军远甚"（同上书《请密定东征之策摺（光绪八年八月十六日）》）。故深思熟虑，"终非出于一战，不足以息岛夷之焰，而使中国百年无事。"（《保小扞边当谋自强摺》）

对以上高论，正东挪西凑筹建海军的李鸿章审慎地表达了自己的意见："夫未有谋人之具，而先露谋人之形者，兵家所忌。……日本步趋西法，虽仅得形似，而所有船炮略足与我相敌；若必跨海数千里与角胜负，制其死命，臣未敢谓确有把握。第东征之事不必有，东征之志不可无，中国添练水师，实不容一日稍缓。"（《李文忠公全集·奏稿》卷四十四《议复张佩纶靖藩服摺》）

光绪十年（1884，甲申），被称为"开化党"的一批朝鲜贵族青年[1]借助日本兵力发动政变，劫持国王。留驻汉城的袁世凯等果断出手，指挥清军冲入王宫，夺回国王。庸懦的李熙在清营见到袁，执手泣曰："吾不意今复见君"（"照录委办亲庆等营会办朝鲜防务袁丞世凯来禀"，《清光绪朝中日交涉史料》卷六18页），简直把他看成再生父母。政变平息后，袁向清廷献策："莫如趁此民心尚知感服，中朝即特派大员，设立监国，统率

---

[1] 又称维新党或"少年朝鲜党"，对内要求改革独立，对外鼓吹联日排清。

重兵，内治外交，均代为理，则此机不可失也。"（同上书19页）这位年轻军官在海外的表现很快引起李鸿章的注意，明年破格提拔他为驻朝总办商务委员，护送大院君归国。

一跃而为清廷派驻朝鲜的最高代表，此后袁的举动如果不算胆大妄为，至少是孟浪而且跋扈。十二年（1886）风闻朝方欲脱离中国、求俄保护，遂迭电告急，谓："不如待其引俄张露，华先派水师，稍载陆兵，奉旨迅渡，废此昏君，另立李氏之贤者"（《李文忠公全集·海军函稿》卷二"袁道来电（光绪十二年七月初七日）"）；又谓："如有五百兵，必可废王，捡（同'擒'）群小解津候讯"（同上"袁道来电（光绪十二年七月二十一日）"）。此事最终查无实据，不了了之，"各国驻韩者……日来颇怪袁世凯多事。"（同上"论朝鲜局势（光绪十二年八月十二日）"）

马士从外交角度这样评价袁的所作所为："他的任务，就最简单的一面说，就是确保朝鲜对中国的从属性，并打击朝鲜国王的一切要实现独立自主的努力，不问那些努力是打算把那位国王领上受俄国或日本武装保护的道路还是打算使朝鲜甚至成为在美国策动下的一个主权国家。他积极劝喻朝鲜的腐朽政府采行有益的改革，但是始终不渝地坚持朝鲜对中国的从属地位。他在执行他的政策时，抱着一种也为其他一些人所同有的进一步的见解，他大可早日使中国以快刀斩乱麻的手段，宣布将朝鲜合并，并且把那个王国改为帝国的一个行省。但是他更进了一步；不管他的上司们是否与闻及核准，一般人相信，他却立意非解决这个问题不可，并使朝鲜的合并成为不可避免之势。"（《对外关系史》卷三17—18页）作为李鸿章的外交顾问，德璀琳甚至深信"袁不是在安抚朝鲜，而是有意闯祸"，因而不止一次地"警告总督不要太相信袁的话"（同上书18页注二）。对袁表示不信任的还有醇亲王奕譞，致书李曰："袁道捷于肆应，巧于侦察，是其所长；其人年少，未可恃也。"（《异辞录》卷三"袁世凯挑剔启衅"）李在这时虽格外赏识袁的才能，几乎到了言听计从的程度，亦附和醇王意见曰："袁守精明刚躁，鸿章每切谕以镇静勿扰。但因壬午、甲申两次定乱，该守身在行间，颇有德于韩民，情形亦较熟悉，权宜用之。惟其洋务素少历练，年资稍轻，诚如钧谕，宜预储通品，为他日替人。"（《海军函稿》卷二"论朝鲜局势"）

从1889到1894这五年时间里，曾经对朝鲜问题表示过兴趣的俄、美等国都暂停了私底下的动作，在汉城的外国势力"只剩下中国和日本面面相对"，"中国相信它能够保持它的古老的宗主权，以一种比较积极干涉朝鲜事务的方法来代替宗主权的消极行使；日本相信它能够把中国驱逐出朝鲜，并且自己能够在那里雄视一方。枪炮都完全装上了实弹，朝鲜地位的解决，只需火门上的一个火花了。"（《对外关系史》卷三20页）

这次提供火花的又是朝鲜内乱。光绪二十年（1894，甲午）初，南方全罗道古阜郡爆发东学党起义①,中日同时出兵助剿,日军更借机扩大事端,包围王宫,劫国王李熙,扶大院君为傀儡,自此"事无巨细,皆决于日人"(《清史稿·属国传一·朝鲜》)。兵变显然是冲大清国来的,先是矫诏宣称朝鲜为"自主之国,不再朝贡";接下来"华使馆国旗被日扯下","五百余年中朝御赐印物日尽收去,兵库所藏数十年购存洋枪炮军火全行夺去,凡所政令,任自黜陟,非国王所能与知。"(《李文忠公全集·电稿》卷十六"寄译署(光绪二十年七月初五日)")

消息传到北京,"人人义愤填胸,个个忠肝裂血,朝励枕戈之志,野闻同袍之歌,不论茶坊酒肆、巷尾街头,一片声地喊道:'战呀!开战呀!给倭子开战呀'!"(《孽海花》第二十四回198页)而"粤中浮夸之士,皆谓倭不度德量力,敢与上国抗衡,实以螳臂当车,以中国临之,直如摧枯拉朽"(王炳堃为兄王炳耀《甲午中日战辑》所作序,载《近代中国史料丛刊》第一辑)。举国上下轰轰烈烈的开战呼声如果真是站在"朝鲜为东三省屏蔽,国家根本,非琉球、安南、暹罗可比"("张謇致翁同龢密信",载戚其章编"中国近代史资料丛刊续编"《中日战争》第六册445页,中华书局,1993年)的战略高度而发也便罢了,但事实是,如此大规模的全民激动更像是一通狂乱的鼓噪,因为泱泱大国的"天威"无论如何不该受到蕞尔小邦的冒犯,纵然这天威早被捅成了千疮百孔的破窗户纸。

善书法、喜养鹤的翁同龢此时尚有心情在位于东单牌楼二条胡同的尚书宅内闲庭信步,因飞失一鹤而"作零丁帖求之,得于海岱门外人家,白金八两赎归,一足微损。作隶书数十字,苦中寻乐"(《翁同龢日记》第五册2765页,光绪二十年十二月初三日)。时人赋诗讽曰:"军书旁午正仓皇,又见尚书访鹤忙。从此儒林传雅话,风流犹胜半闲堂"(《异辞录》卷三"甲午都中联语")②。《孽海花》第二十五回记载文廷式、张謇(书

---

① 东学党又称东学道,是庆尚道庆州府人崔济愚1860年创立的民间会社组织,"融合儒释道三教,以'诚、敬、信'教人,制成咒语,号称东学,与天主教所代表的西学相抗",信徒遍及全国;及举事,打出"尽灭权贵""逐灭夷倭"的旗号(见王芸生《六十年来中国与日本》卷二15—16页)。据说东学党曾巧妙地在老百姓中散布和利用一个古老预言,称"朝鲜百济王朝的国运只有五百年,而现在它已经统治了五百零三年"(施阿兰著《使华记(1893—1897)》导言25页)。

② 案:"零丁"即今之寻人、寻物启事。《孽海花》收录翁氏仿东汉戴良《失父零丁》(载《太平御览》卷五九八,盖杜撰游戏文字,不足信)所作《失鹤零丁》全文曰:"敬白诸君行路者:敢告我昨得奇梦,梦见东天起长虹,长虹绕屋变黑蛇,口吞我鹤甘如蔗,醒来风狂吼猛虎,鹤蔫吹倒鹤飞去。失鹤应梦疑不祥,凝望辽东心惨伤。诸君如能代寻访,访着我当赠金偿。请为诸君说鹤状:我鹤翩跹白逾雪,玄裳丹顶脚三节。请复重陈其身躯:比天鹅略大,比鸵鸟不如,立时连头三尺余。请复重陈其神气:昂头侧目睨云际,俯视群鸡如蚂蚁,九皋清唳触天忌。诸君如能还我鹤,白金十两无扣剥;倘若知风报信者,半数相酬休嫌薄!"(第二十五回202页)

中作闻韵高、章直蜚）在胡同口见到翁师傅的这篇《失鹤零丁》，叹道："当此内忧外患接踵而来，老夫子系天下人望，我倒可惜他多此一段闲情逸致！"（202页）

状元出身的翁同龢素以爱才重士闻名，文、张皆经他提拔而得鼎甲，一位是庚寅科（光绪十六年）榜眼，一位是甲午科大魁①。二人高举清流大旗，言战的热血与激情丝毫不亚于十年前的张佩纶。吴长庆之婿刘声木（原名体信）曾说：

"甲午以前，孝钦显皇后与德宗景皇帝意见甚深，德宗景皇帝困于孝钦显皇后尊严之下，久思出人头地。迨至甲午与日本构怨，德宗景皇帝意欲耀武国外，凭陵母后，轻视日本，颇欲灭此而后朝食。时常熟（即翁）秉政，误入殿撰（状元，指张謇）之言，亦谓日本不足平，迎合上意，极力主战。"战事初起，壬午年赴朝平乱的将佐老兵犹谓必胜日本，可操胜券。"殿撰当年从武壮（即吴长庆）入鲜，其误亦同于老兵，不知彼一时，此一时，日本崛起东方，国势浸盛，几欲凌驾欧美，执亚洲牛耳，有一日千里之势，固非光绪八年见闻所能囿。"（《苌楚斋四笔》卷七，《中日战争》第五册505页）

其弟刘体智又道："中日之役，主战者高阳（李鸿藻）、常熟（翁同龢）。……为常熟之耳目者，通州张季直殿撰、萍乡文芸阁学士也。……（殿撰）与学士同出常熟之门，互相标榜，欲以奇计自见，实为主战派之首领。"（《异辞录》卷三"张謇为主战派首领"）

近人刘成禺（字禺生）则谓，新科状元张謇被翁倚为智囊，如左右手，尝曰："以日本蕞尔小国，何足以抗中国大兵？非大创之，不足以示威而免患。"（《世载堂杂忆》"甲午一役中之八仙"条）战败之后，时人回头想到又是袁世凯多事，首电请鸿章调兵入

---

① 翁提拔文、张的故事，清末民初私人笔记中多有记述。庚寅廷试，文误书"间阎"为"间面"（参见本书614页注一），其卷已被搁置三甲，翁为阅卷大臣，物色得之，谓"间面"二字实有出处，并非杜撰。文遂以一甲第二名及第（见王萵儒《掌故零拾》卷三"文道希"41页，彝宝斋印书局印行，载《近代中国史料丛刊》第四辑；又见《凌霄一士随笔》，《近代中国史料丛刊续编》第六十四辑151页）。张謇中状元的过程更富有戏剧性。向来八大臣阅卷，各以其人之次序定甲第之次序。甲午阅卷者，南皮张之万居首，高阳李鸿藻居第三，仅居第四的翁叔平必欲置张謇第一，得高阳之助而与南皮恣争，终如愿以偿（见王伯恭《蜷庐随笔》"科举丛话"，无冰阁不分卷节本，载《近代中国史料丛刊》第二十四辑；又见《世载堂杂忆》"张季直的幸运"。案：是科阅卷官次序实为翁第三，李第四）。与翁有总角之交、并称"翁潘"的潘祖荫尝谓叔平其人"专以巧妙用事"，"实无知人之才，而欲博公卿好士之名，实亦愚不可及"（《蜷庐随笔》"潘翁两尚书"）。案：潘祖荫为官有贤声，任刑部尚书时尝欲改一稿，某司员力争之；潘声色渐厉，司员愤而掷稿于地曰："谁改我的稿，谁便是王八蛋！"潘从容拾起，援笔改之曰："我就算王八蛋吧"（《凌霄一士随笔》，《近代中国史料丛刊续编》第六十四辑74页）。徐一士又引陈庆滢《归里清谈》称潘与翁皆天阉，"同、光间潘翁齐名，号为京朝清流宗主，而竟复同为天阉，斯亦奇矣。"（同上书149页）

朝，坊间乃流传开甲午之事"始于袁世凯，成于张季直，主之者翁同龢"的说法（同上书；又见《蜷庐随笔》"翁文恭师"条）①。

是时，鸿章则因力言不可轻开衅端而成为满朝攻击的靶子。攻讦文字中最著名的莫过于御史安维峻所上弹章，疏云："北洋大臣李鸿章，平日挟外洋以自重，当倭贼犯（旅）顺，自恐寄顿倭国之私财付之东流，其不欲战固系隐情。及诏旨严切，一意主战，大拂李鸿章之心，于是倒行逆施，接济倭贼煤米军火，日夜望倭贼之来，以实其言。而于我军前敌粮饷火器故意勒掯之，有言战者动遭呵斥，闻败则喜，闻胜则怒。淮军将领望风希旨，未见贼，先退避，偶遇贼，即惊溃。"又谓李鸿章之子经方"为倭贼之婿，以张邦昌自命"；"中外臣民无不切齿痛恨，欲食李鸿章之肉。"（《清代野记》卷上"安维峻劾李文忠疏"）李经方实系鸿章四弟昭庆之子，被鸿章过继为嗣，娶刘秉璋长女为妻；刘体智专作文辟谣曰："李文忠以洋务为世诟病，嗣子伯行侍郎（即经方）尤被其祸，甚至谓其婚于日本皇族。……人三成虎，不足为奇，莫奇于当时士大夫随声附和者之众也。"（《异辞录》卷三"李经方"条）孙宝瑄亦看不下去，在日记中写道："余昨见安御史奏稿于书肆中，其所言仍劾合肥（指李），语多市井无稽之谈，肤浅已极，文亦夹杂，不堪入目。不意此君竟自鸣得意，于原摺掷还后，令人各处传写，已遍都市，适足资为笑柄焉耳。"（《忘山庐日记（上）》64页，甲午年十二月二十日）安氏递交奏章在十二月初二日，而同样的市井传闻已见于三个月前（九月初七日）以文廷式为首的三十五位翰林联名参劾李的奏折之中，其文曰："尤有甚者，倭来船则放之，倭运开平煤则听之。……外间并有传闻，李鸿章有银数百万，寄存日本茶山煤矿公司，伊子又在日本各岛开设洋行三所，以致李鸿章利令智昏，为倭牵鼻，闻败则喜，闻胜则忧。虽道路之言，而万口流传，岂得无因而至？"（转引自庄练《中国近代史上的关键人物（中）》69页）同日张謇亦摺参李道："直隶总督李鸿章自任北洋大臣以来，凡遇外洋侵侮中国之事，无一不坚持和议，天下之人，以是集其诟病，以为李鸿章主和误国，而窃综其前后心迹观之，则二十年

---

① 案：袁世凯闻变，惧为日俘，举唐绍仪自代，于甲午年六月十七日赴仁川搭船回国（见《清史稿·朝鲜传》及《异辞录》卷三"袁世凯闻变先归"）。又据翁同龢甲午年七月十六日日记，袁世勋（字敏孙）为堂兄袁世凯事来见，"慰廷（即世凯）奉使高丽，颇得人望，今来津不得入国门，李相保（即鸿章）令赴平壤。欲求高阳（李鸿藻）主持，因作一札予高阳，即令敏孙持去。"（《翁同龢日记》第五册2719页）一旦陷入穷途末路，袁便毫无门户之见地去向李的政敌进行活动，鸿章仇之也是情理中事。后鸿章自马关议和归，闻李鸿藻用袁为将，以新法练兵于小站，乃曰："余败军之将，候袁大少爷成军后，可以一战。"袁闻此言，憾之终身（见《异辞录》卷三"袁世凯恨李鸿章"）。据说袁曾向鸿章面陈练兵事宜，谓已聘德教习，日内行合同；言尚未毕，李勃然变色，举手杖连连顿地，砰訇作响，斥道："呸！小孩子，你懂得什么练兵！又是订什么合同！我治兵数十年，现在尚不敢自信有何等把握，兵是这样容易练的？难道雇几个洋人，抗上一杆洋枪，念几声'横土福斯'，便算是西式军队么？"袁面赪不能语（见《庚子西狩丛谈》卷四139页）。

来坏和局者，李鸿章一人而已。……试问以四朝之元老，筹三省之海防，统胜兵精卒五十营……用财数千万之多。一旦有事……曾无一端立于可战之地，以善可和之局。稍有人理，能无痛心！……李鸿章之非特败战，并且败和！"（转引自王芸生《六十年来中国与日本》卷二128—129页）

安维峻等人笔下其实已经留了相当情面，真正的道路之言更加肆无忌惮，赶上昆丑杨鸣玉在京病故，有人甚至编出"杨三已死无苏丑，李二先生是汉奸"①的联语广为传诵（见《清代野记》卷上"翁李之隙"）。那么李鸿章在战争期间究竟做了些什么，才会让他沦为众矢之的，陷入千夫指、万夫骂的不堪境地，且永世不得翻身呢？梁启超所撰《李鸿章》说他共坐十二咎，大抵不过贻误战机，以致着着失算。逐条分析，任公的指责并非无端造谤，均击在痛处，然都是就事论事，至于每桩事背后李的真实用心则不去理会了。

先来看李公自己私底下对整个事件的回顾与点评："十年以来，文娱武嬉，酿成此变。平日讲求武备，辄以铺张縻〔靡〕费为报，至以购械购船悬为厉禁。一旦有事，明知兵力不敌，而淆于群哄，轻于一掷，遂至一发不可复收。……兵事甫解，谤书又腾，知我罪我，付之千载，固非口舌所能分析矣。"（"复新疆抚台陶"，《李文忠公尺牍》784页）

包括光绪帝在内的主战派对号称"世界第六"的中国海军②还是颇有信心的。多年前李亦曾自负地奏称："臣练军简器十余年于兹，徒以经费太绌，不能尽行其志；然临敌因应，尚不至以孤注贻君父忧。"（梁著《李鸿章》）所以当光绪向礼亲王世铎询问舰队备战情形，竟得到"恐怕力量不足"的回答时，便火冒三丈"跳了起来，摔了他身边的一张小桌子，上面的茶杯砸了个粉碎。"（"宝士德致欧格讷函（英国外交文件第431号附件）"，"丛刊续编"《中日战争》第十一册310页）翁师傅又从旁火上浇油道："（李）治军数十年，屡平大憝，今北洋海陆两军如火如荼，岂不堪一战耶？"（《蜷庐随笔》"光绪甲申朝鲜政变始末"条）及开战，败讯频传，军机大臣李鸿藻恨恨曰："海军船只一无所用，真可杀也！"（"李鸿藻致翁同龢函（光绪二十年八月十四日）"，"丛刊续编"《中日战争》第六册442页）

大清海军的实力到底如何？是强大到已经名列世界前茅，还是徒有其表，银样镴枪

---

① 案：江苏扬州人杨鸣玉行三，故称杨三；李鸿章行二，遂有李二先生之讥。

② 见《异辞录》卷三"海军之败兆"。当时清朝海军的世界排名说法不一，或谓第八（见蒋廷黻《中国近代史》97、125页），或谓第九（见姜鸣《龙旗飘扬的舰队（增订本）》362页）。案：世界第九之说实出自美国海军部长特雷西（Benjamin Franklin Tracy）于1889年提交的年度报告，载哈根（Kenneth J. Hagan）所辑《和平与战争：美国海军史略（1775—1984）》（In Peace and War: Interpretations of American Naval History, 1775-1984）一书中。

头？真相就藏在当时中外人士的记载当中。

康有为弟子罗惇曧曰："（光绪）十四年定海军经制，以丁汝昌为海军提督。海军大半闽人，汝昌淮人陆将，孤寄其上，大为闽党所制，威令不行。左右翼总兵以下争挈眷陆居，军士去船以嬉。每北洋封冻，海军岁例巡南洋，率淫赌于香港上海，盖海军之废弛久矣。"（《中日兵事本末》，载《近代中国史料丛刊续编》第十八辑52页）

据日人伊藤正德所著《国防史》载，"在明治二十四年，吴镇守府参谋长东乡平八郎曾见停泊宫岛之清国军舰镇远、定远（与其后日舰陆奥、长门相若）舰炮上张晒衣裤，曾云：以此类巨舰，纪律尚如此，其海军实不足畏。无怪欧美喻为睡狮。因此益增吾人之战胜之信念。"（转引自包遵彭《中国海军史（下）》934—935页，中华丛书编审委员会，台北，1970年）

英驻华使节欧格讷（Nicholas Robert O'Conor）则向本国政府报告："中国军队虽然在数量上较日本有相当优势，但训练方面，尤其在装备上远不及日本。……（丁提督）与其说是位水兵，不如说是名陆军，未受过任何海军技术训练，他的习性和能力，远不足担任一名总指挥。……如果军队派去（朝鲜）后即爆发战争，将会发现李总督的军队完全不像吹嘘的那样，或许除了个人勇气之外，在各方面都比不上训练有素、装备精良的日军。……我深怕诸如日本目前似乎企图突然发动强有力的侵略所造成的可怕后果，害怕无远见和缺乏军事知识的中国当局，将面临海军舰队被彻底摧毁的危险。"（"欧格讷致金伯利函（英国外交文件第220号）"，载"丛刊续编"《中日战争》第十一册287—289页；案金伯利（Kimberley）时任英外交大臣）

更要命的是，"在中国的海军上头，日本却碰着另一种敌人"；炮弹里面装填泥沙，"这不是海军提督的过错，而是军需局的坏蛋官吏的罪恶"（香港《孖剌西报》（*Daily Press*）英籍记者肯宁咸（Alfred Cunningham）著《乙未威海卫战事外纪》（*The Chinese Soldier and Other Sketches*），李鼎芳译，载《中日战争》第六册318—319页）。赫德又说："李鸿章的舰队、要塞、枪炮和人力虽然曾经吹嘘得很厉害，但已证明都远非一般所期待的那样。当前的难题是军火，南洋舰队每一门炮只有二十五发炮弹，北洋舰呢，克虏伯炮有药无弹，阿姆斯特朗炮有弹无药！汉纳根[①]已受命办理北洋防务催办弹药，天津兵工厂于十日前就已收到他所发的赶造子弹命令，但迄今仍一无举动！他想要凑集够打几个钟头的炮弹，以备作一次海战，在海上拼一下，迄今无法到手，最糟的是恐怕他永远没有到

---

① 汉纳根（Constantin von Hanneken），德国退役军官，德璀琳女婿，继英人琅威理（William M. Lang）后出任北洋水师总教习兼副提督。甲午年八月中日海军在大东沟洋面甫接仗，提督丁汝昌即受伤不起，"于是战事颇赖汉纳根指挥"（姚锡光《东方兵事纪略》卷四《海军篇第七》，《中日战争》第一册68页）。

手的希望了！"（"1894年9月2日赫德致金登干函"，《中国近代经济史资料丛刊·帝国主义与中国海关》第七编《中国海关与中日战争》55页，科学出版社，1958年）中国舰队的问题同样暴露在法国公使施阿兰（Auguste Gérard）眼前，即"不但缺少受过训练的水手，并且也没有足够的军火弹药"（《使华记（1893—1897）》卷一29页，袁传璋、郑永慧译，商务印书馆，1989年）①。

北洋海军就像李鸿章一手养大的孩子，强弱与否他的心中比谁都更清楚，因此早在光绪八年（1882）便对可能爆发的战争结果做出了清醒的预判："中国闽沪各厂自造之轮船与在洋厂订购之轮船……专备扼守海口，难以决战大洋。……查日本兵船在二十艘以外，而坚利可用者约十余艘。其中扶桑一舰，号称铁甲；比睿、金刚两舰，号半铁甲；东舰②一船，号次等铁甲，虽非上品，究胜木质。以彼所有，与中国契长校［较］短，不甚相让。况华船分隶数省，畛域各判，号令不一，似不若日本兵船统归海军卿节制，可以呼应一气。万一中东有事，胜负之数，尚难逆料。"（《李文忠公全集·奏稿》卷四十四《议复邓承修驻军烟台摺（光绪八年八月十六日）》）

既然实力不济，出于"保全坚船"的考虑（见《全集·电稿》卷十六"寄丁提督（光绪二十年六月二十四日）"），李选择了宁可厚颜忍诟，不能衅自我开。如梁启超所言，自七月初一日（公历8月1日）两国正式宣战，李所发布的命令，"精神全在守局而不在战局，盖中日全役皆为此精神所误也。"（《李鸿章》）李起初过度倚赖外国调停，"以夷制夷"，因此甲午年成为他从事外交活动最频繁、也最诡异的一段时期。首先被他看中的是俄驻华公使喀西尼（A. P. Cassini）。6月20日这位外交官乘火车经过天津，从总督那里得到这样的指示："中国政府认为俄国与此事（指中日冲突）有直接利害关系，故俄国有出面调停的特殊权利。"（《红档杂志有关中国史料选译》，转引自《六十年来中国与日本》卷二44页）但是聪明的俄国人很快识破李的圈套，从而确定了自己的态度："我们要求日本由朝鲜撤兵是友谊的劝告，我们完全珍视李鸿章对我们的信任，然而我们认为不便

---

① 姜鸣据当时档案记录，认为北洋海军弹药供应充足，不存在短缺问题；一种可能是，相当多的炮弹没有装船，而被留在了旅顺、威海基地中，那么丁汝昌难辞其咎（见《龙旗飘扬的舰队（增订本）》377页及437页注一三一）。无论如何，包括李鸿章外甥张士珩（字楚宝）在内的军械局官吏枉法受赇、中饱私囊却是无可辩驳的事实。当败讯频至，鸿章"痛哭流涕，彻夜不寐"，"愤不欲生"（"答陈右铭"，《吴汝纶全集》第三册《尺牍》卷一104页）；及风闻士珩涉嫌劣械案，更不能自控，怒批其频（见《异辞录》卷三"李鸿章手批外甥频"）。谭嗣同亦谓，凡中国购买外洋军械，出使大臣从而分成，及兑价时，经手人又复分成，西人视中国官吏为禽兽，故有"文官三只手，武官四只脚"之谑（《上欧阳瓣蔷师书二》，《谭嗣同全集》卷三288页）。

② 案："东舰"系误传，日本无此船名。

直接干涉朝鲜的改革，因为在这建议的背后显然隐藏着一个愿望，即把我们卷入朝鲜纠纷。"（7月7日吉尔斯电喀西尼，同上48页；案：吉尔斯（Giles）时任俄外交大臣）对此赫德调侃道："俄国人在天津挑逗了一番，过了两星期忽然又推卸了，李鸿章讨了老大一场无趣。……俄国已在朝鲜边境增兵，在海参崴集中舰队，等着'梨子熟了落在手里'，好捡便宜。"（"1894年7月15日赫德致金登干函"，《中国海关与中日战争》49页）翁同龢则在乙未年正月三十日记云："李连日晤英、德、法、美、俄使，皆无实在相助意。英推诿，德语切直，谓不割地则迁都，无中立之法。俄允电本国而已。"（《随手记》，载《近代史资料》总97号第4页）①

他国皆不足恃，李鸿章只好冒险与日本人直接打起了交道。就在战争爆发前夕，李派幕僚伍廷芳秘密接触日本驻天津总领事荒川己次，给日方留下"天津、北京间存在不同意见"的印象；伍甚至告诉荒川，"李鸿章能解决朝鲜问题而无需考虑北京的态度"（见荒川与外务大臣陆奥宗光往来电报，载"丛刊续编"《中日战争》第九册270、272页，中华书局，1994年）。接下来事情有了惊人的进展，7月23日晚荒川电告陆奥，"下述内容绝对保密：李鸿章于7月22日派他的秘书罗丰禄（案：罗氏后任中国驻伦敦公使）到我处，并秘密通知我，他已决定派罗到东京做为秘密特使与伊藤内阁总理联系。他忠诚希望和睦解决，并安排如何就朝鲜问题开始谈判。他要求日本政府保证在秘密特使到达东京前，在朝鲜之日本军队不要采取敌对行动。……海关道（案：即盛宣怀）秘密告诉我，中国军队派往朝鲜是为了做样子而不是为了打仗。"（"丛刊续编"《中日战争》第九册282页）很难相信这样唐突冒失的一张牌竟出自老练的李鸿章之手；黑云压城之际，或可看作是他避战谋和的最后一搏，却注定不会有任何结果，原因详下。

双方开战以后，李仍未放弃媾和的外交努力，甚至派出他所信任的德璀琳，希望凭其"洋员"身份"前往察酌办理，或能相机转圜"（《李文忠公全集·译署函稿》卷二十"拟令洋员赴东探议（光绪二十年十月十六日）"）。11月26日德氏持鸿章手书抵神户，请求面见伊藤博文首相。不用说，他的要求遭到日本政府的拒绝，于是"德璀琳冒然而来，怅然而返，世人皆以为奇"（《日方记载的中日战史》，《中日战争》第一册259

---

① 值得注意的是，随着战场上的节节失利，朝中强硬派也转而想到了使用外交手段。张謇谓，"英、法我仇也，俄、倭我近灾也……与其信近灾不可测之俄，毋宁联仇而远而犹有联我之意之英矣。"（"张謇致翁同龢密信"之十四，载"丛刊续编"《中日战争》第六册457页）文廷式、志锐等亦有联英伐日之计，文氏奏称"闻英德使臣皆已微示其意，湖广督臣张之洞亦经密与商谋，大约不过二千万金上下，便可遵办"（《翰林院文廷式等奏请密连英德以御倭人摺（光绪二十年九月初九日）》，《清光绪朝中日交涉史料》卷二十一24页）。而据同日翁同龢日记，"昨志（锐）摺请连英伐倭，欲以二三千万饵之，赫（德）云不能。"（《翁同龢日记》第五册2736页）

页）①。

等到"北洋海面数千里，几不复有中国之帆影轮声"（梁著《李鸿章》）的安静时刻，李临危受命，赴日议和，并提出要翁同龢同往。翁连忙声明"臣于敌势军情懵焉不识"（翁奏折，载《近代史资料》总86号56页），又云："若余曾办过洋务，此行必不辞，今以生手办重事，胡可哉？"（《翁同龢日记》第五册2781页，光绪二十一年正月廿八日）后人高拜石不失时机地插上一句："李好揶揄，几令翁相国窘煞。"（《新编古春风楼琐记（八）》332页）

需要说明的是，李深知此行风险巨大，故而并非没有忧谗畏谤之心，尝言"割地之说不敢担承"（《翁同龢日记》第五册2780页，光绪二十一年正月廿八日）。二月初六，太后召见李，议"以辽东或台湾予之，如不肯则两处均予；事甚秘"（"汪委员来电（光绪二十一年二月初九日）"，《张之洞全集》第八册卷一九六《电牍二十七》6127—6128页，河北人民出版社，1998年）。与此同时，"皇上洞烛机宜，予李某商让土地之权。"（翁同龢《随手记》"乙未二月初七日"，载《近代史资料》总97号第8页）李鸿藻亦拍着胸脯信誓旦旦道："好为之，所不与公祸福相共者，有如天日。"（《异辞录》卷三"李鸿章出使皆以子经方随往"）吃了定心丸的鸿章顿时信心大涨，慷慨表态："臣必当斟酌轻重，力与辨争。……但能争回一分，即少一分之害。"（《李文忠公全集·奏稿》卷七十九《预筹赴东议约情形摺（光绪二十一年二月初六）》）与垂暮之年甘愿赴汤蹈火的李公形成鲜明对照的，是明哲保身的军机处那帮滑头们所表现出的别样心事：深恐再被拉上同行惹一身腥，于是一面赶紧传达皇上已授割地之权的面谕，一面敦促他"迅速起程，免致另生枝节"（《李文忠公全集·奏稿》卷七十九《军机处王大臣庆邸等公奏折（光绪二十一年二月初七）》）。欧格讷也惊讶地发现，"大臣不准备承担给李鸿章指示的责任，而是坚持必须由李鸿章特使采取主动，而大臣们将批准他所做出的任何决定。"（《欧格讷外交报告》第138号（1895年4月12日），载"丛刊续编"《中日战争》第六册661页）

二月十八日，这位七旬老人（李时年七十三岁）自天津登轮东渡，拖残躯走敌国，历

---

① 德璀琳携带的李鸿章致伊藤照会原文如下："照得我大清成例，与各国交际素尚平安。现与贵国小有龃龉，以干戈而易玉帛，未免涂炭生灵。今拟商彼此暂饬海陆两路罢战，本大臣奏奉谕旨：德璀琳在中国当差有年，忠实可靠，著李鸿章将应行筹办事宜，详晰告知德璀琳，令其迅速前往东洋妥办，并随时将议情形，由李鸿章密速电闻等因钦此。遵即令头品顶戴德璀琳立即驰赴东京赍送照会。应若何调停复我平安旧例之处，应请贵总理大臣与德璀琳筹商，言归于好。为此照会，请烦查照施行。"（《日本外交文书》卷二十七，载"丛刊续编"《中日战争》第九册473页）

经一个月的艰苦谈判，中间还要挨上一粒刺客送出的子弹①，至三月二十三日（公历4月17日）终与伊藤博文在马关（今下关）春帆楼签订《马关条约》。

不出所料，丧权辱国的条约之签订将李鸿章独自一人推向舆论漩涡的中心，国人视他为南宋贾似道、前明严嵩（见《异辞录》卷二"时人目李鸿章为贾似道严嵩"），恨不能食肉寝皮；张佩纶在信中谈到饱受非议的老丈人是否应借枪伤告归时亦曰："黄（佩纶自指）恐续假哗然，销假哗然，回任更哗然，将终其身为天下哗然之一人耳。此数纸，黄中夜推枕濡泪写之，非惟有泪，亦恐有血；非惟黄之血，亦有鞠耦之血；非惟黄夫妇之血，亦恐有普天下志士仁人之血。"（转引自《天公不语对枯棋》87页）②至于李鸿藻等人，不但将当初"祸福相共"的誓言抛诸脑后，还极力怂恿让李经方出任割台专使，李鸿章使团顾问、美国前国务卿科士达（J. W. Foster）说："总督对此非常生气和吃惊，这表明北京感兴趣的是把人们对条约的全部憎恨都加在他和他的亲属身上。"（《科士达日记》，载"丛刊续编"《中日战争》第六册628页）③李终归跳不出这样一个明目张胆的陷坑，只

---

① 刺杀发生在二月二十八日（公历3月24日），凶手名叫小山丰太郎（又称六之介或六之助），后被日本方面判无期徒刑。鸿章伤情，据明治二十八年（1895）3月27日《报知新闻》，"左眼窝正中下约1公分处有一弹孔，边缘不整，横向直径约8毫米，椭圆形，呈浅紫色。周围肿胀，波及眼睑，致使左眼瞳孔几乎遮闭。用探针探查伤内，深3公分处触及硬物，用金属探针试探有金属音，探针稍附矿物质色。可认定枪弹左上腭骨前壁，射入前颌窝，固着于骨上。但本人及随从医生不同意切大创口仔细探查，所以未能取出。……眼镜玻璃虽被击破飞散，幸未伤及眼球。眼睑肿张，角膜充血。无脑症。"（载《近代史资料》总72号260页）
据"私史"记载，时李公阻日医取弹，曰："宁死无割，当此国步艰难，决不敢因臣身迟误大局。"（《清朝野史大观》卷四《清朝史料》"马关条约"）又，谈判之际，伊藤盛气凌人，尝口占一联曰："内无相，外无将，不得已玉帛相将。"李知讽己，苦思下联而不得，有参随某曰："是不难，何不云天难度，地难量，这才是帝王度量。"（同上"甲午议和时之联语"）
② 张佩纶虽饱经忧患，却未失锐气，尝言自与李家缔姻，"即欲代治公事，引嫌而止，今黄所深悔者止此一事。如果当日竟为办事，言听计从，以我之猛济其宽，淮将、海军何至如此？"（"复王廉生太史"，载《中日战争》第五册224页）又在日记中记曰：李公与幕僚议朝鲜事，"余废人也，所谋未必合时，殊为愤闷，姑无言预坐而已"。"念倭事无人，势将大挫，顾无权可以振之，闷闷而已，岂非天哉！"（《涧于日记》，载"丛刊续编"《中日战争》第六册481、483页）直至甲午年八月朝廷下谕旨，"革员张佩纶获咎甚重，乃于发遣释回后，又在李鸿章署中，以干预公事屡招物议，实属不安本分；著李鸿章即行驱令回籍，毋许逗留"（同上书485—486页），始携妻南下，作金陵寓公，绝口不谈时事。庚子之变，李鸿章北上议和，再召之入幕；张氏因不屑与王文韶、瞿鸿禨、于式枚、孙宝琦等人为伍，辞不就，电稿中有句云："某亦曾近待三天，忝居九列，岂能俯首王、瞿，比肩于、孙？"与张有姻谊的陈蘷龙谓"笔锋犀利，咄咄逼人，犹是当日讲筵气概"（《梦蕉亭杂记》卷二，案：陈与佩纶之子张志潜（字仲昭）同为丁宝桢婿）。
③ 条约签字前夕，赫德曾在信中分析当时中国国内情形曰："中国的溃败非常可怕，在事变之中，喜剧和悲剧一直是以最令人悲痛断肠的形式交织在一起。甚至在今天，凡是能那样做的人，还是试图利用任何发作经费的银两以自肥，内地人民完全不知战事如何，他们将不会原谅失败；因此政府要使一般人民相信为缔和而作的牺牲，确有它本身的困难，外患一结束，内忧就会随着发生。中国一次又一次挨打的地方虽然只是庞大帝国边缘上的一小点，可是事实上蛋壳已经打碎了——据我看来，还是一只坏蛋。"（"赫德致杜德维函（1895年4月7日）"，见《对外关系史》卷三53页注三）

得用无奈的语气致电身在上海的经方曰："我父子独为其难，无可推诿。"（《李文忠公全集·电稿》卷二十"寄上海交伯行（光绪二十一年四月二十四日）"）科士达曾问道："是否一个政府官员就没有办法去辞谢掉他不欢迎的任命？"得到的回答是："是的，有三种办法：一是称病，但是这种办法因常用而往往失效；二是逃出国外，但是逃职者就永远不能回来；三是自杀，这并不是不常有的结果。"（科士达《外交回忆录》（*Diplomatic Memoirs*），见《对外关系史》卷三55页注一）①

台湾之割让，据康有为《自编年谱》，"李莲英为宦寺，不识地图，乃至徐用仪②亦然，皆曰中国甚大，台湾乃一点地，去之何妨。"虽木已成舟，不肯接受战败事实的北京官员们很快又有了新的动作，鼓动台湾于五月初二日（公历5月25日）宣告"独立"，成立"共和国"，"国旗蓝地黄虎文，长方五幅，虎首内向，尾高首下。"（《东方兵事纪略》卷五《台湾篇上第九》，载《中日战争》第一册94页）③被推为"总统"的巡抚唐景崧在台北抚署门外望阙谢罪，大哭就职，电告中外有"遥奉正朔，永作屏藩"语（《清史稿》本传）④。马士指出，"导向这个步骤的精神上的鼓励并非来自台湾本身。……新动向是从中国方面策动的，是主战派为了破坏求和所采取的步骤而做出的绝望中的最后一次努力。"（《对外关系史》卷三53页）

五月初五，日舰抵台北海面，旋登岛作战，悬赏六十万金购"总统"头；七日后景崧微服挈子遁，登英轮至厦门，谭嗣同讥以"忠非忠，奸非奸，竟无词以品题之"（《上欧阳瓣薑师书二》，《谭嗣同全集》卷三288页）⑤。昙花一现的"台湾共和国"数日而亡，曾率黑旗军在越南抗法的刘永福独自困守台南，坚持至九月初二城陷兵溃，亦搭外籍商船内渡⑥。据戴维生（J. W. Davidson）所著《台湾岛》（*The Island of Formosa*）载，"在这次失信地想推翻马关条约的企图中，中国方面的损失不得而知，日本方面在战场上计死亡一六四人，受伤

---

① 马士引文有节略，从上下文气推断，此回答应由李经方做出。案：日后李鸿章盛怒之下，曾"历举日约之任怨，且讥文正（李鸿藻）之食言，二公因之大哄"（《异辞录》卷三"李鸿章出使皆以子经方随往"）。

② 徐用仪，字筱云，浙江海盐人，官至兵部尚书、总理衙门大臣、军机大臣。庚子年七月与吏部侍郎许景澄（兼京师大学堂总教习、管学大臣，前驻法、德、意、俄、奥、荷公使）、太常寺卿袁昶、户部尚书立山、内阁学士联元坐主和弃市，同年十二月即获昭雪，并号"五忠"。

③ 马士声称自己藏有残存的唯一一面真实可靠的绸制"台湾共和国国旗"，宽约十英尺，长约八英尺，"天蓝色，有一只回着头、摇着一条颇有挑斗性的长尾巴的老虎"（《对外关系史》卷三52页注四）。

④ 这则史料应让今日主张"台独"、反对"卖台"的人士如获至宝，但彼辈当扪心自问，同为"台独"，二者背后的动机、心情、目的以至理念是否一样？两拨"人马"是否可以穿越时空坐上同一条船？

⑤ 唐景崧，字维卿，广西灌阳人，同治四年（1865）进士，少有文才，曾作谜云"荡妇灯下制郎冠"，打李商隐"碧文圆顶夜深缝"句，京中传诵一时（见《异辞录》卷三"台湾不能自立"）。

⑥ 有关这次台湾事变的日期均见《东方兵事纪略》，与马士《对外关系史》所记略有出入。

五一五人，因病（主要是疟疾）而死的为四、六四二人，失去工作能力的达二六、九九四人；但日本是满意了，它现在已经占有了台湾。"（转引自《对外关系史》卷三56页）

中日初次决战的大幕终于落下，然问责之声至今不绝于耳，处在风口浪尖上的始终是翁、李二人。据说当大势已去，同龢奉旨驰赴天津问策，"鸿章怒目相视，半晌无一语，徐掉头曰：'师傅总理度支，平时请款辄驳诘，临事而问兵舰，兵舰果可恃乎？'同龢曰：'计臣以撙节为尽职。事诚急，何不复请？'鸿章曰：'政府疑我跋扈，台谏参我贪婪，我再哓哓不已，今日尚有李鸿章乎？'同龢语塞，归乃不敢言战。"（《国闻备乘》卷一"名流误国"，《近代稗海》第一辑231页）[①]曾是清流健将的陈宝琛伤于时局，乙未年作《感春》诗曰："一春无日可开眉，未及飞红已暗悲。雨甚犹思吹笛验，风来始悔树幡连。蜂衙撩乱声无准，鸟使逡巡事可知。输却玉尘三万斛，天公不语对枯棋。"庄练看出其中三四两句，"分明在指斥翁同龢不当战而冒昧主战，明知雨声已甚，犹驾言不知吹笛有否效验，必欲使大局一败涂地而后已。"（《中国近代史上的关键人物（中）》111页）

翁、李作为决策者其实各有各的道理，无论亲翁派的左李右翁，还是亲李派的抑翁扬李，无非把这池子水搅得更浑；真实情形是当时大清被咄咄逼人的日本赶入一条死胡同，所谓"天公不语对枯棋"，当轴者已然拿这盘死棋毫无办法。诚如沈葆桢所言，"争之而兵端起，让之而得步进步，兵端亦起"（总理衙门奕訢等奏折（光绪五年闰三月二十二日），载《洋务运动》第二册388页），总之没有退路；而使尽手腕、一心想要保住和局、起死回生的李鸿章在这一刻尤其显得可怜。

在日本国内，"征韩论"可谓由来已久，武士出身的西乡隆盛曾在信中扬言："朝鲜一事，在国政革新（指明治维新）之初就已着手，迄今已五、六年矣；然而，最初并非寻求亲睦，想必方略已定。"（井上清《日本军国主义》第二册71页，尚永清译，商务印书馆，1985年）该方略的雏形来自生活于德川幕府末期的大思想家吉田松阴。当欧美列强像当年对付大清一样，用炮舰敲开日本国门时，这位创办松下村塾、培养出伊藤博文等一批

---

① 此次天津晤面，翁氏日记则云："乘小轿入督署，见李鸿章传皇太后、皇上谕慰勉，即严责之。鸿章惶恐，引咎曰：'缓不济急，寡不敌众，此八字无可辞。'复责以水陆各军败衄情状，则唯唯而已。"（《翁同龢日记》第五册2734页，光绪二十年九月初二日）

又据王闿运日记，甲午之役，北京政局诡谲多变，有所谓前、后八仙。主战之前八仙为礼亲王、翁同龢、李鸿藻等，分别号曹国舅、吕洞宾、张果老，余以类推；及战事一塌糊涂，同龢、鸿藻又跳槽加入以恭亲王、李鸿章为代表的主和之后八仙中。同龢先听张謇之言力主战，再从郑孝胥之议改主和，张、郑二人当时名位不高，所关最重，因而被视作背葫芦药之仙童。京师谚曰："张仙童将葫芦交替郑仙童，跟随后八仙，大卖阳和大补膏药矣。"（见《世载堂杂忆》"甲午一役中之八仙"105—106页）

优秀弟子的维新先驱就为自己国家绘制出一幅卧薪尝胆、雄霸未来的扩张蓝图："现在要加紧进行军备，一旦军舰大炮稍微充实，便可……晓谕琉球……责难朝鲜……北则割据中国东北的领土，南则掠取中国台湾及菲律宾群岛"，"在贸易上失于俄、美者，应以土地由朝鲜和满洲补偿之。"（同上书第7页）吉田的理论深刻影响了明治时代日本政治家的外交思维，故"征韩论是明治元年以来天皇政府最重要的国策"，目的在于，"一、以抢先沙俄侵略朝鲜为借口，日本出兵占领，进而把它作为侵略中国的桥头堡；二、把当时的内乱危机转移为外征。"（同上书73、75页）而所谓的征韩计划（矛头最终指向中国）暗中又得到英、美的煽动，以1874年出兵台湾为例，出谋划策者便是那位美国顾问李仙得，他的论调是："日本应该攻取朝鲜以制辽东，攻取台湾以制中国，如此便围绕中国成一半圆形，可以抵制俄国压迫东洋之势。"（同上书77页）

同样受着欧美的欺负，日本想到了拿弱邻开刀以求补偿，进而"开拓万里波涛，布国威于四方"（1868年3月14日明治天皇"宸翰"即御笔信，吴廷璆主编《日本史》371页引自日本评论社1928年版《明治文化全集》第二卷）；经受过两次鸦片战争炮火洗礼的清政府却依旧高枕无忧，耳边不闻磨刀霍霍，举国上下沉浸在庆祝太后六十大寿的欢乐之中。据刚刚来到北京的施阿兰观察，"在1894年4月这一时期，中国确实处于一种酣睡的状态中。它用并不继续存在的强大和威力的幻想来欺骗自己，事实上，它剩下的只是为数众多的人口，辽阔的疆土，沉重的负担，以及一个虚无缥缈的假设，——假设它仍然是中心帝国，是世界的中心，而且像个麻风病人一样，极力避免同外国接触……还粗暴地标出'不要摸我'（原文为拉丁文，源出《新约·约翰福音》）的警告。"（《使华记》导言12页）这不能不说是大清帝国的悲哀，更是忠诚如翁、李等的个人悲哀。如果说甲午之败李鸿章难辞其咎，低估了对手日本的野心实为他最大失误，否则也不会愚蠢到给丁汝昌下达"夜间若不酣睡，彼未必即能暗算，所谓人有七分怕鬼"的指示，"传之千古，倒是一则绝好笑史。"（《孽海花》第二十四回200—201页）但他又委实不该独领其咎，因为时任驻日公使汪凤藻的职责不是简单地递送国书照会，稍微机灵或者勤奋一点儿，不难打探到日方的真实企图。查李、汪战前电报往来，并无这方面的可靠情报，难怪李对形势判断不清，也难怪汪下旗回国，光绪帝见到这个老实本分的闷葫芦会气不打一处来，严厉申斥："闻日本与中国开衅，早有阴谋，尔驻其国都，何以一无所知，亦无奏报到京？"汪无辞以对，"惊恐汗透重衣"（《苌楚斋三笔》卷四，《中日战争》第五册503页）。

鸿章议和归来，在津疗伤，七月初始入京请安。光绪全然忘记先前许割地赔款的面谕，将过错一股脑推到他的头上，"诘责以身为重〔臣〕，凡两万万之款从何筹措，台湾一省送予外人，失民心伤国体，词甚骏〔峻〕厉。"（《翁同龢日记》第五册2829页，光绪二十一年七月初九日）李于是丢掉了直隶总督兼北洋大臣的要职（由王文韶接替），仅以文华殿大学士的身份留京入阁办事，遂寄居贤良寺①，"萧闲若老僧"（《凌霄一士随笔》，《近代中国史料丛刊续编》第六十四辑471页）。

李大概不曾料想，中日之战让他的洋务事业付之东流，而真正毁掉他半生名节的却是丙申年（1896）春的俄国之行。后来谭嗣同至天津，亲见机厂、船坞、炮台、轮船、铁路、火车等各项经营，无一不规模宏远，至精至当，乃发物是人非之感慨："此在他人，能举其一功即不细；合肥兼综其长，夫亦人杰，惜晚节不终，弥增悼叹！"（《上欧阳瓣蘧师书（二十二）》，《谭嗣同全集》卷三318页）

因沙俄方面的郑重要求，本已赋闲的李再次出山，奉派为钦差头等出使大臣代表清廷参加在莫斯科举行的新沙皇尼古拉二世（Nicholas II）的加冕典礼，行前"太后召见至半日之久"（梁著《李鸿章》）。由此看来，事情似乎不像单纯的行贺礼、厚情谊那么简单，而是在背后隐藏有某项重大而神秘的外交使命。

对于清帝国能否迅速走出甲午惨败的阴影，赫德的看法相当悲观，他不认为这头东方睡狮会从此猛醒，相反，倒是"更像一个从睡眠中醒过来的渴睡者，不久即将重新进入梦乡；他的醒来不过是为了翻个身，从左胳膊转向右胳膊而已"（《使华记》卷四182页）。然而举国上下，复仇的火焰却在每个人的心头燃烧不已。先来看李鸿章本人。马关议和，伊藤欺人太甚，谓"今日之事无他，仅割与不割四字。"鸿章出语人曰："李某名在全球，决不受此奇辱，必报之"（《所闻录》"伊藤博文"条），发誓终身不再踏上其土地一步。及出使俄国，道经日本换船，"日人已于岸上为供张行馆，以上宾之礼待之，文忠……终不许，竟宿舟中。新船至，当乘小舟以登，询知为日本舟，遂不肯行；船主无如何，为于两舟间架飞梁，始履之以至彼船。"（《清朝野史大观》卷八《清人逸事》"卑视外人"条）

在此期间，沙俄颇为乖巧地拉上法、德帮清政府讨回辽东，令报仇无门的国人眼前一亮，有了盼头，于是"内而廷臣，外而疆吏，乃无不以联俄拒日为言矣"（《六十年来中国与日本》卷三94页）。张之洞率先发议论道："倭约万分无理……神人共愤，意在吞噬中国，非仅割占数地而已。……然非藉兵威不能废约，此时欲废倭约、保京城、安中国，惟有乞援强国一策。俄国已邀法、德阻倭占地，正可乘机恳之。乞援非可空言，必须予以

---

① 梁启超谓李在京时常居贤良寺，"盖曾文正平江南后，初次入都陛见，即僦居于此，后遂以为常。"（《李鸿章》）据吴长元《宸垣识略》载，"贤良寺在东安门外帅府胡同，雍正十二年建，本怡贤亲王（允祥）故邸，舍地为寺，赐名贤良，乾隆二十年移建于冰盏胡同。"（卷五28页，光绪二年刻本）近人崇彝又称，"东城名刹最少，只有校尉营冰渣胡同（即冰盏胡同）内贤良寺……几经政修，已非旧观。自李文忠侨居之后，已成仕官行台矣。"（《道咸以来朝野杂记》27—28页，北京古籍出版社，1982年）

界务、商务实利；窃思威（海）、旅（顺）乃北洋门户，台湾乃南洋咽喉，今朝廷既肯割此两处与倭，何不即以此赂倭者转而赂俄、英乎？所失不及其半，即可转败为功。惟有恳请敕总署及出使大臣急与俄国商订立密约，如肯助我攻倭，胁倭尽废全约，即酌量划分新疆之地，或南路回疆数城，或北路数城以酬之，并许以推广商务。如英肯助我，则酌量划分西藏之后藏一带地，让与若干以酬之，亦许以推广商务。……同一弃地，而捐荒远之西域，可保紧要之威、旅，全膏腴之台湾，且可尽废一切毒害中华之约，权其轻重利害显然。"（"致总署（光绪二十一年四月初二）"，《张之洞全集》第三册卷七十八《电奏六》2060—2061页）刘坤一紧随其后，亦上一摺云："倭之强，非俄所愿；倭之扰我东三省，尤为俄所忌。……我乘此时与之深相结纳，互为声援，并稍予以便宜，俄必乐于从我。……或谓俄与中国接壤最宽，将来必为害于中国，臣前此亦以为然，今则颇知其说之谬，亦视我之抚驭何如。俄疆宇已广，且信义素敦，与我修好二百数十年，绝无战事，实为千古所未有，垂之史册，可为美谈。……而顾疑其有他，不复推诚相与，则是合者离之，厚者薄之，将谓中国不足为缘，我益成孤立之势。"（《密陈联俄拒倭大计摺（光绪二十一年闰五月十五日）》，《刘忠诚公遗集·奏疏》卷二十四第9—10页，载《近代中国史料丛刊》第二十六辑）

谭嗣同将这层意思表达得更加具体："今夫内外蒙古新疆西藏青海，大而寒瘠，毫无利于中国，反岁费数百万金戍守之。地接英俄，久为二国垂涎，一旦来争，度我之力，终不能守，不如及今分卖于二国，犹可结其欢心，而坐获厚利。二国不烦兵力骤获大土，亦必乐从。计内外蒙古新疆西藏青海不下两千万方里，每方里得价五十两，已不下十万万。除偿赔款外，所余尚多，可供变法之用矣。而英俄之出此款，亦自不易。吾则情愿少取值，浼二国居间胁日本废去遍地通商之约；即再加赔费，亦无不可，而仍愿少取值，请归二国保护十年。……吾暂假以为虎皮吓他国，使不吾扰耳。"（《思纬壹壹台短书——报贝元征》，《谭嗣同全集》卷三407页）

上述三人的意见极能代表当时的一般舆论及国人心态[①]。正月二十日，鸿章陛辞出京，与送行诸人道别曰："予此次乃舆榇（即棺）而行，万里长途，七旬老物，归时安必能与诸君重见？惟望努力前程，各自珍重。"（《庚子西狩丛谈》卷四136页）南下上海逗留约半月，始搭法国邮轮（爱尔尼斯脱·西蒙号）出洋，其间曾向黄遵宪透露："连络西洋，牵制

[①] 这种论调与二十年前李鸿章"弃西北、保东南"的主张何其相似，然而时过境迁，错过了大踏步发展的大好时机，再步蹒跚旧调重弹已全无意义。只不过造化弄人，李因鼓动弃地而被历史铭记，却很少有人注意到名臣如张之洞等亦曾在错误的时间、场合拾其牙慧、师其故智。

东洋，是此行要策。"（《人境庐诗草笺注》卷十一1062页，《李肃毅侯挽诗》之三自注）

三月十八日鸿章一行辗转抵圣彼得堡，此后便穿梭往来于俄京与莫斯科之间，直至四月二十二日（公历6月3日）与俄外交大臣罗拔诺夫（Alexey Borisovich Lobanov-Rostovsky）、财政大臣威特（Sergei Yulyevich Witte）签订六款《中俄御敌互相援助条约》，其中关键的第四款借两国缔结"防御同盟"之名，规定"中国政府允许建筑一条穿过中国黑龙江省和吉林省，通向符拉迪沃斯托克（海参崴）的铁路线（是为中东铁路）"（见鲍里斯·罗曼诺夫著《俄国在满洲（1892—1906年）——专制政体在帝国主义时代的对外政策史纲》103页注四，陶文钊、李金秋、姚宝珠译，商务印务馆，1980年）。

中俄订约原属绝密，当事数人外一概不得而知；不意上海的英文《字林西报》竟抢先予以披露，所谓"密约"一时成为中外瞩目的焦点[①]。与此同时，李的动机受到广泛质疑，"甚至连付给了他几笔钱都在聚乐场所被恣意地评说，但是平心而论，这却是一位爱国的政治家企图'减少损失'，并且以联合最可怕的敌人为手段来保全受到威胁的那些省份的一些主权残迹的举动。"（《对外关系史》卷三88页）[②]

对笔直穿过"满洲"的中东铁路的政治和战略意义，维特看得十分清楚，指出"这条铁路能使盛产粮食的外贝加尔地区有可能建成一个军事基地，并可以'在任何时候通过最

[①] 《字林西报》公布的十二款条约被英国报刊称作"喀西尼协定"，事后证明是伪造文件。据古柏尔等著《殖民地保护国新历史》（吴清友译），"中俄密约，十月革命后揭开沙皇档案，才第一次公布出来，当时英人公布了臆造的密约。"（转引自钱仲联《人境庐诗草笺注》卷八，《书愤》770页注六）又据施阿兰《使华记》，条约英译本在十五年后由时任驻英公使的鸿章之子李经迈在伦敦《每日邮电》上发表，"他为了维护他父亲的声誉，反驳强加在他父亲身上的不公正指责，才予公布。"（卷三115页）

[②] 对李鸿章受贿的传闻，维特在回忆录中矢口否认，称"其实没有这回事，李鸿章当时在彼得堡没有得到任何贿赂，李鸿章根本没有谈到什么贿赂"；只是到了1898年俄国要获得旅顺口和大连湾，才向中方谈判代表赠送厚礼，"给李鸿章五十万卢布，给张荫桓二十五万卢布，这是我在同中国人的谈判中唯一的一次对他们行贿。"（《俄国末代沙皇尼古拉二世——维特伯爵的回忆》60、111页，张开译，新华出版社，北京，1983年）

然而苏联学者鲍里斯·罗曼诺夫指出，1896年中俄双方达成的协议显然是对中国方面进行收买的结果，并援引帝俄财政部总务司第三处档案称，维特曾答应分期付给李鸿章三百万卢布，"第一个一百万将在得到清帝关于把租让权授予华俄道胜银行的上谕，以及确定租让权主要原则的文件时交付；在最终签订租让合同和确定铁路线准确方向时将付给第二个一百万；而第三个一百万则要等到铁路工程全部竣工的时候。"（《俄国在满洲》106页）这笔微妙而复杂的交易仅是由负责修筑中东铁路的华俄道胜银行出面，在签订密约的次日以一纸议定书的形式确认下来；而这份写在普通纸上、无任何机关用笺印记的议定书"在给李鸿章过目后立即被财政部收藏了起来，从银行观点看来，这一文件是虚拟的，它仅具有历史意义，而无须负责履行"（同上书107页）。后来维特又专门设置了一项由他自己掌握的"特别基金"，俗称"李鸿章基金"，但第一次付款便被耽搁很久，因为维特的指示是："不要着急，筑路工程还没有开始呢"；"另外的两个一百万李鸿章则根本没有收到"（同上书108—109页）。至1908年3月7日，李鸿章已在墓中安息将尽七年，用于行贿的三百万特别基金内尚有"一百二十六万四千五百三十九卢布"的余额（同上书48页）。

短的道路’，从那里不仅把武装力量派到符拉迪沃斯托克，而且调到满洲的任何地点，派到‘黄海之滨’和‘临近中国京城的地方’。……这一点谁还不懂呢？”（《俄国在满洲》93页）

但精明的李鸿章显然没弄懂这一点，浑然不觉已掉入俄人彀中，出使归来犹自诩道："二十年无事，总可得也。"黄遵宪因此写下"老来失计亲豺虎，却道支持二十年"的诗句以讥之（《人境庐诗草笺注》卷十一1061—1062页，《李肃毅侯挽诗》之三及自注）。李的这次外交行动被庄练形象地比喻为"前门拒虎（日），后门进狼（俄）"（《中国近代史上的关键人物（中）》43页）；光绪二十四年（1898），沙俄背信弃义侵占旅顺、大连两港，密约之危害性始暴露无遗①。梁启超笔锋犀利地写道："牵一发动全身，合九州铸大错"，"中俄密约以前为一局面，中俄密约以后为一局面，盖近年以来，列国之所以取中国者全属新法，一曰借租地方也，二曰某地不许让与他国也，三曰代造铁路也，而其端皆自此密约启之。"（《李鸿章》）蒋廷黻当然比任公看得更远，称"光绪二十二年的中俄密约是李鸿章终身的大错……以后瓜分之祸，及日俄战争，二十一条，九一八这些国难都是那个密约引出来的"（《中国近代史》134页）。

现在不妨回过头来看看密约签订的详细过程。和当年崇厚擅订《里瓦几亚条约》，"任其要求，轻率定议，殊不可解"（《覆陈交收伊犁事宜摺（光绪五年十月二十一日）》，《左宗棠全集》第十册《奏稿》卷五十五31页）不同，李鸿章与北京总理衙门之间始终通过电报保持着密切联系。四月初四日总署去电曰："奉旨：'俄君厚意可感，此后邦交益固，着李鸿章代达申谢。至接路，我欲自办，一则兴中国商务，一则杜他人援请，非有所疑也。用俄公司，雇俄工匠，购俄物料，皆可行。着将此意与外部商酌。'"四月十八日曰："奉旨：'中俄睦谊从此加密。着派李鸿章为全权大臣，与俄国外务大臣画押。约内字句均照所改订定。'"至五月十二日又曰："奉旨：'李鸿章电奏约文全篇阅悉。即批准照行，以昭信守'。"（《李鸿章中俄密约交涉未刊密电稿》，载《近代史资料》总73号12、16、22页）李鸿藻之孙李宗侗保存有这批密电稿的抄本（转发于《近代史资料》总73号），并撰写《光绪中俄密约之交涉》（载台湾《传记文学》第36卷第4

---

① 作为密约签字人之一，维特在回忆录中尽量把自己描绘成一个有远见的政治家，强烈反对派兵夺取中国领土的做法，称这是"冒天下之大不韪，太背信弃义了"。而当尼古拉二世有些不安地告诉他已经决定"拿下旅顺口和大连湾"时，维特有这样一段精彩的记述："陛下这番话使我大吃一惊，我从皇上那里出来在接待室里遇到亚历山大·米哈伊洛维奇亲王……我没有同他谈什么，只是说：'请殿下记住今天这个日子，您将能看到这个致命的措施将会给俄国带来多大的恶果（暗指1904年的日俄战争）'。"（《俄国末代沙皇尼古拉二世——维特伯爵的回忆》105—107页）

期）一文称："这些电报皆用一种特殊的密码，而由军机大臣亲自翻译，不像普通电报，皆由军机章京所翻译者，更足见交涉时的秘密。"（《未刊密电稿》前言，《近代史资料》总73号第2页）负责译抄、排发电报的翁同龢则在日记中写下"乏甚""倦卧""眼花缭乱"以及"逐字磨对，目眩心烦，几不能支"这样的文字来形容自己的苦差事（见《翁同龢日记》第五册2900—2903页）。密约甫订，李即派俄文翻译塔克什讷携约本"酷暑走红海"返回北京；八月二十二日庆亲王、翁同龢、张荫桓同诣俄使馆换约，"各言两邦交日密，永敦和好，又就坐举酒互祝而罢。"（见《翁同龢日记》第五册2926、2937页）

由此看来，整整一个月的谈判，几乎每一步都有李鸿章的事先请示及总署的及时批复，按部就班，循序渐进，一切皆在北京掌控之中。李所做的，不过是顺应国内出现的亲俄热潮，"说服当时因中日战争而激起爱国热情的光绪皇帝、只重视清王朝利益的慈禧太后和恭亲王及军机处赞同他的信念：中俄的结盟是中国救命的一着棋，是抵抗日本可能进行新侵略的盾牌"（《使华记》卷四182—183页）；此外并无任何不受君命、越俎代庖之处，"因而完全是一种国家行为"（姜鸣语，《龙旗飘扬的舰队（增订本）》453页）。庄练亦谓，"李鸿章在中俄密约一事中所以会成为万世诟骂的人物，只因他早年对联俄拒日的主张十分热心，而被俄国认为是亲俄派的有力人物，又在中俄密约的签订中，很不幸地扮演了一个被俄国人牵着鼻子走的玩偶，如此而已。"（《中国近代史上的关键人物（中）》55页）

庚子年（1900）席卷华北的义和团运动为际遇不幸的李鸿章提供了最后一次施展外交才华的舞台：同样的凄风苦雨，屈辱备至，不过是把当日春帆楼的场景搬到古老的北京城里重演一遍，给健忘的中国人提个醒儿。一向语出惊人的辜鸿铭曾对庚子事件给出过非常独特的解释，称它"实际上是受到伤害的民族自尊心的狂热迸发"（《辜鸿铭文集·中国牛津运动故事》406页）。鸦片战争后的半个多世纪内，中国挨了洋人太多欺负，因而也在士大夫和普通民众心中培植起浓厚的排外情绪；现在康有为们却要变法，要全盘西化，于是为了保卫和挽救中国文明，满洲贵族和华北农民罕见地携起手来，"疯狂地、不顾一切地做出极端之举，要赤手空拳地将可怕的现代欧洲实利主义文明这一怪物，以及在中国的所有外国人统统赶入大海。就这样，中华民族以自身的文明资源，以满洲贵族的英雄主义和勇敢的义和团小伙子的视死如归精神……如痴如狂地向现代欧洲的枪口冲锋，与他们

的对头作孤注一掷的抗争。"（同上书324页）①

在山东老家遭巡抚袁世凯无情镇压的义和团，却意外地在北京城里得到端郡王载漪②、协办大学士刚毅③等权贵的支持，于是"拿着他们的引魂幡、混天大旗、雷火扇、阴阳瓶、九连环、如意钩、火牌、飞剑及其他法宝"（蒋廷黻语，《中国近代史》148

① 义和团团民张贴于北京西城的一篇揭帖以玉皇大帝口气曰："混乱扰攘均由洋鬼子招来，彼等在各地传邪教、立电杆、造铁路，不信圣人之教，亵渎天神，其罪擢发难数。……天意命汝等先拆电线，次毁铁路，最后杀尽洋鬼子。"（《近代史资料》总2号第10页）另有乩语云："神助拳，义和团，只因鬼子闹中原。……洋鬼子，尽除完，大清一统靖江山。"（《庚子拳蜂录》，《近代史资料》总12号18页）温泉山煤洞中挖出所谓刘伯温先生碑文曰："最恨和约一误至今，割地赔款，害国殃民。"（《庚子拳蜂录》，载《近代史资料》总12号第8页）拳民围攻东交民巷各国使馆及西安门内西什库法国教堂，"改东交民巷为'杀洋鸡鸣巷'，改西什库为'杀鬼巷'"（《异辞录》卷三）；又打出"不斩一龙二虎，不能成功"的口号，龙指光绪，二虎指媚外求和的李鸿章、刘坤一（一说指李与荣禄，见《凌霄一士随笔》，《近代中国史料丛刊续编》第六十四辑394页）。五月十八日纵火焚前门外大栅栏某洋货铺，火势蔓延，"大栅栏以东珠宝市为京师精华荟萃之地，化为灰烬；火焰飞入正阳门城楼，百雉亦遭焚毁。"（《梦蕉亭杂记》卷一）

庚子之变，大学士徐桐年已八十，他的异常表现或许能提供给我们一个不同的视角来观察这场发生在世纪之交，亦官亦民、声势浩大的排外运动。徐氏崇宗儒之说，恶西学如雠，门人有言新政者，榜其名于门，拒入谒。拳民进京，徐大喜，谓中国自此强矣，亲迎迓之，且书一联相赠："创千古未有奇闻，非左非邪，攻异端而正人心，忠孝节廉，只此精诚未泯；为斯世少留佳话，一惊一喜，仗神威以寒夷胆，农工商贾，于今怨愤能消。"（罗惇曧《拳变余闻》，载《中国野史集成》第四十八册；案：《庚子拳蜂录》亦引此联，注云系关帝乩语，字句略有不同，见《近代史资料》总12号21页）徐住东交民巷，触目皆使馆，每出入辄闭眼曰："山鬼伎俩有限，老僧不见不闻。"及兵事起，前门被塞，启后户逃出，都人嘲之曰："山鬼小施术，老僧由窦遁矣。"（《异辞录》卷三）其后联军陷北京，徐投缳殉国。

围东交民巷者，乃左宗棠从西北招降的董福祥所率甘军。董觐见慈禧时尝曰："臣无他能，惟能杀洋人耳。"徐桐遂誉之，谓他日强中国必福祥也（见《拳变余闻》）。甘军驻火车站附近，"外国人偶尔骑马从那条街上经过，他们使用矛戟加以侮辱和恐吓，或跟在后面投掷石块；兵士们更公开地扬言，他们驻在那里，就不准外国军队通过城门。"（《英国档案馆所藏有关义和团运动的资料》（王崇武译），载《近代史资料》总2号14页）然奉命攻使馆，两月不克，廷臣至有请决水灌城、引玉泉山水灌使馆者，礼部尚书启秀之计最奇，云："五台僧普济有神兵十万，请召之会歼逆夷。"（《清朝野史大观》卷四《清朝史料》"攻交民巷"）或谓荣禄当时不准诸将力攻，"隆隆者皆空炮，且阴致粟米瓜果，为他日议和地也。"（《崇陵传信录》，《近代稗海》第十三辑498页；案：哥伦比亚大学退休教授富善（Dr. L. Carrington Goodrich）时年六岁，随父母被困，曾亲告黄仁宇不知有赠送食品事，见《中国大历史》265页）又据陈蘷龙《梦蕉亭杂记》载，清兵情急之下甚至搬出了当年攻打大明用的老古董"红衣大将军"，倘以此巨炮连轰数次，断无不摧陷之理。荣禄密嘱炮手将瞄准表尺加高二三分，炮弹遂越过使馆屋脊呼啸而去。陈氏襄办和议，私谓李鸿章曰："当日演放炮弹时，尺码若不加高，恐使馆已成灰烬，各使亦难幸存；不过肇祸愈烈，索款愈多，求如此时之早定和局，戛戛乎其难矣。"（卷一）

② 载漪系惇亲王奕誴（道光帝第五子）次子，出为瑞郡王奕誌后，光绪二十年（1894）封瑞王，宜仍旧号，述旨误书"瑞"为"端"，遂因之（见《清史稿·诸王传七》）。义和拳起，载漪盛推拳民忠勇可用，疏言"雪耻强国，在此一举"（《清史稿·刚毅传》）。

③ 刚毅是位断狱高手，光绪初供职刑部，承审浙江余杭县民妇葛毕氏案（即轰动一时的清末四大奇案之一"杨乃武与小白菜案"），为之平反，得旨嘉奖（见《清史稿》本传）。戊戌六君子不经讯鞫处死，刚毅监斩，刘光第诧曰："未讯而诛，何哉？"刚毅默不应，再询之，曰："吾奉命监刑耳，他何知！"（《清史稿·刘光第传》）

页），经由直隶，大量涌入帝国心脏。五月十五日，日本使馆书记杉山彬在永定门外遇袭身亡；次日，德国公使克林德男爵（Clemens von Ketteler）见义勇为，用手杖责打并生擒一名光天化日驱车驰行于使馆街的拳民。两日后，还是这位克男爵，"带领水手一排，行于内城之上，见下面沙地有拳民练习，即毫不迟疑发令开枪，水手闻命即放，于是沙地拳民死者约二十人。"（朴笛南姆·威尔（B. L. Putnam Weale）《庚子使馆被围记》卷上[①]，载中国史学会主编"中国近代史资料丛刊"《义和团》第二册225页，陈诒先、陈冷汰译，上海人民出版社，1957年）

随着对抗升级，北京局势渐渐到了失控边缘。面对义和团的威胁，德、奥、美、法、英、意、日、俄决定联合行动，派临时拼凑的混合部队前去解救那些身处险境的侨民、传教士及外交官们，并在五月二十一日夺占天津大沽炮台——这被清政府视为各国的宣战信号。二十三日，《字林西报》发表一篇措辞强硬的社论，曰："中国与各大强国同时在作战，它是由西太后和她的奸党的选择而作战的。他们万分愚蠢，妄自尊大，自以为他们能够安全地抗拒列强……不管发生任何事件，这批奸党若不自动离去，就必须被逐出北京城。希望有可能把光绪皇帝寻出来，把他重新置于皇位之上。现时必须对中国人明白指出，挑起目前的战争的是西太后，我们不是对中国作战，而是对那个篡夺政权的北京政府作战。"（转引自《对外关系史》卷三233页）

根据一本据称是由写过《西太后治下的中国》[②]一书的白克好司（E. Backhouse）伪造的《景善日记》，社论见报当日，慈禧还收到一份各国公使递来的照会，要求她立时归政，请皇上复位[③]。太后咆哮道："彼族焉敢干预予之权？是可忍孰不可忍也，当以灭此朝食！"刚毅声称"未曾见慈颜如此之怒容，康党之变，虽大发雷霆，尚不如此之甚也"（《义和团》第一册66页）。

二十四日（公历6月20日）召开御前会议以定和战大计，军机大臣赵舒翘奏请"将在内地寄居之教士等立刻戕杀"（《景善日记》，《义和团》第一册68页），内阁学士联元争曰："甲午之役，一日本且不能胜，况八强国乎？"（《清史稿》本传）最终愤怒的慈禧宸谋独断，公布由军机章京连文冲主笔的宣战诏，谓列国三十年来"欺凌我国家，侵犯

---

① "威尔"系作者辛普森（Bertram Lenox Simpson）所署笔名，该书原名《北京书简》（*Indiscreet Letters from Peking*）。

② 又译《慈禧外纪》（*China Under The Empress Dowager: The History of the Life and Times of Tzu Hsi*），英人濮兰德（John O. Bland）与白克好司合著。

③ 马士称《字林西报》社论内容由电报拍至北京，"就被人用以拟就一份说是来自外交团的捏造的公文，这似乎是一个合理的推论。"（《对外关系史》卷三234页）姑且不论其真伪，这样的文字对刚刚摆平光绪与康有为的西太后来说意味着什么可想而知。

我土地，蹂躏我人民，勒索我财物……我国赤子仇怨郁结，人人欲得而甘心……朕今涕泣以告先朝［庙］，慷慨以誓师徒，与其苟且图存，贻羞万古，孰若大张挞伐，一决雌雄……近畿及山东等省义兵同日不期而集者不下数十万人，至五尺童子亦能执干戈以卫社稷。彼仗诈谋，我恃天理；彼凭悍力，我恃仁心。无论我国忠信甲胄，礼义干橹，人人敢死，即土地广有二十余省，人民多至四百余兆，何难翦彼凶焰，张国之威……尔普天臣庶，其各怀忠义之心，共泄神人之愤，朕实有厚望焉。"（八咏楼主人编《西巡回銮始末记》卷一"上谕"第4—5页，载《近代中国史料丛刊》第八十三辑）[1]随即下令向使馆区开火。就在这天上午，德使克林德在前往总理衙门交涉的途中被清兵射杀[2]。

电报总办盛宣怀得诏，首先通知远在广州的李鸿章，曰："今为疆臣计，各省集义团御侮，必同归于尽；欲全东南，以保宗社，诸大帅须以权宜应之，以定各国之心。"（《李文忠公全集·电稿》卷二十二"盛京堂来电并致南洋（五月二十九日已刻到）"）鸿章复电："廿五矫诏（指宣战诏），粤断不奉"（同上"寄盛京堂（五月二十九日午刻）"）。于是东南三大帅联络一气（时鸿章督两广，坤一督两江，之洞督湖广），刘、张在长江一带"严办匪徒，保护商教"，李在粤"保护疆土"（同上"江督刘来电""复南洋刘岘帅（五月三十日）"），同与各国领事订"东南互保"之约。三大帅会衔电奏，"请明降谕旨，饬各省将军、督抚仍照旧保护各省洋商、教士，以示虽已开战，其不预战事者，皆为国家所保护。"（《电稿》卷二十三"鄂督张来电并致江闽川督善将军东皖陕抚盛京堂（六月十八日）"）李又奏云："拳不可恃，衅不可开，北望觚棱（指京城），日夜痛哭。"刚毅见电大骂："此等媚外汉奸，非尸诸市朝不可！"（《蜷庐随笔》"李文忠"条）

未几，鸿章再调任直督兼北洋大臣，怀着极为复杂的心情北上议和，临行含泪以杖触地道："内乱如何得止？"（裴景福《河海昆仑录》卷三，载《近代中国史料丛刊》第三辑226页）显然乙未年尚残存的那点儿壮士断腕的勇决与舍我其谁的担当至此已消磨殆尽，老人因叹"举国若狂，无可救药"（《电稿》卷二十三"复朝鲜徐使（六月初八）"），"政府悖谬至此，断难挽救，鸿（李自指）去何益！"（同上"复江督刘岘帅

---

① 《景善日记》称慈禧数日后又降一道密旨，有"洋人该杀，虽退境外亦该杀"的惊人字样；许景澄、袁昶擅改鸾旨，改"杀洋人"为"保洋人"谕知各处，遂招杀身之祸（《义和团》第一册76、79页）。

② 奇怪的是，克氏遇害前六天，消息已从北京传出，以致6月16日的伦敦各晚报皆登载拉凡通讯社（Laffan News Bureau）从天津拍来的电报说："德国驻北京公使已经遇害。"（《对外关系史》卷三239页）狙击手恩海则称奉端王之命，凡洋人沿街行走，格杀勿论，并在事后"叩请庆王特为保举，盼得不次之赏。"（《景善日记》，《义和团》第一册69页）

（六月初五）"）①

七月二十日（公历8月14日），八国联军攻入北京②；两宫西狩，仿咸丰故事远走高飞。大约两个月后，李鸿章姗姗来迟，会合庆亲王奕劻，开始了与列国漫长艰苦的谈判③。马士称，"帝国所受到的耻辱为以往各次战事后所未有……朝廷受到了流亡和自觉无能的惩罚，行政方面，包括在北京的有罪的满人和在南方的比较有远见的汉人，现在不得不进行一次外交战，其结果是使国家受到了更深的屈辱。"（《对外关系史》卷三306页）

据留京参加议和的陈夔龙记载，时各国公使与军官先行商酌，纷纷扰扰，三月有余，始成十二款大纲草约；各公使并好言奉劝中方代表："明知条款之酷虐，但中国铸此大错，亦实无可如何。……将来条款送到，中国政府万不可一字驳复。……若允照款议，自奉旨之日起，战事即为结束。……若一时嫌条款酷烈，不允照办，各军官闻之，群相起哄，诚恐兵事一起，动员令一发，为害胡可胜言。"（《梦蕉亭杂记》卷一）最终草约以"不能更改"的联合照会形式电奏西安行在④，慈禧阅毕掷于地，现出妇人本色，怒气冲冲地对荣禄等说："两全权（李与庆王）但知责难于君父，不肯向各使据情据理，力与争辩。我既不管，皇上亦不管，由你们管去罢！"荣禄审其意，"未尝不知非允不可，不过允之一字，难以当面说出"，遂代拟一稿，姑为允准，事后且大言不惭向京中议和官员表

---

① 据《凌霄一士随笔》载，庚子年春，鸿章谢京察议叙折云："老当益壮，敢忘责望之攸归；劳本不辞，愈矢精勤于勿懈"，一时传为名作，可谓烈士暮年，壮心未已。然京中乱起，奉旨入朝，抵上海徘徊观望，奏中有"若冒昧北上，唯死于乱兵妖民，而于国毫无所益"语（见《近代中国史料丛刊续编》第六十四辑472页）。离粤前鸿章尝曰："联军不足亡中国，可忧者恐在难平之后。"又曰："国运所关，实有天命，后事殊难逆料。"曾为南海、番禺县令，多次聆听李氏教诲的裴景福评曰："公生平坚忍倔强，虽处甲午乙未之变，从容镇定，未尝以郁闷之色示人；及庚子难作，每深谈时事便泪含于眶，气之衰、痛之剧也。"（见《河海昆仑录》卷二，《近代中国史料丛刊》第三辑145—146页）

② 所谓"八国联军"，严格说来仅五国部队实际参战，其中日军8 000人，俄军4 800人，英军3 000人，美军2 100人，法军800人，奥、意只是象征性的58人和53人，德军则完全缺席，这在当时引发很多评论。8月14日下午美军第一个把国旗插上北京城头，人数众多的日军遭遇猛烈抵抗，最后入城（见《对外关系史》卷三286、294页）。

③ 鸿章晚年屡签城下之盟，每因一二字竭十数人之心力，日夜推敲磋磨，已是颇有心得，尝曰："为今之计，宜设学堂讲求国际，从约章入手，逐条逐句逐字签证注释，心思要密，眼光要远，一人发端立说，要多数人与之反对驳诘，刺之使无间，譬之使无憾，然后汇为一书，秘密传授，视为科学。凡办交涉，非学堂中人不得任用，能深入约章之中，然后能游乎约章之外，能游乎约章之外，然后能操纵离合，范围不过，因应咸宜，此于无佛中求佛之微旨也。"（《河海昆仑录》卷一，《近代中国史料丛刊》第三辑61页）梁启超谓张之洞于交涉事件，著著与鸿章为难，所画之策皆能言不能行；鸿章尝语人云："不图香涛（张氏字）作官数十年，仍是书生之见。"（《李鸿章》）之洞闻其言大怒，反唇相讥："我是书生，他是老奸巨猾！"（《辜鸿铭文集》上卷《张文襄幕府纪闻·五霸罪人》418页）

④ 据《对外关系史》，草约最初被说成是"最后通牒"，"但是又觉得这个名词包括一个时间的限制，因此又换成'不能更改的条件'的字样。美国公使建议将'不能更改的'改为'绝对必需的'，理由是前者会使各国自己不能接受修改；这一点为了取得一致，各国公使也同意了，但是到后来'不能更改的'字样又保留下来了。"（卷三365页）

功："尔等在北京应付各公使，所处极难；我在西安于两宫前委曲求全，得以了结此事，所处更难。"（同上引）

十二月杪，慈禧以光绪名义下诏自责，有"量中华之物力，结与国之欢心"语（《德宗实录》卷四七七），将朝廷一切委屈与难言苦衷明谕天下。

辛丑年（1901）七月二十五日（公历9月7日），和约定稿由全权大臣李鸿章、奕劻与十一国公使（美、法、英、日、俄、德、奥匈、意、比、西、荷）在北京正式签字画押，清政府虽侥幸免了割地，却须"付诸国偿款海关银四百五十兆两（即四亿五千万两）"，年息四厘，分三十九年还清，本息合计实九亿八千余万两[1]。其他规定有：停各省科举考试五年（以打击在排外运动中发挥领导作用的知识阶级）；禁军火进口两年；划定并扩大使馆区域，独由使馆管理，并设卫队自行防守，"中国民人概不准在境内居住"；削平大沽等处炮台，沿北京至山海关铁路线的十二个地点，诸国可留兵驻守，"以保京师至海通道无断绝之虞"[2]。

马士评曰："中国在同西方国家直接发生关系的七十年以后，经历了一系列的步骤——1842年、1858年、1860年、1885年、1895年——而到了现在1901年，它已经达到了一个国家地位非常低落的阶段，低到只是保持了独立主权国家的极少的属性的地步。"（《对外关系史》卷三383页）十一月二十八日（公历1902年1月7日），慈禧坐火车回到阔别一年半的北京，西人登城墙观者数百，各国公使暨夫人亦到场，"太后遥揖之，皆答礼，后一揖登舆，遂还宫。"（《清朝野史大观》卷一《清宫遗闻》"两宫西狩记"）[3]

往事不堪回首，慈禧痛定思痛，把这笔账记在载漪、刚毅、赵舒翘等一班罪臣头上，谓拳变初起，议论纷纭，特派刚毅、赵舒翘去涿州一探虚实，"后来回京复命，我问他义和团是否可靠，他只装出拳匪样子，道是两眼如何直视的，面目如何发赤的，手足如何抚弄的，叨叨絮絮，说了一大篇。我道：'这都不相干，我但问你，这些拳民据你看来，究竟可靠不可靠？'彼等还是照前式样，重述一遍，到底没有一个正经主意回复。你想他们两人都是国家倚傍的大臣，办事如此糊涂，余外的王公大臣们又都是一起儿敦迫着我，要与洋人拼命

---

[1] 赔款中俄国所得最多，占29%，德国20%，法国15.75%，英国11.25%，日本7.7%，美国7.3%；各国分赃比例详见《对外关系史》卷三377页。

[2] 《西巡回銮始末记》分别收录和议草约及准约（卷五9—11页，20—25页），可对照阅读。案：1937年卢沟桥事变日本增兵平津，即援引《辛丑条约》所定驻兵特权。

[3] 据随扈还都的岳超回忆，是日下午三点，慈禧一行在京南马家堡火车站下车，最惹人注目的当然是他们的行李，"在出西安城时就有八百多件，所用民夫两千多人，有二人抬一件的，有四人抬一件的，有八人抬一件的。各件行李都有标记，用黄绒绳子捆的是两宫的，用红绳子捆的是李莲英的。"（《庚子随行简记》，载《近代史资料》总16号19页）

的，教我一个人如何拿得定主意呢？……但我本来是执定不同洋人破脸的，中间一段时期，因洋人欺负得太狠了，也不免有些动气。但虽是没拦阻他们，始终总没有叫他们十分尽意的胡闹，火气一过，我也就回转头来，处处都留着余地。我若是真正由他们尽意的闹，难道一个使馆有打不下来的道理？不过我总是当家负责的人，现在闹到如此，总是我的错头，上对不起祖宗，下对不起人民，满腔心事更向何处诉说呢？"（《庚子西狩丛谈》卷四105页）

后来又主动向宫女德龄哭诉前事，大骂载漪、载澜兄弟（哥俩皆流放新疆），称"我的事业一向是很顺利的，但做梦也没有想到庚子年拳民的事会给中国带来这样严重的后果。我一生中就只做错了这一件事。我本可以下谕停止拳民的活动，但是端王、澜公二人极力担保说，他们是天上派下来的，可以解决中国的一切不如意的问题，驱逐洋人。……一天端王和澜公进宫，叫我立刻下谕，叫义和团先杀使馆里的洋人，再杀剩下来的洋人；我听了大怒，立刻拒绝……叫太监把他逐出。当他离宫的时候，对我说：'不管你愿意不愿意，我总是要代你做的。'以后的事你也知道了，他私自发了命令，害了无数生灵。……你不必为我过去的事痛心，但是我的声名却完全毁了，你应当为我的声名可惜，这是我一生中唯一的错误。不过因为一时的不当心，使我铸成了这大错。以前我是一块洁白无瑕的美玉，人人都称赞我对于国家的丰功伟绩，但自从这事以后，美玉上就有了污点，终生不能洗除。"（《清宫二年记》，见《慈禧与我》352—355页）

想象一下当日情景，如果说走进满目疮痍的北京城那一刻，西太后会有恍如隔世的幻觉的话，冬日斜阳下，发现几十年来倚靠惯了的李鸿章这棵大树也已凋零①，老妇人敏感而孤独的内心深处恐怕更有一丝无所适从的惶惑与空洞轻轻掠过。

签订《辛丑条约》并非李氏一生"事业"的终结，接下来还有中俄交涉东三省这出大戏等着他来收场。

列国对庚子事变的反应并不全是震惊与愤怒，比如俄国陆军大臣库罗帕特金（Aleksey Nikolaevich Kuropatkin），听到北京"暴乱"的消息即从外地赶回圣彼得堡，兴高采烈地说："我对这种后果感到非常满意，因为这一来，我们就有口实占领满洲了。"（《俄国末代沙皇尼古拉二世——维特伯爵的回忆》138页）

东三省的军事行动前后不过两三个月时间，进展之顺利大概都有点出乎俄国人的意料；据维特记载，随着"最强的一支义和团队伍"在沈阳附近被消灭，"满洲的中国居民实际上已完全平定下来了。"（同上书143页）庚子年九月二十日，盛京将军增祺被迫订

---

① 上世纪八九十年代北京大学社会学系曾流传一句"吃费老，喝费老，出了问题找费老"的顺口溜，费老即费孝通；这副没有下联的"绝对"正好用来形容清政府与"影子宰相"李鸿章的关系。

"奉天交地暂且条约"九款，"东省名存实亡，不啻割让与俄矣。"（《六十年来中国与日本》卷四53页）

等西安的流亡政府回过神来，发现龙脉宝地已拱手送人，遂将增祺革职，命驻俄公使杨儒为全权大臣，负责追讨东三省。清廷在这时可谓狼狈到家，同时开两桌谈判，一桌在北京，是公开的；一桌在彼得堡，是秘密的。中俄另桌会谈的消息最早由时为《泰晤士报》驻北京记者的莫理循（George Ernest Morrison，后曾被袁世凯聘作北洋政府顾问）在当年年底捅出，一时各国哗然，美、英、德、日发出警告说，"同任何一国订定单独的条约将会是中国灾难的一个来源。"（《对外关系史》卷三368页）

事实上，在冰天雪地的彼得堡，谈判桌上的火药味比北京有过之而无不及。杨儒据理力争，内心煎迫，至两次跌仆受伤，一病不起，最终死于任所；其子觐宸闻噩耗奔丧，亦怨愤自缢（见《六十年来中国与日本》卷四127页）。外界盛传杨儒是"被俄人从楼上踢下致死"（《新编古春风楼琐记（八）》359页）①。

北京这边的情形亦可用一"惨"字来形容。和约签毕，李鸿章即手拟四事与俄开议："一，归地；二，撤兵；三，俄国在东三省，除指定铁路公司地段，不再增兵；四，交还铁路，偿以费用。"（《清史稿·邦交志一》）李在垂暮之年迭遭国变，梁启超称他"忧郁积劳，已乖常度，本年以来肝疾增剧，时有盛怒，或如病狂"（《李鸿章》）；复闻从汉城调回协办交涉的清朝首任驻韩公使徐寿朋暴病而亡，拊心大痛，竟"三更呕血盈碗，神智昏迷"（《梦蕉亭杂记》卷一），辛丑年九月二十七日（公历11月7日）病逝于贤良寺中，享年七十八岁，时慈禧一行从西安启銮，刚走到河南开封。任公又谓："闻薨之前一点钟，俄使尚来催促画押。"（《李鸿章》）

两日后，罢归故里的翁同龢在日记中写道："凌晨步出南门，饮茶于三层楼，吃羊肉面，寂无一人，可喜也。归舟小东门，登钟楼……归足力甚疲。报传李傅相于本月廿七日

---

① 杨儒与俄财政大臣维特、外交大臣拉姆斯多尔夫（Vladimir Nikolayevich Lamsdorf）有记录的交锋共二十一次，俄方同意废弃增祺暂约，代之以条件更为苛刻的十一款约稿，限期画押，不容更改一字。儒坚持非明奉朝旨决不画押，质问维特："若当日铁路不造在满洲境内，何至如此？"（驻俄使馆档案，《六十年来中国与日本》卷四97页）维氏诱其签字，儒曰："私自画押，该懽何罪？我惜只有一颗头颅耳。"维氏又许以出面保护，儒厉声正色云："贵大臣何出此言？我系中国官员，欲求俄国保护，太无颜面！如此行为，我在中国无立足之地矣！"（同上书118页）至辛丑年（1901）二月初，终于从西安发来拒签俄约的电旨，时儒已神志恍惚，口不能言，略清醒即遵身边参随持译稿送俄外交部；拉氏阅毕，变色起身云："刻下我无话可说，请贵政府自看以后情形可也！"（同上书121页）

王芸生评曰："杨儒在各方煎迫之下，矛盾攻袭之中，犹始终固执，至以身殉，虽庸亦纯矣。因其固执之一念，未由中国自画卖身契，为东三省留下一线生机，日俄战后，日本仍不能不将东三省交还中国者，实杨儒固执之功也。"（同上书127页）

午初病卒，而庆邸已赴开封迎銮，东三省俄约未定，嘻，难矣。"（《翁同龢日记》第六册3353页）

据说李临终曾眼含老泪，吟诗一首曰："劳劳车马未离鞍，临事方知一死难。三百年来伤国步，八千里外吊民残。秋风宝剑孤臣泪，落日旌旗大将坛。塞北尘气犹未已，诸君莫作等闲看。"[1]

11月13日英文《北华捷报》登出评论文章，称李"是一个强有力的人，正像他在凡他所治理的地方上保持住的秩序中所表示出来的那样；他是一个能干的人，虽则不免跋扈，他不象大多数中国政治家那样，生活在一个幻想的世界里，而他却体察事实，并且对于中西现实关系具有充分的实践知识"（《对外关系史》卷三385页）。与李私交深厚的法使施阿兰[2]更是不吝溢美之词，赞他"可能是唯一能够真正理解一个现代化国家的需要和必要设备的中国人"（《使华记》导言16页），"如果能够多活十年到十五年，那么在1911年至1915年结束清朝国运的革命事变中，他一定能够扮演更加出色和更有威望的角色。"（同书卷一44页）自称与李政治上为"公敌"、交往亦泛泛的梁启超则在所撰挽联中把哀悼逝者、忧时忧国的惨痛心情表达得淋漓尽致："太息斯人去，萧条徐泗空，莽莽长淮，起陆龙蛇安在也；回首山河非，只有夕阳好，哀哀浩劫，归辽神鹤竟何之。"（《李鸿章》）

但李鸿章不是完人，更非圣贤。世人竞传他富甲天下，"招商局、电报局、开平煤矿、中国通商银行，其股份皆不少；或言南京上海各地之当铺银号，多属其管业。"（同

---

[1] 见《新编古春风楼琐记（八）》359页，著者高拜石未注明出处。这首诗的真实性实令人怀疑，原因很简单，它写得太过华丽与煽情，太不寻常。鸿章读书不多，"丁未会试之先，辛苦用功，只温熟《诗经》一部"（《异辞录》卷一）；早年虽因代草劾翁同书疏而大得曾国藩赏识，究竟属于老、辣、狠的"刀笔吏"文章，酸文假醋吟诗作赋本不是他的拿手好戏。高氏又谓范当世读李临终诗大为伤感，有句曰"相公实下忧时泪，谁道而今非哭时"云云。案：范氏原诗为："相公实下人情泪，岂谓于今非哭时。譬以等闲铁如意，顿教锤碎玉交枝。皇舆播荡嗟难及，故境森严不敢驰。曾是卅年辛苦地，可怜臣命亦如丝。"（《闻李相至天津痛哭》，《范伯子先生全集·诗集》卷十五第7—8页，载《近代中国史料丛刊续编》第二十四辑）乃作于庚子年夏鸿章自沪北上、抵津之时，距其病逝尚有一年多光景。
　　范当世原名铸，字铜士、无错，号肯堂、伯子，江苏通州（今南通）人，能诗文，与弟钟、铠并称"通州三范"，桐城吴汝纶尝叹其"奇横不可敌"（《清史稿·文苑传三》）。光绪十七年（1891）应汝纶之荐入李鸿章幕，课其幼子经迈，明年为李撰七十寿联云："环瀛海大九州钦相国异人何待子瞻说威德，登泰山小天下藉通家上调方今文举足平生。"（《李文忠公全集·连语》第1页）李逝后，撰挽联云："贱子于人间利钝得失渺不相关，独与公情亲数年，见为老书生穷翰林而已；国史遇大臣功罪是非向无论断，有吾皇褒忠一字，传俾内诸夏外四夷知之。"（同上15页）
[2] 光绪二十二年（1896）李鸿章游历欧洲，在巴黎逗留时曾专程拜访施氏年迈的双亲，以此证明二人间的特殊关系（见《使华记》卷三123页）。

上引）辜鸿铭说他是个生意精，"把碎银看得极重"，对钱财"怀有卑鄙无耻的贪婪之心"（《辜鸿铭文集·中国牛津运动故事》368、332页）。甚至"李氏族大人众，良莠不齐，与民争利，倚势凌人，恐不能免"（《异辞录》卷二）。宦海险恶，李却游刃有余，不但借海军名义带头"报效"，献媚宫闱，就连李莲英等阉人也成了他的讨好对象。据费行简《慈禧传信录》载，李氏办洋务，"其轮船、煤矿二者，中有虚股若干，年息则（盛）宣怀等纳之鸿章，鸿章又以之分馈奕訢等，后宫中诸奄亦得俵分焉。"（卷中"李鸿章始交诸奄"38页）北洋成军，奕譞偕李莲英赴津检阅，时莲英已晋升总管，"鸿章倾心奉之，其供应稍杀于奕譞，且馈以五万金。……莲英亦深德鸿章，归以其忠勤状告后，后愈倚信之。"（卷中"创练海军"65页）

对于《老残游记》《官场现形记》《二十年目睹之怪现状》等"清末谴责小说"（鲁迅语，《中国小说史略》第二十八篇）所描写的官场腐败风气，李鸿章因其偏重功利、徇私用人，又委实负有不可推卸的责任。晚年坐镇北洋，居津要者皆皖人，外省人几无容足之所。刘铭传至天津，观其所用之人，大骇道："如某某者，识字无多，是尝负贩于乡，而亦委以道府要差，几何而不败耶！"（《国闻备乘》卷一"李文忠滥用乡人"，《近代稗海》第一辑213页）林纾《铁笛亭琐记》又云："李合肥帅北洋时，淮军旧部晋谒求位置者，合肥色霁礼恭，则其人决无望；经合肥骂詈斥辱，大呼曰滚者，则明日檄下，得差委矣。

袁世凯像

因有人戏曰：'一字之滚，荣于华褒'。"（转引自《凌霄一士随笔》，《近代中国史料丛刊续编》第六十四辑261页）[1]

李鸿章在光绪七年（1881）的隔岸观火，不肯向一百二十名留美幼童伸出援手（参见本书592页），同样使他"永远背上难以洗刷的耻辱"（辜鸿铭语，《辜鸿铭文集·中国牛津运动故事》310页）。而他一生当中最大的污点，是临终荐袁世凯代己，谓："环顾宇内，人才无出袁右者。"外报评曰："袁世凯自道于八年中由鸿章扶植，遥升为中国最有地位之总督，年不过四十三岁，乃中国今后最可注意之人物。但袁为一投机取巧者，

---

① 《清朝野史大观》卷八《清人逸事》收"李文忠之谩骂"一条云：李对下属若喜之，必曰："贼娘好好的搞（合肥土话）。"故属员受骂者无不喜形于色。一日某候补知县谒见，李曰："贼娘好好的搞。"某立而对曰："卑职不敢贼大人娘。"李竟无辞以对。

能否为中国真正作有价值之贡献，则为一问题。"（见《李鸿章年（日）谱》，《近代中国史料丛刊续编》第七十辑5208页）这已不在本书的写作范围内了。

虽然，李为十九世纪下半叶中国乃至世界之一伟人却毋庸置疑，绝非浪得"东方俾斯麦"虚名；即便在收拾北京残局这样狼狈不堪的场合，各国"使臣大将多后进，视鸿章皆丈人行也，故兵虽胜，未敢轻中国"（《清史稿》本传）。一个多世纪前，梁启超曾为李氏盖棺定论曰："彼非无鞠躬尽瘁、死而后已之心，然彼弥缝偷安以待死者也；彼于未死之前，当责任而不辞，然未尝有立百年大计以遗后人之志，谚所谓做一日和尚撞一日钟，中国朝野上下之人心莫不皆然，而李亦其代表人也。"（《李鸿章》）其实和尚撞钟的说法最早出自李鸿章之口，北上议和之先，尝谓赔款数目不能预料，"惟有极力磋磨，展缓年分，尚不知作得到否。我能活几年，当一日和尚撞一日钟，钟不鸣了，和尚亦死了"，言毕涕泗如縻（《河海昆仑录》卷三，《近代中国史料丛刊》第三辑227页）。回顾自己一生，轰轰烈烈，到头来百无一成，李残躯犹在心已死，可以拿和尚撞钟的话自嘲，却万万轮不上任公作如是评价。

再次回到左李、曾李比较这样的老话题上来。徐一士记云："左素主战，以未得一决雌雄为憾事，清议归之；李最不欲战，而中日之役迫其一试，竟丧令名，为士大夫所唾骂，故说者谓左福命较优。严复挽李联云：'使朝廷早用公言，则世事奚至于此；设晚节无以自见，而士论又当何如'。"（《凌霄一士随笔》，《近代中国史料丛刊续编》第六十四辑218页）

当年王湘绮与曾氏促膝密谈，劝其举兵革清命，曾公不过"畏祸不敢"而已（《花随人圣盦摭忆》139页）。李则不然，生平以保江山社稷为己任，"革命"二字是决不写在他的人生字典里的，故梁启超不无遗憾地称他为"时势所造之英雄，非造时势之英雄也"（《李鸿章》）。戊戌政变后北京局势不稳，暗藏杀机，荣禄密告即将南下广州的李鸿章曰："君行将高举远引，跳出是非圈外，福诚无量。……非常之变，恐在目前。"李听未毕，即起身大声斥曰："此何等事，讵可行之！今日试问君有几许头颅，敢于尝试？此事若果举行，危险万状，各国驻京使臣首先抗议，各省疆臣更有仗义声讨者。无端动天下之兵，为害曷可胜言！"（《梦蕉亭杂记》卷一）又尝言："今人多讳言'热中'二字，予独不然。……仕则慕君，士人以身许国，上致下泽，事业经济，皆非得君不可。"（《庚子西狩丛谈》卷四135页）

所以历代名臣中李独独看中北宋的包拯，赋诗曰："正直原留万古名，包公忠义使人倾。欲求一笑阎罗易，须俟千年德水清。雅意静涵波万顷，澄怀朗印月三更。春山雾宇开终古，秋水锋芒露一生。"（《笑比河清》，载《李鸿章全集》第十二册《遗集》卷七

7432页，时代文艺出版社，长春，1998年）其中颇含自比包公的意味，并选择死后与之相伴，在写给胞兄瀚章的信中道："弟本不知堪舆，亦不甚信风水，但喜邻近包公坟，又滨大河。"（转引自姜鸣《天公不语对枯棋》44页）

光绪四年（1878）来中国探险的匈牙利人塞切尼·贝拉（Széchenyi Béla）在天津拜访过李总督后，写下这样的评语："没有人比李鸿章更透彻地认识到民族的弱点、优点和缺点，没有谁比李鸿章更了解国家停滞和落后的主要原因，也没有谁比李鸿章更知道中华文明比欧洲文明的优越。在改革的领域他清楚地知道，必须消除民众对传统的紧紧依附，但他只能谨慎而小心地前进。大部分的国民对他的误解多于理解，他的思想差不多超前他们整整一个世纪。只有什么时候这代人从自己国家的天空消失了，他的思想才会传播开来并在民众的心中深深地扎下根来。"（《塞切尼眼中的李鸿章、左宗棠》（符志良译），载《近代史资料》总109号27页）[1]

但结果怎样？李鸿章在京傥居的贤良寺现已大部被拆除，而他位于安徽合肥市郊的墓地则在1958年的全民大炼钢铁运动中变成当地钢厂的一部分；因为是"汉奸卖国贼"，墓主人穿着黄马褂、尚保存完好的遗体被狂热的人们从地下挖出，用绳子"挂在拖拉机后面游街，直到尸骨散尽"（见《天公不语对枯棋》44页）。

借用姜鸣的话再次发问：有谁理解真正的李鸿章呢？

辛亥革命

与病病歪歪接踵倒下的大清皇帝们不同，李鸿章的离世标志着一个时代的结束，清帝国大限将至。倔强的慈禧抓住"变法"这根曾被她无情斩断的救命稻草，下诏"母子一心，励行新政"（《清史稿·后妃传一·孝钦显皇后》），派五大臣出洋考察（见本书622—623页），预备立宪。光绪三十二年（1906）打着不分满、汉的旗号厘定官制，改组内阁，内中满七人，蒙一人，汉五人（含汉军旗一人）。宣统改元后又成立"亲贵内阁"，满九人，汉四人，满人中皇族就占了七个，其中包括抗战期间臭名昭著的间谍川岛芳子之生父肃亲王善耆。可见清廷命悬一线之际，犹将排汉扶满放在首位，以固部族政权之根本。

更有甚者，宣统即位仅五十天，光绪胞弟摄政王载沣即挟前怨，以"袁世凯现患足

---

[1] 案：这段译文选自塞氏结束考察活动后所著《塞切尼伯爵1877年至1880年东亚之旅的科学成果》一书导论部分。

疾，步履维艰，难胜职任"为词，令其"回籍养疴"（《清实录·宣统政纪》卷四）。时任军机大臣兼外务部尚书的袁氏已继李鸿章后隐然成了汉大臣领袖，被迫携眷归里，在安阳洹上村的洹水（即安阳河）畔种花移木，修"养寿园"，过起了赋闲隐居的世外桃源生活，作诗曰："苍松绕屋添春色，绿柳垂池破钓痕。画舫疑通桃叶渡，酒家仍在杏花村。"（《清明偕叔兄游养寿园》，袁克文辑《圭塘倡和诗》，载《袁世凯史料汇刊·洹上私乘》，文海出版社）[1]

　　光绪三十四年（1908），礼部侍郎于式枚（字晦若，李鸿章门下士）举日、法两国立宪先例，疏称："行之而善，则为日本之维新；行之不善，则为法国之革命。"（《清史稿》本传）改造与再造（也就是维新与革命），一字之差，付出的代价大小相去不啻天渊；然中国除了不计代价、毅然决然走上后一条路，别无选择。孙中山在多地发动武装起义，一败再败；宣统三年八月十九日晚（公历1911年10月10日，辛亥年），湖北新军在武昌仓促起事却取得意外成功[2]，"各省响应，九夏沸腾"（"逊位诏"，载《宣统政纪》卷七十），帝国迅速土崩瓦解。蒋廷黻评曰："清朝的灭亡，不是革命军以军力打倒的，是清朝自己瓦解的。"（《中国近代史》176页）

　　明年元旦，饱受磨难的孙中山在南京宣誓就任临时大总统，定国号"中华民国"，不胜感慨道："予三十年如一日之恢复中华、创立民国之志，于斯竟成。"（《建国方略》，《孙中山全集》第六卷246页，中华书局，1985年）与此同时，在洹上村待时而动的"钓翁"袁世凯终于等来咸鱼翻身的一天，先是向率领北洋军南下讨伐的老部下冯国璋、段祺瑞面授机宜，给出"慢慢走，等等看"的六字方针（《我的父亲袁世凯》，《文史资料选辑》第七十四辑137页），接下来和北京讨价还价，直到被授予内阁总理大臣一职，方掀须一笑，下山摘桃。

---

[1] 据袁世凯女儿袁静雪回忆，退隐期间袁曾写过两首《自题渔舟写真》，其一曰："身世萧然百不愁，烟蓑雨笠一渔舟。钓丝终日牵红蓼，好友同盟只白鸥。投饵我非关得失，吞钩鱼却有恩仇。回头多少中原事，老子掀须一笑休。"其二曰："百年心事总悠悠，壮志当时苦未酬。野老胸中负兵甲，钓翁眼底小王侯。思量天下无磐石，叹息神州变缺瓯。散发天涯从此去，烟蓑雨笠一渔舟。"（《我的父亲袁世凯》，载《文史资料选辑》第七十四辑136页，文史资料出版社，1981年）袁次子克文记曰："一日泛小舟于汇流池，先伯（指世凯兄世廉）戴笠披蓑，危坐其中，先公（指世凯）则执桨立于后，使克文以镜摄之，影成，印数百纸分致咸友。"（《洹上私乘》卷七"遗事（下）"34页）袁诗"烟蓑雨笠一渔舟"句盖指此。
　　又据溥仪所著回忆录，载沣初意是杀袁替兄报仇，却被奕劻、张之洞等人阻拦下来；奕劻的一番话更让他泄了气，说："杀袁世凯不难，不过北洋军如果造起反来怎么办？"（《我的前半生》23页）

[2] 孙中山亦谓："武昌之成功，乃成于意外。"时新军中赞成革命者大部已调往四川，留下来的炮兵及工程营少数兵士"决冒险以图功，成败在所不计，初不意一击而中也。此殆天心助汉而亡胡者欤！"（《建国方略》，《孙中山全集》第六卷243—244页）

擅长玩弄手腕的袁世凯绝不会真为山穷水尽的清廷着想，从决定妥协的南方革命党人那里谋得皇室优待条件后，他便逼迫年仅六岁的末代小皇帝溥仪退位，自己则搬进中南海，当上了"中华民国"的第一任正式大总统[①]。此后从总统到皇帝，再到孤独地死在中南海里，"他没有做一件于国有益，于己有光的事情。"（蒋廷黻《中国近代史》182页）

孙中山的事迹世人尽知，毋庸赘述，"国父"称号舍彼其谁！鲁迅说，"中山先生的一生历史具在，站出世间来就是革命，失败了还是革命。"（《集外集拾遗》"中山先生逝世后一周年"，《鲁迅全集》（十六卷本）卷七293页）今日读他的"革命尚未成功，同志仍

须努力"遗言[②]，当是为海内外所有华人而发！历史上两个最大的中国版图皆为异族创下，入主中原的元世祖、清圣祖不约而同有"汉人心不齐"之发现，花开花谢的汉人政权的确是真正应验了"天下大势，分久必合，合久必分"那句古话。

君不见黄河之水天上来，奔流到海不复回。这条北方的河可以说承载着华夏民族的过往全部。今人有幸漫步岸边，当有所感悟，有所忏悔。目下的事实是，故宫在北京、国宝在台北，一湾浅浅的海峡硬是变成抽刀断水的利刃。地球上凡黄皮肤、黑眼睛之炎黄子孙，无论落脚哪里、扎根何方，面对人类史上最荒诞离奇的上述一幕（私意以为这句话并不为过），只要耳畔还能响起古老母亲河的不息涛声，谁人心中不盛满耻辱？谁人又能脱得了干系，辩称自己非不肖罪人？一言以蔽之，我们愧对祖先！

孙中山像

[①] 对袁世凯"逼宫"的细节，溥仪回忆道："有一天在养心殿的东暖阁里，隆裕太后坐在靠南窗的炕上，用手绢擦眼，面前地上的红毡子垫上跪着一个粗胖的老头子，满脸泪痕。我坐在太后的右边，非常纳闷，不明白两个大人为什么哭。这时殿里除了我们三个，别无他人，安静得很，胖老头还响地一边抽缩着鼻子一边说话，说的什么我全不懂。后来我才知道，这个胖老头就是袁世凯。这是我看见袁世凯唯一的一次，也是袁世凯最后一次见太后。如果别人没有对我说错的话，那么正是在这次，袁世凯向隆裕太后直接提出了退位的问题。"（《我的前半生》38—39页）而袁所使用的语言，如"海军尽叛，天险已无，何能悉以六镇诸军，防卫京津？虽效周室之播迁，已无相容之地"，以及"读法兰西革命之史，如能早顺舆情，何至路易之子孙，靡有孑遗也"，则足以把懦弱的隆裕太后完全吓昏（同上40页）。

[②] 由汪精卫笔录的先生遗嘱原文为："现在革命尚未成功，凡我同志，务须依照余所著《建国方略》、《建国大纲》、《三民主义》及《第一次全国代表大会宣言》，继续努力，以求贯彻。"（《国事遗嘱（1925年3月11日）》，《孙中山全集》第十一卷639—640页）

重评新文化运动兼作跋

"自北京大学学生发生五四运动以来，一般爱国青年，无不以革新思想，为将来革新事业之预备。于是蓬蓬勃勃，抒发言论。国内各界舆论，一致同倡。各种新出版物，为热心青年所举办者，纷纷应时而出。扬葩吐艳，各极其致，社会遂蒙绝大之影响。……此种新文化运动，在我国今日，诚思想界空前之大变动。……倘能继长增高，其将来收效之伟大且久远者，可无疑也。"（"致海外国民党同志函（1920年1月29日）"，《孙中山全集》卷五209—210页）

以上是孙文对一百年前席卷中国知识领域的那股革新浪潮的评述。由学生发起的五四运动乃血肉的运动，听得见呐喊，看得见火光；而在此前后由知识精英催生的新文化运动则是心灵的运动，极大程度上影响了未来中国的发展走向。它的根本目的，胡适认定是"再造中国文明"（《年谱长编初稿》第三册939页）。

先来看看蒋梦麟和杜亚泉当年围绕"什么是新思想"各自写下的饶有趣味的笔战文字。蒋氏说首先它是一个态度，"抱这个态度的人，视吾国向来的生活是不满足的，向来的思想是不能得知识上充分的愉快的……所以把固有的生活状况、固有的知识就批评起来。"杜氏则谓："以向来之生活与知识为不满足、不愉快，是为一种感情，感情非思想也；因此而主张推倒旧习惯，要改造生活，要改造思想，是为一种意志，意志亦非思想也。"至于这不满足、不愉快的态度，古今人类共有之，现代人因时代关系而自然流露或竞相模仿，可称作"新式""时髦"，故确切解答是："此非新也，此非思想也，乃时的态度而已。"（见杜亚泉《何谓新思想》并附蒋梦麟《新旧与调和》，《杜亚泉文存》408—414页）①

康梁变法的失败提醒世人，中国不可能像日本那样通过动荡较少的政治改革实现凤凰涅槃。"异族统治垂三百年，其对我国家、社会、文化生机之束缚与损害，固已甚

---

① 针对杜文，蒋氏又撰《何谓新思想》，称"新思想是抱向进化方向走的态度的人的思想"，二人随即展开新一轮笔战，兹不赘述。

矣。……清廷不能不去，王室不能复建，逼使中国不得不为一激剧之变动，以试验一无准备、无基础之新政体，而不能更于其间选择一较缓进、较渐变之路，此为晚清革命之难局。"（钱穆语，《国史大纲》"引论"28—29页）政治革命的成功并未使国家立刻走上常轨，相反，倒在知识阶层中助长了一种急功近利的急躁心态。他们没有耐心去理性分析梳理导致近代中国落后的方方面面原因，既然已是百事不如人，不满情绪无处宣泄，干脆不分青红皂白把账算在几千年的文化传统头上，于是"蔑古"成为时尚，而有"文化革命"爆发①。革命总是简单而直捷的，现代化脱贫致富的方式也像几何公式一样一目了然，就是"新"与"旧"的非你死即我活，请西方的德、赛两位先生（民主、科学）来"打倒孔家店"。所以胡适会说："新文化运动的根本意义是承认中国旧文化不适宜于现代的环境，而提倡充分接受世界的新文明。"（《年谱长编初稿》第三册804页）一位西方学者冷眼回看这场运动，把鼓荡在"新青年"脑瓜里的想法和盘托出，从而让我们对当日文化界的喧哗与骚动有了更真切的感受："（他们认为）中国的软弱不仅仅是由于它缺乏武器和工厂，也由于它的整个文化、它的道德、文学和思想。西方的强大也在于它的文化。因此，中国要强大起来，就必须抛弃自己的文化而采纳西方文化。"（艾恺（Guy S. Alitto）著《最后的儒家——梁漱溟与中国现代化的两难》（*The Last Confucian: Liang Shuming and the Chinese Dilemma of Modernity*）73页，王宗昱、冀建中译，江苏人民出版社，1996年）

值得注意的是，曾经奔走呼号鼓吹"速变""全变"，全盘西化的康梁在流亡海外、遍游欧美之后，忽而变得血性全无，相继改变了自己的激进态度。辛亥年康有为归国，两年后写下这样一段文字："今中国近岁以来，举国狂狂，抢攘发狂，举中国之政治教化风俗，不问是非得失，皆革而去之，凡欧美之政治风化祀俗，不问其是非得失，皆服而从之。彼猖狂而妄行者，睹欧美之富强，而不知其所由也；袭其皮毛，武其步趋，以为吾亦欧、美矣，岂知其本原不类，精神皆非，凡欧美之长，皆我所不得焉。而于吾国数千年之政治教化风俗之类，竭吾圣贤无量之心肝精英，而皆丧弃之，所谓学步于邯郸者，未得其国能，先失其故步也。"（《中国颠危误在全法欧美而尽弃国粹说（1913年）》，《康有

---

① 对此钱穆说过："满清是推翻了，不过连我们中国的全部历史文化也同样推翻了。这因当时人误认为满清的政治制度便完全是秦始皇以来的中国旧传统，又误认为此种制度可以一言蔽之曰帝王的专制。于是因对满清政权之不满意，而影响到对历史上传统政治也一气不满意。因对于历史上的传统政治不满意，而影响到对全部历史传统文化不满意。"（《中国历代政治得失》168页）弥漫于知识界的偏激情绪在当时的"愤青"鲁迅身上亦有体现，他因为绍兴城里一个庸医开的莫名其妙的药引子害掉父亲的命便全盘否定中医，又进而喊出"礼教吃人"的口号。"吃人"之说师承戴东原，当然专指南宋朱熹们鼓捣出来的理学，后人不加区分，竟把帽子圈圈个儿扣到教会我们温良恭俭让的两千年礼教的头上。

为政论集（下）》卷三890页）

第一次世界大战结束后，梁启超偕蒋百里、丁文江、张君劢等赴欧考察，所到之处皆阴沉沉一片肃杀秋气，就连那太阳，"有时从层云叠雾中瑟瑟缩缩闪出些光线来，像要告诉世人，说他还在那里，但我们正想要去亲炙他一番，他却已躲得无踪无影了。"（《专集之二十三·欧游心影录节录》，《饮冰室合集》第七册）这便是笼罩在世纪末情绪中的欧洲，向中国人昭示前途、启发未来的光明之地。

在赛先生的故乡，迎接他们的首先是战争废墟之上曾经喧嚣狂热的科学崇拜的崩溃："当时讴歌科学万能的人，满望着科学成功，黄金世界便指日出现。如今功总算成了，一百年物质的进步比从前三千年所得还加几倍，我们人类不惟没有得着幸福，倒反带来许多灾难。"（同上引）

时至今日，我们仍然心存疑惑。科学或技术把人类文明带到了一个空前的高度，但接下来路向何方？是继续神乎其技，上天入地，还是……？地球上任何物种都会经历一个从发生到灭绝的过程，人类亦不例外。至于灭亡原因，可以来自外界，也可以源于自身，恐龙的例子便是未解之谜。人类进化到现在，其生活已经寸步离不开技术，常常竟会陷入自相矛盾的境地，比如一面是现代医学手段日新月异，一面是诸般杀人武器层出不穷，面对人类生命，拯救者与屠戮者同台竞技，斗得不亦乐乎。发展与进步毫无疑问是全世界的共同主题，成果也有目共睹，但不知打何时起，围绕在我们口鼻边的不可或缺的空气却变成鬼祟险恶的魑魅魍魉，需要戴副口罩以至防毒面具来加以屏挡了。拿高效率、快节奏的现代社会和"勤靡余劳，心有常闲；乐天委分，以致百年"（陶潜《自祭文》）的古时候相比较，体现进步的方式难道仅仅在于靠汽车、飞机、手机、电脑装点或霸占我们的生活？留给人类自己的真正空间又还剩下多少？不错，今日世界看似有了越来越多的科学家，并且不乏"大家"者流，然而够资格比肩司马迁、李太白、黑格尔、狄更斯的像样文豪、哲人们又躲到了哪里？这是物质的进化，而非人的进化。从纯粹生命角度来看，所有物种无论大小都处于平等地位，地球因而显得珍贵，火星液态水之发现因而引起轰动；但事实是，人类永无止境、与日俱增的创造力与破坏性早把同住在一个星球上的其他物种远远抛诸身后，那么什么时候我们才肯有意识地稍稍调整放缓进步的脚步，雒诵渊明"寓形宇内，能复几时，曷不委心任去留，胡为乎遑遑欲何之"的彻悟文章（《归去来兮辞》），从容地、安静地思考一下生命意义以及人生目的这类大而无当的空或伪命题呢？

任公又曾工工整整记录下他与一名美国记者的几句闲谈："他问我：'你回到中国干什么事，是否要把西洋文明带些回去？'我说：'这个自然。'他叹一口气说：'唉，可怜西洋文明已经破产了。'我问他：'你回到美国却干什么？'他说：'我回去就关起大门老等，等你们把中国文明输进来救拔我们。'"更有柏格森之师、大哲学家蒲陀罗的一番忠告："一个国民，最要紧的是把本国文化发挥光大，好像子孙袭了祖父遗产，就要保住他，而且叫他发生功用。就算很浅薄的文明，发挥出来都是好的，因为他总有他的特质。把他的特质和别人的特质化合，自然会产出第三种更好的特质来。……我望中国人总不要失掉这分家当才好。"（俱见《欧游心影录节录》）

同样基于对大战的观察和思考，身在北京的穷教师辜鸿铭写出他的名著《呐喊》，向遥远的欧洲人民送上一把走出战后混乱困境、打开未来幸福平安之门的钥匙——即蕴含于中国文明中的君子之道和所谓"良民宗教"（religion of good citizenship）。在我们眼中，将这本论文集翻译成德文出版的亨利希·奈尔逊教授看待两种不同文明的态度也许更有价值："诚然，如果毫无选择地吸收中国文化，对于我们来讲是根本不可能的。因为对此，我们精神上和灵魂上都要有一个彻底的改变。这对历经千年固有发展的民族自然是不现实的。而且，适用一个民族的东西也并不一定对所有的民族都适用。对那些受过教育的中国人来说是正确的东西，我们未必就可以不加选择地接受或一概拒之门外。中国文化中确实有许多我们事实上可以学习的东西……中华民族受益于博大精深的孔夫子学说已经两千多年之久，深刻地理解它，一方面可以吸收那些对西方文化有益的和有保留价值的东西，另一方面也不至于对导致世界灾难的西方文化的弱点视而不见。"（《呐喊》译者前言，《辜鸿铭文集（上）》488—489页）

文化上的自大和虚无都是看不见的毒药，剂量够大的话均足以致命；要保证顺畅发展，首先须有清醒正确的自我判断评估，还得有海纳百川的胸襟度量。我们固然难以认同梁漱溟"斩截改换"的所谓"文化阶段论"，认为世界未来就是中国文化、再继之以印度文化的复兴（见梁氏"世界文化三期重现说"，《东西文化及其哲学》187—189页），听到自扇嘴巴骂自己是"一分像人九分像鬼"的懒惰不长进民族（《胡适之先生年谱长编初稿》944页），同样如鲠在喉，拒绝下咽。其实一辈子强调西学为主的胡适到了晚年，也曾说出"凡是文化的接触，都是各取其长"这样心平气和的话来（同上书3314页）。而梁漱溟对文化的看法今天读来仍不无裨益：文化是什么？往简单说就是一个民族生活的样法，"无所谓哪个文化就是好的文化，合用的文化，哪个文化就是不好的文化，不合用的文化。……西洋文化的胜利，只在其适应人类目前的问题，而中国文化、印度文化在今日的失败，也非其本身有什么好坏可言，不过就在不合时宜罢了。"（《东西文化及其哲学》187—188页）

这是历史的、发展的、动的眼光，恰是我们应持的态度。东西方文明的对峙，说到底是"哲学治国"与"技术治国"两种理念的冲突。我们在前面领跑了大半截，至明末，稍露些许疲态和颓势，但真正将这场马拉松式较量分出胜负的是自以为得了孔孟真传（其实是程朱）的清王朝。经此一败，从前所有东西都成了令后世子孙蒙羞的"元凶""罪魁"，统统要被扫入垃圾箱。且不说"哲学治国"的利弊，单就"技术治国"而论，首先技术并非万能，不可能、也不应该由它主导历史进化的方向；其次，技术在造福人类的同时，也会带来无法预料、甚至不敢想象的伤害，这一点在今天看来愈发明显。

盘点新文化运动的领袖们，将来要么成为中国共产党的缔造者（如陈独秀、李大钊），要么便是中国革命的同情者（如鲁迅）。当时摆在他们面前的有两大迫切任务：一是如抽丝剥茧，将儒学从自宋以来为害不浅的程朱理学外衣的层层包裹下解放出来，还原其本来面目；二是在本土儒学与被知识精英视为救世良方的外来的马克思主义之间搭建一座桥梁，为后者准备下更适宜生长的土壤。然而两项任务无人问津，他们只是一味要砸烂旧传统，从而白白失去一个难得而重要的历史机遇，也就注定了这场运动的结果是破坏大于建设。

"五四"之失正在于它的短视与造次，静止地打量一条原本有生命的文化长河，见它暂遇阻碍、顿挫洄流，以为没了前路，不懂得三十年河东、三十年河西的道理，恶狠狠一棍子抡下去，非要拦腰斩断、从头再造不可。半个多世纪前钱穆的一番点评可谓一针见血，击中要害："人类历史之演进，常如曲线形之波浪，而不能成一直线以前向。若以两民族两国家之历史相比并观，则常见此时或彼升而我降，他时或彼降而我升。只横切一点论之，万难得其真相。今日治国史者，适见我之骤落，并值彼之突进，意迷神惑，以为我有必落，彼有必进，并以一时之进落为彼、我全部历史之评价，故虽一切毁我就人而不惜，惟求尽废故常，以希近似于他人之万一。"（《国史大纲》"引论"25—26页）

钱氏又谓："文化与历史之特征，曰'连绵'，曰'持续'。惟其连绵与持续，故以形成个性而见为不可移易。惟其有个性而不可移易，故亦谓之有生命，有精神。"（《国史大纲（下）》911页）能将这连绵与持续的特征保持住，使我不失本色，一面又有新活力源源不断注入的，便是传统；"一个国家，绝非可以一切舍弃其原来历史文化、政教渊源，而空言改革所能济事。"（同上书900页）

康有为曰："凡为国者，必有以自立也，其自立之道，自其政治教化风俗，深入其人民之心，化成其神思，融洽其肌肤，铸冶其群俗，久而固结，习而相忘，谓之国魂。……人失魂乎，非狂则死；国失魂乎，非狂则亡。"（《康有为政论集（下）》890页）清季废科举的利弊前文已述，不妨重温一遍。这套构思缜密的考试办法下以施教为途径，上悬仕宦为鹄的，连政治、教育制度为一体，声气贯通，脉络舒畅，堪称维系国家机器正常运转的重要骨干。孙中山亦谓："中国自世卿贵族门阀荐举制度推翻，唐宋厉行考试，明清尤峻法执行，无论试诗赋、策论、八股文，人才辈出；虽所试科目不合时用，制度则昭若日月。"（"与刘成禺的谈话（1910）"，《孙中山全集》第一卷445页），遂将其列为五权之一①大厦已立，年久日深，难免残破，所谓科目不合时宜；试想如果只是砌以新砖、添以新瓦，令其科目结构更趋合理实用，而非扒倒重建，情形又当如何？今日中国苦于国学失传，大师绝踪，根源何在？

钱穆曾经打过一个很形象的比方，"譬之病人，染病者为我，耐病者亦我，脱病而复起者仍我也。一切可变，而'我'不可变。若已无我，谁为变者？变而非我，亦何希于变？……若医者谓：'君病之起，起于君之有生，君当另换一无病之生'，此为何等医耶！"（《国史大纲》"引论"26页）这里涉及"变"的本质问题。穷则变，变则通，通则久，以往历史证明不变则亡，然变不是无中生有，前接古人，后续来者，当肩负莫大之传承责任，此即杜亚泉提出的"接续主义"："一方面含有开进之意味，一方面又含有保守之意味。盖接续云者，以旧业与新业相接续之谓。有保守而无开进，则拘墟旧业，复何所用其接续乎？若是则仅可谓之顽固而已。……反之，有开进而无保守，使新旧间之接续，截然中断，则国家之基础，必为之动摇。"（《接续主义》，《杜亚泉文存》13页）

值新旧文化嬗变之际，保守每每显得特别重要。所谓保守，"在不事纷更，而非力求复古也。"（同上引）它是一种深思熟虑、三思后行的理性务实态度，正可以最大程度抵消不得不来的革命的破坏性，不致落到"变而非我"的地步。

重新检点近百年前发生的东西文化问题论战的目的不是翻陈年旧账，而是因为这场运动杀入根本，触及灵魂，直逼人心，"兵法'攻心'，语曰'革心'"（孙中山语，《全集》第五卷210页），影响所及，今天中国人的精神和心态中都有它难以磨蚀的烙印。

尽管被骂为"疯子"、称作"神经有毛病"的辜鸿铭曾作过"西方文明是构筑中的屋子，东方文明是住上人的屋子"这样不恰当的比喻，但他坚称自己"是希望东西方的长处结合在一起，从而消除东西界限，并以此作为今后最大的奋斗目标的人"（《论集·东西文明异同论》，《辜鸿铭文集（下）》303页）——恐怕这才是他在其最有名的《中国人的精神》中所极力标榜的，真正的心灵与理智完美谐和的中国人的精神罢。

是为跋。

---

① 孙氏所倡五权，曰立法、司法、行政、监察、考试。

勘误表

<table>
<tr><td colspan="4" align="center">上册（第1版第1印次）</td></tr>
<tr><td>页数</td><td>行数</td><td>误</td><td>正</td></tr>
<tr>
<td>53</td>
<td>10</td>
<td>龚自珍曰："任者，侠之先声，古亦谓之任侠，……儒者或不肯为。"</td>
<td>龚自珍曰：任者，侠之先声，"古亦谓之任侠，……儒者或不肯为。"</td>
</tr>
<tr>
<td>74</td>
<td>1</td>
<td>儒法并用，实为西汉政治一大特色。</td>
<td>儒法并用，实为西汉政治一大特色。其实先秦学术的实用性表现在受众各有不同。儒家乃专为读书人设计，教育他们如何"辅佐"，后世诸葛亮提炼的"鞠躬尽瘁，死而后已"这八个字算是道出了儒家精神的真谛。唯有法家、道家才是真正的君王南面之术。所以西汉政府对外宣扬"独尊儒术"，实则不可能将这面大旗挥舞到底，势必夹带心仪的"私货"，而有些许"挂羊头卖狗肉"的意味。（编者注：此段文字系作者补录。）</td>
</tr>
<tr>
<td>104</td>
<td>23</td>
<td>宗族怒曰："家自富足，何故随妇家人入汤镬中？"</td>
<td>宗族怒曰："家自富足，何故随妇家人入汤镬中？"</td>
</tr>
<tr>
<td>112</td>
<td>7</td>
<td>奉高之器，譬之泛滥</td>
<td>奉高之器，譬之汍滥
（注：汍音"轨"，滥音"槛"，指泉水。《尔雅·释水》："汍泉穴出；穴出，仄出也。滥泉正出；正出，涌出也。"）</td>
</tr>
<tr>
<td>116</td>
<td>19</td>
<td>不作为的边疆政策的贻害</td>
<td>不作为的边疆政策的遗害</td>
</tr>
<tr>
<td>154</td>
<td>4</td>
<td>女性尤为上述敝俗之受害者</td>
<td>女性犹为上述敝俗之受害者</td>
</tr>
</table>

209	18	能在此和平共处	能在此和衷共处
228	5	此尤为宦人典兵前事	此犹为宦人典兵前事
254	20	爰设内府，基以募士。曾孙保之，敢忘厥志。	积帛内帑，几以募士。曾孙承之，敢忘厥志。
260	7	如燃放，焰绝，然后子窠发出	如烧放，焰绝然后子窠发出
262	31	虽良民不免妄用	虽良民不免非理费用
280	4	凯歌而还，献捷太庙，其荣亦不可及	凯歌劳还，献捷太庙，其荣亦不可及
283	注1	财色功名，一刀两断。	财色功名，一刀两段。
321	2	顺帝时贺唯一两人	顺帝时贺惟一两人

下册（第1版第1印次）

页数	行数	误	正
355	1	当敷陈者勿隐蔽，当引见者勿留难	当敷陈者无隐蔽，当引见者无留难
373	8	畿辅不宁尤为近忧	畿辅不宁犹为近忧
382	16	举天下之人才——限于科目之内。	举天下之人才，一限于科目之内。
423	3	《双梅景阁丛书》	《双梅景闇丛书》
427	5	号为制义，中试者录之。	号为制义，中式者录之。
438	22	妇人纺织，男子桑蓬	妇人纺绩，男子桑蓬
481	注1	南望孝陵兵缟素，会看大势祃龙津。	南望孝陵兵缟素，会看大纛祃龙津。
482	注1	佟氏在明为叛族，遭遇残酷	佟氏在明为叛族，遭遇惨酷
486	4	而规画形势，了如指掌	而规画形势，燎如指掌
532	注1	高宗传谕毋庸置疑	高宗传谕毋庸议
535	10	"全毁，抽毁，剜去之类也且不说，最阴险的是删改了古书的内容……使天下士子阅读，永不会觉得我们中国的作者里面，也曾经有过很有些骨气的人。"	"全毁，抽毁，剜去之类也且不说，最阴险的是删改了古书的内容……使天下士子阅读，永不会觉得我们中国的作者里面，也曾经有过很有些骨气的人。"
668	1	蹂躏我人民，勒索我财物	蹂躏我民人，勒索我财物